GRAETZ · GESCHICHTE DER JUDEN

GESCHICHTE DER JUDEN

VON DEN ÄLTESTEN ZEITEN
BIS AUF DIE GEGENWART

Aus den Quellen neu bearbeitet von

DR. H. GRAETZ

ELFTER BAND

Zweite vermehrte und verbesserte Auflage

Bearbeitet von Dr. M. Brann

GESCHICHTE DER JUDEN

VOM BEGINN DER MENDELSSOHNSCHEN ZEIT
(1750)
BIS IN DIE NEUESTE ZEIT
(1848)

Von

DR. H. GRAETZ

arani

Reprint der Ausgabe letzter Hand, Leipzig 1900

© arani-Verlag GmbH, Berlin 1998
Gesamtherstellung: Ebner Ulm
ISBN 3-7605-8673-2

Geschichte der Juden

von

den ältesten Zeiten bis auf die Gegenwart.

Aus den Quellen neu bearbeitet

von

Dr. H. Graetz,

weil. Professor an der Universität und am jüdisch-theologischen Seminar zu Breslau.

———o———

Leipzig,
Oskar Leiner.

Geschichte der Juden

vom

Beginn der Mendelssohnschen Zeit
(1750)

bis

in die neueste Zeit
(1848).

Von

Dr. H. Graetz,
weil. Professor an der Universität und am jüdisch-theologischen Seminar zu Breslau.

Elfter Band.
Zweite vermehrte und verbesserte Auflage.

Bearbeitet von Dr. M. Brann in Breslau.

Leipzig,
Oskar Leiner.

Vorwort zur erſten Auflage.

Die Leſer, welche mir ſo freundlich durch acht Bände gefolgt ſind,
werden mir wohl ein Wort zum vorläufigen Abſchiede gönnen. Ich
habe die Geſchichte des jüdiſchen Volksſtammes in ihrem zweitauſend-
jährigen Verlaufe von der zweiten Glanzepoche unter den hasmo-
näiſchen Fürſten bis hart an die Schwelle der Gegenwart herabge-
führt. Glücklicher als meine Vorgänger, kann ich ſie mit einem freudigen Gefühle abſchließen, daß der jüdiſche Stamm endlich in den
zivilifierten Ländern nicht bloß Gerechtigkeit und Freiheit, ſondern
auch eine gewiſſe Anerkennung gefunden hat, daß ihm unbeſchränkter
Spielraum gegönnt iſt, ſeine Kräfte zu entfalten, nicht als Gnaden-
geſchenk, ſondern als ein wohlerworbenes Recht für tauſendfache Leiden, wie ſie kaum ein Volk auf Erden in dieſem Maße und dieſer Dauer
erduldet hat, und für überraſchende Leiſtungen weltgeſchichtlicher
Natur, wie ſie wiederum kaum eine Raſſe in dieſer Art hervorgebracht
hat. Wie dieſe äußere Befreiung und teilweiſe Anerkennung errungen
wurden und wie ſie mit der inneren Befreiung und Läuterung Hand
in Hand gingen oder zugleich in Wechſelwirkung von Urſache und Folge
zueinander ſtanden, ſoll eben der gegenwärtige Band veranſchaulichen.
Wenn es mir gelungen ſein ſollte, meine Leſer herausfinden zu laſſen,
daß auch in der vorläufig letzten Phaſe der jüdiſchen Geſchichte, die
gewiſſermaßen vor unſeren Augen vorging, der wunderbare Finger
Gottes nicht fehlte, ſo würde ich mich über die Fehler tröſten, welche
meiner Darſtellung und Beweisführung vielleicht anhaften.

Eine Rechtfertigung bin ich noch meinen Leſern ſchuldig. Zur
Vollendung des Bildes von dem Geſchichtsverlauf in dem letzten
Jahrhundert ſeit Mendelsſohn wäre es nötig geweſen, ihn bis in die
unmittelbare Gegenwart zu verfolgen und zu zeigen, wie die erſten
hellen Streifen nach langer, düſterer Nacht ſich zu einem augerfreuen-
den Morgenrot färbten, und wie auf den Morgen der Verheißung

der Mittag der Erfüllung gefolgt ist. Ich habe es nichtsdestoweniger
vorgezogen, bei dem Anbruch der wahrhaft neuen Ära für ganz Europa
von 1848 abzuschließen. Ich hätte sonst auch von den gegenwärtig
noch lebenden Trägern der Geschichte sprechen müssen, was mir höchst
mißlich scheint, weil sich bei Beurteilung lebender Personen von geschichtlicher Tragweite unwillkürlich die Subjektivität einmischt und der
Verdacht rege wird, daß Sympathie oder Antipathie den Griffel
geführt und die Farben gemischt haben. Ich habe daher lieber auf
Vollendung des Gemäldes verzichtet, um nicht selbst in Gefahr zu
geraten, hier zu viel Licht und dort zu viel Schatten anzubringen.

Überhaupt scheint mir, daß in der Geschichte erst der Rechnungs-
abschluß, welchen der Tod vollzieht, es möglich macht, den Anteil zu
bestimmen, welchen die Persönlichkeiten mit ihrer Energie, ihren Illusionen und selbst mit den von ihnen ausgegangenen Friktionen an der
Geschichtsarbeit hatten. In der Perspektive der zeitlichen Entfernung
heben sich die Umrisse besser ab, als in der nächsten Nähe, wo in dem
knäuelhaften Gewirre das überangestrengte Auge des Beobachters das
Aufgedunsene für groß und bedeutend und das bescheiden Zurück-
tretende für winzig ansieht. — Nur, wo es unumgänglich zum Verständnis der Tatsachen notwendig war, habe ich auf lebende Persönlichkeiten andeutungsweise hingewiesen oder sie geradezu ohne weitere
Charakterisierung genannt. —

Ich schulde noch den Lesern die Erzählung von den Uranfängen
des jüdischen Volksstammes bis zur Glanzepoche der hasmonäischen
Erhebung. Denn das ist das Eigenartige an der Geschichte desselben,
daß Vorgänge in Ägypten und am Fuße des Sinaï vor mehr denn
drei Jahrtausenden und Stimmungen, welche die Exulanten am Euphrat
vor mehr denn zweitausend Jahren bewegten, noch heute nachwirken.
Ohne Kenntnis dieses Ursprungs bleibt auch das geschichtliche Weben
und Treiben der Söhne dieses Volksstammes in der Gegenwart rätselhaft. Ich möchte aber nicht eher an die Schilderung dieser grund-
legenden, gnadenreichen Zeit von Mose bis Jeremia, von dem flammenden Sinaï bis zu den rauchenden Trümmern Jerusalems, und von
der babylonischen Gefangenschaft bis zu den Kämpfen der Makkabäer
herangehen, als bis ich den Schauplatz dieser Begebenheiten mit eigenen
Augen gesehen habe, um das Lokalkolorit bei der Schilderung anbringen
zu können, ein Wunsch, den ich seit lange in stiller Brust hege, und der
durch Hindernisse mancherlei Art bisher unerfüllt geblieben ist.

Sollte mir der Himmel die Gnade erweisen, mich das Land der
Väter erblicken zu lassen und meine daselbst anzustellenden Forschungen

mit Erfolg krönen, dann werde ich mich eher getrauen, wenn auch
mit zaghaftem Herzen, an diese große Aufgabe zu gehen, die Geschichte
der vorexilischen und nachexilischen Zeit zu erzählen.

Breslau, im April 1870.

Graetz.

Vorwort zur zweiten Auflage.

Bei der Herausgabe des vorliegenden Bandes der Graetzschen Geschichte habe ich mich im allgemeinen von denselben Grundsätzen leiten
lassen, über die ich mich im Vorwort zur dritten Auflage des zehnten
Bandes bereits geäußert habe. Nur in einem wesentlichen Punkte
habe ich dieses Mal einen anderen Weg eingeschlagen. Die harten
Urteile über Deutschtum und Deutsche, die in der ersten Auflage nicht
selten waren, habe ich, auf Grund einer authentischen Äußerung des
heimgegangenen Verfassers und mit Benutzung seiner anderweitig
gegebenen Darstellung unbedenklich geändert. In seinem letzten Wort
an Prof. von Treitschke, das in der Nr. 605 der „Breslauer Zeitung"
vom 28. Dezbr. 1879 gedruckt vorliegt, sagt er wörtlich: „Was Ihre
Verdächtigung gegen meine Darstellung der Geschichte der Juden in
deutschen Ländern betrifft, so will ich nur bemerken, daß sie im Jahre
1868 geschrieben war. Die glorreichen Siege, die durch geniale Führung
entstandene Einheit und der Aufschwung erfolgten erst später. Vor
diesen Ereignissen galt das Volk allgemein als deutscher Michel, und
mein Urteil richtete sich nach den a l l g e m e i n e n von d e u t s c h e n
Historikern und Schriftstellern ausgesprochenen Urteilen. Übrigens
habe ich von selbst in der englischen Übersetzung meiner Geschichte,
welche sich jetzt unter der Presse befindet, die v o r 1870 w a h r e n ,
j e t z t a b e r u n w a h r g e w o r d e n e n U r t e i l e geändert."
Von diesem Gesichtspunkte aus hat denn auch der Verfasser, der bekanntlich zwar ein begeisterter nationaler Jude, dabei aber auch ein
vortrefflicher preußischer Patriot gewesen ist, bereits in seiner 1887
erschienenen „Volkstümlichen Geschichte" die deutschen Ereignisse aufgefaßt und dargestellt, und diesen zuletzt für ihn maßgebenden Anschauungen bin ich überall, soweit es der Zusammenhang irgend gestattete, wörtlich gefolgt.

Ich habe ferner nicht Bedenken getragen, nach derselben Vorlage diejenigen Personen, die in der ersten Auflage erwähnt und nur darum, weil sie damals noch am Leben waren, nicht genannt worden waren, mit ihrem Namen anzuführen und die in der „Volkstümlichen Geschichte" über sie gefällten Urteile dem Texte einzufügen.

Endlich habe ich die kurzen Bemerkungen des Verfassers, die sich in der genannten Darstellung auf die Ereignisse nach 1848 beziehen, der vorliegenden Auflage einverleibt. Dagegen habe ich mich selbstverständlich nicht für befugt gehalten, Personen und Ereignisse heranzuziehen, über welche gedruckte oder handschriftliche Urteile des Verfassers nicht vorliegen.

Einige wesentliche Berichtigungen und Zusätze verdanke ich dem um die jüdische Wissenschaft hochverdienten Gelehrten S. J. H a l b e r = s t a m , der, wie ich in dieser Stunde vernehme, gestern ebenfalls zur ewigen Seligkeit eingegangen ist. Sein Andenken bleibe zum Segen.

Die siebente Note über die „Massentaufen" ist das Werk meines hochverehrten Freundes, des Herrn Sanitätsrat Dr. S. N e u m a n n in Berlin. Es sei ihm auch an dieser Stelle für diesen belehrenden Beitrag herzlichster Dank abgestattet.

B r e s l a u , 25. März 1900.

Dr. **M. Brann.**

Inhalt.

Vierter Zeitraum der jüdischen Geschichte.

Die Zeit des wachsenden Selbstbewußtseins.

Erste Periode.

Die Periode der Gärung und des Kampfes.

Sechstes Kapitel.

Siebentes Kapitel.

Achtes Kapitel.

Neuntes Kapitel.

Zehntes Kapitel.

Das erwachende Selbstgefühl und die jüdische Wissenschaft.
Bessere Erkenntnis der jüdischen Geschichte. Hannah Adams;

Noten.

Geschichte der Juden

von

den ältesten Zeiten bis auf die Gegenwart.

———

Vierter Zeitraum der jüdischen Geschichte.

Die Zeit des wachsenden Selbstbewußtseins.

Erste Periode.

Die Periode der Gärung und des Kampfes.

Erstes Kapitel.

Die Mendelssohnsche Epoche.

Erhebung aus dem Staube. Mendelssohns Jugend. David Fränkel. Israel Zamosc. Dr. Gumperz. Lessings Einfluß auf Mendelssohn. Das Drama „Die Juden". Mendelssohn und Friedrich der Große. Mendelssohn erringt den Preis der Akademie und wird preußischer Schutzjude. Der „Phädon" und seine Bedeutung. Mendelssohns Ruhmeshöhe. Der Bonnet-Lavatersche Streit. Kölbeles Gemeinheiten. Mendelssohns Stellung zu seinen Glaubensgenossen. Die Beerdigungsfrage. Mendelssohn in „Nathan dem Weisen" poetisch verklärt. Der judenfeindliche Sinn gegen das Drama „Nathan" und gegen den Dichter.

(1750—1779.)

„Kann ein Volk an einem Tage geboren werden?" Oder kann ein Volk wiedergeboren werden? Täglich erschließt die Natur dem unverdrossenen Forscher ihre neuen Geheimnisse und zeigt das größte aller Wunder, mit einfachen Mitteln das Spiel der Kräfte in Tätigkeit zu setzen und die überraschendsten Erscheinungen zutage treten zu lassen. Solche staunenswerte Wunder gehen auch in der sittlichen Welt, in der Geschichtssphäre vor, fallen aber nicht so sehr ins Auge und können nicht durch blendende Effekte überraschend dargestellt werden. Ist es nicht eine überwältigende Tatsache, wie sich überhaupt eine Volksgemeinschaft bildet, wie die Selbstsucht, die Launenhaftigkeit, der Eigensinn und die Rechthaberei der einzelnen sich biegen, zu einem Ganzen fügen und einen, um sich einem gemeinsamen Ziele gezwungen unterzuordnen? Gewiß, die Verbindung von Atomen und Aggregatteilchen zu einem einzigen, krafttätigen, meßbaren Körper ist weit

weniger staunenswert, als dies Zusammenschließen von leidenschafts-
und willensbegabten Einzelwesen zu einem Nationalkörper. Hat nun
ein mühsam gebildeter Volksorganismus seine Lebenskraft eingebüßt,
ist das Band gelockert, welches die einzelnen im Dienst des Ganzen
zusammenhielt, ist die innere Auflösung eingetreten und fehlt noch dazu
der despotische Wille, welcher wenigstens mechanisch die Glieder verbinden und das Auseinanderfallen verhüten könnte, mit einem Worte,
ist eine Volksgemeinschaft als solche dem Tode verfallen und eingesargt,
so könnte sie, so sollte man meinen, nicht mehr einen Auferstehungs-
morgen erleben. Solchergestalt sind zahlreiche Völker in uralter und
neuerer Zeit untergegangen. Zeigt sich aber in einem solchen Volke
dennoch eine Wiedergeburt, d. h. ein Auferstehen aus der Erstorbenheit
und augenscheinlicher Fäulnis, und geschieht das in einem Stamme,
der über die Jugendkraft längst hinaus ist, dessen Geschichte Tausende
von Jahren zählt, so verdient ein solches Wunder die aufmerksamste
Beachtung jedes Menschen, der an wunderbaren Erscheinungen nicht
stumpfsinnig vorübergeht.

Der jüdische Volksstamm zeigt nicht bloß in uralten Zeiten, in den
Zeiten der Wunder, wunderbare Erscheinungen, sondern auch in der
wunderlosen nüchternen Epoche. Eine Genossenschaft zum Gespötte
nicht bloß für Boshafte und Gedankenlose, sondern fast noch mehr für
Wohlwollende und Denker, ja, die sich in ihren eigenen Augen verächtlich vorkam, nur ehrwürdig durch häusliche Tugenden und alte
Erinnerungen, aber die einen wie die anderen durch Nebendinge entstellt, bis zur Unkenntlichkeit verunziert, die mit bitterer Jronie sich
selbst geißelte und von welcher derjenige, der ihr volles Bewußtsein
vertrat, sagen konnte: „Meine Nation ist in einer solchen Entfernung
von Kultur gehalten, daß man an der Möglichkeit einer Verbesserung
verzweifeln möchte"[1]), diese Genossenschaft erhob sich doch! Sie erhob
sich mit so wunderbarer Schnelligkeit aus ihrer Niedrigkeit, als wenn
ihr ein Prophet zugerufen hätte: „Auf, auf, schüttele ab den Staub,
löse die Knoten deiner Fesseln, gefangene Tochter Zions!" Und von
wem ging diese Erhebung aus? Von einem Manne, der gewissermaßen
das Bild dieses Volksstammes dargestellt hat, von Moses Mendelssohn, mit verwachsener Gestalt, linkisch, blöde, stotternd, unschön und
abstoßend in seiner Äußerlichkeit. Aber in dieser Volks-Mißgestalt
webte ein denkender Geist, der nur, irre geleitet, Hirngespinste ver-

---

[1]) Mendelssohn, Schreiben an Hennings, bei Kayserling, Mendelssohn,
sein Leben und seine Werke, Anhang, S. 522.

folgte, und geächtet, sich selbst nicht achtete. Sobald diesem Volks=
stamme die Wahrheit in ihrem Glanze gezeigt wurde, und daß sie s e i n e
W a h r h e i t ist, so ließ er alsbald sein Wahngebilde fahren und wandte
sich dem Lichte zu, und sein Geist begann alsbald seinen Leib zu ver=
klären, seine gebeugte Gestalt zu heben, die häßlichen Züge verloren
sich, und es fehlt nicht viel, um den Schimpfnamen „Jude" in einen
Ehrennamen verwandelt zu sehen.

Diese Verjüngung oder Wiedergeburt des jüdischen Stammes,
die man mit Fug und Recht als von Mendelssohn ausgegangen ansehen
kann, hat das Charakteristische, daß der Urheber dieses großen Werkes
es nicht beabsichtigt hat, kaum eine Ahnung davon hatte, ja, wie schon
angedeutet, an der Verjüngungsfähigkeit seiner Stammesgenossen fast
verzweifelte. Er hat diese ganz unbeabsichtigte Veredlung auch nicht
vermöge seines Berufes oder Amtes bewirkt. Er war nicht ein Prediger
in der Wüste, welcher die verlorenen Söhne Jsraels zur Sinnesände=
rung aufrief, er hielt sich vielmehr sein Lebenlang scheu von jeder ge=
flissentlichen Einwirkung zurück. Selbst wenn aufgesucht, wich er jeder
Führerschaft aus, mit dem öfter ausgesprochenen Geständnis, keinerlei
Fähigkeiten dazu zu haben. Mendelssohn spielte eine einflußreiche
Rolle, ohne es zu wissen und zu wollen; er weckte unwillkürlich die
schlummernde Begabung des jüdischen Stammes, die nur eines An=
stoßes bedurfte, um aus dem gebundenen Zustande herauszutreten
und sich zu entfalten. Seine Lebensgeschichte ist darum so interessant,
weil sie vorbildlich die Geschichte der Juden in der neueren Zeit ist,
wie sie sich aus Niedrigkeit und Verachtung zur Höhe und zum Selbst=
bewußtsein emporgearbeitet haben.

M o s e s M e n d e l s s o h n (geb. in Dessau, 6. September 1729,
starb in Berlin 4. Januar 1786)[1], war ebenso unscheinbar und elend,
wie fast alle ärmlichen jüdischen Kinder. Die Knechtsgestalt trugen da=
mals meistens schon die jüdischen Neugeborenen in der Wiege. Für
geweckte Knaben gab es keine Jugend; denn sie wurden früh genug
von dem eisigen Hauch des rauhen Lebens durchfröstelt und geschüttelt,
aber eben dadurch wurden sie früh zum Denken geweckt und zum
Kampfe mit der lieblosen Wirklichkeit gestählt. Eines Tages klopfte
der kaum vierzehnjährige schwächliche Mendelssohn an das Eingangs=

---

[1] M. Mendelssohns Leben ist vielfach von Juden und Christen darge=
stellt worden. Die Hauptmomente sind neuerdings von einem seiner Nach=
kommen, Prof. G. B. M e n d e l s s o h n, zur Ausgabe der gesammelten
Schriften (Leipzig 1843—45, 7 Bände) zusammengestellt. Einige Ergän=
zungen dazu lieferte Kayserling a. a. O.

pförtchen eines der Tore Berlins. Ein jüdischer Aufpasser, eine Art
Polizeidiener, der Schrecken zugewanderter Juden, welcher den Auf=
trag hatte, solche, die ohne Subsistenzmittel waren, nicht in die Stadt
zu lassen, fuhr den blassen, kränklichen Knaben, der Einlaß begehrte,
barsch an. Zum Glück konnte er schüchtern die Worte herausstottern,
daß er sich unter dem neuen Rabbiner Berlins zum Talmudjünger
ausbilden wolle[1]). Das war eine Art Empfehlung und machte den
gefüllten Beutel so ziemlich entbehrlich. Mendelssohn wurde einge=
lassen und richtete seine Schritte zum Hause des Rabbinen, der sein
Landsmann und Lehrer war. David Fränkel (geb. um 1707,
starb 1762), aus der geachteten Familie Mirels in Wien, der Stamm=
vater edler Nachkommen, war ebenso einseitig talmudisch gelehrt, wie
sämtliche Rabbinen seiner Zeit; aber er hatte sich auf ein Gebiet ge=
worfen, welches bis dahin sehr vernachlässigt war und ihm daher
Gelegenheit gab, seinen Wissensschatz nach einer neuen Seite zu ver=
werten. Der jerusalemische Talmud, der Zwillingsbruder des babylo=
nischen, blieb Jahrhunderte hindurch in demselben Maße unbeachtet,
als dieser bis in seine Falten durchforscht wurde, ein eigenes Geschick,
dem auch Bücher unterworfen sind. David Fränkel hatte sich des ver=
lassenen jerusalemischen Talmuds angenommen, dadurch einen bedeu=
tenden Ruf erlangt und war von Dessau für das Berliner Rabbinat
berufen worden.

Er nahm sich des schüchternen Jünglings an, ließ ihn zu seinen
rabbinischen Vorlesungen zu, versorgte ihn leiblich, um ihn nicht ver=
hungern zu lassen und beschäftigte ihn mit dem Abschreiben seiner
Kommentarien zu eben diesem Talmud, weil Mendelssohn von seinem
Vater, einem Schreiber von Gesetzrollen, eine schöne Handschrift als
einziges Erbe übernommen hatte. Wenngleich Mendelssohn bei Fränkel
weiter nichts als Talmud lernen konnte[2]), so hatte dieser doch einen
günstigen Einfluß auf die Geistesrichtung seines Jüngers, da seine Lehr=
methode, ein brachliegendes Feld (die Ausgleichung der beiden Tal=
mude miteinander) zu bebauen, nicht so verschroben, klügelnd und ver=
kehrt war, wie die der meisten Talmudausleger, das Krumme gerade

[1]) Vgl. jedoch Jacob Auerbachs Abhandlung „Moses Mendelssohn
und das Judenthum" in L. Geigers Zeitschr. f. d. Gesch. d. Juden in
Deutschland I, S. 10, N. 1.]

[2]) Es ist unerwiesen, daß er unter Fränkels Leitung More Ne=
buchim oder andere jüdisch=philosophische Schriften studiert hat, wie die Bio=
graphen angeben. [David Fränkel wurde in Berlin etwa 1704 geboren und
starb daselbst am Abende des 4. April 1762. Vgl. Landshuth, תולדות
אנשי שם, S. 36. 57 f.]

und das Gerade krumm zu machen. Mendelssohns angeborener Grad=
sinn und Wahrheitsdrang wurde durch seinen ersten Meister nicht unter=
drückt oder gehemmt, und das war auch etwas wert.

Wie die meisten Talmudjünger (**Bachurim**) führte Mendelssohn
das dürftige Leben, welches der Talmud gewissermaßen als Bedingung
für diesen Kreis aufgestellt hat. „Iß Brot mit Salz, trinke zuge=
messenes Wasser, schlafe auf harter Erde, führe ein Leben voller Ent=
behrung und beschäftige dich mit der Lehre." Sein Ideal reichte da=
mals nicht weiter, als sich im Talmudstudium zu vervollkommnen.
War es der Zufall, der diesen reichhaltigen Keim gerade in den Berliner
Boden eingrub? Oder wäre er dasselbe geworden, wenn er mit Fränkel
in Dessau geblieben oder wenn dieser nach Halberstadt oder Fürth,
Metz oder Frankfurt berufen worden wäre? Schwerlich! So einge=
zogen Mendelssohn auch lebte, wehte doch aus der preußischen Haupt=
stadt eine frische Luft bis in das enge Gehäuse seiner rabbinischen
Studien hinein. Mit der Thronbesteigung des großen Friedrich, welcher
neben dem Kriegsgott auch den Musen opferte — allerdings nur in
französischer Hülle, — begannen literarische Liebhaberei, französisches
Wesen und auch Religionsspötterei die Berliner Juden anzustreifen.
So beschränkt auch ihre Stellung unter Friedrich war, so ging, weil
mehrere unter ihnen Wohlhabenheit erlangten, der neue Geist, wie
einseitig und oberflächlich auch immer, nicht spurlos an ihnen vorüber.
Ein Drang nach Bildung, Neuerung und Nachahmung des christlichen
Wesens begann sich unter ihnen bemerkbar zu machen. Ein Jude,
A b r a h a m P o s n e r , beging das damals Unerhörte, sich den Bart
abzuscheren. Die Strenge, welche die jüdischen Vorsteher, Anhänger
des Alten, anwendeten, um alles in hergebrachter Weise zu erhalten,
beweist, daß das Neue schon Reiz ausübte. Der Vater der Ephraimiten
zwang jenen Abraham Posner vermittelst eines vom König erwirkten
Befehls, den Bart wieder wachsen zu lassen[1]). Ein junger Mensch,
Großvater der Familie Bleichröder, wurde von einem Armenverweser
aus Berlin gewiesen, weil er beim Tragen eines deutschen Buches
ertappt worden war[2]).

Was die Polen an der Verwilderung der Judenheit verschuldet
hatten, machte ein Pole teilweise wieder gut. In derselben Zeit war
nämlich ein polnischer Talmudist, I s r a e l L e v i Z a m o s c (geb.
vor 1700, starb in Brody 1772)[3]) nach Berlin gekommen, empfohlen

---

[1]) König, Annalen der Juden im preuß. Staate, S. 285, Anm.

[2]) Mendelssohn, Ges. Schriften I, S. 9.

[3]) Zamoscs Todesjahr (20. April 1772) ist genau angegeben zum Schluß

durch ein gedrucktes talmudiſches Werk, das auch außertalmudiſche,
halb verpönte Abhandlungen enthielt. Israel Zamoſć war ein guter
Kopf, verſtand trefflich Mathematik, ohne ein Lehrbuch benutzt zu
haben und durch eine Methode geſchult zu ſein, und fand die wichtigſten
Beweiſe meiſtens aus eigener Anſchauung. Er beſaß auch eine gewiſſe
poetiſche Begabung[1]). Aber ihm haftete die grelle Formloſigkeit der
polniſchen Juden an; er konnte ſeine Gedanken in keiner lebenden
Sprache wiedergeben, es ſei denn in der hebräiſchen. Vermittelſt
derſelben, welche die Juden im allgemeinen (mit Ausnahme der Portu=
gieſen) beſſer als ihre Landesſprache verſtanden, weckte Zamoſć einen
Jüngling zur Pflege der Wiſſenſchaften. A a r o n S a l o m o G u m =
p e r t z (Gumperts, geb. 10. Dezember 1723, ſtarb um 1770), Enkel
jenes jüdiſchen Agenten Elia Gumpertz aus Emmerich (Bd. X₃., S. 244 f.)
erlernte von ihm die Elemente der Mathematik — alles in hebräiſcher
Sprache — und wurde dadurch befähigt, einer der erſten Juden in
Preußen, den Doktorgrad zu erlangen. Gumpertz hatte vermöge der
Wohlhabenheit ſeiner Eltern Verbindungen mit gebildeten Chriſten
angeknüpft. Mit beiden, mit Zamoſć und Gumpertz, kam der junge
Mendelsſohn in Berührung und wurde durch ſie zur Ahnung geweckt,
daß es außerhalb des Talmuds auch eine reiche Welt gebe, die kennen
zu lernen einigermaßen lohnend ſei.

Der erſtere machte ihn mit Maimunis philoſophiſchem Werke
bekannt, das an ihm und durch ihn wahrhaft zum „Führer der Ver=
irrten" wurde. Der Geiſt des großen jüdiſchen Denkers, deſſen Aſche
mehr als fünf Jahrhunderte in paläſtinenſiſcher Erde ruhte, kam über
den jungen Mendelsſohn, hauchte ihm friſche Gedanken ein und machte
ihn gewiſſermaßen zu ſeinem Eliſa. Was bedeutete für Mendelsſohn
der lange Zwiſchenraum ſo vieler Jahrhunderte? Er lauſchte auf
Maimunis Worte, als ſäße er zu deſſen Füßen und ſauge deſſen weiſe

---

ſeines Kuſarikommentars אוצר נחמד, wo auch angegeben iſt, daß die Ge=
meinde ſeiner Leiche Ehren erwieſen habe. Sein erſtes Werk נצח ישראל
(Frankfurt a. O. 1741) iſt von mehreren Rabbinern approbiert. Ich weiß
nicht, ob die Nachricht von den Verfolgungen, die er in Polen wegen ſeiner
Aufgeklärtheit erlitten haben ſoll (Sal. Maimon. Lebensgeſchichte II, S. 168 f.
und Nikolai, Ergänzung zu Mendelsſohns Biographie, geſ. Schr. V, S. 205)
nicht ein Mythus oder übertrieben iſt. Falſch iſt jedenfalls das Todesjahr 1770
bei Nikolai. [Vgl. auch Landshuth in der „Gegenwart", Jahrg. 1867, S. 325 f.]

[1]) Nikolai daſ. Seine moraliſche Parabel נזר הרמע (Dyhernfurt 1773,
eine Ausgabe anonym, und die andere mit ſeinem Namen) zeugt auch für ſeine
poetiſche Anlage. [Nur die Titelblätter der Ausgaben, welche die Bibliothek
des jüdiſch=theologiſchen Seminars in Breslau beide beſitzt, ſind verſchieden.]

Lehren in vollen Zügen ein. Er las und las dieses Buch so lange, daß er, vertieft in diese Gedankenwelt, die Verkrümmung seines Körpers nicht achtete. Von Zamość lernte er auch noch Mathematik und regel=recht es Denken und von Gumperz Wohlgefallen an der schönen Lite=ratur, in welche dieser mit einem Anflug von Narrheit[1]) so verliebt war, daß er sich zum Schleppenträger des zopfigen Gottsched gemacht hatte. Mendelssohn lernte zu gleicher Zeit buchstabieren und philo=sophieren, und für beides hatte er doch nur mangelhafte Nachhilfe. Zumeist war er sein eigener Lehrer und auch sein eigener Erzieher. Er stählte sich zu einem festen Charakter, zähmte seine Leidenschaften, daß sie willig der Vernunft gehorchten, und gewöhnte sich, ehe er noch wußte, was Weisheit ist, unverrückbar nach ihren Regeln zu leben. Auch nach dieser Seite hin war Maimuni sein Wegweiser. Mendelssohn war nämlich von Natur heftig und jähzornig; aber er lernte sich so vollständig beherrschen, daß er an Sanftmut und Milde als ein zweiter Hillel angesehen wurde. Ruhig konnte er später, als er bereits einen ausgebreiteten Ruf hatte, Beleidigungen von einem jungen Menschen anhören und ihm entgegnen: „Gehen Sie! Sie sehen, daß Ihr Zweck verfehlt ist, Sie können mich nicht aufbringen"[2]). Ruhig konnte er zur Zeit, als er bereits eine europäische Berühmtheit war, den rohen Spott übermütiger Studenten in Königsberg auf seine verwachsene Gestalt, seinen Höcker und seinen Spitzbart ertragen. Auf ihre lärmenden Unanständigkeiten entgegnete er die höflichen Worte: „Ich erwarte nur die Vorlesung des Professor Kant"[3]).

Als hätte Mendelssohn geahnt, daß er berufen sei, seine Stammes=genossen moralisch und ästhetisch zu läutern, beteiligte er sich **bereits** als Jüngling an einer hebräischen Zeitschrift[4]), welche von einigen seiner Gesinnungsgenossen zur Veredlung der Juden unternommen

---

[1]) Gumperz' närrisches Wesen leuchtet hervor aus der Einleitung zu seinem Superkommentar zu Jbn=Esras exegetischen Schriften מגלה סוד und nicht weniger aus seinem Schreiben an Gottsched; bei Danzel, Gottsched und seine Zeit, S. 333. [Vgl. jedoch das abweichende und wohl begründete Urtheil Landshuths in der „Gegenwart" a. a. O. S. 365 ff. u. תולדות אנשי שם, S. 48.]

[2]) Ges. Schr. II, S. 171.

[3]) Lewald, ein Menschenleben I, S. 99; Jolowicz, Geschichte der Juden in Königsberg, S. 98, Anm.

[4]) Der Titel derselben lautete קהלת מוסר, und sie wurde unternommen 1750. Mendelssohns Beiträge sind abgedruckt, Meassef, Jahrg. 1785, S. 90, 93, 102. Auch Zamość scheint sein נזר הרמב für diese Zeitschrift ausgearbeitet zu haben.

wurde. Die Erſtlinge ſeines Geiſtes nahmen ſich wie das erſte ſaftige
Grün im Vorfrühling aus. Es iſt nicht mehr der verknöcherte, verrenkte, geſchnörkelte hebräiſche Stil ſeiner Zeitgenoſſen, welche die
hebräiſche Sprache zu einem häßlichen Greiſengeſtotter verunſtalteten.
Friſch und klar wie eine junge Bergquelle ſprudelten Mendelsſohns
hebräiſche Ergüſſe; ſeine Proſa erinnert an Moſe Chajjim Luzzato,
den kabbaliſtiſch=ſchwärmeriſchen Dichter. Der Gedankengrund ſeiner
Erſtlinge war philoſophiſch=religiös nicht bloß da, wo er das Gottes-
vertrauen und die Nichtigkeit des Übels veranſchaulichen wollte,
ſondern auch da, wo er die Verjüngung der Natur in ihrem Früh-
lingskleide und das Entzücken des reinen Menſchengemütes bei dieſer
Wandlung ſchilderte. Seine Schilderungen laſſen in ihm bereits den
künftigen, gemeinverſtändlichen Philoſophen ahnen. Die Leidens-
ſchule, die er mehrere Jahre durchgemacht hat, hatte ſeinen Geiſt, ſtatt
ihn niederzudrücken, geweckt, gehoben und veredelt. Dieſe hörte für
ſeine Genügſamkeit mit der nicht ſehr glänzenden Stellung als Erzieher auf, die er in einem vermögenden Hauſe, bei Iſaak Bernard,
antrat. Aber ſeine Lehrjahre waren noch nicht abgeſchloſſen. Noch
wogte das Alte und Neue, das Überkommene und Urſprüngliche in
ſeinem Geiſte durcheinander. Klarheit und Bewußtſein ſollten ihm erſt
von einer andern Seite zugeführt werden.

　　Zu den großen Geiſtern, welche Deutſchland zuerſt im achtzehnten
Jahrhundert erzeugte, gehörte G o t t h o l d E p h r a i m L e ſ ſ i n g
(geb. etwa neun Monate vor Mendelsſohn, ſtarb fünf Jahre vor ihm).
Er war der erſte freie Mann in Deutſchland, vielleicht freier als der
königliche Held Friedrich, der ſich zwar vom Köhlerglauben frei gemacht hatte, aber auch ſeine Götzen hatte, denen er opferte. Mit ſeiner
Rieſengröße ſtieß Leſſing ſpäterhin alle Schranken und Regeln um,
welche verdorbener Geſchmack, verſtaubte Gelehrſamkeit, hochmütige
Rechtgläubigkeit und das Zopftum jeder Art, das in Deutſchland ſo
recht heimiſch war, aufgeführt, gehalten und verewigt wiſſen wollten.
Die Befreiung, welche Leſſing den Deutſchen brachte, war viel tiefer
und nachhaltiger als die, welche Voltaire mit ſeiner beißenden Lauge
in der verdorbenen franzöſiſchen Geſellſchaft angeregt hatte, weil
jener eine äſthetiſch=ſittliche Größe war und einen Gegenſatz zur
Leichtfertigkeit des franzöſiſchen Spottvogels bildete; ihm war die
Veredelung Zweck, der Witz dagegen nur Mittel. Leſſing wollte
das Theater zur Kanzel und die Kunſt gewiſſermaßen zu einer
Religion erheben. Voltaire würdigte die Philoſophie zum Salon-
klatſch herab.

Es war ein sehr wichtiger Augenblick für die Geschichte der Juden, in dem die beiden jungen Männer, Mendelssohn und Lessing, Bekannt= schaft miteinander machten. Man sagt, daß ein leidenschaftlicher Schach= spieler, Isaak Heß, sie beim Schachbrett zusammengeführt habe (1754). Das Königsspiel hat gewissermaßen zwei Könige im Reiche der Gedanken zu einem Bündnis vereinigt. Lessing, der Sohn eines Pastors, war eine demokratische Natur; er suchte gerade die Verstoßenen und von der öffentlichen Meinung Geächteten auf. Wie er kurz vorher in Leip= zig sich unter Schauspielern und später in Breslau unter Soldaten herumtummelte, so scheute er sich nicht, in Berlin mit geächteten Juden zu verkehren. Hatte er doch die Erstlinge der Kunst, die ihm als die höchste erschien, dem Paria=Volk gewidmet. Mit dem Drama „Die Juden"[1]) wollte er den Beweis führen, daß ein Jude uneigennützig und edel sein könne, und erregte dadurch das Mißfallen der gebildeten christlichen Kreise. Ein Jude auf Reisen rettet unerkannt einen Baron aus Mörderhand, weist jede Belohnung und Dankbarkeit ab und auch das Entgegenkommen der lebhaften Tochter des Geretteten, deren Hand ihm der Vater anbietet. Zum Erstaunen des ganzen Kreises stottert er die Worte hervor: „Ich bin — bin Jude," und fügt mit Selbstgefühl hinzu: „Zu aller Vergeltung bitte ich nichts, als daß Sie künftig von meinem Volke etwas gelinder und weniger gemein urteilen. Ich habe mich vor ihnen verborgen, nicht weil ich mich meiner Religion schäme, nein, ich sah aber, daß Sie Neigung zu mir und Abneigung gegen meine Nation hatten." Den Vertreter des dicken Vorurteils, den Diener des Juden, der ihn aus Not und Elend gezogen, läßt der Dichter derb herauspoltern: „Sie haben in mir die ganze Christenheit beleidigt, daß Sie mich in Dienst genommen, anstatt mir zu dienen". — Den Juden läßt Lessing darauf entgegnen: „Ich kann Euch nicht zumuten, daß Ihr besser als der andere christliche Pöbel denken sollt." Er bleibt auch dem Baron, dem Vertreter der vornehmen Welt, nichts schuldig. Auf dessen Ausruf: „O wie achtungswürdig wären die Juden, wenn sie alle Ihnen glichen!" — „Und wie liebenswürdig die Christen, wenn sie alle Ihre Eigenschaften hätten!" — Das, was Lessing beim Schaffen dieses Dramas als Ideal vorschwebte, einen edlen Juden zu finden, erkannte er sogleich in Mendelssohn, und es hat ihn gewiß gefreut, daß er sich mit seiner Dichtung nicht vergriffen und die Wirk= lichkeit ihn nicht Lügen gestraft hat.

Sobald Lessing und Mendelssohn Bekanntschaft miteinander gemacht hatten, lernten sie einander verehren und lieben. Der letztere

---

[1]) Gedichtet 1749.

bewunderte an seinem chriſtlichen Freunde die Gewandtheit und Zwang-
loſigkeit, den Mut und die abgerundete Bildung, den ſprudelnden Geiſt
und die Kraft, mit welcher dieſer eine neue Welt auf ſeinen Rieſenſchul-
tern trug, und Leſſing bewunderte an Mendelsſohn wieder die Gedan-
kenhoheit, den Wahrheitsbrang und die auf ſittlichem Grunde ruhende
Charakterfeſtigkeit.   Sie waren beide von ſo hohem Geſinnungsadel
durchdrungen, daß je einer von ihnen das an dem anderen hoch an-
ſchlug, was er an ſich nicht in derſelben Vollkommenheit wie bei dem
Freunde gewahrte.   Leſſing ahnte in ſeinem jüdiſchen Freunde einen
zweiten „Spinoza, der ſeiner Nation Ehre machen würde". Mendelsſohn war wiederum förmlich von Leſſings Freundſchaft bezaubert.
Ein freundſchaftlicher Blick von ihm, geſtand er ihm ein, habe ſo viel
Macht auf ſein Gemüt, um allen Gram daraus zu verbannen. Nach-
haltig regten ſie einander an.   Leſſing, der damals nur „Schöngeiſt"
war (wie man es nannte), brachte Mendelsſohn den Sinn für edle
Formen, äſthetiſche Bildung, für Poeſie und Kunſt bei, und dieſer gab
jenem wieder philoſophiſche Gedankenanregung.   So gaben und emp-
fingen ſie wechſelſeitig, das rechte Verhältnis gediegener Freundſchaft.
Sie ſchloſſen den innigſten Freundſchaftsbund, der ſo ſtark war, daß
er die beiderſeitigen Freunde umſchloß, über das Grab hinaus dauerte
und ſich gewiſſermaßen in beiden Familienkreiſen vererbte.

Die Anregung, welche Mendelsſohn von ſeinem Freunde empfing,
war für ihn und die Juden überhaupt außerordentlich befruchtend,
und man könnte ohne Übertreibung behaupten, daß Leſſing viel zur
Veredlung des jüdiſchen Stammes beigetragen hat, vielleicht viel mehr,
als für das deutſche Volk.   Das kam allerdings daher, daß die Juden
lernbegieriger und empfänglicher waren.   Alles, was ſich Mendelsſohn
im Umgange mit ſeinem Freunde aneignete, kam der Judenheit zugute.   Durch ſeinen Freund, der vermöge ſeiner genialen, ſympathiſchen
Natur eine zauberhafte Anziehungskraft auf begabte Menſchen ausübte, kam Mendelsſohn in deſſen Freundeskreiſe, lernte Umgangsformen und ſtreifte das Ungelenke von ſich ab, das ihm vom Ghetto
her anhaftete.   Er verlegte ſich zunächſt mit allem Eifer auf die Aneignung eines anziehenden deutſchen Stiles, eine für ihn umſo ſchwie-
rigere Aufgabe, als ihm die deutſche Sprache fremd und der unter
den Juden übliche deutſche Wortſchatz veraltet und irreführend war.
Er hatte auch kein Muſter vor Augen; denn ehe Leſſing mit ſeinem
Geiſt den deutſchen Stil befruchtete, war dieſer ſchwerfällig, holperig
und unſchön.   Aber Mendelsſohn überwand alle Schwierigkeiten.
Er entzog, wie er ſich ausdrückte, „der ehrwürdigen Matrone (Philo-

sophie) einen Teil seiner Liebe, um sie der leichten Dirne (den soge=
nannten schönen Wissenschaften) zu schenken". Ehe ein Jahr seit seiner
Vertrautheit mit Lessing abgelaufen war, konnte er schon „philosophische
Gespräche" in frischer Darstellung ausarbeiten (Anfang 1755)[1], worin
er, der Jude, die Deutschen tadelte, daß sie, den tiefen Gehalt ihres
Geistes verkennend, sich unter das Joch des französischen Geschmackes
beugen: „Werden denn die Deutschen niemals ihren eigenen Wert
erkennen? Wollen sie ewig ihr Gold für das Flittergold ihrer Nach=
barn umtauschen?" Dieser Tadel reichte höher hinauf bis zum Throne
des philosophischen Königs Friedrich II., welcher das Einheimische
nicht genug verachten und das Fremde nicht genug bewundern konnte.
Der Jude war deutschgesinnter oder deutschfühlender, als die meisten
Deutschen seiner Zeit.

Das jüdisch=patriotische Gefühl verleugnete er dabei nicht; es
stand in seinem Innern im Einklange mit seiner Vorliebe für das
Deutschtum. Obwohl er sein Lebelang das Mißbehagen an Spinozas
wühlerischem System nicht überwinden konnte, suchte er doch in seiner
Erstlingsarbeit dessen Erstgeburtsrecht an den Gedankenerzeugnissen
der neuen Metaphysik zu retten. Die „philosophischen Gespräche" über=
gab Mendelssohn seinem Freunde mit der scherzenden Bemerkung,
daß er ebenfalls so etwas wie der Engländer S h a f t e s b u r y zustande
bringen könne. Hinter seinem Rücken wurden sie von Lessing dem
Drucke übergeben; er flocht damit das erste Blatt zu dessen Ruhmes=
kranze. Durch Lessings Eifer, ihn nach jeder Seite hin zu fördern,
wurde Mendelssohn in Berliner Gelehrtenkreisen bekannt. Als sich
in der bis dahin literarisch ziemlich öden preußischen Hauptstadt ein
„g e l e h r t e s K a f f e e h a u s" bildete, woran eine geschlossene
Gesellschaft von etwa hundert Männern der Wissenschaft teilnahm,
übergingen die Gründer den jungen jüdischen Philosophen nicht,
luden ihn vielmehr zur Mitgliedschaft ein. Je ein Mitglied pflegte
alle vier Wochen ein wissenschaftlich ausgearbeitetes Thema vorzu=
tragen. Mendelssohn aber, den Schüchternheit und das mangelhafte
Organ verhinderten, selbst vorzulesen, lieferte seinen Beitrag schrift=
lich: „B e t r a c h t u n g   ü b e r   d i e   W a h r s c h e i n l i c h k e i t",
welche in der beschränkten Erkenntnissphäre der Menschen die Gewiß=
heit ersetzen muß. Noch während der Vorlesung wurde er als Ver=
fasser erkannt und erntete den Beifall der urteilsfähigen Gesellschaft.
So war Mendelssohn in der Republik der Literatur eingebürgert

[1] S. Ges. Schr. I, S. 13, Anm.

nahm tätigen Anteil an allen literariſchen Erſcheinungen der Zeit und
lieferte Beiträge zur „Bibliothek der ſchönen Wiſſenſchaften", die ſein
Freund Nikolai ins Leben gerufen hatte. Mit jedem Tage läuterte
ſich ſein Geſchmack mehr, veredelte ſich ſein Stil, klärten ſich ſeine
Gedanken. Seine Darſtellungsweiſe war umſo anziehender, als er
ſie durch ſeinen Witz zu würzen verſtand.

Gerade dasjenige, was die Judenheit durch die Erniedrigung
tauſendjähriger Knechtſchaft eingebüßt hatte, erwarb Mendelsſohn für
ſie in der allerkürzeſten Zeit. Sie hatte im allgemeinen — bis auf den
Bruchteil der portugieſiſchen und italieniſchen Juden — die reine
Sprache, das erſte Mittel des geiſtigen Verkehrs, verloren und dafür
ein lallendes Kauderwelſch angenommen, das, ein treuer Gefährte
ihres Unglücks, nicht weichen zu wollen ſchien. Mendelsſohn empfand
ein wahres Entſetzen vor der Verwahrloſung der Sprache. Er verſtand
es, daß das jüdiſche Sprachgemiſch nicht wenig „zur Unſittlichkeit des
gemeinen Mannes" beigetragen habe und verſprach ſich eine günſtige
Wirkung von der beginnenden Sorgfalt für eine reine Sprache. Es
war nur eine andere Seite der Sprachverderbnis, daß die deutſchen
und polniſchen Juden auf dem ganzen Erdenrund den Formenſinn,
Geſchmack an künſtleriſcher Schönheit und äſthetiſches Gemeingefühl
eingebüßt hatten. Der Druck von außen und die Belaſtung von innen,
welche ſie zu einer wahren Knechtsgeſtalt herunterbrachten, hatten
dieſen Adel, wie ſo manchen anderen, aus ihrer Mitte verbannt. Auch
dieſes geiſtige Gut erwarb Mendelsſohn für ſie. Er eignete ſich einen ſo
bewunderungswürdig zarten Sinn für Formenſchönheit an, daß er
ſpäter von den Deutſchen als Richter in Geſchmacksfragen anerkannt
wurde. Der verkehrte Studiengang der Juden ſeit dem vierzehnten
Jahrhundert hatte auch ihren Sinn für das Einfache abgeſtumpft.
Sie hatten ſich ſo ſehr an Gekünſteltes, Geſchraubtes, Verſchnörkeltes
und an Witzeleien gewöhnt, daß die einfache, ſchmuckloſe Wahrheit
in ihren Augen wertlos, wo nicht kindiſch und lächerlich erſchien. Ihr
Gedankengang war meiſtens verſchroben, verwildert, der logiſchen
Zucht trotzend. Derjenige, welcher ihnen die Verjüngung wieder-
bringen ſollte, hatte ſich ſelbſt in der kürzeſten Zeit ſo unnachſichtlich er-
zogen und geſchult, daß ihm geſchraubtes Weſen und geſchraubte
Gedanken widerwärtig waren. Mit dem feinen Sinne für das Einfache,
Schöne und Wahre, das er ſich errungen hatte, öffnete ſich ihm das
tiefe Verſtändnis für die bibliſche Literatur, deren Grundweſen eben
Einfachheit und Wahrheit iſt. Durch die dichten Schichten von Schutt
und Schimmel, welche Kommentarien und Superkommentarien darauf

abgelagert hatten, drang er in ihren tiefen Kern und war imstande,
die schönen Gebilde von Staub zu reinigen, das Uralte als eine neue
Offenbarung zu verstehen und selbstverständlich zu machen. Wenn er
auch nicht begabt war, seine Gedanken dichterisch und rhythmisch zu
gestalten, so hatte er doch eine feines Gefühl für den dichterischen
Gehalt in jeder Literatur und noch mehr für den ihm heimischen in
der heiligen Sprache. Und was allen diesen Errungenschaften die
Krone aufsetzte, war, daß er von einem so sittlichen Zartgefühl, von
einer so peinlichen Gewissenhaftigkeit und Wahrhaftigkeit erfüllt war,
als flösse in seinen Adern das Blut einer langen Reihe edler Geschlechter,
welche Ehrenhaftigkeit zu ihrer Lebensaufgabe erkoren hätten. Auch
eine fast kindliche Bescheidenheit zierte ihn, die aber von der sich selbst
wegwerfenden Untertänigkeit weit entfernt war. Er vereinigte solchergestalt in seinem Wesen so viele angeborene und schwer erworbene
Eigenschaften, um einen wohltuenden Gegensatz zu dem Zerrbilde
abzugeben, welches die deutschen wie die polnischen Juden damals
darstellten. Ein einziger Sinn ging jedoch Mendelssohn ab — und
dieser Mangel war für die nächste Zukunft des Judentums von großem
Nachteil. Es fehlte ihm jedes Verständnis für die Geschichte, für den in
der Nähe kleinlichen und in der Fernsicht großartigen, zugleich komischen
und tragischen Gang des Menschengeschlechtes im Verlaufe der Zeiten.

„Was weiß ich von der Geschichte!" sprach er in halb bescheidenem,
halb verächtlichem Tone, „was nur den Namen von Geschichte hat,
Staatsgeschichte, Gelehrtengeschichte, hat mir niemals in den Kopf
wollen." Er teilte diesen Mangel mit seinem Vorbilde Maimuni und
steckte damit gewissermaßen seine nächste Umgebung an.

Wenn nicht alle, so doch viele seiner glänzenden Eigenschaften
leuchteten aus Mendelssohns Augen und Gesichtszügen heraus und
gewannen ihm umsomehr die Herzen, je weniger er auf Eroberungen
ausging. Man fing an, selbst am Hofe Friedrichs des Großen auf
„diesen Juden" neugierig zu werden[1], er wurde als Träger der fleisch-
gewordenen Weisheit angesehen. Der unerschrockene Lessing flößte
auch ihm so viel Beherztheit ein, daß er es wagte, die poetischen Erzeugnisse des preußischen Königs in einer Zeitschrift (Briefe, die
neueste Literatur betreffend) zu beurteilen und seinen Tadel ein-
fließen zu lassen (1760). Friedrich der Große, der Versemachen für
Poesie, wie Aburteilen für Philosophie hielt, opferte den Musen in

---

[1] Lessings Brief an Mendelssohn d. d. 8. Dezbr. 1755. Ges. Schr. V,
S. 16.

der höfischen Sprache von damals, verachtete die deutsche Sprache, welche damals mit echter Poesie schwanger ging, gründlich und spöttelte dabei über diejenigen Geistesgüter, welche gediegenen Denkern ein heiliger Ernst waren. Mendelssohn, der Jude, fühlte sich von diesem Deutschenhaß des Königs ebenso verletzt wie von dessen Flitterweisheit. Da man aber den Königen nicht die Wahrheit sagen darf, so mußte er sehr geschickt aus der Posaune des Lobes einen zwar leisen Ton des Tadels nachhallen zu lassen, der aber für Kenner vernehmbar genug war. „Jeder Vers beinah' ist ein Zug vom Charakter dieses Prinzen, und das ganze ist das Porträt, worin seine große Seele, sein noch größeres Herz und seine Schwachheit selbst auf das natürlichste geschildert sind. Welcher Verlust für unsere Muttersprache, daß sich dieser Fürst die französische geläufiger gemacht! Der hohe Verfasser würde der Herablassung überhoben gewesen sein, in der Vorrede zu sagen:

> „Meine Muse deutsch und wunderlich
> Kauderwelschend, ein barbarisch Französisch,
> Meldet die Dinge, wie sie kann."

„Kann ein Schriftsteller, dem der jetzige Zustand der Weltweisheit nicht unbekannt ist, der sich allenthalben als ein gründlicher und wahrheitsliebender Kopf zeigt — kann der es sich wohl haben in den Sinn kommen lassen, die Lehre von der Unsterblichkeit der Seele zu bestreiten?" —

Wie sehr auch Mendelssohn den Tadel gegen den König versteckt hatte, ein boshafter Höfling, Prediger Justi, entdeckte ihn, wie den Namen des Tadlers und denunzierte ihn, daß er „als Jude die Ehrfurcht gegen des Königs allerhöchste geheiligte Person im frechen Urteil über dessen Poesie aus den Augen gesetzt habe." Mendelssohn kam plötzlich der barsche Befehl zu, sich an einem Sonnabend in Sanssouci zu stellen. Das war der Rohheit jener Zeit angemessen. Angsterfüllt begab sich Mendelssohn nach Potsdam in das königliche Schloß, wurde ins Verhör genommen und befragt, ob er der Verfasser jener unehrerbietigen Beurteilung sei. Er gestand seine Untat ein und entschuldigte sich mit der feinen Bemerkung: „Wer Verse macht, schiebt Kegel, und wer Kegel schiebt, sei er König oder Bauer, muß sich gefallen lassen, daß der Kegeljunge sagt, wie er schiebt." Friedrich mochte sich vor den französischen Spöttern in seiner Umgebung geschämt haben, den jüdischen Rezensenten wegen einiger feinen Äußerungen zu bestrafen; Mendelssohn kam mit heiler Haut davon.

Das Glück war diesem Manne, der unbewußt der Träger der Zukunft war, außerordentlich günstig. Es hatte ihm innige Freunde

zugeführt, die eine wahre Freude dabei empfanden, ihn, den Juden,
hoch in der öffentlichen Meinung zu heben. Es verschaffte ihm eine
zwar nicht glänzende, aber doch ziemlich unabhängige Stellung als
Buchhalter in dem Hause, in dem er bis dahin die kümmerliche Stellung
eines Hauslehrers inne hatte. Es führte ihm eine traute, zärtliche,
wiewohl einfache Lebensgefährtin zu, die ihn mit sorgfältiger Liebe
umgab. In Hamburg wurde er während seines Aufenthaltes zur
Brautwerbung von christlichen Verehrern gefeiert, und auch der Ober=
rabbiner Jonathan Eibeschütz fand sich dadurch bewogen,
ihm ein Zeichen seiner Anerkennung zu geben. Das Glück verschaffte
ihm bald einen großen Triumph. Die Berliner Akademie hatte eine
Preisaufgabe ausgeschrieben: „Ob die philosophischen (metaphysischen)
Wahrheiten derselben Deutlichkeit fähig sind, wie die Lehrsätze der
Mathematik." Schüchtern machte sich Mendelssohn an die Lösung
dieser Frage. Er gehörte nicht zur gelehrten Zunft, hatte erst in dem
Alter buchstabieren gelernt, in welchem schulmäßig abgerichtete
Jünglinge den Kopf voll von lateinischem Wust zu haben pflegten.
Als er in Erfahrung brachte, daß sein Freund, der vielversprechende
junge Gelehrte Thomas Abt, sein Mitbewerber war, verlor er
fast den Mut und wollte zurücktreten. Und doch errang seine Arbeit
(Juni 1763) den Sieg, nicht bloß über Abt, dessen Preisschrift der
Akademie nicht einmal der Erwähnung wert schien, sondern auch über
Kant, welcher nur ehrenvoll genannt wurde. Mendelssohn erhielt
den ausgesetzten Preis von 50 Dukaten und die Auszeichnung. Der
Jude, der Handelsmann, stach die Mitbewerber von der gelehrten Zunft
aus. Kants Ausarbeitung war viel tiefer angelegt; man gewahrt
bereits darin den zukünftigen philosophischen Stürmer, welcher den
Gesichtskreis der menschlichen Vernunft vielfach erweitern sollte.
Es gärt und weht darin schon eine neue Weltanschauung. Aber Men=
delssohns Arbeit, so flach sie auch gegen die kantische absticht, hatte
den Vorzug der Klarheit und Faßlichkeit. „Er hatte von den Rosen
der Philosophie die Dornen weggebrochen." Weil er jede Erkenntnis
für sich mühsam erringen mußte, und weil es ihm anfangs schwer ge=
worden war, sich das Kauderwelsch der Schulsprache anzueignen,
begnügte er sich mit trockenen Formeln nicht, sondern bemühte sich,
metaphysische Begriffe und Wahrheiten für sich und andere gemeinver=
ständlich zu machen. Dieser Umstand verhalf ihm zum Siege über
seinen weit tiefer denkenden Mitbewerber. Seine Arbeit, zugleich mit
der Kants auf Kosten der Akademie ins Französische und Lateinische
übersetzt, verschaffte ihm in der gelehrten Welt einen sicheren Ruhm,

welcher durch den Umſtand, daß der Preisgekrönte ein Jude war, nur noch erhöht wurde.

In demſelben Jahre (Okt. 1763) erhielt er von König Friedrich eine Auszeichnung, welche die niedrige Stellung der Juden in Preußen charakteriſiert, das P r i v i l e g i u m   e i n e s   S c h u ß j u d e n , d. h. die Zuſicherung, nicht eines ſchönen Tages über die Grenze gewieſen zu werden. Bis dahin wurde er in Berlin nur als Anhängſel zum Hauſe ſeines Brotherrn geduldet. Der philoſophiſche König ſympathiſierte in Antipathie gegen die Juden mit ſeiner erlauchten Feindin Maria Thereſia und erließ judenfeindliche Geſetze, die des Mittelalters würdiger waren, als des ſich mit Humanität brüſtenden achtzehnten Jahrhunderts. Er wollte die Juden in ſeinen Staaten eher vermindert als vermehrt wiſſen. Das G e n e r a l = S c h u ß = R e g l e m e n t Friedrichs für die Juden[1]) iſt eine wahre Schmach ſeiner Zeit. Der Marquis d'A r g e n t , einer von Friedrichs franzöſiſchen Hofwißlingen, welcher in ſeiner Naivität es nicht begreifen konnte, daß ein ſo weiſer und gelehrter Mann wie Mendelsſohn jeden Tag von der brutalen Polizei aus Berlin ausgewieſen werden könnte, drängte dieſen, ſich um ein Schußprivilegium zu bewerben, und den König, es ihm zu erteilen. Es dauerte aber geraume Zeit, bis es ihm im trockenen Kanzleiſtil bewilligt wurde. Mendelsſohn war endlich preußiſcher Schußjude geworden.

Viel mehr Glück machte der philoſophiſche Schußjude in Berlin mit einer Schrift, über welche ſeine Zeitgenoſſen aus allen Klaſſen der Geſellſchaft in eine faſt verzückte Bewunderung gerieten. Zwei Jahrzehnte ſpäter war dieſe Schrift bereits veraltet, und heute hat ſie nur noch literariſchen Wert. Dennoch hatte ſie zu ſeiner Zeit mit Recht eine große Bedeutung. Mendelsſohn hatte den rechten Zeitpunkt getroffen, damit aufzutreten, und dadurch wurde er eine Berühmtheit des achtzehnten Jahrhunderts. Faſt ſechzehn Jahrhunderte hatte das Chriſtentum die europäiſchen Völker erzogen, gehofmeiſtert und mit Glauben an überirdiſche Dinge und Vorgänge faſt überfüttert. Es hatte dazu alle Mittel der Überredung, der Hinterliſt und der Gewalt angewendet, und am Ende, als ſich die aus dem Schlummer der Wiegenieder erwachten Denker fragten, welche Gewißheit bietet dieſe ſo viel verheißende Heilsverkündung, ſo ſagten ſich die Ernſten mit Schmerz — und die Spötter grinſten es mit Schadenfreude, — daß ſie Phantaſiegebilde für Wahrheit feilbiete.

[1]) Geſetz vom 17. April 1750.

Ernst oder satirisch hatten die französischen Denker des achtzehnten Jahrhunderts, d e l a M e t t r i e, V o l t a i r e, D i d e r o t, H o l b a c h, kurz die halben und ganzen Materialisten, die Haltlosigkeit derjenigen Lehre aufgedeckt, in welcher die sogenannten Kulturvölker so viele Jahrhunderte Trost und Beruhigung gefunden hatten. Die Welt wurde entgöttert, der Himmel in Dunst umgewandelt, alles, was bis dahin unverrückbar fest erschien, war in einen Wirbel geraten. Die Jesuslehre hatte ihre Anziehungskraft verloren und war in den Augen der Ernsten und Denkenden zum Kindermärchen herabgesunken. Der Unglaube war Mode geworden. Mit Jesu Entgötterung schien die Entthronung Gottes Hand in Hand zu gehen, und damit war auch das wichtige Dogma, das die christliche Theologie der griechischen Schulweisheit entlehnt und, wie immer, sich mit fremden Federn schmückend, als ihr Ureignes ausgegeben hatte, die U n s t e r b l i c h k e i t d e r S e e l e, dem nagenden Zweifel verfallen. Davon hing damals nicht bloß die Ruhe der Menschen über ihr künftiges Sein, sondern auch die politische Moral ab. Ist die Seele sterblich und vergänglich, so dachte man im achtzehnten Jahrhundert, so ist das Tun des Menschen gleichgültig! Ob gut oder bös, ob tugendhaft oder lasterhaft, es gäbe jenseits des Grabes keine Vergeltung. So war der zivilisierte Teil der Menschheit nach dem langen Traum so vieler Jahrhunderte wieder in die Trübseligkeit der römischen Gesellschaft zur Kaiserzeit zurückgefallen; er war ohne Gott, ohne Halt, ohne sittliche Freiheit, ohne Stachel für ein tugendhaftes Leben. Der Mensch war zu einer verwickelten Maschine herabgesetzt.

Mendelssohn war ebenfalls in dem Gedanken befangen, daß die Würde des Menschen mit der Unsterblichkeit der Seele steige und falle. Darum unternahm er es, das den Gebildeten abhanden gekommene Gut wieder zu gewinnen, die verlorene Wahrheit gewissermaßen wieder zu entdecken, sie so sicher zu stellen, und die materialistischen Angriffe darauf so entschieden zu entwaffnen, daß der Sterbende ruhig einer heiteren Zukunft und seiner jenseitigen Glückseligkeit entgegensehen könnte. Er arbeitete einen Dialog „P h ä d o n oder die U n s t e r b l i c h k e i t d e r S e e l e" aus. Es sollte ein Volksbuch, eine neue Heillehre für die ungläubige oder zweifelnde Welt sein. Darum gab er seinem Dialog einen gemeinverständlichen, anziehenden Stil, nach dem Muster des gleichnamigen platonischen Dialogs, von dem er auch die äußere Einkleidung beibehielt. Mehr als die Form hatte ihm Plato nicht bieten können. Die griechische Weisheit hatte, wie jener neuhebräische Dichter treffend bemerkte, „nur schöne Blüten,

aber keine Früchte" zur Hebung der Sittlichkeit gezeitigt. Der Stützpunkt des platonischen Beweises von der Unsterblichkeit der Seele
beruht auf der Annahme, daß Wissen, Erkennen, Vergleichen, Unterscheiden, kurz die Seelentätigkeit nicht e r w o r b e n werden könne,
sondern nur das A u f f r i s c h e n und E r i n n e r n verblaßter Erkenntnisse sei. Kurz, die Seele habe schon vor ihrer Verbindung mit
dem Leibe existiert, sei also einfacher, ewiger Natur, darum könne sie
nicht untergehen.   Diese platonische Weisheit war veraltet, und
Mendelssohn konnte davon ebensowenig Gebrauch machen, wie von
Platos Phantasieen von einer schöneren, blühenden Erde, wohin die
Seelen nach ihrer Loslösung vom Körper flögen, und von dem Herum-
schweben sinnlicher Seelen an Gräbern, um eine Wanderung durch
Tierseelen durchzumachen. Mendelssohn ließ vielmehr seinen Sokrates
durch den Mund des Jüngers P h ä d o n die Philosophie des achtzehnten Jahrhunderts auseinandersetzen.

Sein Ausgangspunkt zum Beweise für die Unsterblichkeit der
Seele ist das D a s e i n G o t t e s , das für ihn die allerbündigste Gewißheit hatte. Die Seele sei Gottes Werk, ebenso wie der Leib; dieser
gehe doch wohl im eigentlichen Sinne nach der Auflösung nicht unter,
sondern verwandele sich in andere Elemente, und noch weniger könne
die Seele, dieses einfache Wesen, sich auflösen und dem Untergange
verfallen. Ferner: Gott habe die Seele mit dem Gedanken der Unsterblichkeit vertraut gemacht, ihn ihr eingepflanzt. Könnte er, der
Gütige und Wahre, sie täuschen? „Wäre unsere Seele sterblich, so
wäre Vernunft ein Traum, den uns Jupiter geschickt hat, um uns
Elende zu hintergehen, so wären wir wie das Vieh hingesetzt worden,
Futter zu suchen und zu sterben." Jeder Gedanke, welcher zur Be-
seligung des Menschen ihm eingeboren sei, müsse darum auch wahr
und wesenhaft sein.

Bei der Beweisführung für die Unsterblichkeitslehre hatte Mendelssohn noch eine andere edle Absicht. Er gedachte damit der Krankheit
begabter Jünglinge jener Zeit, der J e r u s a l e m - W e r t h e r ,
entgegenzuwirken, die, ohne Ziel für ihr Streben, von politischer und
erhebend gemeinnütziger Tätigkeit ausgeschlossen, in grillenhafter Empfindelei und selbsterschaffenem Schmerze sich bis zum Gedanken an
Selbstmord verirrten und ihn auch ausführten, wenn der Mut nicht
auch mit angekränkelt war. Mendelssohn suchte daher im „Phädon"
die Überzeugung einzuprägen, daß der Mensch mit seiner unsterblichen
Seele ein Eigentum Gottes sei, und er daher nicht das Recht habe,
über sich und sein Leben oder über die Trennung seiner Seele von

seinem Leibe eigenmächtig zu verfügen — eine zwar hinfällige Be=
weisführung; aber sie genügte jenem schwächlichen, weibischen Ge=
schlechte in Deutschland vollkommen.

Fast mehr noch als Mendelssohn mit dem „Phädon" beabsichtigt
und davon erwartet hatte, „die Überzeugung des Herzens, die Wärme
des Gefühles" für die Unsterblichkeitslehre zu erregen, erreichte er.
Der „Phädon" wurde das gelesenste Buch seiner Zeit, und es wurde
mit Herz und Seele gelesen. In zwei Jahren erlebte es, von dem
man sagen kann, es sei eine Tat gewesen, drei Auflagen und wurde
bald darauf in alle europäischen Sprachen — versteht sich auch in die
hebräische — übertragen. Theologen, Philosophen, Künstler, Dichter,
(Herder, Gleim, der junge Goethe), Staatsmänner und Fürsten,
Frauen wie Männer erbauten sich daran, richteten ihren gesunkenen
religiösen Mut wieder auf und dankten mit einer Schwärmerei, die
heutzutage lächerlich erscheinen würde, dem jüdischen Weltweisen, der
ihnen wieder jenen Trost gebracht hatte, welchen das Christentum ihnen
nicht mehr gewähren konnte. Die Erlösung durch den Juden Mendels=
sohn wurde ebenso freudig von der heidnisch gewordenen Welt begrüßt,
wie ehemals von den Heiden die durch die Juden Jesus von Nazareth
und Paulus von Tarsus ausgegangene. In gleicher Weise wie vom
Inhalt, waren die Zeitgenossen von der Form bezaubert, von dem
blühenden, warmen, innigen Stil, einer glücklichen, künstlerischen Nach=
bildung der platonischen Dialoge. Von allen Seiten kamen dem be=
scheidenen Manne Huldigungsschreiben zu. Jeder Fremde von der
literarischen Zunft, der Berlin berührte, versäumte nicht, den jüdischen
Plato, als eine der größten Merkwürdigkeiten der preußischen Haupt=
stadt, aufzusuchen und ein Wort von ihm zu erhaschen. Der Herzog
von Braunschweig dachte ernstlich daran, Mendelssohn für seinen
Staat zu gewinnen. Der Fürst von Schaumburg=Lippe behandelte ihn
wie einen Seelenfreund. Die Berliner Akademie der Wissenschaften
schlug ihn zur Aufnahme als Mitglied vor. Aber König Friedrich strich
den Namen Mendelssohns aus der Liste, man sagte sich, weil er zur
selben Zeit die Kaiserin Katharina in die gelehrte Körperschaft habe
aufgenommen wissen wollen und sie dadurch nicht verletzen mochte, daß
er ihr einen Juden zum Genossen gab. Zwei Benediktiner=Mönche,
der eine aus dem Peterkloster bei Erfurt, Maurus Winkopp, und der
andere aus dem Kloster La Trappe, wendeten sich mit ihren Zweifeln
an den Juden Mendelssohn, als an ihren Gewissensrat, um sich von ihm
Unterweisung für ein sittliches und philosophisches Leben zu erbitten.
Das Buch „Phädon", das, wie gesagt, zwei Jahrzehnte später schon

veraltet war, hat ihn auf die Höhe des Ruhmes gehoben. Er hat Glück damit gemacht, weil er es zur rechten Zeit in die Welt gesetzt hat.

Selbst eine verdrießliche Geschichte diente Mendelssohn außerordentlich, ihn in den Augen seiner Zeitgenossen zu heben und ihm den Glanz eines Märtyrertums zu verleihen. Johann Kaspar Lavater, ein evangelischer Geistlicher aus Zürich, halb Schwärmer und halb scheinheiliger Ränkeschmied, der später mit den Jesuiten in ein Bündnis trat, hatte in Mendelssohns geistvollem Kopfe die sprechende Bestätigung seiner trügerischen Kunst zu finden geglaubt, aus den Gesichtszügen auf den Charakter und die Seelenanlage der Menschen zu schließen (Physiognomik). Aus jeder Linie des Mendelssohnschen Gesichtes müsse der Unbefangenste sofort die sokratische Seele heraus erkennen, meinte Lavater. Er vergaffte sich förmlich in Mendelssohns Kopf, schwärmte für ihn oder vielmehr für ein gelungenes Modell, das seine Kunst zu Ehren bringen könnte. Nachdem Mendelssohn seinen „Phädon" vollständig griechisch hätte sprechen lassen, daß man den Verfasser nicht als Juden hätte erkennen können, kam Lavater auf den phantastischen Einfall, Mendelssohn sei seiner angestammten Religion ganz und gar entfremdet. Von einigen Berliner Juden glaubte Lavater zu wissen, daß ihnen das Judentum gleichgültig geworden war, und er rechnete auch Mendelssohn ohne weiteres zu ihnen.[1]) Dazu kam noch, daß Mendelssohn bei einer allerdings widerwilligen Unterredung mit Lavater besonnen und ruhig über das Christentum geurteilt und von Jesus mit einer gewissen Anerkennung gesprochen hatte, freilich mit der Einschränkung „wenn Jesus von Nazareth nichts als ein tugendhafter Mensch hätte sein wollen". Diese Äußerung schien Lavater der Beginn des Durchbruches der Gnade und Gläubigkeit zu sein. Wie, wenn dieser große Mann, diese verkörperte Weisheit, gleichgültig gegen das Judentum geworden, für das Christentum gewonnen werden könnte! Das war die Gedankenverbindung, welche in Lavater beim Lesen des „Phädon" entstand. Aus Naivität oder Schlauheit stellte er ein Fangnetz für Mendelssohn auf und bewies gerade damit, wie sehr er dessen Grundcharakter verkannte. Ein Genfer Professor, Kaspar Bonnet, hatte damals eine schwache Apologie für das Christentum „Untersuchung der Beweise für das Christentum gegen Ungläubige" französisch geschrieben; diese übersetzte Lavater ins Deutsche und schickte der Übersetzung eine plumpe Widmung an Mendelssohn voran, die wie eine Falle aussah

---

[1]) Lavaters Brief I. in Ges. Schr. III, S. 84.

(4. September 1769). Er beschwor ihn dabei feierlich, die Bonnetschen Beweise für das Christentum ebenso öffentlich zu widerlegen, oder wofern er sie richtig fände, zu tun, „was Klugheit, Wahrheitsliebe und Redlichkeit tun hießen, was ein Sokrates getan haben würde, wenn er diese Schrift gelesen und unwiderleglich gefunden hätte". Hätte Lavater sich auf die Seelengeheimnisse verstanden, worauf er sich so viel zu gut tat, so hätte er erkennen müssen, daß Mendelssohn, selbst wenn er dem Judentum nicht mehr zugetan gewesen wäre, jedenfalls dem Christentum noch viel mehr abgeneigt war, und daß Klugheit, d. h. Rücksicht auf Vorteil und Gewinn für eine behagliche Lebensstellung, so ganz und gar nicht in seinem Charakter lag. Gerade-zu bloßstellen wollte Lavater ihn allerdings nicht, aber Lärm schlagen wollte er, ohne zu bedenken, wie weh er damit dem schüchternen Weisen von Berlin tat.

Hinterher durfte Mendelssohn es Lavater Dank wissen, daß dieser ihn aus Unbesonnenheit oder frommer Schlauheit aus seiner Schüchtern-heit und Abgeschlossenheit herausgerissen hat. Mendelssohn hatte seine Stellung zum Judentum und zu seinen Stammesgenossen so wenig klar gemacht, daß Außenstehende in der Tat an ihm irre werden konnten. Auf der Schaubühne der Öffentlichkeit war er ein Philosoph und eleganter Schriftsteller, der das Humanitätsprinzip und den guten Geschmack vertrat und sich scheinbar um die Seinigen gar nicht kümmerte. Im Dunkel des Ghetto war er ein streng orthodoxer Jude, der alle frommen Gewohnheiten, scheinbar unbekümmert um die Gesetze des Schönheitssinnes, mitmachte. Er, der in sich geeinte und gefestigte Charakter, schien eine zwiefache Person zu sein, je nachdem er sich in christlicher oder jüdischer Gesellschaft befand. Er konnte allerdings nicht für das Judentum auftreten, ohne mit seiner philosophischen Überzeugung auf der einen Seite, sei es auch nur durch Anstreifen, das Christentum zu verletzen, und ohne auf der andern Seite, sei es mit noch so zarter Mißbilligung des angehäuften Wustes in der Syn-agoge, der Empfindlichkeit seiner Religionsgenossen wehe zu tun und solchergestalt sich mit ihnen zu überwerfen. Beides kam ihm vermöge seines friedliebenden Charakters nicht in den Sinn. Er hätte sein Lebelang ohne äußeren Anstoß in dieser stummen Haltung verharren können, wenn ihn nicht Lavaters plumpe Zudringlichkeit aus dieser falschen, eines Mannes von geschichtlichem Berufe ganz unwürdigen Stellung gerissen hätte. Indessen so schmerzlich es ihm auch war, seine innersten Gedanken über Judentum und Christentum bloßzu-legen, so durfte er bei dieser an ihn gerichteten Zumutung nicht

schweigen, ohne selbst von seinen Freunden für feig gehalten zu
werden. Diese drangen ganz besonders in ihn, den Fehdehandschuh
aufzunehmen.

So ging er denn in den ihm aufgedrungenen Kampf, führte ihn
mit vieler Gewandtheit durch und blieb am Ende Sieger. In der mil=
desten Form sagte er in einem öffentlichen Sendschreiben an Lavater
(Ende 1769) diesem und der Christenheit, die dieser vertrat, einschnei=
dende Wahrheiten, deren Stimme in früheren Zeiten unfehlbar in
Blut oder Scheiterhaufenqualm erstickt worden wäre. Seine Religion
habe er von Jugend auf untersucht und bewährt gefunden. Die Welt=
weisheit und die schönwissenschaftlichen Bestrebungen seien ihm nie
Zweck, sondern nur Mittel gewesen, sich für die Prüfung des Juden=
tums vorzubereiten. Vorteil konnte er sich unmöglich davon ver=
sprechen, und Vergnügen? „O, mein wertgeschätzter Freund! Der
Stand, welcher meinen Glaubensgenossen im bürgerlichen Leben an=
gewiesen worden, ist so von aller freien Übung der Geisteskräfte entfernt,
daß man seine Zufriedenheit nicht vermehrt, wenn man die Rechte der
Menschheit von ihrer wahren Seite kennen lernt. Wer die Verfassung
kennt, in welcher wir uns befinden, und ein menschliches Herz hat,
wird hier mehr empfinden, als ich sagen kann." Wäre die Prüfung
des Judentums nicht zu dessen Vorteil ausgefallen, was hätte ihn
denn an die so strenge, so allgemein verachtete Religion fesseln, was
ihn abhalten können, sie zu verlassen? Etwa die Furcht vor den Glau=
bensgenossen? Ihre weltliche Macht sei zu gering, als daß sie hätte
schädlich sein können. „Ich werde es nicht leugnen, daß ich bei meiner
Religion menschliche Zusätze und Mißbräuche wahrgenommen, die
leider ihren Glanz verdunkeln — wie sie jede Religion im Laufe der
Zeiten annimmt. — Allein von dem Wesentlichen meiner Religion
bin ich so fest und unwiderleglich versichert, daß ich vor Gott bezeuge,
daß ich bei meinem Grundsatze bleiben werde, so lange meine ganze
Seele nicht eine andere Natur annimmt." Dem Christentum sei er
nach wie vor abgeneigt, aus dem Grunde, den er Lavater mündlich
mitgeteilt, und den dieser daher nicht hätte verschweigen sollen, weil
dessen Stifter sich zum Gott aufgeworfen habe. „Und gleichwohl
hätte meinetwegen das Judentum in jedem polemischen Lehrbuche
zu Boden gestürzt und in jeder Schulübung im Triumph aufgeführt
werden können, ohne daß ich mich hierüber jemals in einen Streit
eingelassen hätte. Ohne den mindesten Widerspruch von meiner
Seite hätte jeder Kenner oder Halbkenner des Rabbinischen aus Schar=
teken, die kein vernünftiger Jude liest, noch kennt, sich und seinen

Lesern den lächerlichsten Begriff vom Judentum machen können.
Die verächtliche Meinung, die man von einem Juden hat, wünschte
ich durch Tugend und nicht durch Streitschriften widerlegen zu können.
Meine Religion, meine Philosophie und mein Stand im bürgerlichen
Leben geben mir die wichtigsten Gründe an die Hand, alle Religions-
streitigkeiten zu vermeiden und in öffentlichen Schriften nur von den
Wahrheiten zu sprechen, die allen Religionen gleich wichtig sein müssen."

Das Judentum sei nur für die Gemeinde Jakobs verbindlich.
Es ginge so wenig auf Proselyten aus, daß die Rabbinen im Gegenteil vorschrieben, einen jeden, der sich zu diesem Bekenntnisse anbiete,
durch ernste Gegenvorstellungen von seinem Vorsatze abzubringen.
„Die Religion meiner Väter will also nicht ausgebreitet sein, wir
sollen nicht Missionen nach beiden Indien oder nach Grönland senden,
um diesen entfernten Völkern unsere Religion zu predigen. — Wenn
unter meinen Zeitgenossen ein Confucius oder Solon lebte, so könnte
ich nach den Grundsätzen meiner Religion den großen Mann lieben
und bewundern, ohne auf den lächerlichen Gedanken zu kommen, einen
Confucius oder Solon bekehren zu wollen. Ich habe das Glück, so
manchen vortrefflichen Mann, der nicht meines Glaubens ist, zum
Freunde zu haben. Wir lieben uns aufrichtig, niemals hat mir mein
Herz heimlich zugerufen: ,Schade für die schöne Seele!' — Ich kann
bei meinen Mitbürgern nationale Vorurteile und irrige Religions-
meinungen zu erkennen glauben und dennoch verbunden sein zu schweigen, wenn diese Irrtümer weder die natürliche Religion, noch das
natürliche Gesetz, die Sittlichkeit, unmittelbar zugrunde richten, vielmehr zufälligerweise mit der Beförderung des Guten verknüpft sind.
Es ist wahr, die Sittlichkeit unserer Handlungen verdient den Namen
nicht, wenn sie auf Irrtum gegründet ist. . . . . Allein solange nicht
die Wahrheit erkannt wird, solange sie nicht national geworden ist,
um auf den großen Haufen so mächtig wirken zu können, als das eingewurzelte Vorurteil, muß dieses jedem Freunde der Tugend beinahe
heilig sein.

„Dieses sind die Beweggründe, die mir meine Religion und
Philosophie an die Hand gaben, Religionsstreitigkeiten zu vermeiden."
Dazu käme noch, daß er Jude sei und mit Duldung zufrieden
sein müsse, da diese seinen Stammesgenossen in andern Ländern versagt sei. „Ist es doch nach den Gesetzen Ihrer Vaterstadt", sagte er zu
Lavater, „Ihrem beschnittenen Freunde nicht einmal vergönnt, Sie
in Zürich zu besuchen!" — Die Bonnetsche französische Schrift finde
er gar nicht so überwältigend, um seine Überzeugung wankend zu-

machen; er habe von Engländern und Deutſchen ſchon beſſere Ver-
teidigungen des Chriſtentums geleſen; ſie ſei auch gar nicht originell,
ſondern deutſchen Schriften entlehnt. Die Gründe ſeien ſo ſchwach
und ſo wenig für das Chriſtentum beweiſend, daß man damit jede
Religion ebenſo gut oder ſchlecht verteidigen könnte. Wenn Lavater
glaube, daß ein Sokrates durch dieſe Schrift für das Chriſtentum hätte
überzeugt werden können, ſo habe er damit nur die Gewalt, welche
das Vorurteil über den Verſtand habe, bekundet. Ob das evange-
liſche Konſiſtorium, dem Mendelsſohn vor dem Druck ſeine Schrift
zur Zenſur vorlegen wollte, nicht bereut hat, ihm Vollmacht erteilt
zu haben, alles nach Belieben drucken zu dürfen, „weil man von ſeiner
Weisheit und Beſcheidenheit überzeugt iſt, er werde nichts ſchreiben,
was öffentliches Ärgernis geben könnte"? Ärgernis hat er damit gewiß manchem frommen Gemüte gegeben. An Deutlichkeit hatte er
es nicht fehlen laſſen, daß er, den man „den deutſchen Sokrates und
eine von den göttlichen Wahrheiten durchdrungene Seele" nannte,
an der verachteten Religion der Juden feſthalte, dagegen das Chriſtentum als einen Irrtum betrachte, der nur nicht unmittelbar ſchade;
er fände ſich nur aus mancherlei Gründen nicht berufen, dieſen Irrtum aufzudecken.

Das Mendelsſohnſche Sendſchreiben an Lavater machte natürlich
das größte Aufſehen. Gehörte er ohnehin ſeit dem Erſcheinen des
„Phädon" zu den auserwählten Schriftſtellern, deſſen Schriften jeder
Gebildete gewiſſermaßen zu leſen gezwungen war, ſo kam noch der
Umſtand hinzu, daß die Streitſache eine anziehende Seite für die
Gegenwart hatte. Die Freidenker — und deren gab es nicht wenige
in jener Zeit — rieben ſich vor Freude die Hände, daß endlich ein
Mann, und noch dazu ein Jude, es gewagt hatte, ein freimütiges Wort
über das Chriſtentum zu äußern. Lavater hatte wegen ſeiner auf-
dringlichen Art und ſeiner raubritterlichen Chriſtlichkeit viele Feinde.
Dieſe laſen Mendelsſohns ſeine Abfertigung gegen den triumphierenden
Bekehrungseifer mit wahrer Schadenfreude. Der Erbprinz von Braunſchweig, ohnehin von Mendelsſohn eingenommen, bezeugte ihm (2. Januar 1770) ſeine Bewunderung darüber, daß er über dieſe kitzlige
Frage „mit ſo viel Takt und einem hohen Grade von Menſchenliebe"
geſprochen habe. Bonnet ſelbſt, eine um etwas ſauberere Perſönlichkeit
als ſein Lobhudler, räumte Mendelsſohn volle Gerechtigkeit ein und
klagte über Lavaters unklugen Eifer. Er bereitete ihm in einem Schreiben (12. Januar 1770) faſt einen Triumph. Seine Schrift, mit welcher
Lavater ihn, den Juden, habe bekehren wollen, habe er gar nicht an

das ehrwürdige „Haus Jakob" gerichtet, für welches sein Herz die auf-
richtigsten Wünsche hege; noch weit weniger sei es ihm eingefallen,
dem jüdischen Philosophen eine günstige Meinung vom Christentume
beizubringen. Er sei voller Bewunderung für die Weisheit, Mäßigung und Geschicklichkeit des berühmten Sohnes Abrahams. Er wünsche
zwar das Christentum von ihm geprüft zu sehen, es könne nur dabei
gewinnen, wenn es von dem weisen Sohne Mendels von neuem
einer Untersuchung unterzogen werde. Allein er wolle nicht in Lavaters Fehler verfallen, ihm damit lästig zu werden. Indessen hat
sich Bonnet bei aller seiner Tugendhaftigkeit doch eine kleine Schel-
merei gegen Mendelssohn erlaubt.[1] Lavater selbst war genötigt,
mit süßsaurer Miene in einem Sendschreiben Mendelssohn öffentlich um Verzeihung zu bitten, daß er ihn in der Form in eine schiefe
Stellung gebracht hatte, beschwor ihn aber, ihm das Zeugnis zu geben,
daß er sich nicht geflissentlich eine Indiskretion oder Perfidie habe
zuschulden kommen lassen. So hatte Mendelssohn eine schöne Gelegenheit, sich seinem Gegner gegenüber edelmütig zu zeigen. Seiner
Sanftmut kostete es keinerlei Überwindung, Lavater zur persönlichen
Ehrenrettung zu verhelfen. Er rief ihm zu: „Kommen Sie, lassen
Sie uns einander in Gedanken umarmen. Sie sind ein christlicher
Prediger und ich ein Jude. Was tut dieses?" Auch mit Bonnet setzte
er sich auf das allerfreundlichste auseinander und nahm die verletzenden
Äußerungen gegen dessen Buch zurück. In der Sache blieb er indes
zähe und vergab dem Judentume nicht ein Jota; nicht einmal die
talmudischen und die rabbinischen Eigenheiten mochte er bei diesem
Anlasse preisgeben. Mit jedem Schritte wuchs ihm der Mut.

Die günstige Gelegenheit wollte Mendelssohn nicht vorübergehen
lassen, das so tief verachtete Judentum zu verherrlichen und den Denkern klar zu machen, daß es mit der Vernunft durchaus nicht im Widerspruch stände. Trotz der Warnung kleinmütiger Juden in seiner Nähe,
die Streitsachen dem Stillschweigen zu übergeben, um nicht Verfolgungen heraufzubeschwören, wies er immer mehr auf die Kluft
hin, welche das Christentum zwischen sich und der Vernunft gehöhlt
habe, während das Judentum in seinem Grundwesen mit ihr übereinstimme. „Je näher ich dieser so angepriesenen Religion komme (schrieb
er in seinen Betrachtungen zu Bonnets Palingenesie), desto mehr Ab-
schreckendes hat sie für meine Vernunft." Mendelssohn brauchte nur
auf der einen Seite die Grundlehren des Christentums, wie sie in

---

[1] S. Ges. Schr. II, S. 99 und Lessings Brief das. S. 190 f.

allen Lehrbüchern auseinandergeſetzt, von allen Kanzeln gepredigt
wurden, und auf der anderen Seite die des Judentums gegenüber zu
ſtellen, und es konnte nicht zweifelhaft ſein, auf welche Seite ſich das
vernünftige Denken neigen werde. Es machte ihm eine beſondere
Freude, als die chriſtlichen Stockorthodoxen das Judentum dadurch
zu verläſtern meinten, daß es ſich mit der natürlichen Religion, dem
Deismus, decke. „Gelobt ſei Gott, daß er uns die Lehre der Wahrheit
gegeben.“ „Wir haben keine Glaubensſätze, die gegen die Vernunft oder
über dieſelbe ſeien. Wir tun nichts zur natürlichen Religion hinzu, als
Gebote und Satzungen; aber die Grund= und Glaubensſätze unſerer
Religion beruhen auf dem Fundamente des Verſtandes.“ — „Das
iſt unſer Ruhm und unſer Stolz, und alle Schriften unſerer Weiſen
ſind voll davon.“[1]　　Freimütig äußerte ſich Mendelsſohn dem Erbprinzen von Braunſchweig gegenüber über die Unhaltbarkeit der chriſtlichen Dogmen und der Vernunftgemäßheit der jüdiſchen. Er glaubte
noch nicht genug für das Judentum getan zu haben. „Wollte Gott,
ich bekäme nur wieder eine ſolche Gelegenheit, ſo tue ich es wieder . . .
wenn ich bedenke, was man zur Anerkennung der Heiligkeit unſerer
Religion zu tun ſchuldig iſt.“[2]　　Bonnets Hauptbeweis für die Wahrheit des Chriſtentums, mit deſſen Hilfe Lavater ſicher geglaubt hatte,
Mendelsſohn bekehren zu können, blies dieſer mit einem Hauche weg:
Glaubwürdige Zeugniſſe ſprächen von Jeſu Wundertaten; dieſe Wundertaten würden ſelbſt von den Gegnern zugegeben; folglich ſei an
Jeſu göttlicher Sendung oder Göttlichkeit nicht zu zweifeln. Mendelsſohn wies auf den kurz vorher entlarvten angeblichen Wundertäter
F r a n k [3] hin, der damals in Czenſtochau wegen Schwindelei eingekerkert war, und deſſen Wundertaten ebenfalls von ſeinen Gläubigen auspoſaunt und von ſeinen Gegnern zugeſtanden worden waren.

　　Alle diejenigen, welche nicht der Vernunft den Abſchied gegeben
hatten, gaben Mendelsſohn und ſeiner Verteidigung Recht und ſahen
mit Verwunderung, daß das ſo ſehr verachtete Judentum einen ſo
bedeutenden Vorſprung vor dem gefeierten, offiziellen, orthodoxen
Chriſtentum habe. Das Judentum feierte durch ſeinen würdigen Sohn
einen Triumph. Der unglückliche Bekehrungseifer Lavaters und
Mendelsſohns ebenſo feine wie kühne Abfertigung bildeten eine Zeitlang den Geſprächsſtoff der gebildeten Kreiſe in Deutſchland und
über deſſen Grenzen hinaus. Die Zeitungen berichteten darüber und

[1] Schreiben bei Kayſerling, daſ. S. 496 f.
[2] Daſ. S. 493.
[3] S. Bd. X₃, S. 386 ff., Graetz, Frank und die Frankiſten, S. 59 f.

machten auf jeden Zwischenfall aufmerksam. Anekdoten flogen von
Zürich nach Berlin hin und her. Man erzählte sich, Lavater hätte
geäußert, wenn er elf Tage in völliger Heiligkeit und im Gebet verharren könnte, so würde er Mendelssohn unfehlbar zum Christen bekehren können. Als dieses, jedenfalls in Lavaters Geiste zugespitzte,
geflügelte Wort Mendelssohn zu Ohren kam, erwiderte er lächelnd:
„Ja, wenn ich hier in meinem Armstuhl sitzen und eine philosophische
Pfeife dabei rauchen kann, bin ich's zufrieden!" — Man sprach von
der Mendelssohn-Lavaterschen Fehde mehr als von Krieg und Frieden.
Jede Messe brachte Flugschriften in deutscher und französischer Sprache,
unbedeutende Erzeugnisse, die kein langes Leben verdienten. Nur die
wenigsten derselben waren zu Mendelssohns Gunsten geschrieben,
die meisten nahmen sich des Christentums und dessen Vertreters gegen
„die Anmaßung des Juden" an, der es sich nicht zur Ehre rechne, der
Christengemeinde einverleibt zu werden.

Am schlimmsten machte es ein gallsüchtiger Mensch und elender
Schriftsteller, Johann Walthasar Kölbele in Frankfurt
a. M., ein Rechtsverdreher, der aus Judenhaß oder Krankhaftigkeit
des Leibes und der Seele Mendelssohn, die Rabbinen, Juden und
Judentum mit so gemeinen Schmähungen begeiferte, daß er eben dadurch die Wirkung seiner Angriffe selbst lähmte. Kölbele hatte schon
früher mit Mendelssohn angebunden und ihn in einem verschollenen
Romane von einer seiner hölzernen Figuren schmähen lassen; dann
wollte er einen „Antiphädon" gegen Mendelssohns „Phädon"
schreiben oder geschrieben haben. Seine ganze Galle entleerte er aber
in einem Sendschreiben an „Herrn Mendelssohn über die Lavaterschen
und Kölbeleschen Angelegenheiten" (März 1770). Gegen Mendelssohns Behauptungen von der Lauterkeit der Lehre des Judentums
führte er die Verleumdungen und Verdrehungen seines Genossen
Eisenmenger auf. Mendelssohns reiner, selbstloser Charakter war,
man kann fast sagen, in den gebildeten und hohen Kreisen Europas
bekannt. Nichtsdestoweniger verdächtigte ihn Kölbele, daß er nur
aus Eigennutz im Judentum verharre, „weil ein jüdischer Buchhalter
besser gestellt sei als ein christlicher Professor, und jenem in den Vor-
zimmern der Fürsten auch mancher Vorteil zugute käme". Auf Mendelssohns Beteuerung, er werde sein Lebenlang im Judentum verharren,
erwiderte der schmähsüchtige Narr oder Verleumder: „Wie wenig
geben die Christen auf Judeneide!" Mit wenigen Worten fertigte ihn
Mendelssohn in der Nachschrift zu einem Sendschreiben an Lavater
ab. Er brauchte nicht mehr; Kölbele hatte sich selbst gerichtet. Mendels-

sohn hatte von diesen Schmähungen den Vorteil, daß anständige Schriftsteller, die sich innerlich wegen seines selbständigen und kühnen Auftretens nicht wenig ärgerten, ihn in Ruhe ließen; sie scheuten Kölbeles
Genossenschaft. Siegreich ging Mendelssohn auch aus diesem nur
scheinbar kleinlichen Streit, der sich fast zwei Jahre hinzog, hervor;
er hatte in der öffentlichen Meinung dadurch an Achtung gewonnen,
daß er so mannhaft für seine angestammte Religion aufgetreten war.

Er hatte aber auch deswegen von seiten der jüdischen Frommen
eine Anfechtung zu erdulden. Das, was seine Klugheit ihm befürchten
ließ, traf ein. In seiner Wahrheitsliebe hatte er öffentlich geschrieben,
daß er im Judentum „menschliche Zusätze und Mißbräuche gefunden,
welche dessen Glanz nur zu sehr verdunkeln". Diese Äußerung verletzte alle diejenigen, die in jeder noch so unjüdischen Gewohnheit,
welche die Zeit und der Kodex geheiligt hatten, eine sinaitische Offenbarung verehrten. Die Gesamtjudenheit und sämtliche Berliner
Gemeindemitglieder, mit Ausnahme der wenigen, die zu Mendelssohns Kreis gehörten, gaben nicht zu, daß sich Rost an das edle Metall
des Judentums angesetzt hätte. Er wurde daher wegen dieser Äußerung, wahrscheinlich von dem damaligen Rabbiner H i r s c h e l L e -
w i n , zur Rede gestellt und um eine nähere Erklärung befragt, was er
darunter verstanden habe. Er gab sie und konnte sie geben.[1] Sie
befriedigte wahrscheinlich den Rabbinen, der kein Eiferer war. Aber
seine Rechtgläubigkeit wurde doch dadurch den Strengfrommen, die er
„die Kölbele unserer Glaubensgenossen" nannte, verdächtig. Er mußte
sich rechtfertigen, daß er weit davon entfernt gewesen sei, die Aussprüche der talmudischen Weisen „für bloße Scharteken" erklärt zu
haben[2]. Wissensdurstige junge Polen „mit guten Köpfen, aber wirren
Gedanken", reine und unreine Elemente — wie A b r a h a m W o l f
R e c h e n m e i s t e r , der ein Muster von Genügsamkeit und Opfer-
freudigkeit war,[3] der Dichterling I s a c h a r F a l k e n s o h n B e h r
und A b b a = G l o s k , der nicht verdient hat, von Chamisso besungen
zu werden — solche abenteuerliche Gestalten drängten sich an Mendelssohn und brachten ihn in üblen Geruch. Die meisten derselben hatten
nicht bloß mit dem Talmud, sondern mit der Religion und Moral
überhaupt gebrochen, führten ein wüstes Leben und hielten solches
eben für Philosophie und Aufklärung. Aus Liebe zu den Menschen
und dem selbständigen Denken ließ sich Mendelssohn mit ihnen ein,

---

[1] Schreiben an Lavater, Ges. Schr. III, S. 90.
[2] Bei Kayserling a. a. O., S. 492, 495.
[3] S. über ihn Anekdoten von guten Juden, Nr. 29.

disputierte mit ihnen, beförderte und unterstützte sie. Dieser Umgang
warf ebenfalls ein falsches Licht auf sein Verhalten zum Judentum.
Ihr Leichtsinn und ihre Ausschreitungen wurden ihm zur Last gelegt;
sie galten als seine Schützlinge und Jünger[1]).

Bald gab er Gelegenheit, diesen Argwohn zu erhöhen. Der Herzog
von Mecklenburg-Schwerin hatte den Juden seines Landes in mild
väterlicher Weise verboten (April 1772), die Leichen nach jüdischem
Brauch so rasch zu bestatten, daß der Tote vom Scheintoten nicht unterschieden werden konnte. Die jüdische Pietät gegen Verstorbene, sie
nicht oberhalb der Erde der Verwesung auszusetzen, welche im Ritualkodex versteinert wurde, fühlte sich durch dieses Edikt verletzt, als wenn
der Herzog ihnen zugemutet hätte, die Religion zu übertreten. Die
Vertreter der Gemeinde von Schwerin wandten sich daher flehend an
Jakob Emden in Altona,[2]) den bereits greisen Eiferer für die
Rechtgläubigkeit, ihnen beizustehen und talmudisch-rabbinisch zu beweisen, daß das längere Unbestattetlassen der Leichen ein sehr wichtiger Punkt des Judentums sei. Emden, der seine Unfähigkeit kannte,
eine Denkschrift über diese Sache in deutscher Sprache auszuarbeiten,
wies die Schweriner an Mendelssohn, dessen Wort bei Fürsten großes
Gewicht habe. Sie befolgten seinen Rat, und auch Emden unterstützte ihr Gesuch. Wie erstaunt waren sie, durch ein Schreiben von
Mendelssohn (Mai 1772) zu erfahren, daß er ganz entschieden dem
herzoglichen Erlasse beistimme, die Leichen vor dem dritten Tage
nicht zu bestatten, weil nach den Erfahrungen bewährter Ärzte Fälle
von Scheintod möglich seien, und man daher zur Rettung eines einzigen Menschenlebens sich über noch so bündige Bestimmungen im
Religionskodex hinwegsetzen dürfe und müsse! Zum Überfluß wies
er nach, daß in den talmudischen Zeiten Vorkehrungen zur Verhütung
des grausigen Scheintodes getroffen worden seien. Sein Gutachten
war rabbinisch untadelhaft ausgearbeitet, bis auf einen Schnitzer, den
er begangen hatte. Nichtsdestoweniger schickte er ihnen, seiner friedliebenden gefälligen Natur treu, die Formel eines Gesuches an den
Herzog um Milderung des Erlasses zu. Emden stempelte aber in seinem
orthodoxen Eifer diese streitige Frage fast zu einem Glaubensartikel.
Ein so allgemeiner Brauch unter sämtlichen Juden, italienischen, portugiesischen, wie deutschen und polnischen, dürfe nicht so leichthin beseitigt werden. Auf das Gerede von Ärzten sei nicht viel zu geben.
Mendelssohns talmudische Beweise seien nicht stichhaltig. Emden gab

---

[1]) S. Jakob Emdens Brief an M., Meassef 1785, S. 184 f.
[2]) S. Bd. X₃, S. 365 ff.

in einem direkten Schreiben an ihn deutlich zu verstehen, daß er ihn
zu seinem eigenen Besten zurechtweise, um den Verdacht lauer Gläu=
bigkeit von ihm zu nehmen, dem er infolge seines schlechten Umganges
sich ausgesetzt habe.[1]) So entstand eine kleine Spannung zwischen
Mendelssohn und den Stockorthodoxen, die sich später steigerte.

Inzwischen hatte sein Freund Lessing am Vorabend seines Todes
unbeabsichtigt einen Sturm in Deutschland erregt, der die Kathedrale
erzittern machte, und dabei in berechtigter Verstimmung und in künst=
lerischem Drange Mendelssohn und mit ihm die Juden durch eine
vollendete poetische Schöpfung verklärte. Die erste Veranlassung zu
diesem Sturm, der das Christentum bis in sein Innerstes erschütterte,
war Mendelssohns Streit mit Lavater. Lessing war über die Siege=
gewißheit der Vertreter des kirchlichen Christentums so tief empört,
daß er seinen jüdischen Freund zu mannhaftem Kampfe gegen dasselbe
mit allem Nachdruck ermutigt hatte. „Sie allein dürfen und können
in dieser Sache so schreiben und sprechen und sind daher unendlich
glücklicher, als andere ehrliche Leute, die den Umsturz des abscheu=
lichsten Gebäudes von Unsinn nicht anders, als unter dem Vorwande,
es neu zu unterbauen, befördern können.[2]) Er ahnte damals nicht,
daß er bereits einen Donnerkeil in Händen hatte, und daß er bald in
die Lage kommen würde, ihn auf diese Aftergötter, die den Himmel
erobert zu haben glaubten, zu schleudern. Bei seinem unstäten Leben,
welches seinem unruhigen Geiste entsprach, war Lessing nach Hamburg
gekommen und hatte mit der geachteten und denkfreien Familie Rei=
marus Bekanntschaft gemacht. Der tiefe Forscher Herrmann
Samuel Reimarus (geb. 1694, gest. 1768) hatte im Unmut
über das verknöcherte und doch so anmaßend auftretende lutherische
Christentum der Hamburger Pastoren eine „Schutzschrift für
die vernünftigen Verehrer Gottes" ausgearbeitet,
welche jede geoffenbarte Religion verwarf, der Vernunft ihr verküm=
mertes Recht verschaffen wollte und ganz besonders den Stifter des
Christentums herabsetzte. Reimarus hatte aber nicht den Mannesmut,
das, was er als wahr erkannt hatte, laut auszusprechen und die Schäden
der herrschenden Religion nach seiner Überzeugung öffentlich bloß=
zustellen. Er hinterließ diese Schrift, welche in ihren Falten gefähr=
lichen Zündstoff enthielt, seiner Familie und gewissermaßen einem ge=
heimen Orden freidenkender Mitglieder als Vermächtnis. Elisa

---

[1]) Die Sendschreiben in dieser Beerdigungsfrage nebst dem Erlasse sind
mitgeteilt in Meassef 1785, S. 155, 169 f., 178 f.
[2]) Lessings Brief an Mendelssohn, d. d. 9. Jan. 1771. Ges. Schr. V, 189.

Reimarus, eine edle, ihres Vaters würdige Tochter, gab Bruchstücke dieser Brandschrift an Lessing, der sie mit Inbrunst las und
zu veröffentlichen gedachte. Indessen traute er sich in theologischen
Streitpunkten kein maßgebendes Urteil zu und übergab diese Bruchstücke seinem urteilsfähigen jüdischen Freunde zur Prüfung. Mendelssohn fand zwar diese Schrift nicht so sehr überzeugend, weil der Verfasser, durch das Übermaß der kirchlichen Gläubigkeit erbittert, in den
entgegengesetzten Fehler verfallen war, den nüchternsten Unglauben
auf den Thron zu setzen und in der Kurzsichtigkeit jener Zeit in gewaltigen geschichtlichen Erscheinungen kleinliche Umtriebe zu finden.
Mendelssohn vermochte aber nicht seinen Freund davon abzubringen,
daß diese Schrift die gute Wirkung hervorbringen müßte, den Hochmut
der Kirche zu demütigen. Endlich beschäftigte er sich mit dem Gedanken,
Reimarus' Brandraketen unter einem falschen Namen in die Kirche
zu werfen. Aber die Berliner Zensur mochte nicht die Bewilligung
zum Druck erteilen. Da faßte Lessing einen anderen Plan. Er hatte
mit der Übernahme der Herzoglich-Braunschweigischen Bibliothek in
Wolfenbüttel die Freiheit erlangt, die handschriftlichen Schätze der
reichen Sammlung zu veröffentlichen. Im Interesse der Wahrheit
erlaubte er sich die Unwahrheit, als ob er die „Bruchstücke eines
Unbekannten" in dieser Bibliothek gefunden hätte, eines Verfassers, der sie ein Menschenalter vorher niedergeschrieben habe. Unter
dieser Mummerei begann er die Veröffentlichung derselben, gedeckt
durch seine Zensurfreiheit für Herausgabe von Beiträgen „zur Geschichte und Literatur aus den Schätzen der Bibliothek zu Wolfenbüttel".[1]   Stufenweise verfuhr er mit der Veröffentlichung dieser
Fragmente.   Die ersten Bruchstücke traten gewissermaßen bittend auf,
um der Vernunftreligion gegenüber der Religion des Katechismus
und der Kanzel auch das Wort zu gönnen, den vernünftigen unchrist-
lichen Verehrern Gottes Duldung einzuräumen.   Dann wagte er
einen weiteren Schritt, die Unmöglichkeit der Wunder nachzuweisen,
worauf die Kirche beruht, und ganz besonders die Ungeschichtlichkeit
und Unglaubwürdigkeit von Jesu Auferstehung, einer Hauptsäule des
Christentums, womit es steht und fällt, augenscheinlich zu machen.
Ganz zuletzt rückte Lessing mit den bedeutendsten Fragmenten heraus
(Anfang 1778) „vom Zwecke Jesu und seiner Jünger". Darin war

[1] Der Druck der Wolfenbüttler Fragmente begann in Braunschweig
1774 und wurde mit Unterbrechung fortgesetzt bis 1778. [Vgl. D. F. Strauß,
Reimarus und seine „Schutzschrift für die vernünftigen Verehrer Gottes".
2. Aufl. Bonn, 1877.]

auseinandergesetzt, daß Jesus sich lediglich zum jüdischen Messias und zum Könige der Juden habe aufwerfen wollen. Dazu habe er mit seinen Jüngern geheime Veranstaltungen getroffen und Verschwörungen unterhalten, um eine Art Revolution in Jerusalem zu entzünden; er habe sogar gegen die Obrigkeit gehetzt, um den hohen Rat, das Synhedrion, zu stürzen. Als ihm aber sein Umsturzplan mißlungen sei, indem die jüdischen Behörden aus Furcht vor den Römern jeden Aufstandsversuch niederzuhalten gezwungen waren, und als Jesus den Tod habe erleiden müssen, hätten die enttäuschten Jünger ein anderes System erdacht, und erklärt, Jesu Reich sei nicht von dieser Welt. Sie hätten ihn für den geistigen Erlöser für das ganze Menschengeschlecht ausgegeben, dabei aber auf seine baldige Wiederkunft die Aufmerksamkeit gerichtet; die Evangelien hätten die ursprüngliche Lehre Jesu vertuscht und entstellt.

Diese Behandlung der christlichen Urgeschichte, welche das ganze Christentum über den Haufen zu werfen geeignet war, schlug wie ein Blitz ein. Sie war nüchtern, überzeugend und wissenschaftlich ausgeführt und doch für jedermann verständlich. Eine Art Erstaunen und Verblüffung war der Eindruck, die besonders das letzte Fragment hervorrief. Staatsmänner und Bürger waren ebenso davon ergriffen wie die Theologen. Die Urteile waren im Publikum geteilt. Ernste Jünglinge, welche die theologische Laufbahn einschlagen wollten, stutzten, mochten nicht ihre Lebenstätigkeit an eine Sache hingeben, welche vielleicht nur ein Wahn sei, und wählten lieber einen anderen Lebensberuf. Manche behaupteten, die Beweise des Fragmentisten gegen das Christentum seien unwiderleglich[1]). Die Anonymität machte die Spannung noch größer. Man riet hin und her, wer der Verfasser wohl gewesen sein möchte. Auch Mendelssohns Name wurde dabei öffentlich genannt[2]). Nur wenige wußten, daß der auch von den Theologen verehrte Reimarus der Orthodoxie diesen Streich gespielt hatte. Der ganze Zorn der Eiferer entlud sich daher auf den Herausgeber Lessing. Er wurde von allen Seiten angefallen und hatte keinen Mitstreiter zur Seite. Sein jüdischer Freund wäre ihm gerne beigesprungen; aber durfte er sich in diese häusliche Angelegenheit mischen? Unter vielen Gemeinheiten, welche die Frommen Lessing aufbürdeten, gehörten auch diese, daß die reiche jüdische Amsterdamer Gemeinde ihm für die Veröffentlichung der

---

[1]) Vgl. Semmler, Vorrede zur Beantwortung der Fragmente, Halle 1779.

[2]) Lessings Brief an seinen Bruder vom 20. Okt. 1778.

Wolfenbüttler Fragmente 1000 Dukaten geschenkt hätte[1]). Aber von jeher gewohnt, mit seinen starken Armen allein gegen Ungeschmack und Unverstand zu kämpfen, war Lessing Mannes genug, sich selbst zu schützen. Es gewährt eine Freude, diesen Riesen im Kampfe zu sehen, wie er vernichtende Streiche mit freundlichem Lächeln und Anmut führte. Er streckte alle seine Feinde nacheinander nieder und am nachdrücklichsten den Typus der dummgläubigen, hochmütigen, hämischen Orthodoxie, den Pastor G ö z e in Hamburg. Seine anti-gözischen Pfeile hätten, so wie sie diesen Vertreter des Wittenberger verstockten Luthertums niedergeschmettert haben, so auch das ganze Gebäude umstürzen können, wenn Lessing nicht in der Täuschung befangen gewesen wäre, daß das reine Christentum mit Humanität eins sei. Ihm fehlte die Überzeugung und darum auch der Mut, den letzten Gedanken folgerichtig auszusprechen. Da seine zwerghaften Gegner auf literarischem Wege diesem Mikromegas nicht beikommen konnten, so riefen sie den weltlichen Arm zu Hilfe. Lessings Beiträge wurden verboten, konfisziert, die Handschrift der Fragmente mußte er aus-liefern, die Zensurfreiheit wurde ihm entzogen, und noch dazu wurde ihm zugemutet, nichts mehr in dieser Angelegenheit zu schreiben (1778). Er wehrte sich zwar auch gegen diese Vergewaltigung, aber er war in einem Punkte verwundbar. Der größte Mann, den Deutschland bis dahin erzeugt hatte, war mittellos, und da seine Stelle als Biblio-thekar auf dem Spiele stand, mußte er sich nach einem Notgroschen umsehen. In einer seiner schlaflosen Nächte (10. Aug. 1778) fiel ihm ein Plan ein, welcher zugleich seiner Geldverlegenheit ein wenig auf-helfen und den lutherischen Theologen einen noch schlimmeren Possen spielen sollte, als es zehn Fragmente getan haben würden. Sie don-nerten gegen ihn von ihren Kirchenkanzeln herab, da schickte er sich an, ihnen von seiner Theaterkanzel zu antworten. Das jüngste, reifste, vollendetste Kind seiner Muse, „N a t h a n d e r W e i s e", sollte sein Rächer werden. Lessing hatte das Gewebe schon einige Jahre früher im Kopfe herumgetragen, die Vollendung desselben konnte er zu keiner günstigeren Zeit in die Welt setzen.

Zum Ärger der hochmütigen christlichen Frommen, welche bei all ihrer Engherzigkeit, Lieblosigkeit und Verfolgungssucht im Glauben an Jesum alle Tugenden für sich in Anspruch nahmen und die Juden samt und sonders als Verworfene verschrieen, stellte Lessing einen Juden als fleckenloses Ideal der Tugend, der Weisheit und Gewissen-

---

[1]) Lessings Brief an seinen Bruder d. d. 25. Febr. und an Elisa Rei-marus vom 22. Juni 1780.

haftigkeit auf. Dieses Ideal hatte er in Moses Mendelssohn verkörpert gefunden[1]). Ihn und seine Charaktergröße beleuchtete er durch
das helle Licht theatralischer Effekte und prägte ihn der Ewigkeit durch
den Wohllaut der edelsten Sprache und den Wohlklang unvergäng-
licher Poesie ein. Der Hauptheld seines unsterblichen Dramas ist ein
Weiser und Kaufmann wie Mendelssohn, ebenso „gut als klug und
ebenso klug als weise". — Sein Volk verehrt ihn als einen Fürsten;
doch daß es ihn den weisen Nathan nennt — vor allem hätt's ihn den
guten nennen können:

> „. . . . . weil
> die Mild' ihm im Gesetz geboten, die
> Gefälligkeit ihm aber nicht geboten, macht
> die Mild' ihn zu dem ungefälligsten
> Gesellen auf der Welt . . . ."
> „. . . . . Wie frei von Vorurteilen
> Sein Geist, sein Herz wie offen jeder Tugend,
> Wie eingestimmt mit jeder Schönheit sei,
> . . . . welch' ein Jude!
> Und der so ganz ein Jude scheinen will."

Ein Sohn des Judentums, hat sich Nathan zur höchsten Höhe
humaner Gesinnung erhoben, weil ihm auch sein Gesetz diese Milde
vorschreibt. Im fanatischen Gemetzel der Kreuzzüge hatten wilde
Christen in Jerusalem alle Juden mit Weib und Kind ermordet und
ihm selbst ein geliebtes Weib mit sieben hoffnungsvollen Söhnen verbrannt. Anfangs raste, tobte und murrte er gegen das Geschick, dann
sprach er in Hiobs Duldergröße:

> „Doch war auch Gottes Ratschluß das! Wohlan!"

In diesem wehmütigen Schmerze bringt ihm ein Reitknecht ein
junges, zartes, christliches Kind, ein verwaistes Mädchen, und Nathan
nahm es, trug's auf sein Lager, küßte es, warf sich auf seine Kniee und
dankte Gott, daß er ihm doch wenigstens die verlorenen sieben durch

---

[1]) Alle Sophistereien Kuno Fischers sind nicht imstande, die
Thatsache wegzuklügeln, daß Lessing wahre Humanität, die fern von jedem
Glaubenswahne und Seligmacherei ist, nur unter den Juden fand, wie er
sie in Mendelssohn verkörpert sah. Die pointierte Antithese, daß ein Jude,
wenn er nicht ein Nathan wird, ein Shylock sein müsse (K. Fischer,
Lessings Nathan der Weise, Stuttgart 1864, S. 104 f.) ist eine schillernde
Seifenblase. Faktisch war kein Jude ein Shylock, wohl aber ein Christ. —
Konnte Lessing einen christlichen Helden auffinden, der ein ihm übergebenes
Kind konfessionslos erzogen hätte? Nur ein Jude, der fern von Proselyten-
macherei ist, konnte das im Drama tun, weil er es auch im Leben tun würde.

eins ersetzt habe. Dieses christliche Mädchen liebte er nicht nur mit der ganzen Glut eines Vaterherzens, sondern erzog es auch mit äußerster Gewissenhaftigkeit. Nicht diese oder jene Religion und noch weniger die seinige flößte er in R e ch a s oder B l a n k a s junge Seele, sondern nur die Lehre von reiner Gottesverehrung, idealer Tugend und Sittlichkeit. So der Vertreter des Judentums.

Wie handelte dagegen der Vertreter des Christentums? Der Patriarch von Jerusalem, der mit seiner Kirche von dem großherzigen Sultan Saladin kraft eines feierlich beschworenen Vertrages in der mohammedanischen Stadt geduldet wird, sinnt auf verräterische Pläne gegen den Sultan, schmiedet Ränke gegen ihn:

> „Nur — meint der Patriarch — sei Bubenstück
> Vor Menschen nicht auch Bubenstück vor Gott."

Für Nathan will er einen Scheiterhaufen anzünden, weil er ein verlassenes christliches Kind gehegt, geliebt und zur liebreizenden seelenvollen Jungfrau erzogen hatte. Das Kind wäre ohne des Juden Erbarmen im Elend verkommen:

> „Tut nichts, der Jude wird verbrannt."

Daja, eine andere Vertreterin des kirchlichen Christentums, die um Rechas christliche Abstammung weiß, hat Skrupel, daß sich das Christenkind in eines Juden warmer Liebe sonnt. Sie unterdrückt zwar diese Gewissensbisse mit kostbaren Geschenken, aber sie sinnt doch nur darauf, Nathan das Liebste, woran seine Seele hängt, zu entziehen, sollte er auch dadurch in Fährlichkeit geraten.

> „Sie ist eine von den Schwärmerinnen, die
> den allgemeinen, einzig wahren Weg
> nach Gott zu wissen wähnen."
> „. . . . . denselben Menschen
> Zur selben Zeit zu lieben und zu hassen."

Der Tempelherr L e u v o n F i l n e c k vertritt eine andere Seite des Christentums. Ein Soldat und Geistlicher zugleich, der, von Saladin trotz Wortbruches verschont, im Müßiggange Recha, das vermeintliche Judenmädchen gerettet hat, fährt mit christlichem Hochmut Nathan rauh und barsch an, während er ihm für die Rettung seiner Pflegetochter warmen Dank entgegenbringt. Erst nach und nach, durch der Liebe Wunderkraft, legt der Tempelherr die rauhe, häßliche Kruste seiner christlichen Vorurteile ab. Es fließt auch noch mohammedanisches Blut in seinen Adern. Nur die heilige Einfalt des Klosterbruders B o n a f i d e s verbindet noch menschliche Güte mit klöster-

licher Kirchlichkeit; aber er kennt nur eine Pflicht, Gehorſam, und würde
auf ausdrücklichen Befehl des fanatiſch grauſamen Patriarchen die ent=
ſetzlichſten Verbrechen begehen.

Dieſe Lehren predigte Leſſing von ſeiner Theaterkanzel den ver=
ſtockten Gemütern der Chriſtgläubigen. Der weiſe Jude Nathan-
Mendelsſohn ſteht bereits auf der Höhe humaner Geſinnung, der beſte
Chriſt, der Tempelherr, jeder gebildete Chriſt — die Nikolai, die Abt,
die Herder — müſſen ſich erſt von ihren dickhäutigen Vorurteilen los
machen, um dazu zu gelangen. Das Pochen auf die eigene wahre
Religion und die rechte Seligkeit iſt ein Wahn. Wer beſitzt den echten
Ring? Wodurch kann der echte von dem unechten unterſchieden werden?
Jedenfalls durch Sanftmut, herzliche Verträglichkeit, Wohltun und
innigſte Ergebenheit in Gott, kurz durch alles das, wovon das kirchliche
Chriſtentum damals nicht allzubiel zeigte, und was in Mendelsſohn
vollendet war.

Mit jedem Zuge hat Leſſing in dieſem Drama das verknöcherte,
verfolgungsſüchtige Chriſtentum gegeißelt und das Judentum we=
nigſtens in ſeinem Hauptvertreter verherrlicht. Als ſollte dieſes herr=
liche Drama, die erſte ſchöne Frucht der deutſchen Poeſie, obwohl
von einem chriſtlichen Dichter in die Welt geſetzt, der Judenheit ge=
hören, hat ein Sohn Israels die Geburt desſelben gefördert. Leſſing,
von theologiſchen Feinden beſtürmt und mit gemeiner Not kämpfend,
hätte es nicht zuſtande bringen können, wenn er nicht während der
Ausarbeitung ohne Sorge hätte leben können. Er brauchte einen
Vorſchuß und fand unter den Chriſten keinen Helfer. Ein Jude, Moſe
Weſſely[1]) in Hamburg, ein Bruder des ſpäter in die jüdiſche Ge=
ſchichte eingreifenden neuhebräiſchen Dichters Naphtali Weſſely,
machte ihm dieſen Vorſchuß, obwohl er nicht zu den reichen Juden
gehörte, und verlangte nur die Ehre, ein Schreiben von Leſſings
Hand zu beſitzen.

Leſſing hatte ſich nicht getäuſcht, daß dieſes Drama die fromme
Chriſtenheit mehr ärgern würde, als zehn antigöziſche Streitſchriften.
Sobald es in die Öffentlichkeit gedrungen war (Frühjahr 1779) ballte
ſich ein glühender Zorn gegen den Dichter zuſammen, als ob er das
Chriſtentum herabgeſetzt hätte. Die Fragmente und die antigöziſchen
Streitſchriften hatten ihm nicht ſo viel Feinde gemacht, als der „Nathan".
Seine Freunde ſelbſt zeigten ihm nur kalte Geſichter, mieden ihn,
ſchloſſen ihn, der Geſelligkeit liebte, von geſelligen Kreiſen aus und

[1]) Die Literatur über ihn ſ. bei L. Geiger, Geſch. d. Juden in
Berlin II, 138.]

überließen ihn der Verfolgung seiner Feinde. Er fühlte sich durch diesen
stillen Bann gekränkt, verlor immer mehr seine heitere Laune und die
Elastizität seines Geistes und wurde müde, schläfrig, fast stumpf. Die
Frommen haben ihm das letzte Jahr seines Lebens reichlich verbittert.
Er starb im kräftigen Mannesalter wie ein Greis, ein Märtyrer
seiner Liebe zur Wahrheit. Aber seine herzgewinnende melodische
Stimme für die gegenseitige Duldung drang durch und sänftigte allmählich die Mißtöne des Hasses und der Vorurteile. Trotz des Bannes,
der den „Nathan" wie seinen Erzeuger in protestantischen wie in katholischen Ländern traf, wurde dieses Drama eines der volkstümlichsten
der deutschen Poesie, und so oft die mit Überzeugung gedichteten Verse
von den Bühnen ertönen, ergreifen sie die Herzen der Zuhörer und lösen
die Gliederkette des Judenhasses in den deutschen Gemütern, die sich
am schwersten davon losmachen konnten. Nathan hat in dem Bewußtsein des deutschen Volkes Furchen gezogen, die trotz ungünstiger Umstände sich nicht mehr ganz geschlossen haben. Zwanzig Jahre vorher,
als Lessing sein Erstlingsdrama „Die Juden" in die Welt setzte, tadelte
es ein hochmütiger Theologe, daß es allzu unwahrscheinlich sei, daß
unter einem Volke, wie das jüdische, ein solches edles Gemüt, wie es
der Jude in dem Stück zeigt, sich auch nur bilden könne. Beim Erscheinen des Nathan zweifelte kein Leser desselben, daß ein solcher
edler Jude vorkommen könne. Diese Ungeheuerlichkeit durfte auch
der Verstockteste nicht mehr vorbringen. Der jüdische ideale Weise
leibte und lebte in Berlin und war eine Zierde nicht bloß der Juden,
sondern zugleich der deutschen Nation. Ohne Mendelssohn hätte das
Drama „Nathan" nicht entstehen können, wie er nicht ohne Lessings
Freundschaft das geworden wäre, was er für die deutsche Literatur
wie für die Judenheit geworden ist. Die Innigkeit des Verhältnisses
zwischen diesen beiden Freunden zeigte sich nach Lessings Tode. Seine
Brüder und Freunde, die erst nach seinem Verscheiden seine ganze
Größe ahnten, wandten sich mit ihrem Schmerze über den Verlust
an Mendelssohn, als verstände es sich, daß er der Hauptleidtragende
sei. Und er war es auch. Keiner seiner Freunde hatte sein Andenken
mit so wehmütiger Erinnerung und mit religiöser Verehrung bewahrt
wie Mendelssohn. Er war vor allem darauf bedacht, es vor Verkennung
und Fälschung zu schützen.

Zweites Kapitel

Die Mendelssohnsche Epoche.

(Fortsetzung.)

Die Mendelssohnsche Pentateuchübersetzung. Salomo Dubno. Elisa Reimarus. Ezechiel Landau, Raphael Kohen, Hirsch Janow und Pinchas
Hurwitz. Der Bann gegen die Pentateuchübersetzung. Mendelssohns
Verhalten dagegen. Wirkung der Übersetzung. Montesquieu. Stellung
der Juden in England. Voltaire und die Juden. Isaak Pinto und Rodrigues Pereira. Flugschriften für und gegen die Juden. Die Juden von
Elsaß und Metz. Bedrohte Lage der Elsässer Juden durch einen judenfeindlichen Erzschelm. Ihre Denkschrift. Dohm und Mendelssohn.
Dohms Schutzschrift für die Juden. Kaiser Josephs Erlaß zugunsten
der Juden. Diez, Johannes v. Müller, Hartmann, Michaelis. Mendelssohns „Rettung der Juden" und „Jerusalem". Wessely. Sein Sendschreiben an die österreichischen Gemeinden zugunsten der Bildung.
Seine Verketzerung. Mendelssohns Tod.

(1779—1786.)

Wie Mendelssohn, ohne es zu wissen und zu wollen, Lessing zum
Schaffen eines Ideals angeregt und durch ihn die Vorurteile gegen
Juden bannen geholfen hatte, so hat er in derselben Zeit ebenso ab-
sichtslos die geistige Befreiung seiner Stammesgenossen herbeigeführt,
von der sich ihre Wiedergeburt datiert. Die Bibel, namentlich der
Pentateuch, das alles in allem der Juden, war ihnen, obwohl ihn
sehr viele auswendig konnten, so fremd geworden, wie nur je ein un-
verständliches Buch. Die rabbinischen und die kabbalistischen Ausleger hatten den einfachen biblischen Wortsinn so entstellt, daß sie alles
darin erblickten, nur nicht das Richtige und Wahre seines Inhaltes.

Im zarten Kindesalter brachten die polnischen Schulmeister —
andere gab es nicht — mit der Zuchtrute und mit zornigen Gebärden
der jüdischen Jugend bei, die ungereimtesten Verkehrtheiten in diesem
heiligen Buche zu erblicken, verdolmetschten es in ihrer häßlichen Mischsprache und verquickten den Text so eng mit ihrer Übersetzung, daß
es schien, als wenn Mose im Kauderwelsch der polnischen Juden gesprochen hätte.

Die Vernachläſſigung alles profanen Wiſſens, die mit jedem Jahrhundert zunahm, brachte es dahin, daß jede Albernheit und Abgeſchmacktheit, ja ſelbſt jede Läſterung in die Schriftverſe hineingedeutelt wurde. So war gerade das, was ein Labſal für die Seelen hätte ſein ſollen, in ein Gift verwandelt. Am tiefſten empfand Mendelsſohn dieſe Verkennung und Entſtellung des Bibelwortes, er der zu der lichten Erkenntnis gekommen war, daß die heilige Schrift nicht das enthalte, „was Juden und Chriſten darin zu finden glaubten", und daß eine einfache, geſchmackvolle Überſetzung ein wichtiger Schritt zur Hebung der Kultur unter den Juden werden dürfte. Aber in ſeiner Beſcheidenheit und Scheu, öffentlich aufzutreten, fiel es ihm nicht ein, dieſes Erziehungsmittel für ſeine Stammesgenoſſen anzuwenden. Nur für ſeine Kinder arbeitete er eine Überſetzung des Pentateuchs aus, um ihnen eine gediegene Erziehung zu geben und ihnen das Gotteswort in unentſtellter Form zuzuführen, unbekümmert darum, wie er ſich äußerte, „ob ſie noch ferner gezwungen ſein würden, in Sachſen-Gotha bei jeder Durchreiſe ihren jüdiſchen Kopf mit einem Würfelſpiel zu verzollen oder irgendeinem kleinen Satrapen das Märchen von den drei Ringen zu erzählen." Erſt auf das Drängen eines Mannes, deſſen Wort Gewicht bei Mendelsſohn hatte, entſchloß er ſich, ſeine Überſetzung des Pentateuchs in deutſcher Sprache (mit jüdiſch-deutſchen Lettern) für jüdiſche Leſer zu veröffentlichen[1]). Es koſtete ihn aber Überwindung, ſeinen Namen dabei zu nennen[2]).

Er kannte ſein jüdiſches Publikum zu gut, um nicht zu wiſſen, daß die Überſetzung, wie vorzüglich ſie auch immer ausfallen mochte, wenig Beifall finden würde, wenn ſie nicht mit einer hebräiſchen Erklärung verbrämt ſein würde. Was galt damals für den verderbten Geſchmack jüdiſcher Leſer ein Buch ohne Kommentar? Seit undenklichen Zeiten, ſeitdem die Kommentare und Superkommentare aufkamen, waren ſie viel mehr beliebt, als der ſchönſte Text. Mendelsſohn gewann daher einen unterrichteten Polen, S a l o m o D u b n o (geb. 1734, ſtarb 1813)[3]), der, eine rühmliche Ausnahme unter ſeinen Landsleuten, hebräiſche Grammatik gründlich verſtand, die Ausar-

---

[1]) Für chriſtliche Leſer wurde die Überſetzung mit deutſchen Lettern aufgelegt.

[2]) S. die Einleitung zu Mendelsſohns Pentateuch.

[3]) S. hebr. Zeitſchr. Zion I, S. 64 f.; vgl. dagegen Carmoly, Revue orientale I, p. 192. Dubno hat auch einige nicht ganz ſchlechte hebräiſche Verſe gemacht. [Der 12. Oktober 1738 war ſein Geburtstag, der 23. Juni 1813 ſein Sterbetag. Steinſchneider, C. B. Nr. 6909.]

beitung eines fortlaufenden Kommentars zu übernehmen. So wurde
das Werk in Angriff genommen, zunächst durch Sammeln von Unter=
schriften der Abnehmer, ohne das damals kein Buch in die Welt
gesetzt werden konnte. Hier zeigte sich's, daß Mendelssohn bereits
unter seinen Stammesgenossen, in und außerhalb Deutschlands, so
viele Anhänger und Verehrer zählte, daß sein Unternehmen mit Freude
begrüßt wurde, welches die Schmach der Unwissenheit in ihrer eigenen
Welt, und der Sprachverderbnis von ihnen abtun sollte. Am meisten
Teilnehmer fanden sich in Berlin und in Mendelssohns Geburts=
stadt Dessau, wo man ihn zu achten gezwungen und stolz auf ihn
war; aber auch in Frankfurt a. M., Königsberg, Kopen=
hagen, wo sich durch die Milde der dänischen Herrscher eine starke
jüdische Gemeinde gebildet hatte, ferner in Wien und Prag fanden
sich Abnehmer, weniger in Hamburg = Altona. Auch aus Polen
liefen Bestellungen auf die verdeutschte Thora Mendelssohns ein[1]),
meistens aus Wilna, wo damals der halbfreisinnige Elia Wilna
und die wahnsinnige Verkehrtheit der Neuchaßidäer die Rückkehr zur
heiligen Schrift beliebt gemacht hatten. Als Zeichen der Zeit kann es
gelten, daß sich auch Christen dabei beteiligten, Professoren, Pastoren,
Hofprediger, Konsistorialräte, Hofräte und Exzellenzen. Allerdings
waren Mendelssohns christliche Freunde außerordentlich rührig, sein
Werk zu fördern. Seine und Lessings edle Freundin Elisa Rei=
marus sammelte selbst Unterschriften dazu[2]).

So sehr Mendelssohns Bewunderer bei der Nachricht über eine
Pentateuchübersetzung von seiner Hand in einen Freudenrausch ge=
rieten, ebenso sehr waren die starren Anhänger des Alten und Über=
kommenen betrübt darüber. Sie fühlten lebhaft, ohne daß sie sich es
klar denken konnten, daß die alte Zeit, die naive Gläubigkeit, welche
unbesehen alles als Ausfluß einer göttlichen Quelle betrachtet, damit
zu Grabe getragen werden würde.

Sobald eine Probe der Übersetzung[3]) in die Öffentlichkeit trat,
waren die Rabbiner alten Schlages dagegen eingenommen und sannen
darauf, den Feind vom Hause Jakob fernzuhalten. Zu diesen Gegnern
gehörten Männer, die nicht bloß vermöge ihrer rabbinischen Gelehr=

---

[1]) Vgl. das Abonnentenverzeichnis im ersten Teile der Mendelssohnschen
Pentateuchausgabe.

[2]) Mendelssohns Brief an Elisa Reimarus bei Kayserling, a. a. O.
S. 538.

[3]) Die Probe עלים לתרופה erschien 1778, verbunden mit Mendels=
sohns Übersetzung der Zionide von Jehuda Halevi.

samkeit und ihres Scharfsinns, sondern auch vermöge ihrer lautern
Gesinnung dem Judentum Ehre machten. Es waren namentlich
drei Polen[1]) von Geburt, die für die Wandlung der Zeit ebensowenig
Verständnis hatten, wie für Formenschönheit und Sprachreinheit. Der
eine von ihnen, Ezechiel Landau (seit 1752 Oberrabbiner von
Prag, starb 1793) genoß in seiner Gemeinde und außerhalb derselben
große Verehrung. Er war klug und überlegt und lernte mit der Zeit
mit dem Strome schwimmen. Der andere, Raphael Kohen,
Rießers Großvater (geb. 1722, starb 1803), aus Polen eingewandert
und von Posen zum Rabbinate der Drei-Gemeinden (Hamburg,
Altona, Wandsbeck) berufen, war ein standhafter und charaktervoller
Mann, ohne Falsch und jeglichen Hintergedanken, der als Richter ohne
Ansehen der Person Recht sprach und das Recht als die Stütze des
Thrones Gottes betrachtete[2]). Der dritte und jüngste war Hirsch
Janow, wegen seines Tiefsinns in talmudischen Diskussionen der
„Scharfsinnige" (Charif) zubenannt (geb. 1750, starb 1785)[3]),
Schwiegersohn Raphael Kohens. Sein scharfer Kopf umspannte ebenso
die verwickelten Lehrsätze der Mathematik wie die des Talmuds. Nach-
dem sein Schwiegervater den Ruf nach Hamburg-Altona angenommen
hatte, wurde der sechsundzwanzigjährige Hirsch Charif zum Rabbiner
von Posen erwählt, aber gleich darauf nach Fürth berufen. Er war
ganz Selbstlosigkeit. Das geringe Einkommen von der verarmten
Posener Gemeinde verwendete er für Unglückliche; er gab mit herzgewinnender Milde, ohne viel zu fragen, ob die Empfänger Streng-
gläubige oder Ungläubige waren, während er selbst darbte. Er machte
Schulden, um Dürftige aus dem Elend zu reißen. Er war ein tiefer
Denker, der Gelegenheit hatte, die Menschen von der schlechtesten
Seite kennen zu lernen. Salomon Maimon nannte diesen Rabbiner
von Posen und Fürth „einen göttlichen Mann", was aus diesem Munde
nicht als Übertreibung angesehen werden kann. Zu diesen drei Rabbinen kann man noch einen vierten gleichgesinnten zählen, Pinchas
ha-Levi Hurwitz (geb. 1740, starb 1802), Rabbiner von Frankfurt a. M., ebenfalls ein Pole und gar aus der chaßidäischen Schule
hervorgegangen[4]). Sie und ihre Gesinnungsgenossen, welche das

---

[1]) Vgl. über die Opposition gegen Mendelssohns Pentateuch Note 1.

[2]) Gabriel Rießers Leben nebst Mitteilungen aus seinen Briefen von
Dr. Isler I, S. 38.

[3]) S. Note 1.

[4]) S. Note 1 und 2. [Nach Horowitz, Dr. M., Frankfurter Rabbinen IV,
S. 24, 82 war Pinchas Horowitz um 1730 geboren und starb am 1. Juli
1805. Über sein Auftreten gegen Mendelssohn vgl. das. S. 51—59.]

Leſen eines deutſchen Buches für eine ſchwere Sünde hielten, waren eigentlich in ihrem Rechte, ſich der Neuerung zu widerſetzen. Sie ſahen voraus, daß die jüdiſche Jugend aus der Mendelsſohnſchen Überſetzung viel mehr die deutſche Sprache als das Verſtändnis der Thora lernen werde, daß jene immer mehr zur Hauptſache werden, die Beſchäftigung mit der heiligen Schrift dagegen zur bedeutungsloſen Nebenſache herabſinken, und das Talmudſtudium vollends verdrängt werden würde. Wenn auch Mendelsſohn von der religiöſen Seite gut beleumundet war, ſo waren es ſeine Umgebung und ſeine Anhänger nicht. Unlautere Menſchen, welche mit dem Judentum gebrochen hatten, nannten ſich mit Dünkel M e n d e l s ſ o h n i a n e r , waren bei der Beförderung des Abſatzes für die Überſetzung rührig und brachten ſie dadurch bei den Strengfrommen in Verdacht. Außerdem hatte Mendelsſohn aus Beſcheidenheit eine kleine Unbeſonnenheit begangen. Der Rabbiner H i r ſ c h e l L e w i n (Löbel, geb. 1721, ſtarb 1800)[1] von Berlin und das ganze Rabbinat hatten das Unternehmen amtlich gebilligt und belobt, daß Mendelsſohn ein verdienſtliches, gottgefälliges Werk befördere. Hirſchel, obwohl aus der Familie der Eiferer Chacham Zewi und Jakob Emden, war milden Sinnes und hatte ſich in der Jugend mit neuhebräiſcher Poeſie und Grammatik beſchäftigt; die mit Aufklärung geſchwängerte Luft von Berlin war dem religiöſen Übereifer nicht ſehr zuträglich. Als einſt der damals noch aus Stockfrommen zuſammengeſetzte jüdiſche Vorſtand das Komödieſpielen im Hauſe einer reichen Jüdin verboten hatte und das ſchöne Kind H e n r i e t t e d e L e m o s [2] (ſpäter Henriette Herz) plötzlich in der Sitzung der ernſten Männer erſchienen war und gefleht hatte, ihr doch das unſchuldige Vergnügen nicht zu ſtören (ſie hatte ſich auf eine Rolle vorbereitet), ſchmolz das Eis der Stockfrommen augenblicklich, und ſie geſtatteten die Aufführung. So etwas konnte damals nur in Berlin hingehen. Aber eben weil die Berliner Judenheit auswärts bereits anrüchig war, hätte die Zuſtimmung ihres Rabbiners die Mendelsſohnſche Überſetzung nicht decken können. Dazu kam, daß Mendelsſohn eine unüberwindliche Scheu davor hatte, ſich in der

---

[1] S. über ihn Carmoly, Revue orientale III, p. 219 (nicht ganz richtig), deſſen Schrift über die Familien Rapaport und Jungtauben (משפחת הצורבים ובני הרונה) S. 37; Auerbach, Geſchichte der iſraelitiſchen Gemeinde von Halberſtadt, S. 89 f.; David Friedländer, Verbeſſerung der Juden im Königreiche Polen, Einl. p. XXXV. Anm. [und jetzt namentlich L a n d s h u t h , תולדות אנשי שם , S. 69—121.] Hirſchels Approbation zu Mendelsſohns Pentateuch iſt datiert von 1778.

[2] J. Fürſt, Henriette Herz, ihr Leben und Erinnerungen. S. 89.

Stilmanier solcher Approbationsschreiben Weihrauchwolken ins Gesicht blasen zu lassen, und darum Hirschels günstige Zensur nicht veröffentlichen ließ. Gerade diese Bescheidenheit aber wurde ihm von
manchen als Hochmut ausgelegt, als dünke er sich erhaben über die
Rabbinen und wolle sich von ihnen kein Zeugnis über seine Rechtgläubigkeit erteilen lassen. Genug, wer einen Makel an dem Über-
setzungswerke finden wollte, brauchte nicht viel zu suchen.

Wie es scheint, war Raphael Kohen, ein Mann von raschem Wesen,
am eifrigsten gegen die Verdeutschung der Bibel eingenommen.
Aber da Mendelssohn in Hamburg von seiten seiner Frau Verwandte
und überhaupt Verehrer hatte, so konnte daselbst nichts gegen ihn
unternommen werden, und ebensowenig in Prag, wo es unter den
Juden bereits Freidenker gab. Darum wurde Fürth als der geeignetste
Ort angesehen, von wo aus (wohl Juni 1779) die Bannstrahlen gegen
„Mose Dessaus deutschen Pentateuch" geschleudert wurden.
Allen denen, welche treu zum Judentum hielten, wurde bei Strafe
der Acht verboten, sich dieser Übersetzung zu bedienen.

Indessen wurde der Kampf, der zwischen den Alten und Neuen
ausbrach, mit ziemlicher Gelassenheit geführt und hat keine hochgehende
Bewegung erzeugt. Hätte Jakob Emden damals noch gelebt, so wäre
sein Eifer heftiger aufgeschäumt und hätte mehr Unruhe erzeugt.
Mendelssohn war überhaupt zu uneigennützig, zu milde und philosophisch ruhig, um bei der Nachricht von dem Banne gegen sein Unternehmen in Harnisch zu geraten oder seine christlichen Freunde in hoher
Stellung für seinen Zweck auszubeuten und seine Gegner stumm zu
machen. Er war auf Widerstand gefaßt. „Sobald ich Herrn Dubno
nachgegeben, meine Übersetzung drucken zu lassen, nahm ich meine
Seele in die Hände, richtete mein Auge auf die Berge und gab meinen
Rücken den Schlägen preis." Er sah das Spiel der menschlichen Leidenschaften und des übertriebenen Eifers für die Religion als eine Natur-
erscheinung an, welche ein ruhiges Beobachten verlangt. Er wollte
sich diese ruhige Beobachtung durch äußere Dinge, durch Drohungen
und Verbote, überhaupt durch Eingriffe der weltlichen Macht nicht
stören lassen. „Vielleicht, daß eine kleine Gärung zum Besten der
Sache, die mir eigentlich am Herzen liegt, dienlich ist." Er meinte,
wenn seine Übersetzung ohne Widerstand aufgenommen worden wäre,
dann wäre sie im Grunde überflüssig. „Je mehr sich die sogenannten
Weisen der Zeit widersetzen, desto nötiger ist sie. Ich habe sie anfangs
nur für den gemeinen Mann angelegt, finde aber, daß sie für Rabbiner
noch viel notwendiger ist." Von seiten der Gegner ist aber nichts Nach-

drückliches geſchehen, um die ihnen ſo gefahrbringend ſcheinende Überſetzung zu unterdrücken und den Urheber derſelben zu brandmarken.
Nur in einigen polniſchen Städten, wie in Poſen, Liſſa und Wilna
wurde ſie verboten und ſoll öffentlich den Flammen übergeben worden
ſein[1]). Nur von ſeiten des rückſichtslos feſten Rabbiners Raphael
Kohen war eine Aufregung zu befürchten. Er ſchien indes abzuwarten,
bis das Ganze vorliegen würde, um Beweiſe für die Verdammungs-
würdigkeit desſelben haben zu können. Darum ſah ſich Mendelsſohn
zeitig nach Beihilfe um, um ſeinen Eifer zu lähmen. Er drang daher
in ſeinen Freund A u g u ſt v. H e n n i g s , däniſchen Staatsrat und
Schwager ſeiner vertrauten Freundin E l i ſ a R e i m a r u s , dahin
zu wirken, daß der König von Dänemark und einige Hofleute auf das
Werk zeichnen möchten; das würde den Eiferer ſtutzig machen. Hennigs,
ein Mann von raſcher Tat, wandte ſich, um Mendelsſohns Wunſch
zu erfüllen, ſofort an den däniſchen Miniſter v. G u l d b e r g . Zu
ſeinem und Mendelsſohns Erſtaunen fiel die Antwort ernüchternd
und verletzend aus, der König und ſeine erlauchten Brüder wären
bereit, ſich als Abnehmer dabei zu beteiligen, wenn der Miniſter die
Verſicherung geben könnte, daß in der Überſetzung nichts gegen die
Hoheit und Wahrheit der heiligen Schrift enthalten ſei, damit die
Juden nicht hinterher beweiſen könnten, „daß Moſe Mendelsſohn ein
Anhänger der (berüchtigten) Religion von Berlin ſei“.

Die „Berliner Religion“, das war damals der Schrecken der
Frommen in der Kirche und Synagoge, und man kann nicht ſagen,
daß es eine Geſpenſterfurcht war. Um dieſen über Religion ſpöttelnden
Hinkfuß fernzuhalten, wollten eben die eifervollen Rabbiner jeden
Zugang zu den Häuſern der Juden vermauern. Nicht bloß die Folge-
zeit, ſondern die allernächſte Zeit bewies es, daß die Rabbiner durchaus nicht Geſpenſterſeher waren. Mendelsſohn erkannte in ſeiner
harmloſen Frömmigkeit den Feind nicht, obwohl er in ſeinem eigenen
Hauſe aus- und einging. Endlich erfolgte von ſeiten Raphael Kohens
der Bann über die Mendelsſohnſche Pentateuchüberſetzung (17. Juli)[2]);
er wurde über alle diejenigen Juden verhängt, welche ſie leſen würden.
Der Verfaſſer wurde nicht in den Bann getan, ſei es aus Rückſicht
auf ſeine Bedeutung, ſei es aus Schwäche und Halbheit. Indeſſen,
ehe dieſer Streich geführt wurde, hatte Mendelsſohn die Folgen ſchon
abgewendet. Er wußte v. Hennigs zu überzeugen, daß er ohne Gewiſſensbiſſe die Unterzeichnung des Königs für die Pentateuchüber-

---

[1]) Die Biographie im Eing. zu Geſ. Schr.
[2]) S. Note 1.

setzung erwirken dürfe, und dieser setzte es auch durch. An der Spitze
der Abnehmer stand der Name des Königs **Christian von Dänemark** und des Kronprinzen verzeichnet. Dadurch war Raphael Kohen
gehindert, die Verdammung und Vernichtung des von ihm verketzerten
Werkes mit Nachdruck zu betreiben.

Die Gegner spielten indessen Mendelssohn einen Streich, um
die Vollendung der Übersetzung zu hintertreiben. Sie wußten ihm
Salomo Dubno, seine rechte Hand, abwendig zu machen. Dubnos
Jugendlehrer, **Naphtali Herz**, Rabbiner von Dubno, war damals
nach Berlin gekommen, und von Raphael Kohen und Ezechiel Landau
auf die Gefährlichkeit der Mendelssohnschen Übersetzung für den Bestand des Judentums aufmerksam gemacht, nahm dieser seinem Jünger
das Wort ab, mit dem Mendelssohnschen Kreise zu brechen. Wie der
Derwisch im „Nathan" ließ darauf Salomo Dubno plötzlich Ehren-
stelle und den wohlverdienten Lohn für seine Arbeit im Stich und
floh nach der Wüste Polen. Dadurch geriet Mendelssohn in arge Verlegenheit. Um sein Wort einzulösen und das Werk nicht ins Stocken
geraten zu lassen, mußte er selbst Hand an den Pentateuchkommentar
legen, fühlte sich aber so sehr davon angestrengt, daß er Helfer suchen
mußte. In Wessely fand er allerdings einen gesinnungsgenössischen
Mitarbeiter; aber auch dieser mochte nicht die ganze Last der Arbeit
übernehmen, und so war Mendelssohn gezwungen, einen Teil derselben dem Erzieher seines Sohnes, **Herz Homberg**, und einem
andern jungen Mann, **Aaron Jaroslaw** aus Breslau, zu übertragen. Ersterer war ihm selbst nicht ganz genehm. Er wußte, daß
Homberg in seinem Innern mit dem Judentum entzweit war und das
heilige Werk nicht in Mendelssohns Sinne, in heiliger Gesinnung
verrichten würde. Aber es blieb ihm keine Wahl. Durch Hombergs
Beteiligung daran geriet die Übersetzung (vollendet erst 1783) bei
den Frommen noch mehr in Mißkredit; sie wollten sie aus den jüdischen
Häusern verbannt wissen.

Diese Strenge reizte wiederum anderseits noch mehr. Die ver-
botene Frucht schmeckte süß. Die Talmudjünger griffen hinter dem
Rücken ihrer die neue Strömung verkennenden Meister nach der deutschen Übersetzung und lernten im Versteck daraus zugleich das Elemen-
tare und Erhabenste, die deutsche Sprache und Religionsphilosophie,
hebräische Grammatik und Poesie. Sie gewannen dadurch eine neue
Weltanschauung. Der hebräische Kommentar diente ihnen als Leitfaden und eröffnete ihnen das Verständnis. Wie wenn sie von einem
Zauberstab berührt worden wären, wuchsen dieser Jüngerschar, diesen

ausgemergelten Gestalten des dumpfen Talmudlehrhauses, die Geistes-
flügel, mit denen sie sich über die düstere Gegenwart erhoben und einen
Flug himmelwärts nahmen. Eine unstillbare Sehnsucht nach Wissen
bemächtigte sich ihrer; kein noch so dunkles Gebiet blieb ihnen seitdem
verschlossen. Die Geistesschärfe, das rasche Begreifen, das tiefe Eindringen, die diesen Jünglingen die Beschäftigung mit dem Talmud
in einem so hohen Grade verliehen hatte, machten es ihnen leicht, sich
in der ihnen neu erschlossenen Welt zu orientieren. Tausende von Talmudjüngern aus den verschiedenen großen Lehrhäusern, aus Hamburg, Prag, Nikolsburg, Frankfurt a. M., Fürth und gar erst aus
Polen wurden lauter junge, kleine Mendelssohne, viele von ihnen
sprachgewandte, tiefe Denker. Mit ihnen verjüngte sich das Judentum.
Alle jene Männer, welche zu Ende des achtzehnten und im Anfang
des neunzehnten Jahrhunderts nach vielen Richtungen hin öffentlich
wirkten, waren bis zu einer gewissen Zeit einseitige Talmudisten und
mußten erst von Mendelssohns Geiste angehaucht werden, um Träger
und Beförderer der Kultur unter den Juden zu werden. In der kürzesten Zeit trat ein zahlreiches Geschlecht jüdischer Schriftsteller auf,
welche in einem klaren, sei es hebräischen oder deutschen Stil über
Gegenstände schrieben, von denen sie kurz vorher keine Ahnung gehabt
hatten. Die Mendelssohnsche Übersetzung hatte eine wahrhafte Wiedergeburt der Juden mit raschen Schritten angebahnt. Sie haben sich
viel rascher in der europäischen Gesittung zurecht gefunden, als die
Deutschen, und — was nicht übersehen werden darf — die talmudische Geschultheit erleichterte ihnen das Verständnis. Diese Ver-
dolmetschung (nächst dem Pentateuch auch der Psalmen) hat viel mehr
Gutes als die Lutherische geschaffen, weil sie nicht der Verknöcherung,
sondern der Belebung des Geistes diente. Die innere Befreiung der
Juden datiert, wie gesagt, von dieser Übersetzung an.

Auch die Anfänge der äußeren Befreiung der Juden von tausendjähriger harter Knechtschaft knüpften sich an Mendelssohns Namen,
und zwar, ebenso wie seine Tätigkeit für die innere Befreiung, unbeabsichtigt, ohne Stürmerei oder Berechnung von seiner Seite. Es
nimmt sich daher wie ein Wunder aus, ohne den allergeringsten wunderbaren Vorgang. Er verschaffte den Juden zwei Vorkämpfer, wie sie
sie eifriger und wärmer nicht wünschen konnten, Lessing und Dohm.
Seit der Mitte des achtzehnten Jahrhunderts wurde die Aufmerksamkeit der gebildeten Welt auf die Juden ohne ihr Hinzutun reger
gemacht. Zu allererst hatte Montesquieu[1]), der zuerst in den

----

[1]) Im Jahre 1748.

tiefen Grund der Gesetze eindrang und ihren Geist offenbarte, seine gewichtige Stimme gegen die barbarische Behandlung der Juden erhoben. In seinem vielgelesenen und zum Nachdenken anregenden „Geist der Gesetze" hatte er den Nachteil, welchen die Mißhandlung der Juden den Staaten gebracht hat, mit überzeugenden Gründen nachgewiesen und die Grausamkeit der Inquisition mit unverlöschlichen Zeichen gebrandmarkt. Der verhallende Schmerzensschrei eines gequälten Marranen beim Anblick eines Scheiterhaufens für ein judaisierendes Mädchen von achtzehn Jahren in Lissabon hatte Montesquieu wieder erweckt und das Echo in ganz Europa verhallen lassen. „Ihr Christen beklagt euch, daß der Kaiser von China alle Christen in seinem Staate bei langsamem Feuer braten läßt. Ihr verfahrt noch schlimmer gegen die Juden, weil sie nicht alles glauben, was ihr glaubet. Wenn jemand von unsern Nachkommen es jemals wagen sollte zu sagen, daß die Völker von Europa gebildet gewesen seien, so wird man euer Beispiel anführen, daß sie Barbaren waren. Die Vorstellung, die man von euch haben wird, muß euer Zeitalter beflecken und Haß über alle eure Zeitgenossen verbreiten"[1]). Montesquieu hatte die Rechtstitel, welche die Menschlichkeit verloren hatte, wieder aufgefunden. Aber wie schwer war es, diese Titel in ihrem ganzen Umfange auch für die Juden zur Anerkennung zu bringen!

Zwei Vorgänge haben die Juden, ihr Wesen, ihre Gegenwart und ihre Vergangenheit in die Öffentlichkeit gezogen, der Versuch, ihnen in England eine gesetzliche Stellung einzuräumen, und Voltaires Ausfälle gegen sie. In England, wo sie sich seit einem Jahrhundert sozusagen eingeschlichen hatten (B. X₃, S. 112 ff.), machten sie, besonders in der Hauptstadt, eine abgeschlossene Genossenschaft aus, ohne durch ein ausdrückliches Gesetz geduldet oder anerkannt zu sein. Sie galten lediglich als Fremde, als Spanier, Portugiesen, Holländer oder Deutsche, und mußten auch eine Fremdensteuer (alien duty) leisten. Indessen nahmen die Behörden, namentlich die Richter, Rücksicht auf ihr jüdisches Bekenntnis und luden z. B. jüdische Zeugen nicht am Sabbat vor. Nachdem die in den amerikanischen Kolonien Englands angesiedelten Juden naturalisiert worden waren, wurde dem Parlament eine Bill von Kaufleuten und Fabrikanten, allerdings von Juden und ihren Freunden, eingereicht, sie auch in England als Eingeborene zu behandeln, ohne daß sie nach der gesetzlichen Bestimmung genötigt sein sollten, zur Erlangung des Bürgerrechts das Abendmahl

---

[1]) Montesquieu, esprit des lois, livre 25, chap. 13.

zu nehmen. Der Miniſter P e l h a m unterſtützte das Geſuch und betonten den Vorteil, der dem Land durch die bedeutenden Kapitalien der portugieſiſchen Juden und durch ihre warme Anhänglichkeit an England erwachſen würde. Von den Gegnern wurden aber teils ſelbſtſüchtige, teils religiöſe Vorurteile dagegen geltend gemacht[1]). Die Juden würden, mit den Bürgern gleichgeſtellt, den ganzen Reichtum des Landes an ſich ziehen, ſämtliche Ländereien erwerben und die Chriſten enterben; dieſe würden ihre Sklaven ſein, und die Juden würden ihre Herrſcher und ihre eigenen Könige wählen. Die dumme Bibelgläubigkeit ſagte, ſie müßten nach dem Spruch der chriſtlichen Prophezeiungen ohne Vaterland bleiben, bis ſie in das Land ihrer Väter eingeſammelt werden würden. Überraſchend genug wurde die Bill doch vom Oberhauſe genehmigt, daß alle Juden, welche ununterbrochen drei Jahre in England oder Irland ihren Aufenthalt hätten, naturaliſiert ſein ſollten; nur dürften ſie kein weltliches oder geiſtliches Amt bekleiden und nicht das Wahlrecht für das Parlament ausüben. Die Lords und Biſchöfe waren alſo nicht gegen die Juden eingenommen. Auch die Mehrheit des Unterhauſes ſtimmte der Bill zu, und der König Georg II. erhob ſie zum Geſetz (März 1753). Wa der Beſchluß der drei Geſetzesfaktoren wirklich der Ausdruck der Volksmajorität? Das wurde ſofort zweifelhaft. Denn alsbald ertönten von den Kanzeln, aus den Zünften und Schänkhäuſern Verwünſchungen gegen das Miniſterium, welches die Naturaliſation der Juden durchgeſetzt hatte. Unſere Zeit wird es kaum glaublich finden, daß die Londoner Kaufmannſchaft von dem Zuzug der jüdiſchen Kapitaliſten den Ruin ihres Geſchäftes befürchtet hat. Ein Geiſtlicher, der D e k a n T u c k e r, welcher ſich der Juden angenommen und das Naturaliſationsgeſetz verteidigt hatte, wurde von der Oppoſition im Parlamente, in Zeitungen und Flugſchriften geſchmäht, und ſein Bild nebſt ſeiner Schutzſchrift

---

[1]) Über den erſten mißlungenen Anlauf zur Emanzipation der Juden in England vgl. M i r a b e a u , Sur Moses Mendelssohn, p. 92. Appendice de l'acte de naturalisation portée en 1735 dans la grande Bretagne en faveur des Juifs; H a n n a h A d a m s , History of the Jews, p. 389 ff. aus zeitgenöſſiſchen Quellen; S p i e k e r , Über die ehemalige und jetzige Lage der Juden in Deutſchland, S. 239; Friedr. R ü h s , Die Rechte des Chriſtentums und des deutſchen Volkes, S. 14; Parliamentary history and reviews during the session of 1825—1826, wo ein Mitglied (Spring Rice) mitteilt, daß die Gründe, welche gegen die Emanzipation der Katholiken in England geltend gemacht wurden, dieſelben ſind, die ehemals gegen die Juden aufgeführt wurden; Charles E g o n , The statuts of the Jews in England, p. 33 ſ.; H. H e i n e , Engliſche Fragmente, geſ. Schr. III, S. 128.

zugunsten der Juden wurde in Bristol verbrannt. Zum Verdrusse der Bessergesinnten hatte das Ministerium die Schwäche, dem aus Brotneid und fanatischer Unduldsamkeit entsprungenen Schrei des Pöbels nachzugeben und sein eigenes Werk aufzuheben (1754), „weil dadurch das Mißvergnügen erregt und die Gemüter vieler königlichen Untertanen beunruhigt worden sind". Da selbst die heftigsten Feinde des Gesetzes den Juden Englands nichts Böses nachsagen konnten, diese vielmehr vermöge ihrer ohne Wucher erworbenen Reichtümer und ihrer edelen Haltung den Engländern selbst imponierten, so nahm die öffentliche Meinung warm Partei für sie und ihre bürgerliche Gleichstellung, und wenn diese auch für den Augenblick vereitelt wurde, so hatte das Fehlschlagen doch keine ungünstige Wirkung für sie.

Der zweite Vorgang, obwohl er nur von einer vereinzelten Persönlichkeit angeregt war, machte fast noch mehr von sich reden, als die Parlamentsverhandlungen in England in betreff der Juden. Diese Persönlichkeit war A r o u e t d e V o l t a i r e, im achtzehnten Jahrhundert der König im Reiche der Literatur, der mit seinem dämonischen Lachen die noch immer hochragende Feste des Mittelalters wie ein Kartenhaus umblies. Er, der an keine Vorsehung und keinen sittlichen Fortschritt der Menschheit glaubte, war selbst ein mächtiges Werkzeug der geschichtlichen Triebkraft, um den Fortschritt anzubahnen. Voltaire, in seinen Schriften ein überwältigender Zauberer, ein Weiser, und in seinem Leben ein Tor, ein Sklave niedriger Leidenschaften, hatte mit den Juden angebunden und sie und ihre Vergangenheit dem Hohne preisgegeben. Seine feindliche Haltung gegen sie entsprang einer persönlichen Verstimmung und Reizbarkeit. Während seines Aufenthaltes in London will er bei dem Bankerott eines jüdischen Kapitalisten M e d i n a von 25 000 Frank, die er ihm geliehen hatte, 80 Prozent verloren haben. Man darf ihm nicht immer aufs Wort glauben. „Medina sagte mir, daß er keine Schuld an dem Bankerott habe, daß er unglücklich sei, daß er niemals ein Sohn des Belial gewesen. Er rührte mich, ich umarmte ihn, wir lobten Gott zusammen, und ich verlor mein Geld. Ich habe niemals die jüdische Nation gehaßt, ich hasse niemanden"[1]).

Aber er, ein schmutziger Harpagus, der am Gelde klebte, haßte gerade wegen dieses, gleichviel bedeutenden oder geringen Verlustes nicht bloß diesen Juden, sondern alle auf dem ganzen Erdenrunde. Ein zweiter Vorfall reizte ihn noch mehr gegen sie. Als Voltaire in

---

[1]) Vgl. darüber den Artikel „Voltaire und die Juden", in Frankels Monatsschrift, Jahrg. 1868, S. 163 f., [und S t r a u ß, Voltaire, S. 149 f.]

Berlin und Potsdam Hofdichter, Korrektor und Kammerherr des
Königs Friedrich war, der dieses dämoniſche Genie zugleich bewunderte und verabſcheute, übertrug er einem jüdiſchen Juwelier H i r ſ ch
oder Hirſchel (1750) einen ſchmutzigen Auftrag, den er ſpäter auf Anraten eines brotneidiſchen Geldmenſchen, E p h r a i m V e i t e l ,
rückgängig machen wollte.   Dadurch kam es zu Reibungen zwiſchen
Voltaire und Hirſch und zuletzt zu einem Vergleiche, den aber jener
ebenfalls wortbrüchig aufheben wollte.   Kurz Voltaire beging eine
Reihe der häßlichſten Schelmenſtreiche gegen ſeinen jüdiſchen Unter-
händler, betrog ihn um Diamanten, mißhandelte ihn, log, fälſchte
Schriftſtücke, und tat dabei, als wäre er der Betrogene. Es kam daher
zu einem verwickelten Prozeß. König Friedrich, welcher Einſicht von
den Akten und einer, angeblich von Hirſch, im Grunde von Voltaires
Feinden verfaßten Anklageſchrift genommen hatte, war äußerſt er-
zürnt über den dichteriſchen und philoſophiſchen Schelm, kam nicht mit
ihm zuſammen, war entſchloſſen, ihn aus Preußen zu verbannen und
ſchrieb gegen ihn ein Luſtſpiel in franzöſiſchen Verſen: „T a n t a l u s
i m P r o z e ß". Voltaires Händel mit einem preußiſchen Juden
machten Aufſehen und boten der Schadenfreude ſeiner Gegner reichen
Stoff.

Rachegefühl war neben Geiz ein hervorragender Zug in ſeinem
Charakter; es war, wie geſagt, Voltaire zu wenig, ſich an dem einzelnen Juden zu rächen, der zu ſeiner Demütigung beigetragen hatte,
die ganze jüdiſche Nation ſollte ſeinen Haß empfinden. So oft er Gelegenheit hatte, von Judentum oder Juden zu ſprechen, begeiferte er
mit ſeiner unflätigen Satire gleichzeitig das jüdiſche Altertum und
die Juden der Gegenwart. Es paßte auch zu ſeiner Kampfesart. Das
Chriſtentum, das er gründlich haßte und verachtete, konnte er nicht
gar zu offen angreifen, ohne ſich ſchwerer Strafe auszuſetzen.   So
diente ihm das Judentum, der Erzeuger des Chriſtentums, zur Ziel-
ſcheibe, gegen die er ſeine leichtbeſchwingten, zierlichen, aber umſo
giftiger wirkenden Pfeile ſchleuderte. In einem Artikel hatte er beſonders ſeine Galle über Juden und Judentum ausgegoſſen.

Dieſe parteiiſche und oberflächliche Beurteilung der Juden, dieſes
Stabbrechen über ein ganzes Volk und eine tauſendjährige Geſchichte
empörte viele wahrheitsliebende Männer; aber niemand wagte es, mit
einem ſo gefürchteten Gegner wie Voltaire anzubinden. Es gehörte
eine Art Wagnis dazu, und dieſem unterzog ſich ein gebildeter Jude,
I ſ a a k P i n t o , mehr aus einer Art kluger Berechnung, als aus Unwillen über dieſe bodenloſe Verunglimpfung.   P i n t o (geb. in Por-

beaux 1715, starb in Amsterdam 1787)[1] von portugiesisch-marranischem Geschlecht, reich, gebildet, edel und uneigennützig in seinen eigenen Verhältnissen, litt an einem verzeihlichen Egoismus, an Genossenschaftsegoismus. Er war von Bordeaux nach Amsterdam übergesiedelt, hatte nicht nur der portugiesischen Gemeinde wesentliche Dienste geleistet, sondern auch dem holländischen Staate bedeutende Summen vorgeschossen und nahm daher eine ehrenvolle Stellung ein. Er nahm nach wie vor innigen Anteil an der Gemeinde, wo seine Wiege gestanden und sprang ihr mit Rat und Tat bei. Aber sein Herz schlug nur für die portugiesischen Juden, seine Stammes- und Sprachgenossen, war dagegen gleichgültig und kalt gegen die Juden deutscher und polnischer Zunge; er sah auf sie mit jenem verächtlichen Stolz herab, wie vornehme Christen auf niedrige Juden. Gesinnungsadel und Rassenhochmut waren in Pinto innig vermischt. Bei unangenehmen Händeln, in welche sich die portugiesische Gemeinde von Bordeaux verwickelt hatte, zeigte er zugleich warmen Eifer nach der einen und Gemütshärte nach der andern Seite. In dieser blühenden Handelsstadt hatte sich nämlich seit der Mitte des sechzehnten Jahrhunderts[2] eine Gemeinde von flüchtigen Marranen gebildet, welche dem Kerker und Scheiterhaufen der portugiesischen und spanischen Inquisition entronnen waren. Diese Flüchtlinge hatten bedeutende Kapitalien und Unternehmungsgeist mitgebracht und dadurch Aufenthaltsrecht und Privilegien erhalten, allerdings lediglich unter dem Namen N e u - c h r i s t e n oder portugiesische Kaufleute. Eine Zeitlang mußten sie sich der Heuchelei unterziehen, ihre Ehen in den Kirchen einsegnen zu lassen. Ihre Zahl nahm allmählich zu; in zwei Jahrhunderten (1550—1750) war die Gemeinde von Bordeaux auf 200 Familien oder 500 Köpfe gestiegen. Die meisten portugiesischen Juden oder Neuchristen von Bordeaux unterhielten bedeutende Bankhäuser oder betrieben Waffenfabriken, rüsteten Schiffe aus oder unternahmen überseeische Geschäfte in französischen Kolonien. Mit dieser Bedeutung als Kauf- und Schiffsherren verbanden sie eine gediegene Ehrenhaftigkeit, tadellose Redlichkeit in Geschäften, Freigebigkeit gegen Juden und Nichtjuden und eine edele Haltung, die sie aus der pyrenäischen Halbinsel, ihrem Rabenmutterland, mitgebracht hatten. Dadurch erlangten sie Achtung und Auszeichnung unter den christlichen Bewohnern von Bordeaux, und der französische Hof sowie die hohen

---

[1] S. Jaarboeken for Israeliten. Amsterdam, 1837, S. 151 f.; Frankels Monatsschr., Jahrg. 1868, S. 204 f.

[2] Ad. Detchéverry, Histoire des Israélites de Bordeaux, Bordeaux 1850.

Beamten drückten nach und nach die Augen zu und erkannten sie als Juden an[1]). Die bedeutende Handelsstadt zog auch deutsche Juden aus dem Elsaß und französische Juden aus dem unter päpstlicher Herrschaft stehenden Gebiete Avignon an, welche sich durch Geldopfer das Aufenthaltsrecht verschafften. Darauf waren die portugiesischen Juden eifersüchtig; sie fürchteten mit diesen wenig gebildeten, dem Kleinhandel oder Geldgeschäften ergebenen Religionsgenossen auf eine Stufe gestellt zu werden und dadurch um ihr ehrenvolles Ansehen zu kommen. Von diesem selbstsüchtigen Trieb geleitet, gaben sie sich die größte Mühe, die zugewanderten deutschen und avignonensischen Juden aus der Stadt weisen zu lassen, mit Berufung auf das alte Edikt, daß Juden in Frankreich nicht wohnen dürften. Aber die Ausgewiesenen wußten sich den Schutz einflußreicher Hofleute zu verschaffen und Erlaubnis zu weiterem Aufenthalt durchzusetzen. Durch die Nachsicht der Behörden hatten sich bereits 152 fremde Juden in Bordeaux angesammelt, von denen einige bei Hofe oder in der Stadt beliebt waren. Das war den Portugiesen ein Dorn im Auge, und um dem Zuzug Fremder entgegenzuwirken, vereinbarten sie (1760) ein Gemeindestatut untereinander von der engherzigsten Art gegen ihre anderweitigen Glaubensgenossen. Sie brandmarkten von vornherein alle fremden Juden nichtportugiesischen Ursprungs als Landstreicher und Bettler, die ihnen, den Reichen, zur Last fielen. Sie verleumdeten sie, daß sie durchweg ein ehrloses, betrügerisches Gewerbe betrieben und nahmen solchergestalt die Bürgerschaft und die Behörden gegen sie ein. Laut ihrem Statut sollte es den portugiesischen Juden oder ihrem Vorstand anheimgestellt bleiben, solche fremde Juden oder „Landstreicher" innerhalb dreier Tage aus der Stadt bringen zu lassen. Dieses harte und herzlose Statut mußte zunächst vom König (Ludwig XV.) bestätigt werden. Es war nicht allzuschwer bei diesem von Weibern und Höflingen beherrschten König auch das Unmenschlichste durchzusetzen. Ein Freund und Stammesgenosse Isaak Pintos übernahm die Sorge, dieses Statut vom Hofe genehmigen zu lassen.

Es war R o d r i g u e s (Jakob) P e r e i r a (geb. in Spanien 1715, starb in Paris 1780)[2]), Großvater der bedeutenden Unternehmer

---

[1]) Vgl. die Urkunde Detchéverry, p. 73: Les Juifs de dites généralités, connus et établis en notre Royaume sous les titres de Portugais, autrement n o u v e a u x C h r é t i e n s etc. Noch 1761 wurden sie so bezeichnet, daß. p. 88.

[2]) Seine Biographie ist enthalten in Didots Nouvelles Biographies générales s. v.

Emile und Isaak Pereire in Paris). Ein begabter und edler Mann, ein Künstler eigener Art, hatte er einen bedeutenden Namen erlangt. Er war darauf gekommen, eine Zeichensprache für Taubstumme zu erfinden und diese Unglücklichen ein Mittel für ihre Gedankenäußerungen zu lehren. Er hatte noch als Marrane in Spanien Taubstumme unterrichtet. Liebe zur Religion seiner Ahnen oder Haß gegen die blutdürstige katholische Kirche, hatten ihn bewogen, das Land der Inquisition zu verlassen (um 1740) und mit Mutter und Schwester nach Bordeaux auszuwandern. Hier hatte er, noch vor dem Abt de l'Épée, die Theorie des Unterrichts für Taubgeborene in einer eigens dazu angelegten Schule so sehr bewährt, daß der König ihm eine Belohnung zukommen ließ, und die ersten Männer der Wissenschaft (d'Alembert, Buffon, Diderot, Rousseau) ihm Lobeserhebungen spendeten. Pereira wurde später königlicher Dolmetscher und Mitglied der königlichen Gesellschaft für Wissenschaften in London. Die portugiesische Gemeinde von Bordeaux hatte ihn zu ihrem Sachwalter[1]) in Paris ernannt, um durch ihn ihre Beschwerden erledigen zu lassen und ihre Wünsche durchzusetzen. Dieser von Mitleid für Unglückliche bewegte Mann gab sich ebenfalls aus Genossenschaftsegoismus dazu her, seine deutschen und avignonensischen Religionsgenossen unglücklich zu machen. Den Auftrag, den er erhalten hatte, jenes harte Statut von Ludwig XV. genehmigen zu lassen, führte er allzu gewissenhaft aus. Aber in der zerfahrenen Regierungsweise dieses Königs und Hofes lag zwischen Befehl und Handhabung von Gesetzen eine weite Kluft. Die höheren Beamten konnten jedes Gesetz umgehen oder hinausschieben. Die Ausweisung der Juden deutscher und avignonensischer Abstammung in Bordeaux lag in den Händen des Gouverneurs, Herzogs von Richelieu. Diesen wußte Isaak Pinto, da er mit ihm befreundet war, zu gewinnen. Richelieu erließ einen dringlichen Befehl (November 1761), daß sämtliche fremde Juden innerhalb vierzehn Tagen aus Bordeaux ausgewiesen werden sollten. Eine schonende Ausnahme wurde nur gemacht zugunsten zweier alter Männer und Frauen, welche den Mühsalen der Vertreibung erlegen wären, und eines um die Stadt verdienten Mannes (Jakob de Perpignan). Alle übrigen wurden ins Elend gestoßen, das ihrer um so gewisser wartete, als es den Juden verboten war, sich irgendwo in Frankreich niederzulassen, und die Landstriche und Städte, wo solche wohnten, keine neuen Zuzügler aufnahmen. Welch ein Abstand zwischen dem deut-

---

[1]) Agent de la nation portugaise à Paris wird er in Urkunden und anderen Schriften genannt.

schen Juden Moses Mendelssohn und den portugiesischen Isaak Pinto und Rodrigues Pereira, die man damals als gleichwürdig neben-einander stellte! Jener fand keine Ruhe, bis er vermöge seines Ein-flusses seinen unglücklichen Stammesgenossen Hilfe brachte oder we-nigstens Trost spendete. Den Juden in der S ch w e i z , welche nur in zwei kleinen Städten geduldet wurden und dort auch so geknechtet werden sollten, daß sie hätten aussterben müssen, verschaffte Mendels-sohn eine, wenn auch geringe Erleichterung vermittelst seines Gegners Lavater. Aus D r e s d e n sollten mehrere hundert Juden verbannt werden, weil sie nicht imstande waren, die ihnen aufgelegte Personen-steuer zu leisten. Durch seine Vermittlung bei einem seiner vielen christlichen Verehrer, dem Kabinettsrat v o n F e r b e r , erhielten die Unglücklichen die Erlaubnis, in Dresden zu bleiben. Einem des Dieb-stahls ungerechterweise verdächtigten und in Leipzig eingekerkerten talmudisch gelehrten Juden, der sich flehend an ihn gewendet hatte, ließ Mendelssohn klugerweise einen Trostbrief im Kerker zukommen, wodurch jener die Freiheit erlangte. Isaak Pinto und Jakob Pereira dagegen wendeten allen Eifer an, um Stammes- und Religionsge-nossen ausweisen zu lassen, gerade das, was Mendelssohn für die Juden als härteste Strafe betrachtete[1]), „gleichsam als Vertilgung von dem Erdboden Gottes, auf welchem das Vorurteil sie von jeder Grenze mit gewaffneter Hand zurückweist".

Das harte Verfahren der portugiesischen Juden gegen ihre Brüder in Bordeaux hatte Aufsehen gemacht. Wenn Juden nicht in Frank-reich weilen durften, warum wurden denn die portugiesisch redenden geduldet? Die letzteren sahen sich daher genötigt, sich in ein gün-stigeres Licht zu stellen, und forderten Isaak Pinto, der schon öffent-lich aufgetreten war und literarische Bildung besaß, durch Pereira auf, eine Art Verteidigungsschrift für sie auszuarbeiten und auf den weiten Abstand zwischen den jüdischen Bekennern portugiesischer Zunge und denen aus anderen Gegenden aufmerksam zu machen. Pinto ließ sich dazu gebrauchen oder vielmehr folgte seinem eigenen An-triebe und knüpfte zu diesem Zwecke an Voltaires Verunglimpfung des Judentums und der Juden Betrachtungen (Réflexions 1762) an. Er sagte diesem gesinnungslosen Ehrenräuber, daß das Laster, einzelne zu verleumden, gesteigert erscheint, wenn die Verleumdung eine ganze Nation trifft, und den höchsten Grad erreicht, sobald sie sich gegen die ohnehin von allen Geschmähten richtet, sie sämtlich für

[1]) S. Mendelssohns ges. Schr. V, S. 544.

das Vergehen einzelner verantwortlich machen zu wollen, sie, die infolge ihrer Zerstreuung den Charakter der Landesbewohner angenommen haben. Ein englischer Jude gleiche so wenig seinem Religionsgenossen von Konstantinopel, wie dieser einem chinesischen Manda-
rinen; ein Jude von Bordeaux und einer von Metz scheinen zwei ganz
verschiedene Wesen zu sein. Nichtsdestoweniger habe sie Voltaire in
Bausch und Bogen verdammt und eine ebenso abscheuliche, wie unwahre Schilderung von ihnen entworfen. Er, der sich berufen fühle,
die Vorurteile auszurotten, habe gerade seine Feder dem blindesten Vorurteile geliehen. Er will sie zwar nicht verbrannt wissen, aber eine
große Zahl von Juden würde sich lieber verbrennen lassen, als solchen
Verleumdungen ausgesetzt zu sein. „Die Juden sind nicht unwissender,
nicht barbarischer, nicht abergläubischer als die übrigen Nationen,
und die Anschuldigung des Geizes verdienen sie am allerwenigsten."
Voltaire sei den Juden, der Wahrheit, seinem Jahrhunderte und besonders der Nachwelt Genugtuung schuldig, welche sich auf dessen
Autorität berufen würde, um gegen ein allzu unglückliches Volk zu
wüten und es zu zerschmettern.

Indessen war es, wie schon gesagt, Pinto nicht so sehr darum
zu tun, die Gesamtjudenheit gegen Voltaires rachsüchtige Anschuldigungen zu rechtfertigen, als vielmehr nur seine engeren Stammesgenossen, die portugiesischen oder sephardischen Juden in ein günsti-
geres Licht zu stellen. Zu diesem Zwecke höhlte er eine förmliche Kluft
zwischen ihnen und den andersprachigen, namentlich deutschen und
polnischen Juden aus. Er behauptete mit großer Übertreibung, daß,
falls ein sephardischer Jude in England oder Holland eine deutsche
Jüdin heimführen würde, er von den Seinigen aus der Gemeinschaft
ausgeschlossen werden und nicht einmal auf ihrem Begräbnisplatz
eine Ruhestätte finden würde. Das käme daher, daß die portugiesischen
Juden von den edelsten Familien des Stammes Juda ihre Abkunft
herleiteten, und diese Abstammung sei für sie von jeher in Spanien
und Portugal ein Antrieb zu großen Tugenden und ein Schutz vor
Laster und Niedrigkeit gewesen. Man finde daher bei ihnen keines
der Verbrechen oder Vergehen, deren sie Voltaire beschuldige; sie
hätten nie gewuchert, sich nicht an den Christen bereichert. Im Gegenteil, den Staaten, die sie aufgenommen, hätten sie Reichtümer zugeführt, besonders Holland. Die deutschen und polnischen Juden dagegen gab Pinto so ziemlich preis. Er entschuldigte allerdings ihr
nicht sehr ehrenhaftes Gewerbe und ihr verächtliches Auftreten mit
den gehäuften Leiden, der Knechtung und Demütigung, die sie er-

duldet hätten und noch erduldeten. — Von der jüdiſchen Vergangen=
heit hatte Pinto ſelbſt keine rechte Vorſtellung, um deren Lichtſeiten
gegen Voltaires grau in grau gemalte Schattenſeiten hervortreten
laſſen zu können. — Er erlangte übrigens, was er gewünſcht hatte.
Voltaire machte in einem Antwortſchreiben ihm und den portugie=
ſiſchen Juden Komplimente, geſtand ein, daß er Unrecht getan habe,
auch über dieſe den Stab zu brechen, fuhr aber nichtsdeſtoweniger fort,
das ganze jüdiſche Altertum zu begeifern.

Pintos Schutzſchrift machte ein gewiſſes Aufſehen. Die öffent=
lichen Blätter, franzöſiſche und engliſche, beurteilten ſie günſtig und
nahmen ſich der Juden gegen Voltaires Verdammungsurteil an.
Sie tadelten aber auch Pintos Verfahren, daß er zu parteiiſch für
die portugieſiſchen und gegen die deutſchen und polniſchen Juden
aufgetreten war und ſie wegen des Benehmens einzelner in Bauſch
und Bogen, faſt wie Voltaire, verurteilt hatte. Ein katholiſcher Prieſter
(Profeſſor) nahm ſich unter jüdiſcher Maske des geſchmähten hebrä=
iſchen Altertums an. Er richtete (nach damaligem Brauch, jüdiſche,
chineſiſche, perſiſche Briefe zu ſchreiben) ebenfalls „jüdiſche Briefe"
angeblich von portugieſiſchen und deutſchen Juden an Voltaire, die
gut gemeint, aber ſchlecht gehalten ſind. Sie wurden viel geleſen
und trugen dazu bei, für die Juden und ihre Sache die öffentliche
Meinung gegen Voltaires Gehäſſigkeiten zu gewinnen. Sie verfehlten
auch nicht, ihm vorzuhalten, daß er wegen Geldverluſtes bei einzelnen
Juden den ganzen Stamm mit ſeinem Zorn verfolge[1]. Auch dieſe
für die Juden günſtige Flugſchrift, weil in der damals beliebten franzö=
ſiſchen Sprache geſchrieben, wurde vielfach geleſen, beſprochen und
fand einen günſtigen Widerhall in den Gemütern.

Das Großtun der portugieſiſchen Juden rief aber auch eine ge=
wiſſe Feindſeligkeit gegen ſie hervor. Es erſchien (1767) in Frankreich
eine aufreizende Schrift: „Geſuch der Kaufmannszünfte gegen die
Zulaſſung der Juden zu deren Gerechtſamen", welche beſonders gegen
die Portugieſen von Bordeaux gerichtet war. Es wurde ihnen vor=
geworfen, daß ſie ihre alten Privilegien, auf die ſie ſich ſo ſehr ſteiften,
gewiſſermaßen gefälſcht hätten. Denn die ſie begünſtigenden Urkunden
von Heinrich II. und den folgenden franzöſiſchen Königen hätten nicht

---

[1] Pintos Réflexions critiques sur le premier chapitre du VIIme tome
des œuvres de Mr. de Voltaire, Amsterdam 1762. Lettres de quelques Juifs
portugais et allemands à Mr. de Voltaire 1769, denen ſpäter Pintos Broſchüre
beigedruckt wurde. Vgl. über dieſe Streitſchriften und Voltaires Verhalten
dagegen Frankels Monatsſchr., Jahrgang 1868, S. 208 f.

ihnen, sondern lediglich Neuchristen gegolten, welche, aus Portugal
eingewandert, sich in Guienne niedergelassen hätten. Sie aber wären
Juden, und als solche dürften sie in Frankreich, das sie seit mehreren
Jahrhunderten ausgewiesen habe, gar nicht geduldet werden. Ge=
legentlich wurden auch gegen sie die alten Anschuldigungen vom Gottes=
morde, von Hostienschändung und von systematischem Christenhasse
aufgewärmt. So wurden die portugiesischen Juden gemahnt, daß
sie zu voreilig sich von den übrigen Juden losgesagt und sich eine un=
nahbare Ausnahmestellung beigelegt haben. Der Geist der Unduld=
samkeit, der lange noch nicht gebannt war, betrachtete sie doch noch
immer als eins mit ihren anderweitigen Religionsgenossen. Diese
Schmähschrift wurde in mehreren Zeitungen abgedruckt. Da die Juden
aber bereits Männer von Bildung in ihrer Mitte hatten, so konnten
sie die gegen sie geschleuderten Gehässigkeiten zurückweisen. Rodrigues
Pereira erließ ein Sendschreiben (4. September 1767)[1], um sie, be=
sonders seine eigenen Stammesgenossen, gegen die Angriffe in Schutz
zu nehmen. Ein anderer Jude schrieb eine Apologie (1769)[2] unter
dem Titel „Briefe eines Lords", worin er sie im allgemeinen recht=
fertigte und ihre Verdienste um die europäischen Staaten hervorhob.
Hollands und Englands Handel habe erst mit dem Eintreffen der
Juden zu blühen begonnen. Frankreich habe diese rührige und ver=
ständige Menschenklasse noch besonders nötig, weil der Ehrgeiz seiner
Bewohner nur auf kriegerisches Getöse und Ämterjägerei gerichtet
sei und für den Reichtum des Landes keinen Sinn habe.

Aber am allermeisten ist die Teilnahme für die Juden und die
Erhebung derselben aus ihrem Sklavenstande durch eine Verfolgung
angeregt worden, welche humane Denker damals schon für überraschend
und unerwartet hielten, die sich aber in der Mitte der christlichen Völker
noch oft genug wiederholt hat. Diese Verfolgung hat von beiden
Seiten die Leidenschaft entzündet und die Tatkraft geweckt. In keinem

[1] Vgl. Carmoly, Revue orientale III, p. 251. Lettre circulaire de Jacob
Pereire concernant la requête des marchands de Paris contre l'admission des
juifs aux brevets, unterzeichnet: P e r e i r e , pensionnaire et interprète du
roi, de la société royale de Londres, et agent de la nation juive portugaise de
Bordeaux et de Bayonne.

[2] Lettre ou réflexions d'un milord sur la nation juive. Diese Flugschrift
polemisiert geradezu, wie im Eingange angegeben ist, gegen die requêtes
des marchands. Der Verfasser war ein Jude, der nur die Maske eines
Lords, welcher früher Handelsgeschäfte getrieben, vorgenommen hat. Von
dieser Flugschrift existiert auch eine italienische Übersetzung: Lettera d'un
Milord, Venedig, 1769.

Teil von Europa war vielleicht der Druck und die Schmach der Juden
größer als in der französisch gewordenen deutschen Provinz Elsaß,
wozu man auch Metz rechnen kann. Alle Ursachen des verbissenen
Judenhasses, kirchliche Unduldsamkeit, Rassenantipathie, Adelswill=
kür, Habsucht, zünftiger Brotneid und Roheit vereinigten sich gegen
die Juden im Elsaß, um ihr Dasein im Jahrhundert der Aufklärung
zu einer stetigen Höllenpein zu machen, die noch dazu so kleinlicher
Natur war, daß sie nicht einmal zu heldenmütigem Aufbäumen auf=
stacheln konnte.	Die deutsche Bevölkerung dieser Provinz hat, wie
die Deutschen überhaupt, am zähesten den Judenhaß behauptet, wäh=
rend Franzosen, Holländer, Engländer und Italiener, die zivilisierten
Völker, ihn bereits halb und halb aufgegeben hatten, weil jene an der
von Frankreich ausgegangenen Zivilisation gar keinen Anteil hatten
und überhaupt in mittelalterlicher Roheit steckten. Adel und Bürger=
stand im Elsaß hatten kein Ohr für die Stimme der Menschlichkeit,
die in der französischen Literatur so beredt sprach, und gingen nicht
um ein Jota von ihren verbrieften Rechten über die Juden ab, welche
sie ihnen fast als eine einträgliche Horde Leibeigener zu eigen gaben.
Im Elsaß weilten etwa 3—4000 jüdische Familien (15—20 000 Seelen).
Es stand aber den Edelleuten frei, neue aufzunehmen oder auch alte
Familien auszuweisen.	In Metz dagegen hatten es die Kaufleute
durchgesetzt, daß die Juden sich nicht über die Zahl von 480 Familien
vermehren durften.	Diese Bestimmung hatte dieselben Konsequenzen
wie in Österreich und Preußen, daß die jüngern Söhne zum Zölibat
oder zum Exil aus dem väterlichen Hause, und die Töchter dazu ver=
urteilt waren, alte Jungfern zu werden. Ja, es war hier noch schlimmer
als in Österreich und anderswo, weil das deutsche Zopfbürgertum
diese pharaonische Gesetzesstrenge überwachte und die französischen
Beamten umlauerte, wenn sie Nachsicht gegen die Unglücklichen üben
wollten. Es verstand sich von selbst, daß die Juden von Elsaß und Metz
in Ghettos eingesperrt waren und nur ausnahmsweise durch die übrigen
Stadtteile gehen durften. Steuern mußten sie dafür in fast unerschwing=
lichem Umfange leisten.

Ludwig XIV. hatte einen Teil der Einkünfte von den Metzer
Juden an den Herzog von Brancas und an die Gräfin de Fontaine
geschenkt. Diesen mußten sie jährlich 20000 Livres zahlen; außerdem
noch Kopfsteuer, Handelssteuer, Häusersteuer, Abgaben an eine Kirche,
ein Hospital, Kriegssteuer, und wie alle diese Lasten noch betitelt waren.

Im Elsaß mußten sie Schutzgeld an den König, Abgaben an den
Bischof von Straßburg, an den Grafen von Hagenau, außerdem noch

Wohnungsfteuer an die Edelleute, in deren feudalen Gebieten fie wohnten, und Kriegsfteuer zahlen. Das Anfiedlungsrecht ging hier nicht einmal auf den älteften Sohn über, fondern mußte vom Edel= mann erkauft werden, als wenn der eingeborene Jude ein fremder Schutzflehender wäre. Sie konnten hier auch ausgewiefen werden, wenn es dem Edelmann beliebte, ihnen den Schutz zu entziehen. Sie mußten daher durch reiche Gefchenke zu Neujahr und bei anderen Gelegenheiten nicht bloß die gute Stimmung des Edelmanns, fondern auch die feiner Beamten erhalten[1]). Und wovon follten fie alle diefe Steuern erfchwingen und noch dazu ihre Synagogen und Schulen unterhalten?

Faft jedes Gewerk und jeder Handel war ihnen im Elfaß unter= fagt; fie durften gefetzlich nur Viehhandel und Gold= und Silberarbeit betreiben. In Metz durften fie nur folches Vieh fchlachten, das zu ihrem eigenen Gebrauche beftimmt war, und die rituellen Schlächter mußten Buch über das gefchlachtete Vieh führen. Wollten fie außer ihrer engen Provinz Reifen machen, mußten fie Leibzoll zahlen und fich Paßfchererein unterwerfen. In der Hauptftadt der Provinz, in Straßburg, durfte kein Jude über Nacht bleiben. Was blieb ihnen anderes übrig, als fich die zu ihrer elenden Exiftenz unerläßlichen Gelder auf ungefetzlichem Wege durch Wucher zu verfchaffen? Sie, d. h. die Geldbefitzer, machten den kleinen Handwerkern, Ackerbauern und Win= zern Vorfchüffe, auf die Gefahr hin, fie einzubüßen und ließen fich dafür hohe Zinfen zahlen oder wendeten andere Schliche an. Dies machte fie nur noch verhaßter, und die einreißende Verarmung des Volkes wurde ihnen zur Laft gelegt; das war die Quelle ihrer unfäglichen Leiden. Sie waren in der traurigen Lage, andere und fich felbft un= glücklich machen zu müffen.

Diefe elende Lage der elfäffifchen Juden fuchte ein gewiffenlofer Menfch zu feinem Vorteil auszubeuten und brachte fie bis hart an die Grenze blutiger Verfolgung. Ein Gerichtsfchreiber, nicht ohne Kopf und literarifche Bildung, Namens Hell[2]), von Haufe aus arm

---

[1]) Über die Lage der Juden im Elfaß und Metz; vgl. Mémoire sur l'état des Juifs en Alsace (worüber weiter unten). Grégoires Preisfchrift (worüber ebenfalls weiter unten). Moniteur universel vom 25. Juli 1806, der Inhalt aufgenommen in Halphen, recueil des lois, concernant les Israélites de France, p. 172 f.

[2]) Von dem anonymen Verfaffer der Schmähfchrift Observations d'un Alsacien sur l'affaire présente des Juifs d'Alsace, bemerkt Bonald in feinem judenfeindlichen Artikel (Mercure français) Febr. 1807 (wovon weiter unten), diefer fei früher Bailli und fpäter Deputierter der Nationalverfamm-

und nach) einer hohen Stellung lüstern, bekannt mit den Schlichen
der jüdischen Wucherer, lernte eigens die hebräische Sprache, um ohne
Furcht vor Entdeckung dieselben brandschatzen zu können. Er ließ
ihnen Drohbriefe in hebräischer Sprache zukommen, daß sie wegen
Wuchers und Betruges unfehlbar angeklagt werden würden, wenn
sie ihm nicht eine bestimmte Summe zukommen ließen. Dieser gewissenlose Gerichtsschreiber wurde später Landrichter für einige elsässische
Edelleute, und dadurch waren ihm die Juden vollends preisgegeben.
Diejenigen, welche seine immer gesteigerten Wünsche nicht befriedig-
ten, wurden angeklagt, mißhandelt und verurteilt. Indessen kamen
seine Ungerechtigkeiten zum Teil ans Licht; er wurde beargwohnt,
und dieses reizte ihn gegen sämtliche Juden des Elsaß. Er faßte daher
einen Plan, den Fanatismus gegen sie aufzustacheln. Er wies den
Schuldnern den Weg, wie sie sich der drückenden Schulden an die
jüdischen Geldmänner entledigen könnten, wenn sie sich falscher Quittungen über bereits geleistete Zahlung bedienen würden. Einige
seiner Kreaturen durchzogen Elsaß und schrieben solche Quittungen.
Die gewissenhaften Schuldner wurden durch Geistliche beschwichtigt,
die ihnen die Beraubung der Juden als gottgefällige Handlung ans
Herz legten. Die Ängstlichen wurden durch einen eigens dazu abgerichteten Betrüger beruhigt, welcher Orden und Kreuze, angeblich
im Namen des Königs, an diejenigen austeilte, welche falsche Quittungen annehmen, vorzeigen und gegen die Juden wegen Bedrückung
und Betruges klagbar auftreten wollten. Es entstand eine drohende
Gärung gegen die Juden im Elsaß, die nahe daran war, in Tätlichkeiten überzugehen. Es vereinigten sich die unglücklichen Schuldner
mit Schurken und Geistlichen, um den schwachen König Ludwig XVI.
zu bestürmen, allen Wirren durch die Vertreibung der Juden aus
dem Elsaß ein Ende zu machen. Um sein Werk zu krönen, versuchte
der gewissenlose Landrichter die bösen Geister gegen die Juden des
Elsaß noch mehr zu entfesseln. Er verfaßte eine giftige Schrift gegen
sie (1779) „Bemerkungen eines Elsässers über die gegenwärtigen
Händel der Juden des Elsaß", worin er alle lügenhaften Anschuldigungen gegen die Juden von den ältesten Zeiten an zusammenstellte,
um ein grauenhaftes Bild von ihnen zu entwerfen und sie dem Hasse

lung gewesen und habe seine judenfeindliche Schrift 1790 neu herausgegeben.
Dr. Jsler bemerkt in einer Note zu G. Riesser, Ges. Schr. III, S. 216: Der
Verfasser der Schrift Observations ist Hell, geb. 1731, procureur syndic
des états d'Alsace, Grand-Bailli de Landser, ex-constituant, administrateur
du Haut-Rhin. Er wurde 1794 guillotiniert.

und der Vertilgung zu weihen. Er gab in dieser Schrift zu, daß Quittungen gefälscht worden seien; aber dies sei eine Folge der Ratschlüsse
der Vorsehung, der allein die Rache zustehe. Sie habe dadurch Jesu
Kreuzestod, den Gottesmord, rächen wollen. Dieser Landrichter hatte
es auf Ausrottung oder wenigstens Ausweisung der Juden abgesehen.
Indessen war der Geist der Duldung bereits erstarkt genug, um solche
Arglist nicht durchgreifen zu lassen. Seine gemeinen Schliche wurden
aufgedeckt, und er wurde auf Befehl des Königs verhaftet und später
aus dem Elsaß entfernt. Ein Dekret des Königs befahl (Mai 1780),
daß Prozesse wegen Wuchers nicht mehr vor dem Landgerichte der
Edelleute, sondern von dem Oberrat oder Staatsrat (conseil souverain)
des Elsaß entschieden werden sollten[1].

Eine Folge dieser Vorgänge war, daß die elsässischen Juden sich
endlich aufrafften, es auszusprechen wagten, daß ihre Lage unerträglich sei, und vor dem Thron des milden Königs Ludwig XVI. eine Abhilfe erflehten. Ihre Vertreter (Cerf Beer?) arbeiteten eine Denkschrift
für den Staatsrat über die gegen sie bestehenden unmenschlichen Gesetze
aus[2] und machten Vorschläge zur Verbesserung ihrer Lage. Sie fühlten
aber, daß diese Denkschrift der Art abgefaßt sein müßte, daß sie auch
auf die öffentliche Meinung wirken könnte, die damals schon eben so
mächtig wie der König war. Aber in ihrer Mitte befand sich kein Mann
von Geist und Fähigkeit, eine anziehende Darstellung auszuarbeiten.

---

[1] Die Nachrichten sind geschöpft aus dem Mémoire, welches die Juden
des Elsaß dem Staatsrate einreichten, bei Dohm, Bürgerliche Verbesserung
der Juden I. Anhang, S. 186 f. daf. S. 194. Enfin l'auteur de tant de maux
(nämlich der Bailli und Verfasser der Schrift Observations S. 59, Note)
est arrété par ordre du Roy etc.

[2] Dohm sagt (a. a. O. S. 80): „Dem Verfasser ist ein im vorigen
Jahre (also 1780) dem königlichen Staatsrat von der elsässischen Judenschaft
vorgelegtes Mémoire zu Händen gekommen." Genauer gibt
Dohms Biograph Gronau (Chr. W. Dohm nach seinem Wollen und Handeln, S. 84) das Sachverhältnis an. „Die nähere, jedoch nicht unmittelbare
Veranlassung dazu (zur Abfassung der Schrift Die bürgerliche Verbesserung
der Juden) rührte von Mendelssohn her. An diesen hatten sich nämlich Elsässer
Juden wegen Entwerfung eines Mémoire gewendet, welches dem französischen Staatsrat vorgelegt werden solle. Alle Materialien
dazu waren mitgeteilt worden. Mendelssohn beredete Dohm, an der Redaktion dieser Denkschrift teilzunehmen." — Das bei
Dohm a. a. O. angehängte Mémoire war demnach noch nicht von den Juden
dem Staatsrate übergeben worden, sondern sollte in Berlin erst die letzte
Feile erhalten, um vorgelegt werden zu können, um einen erwünschten Eindruck zu machen. Das Mémoire bei Dohm im Anhange scheint erst im Zustande der Kladde gewesen zu sein.

An wen konnten sie sich anders wenden, als an Mendelssohn, auf den damals bereits die europäischen Juden als auf ihren starken Vorkämpfer und Helfer in der Not blickten? Ihm sandten daher die Elsässer Juden oder vielleicht Cerf Beer, welcher mit Mendelssohn in Verkehr stand, das nötige Material zu und baten ihn, ihrer Schutzschrift die rechte Feile und eine eindringliche Form zu geben. Mendelssohn hatte zwar keine Muße und vielleicht auch keine Geschicklichkeit dazu. Aber er hatte glücklicherweise zur selben Zeit einen neuen Freund und Bewunderer gefunden, der vermöge seiner Kenntnisse und seines Amtes am besten imstande war, eine solche Denkschrift zu gliedern. Christian Wilhelm Dohm (geb. 1751, starb 1820) war kurz vorher wegen seiner gründlichen Geschichtskenntnisse von Friedrich dem Großen mit dem Titel Kriegsrat am Archiv angestellt worden. Wie alle strebsamen Jünglinge und Männer damaliger Zeit, welche Berlin berührten, hatte auch Dohm den jüdischen Philosophen, der damals bereits auf der Höhe seines Ruhmes stand, aufgesucht und wie alle, die in Mendelssohns Kreis kamen, sich von seiner geistvollen, milden Persönlichkeit und weisen Gesinnung angezogen gefühlt. Er gehörte während seines Aufenthaltes in Berlin zu den regelmäßigen Besuchern des Mendelssohnschen Hauses, welche an seinem Mußetage, am Sonnabend, sich um ihn zu sammeln pflegten. Jeder gebildete Christ, der in Mendelssohns Nähe kam, ließ von selbst, von seinem Wesen angenehm berührt, seine Vorurteile gegen Juden fallen und empfand ein aus Bewunderung und Mitleid gemischtes Gefühl für einen Volksstamm, der so viel Leiden durchgemacht und eine solche Persönlichkeit aus seiner Mitte erzeugt hatte. Dohm hatte ohnehin bereits die angeborene und anerzogene Antipathie gegen Juden abgelegt. Seine Teilnahme für die Menschen beruhte nicht auf dem schwanken Grunde der christlichen Liebe, sondern auf dem festen Boden der humanen Bildung des achtzehnten Jahrhunderts und umfaßte auch diesen unglücklichen Volksstamm. Er hatte bereits einen weiten Plan gefaßt, die „Geschichte der jüdischen Nation seit der Zerstörung ihres eigenen Staates" zum Gegenstand seines Studiums zu machen. Dohm gedachte den Männern der Staatswissenschaft und den Staatslenkern vor Augen zu führen, daß die elende Verfassung, in der die Juden zurzeit in den meisten Staaten Europas lebten, ein Rest der zugleich unpolitischen und unmenschlichen Vorurteile der finsteren Jahrhunderte sei, unwürdig in unseren Tagen fortzudauern[1]).

---

[1]) Dohm, a. a. O. I, Vorerinnerung.

Dohm zeigte sich daher bald bereit, mit Mendelssohn gemeinschaftlich die Denkschrift für die Elsässer Juden in eine ansprechende
Form zu bringen[1]). Bei der Ausarbeitung derselben ging ihm indes
der Gedanke auf, nicht bloß für diese einzelnen, sondern für die deutschen Juden überhaupt, welche unter demselben Druck und derselben
Schmach litten, eine Schutzschrift der Öffentlichkeit zu übergeben.
So entstand seine unvergeßliche Schrift: „Über die bürgerliche Verbesserung der Juden" (vollendet August 1781), welche zuerst das schwere
Joch von dem Nacken der Juden nehmen half. Dohm hat damit, so wie
Lessing mit seinem Nathan, die große Schuld, welche gerade das deutsche Volk an der Knechtung und Entwürdigung der Juden hatte, teilweise gesühnt. Reuchlins schüchterne Stimme für eine bessere
Behandlung der Juden (Bd. IX$_4$, S. 97 ff.) wurde von dem betäubenden theologischen Geräusch der lutherischen Reformation in Deutschland erstickt. John Tolands lautere Forderung für sie machte
keinen Eindruck, weil sie von einem Ketzer ausgegangen war. Dohms
Schutzschrift dagegen hatte keinerlei geistlichen Beigeschmack, wandte
sich vielmehr an nüchterne, erleuchtete Staatsmänner und betonte
nachdrücklich den politischen Nutzen. Gewiß, der edle Menschenfreund,
welcher zuerst der Emanzipation der Negerrasse das Wort redete,
hatte weit weniger Schwierigkeit zu überwinden, als Dohm mit seinem
Bestreben für die Befreiung der Juden. Denn gerade diejenigen
Umstände, welche zu ihren Gunsten sprechen sollten, ihre Verständig-
keit und Rührigkeit, ihre Mittlerschaft für eine reine Lehre über Gott
und Sittlichkeit an die christlichen Völker und ihr alter Adel, diese
Umstände gereichten ihnen zum entschiedensten Nachteil. Ihr ver-
ständiges und geschäftiges Wesen wurde ihnen als Schlauheit und
Beutesucht, das Pochen auf den Ursprung ihrer Lehre als Anmaßung
und Unglaube und ihr alter Adel als Hochmut ausgelegt. Es kann
daher nicht überschätzt werden, welch ein Heldenmut dazu erforderlich war, trotz der vielfachen Vorurteile und Gehässigkeiten gegen die
Juden unter allen Klassen der christlichen Gesellschaft, ihnen das Wort
zu reden.

Dohm ließ bei seiner Apologie, wie schon angedeutet, den religiösen Gesichtspunkt außer Augen und betonte lediglich die politische
und volkswirtschaftliche Seite der Frage. Er ging davon aus, daß
die Überzeugung überall durchgedrungen sei, daß das Wohl der Staaten
auf der fortschreitenden Zunahme der Bevölkerung beruhe. Daher

---

[1]) Gronau, a. a. O., S. 85.

wendeten manche Regierungen große Summen an, um neue Bürger
aus fremden Ländern herbeizuziehen. Nur in betreff der Juden würde
eine Ausnahme gemacht. „Fast in allen Teilen von Europa zielen
die Gesetze und die ganze Verfassung des Staates dahin ab, so viel
wie möglich zu verhindern, daß die Zahl jener unglücklichen, asiatischen Flüchtlinge vermehrt werde. Der Aufenthalt wird ihnen entweder ganz versagt oder nur um einen gewissen Preis für eine kurze
Zeit gewährt. Eine große Menge Juden findet daher die Tore aller
Städte für sich verschlossen, wird von allen Grenzen unmenschlich
zurückgewiesen, und ihr bleibt nichts übrig, als zu verhungern oder
durch Verbrechen sich des Hungers zu erwehren. Jede Zunft würde
sich entehrt glauben, wenn sie einen Juden zu ihrem Genossen auf-
nähme; daher ist der Hebräer fast in allen Ländern von den Handwerken und mechanischen Künsten ausgeschlossen. Nur seltenes Genie
bleibt bei so vielen niederdrückenden Umständen noch Mut und Heiterkeit, sich zu den schönen Künsten und Wissenschaften zu erheben. Und
auch diese seltenen Menschen, die darin eine hohe Stufe erreichen,
sowie die, welche durch untadelhafte Rechtschaffenheit der Menschheit
Ehre machen, können nur bei wenigen Achtung erwerben; bei dem
Haufen machen auch die ausgezeichnetsten Verdienste des Geistes und
Herzens den Fehler nie verzeihlich — ‚Jude zu sein‘.“ Welche Gründe
können wohl die Regierungen der europäischen Staaten bewogen
haben, so einstimmig in dieser Haltung gegen die jüdische Nation zu
sein, fragte Dohm. Sollten wohl fleißige und gute Bürger dem Staate
weniger nützlich sein, weil sie aus Asien abstammen, sich durch Bart,
Beschneidung und eigene Gottesverehrung auszeichnen? Ja, wenn
diese jüdische Religionsform schädliche Grundsätze enthielte, dann wäre
die Ausschließung und Verachtung gerechtfertigt; aber dem ist nicht
so. „Nur der Pöbel, der sich selbst für erlaubt hält, einen Juden zu
hintergehen, gibt ihm schuld, daß er nach seinem Gesetze fremde Glaubensgenossen betrügen dürfe, und nur verfolgende Priester haben
Märchen von den Vorurteilen der Juden gesammelt, die nur ihre
eigenen beweisen. Das Hauptbuch der Juden, das Gesetz Mosis, wird
auch von Christen mit Ehrfurcht betrachtet“[1]).

Die Regierungen müßten sich bemühen, die allgemeine Aufklärung der Juden und ihre von der Religion unabhängige Sittlichkeit zu
fördern. Der Jude ist noch mehr Mensch als Jude. Würde er den
Staat nicht lieben, wenn dieser dasselbe Maß für ihn wie für die Be-

---

[1]) Dohm, Vorerinnerung S. 15 f.

kenner einer anderen Religion hätte?[1]) Sind doch auch die Quäker
und Mennoniten, obwohl sie Krieg und Eidesleistung scheuen und sich
durch die Tracht von anderen trennen, gute und nützliche Bürger!
Die Juden waren im römischen Reiche bei ausgedehnter Freiheit
gute Untertanen[2]). Man sagt aber, der Charakter und Geist der jetzigen Juden sei so unglücklich gebildet, daß sie nicht in die bürgerliche
Gesellschaft mit völlig gleichen Rechten aufgenommen werden könnten.
Den Haß, womit die Vorfahren Jesum verfolgt hätten, hegten sie
noch gegen dessen sämtliche Bekenner; sie seien daher schädliche Menschen.
Allein hierbei nimmt man durch ein fehlerhaftes Schließen die Wirkung für die Ursache. Diese vorausgesetzte Verderbtheit der Juden zugegeben, sei sie doch nur eine notwendige und natürliche Folge ihrer
drückenden Verhältnisse[3]).

Wie kann man Tugend von den Juden erwarten, wenn man
ihnen keine zutraut? Wie ihnen Vergehen vorwerfen, die man sie
zu begehen zwingt, da man ihnen keinen schuldlosen Erwerb gestattet,
sie mit Abgaben erdrückt? — „Denkt euch selbst einmal, ihr Weisen
und Edlen, recht lebhaft in eine Lage hinein, wo euch Laster zur Notwendigkeit gemacht wäre, und seht wie eure Tugend wanken wird.
Nehmt noch weg, was Erziehung und feineres Gefühl in euch gebildet haben, verlöscht die große Empfindung der Ehre — und seht
wie sie schwindet.[4]) Ein Fehler der Regierungen war es, daß sie die
Trennung der Religion zu mildern und in die Brust des Israeliten
wie Christen das Gefühl des Bürgers anzufachen nicht gewußt haben.
Wir haben zu den ungeselligen Gesinnungen beider Parteien das
Meiste beigetragen[5]).

Dohm warf darauf einen Rückblick auf die Geschichte der Juden
in Europa, wie sie in den ersten Jahrhunderten im römischen Reiche
das volle Bürgerrecht genossen haben und also dessen würdig gewesen
sein müssen, wie sie zuerst von den Byzantinern und dann von den
germanischen Barbaren, besonders von den Westgoten in Spanien,
zu Rechtlosen herabgedrückt worden sind[6]). Aus dem römischen Reiche
brachten Juden mehr Kultur hinüber als die herrschenden Nationen
besaßen; sie wurden nicht durch rohe Fehden verwildert, nicht durch

[1]) Dohm, S. 28 f.
[2]) Das. S. 31 f.
[3]) Das. S. 32 f.
[4]) Das. S. 36.
[5]) Das. S. 39 f.
[6]) Das. S. 42 f.

Mönchsphiloſophie und Aberglauben aufgehalten. In Spanien war
bei ihnen und den Arabern eine bedeutendere Kultur als in dem chriſtlichen Europa[1]. Er geht dann die falſchen Anſchuldigungen und Verfolgungen der Juden während des Mittelalters durch, welche die
Chriſten als grauſame Barbaren, die Juden dagegen als verklärte
Märtyrer erſcheinen laſſen.[2] Nachdem er die Stellung der Juden
in den verſchiedenen Staaten beleuchtet hat, ſchloß er die Schilderung
mit den Worten: „Dieſe der Menſchlichkeit und der Politik gleich
widerſprechenden Grundſätze, welche das Gepräge der finſtern Jahrhunderte, in denen ſie entſtanden, noch ſo merklich bezeichnet, ſind
der Aufklärung unſerer Zeit unwürdig und verdienen ſchon längſt
nicht mehr befolgt zu werden. Unſeren feſt gegründeten Staaten
müßte jeder Bürger willkommen ſein, der die Geſetze beobachtet und
durch ſeinen Fleiß den Reichtum des Staates vermehrt .... Auch der
Jude hat auf dieſen Genuß, auf dieſe Liebe Anſpruch. Seine Religion
macht ihn derſelben nicht unwürdig, da er bei der ſtrengſten Befolgung
derſelben ein ſehr guter Bürger ſein kann. Wenn ihn die Bedrückung,
in der er Jahrhunderte gelebt, ſittlich verderbter gemacht hat, ſo wird
eine gerechtere Behandlung ihn wieder beſſern. Es iſt möglich, daß
manche Fehler ſo tief gewurzelt ſind, daß ſie erſt in der dritten oder
vierten Generation ganz verſchwinden. Aber dies iſt kein Grund,
bei der jetzigen Reform nicht anzufangen, weil ohne ſie die gebeſſerte
Generation nie erſcheinen würde."[3]

Er führte endlich den Beweis von den Katholiken in Irland, die,
durch unmenſchliche Unterdrückung verdorben, durch eine milde Geſetzgebung ſich wieder gehoben haben. Von den Juden ſei ein noch
viel beſſerer Erfolg zu erwarten, da ſie bereits eingebürgert ſind, Vermögen beſitzen und mehrere von ihnen vorzügliche Geiſtesfähigkeit
und Geſchicklichkeiten zeigen. Sie beſitzen beſonders Klugheit, Scharfſinn, Fleiß, Betriebſamkeit und die biegſame Fähigkeit, ſich in alle
Lagen zu verſetzen. Ihr Glück im Handel ſei bekannt, und was ihnen
als Betrug angerechnet werde, ſei nur die Folge ihrer größeren Aufmerkſamkeit und ihres Fleißes. Die meiſten, die ſich mit Wiſſenſchaften
und ſchönen Künſten beſchäftigt haben — viele ſind durch die drückende
Lage daran verhindert —, haben es weit darin gebracht, wenn ſie auch
dem Publikum nicht gleich Mendelsſohn und Pinto bekannt ſind.
„Ich wage es," bemerkte der wahrheitsliebende Dohm, „ſelbſt die

[1] Dohm, S. 56 f.
[2] Daſ. S. 61 f.
[3] Daſ. S. 91 f.

standhafte Anhänglichkeit an die ihren Vätern nach ihrem Glauben
verliehene Lehre von der Gottheit, dem jüdischen Charakter als einen
guten Zug anzurechnen. Was der Christ Blindheit und verstockte Hart=
näckigkeit nennt, ist beim Juden standhafte Beharrlichkeit bei dem,
was er einmal göttliches Gebot glaubt. Wer kann sich versagen, den
Juden hochzuachten, den keine Martern bewegen können, zu essen,
was er von Gott selbst sich verboten wähnt und den Nichtswürdigen
zu verachten, der um des Vorteils willen . . . . sich losreißt und den
Glauben der Christen dadurch entweiht, daß er sich zu ihm bekennt,
ohne innere Überzeugung seiner Wahrheit zu fühlen? Schon allein
diese Anhänglichkeit an den uralten Glauben gibt dem Charakter der
Juden eine Festigkeit, die auch zur Bildung ihrer Moralität überhaupt
vorteilhaft ist. Ihre Armen fallen dem Staate nicht zur Last, und die
ganze Gemeine nimmt sich ihrer an. Das häusliche Leben genießen
sie mit mehr Simplizität. Sie sind meistens gute Ehemänner und
Hausväter. . . . Der Ehestand ist bei ihnen unbefleckter und die
Vergehungen der Unkeuschheit, besonders die unnatürlichen Laster
sind bei ihnen weit seltener. Sie sind dem Staate fast allenthalben,
wenn sie nur nicht gar zu sehr gedrückt werden, ergeben, und sie haben
oft in Gefahren einen Eifer bewiesen, den man von so wenig begün=
stigten Gliedern der Gesellschaft nicht erwarten sollte."[1]

Das Schlußresultat der Dohmschen Beweisführung lautet: „Daß
die Juden von der Natur gleiche Fähigkeit erhalten haben, glücklichere,
bessere Menschen, nützlichere Glieder zu werden, daß nur die unseres
Zeitalters unwürdige Bedrückung sie verderbt hat. und daß es der
Menschlichkeit und Gerechtigkeit, so wie der aufgeklärten Politik ge=
mäß ist, diese Bedrückung aufzuheben und den Zustand der Juden zu
ihrem eigenen und des Staates Wohl zu verbessern. Ich wage es
sogar, demjenigen Staat Glück zu wünschen, der zuerst diese Grund=
sätze in Ausführung bringen wird. Er wird sich aus seinen eigenen
Mitteln neue, treue und dankbare Untertanen bilden; er wird seine
eigenen Juden zu guten Bürg rn machen."[2]

Dohm gab auch die Mittel an die Hand, die Verbesserung der
Juden anzubahnen, und seine neuen Vorschläge bildeten ein Programm
für die Zukunft. Sie sollten vor allem ganz gleiche Rechte mit allen
übrigen Untertanen haben. Ganz besonders sollte ihnen Freiheit
der Beschäftigung und des Erwerbes eingeräumt und sie durch weise
Vorkehrung von Handel und Wucher abgezogen und zum Betrieb von

[1]) Dohm, S. 99—104.
[2]) Das. S. 139 f.

Handwerken, zu Ackerbau, zu Künſten und Wiſſenſchaften erzogen
werden; aber dies alles ohne Zwang. Die ſittliche Hebung der Juden
ſollte durch Gründung eigener guter oder durch Zulaſſung der Jugend
zu chriſtlichen Schulen, ſowie durch Hebung des Geiſtes der Erwach-
ſenen in den jüdiſchen Gotteshäuſern gefördert werden. Aber auch
den Chriſten müßte durch Predigten und andere wirkſame Mittel
eingeprägt werden, daß ſie die Juden wie ihre Brüder und Mitmen-
ſchen betrachten und behandeln müßten. Es verſteht ſich von ſelbſt,
daß Dohm ihnen Freiheit in inneren, religiöſen Angelegenheiten eingeräumt wiſſen wollte, freie Religionsübung, Anlegung von Synagogen, Anſtellung von Lehrern, Verſorgung ihrer Armen, allenfalls
unter Bevormundung der Regierung. Sogar das Recht, widerſpen-
ſtige Gemeindemitglieder aus der Gemeinſchaft auszuſchließen, ſollte
ihnen gewährt werden. Nur dürfte dieſer Bann weder geſchäftliche
noch bürgerliche Nachteile, noch Geldſtrafe für den Betroffenen nach
ſich ziehen; er ſollte lediglich eine religiöſe Wirkung haben. Auch die
Fortdauer ſelbſtändiger Gerichtsbarkeit zwiſchen Juden untereinander
vor dem Tribunal der Rabbinen befürwortete Dohm unter gewiſſer
Beſchränkung. Nur ein einziges Recht wollte er ihnen entzogen wiſſen,
ihre Verwendung für öffentliche Ämter oder die Staatslaufbahn.
Die Fähigkeit dazu, meinte er, fehlte dem damaligen Geſchlecht noch
vollends und würde ſich auch bei den nächſten Generationen nicht ſo
häufig zeigen. Ohnehin ſei eher Überfüllung als Mangel an taug-
lichen Staatsdienern vorhanden. Daher ſei es für den Augenblick
ſowohl für den Staat als für die Juden beſſer, wenn ſie mehr in Werk-
ſtätten und hinter dem Pfluge als in Kanzleien arbeiteten[1]). So
hoch konnte ſich auch Dohm noch nicht verſteigen, den Juden gar politiſche Rechte einzuräumen. Aber ſchon die nächſte Zeit hat ſeine Be-
denklichkeiten Lügen geſtraft. Schließlich widerlegte Dohm die Einwürfe, welche man gegen die Erteilung von Freiheiten oder des einfachen Bürgerrechtes, oder richtiger, gegen die Löſung ihrer Sklaven-
bande geltend machen könnte und auch gemacht hat, die Einbuße der
fürſtlichen Kaſſen durch das Aufhören des Schutzgeldes und der Juden-
ſteuer; Nachteil, ja Aushungerung der Chriſten durch Vermehrung
der Juden bei unbeſchränkter Freiheit; Widerſtreit zwiſchen dem Sonnabend und Sonntag oder zwiſchen Gewährung der Freiheit für die
Juden, am Sonntag zu arbeiten, und der notwendigen Berückſichti-

[1]) Dohm, S. 126. Die neun Punkte des Programms ſind aufgeführt
S. 118—136.

gung des christlichen Feiertags; Widerstreit zwischen der notwendigen
Verpflichtung zum Kriegsdienste und dem Sabbat mit seiner Strenge[1]).

Dohm sah voraus, daß sein Emanzipationsprogramm für die
Juden bei der Geistlichkeit und der Theologenzunft den heftigsten
und hartnäckigsten Widerspruch finden werde. Er wendete sich daher
an die „Weisheit der Regierungen", es durchzuführen,
welche damals für Verbesserung und Aufklärung viel geneigter waren
als die Völker. Dohm war von dem Ernst und der Wichtigkeit seiner
Aufgabe ganz erfüllt; er war sich bewußt, daß seine Vorschläge nicht
bloß das Wohl der Juden, sondern auch das der Staaten begründen
würden. Es ist nicht zu übersehen, daß Mendelssohn hinter ihm stand,
und wenn er ihm auch nicht die Worte in die Feder diktiert hat, so hat
er ihn doch mit seinem Geiste der Milde und Menschenliebe angehaucht
und ihm über die Punkte, welche dem Christen und politischen Schrift=
steller fremd und dunkel waren, Licht gegeben[2]). Mendelssohn ist da=
her, wenn auch nicht als der Vater, so doch als der Pate der Dohmschen
Schrift anzusehen.

Hätte diese Schrift nicht in Deutschland großes Aufsehen machen
sollen? Mußte die Forderung, die Juden gleichzustellen, den ehrsamen
Christen nicht als ungeheuerlich vorkommen, als mutete man dem
Adel zu, sich mit seinen Leibeigenen an ein und dieselbe Tafel zu setzen?
Dohms Emanzipationsschrift wurde daher bald nach ihrem Erscheinen
außerordentlich volkstümlich, wurde gelesen, besprochen, von vielen
bekrittelt, widerlegt und nur von wenigen gebilligt. Das erste war,
daß klatschsüchtige Kreise aussprengten, Dohm habe sich seine Feder
von Juden mit einem sehr hohen Preise bezahlen lassen[3]), obwohl er
eigentlich den Schutz für die armen Hausierer, die nirgends heimisch
waren, erfleht hatte. Die einzigen Zeichen der Anerkennung, welche
ihm Juden gaben, waren, daß die Berliner Gemeinde ihm zum Ge=
burtstage ein silbernes Besteck schenkte, daß der Vorstand der Juden
von Brasilien ihm ein Dankschreiben zuschickte[4]) und daß eine jüdische
Familie in Breslau ihm zu Ehren den Namen Dohm[5]) annahm.
Doch auch zugunsten der Juden machte Dohms Schrift einen tiefen

[1]) Dohm, S. 140 f.
[2]) Von Mendelssohn rühren wahrscheinlich her Dohms Auslassung
über Eisenmenger S. 15; über den Talmud S. 20; über den Krieg am Sabbat
S 154.
[3]) Gronau, a. a. O., S. 85.
[4]) Daf. S. 88.
[5]) Vgl. כנסת VII, S. 71, n. 1.]

Eindruck. Ein günstiger Umstand kam ihm zugute. Das Glück begann den Juden zu lächeln, nachdem es ihnen so viele Jahrhunderte den Rücken gekehrt hatte. Kaum war die Schrift erschienen, so erließ Kaiser Joseph, der erste österreichische Regent, der sich einigermaßen von sittlichen und menschlichen Grundsätzen leiten ließ, nachdem er das kirchlich-katholische Joch gebrochen und den Protestanten ein Toleranzedikt gegeben hatte, eine Reihe von Gesetzen in betreff der Juden, die, wenn sie auch gewalttätiger Art waren, doch von aufrichtiger Menschenliebe zeugen.

Zunächst wurde ihnen (19. Oktober 1781) das Erlernen von Handwerken, Künsten, Wissenschaften und auch der Betrieb des Ackerbaues unter Beschränkungen gestattet. Die Pforten der Universitäten und Akademien, bisher ihnen verschlossen, öffneten sich für sie. Die Heranbildung der jüdischen Jugend lag diesem, die „philosophische Moral" fördernden Kaiser sehr am Herzen. Demgemäß dekretierte er die Anlegung von jüdischen Elementar- und höheren Schulen (Normalschulen) und machte auch den Erwachsenen das Erlernen der Landessprache zur zwingenden Notwendigkeit, indem fernerhin nur solche Schriftstücke Geltung haben sollten, welche in dieser Sprache ausgestellt wären. Zart beseitigte er aber den dabei möglichen Religionszwang für die Juden. Es sollte beim Unterricht alles für ihren Glauben Anstößige weggelassen werden[1]. Eine Verordnung verfügte (2. Nov. desf. J.), daß die Juden allenthalben als „Nebenmenschen" geachtet und alle Exzesse gegen sie vermieden werden sollten. Die Juden sollten sich aber auch allenthalben als rechtschaffene Bürger betragen und nicht aufgeblasen werden[2]. Auch den die Christen noch mehr als die Juden schändenden Leibzoll hob Joseph II. glorreichen Andenkens zu allererst auf; ferner schaffte er die doppelten Gerichtstaxen, die Passierscheine, die Nachtzettel und alle ähnlichen Bedrückungen, welche den Juden zum Auswürfling stempelten, ab; die Juden sollten den christlichen Einsassen gleichgehalten werden (19. Dez. d. J.)[3]. Völlige Einbürgerung der Juden hat zwar Joseph II. nicht beabsichtigt; im Gegenteil, es blieb ihnen nach wie vor verboten, in solchen Städten zu wohnen, von welchen die christliche Unduldsamkeit sie bisher ausgeschlossen hatte. Selbst in Wien sollten nur ausnahmsweise Juden für Schutzgeld (Toleranz) zugelassen werden, und dieser Schutz er

---

[1] Vollständige Sammlung aller Verordnungen und Gesetze Josephs II. (Wien 1788) Bd. I, Nr. 348.

[2] Daf. Nr. 369.

[3] Daf. Nr. 412.

streckte sich nicht auf die erwachsenen Söhne. Nicht einmal eine öffentliche Synagoge durften sie in Wien halten. Aber er hob doch manche
Beschränkung auf, z. B. den Zwang, Bärte zu tragen, Sonn- und
Feiertage vormittags nicht auszugehen, öffentliche Lustörter nicht zu
besuchen. Den jüdischen Großhändlern, Honoratioren und ihren Söhnen gestattete der Kaiser sogar, einen Degen zu tragen (2. Jan. 1782)[1].
Er drang besonders auf freundliche Begegnung der Juden von seiten
der Christen. Klopstock dichtete infolgedessen eine verherrlichende Ode
auf Joseph II.:

> „Wen faßt des Mitleids Schauer nicht, wenn er sieht,
> Wie unser Pöbel Kanaans Volk entmenscht!
> Und tut der's nicht, weil unsere Fürsten
> Sie in zu eiserne Fesseln schmieden?
> Du lösest ihnen, Retter, die rostige
> Eng angelegte Fessel vom wunden Arm.
> Sie fühlen's, glauben's kaum. So lange
> Hat's um die Elenden hergeklirrt."[2]

So war denn ein glücklicher Anfang gemacht. Die tausendjährige
Schmach, welche die Lieblosigkeit der Kirche, die Gewinnsucht der
Fürsten und die Dummheit der Völker auf den Stamm Juda gewälzt
hatte, war in einem Lande wenigstens teilweise von ihnen genommen.
Dadurch fanden Dohms Vorschläge eine weit bedeutendere Beachtung;
sie wurden nicht als ideale Träume, sondern als politisch beachtenswerte Grundsätze angesehen. Gelehrte, Geistliche, Staatsmänner und
Fürsten fingen an, sich mit der Judenfrage ernstlich zu beschäftigen.
Jeder Denkende in und außerhalb Deutschlands nahm Stellung dafür
oder dagegen. Vielfache Stimmungen und Stimmen wurden darüber laut, die sonderbarsten Vorschläge wurden gemacht. Ein Prediger, namens Schwager, schrieb: „Weit bin ich immer davon entfernt gewesen, eine unglückliche Nation zu hassen, weil sie Gott auf
andere Weise verehrt als ich. Ich hab' es immer beklagt, daß wir die
Juden durch ein drückendes politisches Joch zwingen, uns betrügen zu
müssen. Denn wie sollen sie es anders machen, um leben zu können?
woher anders ihre schweren Abgaben bestreiten?"[3] D i e z, Dohms
liebenswürdiger Freund, einer der edelsten Männer jener Übergangszeit, später preußischer Gesandter am türkischen Hofe, glaubte, daß
Dohm viel zu wenig für die Juden verlangt hätte: „Sie sagen sehr

[1] Verordnungen und Gesetze Josephs II., Bd. II, Nr. 7.
[2] Klopstock, Ode an den Kaiser.
[3] Dohm, a. a. O. II, S. 89.

wahr," bemerkte er, „daß die itzige ſittliche Verdorbenheit der Juden
eine Folge des Druckes iſt, worin ſie leben. Aber zur Kolorierung des
Gemäldes und zur Milderung der Vorwürfe gegen die Juden würde
auch eine Schilderung der ſittlichen Verdorbenheit der Chriſten ſehr
nützlich geweſen ſein; dieſe iſt gewiß nicht geringer als die jüdiſche und
vielmehr deren Urſache"[1]. Johannes von Müller, der künſt-
leriſche Geſchichtſchreiber der Schweizer, der tiefe Kenner der Geſchichte
überhaupt, der auch für die glorreiche jüdiſche Vergangenheit Bewunderung hegte, lobte Dohms Beſtrebungen für die Juden und gab ihm aus
den Schätzen ſeines Wiſſens neue Beweiſe an die Hand, wie die Juden
im Mittelalter ungerecht und lieblos verfolgt wurden und daß ſie nur
durch unerträglichen Druck verkümmert ſind. Er wünſchte, daß Maimunis Schriften, „welcher der Luther der Juden geweſen iſt", in eine
der europäiſchen Sprachen überſetzt würden[2].

An Gegenſchriften fehlte es natürlich auch nicht. Beſonders bemerkbar machte ſich eine in Prag erſchienene Schmähſchrift „Über
die Unnützlichkeit der Juden im Königreich Böhmen und Mähren",
worin der Verfaſſer ſich in gemeinen Schimpfworten gegen die Juden
erging und alle Anſchuldigungen gegen ſie von Brunnenvergiftung,
Aufruhr und lügenhaften Anläſſen zur Vertreibung derſelben wieder
auffriſchte. Die Schmähſchrift war ſo aufreizend angelegt, daß Kaiſer
Joſeph ſie verbieten ließ (2. März 1782)[3]. Ein giftiger Gegner der
Juden war in dieſer Zeit Friedrich Traugott Hartmann.
Warum? Weil er von einigen Trödeljuden um einige Groſchen geprellt worden war[4]. Indeſſen gerade wegen ihrer Giftigkeit ſchadeten
die Schriften den Juden weniger. Einen dichteren Schatten warfen
auf die Juden die Träger der deutſchen Schulweisheit, jene Zopf-
gelehrte, welche Religion, Kunſt und Wiſſenſchaft als eine Zunftſache
anſahen, zu der kein Fremder zugelaſſen werden dürfe. Je mehr Gelehrſamkeit, deſto mehr Wuſt, Dünkel und Unduldſamkeit. Ein Rezen-

[1] Dohm II, S. 115. Die Chiffre D bedeutet Diez, der auch eine
ſelbſtändige Schrift zugunſten der Juden veröffentlicht hat, Deſſau 1783.

[2] Daſ. S. 116—118. Die Chiffre M bedeutet Müller. Vgl. auch
Joh. v. Müllers Briefe an ſeine Freunde, Brief an Dohm, d. d. 13. Februar
1782.

[3] Vollſtändige Sammlung der Geſetze Joſephs II., Nr. 91. Das Verbot
wurde indes wieder zurückgenommen 9. März; daſ. Nr. 101.

[4] Denina, Prusse littéraire, Artikel Hartmann. Mr. Hartmann avait
peut-être une autre passion à satisfaire, en écrivant contre les Juifs. Il
en avait été dupé quelquefois, et il avait déjà écrit contre eux des satires,
qu'il intitula: Hiéroglyphes.

sent der Dohmschen Schrift in einem vielgelesenen Blatte behauptete[1]) geradezu, die Juden seien unverbesserlich, und alle Reformvorschläge würden an ihrer moralischen Dickhäutigkeit abprallen. Beweis: „Ihre Vorfahren haben sich nach der Befreiung aus Ägypten doch wieder nach den Fleischtöpfen Ägyptens zurückgesehnt." Darum sollte man die spätesten Nachkommen in ihrer Zwangsjacke und ihrer Schmach lassen oder gar nach Asien zurückwerfen. Unter den Deutschen haben von jeher die Gelehrten den grellsten Judenhaß gezeigt. Sie beharrten am festesten bei dem verjährten Wahn gegen die Juden[2]).

Diesen Wahn teilte oder überbot noch eine bedeutende wissen=schaftliche Autorität jener Zeit in Deutschland, der bereits ergraute Göttinger Professor Johann David Michaelis (geb. 1717, starb 1791). Sein Blick war zwar durch Reisen und Umschau in der Welt erweitert, und er hatte sich von der Dumpfheit der lutherischen Theologie losgewunden. Michaelis war der erste Begründer der deut=schen Rationalistenschule unter den Theologen, welche die Wunder der heiligen Schrift und auch ihre Erhabenheit in natürliche, kindische Vor=gänge auflöste. Durch sein „Mosaisches Recht", durch den Anbau der hebräischen Grammatik und der Schriftauslegung, namentlich durch sein Tasten nach dem richtigen Sinn im hebräischen Texte hatte er sich einen bedeutenden Namen erworben, obwohl seine ganze Gelehrsamkeit sich jetzt wie kindische Spielerei ausnimmt. Aber Michaelis hatte gerade das rechte Maß von Unglauben und Glauben, um die Juden einerseits als Träger der geoffenbarten Religion und einer wunderbaren Geschichte zu hassen und sie anderseits als Gegner des Christentums zu verachten. Ein bei der französischen Armee an=gestellter Jude hatte einst bei seiner Anwesenheit in Göttingen die Professoren trotz ihrer knechtischen Bücklinge, die sie jedem Franzosen in tiefer Demut machen zu müssen glaubten, kaum eines Gegengrußes gewürdigt. Das war Grund genug für Michaelis, die Juden samt und sonders zu verabscheuen und von ihnen zu behaupten, daß sie einen verächtlichen Charakter hätten; der größte Teil derselben werde unerträglich, sobald er zu Ehren komme; es gäbe zwar Ausnahmen, aber diese seien selten[3]). So hatte Michaelis bereits mehrere Jahr=zehnte früher beim Erscheinen des Lessingschen Dramas „Der Jude"

---

[1]) Göttinger Gelehrten=Anzeiger 1871, Zugabe, Nr. 48.
[2]) Mendelssohn machte schon diese Bemerkung im „Jerusalem", Ges Schr. III, S. 384.
[3]) Rezension der Dohmschen Schrift in der orientalischen und exegetischen Bibliothek. T. 19, S. 7.

behauptet, ein edler Jude sei eine poetische Unmöglichkeit (o. S. 37).
Die Erfahrung hatte ihn zwar durch Mendelssohn und andere Charaktere Lügen gestraft; aber ein deutscher Professor darf sich nicht ge-
irrt haben. Michaelis blieb dabei stehen, die Juden wären eine unverbesserliche Rasse. Die Hälfte aller Spitzbuben und Hehler wären in
Deutschland Juden. Diese bildeten ungefähr $1/25$ der Gesamtbevöl-
kerung, folglich wäre ein Jude 25 mal lasterhafter als ein Deutscher!
Bald verurteilte er die Juden von theologischem, bald von politischem
Gesichtspunkte aus. Die Absicht der mosaischen Gesetze sei gewesen,
die Juden als ein von anderen Völkern abgesondertes Volk zu erhalten
und darum dürfe die Christenheit ihnen nicht die Fesseln lösen[1]). Sie
sehnten sich nach dem gelobten Lande; darum —. Dies der Gottes-
gelehrte Michaelis. Der Politiker wiederum, die Juden vermehrten
sich viel zahlreicher als die Christen, und durch die Einbürgerung der
Juden würden die deutschen Bürger gar abnehmen und verdrängt
werden[2]). Gute Soldaten könnten sie nie werden; ihr Gesetz, ihre Gewohnheit, alles stünde dem entgegen. Diese Behauptung zieht sich
durch Michaelis' lange Abhandlung — doch dieses kann ihm als Kurzsichtigkeit verziehen werden. Aber unverzeihlich ist es, wenn er mit
Eisenmenger behauptet, die Juden schwüren falsche Eide[3]). Man weiß
nicht, ob man es als Gefühllosigkeit oder Bosheit auslegen soll, wenn
Michaelis zu sagen wagte: „Mich dünkt, hier (in Deutschland) haben
sie (die Juden) schon alles, was sie nur wünschen könnten, und ich weiß
nicht, was er (Dohm) selbst noch hinzutun wollte. Medizin, Philosophie, Physik, Mathesis sind ihnen ja auf keine Weise verschlossen,
— und angestellt sollen sie ja nicht werden."[4]) Selbst weiter Schutzgeld von den Juden zu nehmen, nahm er in Schutz.

Man kann nicht sagen, daß Michaelis' judenfeindliche Abhandlung den Juden für den Augenblick geschadet hat; denn auch ohne
diese würden sie die deutschen Fürsten und Völker nie eingebürgert
haben, wenn der gebieterische Gang der Geschichte sie nicht dazu gezwungen hätte. Nicht einmal Friedrich der Große, den Dohm eigentlich bei Abfassung seiner Schrift im Auge hatte, gewährte ihnen die
geringste Erleichterung. Ein Gesuch, das Ephraim Veitel der Regierung überreichte, daß die Juden mindestens zu Handwerken zugelassen werden möchten, blieb unbeachtet[5]). Aber in der Zukunft wurde

---

[1]) Rezension der Dohmschen Schrift, S. 11.
[2]) Das. S. 16.
[3]) Das. S. 21.   [4]) Das. S. 29 f.
[5]) Mendelssohns Ges. Schr. V, S. 689.

Michaelis als Autorität gegen die Juden angeführt. Nur insofern
hatte die von Dohm angeregte Bewegung und die Stimmen für und
wider gewirkt, daß sich eine öffentliche Meinung über die Judenfrage
bildete, und diese wirkte nicht in Deutschland, sondern zunächst in
Frankreich günstig für sie. Wunderbare Verkettung der geschichtlichen
Vorgänge! Der giftige Elsässer Landrichter wollte die Juden im Elsaß
vertilgt wissen und hat durch seine Bosheit gerade die Befreiung der
Juden in Frankreich anbahnen geholfen.

Mendelssohn hatte sich auch bei dieser Bewegung wohlweislich
im Hintergrunde gehalten; er wollte nicht den Schein auf sich laden,
ein parteiischer Sachwalter seiner Religions= und Stammesgenossen
zu sein. Er segnete das Hervorbrechen der Teilnahme an seinen un=
glücklichen Stammesgenossen: „Dank sei es der allgütigen Vorsehung,
daß sie mich am Ende meiner Tage noch diesen glücklichen Zeitpunkt
hat erleben lassen, in welchem die Rechte der Menschheit in ihrem
wahren Umfange beherziget zu werden anfangen." Indessen regten
ihn doch zwei Punkte an, sein Schweigen zu brechen. Er fand, daß
Dohm noch nicht genug Harpunen gegen das dickhäutige Ungetüm
des Judenhasses geschleudert hatte. „Vernunft und Menschlichkeit er=
hoben ihre Stimme umsonst; denn grau gewordenes Vorurteil hat
kein Gehör." Dohm selbst schien ihm von dem allgemeinen Vorurteil
nicht frei zu sein, indem er zugab, daß die Juden der Gegenwart ver=
dorben, unbrauchbar, ja schädlich wären; darum eben gab er Mittel
an die Hand, sie zu bessern. Aber Mendelssohn, der seine Volksge=
nossen besser kannte, konnte nicht finden, daß sie so sehr von einem
moralischen Aussatz behaftet wären, wenigstens nicht in einem so
weiten Abstand von den Christen derselben Klasse und desselben Ge=
werbes, wie die hochmütigen Christen in Selbstüberschätzung einander
zugestanden. Sehr fein gab Mendelssohn nicht bloß den Göttinger
Gelehrten Michaelis und Hartmann, sondern auch Dohm zu ver=
stehen, daß sie die Judenfrage falsch angegriffen hätten. „Merk=
würdig ist es, zu sehen, wie das Vorurteil die Gestalten aller Jahr=
hunderte annimmt, uns zu unterdrücken und unserer bürgerlichen
Aufnahme Schwierigkeiten entgegenzusetzen. In jenen abergläubi=
schen Zeiten waren es Heiligtümer, die wir aus Mutwillen schänden,
Kruzifixe, die wir durchstechen und bluten machen, Kinder, die
wir heimlich beschneiden und zur Augenweide zersetzen, Christen=
blut, das wir zur Osterfeier brauchen, Brunnen, die wir ver=
giften usw., Unglaube, Verstocktheit, geheime Künste und Teufe=
leien, die uns vorgeworfen, um derentwillen wir gemartert, unseres

Vermögens beraubt, ins Elend gejagt, wo nicht gar hingerichtet
worden ſind."

„Jetzt haben die Zeiten ſich geändert, die Verleumdungen machen
den erwünſchten Eindruck nicht mehr. Jetzt iſt es gerade Aberglaube
und Dummheit, die uns vorgerückt werden, Mangel an moraliſchem
Gefühle, Geſchmack und feinen Sitten, Unfähigkeit zu Künſten, Wiſſenſchaften und nützlichen Gewerben, hauptſächlich zu Dienſten des Krieges und des Staates, unüberwindliche Neigung zu Betrug, Wucher,
Geſetzloſigkeit, die an die Stelle jener gröbern Beſchuldigungen getreten
ſind, uns von der Anzahl nützlicher Bürger auszuſchließen und aus
dem mütterlichen Schoße des Staates zu verſtoßen. Vormals gab
man ſich um uns alle erſinnliche Mühe und machte mancherlei Vorkehrungen, uns nicht zu nützlichen Bürgern, ſondern zu Chriſten zu
machen, und da wir ſo hartnäckig und verſtockt waren, uns nicht bekehren zu laſſen, ſo war dieſes Grundes genug, uns als eine unnütze
Laſt der Erde zu betrachten und dem verworfenen Scheuſale alle Greuel
anzudichten, die es dem Haſſe und der Verachtung aller Menſchen
bloßſtellen konnten. Jetzt hat der Bekehrungseifer nachgelaſſen. Nun
werden wir vollends vernachläſſigt. Man fährt fort, uns von allen
Künſten, Wiſſenſchaften und anderen nützlichen Gewerben und Beſchäftigungen der Menſchen zu entfernen, verſperrt uns alle Wege zur
nützlichen Verbeſſerung und macht den Mangel an Kultur zum Grunde
unſerer ferneren Unterdrückung. Man bindet uns die Hände und macht
uns zum Vorwurfe, daß wir ſie nicht gebrauchen. . . . . . . Indeſſen
hat doch die Vernunft und der Forſchergeiſt unſeres Jahrhunderts
noch bei weitem nicht alle Spuren der Barbarei in der Geſchichte
vertreten. Manche Legende der damaligen Zeit hat ſich erhalten,
weil noch niemandem eingefallen iſt, ſie in Zweifel zu ziehen. Manche
ſind mit ſo wichtigen Autoritäten belegt, daß nicht jeder die Stirn hat,
ſie geradezu für Legende und Verleumdung zu halten. Andere haben
ſich den Folgen nach noch immer erhalten, obgleich ſie ſelbſt ſchon
lange nicht mehr geglaubt werden. Überhaupt iſt die Verleumdung
von ſo giftiger Art, daß ſie immer einige Wirkung in den Gemütern
zurückläßt, wenn auch ihre Unwahrheit entdeckt und allgemein anerkannt wird. In ſo mancher lieben Stadt Deutſchlands wird noch jetzt
kein Beſchnittener, wenn er auch ſeinen Glauben verzollt hat, am
hellen Tage ohne Bewachung gelaſſen, aus Beiſorge, er möchte einem
Chriſtenkinde nachſtellen oder die Brunnen vergiften. Des Nachts
hingegen wird ihm unter aller Bewachung nicht getraut wegen ſeines
bekannten Umganges mit den böſen Geiſtern."

Der zweite Punkt, der Mendelssohn in Dohms Schrift nicht ge=
fiel, war der, daß sie die jüdische Religion so weit vom Staate aner=
kannt wissen wollte, daß dieser ihr das Ausschließungsrecht, eine Art
Bann über ungefügige Mitglieder, einräumen sollte. Das schien ihm
mit dem Begriffe einer lauteren Religion, wie er sie im Herzen trug,
nicht vereinbar. Um von der falschen Fährte abzulenken, in welche
Dohms gutgemeinte Schutzschrift hineinzuführen drohte, und zugleich
der hartnäckigen Verkennung der Juden so viel als möglich zu steuern,
ließ er von seinem jungen Freunde, dem Arzte Marcus Herz,
eine Übersetzung aus dem englischen Original von Manasse Ben=
Israels Verteidigungsschrift für die Juden gegen die vielfachen, lügen=
haften Anschuldigungen (Bd. X₃, S. 104) veranstalten und setzte ihr
ein Vorwort voran, mit lichtvollen erwärmenden Gedanken (März
1782), „Rettung der Juden", ein Anhang zu Dohms Schrift. Ma=
nasses Apologie war in einem wenig gelesenen Buche vergraben;
Mendelssohn sorgte dafür, daß die darin enthaltenen Wahrheiten Ge=
meingut der gebildeten Kreise wurden und gab ihnen durch eine rich=
tige Beleuchtung den rechten Nachdruck. In diesem Vorworte betonte
er mit aller Schärfe seine Überzeugung, daß wohl die Kirche sich
ein Strafrecht über ihre Mitglieder anmaßt; aber die Religion,
die wahre, auf Vernunft und Menschenliebe gegründete Religion,
„bedarf weder Arme noch Finger zu ihrem Gebrauche; sie ist lauter
Geist und Herz. Sie weist auch den Sünder und Abtrünnigen nicht
von ihren Pforten zurück". „Ich finde, daß die Weisesten unserer Vor=
fahren auf keine Ausschließung von gottesdienstlichen Übungen An=
spruch gemacht haben." Der König Salomo flehte Gott an, er möge
auch die Gebete der Götzendiener in seinem Tempel zu Jerusalem er=
hören. Während des Bestandes des zweiten Tempels nahmen die
Priester Opfergaben von Heiden an. Möge man das Strafrecht für
religiöse Vergehen noch so sehr einschränken, es wird immer bürger=
liche Nachteile nach sich ziehen. „Noch ist es mit der Bruderliebe unter
den Menschen nicht dahin gekommen, daß wir bei Einführung der
Kirchenzucht so ganz über alle Furcht und Besorgnis dieser Art hin=
wegsehen könnten. Noch ist keine Geistlichkeit so aufgeklärt, daß ihr
ein solches Recht, wenn es eins gibt, ohne Gefahr anvertraut werden
könnte." Mendelssohn verabscheute die Bannbefugnisse, ohne auch
nur den ganzen Umfang des Nachteils zu kennen, welchen sie im Ver=
laufe der jüdischen Geschichte gebracht haben. Er beschwor daher die
Rabbinen und Vorsteher, daß sie sich des Bannrechtes entäußern
sollten. „Ach, meine Brüder, ihr habt das drückende Joch der Ju=

toleranz nur allzuhart gefühlt . . . . alle Völker der Erde ſcheinen
bisher von dem Wahn betört zu ſein, daß ſich die Religion nur durch
eiſerne Macht erhalten laſſe . . . Ihr ließet euch vielleicht verleiten,
ebendaſſelbe zu glauben . . . O, meine Brüder, folget dem Beiſpiel
der Liebe, wie ihr bisher dem Beiſpiele des Haſſes gefolgt ſeid!"

Mendelsſohn ſtand bereits ſo hoch in der öffentlichen Meinung,
daß jede neue Schrift, die ſeinen Namen trug, begierig geleſen wurde.
Die Hauptgedanken des Vorwortes zu Manaſſe Ben-Iſraels Schutz=
ſchrift, daß die Religion keinerlei Recht über ihre Bekenner habe,
keine Zwangsmittel anwenden dürfe, machte die Leſer betroffen. Das
war bis dahin innerhalb des Chriſtentums niemandem eingefallen.
Seit dem Tage ihrer Herrſchaft hatte die Kirche die Halbgläubigen,
die Ketzer und die Ungläubigen mit Bann und Interdikt, mit Feuer
und Schwert, mit Kerker, Folter und Scheiterhaufen verfolgt. Der
ganze Katholizismus beruhte auf Macht und Gewalt; die proteſtan=
tiſche Kirche nahm die Kirchendiſziplin mit von ihrer ältern Schweſter
herüber. Und nun behauptet ein Jude, die Religion ſollte nur Milde
und Liebe kennen und gebrauchen! Aufgeklärte chriſtliche Geiſtliche,
Teller, Spalding, Zollikofer, Büſching und andere befreundeten ſich
allmählich mit dem neuen Gedanken und zollten dem Erzeuger des=
ſelben öffentlichen Beifall. Strengkirchliche und harte Köpfe dagegen
erblickten darin eine Zerſetzung der Religion: „Dieſes alles iſt neu und
hart. Die erſten Grundſätze werden weggeleugnet", ſagten ſie. Auch
jüdiſche Kreiſe hatten manches gegen Mendelsſohns Anſicht auf dem
Herzen[1]. Es ſchien beſonders, als hätte Mendelsſohn plötzlich mit
dem Judentume gebrochen, das doch ein ganz ausgebildetes Straf=
recht für religiöſe Vergehungen und Übertretungen kennt. Chriſt=
licherſeits wurde ihm in einer Schrift: „Das Forſchen nach
Licht und Recht"[2] vorgehalten, daß er endlich die Maske habe
fallen laſſen; er habe ſich der Religion der Liebe zugewendet und ſeiner
angeſtammten Religion, welche Flüche und Strafen hat, den Rücken
gekehrt. „Inwiefern können Sie, mein teurer Mendelsſohn, bei dem
Glauben Ihrer Väter verharren und durch Wegräumung ſeines Grund=
ſtockes das ganze Gebäude erſchüttern, wenn ſie das durch Moſe gegebene,

---

[1] Vgl. Mendelsſohns Brief an Herz Homburg, d. d. 20. Juni 1782.
Geſ. Schriften V, S. 655. „Jeruſalem", Abſchnitt II, Anf., daſ. III, S. 303.

[2] Anonym, angeblich in Wien, aber in Berlin gedruckt. Iſaak Euchel
bemerkt in ſeiner hebräiſchen Biographie Mendelsſohns, der der damaligen
Generation bekannte Verfaſſer habe Mendelsſohn gegen das Judentum zu
ſchreiben, aufhetzen wollen, Meaſſef Jahrg. 1788, S. 184, Note.

auf göttlicher Offenbarung beruhende Kirchenrecht bestreiten? Viel=
leicht sind Sie jetzt dem Glauben der Christen näher getreten?" Der
Verfasser, ein nicht sehr gläubiger Christ, war zwar vom Gegenteil
überzeugt, wollte aber Mendelssohn reizen, sich noch schärfer gegen die
Kirchengewalt des Christentums auszusprechen.

Zum zweiten Male war Mendelssohn gezwungen, aus seiner Zu=
rückhaltung herauszutreten und sich über Religion auszusprechen. Er
tat es in der Schrift „J e r u s a l e m" oder „Über religiöse Macht und
Judentum" (Frühjahr 1783), deren Gediegenheit nach Inhalt und Form
ein Denkmal seines hohen Geistes ist. Viele seiner Gedanken haben
spätere Denker als nicht stichhaltig beseitigt; manches hatte nur in
Mendelssohns eigenartiger Anschauung Grund und Wert. Aber die
Milde, welche über diese Schrift gehaucht ist, die Wärme seiner Über=
zeugung, der Freimut seiner Äußerung, der zugleich kindlich=naive
und doch gedankentiefe Ideengang, die Anmut des Stiles, welche
auch trockene Gegenstände genießbar macht, alles das gab dieser Schrift
in den Augen der Zeitgenossen eine hohe Bedeutung und wird ihr
stets einen Platz in der Literatur sichern. Für jene Zeit brachte sie
eine eigene Überraschung hervor. Man glaubte, er habe infolge seiner
Auffassung von Religion mit dem Judentume, wenn auch nicht ge=
brochen, so doch vieles an demselben für bedeutungslos erklärt, und
es zeigte sich im Gegenteil, daß er so ganz Jude war und auch nicht
ein Titelchen vom bestehenden Judentume, dem rabbinischen wie bib=
lischen, aufgeben mochte, ja, daß er ihm gerade eine hohe Berechti=
gung sichern wollte. Das lag allerdings in der Eigenart seiner Denk=
weise.

Mendelssohn hat von seiner Jugendgläubigkeit an bis in seine
Altersreife sich eine feste Überzeugung erhalten. Das Dasein eines
persönlichen Gottes, der seine Milde und gerechte Vorsehung auf alle
seine Kreaturen ausdehnt, die Unsterblichkeit der Seele, Lohn und
Strafe jenseits, Sittengesetz und allgemeine Menschenliebe als ge=
bieterische Vernunftgebote standen in seinem Innern so fest, daß sie
durch keine noch so bündige philosophische Beweisführung vom Gegen=
teil erschüttert werden konnten. Nur dadurch vermöge der Mensch
seine Glückseligkeit hienieden wie Seligkeit jenseits zu erlangen. Er
konnte sich ein tugendhaftes Leben ohne den Begriff vom Dasein
Gottes gar nicht denken. Ohne jene, von allen Religionen anerkannten
Grundsätze sei Glückseligkeit ein Traum . . . „Ohne Gott und Vor=
sehung und künftiges Leben ist Menschenliebe eine angeborene Schwach=
heit und Wohlwollen wenig mehr als eine Geckerei, die wir uns ein=

ander einzuſchwatzen ſuchen, damit der Tor ſich placke, und der Kluge
ſich gütlich tue"[1]). Freigeiſterei, ihm gleich Gottloſigkeit klingend,
erregte ihm innern Schauder[2]). Die philoſophiſche Spekulation hatte
nur Wert in ſeinen Augen, inſoweit ſie dieſe ſeine religiös-ſittlichen
Überzeugungen unterſtützte; ſobald ſie ihm Zweifel dagegen erregte,
kehrte er ihr den Rücken. Er verlangte von der Matrone Philoſophie
Dach und Fach für ſich und ſeine Familie, nicht Kartenhäuſer und
Luftſchlöſſer[3]).

Dieſe tiefgewurzelte Überzeugung gab ihm eine von ſeinen Freunden angeſtaunte und bewunderte Lebensfreudigkeit. „Die Philoſophie ſoll mich glücklicher machen, als ich ohne dieſelbe ſein würde,
und dieſer Beſtimmung muß ſie treu bleiben. So lange ſie eine gute
Geſellſchafterin iſt und mich auf eine angenehme Weiſe unterhält,
bleibe ich bei ihr; ſobald ſie vornehme, froſtige oder gar ſaure Geſichter
macht und üble Launen bekommt, laſſe ich ſie allein und ſpiele mit
meinen Kindern . . . Ich wähle aus den Syſtemen der Weltweiſen
immer dasjenige, was mich glücklicher und zugleich beſſer machen kann.
Eine Philoſophie, die mich mißmutig, gegen andere Menſchen oder
gegen mich ſelbſt gleichgültig, gegen Empfindungen des Schönen und
Guten froſtig machen will, iſt nicht die meinige"[4]). Darum war ihm
das Judentum ſo teuer, weil es dieſe religiös-ſittlichen Grundlehren
ohne Beimiſchung, Entſtellung und namentlich ohne Vermenſchlichung
Gottes enthalte. Da die religiös-ſittlichen Wahrheiten nach Mendelsſohns Anſicht zur Glückſeligkeit des Menſchen ebenſo notwendig ſind,
wie etwa die Luft zum Atmen, ſo ſeien dieſe Begriffe jedem Menſchen
auf jeder Kulturſtufe angeboren und brauchten nicht erſt offenbart
zu werden. Inſofern gäbe es keine geoffenbarte Religion, ſondern
die religiöſen Wahrheiten ſeien ewiger Natur und ebenſo, wie die mathe-
matiſchen, ſelbſtgewiß. Von der Göttlichkeit des Judentums, d. h. daß
es von Gott dem größten Propheten am Sinaï offenbart worden
ſei, war er ebenſo unerſchütterlich überzeugt, und ſelbſt die Wahrheit
der durch den Talmud überlieferten mündlichen Auslegung ſtand für
Mendelsſohn feſt. Die Gewißheit der ſinaitiſchen Offenbarung beruhe
auf der Autorität unverfälſchter Überlieferung, wie jede geſchichtliche

----

1) „Jeruſalem“, Geſ. Schr. III, S. 287.
2) Brief an Leſſing, daſ. V, S. 82.
3) Schreiben an Eliſa Reimarus und ihren Bruder, Geſ. Schr., daſ.
S. 704.
4) Schreiben an Sophie Becker, einige Zeit vor ſeinem Tode; daſ.
S. 648.

Tatsache, die jeden Zweifel ausschließt. Ewige Wahrheiten und geschichtliche Wahrheiten seien ihrer Quelle nach verschieden, dem Grade
der Gewißheit nach aber gleichbedeutend[1]). Von dieser Überzeugung
ausgehend, konnte Mendelssohn in seinem „Jerusalem" einige kühne
Sätze aufstellen welche die hergebrachte, landläufige Vorstellung von
Religion und ihrer Verbindlichkeit stracks auf den Kopf stellten.

Nach seiner Staatstheorie, die jedenfalls bündiger war als die
Spinozas (Bd. X₃, S. 164 f.), stehe der Obrigkeit nur über Handlungen,
aber keineswegs über Gesinnungen und Meinungen Befugnis zu.
Sie, die Obrigkeit, könne die dem Gesetze zuwiderlaufenden Handlungen bestrafen, aber sie habe keinerlei Recht, sich in das Teuerste
des Menschen, in seine innere Überzeugung einzumischen. Noch weniger
Recht habe die Kirche. Ihre ganze Macht bestehe lediglich im Lehren
und Trösten. Kirchliches Züchtigen, Ausschließen, Verketzern oder gar
Verfolgen und Verbrennen sei eine Anmaßung und Verirrung, die
allerdings oft genug vorgekommen seien, aber sich auch genug gerächt
hätten. Ein Hinüberspielen des Kirchlichen in die Rechtssphäre sei ganz
undenkbar. Etwa Lehrämter, kirchliche Funktionen, die bezahlt werden?
Aber es soll keine geistlichen Pfründen geben! Wenigstens erkenne das
Judentum keine solchen an, sondern verlange, daß die Gotteslehre umsonst mitgeteilt werden soll, wie sie Mose vom Sinai umsonst empfangen habe — das war ein Faustschlag ins Gesicht der kirchlichen Institute!

Das Judentum erkenne ebenfalls diese innere Freiheit religiöser
Überzeugung an. Das uralte, echte Judentum enthalte darum auch
keine bindenden Glaubensartikel, keine symbolischen Bücher, auf welche
die Gläubigen vereidet und verpflichtet werden müßten. Das war
abermals ein Satz, welcher kühn der christlichen Anschauung ins Gesicht schlug. Das Judentum schreibe überhaupt nicht Glauben vor,
sondern W i s s e n und E r k e n n e n; es ermahne zur Beherzigung
der Lehren. Innerhalb dieser so verachteten Religionssphäre dürfe
jeder denken, meinen und irren, wie ihm beliebe, ohne der Ketzerei
zu verfallen. Ihr Strafrecht beginne erst, wenn die schlechte Gesinnung
in augenfällige Handlung übergehe. Warum? Weil das Judentum
nicht geoffenbarte R e l i g i o n, sondern geoffenbarte G e s e t z -
g e b u n g sei. Seine erste Vorschrift lautet nicht: „Du sollst glauben
oder nicht glauben," sondern: „Du sollst tun oder nicht tun." In der
von Gott gegebenen Verfassung ist Staat und Religion eins. „Verhältnis des Menschen gegen die Gesellschaft und sein Verhältnis gegen

---

[1]) Jerusalem, Ges. Schr. III, S. 311 f.

Gott trafen auf einen Punkt zusammen und konnten nie in Widerspruch geraten. Gott, der Schöpfer und Erhalter der Welt, war zugleich der König dieser Nation . . . Das Bürgerliche hatte zugleich ein heiliges und religiöses Ansehen, Bürgerdienst war zugleich ein wahrer Gottesdienst." „Jeder Frevel, d. h. jedes gesetzwidrige Tun wider das Ansehen Gottes, als des Gesetzgebers der Nation, war ein Verbrechen wider die Majestät, also ein Staatsverbrechen. Wer Gott lästerte, war ein Majestätsschänder, wer den Sabbat freventlich entheiligte, hob . . . . einen Grundsatz der bürgerlichen Gesellschaft auf." Nicht Unglauben, nicht falsche Lehre und Irrtum, sondern freventliches Vergehen wider die Grundsätze des Staates und der bürgerlichen Verfassung wurden gezüchtigt. Mit der Zerstörung des Tempels, d. h. mit dem Aufhören des Staates, habe alle Leib- und Lebensstrafe, ja auch Geldbuße aufgehört. „Die bürgerlichen Bande der Nation waren aufgelöst; religiöse Vergehungen waren keine Staatsverbrechen mehr, und die Religion als Religion kennt keine Strafen, als die der reuevolle Sünder sich f r e i w i l l i g auferlegt."

Denen gegenüber, welche ernstlich oder aus Neckerei ausgesprengt hatten, Mendelssohn sei mit dem Judentum zerfallen, betonte er zum Überfluß noch zwei Punkte, die eigentlich nicht zu seiner Untersuchung gehörten, daß das sogenannte Zeremonialgesetz des Judentums ebenfalls oder recht eigentlich göttlichen Ursprungs sei, und daß dessen Verbindlichkeit so lange fortdauere, „bis es dem Allerhöchsten gefallen werde, es ebenso laut und öffentlich abzuschaffen, wie er es geoffenbart hat". Die Notwendigkeit der Zeremonialgesetze bewies er auf eine eigentümliche Weise. Die Verirrung des menschlichen Geistes habe jede unschuldige Sache und jede Erfindung in Götzendienst und Bilderverehrung entstellt, auch die Bilderschrift und die Buchstaben dazu mißbraucht. Darum habe der Gesetzgeber auf Sinai geschriebene und ungeschriebene Gesetze, Vorschriften für Handlungen und Lebensregeln gegeben. „Sie leiten den forschenden Verstand auf göttliche Wahrheiten." Das Zeremonialgesetz war das Band, welches Handlung mit Betrachtung, Leben mit Lehre verbinden, zwischen Lehrer und Schüler, Forscher und Unterweiser persönlichen Umgang, gesellige Verbindung veranlassen, zu Wetteifer und Nachfolge reizen und ermuntern sollte. Es sollte stets zum Nachdenken und sittlichen Handeln anleiten[1]).

---

[1]) Jerusalem, Abschnitt II, Ges. Schr. S. 350 ff. An Herz Homburg schrieb er bei Besprechung dieser apologetischen Schrift September 1783, als jener gegen die rationale Notwendigkeit der Ritualgesetze Einwürfe machte: „Wenn

Ist das geoffenbarte Gesetz von Gott, dann dürfe sich allerdings der im Hause Jakob Geborene dessen nicht willkürlich entledigen. „Es ist uns erlaubt, über das Gesetz nachzudenken, seinen Geist zu erforschen, hier und da, wo der Gesetzgeber keinen Grund angegeben, einen Grund zu vermuten, der vielleicht an Zeit, Ort und Umstände gebunden ge= wesen, vielleicht mit Zeit, Ort und Umständen verändert werden kann — wenn es dem höchsten Gesetzgeber gefiele, uns seinen Willen da= rüber zu erkennen zu geben . . . . So lange dieses nicht geschieht, kann uns unsere Vernünftelei nicht von dem strengen Gehorsam be= freien, den wir dem Gesetze schuldig sind." — Christliche Theologen machte er darauf aufmerksam, daß Jesus und Paulus die Verbind= lichkeit der Zeremonialgesetze für die im Gesetze Geborenen zugegeben und zum Teil selbst betätigt hätten. Noch manches andere, was Mendels= sohn auf dem Herzen hatte, brachte er im „Jerusalem" stets im Zu= sammenhang mit dem Hauptthema vor. Der Göttinger Professor Michaelis und seine Gesinnungsgenossen hatten den Juden die er= logene Anschuldigung entgegengeschleudert, daß sie die Eide gering achteten. Mendelssohn wies mit dem Finger darauf hin, daß unter den Christen nicht die niedrige Volksklasse, sondern hochgestellte Per= sonen, Geistliche, akademische Lehrer, Würdenträger, sehr oft und öffent= lich falsche Eide schwüren. Sie beschwören, bestimmt formulierte Glaubensartikel buchstäblich zu glauben, glauben aber im Augen= blicke des Eides gar nicht mehr daran oder nicht in dieser Fassung oder kommen später auf andere, den Glaubensartikeln zuwiderlaufende Überzeugungen, ohne jedoch ihre Ämter niederzulegen oder die damit verbundenen Vorteile aufzugeben. Das sei die Frucht des Eingriffs des Staates und der Kirche in die innere Gesinnung des Menschen. „Zählet die Männer alle, die eure Lehrstühle und eure Kanzeln be= steigen, und so manchen Satz, den sie bei der Übernehmung ihres Amtes beschworen, in Zweifel ziehen; die Bischöfe alle, die im Ober=

auch ihre Bedeutung als Schriftart oder Zeichensprache ihren Nutzen ver= loren hätte, so hört doch ihre Notwendigkeit als B a n d d e r V e r e i n i = g u n g nicht auf. Und diese Vereinigung selbst wird in dem Plane der Vor= sehung nach meiner Meinung so lange erhalten werden müssen, so lange noch Polytheismus, Anthropomorphismus, religiöse Usurpation den Erdball be= herrschen. So lange diese Plagegeister der Vernunft vereinigt sind, müssen auch die echten Theisten eine Art Verbindung unter sich stattfinden lassen, wenn jene nicht alles unter den Fuß bringen sollen. Und worin soll diese Verbindung bestehen? In Grundsätzen und Meinungen? Da haben wir Glaubensartikel, Symbole, Formeln, die Vernunft in Fesseln." Ges. Schr. V, S. 669.

haufe sitzen, die wahrhaftig großen Männer alle, die in England Amt und Würde bekleiden und jene 39 Artikel, die sie beschworen, nicht mehr so unbedingt annehmen, als sie ihnen vorgelegt worden, zählet sie und sagt alsdann noch, man könne meiner unterdrückten Nation keine bürgerliche Freiheit einräumen, weil so viele unter ihnen die Eide gering achteten! — Ach! Gott bewahre mein Herz vor menschen= feindlichen Gedanken! Sie könnten bei dieser traurigen Betrachtung gar leicht überhand nehmen"[1]).

Der Erfolg dieser ausführlichen Schutzschrift war bedeutend größer als Mendelssohn erwarten konnte. Statt sich zu verteidigen, war er als Ankläger aufgetreten und hatte auf eine ebenso zarte, wie nach= drückliche Weise die häßlichen Geschwüre der Kirche und der christ= lichen Staatsverfassung aufgedeckt. Von zwei der stimmfähigsten Ver= treter des Zeitgeistes wurden Urteile gefällt, die ihm und der Sache, die er verfocht, nur schmeichelhaft sein konnten. Kant, der bereits seine Denkergröße bekundet hatte, schrieb ihm, er habe Jerusalem, den Scharfsinn, die Feinheit und Klugheit seiner Ausarbeitung mit Bewunderung gelesen. „Ich halte dies Buch für die Verkündigung einer großen Reform, die nicht allein Ihre Nation, sondern auch andere treffen wird. Sie haben Ihre Religion mit einem solchen Grade von Gewissensfreiheit zu vereinigen gewußt, die man ihr gar nicht zugetraut hätte, und dergleichen sich keine andere rühmen kann. Sie haben zu= gleich die Notwendigkeit einer unbeschränkten Gewissensfreiheit in jeder Religion so gründlich und so hell vorgetragen, daß auch endlich die Kirche unserseits darauf wird denken müssen, wie sie alles, was das Gewissen belästigen und drücken kann, von der ihrigen absondern, welches endlich die Menschen in Ansehung der wesentlichen Religions= punkte vereinigen muß[2])." Michaelis, der rationalistische Judenfeind, stand vor den kühnen Gedanken in „Jerusalem" wie verblüfft, verwirrt, beschämt. Das Judentum, auf das er so verächtlich herabblickte, erhob mit Siegesmiene das Haupt. Der Jude Mendelssohn, dem er nicht einen Heller anvertraut hätte, steht da als die verkörperlichte Gewissen= haftigkeit und Weisheit. Michaelis stotterte förmlich bei Beurteilung der so merkwürdigen Schrift[3]). Vielem mußte er zustimmen; manches wurmte ihn innerlich, ohne daß er es überzeugend abweisen konnte,

---

[1]) Jerusalem, Ges. Schr. III, S. 382.
[2]) Kants Brief an Mendelssohn d. d. 16. August 1783, in Kants sämt= lichen Werken, ed. Rosenkranz, 11. T., erster Abschnitt, S. 16, auch ange= führt vom Herausgeber von Mendelssohns Ges. Schr. I, S. 31.
[3]) Orientalische und exegetische Bibliothek, T. 22, S. 59 f.

namentlich die beiden Punkte, daß ein theologiſches Amt nicht be=
ſoldet werden dürfte, und daß aufgeklärte Proteſtanten es mit ihrem
kirchlichen Amtseid auf die Glaubensartikel nicht ſo gewiſſenhaft näh=
men. Was Michaelis dagegen einwendete, erſcheint wahrhaft kindiſch.
So hat Mendelsſohn immer ohne Selbſtantrieb, nur durch Umſtände
gedrängt, das Judentum verherrlicht und die Schmach von ſeinem
Volke abgeſchüttelt. Inzwiſchen arbeitete ihm Dohm in die Hände.
Er beleuchtete noch weiter das Judentum im günſtigſten Sinne und
widerlegte alle die aufrichtigen und gehäſſigen Einwürfe dagegen; es
war ihm eine eigene, ſelbſtändige Angelegenheit geworden. Aber
noch mehr als durch dieſe Schrift wirkte Dohm dadurch für die Juden,
daß er Mirabeau, dieſen Mann mit ſtarken Schultern, welche
eine neue Weltordnung tragen ſollten, günſtig für ſie ſtimmte. Mirabeau löſte Dohm ab.

In derſelben Zeit und auf dieſelbe Weiſe regte Mendelsſohn
abermals die innere Verjüngung der Juden an, welche mit der äußeren
Befreiung zugleich angebahnt werden ſollte, nämlich wieder auf in=
direkte Weiſe. Er, der aus Beſcheidenheit und Klugheit nicht gern
in den Vordergrund trat, hatte Dohm als Kämpfer für die eine Seite
geweckt, und für die andere Seite ſchob er einen anderen Freund vor,
der für dieſe Aufgabe wie geſchaffen ſchien. Durch Mendelsſohn wurde
Weſſely eine geſchichtliche Perſönlichkeit; er arbeitete mit allem Auf=
gebot ſeiner Kraft an der inneren Verbeſſerung der Juden und er=
gänzte die Mängel, welche Mendelsſohns Natur anhafteten. — Hart=
wig (Hartog, Naphtali=Herz) Weſſely (geb. in Kopenhagen 1725,
ſtarb in Hamburg 1805)[1] war eine eigenartig angelegte Natur, die
ſelten in dieſem Gepräge und in dieſer Miſchung auftritt. Er ſtammte
von einem Urahnen ab, welcher von dem Gemetzel der Koſaken in
Bar (Südpolen), der einzige unter ſeinen Familienmitgliedern, ver=
ſchont geblieben, nach Amſterdam entkommen und durch Fleiß und
Glück zu Reichtum gelangt war. Sein Vater (Beer) wie ſein Groß=
vater (Moſe), der von ſeinem Aufenthalt in Weſel den Namen
Weſſely angenommen hatte, waren wohlhabend und ſtanden in hohem
Anſehen bei den Königen von Dänemark. Sein Großvater hatte eine
Gewehrfabrik im Holſteinſchen gegründet und war Kommerzienrat
und königlicher Reſident geworden. Sein Vater leitete ebenfalls ein

---

[1] Weſſelys Biographie von David Friedrichsfeld זכר צדיק
Amſterdam 1809, Auszug im „Sammler" deſſelben Jahrganges S. 230 f.;
Meiſel, Leben und Wirken Weſſelys, Breslau 1841. Beide mit zu viel
Schönfärberei geſchrieben.

großartiges Geſchäft und verkehrte viel mit den ſogenannten Großen.
Dadurch kam er nach Kopenhagen, wo ſich bereits eine portugieſiſche
Gemeinde und auch einige deutſche Juden befanden. Der Jugend-
unterricht Hartwig Weſſelys war der der meiſten Knaben
jener Zeit: mechaniſch-hebräiſches Leſen und mißverſtandene Bibelüberſetzung, um als neunjähriger Knabe in das Labyrinth des Talmuds
geſchleudert zu werden. Die Entfaltung der in ihm liegenden Keime
förderte indes der Wander-Grammatiker Salomon Hanau
(Hena, geb. in Hanau 1687, ſtarb 1746)[1]). Dieſem Manne, von den
Stocktalmudiſten wegen ſeiner Beſchäftigung mit einer „müßigen"
Wiſſenſchaft, der hebräiſchen Sprachkunde, mit ſcheelen Augen angeſehen und darum von Frankfurt bis Kopenhagen und von Amſterdam
bis Fürth zu wandern gezwungen, kann man ſeine wirren und unerquicklichen Schriften dafür verzeihen, daß er imſtande war, Weſſely
für die hebräiſche Sprache zu begeiſtern. Seine Mühe war nicht umſonſt. Das Samenkorn, das Hanau ausgeſtreut hatte, trug tauſendfache Früchte. Allerdings konnte er dem zehnjährigen Knaben nur
die Formenlehre des hebräiſchen Sprachbaues beibringen; aber er
hatte ihm eine ſo tiefe, ſchwärmeriſche Liebe dafür eingeflößt, daß
Weſſely ſich ſelbſtändig darin vertiefen und mehr, viel mehr darin finden
konnte, als ihm der Lehrer geboten hatte. Der Mittelpunkt ſeines
inneren Lebens war ſeit der Zeit die heilige Schrift in der Urſprache;
ſie nach allen Seiten hin zu verſtehen war ſeine Lebensaufgabe. Durch
die vielfache Berührung ſeines Vaters im Geſchäftsverkehr mit nicht-
jüdiſchen Kreiſen erlangte Weſſely auch einen Einblick in das wirkliche
Leben und lernte auch anderweitige Wiſſensfächer, neuere Sprachen,
Geographie, Geſchichte, Reiſebeſchreibungen kennen. Dieſe dienten
ihm aber lediglich als Hilfswiſſenſchaften für ſein Lieblingsſtudium, die
heilige Schrift, um mit dieſen Mitteln tiefer in ihren Sinn und Geiſt
eindringen zu können. Gleich Mendelsſohn war Weſſely ſein eigener
Lehrer. Frühzeitig entwickelte ſich auch in ihm der Schönheitsſinn,
Geſchmack und Gefühl für reine Sprache und Formen und ein Widerwille gegen Sprachvermiſchung und Kauderwelſch, welche unter den
Juden deutſcher Zunge heimiſch waren. Weſſely wandte ſich daher
ſchon als Jüngling von den deutſchen und noch mehr von den ſprach-
verderbenden Polen ab und ſchloß ſich den Portugieſen an, welche
die von ihren Vorfahren überlieferte reinere Ausſprache des Hebräiſchen treu beibehalten hatten. Weſſely glich auch darin Mendelsſohn,

---

[1]) S. Carmoly, Revue orientale III, p. 308. [St. C. B. Nr. 6922].

daß er sich zum sittlichen Charakter von strenger Gewissenhaftigkeit und erhöhtem Ehrgefühl ausbildete. Gedanke, Gesinnung, Wort und Tat waren auch bei ihm aus einem Gusse. Innige, reine Frömmigkeit und unbeugsame Anhänglichkeit an das Judentum waren auch ihm eigen. Nur hatte sein Naturell nicht die sanfte Geschmeidigkeit Mendelssohns. Er war vielmehr steif und pedantisch, war mehr Wortklauber und Silbenstecher als Denker und hatte keine richtige Vorstellung von dem Getriebe und Gesumme der weltbewegenden Kräfte. Wessely blieb sein Lebelang ein Phantast und erblickte die Vorgänge der wirklichen Welt nur durch gefärbte Gläser. Scheinbar hatte Wessely nach einer Seite hin einen Vorzug vor Mendelssohn, er war Dichter. Aber genau genommen, besaß er nur eine ungemeine Leichtigkeit und Fertigkeit, schöne, wohlklingende Verse von untadelhafter Sauberkeit, anmutiger Formenglätte und kunstgerechtem Gleichmaß zu machen. Er wendete fast alle bekannten Versmaße der europäischen Poesie, Sextinen, Oktaven, Sonette auf die hebräische Sprache an, und sie litt nicht unter dem Schnürmieder einer fremden, aufgezwungenen Tracht. Aber in das tiefe Geheimnis echter Poesie war Wessely keineswegs eingedrungen. Er besaß weder Phantasie, noch Lebendigkeit und Anschaulichkeit und noch weniger plastische Malerei und Schwung. Seine kunstgerecht gemeißelten Verse lassen kalt, regen weder die Phantasie zur Selbsttäuschung, noch den Geist zum Nachdenken an. Die Muse hat Wessely nicht geküßt, sondern nur von Ferne angelächelt und ihm nur ihr Spiel gezeigt. Er glaubte, weil er ihre Kunstgriffe erlauscht hatte, ein Dichter zu sein. Ein einziger Vers des unglücklichen Schwärmers Mose Chajjim Luzzatto wiegt die reichhaltige Gedichtsammlung Wesselys auf. Selbst Mendelssohn zeigte in seiner Prosa mehr Poesie, als jener in seinen Versen. Wessely war so ziemlich der hebräische Klopstock.

Eine phantastische Schrulle gab seinem Geiste Richtung und bestimmte auch seinen Lebensgang. Bei seiner Versenkung in die heilige Schrift und ihr Sprachgut vermißte er mit Bedauern manche Bücher, die nur mit ihren Titeln bezeichnet und angeführt werden. Vierundzwanzig Bücher der biblischen Literatur waren für Wessely viel zu wenig. Da stieß er auf eines der apokryphen Bücher, die sogenannte Weisheit Salomos, welches einen griechisch redenden Juden zum Verfasser hatte, der seine eigenen Worte dem weisen König in griechischer Form in den Mund gelegt hat (Bd. III, S. 335, 382). Wessely ließ sich von Titel und Einkleidung desselben so sehr täuschen, daß er es allen Ernstes nicht bloß für Salomos Geisteserzeugnis, sondern

auch für einen urhebräiſchen Weisheitsſchatz anſah, obwohl das grie=
chiſche Gepräge desſelben nicht zu verkennen iſt. Er beſaß eben wenig
Prüfungsſinn und Unterſcheidungsgabe. Mendelsſohn hätte ſich nicht
davon täuſchen laſſen. Weſſely machte ſich ſofort an die Überſetzung der
„Salomoniſchen Weisheit" aus der deutſchen Sprache (der zweiten oder
dritten Hand) ins Hebräiſche und war von deren Gedankentiefe wie
bezaubert. Da ſeine gelungene Überſetzung den Beifall ſeines ver=
ſtändigen Oheims fand, mit dem er ſich öfter darüber unterredet hatte,
ſo geriet er immer tiefer in die Selbſttäuſchung. Bei dem Veſtreben,
den Inhalt dieſes von ihm bewunderten Buches nach allen Seiten in
eine angemeſſene hebräiſche Form zu gießen und ihm eine bibliſche
Färbung zu geben, wurde er auf die feinen Unterſcheidungen der ſinn=
verwandten Wörter im hebräiſchen Sprachſchatze (Synonyma) auf=
merkſam. Dieſe feinen Linien aufzuſuchen, machte er fortan zu ſeiner
Lebensaufgabe. Er forſchte und fand im Wörtervorrat, im Bau, in
den Formen und im Redegebrauch der hebräiſchen Sprache lauter
Feinheiten, Beziehungen, Andeutungen und Winke. Weſſely berauſchte
ſich förmlich bei dieſer Unterſuchung; innere Offenbarungen über=
ſtrömten ihn, und er glaubte dem hebräiſchen Urgeiſte nahe zu ſein. Hätte
er tiefere, namentlich ſprachvergleichende Kenntniſſe beſeſſen, oder wäre
ſeinem Geiſte klare philoſophiſche Erkenntnis und feine Seelenkunde zu
teil geworden, ſo hätte er bei ſeiner ſchwärmeriſchen Liebe und Hin=
gebung für dieſes Fach allerdings für das richtige Verſtändnis der
bibliſchen Literatur außerordentliche Leiſtungen hervorbringen können.
Allein Weſſely hatte nur mittelmäßige Geiſtesanlagen und auch nur
oberflächliche Kenntniſſe, mehr Streben als Schöpferkraft und keinen
ureignen Gedanken. Er bewegte ſich in hergebrachten Bahnen. Zudem
ſetzte ſich ſeine Forſchung ſelbſt Schranken: nichts zu finden, was dem
Judentum irgendwie Abbruch tun könnte. Seine Vorausſetzung war,
daß die heilige Schrift die allerhöchſte Weisheit in ſich ſchließe und
in allen ihren einzelnen Teilen widerſpiegele. Daher ſind ſeine drei
umfangreichen Werke[1]), auf die er ſeine Jugend= und Manneskraft
verwandte, obwohl ſie ihm einen Namen unter ſeinen Zeitgenoſſen
machten, wertlos und unbrauchbar. Nur die Form dieſer Werke, die
Sprachgewandtheit, die er darin zeigte, und der wiſſenſchaftliche An=
ſtrich, den er ihnen gab, ſchützten ſie, daß ſie nicht zum Wuſt der Kom=
mentarliteratur jener Zeit geworfen werden.

---

[1]) Die drei Werke ſind לבנון, auch גן נצול, (1765—66), Kommentar zu
Abot ריין לבנון, 1775, und hebräiſche Überſetzung der Weisheit Salomos
חכמת שלמה nebſt einem weitläufigen Kommentar 1780.

Schlechte Geschäfte, die Weſſely in Kopenhagen gemacht hatte, führten ihn nach Berlin, als wäre er berufen geweſen, in den Kreis der Stadt gezogen zu werden, von dem aus die Verjüngung des jüdiſchen Stammes erfolgen ſollte. Mit Mendelsſohn kam er (ſeit 1774) in innigen Verkehr und wurde von ihm zugezogen, den Kommentar zu einem Buche der Pentateuchüberſetzung zu bearbeiten. Dieſe Arbeit trägt ebenfalls bei ſcheinbarer Tiefe den Stempel ſeines Geiſtes, Pedanterie und Phantaſterei. — Von Kaiſer Joſephs Geſetzen zugunſten der Juden und beſonders von ihrer Verpflichtung, Schulen anzulegen, war Weſſely vollſtändig begeiſtert, und ſah darin mit ſeinem Dämmerblicke das Hereinbrechen des goldenen Zeitalters für die Juden, während Mendelsſohn mit ſeinem Scharfblicke ſich von Anfang an nicht viel davon verſprach: „Es iſt vielleicht nur ein flüchtiger Einfall ohne Halt oder läuft, wie einige befürchten, auf eine Finanzabſicht hinaus,“ ſo äußerte er ſich[1]. Weſſely aber ſtieß in die Poſaune und dichtete einen feurigen Lobpſalm auf Kaiſer Joſephs Herrſchergröße und Hochherzigkeit. Sobald er vernahm, daß die Stockfrommen in Wien, über den Befehl, Schulen anzulegen, als über einen Gewiſſenszwang trauerten, richtete er ein hebräiſches Sendſchreiben (März 1782) „Worte des Friedens und der Wahrheit“, an die öſterreichiſchen Gemeinden, um ſie zu ermahnen, denſelben als Wohltat zu begrüßen, ſich deſſen zu erfreuen und ſogleich Gebrauch davon zu machen. Er ſetzte darin auseinander, daß es religiöſe, ſelbſt vom Talmud empfohlene Pflicht der Juden ſei, ſich allgemeine Bildung anzueignen, daß dieſe ſogar der Kenntnis der Religion vorangehen müſſe, daß ſie nur dadurch die Schmach von ſich abwälzen könnten, die ſo lange durch ihre Unwiſſenheit auf ihnen laſtete. Ganz beſonders betonte Weſſely die Notwendigkeit, die barbariſche Miſchſprache aus der Mitte der Juden zu verbannen und auf Aneignung einer reinen und wohlklingenden Sprache bedacht zu ſein. Er zeichnete in ſeinem Sendſchreiben eine Art Lehrplan vor, wie die jüdiſche Jugend von Stufe zu Stufe, von den Elementargegenſtänden bis zum Talmudſtudium hinauf, angeleitet werden ſollte. Dieſes Sendſchreiben, mit vieler Wärme, eindringlicher Beredſamkeit und in ſchöner hebräiſcher Darſtellung gehalten, hätte des Eindruckes nicht verfehlen können, wenn Weſſely nicht in ſeiner phantaſtiſchen Art darin empfohlen hätte, daß die ganze jüdiſche Jugend, ohne Unterſchied der Anlage und des

[1] Mendelsſohns Schreiben an א'ל'ם, d. h. אביגדור לוי aus Glogau in Prag, in deſſen אגרות, Briefe von und an Mendelsſohn, Nr. 5. Geſ. Schr. VI, S. 453.

künftigen Berufes, nicht nur in Geſchichte und Geographie, ſondern auch
in Naturwiſſenſchaften, Aſtronomie und Religionsphiloſophie unterrichtet
werden müßte, weil man nur durch dieſe Vorkenntniſſe zum vollen
Verſtändnis der heiligen Schrift und des Judentums gelangen könnte.

Dieſes Sendſchreiben trug ihm zugleich ſüße und bittere Früchte
ein.   Die Trieſtiner Gemeinde, meiſtens aus italieniſchen und
portugieſiſchen Juden beſtehend, welche nicht gleich den deutſchen die
Bildung als ketzeriſch verabſcheuten, hatten ſich an den Statthalter
Grafen Zinzendorf gewendet, ihre Bereitwilligkeit, eine Nor-
malſchule zu gründen, erklärt, und gebeten, ihnen zu raten, auf welche
Weiſe ſie ſich Schulbücher für den Religionsunterricht und die Sitten-
lehre verſchaffen könnte.   Zinzendorf wies ſie auf Mendelsſohn hin,
deſſen gefeierter Name bis dahin gedrungen war.   Darauf richtete
Joſeph Chajjim Galaïgo im Namen der Trieſtiner Gemeinde ein
Geſuch an den jüdiſchen Weiſen von Berlin, ſeine Schriften für ſie
einzuſchicken. Bei dieſer Gelegenheit machte Mendelsſohn die Trieſtiner
auf ſeinen Freund Weſſely und deſſen Sendſchreiben zur Empfehlung
jüdiſcher Schulen aufmerkſam, und dieſe knüpften Verbindungen mit
Weſſely an.   So fanden ſeine mit ſo viel Wärme geſchriebenen Worte
ſofort Beherzigung[1]).

Zur ſelben Zeit brach aber von den Stockfrommen ein Sturm
gegen ihn los.   Sie waren beſonders über ſeine Begeiſterung für
Kaiſer Joſephs Reformen in hohem Grade erregt.   Die unliebens-
würdige Art, womit Fürſten die Freiheit zu geben pflegen, der Zwang,
der den Juden auferlegt wurde, die natürliche Scheu, vom Hergebrachten zu laſſen, die naheliegende Furcht, daß durch die Schulbildung
und die teilweiſe Einbürgerung der Juden die Jugend vom Judentume abgeleitet werden würde, und daß die Lehrfächer der Normal-
ſchule das Talmudſtudium verdrängen würden, alles dieſes hatte die
Rabbiner und Vertreter des Herkömmlichen gegen Kaiſer Joſephs
reformierende Judengeſetze eingenommen.   Außerdem drängten ſich
Menſchen von zweifelhafter Religioſität, wie Herz Homberg,
vor, um an den neu zu begründenden Normalſchulen eine Anſtellung
zu finden und die Jugend zu Neuerungen zu verführen.   Es gab allerdings hier und da auch einſichtsvolle Männer, beſonders in Prag,
welche dieſe Geſetze als Wohltat begrüßten und hofften, daß die Juden
ſich nur dadurch dem entſittlichenden Elende entwinden können würden.
Aber dieſe Minderzahl wurde von den Stockfrommen als Neuerer

---

[1]) Vgl. Weſſelys Sendſchreiben nach Trieſt in Kerem Chemed I., ſein
zweites Sendſchreiben S. 7 b f. und Note 1.

und Leichtsinnige, denen keine Stimme zukäme, verschrieen. Die religiöse Naivität, welche von jedem Lufthauch den Einsturz des religiösen Gebäudes fürchtete, und die Gewinnsucht, welche sich von der Unwissenheit und der verkehrten Unterrichtsmethode in sprachverderbender Weise mästete, beide arbeiteten einander in die Hände, um die Gemeinden namentlich gegen die Schulreform einzunehmen[1]). Da verdarb ihnen Wessely mit einem Male das Spiel. Er, der bisher als frommgläubig verehrt wurde, redete der Neuerung das Wort. Noch mehr, in seiner unklugen Weise hatte er sich der talmudischen Sentenz bedient: „Ein Talmudist, der nicht Kenntnisse (allgemeine Bildung) besitzt, ist noch häßlicher als ein Aas." Dieses Wort empörte die Stocktalmudisten außerordentlich. Offen durften die österreichischen Rabbinen nicht gegen Wessely auftreten, da er im Sinne des Kaisers geschrieben hatte. Sie scheinen daher einige polnische Rabbinen gegen ihn aufgestachelt zu haben, sein Sendschreiben zu verdammen und ihn selbst in den Bann zu tun[2]).

An der Spitze der bildungsscheuen Eiferer stand abermals Ezechiel Landau von Prag, der kurz vorher Mendelssohns deutsche Pentateuchübersetzung verdammt hatte. Er äußerte sich sogleich in äußerst heftiger Weise in der Synagoge über Wesselys „ketzerisches Sendschreiben", obwohl er ihn nicht lange vorher in einem öffentlichen Belobigungsschreiben aus eigenem Antriebe als Muster der Rechtgläubigkeit hingestellt hatte. Sendschreiben flogen von Prag aus an deutsche und polnische Rabbinen mit heftiger Anfeindung Wesselys, als ob er plante, das ganze Judentum zu untergraben. Sie fanden indessen nur bei zwei Winkelrabbinen Anklang, bei dem Rabbinen S a l o m o B a e r (Berusch) von Glogau (starb 1784)[3]), Bruder des N a p h t a l i H e r z, welcher Salomo Dubno von Mendelssohn abgezogen hatte (o. S. 45), und bei D a v i d T e w e l von Lissa. Dieser ging in seinem E i f e r so weit, daß er an einem Sabbat von der Kanzel predigte, Wesselys Sendschreiben müsse dem Scheiterhaufen übergeben und

---

1) Über die Voreingenommenheit der österreichischen Juden gegen Kaiser Josephs Reformen s. Wessely, Sendschreiben an die Triestiner Gemeinde Kerem Chemed a. a. O.; F r i e d r i c h s f e l d a. a. O. S. 24; A b r a h a m T r e b i t s c h, קורות העתים, S. 29 b.

2) S. Note 1.

3) [Die Unhaltbarkeit der Kombination, daß der Glogauer Rabbiner zu den Gegnern Wesselys gehört habe, hat G ü d e m a n n in der Monatsschrift für Geschichte und Wissenschaft des Judentums XIX, S. 480 nachgewiesen und G r a e t z selber (a. a. O. XX, S. 465 f.) zugegeben. Vgl. den Zusatz zu Note 1.]

ſelbſt ſeine älteren Schriften, die er ſelbſt einige Jahre vorher über die
Maßen geprieſen hatte, müßten beiſeite geſchafft werden (Ende März).

Die deutſchen Rabbinen verhielten ſich aber ruhig. Nur der Ber=
liner Oberrabbiner Hirſchel, von Landau, Beruſch und Tevel
aufgeſtachelt, machte Miene, gegen Weſſely vorzugehen und ſich über
ihn das Zenſoramt anzumaßen. Hirſchel war vielleicht zu dieſem
Schritt genötigt, weil er ſelbſt wegen ſeiner Nachſicht gegen Mendels=
ſohn bei den frommen Rabbinen nicht im beſten Geruche ſtand; ſein
Sohn Saul, ſpäter Rabbiner von Frankfurt a. O., ſtand im Rufe,
mit den Neuerern zu ſympathiſieren. Daher wollte Hirſchel durch
irgendeinen Akt gegen Weſſely die Stockfrommen beſchwichtigen. Er
zog aber einige Gemeindeälteſte hinzu, um ſeinem Verfahren mehr
Gewicht zu geben. Allein in der Stadt, wo Mendelsſohn, ſozuſagen,
geiſtig herrſchte, konnte eine, wenn auch gelinde Verketzerung Weſſelys
nicht durchdringen. Die Vorſteher, meiſtens ſeine Freunde und Ver=
ehrer, darunter auch David Friedländer und deſſen Schwieger=
vater Daniel Itzig, jagten dem Oberrabbiner ſo viel Schrecken
ein, daß er von ſeinem Vorhaben abließ (April 1782). Mendelsſohn
ließ ihm ſagen, er möge den Eiferern antworten, daß in Deutſchland
die Preßfreiheit allgemein geſetzlich ſei, man könne gegen Weſſelys
Schriften ſchreiben und drucken, aber nichts verfügen, wodurch jemand
gehindert werde, ſeine Meinung zu ſagen[1]).

Obwohl die Eiferer ohne Unterſtützung von Berlin blieben, ſo
fuhren ſie dennoch in ihrer Verketzerungswut fort, ließen die Kanzeln
von Flüchen gegen Weſſely erdröhnen, und in Liſſa wurde ſein Send=
ſchreiben öffentlich verbrannt. Er machte auch dabei die bittere Er=
fahrung, daß er im Kampfe vereinzelt ſtand. Keiner ſeiner Geſinnungs=
genoſſen nahm ſich ſeiner öffentlich an, obwohl er die gerechteſte Sache
mit edlen Mitteln in der anſtändigſten Weiſe verfocht[2]). Mendels=
ſohn liebte nicht derartige Fehden, war auch damals körperlich und
geiſtig zu leiden, um ſich daran zu beteiligen. So mußte Weſſely
für ſich ſelbſt einſtehen. Er veröffentlichte daher ein zweites Send=
ſchreiben (24. April), angeblich an die Trieſtiner Gemeinde gerichtet,
worin er nochmals auf die Wichtigkeit des regelmäßigen Unterrichts
und Beſeitigung des Schlendrians zurückkam und die Anſchuldigung
gegen ihn zurückwies. Milde und anſtändig, wie er war, vermied
er es, ſeine Gegner hart anzufahren; aber unwillkürlich entfuhren ihm
tadelnde Außerungen gegen die Stockfrömmigkeit und gegen die ein=

---

[1]) S. Note 1.
[2]) Weſſely beklagte ſich darüber im dritten Sendſchreiben S. 7.

ſeitige, verkehrte talmudiſche Richtung. Das war eben die Ironie der
geſchichtlichen Verkettung, daß der Gläubigſte unter den Mendels=
ſohnianern, ohne es zu wollen, den Kampf gegen den Rabbinismus
eröffnete, wie der Kabbaliſt Jakob Emden der Kabbala den erſten
heftigen Stoß verſetzt hat. Nach und nach ſprachen ſich mehrere italie=
niſche Rabbiner von Trieſt, Ferrara und Venedig[1]) zu Weſſelys Gunſten
aus und redeten der Bildung das Wort, obwohl ſie nicht über die
Kluft hinwegkommen konnten, welche zwiſchen dieſer und dem rieſig
angewachſenen Rabbinismus klaffte. Weſſely blieb Sieger; die gegne=
riſchen Rabbinen ſtreckten die Waffen. Es entſtanden hier und da,
ſelbſt in Prag, Schulen für regelmäßigen Unterricht. Aber die Stock=
talmudiſten behielten doch Recht. Ihr Argwohn ahnte tiefer die Zukunft
als Mendelsſohn und Weſſely in ihrer Zuverſicht. Die ſtarre Form des
Judentums konnte ſich nicht behaupten. Beide Männer, welche ſich in
dem alten feſten Gebäude ſo recht behaglich fühlten, es nur hier und da
von Spinngeweben und pilzigen Anſätzen geſäubert zu ſehen wünſchten,
trugen ſelbſt zur allmählichen Zerbröckelung ſeiner Grundmauern bei.

Weſſely, der ſtets vom Glücke Verlaſſene, ſah noch mit tränenden
Augen dieſen Verfall. Mendelsſohn aber, der Glückliche, blieb von
dieſem Schmerze verſchont. Der Tod rief ihn zur rechten Zeit ab,
ehe er gewahr wurde, daß ſein eigener Kreis, ja ſeine eigenen Töchter
das mit verächtlichem Spotte behandelten und wegwarfen, was er
als das Heiligſte im Herzen trug, und was er ſo ſehr zu verherrlichen
ſtrebte. Hätte er zehn Jahre länger gelebt, ſo hätte ihm vielleicht ſeine
Weisheit ſelbſt nicht über dieſen Schmerz hinweghelfen können. - Er,
der ohne eine Spur von Romantik, ein ideales Leben führte, ſtarb
zur rechten Zeit, ideal verklärt. Die Freundſchaft und die Philoſophie,
welche ſein Leben gehoben und ihm Ruhm verliehen hatten, brachen
ihm gewiſſermaßen das Herz. Als Mendelsſohn ſich anſchickte, ſeinem
unvergeſſenen Freunde ein Denkmal zu ſetzen und ihn den künftigen
Geſchlechtern in ſeiner wahren Größe zu zeigen, erfuhr er durch Jakobi,
daß Leſſing kurz vor ſeinem Tode ſich entſchieden der ſpinoziſtiſchen
Philoſophie zugeneigt hatte. „Leſſing ein Spinoziſt!" Das war für
Mendelsſohn ein Stich ins Herz. Ihm war nichts ſo ſehr zu=
wider als Spinozas pantheiſtiſches Syſtem, welches den perſönlichen
Gott, Vorſehung, Unſterblichkeit, woran Mendelsſohns Herz mit allen
ſeinen Faſern hing, rundweg in Abrede ſtellte. Leſſing ſollte eine
ſolche Überzeugung gehegt haben, und er, der Buſenfreund, ſollte

---

[1]) Weſſely, drittes Sendſchreiben.

so gar nichts davon gewußt haben! Es war zugleich Eifersucht auf den Freund, der andern das Geheimnis seines Geistes mitgeteilt haben sollte, das er ihm so sorgfältig verbarg, und eine tiefe Verstimmung, daß dieser sein Busenfreund nicht seine Überzeugung geteilt haben sollte. Er ahnte, daß seine Philosophie, wenn Lessing sie mißfällig befunden haben sollte, als veraltet beiseite geschoben werden würde. Sein ganzes Wesen stemmte sich dagegen. Diese Gedanken raubten ihm die Ruhe seiner letzten Lebensjahre, machten ihn leidenschaftlich, aufgeregt, fieberhaft. In seiner letzten philosophischen Arbeit, den „Morgenstunden" (eigentlich Vorlesungen für seinen Sohn, woran auch seine Töchter und jüdische und christliche Jünglinge teilnahmen), heuchelte er noch Ruhe. Aber bei der Ausarbeitung der Schrift zur Widerlegung Jakobis „An die Freunde Lessings" übermannte ihn die Aufregung so sehr, daß sie ihm den Tod brachte (4. Jan. 1786). Dieser gewissermaßen ideale Tod für Freundschaft und Weisheit schloß sein Leben würdig ab und zeigte ihn der Nachwelt, wie er seinen zahlreichen Freunden und Verehrern erschien, als ein Charakter von Aufrichtigkeit und Echtheit, an dem gar nichts Falsches und Erheucheltes war. Um den Mann, der vier Jahrzehnte vorher beklommenen Herzens an eines der Tore Berlins ängstlich gepocht hatte, ob ihn nicht der christliche oder jüdische Büttel flammenden Blickes zurückweisen würde, trauerte fast die ganze preußische Hauptstadt und auch viele andere strebsame Männer in und außerhalb Deutschlands. Mit Wehmut teilte Schleiermachers Oheim (Stubenrauch), ein kirchlich-frommer Prediger, seinem Neffen den Verlust mit, den die deutsche Literatur durch Mendelssohns Tod erlitten hatte[1]). Am schmerzlichsten wurde dieser Verlust in Berlin empfunden. Es war allerdings nicht mehr dasselbe Berlin, das er so schüchtern und verzagt betreten hatte, sondern ein verjüngtes, bereits für die Zivilisation erobertes, an dessen Erziehung auch Mendelssohn seinen Anteil hatte. Schon der Versuch seiner christlichen Freunde Nikolai, Biester und Engel, letzterer Erzieher des damaligen Kronprinzen Friedrich Wilhelm III., im Verein mit seinen jüdischen Verehrern auf einer Pyramide auf dem Opernplatze neben Leibniz, Lambert und Sulzer auch Mendelssohns Bildnis anzubringen — wenn er auch nicht allgemeine Teilnahme fand — charakterisiert den Fortschritt der Zeit. Der verwachsene Sohn des sogenannten Zehngebotschreibers von Dessau war eine Zierde Berlins geworden.

---

[1]) Aus Schleiermachers Leben, Briefe I, S. 39.

Drittes Kapitel.

Das neue Chaßidäertum.

Vernunft und Mystik im Bunde. Israel Baalschem, sein Lebensgang, lär-
mendes Leben und Wunderei. Kampf gegen die Rabbinen. Beer
Mizricz, sein Hochmut und seine Schwindelei. Auflösung der Vier-
Länder-Synode. Kosakengemetzel in Posen. Elia Wilna, sein Charakter
und seine Studienart. Die Mizriczer und Karliner Chaßidäer. Strenges
Verfahren gegen sie in Wilna. Beer Mizricz' Tod. Seine Nachfolger.
Der Kozeniezer Maggid und Schneor Salman von Liadi. Die Lachowizer, Ljubowizer oder Chabads. Neue Verfolgungen der Chaßidäer
hindern ihre Vermehrung nicht.

(1750—1786.)

Sobald ein geschichtliches Werk seine Dienste getan und eine
Wandlung erfahren soll, tauchen von verschiedenen Seiten neue Erscheinungen auf und nehmen eine feindliche Haltung an, um es umzuwandeln oder aufzulösen. Es war vorauszusehen, daß die durch
Mendelssohn angebahnte Verjüngung des jüdischen Stammes eine
Umgestaltung und Zersetzung der religiösen Lebensformen innerhalb
der Judenheit herbeiführen würde. Die Neuerungssüchtigen haben es
gewünscht, gehofft und erstrebt, die Altfrommen geahnt und gefürchtet.
Dieser Auflösungsprozeß wurde auch auf einem anderen Wege, auf
einem anderen Schauplatze unter ganz andern Bedingungen und mit
anderen Mitteln eingeleitet, und das war nicht vorauszusehen. Es
entstand in Polen ein neues Essäertum, mit gleichen Formen wie das
alte, mit Waschungen und Baden, mit weißen Kleidern, Wunderhei-
lungen, prophetischen Träumereien. Es ging wie das alte aus dem
Schoße der Überfrömmigkeit hervor, richtete sich aber bald gegen die
eigene Mutter und birgt vielleicht Keime eigener Art in seinem Schoße,
die, weil sie noch in der Entwicklung begriffen sind, nicht bezeichnet
werden können. Es klingt sonderbar, daß zur selben Zeit, als Mendelssohn das vernünftige Denken für das Wesen des Judentums erklärte
und sozusagen einen weit verbreiteten Orden von Aufgeklärten stiftete,
eine Fahne aufgepflanzt wurde, welche den krassesten Wahnglauben

als Grundcharakter des Judentums verkündigte, und ein eigener Orden
von wundersüchtigen Mitgliedern entstand. Beide Neugeſtaltungen
nahmen eine feindliche Haltung gegen das beſtehende, althergebrachte
Judentum an und erzeugten eine klaffende Spaltung. Die Geſchichte
iſt in ihrer Zeugungskraft ebenſo mannigfaltig und rätſelhaft, wie
die Natur. Auch ſie bringt dicht nebeneinander Heilkräuter und Gift=
pflanzen, liebliche Gebilde und häßliche Sumpfgewächſe hervor. Die
Vernunft und die Unvernunft gingen gewiſſermaßen ein Bündnis ein,
um von zwei Seiten den Rieſenbau des talmudiſchen Judentums zu
zerbröckeln. Den Verſuch, den die Geſchichte ſchon einmal gemacht hat,
als ſie zu gleicher Zeit Spinoza und Sabbataï Zewi aufſtellte, um an
dem bisherigen Beſtande des Judentums zu rütteln, wiederholte ſie,
indem ſie zu gleicher Zeit einen Vertreter der Vernunft und der Un=
vernunft gegen denſelben bewaffnete. Die Aufklärung und die kabba=
liſtiſche Myſtik reichten einander die Hände, um das Werk der Zer=
ſtörung zu beginnen. Mendelsſohn und Iſrael Baal=Schem, welche
Gegenſätze! Und doch haben beide unbewußt den Grundbau des tal=
mudiſchen Judentums unterwühlt. Die Entſtehung der bereits zahl=
reichen und in raſchem Wachſen begriffenen Neuchaßidäer liegt nicht
ſo klar vor Augen, wie die von Mendelsſohn angebahnte Bewegung.
Die neue Sekte, eine Tochter der Finſternis, iſt im Dunkel geboren
und wirkt auch heute noch auf dunkeln Wegen fort. Nur wenige Um=
ſtände, die zu ihrer Entſtehung und Fortpflanzung beigetragen haben,
ſind bekannt.

　　Ihre erſten Begründer waren Iſrael aus Miedziboz
(geb. 1698, ſtarb 1. Juni 1759) und Beer aus Mizricz (geb. um
1700, ſtarb 1772)[1]). Der erſtere erhielt von ſeinen Verehrern und Geg=
nern in gleicher Weiſe den Beinamen „Der Wundertäter durch Be=
ſchwörungen im Namen Gottes", Baal=Schem oder Baal
Schemtob und in der damals beliebten Abkürzung Beſcht[2]).
So unſchön wie der Name Beſcht, war das Weſen des Stifters und
der Orden, den er ins Leben gerufen hat. Die Huldgöttinnen ſtanden
nicht an ſeiner Wiege, wohl aber der Wunderglaube, und er füllte ſein
Gehirn ſo ſehr mit Phantaſiebildern, daß er ſie von wirklichen, hand=
greiflichen Weſen nicht mehr unterſcheiden konnte. Iſraels Jugend=
erlebniſſe ſind unbekannt. Nur ſo viel iſt ſicher, daß er früh verwaiſt,
arm, ſich ſelbſt überlaſſen war und einen großen Teil ſeines Jünglings=
alters in den Wäldern und Höhlen des Karpathengebirges zugebracht

---

1) S. über beide und den Chaßidismus überhaupt Note 2.
2) ‏בעש"ט‎, auch ‏ריב"ש‎ abbreviert: ‏ר' ישראל בעל שם‎.

hat. Die karpathischen Bergausläufer, welche nach Südgalizien und die
Bukowina hineinstreifen, zwischen Kuty (Kutow) und Kassow,
am Quellenursprung des Pruth, waren seine Erzieher. Hier lernte er,
was er in den dunkeln, engen, schmutzigen Löchern, die man in Polen
Schulen nannte, nicht gelernt haben würde, das Alphabet der Natur-
laute verstehen. Die Gebirgs- und Quellengeister flüsterten ihm Geheimnisse zu. Hier lernte er auch, wahrscheinlich von kräutersammelnden
Bäuerinnen, auf Bergspitzen und an Flußrändern die Verwendung
von Pflanzen zu Heilmitteln. Aber wie diese der Heilkraft der Natur
nicht trauten, sondern Besprechungen und Beschwörungen von guten
und bösen Geistern hinzufügten, so gewöhnte sich Israel ebenfalls an
diese Heilmethode. Er wurde ein Wunderdoktor. Auch die Not war
seine Lehrerin; sie lehrte ihn zunächst beten. Wie oft mag er in seiner
Verlassenheit und Verwaistheit Mangel selbst an trocknem Brot gelitten haben, wie oft mag er von wirklichen oder eingebildeten Gefahren umgeben gewesen sein! In solcher Not betete er die aus der
Synagoge geläufigen Formeln; aber er sprach sie mit Inbrunst und
tiefer Andacht oder er schrie sie in die Bergeseinsamkeit mit lauter
Stimme hinaus. Das laute schreiende Gebet erweckte die Echos in
den Bergen, welche ihm Antwort auf seine Fragen zu geben schienen.
Er scheint nicht selten in eine verzückte Stimmung geraten und sie auch
geradezu durch rasende Bewegung des ganzen Körpers beim Beten
hervorgerufen zu haben. Die Bewegung trieb ihm das Blut in den
Kopf, machte seine Augen flimmern und versetzte Leib und Seele in
einen solchen Zustand der Überreizung, daß er eine Todesschwäche
empfand. War es eine magnetische Spannung der Seele, welche die
Bewegungen und das schreiende, singende Beten in ihm erzeugt haben?

Israel Baal-Schem behauptete, daß er infolge solches den Körper
aufregenden und aufreibenden Gebetes einen tiefen Blick in die Un-
endlichkeit zu erlangen pflege. Seine Seele stiege bis zur Lichtwelt
hinauf, höre, sehe da göttliche Geheimnisse und Offenbarungen, trete
in Zwiegespräche mit den hehren Geistern und sei imstande, durch deren
Vermittlung die Gnade Gottes, Glück und besonders Abwendung
von drohenden Gefahren zu erflehen. Auch tiefer Einblicke in die Zukunft durch Entschleierung ihrer Geheimnisse rühmte sich Israel Miedziboz. War es plumpe Aufschneiderei oder Selbsttäuschung oder Über-
schätzung krankhafter Seelenerscheinungen? Es gibt Personen, Zeiten
und Schauplätze, in denen die Grenzlinie zwischen Betrügerei und
Selbstbetrug nicht zu unterscheiden ist. In Polen war gerade zur Zeit
Israels in dieser Gegend bei der Überspannung, welche die Kabbala

der ſabbatianiſchen Schwindelei, die fieberhafte Erwartung einer bal=
digen meſſianiſchen Erlöſung erzeugt hatte, alles möglich und alles
glaublich. In Polen lebte und webte die Phantaſie in Juden und
Chriſten im Außerordentlichen und Außergewöhnlichen wie in einem
natürlichen Elemente. Iſrael glaubte ſteif und feſt an ſeine in dem
aufgeregten Zuſtande ſeiner Seele und ſeines Körpers geſchauten Ge=
ſichte, er glaubte an die Macht ſeines Gebetes. In dieſem Wahn ver=
ſtieg er ſich zu der läſterlichen Äußerung, das Gebet ſei eine Art ehe=
licher Verbindung (Siwwug) des Menſchen mit der Gottheit (Schechina)
und darum müſſe es unter Erregung vor ſich gehen. Mit der angeblich
höheren Kunde von geheimen Heilmitteln und von der Geiſterwelt
ausgerüſtet, die er in der Einſamkeit durch göttliche Gnadenſpenden
erlangt zu haben glaubte, begab ſich Iſrael in die Geſellſchaft, um
ſeine höhere Begabung zu betätigen. Es muß rühmend von ihm an=
erkannt werden, daß er ſie nicht mißbrauchte, um ein Geſchäft daraus
zu machen und ſeine Lebensexiſtenz darauf zu gründen. Er trieb an=
fangs das niedrige Gewerbe eines Fuhrmanns, machte ſpäter Pferde=
geſchäfte und pachtete hin und wieder, zu größeren Mitteln gelangt,
eine Dorfſchenke.

Dauernd ließ er ſich in Miedziboz, einem Städtchen in Podolien
nieder. Gelegentlich wendete er auf Verlangen ſeine Wunderkuren an
und erlangte dadurch einen ſo großen Ruf, daß er ſelbſt von polniſchen
Edelleuten zu Rate gezogen wurde. Auffallend wurde er den Leuten
durch ſein geräuſchvolles, raſendes Beten, das ihn auch ſo verklärt
haben mochte, daß ſie in ihm den Fuhrmann oder den Roßtäuſcher
nicht wieder erkannten. Bewundert wurde er durch ſeine Entdeckung
in Geheimnis gehüllter Dinge. In Polen hielten nicht bloß Ungelehrte
und nicht bloß Juden ſolche Gaben und Wunder für möglich. Die
Jeſuiten und die Kabbaliſten hatten Chriſten und Juden dieſes Landes
in gleicher Weiſe dumm gemacht und in den Zuſtand urweltlicher
Barbarei verſetzt.

Beſcht zeichnete ſich weder durch tiefe Talmudkenntniſſe, noch
durch Einſicht in die Kabbala aus; er galt vielmehr als ein vollſtändig
Unkundiger in dieſen Fächern und ließ dieſe Meinung von ſich be=
ſtehen, obwohl er durchaus nicht ſo ſehr unwiſſend war. In Polen,
wo die Luft in den jüdiſchen Stadtvierteln ſozuſagen talmudiſch und
kabbaliſtiſch geſchwängert war, gehörte für einen Mann, der nicht
ganz ſtumpfſinnig war, nicht ſehr viel dazu, ſich dieſe Kenntniſſe ober=
flächlich anzueignen und die Sprache des Talmuds und des Sohar
reden zu können. Gerade weil Beſcht nicht zum Rabbinerſtande ge=

hörte und sich nicht zu einer kabbalistischen Schule bekannte, wurde er, wenn seine Kuren scheinbar anschlugen und seine Prophezeiungen eintrafen, für einen Wundertäter gehalten. Ein Umstand machte ihn besonders in weiten Kreisen beliebt. Israel war nicht wie diejenigen, welche sich mit der Afterwissenschaft der Kabbala beschäftigten, ein Kopfhänger; er ging nicht düster umher, fastete nicht viel, kasteiete sich gar nicht, war vielmehr heiter und lustig und machte derbe Späße. Er behauptete, nur in heiterer Stimmung müßten die Gebete an Gott gerichtet werden, und nur solche wirkten auf die Seele wie auf die Eröffnung der Gnadenströme. Traurigkeit und düsteres Wesen waren ihm verhaßt. Geweckter und guter Laune ging er in den Straßen umher, rauchte seine Pfeife, klopfte und streichelte Rosse und sprach mit jedermann, auch mit Weibern — was in Polen damals eines anständigen Mannes für nicht würdig galt. Das hinderte ihn nicht, zur Zeit des Gebetes oder auch zur Unzeit in sein Kämmerlein zu gehen und sich durch Gesang, Geschrei und tolle Körperbewegungen zu betäuben oder in Verzückung zu versetzen.

Es wäre mit sonderbaren Dingen zugegangen, wenn ein solcher Wunderdoktor, der sichtlich mit der Geisterwelt zu verkehren schien, keine Anhänger hätte finden sollen. Wollte er denn eine neue Sekte stiften? Schwerlich. Es schlossen sich eigentlich ihm Gleichgesinnte an, welche einen religiösen Drang fühlten, und ihn weder durch ein strenges Büßerleben, noch durch ein mechanisches Hersagen vorgeschriebener Formeln befriedigen zu können vermeinten. Sie vereinigten sich mit Israel in Miedziboz, um andachtsvoll, d. h. mit Singsang und Händeklatschen, Verbeugen, Körperbewegungen, Springen, unter Lärmen und Schreien zu beten. Fast um dieselbe Zeit entstand in England (Wales) eine christliche Sekte, „die Springer" (Jumpers) genannt, welche sich durch ähnliche Bewegungen beim Gebete in Verzückung und Hellseherei versetzten. Zur selben Zeit entstand in Nordamerika die Sekte der S ch ü t t l e r (Shakers), von der Irländerin J o h a n n a L e e hervorgerufen, die ebenfalls durch Raserei beim Gebete mystisch-messianischen Phantomen nachjagte. Israel braucht kein Betrüger gewesen zu sein, um Anhänger zu finden. Die Mystik und die Raserei wirken ansteckend. Noch mehr zog er solche an, welche lustig und heiter leben wollten und doch dabei eine hohe Lebensaufgabe zu erfüllen gedachten, in Heiterkeit und Sorglosigkeit der Nähe Gottes gewiß zu sein und die messianische Zukunft zu fördern. Sie brauchten nicht über Talmudfolianten zu hocken, um einer höheren Frömmigkeit teilhaftig zu werden. Es ist nicht unwahrscheinlich, daß die mit

dem Bann belegten und verfolgten Sabbatianer, welche ſich anfangs
um den Abenteurer Jakob Lejbowicz Frank in derſelben
Zeit geſchart hatten, mit ihm aber nicht durch Dick und Dünn bis zur
Schwelle der katholiſchen Kirche gehen mochten (Bd. X₃, S. 402), ſich
zu Beſcht geſellt haben, um einerſeits der Verfolgung zu entgehen,
und anderſeits dem Joche übertriebener Religioſität, deſſen ſie ſich
bereits entwöhnt hatten, nicht unterworfen zu ſein. Solchergeſtalt
entſtand die Sekte oder richtiger der Orden der Neuchaßidäer.
In einem Jahrzehnt ſollen ſich bereits 10 000 Fromme um Iſrael
Beſcht geſchart haben, die ſich anfangs nur durch ihr ſonderbares und
langanhaltendes Beten, durch Waſchung vor dem Beten nach Art der
Eſſäer, durch ein heiteres Weſen und vielleicht auch durch das Tragen
eines Gürtels von Baumwolle ſtatt von Tuch von den übrigen polniſchen Juden unterſchieden.

Es wurde aber in den neuchaßidäiſchen Kreiſen Ton, über die
Talmudiſten zu ſpötteln. Weil dieſe ſich über das ungelehrte Haupt
des neuen Ordens luſtig machten, der einen Anhang hatte, ohne der
zünftigen Genoſſenſchaft anzugehören; ohne in Talmud und Zubehör
eingeweiht zu ſein, ſetzten die Chaßidäer den Wert des Talmudſtudiums
herab, daß es nicht imſtande ſei, ein wahrhaft gotterfülltes Leben zu
fördern. Als der Biſchof von Kamieneз Podolſki infolge der gemeinen
Anſchuldigungen von ſeiten der Frankiſten den Befehl erlaſſen hatte,
Jagd auf die Talmudexemplare zu machen und ſie zu verbrennen
(Bd. X₃, S. 396), ſoll Iſrael Beſcht ſich ſcharf über die Rabbiner aus-
gelaſſen haben: Sie allein hätten Schuld an dieſer Trübſal, weil ſie
durch falſche Vorausſetzungen Lügenhaftes erdichteten. Er ſoll auch
von dem Vertreter der Vier-Länder-Synode vorgeladen worden ſein,
ſich darüber zu verantworten, wie er ſich, als Unkundiger im Talmud,
göttlicher Offenbarung rühmen könne, und er ſoll ihnen eine beſchämende
Antwort gegeben haben. Doch iſt dieſe Nachricht nicht als Tatſache anzuſehen. Allen Sektenſtiftern werden hinterher von ſeiten ihrer Anhänger mutvolle und beſchämende Kraftworte gegen ihre Gegner und
Richter in den Mund gelegt. Aber ein verdeckter Krieg beſtand zwiſchen
den Neuchaßidäern und den Rabbinern jedenfalls; dieſe konnten jenen
jedoch ſo lange nichts anhaben, als Iſraels Anhänger ſich von dem be-
ſtehenden Judentum nicht entfernten. Die Spannung ſteigerte ſich erſt
nach dem Tode des erſten Begründers unter Beer von Miзricz, als die
Verwilderung und Entartung zunahm[1]), zu einer förmlichen Spaltung.

─────────

[1]) Künſtleriſch vollendet iſt dieſe Entartung geſchildert in Erters

Dob Beer (oder Berisch) war kein Phantast wie Israel, vielmehr ein feiner Kopf, der sich auf Seelenzustände und auf das, was Effekt macht, sehr gut verstand, und sich daher die Gemüter und den Willen anderer untertänig machen konnte. Obwohl er erst kurz vor Israels Tod in dessen Kreis eingetreten war, so erhielt er doch, man weiß nicht, ob mit dessen Zustimmung oder nicht, mit Umgehung von dessen Sohn und Schwiegersöhnen, die Nachfolgerschaft und Führerschaft über die neuchaßidäische Gemeinde. Beer, welcher den Mittelpunkt nach Mizricz, einem Städtchen in Wolhynien, verlegt hat, war seinem Meister in vielen Stücken überlegen. Er war in das talmudische und kabbalistische Schrifttum eingelesen und ein geschickter Prediger (Maggid), der die entlegensten Bibelverse sowie agadische und soharistische Aussprüche für seine Zwecke zusammenzureimen und seine Zuhörer zu überraschen wußte. Dadurch nahm er von dem chaßidäischen Kreise den Makel der Ungelehrtheit, welcher in Polen außerordentlich schändete, und erhielt einen größeren Zuwachs an Anhängern. Er hatte eine ehrfurchtgebietende Gestalt, mischte sich nicht unter das Volk, lebte vielmehr die ganze Woche hindurch in einem Zimmerchen zurückgezogen, nur für seine Vertrauten zugänglich, und erlangte dadurch den Schein des mysteriösen Verkehrs mit der Himmelswelt. Nur am Sabbat zeigte er sich allen denen, welche sehnsüchtig waren, seines Anblickes gewürdigt zu werden. An diesem Tage erschien er prachtvoll in Atlas gekleidet, alles w e i ß (die Farbe der Gnade in der kabbalistischen Sprache), Oberkleid, Schuhe und selbst die Tabaksdose. An diesem Tage pflegte er mit seinen Vertrauten, den Auswärtigen, welche zu ihm gewallfahrtet waren, den Neuangeworbenen und Neugierigen, welche den kabbalistischen Heiligen und Wundertäter zu sehen wünschten, gemeinschaftlich zu beten, auf dieselbe Weise, wie es Israel Bescht eingeführt hatte. Um die zum andächtigen Gebete notwendige heitere Stimmung zu erzeugen, pflegte er sich in gemeinen Späßen zu ergehen, z. B. einen aus dem Kreise necken und umwerfen zu lassen, wodurch die Anwesenden in eine ausgelassene Lustigkeit gerieten. Inmitten dieser kindischen Fröhlichkeit rief er plötzlich: „Jetzt dienet dem Herrn in Freude."

Unter Beers Leitung blieb zwar scheinbar das chaßidäische Wesen in derselben Gestalt wie unter seinem Vorgänger: inbrünstiges, zappelndes Beten, Begeisterung (Hitlahabut), Wunderkuren und Ent-

---

חבת והסידות Gesamtausgabe הצופה von Letteris S. 75 f., auch S. 30 und in einem Briefe das. S. 90.

hüllung der Zukunft. Aber da diese Tätigkeiten nicht wie bei Israel aus dessen eigenartiger Seelenstimmung oder Krankhaftigkeit kamen, sondern nur nachgeahmt wurden, so mußten Künstelei oder Blendwerk dem nachhelfen, was die Natur versagt hatte. Der chaßidäische Führer oder Zaddik, der vollkommen Fromme, mußte nun einmal im Gebete begeistert, verzückt sein und Erscheinungen haben. Aber wie kann ein kluger Rechner begeistert erscheinen? So mußte die in Polen so beliebte Alkoholflasche die Stelle des inneren, eingebenden Dämons vertreten. Beer hatte nicht die Kunde von Heilkräutern, welche sein Vorgänger in den karpathischen Bergen erlangt hatte. So verlegte er sich darauf, sich einige medizinische Kenntnisse anzueignen, und wenn die Mittel nicht anschlugen, so starb der Kranke — an seiner Sündhaftigkeit. Die Zukunft zu verkünden, war noch schwerer, und doch mußte es geschehen; sein Ruf als Wundertäter hing davon ab. Beer wußte auch dafür Rat. Er hatte unter seinen Vertrauten einige gewandte Kundschafter, würdig, in der Geheimpolizei zu dienen. Diese brachten vieles heraus, was mit dem Schleier des Geheimnisses bedeckt war, und hinterbrachten es dem Meister; so konnte er den Schein der Allwissenheit annehmen. Oder seine Spione begingen Diebstähle; wandten sich die Betroffenen an den „Heiligen" in seiner Klaus (Klösel), sie zu entdecken, so war er imstande, den Ort genau zu bezeichnen, wo sich die vermißten Gegenstände befanden. Waren Fremde, von seinem Rufe angezogen, in seiner Nähe, so wurden sie, wie gesagt, immer erst an dem nächsten Sonnabend zur Teilnahme an dem chaßidäischen Hexensabbat zugelassen. Inzwischen hatten seine Kundschafter durch geschickte Fragen und anderweitige Ausforschungen die Erlebnisse und geheimen Wünsche der Fremden herausgebracht und sie dem Zaddik mitgeteilt. Bei der ersten Begegnung konnte Beer scheinbar harmlos in einer künstlich angelegten Predigt jedem der Fremden ein Wort hinwerfen, wodurch diese die Überzeugung gewannen, daß er in ihre Herzen geblickt hatte und ihre Vergangenheit kannte. Durch solche und ähnliche Mittel wußte er sich als Allwissender zu behaupten und die Schar seiner Anhänger zu vermehren. Jeder Neuangeworbene verkündete seine göttliche Begabung und lockte andere Anhänger herbei.

Zur festen Begründung seines Ansehens stellte Beer eine Theorie auf, welche in folgerichtiger Anwendung höchst schädliche und verderbliche Erscheinungen zu fördern geeignet ist. Gestützt auf die kabbalistische Formel, der „Gerechte oder Fromme ist der Grund der Welt"[1]),

---

[1]) צדיק יסוד עולם, in der Kabbala ursprünglich nur eine Spielerei mit Worten.

schraubte er diese Theorie von der Bedeutung des Zaddik oder des chaßidäischen Oberhauptes so hoch hinauf, daß sie Gotteslästerlichkeit aussprach, ein solcher sei nicht bloß der vollkommenste, sündenlose Mensch, er sei nicht bloß Mose, sondern der Stellvertreter Gottes und dessen Abbild. Alles und jedes, was der Zaddik tue und treibe und denke, habe einen entscheidenden Einfluß auf die höhere und niedere Welt. Die lurjanische Kabbala hatte zwar ähnliches aufgestellt, daß der Fromme durch Ausübung der religiösen Gebote auf die Himmelssphäre einwirken und gewissermaßen die Gottheit nötigen könne, die Gnadenströme auf die irdische Welt zu ergießen. Aber Beer Mizricz' verderbliche Lehre ging noch weiter. „Gottes Herrlichkeit füllt die Welt" bedeute, daß kein Punkt im Weltenraum, auf Erde wie im Himmel, des göttlichen Wesens bar oder „entleert" sei; in allem sei die Gottheit vielmehr gegenwärtig, zeige sich ihr Leben. Ganz besonders offenbare sich die Gottheit in dem Tun und Lassen des Zaddik, keine seiner geringsten Handlungen sei gleichgültiger Natur. Wie er sein Kleid trage, seine Schuhe binde, seine Tabakspfeife rauche, er möge tiefsinnig predigen oder plumpe Späße machen, das alles habe eine höhere Beziehung zur Gottheit, bedeute ebensoviel wie eine religiöse Pflichterfüllung. Selbst wenn er aus der Flasche Begeisterung schöpfe, wirke er damit auf die höhere und niedere Welt ein. Welcher bodenlose Wahn! Das alles hat die Afterlehre der Kabbala verschuldet, welche trotz der unsäglichen Verwirrungen, welche sie von Sabbataï Zewi an bis auf Frank zuwege gebracht hat, trotz der Bekämpfung, die ihre Grundschrift, der Sohar, in derselben Zeit durch Jakob Emden erfahren hatte[1]), doch noch immer die Köpfe der polnischen Juden benebelte. Der Zaddik, d. h. Berisch Mizricz, sei nach dieser Theorie der Inbegriff aller Macht und Herrlichkeit auf Erden. Er dünkte sich in seinem „Stübel" oder „Klösel", d. h. in seinem schmutzigen Zimmerchen der Zurückgezogenheit, ebenso groß, wie der päpstliche Stellvertreter Gottes auf Erden in seinen Prachtpalästen. Auch Stolz müsse der Zaddik den Menschen gegenüber geltend machen[2]), das geschehe alles „zur Ehre Gottes" — ein Katholizismus innerhalb der Judenheit.

Beers Theorie sollte aber nicht müßig und unfruchtbar bleiben, sondern ihm Ehren und Ertrag bringen. Während der Zaddik für den Bestand der Welt, für die Gnadenspenden und besonders für

---

[1]) Schon 1757 in שמוש 'ס, noch mehr aber in מטפחת הספרים 1768.

[2]) Vgl. jedoch hierzu D. Cahana in der Ztschr. השחר V, S. 635, Note 3.]

Israels Erhaltung und Verherrlichung Sorge trage, sollten seine Anhänger auf dreierlei Tugenden bedacht sein. Es sei ihre Pflicht, sich
ihm zu nähern, seines Anblickes zu genießen, von Zeit zu Zeit zu ihm
zu wallfahrten. Sie müßten ferner ihm ihre Sünden beichten; dadurch allein könnten sie auf Sündenvergebung rechnen. Endlich müßten
sie ihm Geschenke, reiche Geschenke bringen, die er auf das Wirksamste
zu verwenden wisse. Auch für seine Kehle zu sorgen, sei ihre Pflicht.
Man glaubt sich in die Zeit der Baalspriester versetzt, so gemein und
anwidernd lautet diese Verkehrtheit. Das Traurige dabei ist, daß diese,
eines einen Fetisch anbetenden Volkes würdige Lehre Anklang fand, in
Polen Anklang fand, wo ein Übermaß von Kunde des jüdischen Schrifttums herrschte. Aber gerade diese Überfüllung und sozusagen Über-
fütterung der geistigen Verdauungswerkzeuge hat diese trübselige Erscheinung zuwege gebracht. Das Organ des Geistes war bei den
polnischen Juden so überreizt worden, daß ihnen das Geschmackloseste
noch mehr zusagte, als das Geschmackvolle.

Beer sandte ordentliche Apostel zur Verbreitung seiner Lehre aus.
Seine brauchbarsten Werkzeuge waren zunächst **Joseph Jakob
Kohen aus Raschkow, Elimelech aus Lyzensk, Nahum aus Tschernobyl**, Prediger mit vielem Schwulst, welche
diese verderbliche Lehre mit Verdrehungen von Schriftversen würzten.
Einfältige, Schlauköpfe und Müßiggänger, deren es in Polen so viele
gab, schlossen sich den Neuchaßidäern an, jene aus Neigung zu Schwärmerei und Wunderglauben, diese, die Listigen, um auf eine leichte
Weise zu Geld und zu einem vergnügten Leben zu gelangen, und die
Müßiggänger, weil sie an der Hofhaltung des Zaddik Beschäftigung
und Befriedigung der Neugier fanden. Fragte man die Müßiggänger,
woran sie dächten, wenn sie den ganzen Tag mit der Pfeife im Munde
umherschlenderten, so antworteten sie allen Ernstes: „Wir denken an
Gott." Die Einfältigen aber, welche durch die chaßidäische Weise selig
zu werden hofften, zerarbeiteten sich in Gebeten, bis sie vor Erschöpfung
ohnmächtig niederfielen.

Zweierlei Umstände haben das Neuchaßidäertum begünstigt, die
Verbrüderung der Genossen untereinander und die Trockenheit und
Verknöcherung des Talmudstudiums, wie es seit mehr denn einem
Jahrhundert in Polen betrieben wurde. Die Chaßidäer bildeten von
Anfang an untereinander eine Art Ordensgesellschaft, die zwar keine
gemeinschaftliche Kasse hatte, wie ehmals die ihnen ähnlichen Essäer
und Judenchristen, aber doch für die dürftigen Mitglieder Sorge trug.
Bei den Verbindungen, die sie unterhielten, ihrem Auskundschafter-

wesen, ihrer Geschäftigkeit und Rührigkeit, war es ihnen leicht, die Ge-
schäfts- und Brotlosen unter ihnen irgendwo unterzubringen. Zu dem
Neujahrs- und Versöhnungsfeste pflegten auch die Entferntesten sich
zum Zaddik zu begeben, eine Wallfahrt, wie einst zum Tempel, zu
machen, Frau und Kinder zu verlassen, um die sogenannte heilige
Zeit gemeinschaftlich mit dem Oberhaupte zuzubringen und sich an
seinem Anblick und Getue zu erbauen. Hier lernten die chaßidäischen
Genossen einander kennen, besprachen ihre örtlichen Verhältnisse und
leisteten einander Vorschub. Auch wohlhabende Geschäftsleute fanden
bei solchen Versammlungen Gelegenheit, durch Besprechung mit Genossen, auf deren Treue und brüderliche Zugetanheit sie rechnen konnten, ihre Erwerbszweige zu finden und zu erweitern. Väter von mann-
baren oder halbmannbaren Töchtern suchten und fanden hier leicht
Männer für dieselben, was in Polen damals als eine hochwichtige Angelegenheit angesehen wurde. Die gemeinsamen Mahle an Sonn-
abenden und Festtagen nachmittags befestigten das Band der Brüderlichkeit untereinander. Woher die Mahlzeiten für so viele Gäste bestritten wurden? Die reichen Chaßidäer sahen es als eine Gewissens-
sache an, den Zaddik reichlich zu unterstützen. Eine besondere Einnahme-
quelle bot ein Wahnglaube unter den vielen, daß das chaßidäische
Oberhaupt für gewisse Summen imstande sei, drohende Gefahren ab-
zuwenden und tödliche Krankheiten zu heilen (Pidjon, Auslösung).
Durch Schreckmittel wurde auf schwachköpfige Reiche ein Druck ausgeübt, daß sie nur durch reiche Gaben sich einem über sie angeblich verhängten Unglück entziehen könnten. Wer ein gewagtes Geschäft unternehmen wollte, befragte den Zaddik wie ein Orakel über den Ausgang
und zahlte dafür. Die klugen Chaßidäer, wie die Jesuiten, wußten alles,
hatten für alles Rat, konnten auch durch ihre Schlauheit wirkliche
Hilfe bringen. Der Zaddik mußte von seinen Einnahmen, er mochte
noch so geizig sein, Armen und Bedrängten zufließen lassen. So fand
hier jedes Mitglied Hilfe in der Not. Begeistert kehrten sie von der Wallfahrt heim, das Gefühl, einem Bunde von Brüdern anzugehören,
hob sie, und sehnsüchtig erwarteten sie die Wiederkehr der heiligen
Zeit. Arme und Verlassene, Schwärmer und Schlaue konnten nichts
Besseres tun, als sich diesem Bruderbunde, diesem leichtlebigen und
doch religiösen Orden anzuschließen.

Aber auch ernste Männer fühlten sich durch das Bedürfnis des
Gemütes zu den Chaßidäern hingezogen. Das rabbinische Juden-
tum, wie es in Polen geübt wurde, bot dem Herzen keinerlei religiöse
Erquickung. Die Vertreter desselben legten den höchsten Wert auf

dialektische, gekünstelte Auslegung des Talmuds und der Kommentare.
Noch dazu hatte das praktische Bedürfnis, weil die Rabbinen zugleich
die Zivilgerichtsbarkeit über ihre Glaubensgenossen ausübten, den
zivilgesetzlichen Teil des Talmuds in den Vordergrund gestellt. Aus-
klügelung von Entscheidungen für neue, verwickelte Rechtsfälle beschäftigte die Talmudbeflissenen Tag und Nacht. Und diese Haarspalterei galt zugleich als höchste Religiosität, der alles andere nach-
gesetzt wurde. Hatte einer derselben ein recht verwickeltes Thema im
Talmud aufgelöst, etwas Neues gefunden, eine Thora genannt, so
fühlte er sich behaglich und war seiner Seligkeit gewiß. Alles Übrige,
selbst Andachtsbedürfnis, Beten, gemütliche Regungen, Einflußnahme
auf die sittliche Haltung der Gemeinden, war ihnen Nebensache, der
sie kaum eine halbe Aufmerksamkeit schenkten. Das logische Formelwesen, auf den Talmud oder richtiger auf die Gesetze von Mein und
Dein angewendet, überwucherte in Polen alle übrigen Seelenkräfte.
Die religiösen Pflichtvorschriften waren bei den Talmudbeflissenen
wie bei den Unwissenden zu gedankenlosen Übungen und das Gebet
zu einem bloßen Lippenwerk herabgesunken. Den Gemütsmenschen
war diese Trockenheit des Talmudstudiums, die daraus entstandene
Disputiersucht und Rechthaberei und der Stolz der Rabbinen widerwärtig, und sie warfen sich in die Arme des neuen Ordens, welcher
der Phantasie und dem Gefühlswesen so viel Spielraum einräumte.
Ganz besonders war es die Klasse der Prediger, jener Halbtalmudisten,
welche von den talmudisch geschulten Rabbinen als unebenbürtig mit
Verachtung angesehen und behandelt wurden und ein kümmerliches
Auskommen hatten oder gar am Hungertuche nagten, die sich dem
Neuchaßidäertum zuwendete, weil sie dort ihr Predigertalent verwerten konnte, eine Ehrenstellung erhielt und vor Not geschützt war.
Durch solche Elemente vergrößerte sich der Kreis der Neuchaßidäer
täglich mehr. Fast in jeder Stadt gab es Anhänger derselben, welche,
wie gesagt, mit den Gesinnungsgenossen und dem Oberhaupt von
Zeit zu Zeit in Verbindung traten.

Die Antipathie der Neuchaßidäer gegen die Rabbinen und Talmudbeflissenen nahm mit ihrer Erstarkung immer mehr zu. Die Trockenheit, Gemütlosigkeit und Haarspalterei des Talmudstudiums und seiner
Pfleger wurde das Stichblatt des Spottes in den chaßidäischen Kreisen.
Der Talmud, dieses alles in allem in Polen zu dieser Zeit, wurde
von ihnen vernachlässigt und nur jener untergeordnete Teil desselben
gepflegt, welcher Stoff und Anhaltspunkte für Predigten lieferte. Ein
Jünger Beers, Löb Szerham, äußerte sich: „Ich habe Beer in

Mizricz nicht aufgesucht, um von ihm Thora, neue talmudische Aus=
klügelungen zu hören, sondern um zu sehen, wie er seine Schuhe aus=
zieht und bindet; das ist viel wichtiger. Was ist Thora? Der Mensch
muß selbst Thora sein in seinen Handlungen, Bewegungen, seinem
Sprechen, seinem Betragen und seiner Verbindung mit Gott (durchs
Gebet)." In der kabbalistischen Literatur fanden die Chaßidäer Be=
lege genug, daß das Talmudstudium neben der höheren mystischen
Weisheit keine Wichtigkeit habe. Mose de Leon und Isaak Lurja oder
Chajim Vital hatten diese Lehre[1] deutlich genug gepredigt. Aus dem
Sohar entnahmen sie einen Spitznamen für die Talmudbeflissenen
„Vom Teufel erfüllte jüdische Weise (Schedin Jehudaïn)". Sie,
wie die Sabbatianer und Frankisten, sprachen ihnen den rechten Glau=
ben ab oder sagten von ihnen, daß sie sich bloß mit der Äußerlichkeit
der Religion befaßten, ohne in den Kern einzudringen. Ehe sie sich's
versahen, bildeten die Neuchaßidäer eine neue Sekte, welche die Ge=
meinschaft mit den talmudischen Juden verabscheute. Schon fühlten
sie sich, und Beer an ihrer Spitze, stark genug, eine Neuerung einzu=
führen, welche, wie vorauszusehen war, den Zorn der Rabbinen auf
sie herabziehen würde. Da das Gebet und die damit verbundenen
gottesdienstlichen Riten für sie die Hauptsache war, so kümmerten sie
sich nicht um die Vorschriften des Ritualkodex, wieviel gebetet und
zu welcher Stunde die verschiedenen Gebete begonnen und beendet
sein müßten, sondern nahmen ihre Stimmung zur alleinigen Richt=
schnur dafür. Durch die täglichen Waschungen, Reinigungen und andere
Vorkehrungen vor dem Gebete, wobei auch das Tabakrauchen eine
wichtige Rolle spielte, kamen sie selten dazu, die vorgeschriebene Zeit
für das Gebet einzuhalten, sondern begannen es später, brachten wegen
ihrer Körperbewegungen und ihres Singsangs lange damit zu, brachen
plötzlich ab und ließen manche Partien weg. Die holprigen Einschiebsel
in den Sabbat= und Festgebeten, die Piutim, waren ihnen besonders
im Wege. Diese Einschiebsel zerstückeln die wichtigsten und anregend=
sten Hauptbestandteile des Gebetes. Um sie mit einem Schlage loszu=
werden, führte Beer Mizricz das Gebetbuch des Hauptkabbalisten
Isaak Lurja ein, welches größtenteils nach der portugiesischen Ord=
nung angelegt ist, und jene poetanischen Zusätze nicht enthält. In
den Augen der Stockfrommen war freilich diese Neuerung ein Haupt=
vergehen oder eigentlich ein doppeltes, das Weglassen der durch die
Gewohnheit geheiligten Einschiebsel und dazu die Umwandlung des

---

[1] S. Bd. VII, S. 210 und Bd. IX, Note 9, S. 553.

deutſchen in den ſefarbiſchen Ritus. Einer umgekehrten Umwandlung
würden ſich damals auch die gebildetſten portugieſiſchen Juden, und
vielleicht Iſaak Pinto an der Spitze widerſetzt haben; ſo zähe hingen
ja die portugieſiſch oder deutſch redenden Juden an ihrer ererbten
ſynagogalen Verſchiedenheit.

Dieſe Neuerung wäre wahrſcheinlich an den Neuchaßidäern ſtreng
geahndet worden, wenn nicht damals, als die politiſche Macht Polens
gebrochen wurde, zugleich der feſte politiſche Zuſammenhang der polniſchen Judenheit aufgelöſt worden wäre. Das durch Parteiungen zer-
wühlte Polen, „in dem“, wie der Primas von Gneſen bei Eröffnung
des Reichstages, März 1764, klagte „die Freiheit unterdrückt, die Geſetze nicht befolgt, die Gerechtigkeit nicht gehandhabt wurde, der Handel
danieder lag, Flecken und Dörfer verwüſtet, der Schatz ohne Geld,
die Münze ohne Wert war“[1], dieſes von den Jeſuiten geſchwächte
und von den Ruſſen bereits als eine ſichere Beute angeſehene Polen
hatte einen Schwächling zum König erhalten, S t a n i s l a u s A u -
g u ſ t P o n i a t o w s k i, den abgedankten Mitſchuldigen der ehe-
brecheriſchen Kaiſerin Katharina, den Spielball der inneren Parteien
und der äußeren Feinde (September 1764). Im erſten Jahre ſeiner
Regierung erließ Poniatowski unter andern Geſetzen auch dasjenige,
welches den Geſamtverband der polniſchen Juden aufhob[2]. Die
S y n o d e d e r V i e r = L ä n d e r, welche, aus Delegierten von Rabbinen und Laien (Parnaſſim) zuſammengeſetzt, die Machtbefugnis hatte,
Bannbullen zu ſchleudern und Geldſtrafen zu verhängen, durfte nicht
mehr zuſammenkommen, Beſchlüſſe faſſen und ausführen. Wahrſcheinlich haben Juden ſelbſt dem König dazu geraten, dieſe Verfaſſung
aufzulöſen, vielleicht B a r u c h J a v a n, ein erbitterter Gegner
der Sabbatianer und Frankiſten, der noch unter Poniatowski Einfluß
hatte[3]. Denn wie der polniſche Reichstag, ſo war auch die Synode

---

[1] Raumer, hiſtoriſches Taſchenbuch, 3. Jahrg., S. 417.

[2] Czacki, Rosprawa o Żydach (Abhandlung über die Juden), ed. 1807,
p. 105 nach der Konſtitution von 1764. Auf die Aufhebung der Synode
ſpielt nur das Verdammungsurteil der Brodher Gemeinde gegen die Chaßidäer von 1772 an: בעת התיא חכמי הדור פרנסי ומנהיגי דד' ארצות
האבנך רודך גיוויזין (זולכא רשים) וכהיום הוסר המצנפת והורם עטרה
(in זמיר עריצים וחרבות צורים). [Vgl. jedoch D e m b i t z e r im Bd. IV
des אוצר הספרות, S. 213 f., wonach die letzte Synode 1762 ſtattgefunden
hat. Nach Dembitzers Ergebniſſen entſtanden die Synoden um 1500 und
gingen um die Mitte des 18. Jahrhunderts infolge der verwirrten politiſchen
Verhältniſſe allmählich ein.]

[3] Vgl. den Brief in „Frank und die Frankiſten“, S. 65, d. d. 1768.

in Parteiungen zerfallen und hing von der Willkür der Gewaltigen
ab. Gerade wie im Polenreich die Konföderationen die Macht der
Regierung lahmlegten, so vereitelten örtliche Versammlungen durch
Ungefügigkeit und Trotz die Beschlüsse der Synode. Schon bei den
Streitigkeiten für und gegen Jonathan Eibeschütz[1]) hatte sich die Par-
teiung in ihrer ganzen tumultuarischen Gestalt gezeigt. So sank die
Vier-Länder-Synode nach einem Bestande von etwa drei halben
Jahrhunderten ebenso klanglos ins Grab, wie sie entstanden war.
Die Zeitgenossen haben es nicht einmal der Mühe für wert gehalten,
die Urkunden ihrer Tätigkeit zu retten und der Nachwelt zu hinter-
lassen.

Die Auflösung der Synode kam den Neuchaßidäern außerordentlich zustatten. Sie konnten nun von den Vertretern der polnischen
Gesamtjudenheit nicht mit dem Banne belegt werden, sondern es blieb
lediglich jeder einzelnen Gemeinde überlassen, gegen sie einzuschreiten
und ihre Zusammenkünfte zu verbieten. Aber auch dazu kam es sobald nicht, da der schwere Todeskampf, welchen Polen vor seiner ersten
Verstümmelung zu bestehen hatte, die wohlhabenden Juden hart traf
und sie mit Sorgen um die eigene Existenz erfüllte. Es brach der Kon-
föderationskrieg aus, welcher viele Landstriche zur Einöde machte;
Polen wurde von der ewigen Gerechtigkeit gerade dadurch bestraft,
wodurch es gesündigt hatte. Es hatte im Namen des Papstes und der
Jesuiten die Dissidenten allerwärts verfolgt und ihre Überbleibsel von
allen Ämtern ausgeschlossen, und im Namen der Dissidenten warf
Katharina die Fackel der Zwietracht ins Land. Die Konföderation
von B a r (in Podolien), geleitet von Pulawski, Potocki und Krasinski,
hatte für die Erhaltung der katholischen Religion und der Freiheit,
d. h. für die Adelsprivilegien, die Fahne des Aufstandes aufgepflanzt;
da hetzten die Russen zum zweiten Male Zaporoger Kosaken, die wilden
Haidamaks, gegen die Polen, die mit allen Todesarten gegen polnische
Adlige, Geistliche und Juden wüteten. In der Stadt H o m e l, der
einzigen festen Stadt in dem Gebiet von Mohilew, wohin sich alles
geflüchtet hatte, wurden bei diesem Aufstande der Kosaken wie bei
dem ersten[2]) durch G o n t a s Arglist viele tausend Juden neben
10 000 Polen erschlagen (20. Juni 1768). Die Haidamaks hängten
nebeneinander einen Edelmann, einen Juden, einen Mönch und einen
Hund auf und fügten die höhnische Inschrift bei „Alles ist gleich".

---

1) Bd. X, S. 375.
2) Bd. X, S. 65 f.

Die unmenſchlichſten Grauſamkeiten wurden an den Gefangenen und
Wehrloſen verübt.   Dazu kamen noch die Türken, welche angeblich
als Retter Polens auftraten und ihrerſeits mordeten und plünderten.
Die Ukraine, Podolien und überhaupt die ſüdpolniſchen Provinzen
wurden in Einöden verwandelt.   Dieſer unglückliche Zuſtand dauerte
bis zur erſten Teilung Polens. Viele ſüdpolniſche Juden ſiedelten ſich,
der Kriegswut weichend, in Volhynien, Litauen und Kleinrußland an.

Dieſes Unglück brachte den Neuchaßidäern mehr Nutzen als Scha=
den.   Sie breiteten ſich auch im Norden aus, und während ſie früher
ihr Weſen nur in kleinen und verhältnismäßig jungen Gemeinden
treiben konnten, faßten ſie ſeit der Zeit Fuß in den großen und alten
Gemeinden.   Schon war ihre Zahl ſo ſehr gewachſen, daß ſie zwei
Stämme bildeten, Miźriczer und Karliner, die erſteren
nach dem Grundſtock, die letzteren nach einem Städtchen Karlin
(unweit Pinſk) genannt, vielleicht von Ahron Karlin gegründet,
einem Bewunderer von Beer Miźricz, der, im ſechsunddreißigſten
Jahre verſtorben, von den Chaßidäern als ein „Heiliger und Reiner"
verehrt wird.   Die Karliner breiteten ſich im Norden von Szklow
und Minsk bis nach Wilna und Brody aus.   Doch verfuhren ſie
anfangs vorſichtig.   Sobald mindeſtens zehn zuſammentrafen, ſuchten
ſie ſich ein Betzimmer (Stübel) aus, trieben dort ihr Weſen und ſuchten
neue Anhänger anzuwerben, aber alles mit vieler Klugheit, um nicht
eher entdeckt zu werden, als bis ſie feſten Fuß gefaßt hatten.   In Litauen
war ihre Art noch nicht bekannt, und ſo erregten ſie anfangs keinen
Verdacht.   Indeſſen verrieten ſie ſich doch in Szklow; das Rabbinat
ſtellte eine Unterſuchung an, und ihre Änderung des Synagogen=
ritus genügte, ſie für ſchuldig zu befinden und zu verurteilen.   Es
traf aber nur die wenigen in dieſem Städtchen; die Verbindung
derſelben mit einem zahlreichen Orden, der von einem Oberhaupte
geleitet wurde, ſcheint in Szklow nicht beachtet worden zu ſein.   Erſt
in Wilna erhob ſich ein Sturm gegen die Chaßidäer, der ſie zu Boden
warf, und es gehörte dazu ihre ganze Zähigkeit und ihre Geſchicklichkeit,
ſich tot zu ſtellen, um nicht aufgerieben zu werden.

Der heftige Kampf gegen ſie ging von einem Manne aus, der
während ſeines Lebens und über das Grab hinaus ſegensreich wirkte,
und der, wenn er wie Mendelsſohn in einer günſtigeren Umgebung
gelebt hätte, für die Verjüngung ſeiner Stammesgenoſſen hätte wirken
können. Elia Wilna (geb. 2. April 1722, ſtarb 10. Oktober 1797)[1],

---

[1] Seine Biographie enthalten עליות אליהו von Joſua Heſchel,

deſſen Name noch heute von den litauiſchen Juden unter der Bezeich=
nung „der Gaon" mit Ehrfurcht und Liebe ausgeſprochen wird,
war eine ſeltene Ausnahme unter den polniſchen Juden, von lauterſtem
Charakter und hoher Begabung, die er nicht zu Verkehrtheiten miß=
brauchte. Es genügt, um ſeinen Charakter ins Licht zu ſetzen, daß er
bei ſeiner umfaſſenden und tiefen Talmudgelehrſamkeit kein Rabbinat
annehmen mochte, im Gegenſatz zu ſeinen Standesgenoſſen in Polen,
die meiſtens Stellenjäger waren und ſich durch Schliche Rabbinats=
ſitze erwarben. Bei der außerordentlichen Fruchtbarkeit ſeiner Feder
auf vielen Gebieten des jüdiſchen Schrifttums, hat er bei ſeinem Leben
nichts veröffentlichen laſſen, im Gegenſatze zu ſeinen Standesgenoſſen,
die, um ſich einen Namen zu machen und ihre Einfälle gedruckt zu ſehen,
kaum das Trockenwerden ihrer Schreibereien erwarten konnten. In
ſeiner Selbſtloſigkeit verwirklichte Elia Wilna das Ideal, das der Tal=
mud von einem Lehrer des Judentums aufſtellt, daß ein ſolcher „die
Lehre weder als Krone gebrauchen ſollte, um ſich damit zu ſchmücken,
noch als Scheit, um damit zu graben". Bei der Überlegenheit ſeines
Wiſſens und der vollen Anerkennung, die ihm nah und fern zuteil
wurde, vermied er es mit Beſcheidenheit und Gewiſſenhaftigkeit, ſich
geltend zu machen. Die Befriedigung, welche die Forſchung, das
Suchen nach Erkenntnis gewährt, genügte ihm vollſtändig. Schlicht
und einfach wie ſein Weſen und ſein Tun war auch die Art ſeiner Geiſtes=
tätigkeit. Es verſteht ſich von ſelbſt, daß der Talmud mit ſeinen Neben=
gebieten und ſeinen Ausflüſſen ſeinen Geiſt ganz erfüllte. Aber er ver=
abſcheute die verderbliche Methode ſeiner Landsleute, ſich in Haar=
ſpaltereien, Spitzfindigkeiten und Künſteleien zu ergehen. Er wollte
nur in den einfachen Sinn des Textes eindringen, machte auch einen
Anſatz zur Prüfung und Berichtigung der Lesarten und blies ſolcher=
geſtalt durch die Ermittelung eines ſinngemäßen Wortes in dem ver=
dorbenen Texte die Kartenhäuſer um, welche die Talmudbefliſſenen
in ihrer Sucht nach Klügelei auf Flugſand aufgebaut hatten. Elia
Wilna ähnelte in ſeiner Methode der Forſchung Salomon Lur=
jas[1]), eines der Begründer des Talmudſtudiums in Polen; nur war
ſein Blick erweiterter und ſeine Kenntniſſe mannigfaltiger. Es gehörte
eine außerordentliche Geiſteskraft dazu, gegen den hochangeſchwollenen
Strom der Gewohnheit zu ſchwimmen und ſich von den Verirrungen

---

Wilna 1856 und Finn קריה נאמנה, S. 133 f. [Vgl. Steinſchneider C. B.
Nr. 4975 und Add. p. XCVII.]
  [1]) Bd. IX, S. 417 f.

loszuwinden, denen ſämtliche Söhne des Talmuds in Polen verfallen
waren. Elia Wilna ſtand auch vereinzelt in ſeiner Zeit und ſeiner Umgebung da. Als hätte er von Jugend auf gefürchtet, in die Irrgänge
ſeiner Landsleute zu geraten oder von ihnen auf Irrwege geführt zu
werden, ſchloß er ſich keiner Schule an, ſondern war — eine erſtaunliche Erſcheinung — ſein eigener Lehrer im Talmud. Nur einen einzigen talmudiſchen Anleiter hatte er, der die Richtung ſeiner Studien
anregte, M o ſ e M a r g a l i t a u s K e y b a n i e , der ſich nach David
Fränkel (o. S. 4) auf die Erforſchung des paläſtinenſiſchen (jeruſalemi-
ſchen) Talmuds verlegt, in ſeinem Vaterlande damit keinen Anklang
gefunden hatte, und zu Wanderungen bis nach Südfrankreich und
Italien gezwungen worden war[1]). Dieſer hatte den jungen Elia Wilna
auf ein Gebiet aufmerkſam gemacht, deſſen Vernachläſſigung die polniſchen Talmudiſten in ſo traurige Verirrungen geführt hatte. Elia
Wilna ſah richtig ein, daß die gründliche Erkenntnis des paläſtinenſiſchen Talmuds der Faden ſei, welcher dazu anleitet, ſich auch in dem
Labyrinth des bevorzugten babyloniſchen Talmuds zurechtzufinden;
nur waren ſeine literariſchen, vielleicht auch ſeine geiſtigen Mittel un-
zulänglich, das Richtige aus der Vergleichung der Talmudzwillinge
zu finden und Schlußfolgerungen zu ziehen. Aber nicht bloß die talmudiſchen Fächer beſchäftigten ſeinen Geiſt. Elia Wilna ſuchte wieder
— abermals eine Seltenheit in ſeiner Umgebung — die Bibel auf
und — eine noch größere Seltenheit — er machte ſich auch mit der
Formenlehre der hebräiſchen Sprache (Grammatik) vertraut. Weit
entfernt, wie ſeine Landsleute, außertalmudiſches Wiſſen zu verachten
oder gar zu verabſcheuen, befaßte er ſich auch mit Mathematik und
ſchrieb ein Buch über Raumlehre, Algebra und mathematiſche Aſtronomie. Er regte ſeine Zuhörer und Freunde an, ſich in die Profan-
wiſſenſchaften zu vertiefen und ſprach ſeine Überzeugung offen aus,
daß durch dieſelben das Judentum nur gewinnen könne. Nur ſeine
ſkrupulöſe Frömmigkeit, die Makelloſigkeit ſeines Wandels, ſeine Selbſtloſigkeit und ſein Fernbleiben von jedem Amte und jeder Ehrenſtellung
mochten ihn davor geſchützt haben, wegen ſeiner Beſchäftigung mit
außertalmudiſchen Wiſſensfächern verketzert zu werden.

Einen guten Geiſt hat Elia Wilna beſonders unter den l i t a u -
i ſ c h e n Juden gepflanzt. Seine Söhne und Jünger hielt er dazu an,
das Einfache aufzuſuchen, und ſich von der Klügelei des polniſchen

---

[1]) Vgl. ſeine Approbation zu מחזור אויניון von 1765 zum Verſöh-
nungstag und ſeine Einleitung zu ſeinem Jeruſalem-Kommentar פני משה
1770.

Talmudstudiums fernzuhalten. Sie folgten seiner Weisung getreu und vererbten diesen Geist weiter. Bei Elia Wilna bewährte sich der schöne talmudische Spruch: „Wer den Ehren entflieht, den suchen sie auf." Er wurde frühzeitig als Autorität und als Mann der Wahrhaftigkeit auch auswärts anerkannt. Eine Schattenseite seines Wesens war, daß auch er von dem Wahne befangen war, die häßliche Kabbala sei eine echte Tochter des Judentums und enthalte Wahrheit. Er beschäftigte sich daher mit ihr ebenso ernstlich, wie mit der Bibel und dem Talmud. Jakob Emdens Beweise von der Falschmünzerei des Sohar erschütterten seinen Wahn nicht. Die Befangenheit trübte seinen sonst klaren Blick und machte ihn auch unfähig, die Bibel in ihrem wahren Lichte zu sehen; er sah sie nur durch eine gefärbte Brille. Elia Wilna war tief betrübt über die sittlichen Verheerungen, welche die Kabbala durch den Schwindler Frank unter den podolischen und galizischen Juden angerichtet hatte. Er war unglücklich darüber, daß sie dieselben in die Arme der Kirche geworfen und zu Feinden der Synagoge gemacht hatte, und doch konnte er sich von ihr nicht lossagen. Selbst als ihm die Gefährlichkeit dieser Lügenlehre durch das Auftreten der Chaßidäer näher rückte und ihn zwang, den Kampf gegen sie aufzunehmen, konnte er seine Vorliebe für die Kabbala nicht loswerden und hielt die neuauftauchende, widerliche Erscheinung nur für einen Mißbrauch derselben.

In Wilna hatten sich nämlich ebenfalls Neuchaßidäer oder K a r - l i n e r eingeschlichen und heimlich ein „Stübel" für ihr Poltergebet eingerichtet. Ein zum vertrauten Kreise des Oberhauptes gehörender Mann, namens J s s e r, und ein Sendbote, namens M e n d e l aus M i n s k, hatten den Aussatz dorthin eingeschleppt und mehrere Wilnaer Gemeindemitglieder damit angesteckt, unter anderen auch den Prediger C h a j j i m. Ihre Zusammenkünfte, ihr Treiben und ihr Gespötte über die Talmudbeflissenen wurden indes verraten. Die ganze Gemeinde war dadurch in große Aufregung geraten. Ganz besonders war sie erbittert darüber, daß sich die Karliner erfrecht hatten, von dem allverehrten Elia Wilna zu sagen, er sei, wie seine Beschäftigung und sein Glaube, eine Lüge. Der Vorsteher und das Rabbinat traten sofort zur Beratung zusammen. Das chaßidäische Konventikel wurde auseinander gejagt, Untersuchungen wurden angestellt und Verhöre vorgenommen. Was ergab sich? Wenig und viel. Schriften wurden bei den Chaßidäern gefunden, welche die Grundsätze enthielten, daß man die Traurigkeit meiden müsse, selbst bei der Reue über vergangene Sünden. Doch die Änderung des Gebetes und die

reſpektwidrigen Äußerungen gegen die Rabbinen gaben am meiſten
Ärgernis. Elia Wilna, welcher, obwohl Privatmann, zu allen Beratungen zugezogen wurde und bei den Beſchlüſſen maßgebend war,
deſſen Wort mehr galt, als das des Rabbiners S a m u e l, nahm
die Sache ſehr ernſt. Er ſah in der chaßidäiſchen Verwirrung eine
Fortſetzung der frankiſtiſchen Ausſchweifungen und Verworfenheit und
drang daher auf exemplariſche Beſtrafung. Der ſonſt milde und ſanfte
Mann geriet förmlich in Fanatismus. Der Prediger Chajjim wurde
ſeines Amtes entſetzt, zeigte Reue und bat Elia Wilna um Verzeihung.
Finſter antwortete dieſer ihm: „Der Angriff auf meine Ehre ſei dir
verziehen, aber der Angriff auf die Ehre Gottes und die Thora kann
dir und deinen Genoſſen bis in den Tod nicht verziehen werden.
Für Ketzer gibt es keine Buße." Der Verführer Iſſer ſollte nach Elias
ſtrengem Urteil an den Pranger geſtellt werden; aber die Vorſteher
verfuhren milder. Sie taten ihn bloß am Sabbat, im Beiſein der
ganzen Gemeinde, in den Bann, ſperrten ihn ein, geißelten ihn und
verbrannten die vorgefundenen chaßidäiſchen Schriften am Pranger
(Anfang Mai 1772). Darauf richtete das Rabbinat und der Vorſtand,
im Verein mit Elia Wilna, ein Sendſchreiben an ſämtliche großen
Gemeinden, mit der Aufforderung, ein ſcharfes Auge auf die Chaßidäer zu haben und ſie in den Bann zu legen, bis ſie von ihren Verkehrtheiten laſſen würden. Mehrere Gemeinden folgten dem Beiſpiele
pünktlich. In Brody wurde zur Meßzeit, während der Anweſenheit
vieler Fremden, der Bann bekannt gemacht gegen alle diejenigen,
welche lärmend beten, von dem deutſchen Synagogenritus abweichen,
an Sabbat= und Feſttagen weiße Gewänder anlegen, und andere
Sonderbarkeiten und Neuerungen ſich zuſchulden kommen laſſen
ſollten. In einer Gemeinde (L a ß c z o w) wurde den des Chaßidäer-
tums Verdächtigen unterſagt, ſich zum Gebete zu vereinigen, ſelbſt
zwei derſelben durften nicht zuſammenſitzen; auch von Ehrenämtern
wurden ſie ausgeſchloſſen. Aus dem Kreiſe Elia Wilnas wurde eine
brandmarkende Anklageſchrift gegen ſie in die Welt geſchickt. Das
war der erſte Schlag, der die Chaßidäer getroffen hat. Dazu kam
noch, daß ihr Leiter Beer Mizricz in demſelben Jahre ſtarb — die
Rabbinen bildeten ſich ein, infolge der Bannflüche — und ſo fühlten
ſie ſich verwaiſt. Das Polenreich wurde infolge der Schwäche des
Königs und der Ländergier der Nachbarn zerſtückelt und 3000 Quadratmeilen davon losgetrennt, wovon der größte Teil an Öſterreich (Galizien) und die übrigen an Rußland und Preußen fielen (1773). Dadurch wurde äußerlich der Zuſammenhang unter den Chaßidäern

aufgehoben und die getrennten Glieder von der Gesetzgebung oder
Willkür der verschiedenen Regierungen abhängig.

Indessen dieser Sturm warf sie nicht nieder; sie blieben aufrecht
und machten auch nicht den geringsten Versuch, sich den Gegnern
(Mithnagdim) unterwürfig zu zeigen. Im Gegenteil, der Kampf gab
ihnen mehr Schwung und mehr Rührigkeit. Um den Bann kümmerten
sie sich nicht viel; diese, seit dem Streit für und gegen Jonathan Eibeschütz stumpf gewordene Waffe verwundete nicht mehr. Die bereits
auf 50000—60000 angewachsenen Chaßidäer gruppierten sich in kleine
Gemeinden mit einem Leiter, der den Namen Rebben führte. Ihre
Wanderprediger Elimelech aus Lysensk (starb 1786), Jakob
Joseph Kohen (starb um 1790), Nahum aus Tschernobyl
ermutigten die einzelnen Gemeinden zum Ausharren und die Verfolgungen als wohltätige Prüfungen über sich ergehen zu lassen. Der
Zusammenhang der Gruppen untereinander wurde dadurch erhalten,
daß ein Oberhaupt aus der Nachkommenschaft Beer Mizricz' an die
Spitze, als Haupt=Zaddik, gestellt wurde, dem die verschiedenen Rebben
scheinbar untergeordnet waren und von ihrer Einnahme einen Teil
zufließen lassen mußten. Der erste Ober=Zaddik Abraham, Beers
Sohn, wird von den Chaßidäern als Ausbund aller Heiligkeit gerühmt
und mit dem Beinamen „der Engel" (ha-Malach) benannt;
aber er war unbedeutend; um so eher konnten ihn die übrigen Häupter
anerkennen. Dem möglichen Abfall der Einfältigen durch die von Wilna
aus gegen sie geschleuderte Anklageschrift begegneten die Oberen durch
die Verordnung, daß die Chaßidäer keine Schrift lesen oder auch nur
anblicken dürften, die nicht von ihnen gebilligt worden sei. Der Gehorsam gegen die Oberen wurzelte bereits so tief in den Gemütern
der Chaßidäer, daß sie dieses Verbot nicht übertraten. Die Häupter
lieferten ihnen dafür ihre Predigten oder Spruchsammlungen angeblich
von Israel Baal=Schem oder Beer Mizricz, welche sich um die hohe
Bedeutung des Zaddik, Wichtigkeit des chaßidäischen Lebens und Verachtung der Talmudisten drehten, — abgeschmackte Schriften, die dennoch von den in stetem Rausche erhaltenen Mitgliedern mit Bewunderung gelesen wurden. Was früher Belieben und bloßer Einfall war,
das wurde durch solche Schriften zur Satzung und zum strengen Gesetz
erhoben.

Zwei Häupter haben nach Beers Tod zur Hebung des Chaßi-
däertums beigetragen, der eine durch maßlose Schwärmerei, der
andere durch Gelehrsamkeit, weil beide dem Schwindel entsagten,
Israel von Kozieniza (nördlich von Radom) und Salman

8*

von Liabi, beide aus dem Jüngerkreise des Misriczers. Der erstere, unter dem Namen Kozieniser Maggib (1773—1815) bekannt, war halb toll und wußte, ein jüdischer Capistrano, durch seine ungeschminkte chaßidäische Frömmigkeit und seine schwärmerischen Predigten seine Zuhörer bis zu rasender Begeisterung hinzureißen. Es versteht sich von selbst, daß er auch Heilkuren angewendet hat. Die Gläubigen waren von der Überzeugung durchdrungen, daß sein Wort und sein Gebet alles Übel und alle Gefahren beschwören, alles Geheime ans Licht ziehen könne. Scharenweise strömten die Chaßidäer von weit und breit zu seinem Aufenthaltsorte, und die es nicht waren, bekehrten sich zu seiner Lehre. Selbst Christen wendeten sich an den angeblichen Wundertäter und glaubten an seine Macht. Er wurde mit Gaben und Geschenken überschüttet. Israel Kozieniz soll aber so selbstlos gewesen sein, wenig davon für sich zu behalten, sondern alles unter die Dürftigen zu verteilen. — Schneor Salman von Liabi (geb. in Lozno, unweit Witebsk 1751, starb 1813)[1], der Liabier schlechtweg genannt, zeichnete sich ebensosehr durch talmudische und kabbalistische Gelehrsamkeit wie durch chaßidäische Frömmigkeit aus. Er soll, auf einer Auswanderung nach Palästina begriffen, eine Stimme vernommen haben, die ihn bedeutete, in Polen zu bleiben und dort das Amt eines Oberen zu übernehmen. Er machte ein Städtchen Ljubawice (in der Nähe seines Geburtsortes) zum Mittelpunkte von Gemeindegruppen. Die Chaßidäer zogen kleine Städte vor, um ihr Wesen ungestörter treiben zu können. In einigen Punkten wich der Liabier von den Misriczern und Karlinern ab. Er stellte das geräuschvolle Beten ab und pflegte wieder Talmudstudium und Kabbala. Seine Anhänger wurden die Ljubawizer, auch Lachowizer oder Chabads genannt[2]), die wenigstens die Unwissenheit nicht zur Tugend stempeln. Aber auch der Liabier betrachtete das Hineinblicken in eine Schrift, die nicht in hebräischen Buchstaben geschrieben ist, für eine Befleckung der Seele und wußte diesen Unsinn mit kabbalistischen Floskeln zu belegen; dagegen rügte er die Sucht, den Zaddik als Orakel für Geschäftsunternehmungen zu befragen.

So erstarkt waren die Chaßidäer wieder, daß sie zum zweiten Male in den Bann gelegt werden mußten. Auch diesmal ging ihre

---

[1]) [Über seine letzten Erlebnisse und seinen Tod vgl. die Mitteilungen bei Jellinek, קונטרס הרמב״ם, 2. Aufl., Wien 1893, S. 37 f.]

[2]) Akrostichon der hebräischen Wörter: ח׳במה ב׳ינה ד׳עת.

Verfolgung von Wilna und von Elia Wilna aus. Die Veran=
lassung war, daß Jakob Joseph Kohen seine chaßidäischen
und rabbinenfeindlichen Predigten drucken ließ (1780), die in den
großen Gemeinden Verbreitung fanden. Um dem Weitergreifen dieses
Wahnes zu begegnen, wurden die Chaßidäer für Ketzer erklärt, mit
denen sich kein frommer Jude verschwägern dürfe (Sommer 1781).
Von Wilna aus wurden zwei Sendboten an die litauischen Ge=
meinden abgeordnet, um sie anzuspornen, sich dem Banne anzuschließen.
In Brody und Krakau wurden infolgedessen die chaßidäische
Predigtsammlung und andere Schriften, obwohl sie Verse aus der
heiligen Schrift enthielten, öffentlich verbrannt. In Selbia (unweit
Slonim) wurde zur Messezeit in Gegenwart sehr vieler Juden der Bann
über die Chaßidäer und ihre Schriften öffentlich verkündigt (21. August
1781); doch diese verbrauchten Mittel schlugen wenig an. In den öster=
reichisch=polnischen Provinzen (Galizien) wurden von den Jüngern der
Mendelsohnschen Schule andere Mittel gegen das Verdummungs=
system der Chaßidäer angewendet. Josephs II. Dekret, daß in allen
jüdischen Gemeinden Schulen für den Unterricht in der deutschen
Sprache und in den Elementarkenntnissen errichtet werden sollten,
stieß auf gewaltigen Widerstand von seiten fast sämtlicher Juden und
noch mehr der Chaßidäer. Um so mehr Eifer entwickelten dafür die
wenigen Bewunderer Mendelsohns, welche die Verkümmerung und
Verwilderung durch Kulturmittel heilen zu können vermeinten. Am
eifrigsten wirkte für Aufklärung der galizischen Juden Alexander
Kaller in Brody, welcher einen begabten Jüngling, Bär Günz=
burg, unterstützte, damit er ein Apostel für Kultur und Wissenschaft
in Galizien werden könne. Kaller und seine Gesinnungsgenossen er=
wirkten wahrscheinlich vom Wiener Hofe ein Dekret, daß chaßidäische
und überhaupt kabbalistische Schriften in Galizien nicht eingeführt
werden durften (1785). Nach der zweiten Teilung Polens wurden An=
gebereien auch gegen die Chaßidäer in Russisch=Polen vorgebracht, als
wenn sie staatsgefährlich wären. Salman, der Liadier, das Haupt der
Ljubawizer, wurde in Fesseln nach Petersburg geschleppt. Elia Wilna
soll auch hierzu der Anreger gewesen sein und verfolgte die Chaßidäer
überhaupt bis an sein Lebensende. Was taten sie? Ein Chaßidäer
reiste mit einem abgerichteten Knaben umher, gab ihn für Elia Wilnas
Sohn aus und ließ ihn sprechen, sein Vater bereue unter Tränen
sein Verfahren gegen die Chaßidäer. Elia mußte durch Sendschreiben
und Sendboten diesem Lügengewebe entgegentreten. Nach seinem
Tode rächten sich die Chaßidäer gefühllos an ihm, indem sie auf seinem

Grabe tanzten und seinen Todestag als einen Feiertag mit Geräusch und Rausch begingen. Alle gegen sie angewandten Mittel waren nicht imstande, sie zu unterdrücken, weil sie nach einer Seite hin ein berechtigtes Prinzip vertraten, dem Übermaß des Talmudismus entgegenzuwirken. Ehe das achtzehnte Jahrhundert abgelaufen war, waren sie bereits auf 100000 Seelen angewachsen. Gegenwärtig geben sie in den Gemeinden, in denen sie ehemals verfolgt wurden, den Ton an und breiten sich nach allen Seiten hin aus.

Viertes Kapitel.
Die Meaßfim und der judenchriftliche Salon.

Der neue Geist. Die Königsberger Gemeinde. Euchel und Breßelau. Der Sammler = Meassef. Joël Löwe, Ahron Wolfssohn, Isaak Satanow, Benseeb, Wolf Heidenheim, David Friedrichsfeld, David Franco Mendes, Mose Ensheim, Herz Homberg. Wesselys hebräisches Epos. Marcus Herz, Salomo Maimon, Ephraim Kuh, Bendavid. Bildungsstand der Berliner Juden. Die Anziehungskraft der französischen Literatur auf die Juden. Henriette Herz. Der Salon und dessen Elemente. Erster Ansatz zur Anbahnung der Emanzipation in Preußen. Die Berliner jüdische Freischule und Druckerei. Die Aufklärung. Reibung zwischen den Aufgeklärten und Stockfrommen. Saul Berlin. Die Gesellschaft der Freunde. Die einreißende Zuchtlosigkeit in Berlin. Massentaufen. Friedländers Sendschreiben an Teller. Henriette Herz, Wilhelm von Humboldt, der Tugendbund. Dorothea Mendelssohn und Schlegel. Rahel. Lucinde. Schleiermachers Neuchristentum. Chateaubriand.

(1786—1791.)

In der deutschen Judenheit, wo der Kampf gegen die Unvernunft zuerst wirksam begann, sah es allerdings erfreulicher als in Polen aus. Hier entstand eine jugendliche Rührigkeit und Geschäftigkeit, ein Tatendrang, als sollte das Jahrhunderte lang Versäumte in kurzer Zeit nachgeholt werden. Hier loderte plötzlich eine nachhaltige Begeisterung auf, welche Wunderbares oder wenigstens Überraschendes zutage förderte und den erstarrten Blutumlauf in rasche Bewegung setzte. Jünglinge oder ganz junge Männer sind es meistens, welche den Alten das Zepter entreißen, eine neue Weisheit predigen oder vielmehr den alten Organismus des Judentums mit neuen Säften tränken und verjüngen wollen. Die Synagoge hätte ausrufen können: „Wer hat mir alle diese geboren? Ich bin doch entvölkert und einsam, gebannt und gemieden, wer hat mir diese groß gezogen?" Ein neuer Geist war über diese Jünglinge gekommen, der sie über Nacht aus ihrer Vereinzelung herausgerissen und in Organe geschichtlicher Neugestaltung umgewandelt hat. Wie auf gemeinsame Verabredung schlagen sie mit einem Male die schwerfälligen Folianten des Talmuds zu, kehren ihm den Rücken und greifen zur Bibel, dieser ewigen Quelle der Verjüngung. Mendelssohns Pentateuchübersetzung hatte diesen neuen Geist über sie ausgegossen, hatte ihnen eine neue Sprache verliehen und ihnen neue Lieder eingeflößt. Woher kommt diese Schar begeisterter Jünglinge? Welches war ihr Bildungsgang bis dahin? Wie hat es sie so mächtig ergriffen? Man weiß es nicht. Sie stehen mit einem Male da, prophezeien eine neue Zukunft, ohne recht zu wissen, was sie prophezeien, und nehmen, kaum flügge geworden, einen Hochflug an. Von Polen bis zum Elsaß und von Italien bis Amsterdam, London und Kopenhagen vernimmt man einen hellen Lerchenschlag, der den Morgen verkündet, und die Sänger wissen selbst kaum, woher ihnen diese frischen, schmetternden Töne zuströmen. Sie bilden sämtlich einen Chor und stimmen dieselbe Tonhöhe an und sind daher wenig voneinander zu unterscheiden. Ihre Bedeutung besteht auch nur in diesem Zusammenklang; vereinzelt nimmt sich jede Stimme sehr dünn, schwächlich und ungeschult aus, und nur vereint geben sie einen angenehmen, eindringlichen Vollton. Sie, die Jünglinge, welche sich eben erst in die Sprache hineingelesen haben, treten sofort als Lehrer und Mahner auf, um die so vielfach verunstaltete, stets gebrauchte oder vielmehr mißbrauchte hebräische Sprache in ihrer Reinheit wieder herzustellen. Von Idealen genährt, die ihnen der Weise von Berlin vorgezaubert hatte, wollen sie das Verständnis für die heilige Schrift anbahnen, Geschmack an Poesie einflößen und Sinn für Wissenschaften wecken. Und weil sie, von Begeisterung berauscht, die Schwierigkeit übersehen, wie ein innerlich und äußerlich geknechtetes Volk sich zur Höhe der Poesie und Philosophie emporschwingen soll, gelingt es ihnen gerade, diese Verjüngung herbeizuführen. Sie leisteten im ganzen mehr, als ihr bewundertes Muster Mendelssohn, weil dieser zu bedächtig war, einen Schritt zu tun, der einen lächerlichen Ausgang hätte haben können. Diese Jünglinge stürmen eben kühn vorwärts, sie haben keinen Ruhm einzubüßen, sie vertreten nicht eine Sache, die kompromittiert werden könnte.

Zwei Umstände haben diese Wendung gefördert, ein m a t e r i - e l l e r und ein i d e e l l e r. Friedrichs II. Streben nach Geld, nach Bereicherung des Landes, hatte die Juden, und namentlich die Berlins, fast gezwungen, große Kapitalien anzuhäufen. Durch Fabrikanlagen, Spekulationen und großartige Unternehmungen einerseits und durch Sparsamkeit anderseits entstanden in Berlin die ersten jüdischen

Millionäre und neben ihnen viele Häuser mit großem Wohlstand[1]).
Die Juden Berlins überragten bei weitem den christlichen Bürger=
stand. Aber was sollten sie mit ihrem Reichtum beginnen? Zum Kreis
des Adels und des Hofes wurden sie nicht zugelassen, auch der zopfige
Bürgerstand verschloß diesen jüdischen Emporkömmlingen, auf welche
er mit Neid blickte, seine Tür. So blieb den reichen Juden nur lite=
rarischer Verkehr übrig, wofür sie von Hause aus eine Vorliebe mit=
brachten. Alle oder doch die meisten hatten in der Jugend mit dem
Talmud Bekanntschaft gemacht und waren mit der Bücherwelt ver=
traut. Dieser Umstand gab ihrem Streben einen idealen Zug; sie
beteten nicht bloß den Mammon an. Lesen war ihnen in den Muße=
stunden ein Bedürfnis. Sobald die deutsche Literatur in ihrer Mitte
durch Mendelssohn eingebürgert war, zogen sie auch diese in den Kreis
ihrer Beschäftigung, sei es in dem ernsten Streben, sich zu belehren oder
um die Mode mitzumachen. Sie hatten auch in diesem Punkte einen
Vorsprung vor der christlichen Bürgerwelt, welche in der Regel von
Büchern nichts wissen mochte. Für literarische Erscheinungen inter=
essierten sich die jüdischen Kaufleute, Fabrikanten und Bankhalter ohne
weiteres, als wenn sie zur Gelehrtenzunft gehörten, in der Zeit, welche
der christliche Bürger und Handwerker beim Kruge zuzubringen pflegte.

Doch die nächste Anregung ging von Königsberg aus, dessen
Judengemeinde gewissermaßen als eine Kolonie von Berlin anzu=
sehen war. Wie in allen von Deutschen bewohnten Städten, so war
auch hier und in Ostpreußen überhaupt den Juden die Ansiedelung
erschwert, angefochten und verbittert worden. Der deutsche Zunftgeist
und das verfolgungssüchtige Luthertum verwehrten ihnen lange den
Zutritt und nörgelten gegen die wenigen, welche der große Kurfürst
und der erste König von Preußen unter tyrannischen Beschränkungen
zugelassen hatten. Erst um die Mitte des achtzehnten Jahrhunderts
konnte die kleine Gemeinde dazu gelangen, eine Synagoge zu bauen.
In Königsberg hatten es einige durch Fleiß und Umsicht zu Reich=
tümern gebracht und nahmen an der in Deutschland durch die fran=
zösische Literatur aufdämmernden Kultur Anteil. Drei Brüder F r i e d =
l ä n d e r (Bärmann, Meyer und Wolf) waren tonangebend[2]). Dieser

<hr />

[1]) Mirabeau, la monarchie prussienne, V, 43 (vom Jahr 1786): On
peut même assurer que ce sont (les juifs) les seuls négociants ou fabricants
à grandes fortunes, qu'il y ait dans les provinces prussiennes. Il en est
des millionaires; auch an anderen Stellen das.

[2]) S. darüber Jolowicz, Geschichte der Juden in Königsberg, 1867,
S. 1—93.

Familie gehörte David Friedländer an (geb. 1750, ſtarb
1834), dieſer Affe Mendelsſohns, welcher vermöge ſeiner Verſchwä-
gerung mit dem Bankhauſe Daniel Itzig in Berlin (ſeit 1771)
Einfluß erlangte und die Verbindung zwiſchen Berlin und Königsberg vermittelte. Auch er bildete ſpäter eine Stimme im Chor der Er-
wecker. Ein Ereignis war es für die Königsberger Juden, als Mendelsſohn 1777 auf einer Geſchäftsreiſe ſich mehrere Tage daſelbſt aufhielt,
von vornehmen Perſonen, Profeſſoren und akademiſchen Schriftſtellern aufgeſucht und mit außerordentlicher Aufmerkſamkeit behandelt wurde. Immanuel Kant, der Gedankenſtürmer, umarmte ihn öffentlich. Der exzentriſche Haman, „der Magus des
Nordens“, hob ihn in ſeiner übertreibenden Weiſe in den Himmel.
Dieſer geringfügige Umſtand gab den gebildeten Königsberger Juden
eine Art Selbſtbewußtſein, daß der Jude durch Selbſtachtung den
herrſchenden Klaſſen Achtung abtrotzen könne. Dazu kam, daß die
Königsberger Univerſität von einigen humanen Univerſitätslehrern,
beſonders von Kant, beeinflußt, wiſſensdurſtige Juden als Zuhörer
und akademiſche Bürger aufnahm. Unter dieſen halbakademiſchen
und halbtalmudiſchen Jüngern waren damals zwei, von denen die
Erweckung eines friſchen Geiſtes ausging oder vielmehr die ſtille Tätigkeit Mendelsſohns wirkſamer fortgeſetzt worden iſt, Iſaak Abraham Euchel und Mendel Breſſelau, beide Hauslehrer
bei den reichen und bildungsliebenden Friedländers. Iſaak Euchel
(geb. in Kopenhagen 1756, ſtarb in Berlin 1804)[1]) hatte ſich durch
Mendelsſohn und Weſſely zum gediegenen, korrekten hebräiſchen
Stiliſten gebildet, deſſen Schreibart wohltuend gegen die bis dahin
gebräuchliche Sprachverderbnis abſtach. Indeſſen war Euchels Stil
trocken, ohne Phantaſie und ohne Originalität. Bedeutender war ſein
jüngerer Genoſſe, Mendel Breſſelau (geb. um 1760, ſtarb
1827), der ſich ſpäter an dem großen Kampfe gegen das Alte beteiligte, und die rabbiniſchen Graubärte zauſte. Er war ein wahrhafter
Künſtler in der hebräiſchen Sprache und verſtand es, das bibliſche
Sprachgut auf moderne Verhältniſſe und Lagen ohne Geſuchtheit
und Zweideutigkeit anzuwenden. Er hatte ſich den tiefſinnigen Dichter
Moſe Chajjim Luzzatto zum Muſter genommen und gleich ihm ein

---

[1]) Die biographiſchen Data für die Meaſſim ſind entnommen zum Teil
dem Regiſter der Berliner Geſellſchaft der Freunde und der Chronik derſelben (von B. Leſſer 1842), zum Teil der anonymen Quelle in der Zeitung
des Judentums, Jahrgang 1837, S. 448 und anderweitigen Quellen.

moralisches Drama „Die Jugend"[1]) gedichtet, freilich ohne ihn auch nur von ferne zu erreichen. Unterstützt von zwei Jünglingen aus dem reichen Hause Friedländer (Simon und Samuel) erließen Euchel und Bresselau noch bei Mendelssohns Leben während Wesselys Kampf mit den Stockfrommen (Frühjahr 1783) einen Aufruf an die Gesamtjudenheit, einen Verein zur Förderung der hebräischen Sprache zu gründen (Chebrat Dorsche Leschon Eber) und ein öffentliches Organ (Zeitschrift), den Sammler (Meassef), zu schaffen. Sie hatten zumeist auf die Unterstützung von dem bereits als Stilautorität anerkannten Wessely gerechnet und ihn um Beiträge gebeten, „ihn, der (wie sie sich ausdrückten) die an die Weiden Babels aufgehängten Harfen abgenommen und ihnen neue Lieder entlockt hatte". Freudig verband sich der bereits Betagte mit den Jünglingen, der Meister mit den Anfängern, warnte sie aber, als ahne er den Ausgang, ihre Spitzen gegen das Judentum zu kehren und sich überhaupt der satirischen Stacheln zu bedienen. Euchels und Bresselaus Aufruf fand ein vielfaches, volltönendes Echo. Sie hatten das rechte Mittel zur Hebung der Bildung gewählt und auch ein gefühltes Bedürfnis befriedigt. Die hebräische Sprache, geläutert und geschmackvoll dargestellt, konnte allein die Vermittlung zwischen der Judenheit und der Zeitbildung herbeiführen.

Am meisten Teilnehmer fand der „Sammler" in der Hauptstadt der jüdischen Bildung, in Berlin. Hier fand er literarische Beiträge und klingende Unterstützung. Hier gab es bereits eine Reihe von Jünglingen, die von demselben Streben wie Euchel und Bresselau beseelt waren, Schwärmerei für die hebräische Sprache hegten und sie mit sich verjüngten. Auch Mendelssohn lieferte einige hebräische Gedichte ohne seinen Namen zu nennen, nicht zu stolz, von der Höhe seines Ruhmes herab mit Anfängern einen Wettlauf anzutreten. Es ist recht bezeichnend für den Geist, der zu wehen begann, daß ein halbes Kind in wohlgesetzten hebräischen Versen den Reigen eröffnet und schüchtern um Zulassung zur Gemeinschaft bittet, als sollte fortan nicht der grauhäuptige Elifas, sondern der jugendliche Elihu das große Wort führen und seine Weisheit predigen. Neue Namen tauchten in dem neubegründeten Organ auf, welche unter dem Gesamtnamen Measfim, Mitarbeiter am „Sammler" (zuerst erschienen Herbst 1783), eine ganz bestimmte Richtung, eine Sturm= und Drangperiode der neuhebräischen Literatur bezeichnen. Zunächst waren es die beiden Zwillings=

---

[1]) ילדות ובחרות, gedruckt Berlin 1786, s. Einleitung dazu.

genoſſen von Euchel und Breſſelau, welche ſpäter die Redaktion über=
nahmen, Joël (ben Jehuda Löb) Löwe (geb. 1762, ſtarb 1802) und
Aaron Halle oder Wolfsſohn (geb. 1754, ſtarb Fürth 1835),
der eine ein ernſter Forſcher, der andere ein kühner Stürmer, der
zuerſt Weſſelys Befürchtung bewahrheitete und in einem Zwiegeſpräch
zwiſchen Moſe Maimuni und Moſe Mendelsſohn das ſtehengebliebene
Judentum einer ſchonungsloſen Kritik unterzog[1]). Berliner Mit=
arbeiter waren außer David Friedländer, der es mit allem
verſuchte, Joſeph Haltern, Joſeph Witzenhauſen
oder Veit[2]), Joſeph Brah=Bran[3]), der, reich und wohltätig, ſeine
Geſundheit durch das Studium und die Pflege der hebräiſchen Sprache
untergrub, im vierundzwanzigſten Jahre ſtarb (geb. 1767, ſtarb 1791)[4])
und von ſeinen Freunden aufrichtig in Proſa und Verſen betrauert
wurde. Zwei bereits im Alter vorgeſchrittene Männer begrüßten die
Unternehmung zur Belebung der hebräiſchen Literatur mit jugend=
lichem Feuer, Baruch Lindau aus Hannover (geb. 1757, ſtarb
1849), der eine Naturlehre in hebräiſcher Sprache verfaßte, und der
Arzt des Königs Guſtav III. von Schweden, Mardochaï (Gumpel,
Gumpertz) Leviſohn (ſtarb 1797 in Hamburg), den der König von
Schweden wegen ſeiner Kenntniſſe zum Profeſſor der Medizin an der
Univerſität zu Upſala ernannt hatte. Dieſe beiden Schriftſteller, ob=
wohl ihre Studien auf anderen Gebieten lagen, waren für die hebrä=
iſche Sprache und die Erweckung ihrer Stammesgenoſſen erglüht.

Zwei Polen, die ſich in Berlin aufhielten und zu den bedeutendſten
hebräiſchen Stiliſten zählten, und deren Berührung mit deutſcher
Kultur einen nachteiligen Einfluß auf ihre ſittliche Haltung hatte, ge=
hörten ebenfalls zum Kreiſe der Measſim, Iſaak Satanow und
Iſaak Levi aus Satanow (geb. 1732, ſtarb 1804), der vom
Bankier Daniel Itzig unterſtützt wurde, beſaß eine erſtaunliche Fertig=
keit, Stilarten täuſchend nachzuahmen, ſalomoniſche Sprüche und
Pſalmen, witzelnde Novelletten nach Art Alchariſis mit Kunſtregeln
für die Poeſie eingeſtreut und myſtiſche Soharſprache, kurz alles
Mögliche. Satanow liebte das Verſteckenſpielen, das Myſtifizieren.

---

[1]) [Vgl. über beide M. Freudenthal, die erſten Emanzipationsbeſtre=
bungen der Juden in Breslau, S.=A. aus der Monatsſchrift für Geſchichte
und Wiſſenſchaft des Judentums, 37. Jahrg. S. 37 f., 60 f.]

[2]) Ein Seitenverwandter des 1864 verſtorbenen Dr. Moritz Veit.

[3]) Abkürzung des Vaternamens [= b. R. Hirſch b. R. Nathan (?), vgl.
St. C. B. 5925].

[4]) S. Meaſſef Jahrg. 1791, p. 274.

Die Dummen sollten glauben, er habe eine althebräische Sammlung des Sängers Assaf aufgefunden, und die Gescheiten sollten bewundern, wie geistreich und mannigfaltig er sein könne. Das Unschuldigste an seiner hebräischen Schriftstellerei war noch, daß er unter
dem Namen seines Sohnes S ch e m a S a t a n o w oder Doktor
S ch ö n e m a n n hebräische Stücke lieferte und seine Mystifikationen
verteidigte, obwohl die Bekannten wußten, daß dieser Sohn wenig
oder gar nicht hebräisch verstand. Satanow kündigte auch ein Buch
über schnelles Bohren [von Perlen und über Likörfabrikation an. Zur
Zeit des Mose de Leon oder in anderen Epochen, in denen Schriften
in hebräischer oder chaldäischer Sprache ohne Prüfung heilig gesprochen
wurden, hätte er Lügenbücher zusammengeschrieben. Satanow war
eine unehrliche Natur mit erstaunlicher Sprachbegabung. Auch sein
religiöses Verhalten war charakterlos; er heuchelte ebensowohl bei den
Frommen wie bei den Aufgeklärten. Nicht weniger sprachgewandt
war J e h u d a L ö b B e n s e e b (geb. in oder bei Krakau 1764,
starb in Wien 1811). Er war ein fruchtbarer Mitarbeiter am „Sammler", lieferte eine Menge niedlicher Gedichte, übersetzte geschmackvoll
die Sprüche Sirachs ins Hebräische und erzeugte viele schöngeschriebene prosaische Beiträge. Er handhabte die hebräische Sprache mit
solcher Fertigkeit, daß er sie zu zotigen Gedichten mißbrauchte. Satanow
und Benseeb haben das Verdienst, die hebräische Sprachlehre von
neuem aufgenommen und verbreitet zu haben. Zu den allerdings
spärlichen Mitarbeitern des „Sammlers" gehörte auch Wolf Heidenheim (geb. in Heidenheim 1757, starb in Rödelheim 1832). Er war
ein wunderlicher Mensch, der die Formlosigkeit und Narrheit der Alten
und die Leichtfertigkeit und Klügelei der Neuen gleich verabscheute
und seine Grillen mit peinlich genauen grammatischen und masoretischen Studien an der Hand alter Meister verscheuchte. Durch seine
sorgfältigen Ausgaben alter Schriften hat er der alten Nachlässigkeit
und Sorglosigkeit, wenn auch nicht ein Ende gemacht, so doch gesteuert.

Ist die Reihe zu Ende? Nein, noch lange nicht. Die Pfleger
der hebräischen Sprache reichten einander über weite Länderstrecken
die Freundeshand; es war eine Verbrüderung, die sich bis Holland,
Frankreich und Italien erstreckte. David Friedrichsfeld (geb. um
1775, starb 1810) war ebenfalls ein Schwärmer für diese Sprache
und die biblische Literatur. Er hatte ein so großes Zartgefühl für
deren Feinheiten, daß ihm ein unschönes hebräisches Wort Seelenpein
verursachte. Er drang stets auf reine Formen und Bezeichnungen
und war ein geschmackvoller und strenger Richter. Friedrichsfeld hatte

in der Jugend ein beſſeres Los erwählt und dem gegen die Juden
liebloſen preußiſchen Staat den Rücken gekehrt; er war nach dem
freien Amſterdam ausgewandert. Von hier aus begrüßte er das Unternehmen für die Pflege des Hebräiſchen mit jugendlicher Begeiſterung.
Er genoß noch das Glück, die vollſtändige Gleichſtellung der Juden
in den holländiſchen Staaten in hebräiſchen Verſen beſingen zu können.
Durch ſeine Vermittlung ſchloſſen ſich auch die holländiſch-jüdiſchen
Dichter dem Kreiſe der Meaſſim an. Der bedeutendſte unter ihnen
war D a v i d F r a n c o M e n d e s in Amſterdam (geb. 1713, ſtarb
1792)[1]. Er ſtammte aus einer Marranenfamilie, wurde, als Moſes
Chajjim Luzzatto in Amſterdam weilte, der Jünger dieſes lieblichen
Dichters, den er ſich zum Muſter nahm, und war unbeſoldeter Sekretär
der Amſterdamer portugieſiſchen Gemeinde. Eine Reihe von Gelegenheitsgedichten in der Form der jüdiſch-ſpaniſchen Poeſie des
ſiebzehnten Jahrhunderts hatte ihm einen Namen gemacht und noch
mehr ſein hebräiſches Geſchichtsdrama „A t h a l i a s S t r a f e"
(Gemul Athalia). Es ſchmerzte Franco Mendes, daß die Juden ſich
von der hebräiſchen ab- und der Mode gewordenen franzöſiſchen Litera-
ratur zuwendeten, weil dieſe ſo ſchöne Kunſterzeugniſſe zutage förderte,
während die hebräiſche Sprache mit Unfruchtbarkeit geſchlagen ſchien.
Dieſe Schmach wollte er tilgen und unternahm es, die ſpannende
Geſchichte vom königlichen Knaben Joas, der verſtohlen im Tempel
erzogen wurde, um ihn vor Mörderhand zu ſchützen, und von dem
Sturz der blutdürſtigen Königin Athalia nach Racines und Meta-
ſtaſios Vorgang dramatiſch zu bearbeiten. Aber Franco Mendes'
guter Wille und Eifer reichten nicht aus, dieſe tragiſche Spannung
dichteriſch zu geſtalten; ſein Muſterbild Luzzatto hatte ihn nicht mit
dem Salböl poetiſcher Begabung zu ſeinem Nachfolger geweiht, wie
ſich dieſe Begabung überhaupt nicht erwerben und übertragen läßt.
Mendes' Drama iſt nicht einmal in der Form vollendet, auch nicht
rein in der Sprache und ſteht in dieſem Punkte ſogar Breſſelaus alle-
goriſchem Drama nach. Aber ſeine Zeitgenoſſen, ſefardiſche und italieniſche Dichterlinge, reichten ihm den Kranz der Poeſie und hätten
ihn eitel machen können, hätte er nicht einen beſcheidenen, ſittlichen
Charakter beſeſſen. Der Portugieſe Franco Mendes war weit entfernt
von dem Stolze de Pintos und überhaupt ſeiner Landsleute, mit den
deutſchen Juden jede Verbindung zu vermeiden. Er unterſtützte vielmehr den „S a m m l e r" mit vielem Eifer, zumeiſt durch kurze Lebens-

---

[1] Seine Biographie im Maggid, Jahrg. 1868 Nr. 10, 11, 14, 20, 34.

beschreibungen von sefardischen Größen, welche den Dichtern der deut=
schen Zunge unbekannt waren. Auch andere portugiesisch=jüdische
Dichter schlossen sich diesem Kreise an.

In Frankreich vertrat die hebräische Literatur der Meaßfim M o s e
E n s h e i m (Einsheim) oder M o s e M e t z (geb. um 1760, starb
nach 1838?). Er war einige Jahre Hauslehrer bei Mendelssohns
Kindern (1782—1787). Seine jungen Zöglinge haben ihm ein gutes
Andenken im Herzen bewahrt. Sie schildern Ensheim als einen tief=
sinnigen Denker, eingeweiht in philosophisches Wissen und von liebens=
würdiger Milde, Herzensgüte und so großer Bescheidenheit, daß er nie
etwas von seinem Geiste Ausgedachtes hat veröffentlichen wollen[1]).
Er war ein Mathematiker von großer Bedeutung, dessen Werk Sach=
kenner erster Größe gerühmt haben, und schrieb ein Werk über Inte=
gral= und Differentialrechnung, welches den Beifall von Lagrange
und Laplace erhalten hat[2]). Aber auch davon hat er nichts der Öffent=
lichkeit übergeben. Nur Triumphlieder in hebräischer Sprache von dem
Siege der Freiheit über die Knechtschaft in Frankreich sind seiner Brust
entströmt, von denen einige in den Synagogen gesungen wurden.
Ensheim hat einen Anwalt für die Befreiung seiner Stammesgenossen
in Frankreich (Grégoire) zum Wohlwollen für sie gestimmt und ihm
reichen Stoff an die Hand gegeben, sie zu verteidigen. Ensheim bildete
eine Art Widerspiel zu einem älteren Erzieher im Mendelssohnschen
Hause, zu H e r z H o m b e r g (geb. in Lieben bei Prag 1749, starb
in Prag 1841), auf den Mendelssohn große Stücke hielt und ihn über=
allhin empfahl, obwohl er ohne großes Talent und besondere Geistes=
gaben war und nicht einmal tiefe Kenntnisse in der hebräischen Lite=
ratur besaß. Mendelssohn hat sich in ihm getäuscht, und ihm mehr
zugetraut, als er leisten konnte, als er ihm die Mitarbeiterschaft an
seiner Pentateuchübersetzung übertrug. Homberg war eine nüchterne
Natur, ging nur auf Spekulation aus und war so etwas wie ein Stellen=
jäger. Kaum hatte Joseph II. das sogenannte Toleranzedikt für die
Juden erlassen, als er nach Österreich eilte und in seiner Eitelkeit meinte,
daß ein Mann seinesgleichen sich nur zu zeigen brauche, um alsbald
von der Regierung mit einem hohen Gehalte an einer der neuen Nor=

---

[1]) M. Mendelssohns gesammelte Schr. I, 54. Moses Mendelssohns
Briefwechsel mit Homberg das. V, 685, wo Mendelssohn ihn M. Metz nennt,
der mit seinem Sohne Joseph und dem Schwiegersohne Simon Witzen=
hausen=Veit den More Nebuchim lese und mit Buxtorfs lat. Übersetzung ver=
gleiche. [Vgl. L. Kahn, Les juifs de Paris pendant la révolution, S. 133. 324.]
[2]) Lamoureux in der Revue philosophique, littéraire et politique, p. 15.

malſchulen angeſtellt zu werden. Es gelang ihm indes erſt nach langem
Türenpochen. Er wurde Schulrat über die jüdiſchen Schulen in Galizien und Lodomirien, wodurch die von ihm offiziell vertretene Aufklärerei und das finſtere Chaſſidäertum hart aneinandergerieten. Homberg trug dazu bei, daß den öſterreichiſchen Juden durch das von ihm
ausgearbeitete Religionsbuch (Bne Zion) drückendere Feſſeln angelegt wurden, als ſie früher zu tragen hatten. Er war überhaupt in
ſittlicher Haltung und Leiſtungsfähigkeit der Schwächſte dieſes Kreiſes.
An Trockenheit und Schwerfälligkeit der Darſtellung hatte er nur an
David Friedländer seinesgleichen. Durch Homberg während ſeines
Aufenthaltes in Görz und durch Elia Morpurgo, welcher mit
Mendelsſohn und Weſſely in brieflicher Verbindung ſtand, drang die
umbildende Richtung der Meaſſim auch nach Italien; die jüngere
Generation, welche ſpäter mit den franzöſiſchen Juden zuſammenfloß,
ſchöpfte aus dieſer Quelle.

　　Solchergeſtalt hatte die hebräiſche Sprache und die neuhebräiſche
Poeſie ein neues Band um die weſteuropäiſche Judenheit geſchlungen,
zum Teil auch die Juden in Polen umſchloſſen und eine erſtaunlich
raſche und nachhaltige Kräftigung und Verjüngung zuwege gebracht.
Die hebräiſche Sprache war faſt allen Juden, mit Ausnahme weniger
unwiſſender Dörfler, bekannt, und darum eignete ſie ſich ſo ſehr zur
Vermittlerin der europäiſchen Kultur. Die zu Tauſenden an den verſchiedenen Lehrſtätten den Talmud ſtudierenden Jünglinge nahmen allmählich, meiſtens verſtohlen, regen Anteil daran und ſogen die Neuerungen mit ſtarken Zügen ein. Es entſtand dadurch, verbunden mit
der erhofften und hier und da eingetretenen Entfeſſelung von poli-
tiſchem Druck, eine eigene Gärung und Miſchung. Altes und Neues
floß zuſammen und bildete gewiſſermaßen einen geiſtigen Brei,
etwa vergleichbar der Zeit, als der Tempel zu Jeruſalem eingeäſchert,
chriſtliche Apoſtel und alexandriniſche Prediger, Gnoſtiker und Phan-
taſten eine neue Lehre verkündeten, die doch alt ſein wollte. Iſt es erlaubt oder verboten, neben dem Talmud bibliſche Studien, profane
Literatur zu treiben, ſich mit Philoſophie zu beſchäftigen, überhaupt
ſich mit Wiſſenſchaften (Chochmot) zu befaſſen? Die angeſehenen Rabbinen Ezechiel Landau, Raphael Kohen und andere verdammen es, Mendelsſohn und Weſſely, untadelhaft fromme Männer,
erlauben es nicht nur, ſondern empfehlen es dringend zur Hebung
des Judentumes. Von den alten verehrten Autoritäten haben es einige
erlaubt und ſelbſt getrieben, und andere verpönt und ſich davon wie von
einer verführeriſchen Sünde ferngehalten. Dieſe gewichtigen Gewiſſens-

fragen traten an denkende jüdische Jünglinge heran und erzeugten eine gewaltige Unruhe.[1]) Meistens entschied der Reiz der Neuheit diese Frage, verlockte die anziehende Sprache der Vertreter der neuen Richtung, hin und wieder auch die Lust, sich lästiger ritueller Fesseln zu entledigen. Die Zahl der Teilnehmer an der Zeitschrift „Der Samm= ler" nahm von Jahr zu Jahr zu. Mendelssohns Tod legte auch ein entscheidendes Gewicht in die schwankende Schale. Seine Jünger — und als solche betrachteten sich sämtliche Measfim — verherrlichten ihn mit hellen Farben, verklärten ihn und seinen ungewöhnlichen Lebenslauf in Prosa und Versen, wiesen auf ihn als auf ein nach= ahmenswertes Ideal hin und beuteten gewissermaßen seinen Ruhm für ihre Sache aus. Schon ging dieser Measfimkreis einen Schritt weiter und erweiterte den Umfang seiner Tätigkeit. Nicht bloß auf die Veredelung der hebräischen Sprache richtete sich sein Streben, sondern auf Verfeinerung überhaupt. Er nannte sich „Verein für Gutes und Edles" (Chebrath Schochare ha-Tob w'ha Tuschija, seit 1786), ohne jedoch selbst seinen Endzweck genau bestimmen zu können. Von den Anhängern des Alten konnte dem überwältigenden Strome der Neuerung kein Damm entgegengesetzt werden. Sie be= nahmen sich ungeschickt in der Verteidigung des Alten, sie übertrieben die Befürchtung zu sehr und büßten dafür ihren ganzen Einfluß ein.

So entstand fast in jeder großen Gemeinde eine Partei der „Auf= geklärten" oder „Linken", die mit dem Alten noch nicht gebrochen hatte, aber dem Bruche nahe war, und von der stockfrommen Partei wegen ihrer Vorliebe für reine Sprache in hebräischer und europäi= scher Literatur, für anständige Form überhaupt, als Ketzer verschrieen wurde, aber sich nicht mehr wie ehemals über diesen Schimpfnamen entsetzte, sondern ihn vielmehr mit einer gewissen Wohlgefälligkeit hinnahm. Das war die erfolgreiche Wirkung der Measfim, daß sie den Sinn geweckt, den Gesichtskreis erweitert, die Veredelung ange= bahnt haben. Denn bleibende Resultate haben ihre Träger nicht hinter= lassen. Kein einziges Erzeugnis dieses Kreises hat dauernden Wert. In ihrer Prosa deklamierten sie von Aufklärung, von Jugenderziehung, von grammatischen und exegetischen oder philosophischen Gemein= plätzen, die heutzutage kindisch erscheinen. Ihre Verse sind entweder Übersetzungen mittelmäßiger Dichter, wie Haller und Geßner, oder Nachahmung dieser flachen Poesie. Für die verjüngte deutsche Poesie von Schiller und Goethe hatten die Träger des Neuhebräischen

---

[1]) S. Einleitung zum 10. Jahrg. des Sammlers.

noch kein Verſtändnis. Wahrhaft komiſch machen ſich die neuhebrä=
iſchen Idyllen, die namentlich der ſteife und trockene Friedländer an=
baute. Höchſtens hat Weſſelys Schwanengeſang, einen, wenn auch
nicht künſtleriſchen, ſo doch literariſchen Wert. Angeregt vielleicht
durch das Erſtaunen H e r d e r s , des Bewunderers der althebrä=
iſchen Poeſie, daß noch kein Dichter die Wunder des Auszuges aus
Ägypten, deſſen Mittelpunkt der hehre Prophet bildet, beſungen hat,
entſchloß ſich Weſſely, ein neuhebräiſches Epos zu dichten. Gleichſam
angehaucht von dem Geiſte der Propheten, entſtrömten ſeiner Feder
glatte, abgerundete, wohlklingende Verſe, welche dem Auge die groß=
artigen Vorgänge von der grauſamen Knechtſchaft in Ägypten bis zum
wunderbaren Durchſchreiten durch das rote Meer und zu den Wüſten=
wanderungen vorführen[1]). „P r a c h t l i e d e r ” nannte Weſſely ſein
hebräiſches Heldengedicht, ſeine M o ſ a i d e . Und in der Tat ſind die
Verſe und Strophen prachtvoll gebaut und vollendet in der Form.
Es iſt das Beſte, was dieſe Measfimſchule überhaupt zuſtandege=
bracht hat. Weſſelys Epos gefiel ſo gut, daß zwei chriſtliche Dichter,
H u f n a g e l und S p a l d i n g , die erſten zwei Geſänge ins Deutſche
übertrugen. Aber ein Meiſterwerk iſt es keineswegs; es fehlt ihm
der Hauch echter Poeſie, Phantaſie und Schwung. Es iſt eigentlich
nur eine in Verſen umſchriebene Geſchichte des israelitiſchen Urſprungs
oder noch richtiger, ein in Verſe gebrachter Kommentar zum Pentateuch.
Die richtige Auslegung und Ausdeutung dieſes Buches der Bücher
war für Weſſely bei weitem wichtiger, als die poetiſche Ausmalung,
weil er durchaus nicht Dichter, ſondern bloß Enthuſiaſt für die Schön=
heiten der hebräiſchen Sprache war. Dasſelbe gilt von der ganzen
Schule; ihre Jünger waren gute neuhebräiſche Stiliſten, aber kaum
mittelmäßige Dichter.

Das Erſcheinen des „Sammlers” hat auch in chriſtlichen Kreiſen
Aufmerkſamkeit erregt. Der alte Judenfeind, Ritter M i c h a e l i s
ſelbſt, konnte es nicht mit Stillſchweigen übergehen[2]). Andere begrüßten
es als eine Morgenröte, welche einen ſchönen Tag verkündet[3]). Es war

---

[1]) Schire Tiferet, begonnen 1785, vollendet 1789; der Druck begann
1789, das fünfte Buch vollendet 1792, das letzte oder ſechſte Buch iſt erſt 1829
von einem ſeiner Söhne ediert worden.

[2]) S. Michaelis orient. und exeget. Bibliothek 23. Teil, S. 75 f.; neue
orient. Bibliothek V. Teil, S. 75 f.

[3]) Grégoire, Essai sur la régénération des juifs, 1789, p. 162, Note:
Depuis quatre à cinq ans, de jeunes juifs Berlinois impriment en hébreux
un journal, qui circule parmi leur nation, et même chez les autres. Ils ont
adressé une lettre touchante à leurs frères enrôlés dans l'armée impériale.

in der Tat ein Morgenaufgang für den jüdischen Stamm. Worin
besteht das Wesen eines Kulturvolkes? Doch wohl, neben Gesittung,
in Sinn und Geschmack für die schöne Form und in der Kraft, künst=
lerische Gestalten zu schaffen. Diesen Sinn und diese Kraft, die durch
äußeren Druck und innere Verwilderung abhanden gekommen waren,
hatte das Organ der Measfim in der Judenheit geweckt. Es brauchte
vorderhand nichts Neues geschaffen, sondern lediglich das Verständnis
für die Schönheit und Erhabenheit der eigenen Literatur angebahnt
zu werden, um den jüdischen Stamm zur Ebenbürtigkeit der Kultur=
völker zu erheben.

Auch tiefe philosophische Denker, wenn auch nicht erster, so doch
zweiter Größe gingen in dieser Zeit aus dem Schoße der Judenheit
hervor, die Mendelssohn an Gedankenschärfe fast überflügelten. Es
sind besonders drei namhaft zu machen, die, obwohl in Mendelssohns
System geschult, doch die Schwächen desselben bald erkannten und sich
neueröffneten Bahnen zuwandten, M a r k u s H e r z, S a l o m o n
M a i m o n und B e n d a v i d. Ihr Lebensgang veranschaulicht in
engem Rahmen, wie sich der jüdische Stamm im großen aus der Ge=
drücktheit und Dumpfheit zur Freiheit und Klarheit emporgearbeitet
hat. Marcus (M a r d o c h a ï) Herz (geb. in Berlin 1747, starb das.
1803)[1]) war der Sohn armer Eltern, dessen Vater, gleich Mendelssohns
Erzeuger, sich und die Seinigen mit dem Abschreiben hebräischer
Pergamente kümmerlich ernährte. Er wurde in dem von E p h r a i m
V e i t e l gegründeten Lehrhaus talmudisch gebildet. Aus Dürftigkeit
konnte er jedoch trotz seiner Begabung nicht bei diesem Studium ver=

(Bezieht sich auf den Brief Meassef Jahrg. 1788, p. 331 f.; s. auch das. 386 f.)
Aux yeux de la Synagogue ces littérateurs sont coupables d'un crime atroce;
car quelque attentat de révoquer en doute l'infaillibilité du Rabbins, de
prétendre, que les études physiques, mathématiques etc. peuvent être pour
le moins aussi utiles que certaines discussions fastidieuses et absurdes du
Talmud! Déjà ils peuvent s'honorer de la haine des sots et des clameurs
de l'envie; mais si la Synagogue les maudit, la raison les absout. Ils aideront
à la régénération de leur peuple; c'est peut-être l'aurore d'un beau jour.
Salomon Maimons Urteil über die eitle Bestrebung der Measfim und die
Unverbesserlichkeit der Juden (Lebensgeschichte II, S. 266 f.) entsprang aus
seinem tiefgewurzelten Pessimismus und seiner kindischen Unwissenheit in
bezug auf geschichtliche Faktoren.
 [1]) Seine Biographika sind gegeben in S c h l i c h t e g r o l l s Nekrolog
der Teutschen für das neunzehnte Jahrh. Bd. III, S. 27 f. (auch aufgenommen
in Sulamith, dritter Jahrg., Bd. II, 1811, S. 77 f.) und in den Erinnerungen
seiner Frau H e n r i e t t e H e r z, bearbeitet von J. Fürst, Berlin 1850,
S. 91 f. [Vgl. auch L. G e i g e r in der ADB. XII, 260 f.].

bleiben, ſondern mußte im fünfzehnten Jahre als Handlungslehrling
nach Königsberg gehen. Indeſſen zog ihn der Wiſſensdrang von dieſer
Beſchäftigung bald wieder ab und führte ihn zur Univerſität, weil die
Albertina damals jüdiſche Jünglinge allenfalls zur mediziniſchen Fakultät zuließ. Aber noch mächtiger zog ihn die Philoſophie an. Gewedte
jüdiſche Köpfe, welche ſich auch nur ein wenig in dem Labyrinth des
Talmuds zurechtgefunden hatten, pflegten eine Vorliebe für meta-
phyſiſche Unterſuchungen zu hegen. Herz galt dafür, mit dem „der
jüdiſchen Nation eigenen Scharfſinn" begabt zu ſein. Kant, welcher
damals an ſeinem gedankenſtürmenden Syſtem arbeitete, ſah ebenſo
oft Herz unter ſeinen Zuhörern, wie die mediziniſchen Lehrer, zeichnete
ihn aus, zog ihn in ſeinen näheren Umgang und behandelte ihn als
ſeinen Lieblingsjünger. Als er beim Antritt ſeiner Profeſſur dem zopfigen Gebrauche gemäß ein philoſophiſches Thema öffentlich verteir-
digen ſollte, fand er für die Rolle eines Beiſtandes keinen geeigneter
als Herz. Einige Vertreter der Univerſität machten zwar Schwierigkeiten, einen jüdiſchen Studenten, wie begabt und den chriſtlichen überlegen auch immer er ſein mochte, als ebenbürtig zuzulaſſen[1]). Kant
aber beſtand darauf und ſetzte ſeine Zulaſſung durch. Aus Geldverlegenheit und weil ein Jude an der Königsberger Univerſität nicht
zum Doktor geſchlagen werden durfte, begab ſich Herz wieder nach
ſeiner Geburtsſtadt und wurde in den Mendelsſohnſchen Kreis hineingezogen. Er wurde aber vielmehr ein Schildträger der Kantſchen
Philoſophie, und es macht ſeinem Kopfe Ehre, daß er, einer der erſten,
die Wahrheit dieſes einzigen unumſtößlichen Syſtems erkannt und ſelbſt
gegen Mendelsſohn verfochten hat. Herz bildete ſich zugleich zum ge-
ſchickten Arzte aus und übte dieſe Wiſſenſchaft mit Gewiſſenhaftigkeit
und Hingebung aus. Durch ſeine Heirat mit Henriette de Lemos
— zweideutigen Rufes — erlangte er als Hilfsarzt ſeines portugieſiſchen Schwiegervaters Praxis und Bekanntſchaft, und durch ſeinen
ſchlagfertigen, treffenden, beißenden Witz und ſeine vielſeitigen Kenntniſſe wurde er eine bemerkte und geſuchte Perſönlichkeit in der preußiſchen Hauptſtadt. Als er philoſophiſche Vorleſungen über die noch
neue und wenig verſtandene Kantſche Philoſophie hielt, hatte er ausgezeichnete Männer zu ſeinen Zuhörern, darunter auch den Staats-
miniſter v. Zedlitz. War es in der kürzeſten Zeit nicht weit genug gekommen, daß hochgeſtellte Perſönlichkeiten ſich zu den Füßen eines
Juden einfanden, um ſeinen Belehrungen über die höchſten Wahr-

---

[1]) Jolowicz, Geſchichte der Juden in Königsberg, S. 92.

heiten zu lauschen, während die Michaelis den Juden in Bausch und
Bogen jede Bildungsfähigkeit absprachen? Später hielt Herz Vorträge über Physik und machte die überraschenden Naturgesetze durch
Apparate anschaulich. Noch mehr Wißbegierige strömten zu diesen
Vorlesungen, und der Thronfolger selbst, der spätere König F r i e d -
r i c h W i l h e l m III., und andere Prinzen verschmähten es nicht,
in das Haus eines Juden einzutreten und sich von ihm belehren zu
lassen[1]. Seine philosophische Klarheit, die er sich von Kant und Mendelssohn erworben hatte, trug dazu bei, seine vielseitigen Vorträge,
auch über Medizin, genießbar und beliebt zu machen. Herz war indes
doch kein selbständiger Denker, die dunklen Wege der menschlichen
Erkenntnis durch eigene Lichtgedanken zu erhellen; aber er verstand
es, die tiefen Ideen anderer Denker zu klären und gemeinverständlich
zu machen. Durch seine Persönlichkeit und sein Haus hat Herz einen
bedeutenden Einfluß auf den Bildungsgang nicht bloß der Berliner
Judenheit, sondern auch christlicher Kreise ausgeübt.

Von der erstaunlich raschen Bildungsfähigkeit der Juden gab
S a l o m o n M a i m o n ein noch eindringlicheres Beispiel. Dieser
Pole, mit dem eigentlichen Namen S a l o m o n a u s L i t a u e n
oder aus Nieszwiesz (geb. um 1753, starb in Siegersdorf, Schlesien
1800)[2], arbeitete sich aus dem dicksten Nebel jüdisch-polnischer Unwissenheit aus eigenem Antrieb, ohne besondere Nachhilfe, zur lichten
Höhe klarer philosophischer Erkenntnis herauf, versank aber vermöge
seiner Zweifelsucht in entsetzliche Verirrungen. Seine Lebensgeschichte
ist voll von Wanderung und Unstätigkeit und liefert einen schlagenden
Beweis von der Geistesbeweglichkeit der Juden. Ein Sohn des Elends

---

[1] Mirabeau, monarchie prussienne, 58, H e n r i e t t e H e r z' Memoiren von J. Fürst, S. 93. Denina, Prusse littéraire p. 57. Le docteur
M. Herz donne depuis long-temps à Berlin un cours gratuit de physique
expérimentale, où nous avons vu ce qu'il y a de plus distingué dans cette
ville et même les fils du roi.

[2] Seine Biographika sind zusammengestellt in seiner Selbstbiographie,
Sal. Maimons Lebensgeschichte, ediert von K. P. M o r i t z 1792—93. Nachträge dazu von Dr. S. J. W o l f, Maimoniana, 1813. Der angebliche Brief
Maimons an Mendelssohn aus Wilna im Alter, worin er diesem von seiner
Unterredung mit Elia Wilna, seiner Bewunderung für ihn und von der erlittenen Mißhandlung wegen angeblicher Ketzerei berichtet haben soll, ist gefälscht, obwohl glaubwürdige Männer die fides copiae bezeugten. Er ist abgedruckt in der Biographie Elia Wilnas תלדות אליהו, p. 62 f., Note. Wir
kennen jeden Schritt Maimons, seit er Polen verlassen hat, und wissen, daß
er niemals dahin zurückkehrte, am wenigsten kann er in hohem Alter mit Elia
Wilna zusammengekommen sein.

und der Verwilderung, als Kind ſchon mit verhungerten Eltern und
Großeltern durch die Roheit der polniſchen Edelleute und den Brot=
neid hämiſcher Nachbarn von Dorf zu Dorf gehetzt, wären Maimons
bedeutende Geiſtesanlagen untergegangen, wenn das Talmudſtudium
ſie nicht geweckt und gepflegt hätte. Selbſt den moraliſchen Sinn in
ihm ſchützte der Talmud, daß er nicht in dieſem bodenloſen Schmutze
verſank. Ohne katechetiſchen Religionsunterricht und abgeleierte
Morallehre hatte der Knabe ſo viel Ehrlichkeit, daß er einſt, als ihm
ein Schächtelchen in einem fremden Hauſe gefiel, und er es entwendete,
Gewiſſensbiſſe empfand, das darin enthaltene Geld zu behalten, es
vielmehr wieder an Ort und Stelle bringen wollte; gerade bei dieſem
Gewiſſensakt wurde er ertappt. Von ſeinem talmudiſch gebildeten
Vater und unbekannten Lehrern in einigen kleinen Städten im Talmud
unterrichtet, entwickelten ſich in Maimon frühzeitig überraſchende An=
lagen, ein unauslöſchlicher Durſt nach Wiſſen, ein zerſetzender, nach
Klarheit und Erkenntnis ringender Verſtand, ein glückliches Gedächtnis,
alles Erlernte mit eiſerner Zähigkeit feſtzuhalten, und dieſes alles in
namenloſer Entblößung und unſäglichem Elend. Auch ſein Sinn für
allgemeines Wiſſen war frühzeitig wach. Verſtohlen las das Kind
bei rauchenden Kienſpänen einige hebräiſch geſchriebene Geſchichts=
werke und ein aſtronomiſches Buch, die er in der Bücherſammlung
ſeines Vaters gefunden hatte, und verfertigte ſich zur Selbſtanleitung
eine aſtronomiſche Sphäre aus Ruten. Woher iſt dem verwilderten
jüdiſchen Knaben auch der Sinn und die Fertigkeit für Zeichnen und
Malen gekommen? Mit elf Jahren beherrſchte er den Talmud ſtofflich
und formell ſo vollſtändig und wußte ſo reif darüber zu disputieren,
daß er einen verbreiteten Ruf erlangte und als Bräutigam geſucht
wurde, weil ihm eine glänzende Zukunft als rabbiniſche Größe in Aus=
ſicht ſtand. Sein dürftiger Vater verſchaffte ihm zum Übermaße aus
Spekulation zwei Bräute zugleich, ohne daß der junge Bräutigam
eine derſelben zu ſehen bekam. Der Vater der einen Braut entführte
indes Maimon, um ſich ſeiner zu verſichern, mußte aber den Entführten
wieder frei laſſen. So wurde der Knabe zu ſeinem Unglück mit der
anderen Braut verheiratet und im jugendlichen Alter in das Joch der
Ehe und des gräßlichen Elendes geſchmiedet. Um ſein Leben zu friſten,
wurde er in einem kleinen Städtchen Hauslehrer, erlangte dadurch
eine größere Freiheit und fing an zu grübeln.

　　　Auch ihm hatte, wie Mendelsſohn, das religionsphiloſophiſche
Werk Maimunis, „der Führer der Irrenden" (More Nebuchim) die
Augen geöffnet. Er las ſich ſo ſehr in das Buch hinein, daß er eins

damit wurde, nannte sich infolgedessen M a i m o n , schwur bei dem
Namen des jüdischen Weisen, so oft ihn ein Gelüst zur Sünde anfocht,
und besiegte es auch damit. Aber während Mendelssohn durch Maimuni
auf den rechten Weg gelangte, wurde Maimon auf Irrwege abgeführt,
geriet in Zweifel und Unglauben und führte bis an sein Ende ein ver-
fehltes Leben. Aus Verzweiflung klammerte er sich an die Kabbala,
wollte ein jüdischer Faust werden, Geister beschwören, um zu tiefer
Lebensweisheit zu gelangen, wanderte auch zu dem Oberhaupte der
Chaßidäer Beer von Mizricz (o. S. 100). Aber der Schwindel, der in
diesem Kreise getrieben wurde, ekelte ihn noch mehr an; er wandte
ihm schnell den Rücken. Was sollte er nun mit seiner krittelnden Zweifelsucht in dieser Welt engbegrenzter Stockfrömmigkeit anfangen? Immer-
fort heucheln? Schon hatten die Lüfte ein leises Gerücht nach Polen
getragen, daß in einigen Städten Deutschlands eine freiere religiöse
Richtung herrsche, und daß dort mehr Spielraum für philosophische
Forschung gegeben sei. Einem Polen machte es damals keine Pein,
Frau, Kinder und Heimat zu verlassen, um ins Ausland zu wandern,
und Maimon kostete es noch weniger Überwindung, da ihm seine
Frau als Kind aufgezwungen worden, und seine Kinder zu seinem
Verdruß zur Welt gekommen waren. Zur Beschwichtigung seines
Gewissens täuschte er sich selbst; er werde in Deutschland Medizin
studieren und damit sich und die Seinigen versorgen können.

So verließ Maimon Litauen (Frühjahr 1777)[1] im fünfundzwan-
zigsten Lebensjahre, „mit einem starken schmutzigen Barte, in zer-
rissener, unsauberer Kleidung, mit einer Sprache aus hebräischen,
jüdisch-deutschen, polnischen Brocken mit grammatischen Fehlern zusammengesetzt", wie er sich selbst schildert, und stellte sich in diesem
lachenerregenden Aufzuge einigen gebildeten Juden in Königsberg
mit den Worten vor, er habe die Absicht, sich auf die Wissenschaft zu
verlegen. In diesem zerlumpten Polen erweckten die neuen Eindrücke
tiefe Gedanken, die sich bei jedem seiner Schritte ins Leben reifer
entwickelten. Seine Reise von Königsberg über Stettin nach Berlin
war eine Kette mitleiderregenden Elends. In Berlin wurde ihm von
dem Vorstande der Aufenthalt nicht bewilligt. Die Polen, welche
sich vom Talmud losgesagt und dem Wissen zugewandt hatten, standen
im Geruche arger Ketzerei und gaben nicht selten Veranlassung zum

---

[1] Aus seiner Selbstbiographie I, S. 261, 263, 264, 265 geht hervor,
daß er im Frühjahr nach Königsberg reiste; falsch bei Geiger, Zeitschrift 1866.
S. 199, Note, Spätsommer 1777.

Argwohn[1]). Maimon war aufrichtig genug, die Richtigkeit dieser
Beurteilung zuzugeben. „Die wiſſensdurſtigen Polen ſind mit einem
Menſchen zu vergleichen, der nach lange ausgeſtandenem Hunger auf
einmal an einen wohlbeſetzten Tiſch kommt", er greift mit Heißhunger
zu und ſättigt ſich bis zum Überladen[2]). In Berlin abgewieſen, mußte
Maimon ſich einem Landſtreicher von Profeſſion anſchließen und mit-
betteln, um nur ſein Leben notdürftig zu friſten, bis er halbnackt in
Poſen ankam, wo ſich der junge ſcharfſinnige Rabbiner Hirſch Janow,
dieſes Muſter ſelbſtloſer Frömmigkeit, der Eiferer gegen die Mendelsſohnſche Überſetzung (o. S. 41), ohne ihn nach ſeiner Rechtgläubigkeit
zu fragen, ſeiner annahm, ihn ſpeiſte und kleidete. Hätte Maimon,
anſtatt für Verſtandesformeln zu ſchwärmen, für ſittliche Größe einen
empfänglichen Sinn gehabt, ſo hätte auch ſein Geiſt an dieſem Rabbiner Hirſch Janow, den er ſo ſehr verehrte, geſunden können, wie ſich
ſein Leib durch deſſen Sorgfalt erholte. Er hätte an einem lebenden
Beiſpiel lernen können, daß echte Frömmigkeit, wenn auch durch falſche
Vorſtellungen getrübt, die Blüte aller Tugenden, Selbſtloſigkeit, Hingebung und Menſchenliebe fördert. Allein in der Vereinſamung ſeines
Geiſtes und in ſeiner müßiggängeriſchen Lebensweiſe war Maimon
durch Verkennung des Maimuniſchen Syſtems zu der anfangs dunkeln
und dann immer klarer hervortretenden Überzeugung gekommen, daß
folgerichtiges, formales Denken, Urteilen, Schließen, Auflöſen, Zer-
gliedern das höchſte Verdienſt des Menſchen ſei. Für ſittliches Tun,
für Tätigkeit überhaupt, für das Eingreifen in das Weltgetriebe, für
die Forderung, den Geiſt als Hebel zu benutzen, um der Natur ihre
Beute abzujagen, den Menſchen von ſeiner Selbſtſucht zu befreien und
ihn zu gemeinnütziger, ſittlicher Tatkraft anzuſpornen, für den Trieb,
das Himmelreich des Rechtes und der werktätigen Liebe zu erobern,
für alles dieſes hatte Maimon kein Verſtändnis. Es waren für ihn
gleichgültige Dinge, mit denen ſich der Denker gar nicht zu befaſſen habe.
In dieſer Verkehrtheit ſeines Geiſtes ſcheute er jede Tätigkeit; müßig-
gängeriſches Brüten und Formelnſchmieden war ſeine Hauptbeſchäftigung. Er konnte darum zu keinem feſten Ziel im Leben gelangen und
taumelte von Torheit zu Torheit, von Elend zu Elend. Er ſah recht gut
den Splitter in anderer Augen, aber nicht den Balken in ſeinem eigenen.
Seine harmloſe Offenherzigkeit artete in Zynismus aus. Durch ſein
unkluges Benehmen verletzte er nicht bloß den Wahnglauben, ſondern

---

[1]) Ephraim Kuhs Biographie von Moſes Hirſchel, Einl. zu Kuhs Gedichten I, S. 45 f.
[2]) Daſ. 271.

auch das religiöse Zartgefühl und machte sich in Posen Feinde, die ihn als Ketzer verabscheuten. So konnte er sich nicht länger an diesem Orte halten; es drängte ihn überhaupt, seine Kenntnisse zu erweitern, oder wie er sich ausdrückte, sich darin zu vertiefen.

So kam Maimon um 1779 nach Berlin, wo durch Mendelssohns Anregung in jüdischen Kreisen viel, meistens in oberflächlicher Aufklärung, philosophiert wurde. Hier bekam er zuerst eine deutsche Schrift über Metaphysik in die Hand und lernte daraus das ganze Gebiet der Philosophie kennen, ohne die Sprache recht zu verstehen. Aber was ihm die Sprache dunkel ließ, erriet sein scharfer logischer Geist. Von den talmudischen Studien her gewöhnt, aus einem hingeworfenen Worte eine ganze Gedankenreihe rasch zu erfassen und ebenso rasch die versteckten Fehler darin zu finden, entdeckte Maimon allsogleich die übereilte Beweisführung vom Dasein Gottes in der damals gangbaren Philosophie, widerlegte sie und schickte sie in hebräischer Fassung Mendelssohn zu. Dieser erkannte sogleich den Scharfsinn in dem neu angekommenen Polen, nahm sich seiner an, zog ihn in seinen Kreis und verschaffte ihm eine leidliche Existenz, die für den an Entbehrungen Gewöhnten mehr als genügend war. An Mendelssohn hätte sich Maimon zur Weisheit hinauffranken können, aber er bildete sich gerade in Berlin zum vollendeten Zweifler aus. Alle Wahrheiten lösten sich ihm in Verstandesformeln auf, denen die Wirklichkeit nicht entspreche, die Gottheit selbst war ihm nur ein leerer Begriff ohne Inhalt. Auch das Sittengesetz hatte keinen Gehalt in seinen Augen. Das Ziel des Menschen sei einzig und allein, das formale D e n k e n zu üben. Ideen erzeugen, sie spalten, klären, widerlegen, das sei alles in allem; alles übrige sei kaum der Rede wert. Von solchen Grundsätzen durchweht, ließ er sich von jungen Leuten zu einer ausschweifenden Lebensweise verleiten, machte unsittliche Gänge mit und kam in üblen Ruf. Einer anhaltenden Beschäftigung war sein Hang zum Müßiggang und zum Grübeln geradezu abgeneigt. Seine Gönner ließen ihn die Apothekerkunst erlernen; aber er war nicht imstande, sich in das Praktische zu schicken. In seiner zynischen Lebensweise und seiner grellen Offenherzigkeit nannte er selbst Mendelssohn einen Heuchler, weil diesem werktätige Tugend und Lebensheiligkeit höher als philosophische Floskeln standen. Dieser, die verkörperte Milde und Nachsicht, mußte endlich dem philosophisch verwilderten Polen vorhalten, daß er auf keinen Lebensplan bedacht sei, daß er schädliche Ansichten verbreite und in dem üblen Rufe stehe, sinnlichen Vergnügungen ergeben zu sein. Maimon war aufrichtig genug, dieses alles einzugestehen und in ſeiner philoſophiſchen Verderbtheit ihm ins Geſicht zu ſagen, alle Menſchen ſeien Epikuräer[1]).

Von Mendelsſohn und ſeinen Freunden als unverbeſſerlich auf- gegeben, mußte Maimon wieder planlos in der Welt umherirren und konnte es wegen ſeiner Verwilderung nirgends zu etwas bringen. In Holland, wo er, durch den Weiſen von Berlin empfohlen, gute Aufnahme fand, verdarb er es ebenfalls durch ſeine zyniſche Lebens- weiſe, verletzte die Frommen und Anſtändigen und erregte ſo ſehr den Unwillen gegen ſich, daß ihm die Juden Steine nachwarfen[2]). Er hatte ſich ſelbſt in die Lage gebracht, an Selbſtmord denken zu müſſen, um ſeinem elenden und nutzloſen Leben ein Ende zu machen. Auch zu einem geiſtigen Selbſtmorde traf er Anſtalten. Er, der an nichts glaubte, ſetzte ſich in Hamburg mit einem Geiſtlichen in Verbindung und wollte zum Chriſtentume übertreten, allerdings mit der Einſchränkung, daß es ihm freigeſtellt bliebe, an Jeſus und andere Kirchendogmen zu glauben oder nicht zu glauben. Natürlich mochte der Vertreter der Kirche einen entſchieden verwilderten Ungläubigen nicht in die Kirche aufnehmen. Auch der Verſuch, den Maimon machte, ſich als Dreißiger neben Knaben auf die Schulbank zu ſetzen, um ſich gründliche Sprach- kenntniſſe anzueignen, ſcheiterte an ſeinem Hang zur Ungebundenheit, die ſich gegen jede Zucht aufbäumte. Er gab auch zu einer komiſchen Szene Veranlaſſung, indem der dreißigjährige Gymnaſialſchüler durch einen Vermittler von ſeiner Frau aufgefordert wurde, zu ihr nach Polen zurückzukehren oder ihr den Scheidebrief zuzuſchicken. Er glaubte mit dem Judentum und ſeiner Vergangenheit gebrochen zu haben, und wurde auf eine ſo empfindlich-rauhe Art daran gemahnt, daß er ihnen doch nicht entfliehen konnte. Bei dieſer Gelegenheit kam er auch mit dem Rabbiner Raphael Kohen, der ihn und ſeinen Vater von Polen aus kannte und gar nicht begreifen konnte, wie Maimon, ein rabbiniſch-gelehrter Pole, Judentum und Sitte ſo frech verhöhnen konnte, in unangenehme Berührung. Er bedrohte ihn mit dem Bann; aber die Drohung prallte an dieſem hartgeſottenen Ungläubigen wirkungslos ab; er ſchlug ſie mit einem derben Witze in den Wind. In Hamburg konnte er ſich natürlich ebenſowenig wie in Holland halten, kam abermals nach Berlin und wurde abermals von Mendels- ſohn und ſeinen Freunden aus Mitleid unterſtützt. Aber um nicht Zeugen ſeiner ärgerlichen Lebensweiſe zu ſein, ſchickten ſie ihn nach Deſſau und gaben ihm zum Schein literariſche Beſchäftigungen. Er

---

[1]) Selbſtbiographie II, 197.
[2]) Wolf, Maimoniana, S. 178.

überwarf sich nichtsdestoweniger mit seinen Berliner Gönnern und
begab sich nach Breslau, fand hier aber nicht die erwartete warme
Aufnahme, weil sein schlechter Ruf ihm vorangegangen war.

Hier nahm sich seiner der jüdische Dichter E p h r a i m   K u h
(geb. in Breslau 1731, starb 1790)[1]) an, weil er sich dem zynischen
jüdischen Philosophen geistesverwandt fühlte. In Kuhs Brust rasten
die Dämonen des Zwiespalts, welche der Übergang aus der altjüdischen
Gewohnheit in die neuerschlossene Welt in ihm entfesselt hatte. Auch
er war in der Jugend mit der talmudischen Literatur vertraut gemacht
worden, wurde aber durch die Bekanntschaft mit einem Polen von
Maimons Schlage vom Judentum losgelöst, ohne jedoch so viel Sympathie für das Christentum zu gewinnen, um sich demselben anschließen
zu können. Er konnte den Zwiespalt seines Innern nicht bewältigen,
weil er ohnehin ein zerfahrener Charakter war, wodurch er keine feste
Stellung im Leben gewinnen konnte und um seine Habe gekommen ist.
Auf seinen ziellosen Reisen war er bei jedem Schritte durch den Judenleibzoll an sein Bekenntnis, dem er innerlich entfremdet war, gemahnt
worden. Äußere Umstände, Verlust seines Vermögens und die dadurch herbeigeführte Abhängigkeit trugen dazu bei, seinen Geist zu
zerrütten. In Sachsen hatte er einst eine Kerker- und ansehnliche
Geldstrafe wegen Verheimlichung seines Bekenntnisses erlitten, die
ihn zur Verzweiflung brachte. Er rächte sich dafür durch eine
beißende Satire:

> Zöllner: Du, Jude, mußt drei Taler Zoll erlegen!
> Jude: Drei Taler? So viel Geld? mein Herr, weswegen?
> Zöllner: Das fragst du noch! weil du ein Jude bist.
>   Wärst du ein Türk', ein Heid', ein Atheist,
>   So würden wir nicht einen Deut begehren,
>   Als einen Juden müssen wir dich scheren.
> Jude: Hier ist das Geld! — Lehrt euch dies euer Christ?

---

[1]) Seine Biographie hat Moses Hirschel, ein Schlesier, dargestellt. Sie
wurde in den schlesischen Provinzialblättern, XIII, 23 ff. vgl. XV, 542 von
Prof. Manso ohne Wissen des Autors abgedruckt, auch im ersten Bändchen
von Kuhs hinterlassenen Gedichten, Zürich 1792, wiederh. [Eine Auswahl
der Epigramme veröffentlichte Th. S e e m a n n 1872 in Dresden]. B e r t -
h o l d   A u e r b a c h s Roman „D i c h t e r   u n d   K a u f m a n n", dessen Held
Kuh ist, ist eine gelungene Photographie des Helden und der chaotischen
Zeitepoche. [Vgl. auch J. F r a n c k, in d. Allgem. Dtsch. Biogr. s. v. mit
nicht ganz präzisen Angaben über den Lebensgang und J. L a n d s b e r g e r
in B r a u n s Jahrb. zur Belehrung und Unterhaltung, 46. Jahrg. (1898),
S. 31 f.].

Der erſte deutſche Dichter aus jüdiſchem Stamme war ein Welt=
ſchmerz=Dichter. Der Spiegel der Dinge zeigte ihm nur Fratzen und
Zerrbilder, die er in kleine Versrahmen als Epigramme brachte.

Kuh und Maimon zogen bei ihrer erſten Bekanntſchaft einander
an, obwohl der eine von der Philoſophie und der andere von der Dicht=
kunſt nicht allzuviel verſtand. Kuh, ſelbſt hilfsbedürftig, konnte ſeinen
Geſinnungsverwandten und neuen Freund nur durch Empfehlungen
an Breslauer Familienväter, welche mit dem Judentume mehr oder
minder zerfallen waren, unterſtützen, aber dieſe Unterſtützungen ver=
eitelte Maimon ſelbſt durch die Fortſetzung ſeines zuchtloſen Lebens.
Mit luſtigen Brüdern trieb er ſich in Schenken und unanſtändigen
Häuſern herum. Zum zweiten Male, und noch empfindlicher als früher,
wurde der philoſophiſche Sünder an die rauhe Wirklichkeit gemahnt.
Seine Frau kam aus Polen und führte ihm ſeinen älteſten Sohn, einen
faſt zwanzigjährigen Jüngling, in polniſcher Tracht und mit polniſchem
Weſen, zu und drang darauf, daß er für ſie ſorge oder ſich von ihr ſcheide.
Der Rabbiner Iſaak Joſeph Theomim=Fränkel, der
Stammvater würdiger Nachkommen, (ſtarb 1793) lud ihn vor ſein
Tribunal und hielt ihm vor, ein Vagabund, der ſeine Frau ſo viele
Jahre verläßt, ihr nicht ſchreibt, nicht für ſie ſorgt, kann zur Eheſcheidung
gezwungen werden. Dieſem im Namen der Religion und der Sitt=
lichkeit ſprechenden Rabbinen ſetzte Maimon Hohn entgegen. Mit Recht
nannte ihn Theomim=Fränkel einen unverbeſſerlichen Ketzer, der dem
Bann verfallen ſei.

Maimon konnte ſich auch in Breslau nicht behaupten, reiſte wieder
nach Berlin (um 1788), wollte ſich zum zweiten Male aus Not taufen
laſſen[1]), fand indeſſen wieder an Bendavid, Dr. Saul Aſcher und
Markus Herz Beſchützer. Der letztere empfahl ihn an Kant, deſſen
philoſophiſches Syſtem damals die Köpfe beſchäftigte. Iſt es nicht
eine beachtenswerte Erſcheinung, daß die Kantſche Philoſophie, die
einzige, welche fruchtbare Wahrheiten enthält, von ſehr wenigen Fach=
philoſophen in ihrer Tiefe begriffen, drei jüdiſche Apoſtel fand, welche
ſie verſtändlich und anwendbar gemacht haben? Maimon behandelte
ſie ſelbſtändig nach ſeiner eigenen Denkweiſe, und als er ſeine Be=
merkungen dem bereits gefeierten Urheber zuſchickte, war dieſer von
Maimons Scharfſinn und Tiefe faſt geblendet und ſpendete dem jüdi=
ſchen Denker, der ſich halb als ſein Gegner zeigte, das höchſte Lob[2]).

1) Wolf, Maimoniana, S. 84.
2) Kants Brief an Markus Herz, d. d. Mai 1789, Kants ſämtl. Werke,

Durch sein tieferes Eindringen in die Kantsche Philosophie, seine scharfe Begriffsbestimmung und die Deutlichkeit, die er ihr verliehen hat, machte er sie in Gelehrtenkreisen bekannt. Er wurde ein sehr frucht= barer, philosophischer Schriftsteller und wußte, er, der Pole, in deutscher Sprache die schwierigen, dunklen und trockenen Probleme allgemein= verständlich zu machen. Für das jüdische Publikum erklärte er sein Lieblingsbuch, Maimunis „Führer", an dem er sich zum Denken heran= gebildet hatte, in einem hebräischen Kommentar (Gibeat ha-More 1790), dem er aber seine und Kantsche Ideen unterlegte. Er schrieb dazu eine Geschichte der Philosophie, die von tiefer Eingedrungenheit in diesen subtilen Stoff Zeugnis ablegt. Dem großen Publikum wurde er erst durch seine eigene „Lebensbeschreibung" bekannt, worin er die Blößen der polnischen Juden, die ihm als die einzigen Vertreter des Judentums galten, und auch seine eigenen mit zynischer Schonungs= losigkeit aufdeckte, wie mehrere Jahre früher Rousseau mit seinen „Be= kenntnissen"[1]. Er hat damit seinen Stammesgenossen einen schlechten Dienst geleistet. Denn seine aus Verstimmung entstandenen Urteile über sie wurden später als bare Tatsachen zu deren Verurteilung ge= nommen, und was er von polnischen Juden Häßliches schilderte, wurde ohne weiteres allen Juden zur Last gelegt.

Diese Art offenherziger Schriftstellerei war damals in dem steifen, zopfigen Deutschland etwas Außerordentliches und machte Aufsehen. Maimons Lebensbeschreibung drang dadurch in viele Kreise und ge= wann ihm zahlreiche Leser. Die beiden deutschen Dichtergrößen S ch i l = l e r und G o e t h e waren förmlich in diesen jüdischen zynischen Philo=

B. XI, S. 53 f., auch in Maimons Selbstbiographie II, S. 255, wo Herz' Name verschwiegen ist.

[1] Dr. S a u l A s ch e r beurteilte Maimon sehr richtig in der „Germano= manie" (1815, S. 55 f.) „Ich habe Maimon persönlich und genau gekannt. Aus meinen Händen erhielt er zuerst ein Exemplar von Kants Kritik der reinen Vernunft. Ich war es, der ihn zum Schriftstellern ermunterte. Man muß sowohl die wohlwollenden als die gehässigen Äußerungen Maimons gegen seine Landsleute gar nicht als aus festen Grundsätzen hergeleitete Räsonne= ments betrachten, mit denen es ihm Ernst war. Maimon hatte, wie der größte Teil der Polen, oder überhaupt alle von Politur entblößten geistreichen Menschen, gewisse Launen, die ihn in seinem Urteil leiteten. Wie jene wechselten, bekamen seine Urteile eine andere Stellung, und ich war oft Zeuge, wie er seine besten Freunde durch die von seiner Laune herbei= geführte Veränderlichkeit seines Urteils empfindlich zu kränken, sich ein Ver= gnügen machte. Die im Gemüt des Menschen haftende Portion von Bosheit, die der Gebildete zu verbergen versteht, äußerte sich bei Maimon oft un= willkürlich, und das machte ihm Feinde."

sophen vernarrt. Der letztere hegte sogar den Wunsch, ihn in seine
Nähe zu ziehen[1]). Der Ruhm machte Maimon weder besser noch glücklicher. Er behielt seine regellose Lebensweise, wie seine polnischen
Manieren bei und mußte bis an sein Lebensende von Unterstützungen
leben. In den letzten Jahren zog ihn Graf K a l k r e u t h in seine Nähe
und machte ihn gewissermaßen zu seinem Hausphilosophen. Er führte
ihn später (um 1795) auf sein Gut in Nieder=Siegersdorf (Schlesien),
versorgte ihn vollständig bis zu seinem Tode, ließ ihm völlige Freiheit
der Bewegung und der Lebensweise und ertrug seine Ungezogenheit
mit stoischem Gleichmute. Maimons Leiche wurde nach Glogau gebracht und dort von der jüdischen Gemeinde ebenso unanständig be-
stattet, wie er unanständig gelebt hatte[2]). Salomon Maimon hat dem
jüdischen Stamme nur mit seinem Kopfe Ehre gemacht, mit seinem
übrigen Wesen dagegen hat er ihn verunehrt.

Der dritte jüdische Denker dieser Zeit, L a z a r u s B e n d a v i d,
(geb. in Berlin 1762, starb das. 1832), hatte weder den tragischen
noch den komischen Lebensgang Maimons. Er war eine prosaische,
etwas denksteife Persönlichkeit, die an jeder deutschen Universität einen
Lehrstuhl für Logik und Mathematik recht gut hätte einnehmen und
jahraus, jahrein denselben Lehrinhalt unverkürzt und unvermehrt hätte
vortragen können. Nur für die Kantsche Philosophie hatte Bendavid
mehr glühende Wärme, mehr Begeisterung und Hingebung, da er sie
als die Wahrheit erkannt hatte und auch ihre sittlichen Prinzipien treu
befolgte. Diese Philosophie war so recht für Juden erdacht, weil sie
eine sehr hohe Denkkraft und sittliche Betätigung verlangt. Darum
hatte Kant, wie ehemals Aristoteles, viele jüdische Bewunderer und
Anhänger[3]). Bendavid war auch talmudisch geschult und ein guter

---

1) Maimoniana, S. 197. Aus Varnhagens Nachlaß, Briefwechsel zwischen
Rahel und David Veit I, S. 243 f. 247 und andere Stellen, II, S. 23.

2) Man hat damals viel von Intoleranz gefaselt, daß die Glogauer
Gemeinde Maimon nicht eine Ehrenbestattung hat zukommen lassen; auch
sein Biograph machte Phrasen darüber. Aber wie hätte sie einen Mann
auszeichnen sollen, der das Judentum praktisch und theoretisch negiert, und
sich nicht gescheut hatte, es auszusprechen, daß er zum Christentum übertreten
wollte? [Über Maimons Lebensgang vgl. ferner Prantl in der ADB. XV,
107 f., über seine Philosophie, Erdmann, Gesch. d. neueren Philos., Bd. III,
Abt. 1, S. 510 ff.].

3) Schleiermacher, Briefe bei Geleg. der Erl. theol. Aufgabe, S. 22:
„Man könnte kaum drei oder vier besonders jüngere gebildete jüdische Haus-
väter finden, unter denen nicht jedesmal wenigstens ein Kantianer wäre."
Was in Schleiermachers Munde ein Tadel ist, gereicht den Juden zur Ehre,

Mathematiker. Es war vielleicht eine Torheit, daß er nach Wien ging, um dort Vorlesungen über diese Philosophie zu halten (um 1793 bis 1798), da in Österreich damals weder Sinn, noch Verständnis für die metaphysischen Subtilitäten und für sittliche Lauterkeit vorhanden war, wie sie Kants System verlangte. Er konnte sich daher nicht lange in Wien behaupten. Aber anfangs wurde ihm doch die Universität für seine Vorlesungen eingeräumt. Man denke nur, für einen Juden und für eine Philosophie, welche dem Katholizismus jede Berechtigung abspricht! Er mußte sie indes bald einstellen; aber Graf Harrach räumte ihm sein Palais dafür ein. Als er auch da auf Hindernisse stieß, verließ er die Kaiserstadt, setzte seine Vorlesungen in Berlin fort und war eine Zeitlang Redakteur einer Zeitung. Auf den Gang der jüdischen Geschichte in der Neuzeit hat Bendavid nur unmerklich eingewirkt.

Deutsche Juden haben sich aber nicht bloß durch Mendelssohns Anregung in raschem Fluge zur Höhe der Kultur hinaufgeschwungen, sondern auch unverkennbar die Verbreitung und Verallgemeinerung des gebildeten Bewußtseins in christlichen Kreisen gefördert. Geistvolle Juden und Jüdinnen haben zunächst in Berlin jenen gebildeten Weltton geschaffen, der die Eigentümlichkeit dieser Hauptstadt geworden ist und von hier aus anregend auf das übrige Deutschland eingewirkt hat. Juden und Jüdinnen haben zuerst hier einen S a l o n für geistvolle Unterhaltung begründet, in welchem die Elemente des höhern Denkens, des Geschmackes, der Poesie und der Kritik, in anmutiger, leichter Form untereinander gemischt, verarbeitet, geklärt und für Menschen verschiedenen Berufes zugänglich gemacht wurden. Die christliche Bevölkerung Berlins war zur Zeit Friedrichs des Großen und seines Nachfolgers noch sehr, sehr kleinstädtisch. Der Adel und die hohen Würdenträger waren viel zu vornehm und ungebildet, um sich um Kulturverhältnisse und die große Welt zu kümmern. Für sie war der Hof und die kleinlichen Alltäglichkeiten ihres Kreises die große Welt. Die Gelehrten vertraten das Zopftum, und einen höheren reichen Bürgerstand gab es nicht. Die Mittelklassen lebten nach Art ihrer Väter in deutscher Beschränktheit und Altväterlichkeit, versammelten sich höchstens beim Kruge Bier und kauten an den Wiederholungen von „des alten Fritz Siegen". Die Frauen zumal lebten ehrsam und zurückgezogen in ihren vier Pfählen oder hatten nur für Vorkommnisse

daß sie sich nicht mit seinen und Fichtes Phantastereien abgegeben, sondern zu Kants gesunder Geistesnahrung gegriffen haben.

des Familienkreiſes Sinn. Ganz anders die Juden Berlins. Sie alle oder doch die meiſten von ihnen hatten wenigſtens bis zu ihrem Mannes= alter ſich mehr oder weniger mit dem Talmud beſchäftigt, ihre Geiſtes= kräfte waren geweckt und für neue Elemente empfänglich. Dieſe neuen Bildungselemente hatte ihnen Mendelsſohn mit ſeiner Bibelüber= ſetzung und ſeinen philoſophiſchen und äſthetiſchen Schriften darge= reicht. Kenntniſſe verliehen damals in jüdiſchen Kreiſen Auszeichnung, faſt noch mehr als Reichtum; der unwiſſende Reiche war dem Geſpötte ausgeſetzt. Jeder nur einigermaßen vermögende Jude ſetzte einen Stolz darein, eine Sammlung alter und neuer Bücher zu beſitzen und, wo möglich, auch den Inhalt zu kennen, um in der geflügelten Unter= haltung nicht aus Unwiſſenheit zurückzuſtehen. Jeder kundige Jude lebte in zwei Welten, in der Geſchäftswelt und in der Bücherwelt. Die jüdiſche Literatur weckte den Geiſt, ſpornte und ſtachelte ihn, ſelbſttätig zu ſein und hatte eher den Fehler, ihn allzu fein und ſpitz= findig zu machen als den entgegengeſetzten, ihn in Duſel einzuſchläfern. Es war eine alltägliche Erſcheinung, daß der jüdiſche Kaufmann oder Handelsmann ſich am Tage mit dem Mammon und bei Nacht oder an geſchäftsloſen Tagen mit der Literatur beſchäftigte. Infolge der Mendelsſohnſchen Anregung warf ſich das jüngere Geſchlecht auch auf die ſchönen Wiſſenſchaften, auf Sprachkenntnis und Philoſophie. Der Inhalt hatte gewechſelt, die Form und der Wiſſenstrieb war ge= blieben oder hatte ſich noch geſteigert. Die Berliner Judenheit be= herbergte kurz nach Mendelsſohns Tod mehr denn hundert junge Männer, welche von Eifer für Wiſſen und Bildung erglüht waren[1]), aus deren Reihe die Mitarbeiter an der Zeitſchrift „Der Sammler" hervorgegangen ſind.

Zu dieſem aus der inneren Entwicklung ausgebildeten Hang zum Wiſſen kam eine Modetorheit hinzu. Durch Friedrich den Großen war die geiſtvolle franzöſiſche Literatur in Preußen eingebürgert worden, und die Juden fühlten ſich am meiſten von dem ſprudelnden franzöſiſchen Witz angezogen. Für geiſtreiche Wendungen hatten ſie von jeher viel Empfänglichkeit. Der talmudiſche Witz lief ſozuſagen dem franzöſiſchen entgegen und umarmte ihn als einen Geiſtesver= wandten. Voltaire hatte in den Zelten Jakobs mehr Bewunderer als in deutſchen Häuſern. Die jüdiſche Jugend warf ſich mit Heiß= hunger auf die franzöſiſche Literatur und eignete ſich deren Formen

---

[1]) Das Verzeichnis der Mitglieder der Geſellſchaft der Freunde, von denen die meiſten in Berlin lebten, bei B e ſ ſ e r , Chronik der Geſellſch. der Freunde, S. 17 f.

an; freilich zog damit auch die französische Leichtfertigkeit mit ein[1]). Auch die klugen Töchter Israels gaben sich dieser Modetorheit mit allem Eifer hin; sie lernten französisch, allerdings anfangs, um mit jungen Hofkavalieren, welche bei ihren Vätern Anleihen machten, in dieser Modesprache verkehren zu können. Es war ein Schmuck mehr, den sie sich umhängten. Durch Mendelssohns und Lessings Einfluß wich diese Tändelei dem ernsten Streben, sich gründliche Bildung anzueignen, um mit den Männern auf gleicher Höhe stehen zu können. Mendelssohns Töchter, in stetem Verkehr mit gebildeten Männern, gingen darin voran und erregten Nacheiferung. In keiner Stadt Deutschlands gab es daher so viel gebildete jüdische Mädchen und junge Frauen als in Berlin, und sie waren in der Literaturkenntnis ihren christlichen Schwestern bei weitem überlegen; sie lernten leicht und waren nicht trägen Geistes.

Mendelssohns Haus war ein Mittelpunkt für wissenschaftliche und literarische Unterhaltung geworden, der um so lieber aufgesucht wurde, als seine Freunde darauf rechnen konnten, ausgezeichnete Fremde bei ihm anzutreffen, die von seinem weitverbreiteten Ruhme sich angezogen fühlten, und von ihnen Neues zu erfahren[2]). Seine Töchter wurden zu dieser witzigen und geflügelten Unterhaltung zugelassen und zogen ihrerseits gleichalterige Freundinnen heran. Nach Mendelssohns Tode traten als selbstverständlich David Friedländer und Markus Herz an dessen Stelle. Friedländer war aber zu steif und hausbacken, um eine Anziehungskraft auszuüben. So wurde denn Herz' Haus der Sammelpunkt der Freunde Mendelssohns, und es erweiterte sich zu einem viel größeren Kreise. Herz war ein gesuchter Arzt und hatte eine ausgebreitete Bekanntschaft unter angesehenen jüdischen und christlichen Familien. Seine Vorlesungen zogen Personen verschiedener Stände in sein Haus, von denen die Wißbegierigen auch in die Vertraulichkeit des Familienzirkels gezogen wurden. Herz besaß einen beißenden Witz, womit er die Unterhaltung würzte. Aber mehr noch als seine Wissenschaft und sein Geist fesselte seine Frau. Sie bildete einen förmlichen Zauberkreis, dem alles, was es in Berlin an einheimischen und fremden Personen von Auszeichnung gab, gewissermaßen zuflog. Der Umgang mit der schönen und begabten Jüdin H e n r i e t t e Herz war eine Zeitlang nächst dem Hofkreise das, was am

---

[1]) Vgl. Jakob Emden מטפחת הספרים, 1768, S. 38: וכבר נמשך הענין הרע הזה (ללמד לשון צרפת וחתוך ספריהם) ובא אל בית הרבנים היושבים על סיר הבשר במדינה זו וכו' ; Fürst, Henriette Herz' Erinnerungen, S. 19.

[2]) Henriette Herz das., S. 123; Gronau, Dohms Leben, S. 125.

meiſten in Berlin geſucht wurde. Sie hätte, wenn ſie nicht von ver=
führeriſchen Einflüſſen irregeleitet worden wäre, ſegensreich für die
Judenheit wirken können.

Henriette Herz (geb. 1764, ſtarb 1847)[1]) war, ſozuſagen,
ein Sonntagskind, dem das Glück von früheſter Jugend an zulächelte
und es verhätſchelte. Durch ihre Eltern, den Vater Benjamin
de Lemos, einen portugieſiſch=jüdiſchen beliebten Arzt, der aus
Hamburg ſtammte, und ihre Mutter, eine Deutſche, vereinigten ſich
in der Tochter harmoniſch die Eigenart ſübländiſchen Feuers und
ſpaniſcher Würde und deutſche Weichheit und Biegſamkeit. Es war ein
äußerſt ſeltener Fall, der noch heutigen Tages nicht häufig vorkommt,
daß ein ſefardiſcher Jude ein aſchkenaſiſches Mädchen ehelichte. Die
Eltern dieſer Frau (Charbille) ſollen auch über dieſe Verbindung ſo un=
glücklich geweſen ſein, daß ſie um ſie, wie um eine bereits Verſchie=
dene, die üblichen Trauerzeichen beobachtet haben ſollen[2]).

War es eine Vorahnung, daß aus dieſer Verbindung zweier bis
dahin fremder Zweige des jüdiſchen Stammes, aus dieſem Durch=
brechen der Schranken der Gewohnheit, ein weiblicher Sprößling zur
Welt kommen werde, welcher die Schranken der jüdiſchen Züchtigkeit
durchbrechen und eine trübſelige Verirrung erzeugen werde? Das aus
dieſer halben Miſchehe geborene ſchöne Kind Henriette ſah indeſſen bei
ihren Eltern das Muſter einer glücklichen Ehe, die nicht aus roman=
hafter Liebe und ſogenannter Wahlverwandtſchaft entſtanden war.
Sie wurde in religiöſer Innigkeit und in patriarchaliſcher Sittſamkeit
erzogen und wurde vermöge ihrer Begabung und leichten Faſſungs=
kraft auch in die bibliſche Literatur in der Urſprache eingeweiht, wie
ſie denn überhaupt für fremde Sprachen eine bedeutende Anlage hatte.
Durch das ſübländiſche Blut, das in ihren Adern rollte, entwickelte
ſich Henriette de Lemos frühzeitig zu einer der ſchönſten und lieb=
reizendſten Jungfrauen Berlins. Sie machte mit ihrer Geſtalt und
ihren Geſichtszügen Aufſehen, ſo oft ſie ſich blicken ließ, und man nannte
ſie die „tragiſche Muſe". Auf einem hochaufgeſchoſſenen, ſchlan=
ken, ſymmetriſchen Körper wiegte ſich anmutig ein kleiner Kopf, der

---

[1]) Ihre Biographie hat ſie teilweiſe ſelbſt — ein wenig geziert — zu=
ſammengeſtellt, überarbeitet von J. Fürſt, Berlin 1850. Ergänzungen dazu
finden ſich in dem Briefwechſel Schleiermachers, Wilh. v. Humboldts, Rahels
und beſonders in Varnhagens Nachlaß, herausgegeben von Ludmilla Aſſing.
[Vgl. auch L. Geiger in ADB. II, 258 ff.].

[2]) Grégoire, Essay sur la régénération des Juifs, p. 217, Note 14, vgl.
dazu Frankels Monatsſchrift Jahrg. 1868, S. 212.

mit allen Reizen einer klassischen Schönheit geziert war, einer griechi=
schen Nase, feurig dunklen Augen, glänzend schwarzen Haaren, einem
kleinen, anmutig lächelnden Munde und zarter Gesichtsfarbe. Künstler
bewunderten diese vollendete Schönheit, wie sie nur selten aus der
Meisterhand der schöpferischen Natur hervorgeht. In diesem schönen
Körper webte eine für das Wahre empfängliche Seele, die zwar nicht
die Stätte ureigener Gedanken war, aber empfangene Eindrücke un=
verwischbar festhielt. Aber ihre seltene Schönheit nährte in ihr einen
hohen Grad von Eitelkeit und eine Sucht, bewundert zu werden. Die
Eltern waren schwach genug gewesen, so oft eine Prinzessin eine jüdische
Hochzeit oder eine Laubhütte ansehen wollte, ihr Wunderkind zur
Schau zu stellen und es deklamieren zu lassen. Wegen ihrer raschen
Entwicklung wurde Henriette beim Beginne ihres sechszehnten Jahres
mit Markus Herz verheiratet, und durch seine Anleitung, sowie durch
den Umgang mit Mendelssohns Töchtern und den Verkehr in dessen
Hause erweiterten sich ihre Kenntnisse. Diese verliehen ihrer körper=
lichen Schönheit einen höheren, idealen Liebreiz und eine unwider=
stehliche Anziehungskraft. „Schön wie ein Engel und voll von Geist
und Güte", so schilderte sie eine vornehme Französin, welche sich darauf
verstand[1]).

Diese schöne Frau machte ihr Haus, wie gesagt, zum Sammel=
punkte der auserwählten Gesellschaft Berlins, und ausgezeichnete
Fremde haschten nach der Ehre, in dasselbe eingeführt zu werden. Es
wurde der erste Salon Berlins, in welchem Anregung und geistige Ge=
nüsse in mannigfacher Fülle geboten waren. Zwanglos verkehrten
hier mit gebildeten Juden zunächst Mendelssohns christliche Freunde,
die schon früher an den Umgang mit Juden gewöhnt waren, Nikolai,
der letzte Überrest von dem Lessing=Mendelssohnschen Triumvirat;
Engel, der Erzieher des Kronprinzen Friedrich Wilhelm III., der
Proben rabbinischer Weisheit, von Juden empfangen, unter das Publi=
kum brachte; Ramler, der Gewissensrat der Dichter, welcher aus
Teilnahme für die Juden Ephraim Kuhs Verse feilte[2]). Es kamen auch
neue Männer, welche eine hohe Stellung einnahmen, die Konsistorial=
räte Teller und Zöllner[3]), auch solche, welche früher dem jüdi=
schen Kreise ferngestanden hatten. Knuth (später Staatsrat) führte
seine zwei Zöglinge Alexander und Wilhelm von Hum=
boldt ein, welche später eine so bedeutende Laufbahn einschlugen

---

[1]) Madame de Genlis, Erzieherin Ludwig Philipps, in ihren Memoiren.
[2]) S. Vorrede zu Kuhs hinterlassenen Gedichten I, S. 14, II, S. 190.
[3]) S. auch Schleiermachers Leben in Briefen I, S. 180, II, S. 194.

und europäiſche Berühmtheiten wurden; Graf Alexander von Dohna-Schlobitten und andere Adelige. Gentz, Schleiermacher und Friedrich von Schlegel waren gewiſſermaßen Hausgenoſſen des Herzſchen Paares. Auch die Vertreter der eleganten Kreiſe waren in dieſem Salon anzutreffen. Diplomaten fanden ſich ein. Mirabeau, um deſſen Haupt ſich damals ſchon die gewitterſchwangeren Wolken der Revolution ſammelten, dem auch die Juden ſo viel verdanken, verkehrte während ſeiner geheimen diplomatiſchen Sendung (1786) in Berlin, allerdings mehr mit Henriette Herz in ihrem Hauſe, als mit ihrem Manne[1]). Nach und nach ließen ſich auch Damen von hohem Stande und Bildung herbei, mit der Herz und ihren Freundinnen zu verkehren, von dem Reiz des feinen, geſelligen Verkehrs angezogen. Sie ſtellten ſich mit Henriette und ihren jüdiſchen Freundinnen auf den Fuß der Gleichheit[2]). Am meiſten Anziehungskraft übte dieſer Salon auf gebildete chriſtliche Jünglinge, wegen der ſchönen jüdiſchen Mädchen und Frauen, welche ſich wie Trabanten um die ſchöne Wirtin bewegten. Dieſe jüdiſchen Schönheiten bildeten aber nicht bloß die Dekoration dieſes Salons, ſondern nahmen regen Anteil an der geiſtvollen Geſelligkeit und zeichneten ſich zum Teil durch einen originellen Geiſt aus. Gentz nannte ſie „die klugen Weiber aus der Judenſchaft"[3]). Unter dieſen waren es beſonders zwei, welche durch größere Geiſtesüberlegenheit glänzten und moderne Bildung mit jüdiſchem Scharfſinn und Witz vereinten, Mendelsſohns älteſte Tochter Dorothea[4]), ſpäter mit Friedrich von Schlegel verheiratet (geb. 1763, ſtarb 1839), und Rahel Levin, ſpäter Frau Varnhagen von Enſes (geb. 1771, ſtarb 1833). Beide beſaßen glänzende Geiſteseigenſchaften, Rahel Levin war noch dazu von einer unbeugſamen Wahrheitsliebe, gepaart mit Milde und Anmut.

Faſt zu derſelben Zeit eröffnete eine jüdiſche Tochter Berlins einen glänzenden Salon in Wien, in welchem Schriftſteller, Künſtler, Adlige, Diplomaten, Einheimiſche und Fremde verkehrten. Fanny Itzig

---

1) H. Herz, Erinnerungen.

2) Denina, la Prusse littéraire II, p. 243. Nous avons vu des dames aussi distinguées par leur qualité que par leur esprit et leurs connaissances recevoir et traiter l'épouse de ce docteur (Herz), et ses parents et ses amies presque d'égales à égales. C'est ainsi qu'une nation avilie pendant plus de quinze siècles commence à se rapprocher de la condition des chrétiens dans la société civile.

3) Gentz' Briefwechſel mit Garve, Breslau, 1857 S. 105.

4) Der unter F. Schlegels Namen erſchienene Roman Florentin iſt von Dorothea verfaßt.

(geb. 1758, starb 1818), eine Tochter des Bankiers Daniel Ißig, geistvoll, liebenswürdig und edel, mit dem zum Baron erhobenen Nathan Adam von Arnstein verheiratet. Sie hat in Wien die gesellschaftliche Verschmelzung der Juden mit den Christen ange= bahnt, wie ihre Freundinnen in Berlin. Diese jüdischen Zirkel wider= legten aufs glänzendste die unsinnige Behauptung des hochmütigen Göttinger Gelehrten, „daß sich die Zigeuner weit eher zu einem Volke werden modeln lassen, als die Juden“. Hier wurde das tausendjährige Vorurteil mit einem Hauche weggeblasen, wirksamer als durch hundert gelehrte oder beredte Schriften.

Die gesellschaftliche Annäherung und Gleichstellung der Juden in den gebildeten Kreisen ließen sie in Preußen die Hoffnung hegen, wenn auch nicht eine vollständige Einbürgerung, so doch eine Erleichterung der sie so schwer bedrückenden Gelderpressungen und Erniedrigungen zu erlangen. Zwischen der gesellschaftlichen Stellung gebildeter Juden und ihrer gesetzlichen Behandlung war nämlich eine tiefe Kluft. Die Behörden behandelten diejenigen, welche ihnen an Reichtum und Bildung so weit überlegen waren, noch immer als Auswurf. Ein Gesuch, von Ephraim Veitel eingereicht, daß den Juden wenigstens gestattet werden möge, Handwerke zu treiben (o. S. 74), wurde nicht beachtet. Friedrich der Große beharrte bis zu seinem Tode bei seiner Antipathie gegen die Juden. In den bürgerlichen Kreisen waren die Berliner Juden die ersten Millionäre, was bei der Bedeutung, die das Geld damals erlangte, nicht gleichgültig war, und doch wurden sie gesetzlich wie Trödeljuden behandelt. Von diesem philosophischen König war für eine menschenwürdige Behandlung nichts zu erwarten. Dohms Schrift zugunsten der Juden war für ihn nicht vorhanden. Mehr Hoffnung machten sich die Juden Berlins nach der Thronbe= steigung Friedrich Wilhelms II., welcher zwar schwachen Charakters, aber doch auch milden Sinnes war. Von David Fried= länder angeregt, der, als Nachfolger Mendelssohns, zugleich als Ver= treter der jüdischen Interessen galt, reichten die Oberältesten und Ältesten der Berliner Gemeinde ein Gesuch ein, zunächst den Judenleibzoll in Wegfall zu bringen, die barbarischen Judengesetze aufzuheben und den Juden Freiheit der Bewegung einzuräumen. Sie erhielten darauf einen günstigen Bescheid, daß sie „redliche Männer aus ihrer Mitte wählen“ sollten, mit denen die Regierung darüber verhandeln könnte. Auch ihr Antrag, Bevollmächtigte sämtlicher Juden in den Provinzen (mit Ausschluß von Schlesien, Westpreußen und Ostfriesland) dazu einzuberufen, wurde genehmigt und eine Kommission eingesetzt, die

Beschwerden der preußischen Juden zu untersuchen und Vorschläge
zur Verbesserung zu machen. Darauf wurden Generaldeputierte von
jüdischer Seite gewählt, F r i e d l ä n d e r und sein reicher Schwiegervater D a n i e l J t z i g , welche mit vielem Mute und Selbstbewußtsein die barbarische und Geld aussaugende Gesetzgebung Friedrichs
des Großen in betreff der Juden bloßlegten. Es charakterisiert den
Urheber dieses Gesuchs, David Friedländer, daß er sich schämte, darin
von Juden und jüdischer Nation zu sprechen und dafür eine besondere
Umschreibung wählte: „j ü d i s c h e K o l o n i e i n d e n p r e u ß i -
s c h e n S t a a t e n".

Die Deputierten zählten die Gelderpressungen auf, denen die
Juden unter den lächerlichsten Titeln unterworfen waren; z. B. den
Porzellanexport, der sie verpflichtete, Porzellan von der schlechtesten
Beschaffenheit (spottweise J u d e n p o r z e l l a n genannt) um den
höchsten Preis von der königlichen Fabrik zu kaufen und nach dem Aus-
lande zu verkaufen; die Unterhaltung einer Mützen-, Strumpf-, Beu-
teltuch- und Spitzenfabrik. Sie wiesen auf die drückenden Beschränkungen hin, daß sie nicht einmal vor Gericht gleichgestellt wären, klagten
besonders über die ihnen auferlegte Verantwortlichkeit aller für alle
und forderten kühn vollständige Gleichberechtigung, nicht bloß Zulassung zum Ackerbau und sämtlichen Gewerben, sondern auch zu
Ämtern und Universitätslehrstühlen (Mai 1787). Die kühne Hoffnung
der Berliner und preußischen Juden wurde jedoch getäuscht. Der
preußische Staat hat sich nie leicht im Geben gezeigt. Nur der Zwang,
schlechtes Porzellan unterzubringen, wurde für eine Summe von
4000 Talern aufgehoben. Auch der schändliche Leibzoll wurde für die
einheimischen Juden abgeschafft, wenn sie von Provinz zu Provinz
reisten, für die Fremden jedoch nur, wenn sie die Messe zu Frankfurt
a. O. besuchten (Dezbr. 1787, Juli 1788). Mit dieser Entfesselung
waren bereits Joseph II. und Ludwig XVI. von Frankreich mehrere
Jahre vorher vorangegangen. Die hohen Behörden hatten daher
aus Schamgefühl zur Abschaffung des Judenleibzolls geraten. Aber
viel war damit nicht gewonnen, weil preußische Juden sich nach wie vor
an den Toren erst als solche ausweisen mußten, und demgemäß der
damit verbundenen Entehrung doch nicht entgingen. Die übrigen
Reformvorschläge wurden lange beraten. Inzwischen hatten sich die
Schlauköpfe W ö l l n e r und B i s c h o f s w e r d e r des schwachen
Königs bemächtigt, ihn durch Gespensterschrecken zu ihrem willenlosen
Werkzeug gemacht und eine Reaktion gegen die Aufklärung herbeigeführt. Der Bescheid auf das Gesuch der jüdischen Deputierten fiel

daher zuletzt kläglich aus. Was ihnen die eine Hand gab, nahm die
andere wieder. Es gereicht den Deputierten zur Ehre, daß sie das
kärglich und engherzig Dargebotene freimütig zurückwiesen und es
aussprachen: „Die Begünstigungen, die uns bestimmt werden, sind
unter aller Erwartung und entsprechen den frohen Hoffnungen wenig,
die wir bei der Thronbesteigung geschöpft haben"[1]. Sie erklärten,
daß sie zur Annahme der gebotenen Reform „mit wenig Vorteilen
und vielen Beschränkungen", namentlich zur Heranziehung zum niederen Kriegsdienste, ohne Vollmacht wären. Einzelne Juden, wie
die reichen Familien Itzig, Bankier Kohen in Berlin, Bendix
Goldschmid in Potsdam, erhielten ausnahmsweise Gleichberechtigung. Es wurde verfügt, daß man sie in den offizieller Verfügungen
nicht als Juden behandeln sollte[2]. Sonst blieb alles beim alten oder
wurde nur für die Juden in Schlesien ein wenig gemildert.

Die öffentliche Meinung war aber, in Berlin wenigstens, den
Juden günstiger und nahm sogar auf ihre krankhafte Empfindlichkeit
Rücksicht. Als einst Shakespeares Drama der „Kaufmann von
Venedig" aufgeführt wurde (1788), und man voraussetzte, daß sich
die Juden durch Shylocks Figur und Rolle verletzt fühlen würden,
hielt der gefeierteste Schauspieler jener Zeit, Fleck, dem diese Rolle
zugeteilt war, einen Prolog, von einem Berliner Dichter (Ramler?)
eigens dazu gedichtet, worin den Juden Berlins öffentlich Komplimente gemacht wurden:

> „Nun das kluge Berlin die Glaubensgenossen des weisen
> Mendelssohn höher zu schätzen anfängt, nun wir bei diesem
> Volke, dessen Propheten und erste Gesetze wir ehren,
> Männer sehen, gleich groß in Wissenschaften und Künsten,
> Wollen wir dies Volk durch Spott betrüben? Dem alten
> Ungerechten Haß mehr Nahrung geben? Und Röte
> Denen ins Antlitz jagen, die, menschenfreundlich gesinnt,
> Gegen arme Christen und Juden gleich gütig sich zeigen?
> Nein, das wollen wir nicht"[3].

So hatte sich in der Berliner Gemeinde ein Urstock für die Veredlung des jüdischen Stammes gebildet, dessen Bestrebungen, wenn

---

[1] S. König, Annalen der Juden in den preußischen Staaten,
S. 326; David Friedländer, Aktenstücke zur Reform der jüdischen
Kolonien, S. 53 f.; Rönne und Simon, Verhältnisse der Juden
des preußischen Staates, S. 212 f.

[2] König das. S. 331. Friedländer das. S. 44 f.; Jolowicz, Juden
in Königsberg, S. 105.

[3] König, Annalen, S. 329.

auch nicht vom Staate, ſo doch von der öffentlichen Meinung begünſtigt
wurden. Durch zwei Organe wirkte dieſer Keimanſatz auf weitere Kreiſe,
durch die F r e i ſ c h u l e (Chinnuch Nearim) und die damit verbundene D r u c k e r e i. Die Freiſchule, von David Friedländer und ſeinem
Schwager J t z i g   D a n i e l   J t z i g geleitet, war gerade nicht nach
Weſſelys Ideal und Lehrplan angelegt. Die Gegenſtände von allgemeinen Wiſſensfächern nahmen den Hauptplatz ein und verdrängten
nach und nach das ſogenannte Jüdiſche (Hebräiſch), Bibel, Talmud)
aus dem Lehrplan. In zehn Jahren (1781—1791) wurden in dieſer
Schule über 500 gutunterrichtete Zöglinge ausgebildet, welche Sendboten des jüdiſch-berliniſchen Geiſtes wurden und ihn überallhin verbreiteten. Sie wurde eine Muſterſchule für deutſche und außerdeutſche
Gemeinden. In demſelben Sinne wirkte die damit verbundene Druckerei,
welche eine große Zahl bildender Schriften in hebräiſcher und deutſcher
Sprache in die Ghettos warf. Der dadurch genährte Geiſt war anfangs ein Geiſt der Verneinung, der ſeichten Aufklärung. Sein Ziel
war, alles aus dem jüdiſchen Leben und der jüdiſchen Sitte zu beſeitigen, was den gebildeten Geſchmack verletzte, die Juden lächerlich
machte, aber auch das, was ſich nicht dem nüchternen Menſchenver-
ſtande auf den erſten Blick empfahl, alles auszumerzen, was an das
Nationale, an die großen Tatſachen der Vergangenheit erinnerte, überhaupt alles, was die Juden in den Augen der Chriſten als eine Sonder-
heit erſcheinen ließ. Der höchſte Ruhm der Träger dieſes Geiſtes beſtand darin, es den Chriſten gleich zu tun und von dieſen äußerlich und
innerlich durch nichts unterſchieden zu werden. Dieſe nüchternen
Gleichmacher waren, wie es auch nicht anders ſein kann, wenn eine
geſchichtliche Umwandlung ſtattfinden ſoll, von einer Art Fanatismus
für ihre Überzeugungen beſeelt. Sie faßten das Judentum als eine
deiſtiſche Religion mit einigen Glaubensartikeln und einer ſtrengen
Moral auf und verwarfen alles, was über dieſe enge Grenze hinaus-
ging, als Myſtik[1]). „Aufklärung, Bildung“ war ihr Stichwort, der
Götze ihrer Anbetung, dem ſie alles zum Opfer brachten. Sie kümmerten ſich nicht darum, ob ſich eine ſolche ſchwachatmige Religion
erhalten und den Stürmen trotzen könne, Stürmen, die dem Judentum in der Zukunft nicht erſpart werden ſollten. Sie kümmerten ſich
überhaupt ebenſowenig um die Zukunft des Judentums, wie um
deſſen Vergangenheit. Mendelsſohn hatte keinen ebenbürtigen Jünger
von maßgebender Bedeutung hinterlaſſen, der imſtande geweſen wäre,

---

[1]) Vgl. Friedländers Sendſchreiben an Teller, wovon weiter unten.

die großen Wahrheiten des Judentums zu erkennen, und sie mit der
Kultur in Einklang zu bringen. Die Euchels, Löwes, Friedländers,
Herz' und fast sämtliche Measfimmitglieder waren mittelmäßige
Köpfe von beschränktem Gesichtskreise, die keinen fruchtbringenden
Gedankenkeim auszustreuen vermochten. Bei aller schwärmerischen
Bewunderung für Mendelssohn verkannten sie doch den innersten Kern
seines Wesens und glaubten ihn immer noch in ihrer Mitte zu haben,
während er ihnen längst entrückt war. Sie beredeten sich, daß er es
mit den gesetzlichen Vorschriften des Judentums und dem Beibehalten
des Eigenartigen gar nicht ernst gemeint, sondern sich nur in das nationale Gewand gehüllt habe, um die zurückgebliebene Menge nicht von
sich zu stoßen, während in Wahrheit sein Inneres von dem ganzen
Judentum erfüllt war. Selbst seine eigenen Kinder, auch seine geistvollen Töchter verkannten ihn. Diese Verkennung hat vielfach Verirrung hervorgerufen.

Mit jedem Schritte, den die Berliner Schule der Aufklärung
vorwärts tat, trat sie in Gegensatz zur Gesamtjudenheit, welche noch
in der bewußtlosen Unmittelbarkeit steckte, verletzte deren Empfindlichkeit und vereitelte dadurch ihre eigene Wirksamkeit. Mißverständnisse,
Erbitterung, Reibung und Kampf waren die nächsten Folgen. Einer
aus der Measfimschule hatte die Höllenpein, wie sie die Phantasie
der Asketen und Kabbalisten ausgemalt hat, lächerlich gemacht[1]).
Darüber wurde der ehrlich=fromme Wessely außerordentlich aufgeregt
und machte den Leitern in einer Abhandlung Vorwürfe, worin er die
Beweisführung unternahm, daß die Bibel schon eine Hölle und Höllen-
strafen kenne[2]). Von dieser Zeit an trennte sich Wessely von den Vertretern der aufklärerischen Richtung.

Aber noch weniger Männer von Bedeutung als die Richtung
der Aufklärung zählte die der Stockfrömmigkeit. Der bedeutendste
Führer derselben, Ezechiel Landau in Prag, der wenigstens als Spitze
angesehen wurde, hatte auch nicht das geringste Verständnis für die
neue Richtung, klammerte sich unbesonnen an jeden noch so unberechtigten Brauch und schädigte damit die Sache, die er vertrat. Er kannte
nur Verdammung und Verketzerung für jeden, der die ausgefahrene
Straße um einige Schritte verließ. Wie er sich gegen Mendelssohns
Pentateuchübersetzung und Wesselys Vorschläge zur verständigen

---

[1]) Sammler, Jahrg. 1786, S. 124.
[2]) Das. Jahrg. 1788, S. 77 und 145; auch selbständig abgedruckt unter
dem Titel חקור דין.

Erziehung der jüdischen Jugend stemmte (o. S. 41, 91), ebenso trat er mit blindem Eifer jeder noch so unschädlichen Neuerung entgegen. Die österreichische Regierung wollte ein Verbot gegen die unter den Juden übliche Beerdigung der Leichen wenige Stunden nach dem Stillstand der Atmungsorgane erlassen. Sie kannte den Stand der Frage, wußte, daß sich Mendelssohn gegen die Hast der Beerdigung ausgesprochen hatte (o. S. 29) und verlangte von Landau eine Widerlegung der Gründe oder Zustimmung. Landau, von Erhaltungseifer geblendet, sprach sich mit schwachen, sophistischen Beweisen, geradezu gegen den Geist des Talmuds, im Sinne seines ehemaligen Gegners Jakob Emden für die Beibehaltung dieses Brauches aus[1]). Damit drückte der Prager Oberrabbiner den Aufgeklärten den Pfeil in die Hand. In allen judenfeindlichen Schriften wurde es als Unmenschlichkeit der Juden ausgelegt, daß sie Scheintote ins Grab legten. Die öffentlichen Blätter, selbst die judenfreundlichen, ergingen sich in Anklagen gegen das alte Judentum.

Die Measfimmänner waren schlau genug, an Markus Herz die Aufforderung ergehen zu lassen, sich als kundiger Arzt auszusprechen[2]), worauf dieser eine eingehende Schrift darüber veröffentlichte (1788), worin er nicht bloß mit medizinischen, sondern auch mit talmudischen Beweisen das Vorkommen des Scheintodes und die Unsicherheit der Todessymptome durchführte[3]). Schonungslos griff Herz die Führer der Gegenpartei an: „jene aufgeblähten unwissenden Eiferer, die gerne die Vernunft ganz vom Erdboden verbannt wissen möchten . . ., Eiferer, wie der ehemalige Rabbi Jakob Emden in Altona und der gegenwärtige Rabbiner Ezechiel in Prag, welche die Nation, deren Bildung ihnen obliegt, so gerne in der engsten Eingeschränktheit erhalten, alle außertalmudischen Wissenschaften wie Staub achten . . . Wahrlich, so dachten die Talmudisten selbst nicht; denn sie waren weise Männer, und der ist nie weise, der sich einbildet, alle Weisheit erschöpft zu haben".

Überhaupt war Ezechiel Landau die Zielscheibe des Angriffs der Berliner Aufgeklärten von allen Seiten. David Friedländer und Euchel hatten die täglichen synagogalen Gebete aus dem Hebräischen

---

[1]) Sammler, Jahrg. 1786, S. 184 f.

[2]) Das. S. 203.

[3]) Markus Herz, über die frühe Beerdigung der Juden (Berlin 1788) S. 36. Hintereinander sind zwei Auflagen davon erschienen, die zweite enthält eine Polemik gegen den Hofmedikus Marx in Hannover, der den Scheintod geleugnet hatte.

ins Deutsche — der erstere in seiner hölzernen Manier — für das
weibliche Geschlecht übersetzt. Die Frommen, welche eine dunkle
Ahnung davon hatten, daß durch derartige Übersetzungen das Juden=
tum zur Gebetreligion, zu einem Affen des Christentums, herabge=
drückt werden würde, fühlten ein Unbehagen dabei, und ein Prediger
in Prag (Eleasar Fleckeles) eiferte dagegen wie gegen eine
schwere Sünde und veröffentlichte diese Predigt in hebräischer Sprache,
jedoch ohne die Übersetzer zu nennen. Alsbald veröffentlichte Fried=
länder (1788) noch einen Angriff, mehr gegen Landau, der diese Predigt
gelobt hatte, als gegen den Verfasser und machte dessen hebräischen
Stil durch eine Übersetzung ins Deutsche lächerlich[1]).

Gegen den anderen Vertreter der Stockfrömmigkeit, Raphael
Kohen in Hamburg, eröffnete Friedländer und sein Schwager Itzig
in Verbindung mit einem rabbinischen Standesgenossen einen un =
redlichen Kampf. Saul Hirschel oder Berlin (starb 1794),
Sohn des Rabbiners Hirschel, liebäugelte unverkennbar mit den Ver=
tretern der Aufklärung, durfte aber, als Sohn des Rabbiners, oder
mochte aus Klugheit sich nicht offen unter ihre Fahne stellen. Er war
überhaupt eine eigenartige exzentrische Natur; er mochte nie betretene
Pfade gehen und neue zu bahnen, dazu fehlte ihm der Mut. Er schwankte
daher bald nach links, bald nach rechts. Saul Berlin liebte es auch,
gleich Isaak Satanow eine Maske vorzunehmen. Ohne sich zu nennen,
hatte er eine Satire gegen die Rabbinen geschrieben, welche Wessely
angefeindet hatten, und gelegentlich auch gegen die gedankenlose Über=
frömmigkeit empfindliche Streiche geführt[2]). Das war indes ein ver=
zeihliches Spiel. Aber daß er in tiefer Vermummung aus dem Hinter=
halte den bereits betagten Raphael Kohen ungestüm anfiel, um ihm
nicht bloß die Ehre, sondern auch die Ehrenhaftigkeit zu rauben, ihn
nämlich des Rabbinats unwürdig zu erklären, spricht nicht sehr zu=
gunsten seines Charakters. Saul, bereits Rabbiner zu Frankfurt a. O.,
verband sich mit David Friedländer und dessen Schwager Itzig, um
in einer maßlos feindseligen Schrift gegen den Hamburg=Altonaer
Oberrabbiner mit talmudischen Waffen zu kämpfen und ihn zu ver=
leumden, daß er nicht bloß in einem Werke, dem er das große
Rabbinat verdankte, unverzeihliche Irrtümer begangen, sich nicht bloß

---

[1]) Friedländer, Schreiben an meine Mitbrüder in Deutschland, auch als
Beilage zum Sammler 1788.
[2]) Vgl. Orient, Literaturbl., 1844, col. 713; Carmoly, Biographien
der Rapaport und Jungtauben, p. 39. Die Schrift hat den Titel כתב יושר.
[Vgl. ausführlicher bei Landshuth, תולדות אנשי שם, S. 105 f.].

mit fremden Federn geſchmückt, ſondern auch, daß er von Eigennutz
getrieben und aus Unwiſſenheit oder Gewiſſenloſigkeit religiös Ver=
botenes geradezu für erlaubt erklärt hätte. Sauls Bundesgenoſſen,
Friedländer und Itzig, begünſtigten dieſe ſeine Mummerei und Un=
ehrlichkeit, gaben vor, daß ein durchreiſender polniſcher Talmudiſt ihnen
dieſe verleumberiſche Schrift zum Drucke übergeben hätte, und er=
klärten, ſie hätten es für ihre Pflicht gehalten, ſie zu veröffentlichen und
der Prüfung von Sachverſtändigen zu überweiſen. Ihr Vorwort zu
dieſer gemeinen Schrift iſt in Form eines Sendſchreibens an die be=
deutendſten Rabbinen Deutſchlands und Polens gehalten. Um den
Verfaſſer nicht zu verraten, zählten ſie auch Saul Berlin und deſſen
Vater unter den Unparteiiſchen auf, welche den Stab über Raphael
Kohen brechen ſollten (1789)[1]. Dieſer gemeine Ehrenraub machte,
wie ſich denken läßt, großes Aufſehen und verſetzte mit Recht nicht bloß
den Angegriffenen, ſondern auch viele Rabbinen Deutſchlands in heftige
Erbitterung. Von einem Standesgenoſſen, der ſich durch eine Maske
der Verantwortlichkeit entzog, bloßgeſtellt zu werden, war bis dahin
beiſpiellos. Sie ſcheinen den Plan gefaßt zu haben, Schrift, Verfaſſer
und auch ſämtliche Druckſchriften der Berliner Freiſchule mit dem
Banne zu belegen. Hirſchel, der Vater des Verfaſſers, nicht weniger
als die anderen Rabbinen entrüſtet, war nahe daran, zuerſt ſeine Stimme
gegen die Verſchwörung zu erheben. Da flüſterte ihm ein Vertrauter
ins Ohr, mit Anſpielung auf einen Bibelvers, daß ſein Sohn Saul
der unehrliche Urheber dieſer Gemeinheit ſei. Dieſe Nachricht lähmte
ihn. Er war nicht ſtark genug, ſeinen Sohn die Strafe empfinden zu
laſſen, die er einem Fremden zugedacht hatte. Von David Friedländer
und Genoſſen gedrängt, erklärte er im Gegenteil, es liege ihm fern,
die ehrloſe Schrift, ihren Verfaſſer und die Druckerei der Freiſchule
zu brandmarken; das ausgeſprengte Gerücht ſei falſch. Hirſchel wenig=
ſtens durfte ſich nicht beklagen, wenn die Berliner Aufgeklärten ſämt=

---

[1] Die Schrift, mit welcher Saul gegen Raphael Kohens Buch תורת
יקותיאל polemiſierte, hieß מצפה יקתאל und erſchien in Berlin 1789 unter
dem Pſeudonym eines angeblichen Polen, Obadia ben Baruch. Über dieſe
Schrift iſt in Altona der Bann ausgeſprochen worden und eine Wider=
legungsſchrift erſchienen, die keinen rechten Titel hat. Der Anfang lautet:
שלום רב, Altona 1789. Eine Replik von Saul und ſeinem Vater erſchien
1789: תשובת מוה׳ שאול . . . על דבר חרם מצפה יקתאל ונלוה אליה תשובה
אביו. Man erzählt ſich, daß Meïr ben Simcha Weil dem Vater Sauls ins
Ohr flüſterte: אהה אדוני והוא שאול! Vgl. darüber auch Sammler, Jahrg.
1789, S. 223 f., 262—273 [u. Landshuth a. a. O. S. 87—99.]

liche Rabbinen und überhaupt das Rabbinertum mit Schmach bedeckten und verächtlich machten[1]).

Obwohl die Vermummung dem Verfasser keine Ehre eintrug, setzte er sie doch in größerem Maßstabe fort, gab wahrscheinlich in Verbindung mit dem Fälscher Isaak Satanow eine Sammlung von Gutachten heraus[2]), angeblich unter der Vaterschaft Ascheris, gerade dessen, der zuerst im dreizehnten und vierzehnten Jahrhundert den außertalmudischen Wissenschaften den Krieg erklärt hat (Bd. VII₄, 235). Diesem Eiferer legte Saul, ungeschickt genug, abgedroschene freisinnige Ansichten seiner eigenen Zeit in den Mund, täuschte damit sogar seinen eigenen Vater und ließ sich für diese plumpe Fälschung bezahlen. Er wurde aber, als sie kenntlich wurde, von Sachverständigen gebrandmarkt. In Mähren wurde die gefälschte Schrift öffentlich verbrannt. Er selbst legte sein Amt als Rabbiner von Frankfurt nieder und entschloß sich, nach England gewissermaßen zu entfliehen. In seinem Testamente warnte er jedermann, in seine Papiere einen Blick zu werfen. Er hatte manches zu verheimlichen.

Durch die Reibungen zwischen den Aufgeklärten und Altfrommen, die beide das Maß überschritten, entstand in der Berliner Gemeinde eine aufregende Spannung. Die Jugend, Hauslehrer, Handlungsdiener, die Söhne der Reichen, die Modenarren, trugen eine leichtsinnige Philosophie zur Schau, setzten einen Stolz darein, ihre greise Mutter zu verhöhnen, und betrachteten alles, was ihren Lüsten im Wege stand, als Aberglaube, Vorurteil, rabbinischen Aberwitz. Die Anhänger des Alten waren dadurch um so zäher und klammerten sich an alles, was einen religiösen Anstrich hatte. Da die altfrommen Gemeindevorsteher oder Verwalter von Wohltätigkeitsanstalten noch das Heft in Händen hatten, so entzogen sie besonders den fremden Anhängern der Aufklärung jede Unterstützung, nahmen die Kranken nicht in das jüdische Hospital auf und versagten den Toten ein ehrenhaftes Begräbnis. Kurz, es wiederholten sich alle die Erscheinungen, welche religiöse

---

[1]) [Wenn man die von Landshuth a. a. O. mitgeteilten Aktenstücke unbefangen liest, wird man doch wohl zu einem milderen Urteil gelangen].

[2]) בשמים ראש, angeblich von Isaak de Molina gesammelt, mit Sauls Kommentar כסא דהרסנא versehen 1793. Daß diese Schrift eine Fälschung ist, braucht nicht weitläufig bewiesen zu werden. Vgl. Mard. Benets Schreiben an Hirschel Levin, Orient, Jahrg. 1844, Litbl. col. 53, 140, Zunz' Ritus, Beilage, der das Thema erschöpft hat. Was Jost, Beil. zu Geschichte des Judentums Bd. III, S. 396 f. dagegen vorbrachte, ist nichtssagend. [Vgl. ferner Landshuth a. a. O. S. 99—105 und Brann in der „Jubelschrift zum 70. Geburtstage des Prof. Graetz," S. 255 ff.].

Parteibildungen zu begleiten pflegen, dieſelbe gegenſeitige Gehäſſig=
keit, wie einſt zwiſchen den N a t i o n a l e n und den der Nation ſich
entfremdenden H e l l e n i ſ t e n.   Die Familienloſen, zu denen auch
zwei Leiter der Meaſfim gehörten, E u c h e l und W o l f f o h n,
empfanden die Kluft und kamen darauf, ſich untereinander zu ver=
brüdern, um nicht vereinzelt den Stockfrommen gegenüber zu ſtehen.
Sie wollten einen Verein bilden, der die Mitglieder in Schutz nehmen
ſollte. Mendelsſohns älteſter Sohn J o ſ e p h nahm die Stiftung des=
ſelben eifrig in die Hand, und da dieſer Name einen guten Klang hatte,
ſo fand er zahlreiche Teilnahme. So bildete ſich die „G e ſ e l l ſ c h a f t
d e r F r e u n d e" (1792)[1]), eine aufgeklärte Gemeinde in der Ge=
meinde, bloß aus ledigen Jünglingen beſtehend, deren Hauptzweck
zwar darin beſtand, einander als Brüder zu betrachten, einander mit
Rat und Beiſtand zu fördern und in Notfällen und Krankheiten aus=
kömmlich zu unterſtützen; aber der Nebenzweck lautete, Bildung zu
verbreiten und Aufklärung zu fördern. Die „Freunde" nahmen Mendels=
ſohns Ausſpruch: „Nach Wahrheit forſchen, Schönheit lieben, Gutes
wollen, das Beſte tun" zu ihrem Wahlſpruch. Ein Bündel Stäbe war
ihr Symbol. Der Verein zählte gleich im erſten Jahre ſeiner Stiftung
mehr als hundert Mitglieder aus der Hauptſtadt. Auch auswärtige
Jünglinge in Königsberg, Breslau, Wien ſchloſſen ſich an. Manche
Glieder erwarben ſich einen klangvollen Namen. Außer Mendelsſohns
Söhnen J o ſ e p h und A b r a h a m (ſpäter B a r t h o l d y) ge=
hörten dazu J o ë l L ö w e aus dem Meaſfimkreiſe, und Weſſelys
Neffe, der Muſikdirektor Bernhard Weſſely. Mehrere von ihnen ſind
ſpäter zur Kirche übergetreten. Ein Band innerlicher Verbrüderung
umſchlang die Teilnehmer, und bis auf den heutigen Tag hat ſich der
brüderliche Sinn taktvoller Wohltätigkeit in der Geſellſchaft erhalten.
Aber es war doch eine krankhafte Erſcheinung. Die Geſellſchaft ſchwebte
in der Luft ohne feſte Grundlage, ſie hatte weder Wurzel in der eigenen
Mitte, im Judentum, noch ſchloß ſie ſich einem großen, ganzen, ſtaat=
lichen Leben an. Ihr Ziel war lediglich auf leibliches Wohlergehen
und geſicherte Ruhe geſichert, als wenn der Menſch, der geſittete Menſch,
vom Brote allein leben könnte; die Schlagwörter und Phraſen von
Bildung und Aufklärung hielten nicht weit vor. Ihr Kampf gegen das
Alte war auch ſchwächlicher Art; ſie brachten es höchſtens dahin, daß

---

[1]) Die Statuten der Geſellſchaft und die erſten Mitglieder ſind zuſammen=
geſtellt in L e ſ ſ e r, Chronik der Geſellſchaft der Freunde, Berlin 1842,
eine 50 jährige Jubiläumsſchrift.

ihre verstorbenen Mitglieder längere Zeit vor der Beerdigung über der
Erde blieben. Kurz, es fehlte der „Gesellschaft der Freunde" das, was
allein geschichtlich fruchtbringend ist, der Sauerteig der Begeisterung.
Ohne dieses Element leidet jedes noch so gut gemeinte Streben an Hohlheit und welkt vor der Blüte.

Wenn die Mitglieder dieser Gesellschaft keinen rechten Halt hatten,
so entbehrten ihn noch mehr diejenigen, welche nicht einmal ein ideales,
sei es auch nur ein erträumtes, Streben kannten, die Alltagsmenschen,
die sogenannten aufgeklärten reichen Kaufleute, welche dem Luxus
fröhnten und in dem Anschluß an die Christen ihre Glückseligkeit suchten.
Das Alte fesselte sie nicht mehr, und das Neue hatte noch keine faßbare
Gestalt, um sie anzuziehen. — Das Beispiel des Hofes und der hochstehenden Gesellschaftskreise übte seinen verderblichen Einfluß auch
auf die Juden der großen Städte Preußens aus. „Preußen war unter
Friedrich Wilhelm II.", wie der geistvolle Schriftsteller Mirabeau aus
Augenschein bemerkte, „in den Zustand der Fäulnis geraten, ohne durch
das Stadium der Reife hindurchgegangen zu sein." Auf das eiserne
Zeitalter Friedrichs des Großen und Friedrich Wilhelms II. war ohne
Übergang ein liederliches gefolgt. Die Deutschen, damals die Affen
der Franzosen, kopierten erst die Sittenlosigkeit und Frechheit Ludwigs XV., als in Frankreich bereits Sittenstrenge oder wenigstens Entrüstung über die liederliche Wirtschaft eingetreten war. Zügellosigkeit
galt als Genialität. Berlin, die Stadt der Beamten und Soldaten,
an Abhängigkeit von oben gewöhnt, folgte dem Beispiele des Hofes
gewissermaßen aus untertänigem Gehorsam, die Männer aus Müßiggang, weil sie mit ihrer Zeit, und die Frauen, weil sie, wie entfesselte
Sklavinnen, mit der erlangten freieren Bewegung nichts anzufangen
wußten. Die jüdische Jugend aus reichen Häusern folgte diesem Zuge
zu sinnlichem Vergnügen. Nicht heimlich, sondern vor aller Augen
übersprangen sie alle Schranken, und mit der Verhöhnung des Judentums verachteten sie auch Zucht und Sitte. Sie wurden Affen von
Affen. Die ernsten Männer, David Friedländer, La-
zarus Bendavid, Saul Ascher klagten über diesen Ver-
fall der Sittlichkeit unter den Juden, ohne zu merken, daß ihre seichte
Aufklärungssucht selbst dazu beigetragen hatte. „Es haben sich Untugenden unter uns verbreitet, die unsere Väter nicht kannten, und
die für jeden Preis zu teuer erkauft werden. Irreligion, Üppigkeit
und Weichlichkeit, dieses Unkraut, das aus dem Mißbrauch der Aufklärung und Kultur hervorkeimt, hat leider auch unter uns Wurzel
gefaßt, und wir sind vorzüglich in den Hauptstädten der großen Ge-

fahr ausgeſetzt, daß der Strom des Luxus mit der Roheit auch die
Strenge und Einfalt der Sitten wegſchwemmt"[1]).

Die Wurzel des Übels ſahen dieſe Sittenrichter nicht. Sie er=
blickten in dem Judentum eine bloße Kirchenreligion, welche einige
Alltagswahrheiten über Gott und Moral enthalte, und verkannten,
daß es ein nationales Inſtitut ſei, auf den ſtarken Säulen der Geſetze
und der Blutzeugenſchaft von Jahrtauſenden beruhend, das immer
und immer nicht bloß gegen das grobſinnliche, ſondern auch gegen
das verfeinerte Heidentum, gegen Menſchenvergötterung, Menſchen=
ſtolz und die daraus emporſchießende Vergewaltigung und Laſter=
haftigkeit mit aller Macht ankämpfe und ihm den Zugang zu ſeinem
Heiligtum verwehre. Vom tauſendjährigen Bande einer nationalen
Religion losgelöſt, fielen die oberflächlichen Vernünftler und Wüſt=
linge maſſenhaft dem Chriſtentume zu. „Sie gleichen den Motten, ſie
flattern ſo lange um die Flamme, bis ſie endlich von ihr verzehrt wer=
den[2]"). Wozu ſich noch von den Feſſeln des „General=Privilegiums"
einengen laſſen, wozu noch die Schmach von Schutzjuden tragen, wenn
ſie vermittelſt einer inhaltsleeren Formel den Chriſten gleichgeſtellt
werden können! So wuſchen ſie die vom Joche eingekerbten Male und
die Schmach mit Taufwaſſer ab. Die Gemeinden von Berlin, Breslau
und Königsberg ſahen beſonders täglich den Abfall ihrer Glieder zum
Chriſtentum; es waren die Reichſten und äußerlich Gebildeten. Es
ſchien, als wenn ſich der Ausſpruch der Propheten bewähren ſollte:
„Nur armes und unanſehnliches Volk wird in deiner Mitte verbleiben."
Viele dieſer Getauften ſahen mit Verachtung auf ihre früheren Stam=
mesgenoſſen herab und geſellten ſich zu den Judenfeinden. So hatte
die Kirche einen mühelosen Sieg. Seitdem die Frankiſten in Südpolen
wenige Jahrzehnte vorher zum Katholizismus übergetreten waren,
ſah die Kirche nicht ſo viel Judentaufen ohne Feuer und Schwert. In
drei Jahrzehnten war die Hälfte der Berliner Gemeinde zur Kirche
übergetreten[3]). Höhniſch fragten die Freunde der jüdiſchen Einbürge=
rung, warum denn der Staat ſo freudig die jüdiſchen Täuflinge
aufnehme und ihnen Gleichberechtigung erteile; ob denn die Taufe die
verdorbenen, verkommenen, unverbeſſerlichen Juden in brauchbare
Menſchen umzuwandeln, ob das Benetzen mit Waſſer ihre tiefe Ge=

[1]) Friedländer, Aktenſtücke, Einl. S. 35; Bendavid, zur Charakteriſtik
der Juden, Berlin 1792.

[2]) Saul Aſcher, Leviathan, Berlin, 1792, S. 14.

[3]) Rahels Brief an ihren Bruder Robert d. d. [Baden, 29. Auguſt]
1819 in Freunds Monatsſchrift, Jahrg. 1843, S. 182. [Vgl. hierzu Note 7.]

sunkenheit mit einem Male wegzuwischen vermöge![1]) Es ist als ein
Wunder anzusehen, daß damals nicht sämtliche jüdische aufgeklärte
Vernünftler in Deutschland dem Judentum den Rücken gekehrt haben.
Drei unsichtbare Mächte schützten sie, dem Beispiel des Verrats und des
Abfalls zu folgen, die tiefe Abneigung gegen das Gottmenschtum,
die unvertilgbare Anhänglichkeit an die Familie und an die tausend-
jährige große Vergangenheit und endlich die Liebe zur hebräischen
Sprache und Literatur. Ohne es zu ahnen, fühlten sie sich national
vereint und eng verknüpft mit der langen Geschichtskette des jüdischen
Stammes und konnten es nicht über sich gewinnen, sich davon zu lösen.
Die Wiederbelebung der hebräischen Sprache durch den Measfimkreis hat nach dieser Seite hin sehr günstig gewirkt. Wer die Schönheit und Erhabenheit der biblischen Literatur zu begreifen und ihre
Sprache nachzuahmen verstand, blieb Jude trotz des Zweifels im Herzen,
trotz aller Hintansetzung und Schmach. So hatte Mendelssohn dem
neuen Geschlechte zugleich das Gift und das Gegengift gereicht.

Nur David Friedländer machte eine Ausnahme von dieser Regel.
Auf ihn hatte weder das jüdische Altertum, noch die hebräische Poesie,
noch der Familiensinn die Macht, ihn, wenn auch mit widerstrebendem
Gefühle, bei der Fahne zu erhalten. Ihm bedrückte zwar auch das
Zerreißen aller Familienverbindungen, das Lossagen von allen Pflichten der Religionsgemeinschaft das Herz[2]). Nichtsdestoweniger nahm auch
er einen Anlauf, sich von der jüdischen Gemeinschaft loszumachen und
in das feindliche Lager überzugehen. Er war ein guter Familienvater,
ein ehrlicher Kaufmann, ein gemeinnütziger Spender, aber eine phi-
listerhafte, beschränkte Natur. Er kaute nur anderer Gedanken wieder
und plapperte Stichwörter nach. Im Grunde hatte er nicht einmal
für die hebräische Poesie ein tiefes Verständnis, so viel er auch aus der
Bibel übersetzte und hebräische Verse schmiedete, und noch weniger
für den erhabenen Gang der jüdischen Geschichte. Mit dem praktischen
Judentum hatte er gebrochen und sich einige von Mendelssohn erborgte Gedankenlappen zusammengeflickt, von dem Vollkommen-
heitsstreben, von der Glückseligkeit, als Ziel der Religion, und von ewigen und geschichtlichen Wahrheiten. Diese Gedankenlappen, die er
bei jeder Gelegenheit zum Vorschein brachte, galten ihm als geläuterte
Religion, und er dünkte sich darum unendlich vorgeschritten. Und doch

---

[1]) Archiv der Zeit 1799, politisch-theologische Aufgabe über die Behandlung der jüdischen Täuflinge.
[2]) Sendschreiben an Teller von einigen Hausvätern jüdischer Religion
(s. weiter unten), S. 56.

wollte der Staat ihn und seine Gesinnungsgenossen nicht als Voll= bürger anerkennen! Er hatte für sich und die ganze Fried= länderssche Familie um eine ausnahmsweise Naturalisation mit allen Rechten und Pflichten nachgesucht[1]), sie aber nicht erlangt. Das schmerzte ihn. Anstatt sich in Ahnenstolz und Duldergröße zu hüllen, an sich und seinen Stammesgenossen zu arbeiten, um die hochmütige, christliche Welt zu überflügeln, geizte auch er nach der Ehre, sich ihr anzuschmiegen. Friedländer wollte aber diesen Schritt zur Fahnenflucht weder allein, noch unbedingt tun. Er verband sich daher mit einigen gleichgesinnten Familienvätern, wahrscheinlich von der Familie Itzig, richtete mit ihnen gemeinschaftlich ein Sendschreiben an den mit Juden verkehrenden Oberkonsistorialrat Teller und zeigte ihm ihre Ge= neigtheit zum Übertritt, sogar zur Annahme der Taufe an, jedoch unter einer Bedingung, es möge ihnen der Glaube an Jesus und die Be= teiligung am Kirchenbesuche erlassen werden oder ihnen wenigstens gestattet sein, die christlichen Glaubensartikel auf ihre Weise zu deuten, weil sie den Kirchenglauben nicht teilen könnten und nicht heucheln möchten. Ein ebenso alberner wie ehrloser Schritt! In seinem Kopfe spiegelte sich die Welt eben verkehrt ab. Er war im Wahne, weil einige Freidenker unter den Christen über Gott spotteten, hätten sie auch Jesus und das Christentum überhaupt aufgegeben. Im Christentum, namentlich im Protestantismus, erblickte er anderseits ein lauteres Ideal, weil es sich in schimmerndem Gewande, in glänzenden Formen, in blendendem Scheine bewegte; im Judentum dagegen sah er nur ein Zerrbild, weil es in Knechtsgestalt einherschlich, noch blutend und entstellt von den Wunden, welche die Religion der Liebe ihm geschlagen hatte und noch täglich schlug. Friedländer konnte sich zwar nicht ver= bergen, daß bei den Juden „die Tugend häufig, die Mildtätigkeit hei= misch, die väterliche und kindliche Liebe, die Heiligkeit der Ehe tief be= gründet, die Aufopferung zum Besten anderer zahlreich, dagegen grobe Verbrechen, Mord, Raub und Totschlag selten sind"[2]). Aber diese Glanzseite an der Knechtsgestalt schien ihm nur eine Nebensache. Er war nicht der Mann, zu erkennen, daß diese schönen Tugenden Früchte sind, welche das biblische und talmudische Judentum gezeitigt hatten, daß diese und noch andere Vorzüge in so seltener Vereinigung nur diesem Stamme, weil er ein tausendjähriges Märtyrertum durch= gemacht hat, eigen waren. Daher schmähte er in diesem Ge=

---

[1]) Friedländer, Aktenstücke S. 48 Beil. B.
[2]) Sendschreiben an Teller S. 55.

wäsche von Sendschreiben sein Volk und dessen Vergangenheit, nannte den Talmud, diesen Geisteserwecker, Mystik, sprach in unlogischer Verwirrung bald von der Schädlichkeit, bald von der Nützlichkeit der Ritualgesetze des Judentums, entwarf ein Bild von der jüdischen Geschichtsentwicklung, wie es nicht verkehrter ausgedacht werden kann[1]). Wenn der Verfasser nicht ein solcher Flachkopf gewesen wäre, hätte man das Sendschreiben für eine Satire auf das lieblose Christentum halten können, wie es denn auch Schleiermacher angesehen hat, ehe er wußte, daß es von Friedländer ausgegangen war[2]).

Teller fertigte die jüdischen Familienväter, die sich zu einem Christentum ohne Jesus drängten, ab, wie sie es verdienten, höflich, aber entschieden. Sie sollten nur bleiben, wo sie seien, das Christentum trage nach solchen ungläubigen Gläubigen kein Verlangen. Er könne ihnen weder den Sohn Gottes, noch die Taufe, noch das Abendmahl und die christlichen Feste erlassen. Sie müßten dies alles mit in den Kauf nehmen. Ob der Staat sie dann der Gleichstellung für würdig halten würde, das sei seine Sache[3]). Friedländer hatte eine beschämende Erfahrung gemacht. Er blieb allerdings Jude; aber seine Kinder drängten sich ohne Bedingung und ohne Phrase zur Taufe. Sein Sendschreiben machte indes mehr Aufsehen als es verdiente. Es erschienen mehrere Flugblätter darüber[4]), von christlicher Seite,

---

[1]) Sendschreiben an Teller. Jost bemerkt in der Geschichte des Judentums III, S. 320, daß Friedländer froh war, daß das Sendschreiben in Vergessenheit geriet. Dem ist aber nicht so. Zwanzig Jahre später tat sich Friedländer noch etwas zugute darauf und bemerkte im Vorbericht zu: Verbesserung der Israeliten in Polen S. IX: „das Sendschreiben werde in den Wogen der Geschichte nicht ganz untergegangen sein".

[2]) Briefe bei Gelegenheit der theol.-pol. Aufgabe und des Sendschreibens (erste Ausg.), S. 11.

[3]) Teller, Beantwortung des Sendschreibens einiger Hausväter jüdischer Religion, Berlin 1799.

[4]) Soviel mir bekannt, sind folgende darüber erschienen: 1. An einige Hausväter jüd. Religion, über die vorgeschlagene Verbindung mit protestantischen Christen von einem Prediger in Berlin, zwei Hefte, das erste Heft vollendet Berlin Mai 1799. 2. Beantwortung des an Herrn Probst Teller erlassenen Sendschreibens, nicht von Teller. Berlin 1799. 3. J. A. de Luc, lettre aux auteurs juifs d'un mémoire adressé à Mr. Teller (auch Deutsch) Berlin 1799. 4. Über das Sendschreiben einiger Hausväter jüdischer Religion an ... Teller, und die von demselben erteilte Antwort. Leipzig 1799. 5. Zwei Relationen des ersten Eindruckes, den das neulich erschienene an Teller gerichtete Sendschreiben auf das Publikum machte. 6. Ideen zur Metamorphosierung der Juden, veranlaßt durch das Sendschreiben jüd. Hausväter,

lobend und tadelnd je nach dem Gesichtspunkte der Betrachtenden. Tiefere Naturen wie Schleiermacher, so sehr sie auch das Christentum überschätzten, sahen in dieser Schrift einen Verrat am Judentum und eine Inkonsequenz. Ohne Ahnung, wer der Urheber war, rief Schleiermacher aus: „Wie tief verwundet muß besonders der treffliche Friedländer sein! Ich bin begierig darauf, ob er nicht seine Stimme gegen diesen Verrat an der besseren Sache erheben wird, er, ein echterer Anhänger Mendelssohns, als dieser hier!"[1]. Selbst gläubige Christen empfanden es schmerzlich, daß die glorreiche Geschichte des ältesten Volkes, des Gottesvolkes in ein Afterchristentum einmünden sollte[2]. Andere Frommgläubige riefen aus: „Macht die Tore weit auf, damit ganz Israel in die Kirche einziehe." Noch andere betrachteten es als Zeichen der Zeit, als einen Akt der Verbrüderung der Juden und Freidenker über die Köpfe der Religion und Priester hinweg. Die Juden schwiegen zu dieser Friedländerschen Torheit, und das war das Klügste.

Wenn deutsche Juden, namentlich die Berliner, durch nahe Berührung mit den christlichen Gesellschaftskreisen und durch Teilnahme an der Literatur an äußerer Haltung, an Schliff und Umgangsformen viel gewonnen haben, was nicht zu unterschätzen ist, so haben sie dagegen etwas eingebüßt, was jener Gewinn durchaus nicht aufwiegt. Die Keuschheit jüdischer Frauen und Jungfrauen war während ihrer Gesondertheit ein unantastbares Heiligtum gewesen. Geschlechtliche Vergehungen und Verführung waren äußerst seltene Fälle und kamen nur in verwahrlosten Familien vor. Mag nun das für Sittlichkeit äußerst strenge talmudische Gesetz oder der äußere Druck oder die Kernigkeit des Stammes die Ursache dieser Züchtigkeit gewesen sein, genug, sie war eine unbestreitbare Tatsache. Die Freudigkeit des Familienlebens beruhte auf diesem Goldgrunde. Jüdische Frauen wurden

der Frankfurter Juden-Gemeinde besonders zugeeignet, Frankfurt 1799. — 7. Das vorzüglichste dieser Literatur sind die anonym von Schleiermacher erschienenen: Briefe bei Gelegenheit der politisch-theologischen Aufgabe und des Sendschreibens jüd. Hausväter, von einem Prediger außerhalb Berlins, Berlin 1799. 8. Gespräch über das Sendschreiben usw. zwischen einem christlichen Theologen und einem alten Juden. Berlin 1799. 9. Johannes Boanerges eine Begleitungs- und Ermunterungsschrift für seine Zeitgenossen. Ein Beitrag zu den Überzeugungen einiger Hausväter jüd. Religion in Berlin, von A. H. M. Kochen, Dr. phil. Jena 1800. [Vgl. die genaueren und erschöpfenderen Angaben bei L. Geiger, Zeitschrift f. d. Gesch. d. Juden in Deutschland IV, S. 57—64.]

[1] Schleiermacher das. S. 12.
[2] De Luc in Lettre aux auteurs etc.

selten aus Liebe heimgeführt — für Liebeständelei war im Ghetto
kein Spielraum — aber das Bewußtsein der Pflicht stimmte hinterher
die Ehe zur Liebe. Auch dieses Heiligtum, der Stolz Israels, das
ernste Christen mit Bewunderung erfüllte, und um dessentwillen sie
die Juden hochschätzten, wurde durch den Umgang mit Christen aus
den verdorbenen höheren Ständen geschändet.

Wenn es die Judenfeinde darauf hätten anlegen wollen, die Kraft
Israels zu brechen, so hätten sie kein wirksameres Mittel ausfinden
können, als die jüdischen Frauen mit der sittlichen Fäulnis anzustecken,
ein noch viel wirksameres, als jenes von den Midjaniten angewendete
Mittel, die Männer durch Unzucht zu schwächen und zum Abfall zu
bringen. Der Salon der schönen Herz wurde eine Art midjanitisches
Zelt. Hier kamen meistens junge jüdische Frauen zusammen, deren
Männer ihrem Tagesberufe oblagen. Die älteren, biederen, christlichen
Freunde des Hauses, die Freunde und Verehrer Mendelssohns, wurden
von den jüngeren Lebemännern nach und nach verdrängt und diese
verkehrten ohne Schranken mit den meist schönen und geistvollen
jüdischen Frauen und brachten ihnen ihre verderblichen Grundsätze
bei. Der Tonangeber in diesem Kreise wurde F r i e d r i c h v o n
G e n t z , die eingefleischte Selbstsucht, Genußsucht, Lasterhaftigkeit und
Gewissenlosigkeit, der es auf Verführung der Weiber geradezu angelegt
hatte. Henriette Herz wurde zuerst von den Huldigungen, die ihrer
Schönheit dargebracht wurden, benebelt und verführt. Sie ging auf die
Liebeständelei ein, die in eine zweideutige Haltung ausartete, und ihr
wie ihrer Freundinnen Urteil über Recht und Unrecht geriet in Verwirrung. Die christlichen Wüstlinge stifteten[1]) mit den Weibern und
Mädchen einen sogenannten T u g e n d b u n d , einen Orden, der
dahin zielte, daß die beiden Geschlechter ohne Schranken und ohne
gesellschaftliche Anstandsformen miteinander verkehren, einander duzen,
einander ihre Empfindung und Gelüste ohne Rückhalt und Scham
darlegen sollten. Es war damals der Beginn der von Goethes Poesie
ausgegangenen deutschen Romantik, welche dahin strebte, die lyrischen
Gefühle der Dichtkunst zu verwirklichen, das Leben poetisch zu verklären.
Diese romantische Richtung lief zuletzt darauf hinaus, dem Genuß zu
frönen, Empfindsamkeit zu nähren und berüchtigte Wahlverwandt-
schaftsehen zu suchen, mit einem Wort, das, was man ein verfeinertes,
gefälliges Heidentum nennt, einzuführen, das um so verderblicher

---

[1]) S. darüber, aus Varnhagens Nachlaß von Ludmilla Assing, 1867,
Humboldts Brief an Henriette Herz S. 115 und öfter; H. Herz, Erinnerungen
S. 149.

war, als es den Schein der Tugendhaftigkeit annahm. In dieſen ſo=
genannten Tugendbund traten nebſt Henriette Herz ihre ſchöne Schweſter
Brenna und die beiden Töchter Mendelsſohns. Sie fühlten ſich
gehoben und geehrt, mit Chriſten der vornehmen Stände in eine ſo
innige Beziehung zu treten. Die Törinnen ſahen nicht die züngelnde
Schlange unter den Blumen. Der Weihrauch benebelte ſo ſehr den
Sinn der Henriette Herz, daß ſie hinter dem Rücken ihres Mannes,
während dieſer ſeinem ärztlichen Berufe oblag, Liebeleien mit zwei
oder drei Männern[1]) zu gleicher Zeit anknüpfte, wovon der eine Gatte
und Vater war. Es ſollte allerdings eine platoniſche Liebe ſein; aber
dieſe hielt ſich zwiſchen leidenſchaftlichen, grundſatzloſen Männern und
einer ſchönen, eitlen Frau nicht immer in den Grenzen des Ge=
ziemenden und Ehrbaren. Mit Wilhelm von Humboldt,
einem feurigen Jüngling, unterhielt Henriette, immer hinter dem
Rücken ihres Gatten und in tiefes Geheimnis gehüllt, einen Liebes=
briefwechſel, deſſen ſich der Staatsmann, der die Leichtbetörte ver=
ſpottete, ſpäter ſchämte[2]). Dieſer Briefwechſel wurde in hebräiſchen
Schriftzügen, die ſie dem jugendlichen Liebhaber beibrachte, geführt,
damit ihr Geheimnis dadurch doppelt ſicher gewahrt ſei[3]).

Als Wilhelm von Humboldt geheiratet und die der Eitelkeit ver=
fallene Henriette ſo ziemlich vergeſſen hatte, knüpfte ſich ein zum wenig=
ſten zweideutiges Verhältnis zwiſchen ihr und Schleiermacher,
dieſem modernen Apoſtel des neuen Chriſtentums, der aus Spinne=
weben neue Seile zur Feſſelung der Geiſter zuſammenflocht. Dieſe
ſtarke Säule des heutigen Chriſtentums, der Urahn des chriſtlichen
Staates, war in ſeiner Gefühlstraumſeligkeit ſchwach wie ein Weib und
ſchmachtete nach Liebe. Während ſeines Aufenthalts in Berlin be=
ſuchte er täglich das Herzſche Haus oder vielmehr die ſchöne Wirtin.
Öfter ſahen die Straßen Berlins beide in vertraulichem Geſpräch
nebeneinander wandeln. Es machte einen lächerlichen Eindruck, wie
der kleine, ſchmächtige, magere Schleiermacher neben der großge=
wachſenen, kräftigen Jüdin, der einſtige Herrnhuter neben der „tragi=
ſchen Muſe" einhertrippelte. Der bereits geweckte Berliner Witz machte
eine Karikatur darauf, wie der winzige chriſtliche Prediger als Knicker

---

[1]) Aus Varnhagens Nachlaß daſ. S. 44, 53. Die drei Männer waren
außer Wilhelm von Humboldt noch Karl Laroche, von dem daſ.
S. 47 öfter die Rede iſt, und der verheiratete war Meyering.

[2]) S. Ludmilla Aſſings Einleitung zum Nachlaß S. 16.

[3]) Daſ. S. 66. Die Korreſpondenz zwiſchen W. Humboldt und der
Herz wirft kein günſtiges Licht auf dieſen Tugendbund.

aus der Tasche der Jüdin herausguckte. Über diese auffallende Vertrautheit machten Bekannte noch mehr als Fremde flüsternd ihre
spöttischen Bemerkungen. Beide haben freilich die Sträflichkeit ihres
intimen Umgangs, allzu eifrig, in Abrede gestellt[1]). Ob wahr oder unwahr, war es nicht Schmach genug, daß die bösen Zungen den Ruf
einer jüdischen Ehefrau aus einem sittlichen Hause auch nur verdächtigen konnten?

Zu Schleiermacher gesellte sich Friedrich v. Schlegel, dieser
Himmelsstürmer mit Kinderfäusten, dieses Chamäleon an Stimmungen
und Ansichten, der bald für die Republik, bald für den monarchischen
Despotismus schwärmte, und beides nicht ehrlich meinte, der zuerst
die Gespenster und Plagegeister des Mittelalters heraufbeschwor, ein
wüster, romantischer Wollüstling, ein Sohn der Walpurgisnacht. In
den Herzschen Salon eingeführt, wurde er der vertraute Freund
Schleiermachers und legte es sofort auf die Verführung Dorothea
Mendelssohns an. Der Vater hatte sich ins Grab gelegt mit dem Bewußtsein, daß sie eine glückliche Ehe mit dem Bankier Simon Veit-
Witzenhausen führte. Ihr Gatte umgab sie mit aufmerksamer
Liebe. Zwei Kinder lächelten ihr aus dieser Ehe zu. Nichtsdestoweniger
ließ sie sich von der verführerischen Stimme des romantisch-gewissen-
losen Schlegel zum Treubruch verleiten. Schon hatte die Verkehrtheit
des Tugendbundes ihr den Wahn eingeimpft, sich in ihrer Ehe unglücklich fühlen zu müssen. Es gehörte einmal zum guten Ton dieser Gesellschaft, empfindsame Klagen über Verkennung und Disharmonie der
Seelen auszustoßen. Die unzüchtige Lehre von Goethes Wahlverwandtschaft hatte auch schon in jüdischen Familien Wurzel gefaßt.
Der Gedanke an die Trennung von ihrem Gatten und ihren Kindern
schreckte Dorothea nicht mehr von einem Fehltritt zurück. Henriette
Herz gab sich als Unterhändlerin für die Sünde her; es fiel ihr nicht
schwer. Dorothea trennte sich darauf von ihrem Manne und lebte mit
Schlegel zuerst in wilder Ehe. Alle Welt war über diese Unsittlichkeit
empört. In dieser Zeit erschien Schlegels schmutziger Roman, die
Lucinde. Die Bekannten fanden darin das unflätige Verhältnis
zwischen dem Verfasser und der Ehebrecherin geschildert, und seine
Feinde brachen den Stab über ihn; so wurde Mendelssohns ehrwürdiger Name mit in den Kot gezogen. Doktor Herz verbot seiner Frau
den Umgang mit dieser Verworfenen. Aber sie, die selbst in Gedanken

[1]) S. aus Schleiermachers Leben in Briefen I, S. 187, 194; H. Herz,
Erinnerungen S. 116, und weiter unten.

eine Ehebrecherin war, hatte den eigenen Mut, ihrem Manne zu er=
klären, sie wolle ihre Freundin nicht verlassen. Schleiermacher, der
Prediger, nahm ebensowenig Anstoß an diesem unzüchtigen Verhält=
nis[1]. Bald folgte Dorothea ihrem romantischen Verführer von Tor=
heit zu Torheit, ließ sich zuerst protestantisch taufen, und trat zuletzt
mit ihm zum Katholizismus über, weil er in diesem Bekenntnis mehr
Vorteile zu erringen hoffte. Es war ein bejammernswerter Anblick,
wie Mendelssohns Tochter dem Papste den Fuß küßte[2]. Sie
wurde dafür schnell genug gezüchtigt. Sie mußte mit ihm in Not
ein Wanderleben führen, wurde von seinen Verwandten verächtlich
behandelt, von mancher Seite als verworfene Jüdin angesehen[3] und
erkannte nur zu bald in ihrem Ideal einen alltäglichen Egoisten. Ihr
betrogener und verschmähter jüdischer Gatte mußte ihr sein Mitleid
zuwenden, um sie vor Hunger und Elend zu schützen. Nachdem Schlegel
das Weib seines Gastfreundes entführt hatte, lebte er von den Almosen
des beleidigten Gatten. Die jüngere Schwester H e n r i e t t e   M e n =
d e l s s o h n , war nicht schön genug, um die Wollüstlinge des Salons
zu fesseln. Es genügt, ihre Gesinnung zu charakterisieren, daß sie eben=
falls dem Katholizismus zuflog. Lebensüberdruß war die Folge dieser
inneren Zerrüttung[4].

	Und Rahel Levin? Sie war zu klug, um an dem Tandspiel des
Tugendbundes teilzunehmen. Sie wollte ihren eigenen Weg gehen.
Aber ihre Klugheit und ihr durchdringender Geist bewahrten sie nicht
vor der Verpestung der Unsittlichkeit, welche die vornehme, christliche
Welt damals aushauchte. Der Verführer dieser „kleinen Frau mit
der großen Seele" (wie man sie nannte) war Goethe. Seine Poesie
und Lebensweisheit, seine heidnische Gedankenwelt war für Rahel
eine Bibel, die sie auswendig lernte, anwendete, zur Richtschnur ihres
Lebens nahm, und mit der sie ihr Blut in Wallung setzte. Sie führte
zuerst den Goethekultus ein. Den einen Vorzug hatte sie vor ihren
sündhaften jüdischen Schwestern, daß sie wahrhaft war und keine
Maske trug. Aber um so greller trat ihre innere Verdorbenheit aus
Licht. Obwohl sie eine außerordentlich tiefe Menschenkenntnis besaß
und sich auch viel darauf zugute tat, fühlte sie sich doch mit dem boden-

<hr>

[1] H. Herz, Erinnerungen, S. 111.
[2] Aus Schleiermachers Leben in Briefen I, S. 254.
[3] H. Herz a. a. O. S. 113.   Varnhagen, Galerie von Bildnissen I,
S. 233. [Vgl. übrigens Haym, die romantische Schule, S. 663 f. H e n s e l ,
die Familie Mendelssohn I, 42 f.]
[4] Varnhagen das. 65 und öfter. [Vgl. Hensel, a. a. O. S. 50—71.]

losen Wüstling G e n t z geistesverwandt und immer und immer wieder
zu ihm hingezogen bei allen Wandlungen, die er durchgemacht hat,
von dem Entwenden eines Diamantringes vom Finger einer Dame
in kokettem Spiel[1]) bis zur Hilfeleistung, die Volksfreiheiten zu unterdrücken, von seinen geschlechtlichen Unflätigkeiten zu schweigen. Rahel
fühlte sich auch geistesverwandt mit der verworfenen Buhlerin P a u -
l i n e v o n C e s a r, auf kurze Zeit P a u l i n e v o n W i e s e l.
Mit ihr, welcher jeder Mann von Anstand und noch mehr jede auch
nur äußerlich ehrbare Frau aus dem Wege ging, blieb Rahel bis zu
ihrem Tode in Seelengemeinschaft. Rahel beneidete und bewunderte
die Sünderin um ihre Freiheit und tadelte sich, daß sie nicht den Mut
gehabt habe, ebenso zu sündigen[2]). Als Rahel zuerst den heldenhaften,
aber ausschweifenden Prinzen Louis Ferdinand kennen lernte, nahm
sie sich vor, ihn „Dachstubenwahrheit" hören zu lassen, aber sie lernte
weit eher von ihm Palasttorheiten. Sie, damals noch Jungfrau,
gab sich zur Kupplerin zwischen ihm und der ausgelassenen Pauline
Wiesel her. Weil sie keine Gegenliebe fand, indem die Männer sie
wegen ihrer winzigen Gestalt bald als altkluges Kind, bald als greise
Sibylle betrachteten, verzehrte sie sich in stillen Neigungen. Ihre
Grundsätze über die Ehe, dieses heiligste Institut, die Kraft der Familien
und Völker, waren die eines weinberauschten Wüstlings, die sie mit
Gelassenheit und Kälte ihrem Gatten Varnhagen von Ense vor ihrer
Verheiratung als Glaubensbekenntnis ablegte[3]). Rahel Levin, oder
wie sie sich auch nannte, R a h e l R o b e r t, in deren Adern tal-
mudisches Blut floß, welches ihr einen so sprudelnden, beflügelten
Geist gab, daß die Christen ihn eben deswegen als eine Seltenheit so
sehr bewunderten, daß sie damit auf den Grund der Dinge dringen,
die Seele und ihre wechselnden Stimmungen bis auf ihre letzten Regungen zu verfolgen vermöge, verkannte ihren eigenen Ursprung.
Sie wollte Gottes Odem in den geschichtlichen Auf- und Niedergängen
erlauschen und hatte keine Ahnung von der geschichtlichen Größe ihres
eigenen Stammes. Sie verachtete ihn so sehr, daß sie es als die größte
Schmach und das härteste Unglück betrachtete, als Jüdin geboren zu

---

[1]) S. H. Herz, Erinnerungen, S. 137.
[2]) S. aus Varnhagens Nachlaß, Rahels und Paulinens Korrespondenz,
S. 290 und II. Anhang.
[3]) Das. S. 306 an Pauline: „Ich bin völlig frei bei ihm (Varnhagen),
sonst hätte ich nie heiraten können. Er denkt über die Ehe wie ich." Dazu
fehlt noch ein Zusatz, den die Herausgeberin aus Schamgefühl unterdrückt
hat: „Und wie ich über die Ehe denke, wissen Sie".

sein. Erst in ihrer Todesstunde ging ihr eine flammende Ahnung von der großen Bedeutung des Judentums und der Juden auf. „Mit erhabenem Entzücken denke ich an meinen Ursprung und an den Zusammenhang der Geschichte, durch welchen die ältesten Erinnerungen des Menschengeschlechtes mit der neuesten Lage der Dinge durch Zeit und Raumesfernen verbunden sind. Ich, eine Flüchtige aus Ägypten, bin hier und finde Hilfe. Was Zeit meines Lebens meine größte Schmach war, möchte ich jetzt um keinen Preis missen"[1]). Aber auch in dieser Stunde sah ihr Geist nicht klar, die Gedanken verwirrten sich in ihr, und sie erging sich in Phantasien.

Diese geistbegabten jüdischen Sünderinnen taten dem Judentum den Gefallen, zum Christentum überzutreten, Mendelssohns Töchter und Rahel ganz laut und offenkundig. Henriette Herz, die mehr auf Schein hielt, ließ sich dagegen in einer kleinen Stadt taufen, um ihre jüdischen Freunde nicht zu kränken und erst nach dem Tode ihrer Mutter, zum Verdruß ihres Freundes Schleiermacher, welcher so gern mit ihrem Übertritt in der größten Kathedrale Berlins Aufsehen gemacht hätte. Diese Sünderinnen wurden sozusagen christlich-fromme, büßende Magdalenen. Lüsternheit ging damals Hand in Hand mit christlicher Gläubigkeit und sogenannter Frömmigkeit. Zwei Freunde und Stubengenossen, die einander jeden Augenblick ihre vertraulichsten Gedanken und Stimmungen mitteilten — ein Verhältnis, das ihre Bekannten „eine Ehe" nannten — Schlegel und Schleiermacher, haben zu gleicher Zeit zwei Geburten in die Welt gesetzt, der eine einen unzüchtigen Roman, voll von wollüstigen, unflätigen Phantasien, der andere ein neuchristliches Evangelium, voll von luftigen Phantastereien. Die „Lucinde" von Schlegel und die „Reden über die Religion an die Gebildeten unter ihren Verächtern" von Schleiermacher sind Zwillingsschriften[2]). Hier wie dort wird von einem unbestimmten nebelhaften Gefühl ausgegangen, das ins Weite greift und eine Wolke umarmt. Für Schlegel ist „die Hingebung des Menschen an das Allgemeine, Unendliche, das sich Erregenlassen — Liebe, und für Schleiermacher ist fast eben dasselbe — Religion. Schleiermachers Religionssystem ist ein unnatürliches Gemisch von spinozistischem Pantheismus, Herrnhuterei und etwas „Lucinde". Hat er doch „vertraute Briefe" über die Lucinde geschrieben, und diesem Romane der Wollust, „der unzüchtigen Nichtigkeit" (wie

---

[1]) Varnhagen, Andenken an Rahel, I, S. 43.
[2]) Beide erschienen Berlin 1799.

ihn Heine nannte) gewissermaßen eine Taufpredigt gehalten und seine
weiblichen Beichtkinder dringend ermahnt, sich daran zu sättigen und
ja nicht darüber zu erröten. Seiner jüdischen Seelenbraut Henriette
Herz, schrieb Schleiermacher: „Aus Religion will ich zu ihnen kommen,
ich will das Universum in Ihnen schauen"[1]. Und diese beiden Männer
mit beflecter Phantasie wurden Hauptstützen für das Christentum in
beiderlei Gestalten; Schlegel verherrlichte den Katholizismus, und
Schleiermacher hob den Protestantismus aus der bisherigen Verachtung. Freilich haben sich beide in die Kirchlichkeit hineingeklügelt
und hineingelogen. Es ist schwer zu entscheiden, welcher von beiden
der größte Sophist war. Schleiermacher, welcher mit seiner glatten,
gefeilten Beredsamkeit die Kanzel und mit ihr die Frauenwelt beherrschte, war ein neuzeitiger G n o s t i k e r , der Phantasiespeise für
Geistesmanna reichte.

Indessen, hat sich die jüdische Geschichte auch um einen christlichen
Prediger zu kümmern, der mit einem Christentum eigener Erfindung
einen neuen Reiz gewährte? Hat sie doch die Astarten-Priester-Religion
in vielfacher Gestalt erlebt! Allein sie muß diese Tatsache aufzeichnen,
weil Schleiermacher das Judentum vielfach geschädigt hat. Er hat
mit seiner Sprachglätte Henriette Herz und viele jüdische Frauen und
Mädchen Berlins nicht bloß in die Kirche, sondern zur Kirche gezogen,
aus dem eigenartigen Kitzel, sich von dem hinreißenden Prediger be-

---

[1] Aus Schleiermachers Leben in Briefen, I. S. 21, 22, und Galerie
von Bildnissen I. S. 226. Über die Lucinde und Schleiermachers Briefe
über dieselbe vgl. aus Varnhagens Nachlaß Briefe von und an Bettina von
Arnim S. 311, 314. Varnhagen, der manche Unzüchtigkeit ertragen konnte,
fällte ein hartes Urteil über Lucinde und Schleiermachers Kommentar dazu
und erzählt, daß Verf. und Kommentator später die Vaterschaft verleugnet
haben. Schleiermacher (Briefe I, S. 288) bemerkt, Schlegel habe in der
„Lucinde" auf Schleiermachers Liebesverhältnis mit Henriette Herz angespielt. Noch im Jahre 1806 hat sich Henriette Herz gerühmt, daß Schleiermacher ihr zu Ehren gesagt, die Briefe über die Lucinde habe mehr sie als er
geschrieben. (Aus Varnhagens Nachlaß von Ludmilla Assing I, S. 17).
Anderseits erzählt die Herz in ihren Erinnerungen (Fürst S. 112), daß unter
den Briefen über die Lucinde einige von E l e o n o r e G r u n o w stammen.
Mit dieser Gattin des Predigers Grunow hatte Schleiermacher ein Liebesverhältnis angeknüpft, sie bestürmt, ihren Gatten zu verlassen, und als sie
nach der Entfernung aus des Gatten Hause wieder dahin zurückgekehrt war,
machte er ihr über diesen Wankelmut bittere Vorwürfe. Die Briefe an dieselbe sind abgedruckt, einige noch häßlichere sind vielleicht unterdrückt worden.
Das war eine eigenartige Gesellschaft, Schlegel, Dorothea Mendelssohn,
Schleiermacher, Henriette Herz und Eleonore Grunow.

zaubern zu laſſen. Sie verließen, wie in der alten bibliſchen Zeit, die Quelle lebendigen Waſſers, um ſich Labung aus übertünchten Gruben zu holen. Durch Schleiermacher begannen die vornehmen Berliner Juden zu chriſteln. Auch diejenigen, welche aus Schein oder aus Rückſichten der Taufe fernblieben, hegten eine ſchwärmeriſche Vorliebe für das Chriſtentum, welches der proteſtantiſche Chryſo= ſtomus ſo anziehend predigte.

Schleiermacher impfte den gebildeten Kreiſen Deutſchlands von neuem eine eigene, kaum bezeichenbare Antipathie gegen das Juden= tum ein. Er war keineswegs, was man ſo nennt, ein Judenfeind, er wehrte ſich vielmehr dagegen, wenn er als ſolcher bezeichnet wurde[1]). Aber es waltete in ihm ein dunkles, unangenehmes Geſühl gegen das jüdiſche Weſen, deſſen er ſich nicht erwehren konnte. Als ſein Oheim ihm die allgemeine Trauer in Berlin um Mendelsſohns Tod mitteilte (o. S. 94), mäkelte Schleiermacher an deſſen allgemeiner Anerkennung und äußerte ſich: „Als Philoſoph betrachtet, haben wir doch Männer, die wir ihm an die Seite ſetzen können, und bei deren Tod doch nicht halb ſo viel Aufhebens gemacht wurde.“ Der Oheim mußte ihn ver= weiſend bedeuten: daß Mendelsſohn für die Deutſchen mehr als Philo= ſoph war, daß ihm die Literatur, die Sprache ſelbſt und die geſunde Kritik ungemein viel zu danken haben[2]). Als Friedländers kopfloſes Sendſchreiben wegen Zulaſſung einiger Familien zum Chriſtentum ohne Dreieinigkeitsglauben veröffentlicht wurde, ſprach ſich Schleier= macher gegen dieſe Zulaſſung aus. Der Staat möge den Juden immer= hin Einbürgerung gewähren, aber ſie lediglich als eigene Sekte be= ſtehen laſſen, wofern ſie die Hoffnung auf den Meſſias nicht aufgeben[3]). Es war ganz in Ordnung, daß er aus Unkenntnis und Duſelhaftigkeit von ſeinem romantiſchen Neuchriſtentum aus das Judentum als Mumie hinſtellte, „um die ſeine Söhne klagend und weinend ſäßen“. Nicht einmal als Vorläufer des Chriſtentums mochte er das Judentum an= erkennen. „Ich haſſe in der Religion dieſe Art von hiſtoriſchen Be= ziehungen“[4]). Bis dahin hatte ſich die gläubige Chriſtenheit in einer gewiſſen Gemeinſchaft mit dem Judentum gefühlt, und das alte Teſta= ment, die Bibel, war der gemeinſame Boden, auf dem die übermütige

---

[1]) Briefe bei Gelegenheit von Friedländers Sendſchreiben an Teller, vierter Brief Anfang. [Vgl. Ritter, David Friedländer, S. 10 f.]
[2]) Aus Schleiermachers Leben in Briefen I, S. 39.
[3]) Hauptinhalt der Briefe bei Gelegenheit uſw.
[4]) Reden über Religion, erſte Ausgabe, S. 282.

Tochter und die geknechtete Mutter einander begegneten und auf einen Augenblick ihren Haß vergaßen. Diesem Zusammenhang oder der Anerkennung desselben verdankten die Juden in der traurigen Zeit der christlichen Übergläubigkeit die Schonung, daß sie in Europa nicht ganz vertilgt wurden. Das Papsttum hat sie unter diesem Titel in Schutz genommen, „da das Heil von ihnen ausgegangen war". Dieses Band löste Schleiermacher mit einem Hauche. Gemeinschaft mit den Juden zu haben, empörte ihn. Aber waren Jesus, die Apostel und die Stammväter der Kirche nicht Juden? Schleiermacher hätte diese Tatsache gern abgeleugnet, wenn es nur irgendwie angegangen wäre; aber da er dies nicht vermochte, so löste er die Tatsache in Dunst auf. „Wie? Jesus soll nur ein j ü d i s c h e r R a b b i gewesen sein, mit menschenfreundlichen Gesinnungen, mit etwas sokratischer Moral, einigen Wundern, oder was wenigstens andere dafür nahmen, und mit dem Talente, artige Gnomen und Parabeln vorzutragen — einige Torheiten wird man ihm (nach den drei ersten Evangelisten) immer noch zu verzeihen haben — wie? ein solcher soll eine neue Religion und Kirche hervorbringen können, ein Mann, der Mose und Mohammed nicht das Wasser gereicht?"[1]). Diese Tatsache konnte Schleiermacher nicht ertragen; denn da wäre nicht bloß Mose der Prophet, sondern auch Mose Mendelssohn, der Weise von Berlin, größer gewesen. Darum hob Schleiermacher seinen Jesus weit, weit über das Judentum hinaus; er habe mit den Juden nur die Zufälligkeit der Geburt gemein gehabt, er sei aber übermenschlich gewesen und doch Mensch, „dessen Gottesbewußtsein ein eigentliches Sein in Gott in ihm heißen konnte" oder wie diese romantisch-herrnhuterische mystische Überschwenglichkeit sonst lautet. Komisch nimmt es sich aber aus, daß Schleiermacher den von aller Welt verketzerten Juden Spinoza beinahe ebenso hoch hob und ihn fast auf eine Linie mit seinem Jesus setzte. Auch in Spinoza spiegelte sich das Universum ab, auch er sei der Religion und des heiligen Geistes voll gewesen[2]). Von dieser Fälschung der Geschichte ging seine Theologie oder Christologie aus, von solcher Wortkünstelei hallten seine Predigten wider, auf welche die Berliner Judenheit und besonders die jüdischen Weiber so andächtig lauschten, wie einst ihre Vorfahren auf die Lügenkünste der falschen Propheten. Die Schleier-

---

[1]) Reden über Religion, Anm. 14 zur fünften Rede. Vgl. D. Strauß' vortreffliche Bemerkung zu dieser romantischen Vornehmheit Schleiermachers, Leben Jesu für das deutsche Volk, S. 92 f.

[2]) Schleiermacher über Religion das. S. 48.

macherſche Schule, welche tonangebend in Deutſchland wurde, hat
dieſe vornehme Verachtung des Judentums zum Stichwort und zum
Ausgangspunkt ihrer Gläubigkeit gemacht.

Zur ſelben Zeit hatte ein anderer Romantiker für das in Frank=
reich geſtürzte und faſt vergeſſene Chriſtentum neue Stützen aus
Spinnwebefäden aufgerichtet, Chateaubriand. Indeſſen, wenn
ſeine überreizte Phantaſie, welche ſich mit der Vernunft völlig ent=
zweit hatte, wenn ſein „Geiſt des Chriſtentums“ die chriſtlichen Dogmen,
z. B. die Dreieinigkeit, in der ganzen Natur, in den Myſterien der
heidniſchen Religion und in den Ausſprüchen der griechiſchen Weiſen
fand, wenn er die chriſtlichen Feſte und Riten überſchätzte, wenn er
alles verklärte, ſelbſt die Mönchskapuzen, wenn er die Künſte, Muſik,
Malerei, Baukunſt, Beredſamkeit und die Poeſie aus dem Schoße
des Chriſtentums geboren werden ließ, ſo hat er doch wenigſtens auch
dem Judentum einen Anteil an dieſem Verdienſte gelaſſen, allerdings
nur in dem Sinne, um die großartigen Züge in der hebräiſchen Lite=
ratur und Geſchichte für das Chriſtentum mit Beſchlag zu belegen.
„Es gibt nur zwei ſchöne Namen und Erinnerungen in der Geſchichte,
die der Israeliten und der Pelasger (Griechen).“ Wollte
Chateaubriand ſeine Behauptung durchführen, daß die Naturpoeſie
eine Erfindung des Chriſtentums ſei, ſo zog er als Beiſpiel die Pracht=
ſchilderungen in Hiob, in den Propheten und Pſalmen heran, hinter
deren Poeſie Pindar und Horaz weit zurückſtänden[1]). Chateaubriand
hat die Blüten der hebräiſchen Poeſie geſammelt, um ſeinem gekreu=
zigten Gotte einen ſchönen Kranz daraus aufzuſetzen. Aber er hat
nicht gleich Schleiermacher das Judentum in den Staub gedrückt,
um ihm dann die Vaterſchaft für das mächtig gewordene Kind ab=
zuſprechen.

Von der neuchriſtlichen Schule, ſo wie ſie zu ſtaatlichem Einfluß
gelangte, ging eine neue Judengehäſſigkeit aus, viel ſchlimmer als
unter den Alt= oder Tollgläubigen. Eigen iſt es, daß die doppelte
Reaktion, die kirchliche, welche Schleiermacher und zum Teil
auch Schlegel zum Vater hat, und die politiſche, welche ſich an
Gentz knüpft, in dem Berliner judenchriſtlichen Salon ihre Wochenſtube
hatte. Aber gerade in demſelben Jahre, in welchem der verweiblichte
Schleiermacher in ſeiner romantiſchen Selbſtbeſpiegelung das Juden=
tum als eine Mumie verläſterte, erließ ein Mann, ein Held, ein Rieſe
im Vergleich zu den nörgelnden deutſchen Zwerggeſtalten, Napoleon

---

[1]) Esprit du Christianisme, zuerſt erſchienen 1801. II. 4, 3.

Bonaparte, einen Aufruf an die Juden, sich um ihn zu scharen. Er wollte das heilige Land ihrer Väter für sie erobern und ihnen, ein zweiter Cyrus, den Tempel wieder erbauen. Die Freiheit, welche die Juden Berlins mit Darangabe ihrer Eigenart, mit Selbsterniedrigung vor ihrer Feindin, der Kirche, erlangen wollten, fiel ihnen ohne diesen Preis und ohne schimpflichen Schacher durch Frankreich in den Schoß.

———————

Fünftes Kapitel.

Die französische Revolution und die Emanzipation der Juden.

Die Vorgeschichte der Revolution. Cerf Berr. Malesherbes und die jüdische Kommission. Aufhebung des Leibzolls in Frankreich. Mirabeau. Jesaia Bing. Grégoire, Thiery, Hurwitz. Beginn der Revolution. Haltung der Juden dabei und ihre Schritte um Emanzipation. Verhandlung in der Nationalversammlung über diese. Eifer Godards, Gervilles und Bertolios für die Juden. Verschleppung der Judenfrage. Der 27. Sept. 1791. Isaak Berrs Rundschreiben. Die französischen Juden unter der Schreckensherrschaft. Gleichstellung der Juden von Holland. Adat-Jeruschun-Gemeinde. Religiöse Reibungen in den Amsterdamer Gemeinden. Befreiung der Juden in Italien und Deutschland durch die Franzosen. Bonaparte in Palästina. Sein Aufruf an die Juden. Die französischen Juden unter dem Konsulat. Die neuhebräischen Dichter Elia Halevi, Schalom Kohen, Joseph Euphrat-Troplowitz, Salomo Pappenheim. Michael Berrs Aufruf an die Völker Europas. Goethe und Fichte gegen die Juden. Der Leibzoll. Jacobson und Breidenbach. Die Judenfresser Paalzow, Grattenauer, Buchholz. Die Verteidiger v. Diebitsch, Wolfssohn; die jüdischen Satiriker.

Wer an eine geschichtliche Vorsehung glaubt und überzeugt ist, daß auch die Sünden, Verbrechen und Torheiten dazu dienen, die Menschen im ganzen um viele Stufen höher zu bringen, der findet an der französischen Umwälzung die volle Bestätigung dafür. Wäre diese folgenreiche Umwandlung, welche sämtliche zivilisierten Teile der Erde nach und nach erfahren haben, ohne die lange Kette der empörendsten Untaten und Frevel, welche der Adel, das Königtum und die Kirche begangen haben, möglich gewesen? Wäre sie ohne Ludwigs XIV. selbstsüchtige, von der Kirche geförderte Überhebung, ohne die Unzüchtigkeit der Regentschaft und Ludwigs XV., ohne die kopflose Verbohrtheit Ludwigs XVI., ohne den herausfordernden Hochmut des Adels, ohne die Verworfenheit der Geistlichkeit möglich gewesen? Die unnatürliche Knechtung von seiten der weltlichen und geistlichen Macht hat die Freiheit geboren, aber sie hat sie zugleich mit Gift

genährt, so daß die Freiheit in ihr eigenes Fleisch biß und sich selbst
verwundete. Die Revolution wurde ein Strafgericht, um tausendjährige
Sünden an einem Tage zu sühnen und alle in den Staub zu werfen,
welche mit Schändung des Rechtes und der Religion neue Gesellschafts=
kasten geschaffen hatten. Es war ein neuer Tag des Herrn angebrochen,
„alles Stolze und Hohe zu demütigen und das Niedrige zu erheben".
Auch für die Niedrigsten und Geächtetsten in dem europäischen Ge=
sellschaftsleben, für die Juden, sollte endlich der Tag der Erlösung und
Befreiung nach so langer, langer Knechtschaft unter den europäischen
Völkern aufgehen. Eigen, die beiden europäischen Länder, welche die
Juden zuerst vertrieben hatten, England und Frankreich, waren auch
die ersten, die ihnen wieder Menschenrechte einräumten. Was Mendels=
sohn erst in fernen Zeiten für möglich erachtete, was die Fürsprecher
der Juden, D o h m und D i e z, als frommen Wunsch aussprachen,
das verwirklichte sich in Frankreich wie mit Zauberschnelligkeit.

Indessen ist die Freiheit der französischen Juden ihnen nicht so
ganz wie eine reife Frucht in den Schoß gefallen, daß sie sich um deren
Zeitigung gar nicht hätten zu bemühen brauchen. Sie haben viel=
mehr auch Anstrengungen gemacht, um das drückende Joch von ihren
Schultern zu wälzen; aber in Frankreich war der Erfolg ihrer Be=
mühungen günstiger und rascher als in Deutschland. Die eifrigste
Tätigkeit zur Befreiung der Juden in Frankreich entwickelte ein edler
Mann, dessen vergessenes Andenken der Nachwelt überliefert zu werden
verdient. H e r z M e d e l s h e i m oder C e r f B e r r (geb. um 1730,
starb 1793)[1], war der erste, der die Vorurteile gegen seine Stammes=

---

[1] Über Cerf Berr berichteten D o h m, Verbesserung, S. 83, S c h l ö z e r
Staatsanzeiger, Jahrg. 1790, S. 451; T h i e r y, dissertation „Le sieur
Cerf Beer, tourmenté du désir double d'apporter quelques changements
dans le caractère 'et les moeurs de sa nation, a fait élever des manufactures,
où il exerce des Juifs, et on assure qu'ils travaillent avec ardeur. Berliner
Monatsschrift (herausgegeben von Biester), Jahrg. 1791, Bd. 18, S. 377,
Anmerk.: Cerf Beer braucht Juden zur Bearbeitung seiner Ländereien und
Manufakturen. G r o n a u (Dohms Biographie, S. 89). Dohm hatte durch
Vermittlung eines mit Mendelssohn in Verbindung stehenden Mannes
Cerf Berr eine Sendung von 600 Expl. seiner Schrift nach Paris gelangen
lassen. Wessely schilderte ihn mit vielen Lobeserhebungen (zweites Send=
schreiben p. 31 b): איש יקר רוח נכבד וקצין עם כהר"ר נפתלי הירץ
מעדלסהיים בציר שטראסבורג הנקרא בכינויו ר' הירץ בישע יצ"ו העומד
לדבר טוב על ישראל זה כמה שנים זכה שגדל מלך פרנקרייך את שמו על
דבר מעשיו שעשה לטובת המדינה ובכחה זה הולך וגמל בחצרות השרים
ולתועבת עמו לא בכסף ולא במחיר כי אם מישרת לב ואהבת חסד. Daraus
ist zu ersehen, daß die Schilderung D a v i d S i n z h e i m s von seinem

genoſſen, unter denen er ſelbſt ſchwer gelitten hat, durch Wort und
Tat zu bannen bemüht war. Er war von Hauſe aus wohlhabend und
auch talmudkundig. Er beſaß Herzenswärme genug, um nicht durch
ſeinen Wohlſtand in Selbſtſucht zu verſinken, und auch Freiſinn genug,
um den Flügelſchlag der durch Mendelsſohn angebrochenen Zeit zu
begreifen und ihn ſeinerſeits zu fördern. Mit dem Weiſen von Berlin
ſtand er in vertrauter Beziehung und ſorgte für die Verbreitung der
Pentateuchüberſetzung im Elſaß. Vermöge ſeiner Lage war Cerf Berr
darauf hingewieſen, die Emanzipation anzubahnen. Er lieferte für
die franzöſiſche Armee Kriegsbedarf und mußte zu dieſem Zwecke
in Straßburg weilen — wo kein Jude wohnen durfte — und wurde
im Anfang allerdings nur für einen einzigen Winter zugelaſſen. Da
er aber unter Ludwig XV. während des Krieges und einer Hungers=
not dem Staate weſentliche Dienſte leiſtete, wurde ihm vom Miniſter
die Erlaubnis zum Aufenthalte immer wieder verlängert, und er be=
nutzte dieſe Gunſt, um ſich dort heimiſch zu machen. Cerf Berr zog
noch mehrere Juden nach Straßburg, die er teils für ſeine Geſchäfte,
teils für ſeine religiöſen Bedürfniſſe brauchte, um mindeſtens eine
kleine Gemeinde von zehn zum öffentlichen Gebete zu haben. Unter
der Hand kaufte er Häuſer für ſich und ſeine Familienmitglieder und
erhielt von Ludwig XVI. wegen ſeiner Verdienſte um den Staat
alle Rechte und Freiheiten der königlichen Untertanen und beſonders
das Recht, ausnahmsweiſe Ländereien und Güter zu beſitzen. Er er=
richtete auch Manufakturen in Straßburg und war darauf bedacht,
Juden zur Arbeit zu verwenden, um ſie vom Schacher abzuziehen und
den Anklägern den Vorwand für ihre Vorurteile gegen ſie abzuſchneiden.

     Obwohl Cerf Berr ſolchergeſtalt ein nützliches Mitglied der Ge=
ſellſchaft war und auch der Stadt Vorteile brachte, ſahen die Deutſchen

---

Schwager Cerf Berr (רב דוד Einl.) nicht übertrieben iſt. Sie lautet: בשנת
תצלי״ח (1788) נפתחו דלתי בית המדרש הגדול ההוקם בעיר בישא על ידי
גיסי הגביר כ״הנפתלי הירץ מעדלסהיים הוא הגבר אשר הקים עולה
של תורה ושמו יצא בכל המדינות וגדר גדר ועומד בפרץ בת עמי. גדלו ורבו
מעשיו במלאכת שמים הן בעבודת גופו לפני מלכים יתיצב ושם נפשו בכפו
והציל רצוצים למות . . . הוא בטל את המעוררים ואת הצוערים והסיר חרפה
מעל עם ה׳ והן במומני צדקתו עומדת לעד . . . וכבוד ה׳ אספו בטרם באו
רמי הרעה בשנת תקנ״ד, d. h. er ſtarb, ehe der Gewiſſenszwang während
des Terrorismus eintrat (ſ. Note 3.) Cerf Berr ſtarb demnach um 1793. Ein
Gedicht von Weſſely auf Cerf Berr, in Meaſſef Jahrg. 1786, p. 49; נפתלי
דמית מי אל בהדרך; er nennt ihn רעי ומיודעי. — Er ſelbſt zeichnete
C e r f   B e r r, getrennt (Archives Israél., Jahrg. 1841, p. 502.) Seine
Nachkommen nennen ſich C e r f b e r r; er wird auch B e e r genannt.

in Straßburg die Ansiedlung von Juden in ihren Mauern mit scheelen
Blicken an und gaben sich alle erdenkliche Mühe, ihn und seine Schützlinge daraus zu vertreiben. Diese spießbürgerliche Engherzigkeit einerseits und anderseits Dohms Fürsprache für die Juden, so wie Kaiser
Josephs teilweise Entfesselung derselben, regten ihn an, die Emanzipation oder mindestens die Zulassung der Juden zu den meisten
französischen Städten ernstlich ins Auge zu fassen und sie bei Hofe
durchzusetzen. Er sorgte dafür, um die öffentliche Meinung zu gewinnen, Dohms Schrift in Frankreich zu verbreiten. Sie war von
Bernouilli aus Dessau ins Französische übersetzt worden. Cerf
Berrs Anträge wurden vom Hofe günstig aufgenommen. Auch von
anderen Seiten liefen bei der französischen Regierung Gesuche um
Erleichterung der Fesseln, welche namentlich die Juden von Elsaß und
Lothringen drückten, ein. Der gutmütige Ludwig XVI. war geneigt,
Bedrückungen, sobald sie ihm im rechten Lichte gezeigt wurden, abzu-
stellen. Der edle Malesherbes, welcher für Menschenbeglückung
schwärmte, ließ, gewissermaßen im Auftrage des Königs, der eine Denk-
schrift über die Lage der Juden verlangte, eine Kommission von Juden
zusammentreten, welche Verbesserungsvorschläge zugunsten der in
Frankreich wohnenden machen sollte. Es verstand sich von selbst, daß
Cerf Berr dazu berufen wurde. Als Vertreter der Juden von Lothringen wurde sein Gesinnungsgenosse Berr Isaak Berr aus
Nancy einberufen, welcher später den größten Eifer für die Gleichstellung seiner Stammesgenossen entwickelt hat. Auch portugiesische
Juden aus den beiden Städten ihres Aufenthaltes, Bordeaux und
Bayonne, wurden zur Kommission zugezogen, Furtado, der später
in der Revolutionsgeschichte eine Rolle spielte, ferner Gradis aus
einer reichen und angesehenen Familie in Bordeaux, die große Bank-
und überseeische Geschäfte für die französischen Kolonien betrieb,
eigene Schiffe ausrüstete und dem französischen Staate in den entfernten Besitzungen durch Auslösung französischer Gefangener aus den
Händen der Engländer Dienste geleistet hatte. Auch Isaak Rodrigues aus Bordeaux, der später zur jüdischen Notablenversammlung
gehörte, und andere angesehene Männer, wie Lopès-Dubec
waren Mitglieder der von Malesherbes zusammengesetzten Kommission[1]. Diese hervorragenden Männer, sämtlich von Eifer für ihre
im Drucke schmachtenden Stammesgenossen beseelt, haben ohne Zweifel

---

[1] Grégoire, Essay p. 414, Halphen, recueil des lois, avertissement
p. XXXV. — Archives Israélites, Jahrg. 1841, p. 502.

auf Abſtellung der Ausnahmegeſetze gedrungen. Ihre Vorſchläge
ſind indes nicht bekannt geworden. Wahrſcheinlich infolge ihrer Be=
mühungen hob Ludwig XVI. das ſchmachvolle Geſetz auf, welches be=
ſonders die Juden der deutſchredenden Provinzen Frankreichs ent=
würdigt hatte, das Leibzollgeſetz. In einem Erlaſſe (24. Januar 1784)[1])
erklärte der König: „Wir haben wahrgenommen, . . . daß beſonders
im Elſaß und beim Eingang der Stadt Straßburg die Juden einer
Leibtaxe unterworfen ſind, die ſie mit dem Viehe vergleicht. Da es nun
denen Geſinnungen, die wir gegen alle unſere Unterthanen hegen,
zuwider iſt, eine die Menſchheit zu erniedrigen ſcheinende Auflage fort=
dauern zu laſſen . . . befehlen wir, . . . daß hinführo in dem ganzen
Umfange unſeres Königreiches . . . die Juden . . . befreit ſein ſollen . . .
von den Leibzolls=, Ueberfahrtsſteuer=, Herkommens= und allen anderen
Abgaben dieſer Art, es mögen nun ſolche Gebühren unſerer königlichen
Kammer oder aber Städten und Gemeinden, geiſtlichen oder welt=
lichen Herrſchaften . . . . zugehören.“ Voller Freude zeigte Cerf Berr
ſeinen Berliner Freunden dieſe erſte Errungenſchaft an, und Weſſely
beſang dieſe ernſt gemeinte und ernſt ausgeführte Befreiung in ſchönen
hebräiſchen Verſen[2]).

Doch wirkſamer als Cerf Berr und die jüdiſche Kommiſſion arbei=
teten für die Befreiung der Juden zwei Männer, welche gewiſſermaßen
von Mendelsſohn und ſeinen Freunden zu ihren Herolden erwählt
worden waren und die Verkörperung der Revolution darſtellten,
Mirabeau, und der nicht minder für volle Freiheit begeiſterte
Prieſter Grégoire. Graf Mirabeau (geb. 1749, ſtarb 1791),
der ſtets auf ſeiten der Unterdrückten gegen die Unterdrücker war,
wurde in Mendelsſohns Kreis zuerſt dazu angeregt, ſeine Donner=
ſtimme für die Juden zu erheben.

In einer geheimen diplomatiſchen Angelegenheit vom franzö=
ſiſchen Hofe nach Berlin geſendet, war er gerade kurz nach Mendels=
ſohns Heimgang dahin gekommen und vernahm überall die Nachklänge
der Schmerzenslaute über den Tod des jüdiſchen Weiſen und das volle
Lob, das ihm in chriſtlichen Kreiſen neidlos geſpendet wurde. Mira=
beau verkehrte auch viel mit Dohm[3]), dem erſten Fürſprecher der Juden.
Erfüllt von Mendelsſohns großartiger Perſönlichkeit und begeiſtert von
dem Gedanken, einem geknechteten Volksſtamme die Erlöſung zu

---

[1]) Vollſtändig mitgeteilt bei Scheppler, Aufhebung des Leibzolls, S. 154.
[2]) Meaſſef, Jahrg. 1786, p. 33.
[3]) Gronau, Dohm, nach ſeinem Wollen und Handeln S. 120. Der
Kürze wegen zitierte ich das Buch als Dohms Biographie.

bringen, wollte Mirabeau das französische Publikum zunächst mit beiden bekannt machen. Auch der Widerwille, den er gegen den geräuschvollen Schwindelapostel Lavater empfand, den er mit Cagliostro auf eine Linie stellte, und dessen Anhänger ihn schmähten, nahm ihn für Mendelssohn und die Juden ein, deren Gegner der Mystiker von Zürich war. So entstand Mirabeaus einflußreiche Schrift „Über Mendelssohn und über die politische Reform der Juden" (1787). Von dem ersteren entwarf er ein glänzendes Bild, schilderte seinen Lebensgang mit hellen Farben, vom ersten Tappen nach Wahrheit an bis zur Höhe als geschmackvoller philosophischer Schriftsteller der Deutschen. Die kernigsten Gedanken Mendelssohns brachte Mirabeau zur Kenntnis der gebildeten Kreise Frankreichs. Der jüdische Weise hätte sich keinen wärmeren, begeisterteren, einsichtsvolleren Dolmetsch wünschen können. Seine Vorliebe für Mendelssohn übertrug Mirabeau auf dessen Volksstamm. „Kann man nicht behaupten, daß sein Beispiel, und besonders der Erfolg seiner Bemühung zur Erhebung seiner Stammesgenossen diejenigen zum Schweigen bringt, welche mit unedler Erbitterung darauf versessen sind, die Juden als so niedrig zu schildern, daß aus ihnen eine achtungswerte Menschenklasse nicht werden könnte?"[1]) Diese Betrachtung bildete für Mirabeau den Übergang zur Verteidigung der Juden. Er stellte dazu alles in die rechte Beleuchtung, was Dohm vorgebracht, und was er selbst erfahren hatte. Er ging die tausendjährige, tragische, jüdische Geschichte durch und sah sie mit ganz anderen Augen als Voltaire an, der darin nur Niedrigkeit fand. Mirabeau erblickte in ihr vielmehr das glorreiche Märtyrertum der Juden und die Schmach ihrer Unterdrücker. Ihre Tugend hob er mit voller Betonung hervor, und ihre Fehler legte er der Mißhandlung zur Last, die sie erduldet hatten: „Wollt Ihr, daß die Juden bessere Menschen, nützliche Bürger werden? Verbannet aus der Gesellschaft jede erniedrigende Scheidung, öffnet ihnen alle Wege des Erwerbes und der Subsistenz; weit entfernt, ihnen Ackerbau, Handwerke, mechanische Künste zu verbieten, ermutigt sie, sich darauf zu verlegen. Wachet, daß die Juden, ohne die geheiligte Lehre ihrer Väter zu vernachlässigen, die Natur und ihren Urheber, die Prinzipien der Ordnung, die Interessen des Menschengeschlechtes, der großen Gesellschaft besser kennen lernen, von denen sie einen Teil bilden. Setzet die jüdischen Schulen auf gleichen Fuß mit den christlichen, in allem, was nicht Religion betrifft. Möge diese Nation, wie jede andere, die freie Übung ihres

---

[1]) Mirabeau, Sur Mendelssohn, p. 57.

Kultus haben, möge sie auf ihre Kosten so viel Synagogen und Rabbinen unterhalten, als es ihr beliebt. Mit einem Worte, möge sie in den Besitz aller Bürgerrechte gesetzt werden, und bald wird sie diese billige Verbesserung zum Range der nützlichsten Staatsbürger erheben. Die Verfassung wird zugleich den Übeln, die man ihnen angetan, und den Fehlern abhelfen, deren sie sich gezwungenerweise schuldig gemacht haben"[1]).

Mit treffendem Witze widerlegte Mirabeau die Einwürfe der deutschen Judenfresser, der Michaelis und der Göttinger Gelehrtenzunft, gegen die Einbürgerung der Juden. Er brauchte die verschiedenen Einwürfe nur einander gegenüberzustellen, um ihre Lächerlichkeit erkennen zu lassen. Der eine folgerte, die Juden würden in dem Wetteifer mit den Christen diesen überlegen werden, und der andere, sie würden ewig hinter ihnen zurückbleiben. „Mögen sich zuerst die Gegner untereinander verständigen," bemerkte er, „sie widerlegen einander selbst." Nur allzu prophetisch sah Mirabeau voraus, daß die Juden in einer freien und glücklichen Lage bald ihren Messiaskönig vergessen würden, und daß demnach die von ihrem Messiasglauben hergenommene Berechtigung zu ihrer fortdauernden Ausschließung nichtig sei. „Es ist nur eins zu bedauern, daß eine so sehr begabte Nation so lange in der Unmöglichkeit gehalten worden ist, ihre Kräfte zu entwickeln, und jeder einsichtsvolle Mensch muß sich freuen, nützliche Mitbürger an den Juden zu gewinnen.[2])" Durchdrungen von Mendelssohns Geiste, widerlegte Mirabeau der Reihe nach die Anschuldigungen gegen die Juden, fälschlich hergeleitet von ihrer angeblichen Neigung zu Diebstahl, Betrug und Meineid, von ihrer Untauglichkeit zum Waffendienste, von dem Hindernis des Sabbats, ihre Bürgerpflichten zu erfüllen, und von ihren Speisegesetzen, sich mit den Christen zu vergesellschaften[3]). Er beschloß seine glühende Schutzschrift für die Juden mit den Worten: „Meint ihr, daß die vermeintlichen, tiefgewurzelten Laster der Juden erst mit dem dritten oder vierten Geschlecht verschwinden können? Nun, so fangt bald an. Denn es ist kein Gewinn, diese große politische Reform einer Generation aufzuschieben, wenn man doch ohne diese Reform die Generation nicht verbessern kann, und das einzige, was ihr nicht einbringen könnt, wäre die verlorene Zeit." Auch sonst ergriff Mirabeau jede Gelegenheit, um den Juden warm das Wort zu reden. Er war förmlich in sie und ihre biblische Literatur

---

[1]) Mirabeau, Sur Mendelssohn, S. 88 ff.
[2]) Daf. S. 115, 117.
[3]) Daf. S. 118—130.

verliebt und zerstreute die Nebel der Vorurteile, welche Voltaire gegen
sie angesammelt hatte[1]). Eine Sache, deren Verteidigung Mirabeau
übernahm, konnte man für halb gewonnen halten. Seine Reformvorschläge kamen zur rechten Zeit.

Unter den tausend Fragen, welche am Vorabend der Revolution
die öffentliche Meinung beschäftigten, war auch die Judenfrage. Die
Juden, namentlich die des Elsaß, klagten über die Unerträglichkeit
ihres Elends und die christliche Bevölkerung über unerträgliche Verarmung durch die Juden. In Metz war eine gegen die Juden hetzende
Schrift erschienen, „Schrei des Bürgers gegen die
Juden"[2], welche die häßlichsten Leidenschaften des Volkes gegen
sie entzündete. Sie wiederholte alle lieblosen und unflätigen Äußerungen gegen sie, durch welche Voltaire seinen Unmut gegen einige
derselben losgelassen hatte (v. S. 49 f.): Eingewurzelter Haß der Juden
gegen alle Menschen, Wucher, Aberglaube und Unwissenheit, das waren
die Schlagwörter, mit denen der deutsch-französische Judenfeind Regierung und Volk gegen sie aufreizte. Die Schrift wurde zwar verboten; aber wann wäre je eine noch so unglaubliche Verleumdung
ohne Folgen geblieben? Und der Schein sprach allerdings gegen die
Juden. Ein junger jüdischer Schriftsteller, der erste elsässische Jude,
der sich der französischen Sprache bediente, trat mit einer geharnischten
Gegenschrift auf (1787), welche zu der Erwartung berechtigte, daß die
Juden nicht mehr, wie zu Voltaires Zeiten, Schmähungen ungerügt
über sich ergehen lassen, daß sie vielmehr aus der stummen Duldung
heraustreten würden. Jesaia Berr-Bing (geb. 1759, starb
1805), zugleich kenntnisreich und beredt, mit der Geschichte seines
Volkes mehr bekannt, als seine jüdischen Zeitgenossen, die Berliner
Tonangeber mit eingeschlossen, widerlegte mit eindringlicher Überzeugung jene Anschuldigungen. Einige seiner Bemerkungen verdienen
noch heute beherzigt zu werden. „Sie beschuldigen uns (mit Voltaire)
. . . des Aberglaubens. Ist er Ihnen gleichbedeutend mit treuer Anhänglichkeit an eine Religion, der Sie selbst die Spur göttlicher Offenbarung nicht abzusprechen wagen, oder mit gewissenhafter Befolgung
aller ihrer Gebote? Finden Sie uns dann abergläubisch, so will ich
Ihnen das gern zugeben, und meine besten Wünsche gehen dahin,
daß wir in solchem Aberglauben immer verharren mögen, der Vol-
tairschen Philosophie und ihrem Abscheu vor allen Formen und allem,

---

[1]) Mirabeau, Monarchie Prussienne, V, 47.
[2]) Cri du citoyen contre les juifs; Mirabeau, Monarchie Prussienne,
V, 80, Bran, gesammelte Aktenstücke, S. 242 f.

was über ihren Gesichtskreis erhaben ist, zum Trotze." Es gehörte mehr
Mut dazu, in der Zeit schaler Aufklärung so zu sprechen, als zu Isaak
de Pintos mit Bücklingen gegen Voltaire vorgebrachter Verteidigung
der Juden (o. S. 55f.). „Sie werfen uns Unwissenheit vor," fährt Bing
weiter fort, „Sie werden mir [aber] zugeben, daß eine Nation, ehe sie
ihr Augenmerk auf wissenschaftliche Kultur richten darf, im Wohlstand leben, Sicherheit des Besitzes und Aussichten haben müsse, welche
dem Wißbegierigen als Ziel der Studien vorschweben können. Lassen
Sie uns mit diesen Erfordernissen die Geschichte des jüdischen Volkes
vergleichen, die Unglücksfälle, die Schicksale, die Umwälzungen, die
es erlitten; die Frage wird sich dann leicht beantworten, ob die Juden
zu einer Zeit, da ihnen die Muße nicht versagt war, die Wissenschaften
vernachlässigt haben. . . . . Zu jener Zeit, da die Gallier, wie die Germanen, noch in der tiefsten Unwissenheit und in dem abgeschmacktesten
Götzendienste versunken waren, konnten wir uns eines Philo, eines
Josephus, berühmter Mathematiker, Astronomen, Dichter und Archi-
tekten rühmen. . . . . Es war eine natürliche Folge der Todesgefahr,
in der alle einzelnen bei dem geringsten Verdacht schwebten, daß sie,
erschlafft und kleinmütig, nur Furcht und Mißtrauen kannten, und da
ihnen das Leben nur eine beschwerliche Pilgerschaft war, daß sie nur
auf das Heil ihrer Seelen bedacht waren. . . . . Der Mißtrauische
sucht den Schleier des Geheimnisses; selbst die verkannte Tugend
scheut das Licht; daher auch der Gebrauch der unverständlichen, kauder-
welschen Sprache, deren sich die gemeinen Juden fast allenthalben bedienen, wo die Regierung, unbekümmert um ihre Pflichten gegen
diese so lange vernachlässigten Untertanen, sie fernerhin untätig ihrem
Schicksale überläßt und die entehrenden Fesseln nicht lösen will, welche
die Verfolgungswut ihnen angelegt, die Verachtung aber erschwert
hat. Diese Sprachverderbnis darf man unbedenklich unter die Ursachen
zählen, welche den Fortgang wissenschaftlicher Bildung unter uns verhindern."

Bing blieb aber nicht bei der Verteidigung stehen, sondern trat
mit kühnen Forderungen hervor. „Wir verlangen weder eine besondere Gnade, noch eine Gunst, noch ein Privilegium, aber wir verlangen ein Gesetz, wodurch wir zu den natürlichen Rechten, deren alle
Menschen ohne Ausnahme teilhaftig sein sollen, zugelassen werden.
Wir verlangen, daß man die entehrende Scheidewand aufhebe, welche
uns von allen übrigen Staatsbürgern absondert, daß man den erniedrigenden Unterschied nicht ferner dulde, . . . daß es jedem ver-
stattet werde, einen Wohnort nach seinem Gefallen zu wählen, daß

kein Erwerbszweig uns verschlossen, kein Handwerk uns untersagt sei.
Wir verlangen, daß man die Kräfte, welche zum Dienst der bürger=
lichen Gesellschaft bestimmt sind, fernerhin nicht in einer erzwungenen
Untätigkeit ruhen lasse; wir verlangen, daß wenn nicht die den Talenten
gebührende Belohnung, doch wenigstens die Achtung uns nicht versagt
werde, welche allein dafür schadlos halten kann, daß die im Staat
bestehenden Schulanstalten auch uns geöffnet werden, wie jedem andern
Untertan. Wir machen endlich, da wir die Bürgerpflichten ausüben
können und wollen, gleichen Anspruch auf die Vorteile, welche zur
Aufmunterung des Verdienstes bestimmt sind. Wenn man uns diese
billigen Forderungen zugestanden haben wird, so muß die Erfahrung
den Satz bestätigen, daß zwei Nationen, die unter demselben Himmels=
strich, in derselben Verfassung leben, und deren Glaubensmeinungen
auf denselben moralischen Prinzipien beruhen, nicht im wesentlichen,
weder dem Charakter, noch den Fähigkeiten nach, verschieden sein
können."

Durch diese Schriften für und gegen die Juden kam die Juden=
frage in Frankreich auf die Tagesordnung. Die königliche Gesellschaft
für Wissenschaft und Künste in Metz setzte einen Preis für die beste
Arbeit über Beantwortung der Frage aus: „Gibt es Mittel,
die Juden glücklicher und nützlicher in Frank=
reich zu machen?" Drei Arbeiten liefen ein, sämtlich zugunsten
der Juden, von zwei christlichen und einem jüdischen Forscher, von dem
Priester Grégoire, dem Advokaten des Parlaments von Nancy
Thiery und dem aus Polen in Paris eingewanderten Salkind
Hurwitz aus Kowno (am Njemen). Alle drei Arbeiten wurden ge=
krönt (1788), die von Grégoire[1]) hatte jedoch die größte Wirkung.
Grégoire war eine naive Natur und hatte sich ein reines kindliches Ge=
müt inmitten der allgemeinen Verderbnis bewahrt. Er glaubte noch
an die evangelische Kindlichkeit und lebte gegen die laute Stimme
der Geschichte der Überzeugung, daß das Christentum die allgemeine
Menschenliebe und die Brüderlichkeit predige. Wie man später von
ihm sagte, daß er die Revolution habe christlich machen wollen, so kann
man auch von ihm sagen, daß er die ganze Geschichte habe christiani=
sieren wollen. Von diesem christlichen Gesichtspunkte aus betrachtete
er auch das Los der Juden. Er weinte über ihr Elend, zeigte ihre blut=
triefende Geschichte, diese lange schmerzens= und tränenreiche Tragödie,

---

[1]) Essai sur la régénération physique, morale et politique des Juifs,
ouvrage couronné par la société royale des sciences et des arts, le 23 août 1778.

brandmarkte die Urheber derselben, die christlichen Völker und Fürsten,
fühlte schmerzhaft die Schmach, daß der Name Jude eine Schmähung
geworden ist und daß die Jünger des „liebevollsten Messias" die in
Lumpen gehüllten Unglücklichen, denen sie auf den Straßen begegneten,
nur deswegen mißhandelten, weil sie Juden sind[1]). Auch Grégoire
hob ihre angestammten und zur Gewohnheit gewordenen Tugenden
hervor, die Keuschheit ihrer Frauen, ihr Mitleid für Notleidende, die
Verehrung für die Urheber ihrer Tage, für ihre Lehrer und Greise[2]).
Nichtsdestoweniger fand Grégoire ihr langes Märtyrertum zum Teil
wenigstens verdient, weil sie den „Heiland" verworfen hätten, Jesu
Blut sei auf ihr Haupt zurückgefallen[3]). Grégoire betrachtete so sehr
die Juden vom geistlichen Gesichtspunkte, daß er sogar in brennendem
Widerspruche mit der Geschichte die Päpste und Geistlichen von der
Schuld an der Verfolgung der Juden freisprach[4]). Den Kirchenstaat,
wo die Juden nur als lebende Muster von Gottesmördern, in alter
Schmach versteinert erhalten wurden, schilderte er als ihr irdisches
Paradies[5]). Das Judentum verstand er wenig. Es habe einst seine
Gültigkeit gehabt, sei aber von dem Christentum überholt worden und
sei in Versumpfung geraten. Auch die wissenschaftlichen Leistungen
der Juden schlug Grégoire aus Unkenntnis gering an[6]). Man darf
ihm diese Verkennung nicht so sehr verargen. Seine dürftige Kenntnis derselben hatte Schuld daran, nicht sein Herz. Gern ließ er sich
eines Besseren belehren, von Mose Ensheim, einem Jünger und
Hausgenossen Mendelssohns, und von Jesaia Bing, die ihm zur
Seite standen und ihm manches goldene Blatt aus der jüdischen Literatur des Mittelalters zeigten[7]).

So kam es, daß Grégoire die Frage über die Verbesserung der
Lage der Juden nicht von der staatswissenschaftlichen Seite, wie Dohm
und Mirabeau, sondern von der kirchlichen Seite aus behandelt hat.

---

[1]) Grégoire, Essai, Chap. II, Anfang.
[2]) Das. Chap. IV.
[3]) Das. Chap. V.
[4]) Das. Chap. I. p. 5 f.
[5]) Das. S. 168.
[6]) Das. Chap. XXV.
[7]) Das. Note 14 zu Liber X. Mose Ensheim; XI, Note 8 „pardon,
mon cher Bing, c'est par vertu que vous voudriez faire l'apologie de votre
nation"; zu XX, Note 3, Übersetzung der dreizehn Glaubensartikel; das. 8,
observations of Mr. Bing; zu XV, 9, aus Bechinat Olam: le traducteur
c'est Mr. Bing; das. XVIII. le lecteur saura gré à Mr. Bing de l'avoir tra-
duite (l'élégie touchante de Jehuda ha Levi).

Indessen war er viel gerechter und milder als Michaelis und die Göttinger. Die Behauptung von der Unverbesserlichkeit der Juden widerlegte er schlagend. Das Resultat seiner Untersuchung fiel im ganzen günstig für die Juden aus. Man sollte ihnen um so mehr die volle Freiheit einräumen, weil sie in ihrer gegenwärtigen, gedrückten Lage nur eine Plage für die christliche Bevölkerung wären und sie durch Wucher und Schelmereien aussaugten. Die Freiheit sei dem Christentum, dem Gesetze und den Interessen der Nation angemessen. „Machen wir die Juden zu Bürgern; physisch und moralisch wieder verjüngt, werden sie ein gesünderes, stärkeres Temperament, Einsicht und Ehrlichkeit erlangen. Ihr Herz von der Tugend geleitet, ihre Hände von der Arbeit abgehärtet, werden der großen Gesellschaft zum Nutzen gereichen"[1]. Konsequenter als Dohm, wollte Grégoire sie selbst zu Staatsämtern zugelassen wissen[2]. Selbstverständlich wollte er die Freiheit ihres Kultus unbeschränkt lassen, mit Ausnahme des Falles, wo ihr Gesetz mit dem des Staates in Reibung geraten sollte. Er schloß seine Abhandlung mit der rednerischen Wendung, die besser als alle Beweise wirkte: „O, ihr Nationen, seit achtzehn Jahrhunderten tratet ihr Israel mit Füßen. Die Rache Gottes entfaltet über sie ihre Strenge; aber hat sie euch beauftragt, ihr Werkzeug zu sein? Die Wut eurer Vorfahren hat ihre Schlachtopfer unter dieser unglücklichen Herde gewählt. Welche Behandlung spart ihr euch für die schüchternen Lämmchen auf, die, dem Blutbade entronnen, in euren Armen eine Zuflucht suchen? Ist es denn genug, ihnen das Leben zu lassen, wenn ihr ihnen alles raubt, was dasselbe erträglich machen kann? Werdet ihr euren Haß euren Kindern als einen Teil der Erbschaft hinterlassen? . . . . . Ein neues Jahrhundert bricht an; mögen die Palmen der Menschlichkeit seine Pforte umkränzen, und möge die Nachwelt im voraus der Vereinigung eurer Herzen Beifall zujauchzen. Die Juden sind Glieder derselben ausgebreiteten Familie, welche die Brüderschaft unter den Völkern befestigen soll, und über sie wie über euch breitet die Offenbarung ihren majestätischen Schleier aus. Kinder desselben Vaters, entziehet jeden Vorwand zur Verachtung bei euren Brüdern, die eines Tages in demselben Gotteshause vereinigt sein werden. Öffnet ihnen Freistätten, wo sie in Sicherheit ihre Häupter niederlegen und ihre Tränen trocknen können, und möge endlich der Jude, indem er dem Christen Gegenliebe bewilligt, in mir seinen Mitbürger und seinen Freund umarmen."

---

[1] Grégoire, Essai, S. 141. [2] Das. Chap. XXIV.

Adolf Thiery, der zweite Bewerber um den Preis für die Judenfrage, nach Art der Sachwalter mehr rednerisch, aber ohne Tiefe, gab in seiner Preisschrift[1]) den gesunkenen Zustand der Juden zu und schob ebenfalls die Schuld auf ihre Behandlung seitens der Christen: „Die Habgier, die Eifersucht, die Intoleranz, die wilde Frömmigkeit des immer schrecklichen Volkes, wenn es glaubt, seiner Religion zu gehorchen, oder wenn es den Fanatismus aus seinem Hasse schöpft, alle Plagen der Menschheit vereinigten sich, um die Juden zu quälen und zu zerschmettern[2]). . . . . . Wagen wir es zu sagen und die Masken abzureißen, mit welchen das Vorurteil sich beständig bedeckt hat. Uns selbst müssen wir der Verbrechen anklagen, die man den Juden vorwirft; wir zwingen sie dazu[3])." Die Verbesserungsfähigkeit der Juden bewies er aus ihrem Verhalten im Altertume, wo sie Muster von Lebenseinfachheit waren, und aus den rührenden Familientugenden, die unter den Juden viel mehr als unter den Christen noch immer heimisch seien[4]). Thiery wies auch auf das Beispiel ehrenwerter Männer in Frankreich, auf die Gradis, Blienu, Cerf Berr, hin, welche eine hohe Stufe von Bildung oder gemeinnützigem Wirken erstiegen hatten[5]). Auch er verlangte, daß die Juden völlig den Christen gleichgestellt würden, dann würden ihre Fehler von selbst schwinden. Er machte auf den auffallenden Unterschied zwischen den Juden von Metz und Nancy aufmerksam; während sie dort, gedrückt, einen trübseligen Anblick darbieten, zeigen sie hier, wo sie freier leben durften, einen erfreulichen Fortschritt[6]).

Salkind Hurwitz[7]) Preisschrift fiel, wie sich denken läßt, noch günstiger aus. Er war ein tief gelehrter Jude, ein scharfer Denker, ein Jünger des als Autorität verehrten Metzer Rabbiners Arje Löb, und kannte die Quellen der jüdischen Literatur besser, als seine Mitbewerber. Wenn Hurwitz auch Wahrheitsliebe genug besaß, manche Blößen nicht zu verschweigen, so erschienen sie ihm doch nicht so grell, wie denen, welche sie mit fremden Augen betrachteten.

---

[1]) Ad. Thiery, Dissertation sur cette question: Est-il des moyens de rendre les Juifs plus heureux et plus utiles en France? Ouvrage couronné. Paris 1788.
[2]) Das. p. 18.
[3]) Das. p. 29.
[4]) Das. p. 35 f.
[5]) Das. p. 63.	[6]) Das. p. 72 f.
[7]) Über S. Hurwitz und seine Schrift über Polygraphie (Lakographie) und über den Ursprung der Sprachen vgl. Zeitschrift Jedidja, Jahrgang 3, Bd. V, S. 19 f., 160 f., Bd. VI., Anf. Er starb um 1810.

Als diese drei Schutzschriften erschienen, verdichteten sich bereits die wetterschwangeren Wolken der Revolution, welche Zerstörung und Neubildung über den Erdkreis herbeiführen sollte. Die Fessel der doppelten Knechtschaft, unter welcher die europäischen Völker seufzten, der politischen und der kirchlichen, sollte endlich in einem Lande wenigstens gesprengt werden. Das Christentum, das in seinen Anfängen einen Anlauf genommen hatte, der Freiheit eine Stätte zu gründen, war schon tags darauf freiheitsfeindlich geworden, billigte die Leibeigenschaft, diesen Krebsschaden der christlichen Gesellschaft, so wie die Kasten- und Standesunterschiede, die Unterjochung der Niedrigen unter die Hohen, segnete die Despoten, verfluchte die Elenden, die sich dagegen auflehnten, und überlieferte sie auch öfter dem Henkerbeile. Die lutherische Reformation, welche die „Obrigkeit" heilig sprach und den Bauernaufstand in Blut zu ertränken befahl, machte die Knechtschaft nur noch drückender. Endlich sollte der gesunde Sinn über den politischen und kirchlichen Wahn siegen und die Freiheit verkünden, das Wort, das in Europa fast unbekannt geworden war. Wie von einem Zauberstabe berührt, verwandelte sich Frankreich in einen Glutherd, worin alle Werkzeuge der Knechtschaft verzehrt wurden, und aus der Asche erhob sich das französische Volk, neuverjüngt, zu Großem bestimmt, der erste Apostel für die Freiheitsreligion, die es mit leidenschaftlicher Begeisterung liebte. Sollte nicht auch dem am meisten geknechteten Volk, den Juden, die Stunde der Erlösung geschlagen haben? Es war zu erwarten. Zwei seiner eifrigsten Verfechter saßen in dem Teil der zusammenberufenen Nationalversammlung, welcher, als wahrer Vertreter des Volkes, die so lange vom Staate und von der Kirche Enterbten in ihre unverjährbaren Rechte wieder einsetzte, Mirabeau, einer der Väter der Revolution, und der Priester Grégoire, welcher seine Wahl gerade seiner Schutzschrift für die Juden verdankte.

Allzuviel Juden wohnten in Frankreich beim Ausbruch der Revolution keineswegs, kaum 50 000 Seelen — von denen fast die Hälfte (20 000) auf das Elsaß kam — unter dem drückendsten Joche. In Metz, der größten Gemeinde, der „Mustergemeinde", wurden nur 420 jüdische Familien und in ganz Lothringen nur 180 geduldet, die sich nicht vermehren durften. In Paris hatte sich trotz des strengen Verbotes doch (seit 1719) eine Gemeinde von etwa 500 Seelen angesammelt[1]; ebenso viele lebten in Bordeaux, größtenteils von

---

[1] [Vgl. Kahn, Léon. Les juifs de Paris sous Louis XV (Paris 1892) und von demselben Les juifs de Paris au XVIIIme siècle (Paris 1894).]

neuchriſtlicher oder portugieſiſcher Abkunft. Außerdem beſtanden einige Gemeinden in dem päpſtlichen Gebiete von A v i g n o n und C a r p e n t r a s, die einen eigenen Ritus, abweichend von dem deutſchen und ſefardiſchen hatten. In Carpentras wohnten etwa 700 Familien (über 2000 Seelen), die ein eigenes Rabbinat hatten. Hier genoſſen ſie ein wenig mehr Freiheit als im Elſaß und in Lothringen und durften wenigſtens liegendes Vermögen beſitzen. Am günſtigſten geſtellt waren die Juden von Bordeaux und diejenigen der Tochter=gemeinde Bayonne. Vereinzelt wohnten noch welche in R o u e n, D i e p p e und einigen anderen nördlichen Städten[1]. — Unter den Juden in den verſchiedenen Provinzen beſtand ebenſowenig Zuſammen=hang, wie unter denen der übrigen europäiſchen Länder. Das gehäufte Unglück hatte ſie zerklüftet. Zwiſchen den deutſchen und portugie=ſiſchen Juden beſtand außerdem eine Spannung aus der Zeit, als dieſe eine Anzahl ihrer Stammesgenoſſen von deutſcher und avignoneſiſcher Abkunft aus ihrer Mitte ausweiſen ließen und ſich gegen neue Ankömm=linge abſperrten (o. S. 52). Daher kam es, daß keine gemeinſamen Schritte von ihnen vorbereitet wurden, um ihre Einbürgerung ſofort von der Nationalverſammlung zu verlangen, obwohl Grégoire[2], der katholiſche Prieſter mit wahrer Menſchenliebe im Herzen, ſie er=mahnt hatte, die günſtige Gelegenheit zu ergreifen. Männer von Tatkraft, von Liebe zu ihren Stammesgenoſſen, von Aufopferungs=fähigkeit und von Takt hatten ſie allerdings in ihrer Mitte, C e r f B e r r, F u r t a d o, I ſ a a k B e r r. D a v i d G r a d i s von Bordeaux, reich, von hochherzigem Sinn und angeſehen, ſtand auf der Kandidatenliſte, und es fehlten ihm nur wenige Stimmen, um zum Deputierten gewählt zu werden. Aber anfangs geſchah nichts der Art. Ein Verſuch zu gemeinſamem Handeln mag gemacht worden ſein, ſcheiterte aber wohl an dem Stolz der Portugieſen. Daher iſt

---

[1] Über die Geſamtzahl der Juden in Frankreich zu dieſer Zeit vgl. die Rede des Advokaten G o d a r d 1790 (weiter unten); über E l ſ a ß und M e t z, M i r a b e a u, Sur Mendelsſohn p. 129, G r é g o i r e. Essai p. 56, 282, B a i l, Les Juifs du XIXme siècle p. 109; über P a r i s vgl. Archives Israélites, Jahrg. 1841, p. 501 f.; über Bordeaux oben S. 55, über Carpentras Thiery, Dissertation p. 60, über Avignon Archives Israélites, Jahrg. 1840, p. 290 f.

[2] Grégoires Brief an Iſaia Bing d. d. 23. Febr. 1789 in Archives Israélites, Jahrg. 1844, p. 416. „Dites-moi donc, mon cher, à la veille des Etats-Généraux, ne devriez-vous pas vous concerter avec d'autres membres de votre nation, pour reclamer les droits et les avantages des citoyens? Plus que jamais, voici le moment."

in den ersten stürmischen Monaten der Revolution nichts für die Gleich=
stellung der Juden unternommen worden. Die Deputierten in den
Generalstaaten oder der Nationalversammlung hatten viel zu viel
andere Kämpfe durchzumachen, um an die Juden denken zu können.
Auch hielten sie sich meistens an das Programm der Wünsche, welche
ihnen ihre Wähler mitgegeben hatten, und unter diesen war die Eman=
zipation der Juden nicht aufgeführt. Die Deputierten des Elsaß und
Lothringens hatten im Gegenteil die Weisung erhalten, gegen die
Juden aufzutreten. Erst die infolge der Revolutionsstürme ausge=
brochenen Judenhetzen in den deutschen Provinzen legten es den
Betroffenen ans Herz, ihre Klagen vor die Nationalversammlung zu
bringen. Es war vielleicht gut, daß ihnen die Frucht der Freiheit
nicht reif in den Schoß gefallen ist, sondern daß sie sich darum mit
einem Aufgebot von Anstrengung bemühen mußten; dadurch ist ihnen
die Freiheit teuer und lieb geworden.

Die Erstürmung der Bastille hatte endlich dem verblendeten Könige
das Zepter aus der Hand gerissen und es dem Volke überliefert. Die
Revolution hatte Blut gekostet und begann das Strafgericht an den
Unterdrückern zu vollstrecken. An vielen Punkten des Landes wurden
wie auf Verabredung die Schlösser verbrannt, die Klöster zerstört,
die Edelleute mißhandelt und getötet. Das eben von der Sklaven=
kette erlöste Volk, von der Kirche in Unwissenheit erzogen, wußte nicht
den Freund vom Feinde zu unterscheiden, und stürzte sich blindlings
auf das, was seinem Auge am nächsten lag. Im Elsaß machte die nie=
drige Volksklasse, vielleicht von geheimen Judenfeinden verhetzt, zu=
gleich einen wütenden Angriff auf die Juden (Anfang August 1789),
zerstörte ihre Häuser, plünderte ihre Habe und zwang sie halbnackt zur
Flucht. So wurden sie, welche bis dahin von den Adligen und Geist=
lichen gedemütigt und geknechtet worden waren, die Leidensgenossen
ihrer Tyrannen. Die Elsässer Juden retteten sich meistens nach B a s e l,
und, obwohl dort kein Jude weilen durfte, wurden die Flüchtlinge
dennoch beherbergt und mitleidsvoll behandelt. Wessely verewigte die
menschliche Gesinnung der Baseler durch ein schönes hebräisches Ge=
dicht[1]. Über alle diese Ausschreitungen des ersten Freiheitsrausches,
die traurigen Folgen der Selbstsucht der Großen, liefen Klagen bei
der Nationalversammlung ein; von ihr erwarteten alle Abhilfe, nicht
mehr von dem Königtume, das bereits ein Schatten geworden war.

[1] Archives Israélites, Jahrg. 1844, p. 465. Meassef, Jahrg. 1789,
p. 353.

Jeder Deputierte erhielt ausführliche Berichte über die Unruhen und
zum Teil blutigen Vergehen. Die mißhandelten Elſäſſer Juden
hatten ſich an Grégoire gewendet und dieſer entwarf (3. Auguſt) ein
düſteres Gemälde von dem Judenſturm und fügte hinzu, daß er, ein
Diener der Religion, welche alle Menſchen als Brüder betrachtet,
das Einſchreiten der Macht der Verſammlung zugunſten dieſes geächteten und unglücklichen Volkes beanſpruchen müſſe. Er veröffentlichte ferner eine Schrift „A n t r a g   z u g u n ſ t e n   d e r   J u d e n“,
um auf die öffentliche Meinung zu wirken[1]). Es folgte darauf jene
denkwürdige Nacht vom 4. Auguſt, welche dem franzöſiſchen Volke
zu ewigem Ruhm gereichen wird, als der Adel ſelbſt ſeine Vorrechte
auf dem Altar der Freiheit opferte und die Gleichheit aller Bürger
anerkannte, jene Nacht, welche die Geburtsſtunde einer neuen Ordnung der Dinge wurde. Erſt infolge dieſer Anregung und aus Furcht,
daß ſie ſämtlich als Opfer der Anarchie fallen könnten, entſchloſſen ſich
auch die Juden der übrigen Provinzen, Geſuche um Aufnahme in den
Bruderbund des franzöſiſchen Volkes zu ſtellen; aber wiederum traten
ſie vereinzelt und teilweiſe mit widerſprechenden Wünſchen auf. Die
Juden von B o r d e a u x waren bereits in die Nationalgarde eingetreten, und einer von ihnen war zum Hauptmann ernannt worden.
Sie hatten nur den einen Wunſch, daß dieſe ihre Gleichſtellung durch
das Geſetz beſiegelt werde, und dieſen Wunſch ſprachen ihre vier Deputierten D a v i d   G r a d i s,   F u r t a d o,   L o p è s = D u b e c und
R o d r i g u e s aus. Auch von den Pariſer Juden waren etwa hundert
in die Nationalgarde eingetreten und wetteiferten an Patriotismus
und revolutionärem Mut mit den übrigen Bürgern. Sie ſchickten elf
Deputierte an die Nationalverſammlung, an deren Spitze einen Holländer G o l d ſ c h m i d t   und einen Portugieſen, A b r a h a m
L o p e s = L a g u n a, welche um Abwendung der Schmach, mit der
ſie als Juden bedeckt ſeien, und um ausdrückliche Gleichſtellung durch
das Geſetz baten, und den Gedanken ausſprachen, daß das Beiſpiel
des franzöſiſchen Volkes auf alle Völker der Erde wirken werde, die
Juden als Brüder anzuerkennen. Die Metzer Gemeinde hatte noch
den beſonderen Wunſch, daß die Laſt der drückenden Abgaben von
ihren Schultern genommen und die Schulden aufgehoben würden,
in die ſie durch jene Laſt geraten waren. Die Gemeinden von Lothringen hatten einen Vertreter zur Nationalverſammlung, B e r r =

---

[1]) Moniteur I, No. 32, p. 135 c.   Meaſſef, Jahrg. 1789, S. 393 f.
Halphen, Recueil des lois etc. concernant les Israélites depuis la révolution
de 1789, Einl., p. XXVI.

Isaak Berr (geb. 1744, starb 1828), geschickt, der ein Mann von
vielen Tugenden und Verdiensten und ein Verehrer von Mendelssohn
und Wessely war und vielen Einfluß hatte. Er überreichte eine Petition, die noch einen besonderen Wunsch enthielt. Berr war talmudisch
gebildet und vom talmudischen Judentume begeistert. Er scheint von
der Auflösung der bisherigen Gemeindeverbände den Zerfall des Judentumes befürchtet zu haben, oder er sah ein, daß die Rabbinen unpar-
teiischer die Streitigkeiten zwischen Juden schlichteten als die Gerichte.
Daher ging sein Wunsch dahin, daß die Autorität und Autonomie der
Rabbinen für innere Angelegenheiten durch ein Gesetz aufrecht erhalten
und anerkannt werden solle. Dagegen protestierten die Deputierten
für Luneville und diejenigen einer Nachbargemeinde. Sie wünschten
im Gegenteil vollständige Unabhängigkeit von den Rabbinen. Ihre
Wünsche wurden in vier Punkte zusammengefaßt, daß die Versammlung ihnen ausdrücklich den Titel Bürger zuerkennen möge, daß es
ihnen ohne Beschränkung gestattet sei, sich in allen Städten niederzulassen, daß sie von allen ungerechten Abgaben und dem Schutzgeld
befreit werden möchten, und endlich, daß ihnen Religions- und Kultusfreiheit eingeräumt werden solle[1]). Es dauerte aber lange, ehe die
Judenfrage in ihrer ganzen Schärfe auf die Tagesordnung der Nationalversammlung kam, als hätte die Versammlung sich gescheut, diesen
Punkt zu berühren, um nicht die öffentliche Meinung vermöge der
hartnäckigen Vorurteile und des Judenhasses in den deutschen Provinzen noch leidenschaftlicher gegen die Juden aufzuregen.

Die religiöse Unduldsamkeit zeigte sich selbst im Schoße der Versammlung. Am 23. August fand eine aufgeregte Sitzung statt. Es
handelte sich darum, unter die unverletzbaren Menschenrechte, welche
an die Spitze der Verfassung gestellt werden sollten, auch die religiöse Gewissensfreiheit und die Freiheit des Kultus aufzunehmen.
Ein Deputierter, de Castellane, hatte diesen Punkt scharf formuliert. „Kein Mensch soll wegen seiner religiösen Meinungen beunruhigt, noch in der Ausübung seines Kultus gestört werden." Gegen
diese Fassung erhob sich ein Sturm von den Bänken der katholischen
Geistlichkeit und anderer eingefleischter Katholiken. Sie sprachen immer
von einer herrschenden Religion oder Konfession, welche, wie bis dahin, vom Staate getragen und gefördert werden sollte, während die
andern Bekenntnisse allenfalls notdürftig geduldet werden sollten.
Vergebens erhob Mirabeau seine Löwenstimme gegen diese Über-

---

[1]) Moniteur vom 3. Sept. 1789, p. 210, auch bei Halphen a. a. O.

hebung. „Die unbeschränkte Religionsfreiheit ist in meinen Augen so heilig, daß das Wort Toleranz selbst mir gewissermaßen tyrannisch klingt, weil schon das Bestehen der Autorität, welche die Befugnis zu dulden hat, die Freiheit beeinträchtigt, indem sie duldet, weil sie auch das Entgegengesetzte tun könnte." Aber seine sonst gewaltige Stimme wurde vom Gegengeschrei übertönt. Nur die weisheitsvolle Rede eines anderen Deputierten, Rabaut Saint Etienne, brachte die Gewissensfreiheit zum Siege. Er bemerkte, daß er eine Bevölkerung von einer halben Million Menschen vertrete, worunter sich 120 000 Protestanten befänden, und er könne nicht zugeben, daß diese von allen Ämtern und Ehren ausgeschlossen werden sollten. „Es sei für immer verbannt, das Wort Intoleranz, dieses barbarische Wort möge nie mehr ausgesprochen werden. Ich verlange aber nicht die Toleranz; dieses Wort hat eine Nebenbedeutung, welche die Menschen entwürdigt, ich verlange Freiheit, welche ein und dieselbe sein soll." Er erhob aber auch für die Juden seine Stimme. „Ich verlange die Freiheit für das stets geächtete, heimatslose, auf dem ganzen Erdkreis umherirrende, der Erniedrigung geweihte Volk der Juden. Verbannet für immer die Aristokratie der Gedanken, die Feudalität der Meinungen, welche über andere herrschen und anderen einen Zwang auflegen wollen." Unter starkem Widerspruch ging die Fassung durch, welche seitdem die Grundlage der europäischen Konstitution geworden ist: „Niemand soll wegen seiner religiösen Meinungen behelligt werden, insofern ihre Äußerungen nicht die öffentliche, vom Gesetze eingesetzte Ordnung stören"[1].

Damit war der eine Punkt in dem Gesuch der französischen Juden erledigt. Als aber die Judenfrage später geradezu zur Verhandlung kommen sollte (3. Sept.), wurde sie wieder aufgeschoben und einem Ausschuß überwiesen[2]. Freilich war der Zeitpunkt am wenigsten dafür geeignet. Die Nationalversammlung, Paris und das ganze Land waren damals infolge der Frage über das königliche Veto in elektrischer Spannung, die jeden Augenblick in einen Wetterschlag auszubrechen drohte. Drei Wochen später mußte die Versammlung sich doch mit der Judenfrage befassen. Verfolgungen, welche Juden abermals an einigen Orten erduldeten, gaben die Veranlassung dazu. Die von Nancy wurden mit Plünderung bedroht, weil man ihnen vorwarf, daß sie Getreide aufgekauft und verteuert hätten. Sie würden,

[1] Moniteur 1789, p. 186—189.
[2] Das. p. 210.

so hieß es, wenn sie gleichgestellt würden, die schönsten Häuser kaufen, ja die ganze Stadt besitzen. Zum Bischof la Fare bemerkte ein aufgeregter Bürger: „Wenn wir Sie verlören, würden wir eines Tages einen Juden zum Bischof haben; so geschickt sind sie, sich alles anzueignen"[1]. Die Judenfrage wurde infolgedessen für so dringlich gehalten, daß die Tagesordnung dadurch (28. Sept.) unterbrochen wurde. Grégoire war es abermals, der den Verfolgten das Wort redete. Ihn unterstützte der Graf Clermont-Tonnerre, ein aufrichtiger Freiheitsfreund. Mit glänzender Beredsamkeit hob er hervor, daß die christliche Gesellschaft an der Niedrigkeit der Juden Schuld sei, und daß sie ihnen eine Sühne geben müsse. Die Versammlung beschloß darauf, daß der Präsident an verschiedene Städte ein Rundschreiben richten möge, daß die Erklärung der Menschenrechte, welche die Versammlung angenommen habe, alle Menschen auf Erden, also auch die Juden, umfasse, daß sie demnach nicht gekränkt werden dürften. Der König wurde angegangen, mit seiner allerdings geschwächten Autorität die Juden vor ferneren Verfolgungen zu schützen[2]. Indessen hatte dieses Mittel bei den entfesselten Leidenschaften keinen Erfolg. Die Juden blieben im Elsaß nach wie vor Quälereien ausgesetzt. Die jüdischen Vertreter der drei Bistümer, Elsaß und Lothringen verloren die Geduld, als ihre Vorstellungen um Gleichberechtigung immer wieder abgewiesen wurden. Sie bemühten sich daher, sich endlich Gehör zu verschaffen. Von den lothringischen Deputierten vor die Nationalversammlung geführt (14. Okt.), erhielt Berr, der unermüdliche Anwalt für seine Stammesgenossen das Wort, um das tausendjährige Leid derselben zu schildern und eine menschenwürdige Behandlung zu erflehen. Würdig erfüllte er seine Aufgabe. Er mußte sich kurz fassen, weil die Versammlung, welche durch den Zusammensturz eines so alten Reiches einen Neubau auf dessen Trümmern zu errichten hatte, nicht viel Zeit für langatmige Reden fand. Berr beschwor im Namen Gottes, im Namen der Gerechtigkeit und der seit so vielen Jahrhunderten beleidigten Menschheit die Versammlung, daß sie das tränenreiche Geschick der unglücklichen Nachkommen des ältesten Volkes fast auf der ganzen Erde in Betracht ziehen und die so lange und vergeblich erhoffte Verbesserung endlich vollziehen möge. Gerührt hörten die Deputierten die Worte dessen an, der in diesem Augenblicke das zugleich flehende und anklagende Judentum verkörperte. Der Präsident

---

[1] Moniteur das. p. 304.
[2] Das. 263.

Preteau antwortete darauf, daß die Versammlung sich glücklich fühlen würde, den Juden Frankreichs Ruhe und Glück verschaffen zu können. Die Versammlung begleitete seine Worte mit Beifall, gestattete den jüdischen Deputierten als Ehrengästen den Verhandlungen beizuwohnen und versprach die Gleichstellung der Juden in der nächsten Sitzung zu beraten[1]). Seit der Zeit hegten die französischen Juden die zuversichtliche Hoffnung, daß ihre Gleichstellung sich verwirklichen werde. Mose Ensheim, der jüdisch-französische Dichter, besang darauf in schönen hebräischen Versen die schöpferische, Gerechtigkeit und Menschlichkeit gründende Nationalversammlung und gab dem Hochgefühl der Juden über die Erlebnisse in dieser so ereignisreichen Zeitepoche Ausdruck[2]).

Inzwischen hatte die Revolution wieder einen Riesenfortschritt gemacht; das Volk hatte das so stolze französische Königtum wie einen Gefangenen von Versailles nach Paris geführt. Des Königs Macht war vollständig gebrochen, er mußte sich an die Nationalversammlung anlehnen, um nicht wie ein Rohr in diesem Sturme geknickt zu werden. Auch die Deputierten siedelten nach Paris über, und die Hauptstadt geriet immer tiefer in die Aufregung revolutionärer Fieberglut hinein. Die Jugend der Pariser Juden und der von außen Eingewanderten nahmen den größten Anteil an allen Vorgängen. Auch die Halbvermögenden legten Gaben auf den Altar des Vaterlandes, um der Finanznot abzuhelfen. Salkind Hurwitz war als Dolmetsch der orientalischen Sprachen an der königlichen Bibliothek angestellt und bezog dafür den geringen Gehalt von 900 Franks. Freiwillig leistete er für immer Verzicht auf den vierten Teil seines Einkommens, obwohl die Nationalversammlung nur für ein Jahr den Abzug von den Gehältern der Beamten angeordnet hatte, was ihm von den Bürgern sehr hoch angerechnet wurde[3]). Endlich sollte die Judenfrage zum Austrag kommen. Schon war ein Berichterstatter dafür ernannt und eine eigene Sitzung dazu anberaumt. Aber sie wurde mit einer anderen Frage vermischt, mit dem Wahlrecht der Scharfrichter, der Schauspieler und der Protestanten, welche die katholische Bevölkerung in einigen Städten zu den Wahlen nicht zulassen mochte. Was mögen die judenfeindlichen deutschen Protestanten dazu gesagt haben, daß ihre Religionsgenossen in Frankreich auf eine Linie mit den Juden, Komödianten und noch dazu mit den Scharfrichtern gestellt wurden?

---

[1]) Moniteur das., p. 303 f. Sammler, Jahrg. 1790, p. 30 f.
[2]) Sammler, das., p. 33 f.
[3]) Moniteur das. p. 500; 1790, p. 132.

Der Bericherstatter Clermont = Tonnerre sprach wie die verkörperte Logik zugunsten aller vier Klassen. Eigentlich, meinte er, sei die Frage der Gleichstellung bereits entschieden, da die Versammlung allen ohne Ausnahme Menschenrechte zuerkannt und auch allen Unbescholtenen die Wählbarkeit zugesprochen habe. Was die Juden betreffe, so habe man gegen sie zahlreiche Anschuldigungen vorgebracht, die schwersten seien ungerecht und die übrigen keine Vergehungen. Nicht einmal der Wucher könne ihnen zum Vorwurf gemacht werden. Man müsse den Juden, als einheitlichem Nationalkörper, alles verweigern, weil es nicht eine gesonderte Nation innerhalb der Nation geben könne; aber man müsse ihnen als Individuen alle Rechte ohne Beschränkung einräumen. Sie selbst verlangen Bürger zu werden. Die Sache war dennoch nicht so einfach, wie Clermont-Tonnerre es glaubte, abgemacht; es entstand vielmehr eine sehr heftige Debatte (23. u. 24. Dez.). Alle entschiedenen Freiheitsfreunde ergriffen zwar das Wort zugunsten der Juden und ihrer Leidensgenossen, Robespierre, Duport, Barnave und, wie sich von selbst versteht, Mirabeau. Die Anhänger des Alten stemmten sich aber entschieden dagegen, der Abt Maury, der Bischof la Fare von Nancy und der Bischof von Clermont. Nur einer der Ultrarevolutionäre, Rewbell, allerdings aus dem Elsaß — was die Sache erklärlich macht — sprach gegen die Juden, daß es gefährlich sei, denen dieser Provinz, gegen welche der Haß tief eingewurzelt sei, schon jetzt völlige Bürgergleichheit einzuräumen. Der Abt Maury brachte solche Gründe zur Hintansetzung der Juden vor, wie sie Göttinger Professoren nicht gehässiger hätten vorbringen können. Er stieg bis ins Altertum hinauf, um zu behaupten, daß die Israeliten nicht einmal zur Zeit Davids und Salomos Ackerbauer gewesen wären. Er frischte die lügenhafte Erzählung auf, daß der jüdische Leibarzt Zedekias einen französischen König vergiftet hätte. Sogar auf Voltaires judenfeindliche Aussprüche berief sich der Kleriker, um die Versammlung gegen die Juden einzunehmen. In der Tat wurde die Versammlung schwankend, sie fürchtete an den groben Vorurteilen der Bevölkerung der östlichen Provinzen gegen die Juden zu rütteln. Auf die Vorstellung eines Deputierten wurde daher die Gleichstellung der Juden von der der Protestanten getrennt, und der Beschluß fiel demgemäß sehr zweideutig aus, die Versammlung behalte sich vor, sich über die Juden auszusprechen, ohne jedoch etwas Neues in betreff ihrer zu beschließen[1].

---

[1] Moniteur 1789, p. 500, 503, 504, 508.

Dieſer Vorbehalt wurde noch einmal bei dem Geſetze für die paſſiven Wahlen der ſtädtiſchen Beamten wiederholt (8. Januar 1790). Die Juden wurden davon ausgeſchloſſen.

Durch dieſen ausweichenden Beſchluß fühlten ſich aber die portu- gieſiſchen Juden von Bordeaux außerordentlich gekränkt. Sie hatten bisher ſtillſchweigend alle Rechte der Bürger genoſſen, ſo wie alle Pflichten mit Opferwilligkeit erfüllt. Nun ſollten ſie mit einem Male mit den deutſchen Juden, gegen die ſie nicht weniger Antipathie hatten als gehäſſige Chriſten, auf Anwartſchaft geſetzt werden. Sie beeilten ſich daher, eine Deputation nach Paris zu ſenden, um dieſen für ſie nachteiligen Beſchluß rückgängig zu machen. Da die Bevölke- rung ihnen günſtiger geſtimmt war, ſo wurde es ihnen leicht, ihre Wünſche befriedigt zu ſehen. Der Abgeordnete von Bordeaux, d e S è z e, ſprach warm zu ihren Gunſten. T a l l e y r a n d , damals noch Biſchof von Autun, wurde zum Berichterſtatter ernannt, und er ſprach kurz und bündig (28. Jan.), daß diejenigen Juden, welche bisher als natura- liſierte Franzoſen Bürgerrechte genoſſen haben, dieſelben behalten ſollten. Abermals erhoben ſich die Judenfeinde gegen dieſen Antrag. Sie fürchteten die Anwendung dieſes Vorganges zugunſten der deutſchen Juden. Da ſie mit ihren gehäſſigen Worten nicht durchdringen konnten, ſo ſuchten ſie die Abſtimmung ſtundenlang zu ſtören und den Beſchluß hinauszuſchieben, um Zeit zu gewinnen. Dennoch entſchied die Majo- rität, daß diejenigen Juden in Frankreich, welche daſelbſt unter dem Namen Portugieſen, Spanier oder Avignoneſen (von Bordeaux und Bayonne) lebten, ihre vollen Rechte als aktive Bürger genießen ſollten[1]). Der König genehmigte ſofort dieſes Geſetz[2]). Das war die erſte ge- ſetzliche Anerkennung der Juden als Vollbürger, allerdings nur eines Bruchteiles derſelben. Aber es wurde damit ein Beiſpiel gegeben. Ein Jude von Bordeaux ging in ſeinem Enthuſiasmus darüber ſo weit, Ludwig XVI. den Meſſias zu nennen; einen andern erwarten die Juden nicht[3]), meinte er.

Die Deputierten der Juden aus den deutſchen Landesteilen hatten es nicht ſo leicht, ſie mußten ſich die Gleichſtellung ſchwer erkämpfen. Sie kamen zur ſelben Zeit auf ein Mittel, einen Druck auf die Natio- nalverſammlung auszuüben und ſie gewiſſermaßen zu zwingen, die Einbürgerung zu beſiegeln. Es waren fünf Männer, welche mit Be- harrlichkeit die Hinderniſſe zu beſeitigen ſich angelegen ſein ließen.

---

[1]) Moniteur 1790, p. 126 f. 134.
[2]) Bei Halphen daſ. Sammler, Jahrg. 1790, p. 187.
[3]) Moniteur daſ. 183 c.

Von neuen Gesuchen an die Versammlung versprachen sie sich wenig. Die Judenfeinde sprengten aus, ein sehr reicher Jude (Cerf Berr) hätte mit noch einigen anderen bedeutende Summen in Paris ausgestreut, um Beschützer und Sachwalter für ihre Glaubensgenossen zu werben[1]). Das war eine boshafte Verleumdung. Kann man eine ganze Stadt von 700 000 Einwohnern bestechen? Aber es mag richtig sein, daß sie den feurig beredten Advokaten G o d a r d gewonnen hatten, um mit Schrift und Wort für sie einzutreten. Sie wußten wohl, daß die Macht nicht mehr in der Nationalversammlung, sondern in den Sektionen der Hauptstadt ruhte, welche mit ihrem glühenden Revolutionseifer Paris, die beratende Versammlung, den König und fast das Land beherrschten. An diese wendeten sich daher die jüdischen Vertrauensmänner von Paris, Elsaß und Lothringen. Sie ließen zunächst von Godard eine Petition für die Nationalversammlung ausarbeiten, um nachzuweisen, daß die Emanzipation sämtlicher Juden nicht bloß von dem, durch die Konstituante angenommenen Prinzip gefordert und von der Gerechtigkeit verlangt werde, sondern auch, daß es eine Grausamkeit sei, sie ihnen vorzuenthalten. Denn das Volk glaube, solange ihre Gleichstellung nicht gesetzlich festgesetzt sei, daß sie tatsächlich so verworfen wären, wie ihre Feinde sie hinstellten, und leite daraus die Berechtigung zu ihrer Verfolgung her[2]). Aber wirksamer als dieses neue Gesetz war eine Szene, welche die Pariser Juden mit ihrem Anwalt in Gegenwart der Generalversammlung der Pariser Kommune veranstalteten; sie gab den Ausschlag. Etwa fünfzig jüdische Nationalgardisten mit Kokarden versehen — unter ihnen der Pole S a l k i n d H u r w i t z — traten als Deputierte vor die Kommunalversammlung mit der Bitte, die Stadt Paris selbst möge sich nachdrücklich für die Gleichstellung der Juden verwenden. Godard hielt eine feurige Rede zu ihren Gunsten: „Die Hauptstadt ist jenem so lange hintangehaltenen Gesetz vorausgeeilt, sie hat sich mit den Juden als Waffengefährten vermischt, hat sie mit dem Bürgerkleide geschmückt und sie überhaupt als Brüder behandelt." Die Pariser Juden seien auch dessen würdig durch den patriotischen Eifer, der sie vom Beginn

---

[1]) Halphen p. 223. Der Fürst von Broglie sprach: „Je vous dirai que toute cette intrigue est ourdie depuis longtemps par quatre ou cinq juifs puissants, établis dans le département du Bas-Rhin; qu'un d'eux entre autres, qui a acquis une immense fortune aux dépens de l'Etat, répand depuis longtemps des sommes considérables dans cette capitale, pour s'y faire des protecteurs et des appuis." Dieser „eine" kann kein anderer als Cerf Berr gewesen sein.

[2]) Der Inhalt der Petition ist mitgeteilt Moniteur 1790, p. 184 c f.

der Revolution an beſeelt habe, ſie zu den Waffen greifen ließ und aus
ihnen mutige und unermüdliche Kämpfer gemacht und ihnen Gelegenheit gegeben habe, zu zeigen, daß ſie dem Heil und dem Gedeihen der
Nation durchaus ergeben ſeien. Die Stadt Paris, welche bereits ſo
viele Vorurteile zerſtört habe, ſei berufen, auch diejenigen, welche der
Befreiung der Juden im Wege ſtänden, zu vernichten. Sie möge daher
für die Pariſer Juden ein günſtiges Zeugnis vor der Nationalverſammlung ablegen, „daß ſie v o r der Revolution ſtill und unbeſcholten
und ſeit derſelben patriotiſch und opferbereit gelebt haben." Godard
wies auf das Beiſpiel des Salkind Hurwitz hin, der von ſeinem geringen
Einkommen einen Teil der Stadt geopfert hätte (v. S. 196). Auf
dieſe feurige Rede antwortete der Vorſitzende der Generalverſamm-
lung, der Abt M u l o t , den jüdiſchen Deputierten mit jenem Schwunge,
der den Rednern der Revolutionszeit eigen war. „Die Kluft zwiſchen
ihren religiöſen Anſichten und der Wahrheit, die wir als Chriſten bekennen, kann uns Menſchen nicht hindern, uns einander zu nähern,
und wenn wir uns einen Irrtum vorwerfen und uns übereinander
beklagen, ſo können wir uns doch einander lieben." Er verſprach im
Namen der Verſammlung, das Geſuch der Pariſer Juden um Gleichſtellung zu unterſtützen.[1]) Tags darauf (29. Januar 1790) veranlaßten
die Pariſer Juden den Karmeliterſtadtbezirk, in welchem ſie damals
meiſtens wohnten, ihnen ein Leumundszeugnis auszuſtellen, und dieſes
fiel außerordentlich günſtig aus: Der Karmeliterbezirk, der die meiſten
Juden in ſeinem Schoße einſchließt, hat, in Erwägung, daß er imſtande
iſt, ihr öffentliches Verhalten am beſten zu kennen und ihrem Eifer
und ihrem Patriotismus Gerechtigkeit widerfahren zu laſſen, und
durchdrungen davon, daß er ihnen Erkenntlichkeit dafür ſchulde, ein-
ſtimmig beſchloſſen, den Repräſentanten der Kommune den Wunſch
auszuſprechen, daß die Juden fortan die Rechte aktiver Bürger genießen ſollen, und hat ferner ſechs Deputierte ernannt, um dieſen
Beſchluß der Kommune kundzugeben und außerdem ihn der Nationalverſammlung und den übrigen Bezirken zuzuſchicken.

Tags darauf begaben ſich die ſechs ernannten Deputierten des
Karmeliterbezirks in das Stadthaus, um dem Beſchluß zugunſten der
Juden Nachdruck zu geben. Einer derſelben, C a h i e r d e G e r -
v i l l e , ſpäter Miniſter, hielt eine ſchwungvolle Rede: „Seien ſie nicht
erſtaunt, wie dieſer Bezirk ſich beeilt der erſte zu ſein, um dem Patriotismus, dem Mute und dem Edelſinn der in ihm wohnenden Juden

---

[1]) Moniteur 1790, p. 132, Sammler daſ. 187.

öffentliche Anerkennung zu zollen. Kein Bürger hat sich eifriger zur
Eroberung der Freiheit gezeigt, als die Juden, keiner war bereitwilliger,
die Nationaltracht anzulegen, keiner hat mehr Sinn für Ordnung und
Gerechtigkeit bekundet, keiner war hingebender für Wohltätigkeit gegen
die Armen und für freiwillige Beiträge, die für das Bedürfnis des
Bezirks erforderlich waren. Greifen wir alle Vorurteile an, greifen
wir sie mit Beharrlichkeit an. Nicht eine dieser Ausgeburten des Despotismus und der Unwissenheit soll die Wiedergeburt der Freiheit
und die Weihe der Menschenrechte überleben. . . . . Würdigen Sie
unsere gerechten und dringenden Forderungen zugunsten unserer neuen
Brüder, achten Sie sie und fügen Sie ihre Wünsche hinzu, um sie so
vereint der Nationalversammlung vorzuführen. Zweifeln Sie nicht
daran, daß Sie ohne Mühe für die Juden von Paris das erhalten werden, was man den portugiesischen, spanischen und avignonesischen
Juden nicht verweigert hat. Welcher Grund ist denn für die Bevor-
zugung dieser Klasse vorhanden? Ist die Lehre nicht dieselbe für alle
Juden? Sind unsere politischen Verhältnisse nicht gleich für die einen
wie die anderen? Wenn die Vorfahren der Juden, deren Sache wir
verteidigen, mehr als die portugiesischen Juden Kränkungen und Wut
erfahren haben, so wird der lange und grausame Druck, den sie erduldeten, ein neuer Titel für die nationale Gerechtigkeit werden.
Steigen Sie übrigens zum Ursprung dieser sonderbaren und ungerechten
Unterscheidung hinauf und sehen Sie, ob man es noch heute wagen
kann, einen Unterschied der Rechte zwischen zwei Klassen desselben
Volkes, zwei Zweigen desselben Stammes, auf apokryphische Überlieferung oder vielmehr auf Chimären und Fabeln hin zu begründen."
     Der Vorsitzende, Abt M u l o t, antwortete darauf und hob die
Tatsache hervor, daß das Zeugnis des Karmeliterbezirks von großem
Gewichte zugunsten der Juden sein müsse. „Zeugen ihres Privat-
lebens, zeigen sie uns all das Gute, das sie (die Juden) an ihrem niedrigen Herde ausüben. Wir zollen alle Ihrem Eifer für Menschen,
welche das Vorurteil zu lange mißhandelt hat, unseren Beifall. Wir
zollen allen ihren Tugenden Beifall, die sie uns an ihnen bewundern
lassen." An demselben Tage pflog die Generalversammlung der Repräsentanten der Stadt Paris Beratung über die Unterstützung, welche
sie den Juden angedeihen lassen sollte. Auch im Schoße dieser Versammlung gab es indes einige Judenfeinde; aber die Rede des Abtes
B e r t o l i o war von so überwältigender Wirkung, daß sie alle Gegner
verstummen machte. Sie berührte alle Seiten der Judenfrage und
war überhaupt gründlicher, als die rednerischen Exaltationen gewöhn-

lichen Schlages jener Zeit.   Nach so vielen Menschen-Hekatomben
und Scheiterhaufen erkannte endlich dieser Diener der Kirche, daß es
ein Irrtum des menschlichen Geistes gewesen sei, die Eigenschaft des
Bürgers vom Glaubensbekenntnis abhängig zu machen, und daß es
ein entsetzliches Unglück gewesen sei, die Religion an den Staat zu
ketten.   „Um diese Irrtümer zu erkennen und dieses Unglück abzu-
wenden, dazu bedurfte es dieser ebenso glücklichen, wie unerwarteten
Revolution, welche Frankreich verjüngen soll.   Aber sie würde un-
vollendet bleiben, wenn die Verfassung nicht gleichen Schritt mit den
Ideen hielte.   Ihre Prinzipien haben bereits drei Millionen Protestanten dem bürgerlichen Leben wiedergegeben, und das Verbrechen
des Widerrufes des Ediktes von Nantes gesühnt.   Die Prinzipien haben
soeben über ein noch tiefer eingewurzeltes Vorurteil gesiegt.   Den Juden
von Bordeaux, Bayonne und Avignon¹) ist ihr Stand als Bürger
durch einen feierlichen Beschluß zugesichert worden.   Dieselbe Gerechtigkeit verlangen auch die französischen Juden in Paris und anderen
Teilen des Königreiches.   Kann man sie ihnen versagen?   Welchen
wesentlichen Unterschied kann man zwischen ihnen und ihren Brüdern
von Bordeaux machen?   Etwa weil jene im Besitze von Freibriefen
(lettres patentes) waren?   Aber die Freibriefe der französischen Juden
liegen in der Natur, und dieses Siegel ist kräftiger als das aller Kanzleien Europas.   Es ist nur zu wahr, daß die Juden seit Jahrhunderten
die Schlachtopfer der unglaublichsten Habgier, der grausigsten Verfolgungen, der blutigsten Intoleranz gewesen sind.   Aber eben die
lange Dauer ihres Unglücks ist nur ein Grund mehr, es aufhören zu
lassen. . . . Beeilen wir uns, das Verbrechen unserer Väter vergessen zu
machen und ihnen das wiederzuerstatten, was sie nie verlieren konnten,
weil ihr Bürgerrecht unverjährbar ist, wie die Natur, die sie dazu be-
ruft.   Ich höre das Wort Politik aussprechen.   Verbannen wir dieses
Wort aus unserer Sprache, wenn man darunter die wortbrüchige
Kunst versteht, die Menschen zu betrügen und ihre Fesseln zu erschweren,
unter dem Vorwand, ihre Interessen zu schonen.   Es ist aber auch
politisch, die französischen Juden aufzunehmen, weil ihre Zulassung
dem Lande zum Nutzen gereichen wird.   Die Arme und die Kapitalien
der Juden, als Bürger dem Vaterland eingefügt, werden das Unrecht
der alten Verwaltung wieder gut machen.   Im Augenblick, wenn die

¹) Es war ein Irrtum von Bertolio. „Les juifs de Bordeaux, de Bayonne
et d'Avignon voient leur état rassuré." Nicht die Juden von A v i g n o n,
sondern die aus dieser Stadt in Bordeaux eingewanderten Juden waren
emanzipiert.

Sonne der Freiheit in Frankreich diejenigen bescheinen wird, welche darin geboren wurden und sich daselbst niederlassen, werden die Juden von allen Teilen der Welt herbeiströmen, und das Land wird neue nützliche Untertanen durch ihre Tätigkeit, ihre Schätze und ihre Arbeit erlangen. Machet nur keinen Einwurf von seiten ihrer Religion. Es gibt nur einen Punkt, unter welchem die Religion den Staat angeht, von seiten der Moral, und in dieser Beziehung kann man den Juden keinen Vorwurf machen. Die Moral der Hebräer wie der Christen gründet sich auf die zwei Grundsätze der ewigen Wahrheit: ‚Liebe deinen Nächsten wie dich selbst, und tue nicht anderen, was du nicht willst, daß man dir tue.‘ Kann die Gesellschaft Menschen fürchten, welche eine solche Lehre bekennen?" Ein Mitglied bemerkte: „Der Himmel selbst widersetzt sich den Wünschen der Juden nach Bürgerrecht; sie sind und bleiben der Gegenstand seiner Rache; der Beweis davon ist in ihrer Physiognomie geschrieben." Mit kräftigen Worten widerlegte Bertolio diesen Schlupfwinkel der Eigenliebe, welche das eigene Unrecht zu beschönigen sucht, um es dem Himmel zuzuschreiben. Mit dieser Sophisterei könnte man die größten Verbrechen an der Menschheit rechtfertigen, meinte er. Ein anderes Mitglied wollte die Juden in ihrem eigenen Interesse beschränkt wissen, damit die Wut des Volkes sich nicht gegen sie kehre. Er führte das Beispiel des Parlaments von England von 1754 an, welches das den Juden bewilligte Bürgerrecht ihnen wieder entzog, um einen Aufruhr des Volkes gegen sie zu beschwichtigen (v. S. 48). „Dieses Beispiel darf uns nicht abschrecken," entgegnete Bertolio. „Es beweist nur, daß der gesunde Teil Englands zu dieser Zeit der Meinung war, die ich ihnen vorschlage, und daß das Volk damals noch unfähig war, sich auf gleiche Höhe mit seinen Gesetzgebern zu stellen. In Frankreich aber herrscht gegenwärtig weit eher der Geist der Gerechtigkeit als damals in England, und darum ist der Augenblick günstig, auch diesem Lande ein Beispiel zu geben, nachdem wir so viele von ihm empfangen haben."

Diese Rede hatte die Versammlung gewonnen, den Juden von Paris ein günstiges Zeugnis auszustellen und der Nationalversammlung gegenüber den Wunsch auszusprechen, daß sie diese meistens deutsch redenden Juden den portugiesischen gleichstellen solle. Der Maire Bailly mit seinen Beisitzern faßte noch an demselben Tage den Beschluß, sobald die Zustimmung der übrigen Bezirke eingelaufen sei, die Gleichstellung der Juden mit dem ganzen Gewichte der städtischen Behörden von Paris zu unterstützen[1]). Im Verlaufe des folgenden

[1]) Bei Halphen p. 204 f. und p. 2 f. Interessant ist S. Cahns Bericht

Monats hatten ſämtliche Stadtbezirke, bis auf den der Halle, den Be=
ſchluß des Karmeliterbezirks gutgeheißen. Demgemäß von der Haupt=
ſtadt offiziell beauftragt, begab ſich (25. Febr.) eine Deputation der
Kommune mit dem Vorſitzenden, dem Abt M u l o t , an der Spitze,
in die Sitzung der Nationalverſammlung, um ſie zu erſuchen, oder
vielmehr moraliſch zu nötigen, das Dekret, welches die portugieſiſchen
Juden als Vollbürger erklärte, auch auf die in Paris wohnenden
Juden auszudehnen. Eine Deputation des Bezirkes Enfants=Rouges
unterſtützte dieſen Antrag. Der Präſident Talleyrand wiederholte aber
nur das Verſprechen, daß die Verſammlung im Sinne der Freiheit
die Gleichſtellung der Juden beſchließen werde[1]. Tags darauf inter=
pellierte der Herzog von Liancourt die Verſammlung, endlich einen
Tag anzuberaumen, in welchem die Bürgerrechtsfrage der Juden zum
Austrag kommen ſollte. Aber ein anderer Deputierter vereitelte dieſen
Antrag mit der Bemerkung, daß dieſe Frage, obwohl wichtig, vor
noch wichtigeren Fragen vorderhand zurückgeſtellt werden müſſe[2].
So wurde ſie wieder verſchleppt. Inzwiſchen ſuchte der Biſchof von
Nancy, l a F a r e , nächſt dem Abt Maury der hartnäckigſte Gegner
der Emanzipation, ſowie überhaupt eine Stütze der Konterrevolution,
durch eine Schrift: „M e i n u n g ü b e r d i e Z u l ä ſ ſ i g k e i t
d e r J u d e n z u m V o l l b ü r g e r t u m u n d z u m R e c h t e
a k t i v e r B ü r g e r” die öffentliche Meinung gegen ſie einzunehmen.
Unverdroſſen widerlegte ſie in einer Schrift Berr Iſaak Berr, der un=
ermüdliche Kämpfer. Er hielt auch in Nancy in Gegenwart der Stadt=
behörde einen Vortrag zugunſten ſeiner Glaubensgenoſſen. In dieſer
Schrift hatte er ſeiner Lieblingsanſicht Raum gegeben, daß den Rabbinen
die Zivilgerichtsbarkeit gewahrt bleibe. Dieſer Anſicht trat ſein eigener
Neffe Jakob Berr mit einem Schreiben (25. April), an la Fare
gerichtet, entgegen[3]. Indeſſen hatte ſich auch die Bevölkerung des
Elſaß mit der Gleichſtellung der Juden befreundet. Einige Gemeinden,
welche die Kommunalgüter zu verteilen hatten, bewahrten auch den
Juden den auf ſie fallenden Anteil, in der Vorausſetzung, daß er ihnen

(Archives Israél. Jahrg. 1841, p. 502), daß vier angeſehene Pariſer Juden,
Mardochaï P o l a k , Jakob T r e n e l , G o l d ſ c h m i d t und der Juwelier
Jakob Lazard einen Rundgang in ſämtlichen Pariſer Sektionen gemacht und
von allen Unterſtützung der Emanzipation erhalten haben. Nur die Sektion
der T r ö d l e r der H a l l e verſagte die Zuſtimmung, aus Furcht vor —
Konkurrenz.

[1] Moniteur 1790, p. 243.
[2] Daſ. p. 233.
[3] Carmoly, la France Israélite, p. 56.

gebührte. Eine Stadt im Elsaß verlangte von der Nationalversammlung, sich sofort mit dem Lose der Juden zu beschäftigen, weil die Ungewißheit darüber sie Gefahren aussetze. Auf Grund dessen verlangten einige Deputierte (15. April) die Judenfrage endlich auf die Tagesordnung zu setzen. Dem widersetzte sich abermals der Abt Maury, der eine Denkschrift vorzulegen versprach, welche die Juden vorher beantworten sollten. Um jedoch die Juden des Elsaß vor Volksaufläufen zu schützen, dekretierte die Versammlung abermals, daß sie unter dem Schutze der Gesetze ständen und die Behörden und die Nationalgarde über deren Sicherheit zu wachen hätten[1]. Damit beschwichtigten sie ihr Gewissen. Der König sanktionierte sofort (18. April) das Sicherheitsgesetz für die Elsässer Juden[2]. Darauf ruhte die Frage wieder drei Monate.

Glücklicherweise stand jedoch die Judenfrage nicht vereinzelt, sondern hing mit anderen Fragen zusammen. Die Juden des Elsaß, und besonders die von Metz, hatten hohe Schutzgelder zu bezahlen. Als die Finanzfrage auf die Tagesordnung kam, mußte die Versammlung sich darüber aussprechen, ob diese Schutzgelder fortdauern oder wegfallen sollten. Sie entschied im liberalsten Sinne, obwohl die Deputierten bei dem bodenlosen Defizit sich den Kopf zerbrachen, womit sie die ausfallenden Einnahmen decken sollten. Der Referent für den Ausschuß der Domänen, Vismes, setzte zuerst die Ungerechtigkeit ins Licht, daß die Gemeinde von Metz dem Hause Brancas 20000 Franks jährlich zu zahlen hatte, welche Ludwig XIV. ihm und der Gräfin Fontaine in guter Laune überwiesen hatte (v. S. 58). Er knüpfte daran den Antrag, daß die Judensteuer ohne Entschädigung wegfallen, und noch dazu jede Abgabe, unter welchem Titel auch immer, Schutzgeld, Aufenthaltsgeld, Toleranzgeld, aufhören solle. Fast ohne Widerspruch wurde dieser Antrag zum Gesetz erhoben (20. Juli)[3]. Ludwig XVI., der damit wieder ein Stück Mittelalter schwinden sah, zauderte anfangs mit der Bestätigung dieses Gesetzes (7. August)[4]. Zehn Jahre vorher hatten die Elsässer Juden vergebens das ganze Elend ihrer Lage in einer Denkschrift dem Staatsrat vor Augen gelegt (v. S. 61), sie wurden gar nicht beachtet. Durch den plötzlichen Umschwung erhielten sie in einer Zeitspanne von kaum einer Stunde mehr als sie zu hoffen gewagt hatten.

[1] Moniteur das. p. 436, 437.
[2] Halphen, p. 3.
[3] Moniteur das., p. 838.
[4] Halphen, p. 5.

Aber zum Beſchluſſe über die Hauptſache für die Juden des Niederrheins, wie dieſe Landesteile jetzt genannt wurden, über die Bewilligung des Vollbürgerrechts für ſie, mochte die Nationalverſammlung
noch immer nicht ſchreiten. Zwei Verſuche, welche noch gemacht wurden,
verfehlten abermals ihre Wirkung. Als Grégoire einſt den Vorſitz
hatte (18. Jan. 1791) und auf ſeine Unterſtützung gerechnet werden
konnte, ſtellte der Deputierte M a r t i n e a u den Antrag, die Gleichſtellung, welche ein Jahr vorher den portugieſiſchen Juden zuerkannt
worden war, auf ſämtliche in Frankreich naturaliſierte Juden auszudehnen. Schon ſprachen ſich Stimmen günſtig dafür aus, als der
Herzog d e B r o g l i e mit einer heftigen Rede dazwiſchenfuhr. Er
behauptete, daß dieſer Beſchluß neuen Gärungsſtoff in die Provinzen
Elſaß und Lothringen werfen würde, die ohnehin durch die eidver-
weigernden Geiſtlichen in großer Aufregung wären. Die Stadt Straßburg ſei ebenfalls in großer Gärung wegen der Juden, die ſich dort,
wo bis dahin kein Jude wohnen durfte, niederlaſſen wollten. In der
Tat hatte Straßburg eine Adreſſe[1]) an die Verſammlung gerichtet,
worin ſie eine recht kleinbürgerliche Engherzigkeit an den Tag gelegt
hatte. Sie wünſchte nicht bloß den Zuzug der Juden zu hintertreiben,
ſondern die längſt eingeſeſſene geachtete Familie Cerf Berr aus Straßburg ausgewieſen zu ſehen. Zu allerhand Lügen hatte das Geſuch
der Straßburger greifen müſſen, um den Schritt zu beſchönigen. De
Broglie behauptete ferner, daß den Juden im Elſaß im allgemeinen
gar nichts daran läge, Bürger zu werden. Die Petition in ihrem Namen
ſei eine Intrige, von vier oder fünf Juden eingefädelt; beſonders
ſtreue einer derſelben, welcher auf Staatskoſten ein großes Vermögen
erworben habe, Cerf Berr, in Paris Geld mit vollen Händen aus, um
Beförderer der Gleichſtellung zu gewinnen. Sein Vorſchlag, dieſe
Frage bis zum Abſchluß der Konſtitution zu verſchieben, erhielt die
Majorität. Der zweite Verſuch ging von den Juden von Paris aus.
Sie hatten von der Stadtbehörde ohne weiteres die Erlaubnis zum

[1]) Abgedruckt bei Schlözer, Staatsanzeigen, 1791, p. 439 f.: Biester,
Berl. Monatsſchrift 1791, Bd. 18, S. 381 f.: 1. Très-humble et très-respec-
tueuse Adresse, que présente à l'Assemblée nationale la commune toute
entière de la ville de Strassbourg. 2. Réponse des Juifs de la Province de
la Lorraine à l'adresse présentée à l'Assemblée nationale par la commune
toute entière de la ville de Strassbourg. Auch ein Deputierter aus dem
Elſaß, ein Deutſcher, P f l i g e r, hatte ein judenfeindliches Memoire eingereicht: Réflexions sur les Juifs d'Alsace. Dagegen ſchrieb ein Repräſen-
tant der Pariſer Kommune, de Bourge, eine „lettre au comité de constitution sur l'affaire des juifs." (Archives Israél. 1844, p. 465.)

Bau einer Synagoge erlangt. Daran knüpften sie das Gesuch, die Stadt möge auf ihre Gleichstellung dringen; denn wenn ihnen die Freiheit des Kultus eingeräumt sei, so müßte man sie außerhalb der Synagoge ebenfalls als Bürger ansehen. Es gebe ebensowenig eine halbe Freiheit, wie eine halbe Gerechtigkeit. Darauf richtete die Stadtbehörde (26. Mai 1791) ein Gesuch an die Nationalversammlung, sie zu drängen, den Juden der Hauptstadt gerecht zu werden. Auch dieser Versuch mißlang.

Schon war die Konstitution abgeschlossen und vom Könige genehmigt (Sept. 1791), ohne daß den deutschredenden Juden in Frankreich die so oft in Aussicht gestellte Gleichberechtigung zuerkannt war; ihnen kam nur der Paragraph der Menschenrechte zugute, daß niemand wegen seiner religiösen Meinung behelligt werden dürfte. Erst in der letzten Stunde, wenige Tage vor der Auflösung der Nationalversammlung erinnerte sich der Juden einer der Freiheitsfreunde, der zum Jakobinerklub gehörte, Duport, ehemals Parlamentsrat, und verschaffte ihnen mit wenigen Worten die volle Gleichheit. Er zog die Konsequenz aus dem angeführten Rechte der Religionsfreiheit. „Ich glaube, daß die Kultusfreiheit nicht gestattet, einen Unterschied in den politischen Rechten wegen des Glaubens zu machen. Die Anerkennung dieser Gleichheit ist immer aufgeschoben worden. Indessen sind die Türken, Muselmänner und Menschen aller Sekten zugelassen, in Frankreich politische Rechte zu genießen. Ich verlange, daß die Vertagung zurückgenommen und daß dekretiert werde, daß die Juden in Frankreich die Rechte der Vollbürger (citoyens actifs) genießen sollen." Mit rauschendem Beifall wurde dieser Antrag aufgenommen. Das kam daher, daß die Feinde der Freiheit seit der unglückseligen Flucht des Königs zu Hunderten aus der Versammlung ausgetreten waren. Vergebens versuchte Rewbell diesen Antrag zu bekämpfen, er wurde unterbrochen. Ein Mitglied verlangte, daß alle diejenigen, welche dagegen sprechen wollten, zur Ordnung gerufen würden, weil sie damit die Konstitution selbst bekämpften. So nahm denn die Nationalversammlung (27. Sept. 1791) Duports Antrag an und formulierte tags darauf das Gesetz, daß alle Ausnahmemaßregeln gegen die Juden hiermit aufgehoben seien, und daß die deutschen Juden zum Bürgereide aufgefordert werden sollten[1]). Zwei Tage später ging die Nationalversammlung auseinander, um einer noch heftigeren revolutionären Versammlung Platz zu machen. Kurze Zeit darauf bestätigte Lud

[1]) Moniteur vom 28. u. 29. Sept. 1791.

wig XVI. diese volle Gleichstellung der französischen Juden (13. Nov. 1791)[2]. Auch nicht ein Jota von ihrer Religion brauchten sie dafür aufzugeben; es wurde nur von ihnen verlangt, daß sie auf ihre Privilegien verzichten sollten.

Mit vollem Rechte jubelte besonders Berr Isaak Berr über diesen Erfolg. Er hatte einen großen Anteil daran. Er richtete sogleich ein Jubelschreiben an seine Stammesgenossen, um sie für die erlangte Freiheit zu begeistern und zugleich für zweckmäßige Verbesserungen geneigt zu machen. „So ist denn der Tag angebrochen, an welchem der Schleier zerrissen ist, der uns mit Demütigung bedeckte! Wir haben endlich die Rechte wieder erlangt, die seit achtzehn Jahrhunderten uns geraubt worden waren. Wie sehr müssen wir in diesem Augenblicke die wunderbare Gnade des Gottes unserer Vorfahren erkennen! Wir sind also, dank dem höchsten Wesen und der Souveränität der Nation, nicht bloß Menschen, nicht bloß Bürger, sondern auch Franzosen. Welche glückliche Veränderung, großer Gott, hast du über uns gebracht. Noch am 27. Sept. waren wir die einzigen Einwohner dieses großen Reiches, welche bestimmt schienen, für immer erniedrigt und gefesselt zu bleiben, und schon am nächsten Tage, einem denkwürdigen Tage, den wir für immer feiern werden, hauchtest du diesen unsterblichen Gesetzgebern Frankreichs ein, daß sie ein Wort sprachen, und mehr als 60 000 Unglückliche, die bis dahin über ihr Los geseufzt haben, finden sich in der Trunkenheit der reinsten Freude."

„Gott hat die edle französische Nation erwählt, um uns wieder in unser Recht einzusetzen und unsere Wiedergeburt zu bewirken, wie er ehemals die Antiochus und Pompejus dazu erwählt hatte, uns zu erniedrigen und zu vergewaltigen.... Diese Nation verlangt dafür keinen Dank, sondern lediglich, daß wir uns als würdige Bürger zeigen."

Hieran knüpfte Berr zeitgemäße, wichtige Bemerkungen, um seinen französischen Stammesgenossen auf eine sanfte Weise die aus ihrem Notstande ihnen anhaftenden Fehler vorzuhalten und sie zu deren Abstellung zu ermahnen. Nur er, zu dessen Gesinnung und Religiosität die französischen Juden deutscher Herkunft Vertrauen hatten, dessen liebevolles Herz und dessen klugen Geist sie erprobt hatten, durfte sich herausnehmen, ihnen eine Art verblümter Strafpredigt zu halten. — Zur Erfüllung der Bürgerpflichten gehöre vor allem Einsicht und allgemeine Kenntnisse, gerade das, was ihnen durch der Zeiten Ungunst abhanden gekommen, sagte er ihnen. Es sei daher notwendig, solche wieder zu erwerben; damit solle indes der jüdischen

---

[1]) Halphen, p. 965.

Überzeugung kein Abbruch geschehen. Denn das Judentum müsse vor allem von der Strömung der Zeit unberührt bleiben. „Wenn wir während des langen Verlaufs unserer Trübsal nicht selten Trost in dem strengen Befolgen der Vorschriften unserer Religion gefunden haben, so müssen wir um so mehr ihnen anhänglich bleiben in einer Zeit, in der uns vergönnt ist, die Früchte unserer Standhaftigkeit und unserer Liebe zu unserem Kultus zu genießen, wo wir wieder mit eigenen Augen sehen, daß wir die einzigen unter den alten Völkern sind, welche bei dem ungestümen Anprall von Unfällen, die so viele Jahrhunderte hindurch aufeinander folgten, fest geblieben sind. Und sollten wir nur den Mut gehabt haben, in der achtzehnhundertjährigen Verfolgung treu zu bleiben, um bei dem ersten Aufblitzen des Freiheitsstrahles abtrünnig zu werden?" — Aber unbeschadet der Treue in der Religion müßten die Juden ihren Geist der Abgeschlossenheit, der Genossenschaftlichkeit aufgeben, sich dem Staate eng anschließen, ihr Eigentum, erforderlichenfalls auch ihr Leben, für ihn zum Opfer einsetzen. Das sei der Sinn des ihnen auferlegten Bürgereides. Ganz besonders müßten sie auf Weckung des patriotischen Sinns und auf Ausbildung der Jugend bedacht sein.

Berr gab den französischen Juden auch die Mittel an die Hand, zugleich volle Franzosen zu werden und dennoch dabei Glieder des Hauses Jakob zu bleiben. Die Bibel sollte nach Mendelssohns deutscher Übersetzung ins Französische übertragen und der Jugend beigebracht werden, damit die verdorbene deutsche Sprache vollständig aus ihrem Kreise verbannt werde. Er bekämpfte damit ein törichtes Vorurteil, welches die deutsche oder jüdisch-deutsche Mundart als ein dem hebräischen an Heiligkeit verwandtes, würdigeres Organ für den Gottesdienst betrachtete, als die Sprache Voltaires. „Ich selbst, der ich schreibe, verhehle meine Unerfahrenheit und meine Schwäche in der französischen Sprache nicht, und doch ziehe ich es vor, mit euch in derselben zu verkehren, um zu beweisen, daß die Hebräer über jeden Gegenstand und auch über religiöse Dinge sich in dieser Sprache verständigen können." Freilich müßten sie, um zugleich die Bibel zu verstehen und sich in die französische Sprache hineinleben zu können, gute Schulen errichten und viele Geldopfer bringen. Das sollten sie auch, und zwar könnten sie die Summen dazu verwenden, die sie bisher als Judenschutzgeld hätten zahlen müssen, und von denen sie durch die Gleichstellung befreit worden wären[1]).

---

[1]) Berrs Sendschreiben ist in Tamas Collection des procès-verbaux et

Berr war von der Überzeugung durchdrungen, daß sich das Judentum mit der Freiheit, der Bildung und dem Patriotismus für das
Land, das seinen Stammesgenossen Menschenrechte wiedergegeben
hat, wohl vertragen könne. Er war ein viel echterer Jünger Mendelssohns als David Friedländer und die Berliner.

Mit voller Hingebung und Aufopferung beteiligten sich die meisten
französischen Juden an dem Wohle des Staates, das ihnen ein Vaterland, Freiheit und Gleichheit gegeben hatte. Sie widerlegten mit
einem Schlage alle die Verleumdungen ihrer Gegner, daß sie als Juden
nicht imstande sein würden, die Bürgerpflichten zu erfüllen. Sie standen
stets in erster Reihe, so oft es galt, für den Staat freiwillige Opfergaben
zu bringen. Die verhältnismäßig kleine Gemeinde von Bordeaux
brachte (1792) über 100 000 Franks zusammen, wobei einzelne, wie
D a v i d   G r a d i s und die Brüder R a b a je 20 000, ein d e C o s t a
10 000 Franks zeichneten[1]). Auch mit ihrem Blute dienten sie dem sie
liebevoll umfassenden Vaterlande. Das französische Heer, das bald
von Sieg zu Sieg fortschreiten und den ganzen Erdkreis in Erstaunen
und Schrecken setzen sollte, zählte jüdische Krieger in seinen Reihen,
die mit gleichem Mute wie die übrigen Franzosen kämpften. Die daheim
Gebliebenen begleiteten die Kämpfer mit ihren heißen Wünschen und
jubelten bei ihren Siegen. Ein großer Teil der Juden legte in dieser
Glutzeit, welche Mannesmut erzeugte, in wunderbarer Schnelligkeit
jenes scheue und kriechende Wesen ab, welches sie ehemals von der
Gesellschaft entfernt und dem Gespötte ausgesetzt hatte. Als die frei-
heitsbegeisterten, französischen Legionen die deutschen Truppen zu
Paaren getrieben hatten, sang der hebräische Dichter aus der Mendelssohnschen Schule, M o s e   E n s h e i m , ein feuriges Triumphlied,
ähnlich dem Lied der Deborah, und es wurde in der Synagoge feierlich vorgetragen[2]). Nur an den blutigen Ausschweifungen der Revolution hatten Juden keinen Anteil[3]).

décisions du grand Sanhedrin, Einleitung T. I. abgedruckt. [Auszüglich
auch bei B r a n , Ges. Aktenstücke, S. 313 f.]
   [1]) Detchéverry a. a. O. p. 68, 69, 99. S. das. Tama, S. 43.
   [2]) Die Überschrift ist: למנצח שיר למשה ענסהיים, הושר ביום גברה
יד ישבי ארץ מולדתנו על כל אויביו מסביב. Cantique à l'occasion de la
fête civique, célébrée à Metz le 21 Oct. l'an premier de la république dans
le temple des citoyens Israélites. Die erste Strophe lautet:

| נגדע צול נתקו מוסרות | נפלה נפלה מלכות הרשע |
| שבתה שבתה המדהבה. | חרם היא ותהי תועבה |

Manche Strophe hat der Dichter aus seinem älteren Gedichte v. S. 196 entlehnt.
   [3]) Michael Berr, Appel à la justice (s. weiter unten).

Unter der Raserei der Schreckensherrschaft, welche wie eine Geißel Gottes Schuldige und Unschuldige traf, litten auch einzelne Juden. Als die jakobinischen Revolutionskommissionen die geächteten Girondisten in Bordeaux, ihrem Stammsitze, verfolgten und dort die Guillotine errichteten (Sommer 1793), mußte **Furtado**, weil er ein Anhänger dieser mehr idealen als politischen Partei war, um dem Tode zu entgehen, die Flucht ergreifen. Sein Vermögen wurde selbstverständlich konfisziert. Die Schreckensmänner warfen ihr Auge auch auf reiche Juden. **Charles Peixotto** in Bordeaux war aus dem Stamme Levi; infolgedessen wurde er von einigen jakobinischen Bürgern als Aristokrat vom höchsten Adel angeklagt. Schon wurde er vor die Richter geführt und sollte die Guillotine besteigen, da erinnerte man die Militärkommission daran, daß der Nachkomme Levis den größten Eifer gezeigt hätte, Nationalgüter, d. h. die eingezogenen Kirchengüter, an sich zu kaufen. Er wurde daher nur zu einer Geldstrafe von einer Million und 200 000 Franks verurteilt, mußte aber so lange im Kerker bleiben, bis diese Summe erlegt war[1]. Hätte das Revolutionstribunal unter **Tallien**, der in Bordeaux raste, gewußt, daß sämtliche portugiesische Juden sich der Abstammung vom königlichen Geblüte Davids rühmten, so wären sie allesamt als Aristokraten angeklagt worden. So aber traf nur noch drei Juden in Bordeaux eine schwere Geldstrafe. Ob nicht einige hervorragende Juden im Elsaß oder in Lothringen von einigen Judenfeinden, wenn auch nicht unter die Guillotine, so doch in die Kerker gebracht wurden? Hat doch ein Klub von Nancy, ohne Zweifel von dem judenfeindlichen Bischof **la Fare** beeinflußt, einen Antrag an den Konvent gestellt, die Juden samt und sonders aus Frankreich zu vertreiben![2] Cerf Berr in Straßburg mußte bedeutende Summen darauf verwenden, um jüdische Verdächtige, d. h. für die Guillotine Bestimmte, zu befreien (o. S. 190). Die Vertrautheit der Juden mit Verfolgungen, ihre Klugheit und die Geschicklichkeit, sich gewissermaßen tot zu stellen: — „Verbirg dich einen Augenblick, bis der Sturm vorüber ist" — mag sie vor Blutgerichten geschützt haben. Sie hatten außerdem im allgemeinen nicht den

---

[1] Detchéverry a. a. O. p. 101.

[2] Grégoire, Histoire des sectes religieuses III, p. 415. L'exemple de ce dernier (l'évêque la Fare) avait sans doute influé sur les opinions de cette ville (Nancy), où, en 1793, une société populaire rédigea et envoya à la convention une demande pour faire expulser de la France tous les Juifs. Vgl. Archives Israél. 1851. p. 503: Un des fils de Mr. **Calmer** (propriétaire de la seigneurie de Piquigny) . . . a été guillotiné en 93.

Ehrgeiz, ſich vorzudrängen oder eine Rolle ſpielen zu wollen; ſie ver-
letzten die Machthaber des Tages nicht. So brauſte der Sturm der
Revolution ohne ſchlimme Folgen an ihnen vorüber.

Die Himmelsſtürmerei, als die beiden gottesläſterlichen Deputierten C h a u m e t t e und H e b e r t den Konvent hinriſſen, die
Religion der Vernunft einzuſetzen (Nov. 1793—Mai 1794), traf die
Juden nicht geradezu. Die tiefe Erbitterung und der Ingrimm gegen
Religion und Gottheit war lediglich gegen den Katholizismus oder
das Chriſtentum gerichtet, deſſen Diener von jeher die Menſchen entwürdigt, den Deſpotismus unterſtützt, ſelbſt Myriaden von Opfern
gebracht hatten, und zur Zeit der Revolution den Bürgerkrieg anfachten
und eigentlich die Schreckensherrſchaft, die Septembermorde und die
Guillotine als eine traurige Notwendigkeit herbeiführen halfen, weil
ſie in Verbindung mit den Feudalen erbitterte Feinde der Freiheit
waren. Das Dekret des Konvents lautete daher lediglich: „Der katholiſche Kultus wird abgeſchafft und durch die Verehrung der Vernunft
erſetzt." Es war nicht bloß eine Laune der Ultras, der Cordeliers oder
Jakobiner, ſondern die Eingebung des franzöſiſchen Volkes, gegen die
Kirche und ihre Diener zu wüten, weil es fühlte, daß ſie ihrer Natur
nach freiheitsfeindlich ſind. Daher wurden zwanzig Tage nach dem
Beſchluſſe des Konvents im ganzen Lande mehr als 2300 Kirchen in
Tempel der Vernunft umgewandelt. Gegen Juden und Proteſtanten
hatte das Geſetz nichts beſtimmt. Es waren wohl Geſuche an den
Konvent eingelaufen, daß den Juden die Beſchneidung und das Tragen
von Bärten verboten werden ſollte, damit ſie ſich durch nichts von der
übrigen Bevölkerung unterſchieden und der Gleichheit huldigen möchten.
Aber die Verſammlung achtete auf dieſe Albernheit nicht. Nur die
Behörden oder fanatiſch geſinnte Klubmänner in den Provinzen
dehnten die Unterdrückung der Religion auch auf die Juden aus, und
zwar wie es ſcheint, meiſtens in den ehemals deutſchen Landesteilen.
In Nancy forderte ein Beamter im Namen des Stadtrates die Juden
dieſer Gemeinde auf, ſich an einem beſtimmten Tage im National-
Tempel einzufinden, um zugleich mit den Geiſtlichen der anderen Kulte
„ihren Aberglauben" abzuſchwören und ganz beſonders die ſilbernen
oder goldenen Schmuckſachen der Synagoge auszuliefern. Wütende
Männer drangen in die Synagogen ein, riſſen die heiligen Schriften
aus der Lade und verbrannten ſie oder ſuchten in den Häuſern nach
hebräiſch geſchriebenen Büchern, um ſie zu zerſtören. Das Beten in
den Synagogen wurde in einigen Gemeinden ebenſo verpönt, wie in
den Kirchen. Bei dem Spionierſyſtem, welches die revolutionären

Klubs unterhielten, um der drohenden Gegenrevolution entgegenzu=
arbeiten, waren auch häusliche Zusammenkünfte zu religiösen Zwecken
mit Gefahr verbunden. Als der Befehl vom Konvent ausgegangen
war, daß nur je der zehnte Tag des Monats als ein Ruhetag
gefeiert, dagegen der Sonntag als Werktag gelten sollte, dehnten
ihn die Maires einiger Städte (Straßburg, Troyes) auch auf den
Sabbat aus. Sie befahlen, daß die jüdischen Kaufleute ihre Waren
auch am Sabbat feil bieten sollten. Auf dem Lande wurden Juden
gezwungen, sich an der Feldarbeit am Sabbat und an jüdischen Feier=
tagen zu beteiligen, man zwang sie an solchen Tagen das Getreide
abzumähen und einzuführen. Den Rabbinen wurde ebenso zu Leibe
gegangen, wie den Bischöfen. Der Rabbiner einer kleinen Stadt,
Westhofen bei Straßburg, Isak Lenczcz, wurde wegen Aus=
übung rabbinischer Funktionen in den Kerker geworfen (Juni—Juli
1794), wo er dem Tode entgegensah. Der nachmalige Vorsitzende des
großen französischen Sanhedrins, David Sinzheim, der sich in
Straßburg aufhielt, mußte von Stadt zu Stadt fliehen, um der Haft
oder dem Tode zu entgehen. In Metz wagten die Juden nicht offen
ihre Osterbrote zu backen, bis eine kluge jüdische Frau den Mut hatte,
dem Revolutionsbeamten zu erklären, daß diese Brote von jeher für
die Juden das Sinnbild der Freiheit seien. Auch in Paris mußten
jüdische Schulmeister ihre Zöglinge an dem Decadi=Tage in die zum
Tempel der Vernunft umgewandelte Notre=Dame=Kirche führen[1]).
Indessen ging diese Verfolgung ohne besondere Folgen rasch vorüber.
Mit dem Siege der Thermidoristen (9. Thermidor = 27. Juli
1794) über Robespierre hörte die Schreckensherrschaft allmählich
auf. Die Bevölkerung war darauf bedacht, Milde eintreten zu lassen.
Die einmal besiegelte Gleichstellung der französischen Juden blieb bei
allem Wechsel der Regierung unverkümmert. Auch die neue Verfassung
vom Jahre III der Republik oder die Direktorialverfassung (Herbst
1795) erkannte die Bekenner des Judentums ohne weiteres als gleich=
berechtigt an und verwischte noch dazu die letzte Spur von Ungleichheit,
indem die katholische Kirche ebensowenig wie die Synagoge vom Staat
anerkannt wurde. Das Gesetz sprach den weisen Grundsatz aus, nie=
mand könne gezwungen werden, zu den Kosten eines anderen Kultus
beizutragen, die Republik besolde keinen. Nur die jüdische Gemeinde
von Metz litt noch unter einigen Nachwehen des Mittelalters.

Mit den siegreichen französischen Truppen der Republik machte
die Befreiung der Juden, des gedrücktesten Stammes in der alten

[1]) Siehe Note 3.

Welt, die Runde. Zunächst faßte sie in Holland Wurzel, welches in die batavische Republik verwandelt worden war (anfangs 1795). Hier hatten sich bereits vorher einige rührige Juden Asser (Mose und sein Sohn Carolus), de Lemon und Bromet dem Klub Felix liberate angeschlossen, der die Devise der französischen Republik zu der seinigen gemacht hatte: Freiheit, Gleichheit und Brüderlichkeit. Dieser Staatsgrundsatz wurde im allgemeinen von den versammelten Generalstaaten (4. März 1795) anerkannt. Obwohl die 50 000 Seelen zählenden Juden Hollands, der neununddreißigste Teil der Gesamt= bevölkerung, geschieden in eine portugiesische und deutsche Gemeinde, dieses Land als ihr Paradies zu betrachten berechtigt waren, so waren sie doch bis dahin gegen die Bekenner des Christentums in vielen Punk= ten zurückgesetzt. Zunächst waren sie nur als Körperschaften geduldet, gewissermaßen als kleine Gemeinwesen in den großen. Daß sie von allen Ämtern ausgeschlossen waren, drückte sie nicht; sie hatten bis dahin kein Verlangen danach getragen, dieses Rechtes teilhaftig zu werden. Aber sie waren auch von manchen zünftigen Gewerken aus= geschlossen, und das war ihnen nicht gleichgültig. Sie mußten zum herrschenden Kultus und zu den Schulen beitragen, ohne einen Genuß davon zu haben. Endlich fehlte es auch nicht an kränkenden Zurück= setzungen. In Amsterdam mußten z. B. bei der Anmeldung neuer Ehepaare die Juden stets warten, bis die der christlichen erledigt waren und außerdem noch doppelte Gebühren zahlen. Daher war das Ver= langen nach voller Gleichstellung dringlich und noch mehr von den deutschen als den portugiesischen Juden empfunden, weil diese meistens von den Patriziern als reiche Hidalgos mit Auszeichnung, jene hin= gegen mit Verachtung wie verlumpte Polaken behandelt wurden. Im ersten Rausche wurden manche Beschwerden der holländischen oder batavischen Juden ohne weiteres abgestellt, und einige Stimmen wur= den zugunsten ihrer vollen Einbürgerung laut. Aber im Verlauf regten auch hier, wie in Frankreich, judenfeindliche Schriften die öffentliche Meinung gegen sie auf, von denen die van Swiedens, betitelt „Rat an die Repräsentanten des Volkes" einen ganz be= sonders starken Eindruck machte. Sie behauptete, daß die Juden ver= möge ihrer Abstammung, ihres Charakters, ihrer Geschichte und ihres Messiasglaubens stets nur Fremde bleiben und vom Staat nicht auf= gesogen werden könnten. Diese Behauptung wurde von den offiziellen Vertretern der Judenheit gewissermaßen als richtig anerkannt. Denn auffallenderweise waren die Rabbinen und Vorsteher, besonders die hochmächtigen Parnassim in Amsterdam, sowohl die portugiesischen

als auch die deutschen, der Gleichstellung abgeneigt. Die Rabbinen, bei
den Portugiesen Daniel Kohn da Azevedo (1792—95) und
bei den Deutschen Jakob Mose (1793—1815), Neffe des Rabbiners
Hirschel von Berlin[1]), und andere Fromme fürchteten von der großen
Freiheit der Juden und den neuen Pflichten, als Soldaten zu dienen,
eine Schädigung des Judentums. Die Vorsteher, welchen eine große
Macht über die Gemeindemitglieder eingeräumt war, mochten diese
nicht verlieren. Sie hatten ein verbrieftes Privilegium, daß kein Mitglied, bei der hohen Strafe von 1000 Gulden, sich gegen den Beschluß
des Vorstandes auflehnen, dagegen Beschwerde führen und noch weniger
aus der Gemeinschaft ausscheiden durfte[2]). Diese Geldstrafe wurde
in der Regel von den holländischen Behörden eingezogen, demgemäß
hatten die Vorstände das Recht, eine Art Inquisition über das religiöse
oder moralische Verhalten der Gemeindeglieder anzustellen und sie
selbst für geringfügige Übertretungen in Strafe zu nehmen. Der portugiesische Maamad (Vorstand) übte seine Machtbefugnis über die
einzelnen mit fast despotischer Gewalt aus.

Die rabbinischen und gemeindlichen Vertreter erklärten daher laut,
die Juden wünschten in ihren alten Verhältnissen zum Staate zu
bleiben und wollten von der Gleichheit keinen Gebrauch machen. In
einem Rundschreiben erklärten sie, daß die Juden auch auf das Bürgerrecht verzichteten, weil es mit den Vorschriften der heiligen Schriften
in Widerspruch stünde. Binnen kurzer Zeit war diese Erklärung mit
mehr denn tausend Unterschriften bedeckt. Bei den Wahlen zur ersten
batavischen Nationalversammlung (Nationale vergadering) beteiligten
sich nur wenige Juden, obwohl sie dazu eingeladen worden waren.
So kam es, daß Amsterdam, das über 20 000 Juden zählte, nicht einen
einzigen jüdischen Deputierten durchbrachte. Die jüdischen Freiheitsfreunde hatten daher in Holland einen schweren Stand; sie mußten zugleich gegen äußere und innere Gegner kämpfen. Sie mußten daher um
so rühriger sein, um die doppelte Schwierigkeit zu überwinden. David
Friedrichsfeld, Mitglied der Measfinschule (o. S. 125), nach
Amsterdam ausgewandert, arbeitete eine gediegene Schrift (um 1795)
gegen die Ankläger der Juden aus „Beleuchtung von van
Swiedens Schrift inbetreff des Bürgerrechtes

---

[1]) S. Koenen, Geschiedenis de Joden, Beilage über die portugiesischen
Rabbiner Amsterdams, und Carmoly, Biographien der Rapaport und Jungtauben p. 38. [Vgl. Landshuth, תולדות אנשי שם, S. 111].

[2]) Privilegien für die Portugiesen von 1677, für die Deutschen vom
12. April 1737.

der Juden". Den Punkt der Meſſiashoffnung beleuchtete er beſonders, und wies nach, daß dieſe die Juden nicht hinderte, ſich eng und
herzlich an den Staat anzuſchließen. Nächſt Friedrichsfeld entwickelten
ſechs angeſehene und einſichtsvolle Juden — die meiſten deutſcher Abkunft — den größten Eifer, um das Vollbürgerrecht für die holländiſchen
Juden zu erwirken, Herz Bromet, welcher lange in Surinam
geweſen war, dort als freier Bürger gelebt und politiſche Erfahrung
und Vermögen mitgebracht hatte; Moſe Aſſer, der zum Ritter
des belgiſchen Löwenordens ernannt worden war; obwohl er keine
regelmäßigen Studien gemacht hatte, beſaß er doch ſo bedeutende
Rechtskenntniſſe, daß er ſpäter zum Mitglied der Juſtizverwaltung
ernannt wurde. Auch Carolus Aſſer und Iſaak de Jonghe,
angeſehene Männer der deutſchen Gemeinde, waren für die Emanzipation rührig. Von den Portugieſen beteiligten ſich indeſſen nur zwei
an der Erwerbung der Gleichſtellung, der geachtete Arzt Herz de
Lemon und Jakob Saportas, wahrſcheinlich ein Abkömmling
der berühmten, nach Amſterdam eingewanderten Familie Sasportas.
Dieſe Männer reichten zunächſt ein Bittgeſuch an die zuſammengetretene bataviſche Nationalverſammlung ein (26. März 1796), welche im
Haag ihre Sitzungen hielt, worin ſie die Gleichſtellung der bataviſchen
Juden als ein Recht beanſpruchten: „Da ſie ſtimmberechtigte Bürger
der bataviſchen Republik ſeien und das Bürgerrecht bereits ausgeübt
hätten, ſo verlangten ſie, daß die Verſammlung erklären möge, daß
ſie dieſes Recht im ganzen Umfange genießen ſollten." Die Nationalverſammlung nahm dieſes Geſuch in Berückſichtigung und ernannte
eine Kommiſſion zur Beratung und Begutachtung dafür, zu welcher
ein Deputierter, Hahn, zugezogen wurde, der mit vieler Wärme und
ganzem Ernſte für die Juden eintrat. Als die Judenfrage zur Verhandlung kam (Auguſt 1796), war die Spannung ſehr groß.

Obwohl die Gleichſtellung der Juden in der bataviſchen Republik
bereits im Prinzip und auch praktiſch durch die Zulaſſung derſelben
zur Wahl anerkannt war, ſo hatte ſie doch noch immer viele Gegner,
faſt mehr noch als in Frankreich, zu bekämpfen. Die konſervativen
holländiſchen Deputierten waren in ihrem Herzen recht feſt bibel-
gläubig, und für ſie waren noch die neuteſtamentlichen Schriften
Gottes Wort, daß die Juden verworfen ſeien und verworfen bleiben
ſollten. Die verhältnismäßig große Zahl der Juden, ihr Reichtum,
ihr Anſehen und ihre Geſchicklichkeit ließen ferner befürchten, daß ſie
ſich in den hohen und höchſten Staatsämtern einniſten und die Chriſten
verdrängen würden. Sechzigtauſend oder hunderttauſend Juden ver-

schwanden in dem großen Frankreich wie ein Sandkorn in einem Dünenmeer; aber 50 000 unter 2 Millionen, und noch dazu in Amsterdam mehr als 20 000 Juden unter 200 000 Christen, konnten eher etwas durchsetzen. Einer der Deputierten, Lublink de Jonghe, betonte diesen Umstand mit vielem Nachdruck. Wenn die Judenfreunde auf Amerika hinwiesen, wo die Juden, wie in Frankreich, ebenfalls gleichgestellt waren, so hob er das ungleiche Zahlenverhältnis hervor. In Neuyork wohnten damals nur etwa 250 Juden und in ganz Nordamerika etwa 800, die daher keinen Einfluß auf den Staat ausüben konnten. In Holland dagegen würde die große Zahl den Staat bald „verjüden"; das war seine Auseinandersetzung. Die edelmännischen Portugiesen könnte man allenfalls anerkennen; aber die deutschen Juden, die größtenteils verwahrlost waren? Lublink de Jonghe erinnerte an Pintos Schrift gegen Voltaire, worin jener, selbst ein Jude, die tiefe Kluft zwischen den portugiesischen und deutschen Juden hervorgehoben hat (o. S. 55). So rächte sich die künstlich gemachte Kastenunterscheidung innerhalb der Judenheit. Noch größer war die Befürchtung, daß sich die Zahl der Juden in Holland durch Einwanderer aus Deutschland und Polen sehr vermehren könnte, deren Zug seit langer Zeit Amsterdam war. Selbst die Treue der holländischen Juden gegen das damals verbannte Oranische Herrscherhaus wurde ihnen entgegengehalten und als Hindernis der Gleichstellung aufgestellt. Sie trugen allerdings die Fürsten, welche solange ihre Wohltäter gewesen waren, im Herzen. Ein sehr angesehener jüdischer Arzt I m - m a n u e l C a p a d o s a begleitete den letzten erwählten Erbstatthalter auf seiner Flucht vor den einziehenden Franzosen und dem Sieg der Republikaner und teilte mit ihm die Verbannung[1]). Die Republikaner fürchteten daher, die Juden würden aus Dankbarkeit sich den Oranisten anschließen. Das waren die offenen oder verschwiegenen Beweggründe der Gegner der Gleichstellung. Sie konnten sich auch darauf berufen, daß die Mehrheit der Juden das Vollbürgerrecht gar nicht wünschte, und daß die sechs Petitionäre ohne Vollmacht gehandelt hatten. Indes gab der französische Gesandte Noël den Ausschlag zugunsten der Gleichstellung der Juden, indem er sie gewissermaßen herrisch durchsetzte. Eine Schrift von v a n B l o m e n d a l (Sommer 1796) hatte die schwankenden Deputierten den Juden geneigt gemacht. Nach langer Verhandlung wurde endlich (2. Sept. 1796) die vollständige Gleichheit der batavischen Juden dekretiert, mit dem Zu-

---

[1]) Koenen. Geschiedenis. p. 380, 387.

ſatze, für diejenigen, welche davon Gebrauch machen wollten. Damit
wurden alle früheren provinziellen und ſtädtiſchen Beſtimmungen in
betreff derſelben aufgehoben[1]).

Die holländiſchen Juden empfanden bei Verkündigung dieſes
Beſchluſſes nicht die Freude, wie die franzöſiſchen bei erlangter Gleichberechtigung. Sie hatten ſich nicht ſo ſehr unfrei gefühlt, um der neuen
Freiheit entgegenzujauchzen. Sie hatten keinen Ehrgeiz nach einer
Stellung im Staate und ſahen im Vollbürgerrecht nur Laſten und
eine Gefährdung der Religion. Sie waren daher über diejenigen erbittert, welche die Gleichſtellung und damit die Löſung des Korpo-
rationsverbandes der beiden Gemeinden betrieben hatten. Es entſtanden dadurch in Amſterdam Reibungen und Spaltungen.

Die freiſinnigen Männer, meiſtens aus der deutſchen Gemeinde,
verlangten nämlich, daß diejenigen Maßregeln, welche den Rabbinen
und noch mehr den Parnaſſim die Machtbefugnis einräumten, ein
eiſernes Zepter über die Mitglieder zu führen, zeitgemäß abgeändert
würden. Die Gemeindeführer verweigerten nicht bloß dieſes Verlangen, ſondern bedrohten die Bittſteller noch dazu mit Geldſtrafe.
Darauf verließen die Freiſinnigen die beſtehende Synagoge, verſam-
melten ſich in einer eigenen, bildeten eine eigene Gemeinde und erklärten noch dazu, daß ſie die echte Gemeinde wären (**Adat Jeſchurun**,
gebildet Ende 1796). Die Altgeſinnten belegten dafür die Ausge-
ſchiedenen mit einer Art Bann, verboten den Mitgliedern ihrer Gemeinde, mit ihnen zu verkehren, erklärten ſie als vom Judentum abge-
fallen und unterſagten, ſich mit ihnen zu verſchwägern. Die politiſche
Parteiung wurde zugleich eine religiöſe. Denn die Anhänger der neuen
Gemeinde **Adat Jeſchurum** begannen eine Art Reform einzuführen.
Sie merzten die Verwünſchungsformel (w'la-Malſchinim), urſprünglich gegen die abgefallenen Juden-Chriſten eingeführt, aber von dem
Mißverſtand auf alle Chriſten angewendet, aus dem Gebete aus. Sie
beſeitigten die raſche Beerdigung der Verſtorbenen und richteten ein
neues, reinliches Gemeindebadehaus ein, allerdings lauter unſchul-
dige Reformen, die aber in den Augen der Stockfrommen als ſchwere
Vergehungen gegen das Judentum galten. Die Erbitterung der letz-

---

  [1]) Über dieſe Verhandlungen ſ. Aktenſtücke zur Geſchichte bei Erhebung
der Juden zu Bürgern in der Republik Batavien, ins Deutſche überſetzt, auch
hebräiſch mit einer Einleitung von Hirſch Ilfeld דברי נגידים; Meaſſef,
Anhang zum 7. Bande, p. 392 und den Beſchluß in deutſcher Sprache zum
Schluß. Grégoire, Histoire des sectes, III. p. 391 f. Koenen, Geschiedenis,
p. 259 f.

teren gegen die Neuerungen war so groß, daß die unwissende Menge
der deutschen Gemeinde sie mit dem Tode bedrohte und die Drohung
auch ausgeführt hätte, wenn die bewaffnete Macht nicht gegen sie ein=
geschritten wäre. Sonderbar ist es, daß die Magistratsbehörde die alte
Gemeinde unterstützte und gegen die neuere Partei nahm. Verlangte
ein solcher einen Reiseschein, so wies sie ihn zunächst an die Parnassim,
sich von ihnen ein Zeugniß der Unbescholtenheit ausstellen zu lassen.
Die Ausschließung der Freisinnigen aus der Gemeinschaft hatte indes
keinen Eindruck auf sie gemacht; daher strengten die Vorsteher
Prozesse gegen sie an. Sie verklagten dreiundzwanzig Mitglieder der
neuen Gemeinde zur Zahlung von je 1000 Gulden, kraft des alten
Privilegiums, weil sie sich von der Gemeinde getrennt und ihr Un=
bilden zugefügt hätten. Diese Klage wurde von den Richtern angenom=
men, obwohl die alten Bestimmungen durch die neue Konstitution auf=
gehoben waren. Wenn die Verklagten auch nicht zu Geldstrafen ver=
urteilt wurden, so mußten sie doch, nach dem parteiischen Ausspruche
der Richter, die schweren Prozeßkosten tragen. Indessen gelang es der
neuen Gemeinde wenigstens die fanatischen Vorsteher der deutschen
Gemeinde, welche noch rücksichtsloser als die der portugiesischen gegen
die ausgetretenen Mitglieder verfuhren, ihrer Ämter zu entsetzen,
wahrscheinlich auf Betrieb des französischen Gesandten Noël. In den
neuen Vorstand wurden Mitglieder der neuen Gemeinde gewählt[1]).
Nach und nach versöhnten sich doch mehrere der alten Partei mit der
neuen Ordnung der Dinge und mit den Bestrebungen der Freisinnigen.
Es schmeichelte auch den Frommen, als zwei Juden aus Amsterdam
zu Deputierten gewählt worden waren, B r o m e t und d e L e m o n.
Mehrere derselben begaben sich nach dem Haag zur Eröffnung der
zweiten Nationalversammlung (1. Sept. 1797), um die Ehre, welche
den jüdischen Deputierten widerfuhr, zu genießen. Noch mehr wurden
sie für die Gleichheit eingenommen, als später der jüdische Deputierte,
I s a a k d a C o s t a A t i a s, in das Ratskollegium der Stadt, in die
Nationalversammlung und zuletzt gar zum Präsidenten derselben er=
wählt worden war (1798). Die Spitze der batavischen Republik, der
Großpensionär Schimmelpenninck, machte nämlich vollen Ernst
mit der Gleichstellung[2]) der Juden und beförderte ohne Bedenken be=
fähigte jüdische Männer zu Ämtern. M o r e s c o wurde bei der städti=
schen Regierung zu Amsterdam und M o s e A s s e r bei der Justiz=

1) Grégoire a. a. O., p. 394 f., Koenen, p. 371 f.
2) Ilfeld a. a. O. p. 13 f. und Koenen das.

behörde angestellt. Die ersten jüdischen Beamten in Europa kamen in Holland vor.

Es war natürlich, daß in der Brust der freisinnigen Mitglieder der neuen Gemeinde, aus deren Mitte Beamte ernannt worden waren, das Selbstbewußtsein und eine Art edler Stolz erwachte. Es empörte sie tief, daß Juden von seiten der deutschen Fürsten noch immer als Auswurf oder Tiere behandelt wurden. Sie stellten daher den Antrag an die Nationalversammlung, dem batavischen Gesandten bei der französischen Republik die Weisung zugehen zu lassen, bei dem Friedenskongresse zu Rastatt zu beantragen, daß die holländischen Juden in Deutschland nicht mehr dem Leibzoll unterworfen werden sollten, widrigenfalls alle durch Holland reisenden Deutschen derselben entehrenden Behandlung unterworfen werden würden. Die Nationalversammlung ging auf dieses Gesuch ein[1].

Die gerechte Vergeltung verfuhr aber bald noch viel herber mit den deutschen Fürsten und Völkern, welche, hartnäckig wie Pharao und die Ägypter, die Juden von der Kette der Kammerknechtschaft nicht lösen mochten. Sie wurden bald selbst zu Knechten der französischen Republik und mußten sämtlich Leibzoll zahlen. Helden in erstaunlicher Zahl und Größe, welche Gottes Strafgericht an den erbärmlichen, europäischen Machthabern ausüben sollten, gingen aus dem dunklen Schoß des französischen Volkstums hervor. Überall in Deutschland und Italien, wo die heldenmütigen Franzosen festen Fuß faßten, wurden auch die Juden frei. Die Ghettomauern wurden gesprengt, die gekrümmten Gestalten richteten sich auf. In Venedig, wo das Ghetto seinen Ursprung hatte, öffnete es sich beim Einzug der Franzosen. In Piemont begrüßte ein Geistlicher die Befreiung der Juden in der Synagoge mit einem Gebete und einer feurigen Rede[2]. Cöln z. B., wo seit dem fünfzehnten Jahrhundert kein Jude über Nacht bleiben durfte, mußte, als es französisch geworden war, einem Juden J o s e p h   I s a a k, der sich nachmals Joseph   S t e r n nannte, die Aufnahme gestatten (1798). Freilich lebte er und die Seinigen in der ersten Zeit

---

[1] Ilfeld das.; C. Grund, „Ist eine Verbesserung der Stellung der Juden in Deutschland dem Recht und der Klugheit gemäß?" Anfang: „Es ist bekannt, daß die Juden von Holland, glücklich in der bessern Existenz, und durch das noch traurige Los ihrer deutschen Brüder zur mitleidigen Teilnahme gestimmt, in einem besonderen Schreiben bei der französischen Gesandtschaft zu Rastatt einkamen, wegen der lästigen Distinktionen dieser in Deutschland und wegen mehrerer denselben zu erteilender Rechte mit dem deutschen Gesandten zu unterhandeln."

[2] Grégoire, nouvelles observations sur les Juifs (1806).

in Zittern. Als einst des Nachts ein Sturmläuten gehört wurde, und die Leute in plattdeutscher Sprache einander zuriefen: „Büdden (Wasserkufen) heraus, Büdden heraus!" schickten er und die Seinigen sich zur eiligen Flucht an. Sie hatten nämlich verstanden: „Jüden heraus[1])." Es war eine Vorahnung des Hep-Hep-Sturmes.

Schon war der Name der unbezwinglichen Franzosen, welche Wunder von Siegen in Italien erfochten hatten, über Europa hinaus erklungen und hatte bis in die entferntesten Gegenden Schrecken und Bewunderung erregt. Ein neuer Alexander, zog der Korse Bonaparte, ein kaum dreißigjähriger Kriegsgott, mit einem verhältnismäßig kleinen Heere aus, um Ägypten zu unterwerfen und wo möglich bis nach Indien vorzudringen. In kaum einem halben Jahre (Juli—November 1789) lag Ägypten gebrochen zu seinen Füßen. Aber ein türkisches Heer war im Anzuge gegen ihn. Bonaparte rückte ihm in Palästina entgegen. So wurde in wunderbarer Verkettung weltgeschichtlicher Ereignisse das heilige Land der Schauplatz blutiger Kriege zwischen den Trägern des neuen und des alten Geistes in Europa.

El Arisch und Gaza an der Südwestseite Palästinas kamen in die Hände der französischen Schar, die kaum 12 000 Mann zählte (17. und 25. Februar 1799). Die jüdische Gemeinde von Gaza war geflüchtet[2]. Kurz darauf fiel die Festung Jaffa (6. März); die ganze türkische Besatzung ergab sich auf Gnade und Ungnade und wurde unmenschlich niedergeschossen, weil Bonaparte nicht wußte, wo er die besiegten Truppen unterbringen sollte. In Jerusalem verbreitete sich bei der Nachricht von den Siegen und der Grausamkeit der Franzosen ein betäubender Schrecken. Es hieß, Napoleon gedenke auch nach der heiligen Stadt zu kommen. Auf Befehl des Unterpaschas oder Motusalli m begannen die Einwohner Erdwälle aufzuwerfen. Auch die Juden beteiligten sich daran. Der Oberrabbiner Mardochaï Joseph Mejuchas ermutigte sie zur Arbeit und legte selbst Hand an. Die Türken hatten nämlich das Gerücht ausgesprengt, daß die Franzosen ganz besonders die Juden mißhandelten[3]. Bonaparte hatte zwar einen Aufruf an die asiatischen und afrikanischen Juden ergehen lassen, sich um seine Fahnen zu scharen, und versprochen, ihnen das heilige Land zu geben und das alte Jerusalem in seinem Glanze wiederherzustellen. Es soll sich auch infolgedessen eine große

---

[1]) Weyden, Geschichte der Juden von Cöln, S. 275.
[2]) Schwarz, Palästina. תבואות הארץ I, p. 65 b. II, p. 38 b.
[3]) Schwarz, das. p. 38 b.

Zahl in Syrien verſammelt und Aleppo bedroht haben[1]). Aber die
Jeruſalemer ſcheinen dieſen ſchmeichelnden Worten nicht getraut oder
von dem Aufruf keine Kunde erhalten zu haben. Es war wahrſcheinlich auch nur ein Verführungsverſuch Bonapartes, darauf berechnet,
den jüdiſchen Miniſter des Paſchas von Akko, namens Chajjim
Maalem Farchi (ermordet 1820), die Seele der Verteidigung der
wichtigen Meeresfeſtung Akko, für ſich zu gewinnen. Dieſer jüdiſche
Staatsmann, deſſen Vater Saul Farchi Finanzminiſter des Paſchas
von Damaskus geweſen war, hielt nämlich treu zu ſeinem Herrn G'ezar,
obwohl dieſer ihm in ſeiner grauſamen Art ein Auge verſtümmelt
hatte. Unter den Titeln Kasnadar, Sarraf, Kjaja leitete Farchi den
Krieg gegen die Franzoſen und unterſtützte den Kampf der Engländer
gegen ſie. Beliebt bei der mohammedaniſchen Bevölkerung wie bei
der jüdiſchen, hätte er durch Anſchluß an Bonaparte dem ſyriſch-ägyp-
tiſchen Feldzuge eine andere Wendung geben können. Wäre Bonaparte
der Plan gelungen, Syrien dauernd zu erobern und den Krieg in das
Herz der Türkei zu werfen, ſo hätte er vielleicht der jüdiſchen Nation,
auf die ſich die Franzoſen hätten verlaſſen können, eine Rolle zuerteilt.

Die Belagerung von Akko führte eine andere Entſcheidung herbei.
Sie begann mit Mißerfolg und hätte für die Franzoſen und Bonapartes Ruhm gefährlich werden können, wenn die türkiſche Armee, die
von Galiläa herniedergeſtiegen war, ſich hätte Akko auf der Land-
ſeite nähern können. Aber Bonapartes Feldherrnblick und der todes-
verachtende Mut der franzöſiſchen Soldaten beſeitigten die Gefahr
(16. April). In der Ebene Esdrelom am Berge Tabor, wo von den
älteſten Zeiten an viele Schlachten geliefert worden waren, ſiegten
4000 Franzoſen über ein ſechsmal ſtärkeres türkiſches Heer und brachten
ihm eine vollſtändige Niederlage bei. Aber Akko konnte Bona-

---

[1]) Moniteur des Jahres VII = 1799, No. 243, p. 187. Constantinople,
le 28 Germinal: Bonaparte a fait publier une proclamation, dans laquelle
il invite tous les Juifs de l'Asie et de l'Afrique à venir se ranger sous ses
drapeaux, pour rétablir l'ancienne Jerusalem. Il en a déjà armé un grand
nombre, et leurs bataillons menacent Alep. — Man hat infolgedeſſen in
Frankreich ernſtlich an dieſe Chance gedacht. Der Moniteur brachte am 9. Meſ-
ſidor einen berichtigenden Artikel über Bonapartes Pläne im Orient und
bemerkte dabei (p. 1137): Ce n'est pas seulement pour rendre aux
Juifs leur Jerusalem, que Bonaparte a conquis la Syrie, il
avait de plus vastes dessins . . . de marcher sur Constantinople, pour
jeter de là l'épouvante dans Vienne et Petersbourg. Über Chajjim Farchi
ſ. Carmoly, Revue orient., Jahrg. 1841, S. 2 ff.; Lebrecht im Magazin für
die Lit. des Auslandes, Jahrg. 1850, S. 461 f., 503 f., Orient. derſ. Jahrg.,
Litbl., col. 728 Fortſ.

parte doch nicht einnehmen; er mußte die Belagerung aufheben und
sich nach Ägypten zurückziehen. Bonapartes Erscheinen in Palästina
glich einem schrecklichen Meteor, das nach angerichteten Verwüstungen
wieder verschwindet. Sein Traum, Kaiser des Morgenlandes zu werden
und den Juden Jerusalem wiederzugeben, verflog rasch. Bald wetzte
er die erlittene Scharte aus. In der Landschlacht bei Abukir (25. Juli),
einer seiner glänzendsten Waffentaten, rieb er ein zahlreiches türkisches
Heer wie eine Herde Lämmer auf. Während alle Welt ihn mit Erobe-
rungsplänen im Orient beschäftigt glaubte, landete er in Frankreich, und
ehe das Jahrhundert abgelaufen war, wurde er der Diktator des von
Parteikämpfen zerrissenen Frankreichs und machte der Anarchie ein
Ende (18.—20. Brumaire = 9.—11. Nov. 1799).

Bonaparte tötete die Freiheit, seine Mutter, oder vielmehr er
blies ihr den letzten Atem aus; er knebelte die Gerechtigkeit, drückte
die Menschenwürde, die sich durch den Sturz des hochmütigen alten
Adels gehoben hatte, in den Staub und setzte von neuem Gewalt und
Ruhmlust an die Stelle der Bürgertugenden. Kurz, er schlug der
Menschheit tausend Wunden. Allein kein Denkender verkennt jetzt,
daß Bonaparte, so wie er war, mit seiner Selbstsucht und Brutalität,
eine geschichtliche Notwendigkeit war. Eine Errungenschaft der Revolution hatte er bestehen lassen und sie befestigt, die Gleichheit. Sie
kam besonders den Juden zugute. Sie hing nicht mehr von dem Belieben eines Herrschers ab, sondern war durch die zehnjährigen revolutionären Bewegungen tief in die Gemüter der Franzosen eingedrungen. Doch fehlte den französischen Juden noch etwas zur völligen
Gleichheit. Als Bürger waren die Söhne Judas allerdings auch in
der neuen konsularischen Verfassung, wie später unter dem Kaiserreiche,
ohne weiteres den Franzosen gleichgestellt. Ein anderes war es aber,
als sie in ihrer Gesamtheit, als Religionsgenossenschaft, neben Katholiken und Protestanten, anerkannt werden sollten. Bei der Wieder-
einführung des alten Kultus und dem Abschluß des Konkordats mit
dem Papsttume — wobei er, der Kluge, von den noch klügeren Klerikalen so überlistet wurde, daß der verfolgungssüchtige Katholizismus
den während der Revolution verlorenen Boden allmählich zurück-
erobern konnte, — wurde der öffentliche Kultus des Judentums gesetzlich nicht festgestellt. Bonapartes Ansicht vom Werte des Judentums
war geteilt. Er hegte gegen dasselbe zugleich die höchste Verehrung
und eine geringschätzige Verachtung. Ihm, der die Bedeutung geschichtlicher Tatsachen, welche der Veränderlichkeit der Zeiten trotzen,
zu würdigen verstand, imponierte das Judentum, das so vielen Stürmen

und Verfolgungen zäh widerstanden hatte. Aber er konnte dessen Größe in der äußerlichen Verkümmerung, in der Knechtsgestalt nicht wiedererkennen, und teilte vollständig die Vorurteile der großen Menge gegen das bestehende Judentum, das doch selbst von den Juden verkannt wurde. Diese zwiespältige Ansicht drückte sein Organ, Portalis, aus, als dieser der gesetzgebenden Versammlung den Bericht über die Wiederherstellung der Kulte vorlas (15. Germinal, Jahr X). „Indem sich die Regierung mit der Organisation der verschiedenen Kulte beschäftigt, hat sie die jüdische Religion nicht aus dem Gesichte verloren. Sie soll wie alle übrigen an der von unsern Gesetzen beschlossenen Freiheit teilnehmen. Aber die Juden bilden weniger eine Religion als ein Volk. Sie bestehen unter allen Nationen, ohne sich mit ihnen zu vermischen. Die Regierung hat daher geglaubt, die Einigkeit dieses Volkes achten zu müssen, dieses Volkes, welches durch die Umwälzungen und Trümmer der Jahrhunderte bis zu uns gelangt ist, und welches es als eines seiner größten Privilegien betrachtet, nur Gott als seinen Gesetzgeber zu haben"[1]. Bonaparte war daher über das zu erlassende Gesetz in betreff der Stellung des Judentums schwankend. Die unantastbare Gewissensfreiheit und die Bewunderung für das hohe Alter des Judentums geboten, keinerlei Eingriffe in die inneren Angelegenheiten der Juden zu tun; aber der nationale Charakter desselben und die unverkennbaren Auswüchse, die ihm anhafteten, flößten ihm und seinen Räten Bedenken ein, es in seiner so ausgeprägten Gestalt unbedingt anzuerkennen. Die Eigenart des Judentums und des jüdischen Volkes blendeten auch seinen durchdringenden Scharfblick. Er schob daher das Gesetz über die Gestaltung des jüdischen Kultus immer wieder auf. Er wollte sich erst selbst Klarheit darüber verschaffen, oder vielmehr über die Kluft hinwegkommen. Unter der Last der Staatsgeschäfte, die er, ein Atlas, allein trug, blieb ihm keine Zeit für die Organisation des französisch-jüdischen Kultus. Die Juden fühlten sich nicht unbehaglich dabei. Hatten sie doch fast zwei Jahrtausende ihre Angelegenheiten ohne staatliche Einmischung geordnet. Sie waren daher mit der Veränderung, welche der 18. Brumaire in Frankreich hervorgebracht hatte, äußerst zufrieden. Die Ruhe und Sicherheit, die sie dadurch neben der Gleichheit erlangt hatten, während sie unter dem Übermaß des Freiheitsdranges und dem Schreckenssystem gelitten hatten, taten ihnen, den Feinden des Exzentrischen, sehr wohl. Auch teilten sie die Bewunderung für den aus der Dunkel-

---

[1] Moniteur, bei Halphen a. a. O., p. 240.

heit herausgetretenen Sohn des Volkes, der die Feinde Frankreichs niedergeworfen, seine Macht so sehr erweitert und nun auch im Innern das Ungetüm der Anarchie gebändigt hatte.

Seine überwältigenden Heldentaten weckten die hebräische Muse zu begeisterten Lobgesängen. Elia Halevi (Halfan), den die Zeit= wellen von Fürth nach Paris gespült hatten (geb. um 1760, starb 1826)[1], einer der beiden glänzendsten neuhebräischen Dichter der Neuzeit, dichtete bei der Nachricht von Friedensunterhandlungen zu Amiens ein schwung= volles Meisterlied auf den Frieden und auf Bonaparte, das in der Synagoge von Paris (Sonntag, 11. Nov., Jahr X = 1801) gesungen wurde. Es ist echte, goldene Poesie. Man weiß nicht, was mehr an diesem Gedichte Elia Halevis zu bewundern ist, die Bilderpracht, die lebhafte, hinreißende und zugleich wahre Schilderung der wunderbaren Taten der französischen Revolution und Bonapartes, die klangvollen Verse oder die glanzvolle urhebräische Sprache, die Jesaias und die Korachiden nicht verleugnet haben würden. In dieser Vollendung hat Elia Halevi keinen Ebenbürtigen in der langen Bilderreihe neuhebrä= ischer Dichter; er übertraf bei weitem die spanischen Sänger Gebirol, Jehuda Halevi und den italienischen Dichter Luzzatto. Sein Hymnus auf den Frieden läßt bedauern, daß die neuhebräische Poesie nicht mehr solcher Gesänge von ihm besitzt. Für Kunstverständige, welche zugleich an den Feinheiten der hebräischen Poesie Geschmack finden, begründete

---

[1] Das unvergleichliche Gedicht Halevis lautet in der Überschrift: השלום.
השירה הזאת שרו היהודים בבית תפילתם פה פאריס ביום הושב החרב לנדן
רום א׳ ג׳ כסלו ה״א תקס״ב מבני אלי׳ חלפון הלוי מפיורדא. Es ist ins
Französische übersetzt worden: Hymne à l'occasion de la paix par le citoyen
Elie Lévy; chantée en hébreux et lue en français dans la grande Syn=
agogue, à Paris, le 17 Brumaire, an X. Sylvestre de Sacy war von
dieser hebräischen Hymne entzückt. Ein protestantischer Pastor Marron
pries sie in lateinischen Versen (Univers Israël. XVIII, p. 274): Eliae Halevy
Hebraico carmine pacis reditum egregie celebranti. Die letzten beiden
Distichen seien hier wiedergegeben:

> Davide ab extincto saecla effluxere triginta,
> Dum tacuit nulli percutienda chelys.
> Jam cessat viduata suo lugere poeta,
> Et mihi Jessueum, tu, bone, reddis, ait.

Das. ist auch eine Biographie von seinem Sohne Léon Halevy, auch in dessen
Resumé de l'histoire des Juifs modernes, 1828, p. 199. Er war Mitbegründer
und Mitarbeiter der Wochenschrift l'Israélite français, (1817—1818), und
seine Artikel sind durch E. H. chiffriert. Beachtenswert ist sein Dialog Socrate
et Spinosa (das. II, p. 73.) Auch ein Religionsbuch ist von ihm vorhanden,
im Sinne Mendelssohns und der Meassim, gedruckt 1824.

jedoch dieses Gedicht allein den Ruhm des in Dürftigkeit lebenden Dichters, auch wenn seine beiden begabten Söhne, der Tonkünstler Jacques Fromental Elie Halévy und der französische Dichter Leon Halévy den Namen nicht unsterblich gemacht hätten. Das Wunderbare an dieser Friedenshymne ist, daß nur die Sprache, allenfalls die Farbenglut und der Bilderreichtum darin hebräisch sind; alles übrige aber, Inhalt und Gedankengang sind durchaus neu, eigenartig, selbständig, keinem Muster nachgebildet. Es glüht darin ein schwärmerischer französischer Patriotismus, dem sich Halevi so ganz hingab, daß er für seine Stammesgenossen, ihre Befreiung und Erhebung auch nicht einen Zug angebracht hat. Nur im Eingange fleht er den lieblichen Sänger David an, ihm die Harfe zu leihen oder seine Harfe mit dessen klingenden Saiten zu bespannen, um den Riesenkampf zu besingen, den Frankreich gegen eine Welt von Feinden führte, „und den man für eine griechische Fabel aus der Zeit des Krieges der Titanen mit den Göttern halten möchte". Elia Halevis prächtige Verse malen förmlich die Zuckungen der Revolutionszeit, die Anarchie, die Feindseligkeit von allen Seiten, die Ermannung, und endlich wie der korsische Held aus den verachteten französischen Scharen ein Heldenvolk gemacht hat. In dem Jahre, in dem er diesen Lobpsalm sang, verdiente Bonaparte noch feurige Huldigungen. Später, als er sich erniedrigt hatte, sich die Kaiserkrone aufzusetzen, schwieg Halevis Muse, während mittelmäßige jüdische Dichter in allen Tonarten in französischer, italienischer, deutscher und hebräischer Sprache ihn priesen[1]).

In den Stürmen, welche die Abendröte des achtzehnten und die Morgenröte des neunzehnten Jahrhunderts begleiteten, in den Wandlungen, durch welche die Juden bei dem Übergang aus ihrem patriarchalischen, idyllischen Stilleben in das bewegte Weltgetriebe hineingerissen wurden, hat die neuhebräische Poesie auch noch einige Blüten hervorgebracht. Aus dem Nachwuchs der Meassimschule verdienen wenigstens genannt zu werden Joseph Ephrati Troplowitz (geb. um 1770, starb in Ratibor 1804), der sich wieder an ein hebräisches Drama machte, dessen Held der tragische König Saul ist[2]); Schalom Kohen (geb. zu Meseritz in Posen 1771, starb in Hamburg 1845), der „morgenländische Pflanzen in abendländischen Boden" einsetzte und hebräische Heldengedichte zu schaffen versuchte, deren Mittel-

---

[1]) Vgl. über die jüdischen Lobdichter Carmoly, Revue orientale, II, p. 24 f.
[2]) Troplowitz' oder Euphrats gelungenste Produktion ist כלובת שאול, Wien 1794.

punkt der Patriarch Abraham und der König David ist[1]). S a l o m o
P a p p e n h e i m (geb. 1740, starb 1814) machte zwar keine Verse;
aber seine neuhebräische Prosa ist dichterisch vergeistigt. Seine „Vier
Kelche" sind eine glückliche Nachbildung von Youngs Nachtgedanken[2]).
Aber keiner dieser drei neuhebräischen Dichter erreichte auch nur von
ferne Elia Halevis Schwung und Tiefe. Troplowitz' und Kohens Verse
gleichen Wesselys Muster; sie sind tadellos im Bau, aber durchaus
nicht dichterisch.

Wie die glühende Begeisterung für Frankreich, das seine geknechteten Stammesgenossen zu freien Menschen umgeschaffen hatte, Elia
Halevi zum Dichter gemacht hatte, so erweckte sie einen jüdischen Jüngling zum feurigen Redner, dessen Beredsamkeit poetisch gefärbt war.
M i c h a e l B e r r (geb. 1780, starb 1843[3]), ein würdiger Sohn des
für die Emanzipation der Juden in Frankreich so eifrigen Jsaak Berr,
erregte schon in der Jugend durch seine schöne und edle Gestalt und
seine hohe Begabung große Erwartungen. Der Geschichtschreiber
Johannes von Müller glaubte von ihm, er werde der Esra seines Volkes
werden. In Michael Berr vollzog sich zuerst die innige Vermischung
des jüdischen und französischen Geistes. Er war der erste jüdische Rechtsanwalt in Frankreich. Ein Fehler hinderte ihn, einen tiefen Eindruck
auf die Zeitgenossen und die Nachwelt zu machen, seine allzuleicht
übersprudelnde Sprach- und Schreibfertigkeit. Mit hochfliegendem
Jugendmute und in der Glut seiner Feuerseele faßte dieser Jüngling
im Beginn des neuen Jahrhunderts beim Friedensschluß einen kühnen
Gedanken. Ein Kongreß der europäischen Fürsten wurde erwartet.
An diese und an ihre Völker richtete Michael Berr einen „A u f r u f"
im Namen „aller Einwohner Europas, welche die jüdische Religion
bekennen" (1801), den Druck von den Juden abzutun und ihnen die

---

[1]) Außer einer großen Menge kleiner Gedichte schrieb S. Kohn מטעי קדם
על אדמת צפון und 1807 ניר דוד דוד 1834. Er setzte die Measfim fort und redi-
gierte später die בכורי העתים. [Nach D. Cassel, Lehrb. d. jüd. Gesch. d. Lit.,
S. 508 war er in Wollstein in der Provinz Posen geboren].

[2]) ארבע כוסות, 1790. Seine Synonymik יריעות שלמה hat keine Bedeutung.

[3]) Die biographischen Notizen über ihn und das Verzeichnis seiner
Schriften sind zusammengetragen bei Carmoly a. a. O. III, p. 63, 122.
Archives Israélites, Jahrg. 1843, S. 714 ff., Jahrg. 1844, S. 109 ff. 168 ff.
Joh. v. Müller schrieb über ihn an seinen Bruder 12. Febr. 1808 (Biograph.
Denkwürdigkeiten V, S. 181): „Neulich habe ich mit einem jungen Israeliten
(so heißen sie jetzt) M i c h e l B e r r eine angenehme Bekanntschaft gemacht ..
Ich glaube den Berr behalten wir als Haupt oder Schreiber seines Volkes;
er ist, wie Esra, Sopher Mahir, ein schöner Jüngling, voll Würde."

so lange vorenthaltene Gerechtigkeit zu gewähren. Aus diesem Jüng=
ling sprach die Stimme des verjüngten Israel; sie lud seine Schergen
und Henker vor das Weltgericht der Geschichte, nicht um von ihm
Rache zu verlangen, sondern um die Folgen der dem jüdischen Stamme
zugefügten Freveltaten aufzuheben. Berrs Aufruf galt besonders den
Deutschen, dem Volke und den Fürsten, welche noch immer die unter
ihnen wohnenden Juden als gebrandmarkte Kammerknechte behandel=
ten, während sie in Frankreich als gleichberechtigte Glieder der großen
Nation den Kopf hoch tragen durften.

Mit gerechtem Stolz sagte Michael Berr den Verächtern: „Nicht
als Glied der unterdrückten Klasse rufe ich die Gerechtigkeit der Könige
und Nationen an . . . denn laut sage ich es, die französischen Juden
sind endlich in die Menschenrechte eingetreten, und viele sind schon
nützliche Bürger geworden. Als französischer Bürger, als Freund
der Menschheit trete ich auf, die gerechte Sache vorzutragen für die,
deren Laster nur durch den erbitterten Haß ihrer Feinde entstanden
sind, deren Tugenden aber sie sich selbst zu verdanken haben." Mit
dichterischem Schwunge schildert er die gehäuften Leiden des jüdischen
Volkes: „Nicht ohne inneres Grauen kann ich den Trauerschleier lüften,
der die blutige Geschichte der jüdischen Nation umhüllt; nicht ohne
tiefgefühlten Schmerz kann ich die Jahrbücher entfalten, worin die
Ungerechtigkeiten, die sich ganze Nationen gegen die zitternden Trümmer
eines unglücklichen Volkes zuschulden kommen ließen, mit feurigen
Buchstaben aufgezeichnet stehen, eines Volkes, einst stolz auf die Pracht
seines Tempels, auf den erhabenen Ursprung seiner Gottesverehrung;
jetzt aber der Auswurf der Erde, das Spiel des erzürnten Schicksals,
das nur bedacht ist, es mit Unglück zu überhäufen, es mit Bitterkeit
und Schande zu erfüllen, es zum ungerechten, unseligen Gegenstand
des Hasses des ganzen Menschengeschlechtes zu machen. Noch einmal,
in meinem Herzen mich mehr als Franzose denn als Jude fühlend, ge=
traue ich mich kaum, diese Abgründe des Schreckens aufzudecken, weil
ich dies nicht ohne eine Erinnerung der Schande meines eigenen Vater=
landes tun könnte, das mehr als einen unserer Verfolger gestellt hat."

In krassen Zügen entwarf Michael Berr das Schauergemälde
des jüdischen Märtyrertums im Mittelalter. „Ja, wir allein jeder
Art Marter, den Qualen des Todes und den Schrecknissen des Lebens
trotzend, wußten dem Strom der Zeit zu widerstehen, der in seinem
Laufe Völker und Religionen und Jahrhunderte fortreißt. Während
Rom und Griechenland nur noch glänzende Erinnerungen sind, windet
sich ein so oft unterjochtes Volk von einigen Millionen Menschen durch

den Zeitraum von dreißig Jahrhunderten der Selbständigkeit und
sechzehn Jahrhunderten der Verfolgung. — Gleich einer unerschütter=
lichen Säule, trotzend der allgemeinen Überflutung des Erdkreises,
sind wir allein von der Zeit, der Zerstörerin aller Dinge, verschont
geblieben. . . . Ihr, die ihr die Juden als entartet betrachtet, statt
sie als unglücklich anzusehen, untersuchet mit mir ihre Leidenschaften
und ihre Tätigkeit, nicht in den mit Gift geschriebenen Werken ihrer
Gegner, sondern im Schoß ihrer Familien, inmitten der Gegen=
stände ihrer Liebe, im Schatten ihrer häuslichen Heiligtümer. Diese
Menschen, die ihr als den Auswurf der Völker betrachtet, werdet ihr
in ihrer ursprünglichen Einfachheit, frei und nicht verdorben von der
Schwelgerei oder anderen Lastern, welche die Entartung der Sitten
nach sich ziehen, wiederfinden . . . Wollt ihr nicht besser die Nation
würdigen lernen, welche nur das Unglück hat erniedrigen können?
So bedenkt die Rolle, die es während der französischen Revolution
und der Schreckensherrschaft der Zehnmänner gespielt hat. Leicht
hätten sie sich unter die rasenden Jakobiner mischen und Rache an ihren
ehemaligen Unterdrückern nehmen können. Wohlan! Durchblicket
die Geschichte jener Zeit, wenn ihr unter den Parteigängern der
Schreckensmänner einen einzigen Juden findet, den doch die erlittenen
Leiden hätten teilweise rechtfertigen können, so überlasse ich alle dem
Geschicke, welches uns alle niederbeugt. Ihr werdet sie auch nicht unter
den entarteten Söhnen finden, welche Feuer und Schwert in einen
Teil des Vaterlandes gebracht (Vendée) haben. Wohl aber werdet
ihr sie auf dem Wege der wahren Ehre und des militärischen Ruhmes
finden, wie sie ihr Blut zur gerechten Verteidigung der Grenzen ver=
spritzten und mit ihrem Mute die Bewunderung ihrer großmütigen
Feinde erregten. — „Mit diesem erhabenen Akte," so schließt Michael
Berrs Aufruf an die Könige und Völker, „mit der Befreiung der Juden
von Druck und Schmach, mit ihrer vollständigen Gleichstellung in ganz
Europa, wie in Frankreich und Holland — müsse das neue Jahrhundert
beginnen, dessen Andenken der Nachwelt das wunderbare Bild von
zugleich großen und traurigen Ereignissen überreichen wird."

Dieser für seine Stammesgenossen begeisterte Jüngling predigte
tauben Ohren, seine Feuerworte und überzeugenden Gründe fanden
keinen Widerhall in den Herzen der europäischen Völker. In Öster=
reich, Preußen und den zu Hunderten zählenden kleinen deutschen
Staaten blieben die Juden in der alten Erniedrigung. Die französische
Revolution und ihr befreiender Einfluß machte die Deutschen nur noch
verstockter gegen die Juden. Weil sie jenseits des Rheins und der

Alpen als Ebenbürtige behandelt wurden, darum ſollten ſie diesſeits
gedemütigt und verachtet bleiben. Alle Selbſtverachtung und Kriecherei
gegen die beſtehende Kirche von ſeiten der Berliner aufgeklärten Juden
führte ſie nicht einen Schritt weiter. Die Kultur, welcher ſich immer
größere jüdiſche Kreiſe zuwendeten, für welche ſie ihre eigenen Schätze
achtlos wegwarfen und fremden Tand aus Überſchätzung als Kleinodien
aufnahmen, frommte ihnen zu nichts. Nathan der Weiſe und Dohms
Emanzipationsſchrift waren für die Deutſchen umſonſt erſchienen. Die
Vorurteile gegen die Juden nahmen wo möglich noch mehr zu, die
„Kölbele" vervielfältigten ſich. Geiſtig und ſtaatlich geknechtet, wie da-
mals die Deutſchen waren, ſchien ihnen die Knechtung und Verachtung
der Juden ein Labſal und ein Troſtmittel zu ſein. Sie glaubten ſich
elbſt frei fühlen zu dürfen, weil ſie unter ſich noch eine Klaſſe von
Menſchen erblickten, die ſie ungeſtraft höhnen und mißhandeln durften.
In Berlin ſelbſt, dem Sitze der Aufklärung, wurden die jüdiſchen
Ärzte, ſo groß auch ihr Ruf war, nicht im Verzeichnis der chriſtlichen
Fachgenoſſen, ſondern abgeſondert aufgeführt, gewiſſermaßen in ein
Ghetto gewieſen[1]). Zwei Männer erſten Ranges, der größte Dichter
und der größte Denker jener Zeit, G o e t h e und F i c h t e, teilten die Vor-
eingenommenheit der Deutſchen gegen die Juden, und machten kein
Hehl daraus, ſie konnten dabei allerdings auf den Beifall der Großen
und der Menge rechnen. Goethe, der Vertreter der ariſtokratiſchen
Kreiſe, und Fichte, der Verfechter der demokratiſchen Richtung in
Deutſchland, beide wünſchten die Juden wie Verpeſtete, weit, weit
von der chriſtlichen Geſellſchaft entfernt. Beide waren zwar mit der
Kirche zerfallen, das Chriſtentum mit ſeinem Wunderglauben war
beiden eine Torheit, und beide galten als Atheiſten. Nichtsdeſtoweniger
verabſcheuten ſie die Juden im Namen Jeſu. Goethe zeichnete einen
Idealſtaat oder eine leichtlebige Ordensgeſellſchaft in ſeinem Roman
„W i l h e l m   M e i ſ t e r", worin die Schönheit, die Kunſt, das heitere,
ungezwungene Leben ſtatt der Sittlichkeit herrſcht, und worin neben
ſ c h ö n e n   S e e l e n auch Philinen, neben geheimnisvollen Abbés,
leichtfertige Abenteurer, wenn ſie nur Anſtand haben, Platz finden.
Aber die Juden werden aus dieſer Geſellſchaft ausgeſchloſſen. Warum?
„Wir dulden folgerecht keinen Juden unter uns, denn wie ſollten wir
ihm den Anteil an der höchſten Kultur vergönnen, deren Urſprung
und Herkommen er verleugnet?"[2]) Hätte Goethe eine Stimme in

---

[1]) Grattenauer I, Erklärung, S. 13.
[2]) Wilhelm Meiſters Wanderjahre III, c. 11, während der franzöſiſchen

einem deutschen Parlamente gehabt, so würde er wohl dieselbe gegen
Zulassung der Juden zum Staatsleben geltend gemacht haben. Bei
Goethe sprach die Unduldsamkeit gegen die Juden nicht gerade aus
ihm selber heraus; er gab vielmehr nur die Stimmung wieder, welche
in den gebildeten deutschen Kreisen damals herrschend war. Aufge-
bläht von einer Kultur, die in Deutschland doch erst von gestern datierte
und noch von Roheit begleitet war, stempelten die Deutschen diese
Kultur zu einer „christlichen" und versperrten den Juden den Eingang
dazu mit vollständiger Verkennung der Tatsache, daß das Judentum sie teilweise mitschaffen geholfen hat, im Altertum durch die Bibel,
im Mittelalter durch die jüdische Philosophie, und in der Neuzeit durch
Spinoza und Mendelssohn.

Noch schneidender und herber gegen die Juden war Fichte, der
einseitige Vollender Kants. Er hatte bis zum Ausbruch der französischen
Revolution wie die meisten deutschen Metaphysiker ins Blaue hinein
philosophiert. Diese gab erst seinem Denken einen festen Inhalt. Der
Beruf des Menschen sei, mit seinem Geiste, dem Bewußtsein seiner
Selbstheit und seiner Persönlichkeit, einen Vernunft- oder einen Rechtsstaat zu gründen. Das Gewissen, das dem Menschen unter allen Wesen
allein eigen ist, die Gewißheit seiner Pflichtigkeit, das unverbrüchliche:
„Du sollst, du sollst nicht — du darfst, du darfst nicht", dieser Inhalt
des menschlichen Geistes soll sich in der Gesellschaft, im Gemeinwesen,
in den Gesetzen des Staates verwirklichen. Fichte war ein zu tiefer
und scharfer Denker, um nicht einzusehen, daß eine unausfüllbare
Kluft zwischen seinem idealen Rechtsstaat und den bestehenden europäischen Gemeinwesen oder monarchisch-despotischen Staaten und der
versteinerten Kirche bestand. Die Zertrümmerer der französischen
Monarchie hatten ihn allerdings in diese Kluft hineinblicken lassen.
Er, der so gerne mit hastigem Ungestüm das für wahr Erkannte zu
verwirklichen strebte, legte sich die Frage vor: „Ist es nach dem Denk-
gesetze oder (was dasselbe ist) nach dem Sittengesetze gestattet, Revolution zu machen, den bestehenden Staat zu zertrümmern und einen
neuen, auf Vernunft und Recht begründeten, aufzubauen?" Oder in
seiner Sprache: „Ist das Recht, die Staatsverfassung zu ändern, durch
den Vertrag aller mit allen veräußerlich?" Er widmete dieser Untersuchung ein ganzes Buch, worin er dem despotischen Königtum, dem
hochmütigen Adel und der Geistlichkeit wuchtige Schläge versetzte,

Revolution geschrieben. [Vgl. L. Geiger, Goethe und die Juden, in der Ztschr.
f. d. Gesch. d. Juden in Dtschl. I, 321—365. III, 294 f. Die vorliegende
Äußerung Goethes hat Geiger a. a. O. übersehen.]

allerdings ohne seinen Namen zu nennen, und vom sichern Hafen,
von der republikanischen Schweiz, aus. Seine Hauptbeweise für die
Berechtigung zur Revolution hatte er aus einer Fiktion hergenommen.
Die in sich gefestigte, geistige, freie Persönlichkeit des Menschen finde
in ihrem Bewußtsein Pflichten, aber auch Rechte, und zwar solche
Rechte, die sie nicht aufgeben, übertragen oder veräußern könne, wenn
sie sich eben damit nicht selbst aufgeben und zur Sache oder zum Tiere
herabsinken wolle. Solche unveräußerliche Rechte des Menschen
seien die auf seine Freiheit, seine Überzeugung, seine eigene Ausbildung
und Entwicklung. Hätte sich der Mensch auch geradezu durch einen
Vertrag verpflichtet, in einem despotischen Staate zu leben und ihm
in allem zu gehorchen, so dürfe er sich vermöge seines unveräußer=
lichen Rechts von diesem Vertrage lossagen, sich von diesem Bande
losmachen oder Revolution machen. Wenn der einzelne dieses Recht
habe, so hätten es auch viele, die auch die Befugnis haben, sich, sowie
sie sich vom bestehenden schlechten Staatsverbande getrennt haben,
zu einem eigenen Gemeinwesen zusammenzuschließen. Aber entstünden
da nicht lauter Staaten im Staate? Dieser Einwurf erschreckte Fichte
nicht. Er führte Tatsachen auf, daß solche Staaten im Staate selbst
bei despotischen, streng gegliederten Verfassungen bestehen. Solche seien
die Juden, der Soldatenstand, der Adel, die Geistlichkeit und allenfalls
auch die Zünfte.

Scheinbar erwies Fichte den Juden viel Ehre, daß er sie mit dem
Adel und der Geistlichkeit auf eine Linie stellte. Er wollte aber keines=
wegs sie damit geehrt wissen, sondern sie dadurch vor der öffentlichen
Meinung anklagen. Fichte, der philosophische Denker, hegte denselben
Widerwillen gegen Juden und Judentum, wie Goethe, der aristokra=
tische Dichter, und wie Schleiermacher, der gnostische Prediger. „Fast
durch alle Länder von Europa verbreitet sich ein mächtiger, feindselig
gesinnter Staat, der mit allen übrigen im beständigen Kriege steht, und
der in manchem fürchterlich schwer auf die Bürger drückt; es ist das
Judentum." Dasselbe wird so „fürchterlich, nicht weil es einen ab=
gesonderten und so fest verketteten Staat bildet, sondern dadurch, daß
dieser Staat auf den Haß des ganzen menschlichen Geschlechtes aufge=
baut ist". Wie rechtfertigte Fichte diese fürchterliche Anschuldigung?
Unphilosophisch genug klingen seine Anklagepunkte, von denen einer so
viel wert ist als der andere. „Von einem Volke, dessen Geringster
seine Ahnen höher hinaufführt, als wir anderen alle unsere Geschichte,
und in einem Emir (Abraham), der älter ist als sie, einen Stammvater
sieht — eine Sage, die wir selbst unter unsere Glaubensartikel auf=

genommen haben." Das ist der erste Anklagepunkt. Ein Volk, „das in allen Völkern die Nachkommen derer erblickt, welche sie aus ihrem schwärmerisch geliebten Vaterlande vertrieben haben," — ein zweites Verbrechen „— das sich zu dem den Körper erschlaffenden und den Geist für jedes edle Gefühl tötenden Kleinhandel verdammt hat und verdammt wird." Es kommt noch besser, ein Volk, „das durch das Bindendste, was die Menschheit hat, durch seine Religion, von unseren Mahlen, von unserem Freudenbecher und von dem süßen Tausche des Frohsinns mit uns von Herz zu Herzen ausgeschlossen ist", — „das bis in seinen Pflichten und Rechten, und bis in der Seele des Allvaters uns andere alle von sich absondert." Also weil die Juden eine uralte Geschichte haben, die bis auf Abraham hinaufreicht, und sie älter als der älteste Adel in Europa sind, weil sie die tausendfachen Leiden, die sie von den Völkern erduldeten, nicht mit einem Hauche aus ihrem Gedächtnisse verlöschen, weil sie durch die Erbärmlichkeit des christlichen Staates und der Kirche im Mittelalter auf den Handel angewiesen waren, weil sie nicht mit den Christen zechen wollen oder dürfen, darum sei von ihnen nichts anderes zu erwarten, als daß sie die Christen ungestraft ausplündern würden, und darum soll man ihnen ja nicht das Bürgerrecht in den Staaten einräumen, weil sie die christlichen Bürger völlig unter die Füße treten würden. Fichte gestand zwar, daß ihn selbst noch nie ein Jude betrogen habe; aber doch glaubte er an ihren Hang zum Betrügen, weil er es von anderen gehört hatte, oder weil es in seinen Rahmen paßte. Die Hauptanklage, daß die Juden gegen die Christen nicht dieselben Pflichten anerkennen, wie gegen ihre Stammesgenossen, oder „daß sie verschiedene Sittengesetze haben", sprach Fichte den giftigen Judenfeinden blindlings nach. Auch der menschenfeindliche Gott fehlte nicht unter seinen Anschuldigungen gegen sie, und — was aus dem Munde des ungläubigen Philosophen befremdend klingt — auch das Lied des Mittelalters wiederholte er, „daß sie nicht an Jesum Christum glauben."

Soll man den Juden Bürgerrechte erteilen? Fichte sprach sich entschieden dagegen aus, nicht einmal in den nach seiner Ansicht erbärmlichen, rechts- und vernunftwidrigen christlichen Staat soll man sie einbürgern. „Ihnen (den Juden) Bürgerrechte zu geben, dazu sehe ich wenigstens kein Mittel, als das, in einer Nacht ihnen allen die Köpfe abzuschneiden und andere aufzusetzen, in dem auch nicht eine jüdische Idee sei. Um uns vor ihnen zu schützen, dazu sehe ich wieder kein ander Mittel, als ihnen ihr gelobtes Land zu erobern und sie alle dahin zu schicken." Die Weltgeschichte hat anders geurteilt; sie

hat nicht den Juden, ſondern den Deutſchen andere Köpfe aufgeſetzt.
Verfolgen ſoll man die Juden allerdings nicht, ihnen allenfalls Menſchenrechte einräumen: „denn ſie ſind Menſchen"; aber ausweiſen ſoll
man ſie.[1]) So querköpfig und ſo gehäſſig haben ſelbſt die geiſtlichen
Gegner der Emanzipation in Frankreich, Abbé Maury und Biſchof la
Fare, nicht über die Juden und von ihnen geſprochen. Man kann Fichte
als Vater und Apoſtel der deutſchtümelnden Judenfeindlichkeit anſehen, einer eigenen Gattung, bis dahin unbekannt, oder vielmehr nicht
zum klaren Bewußtſein gekommen. — Selbſt Herder, obwohl erfüllt von Bewunderung für das iſraelitiſche Altertum und das Volk in
ſeinem bibliſchen Glanze, der zuerſt die heilige Literatur mit dichteriſch-
ſinnigem Auge betrachtete, empfand eine Abneigung gegen die Juden,
die ſich in ſeinem Verhältnis zu Mendelsſohn kundgab. Es koſtete ihn
Überwindung, ſich ihm freundſchaftlich hinzugeben. Herder prophezeite zwar eine beſſere Zeit, in welcher Chriſt und Jude in einmütiger
Geſinnung am Bau der menſchlichen Geſittung arbeiten würden.
Aber er glich dem alten Bileam; er erteilte ſeine Segensſprüche für die
Juden nicht mit frohem Herzen[2]). Die keimende Judenfeindlichkeit
unter den Deutſchen gewahrten die unter ihnen wohnenden Juden
nicht, traten ihr wenigſtens nicht mit Nachdruck entgegen. Nur eine
einzige Gegenſchrift eines jüdiſchen Schriftſtellers tauchte in dieſer
Zeit auf. Saul Aſcher ſchrieb „Eiſenmenger der Zweite,
Sendſchreiben an Fichte"[3]); es wurde wenig beachtet.

Wenn die Juden bei den Tonangebern in Deutſchland, bei den
Goethe und Fichte, welche ſich aus dem Kreiſe des Schlendrians zu
lichter Höhe aufgeſchwungen hatten, im demokratiſchen wie im ariſtokratiſchen Lager, keine Gnade fanden und von ihnen Zurückſetzung und
Verachtung erfuhren, um wieviel mehr erſt bei der großen Menge, die
noch in der widerlichſten Roheit ſteckte! Wohl haben zwei edeldenkende
Chriſten Worte tiefſter Überzeugung an den Kongreß zu Raſtatt gerichtet, die deutſchen Juden von der Schmach zu befreien. Der eine,
ein unbekannter Menſchenfreund, drückte den Pfeil des Spottes gegen

---

[1]) Fichte, Beitrag zur Berichtigung der Urteile des Publikums über
die franzöſiſche Revolution 1793. Neuer Abdruck (Zürich und Winterthur,
1844), S. 132. Eine gründliche Widerlegung der Fichteſchen Judenfreſſerei
findet ſich bei Diebitſch und Lefrank (ſ. Note 5).

[2]) Vgl. Herders Adraſtea II. Sein „Geiſt der hebräiſchen Poeſie" war
epochemachend; ſein kühles Verhältnis zu Mendelsſohn gibt ſich in den Briefen
an ihn kund. Erſt nach Leſſings Tod näherte ſich ihm Herder inniger.

[3]) Dr. Saul Aſchers Schrift, Eiſenmenger II., Berlin 1794.

die Verstocktheit und Aufgeblasenheit des deutschen Judenhasses ab, und der andere, Christian Grund, bewies mit logischer Schlagfertigkeit die Unbilden, die den Juden zugefügt werden. Beide wollten die Forderung der holländischen Juden an die diplomatischen Vertreter, in Deutschland die Achtung der deutschen Juden von den Fürsten gewissermaßen zu erzwingen (o. S. 220), ihrerseits durch Einwirkung auf die öffentliche Meinung unterstützen[1]). Grund trat als[2]) kluger Sachwalter für die Juden auf; er machte den Deutschen Komplimente, um sie zu gewinnen. „Auf die deutsche Nation, großer Handlung fähig, Selbstschöpferin, nicht bloß Nachahmerin auf dem Wege des Völkerglückes, wagen es die deutschen Juden, ihre Stimme mit der Stimme ihrer Brüder zu vereinen und bei den Bevollmächtigten der Nation zu Rastatt um Aufhebung der auf ihnen liegenden Distinktionen und Zuwendung mehrerer Rechte gehorsamst zu bitten." Die Antwort der deutschen Fürsten und Regierenden war nicht sehr entgegenkommend.

Die empörendste Entehrung und Entwürdigung der Juden lag im Leibzoll, dieser echt deutschen Erfindung, in außerdeutschen Ländern nicht bekannt. Was half es, daß der Kaiser Joseph ihn in Österreich und Friedrich Wilhelm II. ihn in Preußen abgeschafft hatten? Er bestand in seiner ganzen Scheußlichkeit in Mittel- und Westdeutschland fort, in der Main- und Rheingegend, wo Zwergstaaten an Zwergstaaten von wenigen Quadratmeilen dicht aneinander grenzten, Schlagbaum auf Schlagbaum in kurzen Zwischenräumen sich erhob. Machte ein Jude auch nur eine Tagereise, so berührte er verschiedene Gebiete und mußte an jeder Grenze den Leibzoll erlegen. Ein bettelnder Jude wies in Begleitung seines unmündigen Sohnes für sechs Tage Zollzettel über fünf und einen halben Gulden auf, die er in verschiedenen Ämtern hatte entrichten müssen[3]). Mehr noch als das Geld entwürdigte die Art der Erhebung. Die Abgabe bestand öfter nur in wenigen Kreuzern und drückte nur die Armen, die davon nicht befreit waren, und ihre Bettelpfennige dem Amte überliefern mußten. Aber das brutale Verfahren der Beamten, die Behandlung an jeder Grenze verletzte auch die Reichen. So lange die französischen Heere deutsche

---

[1]) Der Titel der anonymen Schrift lautet: Apologie für die unterdrückte Judenschaft in Deutschland an den Kongreß von Rastatt gerichtet (ohne Ort) 1798. Die andere von Chr. Grund, Prof. an der Thurn- und Taxisschen Pagerie, Regensburg (Mai) 1798: Ist eine Verbesserung der Stellung der Juden in Deutschland dem Recht und der Klugheit gemäß?
[2]) In der genannten Schrift S. 9.
[3]) Scheppler, über die Aufhebung des Leibzolls, S. 114 f.

Gebietsteile beſetzt hielten, waren die Juden vom Leibzoll befreit.
Kaum waren ſie infolge des Friedensſchluſſes von Luneville abge=
zogen, ſo führten die kleinen deutſchen Fürſten ſofort die Steuer wieder
ein, wobei es ihnen nicht ſowohl auf die geringen Einnahmen, als
vielmehr auf die Demütigung der Juden ankam. Sie belegten mit
dieſer Schmach auch die franzöſiſchen Juden, welche in Handelsge=
ſchäften über den Rhein gekommen waren. Sie beriefen ſich dabei
— echt deutſch — auf den Buchſtaben, weil es in einem Artikel des
Friedensvertrages von Campo Formio hieß: „Alle Handelsgeſchäfte
und Verkehr bleiben einſtweilen in derſelben Lage, wie ſie ſich vor dem
Kriege befanden“[1]). Die franzöſiſchen Juden, ſtolz auf ihr Bürger=
tum, mochten ſich dieſer Entwürdigung nicht ausſetzen, brachen ihre
Handelsverbindungen mit Deutſchland ab und beklagten ſich über
dieſe Unbill bei der franzöſiſchen Regierung. Dieſe nahm die Sache
nicht leicht. Der Regierungskommiſſar J o l l i v e t richtete[2]) ein Rund=
ſchreiben (1801) an die Geſchäftsträger der franzöſiſchen Republik bei
den deutſchen Höfen, nicht zuzugeben, den franzöſiſchen Bürger israe=
litiſchen Glaubens zum Tiere herabzuwürdigen. Sie ſollten bei den be=
treffenden Regierungen ernſte Vorſtellungen darüber machen und allen=
falls mit Wiedervergeltung drohen. Einige kleine Fürſten, wie die von
Solms, gaben kleinlaut nach und hoben den Leibzoll ſofort auf[3]); frei=
lich aus Furcht vor den Franzoſen wurden nur die franzöſiſchen Juden
davon befreit, für die deutſch=jüdiſchen Reiſenden oder Wanderer blieb
dagegen der Leibzoll beſtehen. Jeder Schritt zur Löſung der drückenden
Feſſeln koſtete in Deutſchland viel Schweiß.

Infolge des Friedens von Luneville war das heilige römiſche Reich
zum erſten Male zerſtückelt worden. Die Reichsdeputation, in Regens=
burg verſammelt, ſollte die verrenkten Glieder wieder einigermaßen
in Ordnung bringen oder die Entſchädigung derer, welche Verluſte
erlitten hatten, erledigen. An dieſe mit Länderſchacher beſchäftigte
Konferenz der Geſandten von acht Fürſten, welche von Kurzſichtigen
als Vertreter des deutſchen Volkes angeſehen wurden, erging ein
Geſuch der deutſchen Juden, ihnen das paſſive Bürgerrecht zu er=
teilen (15. Nov. 1802)[4]). Dieſe Bittſchrift hatte der Thurn und Taxis=

---

[1]) S c h e p p l e r S. 158.
[2]) Daſ. Beilage Nr. VI.
[3]) Daſ. Beilage VII und VIII d. d. 27. Januar und 2. Mai 1801, wahr=
ſcheinlich infolge des Jollivetſchen Zirkulars.
[4]) In S t e i n b e c k s Patrioten, Jahrg. I, 1803 (Gedruckt Weimar)
Mai S. 273—283 iſt abgedruckt „Bittſchrift der Juden in Deutſchland an

fche Regierungsadvokat **Christoph Grund** „im Namen der
deutschen Judenschaft" ausgearbeitet. Man weiß nicht genau, welche
Gemeinde oder welche für die Befreiung eifrige einzelne ihm den
Auftrag gegeben hatten. Es scheint, daß dieses Gesuch von Frankfurt
angeregt wurde. Es verlangte, die Reichsdeputation möge von der
deutschen Judenschaft die lästigen Distinktionen nehmen, unter denen
sie noch durchgehends seufze; ihre eingeengten Wohnbezirke öffnen, da=
mit sie sich zum Behufe der Gesundheit und eines freien Lebensgenusses
ungebunden in städtische Wohnungen verteilen könne; die Fesseln
lösen, mit welchen ihre Bevölkerung, ihr Handel und Erwerbsfleiß ver=
strickt seien, und überhaupt die jüdische Gemeinde der Ehre würdigen,
durch die Erteilung des Passivbürgerrechts mit der deutschen Nation
ein Volk auszumachen. — Die Juden (oder ihr Bevollmächtigter
Grund) führten an, daß sie „neben den Ehrlosen, Geächteten, Leib=
eigenen stehen" müßten. Die elende Lage der Frankfurter Gemeinde,
die nach der Stättigkeitsordnung von 1616 der natürlichen Freiheit
beraubt und in die engsten Grenzen zurückgedrängt war, diente ihnen
als einschneidender Beleg. Sie wiesen auf das Beispiel hin, das Frank=
reich und die batavische Republik zur Emanzipation der Juden gegeben
hatten. Schwerlich haben sich die Juden der Täuschung hingegeben,
daß die Reichsdeputation ihnen so viel einräumen werde. Aber sie
hofften dadurch wenigstens eine Beschränkung loszuwerden, die des
Leibzolls. Dieser Punkt wurde daher ganz besonders betont. „Das

die Repräsentanten unsrer Nation um das deutsche Bürgerrecht, von Hofrat
Christoph Grund in Regensburg." Zum Schluß heißt es: Regensb. am
15. Nov. 1802 Chr. G . . . . . „im Namen der deutschen Judenschaft." —
Der Herausgeber Steinbeck bemerkt, daß diese Petition an die Reichsdepu=
tation in Regensburg in einigen Zeitungen veröffentlicht worden ist. Sie
ist aber wenig bekannt, und auch Steinbecks Patriot ist selten geworden.
Über das Schicksal dieser Petition ist nichts bekannt. Höchstwahrscheinlich
bezieht sich darauf die anonyme judenfeindliche Schrift „Die Juden in Deutsch=
land und deren Annahme zu Reichs= und Provinzialbürgern. Gedanken,
durch den n e u e r l i c h e n A n t r a g d e s c h u r b ö h m i s c h e n G e =
s a n d t e n z u R e g e n s b u r g, d e n J u d e n d a s B ü r g e r r e c h t
z u e r t e i l e n, veranlaßt." Heilbronn, Januar 1803 (auch diese Schrift
ist selten). Breidenbach scheint bei dieser Petition beteiligt gewesen zu sein.
Denn Anfang 1804 war er in Regensburg, um die Mitwirkung des Kur=
fürsten=Reichskanzlers (Dalberg) und der angesehensten Reichtagsgesandten
zur Erreichung seines menschenfreundlichen Zweckes zu reklamieren (Scheppler
a. a. O., S. 83). Zwischen 20.—31. März 1803 schrieb Börne in sein Tage=
buch: „Heute kann sich das Schicksal der Juden entscheiden" (Briefe des
jungen Börne, S. 40). Erwarteten die Juden noch in dieser Zeit eine günstige
Entscheidung von der Reichsdeputation oder dem Reichstage?

Entehrendſte von allem iſt wohl der Leibzoll, welcher den Juden aus
der Reihe der vernünftigen Weſen unter die Tiere verſetzt und den=
ſelben nötigt, den Fußtritt zu bezahlen, den ſein Körper . . . auf dieſen
oder jenen Boden tut." Ganz unerwartet wurde dieſes Bittgeſuch
der Reichsdeputation von dem angeſehenſten Mitgliede, dem kur=
böhmiſchen oder öſterreichiſchen Geſandten, überreicht und unterſtützt.
Er knüpfte daran den Antrag, „den Juden (in Deutſchland) das Bürger=
recht zu erteilen" (Ende 1802). Indeſſen hatte die Entſchädigungs=
konferenz andere Angelegenheiten zu regeln, als daß ſie ſich mit der
Judenfrage hätte beſchäftigen ſollen. Das Geſuch fand ſein Grab
unter den Akten.

Von der deutſchen Geſamtheit war daher nichts zu erwarten;
das ſahen diejenigen ein, welche dem Gange aufmerkſam folgten. Sie
richteten daher ihren Eifer dahin, zunächſt von den einzelnen Regie=
rungen den Leibzoll aufheben zu laſſen. Zwei Männer haben ſich um die
Beſeitigung dieſer Schmach verdient gemacht, Israel Jacobſon
und Wolff Breidenbach. Der erſtere, Hofagent und Finanzrat
des Fürſten von Braunſchweig, hat indeſſen nur dieſen dafür gewonnen,
den Leibzoll in den Braunſchweig=Lüneburgiſchen Landen aufzuheben
(23. April 1803). Umfaſſender wirkte zur ſelben Zeit und mehrere
Jahre hindurch dafür Wolff Breidenbach[1]) (geb. im Dorfe
dieſes Namens bei Kaſſel 1751, ſtarb in Offenbach 1826), ein Mann von
gediegener Bildung, hochherzigem Sinne und ſo beſcheidenem Weſen,
daß ſein Name bei allen Opfern, die er für die deutſchen Juden ge=
bracht hat, beinahe in Vergeſſenheit geraten iſt. Er hat nicht wie Jacob=
ſon dafür geſorgt, ſeinen Namen weit und breit erklingen zu laſſen.
Als Talmudjünger nach Frankfurt gekommen und in Dürftigkeit lebend,
hatte er ſich heimlich an Mendelsſohns Schriften und an der Lite=
ratur der Meaſſimſchule gebildet, verſtand gut hebräiſch und auch
geſchmackvoll aus dieſer Sprache ins Deutſche zu überſetzen. Mit
dem gründlichen Kenner der hebräiſchen Literatur Wolf Heiden=
heim (o. S. 125) wurde er innig befreundet und unterſtützte ſein
Unternehmen mit ſeinen literariſchen Beiträgen und ſeinem Vermögen.
Wie kam der arme Talmudjünger Breidenbach zu Vermögen? Er
war ein Meiſter im Schachſpiele. Ein Baron oder Fürſt, der dieſes
Spiel liebte, machte zufällig ſeine Bekanntſchaft, zog ihn in ſein Haus

---

[1]) S. über Breidenbach Note 4. [Vgl. M. Silberſtein in der
Ztſchr. f. d. Geſch. d. Juden in Dtſchl. V, 126—145 und 335—347, der das
im März 1805 beendigte Buch von Scheppler nicht benutzt hat und nur für
die Jahre 1805 und 1806 einige Nachträge beibringt.]

und übertrug ihm, dessen Gewissenhaftigkeit erkennend, seine Geldge=
schäfte. Später lieh ihm dieser Adlige eine bedeutende Summe zur
Unternehmung eines Wechsel= und Juwelengeschäfts. Breidenbach
wurde ein ebenso gewandter Geschäftsmann wie Schachspieler, hatte
in seinen Unternehmungen Glück und wurde Hoffaktor des Kurfürsten
von Cassel und Kammeragent des Fürsten von Jsenburg und anderer
kleiner Souveräne.

Tief gerührt von den Plackereien, der verächtlichen Behandlung
und Mißhandlung jüdischer Reisender an Zollstätten, die Breidenbach
auf seinen Geschäftsreisen täglich vor Augen sah, faßte er den Plan,
wenigstens den Leibzoll zu Falle zu bringen und verlegte sich mit
allem Eifer darauf. Geräuschlos betrieb er dieses Geschäft, die Kette
zu lösen, wo sie am schmerzlichsten einschnitt. Er erlangte zunächst
die Aufhebung des Leibzolls von den Fürsten, deren Kammeragent
er war (1803). Breidenbach erkannte aber, daß bedeutende Summen
erforderlich sein würden, um diese Befreiung im großen zu betreiben,
um den Polizeibehörden und Stadtpfarrern, angeblich für die Armen,
Geschenke zukommen zu lassen und auch schöne „Denkmäler für die
edelmütigen Fürsten zu stiften", die sich erweichen lassen sollten, Juden
unbesteuert und ungequält zu lassen. Aus seinen Mitteln konnte er
diese Ausgaben nicht allein bestreiten. Er ließ daher einen Aufruf
an die deutschen und ausländischen Juden ergehen (Ende Sept. 1803),
einen Stock zusammenzubringen, wovon die Kosten für die Aufhebung
des Leibzolls gedeckt werden sollten. Man wußte damals, wer diesen
Aufruf in Umlauf gesetzt hatte; aber aus Bescheidenheit setzte Breiden=
bach seinen Namen nicht darunter. Durch diese Mittel und durch
persönliche Verhandlungen mit den kleinen deutschen Fürsten beim
Reichstage zu Regensburg, unter Mitwirkung des Reichskanzlers
Dalberg, und endlich durch Empfehlungen von den Fürsten, die ihn
schätzen gelernt hatten, gelang es Breidenbach, in der Rheingegend
und in Bayern die Wanderfreiheit der Juden durchzusetzen. Selbst
der Frankfurter engherzige, judenfeindliche hochedle Rat hatte sich
durch Breidenbachs Bittschrift bewegen lassen, die Erhebung des
Leibzolls an den Toren und auf der Brücke wegfallen zu lassen.

Infolge des Gesuchs der Juden bei der Reichsdeputation um ein,
wenn auch beschränktes Bürgerrecht, der Geneigtheit einiger Fürsten,
die Fesseln zu lösen, und anderer günstiger Anzeichen fing man in
Deutschland an zu ahnen, daß das alte Verhältnis der Kammerknecht=
schaft sich nicht lange mehr behaupten werde, und diese Ahnung jagte
den Judenfeinden Schrecken ein. Sie konnten den Gedanken nicht

fassen, daß die verachteten Juden in Deutschland sich aus ihrer
Niedrigkeit erheben sollten. Dieses drückende Gefühl trieb eine Reihe
Schriftsteller, meistens Rechtskundige, in verschiedenen Teilen Deutsch=
lands wie auf gemeinsame Verabredung, Paalzow, Gratte=
nauer, Buchholz[1]) und viele Namenlose, mehrere Jahre hin=
durch (1803 bis 1805) dazu, sich mit aller Anstrengung der Erhebung der
Juden aus dem Sklavenstande zu widersetzen. Sie zeigten einen so
wutschnaubenden Judenhaß, daß sie an die Zeiten des schwarzen Todes,
Capistranos, Pfefferkorns und der Dominikaner erinnern. Sie er=
zeugten einen künstlichen Höhenrauch, um die Verbreitung der Licht=
strahlen zu hindern. Früher waren es meistens die Diener der Kirche
gewesen, welche die Juden brandmarkten. In dieser Zeit übernahmen
die Juristen, die Priester der Gerechtigkeit, diese Rolle, um mit Ver=
drehung des Rechtes sie in ihrer Schmach zu erhalten. Fichte hatte
gut vorgearbeitet. Sobald die Bittschrift für die Juden der Reichs=
deputation in Regensburg übergeben worden war, setzte ein deutscher
Rechtskundiger in Süddeutschland auseinander, daß die Juden aus
tausend Gründen unwürdig seien, als Reichs= und Provinzialbürger
aufgenommen zu werden. Die meisten und hartnäckigsten Vertreter
dieser judenfeindlichen Bewegung hatten indes ihren Sitz in Berlin,
der Stadt der Aufklärung und des Schleiermacherschen Christentums.
Der Charakter, die Lehre, die Vergangenheit der Juden bis auf ihre
Propheten und Patriarchen, alles, was nur für jüdisch galt, wurde von
diesen schriftstellerischen Wegelagerern, von denen die meisten sich durch
eine Maske unkenntlich machten, geschmäht, geschändet, begeifert. Der
durch Lessing und Mendelssohn eingelullte Judenhaß wurde zuerst
wieder erweckt von dem Richter Christian Ludwig Paalzow.
In seinem „Christlichen Staat" stieg er bis zum Ursprung des jüdischen
Stammes, bis zur Einwanderung Josephs in Ägypten hinauf, um
diesen zu verunglimpfen und daraus das Recht abzuleiten, die Nach=
kommen als Halbsklaven zu behandeln und die Christen zu warnen,
es nicht dahin kommen zu lassen, einen jüdischen Minister zu haben.
Alle alten Lügen putzte Paalzow neu auf, Bibel und Talmud lehrten
Menschen= und Christenhaß. Neue Lügen fügte er hinzu. Die Juden
hielten den Eid nicht heilig, sie ließen sich am Versöhnungstage Ver=
gebung für Meineid und alle Sünden erteilen. Sie seien Müßiggänger
und hätten, genau gezählt, zweihundert und achtzig Feiertage im Jahre.
Alles mußte zur Schmähung der Juden herhalten, ihr Handel, ihr

---

[1]) Vgl. darüber Note 5.

Wucher, ihr Nationalstolz. Die Verteidiger der Juden machten sie nur noch halsstarriger, dümmer und boshafter; Mendelssohn habe sein Volk in der Dummheit, der Unwissenheit und im Aberglauben bestärkt, da er selbst der talmudischen Narrheit anhing. Der Staat würde gegen seine eigenen Eingeweide wüten, wenn er den verworfenen Juden das Bürgerrecht erteilte.

Doch Paalzows Schrift war in lateinischer Sprache geschrieben und nur für den Gelehrtenstand berechnet. Das genügte dem Erzjudenfeinde, der sich selbst einen Haman nannte, dem Fleisch gewordenen Judenhasse, Grattenauer, nicht. Das ganze deutsche Volk, Hohe wie Niedere, sollte zu Haß und Ingrimm gegen die Juden entflammt werden. Er schüttete einen gefüllten Giftbeutel über sie aus. Man sagt, er solle 2000 Taler von einem hochstehenden Christen, dem die vornehmtuenden Juden in Berlin, der Salon der Henriette Herz, widerwärtig waren, erhalten haben, um die Juden samt und sonders zu verunglimpfen. Er mag auch von seinen jüdischen Gläubigern an die Zahlung seiner Schulden gemahnt worden sein. Doch diese Beweggründe haben ihn nicht allein dazu ermuntert, es war sein eigener Antrieb. Grattenauer bedauerte nur, daß es einem ehrlichen Christen in der leider aufgeklärten Zeit nicht mehr erlaubt sei, einen Juden einfach tot zu schlagen. Mindestens sollte doch in ganz Deutschland, ja in der ganzen Christenheit, das päpstlich-kanonische Gesetz eingeführt werden, daß jüdische Ärzte nicht zu christlichen Kranken gerufen, und daß sämtliche Juden ein Abzeichen zu tragen gezwungen würden. Indessen erkenne man auch ohne dieses Abzeichen den Juden aus weiter Ferne an seinem üblen Geruche. Fichtes Faseleien über die Juden stellte Grattenauer an die Spitze seiner Ausfälle; im „Judenspiegel" leerte er den Köcher der Eisenmengerschen Geschosse gegen sie, fügte noch alte Fabeln hinzu von Christenmord, von Fürstenvergiftung durch Juden und schrieb endlich auch Paalzows Lügen ab. Das erhebende Beispiel der Juden in Frankreich durfte er natürlich nicht gelten lassen. „Die französische Revolution gibt den neuesten historischen Beweis — von der Unverbesserlichkeit der Juden — der um so merkwürdiger bleibt, weil die sogenannten gebildeten Juden, besonders wenn sie etwa in Paris den großen Konsul auch nur von hinten gesehen haben, die abgeschmacktesten und unsinnigsten Lügen über die Kultur und die Rechte ihrer Kolonien in allen Provinzen der fränkischen Republik verbreiten. Es fehlen mir die Worte, so oft ich solche freche Unwahrheiten von einem Sohn Israels hören muß, der unverschämt genug ist, mir anzusinnen, daß ich in seiner eigenen Sache

ſeinem jüdiſchen Zeugniſſe mehr als den offiziellen Berichten der Re=
gierungsoffizianten der Republik glauben ſoll."

Es wäre gleichgültig, wie dieſer rohe Geſelle, Grattenauer, eben=
falls dem Richterſtande angehörend, die Juden begeiferte, wenn das
deutſche Publikum ſeinen Schmähungen nicht aufmunternden Beifall
geſpendet hätte. Mit Gier wurde ſeine von Gemeinheit ſtrotzende
Schrift verſchlungen, ſo daß in kurzer Zeit fünf Auflagen erſchienen.
Sie verurſachten den Deutſchen einen angenehmen Kitzel, obwohl Stil
und Druck gleich häßlich waren. Ein chriſtlicher Schriftſteller, welcher
den Juden zu Hilfe eilte, machte es noch ſchlimmer. Der Kammer=
aſſeſſor und Profeſſor Kosmann in Berlin verfaßte eilig eine Gegen=
ſchrift „Für die Juden" (1803), worin er Grattenauers Verlogen=
heit und Unwiſſenheit an den Tag legte. Er verlebendigte die Geſchichts=
tragödie der Juden durch die langen Jahrhunderte, betonte die vortreff=
lichen Lehren, welche das Judentum enthält, und machte edle Juden
namhaft, welche eine Zierde der Menſchheit waren. Gegen Fichtes
„Judenkapuzinade" bemerkte Kosmann mit Recht: „Soll denn die
Menſchheit ewig mit Füßen getreten und von unſern Philoſophen ſogar
Feindſchaft, Haß und Neid gepredigt werden?" Aber es war verdächtig,
daß derſelbe Kosmann, der mehrere Jahre vorher aus freiem Antrieb
ein Widerſacher der Juden geweſen war[1]), ſich nun zu ihrem Verteidi=
ger aufwarf und noch dazu taktlos ſeine Verteidigung „den Älteſten der
Berliner Judenſchaft" widmete. „Gekauft!" hieß es von allen Seiten;
„Kosmanns Feder iſt von den Juden gekauft." Seine Schrift ſchadete
mehr als ſie nützte.

Dazu kam noch, daß einige Juden den ſkandalſüchtigen, haß=
füllten Grattenauer geradezu zur Rache reizten. Einige ſeiner Gläu=
biger belangten ihn zur Zahlung, ein anderer ohrfeigte ihn auf offener
Straße. Er legte daher allen Zwang ab, den er ſich bei ſeiner erſten
Schrift noch auferlegt hatte, nannte ſich mit ſeinem vollen Namen,
überbot ſich noch und häufte in zwei neuen Schriften Schmähungen auf
Schmähungen gegen das „Judenvolk", „die Judendoktoren", gegen
alles, was den Namen Jude trug. Er ſchnaubte förmlich vor Juden=
haß und Rache. „Ich ſoll die Menſchenrechte der Juden mit Füßen

---

[1]) Grattenauer führte ſelbſt in ſeiner zweiten Schrift den Vers an,
den man damals auf Kosmanns ſchlechte Verteidigung machte:
     „A Grattenauer hat uns beleidigt,
     Es ſei!
     A Kosmann hat uns verteidigt,
     Au wai!"

getreten haben? Ich antworte, daß es etwas Abgeschmacktes, Un=
sinniges und Strafbares ist, noch jetzt von Freiheit und Gleichheit
oder von Menschenrechten der Juden zu reden. Ein ehrliebender
Mann sollte dergleichen jakobinische Blasphemien nimmermehr aus=
sprechen und solche Sansculottismen nicht über seine Zunge kommen
lassen, die nichts beweisen, als daß man ehemals anders dachte
als jetzt."

Empfindlich traf sein giftiger Pfeil zwei Kreise der Berliner Juden=
heit, welche sich gegen dergleichen Angriffe gefeit glaubten, weil sie sich
ihres Ursprungs schämten und ihn vergessen machen wollten, die Ge=
sellschaft der Freunde, oder „die jüdischen Modenjünglinge", und den
Salon der Henriette Herz oder „die jüdischen Schönen". Rauh und
schmerzhaft wurden sie an ihren Ursprung erinnert. Die Rache machte
Grattenauer beredter als der Haß. Höhnisch schrieb er von den ersteren:
„Die jüdischen Elegants sollen von mir gekränkt sein? Ich weiß nicht,
wie ich dazu gekommen bin, von Juden=Elegants zu reden. Es gibt
keinen Juden, der elegant ist, wiewohl viele hundert Judenjungens
sehr honett sein wollen und auf Eleganz Anspruch machen. Wer aber
diese Eleganz=Prätendenten, die sogenannten Lords vom Stamme Levi,
die Baronets vom Stamme Ephraim und die Nobili vom Stamme
Manasse näher kennt, der weiß auch, daß sie die langweiligsten, arro=
gantesten, zudringlichsten, unausstehlichsten Gesellen sind; eine wahre
Plage der guten Gesellschaft. Von ihren orthodoxen Glaubensgenossen
werden sie Quapecoires[1]) genannt, das ist Leute, die weder an
Gott, noch an das Gesetz Moses, noch an die Rabbinen und den Talmud
glauben. Um ihrer Verschwendung willen muß man sie aber hoch=
achten, weil diese zur Armut führt und die Judengewalt zerstört, welche
sich nur allein auf unrechtmäßigen Reichtum gründet. Sie sprechen
über Goethe, Schiller und Schlegel mit einer Art von Geistesverrückung."
Von den Jüdinnen der gebildeten Kreise schrieb er: „Sie lesen viele
Bücher, sprechen mehrere Sprachen, spielen manche Instrumente, zeich=
nen in verschiedenen Manieren, malen in allen Farben, tanzen in allen
Formen und besitzen alles einzelne, besitzen aber nicht die Kunst, alle
die Einzelheiten als Ganzes zu einer schönen Weiblichkeit zu verbinden.
Den feinen Takt der großen Welt lernen sie weder in Paris, noch in
Berlin, noch in Wien, sie mögen mit Prinzen, Fürsten, Grafen und
Herrn umgehen, so lange sie wollen." Das war zwar nicht fein, aber
nicht unwahr gegen den Kreis der Herz und Rahel.

---

[1]) Quapecoires soll heißen Epikoros = Epikuräer, Ketzer.

Die zwei letzten Schriften Grattenauers wurden von der deutschen
Leserwelt noch mehr verschlungen, sie waren noch derber und pikanter
als die erste. Es blieb aber nicht bei Grattenauers Schmähschriften.
Das Schweigen, welches Mendelssohns ältere christliche Freunde bis
dahin den Judenfeinden auferlegt hatten, war gebrochen, und nun
fühlten sich mehrere kleine Voltaires berufen, aus christlicher Liebe
Steine auf die Juden zu werfen. Ein Kaufmann veröffentlichte „Ein
Wort wider die Juden" (1803), worin er seine Erfahrungen
zum besten gab, daß sämtliche Juden ohne Ausnahme Gauner seien und
zu befürchten wäre, wenn die Freiheit der Juden erweitert würde, alle
Hauptnahrungsquellen nach und nach in jüdische Hände übergehen,
und die Christen zu ihren Knechten und Handarbeitern herabsinken
würden. Der Vorschlag dieses wohlmeinenden Berliner Kaufmanns
war, den Juden freizustellen, entweder das Christentum anzunehmen
oder sich Einschränkungen gefallen zu lassen oder den Staat zu meiden
oder eine eigene Kolonie zu bilden. — Ein sich philosophisch gebärdender
Schriftsteller, Friedrich Buchholz, machte noch herbere Vorschläge als
der Geschäftskonkurrenz fürchtende Geschäftsmann. Er übertraf Fichte
bei weitem. Auch er stieg in seiner Schrift „Moses und Jesus",
wie Paalzow, bis in das graue Alter des jüdischen Volkes hinauf,
um zu beweisen, daß die preußischen Juden wie eine Zigeunerbande
aus dem Lande gejagt zu werden verdienten, kehrte dann wieder zur
Gegenwart, zu Mendelssohn, zurück und äußerte sich über ihn: „Wie
Lessing den Umgang dieses Menschen ertragen konnte, weiß ich nicht;
das weiß ich aber, daß zwischen mir und Moses Mendelssohn nie ein
Verhältnis möglich gewesen wäre, das ihn berechtigt hätte, mich öffentlich Freund zu nennen."

Die junge romantische Schule Schleiermachers und Schlegels
hatte schon begonnen die Köpfe zu berücken und die Herzen stumpf
zu machen. Die Deutschtümelei begann zu spuken und Phrasen zu
machen. Die Germanen wurden von Buchholz übertreibend „Freiheit
und Gleichheit über alles liebende Völker" genannt, welche angeblich
die Sklaverei vernichtet hätten. „Zwischen diesen Deutschen, welche
noch dazu das vollkommene Christentum in sich aufgenommen, und
den Juden, die eine tierische Religion haben, ist eine gegenseitige Liebe
ebenso unmöglich, wie zwei mal zwei nicht fünf sein kann."

Da dieser deutschtümelnde Sophist Friedrich Buchholz an den
Juden auch nicht ein einziges gutes Haar gelassen hat, wollte er sie
natürlich auch im christlich-deutschen Staate nicht einmal geduldet
wissen, sie würden ihn ebenso verderben wie sie das Römerreich und

beinahe auch Holland verdorben hätten. Was soll nun mit ihnen ge=
schehen? „Es ist die höchste Zeit, auf Rettung der Christen bedacht
zu sein," rief er aus. Vor allem müsse man den Juden ihre Religion
nehmen, die sich seit Moses Zeiten immer mehr verschlimmert habe.
Aber wie? Soll man Gewalttaufen anwenden, wie in Spanien unter
Sisebut und Ferdinand dem Katholischen? Es wäre Buchholz schon
recht gewesen; allein einerseits war ihm die Taufe zu heilig, um sie
an den Juden zu entweihen, und anderseits würde das Taufwasser
sie nicht rein waschen, meinte er. Allgemeine Vertreibung der Juden
wäre ihm auch recht gewesen, aber es ging nicht. Mit gewaltsamer
Entziehung und Taufe der Judenkinder wäre es auch nicht getan.
Daher gäbe es nur ein einziges Mittel. Sämtliche Juden sollten wie
die Sträflinge zu Soldaten gemacht, in das Heer gesteckt werden,
doch so, daß keiner von ihnen je zu einer Offizierstelle befördert werden
solle, es sei denn, daß er die auffallendsten Beweise von Bravour ge=
geben hätte.

Die Tonangeber der Berliner Judenschaft waren ratlos, was
sie dieser systematischen Judenhetze entgegensetzen sollten. David Fried=
länder schwieg. Bendavid schickte sich an, etwas dagegen zu schreiben;
aber er unterließ es wohlweislich. Er war wegen der Schwerfälligkeit
seiner Philosophie unfähig, ein zündendes Wort gegen die Feinde zu
schleudern. Die Rollen hatten gewechselt. In der Mendelssohnschen
Zeit und noch später mußten die deutschen Juden die Vormundschaft
über die französischen übernehmen, so oft diese Unbilden ausgesetzt
waren. Jetzt hatte die Freiheit diese so mündig und selbstvertrauend
gemacht, daß sie jeden Angriff auf sich und ihr Bekenntnis mit Mut
und Gewandtheit zurückschlugen. Die Berliner Juden dagegen, welche
sonst stets das große Wort führten, benahmen sich bei dem ersten feind=
lichen Anlauf gegen sie rat= und hilflos wie die Kinder. In ihrer Ver=
legenheit steckten sie sich hinter die Polizei. Sie bewirkten von ihr
ein Verbot, daß keine Schrift, es sei für oder gegen die Juden, ver=
öffentlicht werden dürfe. Dieser Schritt wurde von den Gegnern
als Feigheit oder Eingeständnis ihrer Ohnmacht ausgelegt. Eine neue
Schmähschrift: „Können die Juden ohne Nachteil für den Staat bei
ihrer jetzigen Verfassung bleiben?", die ruhiger als Grattenauers ge=
halten war, verstärkte noch mehr die Wucht der Anschuldigungen gegen
sie. „Was war ein Teil der jetzigen reichsten Juden oder ihre Väter
vor zwanzig oder dreißig Jahren? Schacherjuden, die zerlumpt auf
den Straßen umherschlichen und den Vorübergehenden mit ihrer Zu=
dringlichkeit beschwerlich fielen, einige Ellen Potsdamer Zopfband zu

kaufen, oder Judenbengel, die, unter dem Vorwande, zu schachern, die
Wohnungen der Christen durchschlichen und nicht selten den Eigen-
tümern derselben schädlich wurden."

Dieser ebenfalls von dem liebevollen Geist des Christentums
erfüllte Schriftsteller machte Vorschläge, die Juden unschädlich zu
machen, die noch über das Mittelalter hinausgingen. „Nicht nur
müßten die Juden wieder in ein Ghetto eingesperrt und unter be-
ständige polizeiliche Aufsicht gestellt werden, in Berlin z. B. auf dem
Köpenicker Felde, und nicht nur einen Flecken von abstechender Farbe
am Rockärmel müßten sie tragen, sondern, um ihre Vermehrung zu
verhindern, müßten die zweitgeborenen „Judenjungen" kastriert werden." Die protestantische Theologie und die deutsche Philosophie rieten
zu Maßregeln gegen die Juden, welche die kanonischen Dekrete der
Päpste Innozenz III. und Paul IV. weit hinter sich ließen. Paalzow,
Grattenauer, Buchholz und Genossen waren echte Jünger Schleiermachers und Fichtes, welche von Lessing und Kant nichts mehr wissen
wollten.

Auch außerhalb Berlins, namentlich in Frankfurt a. M. und
Breslau, erschienen ähnliche Schmähschriften, welche den Haß so sehr
entflammten, daß einige wohlwollende Geistliche es für nötig hielten,
von der Kanzel herab davor zu warnen, um eine Judenverfolgung zu
verhüten. Selbst die wohlwollenden Verteidigungsschriften christlicherseits von Kosmann und Ramson (Ein Wort für Unparteiische)
gaben die Schlechtigkeit der Juden zu und meinten, es wäre allerdings
für die Christen besser, wenn es unter ihnen gar keine Juden gäbe;
aber da das Übel einmal vorhanden sei, müsse man es ertragen. —
Die Ehre der Deutschen rettete zum Teil ein Mann, der noch der alten
Zeit angehörte, Freiherr v. Diebitsch, früher Major in russischen Diensten, welchem Menschenliebe kein leerer Schall war. Warm
verteidigte er die Juden gegen die giftigen Ausfälle Grattenauers
und seiner hämischen Genossen (1803 und 1804) und setzte sich kühn
dem Gerede der Käuflichkeit aus. Er war bei der allgemeinen Eingenommenheit gegen den jüdischen Stamm darauf gefaßt, daß man
„sein Bild auf einer Sau oder einem Esel reitend, als Karikatur darstellen werde". Indessen waren seine gutgemeinten, aber steifgehaltenen
Verteidigungsschriften nicht geeignet, den Judenfressern den Mund
zu stopfen.

Unangemessen und wirkungslos waren auch einige Verteidigungsschriften jüdischer Schriftsteller außerhalb Berlins, welche es doch
nötig fanden, ihre Stimme gegen das allgemeine Gebelle zu erheben.

Aaron Wolfssohn, eines der Häupter der Measfimschule, damals Inspektor der Wilhelmsschule in Breslau, der in hebräischer Sprache so schlagenden Witz zeigte, bewährte seine Gewandtheit keineswegs in der deutschgeschriebenen, „Unparteiischen Beleuchtung, Jeschurun", 1804. Er meinte, wenn man die Paalzowschen und Grattenauerschen Lügen Schritt für Schritt mit gelehrter Gründlichkeit widerlegte, könnte man den Judenhaß entwaffnen. Er wußte nicht, daß, wenn die Juden reine Lichtengel wären, sie doch dem Verdammungsurteil verfallen würden. Auch Wolfssohn steckte, wie seine Berliner Gesinnungsgenossen, in dem Wahne, daß die Söhne des Evangeliums, weil in demselben einige Sentenzen von Menschenliebe vorkommen, durchweg Tugendideale, die Söhne des Talmuds dagegen moralisch verkommene Wesen wären. Daher eiferte auch er für eine Verbesserung der Juden von seiten des Staates, machte Reformvorschläge und wollte den Behörden Eingriffe in die innersten Verhältnisse der Juden eingeräumt wissen. Die Regierung sollte z. B. eine Kommission niedersetzen, welche den Talmud und die Midraschliteratur genau zu prüfen und alle anstößigen und zweideutigen Sätze daraus zu streichen die Befugnis hätte.

Die Jahrhunderte lang dauernde Abgeschlossenheit der deutschen Juden verdarb diesen das Augenmaß der richtigen Beurteilung; sie unterschätzten einander, weil sie einander in traulichem Verkehr, in alltäglicher, lässiger Haltung kannten, und überschätzten die christliche Außenwelt, weil sie dieselbe nur immer im Paradeanzuge sahen. Es ist daher nicht erstaunlich, daß Juden selbst in das Gebelle des Judenhasses teilweise mit einstimmten. Ein Königsberger Jude, der ebenfalls eine Art Verteidigung schrieb, „Ein freundliches Wort für gänzliches Beilegen des Streites" (1804), erklärte, eingestehen zu müssen, daß, wenn er ein Christ wäre, ihm die Juden nicht gefallen würden, weil sie steif und fest an einem Gesetze hangen, das sie von der engen Verbindung mit den Nichtjuden zurückhalte. Erbärmlich genug lautete der Vorschlag dieses Königsberger Vermittlers, um den Judenhaß zu tilgen, jeder Jude müsse von Staats wegen (immer wieder der Staat!) gezwungen werden, mindestens eine seiner Töchter an einen Christen zu verheiraten und einen seiner Söhne um die Hand einer Christin werben zu lassen. Die Kinder aus einer solchen gezwungenen Mischehe müßten getauft werden. Warum nicht kurzweg die Juden samt und sonders zur Taufe zwingen? Richtiger faßte die Sache ein schlesischer Jude an. Er meinte, man dürfe sich auf die Verteidigung und auf Abwägung von jüdischen und christlichen Ver-

brechen gar nicht einlassen, sondern einen Aufruf an die jüdischen
Mädchen erlassen und ihnen ein Wort der Warnung im Umgange mit
den Grattenauerschen Mitbrüdern ans Herz legen. Eine jüdische
Jungfrau müßte keinen Funken Ehrgefühl haben, wenn sie sich von
einem Menschen lieben ließe, von dem sie wüßte, daß er bei ihr und
ihren Schwestern einen üblen Geruch voraussetzte. Ein solcher Aufruf würde den doppelten Nutzen haben, jüdische Mädchen vor Verführung sicher zu stellen und dem Prunk der jüdischen Frauenwelt zu
steuern.

Einen noch richtigeren Weg schlugen zwei andere Juden ein, ein
K ö n i g s b e r g e r und ein H a m b u r g e r. Beide erkannten, daß
der deutsche Judenhaß nicht durch zentnerschwere Gründe, sondern nur
durch leichten Spott stumm gemacht werden könne. Diese beiden,
ein unbekannter Arzt und ein Vermummter, Lefrank, waren die Vorläufer von Börne und Heine. Der erstere unter dem Namen Dominius
Haman Epiphanes setzte mit satyrischen Zügen auseinander, daß ohne
schleunige Niedermetzelung aller Juden und den Verkauf aller Jüdinnen
zu Sklavinnen die Welt, das Christentum und alle Staaten notwendig
zugrunde gehen müßten. Durch den Verkauf der Judenheit würde
das Menschengeschlecht außerordentlich gewinnen; alle moralischen
Übel würden dadurch vermindert werden, und der unsterbliche Grattenauer, der diese schöne Idee geweckt und seinen edlen Abscheu vor
den Juden fortgepflanzt habe, müßte als Wohltäter des Menschengeschlechts überall die verdiente Anerkennung, Ehrensäulen und Tempel
erhalten.

Der andere Satiriker, Lefrank, nannte seine Schrift „B e l l e -
r o p h o n" oder „Der geschlagene Grattenauer". Das chimärische Un-
geheuer „Judenhaß" in Grattenauer wollte er mit einem Pegasusritt
erlegen. Derb redete er den Judenfresser mit wegwerfendem „D u"
an: „Du, der du mit so großem Erfolge die Jurisprudenz auf die
Theologie gepfropft, der du in Halle Salz geleckt — und zwar kein
attisches —, der du unter dem großen Semler Ignoranz und Stupidität
studiert hast! — wenn du so stolz auf dein Christentum bist, daß du
mit Verachtung auf die Juden herabblickst, so frage ich dich, woher
deine Gefängnisse von Landesverrätern, Mördern, Giftmischern,
Dieben und Ehebrechern so vollgepfropft sind? Vertilge erst die Scha-
fotte, die Galgen, die Folter, die Spießrute und das gräßliche Gefolge
martervoller Todesstrafen, die gerade nicht von Juden erfunden sind.
— Entteufle dich, dann wirst du ein Volk bemitleiden, das nicht sich,
daß m a n zum Schacher verdammt hat, und dem man es zum Ver-

brechen anrechnet, daß es schachert." — Betrug soll ein verbreitetes Laster der Juden sein? „Dich bestiehlt dein christlicher Schneider, dein Schuster gibt dir schlechtes Leder, dein Krämer falsches Maß und Gewicht, dein Bäcker gibt dir bei gesegneten Ernten kleines Brot. — Dein Wein wird verfälscht, dein Knecht und deine Magd vereinigen sich, dich zu betrügen. Du selbst verfeilschest — in der Unschuld deines Herzens — elende Lügen und boshafte Tücke auf Löschpapier für sechs Groschen, die keine sechs Stecknadeln wert sind, und du kannst behaupten, Betrug sei ein eigentümliches Laster der Juden?" — „Zähle nur unter der Menge der eben jetzt in London und Paris ausgebrochenen Zahlungseinstellungen, ob auch nur eine einzige jüdische dabei ist? Davon kannst du aber nichts wissen — das steht nicht in deinem Eisenmenger!" „Albernes Gewäsch ist, was du dem großen Fichte nachschwatzest, daß der Jude einen Staat im Staate bildet." — „Du kannst es dem Juden nicht vergeben, daß er richtig deutsch spricht, daß er sich anständiger kleidet, daß er oft vernünftiger urteilt als du. Er hat nicht einmal einen Bart mehr, bei dem man ihn zupfen kann, er spricht nicht mehr kauderwelsch, daß du ihn nachäffen könntest . . . Der Jude hat sich seit zwanzig Jahren Mühe gegeben, sich den Christen zu nähern, aber wie wurde er aufgenommen? Wie manche Eingriffe hat er schon in seine kanonischen Gesetze getan, um sie euch anzuschmiegen, aber — den Rücken kehrt ihr ihm zu aus lauter Humanität[1])." — „Doch scheint mir deine Schrift von guter Vorbedeutung zu sein. Der gemeine Mann glaubt, der Winter könne nicht anders vom Sommer als durch ein fürchterliches Donner- und Hagelwetter sich unterscheiden. So ist es auch mit dir. Verfolgung, Fanatismus und Aberglaube liegen in den letzten Zügen und erheben in dir durch gewaltiges Toben ihre letzte Anstrengung, um endlich ihren Geist gänzlich aufzugeben." Lefranks Selbstbewußtsein war das sicherste Vorzeichen für den endlichen Sieg der Juden.

Das deutsche Volk, das damals, am Vorabend der Schlacht bei Jena, eingestandenermaßen bis zur Verächtlichkeit niedrig und gesinnungslos war, wollte einen Stein auf die Juden werfen! Die Juden mußten, wenn sie auf Anerkennung und Gleichstellung rechnen wollten, von der Tatsache durchdrungen sein, daß die sie umgebende Welt, wenn nicht schlechter, so doch keineswegs besser war als sie. Unter den damaligen Umständen, bei der Selbstverkennung und Selbstmißachtung der Juden, war die Hoffnung auf Befreiung trügerisch. In protestan-

---

[1]) Lefrank a. a. O., S. 21.

tischen Gebieten wie in katholischen, in Preußen nicht minder als in
Österreich, war die Bevölkerung mehr noch als die Fürsten bis zur Ver=
blendung gegen sie eingenommen. Damit eine österreichische Stimme
in dem Gesamtspiel des Judenhasses nicht fehle, hetzte auch ein deutsch=
österreichischer Beamter, Joseph Rohrer (1804)[1]), gegen das
„Judenvolk". Er entwarf ein grauenhaftes Bild, namentlich von den
galizischen Juden, ohne auch nur anzudeuten, daß der galizische Bauer
noch viel niedriger stand, und der Adel noch unvergleichlich tiefer ent=
artet war. Paalzow, Grattenauer, Buchholz, Rohrer, und wie sie alle
hießen, haben ihr Vorhaben durchgesetzt. An die Einbürgerung der
Juden in Deutschland war nicht so bald zu denken. Nicht einmal die
Aufhebung des Leibzolls konnte Breidenbach bei allem Eifer überall
durchsetzen. Er erhielt sich noch in einigen deutschen Gebieten als trau=
riges Andenken und Schandmal. Die Zähigkeit des deutschen Juden=
hasses konnte erst durch grausige Strafgerichte über das deutsche Volk
allmählich gebrochen werden. Kanonen mußten erst die verrotteten,
eingewurzelten Vorurteile zum Weichen bringen.

[1]) S. darüber Note 5.

Sechstes Kapitel.

Das jüdisch-französische Sanhedrin und die jüdischen Konsistorien.

Napoleons Verstimmung gegen die Juden. Die Elsässer Judenfeinde. Bonald. Beratung über die Judenfrage im Staatsrate. Gesetz vom 30. Mai 1806; Zusammenberufung jüdischer Notabeln. Furtado, Sinzheim. Die Vorversammlung. Die Parteien. Die italienischen Deputierten. Abraham bi Cologna, Segre, Nepi und Carmi. Die Eröffnungsreden des jüdischen Parlaments. Die zwölf Fragen. Hitzige Debatte über die Zulässigkeit von Mischehen. Einsetzung des großen Sanhedrins. Die öffentliche Meinung darüber. Die Konsistorialverfassung in Frankreich. Die gesetzgebende Tätigkeit des Sanhedrins. Ränke gegen die Gleichstellung der französischen Juden. Beschränkende Gesetze Napoleons gegen sie. Die Folgen. Das Königreich Westfalen und die Juden. Israel Jacobson und das westfälische Konsistorium. Emanzipation der Juden von Baden, Frankfurt a. M., Mecklenburg und Preußen.

(1806—1813.)

Seit der römischen Zeit sah der Erdkreis nicht solche raschen Veränderungen und Katastrophen wie im Anfange dieses Jahrhunderts, ein neues Kaiserreich, das auf eine Universalmonarchie lossteuerte. Mehr noch als vor dem ersten Konsul Bonaparte beugten sich alle Gewalten vor dem französischer Kaiser gewordenen Napoleon. Der Papst, der ihn und die ganze neue Ordnung der Dinge von Herzen verwünschte, scheute nicht die Heuchelei, ihn zum Nachfolger Karls des Großen zu salben. Die deutschen Fürsten waren die ersten, welche diese Neuerung, die Erhebung eines Emporkömmlings über sie selbst, in hündischer Kriecherei anerkannt haben. Freilich im Herzen hegten sie einen heftigen Groll gegen den Sohn des Volkes, der sie überragte, und gegen das Volk, das ihn auf den Schild erhoben hat. Diese mit Schwäche verbundene Doppelzüngigkeit rächte sich schwer an ihnen. Zuerst kam Österreich an die Reihe. Die deutschen Fürsten verstanden ebenso wenig Verschwörungen anzuzetteln, wie ihre Völker. Ihr plumpes Beginnen schlug stets zu ihrem Unheil aus. In der Schlacht bei Austerlitz (2. Dez. 1805) demütigte Napoleon dieses Kronländer-

konglomerat und zertrümmerte das heilige römiſche Reich, das ſo viel
Unheil über die Juden gebracht hatte. Deutſchland teilte jetzt Polens
Los, es wurde zerſtückelt; aber während die Polen vor Schmerz auf=
zuckten und ſich verbluteten, empfanden die vom deutſchen Rumpfe
getrennten Glieder ſo gut wie nichts bei dieſer Zerſtückelung. Sie
huldigten in gefühlloſer Stumpfheit heute dieſem, morgen jenem
Herrſcher. F r a n z I. entſagte der deutſchen Kaiſerkrone; deutſche
Fürſten wurden Vaſallen des korſiſchen Emporkömmlings, der als
Protektor des neugeſtifteten Rheinbundes ſie gängelte. Als wenn
Napoleon bei der Berührung mit den Deutſchen von ihrem Juden=
haſſe angeſteckt worden wäre, trat bei ihm ſeit der Zeit eine Sinnes=
änderung gegen die Juden ein. Obwohl er früher Bewunderung für
das hohe Alter und den Rieſenkampf des jüdiſchen Stammes gehegt
hatte, zeigte er ihnen ſeitdem nur eine gewiſſe Verachtung. Seine
ungünſtige Stimmung gegen die Juden ſuchten die Deutſchen im Elſaß
ſofort auszubeuten, um ihn dahin zu bringen, die franzöſiſchen Juden
wieder in die alte Schmach zurückzuverſetzen. Zu einer Verſchwörung
gegen die Juden waren die Deutſchen geſchickt genug.

Die alten Klagen gegen die Juden des Elſaß hatten die Revo=
lutionsſtürme zum Schweigen gebracht. Jüdiſche Gläubiger oder
Wucherer und chriſtliche Schuldner waren durch die Schreckensherr=
ſchaft gleich verarmt, die alte Zeit war abgetan. Als die Ruhe wieder
zurückgekehrt war, griffen viele Juden, welche durch ihre Rührigkeit
wieder einiges Vermögen erworben hatten, zu ihrem alten Gewerbe.
Was ſollten ſie anfangen? Handwerk und Ackerbau zu erlernen,
konnte den bereits betagten Männern nicht zugemutet werden. Es
war ſelbſt den jüdiſchen Jünglingen ſehr erſchwert, weil die engherzigen
chriſtlichen Meiſter in der deutſch redenden Provinz jüdiſche Lehrlinge
nicht gern annahmen. Eine zahlreiche Klaſſe der elſäſſiſchen Bevölke=
rung bot den jüdiſchen Wohlhabenden eine Nahrungsquelle. Die Bauern
und Tagelöhner, bis zur Revolution Leibeigene, waren durch dieſe
allerdings frei geworden, hatten aber keine Mittel, ſich Grundbeſitz
zu erwerben und ihrer Hände Kraft zu gebrauchen. Ihr Vieh und
ſelbſt ihr Ackergerät hatten ſie während der Sturmjahre eingebüßt,
viele von ihnen waren vor der Anwerbung zum Heere entfloſſen.
Dieſer Bauernſtand hatte ſich bei eingetretener Ruhe an jüdiſche Wohl=
habende mit der Bitte gewendet, ihm Vorſchüſſe zu machen, um kleine
Parzellen der Nationalgüter erwerben und bebauen zu können. Die
jüdiſchen Geldmänner waren auf dieſes Geſchäft eingegangen und hatten
ſich wahrſcheinlich einen hohen Zinsfuß ausbedungen. Die Bauern

hatten aber bei alledem ein gutes Geschäft gemacht, denn sie, die ur=
sprünglich ganz mittellos waren, brachten es doch zu einem gewissen
Wohlstande. In wenigen Jahren belief sich ihr Vermögen an liegenden
Gründen auf 60 Mill. Franks, wovon sie den Juden etwa den sechsten
Teil schuldeten[1]). Es war den elsässischen Bauern allerdings schwer,
bares Geld herauszuziehen, um ihre jüdischen Gläubiger zu befriedigen,
zumal in der Zeit, als Bonapartes Kriege die Arme vom Pfluge weg
zu den Waffen riefen. Dadurch häuften sich die Klagen gegen die
Schuldner. Das Straßburger Handelsgericht soll allein in den Jahren
1802—1804 Schuldprozesse zwischen jüdischen Gläubigern und christ=
lichen Schuldnern im Betrage von 800 000 Franks zu entscheiden gehabt
haben. Die verschuldeten Bauern wurden verurteilt, ihre Felder und
Weinberge den jüdischen Gläubigern zu überlassen. Einige jüdische
Wucherer mögen allerdings viel Härte dabei gezeigt haben.

Diese Stimmung benützten die Judenfeinde. Sie verallgemeinerten
die Vergehungen der Juden, übertrieben die Leiden der zur Zahlung
gezwungenen christlichen Schuldner und stempelten sämtliche Juden
zu Wucherern und Blutsaugern, um die Gleichstellung der französischen
Juden in ihrem Gebiete rückgängig zu machen oder, wo möglich, noch
Schlimmeres über sie verhängen zu lassen. An der Spitze der Juden=
feinde stand wie immer die Bürgerschaft der deutschen Stadt Straß=
burg, welche vergebens Anstrengung gemacht hatte, die Juden von ihren
Mauern fernzuhalten und sie während der Schreckensherrschaft zu ver=
folgen. Diese sah mit verbissenem Ingrimm die Zahl der jüdischen
Zuzügler zunehmen. Es gab keinen jüdischen Wucherer in ihrer Mitte,
im Gegenteil lauter vermögende, rechtschaffene, gebildete Juden, die
Familien Cerf=Berr, Ratisbonne, Picard, die meistens
vom Grundbesitz lebten. Nichtsdestoweniger erhoben gerade die Straß=
burger am lautesten Klagen über die Juden, als wenn sie durch diese
der Verarmung entgegengingen. Mit den Kaufleuten steckte der Präfekt
von Straßburg, ein Deutscher, unter einer Decke. Als Napoleon nach
dem hunderttägigen Feldzuge gegen Österreich in Straßburg weilte
(Januar 1806), wurde er vom Präfekten und einer Deputation Elsässer
mit Klagen bestürmt, wie schädlich die Juden dem Staate wären, wie
sie sich gleich einem Rabenschwarm auf die christliche Bevölkerung
stürzten, so daß ganze Dörfer in den Besitz jüdischer Wucherer über=
gegangen und die Hälfte der Besitzungen im Elsaß mit Hypotheken

---

[1]) Vgl. den offiziellen Bericht für den Minister des Innern vom Jahre
1810 bei Halphen, Recueil, p. 326 f.

jüdischer Gläubiger belegt wären, und dergleichen Gehässigkeiten mehr.
Napoleon erinnerte sich bei dieser Gelegenheit, daß er auf seinem Kriegs=
zuge bei Ulm einigen Juden, welche den Soldaten geraubte Gegen=
stände abgekauft hatten, begegnet und über ihr Treiben unwillig ge=
worden war.   Die Judenfeinde wußten ihm beizubringen, daß es
Straßburger Juden gewesen wären, welche dem Heere stets nachzögen,
um sich an dem erbeuteten Trödel zu bereichern, daß überhaupt die
Juden lauter Wucherer, Schacherer und Trödler wären.   Um den Kaiser
noch mehr zu einem judenfeindlichen Entschlusse zu drängen, behauptete
diese Anklage, im ganzen Elsaß, ja in sämtlichen deutschen Departe=
ments des Ober= und Niederrheins wäre die Erbitterung der Be=
völkerung gegen die Juden so groß, daß ein Judengemetzel, Szenen
des Mittelalters, zu befürchten wären.   In den Schenken werde offen
davon gesprochen, daß man die Juden totschlagen müsse.   Mit diesem
üblen Eindruck gegen sie verließ Napoleon Straßburg; er hatte Hilfe
gegen die Beschwerden versprochen.   Um den Eindruck nicht verfliegen
zu lassen, bestürmten die Judenfeinde den Justizminister mit lauten
Klagen über die Niederträchtigkeit und Gemeinschädlichkeit der Juden.
Richter, Präfekten, sämtliche Beamte deutscher Zunge wetteiferten
darin, die Juden bürgerlich zu verunglimpfen.   Schon war der Justiz=
minister, von der großen Menge von Klagen gegen sie überwältigt, zu
dem Entschlusse gekommen, sämtliche Juden Frankreichs unter Aus=
nahmegesetze zu stellen, und ihnen für eine Frist das Hypothekenge=
schäft zu verbieten[1]).

Zu dem zunftzöpfigen, brotneidischen, spießbürgerlichen Judenhaß
der halbdeutschen Bürgerschaft kam der bigott=kirchliche, finstere, un=
duldsame Sinn jener reaktionären Partei hinzu, welche damals ihre
ersten Fäden zu dem Netzgewebe schlug, um die Geistesfreiheit, die
Mutter der politischen, einzufangen und zu erdrücken und die katholische
Kirche mit ihrer Herrschsucht und ihrem Verdummungsgelüste zur Allein=
herrscherin über Völker und Fürsten zu erheben.   Ein Hauptvertreter
dieser freiheitsfeindlichen und in Intrigen gewandten Partei war der
Publizist Louis Gabriel Ambroise Bonald, ein Geistes=
verwandter von Gentz, Adam Müller und anderen dieses charakterlosen
Gelichters, der mit dem Romantiker Chateaubriand und dem
Großmeister der Schmeichelei Fontanes die widerwärtigste kirchliche
und politische Reaktion herbeiführte.   Bonald, welcher nach kurzem Frei=
heitsrausche die Fahne der bourbonischen Legitimität entfaltete und

---

[1]) Siehe darüber Note 6.

durch mystisch-katholischen Blödsinn verherrlichte, erblickte in der Frei=
heit der Juden eine Schmälerung der Kirchenmacht und legte Hebel
an, um ihre Gleichstellung in Frankreich zu unterwühlen. Er wollte sie
wieder zu fluchwürdigen Geschöpfen herabgewürdigt sehen, wie sie die
Kirche brauchte. In einem Blatte, das er mit Chateaubriand gemein=
schaftlich zur Erhebung der ultramontanen Macht unterhielt, eiferte
er gegen die Juden mit sophistischer Beredsamkeit. Er frischte alle Ge=
hässigkeiten gegen sie auf und spitzte seine Anschuldigungen gegen sie
zu der Behauptung zu, daß ihr niedriger moralischer Zustand sie der
Gleichstellung unwürdig mache[1]). Bonald hatte zwar den Krieg gegen
die Philosophen eröffnet und bemerkt, diese hegten nur deswegen
Wohlwollen gegen die Juden, um das Christentum zu vernichten, das
in der Niedrigkeit der letzteren den Beweis seiner Größe habe, lobte
aber dennoch Voltaire, den Fürsten der Philosophen, weil er die Juden
mit seinem Hasse verfolgt hatte. Er beneidete die Deutschen, daß sie,
vernünftiger und vorsichtiger als die Franzosen, den Juden höchstens
den Leibzoll abgenommen, im übrigen aber sie unter ihrem alten Drucke
gelassen haben. Er tadelte die Nationalversammlung, daß sie ihnen
alle Rechte eingeräumt hatte, ohne zu bedenken, daß die französischen
Juden, vom Joche befreit, sich leicht in Einverständnis mit ihren Stam=
mesgenossen anderer Länder setzen, allen Einfluß und alle Reich=
tümer an sich reißen und die Christen knechten könnten. Bonald spritzte
wiederum jenes Gift der Verleumdung aus, welches der feile und ge=
wissenlose Elsässer vor der Revolution in einer Schrift ausgespieen
hatte (v. S. 60). Auch judenfresserische Schriften in deutscher Sprache
führte er gegen sie an. Sein Refrain war, daß die Juden auf dem
Kriegsfuße mit der Moral ständen, daß sie einen Staat im Staate
bildeten, daß die meisten von ihnen Blutsauger und Trödler wären,
in deren Menge die Bessergesinnten verschwänden. Sein Vorschlag
war, daß man die Juden, ehe man sie politisch emanzipieren wolle,
moralisch oder religiös bessern, d. h. nach seiner erzkatholischen Anschau=
ung, zum Katholizismus bekehren solle. Bonald schloß seine Anklage=
schrift mit einem Urteil, das die französische Nation ebenso herabsetzte
wie die Juden: „Wenn diese je selbständig und gesetzgeberisch auf=
treten sollten, so würde ein jüdisches Sanhedrin keine unsinnigeren und
nichtswürdigeren Gesetze zustande bringen, als die konstituierende Ver=
sammlung der Philosophen fabriziert hat."

---

[1]) Der 19 Seiten starke Artikel mit der Überschrift Sur les Juifs erschien
8. Febr. 1806 im Mercure français.

Es war für die Zukunft der Juden ein glücklicher Wurf, daß die Freiheitsfeinde und Stockkirchlichen den Judenhaß auf ihr Programm gesetzt hatten; dadurch zwangen sie die Freunde der Freiheit, die Sache der Juden zu der ihrigen zu machen. Aber für den Augenblick schadete ihnen Bonalds judenfeindliche Stimme nicht wenig. Sie fand bei denen Beifall, welche überhaupt die Zeit zurückschrauben wollten und drang auf Umwegen auch in Napoleons Ohr. Die französische Juden= schaft erkannte die Tragweite dieser Wühlerei gar nicht; sie meinte, daß es sich bloß um die jüdischen Wucherer im Elsaß handele und nicht um ihrer aller Ehre, Stellung und Sein. Sie traten nicht energisch genug dagegen auf. Nur ein Schriftsteller aus Bordeaux, M o ï s e P i n a d o fertigte Bonalds Bosheiten und Sophistereien ab[1]).

Die Sache hatte aber eine sehr ernste Wendung genommen. Napoleon hatte die Frage dem Staatsrate zu gründlicher Beratung übergeben, und dieser hatte die Berichterstattung einem jungen Mit= gliede, dem Grafen M o l é , übergeben, der als Muster zweideutiger Haltung in der späteren französischen Geschichte bekannt geworden ist. Zur Überraschung aller älteren und gewiegteren Staatsratsmitglieder hatte Molé, dessen Urgroßmutter eine Jüdin war, dem Bericht eine außerordentlich judenfeindliche Färbung gegeben und war zum Schlusse gelangt, daß sämtliche französische Juden Ausnahmegesetzen unter= worfen werden müßten, d. h. nichts weniger, als daß ihre gesetzlich anerkannte und tatsächlich eingeführte Gleichstellung wieder aufgehoben werden sollte. Sein Bericht wurde allerdings von den ältesten Räten mit verdienter Verachtung aufgenommen, weil diese von dem Gleich= heitsprinzip, das die Revolution geheiligt hatte, so durchdrungen waren, daß sie sich nicht denken konnten, wie man einen auf Zahlung klagenden Gläubiger nach seinem Glaubensbekenntnis fragen sollte. Sie ver= muteten, daß der angehende Staatsmann mit den Rückschrittlern Fontanes und Bonald unter einer Decke steckte und deren reaktionärem Bestreben die Juden zuerst als Opfer bringen wollte. Er scheint aber dem mächtigen Kaiser zu Gefallen diesen Ton angeschlagen zu haben, weil er wußte, daß dieser den Juden abhold war. Obwohl sämtliche Räte für die ungeschmälerte Fortdauer der Gleichberechtigung waren,

---

[1]) D i o g è n e T a m a bemerkt in der Einl. zu Recueil etc. M o i s e P i n a d o de Bordeaux a répondu à la diatribe de Bonald etc. J u s t i n = L a m o u r e u x schrieb in der Revue philosophique, bei Bran, Aktenstücke, S. 15: R o d r i g u e s hat eine vortreffliche Widerlegung eines Artikels von Bonald gegen die Juden geschrieben. Waren es zwei oder sind sie identisch? Die Verteidigungsschrift habe ich nicht erlangen können.

so sollte die Judenfrage doch in voller Sitzung des Staatsrates unter dem Vorsitz Napoleons (30. April 1806) verhandelt werden, weil dieser großes Gewicht darauf legte.

Es war ein schicksalsschwerer Augenblick, in welchem diese so lange bereits entschiedene Frage noch einmal hin und her erwogen werden sollte. Das Wohl und Wehe nicht bloß der französischen und italienischen, sondern sämtlicher europäischer Juden hing von dem Ausgang dieser Beratung ab. Denn wenn die Gleichstellung der Juden dieser Länder auch nur geschmälert worden wäre, und zwar aus dem Grunde, weil sie vermöge ihrer Religion und ihrer Haltung unwürdig dazu wären, so wären sie in anderen Ländern auf lange Zeit hinaus in Verachtung und Bedrückung verblieben. Die Sitzung gestaltete sich auch recht stürmisch. Unglücklicherweise wollte ein jüngst ernannter Staatsrat B e u g n o t , welcher in einer früheren Beratung in Abwesenheit des Kaisers mit vielem Geist und Geschick zugunsten der Juden gesprochen und Beifall geerntet hatte, von diesem Erfolge berauscht, seine Beredsamkeit auch vor dem Kaiser glänzen lassen. Statt staatsmännisch nüchtern zu sprechen, verfiel er in Deklamation und gebrauchte noch dazu die unglückliche Wendung, daß den Juden das Vollbürgerrecht entziehen einer verlorenen Schlacht auf dem Felde der Gerechtigkeit gleichkäme. Napoleon geriet dadurch in eine gereizte Stimmung. Ton und Inhalt von Beugnots Rede waren ihm gleich zuwider. Es verdroß ihn, daß seine Voreingenommenheit gegen die Juden als unberechtigt angesehen wurde. Überhaupt war er aufgebracht darüber, daß Prinzipien geltend gemacht wurden, während er, ein Feind aller Theorieen, der Cagliostro, den Erzschwindler, und Kant, den großen Entdecker im Reiche der Gedanken, gleich und die katholischen Priester noch über diese stellte, nur auf das Nützliche Wert legte. Er war daher gegen Beugnot leidenschaftlich erregt, sprach heftig gegen die Theoretiker und Prinzipienreiter und berauschte sich selbst an seinen Worten. Er sprach von den Juden fast wie Fichte, Grattenauer und Buchholz, daß sie einen Staat im Staate, den Feudaladel der Gegenwart, bildeten, und daß man sie nicht in eine Reihe mit Katholiken und Protestanten stellen dürfe, weil sie keine Bürger des Landes und noch dazu gefährlich wären. Man dürfe nicht den Schlüssel Frankreichs, Elsaß und Straßburg, in die Hände einer Bevölkerung von Spionen fallen lassen. Es wäre klug, nur 50 000 Juden am Ober- und Niederrhein zu dulden, die übrigen in Frankreich zu zerstreuen und ihnen den Handel zu verbieten, weil sie ihn durch Wucher besudelten, und dergleichen Anschuldigungen mehr, die ihm von den

Judenfeinden angeflogen waren. Indessen wagten doch zwei Staats=
räte von Bedeutung, Regnault und Segur, zugunsten der
Juden, oder vielmehr der Gerechtigkeit, zu sprechen. Sie machten darauf
aufmerksam, daß die Juden in Bordeaux, Marseille und in den italie=
nischen Städten, die zu Frankreich gehörten, sowie die in Holland woh=
nenden in großer Achtung ständen, und daß die Vergehen, die den
Elsässer Juden zugeschrieben würden, nicht dem Judentum zur Last
gelegt werden dürften, sondern von der unglücklichen Lage derselben
stammten. Es gelang ihnen, Napoleons Zorn für den Augenblick zu
mildern. Eine zweite Beratung sollte den Abschluß herbeiführen.

Inzwischen gelang es einflußreichen Personen, Napoleon eine
bessere Meinung von den Juden beizubringen. Man machte ihn da=
rauf aufmerksam, wie sehr sich dieselben in kurzer Zeit in Künsten,
Wissenschaften, Landbau und Handwerken hervorgetan haben. Man
bezeichnete ihm viele Personen jüdischen Glaubens, die er als tapfere
Krieger mit Pensionen oder dem Orden der Ehrenlegion ausgezeichnet
hatte, und überzeugte ihn, daß es demnach eine Verleumdung der
Judenfeinde sei, sie s ä m t l i c h als Wucherer und Trödler zu be=
zeichnen. In der zweiten Staatsratssitzung (7. Mai 1806) sprach er
schon milder von den Juden. Er verwarf den Vorschlag, der ihm ge=
macht worden war, die jüdischen Hausierer aus dem Lande zu weisen
und gegen die Wucherer den Gerichtstribunalen eine unumschränkte
Gewalt zur Bestrafung einzuräumen. Er wollte nichts tun, was von
der Nachwelt gemißbilligt werden und seinen Ruhm verdunkeln könnte.
Nichtsdestoweniger konnte er sich von dem Vorurteil nicht losmachen,
daß die jüdische Nation seit uralter Zeit, seit Moses, auf Bewucherung
und Unterdrückung der Andersgläubigen ausgehe. Aber fest entschlossen,
eine Verfolgung oder auch nur Hintansetzung der Juden nicht ein=
treten zu lassen, kam er auf den glücklichen Gedanken, oder ist ihm der
Gedanke eingegeben worden, eine Anzahl von Juden aus den ver=
schiedenen Landesteilen zusammentreten zu lassen, welche ihm Gewiß=
heit darüber geben sollten, ob das Judentum tatsächlich seinen Be=
kennern Haß und Bedrückung der Christen vorschreibe. Die Juden
selbst sollten durch ihre Vertreter über ihr Geschick entscheiden[1]).

Das Gesetz, welches diesen Beschluß ausführen sollte (30. Mai
1806), führte eine sehr herbe Sprache. Napoleon selbst hatte ihm,
wie es scheint in einem verstimmten Augenblick, die letzte Feile ge=
geben. Der erste Teil des Gesetzes bestimmte, daß Schuldforderungen

---

[1]) S. Note 6.

jüdischer Gläubiger in einigen Landesteilen innerhalb eines Jahres
nicht gerichtlich eingezogen werden sollten. Es lag eine doppelte Rechtsverletzung in diesem Gesetze, zuerst in dem Umstande, daß es gegen
Juden und nicht gegen Wucherer überhaupt erlassen worden war, und
ferner darin, daß nicht bloß die Juden des Elsaß, gegen welche die
gerechten oder übertriebenen Klagen erhoben worden waren, sondern
auch die Juden in den neuen französischen Gebietsteilen des linken
Rheinufers, nördlich bis Cöln und südlich bis Neuchâtel, von dem
Ausnahmezustande betroffen wurden. Der zweite Teil des Gesetzes
ordnete die Zusammenberufung von jüdischen Notabeln an. Die Begründung dafür war so gehalten, daß die Bonalds damit zufrieden
sein konnten. Weil gewisse Juden in den nördlichen Kreisen, die nur
von Wucher lebten, viele Bauern ins Elend gestürzt hätten, habe der
Kaiser durch die Aufhebung der Gleichheit dem Übel abgeholfen. Gelegentlich habe er es auch für dringlich erachtet, in denjenigen, welche
in Frankreich sich zur jüdischen Religion bekennen, das Gefühl der
bürgerlichen Moral zu beleben, welches bei einem großen Teil von
ihnen durch die Erniedrigung erstorben sei. Zu diesem Zwecke sollen
die jüdischen Notabeln zusammenberufen werden, ihre Wünsche auszusprechen und Mittel an die Hand zu geben, wie unter den Juden Künste
und nützliche Handwerke heimisch werden könnten, statt der schädlichen
Beschäftigungen, denen sich viele von ihnen von Vater auf Sohn seit
mehreren Jahrhunderten hingegeben hätten. So war für einen Teil
der Juden von Frankreich die Gleichstellung wenigstens zeitweise aufgehoben. Aber für diese Wunde, die Napoleon ihnen geschlagen hat,
war durch die gleichzeitig angeordnete Notabelnversammlung wenigstens
ein Heilmittel ermöglicht. Die Präfekten erhielten den Auftrag, unter
Rabbinen und Laien hervorragende Persönlichkeiten auszuwählen, die
sich an einem bestimmten Tage „in der guten Stadt Paris" einfinden
sollten. Nicht bloß die Gemeinden in den altfranzösischen Provinzen,
sondern auch die in den neuen, im Gebiete des linken Rheinufers,
sollten durch Deputierte vertreten werden. Die italienischen Juden,
welche um die Gnade baten, sich daran beteiligen zu dürfen, wurden
ebenfalls zugelassen.

Obwohl die Wahlen von den Behörden mit einer gewissen Willkür vorgenommen wurden[1]), so fielen sie doch glücklich aus. Unter

[1]) Bran, gesammelte Aktenstücke und öffentliche Verhandlungen über
die Verbesserung der Juden in Frankreich 1807, S. 237. Bran hat inter-
essante Korrespondenzen aus Paris über die Versammlung der Notabeln und
des Sanhedrins aufgenommen von dem, was hinter den Kulissen spielte.

den mehr als hundert Notabeln französischer, deutscher und italienischer
Zunge waren die meisten von der Größe und Wichtigkeit ihrer Aufgabe durchdrungen. Sie sollten das gewissermaßen auf die Anklage-
bank gesetzte Judentum vor den Augen von ganz Europa verteidigen,
die gegen dasselbe mit giftiger Hartnäckigkeit erhobenen Anschuldigungen
zurückweisen und die blinden Vorurteile gegen Bekenntnis und Bekenner zerstreuen — eine schwere, aber dankbare Aufgabe. Unter ihnen
waren Männer, die bereits einen Namen hatten, Berr Isaak
Berr, der mit Feuereifer für seine Stammesgenossen aufgetreten
war und sich nun berufen fühlte, dem von ihm geschaffenen Werke die
Krone aufzusetzen; sein vielversprechender Sohn Michel Berr, der
den Aufruf an die Fürsten und Völker erlassen hatte, die Juden aus der
Knechtschaft zu erlösen (o. S. 227). Auch Abraham Furtado,
der ehemalige Parteigänger der Girondisten, der wegen seiner politischen
Haltung gelitten hatte, war ein Mann von edelster Gesinnung und
von weitem Blick. Seine Geburtsgeschichte hat einen interessanten
Hintergrund[1]). Seine Eltern waren Marranen in Portugal, aber
trotz zweihundertjähriger Anschmiedung an die Kirche hatte seine Mutter
ihren Ursprung und ihre Anhänglichkeit an das Judentum nicht vergessen. Als das fürchterliche Erdbeben Lissabon in einen Trümmerhaufen verwandelte, wurden Furtados Eltern mit verschüttet, der
Vater erschlagen und die Mutter in gesegneten Umständen in ein Grab
eingeschlossen. Sie hatte gelobt, daß, wenn sie Gott aus dieser Gefahr
befreien sollte, sie keine Gefahr scheuen und zum Judentum zurückkehren würde. Zufällig vorüberziehende Soldaten öffneten ihr das
Trümmergrab. So konnte sie den Ort der Schauer verlassen, nach
London entkommen und sich zum Judentum bekennen. Hier gebar
sie ihren Sohn Abraham, den sie jüdisch erzog. Abraham Furtado
verstand die hebräische Literatur; er sammelte Material zu einer jüdischen Geschichte und hatte sich in das Buch Hiob vertieft; aber sein
jüdisches Wissen war dilettantenmäßig erworben und ohne Gründlichkeit. Sein Lieblingsfach waren die Naturwissenschaften. Vor der
Revolution gehörte er der Kommission an, welche Vorschläge zur
Verbesserung der Lage der französischen Juden machen sollte. Während
der Schreckensherrschaft und als Anhänger der Girondistenpartei
war sein Vermögen konfisziert worden und selbst sein Leben in Gefahr

Seine Berichte sind daher ergiebiger, als die offiziellen Protokolle, welche
Diogène Tama in seinem Recueil des procès-verbaux usw. gegeben hat.
[1]) Anonyme Biographie Furtados in holländischer und französischer
Sprache. Archives Israélites, Jahrg. 1841, p. 361 f.

geraten (v. S. 211). Sein Fleiß hatte es indes dahin gebracht, daß er wieder Grundbesitz in Bordeaux ankaufen konnte. Nächst Berr dem Älteren und Jüngeren war Furtado eine Zierde der Versammlung. Er besaß große Beredsamkeit und richtigen Takt für öffentliche Angelegenheiten.

Eine sehr glückliche Wahl war die des Rabbiners J o s e p h   D a v i d
S i n z h e i m aus Straßburg (geb. 1745, starb 1812)[1]), des Sohnes des Rabbiners von Trier. Er war ein Mann von fast patriarchalischem Wesen, von sittlichem Ernst und liebenswürdiger Milde. Von Hause aus vermögend und Schwager des reichen Cerf Berr, trieb Sinzheim das Talmudstudium nicht um Lohnes willen, sondern aus Neigung, und war ein abgesagter Feind der polnischen klügelnden und witzelnden Methode, welche so viel Verwilderung über die Juden gebracht hat. Hätte Sinzheim wissenschaftliche Kenntnisse besessen, so hätte er die kritische Behandlung des Talmuds angebahnt. Seine Belesenheit in der talmudischen und rabbinischen Literatur war erstaunlich; nur Verstandestiefe ging ihm ab. Für andere Wissensfächer hatte er nach seiner ganzen Erziehungsweise wenig Verständnis; aber er hatte wenigstens keine Antipathie dagegen. Gleich Elia Wilna in Polen verlegte sich Sinzheim auf die Vereinfachung des Talmudstudiums. Schon in seiner Jugend ging er den Talmud in diesem Sinne durch, verbreitete diese Methode in dem von seinem Schwager Cerf Berr in Bischheim gegründeten Lehrhause unter Jüngern und Genossen und verpflanzte sie beim Beginn der Revolution nach Straßburg. Während der Schreckensherrschaft, welche die Juden in dem judenfeindlichen Straßburg besonders hart traf (v. S. 213), hatte er flüchtig werden müssen und konnte erst nach der Wiederherstellung der Ruhe dahin zurückkehren. Die Zahl der Juden hatte inzwischen unter dem Direktorium und Napoleon zugenommen; sie hatten sich zu einer Gemeinde zusammengeschlossen und Sinzheim zu ihrem ersten Rabbiner ernannt. Von da aus wurde er zur Notabelnversammlung nach Paris berufen. Er galt unter den französischen Juden als der bedeutendste Talmudist und wurde Führer der frommen Partei.

Geachtete Persönlichkeiten in dieser Versammlung waren noch seine Neffen B a r u c h,   L i p m a n n und T h e o d o r Cerfberr. Neben Sinzheim zählten unter den Rabbinen nur der portugiesische Rabbiner A b r a h a m   A n d r a d e aus Saint-Esprit. Die Laien

---

[1]) Bis zum Jahre 1799 gab Sinzheim selbst seine biographischen Notizen in רד דוד; seine Biographie bei Carmoly, Revue orientale, II, p. 340 muß hin und wieder berichtigt werden.

hatten aber das Übergewicht. Unter dieſen nahm eine geachtete Stellung ein Iſaak Louis May, welcher ſechs Jahre in der franzöſiſchen Armee mit Auszeichnung gedient, ſich das Zeichen der Ehrenlegion errungen hatte und dann in Zurückgezogenheit bei Neuchâtel
die Landwirtſchaft mit muſterhafter Geſchicklichkeit betrieben hatte;
ferner Simon Mayer aus Paris, früher ebenfalls Soldat und
zurzeit Aufſeher bei der Militärverwaltung, der die Feder ebenſo gut
wie das Schwert zu führen verſtand und damit ſeine Stammesgenoſſen gegen Verunglimpfung verteidigte; Olry Hayem Worms,
Adjunkt bei der Mairie von Paris; Iſaak Rodrigues aus
Bordeaux, ein reicher und angeſehener Kaufmann (geb. 1765, ſtarb
1835), der, mit dem Hauſe Gradis verſchwägert, in der Gemeinde
und Stadt großen Einfluß hatte und die Vorurteile der Chriſten
gegen die Juden zerſtreuen half, und endlich Jakob Lazare
in Paris, ein reicher Kaufmann. Redegewandt und ſelbſtlos, war
Lazare durch ſeinen ſanften Charakter dazu berufen, bei ſchroffen
Meinungsverſchiedenheiten die ausgleichende Vermittlung zu bewirken und Spaltungen zu verhüten, welche leicht traurige Folgen hätten
herbeiziehen können[1].

Mit zitternden Herzen trafen etwa hundert jüdiſche Notabeln
aus den franzöſiſchen und deutſchen Departements ein. Sie hatten
keinen Plan, weil ſie nicht recht wußten, was der Kaiſer mit ihnen
vorhatte. Ein Ruf des Miniſters, an jeden einzelnen derſelben gerichtet, vom 23. Juli 1806, lüftete nur wenig den Schleier. Er zeigte
ihnen an, daß ſie ſich drei Tage ſpäter, an einem Sabbat, in einem
für ſie eingerichteten Saale des Hôtel de Ville zur Sitzung einfinden,
konſtituieren und Fragen beantworten ſollten, welche kaiſerliche Kom-
miſſarien ihnen vorlegen würden. Der Zweck ſei, die Juden zu nützlichen Bürgern zu machen, ihren Glauben mit den Pflichten der Franzoſen in Übereinſtimmung zu bringen, die Vorwürfe, die man ihnen
macht, zu widerlegen, und den Übeln abzuhelfen, die ſie verurſacht
haben. Die Ernennung Molés, der als kaiſerlicher Kommiſſär
neben Portalis und Pasquier mit der Verſammlung offiziell
unterhandeln ſollte, war nicht geeignet, ſie zu beruhigen, da dieſer gerade zuerſt den judenfeindlichen Schlagwörtern Bonalds und anderer
als Organ gedient hatte (o. S. 254). Am Tage vor der Eröffnung der
Verſammlung, 25. Juli, erſchien in der offiziellen Zeitung (Moniteur)

---

[1] Die Charakteriſtik der Hauptperſonen in der Notabelnverſammlung
iſt aus den Akten und Korreſpondenzen bei Tama und Bran zuſammengeſtellt.

eine lange Auseinandersetzung über die jüdische Geschichte seit der
Rückkehr der Juden aus Babylonien bis auf die Gegenwart[1]. Das
französische Volk sollte von der Wichtigkeit der Frage, welche die Juden
selbst zu verhandeln hatten, Kenntnis erhalten. In raschen Zügen
wurde geschildert die Selbständigkeit und die Abhängigkeit des jüdischen Volkes, seine Siege und Niederlagen, seine Verfolgungen während
des Mittelalters und der Schutz, den es gefunden, seine Ausbreitung und
seine Vertilgung, die Anklagen, die gegen es erhoben wurden, die
Schmach und Bedrückungen, denen es in verschiedenen Ländern durch
die aufeinanderfolgenden Herrscher und wechselnden Stimmungen
und Ansichten unterworfen war. Die jüdische Geschichte erhielt dadurch gewissermaßen ein offizielles Siegel. Daß sie vielfach gefälscht
und entstellt in die große Welt eingeführt wurde, war nicht zu ver-
wundern. Sie litt unter der Verkennung ihres Stammes, und es
war damals niemand imstande, ihre Ehre zu retten, sie in ihrem eigenen
Lichte zu zeigen. Sie war noch in demselben Zustande, in den sie
B a s n a g e ein Jahrhundert vorher gebracht hatte, in dem sie halb
Mitleid und halb Verachtung einflößt. Auch die jüdische Religion
oder das Judentum wurde offiziell, gewissermaßen auf des Kaisers
Befehl, auseinandergesetzt mit fast noch größerer Verkennung als die
jüdische Geschichte. Hier war Basnage und dort der Rabbiner L e o n
d e M o d e n a, der halbe Zweifler (Bd. **X₃**, S. 131), als Gewährsmann für den niederen Stand des Judentums angerufen[2]. Zwei
Punkte wurden mit besonderer Betonung hervorgehoben, die religiös-
sittliche Absonderung der Juden von der übrigen Welt und der Wucher
derselben zum Nachteil der Andersgläubigen als vom jüdischen Gesetze,
wenn auch nicht vorgeschrieben, so doch geduldet. „Wie läßt es sich
sonst auch erklären," heißt es zum Schlusse des offiziellen Berichts,
„daß die Juden, die heutzutage wuchern, beinahe alle am religiösesten
sind und die Vorschriften des Talmuds aufs genaueste befolgen?" Die
Schlußfolgerung lautet so unwahr als nur möglich: „Sehen wir nicht
die portugiesischen Juden, die sich vom Wucher rein halten, dem Talmud
weniger Folge leisten? Hatten die ausgezeichneten Juden in Deutschland, ihr berühmter Mendelssohn, große Ehrfurcht vor den Rabbinen?
Diejenigen endlich, die unter uns sich den Wissenschaften widmen,

[1] Recherches sur l'état politique et réligieux des Juifs depuis Moïse
jusqu'à présent, Moniteur, 25. Juli 1806, p. 942. Ebendaselbst bei Bran
a. a. O. S. 19 f.

[2] Moniteur das. p. 1806. Nous en donnerons une idée encore plus
précise par l'ouvrage de Rabbi L é o n d e M o d è n e etc.

sind das fromme Juden?" So wurde das talmudische Judentum von neuem als Sündenbock hingestellt, allerdings nicht mit derselben Gehässigkeit wie in Deutschland, aber doch belastet genug, und noch dazu vor einem so öffentlichen, sozusagen, vor einem europäischen Tribunal.

An demselben Tage, an dem die Juden das Tagesgespräch in Paris abgaben, versammelten sich die Deputierten im Hause des Olry Hayem Worms, um eine Gewissensfrage zu entscheiden. Die erste offizielle Versammlung sollte am Sonnabend stattfinden, und ihr erstes Geschäft sollte sein, die Wahl eines Vorsitzenden und der Sekretäre durch geschriebene Zettel vorzunehmen. Hier kamen zum erstenmal die Vertreter der französischen, deutschen und italienischen Juden zusammen und brachten die Gegensätze und Schattierungen zum Vorschein, welche sich in der Judenheit seit einem halben Jahrhundert durch den Wechsel der Zeiten ausgeprägt hatten, Abstufungen von dem staatsmännischen Furtado, der in die Revolution verwickelt gewesen war, bis zu den Rabbinern, welche ihr Lebelang in talmudischen Lehrhäusern zugebracht hatten. Alle diese sollten zusammenstimmen. Sie konnten anfangs einander nicht verstehen. Zur Aushilfe mußten deutsche und italienische Dolmetscher zugezogen werden. Sollte die erste Kundgebung der jüdischen Deputierten mit Verletzung des Sabbats beginnen? Oder sollten sie sich auf die religiöse Satzung berufen und den Judenfeinden einen Anhaltspunkt für ihre Behauptung liefern, daß das Judentum mit der Ausübung der Bürgerpflichten unverträglich sei? Diese wichtige Frage beschäftigte die Mitglieder aufs lebhafteste. Die Rabbiner und die Partei des Berr Isaak Berr waren entschieden dafür, die erste Sitzung aufzuschieben oder wenigstens die Wahl an diesem Tage nicht vorzunehmen. Die weniger bedenkliche Partei, die Politiker, bestanden im Gegenteil darauf, dem Kaiser tatsächlich den Beweis zu liefern, daß das Judentum sich den obrigkeitlichen Gesetzen unterzuordnen wisse. Die Verhandlungen darüber waren heftig. Der milde Lazare wußte indes die Gemüter zu beruhigen und eine Ausgleichung herbeizuführen[1]).

So versammelte sich gewissermaßen das erste jüdische Parlament in Paris in einem mit passenden Emblemen ausgeschmückten Saale des Stadthauses am Sabbat. Die Deputierten waren vollzählig erschienen; einige derselben waren mit einer gewissen Absichtlichkeit zu Wagen angekommen. Noch einmal versuchten einige Gewissenhafte unter ihnen die erste Verhandlung zu verschieben; aber vergeblich.

---

[1]) Aus einem Schreiben aus Paris bei Bran a. a. O. S. 7.

Die Furcht vor Napoleons Machtspruch lähmte auch solche, die es sonst nicht so leicht mit den religiösen Satzungen nahmen. Unter dem Vorsitze des Alterspräsidenten, des Rabbiners S a l o m o n L i p m a n n von Colmar, wurde der Wahlakt vorgenommen. Die Frommen hatten bereits fertige Wahlzettel mitgebracht, die übrigen schrieben vor den Augen der Rabbinen ungescheut, andere ließen für sich schreiben. Nur zwei Männer eigneten sich für den Vorsitz, Berr Isaak Berr und Furtado, jener bewährt als unermüdlicher Verteidiger seiner Glaubensgenossen, und dieser gewiegt in parlamentarischen Formen, beide durch ihre Persönlichkeit und ihre Stellung Achtung gebietend. Jener wurde von der frommen Partei, und dieser von der politischen bevorzugt. Furtado erhielt die Stimmenmehrheit, von 94 Stimmen 62; die übrigen war auf Berr gefallen[1]. Mit parlamentarischem Takt begann Furtado die Versammlung zu leiten. Die Deputierten wurden inne, welche schwere Verantwortlichkeit auf ihren Schultern ruhte und zeigten sich ihrer Aufgabe gewachsen. Eifer und Streben nach Einigkeit beseelten alle.

Auch die deutschen Rabbinen, welche ihr Leben bisher in der Abgeschiedenheit des Lehrhauses hinter Talmudfolianten zugebracht hatten, schickten sich schnell in die neue Lage und in die parlamentarischen Formen. Einzelne Deputierte trugen dazu bei, den Geist der Einmütigkeit bei allen rege zu machen. Zündend wirkte die Rede des Deputierten Lipmann Cerfberr, besonders die Worte: „Vergessen wir, woher wir stammen! Nichts mehr von Elsässer Juden, nichts mehr von Portugiesen, nichts mehr von deutschen Juden. Über den Erdboden zerstreut, sind wir doch nur ein einziges Volk, denselben Gott anbetend, und wie unser Gott es befiehlt, der Macht unterworfen, unter deren Gesetze wir leben"[2]. Allerdings mischte sich auch in ihre Gefühle eine überschwengliche, anwidernde Vergötterung Napoleons, der die Versammlung nicht genug Worte leihen konnte. Allein diesen Taumel teilten sie mit beinahe ganz Frankreich und dem halben Europa. Als nun gar der Offizier der vor dem Sitzungssaale aufgestellten Ehrenwache sich dem erwählten Präsidenten näherte, um seine Befehle entgegenzunehmen, die Wache beim Heraustreten der Deputierten ihnen militärische Ehren bezeugte und die Trommel rührte, fühlten sie sich gehoben, und ihre Furcht verwandelte sich in Hoffnung[3].

Diese Hoffnung bewaffnete sie mit Mut, den Angriffen zu wider-

---

1) Aus einem Schreiben aus Paris bei Bran a. a. O. S. 77 f.
2) Diese Rede ist mitgeteilt bei Bran das. S. 185 f.
3) Bericht bei Tama a. a. O., bei Bran das. S. 80.

ſtehen, welche die judenfeindlichen Schriftſteller gegen ſie richteten. Meiſtens waren es Deutſche oder Halbdeutſche, welche dieſen Zwiſchen= zuſtand, zwiſchen der Gnade und Ungnade des Kaiſers, in welchem die franzöſiſchen Juden bangend ſchwebten, auszubeuten gedachten, um ſie wieder der Gleichberechtigung beraubt zu ſehen. Zwei Advo= katen Poujoul von Colmar und Vivien von Metz eiferten, die öffentliche Meinung gegen ſie einzunehmen[1]). Am Tage der Eröffnung der Verſammlung ſchleuderte ein Schriftſteller in einem vielgeleſenen Blatte[2]) die Anſchuldigung gegen die Juden, daß ſie vermöge ihrer Religion die Geſetze des Landes nicht anerkennen und daher der Ein= bürgerung unwürdig ſeien. Die jüdiſchen Deputierten hatten vollauf zu tun, ſich der Angriffe gegen ſie zu erwehren[3]). Inzwiſchen waren die Deputierten aus dem Königreich Italien, welche durch ihre Haltung einen wohltuenden Eindruck machten, vollzählig eingetroffen. Auch unter ihnen waren Spuren der Zeitrichtung, Verſchiedenheit der religiöſen Anſchauungen und Überzeugungen, wenn auch nicht ſo gegenſätzlich und ſchroff wie unter den franzöſiſchen und deutſchen Juden, zu erkennen.

Der bedeutendſte unter den italieniſch=jüdiſchen Deputierten war Abraham Vita di Cologna (de Cologne, geb. 1755, ſtarb in Trieſt 1832)[4]). Zugleich rabbiniſch und wiſſenſchaftlich gebildet, von ein= nehmendem Äußern und von ſprudelnder Beredſamkeit, wurde er als Rabbiner von Mantua in das Parlament des Königreichs Italien gewählt. Sein talmudiſches und profanes Wiſſen war indes weder umfangreich noch tief. Cologna neigte ſich der neuen Richtung zu, welche das Judentum aus ſeiner Abſonderung reißen wollte, um ihm ein, ſozuſagen europäiſches Gepräge aufzudrücken, aber Weg und Ziel waren ihm gleich unklar, und er blieb beim Wollen ſtehen. Auch ein älteres Mitglied der italieniſchen Notabeln, Joſua Ben=Zion Segre (geb. um 1720, ſtarb 1809)[5]), zugleich Grundbeſitzer, Rabbiner und

---

[1]) Grégoire, histoire des sectes réligieuses III, p. 415. Tama a. a. O., Introduction.

[2]) Journal de l'empire 1806.

[3]) Vgl. die Entgegnungen Simon Mayers v. 30. Juli 1806 bei Tama, Introduction und bei Bran S. 133.

[4]) S. über ihn Archives Israélites von Cahn, Jahrg. 1840, S. 32. Er war Mitarbeiter des Israélite Français unter der Chiffre le Ch. G. R. de C. (Chevalier, Grand-Rabbin de Cologne). Außer Predigten und apologetiſchen Schriften hat er eine Elegie auf den Tod des Königs Joſia von Tremuel ins Hebräiſche überſetzt.

[5]) Nepi=Ghirondi, Biographien p. 107 Nr. 6, p. 207 Nr. 217.

Munizipalrat von Vercelli, war für wissenschaftliches Streben ein=
genommen und huldigte dem Neuen, obwohl er Nachkomme jenes Segre
war, welcher eine so zähe Anhänglichkeit an den falschen Messias Sab=
bataï Zewi bewahrt hatte[1]). Die kabbalistische Verirrung hatte damals
unter den kundigen italienischen Juden noch viele Anhänger, obwohl
die ersten Bekämpfer derselben von Italien ausgegangen waren.
Aber Ben=Zion Segre selbst war ihr abgeneigt. Dagegen lebte und webte
in der Kabbala der italienische Deputierte G r a z i a d o (Chananel)
N e p i , Rabbiner und Arzt von Cinto (geb. 1760, starb 1836)[2]). Er
besaß eine erstaunliche Belesenheit in der jüdischen Literatur, die er in
einem alphabetisch geordneten Namensverzeichnis der jüdischen Schrift=
steller alter und neuer Zeit zeigte. Obwohl er die Gründe gegen die
Kabbala recht gut kannte, blieb Nepi doch dieser Afterlehre treu. Er
hätte nicht ein Jota von dem rabbinischen Judentum aufgegeben,
aus Furcht, damit in der Himmelsordnung, wie er auf Grund der
Kabbala wähnte, alles unterste zu oberst zu kehren. Sein Gesinnungs=
genosse war der Deputierte J a k o b I s r a e l C a r m i , Rabbiner
von Reggio, der ihm indes an Gelehrsamkeit bei weitem nachstand.

In der zweiten Sitzung (29. Juli) überreichten die drei kaiser=
lichen Kommissäre feierlich zwölf Fragen, welche die Versammlung
gewissenhaft beantworten sollte. Die Hauptpunkte waren, ob die
französischen Juden Frankreich als ihr Vaterland, die Franzosen als
ihre Brüder, die Staatsgesetze als auch für sie verbindlich betrachteten,
als Folgerung die einschneidende dritte Frage: „Erlaubt das jüdische
Gesetz Mischehen mit Christen?" und endlich, ob es den Wucher gegen
Nichtjuden gestattet oder verbietet. Die übrigen Punkte in betreff
der Vielweiberei, der Ehescheidung, des Verhältnisses der Rabbinen,
waren untergeordneter Natur. Die meisten Mitglieder konnten beim
Anhören dieser Punkte ein Gefühl der Gekränktheit nicht unterdrücken,
daß ihre Vaterlandsliebe und ihre Anhänglichkeit an Frankreich noch in
Frage gestellt waren, obwohl Juden sie mit ihrem Blute auf den Schlacht=
feldern besiegelt hatten. Von vielen Seiten wurden bei dieser Frage
Stimmen laut: „B i s i n d e n T o d." Die Anrede, welche Molé bei
Überreichung der zwölf Fragen hielt, war äußerst kühl und zum Teil
verletzend. Der Inhalt war ungefähr, die Klagen, welche gegen ver=

---

[1]) Vgl. B. X₃, S. 454.
[2]) Nepi hat ein Verzeichnis der jüdischen Autoren unter dem Titel תולדות
גדולי ישראל angelegt, die Ghirondi ergänzt hat, erschienen Triest 1853. Ich
zitiere diese Schrift unter Nepi-Ghirondi, Biogr. Über Nepi selbst s. das.
p. 115, Nr. 24.

ſchiedene Juden erhoben würden, ſeien begründet; der Kaiſer habe ſich
indes nicht begnügt, die Fortſetzung des Übels zu hemmen, er wolle
die Mittel zur Abhilfe von den Deputierten vernehmen. Auf die ihnen
vorgelegten Fragen ſollten ſie die Wahrheit ganz und vollſtändig geben.
Der Kaiſer gewähre ihrer Beratung volle Freiheit; aber er wünſche,
daß ſie Franzoſen ſeien und bedenken möchten, daß ſie dieſer Ehre ent-
ſagen würden, wenn ſie ſich ihrer nicht würdig zeigten.　Die Verſammlung wußte nun, woran ſie war.　Sie war vor eine Alternative
geſtellt, zwiſchen Verzichtleiſten auf Gleichberechtigung und Schädigung
des Judentums.

Furtado wußte indes ſehr geſchickt in einer Erwiderung auf die
Rede des Kommiſſars das Mißtrauen des Kaiſers in einen Schein von
Vertrauen zu verwandeln, daß den Juden die Gelegenheit, dieſe
Fragen zu beantworten, äußerſt erwünſcht ſei, um ſo einen Irrtum
aufdecken und einer Menge von Vorurteilen gegen ſie ein Ende machen
zu können.　„Ich ſehe im Geiſte den Genius der Geſchichte, wie er
mit unvergänglichem Griffel, frohen Blickes in dauerndes Erz eingräbt,
was der Held ſeines Jahrhunderts tat, um die Scheidewand nieder-
zureißen, welche alle Nationen des Erdbodens von den zerſtreuten
Überbleibſeln eines der älteſten Völker des Erdbodens trennte.“ Aufrichtiger, männlicher und auch wärmer war die Rede, welche Berr
Iſaak Berr in dieſer Sitzung gehalten hat.　Furtado vertrat die Juden,
aber nicht das Judentum; er hatte zu verſtehen gegeben, daß die Verſammlung es ſich zur Pflicht und Ehre rechnen würde, ſich jedem
Winke des Kaiſers zu fügen; Berr ließ auch dem Judentum das Wort
und ließ es würdig auftreten: „Mehr als ſiebzehn Jahrhunderte ſind
ſeit jener ewig denkwürdigen Epoche verfloſſen, wo durch fremde und
ſiegreiche Legionen das jüdiſche Volk unterjocht ward, ſein zinsbarer
Zuſtand ſich in einen ſklaviſchen verwandelte, und der Sturm des
Unglücks es nach den vier Enden des bewohnten Erdballs zerſtreute.
Immer unglücklich und verfolgt, immer treu dem Glauben der Väter,
nicht Martern, nicht den Tod ſcheuend, bietet es noch heute das Ehrfurcht einflößende, der menſchlichen Vernunft unbegreifbare Schauſpiel einer unbeweglichen Säule dar, die der einreißenden Flut der
Jahrhunderte widerſtanden hat. Und wenn der Urſprung dieſes Volkes
in der Wiege des menſchlichen Geſchlechts zu ſuchen iſt, ſo ſcheint es,
daß ſeine Trümmer erſt mit dem letzten menſchlichen Weſen untergehen ſollen.　Während unſeres Unglücks und unſerer Sklaverei war
es nicht bloß der religiöſe Glaube, der unſere Väter auszeichnete;
ſelbſt mitten in der Unterdrückung glänzte oft das Licht der Wiſſen-

schaften, das heilige Feuer der Tugend der unglücklichen Israeliten . . . Als Franzosen und als Juden wollen wir uns dem Erguß unserer Herzen überlassen. Laßt uns schwören beides zu bleiben, Franzosen, indem wir mit Eifer das von uns geliebte Vaterland verteidigen, und Juden, indem wir den religiösen Gesetzen und dem Glauben unserer Väter treu bleiben. Als beides wollen wir unserem erhabenem Kaiser und König ewige Liebe schwören[1]). Die Beantwortung der Fragen wurde einer Kommission überwiesen, zu welcher außer dem Präsidenten, dem Sekretär und den Skrutatoren die vier ausgezeichnetsten Rabbinen Sinzheim, Andrade, de Cologna und Segre und die zwei gelehrten Laien Isaak Berr und Lazare gehörten.

Diese Kommission übertrug die Hauptarbeit dem Rabbinen David Sinzheim, dem gelehrtesten und geachtetsten Mitgliede der Versammlung, welcher sie auch zur Zufriedenheit derselben, sowie der Kommissarien und schließlich auch des Kaisers in der kürzesten Zeit vollendete (30. Juli bis 3. August)[2]). Seine Ausarbeitung wurde nämlich noch vor der öffentlichen Beratung den Kommissarien übermittelt, und diese gaben dem Kaiser Nachricht davon. Napoleon war dadurch mit der Haltung der Versammlung so zufrieden, daß er ihr melden ließ, er werde sämtliche Mitglieder in einer Audienz empfangen. Überhaupt flößte der parlamentarische Takt der Mitglieder im Verlaufe dem Kaiser so viel Hochachtung ein, daß er von seinem Vorurteile gegen die Juden teilweise zurückkam. Er hatte sich unter Juden Trödler und Wucherer, schleichende, gebückte Gestalten oder verschmitzte Duckmäuser, welche gierig auf Raub lauern, vorgestellt und gewahrte zu seinem Erstaunen unter den Mitgliedern Männer von gediegenem, würdigem Charakter, von intelligentem Wesen und imposanter Haltung, von denen einige seinem Staatsrate hätten einverleibt werden können. Er bekam dadurch eine bessere Meinung von den Juden. Allerdings trug auch der Weihrauch der Vergötterung dazu bei, den die Versammlung ihm in dichten Wolken zuwallen ließ, wofür der Emporkömmling nicht unempfindlich war. Die große Aufgabe, welche den

---

[1]) Berrs Rede steht bei Tama und Bran (S. 211 f.) nicht in chronologischer Reihenfolge; es ist auch nicht dabei angegeben, daß er sie in Gegenwart der Kommissarien bei Vorlegung der zwölf Fragen gehalten hat, was doch aus dem Schlusse derselben folgt.

[2]) Daß Sinzheim ganz allein die Beantwortung der zwölf Fragen ausgearbeitet hat, berichtet ein unterrichteter Korrespondent aus Paris bei Bran S. 239.

jüdiſchen Deputierten zugefallen war, hatte ſie auch größer gemacht, ſie über das gewöhnliche Maß gehoben, idealiſiert. Das Zuſammen= wirken hatte ſie begeiſtert, die Reden, die gehalten wurden, ſie berauſcht, und ſelbſt die nüchternen deutſchen Mitglieder wurden davon angeſteckt.

In der dritten Sitzung (4. Auguſt), in welcher die Beantwortung der Fragen debattiert werden ſollte, traten die Deputierten ſchon mit Selbſtbewußtſein und Siegesgewißheit auf. Die erſten zwei Fragen, ob die Juden mehrere Frauen heiraten dürften, und ob eine Ehe= ſcheidung nach dem franzöſiſchen Geſetze auch die religiös=geſetzliche Anerkennung finde, boten keine Schwierigkeit. Sie wurden im Sinne des Kaiſers erledigt, ohne dem Judentume etwas zu vergeben. Aber die dritte Frage erzeugte eine leidenſchaftliche Erregtheit und offen= barte den Gegenſatz, der ſeit Mendelsſohn in die Gemüter eingezogen war. „Darf ſich eine Jüdin mit einem Chriſten oder ein Jude mit einer Chriſtin verheiraten?“ Dieſe Frage hatte ſchon im Schoße der Kommiſſion heftige Debatten veranlaßt, und nun erſt gar in voller Verſammlung! Es gab unter den Deputierten nicht wenige, die dem alten Judentum bereits ſo entfremdet waren, daß ſie kein Bedenken trugen, die Frage aus vollſter Seele zu bejahen. Aber die deutſchen Rabbinen, der greiſe Salomon Lipmann und der kabbaliſtiſche Nepi, auch manche Laien empfanden Gewiſſensunruhe bei dieſer Frage, die ſo tief in das Fleiſch des Judentums einſchnitt. Indes auch die From= men fühlten es, daß es äußerſt bedenklich ſei, ſie unbedingt zu ver= neinen. Aber die Kommiſſion hatte ſie vorher geſchickt beantwortet, und wenn Sinzheim auch daran gearbeitet hat, ſo macht es ſeinem Verſtande und ſeinem Takte viele Ehre. Im Eingange wurde kluger= weiſe auseinandergeſetzt, daß vom bibliſchen Standpunkte aus nur die Ehe mit den kanaanitiſchen Völkerſchaften verboten ſei. Selbſt vom Standpunkte des Talmuds wären Miſchehen geſtattet, da auch er die europäiſchen Völkerſchaften nicht als Götzendiener betrachte. Die Rabbinen würden allerdings gegen eine ſolche Verbindung ſein, da bei einer ſolchen Eheſchließung die erforderliche Zermonie nicht ange= wendet werden könne. Sie, die Rabbinen, würden demnach Anſtand nehmen, eine ſolche Miſchehe einzuſegnen, ebenſo wie die katholiſchen Prieſter dabei ihre Mitwirkung verſagen würden. Dieſe Weigerung hätte aber keine Folgen, da der Staat die Zivilehe anerkenne. Jeden= falls erkennen ſelbſt die Rabbinen einen Juden oder eine Jüdin, die eine Miſchehe eingehen würden, als volle Religionsgenoſſen an. Dieſe Erklärung ſchien indes den Frommen zu nachgiebig; es entſpann ſich eine hitzige Debatte dabei. Mehrere wünſchten, daß die Rabbinen

ganz allein darüber entscheiden sollten, da es eine rein religiöse Frage
sei, wie denn auch über eine astronomische Frage z. B. nur Sach=
kundige vernommen werden würden. Ein Sturm erhob sich gegen
dieses Verlangen. Ein Rabbiner (Andrade?) hatte den Mut, gelegent=
lich auszusprechen, daß das Judentum entstellende Zusätze enthalte,
die ihren Grund im Aberglauben hätten. Indessen einigte sich doch
die Versammlung über die Formel der Antwort, und damit war die
größte Schwierigkeit überwunden.

Die übrigen Fragen wurden ohne Aufregung in zwei Sitzungen
(7. und 12. August) erledigt. Die Fragen, ob die Juden die Franzosen
als ihre Brüder und Frankreich als ihr Vaterland betrachteten, be=
antwortete die Versammlung mit einem lauten, enthusiastischen Ja.
Sie konnte sich dabei auf das Judentum berufen, das in seinen drei
Phasen, der biblischen, talmudischen und rabbinischen, die Menschen=
liebe und die Brüderlichkeit an die Spitze stellt. Von dieser starken Seite
des Judentums aus konnte die Versammlung alle die dummen Vor=
urteile oder die Verlogenheit ihrer Gegner, daß das Judentum Christen=
haß predige, in ihr Nichts zurückweisen. Nur ein einziger Punkt in dem
Entwurfe der Kommission gab Veranlassung zu einer gewissen Auf=
regung, der Punkt, welcher den portugiesischen Juden eine Art Vorzug
einzuräumen schien, als wenn sie vermöge ihrer Haltung in größerer
Achtung bei der christlichen Bevölkerung ständen, als die deutschen Juden;
dieser Satz wurde daher gestrichen.

Bei Beantwortung der zwei Wucherfragen konnte die Versamm=
lung ebenfalls ein festgewurzeltes Vorurteil beseitigen und das Juden=
tum in ein günstiges Licht stellen. Das pentateuchische Gesetz, die
Thora, spreche gar nicht von Wucher, verbiete ihn also weder gegen
die Stammesgenossen, noch halte es ihn gegen Fremde für gestattet;
es spreche lediglich von Zinsnahme, sei es von Geld oder beweglichem
Eigentum. Die Absicht des Gesetzgebers beim Verbot der Zinsnahme
überhaupt sei gewesen, das Band der Brüderlichkeit unter den Stam=
mesgenossen zu befestigen und die Gleichheit des Besitzes zu befördern,
was auch das Gesetz vom Erlaß= und Jobeljahr bezwecken wolle. In
dieses Gesetz sei auch der Fremde, der sich im Lande angesiedelt, ein=
geschlossen gewesen. Wenn es gestattet sei, dem Fremden auf Zins
zu leihen, so seien darunter lediglich die A u s l ä n d e r verstanden,
die mit dem Gelde Geschäfte betrieben. In einem solchen Falle ge=
statte auch der Talmud und die Rabbinen die Zinsnahme von Juden
untereinander bei Gleichheit von Gewinn und Verlust auf beiden
Seiten. Die Versammlung beschloß ihre Beantwortung mit den Worten

der Entrüstung: „Man kann zwar nicht leugnen, daß es unter den He=
bräern solche gibt, die sich dem von der Religion verbotenen Wucher
hingeben, aber in einer weit geringeren Zahl, als man glaubt. Ist
es nicht ungerecht, 100 000 Juden dieses Lasters zu beschuldigen?"
So lautete die ebenso verständige, wie wahre Antwort der Notabeln auf
diese Frage. Im ganzen hat die Versammlung ihre schwere Aufgabe
mit Würde und Takt gelöst und dem Judentum nur wenig vergeben.

Inzwischen kam der Geburtstag des Kaisers (15. August) heran,
und die Versammlung benutzte ihn, um von neuem demjenigen ihre
Huldigung zu bezeugen, in dessen Hand das Geschick der französischen
Juden lag. Die Synagoge von Paris verwandelte sich gewissermaßen
in einen Götzentempel, in dem des Kaisers Bild mit Blumen geschmückt
hing. Ihm zu Ehren sang man Hymnen in hebräischer und franzö=
sischer Sprache. Drei Rabbinen predigten zur Verherrlichung Napo=
leons, Andrade in französischer, Segre in italienischer und Sinz=
heim in deutscher Sprache; der Greis Segre überbot seine Kollegen
an Übertreibung und Überschwenglichkeit. Der Kaiser bezeugte der
Versammlung dafür seine volle Zufriedenheit. Zur Audienz wurde
sie zwar nicht zugelassen, aber er ließ nach Prüfung der Antworten
Sinzheim und noch einigen Deputierten vertraulich durch die Kom=
missarien die Versicherung zugehen, er hege die gnädigste Gesinnung
für die Bekenner der jüdischen Religion und werde ihnen nichts von den
Rechten der französischen Bürger entziehen[1]). Die Bewunderung, die
Napoleon früher für dieses lebendige Denkmal des ältesten Volkes
und der ältesten Zivilisation gehegt hatte, erhielt durch die Haltung des
jüdischen Parlaments in seinem Innern wieder die Oberhand über
die Verachtung, die ihm einige jüdische Trödler und Wucherer gegen
sie eingeflößt hatten. Der Kommissar Molé, der zuerst den Eingebungen
des Judenhasses und der Antipathie gegen die Juden erlegen war und
ihre Ausschließung beantragt hatte, mußte öffentlich erklären (18. Sept.),
daß der Kaiser von den Absichten und dem Eifer der Versammlung
befriedigt sei. Diese Anrede schlug einen ganz anderen Ton an, als
die früheren: „In der Tat, wer wäre nicht von Erstaunen ergriffen
beim Anblick dieser Versammlung von aufgeklärten Männern, erwählt
unter den Nachkommen des ältesten Volkes? Wenn irgendeine Per=
sönlichkeit aus den entschwundenen Jahrhunderten wieder auflebte,
und dieses Schauspiel ihren Blick träfe, würde sie sich nicht in die
Mauern der heiligen Stadt versetzt glauben, oder würde sie nicht

---

[1]) Bei Bran S. 200.

meinen, daß eine Umwälzung die menschlichen Dinge bis auf ihren Grund erneuert habe?" — „Seine Majestät", fuhr Molé fort, „sichert Ihnen die freie Ausübung Ihrer Religion, den Vollgenuß Ihrer politischen Rechte zu; aber zum Tausche für diesen hohen Schatz fordert sie eine religiöse Bürgschaft für die volle Verwirklichung der in ihren Antworten ausgesprochenen Prinzipien."

Wer sollte die Bürgschaft bieten? Napoleon ließ ein Wort der Überraschung verkünden, welches die Versammlung mit freudigem Erstaunen erfüllte und sie elektrisierte. „Der Kaiser schlägt vor, das große Synhedrion (Sanhedrin) zusammenzuberufen!" Diese mit dem Tempel zugleich untergegangene Körperschaft, welche allein in Israel mit Autorität versehen war, sollte, neuerstanden, die Antworten der Versammlung in Entscheidungen umwandeln, damit sie gleich denen des Talmuds und neben ihnen in den Augen der Juden aller Länder und aller Jahrhunderte das bestmögliche Ansehen erlangen. „Es soll den wahren Geist des Gesetzes zurückrufen, die Gesetze des Judentums zeitgemäß auslegen, die falschen oder streitigen aufheben, und außerdem eine neue Organisation schaffen." Die Versammlung sollte ferner die Zusammenkunft des großen Sanhedrins allen Synagogen Europas kundgeben, damit sie nach Paris solche Deputierte entsenden könnten, welche imstande wären, die Regierung mit neuer Einsicht zu versehen, und würdig seien, mit der Versammlung in Verbindung zu treten. Damit dieses erneuerte Sanhedrin den durch die Geschichte geheiligten, ehrwürdigen und imposanten Charakter erhalte, sollte es vollständig nach dem Vorbilde des alten gebildet werden, aus einundsiebzig Mitgliedern bestehen, und zwar mit einem Vorsitzenden (Nassi), einem ersten Beisitzer (Ab Bet-Din) und einem zweiten Beisitzer (Chacham). Beim Anhören dieser Rede war den Deputierten zu Mute, als wenn sie plötzlich die alte Herrlichkeit Israels aus der Gruft auftauchen und feste Gestalt annehmen gesehen hätten. Sie waren drei Monate vorher zusammenberufen worden, um ihr gefährdetes Bürgerrecht zu retten, und nun wurde ihnen eine Aussicht eröffnet, ihre glänzende Vergangenheit in der Gegenwart auferstehen zu sehen und dabei zu helfen. Sie waren förmlich geblendet und betäubt davon. Wer diesen Restaurationsgedanken beim Kaiser angeregt hat, ist nicht bekannt geworden. War es vielleicht Sinzheim oder Furtado, die öfter von den Kommissarien zu Rate gezogen worden waren? Oder hatte die Schrift Israel Jacobsons[1], worin er den Kaiser

[1] Les premiers pas de la nation juive vers le bonheur sous les au-

aufforderte, einen hohen Rat für die europäische Gesamtjudenheit mit einem Patriarchen an der Spitze zu ernennen, ihn darauf gebracht? Oder hatte Napoleon dabei die Absicht, beim Herannahen des Krieges gegen Preußen die Juden in den ehemals polnischen Provinzen für sich zu gewinnen, damit sie seinen Heeren Vorschub leisteten? Furtado scheint allerdings Kunde von dem Beschlusse, ein Sanhedrin ins Leben zu rufen, gehabt zu haben. Denn seine Erwiderung auf Molés offizielle Ankündigung der Zusammenberufung trug nicht den Charakter der Überraschung, vielmehr den eines zurechtgelegten Programms, dem Kaiser auch in Gewissenssachen eine Autorität einzuräumen.

Selbstverständlich ließ es die Versammlung bei Vernehmung dieser Kunde nicht an enthusiastischen Ausrufen und Beschlüssen fehlen. Sie genehmigte alles, was die Kommissare vorgeschlagen oder auch nur angedeutet hatten. Das Sanhedrin sollte zu zwei Dritteln aus r a b b i n i s c h e n und zu einem Drittel aus L a i e n m i t g l i e = b e r n bestehen, und zwar zunächst aus sämtlichen Rabbinen der No- tabelnversammlung und einigen neu zu wählenden. Damit hatte eigentlich die Bedeutung der Versammlung aufgehört, sie spielte nur noch eine Scheinrolle. Höchstens bestimmte sie noch aus eigenem An= triebe die Eröffnung des Sanhedrins auf den 20. Oktober. Zwei Wahlen hatte sie noch vorzunehmen, fünfundzwanzig Laienmitglieder aus ihrem Schoße für das Sanhedrin und eine Neunerkommission zu ernennen, welche die Arbeiten für das große Sanhedrin vorbereiten und mit den Kommissarien verhandeln sollte. Wichtig war nur noch der Aufruf, den sie an die Gesamtjudenheit erließ (24. Tischri = 6. Okt.), sie für das zusammentretende Sanhedrin zu erwärmen und zu ermuntern, Deputierte zu entsenden. Dieser Aufruf, in vier Sprachen verfaßt (hebräisch, französisch, deutsch und italienisch), gibt die Gefühle zu er= kennen, von welchen die Mitglieder beseelt waren, und die Hoffnung, die sie von dem großen Sanhedrin hegten: „Ein großes Ereignis wird vorbereitet. Was unsere Väter seit einer langen Reihe von Jahrhun= derten nicht gesehen hatten, was wir in unseren Tagen nicht zu sehen hoffen konnten, wird vor den Augen der erstaunten Welt von neuem erscheinen. Der 20. Oktober ist der Tag, der zur Eröffnung eines großen Sanhedrins in der Hauptstadt eines der mächtigsten christlichen Reiche und unter dem Schutze des unsterblichen Fürsten, der dasselbe regiert, bestimmt ist. Paris wird dann der Welt dies Schauspiel darbieten, und dieses ewig denkwürdige Ereignis wird für die zerstreuten Über=

spices du grand Monarque Napoléon, Paris 1806, ausgezogen bei Bran, S. 109 f.

bleibsel von Abrahams Nachkommen eine Periode der Erlösung und des Glückes eröffnen . . . . ."

„Wer sollte nicht mit uns die verborgenen Pläne der Vorsehung bewundern, die wir nicht ergründen können, welche die Formen der menschlichen Sachen verändert, den Bedrückten tröstet, den Niedrigen aus dem Staube erhebt, den Prüfungen, welche seine göttlichen Beschlüsse bestimmen, ein Ende macht, und den getreuen Beobachtern seines Gesetzes die Achtung und das Wohlwollen der Nationen wieder verleihet? Seit unserer Zerstreuung haben unzählbare Veränderungen die Unbeständigkeit der menschlichen Dinge bewiesen. Die Nationen haben von Zeit zu Zeit einander wechselweise vertrieben und sich miteinander vermischt. Wir allein haben dem Strom der Jahrhunderte und der Revolutionen Widerstand geboten."

„Alles verkündigte uns in Europa ein milderes Los und eine weniger ungewisse Existenz; doch dieser Zustand der Dinge war bloß eine schimmernde Aussicht. Um denselben zu verwirklichen, mußte nach öffentlichen Stürmen aus den unruhigen Bewegungen eines unzählbaren Volkes unter dem Schutze der göttlichen Hand eins von den mächtigen Häuptern aufstehen, um welches sich alle Völker aus natürlicher Neigung zu ihrer Erhaltung versammelten."

Das jüdische Parlament und die daraus hervorgegangene Wiederherstellung eines Sanhedrins erregte in der Tat eine große Spannung in Europa. An Kriegstaten und glänzende Siege Napoleons war die Welt gewöhnt. Seine Waffenwunder waren so alltäglich geworden, daß man nicht mehr darüber erstaunte. Aber daß dieser bewunderte und gefürchtete Held sich zu dem ältesten Volke herabließ, es aus der Niedrigkeit zu erheben und ihm wenigstens eine seiner verlorenen Herrlichkeiten wiederzugeben, erregte die allgemeine Aufmerksamkeit, unter Christen vielleicht noch mehr als unter Juden. Man betrachtete dieses Ereignis als etwas Wunderbares, als einen neuen weltgeschichtlichen Keim, welcher vielleicht eine neue Gestaltung der Dinge hervorbringen würde. Freilich wagten die meisten Gemeinden aus Furcht vor ihrer argwöhnischen Regierung nicht, ihren Enthusiasmus kundzugeben. Nur eine Gesellschaft in Frankfurt a. M., dessen Regent, der Fürst Primas Dalberg, Napoleons Verehrer war, und die aufgeklärte neue Gemeinde in Amsterdam (Adat Jeschurun) richteten Huldigungsadressen an die Versammlung, welche Furtado als Vorsitzender in demselben Tone beantwortete[1]). Einige christliche Schriftsteller in

---

[1]) Die Adresse von sieben Vorstehern einer Frankf. Gesellschaft v. 25. Nov. 1806 bei Bran S. 393, die Antwort darauf v. 27. Dez. das. S. 396.

Bamberg, ein katholischer Geistlicher G l e y an der Spitze, erwarteten
so reiches und wichtiges Material von der jüdischen Versammlung in
Paris, daß sie ein eigenes Blatt, eine Art Zeitung der Juden, dafür
gründeten[1]). Nur die Berliner Aufgeklärten, der Kreis David Friedländers, empfanden dabei ein unbehagliches Gefühl, daß von Frankreich aus vermittelst des Sanhedrins eine Wiedergeburt des Judentums
mit antikem Charakter und doch in einem neuen Geiste hervorgehen
könnte. Sie erklärten daher das Sanhedrin für ein Gaukelspiel, das
Napoleon seinen Parisern geben wollte[2]). Patriotismus hatte sich auch
in dieses Unbehagen gemischt. Die preußischen Juden empfanden das
tiefe Weh mit, welches über das preußische Volk und das Königshaus durch die Niederlage bei Jena und Auerstädt (14. Okt. 1806)
gekommen war. Napoleon und seine siegreichen Heere waren trium-
phierend in Berlin eingezogen, die Festungen hatten sich ohne Gegen-
wehr ergeben, und ganz Norddeutschland bis zur Nord- und Ostsee
und bis zur Weichsel lag dem Sieger offen. Der preußische Stolz und
Mannesmut war an einem Tage gebrochen. Die hochmütigen Katheder-
und Kanzelweisen, welche mit vornehmer Verachtung auf die Juden
wie auf Sklaven herabgesehen hatten, empfanden selbst, was Knechtschaft bedeutet; sie wurden im eigenen Lande als Fremde behandelt.
Aus ihrem Traume von Überlegenheit und Vorzüglichkeit grausam
geweckt, benahmen sich die eingebildeten Weisen wie Kinder. Die Klugen
liefen zum siegreichen Feinde über und leckten ihm den Staub von den
Füßen. Immer weiter drang der Sieger nach Osten vor, bis in die
sogenannten südpreußischen Provinzen, in die Gebiete von Posen und
Warschau. Auf den Wintermärschen, welche in dieser rauhen Gegend
außerordentlich beschwerlich und aufreibend waren, fanden die französischen Soldaten bei den Juden hilfreichen Vorschub. Hätten die neu gewonnenen jüdischen Untertanen etwa dem preußischen Königshause für
jenes Gesetz[3]) treu und dankbar sein sollen, welches ihnen neue Be-

ferner von 250 Frankf. Juden das. S. 377, die Verhandlung der Adat Jeschurun, Sulamit I, Bd. 2, S. 15 und S. 95.

[1]) Moniteur 1806, v. 24. August; Grégoire, nouvelles observations sur
les Israélites. Einl. auch in Sulamit, II, Bd. 1, S. 62. Die Sulamit, redigiert
von David Fränkel, ist ebenfalls infolge der jüdischen Notabelnversammlung
entstanden.

[2]) David Friedländer, Über die Verbesserung der Israeliten im Königs-
reich Polen, Vorbericht, S. XXXII.

[3]) Vom 17. April 1797, vgl. Rönne und Simon, Die früheren und
gegenwärtigen Verhältnisse der Juden in sämtl. Landesteilen des preuß.
Staates. S. 292 f.

schränkungen auferlegt und sie der Willkür des polnischen Adels nur entzogen hatte, um sie dem Hochmut des preußischen Beamtentums zu überliefern? Gleich den Polen begrüßten die in diesem polnischen Landstrich lebenden Juden die Franzosen als Befreier. Napoleon sagte von dieser Dienstbeflissenheit der Juden gegen ihn und sein Heer, es sei eine Frucht des von ihm zusammenberufenen Sanhedrins[1]).

Während der Kaiser den Winterfeldzug gegen die preußischen Heerestrümmer und die mit Preußen verbündeten Russen fortsetzte, beschloß die jüdische Deputiertenversammlung ihre Sitzungen, und das Sanhedrin begann seine Beratungen. Der Schluß bot nichts Bemerkenswertes; den Notabeln war die Beratung über den Entwurf zur Konsistorialverfassung zugewiesen, welche die Neunerkommission ihr unterbreitet hatte. Diese Verfassung war in dem Hauptpunkte das Werk der kaiserlichen Kommission und enthielt verdächtigende und verletzende Bestimmungen genug. Als ob es die französischen Juden im tiefsten Innern doch nicht ganz ernst mit der Versicherung ihrer Hingebung an den Staat gemeint hätten, sollten sie in einem Netze von Gesetzen eingefangen werden, das sie selber für sich weben mußten.

Ein Zentralkonsistorium mit einem Großrabbinen sollte eine hierarchische, dem kirchlichen System nachgebildete Zentralisation bilden, und lediglich die Aufgabe haben, die einzelnen Konsistorien, Rabbinen, Synagogen und Gemeinden zu überwachen. Diese wiederum sollten die Polizei für die einzelnen Juden abgeben, daß die dem Kaiser genehmen Synhedrialbeschlüsse befolgt würden, und ganz besonders, daß die jüdischen Behörden dem Wucher steuern und jedes Jahr die Anzahl der jüdischen Militärpflichtigen angeben sollten. Vergebens hatte die Minorität der Versammlung der Notabeln das Schimpfliche dieser Verpflichtung der Rabbinen zu Polizeidiensten hervorgehoben und auf die Schmach hingewiesen, welche den Juden dadurch angetan werde, als ob sie den Waffendienst scheuten. Ein Mitglied derselben machte geltend, wie viele jüdische Soldaten im Kriege gegen Preußen dienten, darunter siebzehn Offiziere aus den deutschen Departements. Wie dürfen die Juden selbst ein Gesetz gutheißen oder auch nur durchgehen lassen, welches so die eigene Feigheit verewigt? Die Minorität schlug daher eine Änderung vor, welche die Ehre der Juden und die Würde der Rabbinen unangetastet lassen sollte. Allein die Majorität wagte nicht dem Vorschlage der kaiserlichen Kommissarien entgegenzutreten und nahm die beschimpfenden Bestimmungen an.

---

[1]) S. Note 6.

Noch weniger hatte sie den Mut, aus eigenem Antriebe nützliche Vorschläge zu machen; sie wagte nicht einmal anzugeben, wie die Rabbinen und Großrabbinen ausgebildet werden sollten. Schüchtern erlaubte sie sich nur die Bitte, daß der Staat die Besoldung der Rabbinen zum Teil wenigstens übernehmen solle.

Die Schlußsitzung des jüdischen Parlaments, das zuletzt immer mehr in Liebedienerei verfiel, war feierlich. Einer der Sekretäre, Isaak Samuel Abigdor aus Nizza, der französischen und italienischen Sprache kundig, welcher einen Rückblick auf die jüdische Geschichte warf, die Ursache der Antipathie der Völker gegen den jüdischen Stamm angab, hob zum Schlusse noch hervor, daß die Vertreter der katholischen Kirche stets oder doch öfter milde und barmherzig an den Juden gehandelt hätten. „Das Volk Israel, immer unglücklich und beinahe immer unterdrückt, hat nie Mittel und Gelegenheit gefunden, seine Dankbarkeit für so viele Wohltaten an den Tag zu legen . . . Seit achtzehn Jahrhunderten ist die Gelegenheit, die sich jetzt uns darbietet, die erste, um die Gefühle unserer Herzen zu erkennen zu geben . . . Darum . . . beweisen wir der Welt, daß wir alle unsere ehemaligen Unglücksfälle vergessen haben, und daß nur die guten Handlungen unauslöschlich in unsere Herzen gegraben sind. Hoffen wir von den Geistlichen, unseren Zeitgenossen, daß sie durch ihren Einfluß das heilige Gefühl der Bruderliebe anfachen werden." Die Versammlung nahm den wahrscheinlich eingegebenen Vorschlag Abigdors an, daß sie voll Dankbarkeit für die Aufnahme sei, welche die Päpste und geistlichen Herren zu verschiedenen Zeiten den Israeliten angedeihen ließen, als Barbarei, Vorurteil und Unwissenheit die Juden verfolgten und sie aus dem Schoße der Gesellschaft stießen, und sie beschloß, daß der Ausdruck dieser Empfindung in das Protokoll niedergelegt werde.

Vier Tage nach dem Schluß der Notabelnversammlung (1. Abar I = 9. Febr. 1807) trat das große Sanhedrin zusammen, das einen ganz andern Charakter hatte. Es bestand, wie schon angedeutet, zu zwei Dritteilen aus Rabbinen, meistens aus denen, welche an der Notabelnversammlung beteiligt waren. Dadurch und durch die Hinzuziehung von fünfundzwanzig Laien aus derselben Versammlung war die von Napoleon gewünschte Bestätigung der zwölf Punkte gesichert. Scheinbar sollte das große Sanhedrin selbständig tagen und handeln. Die Kommissarien sollten nicht in Verkehr mit ihm treten. Nur die ersten drei Würdenträger hatte der Minister des Innern ernannt, Sinzheim zum Vorsitzenden (Nassi), den greisen Segre zum ersten Beisitzer

(Ab-Bet-Din) und Abraham di Cologna zum zweiten Beisitzer (Chacham). Die meisten neueinberufenen rabbinischen Mitglieder
italienischer und deutscher Zunge — da Frankreich damals nur sehr
wenige Männer mit talmudisch-rabbinischer Kenntnis besaß — zeichneten sich durch nichts aus und brachten keine Bewegung in der Versammlung hervor. Die Eröffnung des Sanhedrins geschah auf eine feierliche und eindringliche Weise. Vom Hause des Präsidenten begaben sich
die Mitglieder in die ausgeschmückte und mit Zuschauern aus den
höchsten Gesellschaftskreisen gefüllte Synagoge. Es versteht sich von
selbst, daß bei dieser Gelegenheit begeisterte Reden gehalten wurden.
Sinzheims hebräische Rede konnte zwar wenig Eindruck machen; aber
als er mit der Thorarolle im Arme, mit der ihm eigenen Würde die
Versammlung segnete, um Erleuchtung flehte und ein Gebet sprach,
fühlten sich die Zuschauer von einem eigenen Gefühl ergriffen. Die
italienische Rede di Colognas erhöhte noch diese Stimmung, erregte
Enthusiasmus und hinterließ einen sehr nachhaltigen Eindruck[1]). Sie
war schwungvoll gehalten. „Es ist also wahr, daß heute die zerstreuten
Reste Israels sich Glück wünschen können, eine Stelle in den glor-
würdigen Annalen des größten der Helden einzunehmen! ... Großer
Gott! Deiner erhabenen Güte ist es also gefällig, mich als einen Hese-
kiel, Zeuge und Bewunderer der beginnenden Auferstehung (der für
vertrocknet gehaltenen Gebeine Israels) sein zu lassen." Napoleons
Verherrlichung fehlte auch in dieser Rede nicht und durfte nicht fehlen.
Hymnen in hebräischer, französischer und italienischer Sprache wechselten
mit Reden ab.

Aus der Synagoge begab sich die Versammlung in das Stadthaus und in den für sie ausgeschmückten Saal, und die siebzig Mitglieder setzten sich ihrem Alter nach in Halbmondform nach altem
Brauch um den Vorsitzenden. Da die Sitzungen öffentlich waren, so
pflegten sich viele Zuschauer dazu einzufinden. Die Synhedrialmitglieder waren angemessen gekleidet, in schwarzer Tracht, mit einem
seidenen Mäntelchen und einem dreieckigen Hut auf dem Haupte; das
war vorgeschrieben und kein Mitglied durfte anders erscheinen. Ein
eigens dazu von Sinzheim verfaßtes hebräisches Gebet ging der ersten,
sowie allen Sitzungen voran[2]). Sinzheims und Furtados Reden, womit
die erste Sitzung eröffnet wurde, waren durchaus der Lage angemessen.
Der erstere sprach: „Wenn ich meine Blicke auf diese erhabene Ver-

---

[1]) S. Bericht darüber b. Bran, S. 406.
[2]) Dieses Gebet ist abgedruckt im Eingange der Sammlung der Synhedrialbeschlüsse, Paris, 1807, S. 18 ff.

sammlung hefte, versetzt sich meine Einbildungskraft um Jahrtausende
in jene Zeiten zurück, wo das Volk seinen Ursprung nahm, und mein
Herz kann sich eines gewissen Gefühls nicht erwehren, das ihr ohne
Zweifel mit mir teilet. Schriftgelehrte und Notabeln Israels! Noch
von den Schlägen der grausamsten Intoleranz zerbrochen, wer von
uns hätte es geglaubt, daß dieser einst noch solche Freiheit für so viele
Unglückliche folgen würde?" Und der letztere sprach: „Ergriffen von
Erstaunen und von Hochachtung für die Majestät der Religion, und
in meinem Gedächtnis alle die Erinnerungen sammelnd, welche unsere
Jahrbücher über die schönen Tage der heiligen Stadt hinterlassen
haben, glaube ich Ihnen nach einem so langen Verlauf der Jahrhunderte und der Revolution den erhabenen Gerichtshof zu erblicken,
bestimmt, die Auslegung des göttlichen Willens zu unterstützen."

Die zweite Sitzung (12. Febr.) beschäftigte sich mit dem Vorlesen
der Gesetzesvorschläge, welche das Sanhedrin heiligen sollte, mit der
Mitteilung von Zustimmungsadressen von verschiedenen Gemeinden
Frankreichs, Italiens, des Rheinbundes und besonders von den Gemeinden Dresden und Neuwied[1]) und dem Empfang der aus
Amsterdam eingetroffenen Sendboten, das Sanhedrin zu begrüßen.
Diese wurden von der Separatgemeinde (Adat Jeschurun) dahin
abgeordnet, damit diese Gemeinde durch die Anlehnung an die Versammlung, welche die Aufmerksamkeit von Europa auf sich zog, ein
größeres Ansehen erlange. Die Amsterdamer neue Gemeinde hatte
sich dazu die Erlaubnis vom König von Holland, Ludwig Bonaparte, erwirkt, der, widerwillig auf den Thron gesetzt, ein ebenso
großer Judenfreund wie Menschenfreund war. Die drei von dieser Gemeinde abgeordneten Sendboten, der Advokat Asser, der Arzt de
Lemon und der Mathematiker Littwak, waren vom König ermächtigt worden, den Beschlüssen des Sanhedrins zuzustimmen. Alle
drei hielten Ansprachen an die Versammlung (die beiden ersten in
französischer, und Littwak, ein geborener Pole, in hebräischer Sprache)[2]).
Dem Nassi Sinzheim war dabei eigentümlich zumute. Er mußte diese
drei Abgeordneten als Vertreter der holländischen Juden begrüßen und
ihre Reden beantworten, obwohl er wußte, daß sie nur die gewissermaßen von den beiden Hauptgemeinden Amsterdams ausgestoßenen,
dem alten Judentum abholden Mitglieder vertraten. Die frommen
Juden Amsterdams und Hollands verhielten sich vielmehr schmollend

---

[1]) Tama a. a. O. II., p. 45.
[2]) Die Reden ausführlich in Sulamit I, Bd. 2, S. 95 f.

zum Sanhedrin. Auch die drei Sendboten aus Amsterdam sahen sich enttäuscht. Sie waren infolge des Aufrufes der Notabelnversammlung (o. S. 274), in der Erwartung gekommen, daß sie zur Beratung über schwerwiegende, die ganze Judenheit umfassende Fragen zugezogen werden würden. Statt dessen wies man ihnen eine passive Rolle zu, den Sitzungen als Ehrengäste beizuwohnen.

Das Sanhedrin selbst kränkelte an Stoffmangel. Die in Aussicht gestellte Jnangriffnahme von neuen Bestimmungen war unterblieben. Der französisch-preußische Krieg hatte dem Kaiser das Sanhedrin und die Juden überhaupt dem Gedächtnisse entrückt. So blieb für die Synhedrialmitglieder die einzige Tätigkeit, die Antworten der Vorversammlung in feste, unverbrüchliche Gesetze umzuwandeln. Sie sollten die Gewähr und die Bürgschaft abgeben, daß die französischen, deutschen und italienischen Juden Frankreichs es mit der Versicherung ihrer Anhänglichkeit an das Vaterland und ihrer Unterwürfigkeit unter die Landesgesetze ernst meinten. Die Synhedrialbeschlüsse selbst wurden im Schoße des Sanhedrins gar nicht verhandelt, sondern, wie sie von der Neunerkommission ausgearbeitet und von Furtado vorgetragen wurden, einstimmig angenommen. Nicht einmal die Berechtigung eines neuen Sanhedrins für eine verbindliche Gesetzgebung, und ob sich dieses dem alten gleichstellen dürfe, wurde in Beratung gezogen. Die Rabbinen halfen sich über dieses Bedenken hinweg, daß es nach dem Talmud jedem Zeitalter gestattet sei, Anordnungen und Bestimmungen zu treffen; damit erklärten sie sich ohne weiteres für konstituiert[1]. Das Sanhedrin nahm ferner ohne Bedenken die von Furtado ausgesprochene unterwühlende Ansicht an, daß das Judentum aus zwei streng voneinander geschiedenen Elementen bestehe, aus r e i n   r e l i g i ö s e n und p o l i t i s c h - g e s e t z l i c h e n Bestimmungen. Die ersteren seien unveränderlich, die letzteren dagegen, welche seit dem Untergang des jüdischen Staates ihre Bedeutung verloren hätten, könnten durch andere ersetzt werden. Die Folgerungen aus dieser Unterscheidung dürfe jedoch nicht der erste beste, sondern lediglich eine berechtigte Versammlung, ein großes Sanhedrin, ziehen. Durch die Ungunst der Zeiten habe ein solches bisher nicht tagen können. Das soeben zusammenberufene Sanhedrin sei daher keine Neuerung. Es nahm auch den einschneidenden Paragraphen (o. S. 270) von der Ehe ohne Widerspruch an, nicht nur, daß die Zivilehe der religiösen

---

[1] Einleitung zu den חקנות oder Décisions du grand Sanhedrin (Paris 1807), p. II.

vorangehen müsse, sondern auch daß Mischehen zwischen Juden und
Christen staatsgesetzlich bindend seien, und daß sie, obwohl sie nicht
geeignet seien, mit religiösen Formen bekleidet zu werden, dennoch
keinen religiösen Bann nach sich zögen. Mit dieser Phrase beschwich-
tigte das Sanhedrin zugleich sein Gewissen und den Argwohn der
kaiserlichen Behörde[1].

Da das Sanhedrin keine Taten vollbringen konnte, so hat es
seine Sitzungen mit Reden ausgefüllt, meistens von Furtado gehalten,
bis auf die letzte Sitzung (9. März 1807), in welcher dieser mit dem
Deputierten von Frankfurt, H i l d e s h e i m e r , dem Deputierten von
Amsterdam, A s s e r , und endlich mit Sinzheim, der die Schlußrede
hielt, abwechselte. Die Reden waren allerdings ergreifend, boten aber
nichts Neues. Die neuen Synhedrialbestimmungen, in französischer
und hebräischer Sprache formuliert, hatten zum Inhalte, daß es jedem
Israeliten verboten sei, mehr als eine Frau zu heiraten; daß die jüdische
Ehescheidung nur gültig sei, wenn ihr die bürgerliche vorangegangen
ist, und ebenso die Eheschließung — mit halber Gestattung der Mischehe — daß jeder Israelit religiös verpflichtet sei, seine nichtjüdischen
Landsleute — da sie Gott als Schöpfer anerkennen und verehren —
wie Brüder und Stammesgenossen anzusehen, und ebenso sein Vaterland zu lieben, zu verteidigen, sich auf Verlangen dem Waffendienste
zu unterwerfen; daß das Judentum keinerlei Handwerk und Beschäftigung verbiete, und es daher empfehlenswert sei, daß die Israeliten
sich auf Landbau, Handwerke und Künste legten und dem Handel entsagten, und endlich, daß es den Israeliten ebenso verboten sei, mit
Christen wie mit Juden Wucher zu treiben. Diese neuen Synhedrial-
gesetze bewegten sich also in einem sehr engen Kreise. Das Sanhedrin
hatte nur die nächste Gegenwart im Auge und blickte nicht in die ferne
Zukunft. Die Judenheit im allgemeinen war mit dem Gange und dem
Resultate desselben nicht sehr zufrieden. Ein englischer Jude hatte
in einem Sendschreiben an dasselbe einigen Mitgliedern geradezu den
Vorwurf gemacht, daß sie nicht nur das Judentum, sondern sogar jede
geoffenbarte Religion verleugnet hätten. „Hat einer von unseren

---

[1] Der hebräische Passus von Artikel III der Synhedrialdezisionen ist
viel schärfer gefaßt, als der französische Text. Jener lautet, in bezug auf
Mischehen zwischen Juden und Christen: ואף על פי שהוא מן הנמנע שירחיו
קדושין תופסין בהם כדת משה לא יוטל עליהם עונש חרם. Demgegenüber
nimmt sich die französische Fassung sehr zahm aus: bien qu'ils (les mariages
entre Isr. et Chr.) ne soient pas susceptibles d'être revêtus des formes
religieuses, ils n'entraîneront aucun anathême.

Brüdern in Konstantinopel, Aleppo, Bagdad oder Korfu oder eine von unseren (englischen) Gemeinden Deputierte zu euch gesendet? Oder haben sie ihre Zustimmung zu euren Beschlüssen gegeben?"[1]

Die französische Regierung hatte aber dadurch die Bürgschaft von seiten der Juden erlangt, die sie zur Bedingung gemacht hatte, ehe die Gleichstellung derselben von neuem gesetzlich bestimmt werden sollte. Auf Antrag der Kommissarien löste sich das Sanhedrin auf, und seine Beschlüsse wurden Napoleon vorgelegt, der inzwischen seinen Kopf von dem preußisch-russischen Kriege voll hatte, bis durch die entscheidende Schlacht bei Friedland der falsche Friede zu Tilsit herbeigeführt wurde. Während Napoleons Abwesenheit wurden im geheimen Rat Ränke zur Beschränkung der französischen Juden gesponnen, denen Graf Molé sicherlich nicht fremd war. Die jüdischen Vertreter hatten aber Nachricht davon erhalten, und der unverdrossene Furtado eilte mit M a u r i c e L e v y aus Nancy von der Seine bis an den Njemen, um den Kaiser mit der Wühlerei gegen die Juden bekanntzumachen[2]. Er blieb nichtsdestoweniger für das Judentum eingenommen.

Nach der Auflösung des Sanhedrins trat die Notablenversammlung wieder zusammen, um offiziell mit den Behörden in Verbindung zu treten und Bericht zu erstatten (25. März—6. April 1807). Die Beratungen des Sanhedrins waren eigentlich nur eine Episode innerhalb der Verhandlung des jüdischen Parlaments. Dieses wagte den Kaiser vermittelst der Kommission zu bitten, den Ausnahmezustand der Juden der deutschen Provinzen, gleichsam den Bann, der auf ihnen lastete, aufzuheben und Maßregeln zu treffen, daß, im Falle einzelne Juden auf Wuchervergehungen ertappt werden sollten, diese ihre Strafe erlitten, ohne die Unschuldigen in Mitleidenschaft zu ziehen und dafür verantwortlich zu machen. — Erst nach Ablauf eines Jahres offenbarte Napoleon den Juden seinen gesetzgeberischen Willen. Er genehmigte (17. März 1808) jene schlechte Konsistorialorganisation, welche die Vertreter der Synagoge zu Polizeidienern herabwürdigte, und regelte die bürgerliche Stellung der Juden, oder vielmehr verkümmerte ihre bisherige günstige Stellung, obwohl er sie wiederholentlich beruhigen ließ, daß ihre Gleichstellung keine Beschränkung erleiden würde. Er hat alle Welt getäuscht, und die Freiheit unterdrückt, warum hätte er den Juden Wort halten und ihre Freiheit unangetastet

---

[1] Letter to the Sanhedrin 1808.
[2] Anonyme Schrift holländischer und französischer Juden zum Lobe Furtados, mitgeteilt Archives Israélites, Jahrg. 1841, p. 366.

laſſen ſollen? Zu ſeiner Entſchuldigung könnte es einigermaßen dienen,
daß er zu jener Zeit mit den allgemeinen Verwickelungen, um die von
England erlittene Demütigung zu rächen, ſo über die Maßen beſchäftigt war, daß er dem Geſetzentwurf für die Juden keine Aufmerkſamkeit ſchenken konnte. Das Geſetz ſieht auch ganz danach aus, als
wenn es der gegen die Juden eingenommene Molé ausgearbeitet
hätte. Es enthält kein Wort von der Gleichberechtigung der Juden.
Im Eingang iſt zwar angegeben, daß die Ausnahmebeſtimmungen
zum Nachteil der jüdiſchen Gläubiger in den deutſchen Provinzen
aufgehoben ſeien, aber nur, um nicht bloß dieſe, ſondern auch die in den
übrigen Landesteilen wohnenden Juden mittelalterlichen, aus Argwohn
entſtandenen Beſchränkungen zu unterwerfen. Kein franzöſiſcher Jude
dürfte fortan irgendeinen Handel unternehmen, ohne vorher einen
Erlaubnisſchein vom Präfekten zu haben, und ein ſolcher ſollte nur
auf das Zeugnis der Staatsbehörden und der Konſiſtorien über die
Unbeſcholtenheit des Betreffenden bewilligt werden. Verträge ſolcher
Juden, die kein P a t e n t ausweiſen könnten, ſollten nichtig ſein. Auch
die Pfandnahme für Sicherheit eines Darlehns wurde im mittelalterlichen Geſchmacke beſchränkt. Ferner durfte weder ein fremder Jude
in die deutſchen Departements, noch einer aus denſelben in die übrigen
Departements überſiedeln. Endlich ſollte die jüdiſche Bevölkerung
keine Stellvertreter für den Militärdienſt ſtellen dürfen, ſondern jeder
ausgehobene jüdiſche Militärpflichtige ſei gezwungen, in die Reihen
einzutreten. Dieſe Beſchränkungen ſollten zehn Jahre Gültigkeit haben
„in der Erwartung, daß nach Ablauf dieſer Zeit und durch die Wirkung
verſchiedener Maßregeln kein Unterſchied zwiſchen den Juden und den
übrigen Bürgern des Staates ſtattfinden" werde[1]).

So waren die franzöſiſchen Juden, der Hoffnungsanker für ihre
Brüder in anderen Ländern, wieder herabgedrückt und in eine Ausnahmeſtellung verſetzt. Abermals waren ſie der Willkür der Staatsbehörden unterworfen, ob ſie ein Geſchäft betreiben, ſich hier und da
niederlaſſen dürften oder nicht. Alle Verſicherungen und Bürgſchaften,
daß nur ſehr wenige Juden dem Wucher ergeben ſeien, halfen nichts.
Dasſelbe Geſetz beſtimmte zwar, daß die Juden von B o r d e a u x
und einigen anderen Departements, die keine Veranlaſſung zu Klagen
gegeben hatten, den Beſchränkungen nicht unterworfen ſein ſollten.
Später wurde auf eindringlichſte Beſchwerde nach und nach auch zugunſten der Juden von P a r i s , L i v o r n o , den Departements der

---

[1]) Halphen a. a. O., p. 37 f.

Niederpyrenäen und noch anderen fünfzehn Kreisen in Frankreich und
Italien eine Ausnahme gemacht, so daß eigentlich nur die deutschredenden Juden in Frankreich, die Pechvögel, des Vollbürgertums
beraubt waren[1]). Aber nichtsdestoweniger blieb der häßliche Makel,
welcher den Juden von neuem angeheftet war, auch an den Gleich-
gestellten dieses Stammes haften. Die Gegner, welche die Erhebung
der Juden niederzuhalten übereifrig waren, konnten auf Frankreich
hinweisen, daß dieser Stamm doch wohl unverbesserlich sein müsse,
da dessen Söhnen auch da, wo sie schon lange emanzipiert waren, die
Gleichstellung hätte entzogen werden müssen. Die deutsche Bevölkerung in Frankreich glaubte durch die Ausnahmestellung einer Klasse von
Juden die Befugnis erhalten zu haben, sie wieder wie früher zu beschimpfen und zu verfolgen. Die Regierung mußte dagegen einschreiten[2]).
Die Verantwortlichkeit aller französischen Juden für die wucherische
und ungebührliche Haltung einiger derselben, durch ein eigenes Gesetz
bestätigt, hat sich seit der Zeit in Frankreich eingenistet. Jude (juif)
und Wucherer gilt dort seitdem als gleichbedeutend, obwohl der
Name Israelit mit Achtung genannt wird. Diese Ehrenkränkung der
französischen Juden war um so weniger notwendig, da viele derselben
tatsächlich dem entehrenden Schacher längst entsagt hatten. Unter etwa
77 000 jüdischen Seelen in Frankreich, die deutschen und italienischen
Provinzen mitgerechnet, waren 1232 (und noch mehr) Grundbesitzer,
797 Militärs, 250 Fabrikanten und 2300 Jünglinge, welche Handwerke, Künste und Wissenschaften erlernten[3]). Selbst in den ver-
rufensten Landesteilen, deren Juden durchweg als Wucherer verschrieen waren, in Straßburg und Wintzenhein, waren 294 Militärs,
175 Eigentümer, 165 Fabrikanten, 144 Handwerker, 348 Jünglinge
in der Lehre für Gewerke und Wissenschaften[4]).

Indessen Napoleons Arm, wie stark auch immer, war nicht imstande, die Strömung zu hemmen, welche die Befreiung der unterdrückten Völker und Klassen einmal in Bewegung gesetzt hatte. Er
selbst hat durch seinen Geist und sein Ungestüm die Bewegung nur
noch beschleunigt. Nach der Demütigung Preußens hatte er, meistens
auf Kosten dieses Staates, zwei neue politische Schöpfungen ins Leben
gerufen, das Herzogtum Warschau, um das gefährliche Zauberwort
Königreich Polen zu vermeiden, unter dem Kurfürsten von Sachsen,

[1]) Halphen das. p. 47 f.
[2]) Sulamit, Jahrg. II, Bd. 1, S. 164.
[3]) Bericht des Zentralkonsistoriums bei Halphen a. a. O., p. 307 f.
[4]) Das. S. 327.

und das Königreich Westfalen, unter seinem Bruder Jérôme
(Hieronymus). In den polnischen und preußischen Landesteilen hatten
die Juden nicht viel Vorteil von der Veränderung, obwohl mehrere
von ihnen bereits begonnen hatten, sich für ihr Geburtsland zu begeistern und ihr Blut dafür zu verspritzen. Die Tapferkeit eines Juden
Berko blieb in den Jahrbüchern der polnischen Geschichte denkwürdig.
Nach der zweiten Zerstückelung Polens, als Thaddäus Kosciusko
die Fahne der Unabhängigkeit entfaltete, hatte Berko (oder Berk)
Jasilowicz eine Aufforderung an die polnischen Juden ergehen
lassen, sich für das Geburtsland zu bewaffnen. „Warum sollen wir
nicht zu den Waffen greifen, da wir mehr als alle Menschen der Erde
bedrückt und in Knechtschaft sind? Warum sollen wir nicht auch daran
arbeiten, die Freiheit zu erlangen, die uns ebenso gewiß und wahrhaft
als andern Menschen versprochen ist? Wir werden sie erlangen, sobald
wir sie verdienen." Eine Schar jüdischer Freiwilliger hatte sich darauf
der polnischen Sache angeschlossen und die blutigen Kämpfe mitgemacht.
Auf dem Schlachtfelde hatte sich Berko den Rang eines Obersten und
das Kreuz des polnischen Militärordens verdient. Er und seine jüdische
Schar zeigten bei jeder Gelegenheit wahren Heldenmut. Als der wilde
Suwárow ein Blutbad in Praga angerichtet hatte, kämpfte die jüdische
Schar unter Berko so lange, bis sie aufgerieben war. Berko, dem
Blutbade entkommen und nach Frankreich entflohen, beteiligte sich sofort an dem Kriege, den Napoleon nach Polen gewälzt hatte. Im
Rang eines Obersten drang er auf Napoleons Kommando in Galizien
ein, wo er den Tod eines Helden fand[1]). Aber seine Stammesgenossen
hatten vorderhand keinen Gewinn davon. Denn wenn sie auch durch
die Konstitution des Landes dem Namen nach allen übrigen Bewohnern gleichgestellt wurden, so wurde diese Vergünstigung doch
wieder auf zehn Jahre aufgeschoben (Oktober 1808).

[1]) Brief eines Polen an den Redakteur des Israélite français I, p. 385,
Raumer, Taschenbuch, II. Jahrg., 1832, S. 530. Oberst Jasilowicz,
von dem daselbst die Rede, ist kein anderer als Berko, da die polnische Geschichte keinen andern jüdischen Offizier aus dieser Zeit kennt. Vgl. die Rede
des französischen Deputierten Salverte, in der Sitzung 4. Dez. 1830 (Moniteur
6. Dez.), wie es scheint eines Augenzeugen: Après la chute de Kosciusko
les patriotes polonais firent un dernier effort à Varsovie. Le faubourg de
Praga, qui était défendu par un régiment composé d'Israélites, fut emporté
d'assaut; tout fut passé en fil de l'épée. Le lendemain, lorsqu'on vint sur
les remparts, on trouva le régiment tout entier. Pas un soldat n'avait
manqué à l'appel de la mort. Ces hommes-là étaient dignes d'être français.
Vgl. noch Börne, Pariser Briefe, gesammelte Schriften VIII, S. 162.

Aber in dem neuen deutschen Königreich, das aus vieler Herren Länder zusammengeflickt war, erlangten die Juden tatsächlich Freiheit und Gleichstellung. Napoleon hat die Konstitution für dieses neue Königreich im Verein mit den Staatsmännern Beugnot, Johannes v. Müller und zum Teil auch mit Dohm ausgearbeitet[1]), die sämtlich Judenfreunde waren, und die Gleichstellung der Juden war in die Grundverfassung aufgenommen. Jérôme, ehrlicher und gerechter als sein Bruder, erklärte durch ein Gesetz (12. Jan. 1808) alle Juden seines Staates ohne Ausnahme für Vollbürger, schaffte die Judensteuern, unter welchen Titeln auch immer, vollständig ab, gestattete fremden Juden unter demselben Schutze wie christlichen Ausländern Aufenthalt im Lande und bedrohte die Boshaften, welche die jüdischen Bürger seines Staates mit dem Schimpfnamen „Schutzjude" bezeichnen würden, mit Strafe[2]). Michael Berr, der mutige und glaubensinnige junge Verteidiger des Judentums, wurde von Frankreich berufen, um eine Stellung im Königreich Westfalen einzunehmen. Juden und Christen knüpften an diese Erhebung der deutschen Juden große Hoffnungen. Johannes v. Müller, der gefeierte Geschichtschreiber, der seinen Ingrimm gegen Napoleon in Bewunderung verwandelte und in westfälischen Staatsdienst getreten war, versprach sich viel von Berrs Tüchtigkeit[3]). Die judenfeindliche deutsche Universität Göttingen ernannte ihn zu ihrem Mitgliede.

Eine bedeutende Rolle spielte an dem neuen Hofe von Kassel der ehemalige Braunschweigische Hoffaktor oder Finanzrat Israel Jacobson (geb. in Halberstadt 1769, starb in Berlin 1828), wie er denn überhaupt sein Lebelang Rollen spielte. Obwohl er so viel in der neueren jüdischen Geschichte von sich reden machte und sich gern als deutschen Furtado bezeichnen hörte, hatte er nur eine äußerliche Ähnlichkeit mit diesem ernsten jüdischen Patrioten. Diese Ähnlichkeit bestand darin, daß Jacobson einen außerordentlichen Redefluß und stürmenden Tatendrang besaß, die er allerdings zur Verbesserung der Lage seiner Stammesgenossen verwendete. Sein Reichtum gab ihm die Mittel dazu, alle Pläne, die in seinem Kopfe wirbelten zu verwirklichen oder doch wenigstens in Angriff zu nehmen. Edelgesinnt, gutmütig, opferbereit, tatkräftig, verfolgte er das eine Ziel,

---

[1]) Gronau, Dohms Biographie, S. 224.
[2]) Westfälischer Merkur s. Anhang; Sulamit II, Bd. 1, S. 12 f.; Rönne und Simon, die früheren und gegenwärtigen Verhältnisse der Juden des preußischen Staates. S. 378.
[3]) Johannes von Müller, Briefe d. d. 12. Febr. 1808.

die häßliche, entſtellende Außenſeite an den Juden und am Judentume
zu entfernen und ihnen dafür einen glänzenden Schein anzutünchen.
Das war ſeine Leidenſchaft geworden. Allerdings trieb ihn dazu die
Eitelkeit, das Beſtreben, ſich geltend zu machen, in den Vordergrund
zu treten, für eine wichtige Perſönlichkeit gehalten zu werden und
ganz beſonders ſich als Redner bewundert zu ſehen. Dieſer Geſchäftigkeit und Eitelkeit Jacobſons verdankten die Juden manches Gute,
zuerſt die Abſchaffung des Leibzolls in Braunſchweig und Baden
(o. S. 238). Er hatte in Seeſen eine Schule zur Heranbildung jüdiſcher
Kinder aus eigenen Mitteln gegründet, in die auch Chriſtenkinder unentgeltlich aufgenommen wurden, eine Schule, die bis auf den heutigen
Tag beſteht und ſegensreich wirkt. Bei der Einweihung der dazu erbauten Synagoge, wobei die Kirchenglocken läuteten, hatte Jacobſon
die Kanzel beſtiegen und in der Tracht der proteſtantiſchen Geiſtlichen
gepredigt. Er war nämlich in Bibel und Talmud eingeleſen, hatte ſich
auch allgemeine Kenntniſſe erworben und beſonders ſeine angeborene
Rednerbegabung ausgebildet. Dieſe erſte[1]) deutſche Predigt hatte
ihm vielen Beifall eingetragen und ſeine Eitelkeit genährt. Eine braun-
ſchweigiſche Prinzeſſin, Schweſter des Herzogs Karl Ferdinand, über-
raſchte ihn dafür mit einem ſelbſtgewundenen Eichenkranz und mit
einem Gedichte, das ſie von einer Predigertochter deklamieren ließ:

> „Dich rief, ein unterdrücktes Volk zu heben,
> Nach langer, ſchwerer Zeit die Vorſehung;
> Verlaßnen bracht'ſt du neues Leben . . . . .
> Du zeigſt, was Tugend, Mut und Arbeit kann.
> Darum empfange jetzt den Bürgerkranz.“

Die Prinzeſſin hatte ihn richtig beurteilt, und es war nicht all-
zuſchwer: „Mag immer die nur zu ſehr in die Augen leuchtende Eitelkeit unſeres Jacobſon einen großen Anteil an ſeinen Handlungen
haben, im hohen Grade iſt es doch zu achten, daß ſich ſeine Leidenſchaft auf dieſe Weiſe äußert.“ Jacobſon geriet bei dieſer Huld der
Prinzeſſin in einen Freudentaumel und äußerte: „Dieſer Kranz ſoll
einſt mit in meinen Sarg“[2]). Er ſorgte dafür, daß ſeine Taten ein

---

[1]) [Es war nicht die erſte, die er gehalten hat. Seine erſte Predigt war
vielmehr die „Rede bei der Feier der Geburt eines Enkels des Durchlauchtigſten
Herzogs von Braunſchweig-Lüneburg, geh. am 17. Dez. 1804 in der Syn-
agoge der jüdiſchen Gemeinde zu Braunſchweig.“ Gedruckt bei Friedrich
V i e w e g, 8 S., 8. Der Neugeborene war der 1830 abgeſetzte Herzog
K a r l, der am 18. Auguſt 1873 in Genf geſtorben iſt].

[2]) S t r o m b e c k, Darſtellung aus meinem Leben, Braunſchweig 1833,
ausgezogen in Zeitg. des Judentums, Jahrg. 1837, S. 292.

Echo fanden; er ließ eine Schrift in französischer Sprache über die Errichtung seiner Schule in Seesen drucken und machte es auch in einem Sendschreiben bekannt, das er an Napoleon gerichtet hat[1]). Karl Ferdinand, Jacobsons Wohltäter, in der Schlacht verwundet, wurde als Sterbender von Napoleon aus seinem Lande getrieben und erlag seinen Wunden! Nichtsdestoweniger erschien Jacobson, einer der ersten, in Cassel, um dem neuen Könige von Westfalen zu huldigen, dem Miträuber der Länder seines Gönners. Er wurde bei Hieronymus geheimer Finanzrat, wie er es bei Karl Ferdinand gewesen war. Hier hatte er Gelegenheit genug, sich in der Synagoge als Prediger hören zu lassen.

Zur Erinnerung an den Tag der Gleichstellung der Juden hatte Jacobson eine goldene Denkmünze mit dem Emblem der Vereinigung der bisher einander antipathischen Bekenntnisse und mit lateinischer Inschrift prägen lassen[2]): „Gott und dem väterlichen Könige, vereint im Königreich Westfalen"[3]). Auf Jacobsons Anregung sollten die Juden des Königreichs Westfalen eine der französischen ähnliche Organisation erhalten. Zu diesem Zwecke wurden 22 Notabeln nach Cassel zusammenberufen, wobei der Anreger natürlich nicht fehlte. Hieronymus ließ sie zu einer Audienz zu und sprach dabei die denkwürdigen Worte, er habe sich gefreut, daß die (ihm allerdings oktroyierte) Konstitution seines Königreichs in Rücksicht der Gleichstellung aller Religionen seinem Herzen entsprach[4]). Dabei hatte Jacobson abermals die Gelegenheit zu einer phrasenreichen Ansprache. In der Kommission zur Ausarbeitung eines Entwurfes für eine jüdisch Konsistorium des Königreichs Westfalen hatte Jacobson selbstverständlich den Vorsitz. Michael Berr gehörte ebenfalls dazu. Der erstere sprach oft stundenlang unermüdet[5]). Die Konsistorialverfassung kam nach dem Muster der französischen zustande und wurde gleichzeitig mit derselben bekannt gemacht (3. März 1808). Nur während dort ein Rabbiner an die Spitze gestellt wurde, verstand es sich von selbst, daß hier Jacobson den Vorsitz einnehmen sollte. Er wollte auch Rabbiner sein und gab sich für einen solchen aus. Hauptsitz des westfälischen Konsistoriums

---

[1]) Vgl. o. S. 273, Anmerkung.

[2]) Bei Johannes von Müller a. a. O.

[3]) Spieker, Über die ehemalige und jetzige Lage der Juden in Deutschland. S. 287. Der jüdische Graveur, Abramson aus Berlin, der ein Künstler in diesem Fache war, hatte diese Münze geprägt. [Vgl. Steinschneiders Notiz in der Ztschr. f. Gesch. d. Juden in Deutschl. V, 183.]

[4]) Westfälischer Merkur I, S. 87.

[5]) Sulamit, Jahrg. II, Bd. 1, S. 2.

wurde Cassel. Der Befugnis desselben wurde sehr viel überwiesen; Jacobson war eigentlich allmächtig, nur bei wichtigen Angelegenheiten sollte er sich mit den Behörden ins Einvernehmen setzen. Das Konsistorium sollte auch für die Erweckung patriotischer Gefühle für das Haus Bonaparte in den Herzen des Alters und der Jugend[1]) wirken. Besonders viel hatte es mit den Schulden der einzelnen Gemeinden zu tun, welche verteilt und abgetragen werden sollten. Diese Gelegenheit zu Vielgeschäftigkeit und Einmischung in die allergeringfügigsten Angelegenheiten der großen und winzigen Gemeinden war so recht im Geschmack Jacobsons. Er konnte sich dadurch überall geltend machen. Seine Beisitzer, die auf seinen Vorschlag ins Konsistorium gewählt wurden (Okt. 1808), waren unbedeutend und setzten seiner Planmacherei wenige Hindernisse entgegen. Der greise Rabbiner von Cassel, Löb Meyer Berliner (starb 1814, früher in Bamberg), damals bereits ein siebzigjähriger, wurde Großrabbiner von Westfalen, hatte aber keinen Willen mehr. Mendel Steinhardt, ein jüngerer, kenntnisreicher und klarer Talmudist, hatte selbst eine stille Neigung für religiöse Neuerungen und unterstützte mit seinem rabbinischen Wissen die Reformversuche, welche von Jacobson später ausgingen. Der dritte Konsistorialrabbiner, Simon Kaller in Eschwege, ein scharfsinniger Talmudist, hatte sonst wenig Bedeutung. Die zwei weltlichen Mitglieder David Fränkel aus Dessau, Direktor der jüdischen Schule in Dessau und Herausgeber der Zeitschrift Sulamit, und Jerôme Heinemann, Jacobsons Sekretär, waren gefügige Werkzeuge, die alle seine Einfälle guthießen[2]). Dem Konsistorium war, eigentümlich genug, ein christliches Mitglied beigegeben, der Staatsrat Merkel, als Sekretär, der die Schritte der höchsten jüdischen Behörde polizeilich überwachen sollte. In das französische Zentralkonsistorium waren besonnene, bewährte Männer gewählt worden, welche bereits Proben von ihrem Maßhalten gegeben hatten, David Sinzheim als Vorsitzender, Abraham di Cologna und Menahem Deutz, dessen Sohn später eine traurige Berühmtheit erlangt hat. Diese verstanden es, aus der alten in die neue Zeit sanft hinüberzuleiten; Jacobson dagegen gefiel sich in tollkühnen Sprüngen und riß seine Kollegen mit sich fort. Über die Umgestaltung des Gemeinde- und Synagogenwesens innerhalb

---

1) Über die Konsistorialverfassung in Westfalen vgl. Rönne und Simon, a. a. O., S. 379. Der französische und deutsche Text steht daselbst, vgl. auch Sulamit a. a. O., S. 3 f.

2) Sulamit, Jahrg. 1808, S. 255; 1809, S. 115.

seines Wirkungskreises beriet er sich mit David Friedländer, der mit einem Fuße im Christentume stand, und mit dessen Gesinnungsgenossen aus der Measfimschule.

Jacobsons Sinn war daher nur auf Reformen, oder vielmehr auf Einführung solcher Formen in den jüdischen Gottesdienst, welche in der christlichen Kirche beliebt waren, und überhaupt nur auf Schaustellungen bedacht, unbekümmert darum, ob sie sich mit dem Wesen des Judentums vereinigen ließen. Seine despotische Natur und Machtbefugnis setzten, mit Verletzung der Empfindlichkeit und Bedenklichkeit der Rabbinen wie der Massen, die Neuerungen durch. Dieses rücksichtslose Ungestüm war freilich nötig, um den Wust wegzuschaffen, der sich besonders in den kleinen Gemeinden angesammelt hatte. Mit zarten Fingern wäre gar nichts durchgesetzt worden.

Die westfälischen Gemeinden wurden in sieben Sprengel eingeteilt, denen je ein Rabbiner und mehrere Syndiken (Vorsteher) vorstanden, in größeren wurden auch noch Unterrabbinen angestellt. Diese Rabbinen wurden von dem Präsidenten zu willenlosen Werkzeugen herabgewürdigt. Die von Jacobson ausgearbeiteten Bestimmungen, welchen der König sein Siegel aufdrückte, trugen einen despotischen Charakter. Sie machten den Rabbinen nicht bloß die Leitung und Überwachung der religiösen Angelegenheiten, sondern auch polizeiliche Aufsicht zur Pflicht. Jeder Rabbiner sollte von den neuen Zuzüglern Anzeige machen, und auf die vorzüglichen Köpfe unter der jüdischen Jugend, von denen die Wissenschaften einen Gewinn erwarten könnten, aufmerksam machen. Aber ganz besonders sollten sie den Militärdienst als eine heilige Pflicht darstellen und gewissermaßen die Rekruten ausheben, oder doch diejenigen anzeigen, welche sich der Fahne entzogen hätten. Die Kanzelvorträge sollten in deutscher Sprache gehalten werden, und die Rabbinen waren verpflichtet, mindestens alle halbe Jahre ihre Predigten dem Konsistorium, d. h. Jacobson, zur Beurteilung einzusenden. Auch schauspielernde Konfirmation der jüdischen Jugend machte das Statut oder vielmehr Jacobson den Rabbinen zur Pflicht[1]. Dieser Zwang und zum Teil die Begeisterung für die erlangte Freiheit hatten die Wirkung, daß die militärpflichtigen jüdischen Jünglinge sich vollzählig zum Ausheben für die Fahnen einstellten. „Wir genießen die bürgerlichen Rechte," sagten die meisten, „warum sollten wir uns nicht mit Freuden als Vaterlandsverteidiger melden? Können wir einen besseren Beweis haben, daß auch aus der Mitte

---

[1] Sulamit, Jahrg. 1809, S. 302.

der Juden tapfere Soldaten hervorgehen können, als die vielen Juden,
die sich in Frankreich tapfer auszeichneten und zu Ehrenstellen gelangten?"[1])   So wurden die waffenscheuen jüdischen Jünglinge in
einem Teile Deutschlands fast über Nacht zu kriegsmutigen Kämpfern.
Freilich wurden sie gleich ihren christlichen Waffengenossen nicht Vaterlandsverteidiger, sondern willenlose Maschinen, den despotischen Ehrgeiz des einzigen zu befriedigen, der Europa Gesetze vorschrieb und die
Freiheit unterdrückte.

Der erste deutsche Fürst, der den Juden wenigstens eine beschränkte
Freiheit aus freien Stücken gewährte, war der Herzog K a r l F r i e d -
r i c h von Baden, allerdings einer der Schleppenträger der Napoleo-
niden. Baden, an der Grenze Frankreichs, hatte sich bereits gewöhnen
müssen, die Juden dieses Landes als Bürger anzuerkennen; darum war
ihnen hier die öffentliche Meinung günstiger als im übrigen Deutschland. Besonders ergriff der Graf W e n z e l v o n S t e r n a u mit
vielem Eifer ihre Partei und wies auf das Beispiel Westfalens hin.
„Jérôme Napoleon sprach im Geiste des weisen Weltbürgersystems die
Lösung Jahrtausende alter Bande aus; sie fielen. Die Reste einer unglücklichen Nation traten aus der vernichtenden Beugung eines ent-
würdigenden Bannes in die Stellung des brüderlich aufgenommenen
Bürgers, und ein deutsches Volk ehrte, sie brüderlich aufnehmend, den
Menschen in sich wie das unbefangene vorschwebende Vertrauen seines
Monarchen zu ihm[2])." So vorurteilslos wie der Napoleonide auf
dem deutschen Throne, war der deutsche Fürst von Baden allerdings
nicht. Er erklärte die Juden nur für e r b f r e i e S c h u t z b ü r g e r ,
nicht als O r t s b ü r g e r , so daß sie sich nicht in Städten ansiedeln
durften, wo es bisher keine gegeben hatte; auch in ihren erbgesessenen
Plätzen wurden sie nur als Schutzbürger angesehen. Der Herzog behielt sich aber vor, denjenigen auch das Ortsbürgerrecht zu erteilen, die
den sogenannten Nothandel aufgeben würden. Ihre religiösen Eigen-
tümlichkeiten sollten geachtet werden, aber nur „nach Ausweis des
mosaischen Rechts, nicht nach talmudischen Deutungen", eine echt deutsche
Gabe, mit der einen Hand gebend, und mit der anderen wieder nehmend.
Später ließ der Herzog eine eigene Verfassung für die Juden von ihrem
Gönner, dem Grafen von Sternau, ausarbeiten, die auch voll von
Halbheiten war. Der Erlaß (13. Jan., 11. Febr. 1809) verfügte: „Alle
die, welche Künste und Wissenschaften, Fabriken und freien Handel

---

[1]) Sulamit Jahrg. 1809, S. 14.
[2]) Zeitschrift J a s o n , redigiert von Sternau, Jahrg. 1808, S. 308;
Sulamit, Jahrg. 1808, S. 151.

betreiben, sollen freie Vollbürger werden. Ausgeschlossen werden die
Nothandeltreibenden, Viehmäkler, Hausierer, Trödler, Pfandleiher.
Für die religiösen Angelegenheiten der Juden wird ein Oberrat vom
Herzog erwählt, bestehend aus einem Obervorsteher, zwei oder drei
Rabbinen, zwei weltlichen und drei beigeordneten Oberräten. Der
Oberrat hatte die Landrabbinen und Landältesten zu ernennen[1]).

Auch die Stadt Frankfurt erlag für einen Augenblick dem Gleich-
heitsschwindel, obwohl hier der zopfige, kleinliche, krämerhafte Judenhaß in jedem Patrizier verkörpert war. Dieser Haß war hier gerade
seit dem Umsichgreifen reaktionären Aufschwungs nur noch hartnäckiger
geworden. Für den Verlust oberherrlicher Freiheit sollte die Knechtschaft der Juden entschädigen, man hatte daher hier den etwa 500 jüdischen Familien keine der Zeichen und Zeremonien erlassen, welche ihre
Demütigung lebendig erhalten sollten. Die zweihundert Jahre alte
„Stättigkeit", d. h. die Untertänigkeitsgesetze derselben, wurde noch
alljährlich in der Synagoge verlesen. Jeder neuaufgenommene Jude
mußte dem Senate einen Huldigungseid leisten. Die Beschränkung
der jüdischen Ehre dauerte fort. Judenzoll mußten sie noch immer
bezahlen, als wenn das heilige römische Reich deutscher Nation noch
herrschte, und nicht der allmächtige Wille des Kaiser und Könige zer-
malmenden Korsen. In dem engen, schmutzigen, ungesunden Judenviertel mußten sie noch immer wohnen, und jeder noch so verworfene
Christ hatte das Recht, dem gesittetsten Juden barsch zuzurufen: „Mach
Mores, Jud'!", ihn als ein verworfenes Wesen zu behandeln und
ihn aus den schönen Teilen der Stadt und von Spaziergängen zu
weisen[2]).

Der französische General Jourdan hatte zwar für einige Jahre
die Frankfurter Juden aus dem Ghetto befreit, als er die Stadt bom-
bardierte und diesen Teil zerstörte. Unter den Augen der französischen
Sieger mußten die Patrizier mit galliger Empfindung den Juden
in den anderen Stadtteilen Wohnungen einräumen, aber nur miets-
weise; Häuser kaufen oder bauen durften sie keineswegs. Als das deutsche
Reich durch Napoleon in Trümmer gegangen, als Frankfurt unter
die Herrschaft des Erzkanzlers oder Fürst Primas des Rheinbundes

---

[1]) Karl August B u c h h o l z , Aktenstücke, die Verbesserung des bürger-
lichen Zustandes der Israeliten betr., S. 104; Sulamit, Jahrg. 1809, S. 151 f.
[Vgl. L. A u e r b a c h , das Judentum und seine Bekenner in Preußen,
S. 368 f.].

[2]) G u t z k o w , Leben Börnes, S. 22 f. Gegenerklärung des Staates
gegen die Rechtsschrift der Juden. Einl.

gekommen war und die hochmögenden Schöffen ſelbſt Untertanen
geworden waren, hörte dieſes Knechtſchaftsverhältnis der Juden tat-
ſächlich auf, ohne daß dieſe Veränderung eine geſetzliche Unterlage
erhalten hätte. Karl von Dalberg, ein freiſinniger Mann,
der früher zum Illuminatenorden gehört hatte, hegte die günſtigſten
Geſinnungen für die Juden und hätte ihnen gerne das Joch vollſtändig abgenommen; er legte dieſe Geſinnung in einem Schreiben
an den Fürſprecher der Emanzipation, an Grégoire, an den Tag[1]).
Allein er kannte die hartnäckige Gehäſſigkeit der Frankfurter Patrizier-
geſchlechter gegen die Juden zu gut, als daß er hätte wagen ſollen,
mit einem Schlag die Gleichheit derſelben zu betätigen. Er hatte nur
im allgemeinen bei der ſogenannten Thronbeſteigung verſichert, die
Mitglieder der jüdiſchen Nation ſollten gegen Beleidigung und be-
ſchimpfende Behandlung in Schutz genommen werden. Die dring-
liche Notwendigkeit, die Stellung der Juden geſetzlich zu regeln, er-
ledigte der Fürſt Primas, der die Halbheit liebte, mit halben Maßregeln. Er machte durch den Erlaß einer „neuen Stättigkeit und
Schutzordnung der Judenſchaft"[2]) einerſeits der neuen Richtung das
Zugeſtändnis, „daß die bisherigen Geſetze, als dem Zeitgeiſt in dem
dermaligen Standpunkte der jüdiſchen Nation nicht mehr paſſend,
aufgehoben werden ſollten". Anderſeits redete er dem Judenhaß
das Wort, daß „ihnen die völlige Gleichheit nicht eingeräumt werden
könnte, ſo lange ſie nicht durch Ablegung ihres eigenen Weſens, in
Annahme der Landesſitten, ſich dafür würdig zeigen". Durch dieſe
neue Ordnung wurden ſie im Grunde lediglich als geduldete Fremde
angeſehen, denen nur völker- und menſchenrechtliche Behandlung, aber
nicht Bürgerrecht zukäme. Nur die unter verſchiedenen Titeln be-
ſtehenden Judenſchutzgelder wurden in eine jährliche Steuer von
22 000 Gulden umgewandelt. Selbſt das Ghetto wurde ihnen wieder
in Ausſicht geſtel.t; ſie wurden angewieſen, ihre Mietsverträge in der
Stadt mit chriſtlichen Hausbeſitzern ja nicht zu erneuern, weil bald
der ſchöne Tag anbrechen werde, an dem ſie in ihr Gefängnis würden
zurückkehren müſſen.

Es war natürlich, daß die Frankfurter Juden alle Anſtrengung
machten, um aus dieſem Ausnahmezuſtand herauszukommen, zumal in

---

[1]) Grégoire, observations nouvelles sur les Juifs, ins Deutſche überſetzt in Sulamit, Jahrg. 1808.
[2]) Geſetz vom 30. Nov. 1807. [Vgl. Schnapper-Arndts Abhandlung in der Ztſchr. f. Geſch. d. Juden in Deutſchland IV, S. 201 f. u.
diejenigen L. Geigers daſ. I, 331 f., 361, 363, V, 54 f.]

der Nachbarschaft, im Königreich Westfalen, ihre Brüder völlig gleichgestellt waren. Als daher der Rheinbund aufgelöst und das Herzogtum Frankfurt mit einer eigenen Konstitution geschaffen wurde, in welcher die Gleichheit aller Einwohner und Religionsbekenner vor dem Gesetz ausgesprochen war, ruhten die Vertreter der Judenheit, Amschel und Gumprecht und auch wohl Amschel Rothschild, der erste Hofagent, der sich die Fürsten untertänig machte, nicht eher, als bis sie den Großherzog Dalberg und seine Räte gewonnen hatten, ihre Gleichstellung durch ein besonderes Gesetz allen Anfechtungen entgegen festzustellen. Da der neue Großherzog in Geldverlegenheit war, und die Freiheit und Gleichheit der Juden seinem Herzen überhaupt zusagte, so bewilligte er sie denselben für die Summe von 440 000 Gulden, den 20 fachen Betrag der jährlichen Summe von 22 000 Gulden, abzahlbar in Summen von sofort 150 000, dann wieder 50 000, und endlich alljährlich 10 000 Gulden. Dieses Gesetz (erlassen 28. Dez. 1811) lautete, „daß sämtliche in Frankfurt wohnenden und in Schutzverhältnis stehenden Juden, deren Kinder und Nachkommen das Bürgerrecht in gleichen Befugnissen und Rechten mit den übrigen Bürgern genießen sollen." Später wurde der Restbetrag in zinstragende Obligationen, welche Rothschild übernahm, verwandelt und alles in bester Ordnung geregelt. Die Juden leisteten den Bürgereid, traten in die Rechte und Pflichten ein, und Louis Baruch (Börne) wurde als Jude bei der großherzoglichen Polizei angestellt. Die Judengasse, soweit sie noch bestand, büßte ihr trauriges Vorrecht ein, sie wurde aufgehoben oder den zunächst liegenden Stadtquartieren zugewiesen[1]). Die stolzen Patrizier knirschten zwar mit den Zähnen ob dieser unerhörten Neuerung. Sie hatten doppelte Einbuße durch Auflösung der Leibeigenschaft und der Judenstättigkeit erlitten; aber sie mußten sich für den Augenblick fügen.

[1]) Über die Umwandlung der Juden in Frankfurt von Stättigkeitsgeduldeten in Vollbürger ist in den Jahren 1814—1818 viel verhandelt worden, und sie hat eine zahlreiche Literatur erzeugt. Von seiten der Juden ist von Börne zusammengestellt worden Aktenmäßige Darstellung des Bürgerrechtes der Israeliten zu Frankfurt 1815. Dagegen Abdruck der Gegenerklärung des Senats der Stadt Frankfurt an die Bundesversammlung, besonders S. 22 und Beilagen. Eine anonyme Schrift — historisch-juridische Entwicklung der unveränderten Untertanenpflicht der jüdischen Gemeinde in Frankfurt — teilt geheime Vorgänge mit, die hinter den Kulissen am großherzoglichen Hofe vorgefallen sind, wobei die Verwendung der Summe für die Emanzipation eine Rolle gespielt hat. Aber diese Vorgänge kompromittieren nicht die Juden, sondern die großherzoglichen Räte.

Auch die nordischen Hansestädte, wo der deutsche Zunftgeist, verbunden mit dem verknöcherten Luthertum, den Juden kaum das Atmen gönnte, mußten ihnen auf Befehl der französischen Besatzung die Gleichheit einräumen. Am leichtesten fügte sich noch Hamburg der Forderung, alle Einwohner, also auch die Juden, völlig gleichzustellen (1811). Es nahm Juden sogar in seinen Bürgerrat auf. Später stellte man ihnen das günstige Zeugnis aus, „daß bei allen erhaltenen und beschützten Begünstigungen dieser Gleichheit nicht allein keine zuweilen besorgte Anmaßung, noch ein anderer Nachteil christlicher Bürger verspürt wurde, sondern es hat vielmehr ein stilles, bescheidenes und günstiges Benehmen selbst in Rücksicht auf den Gebrauch der erhaltener Vorzüge und die willigste Anstrengung mit anderen für das allgemeine Wohl stattgefunden. Mehrere haben sich durch vorzügliche Wohltätigkeit und Vaterlandsliebe ausgezeichnet"[1]). Grimmiger nahm das kleine Lübeck die Ansiedlung und Einbürgerung der wenigen Juden unter französischem Schutz auf. Bis dahin waren nur etwa zehn Familien daselbst als Schutzjuden geduldet worden, die weder Handel treiben, noch in die Zünfte eintreten, noch Häuser erwerben konnten. Denn diese Berechtigungen wurden als christlich angesehen, auf welche Juden keinen Anspruch machen durften. Von dem benachbarten Städtchen Moisling unter dänischer oder holsteinischer Botmäßigkeit durften täglich nur drei Juden nach Lübeck kommen und mußten am Tore eine Art Leibzoll zahlen; jeder Bote der Krämerkompagnie durfte sie anhalten und zur Polizei führen, wenn sie etwas verkauft hatten, und alles, was solche Verdächtige besaßen, wurde konfisziert. Mit der französischen Herrschaft (1811—1814) waren etwa zweiundvierzig selbständige jüdische Personen aus Moisling und vierzehn aus der Fremde nach Lübeck zugezogen, so daß im ganzen sechsundsechzig Familien in Lübeck wohnten. Diese sechsundsechzig erregten fast noch mehr die Galle der Lübecker Patrizier, als die Unterjochung durch Napoleon[2]). Die Kontinentalsperre Napoleons gegen England hatte mehrere jüdische Familien nach dem ihnen früher unfreundlich gewesenen Norddeutschland gelockt.

Auch in der Hansestadt B r e m e n , welche Juden nur als durchreisende Leibzollzahler kannte, ließen sich Juden unter französischem Schutz nieder, zwar nicht viele, aber doch viel zu viel für die Engherzig-

[1]) Promemoria, praepositio in conventu senatus et civium vom Okt. 1814 in Zeitg. des Judentums, Jahrg. 1837, S. 186.

[2]) Die Juden in Lübeck 1816, eine Verteidigungsschrift, aus der Zeit der Reaktion.

keit der Patrizier. Auch sie waren allen übrigen Bürgern gleichgestellt.
— Sogar der Herzog von Mecklenburg, F r i e d r i c h F r a n z , sprach
die Gleichstellung der Juden aus (22. Febr. 1812) und gestattete noch
dazu Ehen zwischen Juden und Christen, freilich nur, wenn die daraus
hervorgegangenen Kinder getauft wurden. — So weit war keine Gesetzgebung gegangen[1]). Preußen konnte sich nun auch nicht länger den allgemeinen den Juden so günstigen Strömungen entziehen. Die Juden
dieses Landes hatten während der Unglückszeit, die infolge der Verblendung über das Volk und das Königshaus hereingebrochen war,
fast mehr Vaterlandsliebe gezeigt und mehr Opfer gebracht, als manche
verrottete Adlige, die sich mit den siegenden Feinden auf guten Fuß
gesetzt hatten. Aber es dauerte lange, bis der selbst gedemütigte König
F r i e d r i c h W i l h e l m III. den anerzogenen aristokratischen und
religiösen Widerwillen gegen sie überwinden konnte. Er nahm ihnen
zwar den Schimpfnamen Schutzjuden und erklärte sie zum städtischen
Bürgerrecht für nicht bloß zulässig, sondern auch verpflichtet. Sie
mußten auch als O r t s = oder S t a d t b ü r g e r den Eid leisten und
die Lasten mittragen[2]). Aber als S t a a t s b ü r g e r wurden sie
doch nicht anerkannt, der umgekehrte Fall als in Baden (o. S. 292).
Die staatsbürgerliche Gleichstellung wurde ihnen zwar immer wieder
verheißen und in Aussicht gestellt, aber die Verheißung blieb mehrere
Jahre unerfüllt. Erst als H a r d e n b e r g abermals die zerrütteten
Staatsgeschäfte übernommen hatte und auf Beseitigung der verrotteten
Zustände und Gesetze drang, war er auch entschieden für die Einbürgerung der Juden, damit dem verstümmelten, blutenden und verarmten Ländchen durch den innigen Anschluß der Juden an das Staats-
wohl neue Kräfte zugeführt würden, die es unter den traurigen Umständen der tiefen Gesunkenheit nicht entbehren konnte. David Friedländer und seine Freunde, die Berliner Kapitalisten, machten die größte
Anstrengung, die immer in Aussicht gestellte Gleichstellung verwirk-
licht zu sehen. Der König aber schob das ihm vom Staatskanzler zur
Unterzeichnung vorgelegte Gesetz immer wieder beiseite. Endlich —
man sagt, gerührt von den Zeichen der Teilnahme, welche die Juden
Berlins dem Andenken der vielgeprüften und beweinten Königin
L o u i s e besonders an ihrem von ihrem königlichen Gemahl weh-
mütig gefeierten Geburtstag (10. März) durch Errichtung der Louisen=
s t i f t u n g gezollt hatten — genehmigte Friedrich Wilhelm tags

---

[1]) Karl August Buchholz a. a. O., S. 94.
[2]) R ö n n e und S i m o n a. a. O., Gesetz v. 27. Febr. 1809.

darauf (11. März 1812) die Gleichberechtigung aller „in den preußischen
Ländern damals sich befindlichen eingesessenen Juden" mit den christ=
lichen Bewohnern. Sie sollten auch zu akademischen Lehr=, Schul=
und Gemeindeämtern zugelassen werden; die Zulassung derselben zu
Staatsämtern behielt sich indes der König noch vor. Mit den Rechten
sollten sie auch die Pflichten übernehmen und besonders zum Militär=
dienst herangezogen werden. Ihre religiösen Angelegenheiten sollten
später geordnet werden. „Für die Ausarbeitung der den Kultus be=
treffenden Gesetze sollten Juden, die wegen ihrer Kenntnisse und Recht=
schaffenheit das öffentliche Vertrauen genießen, zugezogen werden"[1]).

Nur drei deutsche Fürsten widerstanden dem Andringen des Zeit=
geistes, die von Österreich, Bayern und Sachsen. Zwar
erließ der erste, von Napoleon eingesetzte König von Bayern Maxi=
milian Joseph ein Edikt (10. Juni 1813), das scheinbar die Juden
gleichstellte, oder wenigstens diejenigen, welche das Ansiedlungsrecht
erhalten hatten. Aber dieses Recht unterlag vielfachen Beschränkungen.
In den Städten, wo bis dahin kein Jude zugelassen war, sollte ihre
Niederlassung von königlicher Bewilligung abhängen, und selbst an den
Orten, wo sie schon lange wohnten, sollte ihre Zahl nicht vermehrt,
vielmehr noch vermindert werden[2]). In Österreich haben die Nach=
folger Kaiser Josephs, der zuerst einige Ringe der Kette gelöst hatte,
Leopold II. und Franz I., dessen günstige Bestimmungen unaus=
geführt gelassen und noch neue Demütigungen hinzugefügt. Zu der
fast unerschwinglichen Abgabenlast der böhmischen, mährischen, schlesi=
schen und galizischen Gemeinden unter den empörendsten Formen, hier
von Lichtsteuer und dort von Wein= und Fleischsteuer, kam noch in Wien
hinzu eine Kollektentaxe, oder ein Zoll von jedem Juden, der
nach der Hauptstadt kam[3]). Polizeispione lauerten jedem Juden auf,
der, in Wien auf kurze Zeit weilend, nicht mit einem Meldezettel ver=
sehen war und behandelten ihn wie einen Verbrecher. Die Heiraten der
Juden blieben beschränkt. Nur dem ältesten Sohne der Familie oder
dem, der recht viel für Bestechung aufwenden konnte, wurde die Ehe
gestattet (Familiantenwesen). Österreich, obwohl so oft von den Sol=
daten der Freiheit zertreten, schloß sich wie mit einer chinesischen Mauer
gegen jede Neuerung ab. — In dem neugeschaffenen Königreich
Sachsen[4]) blieben sämtliche Beschränkungen aus der Zeit der kur=

---

[1]) Preußische Gesetzsammlung 1812, S. 17 f., Rönne und Simon S. 264.
[2]) Buchholz a. a. O., S. 130 f.
[3]) Erst 1792 eingeführt.
[4]) Vgl. Judenordnung für die Churfürstlich=Sächsische Residenzstadt

fürstlichen Verfassung und der lutherischen Kirchlichkeit ohne Milderung
bestehen. Man nannte Sachsen mit Recht das p r o t e s t a n t i s c h e
S p a n i e n für die Juden. Eigentlich sollten sie gar nicht im Lande
geduldet werden, und nur in den beiden größten Städten, Dresden
und Leipzig, wurden einige privilegierte Juden zugelassen, aber unter
der ausdrücklichen Bedingung, zu jeder Zeit ausgewiesen werden zu
können. Synagogen durften sie nicht haben, sondern nur Betstuben,
worin sie sich still verhalten mußten. In Leipzig und Dresden mußte
jeder privilegierte Jude jährlich 70 Taler und außerdem noch für Frau,
Kinder und Dienstboten zahlen. Im Handelsverkehr und Gewerbe
blieben sie äußerst beschränkt und waren bei ihren Reisen einer strengen
Paßkontrolle unterworfen. Auch nachdem sämtliche deutsche Länder
den Leibzoll aufgehoben hatten, hat ihn Sachsen noch immer beibe=
halten. Luther hätte zur Behandlung der Juden in dem Sachsen
seines Bekenntnisses seine Zustimmung geben können. Das Beispiel
der beiden Nachbarländer Westfalen und Preußen blieb ohne Einfluß
auf dieses damals durch den Krämer= und Katechismusgeist doppelt
selbstische Land. Die Reaktion fand in Deutschland Nahrungsstoff
in Fülle.

Dresden vom Jahre 1772 und S p i e k e r , Über die ehemalige und jetzige
Lage der Juden in Deutschland, S. 293 f. [Vgl. auch Emil L e h m a n n ,
Aus alten Akten, Vorwort.]

————————

Siebentes Kapitel

Die Reaktion und die Deutschtümelei.

Napoleons Kriegszug gegen Rußland. Jüdische Freiwillige. Reaktion in Frankfurt, Hamburg und Lübeck. Der Wiener Kongreß. Börnes Vater. Das Haus Rothschild. Hardenbergs und Metternichs Verhalten in betreff der Juden der Hansestädte. Die Deutschtümelei. Die Judenfresser. Rühs. Die Juden in Rom. Der Wiener Kongreß und die Juden. Die Verwechslung von in und von. Die Presse. „Judenschule" oder „Unser Verkehr." Ausweisung der Juden aus Lübeck und Bremen. Kampf in Frankfurt wegen des Bürgerrechts der Juden. Abermals die Judenfresser. Die Verteidiger Krämer, Schmidt, Ewald, Bail. Die Juden in Österreich und Preußen. Die preußische Juristenfakultät über die Juden. Das Gesetz von 1808 in Frankreich aufgehoben und in Preußen aufrecht erhalten. Lewis Way, Michel Berr und der Kongreß von Aachen. Das Hep-Hep-Geschrei in Franken und der Judensturm in ganz Deutschland. Hundt-Radowski. Lord Byrons jüdische Gesänge. Julius von Voß. Die jüdischen Schriftsteller und ihre Abwehr.

(1813—1818.)

Wie einst der Perserkönig Xerxes hatte der bis dahin unüberwindliche und durch seine Erfolge hochmütig und brutal gewordene Napoleon Völker und Fürsten in buntem Gemische zu einem Weltkriege aufgeboten, und sie folgten ihm unterwürfig wie Sklaven ihrem Herrn. Er führte stolz das von ihm geknechtete Europa gegen das asiatische Rußland. Seit Menschengedenken war ein so zahlreicher Heereszug nicht gesehen worden. Aber wenn je, so hat sich in diesem Riesenkampfe das Wort bewährt: „Trügerisch ist das Roß zum Siege und die Fülle der Heeresmacht kann nicht vor Untergang retten," und wenn je, so hat sich hier der Gottesfinger der geschichtlichen Gerechtigkeit an dem Zertreter des Rechtes und der Freiheit gezeigt. Nicht die Macht des Feindes hat Napoleon besiegt, sondern eine höhere Hand, die seinen sonst so klaren Blick bis zu kindischer Torheit blendete. Diese Verblendung hat die Glut des Brandes von Moskau und das Eis des russischen Winters zu seinem Verderben ausschlagen lassen. Als ihn Gott und das Glück verlassen hatte, fielen die Fürsten, die

ihm Heeresfolge und Treue zugesagt hatten, wortbrüchig von ihm
ab und kehrten die Schwerterspitzen gegen ihn. Die Volkskraft, die er,
auf sein Feldherrntalent vertrauend, so sehr verachtete, erhob sich eben=
falls gegen ihn. Aber auch die Völker waren gleich ihm verblendet;
sie brachen die Fesseln auf der einen Seite, um sie sich an der andern
Seite neu anzuschmieden. Die zwei Jahre (Mai 1812 bis April 1814),
von dem Augenblick an, wo Napoleon mit mehr als einer halben Million
Krieger gegen Rußland zog, bis zu dem Zeitpunkte, wo alle, alle von
ihm abfielen, und er sich auf der Flucht verkleiden mußte, um sich den
Drohungen und Schmähungen der gegen ihn erbitterten französischen
Bevölkerung zu entziehen, sind ein lehrreiches Kapitel der Geschichte.
Es ist ein bluttriefendes, erschütterndes Drama.

Niemand hatte geahnt, daß das Große das Kleine in Mitleiden=
schaft ziehen, daß Napoleons Sturz die Juden, denen er, wenn auch
widerwillig, die Freiheit gebracht hatte, auf eine lange Zeit in ihre
alte Knechtschaft zurückschleudern würde. Jüdische Jünglinge wohl=
habender Familien hatten an Todesmut mit den christlichen gewett=
eifert, sich in den Kampf zu stürzen, um den Riesen erlegen zu helfen.
Ganz besonders in Preußen hatten sich zahlreiche Juden, von Be=
geisterung für das Vaterland erglüht, den Freiwilligenscharen ange=
schlossen, froh in die Reihen aufgenommen zu werden und im Schlacht=
gewühl mit ihrem Blute den Makel der Feigheit auszulöschen, den die
Gegner der Gleichstellung ihnen so oft angeheftet hatten. Die jüdische
Jugend zahlte die Freiheit, welche sie auf dem Papier erhalten hatte,
bar mit ihrem Leben[1]). Jüdische Ärzte und Wundärzte fielen als

---

[1]) Die Tatsache von der Beteiligung jüdischer Freiwilliger am Be=
freiungskriege wurde und wird noch von den Fälschern der Geschichte und
den Judenfressern quand même öfter abgeleugnet. Es ist daher notwendig,
die authentischen Berichte darüber zusammenzustellen. Hardenberg schrieb
4. Januar 1815: „Die jungen Männer jüdischen Glaubens sind die Waffen=
gefährten ihrer christlichen Mitbürger gewesen, und wir haben auch unter
ihnen Beispiele des wahren Heldenmutes und der rühmlichen Verachtung der
Kriegsgefahren aufzuweisen, sowie die übrigen jüdischen Einwohner (Berlins),
namentlich auch die Frauen, in Aufopferungen jeder Art den Christen sich
angeschlossen haben" (bei Klüber, Aktenstücke des Wiener Kongresses I, 476,
auch bei C. Aug. Buchholz, Aktenstücke, und in andern [Sulamit IV, Bd. 1,
S. 367 f.] Quellen). Major Burg, Geschichte meines Dienstlebens (Berlin
1854), gibt ein getreues Bild des Enthusiasmus der jüdischen Jünglinge,
unter die Freiwilligen zu treten, und wie es ihn schmerzte, daß er den
Feldzug nicht mitmachen konnte. Julius von Voß, Die Hep=Heps in
Franken, S. 26: „Wenn in jener Zeit (1813) die reichsten (jüdischen) Wechsler
zu Berlin ihre Söhne unter die Waffen stellten — nicht etwa suchten sie

Opfer in Lagern und Lazaretten bei Behandlung der Kriegsverwundeten und Peſtkranken. Jüdiſche Frauen und Mädchen ſcheuten keine Anſtrengung und Rückſicht, um Verwundeten Hilfe und Troſt zu bringen. Und überall, wo die Bürger zu den Waffen griffen und ſich um das Banner ihres Vaterlandes geſchart hatten, hielten die Juden nicht zurück, ihr Gut und Blut einzuſetzen. Abermals ſtanden, wie ehemals zur Zeit der ſtaatlichen Selbſtändigkeit, Söhne desſelben Stammes und Bekenntniſſes einander gegenüber, hier deutſche und dort franzöſiſche, italieniſche und holländiſche Juden, und ſchleuderten einander den Tod, den Ehrentod, wie man ſagte, zu und erkannten einander öfter erſt in der letzten Stunde, um ſich als Brüder zu umarmen. Diejenigen, welche unfähig waren, die Waffen zu tragen, hatten durch anderweitige große Opfer ihre Anhänglichkeit an Deutſchland und ihre Würdigkeit für die Gleichſtellung betätigt. Nichtsdeſtoweniger tauchte allmählich in den Gemütern der Deutſchen der ſcheinbar vergeſſene Judenhaß wieder auf, nahm eine immer größere Ausdehnung an und brachte die Juden um den Preis, welche die blutigen Siege auch ihnen verheißen hatten.

Mit dem Sturz des Helden begann die Herrſchaft der kleinen Ränkeſchmiede, der Gewiſſenloſen, der Menſchen= und Länderſchacherer. Sie führten die Fürſten, welche die ſo lange niedergetretene Freiheit ernſtlich aufrichten wollten, in die Irre und verſtrickten ſie mit ihren Lügenkünſten und ihren Gauklerſtückchen. In Frankreich richteten dieſe Ränkeſchmiede, die Talleyrands, den Thron der Bourbonen wieder auf und wußten ſchlau dieſe ihre Liſt als Volkswillen auszugeben. Das war der Anfang der Reaktion; es war damit ausgeſprochen, daß alle Errungenſchaften der Revolution, auch die Gleichheit aller Stände

mit Geld ſich deſſen zu entheben, wie ihre Frauen zu den Vereinen traten, den verwundeten Kriegern Hilfe brachten, die Spitäler täglich beſuchten, worin der anſteckende Typhus herrſchte." — In ihrer Petition an Stein erinnerten die Frankfurter Juden ihn daran, daß ihre Söhne gemeinſchaftlich den Feind bekämpft hatten. — Rießer bemerkte in ſeiner Polemik gegen Paulus: „In der Marienkirche zu Lübeck ſind die Namen gefallener Juden unter Chriſtlichen zu leſen." — Rahel ſchrieb an Varnhagen (20. April 1813): „Die Juden geben, was ſie nur beſitzen, an die wandte ich mein Geſchrei zuerſt." Viel beſprochen wurde damals der Todesmut des jüdiſchen Freiwilligen Hilsbach aus Breslau, der unter den Augen des Königs, mit Wunden bedeckt, ſich den Feinden entgegenwarf (Lips, Staatsbürgerrecht der Juden, S. 152, Note), und die liebevolle, mit großen Opfern verbundene Behandlung des jüdiſchen Hoſpitalverpflegers S. L. Sondheimer aus Mannheim an zahlreichen Verwundeten. (Joh. Ludw. Ewald, Ideen über die nötige Organiſation der Iſraeliten, S. 140.)

vor dem Gesetze, die Gleichheit der Rechte und Pflichten aller Bewohner desselben Landes aus dem Leben und den Erinnerungen aus-
gelöscht werden sollten. In Deutschland waren es Metternich und
Gentz, welche die Freiheitskriege zum Gespötte machten. Nur tiefere
Geister ahnten, daß Europa durch die engere Verbindung der Machthaber untereinander einer noch schimpflicheren Knechtschaft entgegen-
ging, weil sie Erschlaffung und Kleinmeisterei in ihrem Gefolge haben
würde.

Den ersten Luftzug der beginnenden Reaktion in Deutschland
empfanden die Juden. Er wehte von Frankfurt her, dem Sitze des
ungemildert mittelalterlichen Judenhasses. Kaum war das Geschütz
des fliehenden Feindes im Weichbild dieser Stadt verhallt, als man
schon mehrere laute Stimmen vernahm, die einander ermunternd zuriefen, man müsse vor allem den unerhörten Anmaßungen der Juden
Grenzen setzen¹). Die Verbündeten hatten dieser ehemaligen Krönungs-
stadt eine günstige Ausnahmestellung zugesichert. Sie sollte eine Art
Freistadt mit althergebrachter, reichsstädtischer Verfassung sein. Aber
sowie die Patrizier ans Ruder kamen, wurden die unter französischer
oder großherzoglicher Herrschaft eingeführten Gesetze der Gleichheit sofort aufgehoben und den älteren Gewohnheiten Gültigkeit zugesprochen
(16. Januar 1814). Die notwendigen und zeitgemäßen Reformen
sollten von der Bürgerschaft selbst beraten werden. Die Stadt stand
indessen unter der Kontrolle des eigens für Kriegszwecke eingesetzten
Verwaltungsrates oder der unverantwortlichen Gewalt des Freiherrn
von Stein. Letzterer, mehr patriotisch als freisinnig, konnte die
Juden nicht recht leiden. Er haßte Napoleon gründlich und schloß in
seine Abneigung nicht bloß die Franzosen ein, sondern auch die Juden,
weil sie von diesen die Befreiung erhalten, und weil sie bis dahin ihnen
Vorschub geleistet hatten. Stein, der mit einem scharfen Worte den
Frankfurter Judenhaß hätte niederschlagen können, ließ ihn gewähren,
großwachsen und sich aufblähen. Die Patrizierfamilien, vor denen
sich die Juden vorher demütig hatten verbeugen müssen, und die sich
gekränkt fühlten, daß sie sie, wenn auch nur kurze Zeit, als ihresgleichen
hatten behandeln müssen, ergriffen sofort nach dem Abzug der Franzosen und dem Ende der großherzoglichen Regierung die Gelegenheit,
sie ihr Herrentum empfinden zu lassen. Die Juden sollten wie ehemals
Kammerknechte sein, in ihren Hantierungen beschränkt, in der Judengasse eingepfercht und bei ihren Verheiratungen pharaonisch behandelt
werden.

¹) Börne, Für die Juden, ges. Schriften, II, S. 390.

Die Bürgerschaft wollte allerdings die Juden nicht so tief ge=
demütigt wissen. Die Kommission, welche einen neuen Verfassungs=
entwurf für die Stadt Frankfurt ausarbeiten sollte, erkannte an, daß
der Judenschaft ihr vom Großherzog erlangtes Bürgerrecht nicht wohl
entzogen werden könne. Allein auch sie wollte ihnen lediglich das
Privatbürgerrecht, aber nicht das Vollbürgertum einräumen (9. März
1814). Die Patrizier gönnten ihnen nicht einmal dieses geringe Maß
von Freiheit; Knechte, untertänige Schutzjuden, sollten sie wieder
werden. Die alte Judenstättigkeit von 1616 sollte wieder in Kraft
treten, als wenn die Weltgeschichte diese zwei Jahrhunderte still ge=
standen hätte. Indessen wagten sie doch nicht offen mit der Sprache
hervorzutreten, wollten vielmehr die Frage recht lange in der Schwebe
lassen, bis die Augen der Großmächte von Frankfurt abgewendet sein
würden. Der provisorische Senat nahm daher den nichts und viel
sagenden Entwurf an, daß die Bestimmung der bürgerlichen und ge=
meindlichen Verhältnisse der israelitischen Glaubensverwandten vorbe=
halten bleibe (19. Juli 1814). Vergebens hatten sich die Vorsteher
der Frankfurter Gemeinde an Stein gewendet und ihrem Schmerze
Ausdruck gegeben, daß ihnen wieder die alte Fessel angelegt werden
sollte, vergebens ihn daran erinnert, daß sie ihr Vollbürgerrecht vom
Großherzog erkauft und verbrieft erhalten, daß die jüdischen Jünglinge
ihr Blut in den Freiheitskriegen vergossen hätten. Sie erinnerten ihn,
daß ein Wort, von ihm ausgesprochen, 3000 Deutsche jüdischen Be=
kenntnisses glücklich machen würde (Gesuch vom 5. Sept.). Kalt er=
widerte ihnen Freiherr von Stein, daß er keine Änderung an der Ver=
fassung treffen könne und sie an die Gerechtigkeit und den Gemeinsinn
der konstituierenden städtischen Behörde verweisen müsse[1]).

Nach dem Beispiele Frankfurts begann es auch in den drei deut=
schen Hansestädten gegen die Juden zu gären. In H a m b u r g war
das Verhältnis umgekehrt, als in Frankfurt. Hier war der Senat
ihnen günstig, und hätte ihnen, wenigstens den Wohlhabenden, gern
das Vollbürgerrecht gesetzlich eingeräumt. Er erwartete von der un=
beschränkten Gleichstellung der Juden eine Förderung der durch die
französische Besatzung heruntergekommenen Handelsblüte. Man hatte
den Juden nichts vorzuwerfen. Während der französischen Herrschaft
hatten sie die erlangte Freiheit nicht mißbraucht; zur Vertreibung der
Franzosen, ihrer Wohltäter, aus Hamburg, hatten sie die Waffen er=

---

[1]) Aktenmäßige Darstell. des Bürgerrechts der Juden in Frankfurt a. M.,
Beil. S. 24—42.

griffen und waren dem Gemeinwesen durch große Geldopfer beigesprungen. Eine Kommission entwarf daher eine Verfassung für die
Juden, welche Anerkennung und Wohlwollen atmete[1]. Aber hier
waren gerade die Kleinbürger gegen die Juden gestimmt und gewillt,
sie in ihre alte Beschränkung zurückzuwerfen und das Gesetz von 1710
für sie oder vielmehr gegen sie wieder aufzufrischen. — In Lübeck
und Bremen begnügte sich die Bürgerschaft nicht einmal mit Hintansetzung der Juden, sondern ging energisch damit vor, sie vollständig
auszuweisen. Hier wurde ernstlich der Antrag gestellt, die Bekenner
der mosaischen Religion aus den Ringmauern der Stadt zu vertreiben[2].
In Hannover, Hildesheim, Braunschweig und Hessen wurden sie ebenfalls ihrer Gleichstellung mit einem Male beraubt[3]. Diese Vorgänge
machten natürlich die Juden in ganz Deutschland besorgt. Wenn verbrieftes Recht, wie in Frankfurt, höhnisch verletzt werden konnte,
welche Bürgschaft hatten sie für den Fortbestand ihrer Gleichstellung?
Wie sehr stach diese Reaktion selbst gegen die in Frankreich ab! Obwohl hier der freiheitsfeindliche und rachsüchtige Adel und die verbissene
katholische Geistlichkeit am Hofe Ludwigs XVIII. das große Wort
führten und die erschütternden, riesengroßen Vorgänge seit 1789 vollständig als nicht geschehen betrachteten, wurde den Juden dennoch
ihre bisherige Einbürgerung nicht verkümmert. Die katholische Kirche
wurde zwar als Staatsreligion anerkannt, und die jüdischen Konsistorien nicht vom Staate unterhalten; aber ihre Religionsfreiheit blieb
ungeschmälert[4].

Die um ihre Freiheit und Ehre, ja um ihre Existenz besorgten
Juden, namentlich die in den sogenannten freien Städten, richteten
ihr Auge daher auf den Wiener Kongreß, welcher das verrenkte Europa
wieder einrenken sollte. Von ihm, von dem man ein Universalheil-
mittel erwartete, erwarteten auch die Juden die Sicherstellung ihrer
Freiheit. Die souveränen und diplomatischen Mitglieder des Kongresses
beeilten sich aber nicht, die Rolle der Vorsehung, die sie zu spielen
hatten, in Angriff zu nehmen. Sie eröffneten die Sitzungen, statt im
August, erst im November, und beinahe wäre aus dem Schoße des
Kongresses, welcher den ewigen Frieden erzeugen sollte, der verheerende

[1] Siehe oben S. 295.
[2] Buchholz, Über d. Aufn. d. jüd. Glaubensgenossen zum Bürgerrecht, S. 7.
[3] Buchholz, Aktenstücke die Verbesserung des bürgerlichen Zustandes der Juden betr., S. 79.
[4] Halphen, Recueil, p. 385.

Krieg hervorgegangen. Die Fragen wegen Sachsens und Polens waren
der Zankapfel der Verbündeten. — Die Frankfurter Gemeinde hatte
zwei Deputierte nach Wien gesandt. Der eine von ihnen war J a k o b
B a r u c h , Börnes Vater. Auf ihn fiel die Wahl, weil er am Wiener
Hofe Gönner hatte. Sein Vater, ehemals Finanzagent beim Kur=
fürsten von Cöln, hatte einst beim Kapitel die Wahl eines österreichischen
Erzherzogs durchgesetzt und dafür von Maria Theresia eine schriftliche
Versicherung erhalten, daß seine Nachkommen stets in Österreich Vor=
schub finden würden[1]). Jakob Baruch scheint sich beim Kaiser Franz
auf dieses Versprechen berufen zu haben und fand an Metternich
einen günstigen Fürsprecher. Würdig seines großen Sohnes, hat
Baruch seine Aufgabe in uneigennütziger Weise erfüllt und sogar den
Kostenersatz für seinen langen Aufenthalt in Wien zurückgewiesen. Er
und sein wenig bekannter Mitdeputierter überreichten dem Kongreß
(Okt. 1814) eine Denkschrift, worin die Gründe für das Recht der
Frankfurter Juden nach allen Seiten hin auseinander gesetzt sind, das
formelle Recht, daß sie ihre Gleichstellung mittels einer hohen Summe
nach bester Form erworben, und das patriotische Recht, daß sie auch an
der Befreiung Deutschlands teilgenommen hatten. Hauptsächlich
war es ihnen darum zu tun, die Oberherrlichkeit des Senats über
sie zurückzuweisen. Denn selbst wenn politische Veränderungen auch
Rechtsverhältnisse aufheben könnten, kämen sie nicht in das Schutz=
verhältnis der Frankfurter Patrizier, sondern unter diejenige Macht,
welche das ehemalige deutsch=römische Kaisertum vertreten würde,
dessen besondere Untertanen sie bis 1806 gewesen wären. — Die Juden
der drei Hansestädte schickten ebenfalls einen Deputierten, und zwar
einen christlichen Vertreter ihrer Sache nach Frankfurt, K a r l A u g u s t
B u c h h o l z , einen Rechtskundigen, der, obwohl ein L ü b e c k e r ,
aus eigenem Antrieb eine Schutzschrift zugunsten der Gleichstellung
geschrieben hatte[2]). Hinter der Szene arbeiteten still und unsichtbar
im Verein mit den Deputierten einige einflußreiche Persönlichkeiten.
Das Bankhaus R o t h s c h i l d hatte sich durch Umsicht und glückliche
Operationen zu einer Geldmacht emporgeschwungen, an dessen Ver=
mögen auch der schnüffelnde Argwohn kein Stäubchen unredlichen
Gewinnes für judenfeindliche Verdächtigung finden konnte. Das
unermeßliche Privatvermögen des flüchtig gewordenen Landgrafen

---

1) G u t z l o w , Leben Börnes, S. 27, 30. [Vgl. über ihn auch Schnap-
per=Arndt in der Ztschr. f. Gesch. d. Juden in Deutschl. IV, 214.]
2) Karl August B u c h h o l z , Über die Aufnahme der jüdischen Glaubensgenossen zum Bürgerrecht, Leipzig, 1816.

von Hessen hatte der Stifter des Hauses, M a y e r A m s c h e l R o t h -
s c h i l d , vor der Plünderungssucht französischer Soldaten mit Mut,
Klugheit und eigener Gefährdung, wie einen heiligen Schatz behütet
und dem zurückgekehrten Eigentümer zugestellt. Er hatte daher selbst
in Frankfurt ungeteilte Achtung genossen und war infolge der Gleichstellung in das Wahlkollegium berufen worden. Er starb glücklich
noch vor Beginn der Reaktion (19. Sept. 1812) und hinterließ fünf
Söhne[1]), welche sein Vermögen, seine Achtung und Stellung noch vermehrten. Die Rothschilds waren die ersten, welche das zweideutige
Verhältnis jüdischer Hofagenten und Hoffaktoren zur Höhe gesuchter
Finanzherrscher erhoben. Obwohl sie den Grundsatz befolgt zu haben
scheinen, ihre Geldmacht niemals zugunsten ihrer Stammesgenossen
und ihrer Religion in die Wagschale zu werfen, so konnte es ihnen
doch nicht gleichgültig sein, wenn in Frankfurt, wo ihr Stammhaus
stand, die Juden wieder zu Kammerknechten herabgedrückt werden
sollten, und der eine oder andere der Brüder hat wohl bei den den
Ausschlag gebenden deutschen Kongreßmitgliedern gegen die Verkümmerung der Rechte ihrer Gemeindegenossen ein gewichtiges Wort
gesprochen. Ebenso geräuschlos tätig war ohne Zweifel die jüdische
Baronin F a n n y v o n A r n s t e i n . In ihrem Hause verkehrten
sämtliche Mitglieder und Diplomaten des Wiener Kongresses, und es
galt als eine Ehre, in ihr Haus eingeführt zu sein. Wenn sie es auch
geflissentlich vermied, als Jüdin aufzutreten, so konnte ihr edles Herz
doch bei dem aufrichtigen Schmerz der Juden in Frankfurt, Hamburg,
und den übrigen Hansestädten, denen so gut wie alles geraubt werden
sollte, nicht unempfindlich bleiben. Auch sie hat ohne Zweifel in ernster
oder scherzhafter Unterredung mit Hardenberg und Metternich ein
geflügeltes Wort für ihre Stammesgenossen hingeworfen. Ist doch
damals überhaupt die große Politik von den Frauen gegängelt worden.

In der Tat zeigten sich denn auch diese den Kongreß für die deutschen Angelegenheiten beherrschenden Staatsmänner den Juden günstig.
Hardenberg und Metternich haben in einem besonderen Schreiben
ihr Mißfallen an den Bedrückungen der Juden in den Hansestädten
zu erkennen gegeben (Januar 1815) und dem Senate geraten, was
so viel als b e f o h l e n bedeutete, eine menschliche, gerechte Behandlung
derselben eintreten zu lassen. Beide haben ihre Einmischung in Ver-

---

[1]) Dieselben waren A n s e l m in Frankfurt, geb. 1773; S a l o m o n ,
meistens in Wien, geb. 1774; N a t h a n , meistens in London, geb. 1777,
starb 1836; K a r l , meistens in Neapel, geb. 1788, starb 1855; J a m e s in
Paris, geb. 1792, starb 1868.

hältnisse fremder Gebietsteile durch eine ungerechtfertigte Beweisführung gedeckt. Der Druck, den die Häuser der jüdischen Nation leiden
müßten, würde bei den Verbindungen der Juden untereinander auch
eine nachteilige Rückwirkung auf die österreichischen und preußischen
jüdischen Familien haben oder den Fortschritt ihrer Bildung hemmen.
Hardenberg wies die Hanseaten auf das Beispiel Preußens und das
Edikt vom 11. März 1812 hin und bemerkte nicht ohne satirischen Zug,
daß es ihnen doch nicht gelingen würde, den jüdischen Häusern den
einmal erlangten Wohlstand zu entziehen; eine fortdauernde Bedrückung würde sie zwingen, ihre Kapitalien anderswohin zu bringen[1]).
In dem Verfassungsentwurf für Deutschland, der von dem preußischen
Bevollmächtigten Wilhelm von Humboldt ausgearbeitet, Metternich
vorgelegt und zur Unterlage für die Beratung genommen wurde,
war den Juden so ziemlich die Gleichheit zugedacht, wenngleich sie
gesondert gehalten wurden. „Die drei christlichen Religionsparteien
genießen in allen deutschen Staaten gleiche Rechte, und den Bekennern
des jüdischen Glaubens werden, insofern sie sich der Leistung aller
Bürgerpflichten unterziehen, die denselben entsprechenden Bürgerrechte
eingeräumt"[2]).

Allein der gute Wille dieser beiden Kanzler, selbst wenn die
Monarchen, die sie vertraten, ihre Gesinnung geteilt hätten, reichte
damals nicht aus. Es erstand ein neuer Feind für die Juden, welcher
viel gefährlicher und zäher war als der Brotneid und der Zunftstolz,
die sich ohnehin bei der neuen Weltlage, bei dem Gewichte, welches
das große Kapital erlangt hatte, nicht hätten auf die Dauer behaupten
können. Dieser gefährliche Feind, der zunächst die Waffen gegen die
Juden kehrte, war die deutsche Träumerei. Der Sieg über den Riesen
Napoleon und die großen Armeen war den Deutschen zu überraschend
gekommen; er schien ihnen, die bis dahin geschlafen und niemals als
Gesamtheit in die Geschichte eingegriffen hatten, wie eine Art Wunder.

---

[1]) Klüber, Akten des Wiener Kongresses I, Heft 4, S. 77 f. Schreiben
Hardenbergs d. d. Wien, 4. Jan. 1815; Sulamit, Jahrg. IV, Bd. 1, S. 366 f.
Schreiben Metternichs an die Hansestädte d. d. Wien, 26. Jan. 1814. Das.
S. 371.

[2]) Klüber, a. a. O. Entwurf 9 II, 305. In einem früheren von einem
österreichischen Minister ausgearbeiteten Bundesverfassungs-Entwurf war
bloß ein Notabene bei dem Paragraphen über die Gleichheit der bürgerlichen
Rechte der drei christlichen Konfessionen angemerkt. „Wobei noch die Dul-
bung der Juden zu erwähnen ist", das. S. 5. Diese Tendenz der bloßen
Toleranz ist also auch von Österreich zugunsten der Gleichheit aufgegeben
worden.

Die Schwachköpfe, welche den letzten Gründen nicht nachspüren konnten, verloren das Maß für die Schätzung der Dinge und gerieten in eine Art Taumel. Das Joch, das sie so lange von den Franzosen hatten tragen müssen, und der Zwang, der ihnen aufgelegt war, ihre Eigentümlichkeit aufzugeben, machten ihnen nicht die Franzosen, sondern alles Fremde, alles, was nicht das Gepräge des rein deutschen Wesens trug, verhaßt. Es ist allerdings einem Volke, das seine Ketten zerbrochen hat, wenn es zum Bewußtsein seiner Kraft und seiner Zusammengehörigkeit gelangt, zu vergeben, wenn es in der Wahrung seines Wesens in Übertreibung verfällt. Noch mehr ist es der Jugend zu verzeihen, welche sich aus den akademischen Hörsälen und den Werkstätten in das Schlachtgewühl gestürzt und sich erprobt befunden hatte, wenn sie schwärmte und Idealen nachjagte, seien diese auch nur Phantome. Aber es ist unverzeihlich und kindisch zugleich, wenn auch reife Männer am hellen Tage träumen und ihre Träume als Wirklichkeit ausgeben und anderen aufzwingen wollen. Dieser Traum war die überschwengliche D e u t s c h t ü m e l e i , welche die Deutschen nicht bloß lächerlich machte, sondern noch dazu zu ihrem eigenen Verderben ausschlug. Zum ersten Mal war das deutsche Volk in geschlossener Einheit aufgetreten, während die Deutschen bis dahin nur Landsknechte der Fürsten gewesen waren, die sich zu Römerzügen oder zu Türkenkriegen oder zur Selbstzerfleischung hatten mißbrauchen lassen. Das deutsche Volk suchte in seiner eigenen Geschichte nach ähnlichen Lagen, um sie zum Muster für sein Verhalten zu nehmen, und fand sie nur im Mittelalter mit seinem römischen Kaisertum deutscher Nation und seiner päpstlichen Allgewalt oder in der Vorzeit der Teutonen mit ihrer ungeschlachten Roheit und ihrer kindischen Einfältigkeit. Die romantische Schule, die S c h l e g e l , Arnim, Brentano, Fouqué hatten ihm dieses grauenhafte mittelalterliche Gespenst in so wunderlicher Beleuchtung gezeigt, daß die Deutschen es in ihrer Verblendung für ein Ideal ansahen, dessen Verwirklichung eine heilige Aufgabe sei. Zum Mittelalter gehörte das Christentum, strenge Gläubigkeit und Frömmigkeit, gedankenlose Kirchlichkeit. Diese wurde schon deswegen das Herzblatt der Deutschen, um einen Gegensatz zu dem Unglauben der Franzosen und der Revolutionszeit zu haben. Sophisten hatten ihnen ohnehin den stolzen Wahn eingeimpft, daß die Christuslehre die allerhöchste ideale Zivilisation sei und gerade im deutschen Volke ihre Blüte erreicht habe. Die hohle Phrase, christlichdeutsch (oder teutsch), tauchte seitdem auf und trieb ihren Spuk am hellen Tage.

Fromm im mittelalterlichen Sinne konnten allerdings nur Verehrer des Katholizismus sein mit dem Papsttum als letztentscheidender höchster Autorität. Diesem Ziele steuerten daher auch die ehrlichen Romantiker zu, Görres, Friedrich Schlegel, Adam Müller u. a., die folgerichtig zur römischen Kirche übertraten und das Reich der Jesuiten und der Inquisition wieder aufrichten halfen. Der sittlich faule Gentz, der Protestant, stellte allen Ernstes den Katholizismus als die alleinseligmachende Kirche dar, welche die Einheit Deutschlands in Unterwürfigkeit unter Papst und Kaiser wieder herstellen könnte. Der protestantische Teil Deutschlands, welcher vor diesem letzten Worte des folgerichtigen Handelns zurückschrak, verfiel in allerlei Widersprüche und glich Nachtwandlern mit Brandfackeln. „Gott hatte den Geist der Verwirrung in ihr Inneres gegossen, und sie taumelten wie Betrunkene."

Die phantastisch-christliche Deutschtümelei war das gewaffnete Gespenst, das den deutschen Juden mehrere Jahrzehnte hindurch Ruhe, Ehre und Schaffensfreudigkeit raubte. Weil dieser durch Abstammung und Geschichtsgang fest ausgeprägte Volksstamm sich durch äußerliche Merkmale, Gesichtsschnitt und Haltung von den Deutschen unterschied, stießen sie ihn, obwohl er innerlich in Sprache, Empfindung und Gesinnung ihnen verwandt war, als etwas Fremdes, Störendes, Unbehagen Erregendes ab und hätten ihn, wenn die Zeitstimmung es gestattet hätte, am liebsten ganz aus den deutschen Gauen ausgewiesen. Um aber Grund für diesen blinden Haß zu finden, wühlten die Judenfeinde in alten Scharteken, scharrten Kehricht zusammen, wo andere reiche Geistesschätze der Juden gefunden hätten, und entwarfen ein grauenerregendes Bild von ihnen, um sich und anderen Furcht zu machen.

Der erste, der dieser dunkeln Antipathie Worte lieh und Schmähungen auf die Juden häufte, war nicht ein verlotterter Schriftsteller gleich Grattenauer, sondern ein akademischer Lehrer, den die neugegründete Berliner Universität auf die Lehrkanzel der Geschichte berufen hatte, Friedrich Rühs. In einer Gegend Vorpommerns geboren, die sich lange den Juden verschlossen hatte, wo sie damals noch wie das apokalyptische Tier betrachtet wurden, teilte Rühs diese Gespensterfurcht vor ihnen. Es war ihm völliger Ernst mit der Demütigung der Juden; er scheute es nicht, seinen Namen unter eine Schrift zu setzen, die in Wahrheit dem deutschen Namen keine Ehre macht. Den Verfall Deutschlands wollte er erforschen und kam auf die Juden, als hätten diese die Schmach während der Fremdherrschaft verschuldet. Rühs beleuchtete die „Ansprüche der Juden an das

deutſche Bügerrecht" (Febr. 1815)[1]), entwickelte die unheilvolle Theorie
vom chriſtlichen Staate und folgerte daraus die Berechtigung, die
Juden, wo nicht aus Deutſchland zu verjagen, ſo doch ſie zu demütigen und ihr Wachstum zu hemmen[2]). Er ſtellte ein vollſtändiges
Programm für ihre Behandlung auf, das ſpäter gewiſſenhaft ausgeführt wurde.

Vor allem ſollten ſie nur eine geduldete Volksklaſſe ſein und
durchaus keinen Anſpruch auf gleiches Bürgerrecht machen können.
Sie ſollten wieder Schutzgeld, J u d e n ſ t e u e r, zahlen, und zwar
ſollte dieſe Steuer, damit der Gedanke wach erhalten bleibe, daß ſie den
Deutſchen untertänig ſeien, in die Kaſſe des deutſchen Vereins fließen.
Ihrer Vermehrung ſollten Schranken geſetzt werden. Die Städte, die
ſie bisher nicht geduldet hätten, müßten von Rechts wegen in dieſem
Privilegium geſchützt werden. Es verſtand ſich von ſelbſt, daß ſie nach
Rühs' Urteil zu keinerlei Amt zugelaſſen werden dürften, nicht einmal
zur Landesverteidigung. Das Kriegsheer der Deutſchen ſoll den Kern
und die Blüte des Volkes enthalten . . . und muß mithin durchaus
volkmäßig ſein. Es können daher nur Deutſche darin aufgenommen
werden, weil gerade in ihm die Volkseinheit ſich am kräftigſten dar-
ſtellen muß. Nur Deutſche dürfen neben Deutſchen fechten"[3]). Ebenſowenig ſollen jüdiſche Meiſter und Geſellen zu den c h r i ſ t l i c h d e u t-
ſ c h e n Z ü n f t e n zugelaſſen werden. Rühs war ſogar entſchieden
dafür, daß die Juden wieder ein Abzeichen tragen ſollten, freilich
nicht einen häßlichen gelben Fleck, ſondern eine „Volksſchleife", aber
immer doch ein Unterſchiedszeichen, „damit der Deutſche, wenn er den
hebräiſchen Feind nicht an Geſichtszügen, Gang und Sprache, ſo doch
an dem zweideutigen Ehrenzeichen erkennen könne"[4]). Aber vor allem
legte Rühs den deutſchen Staaten und den deutſchen Völkern ans
Herz, die Bekehrung der Juden zum Chriſtentume zu fördern; das
ſei das Allerwichtigſte. Man behaupte zwar allgemein, und auch von
chriſtlicher Seite, daß nur ſchlechte und verworfene Menſchen das
Judentum mit dem Chriſtentum vertauſchten; aber das ſei ein Vorurteil.

Die Berechtigung zur Brandmarkung und wünſchenswerten
Ausrottung der Juden leitete Rühs auch von der Beſchaffenheit der

---

[1]) R ü h s' Schmähartikel wurde zuerſt gedruckt in der Zeitſchrift für die
neueſte Geſchichte, Völker- und Staatenkunde 1815, beſonders abgedruckt
Anf. 1816. Ich zitiere nach dem Separatabbruck.
[2]) Rühs, Anſprüche der Juden, S. 33, 38, 39.
[3]) Daſ. S. 38.
[4]) Daſ. S. 33.

Juden ab. Ihre Verkümmerung sei nicht eine Folge der Unterdrückung, sondern die Wirkung ihrer Stammeseigentümlichkeit. Er leierte das alte Lied vom „Staat im Staate" her, und fügte als neuen Aberwitz hinzu, daß die Rabbinen den Adel in diesem Staate bilden. Woher kannte er aber den Zustand der Juden? Nicht aus eigener Anschauung, wie er selbst eingestand, da er nie im Hause eines Juden verkehrt hatte, und nur eine geringe Zahl derselben kannte[1]). Aber er hatte über sie in der Selbstbiographie Salomon Maimons (S. 141) und in der Lügenschrift des österreichischen Judenfeindes Rohrer (S. 250) gelesen. Was der eine in arger Übertreibung und der andere in geflissentlicher Verdrehung von den litauischen und galizischen Juden mitteilte, das übertrug Rühs ohne weiteres auf die deutschen, französischen, italienischen und holländischen Juden insgesamt. Er entstellte die Geschichte und leugnete Tatsachen, um nachzuweisen, daß sie von jeher nie anders gewesen seien. Eisenmengers und andere judenfeindliche Schriften gaben ihm Belege dafür. Die Zeit hatte allerdings einen Fortschritt gemacht. Rühs, ein frommgläubiger Christ, besudelte wenigstens nicht mehr, wie Grattenauer, Friedrich Buchholz und andere, die biblischen Schriften, um die Verworfenheit des jüdischen Volkes von Abraham, Joseph und Mose beginnen zu lassen. Aber wenngleich der Joseph am pharaonischen Hofe nicht ein Erzbetrüger gewesen wäre, so sei es doch ein anderer Joseph gewesen, der Günstling eines anderen ägyptischen Hofes, der Steuerpächter Joseph. So wie dieser war, so seien die Juden überall und zu allen Zeiten gewesen, in Spanien ebenso wie in Polen. Die allerunglaublichsten Märchen frischte Rühs wieder auf, um die Schlechtigkeit der Juden zu belegen. Die unmenschlichen Verfolgungen derselben in Deutschland, die allgemeinen Bluthetzen zur Zeit der Kreuzzüge und später durch die Armleder und Rindfleisch, zur Zeit des schwarzen Todes, die Verfolgung durch Capistrano, alle diese Unmenschlichkeiten suchte er in milderem Lichte darzustellen und die Schuld derselben auf die Juden zu wälzen. Rühs war ein ehrenwerter Mann; man kann seinen Versicherungen glauben, daß persönliche Rücksichten keinen Einfluß auf seine judenfeindliche Schriftstellerei ausgeübt, und daß er sogar früher den allgemeinen Humanitätsideen gehuldigt hätte. Aber er war von dem christlich-germanischen Schwindel ergriffen, und in dieser Verblendung verlor er den Maßstab für Recht und Unrecht, für Wahrheit und Schein.

[1]) Einleitung zur zweiten judenfeindlichen Schrift von R ü h s , Rechte des Christentums und des deutschen Volkes, S. 1.

Seine Schrift machte großes Aufsehen. Würdige und gelehrte Männer erklärten ihm, daß sie mit ihm vollständig übereinstimmten. Die deutsche Gelehrsamkeit, die zur Zeit Lessings, Abts, Kants und Herders die apostolische Verkünderin allgemeiner Menschenliebe gewesen war, redete plötzlich die Sprache der Kirchenväter und hetzte zu Haß und Verfolgung. Schleiermacher und Fichte haben die Vertreter des deutschen Geistes dahin gebracht, daß sie mit dem Urkatholizismus an Judenhaß wetteiferten. Pius VII., der infolge der Restauration wieder im Kirchenstaate regierte und die Inquisition wieder einführte, um die Gottlosigkeit durch Scheiterhaufen zu vertreiben, verordnete auch, daß die Juden die unter französischer Herrschaft genossene Freiheit wieder verlieren sollten. Die Juden Roms mußten ihre schönen Häuser in allen Teilen der Stadt räumen und wieder in das schmutzige, ungesunde Ghetto zurückkehren. Brotneid verband sich auch hier mit kirchlichem Fanatismus. Die römischen Tuchhändler sahen es mit scheelen Augen, daß die jüdischen Konkurrenten ihre Ware auf dem Corso feilbieten durften, und setzten es durch, daß diese ohne Verzug ihre neuen Verkaufsläden räumen mußten. Sbirren stellten sich ein, um die Räumung mit Gewalt auszuführen. Vergebens boten die jüdischen Kaufleute eine bedeutende Summe, 100000 Taler, um die Verordnung rückgängig zu machen. Aus den übrigen Teilen des Kirchenstaates schickten die Juden eine Deputation an den Staatssekretär, mit dem Gesuche, ihr Bürgerrecht behalten zu dürfen. Alles vergebens. Das Mittelalter wurde in dem Kirchenstaate wieder eingeführt. Sie mußten sich wieder wie im siebzehnten Jahrhundert bei Strafe zu Bekehrungspredigten einfinden[1]. Inzwischen hatte die Weltgeschichte eines jener überraschenden Zwischenspiele aufgeführt, welches die Unhaltbarkeit der reaktionären Restauration beweisen sollte. Napoleon war trotz der englischen Seepolizei auf französischem Boden gelandet. Die Stützen des bourbonischen Thrones, Adel, Geistlichkeit und Intriganten, die sich so gespreizt hatten, knickten zusammen, noch ehe ein Schuß gefallen war. Napoleon kam im Triumph in Paris an. Das Kaiserreich der hundert Tage war wieder hergestellt. Ganz Europa bewaffnete sich gegen einen einzelnen Mann. Die Kriegswürfel entschieden jedoch auf den holländischen Schlachtfeldern bei Waterloo zugunsten der Verbündeten. In dem preußischen Heere, das den Ausschlag gegeben hatte, befanden sich viele jüdische Krieger, darunter viele Landwehroffiziere[2].

---

[1] Sulamit, Jahrg. IV, Bd. 2, S. 85, 287 f.

[2] Hardenbergs Schreiben „aus der Preußischen Gesamtliste der in der

Was für einen Lohn erhielten die deutschen Juden für die wiederholte aufrichtige Hingebung an das Vaterland? Als der Kongreß durch
Napoleons plötzliches Wiedererscheinen erschreckt, aufhörte sich zu
amüsieren und regelmäßige Sitzungen zu halten anfing, wurde die
Bundesakte für ein zugleich geeintes und getrenntes Deutschland in
Beratung gezogen und darin auch den Juden ein Paragraph gewidmet. Das Bürgerrecht sollte ihnen zugesichert werden, und in den
Ländern, wo noch dieser Reform Hindernisse entgegenständen, sollten
diese soviel als möglich hinweggeräumt werden. Aber für diese Fassung
war nur Österreich und Preußen, die Stimmen aller übrigen Bundes-
mitglieder, und namentlich die der freien Städte, waren entschieden
dagegen. Diese bestritten überhaupt die Wichtigkeit der Judenfrage
und meinten, sie sollte allenfalls an den Bundestag verwiesen werden[1]).
Österreich und Preußen bestanden aber darauf, daß dieser Punkt
wichtig genug sei, um in die Bundesakte aufgenommen zu werden,
machten indes den Gegnern ein solches Zugeständnis, daß die Majorität darauf einging. Um eine Übereinstimmung zu erzielen, wurde eine
neue, fast nichtssagende Fassung in Vorschlag gebracht: „Die Bundesversammlung wird in Beratung nehmen, wie auf möglichst überein-
stimmende Weise die bürgerliche Verbesserung der Juden zu bewirken
sei, und wie insonderheit denselben der Genuß der bürgerlichen Rechte
gegen die Übernahme aller Bürgerpflichten in den Bundesstaaten verschafft oder gesichert werden könne. Jedoch sollen den Juden bis
dahin die denselben in den Bundesstaaten bereits eingeräumten Rechte
erhalten bleiben." Der erste Teil war unverfänglich und konnte daher
von allen angenommen werden, da es jedem Duodezstaat überlassen blieb, die günstige Auslegung zu verkümmern. Der letzte Teil
war aber den Freistädten bedenklich. Dort waren die Juden durch
die französische Regierung tatsächlich im Besitz der bürgerlichen Gleichheit. Darum protestierte der Gesandte für Frankfurt, Syndikus Danz,
ganz entschieden dagegen; der Großherzog von Frankfurt habe die
Juden auf eine Weise begünstigt, wovon man in keinem Staate ein
Beispiel fände. Die Begünstigung sei zum größten Nachteil der christ-

---

Schlacht bei la Belle-Alliance gefallenen Krieger, daß allein von der jüdischen
Konfession 55 Landwehr-Offiziere ihr Leben für König und Vaterland geopfert haben." [Daß dieses Schreiben (Sulamit a. a. O., S. 45) von Hardenberg herrühre, ist a. a. O. nicht ersichtlich. Vgl. B r a n n in s. Jahrbuch zur
Belehrung und Unterhaltung, Jahrg. 1897, S. 24.]

[1]) K l ü b e r , Akten des Wiener Kongresses II, S. 365, Art. 14, S. 378,
440, 456, 490.

lichen Bürger und Einwohner von Frankfurt, zur Verkürzung wohl-
erworbener Rechte derselben und noch mehr zum Schaden der Juden
selbst.   Darum erkenne Frankfurt die Verbindlichkeit dieser Bestimmung nicht an[1]).   Mit Frankfurt stimmte, eingedenk dessen, daß es
nur mit Mühe seine Selbständigkeit behaupten konnte, das Königreich Sachsen, und verlangte, daß die Zusicherung wegen Aufrecht-
erhaltung der den Juden zugestandenen Rechte aus der Bundesakte
weggelassen werden sollte[2]).   Zur Beschämung der deutschen Engherzigkeit ließ die dänische Regierung durch ihren Vertreter, Bernstorff, für
Holstein, als hätte sie geahnt, daß der mittelalterliche Judenhaß in
Deutschland um sich greifen würde, die Erklärung abgeben, den Bekennern des jüdischen Glaubens wird, sofern sie sich a l l e n Bürgerpflichten unterziehen, eine sie gegen Verfolgung, Druck, Willkür oder
Wandelbarkeit der Gesetzgebung in betreff der ihnen eingeräumten
Rechte schützende bürgerliche Verfassung gesichert[3]).   Der Abgeordnete
für Bremen, Senator S c h m i d t , war klüger, er protestierte nicht,
sondern vereitelte mit einem Meisterzuge die verfängliche Bestimmung.
Mit der Bemerkung, daß die von den Franzosen in Norddeutschland,
der 32. Militärdivision, verliehenen Rechte der Juden doch nicht für
die Deutschen maßgebend sein könnten, warf er so hin, daß man doch
bloß das Wörtchen i n in v o n zu verwandeln[4]) brauchte, dann wäre
ja alles in Ordnung.   Niemand achtete anfangs auf diese scheinbar
geringfügige Wortänderung.   Es wäre allerdings Sache des General-
sekretärs gewesen, die Tragweite dieser Änderung, welche den Juden
von Bremen, Lübeck, Hamburg, Oldenburg und überhaupt in den
deutschen Ländern an der Nordsee, mit einem Federzuge die jahre-
lang genossene Freiheit raubte, aufmerksam zu machen.   Aber das
Protokoll des Kongresses führte G e n t z , der sich für Geld zu allem
gebrauchen ließ.   Und so wurde bei dem Schlußprotokoll (8. Juni),
bei dem Paragraphen über die Judenfrage das verfängliche Wort in
die Bundesakte aufgenommen, „da diese Fassung schon früher beliebt
war".   Metternich und Hardenberg, welche entweder aus eigenem Antriebe oder infolge gegebener Versicherung, bis dahin zugunsten der
Juden eingetreten waren, gingen unbegreiflicherweise über diesen Punkt
hinweg.   So blieb in der Bundesakte stehen: „Es werden den Bekennern
des jüdischen Glaubens die denselben v o n den einzelnen Bundesstaaten

---

[1]) Klüber, Akten des Wiener Kongresses II, S. 463, vgl. S. 542.
[2]) Das..S. 471, 477, 502.
[3]) Das. S. 430.
[4]) Siehe Note 8.

bereits eingeräumten Rechte erhalten." Von den Bundes=
staaten hatten aber bis dahin nur Preußen und Mecklenburg und allen=
falls noch Baden den Juden das Bürgerrecht eingeräumt, die meisten
aber nicht. Die Verfügungen der französischen Behörden wurden hier=
mit als nichtig dargestellt. Deutschland war gerettet. Was kümmert
es die Glücklichen, daß diese Wortänderung so viele Tränen kosten sollte?

Noch ein anderer Mißgriff ist geschehen, welcher den Frankfurter
Juden, und in Rückwirkung den deutschen Juden überhaupt, zum
Nachteil gereichte. Der volle Kongreß, bestehend aus den Bevoll=
mächtigten der fünf Großmächte und der übrigen Königreiche, hatte
in der Schlußakte bei den Bestimmungen über die gesamteuropäischen
Verhältnisse auch über Frankfurt Verfügungen getroffen (9. Juni 1815).
Es sollte mit seinem Gebiete, wie dieses sich im Jahre 1803 befunden,
frei sein und einen Teil des deutschen Bundes bilden. Da hierbei
die Verhältnisse der Juden und ihre Rechte nicht Gegenstand der
Beratung waren, so wurde lediglich der Satz hinzugefügt: „Die Ein=
richtungen Frankfurts sollen auf dem Prinzip der Gleichheit unter
den verschiedenen Kulten der christlichen Religion begründet wer=
den"[1]. Diese Fassung wurde im Interesse der Katholiken beliebt,
welche in Frankfurt früher ebenfalls teilweise beschränkt waren, und
künftig zu allen Ämtern zugelassen werden sollten. Die Juden damit von
dem Bürgerrechte auszuschließen, daran dachten die Bevollmächtigten
um so weniger, als sie stillschweigend die Verfügung des Großherzogs
anerkannt hatten[2]. Metternich und Hardenberg, die zwei Seelen der
Beratungen über die Bundesakte, hatten so wenig Ahnung von dem
begangenen doppelten Mißgriff, daß sie sich beeilten, noch an dem=
selben Tage den Juden in den vier Freistädten durch deren Deputierte
die Beruhigung zugehen zu lassen, daß ihre bürgerlichen Rechte von
dem Kongreß anerkannt und gesichert worden seien. Hardenberg schalt
noch dazu den Senat von Lübeck förmlich aus (10. Juni), daß er der
gerechten und menschlichen Verwendung des preußischen Staates
für die Juden kein Gehör gegeben habe. „Die auf dem Kongresse
geäußerten Meinungen einer entschiedenen Majorität und der hierauf
begründete Beschluß desselben lassen dem Zweifel darüber keinen Raum,
daß es die ernstliche Absicht des gesamten Deutschlands sei, den jüdischen

---

[1] Der Artikel 46 der Wiener Schlußakte lautete: Les institutions (de la
ville de Fr.) seront basées sur le principe d'une parfaite égalité des droits
entre les différents cultes de la réligion chrétienne.

[2] Diese Auslegung des § 46 gab Hardenberg selbst, in der Beilage zur
aktenmäßigen Darstellung S. 99, s. Note 8.

Einwohnern gegen die Übernahme der bürgerlichen Pflichten auch
den Genuß der bürgerlichen Rechte zu bewilligen und hierdurch die
schwere Schuld vieljähriger, zum Teil grausamer Unduldsamkeit auf
dem gerechten Wege zu lösen." Hardenberg schrieb noch manches Angenehme zugunsten der Juden[1]); aber die Judenfeinde in den freien
Städten lachten sich ins Fäustchen. Sie hatten den Buchstaben zum
Schilde, daß sie für den Augenblick ihre Juden mißhandeln dürften
und hofften auch künftig auf dem Wege des Bundestages die zweideutigen Versprechungen trügerisch machen zu können.

Mit Napoleons zweitem Sturz hörte bekanntlich die titanische
Tragödie auf, und es begann die Posse, würdig von Lord Byrons
Spottgeistern verhöhnt zu werden. Die verbündeten Mächte flossen
über von Religion und Tugend, vergaßen aber die verheißenen Freiheiten oder dachten vielmehr nur daran, es demjenigen gleichzutun,
den sie als Thrannen dem öffentlichen Hasse preisgegeben hatten. Diese
Zeit macht einen um so komischeren Eindruck, als das deutsche Volk
wie seine Fürsten mit der allerernstesten Miene die albernsten Kindereien
trieb. Es begannen einige sehr schlimme Jahre für die deutschen Juden.
Aus falschem Nationalgefühl, falscher Religiosität, aus Hochmut, Neid,
Furcht und anderen dunklen Gefühlen entwickelte sich ein giftiger
Judenhaß, der, von außen betrachtet, lächerlich erschien, im Innern aber
eine blutige Katastrophe ahnen ließ, als sollten die Juden dafür bestraft
werden, daß sie einige Sonnentage genossen hatten.

Als die Franzosen durch eine kräftige Bewegung ihre Fesseln
sprengten, kehrte sich ihr Groll gegen die Mächtigen, die Deutschen
dagegen wandten ihn gegen die Schwächsten der Schwachen, gegen
die Juden. Und gerade in den höheren, gebildeten Gesellschaftsschichten
wurzelte dieser leidenschaftliche Ingrimm gegen sie, die niedrigen
Volksklassen mußten erst künstlich dazu aufgestachelt werden. Weil
J a m e s   v o n   R o t h s c h i l d bei der ersten Kunde von der Schlacht
bei Waterloo auf einem zerbrechlichen Nachen unter Sturm und Unwetter sich nach London rudern ließ, dort ein glänzendes Geschäft
machte und sein Haus zur ersten Geldmacht in Europa erhob, dafür
sollten sämtliche Juden büßen. Ein unbeschäftigter Arzt und Dichterling,
K a r l   B o r o m ä u s   A l e x a n d e r   S e s s a, in Breslau, hatte
eine Posse „D i e   J u d e n s c h u l e" gedichtet, die so widerlich und geschmacklos ist, daß das Stück bei der ersten Aufführung (gegen Ende 1812)
ausgepfiffen wurde. Als aber die Deutschtümelei begann, sich im Juden-

---

[1]) Sulamit IV, 2, S. 44.

haß Luft zu machen, wurde die Posse wieder hervorgesucht und machte
volle Kassen, weil alle darin auftretenden Personen Juden sind, die in
häßlicher, verdorbener Mundart sprechen, eine niedrige Gesinnung zeigen und sich wunderlich geberden. Man drängte sich zu den Theatersitzen
und klatschte rasenden Beifall. Die gebildeten Juden waren tief verletzt. Sie hatten eben ihr Blut für das Vaterland verspritzt, hatten
zum Teil ihr geistiges Erbe aufgegeben, um sich den Christen zu nähern,
und doch wurden sie zur Zielscheibe des Spottes genommen. Der
Ruf davon verbreitete sich, das Stück sollte auch in Berlin aufgeführt
werden. Die lächerlichste jüdische Figur sollte vom Schauspieler W u r m
gespielt werden, der in der niederen Komik Meister war. Jacobson,
der seit dem Erlöschen des Königreichs Westfalen nach Berlin gezogen war und hier mit einigen Staatsmännern in Verbindung stand,
eilte zum Kanzler Hardenberg und bewirkte, daß das Stück vor Beginn der Theaterzeit verboten wurde (1. Juli 1815). Aber das theater-
besuchende Publikum verlangte, dadurch nur noch gereizt, an jedem
Abend stürmisch die Zulassung der Posse, es wollte sich an der Ver-
spottung der Juden weiden. Die Behörde gab nach, daß es unter
dem Titel „U n s e r V e r k e h r" gespielt wurde (1. Sept.). Wurm,
der große Wurm, „jeder Zoll ein Lump", wie ihn Heine schildert, gab
die lächerlichste jüdische Figur und erntete den rauschendsten Beifall.
Er machte mit seiner Rolle Gastreisen, ließ eine Flugschrift drucken,
worin er sich noch dazu als Verfolgten darstellte, und entzückte mit
der Verhöhnung der Juden die großen Städte Deutschlands. Privat-
gesellschaften verschafften sich den edlen Genuß, ihn das Zerrbild der
Juden darstellen zu sehen. Zeitungen brachten Auszüge aus diesem
ebenso geschmacklosen wie dummen Stücke[1]. „Unser Verkehr" blieb
eine Zeitlang in Deutschland ein Zugstück. Die Griechen hatten in
der Zeit ihrer Entartung Juden auf die Schaubühne zur Belustigung
gebracht. Die Deutschen taten es im Beginn ihrer nationalen Erhebung.
Lessings Geist war von ihnen gewichen.

    Die Demütigung der Juden zeigte sich auch bald im praktischen
Leben. Lübeck, durch die eingeschmuggelte Auslegung eines Paragraphen der Bundesakte geschützt, kümmerte sich nicht viel um Preußens
Zorn, der nicht so ernst gemeint zu sein brauchte, und ließ mehr als
vierzig jüdischen Familien die Weisung zugehen, die Stadt zu verlassen

---

[1] S. darüber Sulamit IV, 2, S. 48. Rühs, Über die Ansprüche der
Juden, S. 29; B ö r n e , Dramaturgische Blätter, Ges. Schr. IV, S. 343.
Heine, Reisebilder, Ges. Schr., S. 88. J o l o w i c z , Geschichte der Juden
von Königsberg, S. 147.

und nach dem Städtchen Moisling zu ziehen (Sept. 1815)[1]). Bremen
tat dasselbe mit seinen Juden. Frankfurt konnte zwar seine Juden
nicht ausweisen, aber es verbitterte ihnen das Leben, schloß sie von
den Bürgerversammlungen aus, setzte jüdische Beamte ab, verbot ihnen
viele Gewerbe und Hantierungen, wies Ehegesuche jüdischer Verlobter
mit mittelalterlicher Herzlosigkeit zurück, ließ sie nicht in allen Stadtteilen wohnen und geberdete sich so, als wenn die Juden wie ehemals seine Kammerknechte wären. Da der Senat aber wußte, daß
Preußen und Österreich es als eine Ehrensache betrachteten, die bürgerlichen Rechte der Juden von Frankfurt unverkürzt zu erhalten,
und daß der Bundestag auf den Antrag der beiden Großmächte die
Streitfrage leicht zugunsten der Juden entscheiden könnte, wendete
er sich an drei deutsche juristische Fakultäten, von Berlin, Marburg
und Gießen, um die Frage der Ehre und Menschlichkeit als einen
Rechtsstreit entscheiden zu lassen. Metternich und Hardenberg erließen
zwar von Paris aus derbe Schreiben an den Senat (8., 15. Novbr.
1815) und erinnerten ihn daran, daß Frankfurt nur unter der Bedingung, die städtische Freiheit zu wahren, die Selbständigkeit wieder
erlangt habe, und daß es die wohlerworbenen Rechte jeder Klasse von
Einwohnern, also auch der Juden, achten müsse[2]). Die hochmütig
gewordene Stadt, in deren Mitte der Bundestag die Sitzungen halten
sollte, hoffte ihr Unrecht ertrotzen zu können. Sie rüstete sich zu einem
hartnäckigen Kampfe und war entschlossen, den Juden auch nicht das
geringste Zugeständnis zu machen. Die Frankfurter Gemeinde setzte
sich ebenfalls zur Wehr. Sie bereitete eine Denkschrift für den Bundestag (Januar 1816) vor, setzte ihr gutes Recht in ein klares Licht und
stellte alle zu ihren Gunsten sprechenden Aktenstücke zusammen. Der
junge Börne war der Verfasser dieser zugleich juristischen und politischen Arbeit.[3])

Dieser Streit des Frankfurter Senats mit der Judenschaft, welcher
sich neun Jahre hinzog (1815—24) und viele Verdrießlichkeiten in
seinem Gefolge hatte, wird ewig eine Schmach jener Zeit und des
deutschen Zopfgeistes bleiben. Die Juden glaubten, auf die Zusicherung
der maßgebenden beiden deutschen Großmächte vertrauend, daß ihr
Bürgerrecht durch eine dreifache Mauer geschützt sei, daß der Bundestag sich überhaupt die Gleichstellung der deutschen Juden angelegen

---

[1]) Die Juden in Lübeck, S. 17.
[2]) Aktenstücke der Frankfurter Juden, Beil. 27, 28.
[3]) Gutzkow, Leben Börnes, S. 94. [Vgl. Schnapper-Arndt a. a. O.,
S. 219, Anm. 3.]

sein lassen werde, daß die Bundesakte der Vereitelung der bereits ge=
nossenen Rechte vorgebeugt habe, und daß endlich die Frankfurter
Judenschaft ihre Einbürgerung kontraktlich erworben habe. Die Denk=
schrift Börnes suchte daher diese wichtigen Punkte zu beleuchten. In
folge der Stättigkeitsbestimmungen waren die Juden dem deutschen
Kaiser unmittelbar unterworfen und standen nur mittelbar unter dem
Schutz der städtischen Behörden. Dieses Untertanenverhältnis sei mit
dem Aufhören des deutschen Kaisertums und der Bildung des Rhein=
bundes auf den Primas von Dalberg übergegangen. Dieser sei später
Großherzog von Frankfurt geworden und habe das volle Recht ge=
habt, Verfügungen über die Juden zu treffen. Nun habe dieser ihnen
das Vollbürgerrecht erteilt und noch dazu für eine bedeutende Summe.
Seine Verfügungen seien auch nach Entsetzung des Großherzogs von
den Organen des Kongresses anerkannt worden. Folglich wäre es eine
ungeheure Rechtsverletzung, wenn die Juden ihrer wohlerworbenen
Rechte beraubt und unter die Willkür der Stadtbehörden gestellt werden
sollten. Überhaupt sei die Lage der Juden in Deutschland durch ihre
Beteiligung an der Verteidigung des Vaterlandes verändert worden;
denn nicht länger könne der als Fremdling betrachtet oder vom Vater=
lande ausgestoßen werden, der pflichtmäßig und freiwillig sein Blut
und Leben für dasselbe wagt und opfert[1]).

Aber gerade diese sonnenklare Wahrheit suchten die deutschtümeln=
den Sophisten zu verdunkeln oder zu überschreien. Aus allen Teilen
Deutschlands erschollen zu gleicher Zeit mannigfaltige Stimmen gegen
die Juden mit ganz bestimmter Aufforderung an das Volk oder an
den deutschen Bund, die Juden zu knechten oder gar zu vertilgen.
Zeitungen und Flugblätter hetzten gegen sie, als wenn Deutschland
oder die Christenheit nur durch den Untergang der Juden gerettet
werden könnte. Die spießbürgerlich beschränkten Schulfüchse glaubten
es allen Ernstes und die Volksverführer machten es glauben. In dies
widerliche Gebrülle, das mehrere Jahre hindurch in leidenschaftlicher
Steigerung ertönte und zuletzt in Roheit ausartete, mischten sich stets
schrille Stimmen aus Frankfurt, welche das Gewissen des deutschen
Volkes übertäuben wollten. Bald war es der Charakter der Juden,
bald ihr Geschichtsgang, bald ihre Neigung zum Handel, bald der
Talmud oder gar die Bibel selbst, welche die Juden nicht nur zur Ein=
bürgerung untauglich, sondern auch zum Krebsschaden am deutschen
Volksorganismus machen sollte. Längst widerlegte Anschuldigungen
und Unwahrheiten wurden wiederholt, offenkundige Tatsachen Lügen

---

[1]) S. die Denkschrift: Aktenmäßige Darstellung usw., S. XI.

gestraft. Den Reigen eröffnete wieder (Januar 1816) der Geschichts-
professor an der Berliner Universität, F r i e d r i c h R ü h s , mit seinen
unwahren Behauptungen und unsinnigen Folgerungen. Seine judenfeindlichen Zeitungsartikel verwandelte er auf Anraten Gleichgesinnter
in eine selbständige Schmähschrift und fügte neue Verdrehungen hinzu.
M o l d e n h a w e r , ein dänischer Judenfeind, der einzige in diesem Staate,
welcher die Emanzipation der dänischen Juden hintertreiben wollte,
hatte sich zur Aufgabe gestellt, die Geschichte der Juden in Spanien
aus sachlicher Unkenntnis und bösem Willen zu verunglimpfen. Das
war Wasser auf Rühs' Mühle. Er übersetzte diese ungeschichtliche Ge-
schichtsabhandlung und fügte sie seiner Schmähschrift hinzu. Die polnischen Juden, die Träger der Unkultur, welche mit den spanischen,
den Trägern der Kultur, das eine gemeinsam hatten, daß ihnen verhältnismäßig mehr als anderswo Spielraum gelassen war, stellte Rühs
nebeneinander, um beide grauenhaft zu schildern, daraus Schlußfolgerungen für den verdorbenen Charakter der Gesamtjudenheit zu
ziehen und ihre Unverbesserlichkeit zu beweisen. Die ersteren hätten
Spanien unglücklich gemacht, und darum wären sie verjagt worden,
behauptete er, während auch der beschränkteste Kopf einsieht, daß dieses
schöne Land erst nach und infolge der Vertreibung der Akatholiken
so tief gesunken und ein großes Bettelkloster geworden und bis auf den
heutigen Tag geblieben ist.

An den Juden Polens konnte Rühs ungestraft lauter Schatten-
seiten hervorkehren; er verschwieg boshaft diejenigen Schilderungen
von diesem Lande, welche bei der allgemeinen Verdorbenheit desselben
die Juden und ihre Art noch als Lichtseite hervorgehoben hatten[1]).
Daß die Juden Polens faul und betrügerisch seien, und daß sie eine
tiefe Abneigung gegen schwere Arbeit hätten, das waren seine Haupt-
anklagen gegen sie. Aber sein Gewährsmann J o s e p h R o h r e r ,
(v. S. 250), dem er in seiner Schwarzmalerei blindlings folgte, erzählte selbst von ihnen, daß ganze jüdische Gemeinden in der Bukowina,
um S u c z a w a und S z e r e t , die Feldwirtschaft betrieben, ihre Äcker
selbst bebauten und sich durch Ehrlichkeit auszeichneten[2]). Rühs hätte
von demselben Schriftsteller auch lernen können, daß wenigstens ein
Bruchteil des jüdischen Stammes, die K a r ä e r in Galizien, größtenteils vom Ackerbau arbeitsam und musterhaft ehrlich lebten[3]). Das

---

[1]) Vgl. oben und S c h u l t e s Annalen der Literatur und Kunst des
österreichischen Staates im Septemberheft 1807.

[2]) Rohrer, Versuch über die Juden usw., S. 59 f.

[3]) Das. S. 145 f. Es wohnten in Galizien im Anfange dieses Jahr-

alles verschwieg Rühs, obwohl es ihm bekannt war. Und wie viel war ihm unbekannt! Ein gesinnungsvoller polnischer Jude, Nahum Funkelstein aus Sklow, hatte in Cherson bei Nikolajew jüdische Ackerbaukolonien gegründet, die von der russischen Regierung gefördert wurden; die Kolonisten bestellten ihre Felder mit eigener Hand, legten Dörfer mit hebräischen Namen (**Jefe-Nahar, Nahar-Tob** usw.) an und hatten ihre eigenen Handwerker. Die Kolonien gediehen, weil Männer und Frauen um die Wette durch Fleiß und Nüchternheit dem Boden Reichtümer abzugewinnen wußten[1]. — Rühs' durchgängig unwahre Schrift wurde eine Fundgrube, aus der die Judenfeinde die Beschönigung für ihre Gehässigkeiten holten. Um noch mehr rostige Waffen zum Kampfe gegen die Wehrlosen zu liefern, machte ein Frankfurter unter dem Namen Christian Frank Auszüge aus Eisenmengers Lügenbuche und versuchte daraus zu beweisen, wie erbärmlich Juden und Judentum seien.

An den Haaren wurde jede Gelegenheit herbeigezogen, um die Juden zu schmähen und ihre Mißhandlung zu empfehlen. Der Staatsrechtslehrer Klüber aus Baden stellte die Beratungsprotokolle des Wiener Kongresses zusammen. Wie kommen die Juden in diese vornehme Gesellschaft? Doch, doch, sie sind in dieser Versammlung um ihre Rechte geprellt worden. Das war für Klüber ein erwünschter Anhaltspunkt, um eine Abschweifung über die Gemeinschädlichkeit der Juden, und um Vorschläge zu ihrer Behandlung zu machen, daß sie z. B. auf dem platten Lande gar nicht und in den Städten nur dann zum Bürgerrecht zugelassen werden sollten, wenn sie den Talmud feierlich abschwören würden[2]. Das war der dritte. Ein vierter formulierte „Deutschlands Forderungen an den deutschen Bund" und brachte auch seinen frommen Wunsch in betreff der Juden an, die er nicht schlimm genug schildern konnte; sie seien in Überfluß lebende Pensionäre des Staates, sie verteidigten das Vaterland nicht, sie dienten ihm nicht in Ämtern usw. Ein fünfter, Friedrich aus Frankfurt (gegen Februar 1816), zeigte in einer Schrift „Die Juden und ihre Gegner, ein Wort zur Beherzigung für Wahrheitsfreunde gegen Fanatiker" noch mehr Haß gegen die gebildeten Juden als gegen die

hunderts in Stanislav, Tismenitz und der Kameralherrschaft Kutti etwa 200, in Halicz 60 und in Kussißow 20 karäische Familien.

[1] Jost, Geschichte der Israeliten IX, S. 156; X, 2, S. 239 und mündliche Mitteilungen, die mir von glaubwürdigen Personen gemacht wurden.

[2] Klüber, Übersicht der diplomatischen Verhandlungen des Wiener Kongresses usw. S. 389 ff. 395.

ungebildeten. Als Frankfurter Bürger und Geistlicher wünschte Friedrich selbstverständlich die Erniedrigung der Juden, sogar ihre Ausschließung vom Kriegsdienste. Es ist ermüdend und zugleich beschämend,
die vielen Schriften, welche damals gegen sie in die Öffentlichkeit geworfen wurden, anzuführen und ihre Bosheit, Verlogenheit und Dummheit zu beschreiben[1]. Sie wiederholten alle dieselben Schlagwörter,
die Juden seien ein Krebsschaden oder eine Pestbeule der Deutschen,
ein Staat im Staate, ein Schmarotzerstamm. Ein Judenfeind führte
immer den andern als Autorität an.

Am giftigsten war die Schrift eines Arztes und Professors der
Naturwissenschaften in Heidelberg, J. F. F r i e s , „Gefährdung des
Wohlstandes und Charakters der Deutschen durch die Juden" (Sommer
1816), worin er behauptete, daß man die Juden zum Lande hinaus-
weisen, ja, daß diese Kaste mit Stumpf und Stiel ausgerottet werden
müsse, indem sie offenbar unter allen geheimen und politischen Gesellschaften und Staaten im Staate die gefährlichste sei. „Fragt doch
einmal Mann für Mann herum, ob nicht jeder Bauer und jeder Bürger
sie als Volksverderber und Brotdiebe haßt und verflucht!" — Die
Juden hätten über die Hälfte des ganzen Frankfurter Kapitals in ihre
Hände zu bringen gewußt. „Laßt sie nur noch 40 Jahre so wirtschaften,
und die Söhne der christlichen ersten Häuser mögen sich als Packknechte
bei den jüdischen verdingen." Es ist erstaunlich, daß nicht schon damals
bei so leidenschaftlicher Aufstachelung der Menge wilde Ausbrüche gegen
die Juden erfolgten, zumal Fries' Schrift in Schenken und Wirts-
häusern vorgelesen wurde[2].

Gestützt auf die den Judenhaß predigende öffentliche Meinung,
durften die freien Städte alle mittelalterlichen Schroffheiten gegen die
Juden anwenden. Der Senat von Bremen verbannte die dort angesiedelten jüdischen Einwohner nach einem benachbarten Städtchen und
gestattete keinem Juden über Nacht in der Stadt zu verweilen. Lübeck
erließ einen Befehl, daß die meisten dort wohnenden Juden vier Wochen
nach Ostern die Stadt zu verlassen hätten, und ließ, als sie sich nicht
fügten, ihre Verkaufsläden versiegeln. Hamburg und Frankfurt konnten sie nicht vertreiben, verboten ihnen aber, in christlichen Stadtvierteln zu wohnen. Hat sich damals keine christliche Stimme gegen

---

[1] Die Literatur ist zusammengetragen bis 1819 bei L i p s , Staatsbürgerrecht der Juden, 1821, S. 14 ff., H o l s t , Judentum in allen dessen
Teilen Anf.; R ö n n e und S i m o n a. a. O., S. 31 f. mit mancher Un-
genauigkeit; J o s t , Geschichte der Israeliten X, 1, S. 48.

[2] Zimmern, Versuch einer Würdigung der Angriffe des Hrn. Fries, S. 4.

diese Ungerechtigkeiten erhoben? Zur Ehre der Deutschen muß es an= geführt werden, daß einzelne Männer doch den Mut hatten, gegen die dummen Vorurteile und gegen den blinden Haß anzukämpfen. Ein hochgeachteter und gebildeter Rat in Regensburg, A u g u s t K r ä m e r , verfaßte zu ihrer Verteidigung eine besondere Schrift, „Die Juden und ihre gerechten Ansprüche an die christlichen Staaten, ein Beitrag zur Milderung der harten Vorurteile über die jüdische Nation." Geheimrat S c h m i d t in Hildburghausen führte der Gegen= wart einerseits jene Greuelszenen vor, welche der christliche Fana= tismus an Juden ausgeübt, und anderseits den Vorsprung der Kultur, welchen die letzteren in Spanien vor den Christen hatten[1]). Am eingehendsten nahm für sie ein hoher reformierter Geistlicher von siebzig Jahren, J o h a n n L u d w i g E w a l d aus Karlsruhe (starb 1822), das Wort. Ihn empörte Rühs' und Fries' Judenfresserei so tief, daß er sich nicht die Ruhe der Badejahreszeit in Baden gönnte, sie viel mehr dazu benutzte, ihre frechen Behauptungen in einer Schrift (1816) Lügen zu strafen[2]). Ewald verteidigte die geschmähten Söhne des israelitischen Volkes nicht bloß im Namen des Christentums, dessen Vertreter er war. Alle bodenlosen Anschuldigungen gegen sie löste er in nichts auf. Selbst den Talmud nahm er in Schutz, den er jeden= falls besser zu würdigen wußte, als die Rühs und Fries. „Von dem Talmud hat man überhaupt meist ganz unrichtige Begriffe. Man beurteilt ihn nach einigen von Eisenmenger und anderen herausge= rissenen widersinnigen und zum Teil abscheulichen Stellen." Ewald zog zur Beschämung der Judenfresser talmudische Aussprüche heran, welche den Ackerbau, das mühsame Handwerk, die Arbeit, die hin= gebende Sittlichkeit dringend empfehlen. Auch aus England und Frank= reich tönten Mahnrufe an die Deutschen, sich mit ihrem wahnsinnigen Judenhaß nicht ein Armutszeugnis auszustellen. Ein englisches Blatt meinte, die Stadt Lübeck, sowie alle freien Städte müßten wegen ihrer bewiesenen mittelalterlichen Unduldsamkeit gegen die Juden seitens des deutschen Bundes ihrer Unabhängigkeit verlustig erklärt werden, von der sie einen so sträflichen Gebrauch gemacht hätten[3]). Ein französischer

---

[1]) Zeitschrift, Der deutsche Bund I, 2, S. 62.

[2]) E w a l d hat zwei Schriften zugunsten der Juden hinterlassen. „Ideen über die nötige Organisation der Israeliten in christlichen Staaten" 1816 und „Der Geist des Christentums und des echten deutschen Volkes" 1817. Auch der Historiker S c h l o s s e r schrieb eine Denkschrift zur Verteidigung der Juden, die Börne korrigieren half, G u t z k o w , Leben Börnes, S. 97. Sie scheint aber nicht veröffentlicht zu sein.

[3]) Courier vom 18. Juni 1816.

Schriftsteller M. Bail[1]) redete mit glühender Begeisterung den Geschmähten das Wort und zeichnete ihre deutschen Feinde mit dem
Brandmal der Schmach. „Die jüdische Nation trägt mehr als jede
andere in hohem Grade den antiken und geheiligten Charakter, welcher
Erstaunen erregt. Ich kann nie einem Rabbinen mit weißem Barte
geschmückt begegnen, ohne an die ehrwürdigen Patriarchen zu denken.
Nichts ist erhebender bei den Israeliten, als das feierliche Leben,
welches aus ihnen die ergebensten und ehrwürdigsten Menschen auf
Erden macht. In ihrem Innern findet sich das Beispiel aller häuslichen Tugenden und sorgsamen Liebe für die Dürftigen, eine tiefe
Hochachtung für die Erzeuger. Glücklich, tausendmal glücklich die
Nationen, bei denen der tiefe Grund der Moral sich erhalten hat.
‚Wozu sollen die Juden?‘ fragt man in Deutschland. Wunderliche,
unsinnige, barbarische Frage! Durchstreift Lissabon, Bordeaux, Amsterdam, London, Wien, leset die Schriften einiger aus ihrer Mitte, so
werdet ihr finden, daß das Hirn eines Hebräers nicht geringer ist, als
das anderer Menschen. Die Zeit ihrer Befreiung ist gekommen. Deutsche, edelmütige und gastfreundliche Deutsche, wollet ihr das Licht verdunkeln, das euch ehrt, und die Tugenden, die euch auszeichnen?
Werdet ihr ihnen das Bürgerrecht einräumen oder sie mit ihren be-
jammernswerten Familien aus ihrem Geburtsland jagen? Werden
sie eure Mitbürger oder eure Sklaven, eure Schützlinge oder eure
Feinde sein? Das ist die große Frage, die entschieden werden soll.
Menschen des neunzehnten Jahrhunderts, legt die Hand auf euer Gewissen und brechet ihre Fesseln!"[2])

Aber wenn die Wahrheit und Gerechtigkeit auch mit Engels-
zungen gesprochen hätte, die Deutschen wären damals taub für diese
Stimme gewesen. Sie bohrten sich in den Judenhaß so fest ein, daß
sie alle Einsicht verloren. Man war in England und Frankreich in
arger Täuschung begriffen, wenn man voraussetzte, daß nur einige
brotneidische Zünftler die Beschränkung oder gar die Ausweisung der
Juden gefordert hätten, und daß die „erleuchteten" Regierungen von
Österreich und Preußen und besonders der „weise Bundestag" diesem
eigennützigen und barbarischen Geschrei Stillschweigen gebieten würden.
Akademische Lehrer, Schriftsteller, Staatsmänner, Fürsten, sie alle
stimmten allmählich mit den Patriziern der freien Städte in der Herab-
würdigung der Juden überein. — Rühs, weit entfernt, von Ewalds

---

[1]) Bail, les Juifs au XIXme siècle, p. 38.
[2]) Daf. p. 73.

überzeugenden Gründen gebessert zu werden, fiel über diesen ehrwürdigen Greis mit Hohn her, behandelte ihn wie einen unreifen
Buben und wollte ihn, den Geistlichen, belehren, was Christentum sei,
und daß dieses die Erniedrigung und Ausschließung der Juden er-
heische. Er führte als seinen Gewährsmann Luther an, der allerdings
im Alter einen Kreuzzug gegen die Juden predigte[1]). Rühs bestand
hartnäckig auf allen seinen Behauptungen, fügte neue ebenso grundlose
hinzu und geriet förmlich in Leidenschaft, um die Juden zu brandmarken.[2]) Neue Schmähschriften gesellten sich zu den alten, meistens in
fanatischem Tone gehalten. Der Senat von Lübeck ließ seine Unmenschlichkeit gegen die Juden durch einen Sophisten verteidigen,
der lauter Schmähungen gegen sie und ihren Verteidiger Ewald vorbrachte[3]).

Gegen die Eingriffe der Lübecker in das Recht der Juden richtete
endlich ein Organ der österreichischen Regierung eine Art von Drohung.
„Wie soll sich der künftige Bundestag mit Verbesserung des Zustandes
der Israeliten beschäftigen, wenn einzelne Staaten durch die willkür-
lichsten und grausamsten Beschlüsse seinen Beratungen vorgreifen?
Es liegt in diesem Verfahren sowohl gegen den bevorstehenden Bundestag, als gegen die ersten Höfe von Deutschland, deren Grundsätze in
dieser Angelegenheit oft und laut genug ausgesprochen worden sind,
ein Mangel an Achtung, der sich nur durch leidenschaftliche Übertreibung erklären, aber nicht leicht entschuldigen läßt"[4]). Was tat aber
Österreich, das soviel sittliche Entrüstung für die Juden gegen Lübeck
äußerte? Franz I. und sein Beherrscher Metternich vergaßen vollständig die wohlwollenden Absichten Josephs II. und erinnerten sich
nur der gehässigen Gesetze Maria Theresias gegen die Juden. Sie
ließen nicht nur die alten Beschränkungen bestehen, sondern fügten noch
neue hinzu. Sie verjagten die Juden allerdings nicht, wie in Lübeck
und Bremen; aber sie ließen sie gar nicht so weit kommen, ausgewiesen zu werden; es wurden ihnen Ghettos innerhalb Österreichs
angewiesen, über die sie nicht hinausgehen durften. Tirol, das klöster-
liche Gebirgsland, war ihnen selbstverständlich so gut wie den Protestanten verschlossen. In Böhmen waren ihnen die Bergstädte und

---

[1]) Vgl. Bd. IX₄, S. 298 f.
[2]) Der Titel von Rühs' zweiter Schrift vom Herbst 1816 lautet „Rechte
des Christentums und des deutschen Volkes gegen die Ansprüche der Juden
und ihrer Verfechter."
[3]) Die Juden in Lübeck, 1816.
[4]) Österreichischer Beobachter, ein Regierungsblatt, vom 8. August 1816.

Dörfer und in Mähren umgekehrt die bedeutenden Städte Brünn und Olmütz, wo sie nur übernachten oder auf kurze Zeit weilen durften, unzugänglich. Und überall gab es Judengassen. Die Beschränkungen der Juden Österreichs waren sprichwörtlich geworden. Und erst in Galizien? Hier gab es einen noch härteren Druck als im Mittelalter[1]). Selbst die wohlwollenden Bestimmungen Josephs II. in betreff des Schulzwanges und des zweckmäßigen Religionsunterrichtes wurden nicht gehandhabt, um Bildung unter den Juden zu verbreiten, sondern nur um sie zu quälen und zu beeinträchtigen. Der Kaiser Franz adelte zwar diesen oder jenen reichen Juden, aber die übrigen wurden entwürdigt. Kriegsdienste mußten sie leisten, aber die Tapferen unter ihnen wurden kaum zu den untersten Staffeln der militärischen Leiter zugelassen. Es legt ein glänzendes Zeugnis für die Kernhaftigkeit der Juden ab, daß die österreichischen unter diesen erniedrigenden Beschränkungen nicht entartet sind, daß sich vielmehr eine ganze Reihe derselben selbst in Galizien trotz aller Hemmnisse zur Höhe künstlerischer Leistungen emporgeschwungen hat.

Österreich hatte allerdings den Juden keine Versprechungen gemacht und keine Hoffnung auf Freiheit erweckt. Aber auch Preußen, wo sie bereits im Vollgenusse des Staatsbürgerrechts gewesen waren, hat für sie ein Stück Mittelalter heraufbeschworen und damit zugleich ihre Ehre noch tiefer gekränkt. Friedrich Wilhelm III., der die Gleichstellung der preußischen Juden als Gesetz erlassen hatte, ließ es unausgeführt als toten Buchstaben bestehen. Er erlag unbewußt der von den Deutschtümlern und Sophisten aufgestellten Theorie vom christlichen Staate, in welchem den Juden kein Ehrenplatz eingeräumt werden dürfe. Namentlich wich mit Hardenbergs Tode auch der gute Geist von Preußen, und es wurde immer mehr in Metternichs freiheitsfeindliche Ränke verstrickt. Den jüdischen Offizieren, die bei Waterloo so tapfer gekämpft hatten, wurde ihre Pension entzogen. Von Staatsanstellungen der Juden war keine Rede mehr, nicht einmal als Feldmesser und Apotheker wurden sie zugelassen[2]). Die verheißene Gleichstellung der Juden in den neuerworbenen oder wiedereroberten Provinzen wurde immer verschoben. Die letzteren blieben den Beschränkungen aus früherer Zeit unterworfen, und Preußen bot den Anblick einer wunderlichen, versteinerten Gesetzgebung in betreff der Juden. Es gab einundzwanzig verschiedene Grundgesetze zur Behandlung der-

---

[1]) Vgl. die schöne Schilderung Isaak Erters über die Abgabenlast der galizischen Juden, הצופה, ed. Letteris, p. 20.

[2]) Vgl. Jolowicz, Die Juden in Königsberg, S. 129.

ſelben. Sie wurden eingeteilt in franzöſiſche, altpreußiſche, ſächſiſche, polniſche Juden, natürlich zu ihrem Nachteil[1]). Die Juden der Provinz Poſen, die Parias unter den preußiſchen Juden, durften kein Haus von einem Chriſten erwerben, nicht auf dem Lande wohnen, keine kauf= männiſchen Rechte erlangen und unterlagen noch anderen Beſchrän= kungen. In den Städten, wo früher keine Juden wohnten, durften keine aufgenommen werden, wie in Öſterreich). Von einer Provinz in die andere überzuſiedeln, war nicht geſtattet.

Es wurde in' Preußen geradezu darauf angelegt, die Juden in der Geſellſchaft verächtlich zu machen. Während die Regierung früher darauf Bedacht genommen hatte, im offiziellen Verkehr den Namen J u d e , j ü d i ſ c h , zu vermeiden, weil er eben eine gehäſſige Neben= bedeutung hat, ſo beſtand ſie ſpäter darauf, daß gerade dieſe Bezeichnung in Gebrauch kommen ſollte. Früher fand ſie Wohlgefallen daran, wenn die Juden ihre Namen verdeutſchten, „weil es die löbliche Ten= denz verrät, ſich überall der allgemeinen Landesſitte anzuſchließen und alles, was die bisherige Abſonderung und den Judaismus ſogleich äußerlich bezeichnet, möglichſt fortzuſchaffen". Später verbot ſie ihnen, chriſtliche Vornamen anzunehmen, oder auch nur die häßlich klingenden in ſchönere zu verwandeln[2]). Neben der Abſicht, die Juden nicht in den Organismus des erträumten chriſtlichen Staates aufzunehmen, ſpielte auch eine andere mit, die nämlich, Proſelyten zu machen, und ſie zum Chriſtentum hinüberzuziehen. Die Zeit hatte ſich raſch geändert.

Die Verkehrtheit der Theorie vom chriſtlich=deutſchen Staate und die daraus gefolgerte Annahme, daß die Juden keinen Teil an dem= ſelben haben dürften, verblendete auch die Augen der gerecht Denkenden und menſchlich Fühlenden. Die juriſtiſche Fakultät der jungen Berliner Hochſchule war von dem Frankfurter Senat angegangen worden, in der Streitſache zwiſchen ihm und den Juden ihr Urteil abzugeben. Welchen Beſcheid gab dieſe Inſtanz? Der Ordinarius, Senior und die übrigen Doktoren der Fakultät behandelten dieſe Frage, an welche ſich das Wohl und Wehe von mehr denn 3000 Menſchen und die Zu= kunft der noch nicht Geborenen knüpfte, wie etwa einen verwickelten Erbſchaftsprozeß, bei dem es ſich bloß um Geldſummen handelt. Ein Streit um Beſitz oder Beſitzverwirkung von Sklaven wäre von ihr viel= leicht menſchlicher entſchieden worden. Aber es handelte ſich bloß um

---

[1]) Vgl. v. R ö n n e und S i m o n a. a. O., S. X.
[2]) Intereſſant iſt die Vergleichung des miniſteriellen Reſkripts vom 19. Sept. 1812 mit der Kabinettsorder vom 10. Aug. 1836 bei v. Rönne und Simon S. 57 und 43.

Juden! Die Fakultät ging daher sehr gründlich auf die ursprüngliche Stellung der Juden in Deutschland ein und wies darauf hin, daß die Juden von jeher Fremde, Unfreie, Hörige und als solche dem Kaiser unterworfen gewesen seien. Die von Frankfurt seien daher in das Leibeigenenverhältnis zur Stadtobrigkeit übergegangen. Und das alles auf Grund falscher Voraussetzungen. Den Punkt, ob denn die angeborenen Menschenrechte gar nichts bedeuten, ob denn Freie gewaltsam zu Sklaven oder Halbsklaven gemacht und durch Verjährung in diesem elenden Zustande erhalten werden dürfen, berührte sie nicht einmal. Der Schluß des Urteils der Berliner Juristenfakultät (April 1818)[1]) lautete, daß das Untertanenverhältnis der Juden zur Stadt Frankfurt und die Judenstättigkeit von 1616 noch zu Recht bestehe, daß die Erteilung des Bürgerrechtes an dieselben von seiten des Großherzogs null und nichtig sei, daß es also den Patriziern von Frankfurt völlig frei stünde, die Juden in ihren heiligsten Rechten zu beschränken, ihre Verehelichung über das Maß hinaus zu verbieten, kurz sie als halbe Sklaven zu behandeln. Der Bundestag sei nicht einmal berechtigt, ein Wort darein zu sprechen, sondern die Juden müßten von der Gnade des Senats und der Bürgerschaft abhängen. — Die Namen der Männer, welche dieses das Rechtsgefühl empörende Gutachten abgegeben haben, verdienen der Nachwelt überliefert zu werden. Es waren Savigny, Eichhorn, Göschen, Biener und Schmalz, die solchergestalt für die deutsche Jugend das von Gott stammende Recht auslegten und von denen einige den preußischen Staat leiten oder mißleiten halfen.

Der judenfeindliche Geist in Preußen zeigte sich auch an einem Falle, der einen Vergleich mit Frankreich herausfordert. Jenes ungerechte Napoleonische Gesetz, welches die Gleichheit der Juden der deutschen Departements auf zehn Jahre in bezug auf Freizügigkeit und Handel aufgehoben hatte (S. 285), sollte nach Ablauf der Frist bis 17. März 1818) von selbst erlöschen, falls es nicht verlängert würde. Nur einige, wahrscheinlich deutsche Generalräte des Elsaß, wünschten die Fortdauer dieses Gesetzes, und ein Maire, Marquis de Lathier aus einer Gegend, wo nicht ein einziger Jude wohnte, reichte ein Gesuch bei der französischen Kammer in demselben Sinne ein, es würde zum Nachteil der Elsässer Christen ausschlagen, wenn die Juden dieses Landstrichs ihre Gleichheit wieder erlangen sollten. Aber die Regie-

---

[1]) Das Gutachten der Fakultät ist abgedruckt in der Gegenerklärung des Senats der Stadt Frankfurt an die Bundesversammlung. S. 79—134.

rung Ludwigs XVIII., obwohl von der kirchlichen und politiſchen
Reaktion umtobt, machte auch nicht einmal einen Verſuch, die Beſchränkung aufrecht zu erhalten. In der Kammer, die ſich in mehreren Sitzungen mit dieſem Punkt beſchäftigte (Februar und März 1818), ließ ſich
nur eine einzige judenfeindliche Stimme gegen die Juden des Elſaß
vernehmen. Sie meinte, das ganze Land würde bald in den Händen
der Juden ſein, wenn man nicht ihrer Gier einen Damm entgegen-
ſetzte. Gegen die Juden im allgemeinen und für Beſchränkung ihrer
Freiheit ſprach nicht einmal die kirchlich geſinnte Rechte. Das Phantom
eines chriſtlichen Staates war den Franzoſen völlig unbekannt. Die
Kammer verwarf Lathiers Antrag, und ſomit wurden die Juden des
Elſaß in ihre ehemalige Gleichheit wieder eingeſetzt[1]). Dasſelbe be-
ſchränkende Geſetz war urſprünglich auch für die Juden des Gebietes
des linken Rheinufers erlaſſen, welches jetzt zu Preußen oder zur Rhein-
provinz und Weſtfalen geſchlagen war. Die preußiſche Regierung hatte
bei der Übernahme dieſer ehemaligen franzöſiſchen Kreiſe die Beſchränkung beſtehen laſſen, und eine Kabinettsorder (vom 3. März
1818) erneuerte ſie auf unbeſtimmte Zeit[2]). Während Preußen die
Rechte, welche die franzöſiſche Verfaſſung den Juden dieſer Gegend
eingeräumt hatte, nicht achtete, war es darauf bedacht, Napoleons
Willkürgeſetz aufrechtzuerhalten. Das paßte recht gut zu dem Syſteme
des chriſtlichen Staates.

Um dieſelbe Zeit betrieb ein angeſehener Engländer, mit der
Bibel des alten und neuen Teſtaments in der Hand, mit außerordent-
lichem Eifer die Durchführung der Gleichheit und Freiheit der Juden
in ganz Europa. Lewis Way, ein Spätling der Schwärmer der
fünften Monarchie aus der Zeit des engliſchen Unabhängigkeitskampfes,
ein Holmes und Jurieu oder auch ein Nicolas des neunzehnten Jahrhunderts, lauſchte auf die Prophezeiungen des alten Teſtaments und
der Apokalypſe und war der Überzeugung, daß die jüdiſche Nation
noch einmal ihre Auferſtehung erleben und in Herrlichkeit in ihr ehe-
maliges Vaterland zurückkehren werde. Erſt dann, nach wiedererlangter
Selbſtändigkeit, werde ſie ſich zu Jeſu Lehre bekennen. Es war ihm
daher eine Gewiſſensſache, die Erhebung der Juden, ſo viel an ihm
lag, zu fördern. Er hatte zu dieſem Zwecke Reiſen in Polen gemacht,
um ſich von der Zahl und dem Zuſtande der dortigen Juden Gewißheit
zu verſchaffen. Way arbeitete infolgedeſſen eine wunderliche Denk-

schrift aus, worin er die hohe Bedeutung des jüdischen Volkes nicht
bloß in der Vergangenheit, sondern auch für die Zukunft beleuchtete.
Mit dieser Denkschrift begab er sich nach Aachen, wohin der König
von Preußen und die Kaiser von Rußland und Österreich mit ihren
Ministern und Diplomaten zu einem Kongreß (Ende Sept. 1818) zusammengekommen waren, um Beratungen über die Zurückziehung der
Besatzungstruppen aus Frankreich und die Erweiterung der heiligen
Allianz zu pflegen. Way hatte sich an den bereits altersschwachen Dohm
gewendet, sein Bestreben zur Emanzipation der Juden in Europa zu
unterstützen und eine neue Schrift zu ihren Gunsten auszuarbeiten.
Dieser konnte zwar aus Schwäche auf nichts eingehen; aber er erneuerte seine alte Überzeugung gegenüber den Judenfressern, daß die
Unterdrückung der Juden im Widerspruch mit der Menschlichkeit, der
christlichen Religion und besonders mit den Grundsätzen einer weisen
Staatsverfassung sei. Way wendete, troß seiner Schwärmerei, das
rechte Mittel an, um zum Ziele zu gelangen. Er suchte zunächst auf
den Kaiser Alexander günstig einzuwirken, dessen mystische Stimmungen,
da er mit ihm gemeinschaftlich Reisen in Südrußland und in der Krim
gemacht hatte, ihm bekannt waren. Sobald dieser, der damals auf die
Aufhebung der Leibeigenschaft in Rußland bedacht war, sich für die
Gleichstellung der Juden geneigt zeigen sollte, so war nicht daran zu
zweifeln, daß Friedrich Wilhelm III. und Kaiser Franz wenigstens
eine gute Miene dazu machen würden.

Way ging von dem Gedanken aus, daß die Juden eine königliche
Nation seien und auch im Exile und in den Drangsalen ihres tragischen
Geschichtsganges nicht aufgehört hätten, es zu sein[1]. In diesem Volke
liege der Schlüssel zur Geschichte des ganzen Erdkreises. Die göttliche
Gnade, die sie früher geleitet habe, walte noch über ihnen in der Verbannung und der Fremde. Die Verheißungen, welche die Propheten
für den israelitischen Stamm ausgesprochen hätten, würden nicht zur
Erde fallen; er werde noch einmal in dem heiligen Lande seiner Väter
versammelt werden. Alle Völker der Erde, welche durch die Juden
das Heil empfangen hätten, müßten aus Pflicht der Dankbarkeit ihnen

---

[1] Seine Schrift führte den Titel Mémoires sur l'état des Israélites,
dédiées à leurs Majestés impériales et royales, réunies au congrès d'Aix-la-
Chapelle, Paris 1819. Sie ist äußerst selten geworden. Mehrere, die sie
zitieren, haben sie nicht gesehen. S. 17 heißt es: C'est que les Juifs non
seulement pendant les captivités d'Egypte et de Babylone, mais depuis
même que le sceptre est sorti de Juda, n'ont jamais cessé d'être une nation
royale etc. Über Way vgl. Frankel-Grätz, Monatsschr., Jahrg. 1869, S. 234 ff.

die größten Ehren und ungemessene Wohltaten erweisen und erst recht
das Schuldbewußtsein tilgen, daß sie dieses gottbegnadete Volk so
grausig verfolgt hätten. Für ihre vollständige Befreiung sei gerade der
gegenwärtige Augenblick höchst günstig. Es spreche dafür das Wort
Gottes, die öffentliche Meinung und die Erfahrung der Vergangenheit.
Ihre Gleichstellung in Frankreich und Holland habe diesen Ländern
keinerlei Schaden gebracht. Es hätten sich allerdings in einigen Ländern
fanatische und engherzige Schreier gegen die Emanzipation der Juden
vernehmen lassen; aber diese bildeten ebenso wenig die öffentliche Meinung, als das wütende Geschrei einiger amerikanischen Pflanzer gegen
die Unterdrückung der Sklaverei[1]). Daß gerade in Polen so viele
Hunderttausende von Juden angehäuft seien, das sei ganz besonders
ein Fingerzeig der göttlichen Vorsehung, daß sie durch diese Söhne
Abrahams unter dem Schutze eines fürstlichen, majestätischen Triumvirats die Erfüllung der Verheißung an die Erzväter vorbereiten wolle.
Von da, vom Norden aus, müsse ihre Wiederherstellung beginnen.
Solches bedeute der Ruf der göttlichen Stimme im Propheten Jesaia:
„O Norden, gib heraus, und Süden halte nicht zurück"[2]). Wenn Way
auch ein Schwärmer war und die Notwendigkeit der Emanzipation
mystisch aus prophetischen und apokalyptischen Versen beweisen wollte,
so war er doch auch praktischer Engländer genug, um den Majestäten
vorrechnen zu können, welchen Nutzen die emanzipierten Juden den
Staaten bringen würden. Anderseits gab er zu, daß manches Unzu-
kömmliche, unangenehm Störende von den Juden durch Schulbildung
und Gesetzgebung entfernt werden müsse. Aber das Grundwesen der
Juden, ihre nationale Eigenart, das sei ein heiliges Gut, das nicht an-
getastet werden dürfe. Es sei das unsichtbare Band, welches die Vergangenheit des israelitischen Volkes mit dessen Zukunft, ja die Vergangenheit des Menschengeschlechts mit der Zukunft verknüpfe; die
Erfüllung der Zeiten hänge von Israel ab.

Diese zugleich mystische und vernünftige Denkschrift überreichte
Way dem Kaiser von Rußland, und sie muß einen Eindruck auf ihn
gemacht haben; denn er übergab sie seinen Bevollmächtigten N e s s e l-
r o d e und C a p o d'I s t r i a s mit dem Auftrage, sie und die Emanzipation der Juden zum Gegenstand der Kongreßberatung zu machen.
Aus Rücksicht auf Alexander, der damals Tonangeber in Europa war,
mußten die Bevollmächtigten, wenn auch zum Scheine, darauf ein-

[1]) Way, Mémoires, p. 63.
[2]) Das. p. 23 nach Jesaia Kap. 43, 6.

gehen. Sie gaben hiernach zu Protokoll (21. Nov. 1818), daß sie zwar nicht in alle Gesichtspunkte des Verfassers der Denkschrift eingehen könnten, daß sie aber der Richtung und dem lobenswerten Ziele seiner Vorschläge Gerechtigkeit widerfahren lassen müßten. Die Bevollmächtigten von Österreich und Preußen (Metternich, Hardenberg und Bernstorff) erklärten sich bereit, „über den Stand der Frage in beiden Monarchien jede Aufklärung zu geben, welche zur Lösung eines Problems dienen könne, das zugleich für den Staatsmann und den Menschenfreund wichtig sei". Es war weiter nichts als eine höfliche Redensart. Die Kongreßmitglieder hatten ihre Köpfe weit eher von Plänen voll, die Freiheit Europas zu unterdrücken, als sie, sei es auch nur in einem einzigen Beispiele, zu erweitern. — Noch eine andere Stimme richtete begeisterte Worte zugunsten der deutschen und polnischen Juden an den Kongreß von Aachen. Michael Berr, wie sein Vater unermüdlich für die Erhebung seiner Stammesgenossen tätig, ließ den Strom seiner Beredsamkeit für diese gerechte Sache fließen: „In Karls des Großen Lieblingsstadt werden die Monarchen endlich entscheiden über die politische Existenz meiner Glaubensgenossen in Deutschland, von denen viele in mehreren Teilen dieses Landes noch unter dem Drucke der schimpflichsten Auszeichnungen seufzen ... Die Ehre Deutschlands, die Ehre des Zeitalters und die der Monarchen, von denen Europa sich so große Wohltaten verspricht, fordern laut die Wiedereinsetzung der Juden in die bürgerlichen und politischen Rechte; sie sind mit Recht über Gesetze empört, die hier und da noch zum Nachteil der Juden vorhanden sind"[1]. Die italienischen Juden taten sich ebenfalls zusammen, um ein Gesuch an den Kongreß von Aachen wegen Abstellung ihrer Bedrückung und Quälereien zu richten. Sie haben aber durch das Unterbleiben desselben nichts verloren. Die Zeit war bereits vorüber, wo Fürsten und Staatsmänner, Weise und Volksmänner sich „die Verbesserung der Lage der Israeliten", wie es lautete, angelegen sein ließen.

In Deutschland, dem Lande der Mitte, nahm der Widerwille gegen die Juden ohne Grund und Veranlassung immermehr zu. Jüdische Prediger feierten in der Synagoge die Völkerschlacht von Leipzig (18. Oktober 1818) in patriotischem Hochtone. Das alles war den Deutschtümlern kein Beweis von Vaterlandsliebe. Der Judenhaß nahm vielmehr einen so heftigen Charakter an, daß ein halbwohl-

---

[1] Journal de France, 20. Okt. 1818, auch abgedruckt in Sulamit V, 2, S. 275, 278.

meinender Schriftſteller (März 1819) den baldigen Ausbruch pöbel=
hafter Angriffe auf Gut und Leben vorausverkünden konnte. „Eine
Stimmung verbreitet ſich, welche Bürger ein und desſelben Staates
als feindliche Prinzipe einander gegenüberſtellt und Faktionen in
ſeinem Innern erzeugt, die ſich jeden Moment blutig bedrohn. Ein
Haß wird rege, wie er kaum in den düſteren Zeiten des Mittelalters
geherrſcht haben mag und uns Erſcheinungen ahnen läßt, die mit dem
Geiſte der Humanität und des inneren Friedens im Widerſpruche
ſtehen“[1]). Rahel von Varnhagen prophezeite, eine düſtere Kaſſandra,
in derſelben Zeit einen Judenſturm[2]).

Die Gemüter waren damals in Deutſchland durch die Ermordung
Kotzebues in Mannheim von der Hand des chriſtlich=romantiſch
überſpannten Studenten Karl Sand (23. März 1819) und durch die
Gewaltmaßregeln der Regierungen gegen demagogiſche Umtriebe und
Deutſchtümelei, die ſie früher ſelbſt genährt hatten, ſehr erregt. Die
Deutſchtümler lechzten nach einem Opfer, um an ihm ihre Rache
zu kühlen, und da ſie den Staatslenkern, den Metternichs, Gentz',
Kamptz', die täglich neue Verfolgungen gegen ſie erſannen, nicht bei=
kommen konnten, ſo wurden die hilfloſen Juden dazu auserſehen.
Eine Reihe brutaler Wutausbrüche, welche den niedrigen Bildungs=
grad der mittleren Volksklaſſen in Deutſchland in der damaligen Zeit
bezeichnen, erfolgte mehrere Monate hintereinander. Mit dem Hep=
Hep=Geſchrei gegen Juden tauchte das Mittelalter in ſeiner grauſigſten
Geſtalt wieder auf; es wurde von der Studentenſchaft und dem Kauf=
mannsſtande wieder aufgefriſcht.

Den Reigen eröffnete die Stadt Würzburg. Ein neuer Pro=
feſſor wurde (2. Auguſt) von der Studentenſchaft feierlich eingeholt, und
viel Volk hatte ſich angeſchloſſen. Plötzlich wurde ein alter Profeſſor
Brendel bemerkt, der kurz vorher zugunſten der Juden geſchrieben
hatte. Es hieß, er habe dafür von ihnen eine Doſe voll Dukaten be=
kommen. Bei ſeinem Anblicke erſcholl aus dem Munde der Studenten
der unſinnige Ruf „Hep=Hep!“ mit dem pöbelhaften Zuſatz „Jud'
verreck!“ Im ſtudentiſchen Kauderwelſch ſollte das damals zu=
erſt aufgekommene Wort bedeuten: „Jeruſalem iſt verloren“
(Hieroſolyma est perdita!). Brendel wurde verfolgt und mußte ſich
retten. Den Tumult benutzten brotneidiſche Kaufleute, welche erbittert
darüber waren, daß jüdiſche Konkurrenten den Kaffee um einige Kreu=

---

[1]) Alexander Lips, Über die künftige Stellung der Juden in den deut=
ſchen Bundesſtaaten, 2. Aufl., § 2, S. 20.
[2]) Brief an ihren Bruder Robert, vgl. weiter unten.

zer billiger verkauften, und einige andere, welche etwas gegen einen geadelten jüdischen Kapitalisten H i r s ch hatten. Eine leidenschaftliche
Wut bemächtigte sich der Bevölkerung. Sie erbrach die Kaufläden
der Juden und warf die Waren auf die Straße. Und als die Angegriffenen sich zur Wehr setzten und mit Steinen warfen, steigerte sich
die Erbitterung bis zur Raserei. Es entstand eine förmliche Juden-
schlacht wie im Mittelalter, es kamen Verwundungen vor, mehrere
Personen wurden getötet. Etwa vierzig Bürger hatten sich an diesem
Judensturm beteiligt. Militär mußte zur Dämpfung der Erbitterung
herbeigeholt werden, sonst wären die Juden niedergemetzelt worden.
Tags darauf stellte die Bürgerschaft die Forderung an die städtische
Behörde, daß die Juden Würzburg verlassen sollten. Und sie mußte
sich fügen. Mit Trauer verließen etwa vierhundert Juden jeden Alters
die Stadt und lagerten mehrere Tage in den Dörfern unter Zelten,
einer trüben Zukunft entgegensehend. — Ähnliche Szenen wiederholten sich bald in B a m b e r g und in fast allen Städten Frankens.
Wo sich ein Jude blicken ließ, wurde er mit dem Schimpfnamen „Hep-
Hep", „Jud' verreck" angebrüllt und mißhandelt.

Für Frankfurt war diese Judenhetze in Franken ein Fingerzeig,
wie die Verhaßten gedemütigt werden könnten, sie, die gewagt hatten,
einen Prozeß gegen den Senat zu führen, und die einige Beschützer
beim Bundestage hatten. So wiederholte sich hier (9.—10. August)
ein Krawall; er begann mit dem Hep-Hep-Ruf und mit Zerstören
der Fensterscheiben an jüdischen Häusern und steigerte sich zu der Rohheit, alle Juden mit Hohn und Mißhandlung von den Promenaden
zu verjagen. Handwerker, Tagelöhner, Ladendiener, von ihren Brot-
herren heimlich ermutigt, machten, wie zwei Jahrhunderte vorher,
zur Zeit Vincenz Fettmilchs, zerstörende Angriffe auf jüdische Häuser.
Ganz besonders war es auf Rothschilds Haus abgesehen, dessen Reichtum und Bedeutung in politischen Kreisen den christlichen Patriziern
ein Dorn im Auge war. In Paris erschienen zur selben Zeit auf einem
von J a m e s R o t h s ch i l d veranstalteten Balle sämtliche Gesandte
und diplomatischen Vertreter, und in Deutschland behandelte man die
Rothschilds noch wie Trödeljuden. Mehrere vermögende Juden verließen das judenmörderische Frankfurt. Dieser zur Wut gesteigerte
Judensturm in Frankfurt, dem Sitze des Bundestages, war den Gesandten nicht gleichgültig. In Rothschilds Koffer waren Gelder des
Bundestages zur Sicherheit niedergelegt. Der Vorsitzende, Graf
v. B u o l - S ch a u e n s t e i n, berief daher eine Konferenz der Mitglieder zur Beratung, und es wurde beschlossen, Bundestruppen aus

Mainz zu berufen, da der Stadtmiliz nicht zu trauen ſei. Stafetten
flogen nach allen Seiten hin. Dadurch machte die Frankfurter Judenhetze in ganz Europa großes Aufſehen. Die Aufregung gegen die Juden
dauerte indeſſen trotz der herbeigezogenen Truppen noch immer fort.
Mehrere derſelben verkauften daher ihre Häuſer, und ſelbſt die Rothſchilds trauten dem Frieden nicht und dachten ernſtlich daran, Frankfurt den Rücken zu kehren. Sie hätten nach Frankreich oder England
überſiedeln müſſen; denn in Deutſchland waren ſie damals nirgends
ganz ſicher.

Wie ein Lauffeuer verbreiteten ſich die Nachrichten dieſer Juden-
ſchlacht in Deutſchland, als hätte die Bevölkerung überall nur auf
ein Zeichen gewartet, um loszubrechen. In D a r m ſ t a d t und B a y -
r e u t h wiederholten ſich (12. Auguſt) die Stürme. Aus M e i n i n g e n
wurden die wenigen Juden vertrieben. In K a r l s r u h e fand man
eines Morgens (18. Auguſt) an der Synagoge und an den Häuſern angeſehener Juden einen Zettel angeheftet mit den Worten „Tod und
Verderben den Juden!" Hier war es der Hofbankier H a b e r, deſſen
Reichtum die Bevölkerung zur Wut ſtachelte. Ein Offizier beſchimpfte
einen geachteten jüdiſchen Lehrer am Lyceum öffentlich. Die H a m -
b u r g e r folgten nach (21.—24. Auguſt). Die Juden wurden aus
den Kaffeehäuſern und von der Poſt mit Hohn und Beleidigungen
verjagt, die Fenſter ihrer Häuſer wurden eingeſchlagen. Da ſie ſich hin
und wieder zur Wehr ſetzten, ſo bedeutete ſie der Senat drohend,
ſie ſollten bei Strafe ſich jeder Gelegenheit zum Streit enthalten. In
D ü ſ ſ e l d o r f fand man (28. Auguſt) die Haustüren mehrerer jüdiſcher Häuſer durch ſchwarze Striche und drohende Zettel bezeichnet.
Im Badiſchen, wo Sand die deutſchtümelnde Narrheit mit einem
Mord beſiegelt hatte und die Aufregung der Gemüter noch fortdauerte,
war die Erbitterung gegen die Juden ſo groß, daß kein Jude ſich auf
den Straßen blicken laſſen konnte, ohne beſchimpft oder mißhandelt
zu werden. In H e i d e l b e r g kam es (Anfang Sept.) zu einem
T u m u l t e infolge eines pöbelhaften Auftrittes, der den ritterlichen
Charakter der Deutſchen in ein wunderliches Licht ſetzt. Ein Bürger
hatte ein jüdiſches Mädchen mißhandelt und war von der Polizei verhaftet worden. Alsbald erhob ſich faſt die ganze Bevölkerung, um den
Helden zu befreien und die jüdiſchen Häuſer zu zerſtören. Die Hep-
Hep-Rufe erſchollen in den Straßen; Äxte, Brecheiſen, Werkzeuge aller
Art wurden wie zu einer Erſtürmung zuſammengebracht. Die Bürger-
garde, welche die Anſtürmenden auseinandertreiben ſollte, verſagte
ihren Dienſt. Der Stadtdirektor P f i z e r, ſtatt den Verfolgten bei-

zustehen, unterstützte die Verfolger. Es wäre Blut vergossen worden,
wenn nicht die Heidelberger Studentenschaft, vielleicht durch Berührung mit Frankreich menschlicher gestimmt, angeführt von zwei Professoren, D a u b und T h i b a u t, die Wehrlosen mit eigener Gefahr geschützt hätte. Erst als die bewaffnete Macht einschritt, Patrouillen
das ganze badische Land durchschweiften, und jedes Städtchen und
jedes Dorf für Angriffe einzelner aus ihrer Mitte auf die Juden verantwortlich gemacht wurde, legte sich allmählich der Judensturm; aber
der Haß wurde dadurch nur noch ingrimmiger.

Aus Deutschland flog der Funke des Judenhasses sogar in die
Hauptstadt des dänischen Staates, der einige Jahre vorher den Juden
das Bürgerrecht erteilt und es nicht wieder zurückgenommen hatte.
Die Veranlassung dazu war, daß flüchtige jüdische Kaufleute aus
Hamburg sich in Kopenhagen niederließen und andere ihnen nachzu-
folgen ermutigten. Deswegen regte sich der Brotneid, möglicher-
weise von deutschen Kaufleuten aufgestachelt. Hier erhob sich indes
(Sept.) nur der Pöbel, begann mit Steinwürfen gegen Juden und
endete mit Tätlichkeiten und Verwundungen. Die Regierung mußte
das Standrecht verkünden. Die Bürger standen dagegen in den wenigen Städten, wo Juden wohnten, diesen bei, und die Prediger verkündeten von den Kanzeln Duldung und Liebe gegen sie. In Deutschland blieben die Diener der Religion beim Anblick der Roheiten stumm
oder sahen ihnen gar schadenfroh zu. Angriffe auf Juden hatten sich
von Würzburg aus südwärts bis Karlsruhe und nordwärts bis Danzig
erstreckt; am häufigsten jedoch waren sie in Bayern und Baden, wo
der Judenfresser F r i e s gewühlt hatte. Damit kein Zug von den
mittelalterlichen Judenhetzen fehlen sollte, wurde in einem kleinen
bayrischen Orte eine Synagoge gestürmt, und die Gesetzrollen wurden
in roher Weise zerrissen. Auch da, wo sich die Faust nicht ballen konnte,
donnerte der Mund in kleinen und großen Städten jedem Juden ein
Hep-Hep zur Belustigung der Zuschauer entgegen[1]. Die polizeiliche

[1] Alle Zeitungen brachten damals Nachrichten darüber, ruhig und sach-
gemäß die Berliner, besonders die Haude und Spenersche, am perfidesten die
Augsburger Allgemeine. Jost hat dieses Faktum verkleistert. Er bemerkt X,
1, 105: „Die Erscheinung solcher Gewalttaten mitten im Frieden, betrübte
alle Gutgesinnten in Deutschland ... wiewohl der Unfug nur örtlich und
Folge absichtlicher Aufreizung war." Ganz anders stellt es ein christlicher
Zeitgenosse dar, der unter dem frischen Eindruck darüber geschrieben hat,
J u l i u s v o n V o ß, Die Hep-Heps in Franken, S. 9: „Ihr da, Juden-
verfolgungen an einem Orte anhebend, an anderen sie nicht mißbilligend,
belachend, Lust zeigend, gelegentlich auch wohl also zu tun, als ständen wir

oder ſoldatiſche Mannſchaft, welche gegen die Stürmer und Schreier
einſchritt, nahm im Stillen Partei gegen die Juden, und die Regie=
rungen, welche ſie ſchützten, taten es mehr aus Furcht, weil ſie hinter
dem Judenſturme demagogiſche Umtriebe argwöhnten. Später be=
riefen ſie ſich auf dieſe Gewaltausbrüche, als auf den Volkswillen oder
Unwillen gegen die Juden, um ihnen die bürgerlichen und ſtaats=
bürgerlichen Rechte vorzuenthalten.

Die höchſte Blüte des deutſchtümelnden Judenhaſſes bildet die
in der Zeit der Aufregung erſchienene Brandſchrift „D e r J u d e n =
ſ p i e g e l“ (Nov. 1819). H a r t w i g H u n d t, ein Mann von
abenteuerlicher Exiſtenz, der, weil er bei einem adeligen Polen Radowſky
Hauslehrer war, ſich den Adelstitel v. H u n d t = R a d o w ſ k y bei=
legte und gegen den Adel ſchrieb, weil er in deſſen Reihen nicht zuge=
laſſen wurde, forderte geradezu auf, die Juden totzuſchlagen. Wahr=
ſcheinlich hatten ſie ſein Raubrittertum nicht nach ſeiner Erwartung
befriedigt. Er nannte ſich beſcheiden Grattenauer den Zweiten,
übertraf aber ſämtliche Judenfeinde, welche ſeit der Erfindung der
Buchdruckerkunſt von Pfefferkorn, Ortuin Gratius und **Dr.** Martin
Luther an bis auf Rühs, Fries und die Frankfurter Judenfreſſer, die
Demütigung oder Vertilgung der Juden als Herzensangelegenheit be=
handelt haben. Hundt=Radowſky machte ſehr löbliche Vorſchläge,
welche, wie er ſich ſchmeichelte, die Hep=Hep=Männer befriedigen
würden. „Obgleich ich meines Ortes die Tötung eines Juden weder
für eine Sünde, noch für ein Verbrechen halte, ſondern bloß für ein
Polizeivergehen, ſo werde ich doch nie raten, ſie, wie es mir jetzt im
andern Falle Mode zu werden ſcheint, ungehört zu verdammen und zu
beſtrafen.“ Was denn? Seine Ratſchläge waren: „Man verkaufe
Israels Kinder an die Engländer, welche ſie ſtatt der Schwarzen in
ihren indiſchen Pflanzungen gebrauchen können. Damit ſie ſich nicht
vermehren, ſollte man die Männer entmannen und ihre Weiber und
Töchter in Schandhäuſern unterbringen. Am beſten werde es jedoch
ſein, man reinigte das Land ganz von dem Ungeziefer, indem man ſie
entweder ganz vertilge oder ſie, wie Pharao, die Meininger, Würz=
burger und Frankfurter es gemacht haben, zum Lande hinausjage.“

ſchon wieder im vierzehnten oder fünfzehnten Jahrhundert.“ Und im Ein=
gange: „Und wenn es mich nun letzthin ungemein empörte, von dem zu
leſen, was in Würzburg, Bamberg uſw. ſich zugetragen hat, geriet ich noch
mehr in Erſtaunen, als ich Gelegenheit fand, einige öffentliche Urteile über
dieſe Vorgänge zu hören. Ich mußte mich beſinnen, ob ich in Berlin oder in
M....t lebte, ob wir 1819 oder 1419 ſchreiben.“

Selbstverständlich ließ er an den Juden von den ältesten Zeiten an bis auf seine Zeitgenossen kein gutes Haar. Sie seien sämtlich verworfen, „selbst ihre Dichter seien Betrüger und hätten einen kurzen Fuß statt eines langen." Der Hep-Hep-Sturm und Hundt-Radowskys Mord-predigten waren die giftige Frucht der Saaten, welche Fichte und Schleiermacher ausgestreut hatten; sie sind schnell und voll genug auf-gegangen.

Diese Brandschrift des sogenannten v. Hundt-Radowsky, in der jedes Wort eine Scheußlichkeit ist, wurde von der deutschen Lesewelt gieriger verschlungen als seine schlechten Romane. Erst auf Antrag der Juden wurde sie hier und da von der durch die Karlsbader Be-schlüsse allmächtigen Zensur verboten und konfisziert[1]). In Portugal wurde um dieselbe Zeit bei den Cortes ein Antrag eingebracht, die ausgestoßenen Juden wieder zuzulassen und das an ihnen begangene Verbrechen zu sühnen, und in Deutschland rechtfertigten Schriftsteller und Staatsmänner dieses Verbrechen und wünschten, daß es im neun-zehnten Jahrhundert wiederholt würde! Hundt stand nicht vereinzelt da mit seinen Vorschlägen zur Vertilgung der Juden, er hatte Ge-sinnungsgenossen. Ein Deutschtümler aus Frankfurt, der sich der Weiß-Becker nannte, beleuchtete in derselben Zeit (1819) „Das Leben, Dichten und Trachten der Juden", angeblich nach dem Richter-spruch der Vernunft, in Wahrheit aber nach den Eingebungen des blindesten, leidenschaftlichsten Hasses. Wer will alle diese judenfeind-lichen, aufregenden Schriften gegen die Juden aus den Jahren des Hep-Hep-Sturmes aufzählen? Bei Besprechung der Tagesfragen, mochten sie auch noch so fern von dem Verhältnis zu den Juden liegen, wurden diese herbeigezogen, um sie zu besudeln. Verherrlichten sie Sand und seine Mordtat an Kotzebue und rühmten sie dessen christ-liches, religiöses Gefühl, so verfehlten sie nicht, hinzuzufügen, daß „der christliche Haß den Tag des Gerichtes über die Juden, die privilegierten Spießgesellen der Plusmacherei", herbeirufen würde, auch „wenn kein Schriftsteller je einen Buchstaben zum Nachteile der Juden der Presse" anvertraut hätte[2]).

Lord Byron, der Schöpfer einer neuen Poesie, der ihr Wahrheit und Tiefe verliehen und aus dem Abgrunde des Herzens dämonische Mächte hervorgezaubert hat, hatte auch dem tragischen Schmerze der Juden die rührende Sprache gegeben. In glücklicher Nachahmung der

---

[1]) Sulamit VI, 1, S. 32. 331.
[2]) David Friedländer, Beitrag zur Geschichte der Judenverfolgung im 19. Jahrh. durch Schriftsteller (Berlin 1820), S. 9.

Psalmen sang er in süß-wehmütigen Akkorden hebräische Lieder (Hebrew Melodies) und wußte die tausendjährige, schnöde Pein in sanfte Tränen aufzulösen. Man glaubt Jehuda Halewis klagende Zioniden zu hören, wie er an den heiligen Gräbern den alten Glanz von Israels Vergangenheit hervorzauberte, um das Weh der Gegenwart doppelt schmerzlich empfinden zu lassen. Lord Byron feierte Davids heilige Harfe und ihre Zauberkraft:

> „Sie sänftigte Menschen, hart wie Erz,
> Hauchte ihnen niegekannte Wehmut ein,
> Kein Ohr so stumpf, so roh kein Herz,
> Das nicht erglüht von diesen Tönen."

Byron beschwor den hehren Schatten des Heldenkönigs Saul und des düstern Propheten Samuel herauf, beleuchtete mit seiner Dichterflamme die Trümmer des Tempels, den Titus angezündet, und den letzten schmerzlichen Blick, den die gefesselten jüdischen Helden auf sie warfen, die künftigen Leiden im düsteren Gemüte ahnend:

> „Ich blickte auf Tempel und Vaterhaus noch
> Und vergaß eine Weile Knechtschaft und Joch.
> Doch ich sah nur in Flammen den Tempel verzehrt,
> Und Fesseln, den Händen die Rache verwehrt, . . .
> . . . .
> Wie zerstreut und verachtet dein Volk auch mag sein,
> Wir verehren, o Vater, doch dich nur allein."

Würdig eines trauernden Psalmendichters ist die Klage um das tiefe Weh der tausendfach Verfolgten:

> „Beweint sie, die geweint an Babels Strome,
> Ihr Reich ein Traum, in Trümmer ihre Dome.
> . . . .
> Wo wäscht das Blut sich Juda von den Füßen?
> Wann soll Gesang von Zion wieder grüßen?
> Ihr Stämme mit dem Wanderstab, ihr müden,
> Wohin könnt fliehen ihr und finden Frieden?
> Die Taube hat ihr Nest, der Fuchs die Kluft,
> Der Mensch die Heimat, Israel nur die Gruft."

Byron wußte sich in die Tiefen der jüdischen Empfindung zu versenken und ihr Leid wie ihre Treue mit wenigen Strichen zu verlebendigen:

> „O, wäre so falsch ich, wie du geglaubt,
> Nimmer wär' der Heimat ich jetzo beraubt;
> Nur Abfall von Gott, und der Fluch wär' geschwächt,
> Die einzige Schuld, welche trägt mein Geschlecht . . .
> . . . .

> Ich gäb' für den Glauben — du haft nicht so viel,
> Gott weiß es, er, dem dein Glücksstand gefiel,
> Mein Herz und mein Hoffen hat er in der Hand,
> Gern laß' ich für ihn dir mein Leben, mein Land[1]).

Ein Berliner Priester aus Schleiermachers Schule, F r a n z
T h e r e m i n, ergriffen von diesen schmerzlichen Tönen der hebräischen Lieder, übertrug sie (1820) — allerdings abgeschwächt und plump
— für deutsche Leser, hielt es aber der öffentlichen Meinung gegenüber
für nötig, sich zu entschuldigen und zu beteuern, daß er sich dadurch
nicht der Teilnahme für die Juden hoffe verdächtig gemacht zu haben.
Damit sich noch nicht begnügend, sprach Theremin den Juden überhaupt jede Empfindung für ihren nationalen Schmerz ab: „Sie leben
in einer so beispiellosen Dumpfheit, daß sie das Schreckliche ihres
Schicksals nicht fühlen und es sich am Orte ihrer Verbannung, bei
den fremden Nationen, von deren Mark sie zehren, ganz wohl sein
lassen"[2]). Gewiß die Juden von Würzburg, Bamberg, Meiningen,
die im Angesicht des neunzehnten Jahrhunderts hinausgejagt worden
waren, die Juden von Frankfurt, von Hamburg, von ganz Deutschland,
die jeden Augenblick eines Steinhagels mit Hep=Hep=Gebrüll gewärtig
waren, sie ließen es sich ganz wohl sein und empfanden nichts! Theremin, der Lehrer der christlichen Religion, Savigny, Eichhorn, Klüber,
die Lehrer der Rechte, und Rühs, der Lehrer der Geschichte, sie führten
dieselbe Sprache wie der verworfene Hundt, so oft von Juden die
Rede war. Selbst ein Staatsrechtslehrer in Göttingen, wie G e o r g
S a r t o r i u s, von dem Heine sang:

> „In unsrer Zeit der Selbstsucht und der Rohheit
> Erquickt ein solches Bild von edler Hoheit,"

empfand gegen die Juden nur Härte. Sartorius erkannte zwar an,
daß etwas Großes darin läge, daß das israelitische Volk trotz allen
Unglücks noch bestehe. „Vor ihrem Gesetzgeber müssen die neuen
Verfassungskünstler sich verbergen. Noch feiern sie ihre Geschichte
und betrauern die Tage des Verlustes ihrer Selbständigkeit. In ihren
Familienverhältnissen herrscht das Patriarchalische vor. Ehebruch und
Ungehorsam der Kinder gegen ihre Erzeuger sind selten bei ihnen.
Sie sind als Trümmer einer großen Vergangenheit da, in vielen Be-
ziehungen ehrwürdig, in der Geschichte unvergeßlich." Aber beschränkt

---

[1]) Hebrew Melodies, zum Teil nach der Übers. in L. A. Frankls „Libanon".

[2]) Vorwort zu den hebräischen Gesängen 1820.

sollen sie doch bleiben; ihre Gleichstellung unter den Deutschen be=
trachtete auch Sartorius als Wahnsinn[1]).

So war die Hand aller gegen sie, für sie trat kein Wortführer
von Gewicht und Ansehen auf, dessen Wort den Belfern, wenn auch
nicht Stillschweigen, so doch Mäßigung hätte auflegen können, nicht
der greise Jean Paul Friedrich Richter, obgleich er eine Vorliebe
für die Juden hatte, nicht der junge Varnhagen von Ense, obwohl er
Rahel zur Frau hatte, die doch mit geschmäht wurde. Nur ein einziger
Schriftsteller überwand das Vorurteil und trotzte der feindseligen
öffentlichen Meinung, um für die von allen Seiten geschmähten und
angegriffenen Juden mit seinem Namen einzutreten, der Lustspieldichter
Julius von Voß, dessen Stimme freilich keine große Tragweite
hatte, dessen zerrüttete Lebensverhältnisse noch dazu den Verdacht er=
regten, ob nicht jüdische Freigebigkeit ihn das Wagnis begehen ließ.
Von Voß selbst hatte in Lustspielen und Romanen jüdische Figuren
dem Lachen preisgegeben. Aus Reue und Gewissensbissen darüber,
gestand er, habe er die Lichtseiten der Juden hervorheben und sie
gegen die gehäuften Hep=Hep=Schmähungen in Schutz nehmen wollen.
Er sagte den Judenfressern, daß sie sich schämen müßten, 1819 zu
1419 zurückschrauben zu wollen, „daß die Urahnin aller Kulte von
den indischen Mohammedanern an durch Europa hin bis zum letzten
Christen in Kalifornien und von da wieder bis nach Sibirien", überall
die jüdische Religion sei. „Wollt ihr einem Plünderungssystem an
reichen Israeliten den Eingang öffnen, wird des Pöbels Abschaum
bald auch anderes Eigentum rauben und von Zügellosigkeit in Zügel=
losigkeit fallen, und nur Blutbad auf Blutbad wird die öffentliche
Meinung herzustellen vermögen," rief ihnen von Voß drohend zu.
Sein Wort wurde wenig beachtet oder gar verspottet. Noch weniger
Eindruck machten anonyme Schriften von diesem oder jenem Frei=
maurer zugunsten der Juden. Aber jedenfalls ist doch ihre Gesinnung
und ihr guter Wille anzuerkennen. Schmählich benahmen sich aber die
getauften Juden bei diesen Judenstürmen. Nicht einer von ihnen,
außer Börne, trat für seine ehemaligen Brüder mit der Entrüstung
auf, welche Gewalttätigkeit gegen Wehrlose einflößen muß. Rahel
von Varnhagen, welche durch ihre vernünftelnde Christelei an
den Nebelschleiern der Deutschen mitgewebt hat, schrieb zwar an ihren
Bruder Ludwig Robert, welcher Zeuge des Hep=Hep=Sturmes

---

[1]) Sartorius, Über die Gefahren, welche Deutschland bedrohen,
und die Mittel, ihnen mit Glück zu begegnen, Göttingen, 1820.

war, in ihrer Art: „Ich bin grenzenlos traurig, und in einer Art, wie ich es noch gar nicht war. Wegen der Juden. Behalten wollen sie sie; aber zum Peinigen, zum Verachten, zum „Judenmauschel" schimpfen . . . . . zum Fußstoß und Treppenrunterwerfen . . . . Die gleißnerische Neu=Liebe zur christlichen Religion (Gott verzeihe mir meine Sünde!), zum Mittelalter mit seiner Kunst, Dichtungen und Greueln hetzt das Volk zu dem einzigen Greuel, zu dem es sich noch, an alte Erlebnisse erinnert, aufhetzen läßt . . . Es ist nicht die Tat des Volkes, das man Hep schreien lehrte . . . . die Professoren Fries und Rühs, und wie sie heißen, Arnim, Brentano, „Unser Verkehr" und noch höhere Personen mit Vorurteilen." Sie meinte, die christlichen Priester hätten vortreten müssen, um dem Volke seine Freveltaten vorzuhalten. „Ja, die Priester!"[1] Aber weder Rahel, noch ihr Bruder Robert, noch ihr Gemahl Varnhagen, die doch sonst für jede Kinderei so viel Worte künstelten und eine Stimme in der öffentlichen Meinung hatten, erhoben sie gegen die Gewalttaten und gegen die Herrschaft der Unfreiheit.

Die Juden hatten zwar bereits ihre eigenen literarischen Hilfsmittel, um sich ihrer Haut zu wehren. In Deutschland allein gab es fast vierzig jüdische Schriftsteller, welche zum deutschen Publikum sprechen konnten. Zwei eigene Zeitschriften[2] und auch die Tagesblätter öffneten ihnen hin und wieder ihre Spalten. Sie traten auch mutig auf den Kampfplatz, um die allzu gemeinen Anschuldigungen gegen ihre Stammesgenossen abzuwehren. Zimmern, ein junger jüdischer Rechtsgelehrter in Baden, Mose Heß, Oberlehrer der israelitischen Schule in Frankfurt und sein Kollege Jakob Weil, J. Wolff und Gotthold Salomon, beide Lehrer an der herzoglichen Franzschule in Dessau, der letztere später ein berühmter jüdischer Kanzelredner, der Arzt Saul Ascher in Berlin, der die Deutschtümelei nicht schlecht geißelte, L. L. Hellwitz in Werl, Elkan Henle und andere. Der alte J. Sabbataï Wolff „ein Greis, für den es wenig Erfreuliches auf der Welt mehr gibt", beschwor die Regenten der Erde um Erbarmen, daß sie verhüten möchten, daß

---

[1] Sie, eine unselige Kassandra, wie sie sich so gerne nannte, wollte schon drei Jahre vorher immer prophezeit haben: Die Juden werden gestürmt werden. W. Freund, Judenfrage in Deutschland I, S. 181 f. Nur allzugroße Bewunderung für die Wortkünstlerin Rahel gab Moritz Veit die lästerliche Vergleichung ein, Rahel habe ihre Wahlverwandtschaft mit dem Geist der Propheten bekundet. Das. S. 183.

[2] Sulamit, herausgegeben von David Fränkel seit 1806, Jedidja, herausgegeben von Heinemann seit 1817.

ferner so unverantwortlich und ungerecht gegen die Juden verfahren werde. Auch der greise David Friedländer erhob abermals seine Stimme, gebärdete sich aber possierlich, schlug die Hände zusammen ob der Judenfresser und ob der Verfolgung der Juden in Deutschland im neunzehnten Jahrhundert und konnte nicht begreifen, er, der das Christentum und den Staat für Ideale hielt, daß diese Götter so viel Unflat um sich werfen könnten. Er wendete sich an die Gräfin von der Recke und erinnerte sie an die Zeit, in welcher hochgestellte Christen mit Juden harmlos verkehrten und sich aneinander bildeten, — es klang wie ein verschollenes Märchen aus grauer Vorzeit. Aber alle die jüdischen Kämpfer warfen nur leichte Kügelchen und konnten die dicke Panzerhaut des deutschen Vorurteils gegen die Juden kaum streifen. — Dazu gehörten scharfspitzige und wuchtige Harpunen. Da erweckte ihnen der Lenker der Geschichte, der die Juden auch diesmal nicht verließ, zwei Racheengel, welche die Deutschen mit feurigen Ruten peitschten, sie aus ihrer erträumten Höhe herabstürzten und ihre Armseligkeit schonungslos aufdeckten. Diese Racheengel, welche den Deutschen mehr Segen brachten als ihre Schutzengel, waren Ludwig Börne und Heinrich Heine.

Achtes Kapitel

Börne und Heine.

Börnes und Heines jüdischer Kern. Börnes Leben, Bildungsgang und
Charakter. Sein Verhältnis zum Judentum. Sein Freiheitsdrang.
Seine Neigung zum Katholizismus vor seinem Tode. Heine, sein Lebens-
gang, seine religiöse Erziehung und seine unglücklichen Jünglingsjahre.
Sein Verhalten zum Judentum. Die Juden in Polen, von Heine ge-
schildert. Heines Bitterkeit gegen die herrschende Religion. Der Almansor.
Der Rabbi von Bacharach. Michael Beer und sein Paria. Heines Taufe
und die eigenen Glossen darüber. Seine Ansichten über Juden und
Judentum in der Jugend und im Alter. Börnes und Heines Einfluß
auf die Literatur und den Geist.

(1819—1830).

Gehören auch Börne und Heine in die jüdische Geschichte?
Allerdings! Es floß nicht bloß jüdisches Blut in ihren Adern, sondern
auch jüdischer Saft in ihren Nerven. Die Blitze, die sie bald in regen-
bogenartigen Farben, bald in grellen Streifen über Deutschland flammen ließen, waren mit jüdisch-talmudischer Elektrizität geladen. Sie
haben zwar beide sich äußerlich vom Judentume losgesagt, aber nur
wie Kämpfer, die des Feindes Rüstung und Fahne ergreifen, um ihn
desto sicherer zu treffen und ihn desto nachdrücklicher zu vernichten.
So waren sie Heuchler? Man mache die Lauheit oder Einfalt der
halben Dorfpfarrer verantwortlich, die sie mit dem Taufwasser be-
sprengten, ohne sie um ein aufrichtiges Glaubensbekenntnis zu befragen! Trotz des Taufwassers haben ihre Gegner sie als Juden betrachtet und beschimpft. Und in der Tat hing einer von ihnen ungeachtet seiner wechselnden Stimmungen im Herzen dem Judentum
aufrichtiger an, als die Friedländers, die sich als dessen Vertreter ge-
bärdeten. Diese beiden reichbegabten Persönlichkeiten, die man ungeachtet ihrer inneren Verschiedenheit, wie Schiller und Goethe, als
ein Zwillingspaar ansehen kann, haben den mittelalterlichen Qualm,
den die Deutschen künstlich, um das Licht zu verdunkeln, um sich an-
häuften, mit ihrem blitzartigen Geiste durchbrochen und dem reinen

Lichte wieder Zutritt verschafft. Witz und Geist, für die außer Lessing nur wenige in Deutschland bis dahin das rechte Verständnis gehabt hatten, machten sie in der deutschen Literatur heimisch und verbannten die deutsche Hölzernheit und Unbeholfenheit, über welche sich die Nachbarvölker lustig zu machen pflegten.

In ihrer kindischen Verbissenheit gegen die Juden behaupteten die Deutschtümler, die Rühs, Fries und die Hundt-Radowsky, das Judentum könne keinen Mann von Charakter, keine Seele mit freierem Kunstsinn aus sich gebären; da strafte sie die Geschichte sofort Lügen und beschämte sie. Das Judentum stattete einen charakterstarken Freiheitsapostel mit einer Sprache aus, welche an die Propheten und an die römischen Catone erinnerte, und dieser verwirrte alle Begriffe der Deutschen von der Staatsrechtslehre, und es stellte noch dazu einen kunstsinnigen Dichter auf, mit einer Mischung von inniger Poesie und geißelnder Jronie, und dieser warf alle ihre Kunstregeln über den Haufen. Es ist wohl nicht allzu übertrieben, zu behaupten, daß kein Volk der Erde in der Gestaltenfülle der Geschichte zu gleicher Zeit zwei solche eigenartige Naturen erzeugt hat, welche mit Börne und Heine verglichen werden könnten. In der Geschichte des jüdischen Volkes stehen sie nicht vereinzelt. Börne erinnert mit seiner Gefühlstiefe und seinem zugleich verwundenden und heilenden Witz an den prophetischen und psalmistischen Spott über Verkehrtheiten. Heine hatte Seitenstücke an Jbn-Esra, Alcharisi und Jmmanuel Romi, deren Satire sich über sich selbst lustig machte, die ebenfalls äußerlich hell auflachten und innerlich tiefen Gram bargen. Der mannigfaltige Blütenschmuck des Börne-Heineschen Geistes ist aus jüdischen Wurzeln entsprossen. Nicht bloß ihr Witz war jüdisch, sondern auch ihr Wahrheitsdrang, ihr Widerwille gegen Schaustellungen, ihr Haß gegen das Bemänteln und Verschleiern, ihre Verachtung des offiziellen Gepränges, der benebelnden Weihrauchswolken für nichts und wieder nichts, der ambrosianischen Orgelklänge für Lüge, Menschenknechtung, Rechtsverdrehung und Menschenschlächterei. Die demokratische, freiheitsglühende Gesinnung, die bei Börne mehr, bei Heine weniger, die spinozistisch einschneidende Zergliederung, die bei diesem mehr, bei jenem weniger hervortritt, das alles war an ihnen urjüdisch. Im Christentume geboren und im offiziellen Geiste erzogen, wären beide nicht das geworden, was sie waren; befreiende Mächte, welche eingewurzelte Torheiten und Verkehrtheiten mit lachender Miene bannen halfen. Sie, die Geknechteten, wurden Befreier und erlösten ihre Feinde von dem Doppeljoche politischer und gesellschaftlicher Unmündigkeit.

Fast hätten die Deutschtümler Dank dafür verdient, daß sie die Juden mit ihrem Rückfall in die Barbarei so empfindlich gequält haben. Sie haben dadurch, wenn auch nicht Heine, so doch entschieden den zu träger Beschaulichkeit geneigten Börne aufgerüttelt und ihm den Pfeil in die Hand gedrückt, womit er sie ins Herz traf. — L u d w i g B ö r n e oder L ö b B a r u ch (geboren in Frankfurt a. M. 1786, starb in Paris 1837) erblickte das Licht der Welt in demselben Jahre, in dem es für Mendelssohn unterging, als hätte die Geschichte für den Verlust des Weisen von Berlin den verwaisten Juden nach einer anderen Seite hin wenigstens einen Ersatz bieten wollen. Börne hatte einige Ähnlichkeit mit Mendelssohn, das schüchterne, scheue, etwas linkische Wesen, die Selbstbeherrschung, die Charaktergröße, das strenge Nachleben nach einer gefundenen sittlichen Norm. Beide wurden durch den Zufall, ohne daß sie es wollten, bewunderte Persönlichkeiten. Beide schöpften aus sich ästhetische Regeln, ohne dazu geschult zu sein. Börnes Bildungsgang war eigentümlich. Sein Vater Jakob Baruch, ein Schützling des österreichischen Kaiserhauses (S. 306), von Jugend auf in stetem Verkehr mit Hofleuten und Fürsten, versteckt wie ein Minister und aufgeklärt wie der Kreis der Berliner, war dem Judentum halb oder vielleicht ganz entfremdet[1]. Nichtsdestoweniger ließ er aus Familienrücksichten seine Söhne in althergebrachter Weise erziehen. Er suchte für sie einen Hauslehrer, Jakob Sachs, der selbst zu den Aufgeklärten gehörte, und sich Friedländer zum Muster genommen hatte, und verlangte von ihm, daß er seine Söhne durchaus in stockalter Weise unterrichten und ihnen nichts von der neumodischen Aufklärung beibringen sollte. So lernte Börne die Bibel und die Anfangsgründe des Talmuds in geistloser Weise, gewahrte schon früh, daß das, was Vater und Lehrer ihm beibrachten, ihnen selbst nicht Lebensernst war und gelangte dadurch zur Zwiespältigkeit in seinem Innern. Ein weiblicher Haustyrann trug dazu bei, ihm das jüdisch-religiöse Leben widerwärtig zu machen. Die Vertreter des Judentums in der Frankfurter Gemeinde waren auch nicht geeignet, dem für Schönheit empfänglichen Knaben ein freundliches Bild zu zeigen. Der aus Polen und den chassidäischen Kreisen berufene Rabbiner Pinchas ha-Levi Hurwitz, die letzte rabbinische Größe in Frankfurt[2],

---

[1] Vgl. über Börne und seines Vaters Haltung, Börnes Briefe. Ges. Schriften XII, S. 320 und Börnes Leben von Gutzkow 1840. Briefe des jungen Börne an H. Herz 1861 [und die bereits oben zitierten Abhandlungen Schnapper-Arndts und Ludwig Geigers.]

[2] Vgl. o. S. 41 und Note 2.

der die Mendelssohnsche Pentateuchübersetzung verketzerte, hatte mit
der Judengasse in Frankfurt Ähnlichkeit, stille Tugenden und eine
abstoßende Außenseite.   Hätte Börne Mendelssohn zum Vorbilde
haben können, so wäre er wahrscheinlich bei seinem Ernste und bei
seinem Hange zur Sittlichkeit und Wahrheit ein begeisterter Anhänger des Judentums geworden, aber es war in seiner Nähe nichts,
was einen idealen Zug darbot, und so entwickelte sich in ihm eine Art
Abneigung gegen das jüdische Wesen, die gleich bei seiner ersten Aus-
fahrt ins Leben zum Durchbruche kam.

In Gießen sollte er im Hause des Professors H e z e l für ein ge-
lehrtes Fach vorbereitet werden und in einem jüdischen Hause nach
jüdischer Vorschrift leben.   Aber es dauerte nicht lange, so übersprang
er diese Schranke und warf, kaum ins Jünglingsalter getreten, sein
jüdisches Bekenntnis hinter sich.   Sein Erzieher Hezel hatte eine Vorliebe für die hebräische Sprache und Literatur und bahnte gleichzeitig
mit E i c h h o r n die Pflege derselben auf Universitäten durch bequeme
Handbücher an.   Der bereits als Kenner des Hebräischen gefeierte
Professor bewunderte die hebräischen Kenntnisse seines jungen jüdischen
Zöglings Börne, ermunterte ihn, sie zu bereichern und ließ ihn an
seinen Vorlesungen über die Psalmen und hebräische Grammatik teilnehmen.   Aber da Börne nichts mehr dafür empfand und diese Kenntnisse gering schätzte, so kam es, daß er später kaum hebräisch zu lesen
verstand.   Im Hause des Arztes Markus Herz, wo es Mode geworden
war, über alles Jüdische zu spötteln, und besonders nach dessen Tode,
als dessen Witwe, Schleiermachers Seelenbraut Henriette, ihn an
diesen und sein christliches Wolkenkuckucksheim gewiesen hatte, riß
in Börnes Herz die letzte Faser, die ihn mit seinem Stamme und dessen
Vergangenheit noch verknüpfte.   Die christelnde Henriette Herz und
der spinozistisch-romantisch-evangelisierende Schleiermacher machten
ihn zum Judenfeinde[1]).   Er verachtete die Juden der Gegenwart und
sprach von ihnen wie ein Erzjudenfeind.   Das jüdische Altertum, von
dem er von Hause aus verkehrte Vorstellungen hatte, und die durch
seinen Berliner und Hallischen Umgang noch mehr getrübt worden
waren, sah er als Zerrbild an.   Die alten Juden von Abraham bis
zum „reichen Salomo" kamen ihm vor, „als hätten sie die Weltgeschichte travestieren wollen"[2]).   Er ahnte nicht, wie viel sein inneres
Sein, die Wahrhaftigkeit seiner Natur, dem Judentume zu danken

---

[1]) Briefe des jungen Börne, S. 134.
[2]) Das. S. 143.

hatte. In die auch mit ihm kokettierende Henriette Herz, die seine Mutter hätte sein können, war er so verliebt, daß er ernstlich daran dachte, sich aus Liebesgram zu vergiften. Aber wie schnell wurde der Jüngling von dieser wahnsinnigen Liebe, wie von der Liebe überhaupt, geheilt[1]), während das Bild der schönen Jüdin den viel älteren Prediger Schleiermacher bis auf die Kanzel begleitete! Es war seine angeborene jüdische Nüchternheit, welche über diese überschwengliche Romantik siegte und sich über die herrschende Sentimentalität der schmachtenden Jünglinge und schwindsüchtigen Mädchen lustig machte[2]). Der Lucinde= Unflat, den Schleiermacher beweihräucherte, ekelte den sechzehnjährigen Börne so sehr an, daß er dieses Lasterbuch nicht einmal mit dem Reize der Verstohlenheit lesen konnte[3]). Dieselbe aus dem jüdischen Grund= wesen ererbte Nüchternheit leitete Börne auch auf den richtigen Weg, seine ideale Natur, die leicht in exzentrische Überschwenglichkeit hätte umschlagen können, im Gleichgewicht und in nicht allzuscharfem Wider= spruch mit der wirklichen Welt zu erhalten. Frühzeitig hatte er eine Göttin kennen gelernt, der er schwärmerische Liebe zuwendete und bis zu seinem letzten Hauche treu blieb. „Das wahre Wesen der Tugend läßt sich in einigen Worten ausdrücken. Was ist Tugend? Tugend ist Seligkeit. Und Seligkeit? Ist Freiheit. Es läßt sich nicht weiter fragen, was Freiheit sei, denn sie ist das ewige schlechthin eine, das eins mit der Vernunft, das eins mit Gott, eins mit dem Unbedingten, das sich selbst erklärt[4])." Das dachte und schrieb in sein Tagebuch der achtzehnjährige Börne, dieser Gedanke beherrschte sein Inneres während seines Lebenslaufes und war die Triebfeder aller seiner Handlungen. Tugend ist Freiheit, und Freiheit ist Tugend, sie bedingen und gewähren Seligkeit. Das nimmt sich ganz anders aus, als das Schleiermachersche Nebelbild von Religion. Aber trotz dieser Schwärmerei für die Freiheit wußte Börne doch in ihrem Kultus Maß zu halten und die schmale Grenzlinie nicht zu überschreiten, wo das Verfolgen eines Ideals in Narrheit überspringt. Als Christ geboren, wäre Börne vielleicht ein deutschtümelnder Freiheitsnarr geworden, wie Jahn, Sand und so viele andere. Als Jude dagegen wurde er ein verständiger, prüfen= der, abwägender Freiheitsapostel, das Mögliche und Unmögliche, das Erreichbare und Überschwengliche mit richtigem Takte unter= scheidend.

---

¹) Briefe des jungen Börne, S. 161.
²) Daf. S. 69.
³) Daf. S. 58.
⁴) Daf. S. 123.

Ist nicht selbst sein Kultus der Freiheit, welcher auf sein körper-
liches Behagen und Mißbehagen, auf seine ganze Stimmung Einfluß
hatte, aus seinem jüdischen Blute oder wenigstens aus dem schmerzens-
reichen Gange der jüdischen Geschichte zu erklären? Das ganze Herbe
und Entwürdigende der Unfreiheit konnte nur ein Jude empfinden,
dem gegenüber ein indischer oder russischer Leibeigener als ein Freier
gelten konnte. Börnes Geburtsstadt Frankfurt mit ihren schmachvollen
Judenstättigkeitsgesetzen war die beste Schule für ihn gewesen, die
Freiheit lieben zu lernen. Als er noch als Knabe auf seinen Spaziergängen in Frankfurt den Fußweg nicht betreten durfte, sondern den
staubigen Fahrweg einhalten mußte, als jeder zerlumpte christliche
Bettler oder Trunkenbold ihm zurufen durfte: „Mach Mores, Jud!"
und er hatte gehorchen müssen, um nicht in entwürdigende Strafen
zu verfallen, da mag der Gedanke über ihn gekommen sein, daß Unfreiheit Verdammnis und Freiheit Seligkeit sei. „Weil ich als Knecht
geboren, darum liebe ich die Freiheit mehr als ihr, ja, weil ich die
Sklaverei gelernt, darum verstehe ich die Freiheit besser als ihr"[1], das
wiederholte er oft. Auch sein vielbewunderter Stil, die fesselnde Dar-
stellungsweise, die er zur Vollendung brachte, die sich in tiefsinnigen
und abgerundeten Sentenzen zuspitzt, erinnert an biblische und talmudische Spruchweisheit. Kurz, die Lichtseiten in seinem Wesen hat Börne
dem Judentum zu verdanken. Er war aber nicht dankbar dafür, er
verkannte es und stellte es ebenso niedrig, wie seine Berliner Freunde.
Er sprach es zwar einmal aus: „Ich wäre nicht wert, das Licht der Sonne
zu genießen, wenn ich die große Gnade, die mir Gott erzeigt, mich zugleich ein Deutscher und ein Jude werden zu lassen, mit schnödem Un-
danke bezahlen würde, wegen eines Spottes, den ich immer verachtet.
Denn ich weiß das unverdiente Glück zu schätzen, zugleich ein Deutscher
und ein Jude zu sein, nach allen Tugenden der Deutschen streben zu
können, und doch keinen ihrer Fehler zu teilen." Er fügte auch noch,
die Deutschen anredend, hinzu: „Ich bitte euch, verachtet mir meine
Juden nicht. Wäret ihr nur wie sie, so wäret ihr besser. Ihr habt den
Juden die Luft genommen, aber das hat sie vor Fäulnis geschützt, ihr
habt ihnen das Salz des Hasses ins Herz gestreut, aber das hat ihr Herz
frisch erhalten. Ihr habt sie den ganzen langen Winter in einen Keller
gesperrt und das Kellerloch mit Mist verstopft, aber ihr, frei dem Frost
bloßgestellt, seid halb erfroren. Wenn der Frühling kommt, wollen wir
sehen, wer früher grünt, der Jude oder der Christ"[2]. Allein Börne

---

[1] Pariser Briefe Nr. 74, Ges. Schr. X, 243.
[2] Das. S. 244.

glaubte selbst nicht an die Kernhaftigkeit der Juden und sprach jene Worte nur im Ärger oder zum Ärger der Deutschen aus. Zur selben Zeit sagte er auch ironisch: „Sie wissen, wie mein Herz für die Juden schlägt!"[1]

Wiewohl mit einem Feingefühl für Wahrheit begabt, hatte Börne doch nur einen beschränkten Gesichtskreis. Sein Blick reichte nur für das Zunächstliegende und Praktische und vermochte nicht immer den Schein vom Wesen zu unterscheiden. Die Erkenntnis floß seinem Geiste nicht überströmend zu, wie Heine, sondern er mußte sie aufsuchen, und was außerhalb seines Herzens lag, war für ihn nicht vorhanden. Und weil er, seitdem sein Geist zu reifen begonnen, in den Juden nur Geld= und Zahlenmenschen sah, wie auf der Frankfurter Börse, oder Religionsspötter mit christelnden Anwandlungen, die sich ihrer Abstammung schämten, wie im Salon der Henriette Herz, und weil seine Erziehung ihm das Judentum so verächtlich gemacht hatte, daß er es nicht der Mühe für wert hielt, sich damit zu befassen, so blieb ihm das Allerheiligste der Juden unzugänglich, das auch in der von ihm so sehr geschmähten Rothschildschen Familie anzutreffen war. Selbst sein eigenes Innere vermochte er nicht zu durchdringen und wußte nicht zu unterscheiden, was der allgemeine Kulturzustand und was das Judentum an seinem Wesen gebildet hat.

Indes bewahrte ihn sein gesunder Sinn und seine Liebe für die Unterdrückten vor der Charakterlosigkeit Rahels, ihres Bruders, des Dichters Robert, des ganzen Berliner Salons und vieler anderer, die verächtlich den Juden den Rücken zukehrten und es nicht der Mühe wert hielten, etwas für sie zu tun oder gar mit ihnen zu empfinden. Als Jüngling machte ihn schon der Gedanke rasend, daß ihm das Schmach= wort „Jude" ins Gesicht geschleudert werden könne. „Wenn sie erst kommen und dir sagen, daß du ein Jude bist," schrieb er in sein Tage= buch, „wie sie den Mauschel beohrfeigen, daß man sich krank lachen möchte! O, wenn ich das bedenke, wie ein Sturm braust es in meinem Innersten, es möchte die Seele aus ihrem Wohnhause stürzen und sich den Leib eines Löwen suchen, daß sie dem Frechen begegnen könnte mit Klaue und Gebiß[2]." Und er hat richtig vorgeahnt, daß ihm diese Schmach nicht erspart und daß seine Löwentatze herausgefordert wer= den würde. Als er ein Jahr später, bereits Student, einen Reisepaß von der Frankfurter Polizei nahm, schrieb ihm eine Mißgestalt von Polizeischreiber hinein „Jud' von Frankfurt". „Mein Blut stand still,

---

[1] Pariser Briefe Nr. 74, Ges. Schr. X, S. 43.
[2] Briefe des jungen Börne S. 167 vom Jahre 1806.

doch durfte ich nichts ſagen, noch tun, denn mein Vater war gegen=
wärtig. Damals ſchwur ich im Herzen: ‚Wartet nur, ich ſchreibe euch
auch einmal einen Paß, euch allen[1].‘ “ So erzählte er.

Einen Augenblick ſchien es, als ſollte Börne ſeinen Schwur ver=
geſſen können. Die Frankfurter Judenſchaft hatte ſich, wie ſchon er=
zählt (o. S. 295), die Gleichſtellung für eine halbe Million erkauft,
und Börne, der inzwiſchen Rechtswiſſenſchaft ſtudiert und mit ſeinen
Erſtlings=Geiſteserzeugniſſen Erwartungen erweckt hatte, wurde einer
der erſten in Frankfurt, im Polizeiſache angeſtellt. Sein hochfliegender
Geiſt und ſein Freiheitsdrang wären vielleicht im Aktenſtaube begraben
worden, wenn nicht die judenfeindliche Frechheit der Frankfurter Pa=
trizier ihn aufgerüttelt hätte. Die Schmach Deutſchlands nach der wohl=
verdienten Niederlage von Jena hatte Börne ebenſo tief wie die Tugend=
bündler empfunden und ihn veranlaßt, eine Rede an die Juden auszu=
arbeiten, worin er ſie wahrſcheinlich zur patriotiſchen Opferung auf=
forderte, die die Zenſur aber als zu aufregend unterdrückte[2]. Als der
Rieſenheld Napoleon geſchlagen war, ſtimmte Börne in den Chor der
Patrioten ein, ja er ſchlug ſchon einen deutſchtümelnden Ton an, und der
Taumel hatte ihn ſchon ſo ſehr verdeutſcht, daß er blinden Gehorſam
predigte. „Es ziemt uns nicht, uns keck in den Rat der Fürſten einzu=
drängen, ſie ſind beſſer als wir, wir haben das Schwert, ſie uns geführt[3].“
Börnes Bruder war mit vielen anderen jüdiſchen Jünglingen als Frei=
williger ausgezogen. Aber wenn Börne auch vergaß, daß er Jude
war und ſich nur als Deutſcher fühlte, die Frankfurter vergaßen es
nicht und erinnerten ihn unvorſichtig und brutal an ſeinen heimlichen
Schwur. Er fiel als erſtes Opfer der Reaktion; er wurde aus ſeinem
Polizeiamte verdrängt, ſowie die Frankfurter Juden in das Ghetto
zurückgewieſen wurden. Die freche Art, wie dieſe um ihre dreifach
verbriefte Freiheit geprellt wurden, trotz des halben Verſprechens
des Wiener Kongreſſes (o. S. 316), empörte ſein Freiheitsgefühl tief,
und er ſpitzte zuerſt ſeine Pfeile zum Kampfe für ſeine Stammesgenoſſen
und gegen die Frankfurter Spießbürger, welche die Judenſtättigkeit
von 1616, „dieſen Roman der Bosheit“ (wie Börne ſie nennt) im
neunzehnten Jahrhundert wiedereingeſetzt hatten. Indeſſen ſchien dieſe
Schrift ſeinem Vater, auf deſſen Veranlaſſung ſie wahrſcheinlich ent=

---

[1] Pariſer Briefe, Bd. X, S. 9.
[2] Briefe des jungen Börne, S. 178.
[3] Börnes Aufſatz „Was wir wollen“, abgedruckt in der Frankfurter
Zeitung 1814, S. 276 f. iſt ein lehrreiches Kapitel von der Umwandlung, die
in ihm vorgegangen iſt.

standen war, um Tadel gegen seine Tätigkeit als Deputierter beim
Kongreß abzuweisen, zu spitz und verletzend. Er entzog sie anfangs der
Öffentlichkeit[1]). Was in Börne in den Jahren der immer steigenden
Reaktion gegen die Juden gewogt hat, legte er einem jüdischen Offizier
in einem Roman in den Mund. „Ihr habet mir die Spiele der Kindheit gestohlen, ihr schlechten Schelme! Ihr habet mir Salz geworfen
in den süßen Becher der Jugend, ihr habet die tückische Verleumdung
und den albernen Spott hingestellt auf den Weg des Mannes, — abhalten konntet ihr mich nicht, aber müde, verdrossen und ohne Freudigkeit erreichte ich das Ziel . . . . . Daß mir die Rache nicht einmal geblieben, daß ich nicht Kraft habe zu vergeben, und nicht Ohnmacht
genug, sie zu züchtigen! Ich kann sie nicht erreichen in ihrer Fuchs-
höhle . . . . Du fragst mich, warum ich mein Vaterland fliehe? Ich
habe keines, ich habe die Fremde noch nicht gesehen. Wo Kerker sind,
erkenne ich meine Heimat, wo ich Verfolgung finde, atme ich die Luft
meiner Kindheit. Der Mond ist mir so nah wie Deutschland"[2]).

Anstatt Rache zu nehmen, für die Wunden welche der deutsche
Judenhaß ihm und seinen Stammesgenossen schlugen, unterzog sich
Börne der schweren Aufgabe, diesen Haß verschwinden zu machen,
indem er an die Veredelung des deutschen Volkes Hand anlegte. Er
erkannte richtig, daß der deutsche Judenhaß nicht etwas Zufälliges
und Vorübergehendes sei, nicht vom Glauben oder Vorteil abhange,
sondern in dem Wesen des Volkes begründet sei. „Er zeugt von bösen
Säften" in dem sonst gesunden Volksorganismus. Die Bedienten-
haftigkeit der Deutschen gegenüber den Fürsten und Großen bei großer
Tapferkeit und hervorragendem Mut, ihre Titelsucht und ihr kindischer
Ehrgeiz, eine Staffel höher als die Nebenmänner gestellt zu werden,
ihre Roheit und Unkultur bei der Menge wissenschaftlicher Mittelpunkte und dem wissenschaftlichen Drange, ihre kindische Unmündigkeit in politischen Dingen, alle die großen Fehler, welche die Vorzüge
der Deutschen verdunkeln und entstellen, wollte Börne tilgen oder
wenigstens mildern. Ja, der Jude unternahm nichts weniger, als
das deutsche Volk zu erziehen. Er wollte ihnen Gefühl für Freiheit,
Manneswürde und Selbstachtung einflößen, mit einem Worte, es
mündig machen. In der „Waage", seinem Organ, stellte er Ideale
auf und maß daran die kleinlichen Zustände und Vorgänge bei den
Deutschen, ihren engen Gesichtskreis, ihre Pedanterie. Lachend sagte
er ihnen Wahrheiten, wie sie sie noch nie vernommen.

[1]) Enthalten in Ges. Schr. II, 386 f.
[2]) Der Roman, Ges. Schr., Bd. I, S. 174.

Ehe Louis Baruch den Kriegszug gegen die deutschen Fehler
und Vorurteile unternahm, trat er aus dem Judentum aus, ließ sich
in Offenbach taufen und nahm den Namen K a r l L u d w i g B ö r n e
an (5. Juni 1818). Wie wenig ihm das christliche Bekenntnis war, be=
kundete er durch die Äußerung, daß er das „Taufgeld bereue". Er
wollte den Wurf seiner treffenden Geschosse nicht durch das Vorurteil
hemmen lassen, daß sie von einem jüdischen Schützen abgedrückt waren.
Allein ohne inneren Kampf, wie ihn Heine bestand, die Fahne der
Besiegten und Schwachen, die doch jedenfalls der Schmerz der Er=
niedrigung in seinen Augen hätte adeln müssen, zu verlassen, und
noch dazu ein erlogenes Bekenntnis abzulegen, ist für einen lautern
Charakter wie Börne schwer zu entschuldigen. — Alsbald erfuhr Deutsch=
land, daß ihm ein Schriftsteller erstanden war, der an Lessing erinnerte,
der aber mehr als Lessing war, weil er die Kunst nicht auf einsam
eisige Höhen, sondern in die Ebenen des Lebens verpflanzte. Börne
hielt den Deutschen einen treuen Spiegel vor, in dem ihnen die ver=
zerrten Züge ihrer versteinerten Vorurteile entgegenstarrten. Wie
richtig hat er dieses kernige Volk mit der häßlichen Rinde gemalt, bald
als „G e h e i m r a t s w a i s e", bald als „t r ä u m e r i s c h e n H a m=
l e t , der vor lauter Dichten und Denken nicht zur Tat gelangen kann
oder gar durch seine Ungeschicklichkeit Unschuldige verletzt oder tötet!"
Börnes Witz traf um so empfindlicher, als man in jeder Wendung
die Wahrheit des Gemäldes und die Aufrichtigkeit und Unbestechlich=
keit des Malers erkannte. Man sah es ihm an, daß er mit seinem „Herz=
blute und seinem Nervensafte" schrieb, und darum machte sein Wort,
wie schwerwiegende Taten, einen tiefen Eindruck.

Im Hep=Hep=Jahre konnte er zu den Tollheiten und Roheiten
nicht schweigen und schrieb „Für die Juden". — „Für Recht und Frei=
heit sollte ich sagen; aber verstünden das die Menschen, dann wäre
keine Not, und es bedürfte der Rede nicht." Er hat darin auf die Toren
mit Fingern gewiesen und den Bösewichtern ins Gesicht geleuchtet.
„In dem Judengemetzel der vergangenen Zeiten," meinte er, „lag eine
Art verhängnisvolle Notwendigkeit. Es scheint aus einem dunklen,
unerklärlichen Gefühl entsprungen zu sein, welches das Judentum
einflößt, das wie ein Gespenst, wie der Geist einer erschlagenen Mutter,
das Christentum von seiner Wiege an höhnend und drohend begleitete."
Börne zerfaserte darauf den deutschen Judenhaß in seine Bestandteile
und zeigte hinter jedem derselben eine Abgeschmacktheit. — Ein anderes
Mal (1820) sagte er ihnen die derbe Wahrheit: „Dem deutschen Volke
verzeihe ich den Judenhaß, weil es ein Kindervolk ist, und darum, eben

wie die Kinder, um einst frei auf den Füßen stehen zu können, einer
Laufbank bedarf, damit es an den Schranken der Freiheit die Schranken
entbehre lerne. Das deutsche Volk würde hundertmal im Tage um-
fallen, wenn es ohne Vorurteile wäre. Aber den einzelnen erwachsenen
Menschen kann ich den Judenhaß nicht verzeihen[1]).“

Einen neu aufgetauchten Judenfresser, Dr. L u d w i g H o l st aus
Hamburg, der den Judenhaß in ein philosophisches System gebracht
oder, wie Börne sagte, „ein metaphysisches Hep=Hep“ in einem dickleibigen, schalen, dummen Buche voll Gehässigkeit ausgestoßen hat,
verhöhnte Börne mit Nasenstübern. „Der Judenhaß ist einer der
pontinischen Sümpfe, welche das schöne Frühlingsland unserer Freiheit vergiften. Man sieht die hoffnungsvollen Freunde des Vaterlandes mit bleichen Gesichtern hoffnungslos umherwandeln. Der
deutsche Geist wohnt auf Alpenhöhen, aber das deutsche Gemüt keucht
in feuchten Marschländern. Holst will die Juden totschlagen, und wenn
sie sich zur Wehr setzen, wendet er sich zum Kreise seiner Zuschauer
und spricht: ‚Da sehen Sie, wie Recht ich habe, wenn ich die Juden
beispiellos frech nenne; sie wollen nicht dulden, daß man ihnen noch
so wenig den Kopf abschlage und muckfen‘. . . .“ „Sind die Juden
schlechte Väter, verdorbene Söhne, verbuhlte Mütter, verräterische
Freunde? Morden, rauben, stehlen sie? Kennen sie den Ehebruch,
die Trunkenheit, die Schwelgerei, die Spielsucht, vertaumeln sie ihr
Leben in Sinnenlust? Wenn sie das wären und täten, dann hätte es
der Verfasser sicher gesagt. Aber nein, s i e b e r ü h r e n d a s W a s -
s e r k a u m m i t d e n F i n g e r s p i t z e n, sie nehmen 20 Pro-
zente, sie gewinnen auf 10 Ellen Ware $^1/_8$ Elle, welches bei einem jährlichen Absatze von 10 Millionen Ellen einen betrügerischen Gewinst
von 100 000 Ellen machen — würde! . . . . Ihr haßt die Juden, nicht
weil sie es verdienen, sondern weil sie v e r d i e n e n. . . . . Was
ihr Menschenrechte nennt (die ihr den Juden allenfalls einräumt),
das sind nur T i e r rechte. Das R e c h t, seine Nahrung aufzusuchen,
sie zu essen, zu schlafen und sich fortzupflanzen, diese Rechte genießt
auch das Wild auf dem Felde — bis ihr es erlegt, und diese wollt ihr
auch den Juden angedeihen lassen . . . . . „Ihr Herren von Frankfurt, Hamburg, Lübeck und Bremen, antwortet mir: Ihr klagt, die
Juden ergeben sich alle dem Schacher, und dennoch verhindert ihr
die geistige Entwicklung derer, die sich vom Schacher losmachen! Ich
lasse mich nicht abweisen, ich will Antwort darauf haben. Ihr Herren

---

[1]) In dem Artikel „Eine Kleinigkeit“, Ges. Schr., Bd. II, S. 326.

von Frankfurt, ſagt mir: Warum ſollen nur vier jüdiſche Ärzte, warum
ſollen gar keine Juden Advokaten werden? . . . . Noch vor zwanzig
Jahren habt ihr in eurer freien Stadt ebenſo gegen Katholiken ge-
wütet, als ihr jetzt gegen Juden wütet . . . . glaubt ihr nicht, daß ein
Tag kommen wird, der euch befiehlt, auch die Juden als eure Gleich-
berechtigten anzuſehen? Aber ihr wollt g e z w u n g e n ſein! Der
Deutſche iſt taub. Freiwillig folgt ihr nicht, das Verhängnis muß euch
bei der Bruſt packen und euch hier- und dorthin ſchleppen. Schämt
euch!" Zum Schluſſe bemerkt Börne: „Ich liebe nicht den Juden,
nicht den Chriſten, ich liebe ſie nur, weil ſie Menſchen ſind und zur Freiheit geboren. Freiheit iſt die Seele meiner Feder, bis ſie ſtumpf geworden oder meine Hand gelähmt. — Die neue Verfolgung, welche
die Juden im ungelehrigen Deutſchland erduldet, iſt keine friſch aufge-
lebte, ſie hat ſich nur aufgerafft im letzten Kampfe des Todes. Die
Flamme des Haſſes lodert noch einmal hell auf, um ewig zu erlöſchen.
Das tröſte die Leidenden[1])." Dieſe Hoffnung tröſtete ihn, wie ſie ſeinen
Vorgänger Lefrank (o. S. 249) getröſtet hat.

Börne war ein ſchlechter Prophet, wie er auch ein ſchlechter Philoſoph und Geſchichtskenner war. Er, ein kühner Herold der Freiheit,
der mit Siegermiene ihr Blutzeuge geworden wäre, betrachtete alles
aus dieſem einzigen Geſichtspunkte. Was mit der Freiheit zuſammen-
hing, hatte für ihn Wert; alle übrigen Betrachtungsweiſen blieben
ihm unverſtändlich. Hatte er ſich doch am Ende ſeiner Tage noch von
dem Farbenſchimmer des neuen Freiheitsevangeliums von L a m e n -
n a i s blenden laſſen und im Katholizismus den ewigen Hort der
Völkerfreiheit verehrt! David Strauß' „Leben Jeſu" galt ihm faſt
als Gotteslästerung[2]). Man ſaugt nicht ungeſtraft in der Jugend falſche
Lehren ein, und wer nicht ſtarken Geiſtes iſt, verfällt im Alter in ſie
zurück. Die Chriſtelei und Deutſchtümelei, die Börne in Berlin und
Halle, im Hauſe ſeiner „Mutter" und im Umgange mit Schleiermacher
und Steffens in ſeinen Geiſt aufgenommen hatte, wurden in ihm in
ſeinem Alter wieder lebendig, und er wäre vielleicht auch ein „Apoſtat
des Wiſſens und Neophyte des Glaubens" geworden, die er verſpottet,
wenn ihm der Tod Zeit dazu gelaſſen hätte. Sein Geiſt konnte nicht
in die Tiefe der Dinge dringen; ſtrenge Prüfung war nicht ſeine Sache,
er war zu träge dazu. Sein Zerwürfnis mit Heine, ſeinem langjährigen

---

[1]) Der ewige Jude, Bd. VI, S. 3—68.
[2]) Vgl. die Rezenſion von Heines „de l'Allemagne", Geſ. Schr., Bd. VII,
269 f. und B e u r m a n s Ludwig Börne als Charakter und in der Literatur,
S. 81 f.

Kampfgenossen und Freunde, entspann sich eben daraus, weil dieser nicht an die alleinseligmachende Freiheit des Papsttums und an die Vollkommenheit des deutschen Volkes geglaubt hat[1]). Börne hätte gewünscht, daß die Juden ihre tausendjährige Geschichte als einen bösen Traum vergäßen und deutsche Männer würden. Er hatte nicht Heines Tiefblick.

Heinrich (Harry) Heine (geb. zu Düsseldorf 1799, starb in Paris 1854)[2]) war in den Tiefen seines Innern unendlich mehr Jude als Börne, ja er besaß alle Vorzüge und Unarten der Juden in einem hohen Grade. Wer ist imstande, diese Chamäleonnatur, diesen „ungezogenen Liebling der Grazien und Musen", wie man ihn nannte, diesen spottenden Romantiker und lyrischen Philosophen zu schildern? Er allein wäre imstande gewesen, ein zutreffendes Bild von sich selbst zu geben, wenn er sich selbst im Spiegel seines Geistes hätte widerstrahlen lassen können. Börnes Geist glich durchsichtigem Quellwasser, das auf sauberem Kiesel dahinrieselt und nur aufschäumt, wenn Stürme es peitschen, Heines Geist dagegen glich einem Wasserstrudel, auf dessen Fläche die Sonnenstrahlen spielen und Regenbogenfarben bilden, der aber die sich nahenden Fahrzeuge in seine brausenden Tiefen hineinreißt und sie zerschellt, wenn sie nicht starken Baues sind. Denn Heine war ein ebenso tiefer Denker, wie malerischer Dichter, ein ebenso unerbittlicher Kritiker, wie liebenswürdiger Spötter, war ebenso voll von originellen Gedanken wie von Sangesweisen. Börne hatte in der Tat den Grundton von Heines Wesen nicht verstanden, wenn er von ihm behauptete, weil er nicht, gleich ihm, glaubte, wer da liebe und anbete, sei es die Ehre, den Ruhm, den Mut, die Treue, Freiheit und Wahrheit, sei ein Christ; das Christentum sei das Pantheon aller dieser Gottheiten; weil Heine diese Gedanken- und Gefühlsnebelhaftigkeit verspottete, sei er keiner ernsten Richtung, keiner Überzeugung

---

[1]) Kundigen braucht es nicht gesagt zu werden, daß Börne den Streit mit Heine provoziert hat; seine feindselige Schrift gegen ihn erschien bereits 1835 französisch, und Heines Buch über Börne erst 1840, wobei jener das volle Recht der Verteidigung hatte; nur beging er den Fehler, sie erst nach seines Gegners Tode zu veröffentlichen. Der Tadel der Überhebung, den Heines Feinde in dem Titel „Heine über Börne" fanden, trifft nicht den Verf. Bekanntlich hat Kampe diesen Titel der Schrift vorgesetzt, und Heine hat ihn bereut.

[2]) Die biographischen Tatsachen sind meistens entnommen „Heines Leben und Werke von Strodtmann" (Berlin, 1867—1869), die Anekdoten von Herrmann Schiff, „Heinrich Heine und der Neu-Israelitismus" sind nicht immer zuverlässig.

fähig geweſen; er habe ſich ſelten im Irrtum befunden, weil er ſelten
die Wahrheit geſucht habe[1]). Heine brauchte nicht die Wahrheit zu
ſuchen, ſie kam ihm von ſelbſt zugeflogen, ſie offenbarte ſich ihm, als
ihrem Liebling, wie die Muſe, tändelnd und ſchäkernd. Hinter ſeinem
Spott lag öfter mehr Ernſt der Überzeugung, als hinter der Litanei
eines griesgrämigen Moraliſten. Heine ſehnte ſich nach Idealen, denen
er mit ſeinem Geiſte hätte einen Kultus weihen können, und weil
er ſie nicht fand, verſpottete er die Götzen, die ſich als Götter anbeten
ließen. Die Rätſel der Geſchichte hat er jedenfalls tief gelöſt. Er hat
nie der Form zuliebe den Inhalt geopfert, wo jener mehr Wert hatte
als dieſe. Er hat allerdings öfter ſeine Anſichten gewechſelt, aber nicht
mit ſeinen Überzeugungen geſpielt. Heine war durchaus nicht politiſcher Schriftſteller von Beruf, ſondern nur politiſcher Dilettant, ihm
ſtand die Kunſt höher als die Politik. Darum kehrte er ihr den Rücken
zu, ehe noch der hausbackene Liberalismus Schiffbruch erlitt. Dennoch
erkannte er deſſen Unhaltbarkeit und Marktſchreierei, ein Heilmittel
für alle Wunden zu haben, früh genug. Auch ſeine religiöſen Anſichten
wechſelten, aber er wechſelte nicht ſeine Geſinnung. Er ſchrieb und handelte niemals gegen ſeine a u g e n b l i ck l i ch e Überzeugung. Wenn
er eine Zeitlang einer falſchen Philoſophie huldigte, welche den Menſchen
zum Gott machte, ſo geſtand er ſpäter dieſen Irrtum ein und verſpottete
ihn gründlich. Seine ausdauernde Treue gegen Freunde, ſelbſt gegen
kalte und falſche Freunde, ja die Tatſache, daß er überhaupt hingebende
Freunde hatte, beweiſt, daß er nicht ſo ſelbſtſüchtig war, als man ihn
verſchrieen, und als er ſich ſelbſt in übermütiger Laune gegeben hat.
Heine war allerdings kein Tugendſpiegel; aber er war auch nicht ein
ſolcher arger Sünder, wie ſeine ſpitze Feder und Zunge vermuten
laſſen. Er hat ſein tiefes edles Gemüt, ſeinen Sinn für das Hohe niemals aufgegeben; er wälzte ſich auch nicht im Schlamme der Sinnlich-
keit, wie er ſeine Leſer glauben machen wollte. Er hat ſich ſchlechter
geſchildert, als er war. Empfindlich war er, und das iſt das Los der
Dichter, Schauſpieler und Prediger, und hing bei Heine noch mit
ſeinem ſchweren Nervenleiden zuſammen. In ſeiner Empfindlichkeit
konnte er Dinge ſchreiben, die er bei kalter Überlegung zwar miß-
billigte, aber ſich ſchämte, zu widerrufen.

Heine hatte das vor Börne voraus, daß er in ſeinem Herzen eine
tiefe Liebe zu ſeiner Mutter trug. B e t t y   v o n   G e l d e r n, aus
einer angeſehenen, wie man ſagt, geadelten jüdiſchen Familie, Tochter

---

[1]) B ö r n e, Rezenſion über „de l'Allemagne”, Bd. VII, p. 266, 273.

eines Arztes, hat ihrem Sohne bis an sein Lebensende Verehrung und
Bewunderung eingeflößt. Als Jüngling sang er:

> „Ich bin gewöhnt, den Kopf recht hoch zu tragen,
> Mein Sinn ist auch ein bißchen starr und zähe,
> Wenn selbst der König mir ins Antlitz sähe,
> Ich würde nicht die Augen niederschlagen.
> Doch, liebe Mutter, offen will ich's sagen:
> Wie mächtig auch mein stolzer Mut sich blähe,
> In deiner selig süßen, trauten Nähe
> Ergreift mich oft ein demutsvolles Zagen"[1].

Diese gebildete Mutter, der er die Richtung seines Geistes ver=
dankte, war religiös und gab ihren Kindern eine jüdisch=religiöse Er=
ziehung. Den religiösen Zwiespalt, der Börne vom Judentume früh=
zeitig abwendig machte, kannte Heine nicht, und in seiner Jugend
hütete er sich strenge vor der Verletzung der rituellen Vorschriften.
Er lernte zwar nicht so viel hebräisch wie Börne, aber weil er das Wenige
mit Liebe in sein Inneres aufgenommen hatte, blieb es ihm einge=
fleischt, und er vergaß es auch später nicht, während es Börne aus sei=
nem Gedächtnis gänzlich verwischte[2]. Seine trotz aller Spöttereien
nie ganz erloschene Liebe zum Judentume und besonders sein tiefes
Verständnis für dasselbe stammen aus den trauten Jugenderinnerungen,
die ihm wie süße, angenehme Träume unvergeßlich blieben. Auch der
Zauber des innigen jüdischen Familienlebens erfüllte seine Seele und
befähigte ihn, den richtigen Maßstab an das anzulegen, was die Men=
schen Tugend und Glück nennen. Das, was dem Dichter erst die rechte
Weihe gibt, ein tief empfundenes Unglück, fehlte Heine nicht, und es
machte seine Seele zugleich elegisch weich und philosophisch fest, offen=
barte ihm die Dinge in ihrer Wirklichkeit und lehrte ihn das Wesen
vom Scheine zu unterscheiden. Heine war von seiner Jugend an recht
unglücklich. In einer idealen Atmosphäre erzogen, mit der klassischen
Literatur vertraut und von lieblichen Träumen umgaukelt, mußte er
wegen der unzulänglichen Mittel seiner Eltern sich der Prosa einer
Geschäftstätigkeit zuwenden und noch dazu in zwei der sogenannten
freien Städte, Frankfurt und Hamburg, wo die kaufmännische Eng=
herzigkeit heimisch war und dem Idealismus Todfeindschaft nachtrug.

---

[1] Heines Ges. Schr., Bd. XIV, S. 77. [Über Heines Mutter vgl.
D. Kaufmann, Aus Heinrich Heines Ahnensaal, S. 178—184].
[2] Es ist Aufschneiderei von Herrmann Schiff, S. 11, daß Heine nie=
mals hebräisch gelernt habe und den Segen über die Thora nicht habe sprechen
können.

Heines Kinderaugen hatten die aufgehende Freiheit unter französischer Herrschaft auch in seiner Geburtsstadt gesehen; die Gleichheit der Juden in der christlichen Gesellschaft war eine feste Tatsache geworden, und er wurde gerade nach denjenigen beiden Städten verschlagen, wo die Patrizier mit Verbissenheit die Juden in die alte Knechtschaft schmiedeten und in die alte Schmach zurückschleuderten. Verfehlter Beruf in dem Bankgeschäfte, das er in Hamburg errichtete (1818 bis Frühjahr 1819), und das kläglich endete, der Stachel unglücklicher Liebe, den ihm eine Base ins Herz gestoßen, die Abhängigkeit, in die er von seinem reichen, edlen, aber launenhaften Oheim Salomon Heine geriet, der Zwang, der ihm auferlegt war, die trockene Rechtswissenschaft, „die eisernen Paragraphen selbstsüchtiger Rechtssysteme", in sich aufzunehmen, wozu er nicht die geringste Neigung hatte, alles dieses zusammengenommen, das kurz nacheinander auf ihn einstürmte, erfüllte sein Inneres mit tiefem Schmerze. Heine war recht unglücklich, und um so unglücklicher, als er vermöge seiner dichterischen Feinfühligkeit und seiner glühenden Phantasie die Enttäuschung tiefer empfand und sie auch übertrieb. Er war aber auch zu stolz und trug den Kopf zu hoch, als daß er seinen Schmerz hätte zeigen sollen, verschloß ihn vielmehr in seiner Brust, spielte den Starken und spottete. Der Spott, die Ironie, der Humor, der die eigenen Tränen weglächelt, das war der Panzer, mit dem er sein wundes Herz bedeckte. Da seine Ideale schon in seiner Jugend verflogen waren, Liebe, Treue und die Hoffnung auf eine unabhängige Stellung, die sich nur durch reiche Mittel behaupten ließ, so überzog sich in seinen Augen das Leben mit einem Trauerflor. Er verlor seinen Glauben, und wenn die Poesie ihn nicht aufrechterhalten hätte, wäre er, wie viele begabte Jünglinge seiner Zeit, die für ihren Drang keinen Wirkungskreis fanden, wie z. B. Grabbe, untergegangen. Aber die Dichtkunst, und die Formenschönheit waren ihm etwas Heiliges, und er betrachtete sich als einen geweihten Priester derselben; nur verstand er sie anders und tiefer, als seine Kunstgenossen. Die Schalkhaftigkeit war bei ihm zuerst nur Maske, um sein zerstörtes Innere zu verhüllen oder sich durch Spott wegen seiner zerstörten Ideale zu kühlen. Aber dieser Schild, den er so leicht und zierlich handhabte, wurde in seiner Hand bald zur Waffe und riß ihn hin, sie als Reizmittel öfter gegen seine eigene Überzeugung zu gebrauchen.

Für das Judentum oder richtiger für den jüdischen Stamm, die jüdische Leidensgeschichte und die heiligen Schriften hegte er in tiefster Brust eine warme Zuneigung, die ihm nur nicht recht klar wurde.

Das Steinalter des Judentums, seine der Zeit und den tausendfäl=
tigen Widerwärtigkeiten trotzende Fortexistenz imponierte ihm. Heine
fühlte sich zuzeiten stolz, diesem uralten Adel anzugehören. Was
er später in zunehmendem Alter schrieb, war tief empfunden: „Ich
sehe jetzt, die Griechen waren nur schöne Jünglinge, die Juden aber
waren immer Männer, gewaltige, unbeugsame Männer, nicht bloß
ehemals, sondern bis auf den heutigen Tag, trotz achtzehn Jahrhun=
derten der Verfolgung und des Elends. Ich habe sie seitdem besser
kennen und würdigen gelernt, und wenn nicht jeder Geburtsstolz
ein närrischer Widerspruch wäre, so könnte ich stolz darauf sein, daß
meine Ahnen dem edlen Hause Israel angehörten, daß ich ein Ab=
kömmling jener Märtyrer bin, die der Welt einen Gott und eine Moral
gegeben und auf allen Schlachtfeldern des Gedankens gekämpft und
gelitten haben"[1]). — Dieses Bewußtsein schlummerte dunkel von seiner
Jugend an in ihm. Er wußte aber nicht, was er mit dem Judentume
anfangen, welche Stellung er dazu einnehmen sollte. Der Kreis von
Juden, in dem noch Kernhaftigkeit, hohe Tugend und Sittlichkeit
heimisch waren, stieß ihn wegen der unästhetischen Außenseite und des
Beisatzes von religiösen Formen, für die ihm das Verständnis fehlte,
vollständig ab. Sein Schönheitssinn fühlte sich von der häßlichen
Außenseite des Judentums und seiner Vertreter verletzt. Seine Augen
vermochten nicht sogleich die häßlichen Hüllen zu durchdringen. Der
Kreis verfeinerter Juden, zu dem er in beginnender Mannesreife in
Berlin zugezogen wurde, die älteren Männer, Friedländer, Bendavid,
Jacobson und der Nachwuchs, hatte selbst kein rechtes Herz für das
Judentum, um ihm Opferwilligkeit für dieses einzuflößen. In den halb=
jüdischen Kreisen, in denen er ebenfalls während seines Aufenthaltes
in Berlin verkehrte, wie in dem der bereits getauften Rahel von Varn=
hagen, vernahm er nur gründliche Verachtung für Juden und Juden=
tum und eine schwärmerische, romantische Vorliebe für das Christentum.

Heine war aber nicht so unselbständigen Urteils wie Börne, um
vor den Gedankengötzen des Tages das Knie zu beugen. Er ließ sich
seine Zuneigung zum Judentume nicht wegklügeln. Er schloß sich
vielmehr dem Vereine mehrerer Jünglinge und junger Männer zur
Hebung der Kultur unter den Juden an (aufgenommen am 4. Aug.
1822) und trat hiermit auch dem unausgesprochenen Eide der Mit=
glieder bei, sich nicht um einer Staatslaufbahn willen taufen zu lassen[2]).

---

[1]) Geständnisse, Bd. IV, S. 295 f.
[2]) Heines sämtl. Werke, Briefe I, S. 91, und Strodtmann, I, S. 258.

Es war allerdings ein unbeſtimmter Drang, der ihn, wie die Mit=
glieder des Vereins, trieb; aber es zeugt doch von ſeinem Willen,
ſeinerſeits an der Veredlung ſeiner Stammesgenoſſen zu arbeiten.
Er übernahm Aufträge, um für die Verbreitung und Stärkung des
Vereins tätig zu ſein[1]). Selbſt von den von aller Welt verachteten
polniſchen Juden hatte Heine eine beſſere Meinung und redete ihnen
das Wort. Von ſeinem Freunde, dem Grafen d e B r e z a, nach einem
Gute (bei Gneſen) im Herzogtum Poſen eingeladen, veröffentlichte er
(Herbſt 1822) eine originelle Schilderung von Land und Leuten in
Polen, die viel Treffendes enthält. Darin urteilt er von den Juden:
„Zwiſchen dem Bauer und dem Edelmann ſtehen in Polen die Juden.
. . . Sie können füglich der dritte Stand Polens genannt werden.
Unſere Kompendienmacher, die an alles den deutſchen, wenigſtens den
franzöſiſchen Maßſtab legen, ſchreiben mit Unrecht, daß Polen keinen
dritten Stand habe, weil dort dieſer Stand von den übrigen ſchroff
abgeſondert iſt, weil ſeine Glieder am Mißverſtändnis des alten Teſta=
ments Gefallen finden, und weil derſelbe vom Ideal gemütlicher
Bürgerlichkeit, wie dasſelbe in einem Nürnberger Frauentaſchenbuche
unter dem Bilde reichsſtädtiſcher Philiſterhaftigkeit ſo niedlich und
ſonntäglich ſchmuck dargeſtellt wird, äußerlich noch ſehr entfernt iſt . .
Sie ſehen alſo, daß die Juden in Polen durch Zahl und Stellung
von größerer volkswirtſchaftlicher Wichtigkeit ſind, als bei uns in Deutſch=
land, und daß um Gediegenes über dieſelben zu ſagen, etwas mehr
dazu gehört, als die großartige Leihhausanſchauung gefühlvoller
Romanſchreiber des Nordens oder der naturphiloſophiſche Tiefſinn
geiſtreicher Ladendiener des Südens . . . In früheren Zeiten ſtanden
indes die Juden in Kultur und Geiſtesausbildung weit über dem
Edelmann, der nur das rauhe Kriegshandwerk trieb und noch den
franzöſiſchen Firnis entbehrte. Jene aber beſchäftigen ſich meiſtens
mit ihrer hebräiſchen Wiſſenſchaft und Religionsbüchern, um derent=
willen eben ſie Vaterland und Lebensbehaglichkeit verlaſſen. Aber ſie
ſind offenbar mit der europäiſchen Kultur nicht fortgeſchritten, und
ihre Geiſteswelt verſumpfte zu einem unerquicklichen Aberglauben, den
eine ſpitzfindige Scholaſtik in tauſenderlei wunderliche Formen hinein=
quetſcht. Dennoch trotz der barbariſchen Pelzmütze, die ſeinen Kopf
bedeckt, und der barbariſcheren Ideen, die denſelben füllen, ſchätze
ich den polniſchen Juden weit höher, als ſo manchen deutſchen Juden,
der ſeinen Bolivar auf dem Kopfe und ſeinen Jean Paul im Kopfe

[1]) Brief an Moſer daſ., S. 441 f.

trägt. In der schroffen Abgeschlossenheit wurde der Charakter des polnischen Juden ein Ganzes . . . Der polnische Jude mit seinem schmutzigen Pelze, seinem Barte und seinem Gemauschel ist mir noch immer lieber, als mancher in seiner staatspapiernen Herrlichkeit"[1]). Das ist eine andere und treffendere Schilderung, als sie Salomon Maimon von seinen Landsleuten entworfen hat. Heine sah tiefer in den Grund der Dinge und Verhältnisse. Er wurde aber nicht wenig von den Deutschen in Polen gehaßt, weil er den Juden wie den Polen das Wort geredet, und besonders weil er die ersteren zu der Stellung eines dritten Standes erhob[2]).

Heine wäre mit seinem ganzen Wesen fürs Judentum eingetreten, wenn es selbst, d. h. seine Söhne, Kraft des Geistes und Charakters entfaltet, wenn es, mit der Würde seines hohen Alters, seines In= haltes und seines Berufes Jugendfrische und anziehenden Reiz ver= bunden und der gebildeten Welt hätte Achtung abgewinnen können. In seiner Ungeduld wünschte er, daß das Judentum, gleich dem in Rom gefesselten Messias in der Sage, plötzlich seine zerlumpte Hülle, seine aussätzige Haut, seine gebeugte Knechtsgestalt abstreifen und sich in einen reichgeschmückten, blühenden und gebietenden Jüng= ling verwandeln sollte. Der Verjüngungsprozeß schien ihm zu lang= sam, die Mittel, die dazu angewendet wurden, zu kleinlich, das ganze Tun derer, welche dafür wirken wollten, namentlich ihr Liebäugeln mit der herrschenden Kirche, schien ihm schwächlich, affenartig und unwürdig zu sein. „An Aufregung der Kraft fehlt es in Israel. Einige Hühneraugenoperateurs (Friedländer & Co.) haben den Körper des Judentums von seinem fatalen H a u t geschwür durch Aderlaß zu heilen gesucht, und durch ihre Ungeschicklichkeit und spinnwebige Vernunfts= bandagen muß Israel verbluten. Möge bald die Verblendung auf= hören, daß das Herrlichste in der Ohnmacht, in der Entäußerung aller Kraft, in der einseitigen Negation . . . . bestehe. Wir haben nicht mehr die Kraft, einen Bart zu tragen, zu fasten, zu hassen und aus Haß zu dulden. Das ist das Motiv zu unserer Reformation. Die einen, die durch Komödianten ihre Bildung und Aufklärung empfangen, wollen dem Judentume neue Dekorationen und Kulissen geben, und der Souffleur soll ein weißes Bäffchen statt eines Bartes tragen. Sie wollen das Weltmeer in ein niedliches Bassin von Papiermaché gießen. . . . . Andere wollen ein evangelisches Christentümchen unter

---

[1]) Brief an Moser, das. S. 139—144.
[2]) Brief an Wohlwill, 2. April 1823 das. I, S. 85.

jüdiſcher Firma. . . . . „Auch ich habe nicht die Kraft,“ geſtand er frei=
mütig, „einen Bart zu tragen und mir Judenmauſchel nachrufen zu
laſſen[1].“   Die Nachäfferei chriſtlicher Kirchengebräuche, wie ſie in
dem kurz vorher geſchaffenen Reformtempel in Hamburg zutage trat,
widerte Heine an, dagegen imponierte ihm die Treue gegen das Alt=
hergebrachte. „Eine Vorliebe für das konſequente und ſtrenge Rabbinen=
tum lag ſchon vor vielen Jahren in mir, als ein Reſultat hiſtoriſcher
Unterſuchungen[2].“   In einem Anfalle von Empfindlichkeit über die
Klatſcherei einiger Anhänger des Tempels in Hamburg, die ihm in
den Augen ſeines Oheims Salomon Heine ſchadete, leugnete er ge=
radezu ein Enthuſiaſt für die jüdiſche Religion und behauptete viel=
mehr der geborene Feind aller poſitiven Religionen zu ſein.   Im Un=
mut nannte er das Judentum die Religion, welche zuerſt die Men=
ſchenmäkelei aufgebracht habe, d. h. die Seelenfängerei und Proſe=
lytenmacherei, obwohl Heine wohl wußte, daß das Judentum nie
darauf ausging.   Als er verhieß, für die bürgerliche Gleichſtellung
der Juden aufzutreten „in den ſchlimmen, unausbleiblichen Zeiten
wird der germaniſche Pöbel meine Stimme hören, daß es in den deut=
ſchen Bierſtuben und Paläſten widerhallt“, wollte er es nicht aus Liebe
zu den Juden, ſondern aus Gemütsweichheit, Starrſinn und Vorſicht
für Erhaltung eines Gegengiftes getan haben[3].   Allein Heine täuſchte
ſich ſelbſt über die Natur ſeines Gefühls für Juden und Judentum.
Allerdings den Gott Iſraels hatte ihm das ungläubige Zeitalter und
die Philoſophie des Hierophanten Hegel weggeklügelt, der das von
ihm gefundene Maß von Wahrheit mit einer großen Menge Unwahr=
heiten gemiſcht und die Jugend durch Sophiſtereien gegängelt hatte.
Aber Heine glaubte an das Vergeltungsrecht der Geſchichte, an den
Geiſt der Vorſehung, der ſich in ihr offenbart, und das war der Zauber,
der ihn zum Judentume hinzog.

Entſchieden äußerte ſich ſeine Anhänglichkeit an das Judentum
unter dem verzeihlichen Haſſe gegen die Peiniger und Verächter ſeines
Stammes, gegen den Erzfeind, welcher das Heil vom Judentum
empfangen hatte und es dafür einkerkerte und anſpie.   Heines Anti=
pathie gegen die Kirche war tief und unverſöhnlich[4].   In das Wort

---

[1] Brief an Wohlwill, daſ. S. 41 f.
[2] Daſ. S. 127.
[3] Daſ. S. 103.
[4] Noch im Jahre 1836 ſchrieb er an ſeinen Freund Moſer: „Ich haſſe
die chriſtliche Lüge in der Poeſie ebenſo ſehr, wie im Leben“, daſ. Bd. II,
S. 94. Es leben noch Zeugen, die öfter von ihm auf ſeinem Siechbette hörten,

Edom hat er, im zuckenden Nachempfinden der alten Schmerzen, welche die Juden von dem heidniſchen und chriſtlichen Rom erduldeten, eine Welt von kochendem Ingrimme gepreßt. In einem Gedichte an Edom ſpottete er: . . . .

> „Ein Jahrtauſend ſchon und länger
> Dulden wir uns brüderlich;
> Du, du duldeſt, daß ich atme,
> Daß du raſeſt, dulde ich.
>
> Manchmal nur in dunklen Zeiten
> Ward dir wunderlich zu Mut,
> Und die liebefrommen Tätzchen
> Färbteſt du mit meinem Blut.
>
> Jetzt wird unſre Freundſchaft feſter,
> Und noch täglich nimmt ſie zu;
> Denn ich ſelbſt begann zu raſen,
> Und ich werde faſt wie du[1]).

Noch mehr haßte Heine die Fahnenflüchtigen, die Überläufer, die Juden, welche um Vorteils willen ihren Leidensgenoſſen den Rücken kehrten und ſich zu dem Feinde geſellten. Ernſte Überzeugung konnte ſich Heine bei einem getauften Juden nicht denken; die Taufe ſei Selbſtbetrug, wo nicht gar Lüge. Das Evangelium, das den Armen Judäas vergebens gepredigt worden, ſei jetzt bei den Reichen in Flor[2]). Dieſem Haſſe gab Heine eine poetiſche Geſtalt in einem dramatiſchen Gedichte Almanſor (vollendet 1823). Er fand es aber unpaſſend, Juden auftreten zu laſſen, welche in glühenden Verſen ihren Schmerz und ihre Verachtung ausſprächen; darum legte er ſie Muſelmännern in Granada in den Mund, die durch teufliſche Bosheit dasſelbe herbe Geſchick wie die Juden erfuhren, zur Taufe gezwungen worden waren, und dadurch einen klaffenden Riß in ihrem Herzen empfanden. Die Verſe laſſen nicht verkennen, daß ſie den jüdiſchen Schmerz aushauchen:

> „Geh nicht nach Alys Schloß. Peſtörtern gleich
> Flieh jenes Haus, wo neuer Glauben keimt.

daß ihm das Judentum teuer ſei. Er trug ſich mit dem Plane, einen Roman „Die Herzogin von Koſel" zu ſchreiben, welche eine beſondere Vorliebe für das Judentum hatte und ſich von Bodenſchatz Pirke Abot und andere hebräiſche Stücke überſetzen ließ (Meißner, Charaktermasken II, S. 113.) Einige Tage vor ſeinem Tode ſagte er zu einem Freunde: „Je suis revenu à Jehovah" (Univers Israélite, Jahrg. 1856, p. 349).

[1]) Brief an Moſer Bd. II, S. 180, auch in die Liederſammlung aufgenommen.

[2]) Briefe, Bd. I, S. 44.

Dort zieht man dir mit ſüßen Zangentönen
Aus tiefſter Bruſt hervor das alte Herz,
Und legt dir eine Schlang' dafür hinein.
Dort gießt man dir Bleitropfen, hell und weiß,
Aufs arme Haupt, daß nimmermehr dein
Hirn geſunden kann vom wilden Wahnſinnsſchmerz,
Dort vertauſcht man dir den alten Namen
Und gibt dir einen neuen, damit dein Engel,
Wenn er dich warnend ruft beim alten Namen,
Vergeblich rufe!"

Heine machte kein Hehl daraus, daß nicht die freie Muſe dieſes
Drama geſchaffen, ſondern daß die Antipathie gegen das Chriſtentum
und der Drang, es zu bekämpfen, es eingegeben hat; darum hielt er
es ſelbſt für verfehlt und erwartete keine tiefe Wirkung davon[1]). Dieſes
Drama zog in der Tat dem jüdiſchen Dichter viele Feindſeligkeit zu.
Durch ſeine Gedichte, welche als echte Volkslieder mit tiefem Gehalte
richtig beurteilt wurden, hatte er ſich die Bewunderung der Beſten
erworben. Man ſtellte ihn neben Goethe, weil ſeine Lieder warme
Natürlichkeit und nicht kalte Kunſt enthielten. Sie wurden nach=
geahmt und in Muſik geſetzt. Deutſchland war ſtolz auf Heine ge=
worden, daß es einen neuen Dichter von Gottes Gnaden erzeugen konnte.
Dieſe Bewunderung ſchützte ihn aber nicht vor Verunglimpfungen.
Die Deutſchen konnten es dem Juden nicht verzeihen, daß er die blu=
tigen Taten oder Untaten des Chriſtentums poetiſch zu geſtalten ge=
wagt hat. Die Wogen des Judenhaſſes umbrandeten ihn. „Von
allen Seiten empfinde ich die Wirkungen dieſes Haſſes. . . Freunde,
mit denen ich den größten Teil meines Lebens verbracht, wenden
ſich von mir. Bewunderer werden Verächter; die ich am meiſten lieb
habe, haſſen mich am meiſten, alle ſuchen mir zu ſchaden[2])". Indeſſen
verſuchte doch der Leiter des Nationaltheaters von Braunſchweig den
von allen Seiten angefeindeten A l m a n ſ o r auf die Bühne zu brin=
gen (20. Aug. 1823). Das Stück wurde bis gegen das Ende mit Beifall
aufgenommen, die poetiſchen Bilder und Gedanken, die zugleich ſüße
und feurige Sprache, das Gemiſch von romantiſcher Gefühlsſchwärmerei
und plaſtiſcher Anſchaulichkeit machten einen gewaltigen Eindruck, als
ein roher Geſelle eine Störung herbeiführte. „Wer iſt der Verfaſſer?"
fragte er, und als er hörte, der Jude Heine ſei es, glaubte er, es ſei ein
jüdiſcher Geldwechsler dieſes Namens in Braunſchweig, und begann
einen Höllenlärm zu machen. „Was! Den Unſinn des albernen Juden

---

[1]) Briefe, Bd. I, S. 115.
[2]) Daſ. S. 113 Brief vom 27. Sept. 1823.

sollen wir anhören?" Er riß das ungebildete Theaterpublikum zum
Lärmmachen hin und so wurde der Almansor ausgepfiffen und ver=
schwand von der Bühne[1]).

Dieser plumpe Vorfall in Braunschweig war für Heine ein Wende=
punkt in seinem Lebensgange. Der Lorbeer eines lyrischen Dichters,
der ihm gewährt war, genügte ihm nicht. Sein Ehrgeiz, war darauf
gerichtet, dramatische Kunstgebilde ins Leben zu rufen, einen Wett=
lauf mit Shakespeare zu wagen, gleich Lessing seine innerste Über=
zeugung von der Bühne predigen zu lassen. Er hatte die herrlichsten
Anlagen dazu, sprudelnde und doch geregelte Phantasie, Gestaltungs=
vermögen, Gedankenfülle, Bilderreichtum, seinen Sinn für die Gegen=
sätze des Lebens, auch die rechte Beobachtungsgabe für das Einzelne,
für gegenständliche, anschauliche Kleinmalerei und eine Zaubergewalt
des Wohlklanges, der wie Musik klang. Er hatte seine Zukunft auf
diese Geistesgabe gebaut, und er verzehrte sich in Sehnsucht, zu erfahren,
wie sich die dramatischen Gestalten seiner Phantasie auf den Brettern
ausnehmen würden. Diesen der Verwirklichung nahen Lebensplan
hatte ein Braunschweiger roher Stallmeister in ein Luftschloß ver=
wandelt. Der Almansor wurde als Produkt eines Juden ausgepfiffen.
Welcher Theaterleiter würde zum zweiten Male es wagen, ein Stück
von ihm anzunehmen, welches dieses Kainszeichen an der Stirn trüge?
Zähe Geduld und Ausdauer, um eine günstigere Zeit abzuwarten,
hatte Heine nicht. Noch dazu spielte ihm seine argwöhnische Phantasie
einen Streich; er bildete sich ein, daß ein Jude (P. G.) im Verein mit
einem Christen, seinem Neidhart, den Fall seines Almansor eingeleitet
oder angeregt hätte[2]). Er wurde dadurch außerordentlich erbittert,
unzufrieden mit sich selbst, und gegen Juden und Christen tief gereizt.

Zur selben Zeit hatte ihn Zwischenträgerei von der Tempelge=
meinde bei seinem Oheim angeschwärzt, und dieser ließ ihn die Ab=
hängigkeit von seinem Geldbeutel fühlen, mehr als der hochfahrende
Sinn Heines es vertragen konnte. Er dachte seit der Zeit ernstlich daran,
sich von seinem reichen und gegen ihn kleinlich handelnden Oheim zu
emanzipieren, sich eine freie Stellung zu erobern.

Es zeugt für Heines warme Anhänglichkeit an seinen Stamm,
daß er auch in dieser verdrießlichen Stimmung ernstlich daran ging,
ihn zu verherrlichen. Der hinreißende Psalm, der einst an den Weiden
Babels von einem hebräischen Dichter gesungen wurde, ging ihm nicht
aus dem Sinn:

[1]) S t r o d t m a n n I, S. 235.
[2]) Briefe I, S. 119.

„Lechzend klebe mir die Zunge
An dem Gaumen, und es welke
Meine rechte Hand, vergäß' ich
Jemals dein, Jerusalem![1])."

Er hatte sich in jüdisch-geschichtliche Studien vertieft, um einen Artikel für die Zeitschrift des Kulturvereins zu schreiben, welcher den „tragischen Judenschmerz" ausdrücken sollte[2]). Infolge des erlittenen Schimpfes wollte er eine glänzende Rache an der judenfeindlichen deutschen Christenheit nehmen und ihr in einem jüdischen Roman einen Spiegel vorhalten. Im „Rabbi von Bacharach" wollte er die herrlichen und die traurigen Szenen der jüdischen Geschichte lebendig, wie nur er allein es vermochte, vorführen[3]). Zu diesem Zwecke vertiefte er sich noch mehr in die Jahrbücher der jüdischen Geschichte, weil er ein geschichtlich treues Bild liefern wollte; seine Phantasie sollte die Tatsachen nur beleuchten, nicht erfinden, da ihm Stoff genug zu Gebote stand. Heine, der empfindliche Feinfühler, ließ es sich nicht verdrießen, deswegen in dem Schmutz alter Scharteken, in Schudts jüdischen „Merkwürdigkeiten", diesem Denkmal des Frankfurter Judenhasses, zu wühlen. Aber er wußte auch aus Spreu und Staub etwas zu ziehen. „Der Geist der jüdischen Geschichte offenbart sich mir immer mehr und mehr, und diese geistige Richtung wird mir gewiß in der Folge zustatten kommen"[4]). Er ahnte durch den heldenhaften märtyrreichen Gang der jüdischen Geschichte einen Zusammenhang in den Plänen der Vorsehung: „Dasselbe Jahr, in dem die Juden aus Spanien vertrieben wurden, wurde das neue Land der Glaubensfreiheit entdeckt"[5]). Am meisten zog ihn die Glanzepoche der mittelalterlich-jüdischen Geschichte, die Geschichte der spanischen Juden an. Auf diesem Vordergrunde wollte er stolze Juden auftreten lassen, die ihren Nacken nicht unter das Joch deutscher Judenstättigkeit und kanonischer Anmaßung beugten und ihre Religion mit Bewußtsein bekannten. Aber

---

[1]) An Moser vom Anf. Januar 1824. Briefe I, S. 142, auch in Romanzero oder hebräische Melodien, Bd. XVIII, S. 195 aufgenommen.

[2]) Brief an Moser vom 18. Juni 1823. daf. S. 69, 89.

[3]) In den vorhandenen Briefen an Moser sprach Heine zwar erst im Juni 1824 vom Rabbi von Bacharach S. 167, doch so, daß man daraus ersieht, daß er schon längere Zeit daran gearbeitet und bereits den dritten Teil vollendet hatte. Von seinem Chronikllesen schreibt er schon an Moser im Febr. desselben Jahres. Er muß also schon ein Jahr vorher daran gegangen sein, und zwar infolge des Falles des Almansor.

[4]) Daf. S. 167.

[5]) Daf. S. 169.

da auch diese Epoche damals nur dürftig bekannt war, so sehnte sich Heine nach ergiebigem Stoff, aber niemand konnte damals seinen Durst löschen. Anstatt markiger Tatsachen reichten ihm diejenigen, an die er sich wendete, gehacktes Stroh[1]. Nicht einmal über die Familie Abrabanel, die er in den Roman verweben wollte, konnte er gründliche Auskunft erlangen. Aber Heine ließ sich keine Mühe verdrießen, interessanten Geschichtsstoff für seinen Roman zu sammeln. Dieses Produkt sollte nicht ein Kind seines Hasses, sondern seiner Liebe sein. Er spiegelte sich förmlich darin: „Weil es aus der Liebe hervorgeht, wird es ein unsterbliches Buch werden, eine ewige Lampe im Dome Gottes, kein verprasselndes Theaterlicht." Er sprach mit Bewußtsein, daß nur er dieses Werk schreiben könne, und daß es eine nützliche, gottgefällige Handlung sei[2]. Heine sah voraus, wie viel neue Feindschaft ihm dieser jüdische Roman, worin er das Judentum obenan zu stellen gedachte, zuziehen würde[3]; aber er ließ sich durch diese Voraussicht nicht entmutigen und arbeitete ruhig weiter daran, unter körperlichen Leiden und Vorbereitung für die Prüfung in der Rechtswissenschaft.

Wie viel sich Heine von diesem Roman, dem Rabbi von Bacharach, versprach, und wie sehr es aus seinem Herzen kam, bezeugt ein Gedicht, das er dazu angelegt (24. Okt. 1824), das allerdings nicht zu seinen besten lyrischen Erzeugnissen gehört:

> „Brich aus in lauten Klagen,
> Du düsteres Märtyrlied,
> Das ich so lang' getragen,
> Im flammenstillen Gemüt.
>
> Es dringt in alle Ohren
> Und durch die Ohren ins Herz;
> Ich habe gewaltig beschworen,
> Den tausendjährigen Schmerz.
>
> Es weinen die Großen und Kleinen,
> Sogar die kalten Herrn,
> Die Frauen und Blumen weinen,
> Es weinen am Himmel die Stern'!
>
> Und alle die Tränen fließen
> Nach Süden im stillen Verein.
> Sie fließen und ergießen
> Sich all' in den Jordan hinein[4]."

[1] Brief an Moser, S. 179.
[2] Das. S. 214.
[3] Das.
[4] Brief an Moser S. 177, auch in der Gedichtsammlung.

Der Roman war in der Tat großartig angelegt. Er sollte zwar in Deutschland spielen, aber die spanisch-jüdische Geschichte, die Verbannung der Juden aus Spanien und die gewaltsamen Taufen sollten den Vordergrund abgeben. Die Hauptfigur, den Rabbinen von Bacharach, ließ der Dichter in dem schönen Pyrenäenlande freie Luft und befreiende Bildung einatmen. Er und seine schöne Gattin Sara, eine ebenso edle, wie echtjüdische Frau, sollten das alte Judentum in würdiger Form vertreten. Ein Ritter von jüdischem Geblüte, ein Neffe des jüdischen Staatsmannes Abrabanel, mit spanischem Stolze, der aus Leichtlebigkeit sich hat taufen lassen, sollte eine andere Seite der Juden veranschaulichen. Er ist im Gegensatz zu seinem Freund, dem ideal gesinnten Rabbiner von Bacharach, ein Spottvogel. Er sagt von sich: „Ich bin ein Heide, und ebenso zuwider wie die dürren, freudlosen Hebräer sind mir die trüben, quälsüchtigen Nazarener." Beim Anblick der schönen Rabbinersfrau bietet er sich zu ihrem Ritter an. Treffend läßt der Dichter sie antworten. Wenn Ihr mein Ritter sein wollt, so müßt Ihr gegen ganze Völker kämpfen, und wenn Ihr meine Farben tragen wollt, so müßt Ihr gelbe Ringe auf Euren Mantel nähen . . . . Das sind meine Farben, die Farben meines Hauses, welches Israel heißt, und sehr elend ist und auf den Gassen verspottet wird von den Söhnen des Glückes." Der Rabbi, der den von ihm geretteten Freund plötzlich wiedererkennt, warnt ihn vor dem Christentume, das er mit den Lippen bekennt. „Aber hüte dich, Don Isaak, du bist nicht geschaffen für das Element des Krokodils. Das Wasser (du weißt wohl, wovon ich rede) ist dein Unglück, und du wirst untergehen." Der tragische Knoten schürzt sich gleich im Anfange. Während der Rabbi und seine Frau am Passahabend selig in der Erinnerung an die Befreiung aus Ägypten schwelgen, schleichen sich zwei verkappte Männer ein und lassen einen Kindesleichnam unter den Tisch fallen, um über Rabbiner und Gemeinde die gräßliche Anklage des Kindermordes zu erheben. Das blutige Ungetüm des mittelalterlichen Wahnes erhebt sein Haupt.

So entflammt für den jüdischen Stamm war Heine damals, daß ihn ein Drama (Der Paria) seines Freundes, des Dichters M i c h a e l B e e r , des Bruders des Komponisten Meyerbeer, das in nicht sehr stolzem Tone auf die Juden anspielte, höchst unwillig machte. Der Paria Gadhi, der Verworfene, der eine Rajah-Tochter in Liebe an sich gekettet und durch sie und mit ihr den Untergang findet, sollte an die ausgestoßenen Juden erinnern, welche einem Wahn zu Liebe von den Priestern verflucht und von dem Volke gehaßt werden. Michael

Beer läßt allerdings durch seinen Helden den Hochmütigen derbe
Wahrheit künden:

> „Sie schmeicheln ihrem Hund und ihrem Rosse
> Und scheuen uns, als hätt' uns die Natur
> Zur Larve Menschenbildung nur gegeben.
> Stellt mich euch gleich und seht, ob ich euch gleiche!
> Ich hab ein Vaterland, ich will's beschützen.
>
> . . . .
>
> Sie scheuen uns, gleich von der Pest Berührten,
> Doch rollt ihr Blut von frecher Lust durchglüht;
> Gleich gilt es diesem rasenden Geschlechte,
> Ob es Befriedigung findet im Palast,
> Ob in des Parias fluchbeladener Hütte."

Aber Gadhi oder Michael Beer erkannte den Vorwurf seiner
Verfolger und die Verworfenheit seines eigenen Stammes teilweise
als berechtigt an. Ein Fluch laste auf diesem:

> „Weil einst vielleicht in grauer Fabelzeit
> Ein Paria die Huldigung dir geweigert,
> Den Gott verhöhnt, der zu der Erde Prüfung
> Sein lichtes Dasein hat mit Glanz umgürtet."

Das ärgerte Heine außerordentlich, dieses Zugeständnis dürfe
ein Jude dem Christentume nicht machen, sonst verdiente er seinen
Sklavenberuf. „Fatal, höchst fatal war mir die Hauptbeziehung des
Gedichtes, daß der Paria ein verkappter Jude ist. Man muß alles
aufbieten, daß es niemandem einfalle . . . . und es ist dumm, daß
man diese Ähnlichkeit geflissentlich hervorhebt. Am allerdümmsten
und schädlichsten ist die saubere Idee, daß der Paria mutmaßt, seine
Vorfahren hätten durch eine blutige Missetat ihren traurigen Zustand
selbst verschuldet. Die Anspielung auf Christus mag wohl manchen
Leuten gefallen . . . . Ich wollte, Michael Beer wäre getauft und
spräche sich derb, ganz almansorartig in Hinsicht des Christentums aus,
statt daß er dasselbe ängstlich schont und sogar mit demselben lieb=
äugelt[1])." Heine hätte auch hinzufügen können, daß Michael Beer
aus Verblendung oder Phantasiemangel seine Glaubensgenossen, von
denen er sich doch äußerlich nicht trennen mochte, an den Pranger ge=
stellt und ihnen Laster angedichtet hat, von denen sie ganz gewiß frei
sind. Sein „frommer Rabbi" stellt einen Talmudkundigen
dar, forschend in den toten Büchern, in einsamer Gegend und sich
bemühend, alle religiösen Pflichten und besonders drei Gebote zu er=
füllen:

[1]) An Moser daf. 188 f.

> „Drei Gebote sind die höchsten:
> Gastrecht üben, Kranke pflegen
> Und zum Grabe hin den Toten
> Mit Gebeten zu geleiten."

Darum freute sich der Talmudist, als ihm ein Gast ins Haus kam, an dem er die Pflicht der Gastfreundschaft üben konnte. Er marterte und verwundete ihn aber auch, um ihn heilen zu können, und zuletzt erhob er die Mordaxt gegen denselben, damit er an ihm auch das letzte der drei Gebote ausüben könnte. Einen schlechten Witz, eines Erz= judenfeindes würdig, hat Michael Beer in eine Anklage gegen die An= hänger des Talmuds eingekleidet.

Der arme Michael Beer hatte sich von seinen Stammesgenossen ferngehalten und sich an die vornehme christliche Welt angeschmiegt, in dem Wahne, sie werde seine Abstammung vergessen. Sie erinnerte sich und ihn einst so empfindlich daran, daß er sich die erfahrene Krän= kung zu Gemüt zog und daran starb[1]).

Aber gerade in dieser Zeit, wo Heine sich innerlich viel mit dem Judentum beschäftigte, in Begeisterung für seine Geschichte geriet und das Christentum am heftigsten haßte — ließ er sich still in Heiligen= stadt in die Christengemeinde aufnehmen (28. Juni 1825) und nahm die Taufnamen Christian Johann Heinrich an. — Lange hatte er gegen diese Anfechtung gekämpft. Er hat sich deutlich genug darüber ausgesprochen: „Keiner von meiner Familie ist dagegen, außer ich. Und dieser ich ist sehr eigensinniger Natur. Aus meiner Denkart kannst du dir wohl abstrahieren, daß mir die Taufe ein gleichgültiger Akt ist, daß ich ihn auch symbolisch nicht wichtig achte, und daß er in den Verhältnissen und auf die Weise, wie er bei mir vollzogen wurde, auch für andere keine Bedeutung hätte. Für mich hätte er vielleicht die Bedeutung, daß ich mich der Rechte meiner unglücklichen Stammes= genossen mehr weihen würde. Aber dennoch halte ich es unter meiner Würde und meine Ehre befleckend, wenn ich, um ein Amt in Preußen anzunehmen, mich taufen ließe. Im lieben Preußen! .... Ich werde noch aus Ärger katholisch und hänge mich auf"[2]). Er tat es dennoch, um in Preußen eine Stelle zu erlangen, mehr noch, um sich dadurch von der drückenden Abhängigkeit von seinem Oheim zu erlösen. In sein Tagebuch zeichnete er folgende Verse darüber ein:

> „Und du bist zu Kreuz gekrochen,
> Zu dem Kreuz, das du verachtest,

[1]) August Lewald, Panorama von München, I, S. 76—79.
[2]) An Moser Briefe I, S. 115.

> Daß du noch vor wenig Wochen
> In den Staub zu treten dachtest"[1]).

Einige Zeit darauf (20. Juli 1825) legte er seine Prüfung als Jurist ab. Er jagte dennoch Phantomen nach und gab seine Ehre für nichts preis. Denn er bekam keine Anstellung und konnte der Unterstützung seines Oheims nicht entraten[2]). Verschämt wie ein Mädchen, das sich etwas hat zuschulden kommen lassen, teilte Heine seinem Busenfreunde Moser in verblümter Redeweise seine Taufe mit: „Ein junger spanischer Jude, von Herzen ein Jude, der sich aber aus Luxusübermut taufen läßt, korrespondiert mit dem jungen Jehuda Abrabanel und schickt ihm ein Gedicht, aus dem Maurischen übersetzt. Vielleicht scheut er es doch, eine nicht sehr noble Handlung dem Freunde unumwunden mitzuteilen, aber er schickt ihm jenes Gedicht. — Denke nicht darüber nach[3])."

Heine wurde durch seinen Übertritt nur noch erbitterter auf das Christentum, als wenn es ihn zum Treubruch, zur Ehrvergessenheit und zum Abfall von sich selbst verleitet hätte. „Ich versichere dich," schrieb er an seinen Busenfreund, „wenn die Gesetze das Stehlen silberner Löffel erlaubt hätten, so würde ich mich nicht getauft haben." Er freute sich, daß der Prediger am Hamburger Tempel, Gotthold Salomo, in seinem Beisein auf die getauften Juden und auf ihn selbst stichelte, wie sie von der bloßen Hoffnung, eine „Stelle" zu bekommen, sich verleiten ließen, dem Glauben ihrer Väter untreu zu werden. — Als um dieselbe Zeit der Fahnenträger des jungen Israel, der Begründer und rührige Trommelschläger des Kulturvereins, Eduard Gans, ebenfalls zum Christentume übergetreten war, konnte es ihm Heine nicht verzeihen, da jener nicht aus Not dazu gedrängt war. Er wurde noch ärgerlicher über ihn, als er vernahm, daß Gans schwache Juden zur Taufe überredet haben sollte. „Tut er dieses aus Überzeugung, so ist er ein Narr; tut er es aus Gleißnerei, so ist er ein Lump"[4]). Er war auch ungehalten über Moser, daß er seine Taufe milde beurteilt und ihn nicht, wie er es von diesem gefestigten Charakter erwartet hatte, herbe zurechtgewiesen habe. „Ich bin froh, der alte Fried-

<hr>

[1]) Heines letzte Gedichte und Gedanken, herausgegeben von Strodtmann 1869, S. 43, mit der Überschrift: „An einen Abtrünnigen."

[2]) Seine Aussicht auf eine Advokatur in Hamburg und eine Professur in Berlin blieben Illusionen, Briefe das. 240.

[3]) An Moser Briefe I, S. 231. Der Brief ist nicht gar zu lange nach Heines Taufe geschrieben, und nicht, wie bei Strodtmann angegeben, Anfang November 1825.

[4]) Das. S. 141 f.

länder und Bendavid ſind alt und werden bald ſterben, und dieſe haben
wir dann ſicher, und man kann unſerer Zeit nicht den Vorwurf machen,
daß ſie keinen einzigen Untadelhaften aufzeigen kann"[1]). Verdrießlich
war es auch für ihn, daß ſeine Gegner ſeine jüdiſche Abſtammung
nicht vergeſſen mochten und ſie ihm wie Börne bei jeder Gelegenheit
in Erinnerung brachten. Um ſeine Gewiſſensbiſſe einigermaßen zu
beſchwichtigen, arbeitete er an dem Roman „Rabbi von Bacharach"
weiter; er wollte damit ſeine innerliche Anhänglichkeit an die Juden
bekunden, und ihn veröffentlichen trotz der Abmahnung ſeines Freundes
Moſer, der den grellen Widerſpruch zwiſchen Geſinnung und Tat und
die Feindſchaft, die er ſich dadurch zuziehen würde, nicht überſah.
Indeſſen vernachläſſigte er den Roman doch nach und nach und veröffentlichte ihn erſt viel ſpäter als Bruchſtück.

Heine war aber nicht dazu geſchaffen, ſich ſtets von Gewiſſens-
biſſen quälen zu laſſen. Da er einmal dem Judentume den Rücken
gekehrt hatte, ſuchte er ſich ſelbſt zu betäuben. Sein dem Luſtſinn
zugewandtes Leben unmittelbar nach ſeinem Übertritt war nichts als
ein Verſuch, ſich zu betäuben. Heine klügelte förmlich, um Schattenſeiten an den Juden und am Judentume zu entdecken und ſich ſo vor
ſich ſelbſt zu rechtfertigen. Aus dieſer Stimmung ſtammen ſeine gehäſſigen Ausfälle auf das Judentum, daß es z. B. „keine Religion,
ſondern ein Unglück ſei". Später ſuchte er die Kluft zwiſchen Judentum und Chriſtentum bis auf eine verſchwindende Linie zu verringern,
beide als ſelbſtquäleriſch, mönchiſch und nazareniſch zu bezeichnen,
beide zugleich zu verunglimpfen und ſich über beide hinweg zu einer
helleniſtiſchen Religion der „Wiederherſtellung des Fleiſches" zu bekennen. Je tiefer er in den Lebensſtrudel hineingeriſſen wurde, deſto
mehr entſchwanden Judentum und Juden aus ſeinem Geſichtskreiſe.
Doch, man kann faſt ſagen, in lichten Augenblicken brach ſeine alte Liebe
zum Judentume wieder hervor, und er zeigte wieder ſeine denkklare
Anſchauung von demſelben. So ärgerte ſich Heine, daß man Shakeſpeare zu den Judenfreſſern zählte, weil er den Shylock geſchaffen hat,
und er bot ſeine glänzende Beredſamkeit auf, um dieſen Makel von den
Juden zu nehmen. „Hat Shakeſpeare in der Jeſſika eine Jüdin ſchildern
wollen? Wahrlich nein, er ſchilderte nur eine Tochter Evas, eine jener
ſchönen Vögel, die, wenn ſie flügge geworden, aus dem väterlichen
Neſte fortflattern zu dem geliebten Männchen . . . Bei Jeſſika iſt
beſonders bemerkbar eine gewiſſe zagende Scham, die ſie nicht über-

---

[1]) An Moſer Briefe I, S. 267 f.

winden kann, wenn sie Knabentracht anlegen soll. Vielleicht in diesem
Zuge möchte man jene sonderbare Keuschheit erkennen, die ihrem Stamme eigen ist und den Töchtern desselben einen so wunderbaren Liebreiz
verleiht. Die Keuschheit der Juden ist vielleicht die Folge einer Opposition, die sie von jeher gegen jenen orientalischen Sinnen= und Sinn-
lichkeitsdienst bildeten, der einst bei ihren Nachbarn, den Ägyptern,
Assyrern und Babyloniern in üppigster Blüte stand und sich in be-
ständiger Transformation bis auf den heutigen Tag erhalten hat. Die
Juden sind ein keusches, enthaltsames, ich möchte sagen, abstraktes Volk,
und in der Sittenreinheit stehen sie den germanischen Völkern am
nächsten ... Es ist in der Tat auffallend, welche innige Wahlverwandtschaft zwischen den beiden Völkern der Sittlichkeit, den Juden und
Germanen herrscht ... Sie hat einen tieferen Grund, und beide Völker
sind sich ursprünglich so ähnlich, daß man das ehemalige Palästina für
ein orientalisches Deutschland ansehen könnte, wie man das heutige
Deutschland für die Heimat des heiligen Wortes, für den Mutterboden
des Prophetentums, für die Burg der reinen Gottheit ansehen sollte.
Aber nicht bloß Deutschland trägt die Physiognomie Palästinas, sondern auch das übrige Europa erhebt sich zu den Juden. Ich sage: erhebt sich; denn die Juden trugen schon im Beginn das moderne Prinzip
in sich, welches sich heute erst bei den europäischen Völkern sichtbar
entfaltet. Griechen und Römer hingen begeistert an dem Boden ...
die späteren nordischen Einwanderer hingen an der Person ihrer Häupt-
linge ... die Juden aber hingen von jeher nur an dem Gesetze, an dem
abstrakten Gedanken, wie unsere neueren kosmopolitischen Republikaner ... Freiheit und Gleichheit war ihre (der Juden) Religion ..."[1]).
Börnes Einseitigkeit in vorgerücktem Alter fand die bewegenden Gedanken der Neuzeit, für die er schwärmte, in einem regenerierten päpstlichen Katholizismus. Heines Vielseitigkeit entdeckte ihren Ursprung
im Judentume. Auch über den Talmud sprach er, selbst in seiner Zer-
fallenheit, mit seiner feinen Fühlung, ein tiefes Wort, daß die Juden
es diesem zu verdanken hätten, daß sie dem christlichen Rom ebenso
heldenmütig, wie einst dem heidnischen widerstehen könnten[2]).

Jn zunehmendem Alter, als ein schweres Nervenleiden den Ge-
dankenspiegel seines Geistes noch heller machte, und er den Vorzug
der auf Religiosität gebauten Sittlichkeit vor der sinnlichen Schönheit erkannte, kehrte Heine zu seiner Jugendliebe, zu seiner Verehrung für das

---

[1]) Shakespeares Mädchen und Frauen, Bd. III, S. 318 f. Vgl.
auch Briefe aus Helgoland Bd. XII, S. 69 f.
[2]) Über Deutschland oder Salon, Bd. V, S. 164.

Judentum, ganz und gar zurück. Seine „Geſtändniſſe" (1853—54)
ſind begeiſterte Hymnen auf die jüdiſche Geſchichte und den jüdiſchen
Stamm, und man hört es ihnen an, daß ſie ernſt gemeint waren.
Für die Bibel hat er, der feinfühlige Dichter, ſtets geſchwärmt[1]).
„Die Juden ſollten ſich tröſten, daß ſie Jeruſalem und die Bundeslade eingebüßt haben; ſolcher Verluſt iſt nur geringfügig im Vergleich
mit der Bibel, dem unzerſtörbaren Schatze, den ſie gerettet . . . Die
Wiedererweckung meines religiöſen Gefühls verdanke ich jenem heiligen
Buche (der Bibel), und dasſelbe ward für mich ebenſo ſehr die Quelle
des Heils, als ein Gegenſtand der feurigſten Bewunderung . . . Ich
glaube mir ſchmeicheln zu dürfen, daß mir der Charakter des Moſe
in der erſten Abteilung des heiligen Buches (des alten Teſtamentes)
einleuchtend aufgegangen iſt. Dieſe große Figur hat mir nicht wenig
imponiert. Welche Rieſengeſtalt! Wie klein erſcheint der Sinaï, wenn
der Moſe darauf ſteht! Dieſer Berg iſt nur das Poſtament, worauf
die Füße des Mannes ſtehen, deſſen Haupt in den Himmel hinein-
ragt, wo er mit Gott ſpricht . . . Ich hatte Moſe früher nicht ſonder-
lich geliebt, wahrſcheinlich weil der helleniſche Geiſt in mir vorwaltend
war, und ich dem Geſetzgeber der Juden ſeinen Haß gegen alle Bild-
lichkeit, gegen die Plaſtik, nicht verzieh. Ich ſah nicht, daß Moſe, trotz
ſeiner Befeindung der Kunſt, dennoch ſelber ein großer Künſtler war,
und den wahren Künſtlergeiſt beſaß. Nur war dieſer Künſtlergeiſt
bei ihm, wie bei ſeinen ägyptiſchen Landsleuten nur auf das Koloſſale
und Unverwüſtliche gerichtet . . . . Er baute Menſchenpyramiden,
meißelte Menſchenobelisken, er nahm einen armen Hirtenſtamm
und ſchuf daraus ein Volk, das ebenfalls den Jahrhunderten trotzen
ſollte, ein großes, ewiges, heiliges Volk, ein Volk Gottes, das allen
andern Völkern als Muſter, ja der ganzen Menſchheit als Prototyp
dienen konnte, er ſchuf Israel ... Wie über den Werkmeiſter, habe
ich auch über das Werk, die Juden, nicht immer mit hinlänglicher
Ehrfurcht geſprochen. Die Geſchichte des Mittelalters und ſelbſt der
anderen Zeiten hat ſelten in ihre Tagesberichte die Namen ſolcher Ritter
des heiligen Geiſtes eingezeichnet, denn ſie fochten gewöhnlich mit ver-
ſchloſſenem Viſier. Ebenſo wenig die Taten der Juden, wie ihr eigentümliches Weſen ſind der Welt bekannt. Man glaubt ſie zu kennen,
weil man ihre Bärte geſehen, aber mehr kam nie von ihnen zum Vorſchein, und wie im Mittelalter ſind ſie auch in der modernen Zeit ein
wandelndes Geheimnis. Es mag enthüllt werden an dem Tage, wovon der Prophet geweiſſagt" . . .

[1]) S. Briefe aus Helgoland vom Jahre 1830, Bd. XII, S. 63 f.

„Ja, den Juden, denen die Welt ihren Gott verdankt, verdankt sie auch dessen Wort, die Bibel; sie haben sie gerettet aus dem Bankerott des römischen Reiches, und in der tollen Raufzeit der Völkerwanderung bewahrten sie das teuere Buch, bis es der Protestantismus bei ihnen aufsuchte und das gefundene Buch in die Landessprachen übersetzte und in alle Welt verbreitete . . . Im Norden von Europa und Amerika hat sich das Paläſtinatum so geltend gemacht, daß man sich dort unter Juden verſetzt zu ſehen glaubt . . . Ich will nicht reden von den meiſten neuen Gemeinden der Vereinigten Staaten, wo man das altteſtamentliche Leben pedantiſch nachäfft, . . . aber die Karikatur wird nicht ſchwinden, das Echte, Unvergängliche und Wahre, nämlich die Sittlichkeit des alten Judentums, wird in jenen Ländern ebenſo gottgefreulich blühen, wie einſt am Jordan und auf den Höhen des Libanons. Man hat keine Palmen nötig, um gut zu ſein, und Gutſein iſt beſſer, denn Schönheit . . . Judäa erſchien mir immer wie ein Stück Okzident, das ſich mitten in den Orient verloren. In der Tat, mit ſeinem ſpiritualiſtiſchen Glauben, ſeinen ſtrengen, keuſchen, ſogar asketiſchen Sitten, kurz mit ſeiner abſtrakten Innerlichkeit bildete dieſes Land und ſein Volk immer den ſonderbarſten Gegenſatz zu den Nachbarländern und Nachbarvölkern, die, den üppig bunteſten und berüchtigtſten Naturkulten huldigend, im bacchantiſchen Sinnenjubel ihr Daſein verſchleuderten. Iſrael ſaß fromm unter ſeinem Feigenbaume und ſang das Lob des unſichtbaren Gottes und übte Tugend und Gerechtigkeit, während in den Tempeln von Babel, Ninive, Sidon und Tyrus jene blutigen und unzüchtigen Orgien gefeiert wurden, ob deren Beſchreibung uns noch jetzt das Haar ſich ſträubt. Bedenkt man dieſe Umgebung, ſo kann man dieſe frühe Größe Iſraels nicht genug bewundern. Von der Freiheitsliebe Iſraels, während nicht bloß in ſeiner Umgebung, ſondern bei allen Völkern des Altertums, ſogar bei den philoſophiſchen, die Sklaverei juſtifiziert war und in Blüte ſtand, will ich nicht gern reden, um die Bibel nicht zu kompromittieren bei den jetzigen Machthabern . . . Ja, ſtatt mit der Unmöglichkeit zu ringen, ſtatt die Abſchaffung des Eigentums tollköpfig zu dekretieren, erſtrebte Moſe nur die Moraliſation (Verſittlichung) desſelben; er ſuchte das Eigentum in Einklang zu bringen mit der Sittlichkeit, mit dem wahren Vernunftrecht, und ſolches bewirkte er durch die Einführung des Jobeljahres, wo jedes alienierte (entfremdete) Erbgut, welches bei einem ackerbauenden Volke immer Grundbeſitz war, an den urſprünglichen Eigentümer zurückfiel, gleichviel in welcher Weiſe dasſelbe veräußert worden. — Dieſe Inſtitution bildet den entſchiedenſten Gegensatz zu der Verjährung bei den Römern ... Mose wollte nicht das Eigentum abschaffen, er wollte vielmehr, daß jeder dessen besäße, damit niemand durch Armut ein Knecht mit knechtischer Gesinnung sei; Freiheit war immer des großen Emanzipators letzter Gedanke, und dieser atmet in allen seinen Gesetzen, die den Pauperismus betreffen. Die Sklaverei haßte er über alle Maßen schier ingrimmig ... Wollte aber ein Sklave, den das Gesetz endlich befreit, durchaus nicht das Haus des Herrn verlassen, so befahl Mose, daß der unverbesserliche Lump mit dem Ohr an den Türpfosten des herrschaftlichen Hauses angenagelt wurde ..... O Mose, unser Lehrer, Mosche Rabbenu, hoher Bekämpfer der Knechtschaft, reiche mir Hammer und Nägel, damit ich unsere gemütlichen Sklaven in schwarz-rot-goldener Livree mit ihren langen Ohren festnagele an das Brandenburger Tor"[1].

Der Geist des jüdischen Gesetzes und der jüdischen Geschichte war allerdings über diesen verirrten Sohn Israels gekommen und hat ihm eine Offenbarung gebracht, die nur wenige vor ihm in ihrer Tiefe begriffen, keiner auch nur entfernt so lichtvoll dargestellt hat. Wie für die Weisheitstiefe in den Gesetzen und den Geisteskampf in den Jahrtausenden der jüdischen Geschichte[2], so hatte Heine auch für das echte Gold der Poesie, die dem größten jüdischen Dichter des Mittelalters entströmt ist, ein richtiges Verständnis. Kaum hatte Michael Sachs, der Prediger mit der Psalmistenseele und der Prophetensprache die verhüllten Schönheiten der „religiösen Poesie der Juden in Spanien" entschleiert und besonders den verdunkelten Glanz des Dichters Jehuda Halevi Abulhassan wieder hergestellt, als Heine, tief davon ergriffen, diesem stamm- und kunstgenössischen Troubadour ein Denkmal setzte. Mit seinem Zauberstabe erweckte er Jehuda Halevis Schatten aus dem Grabe und führte ihn in der ganzen Idealität seiner Erscheinung und in der ganzen Glut seiner Begeisterung vor[3].

[1] Geständnisse, Bd. XIV, S. 293—300.

[2] Vgl. die Bemerkungen Heines über Juden, Judentum und jüdische Geschichte in „Letzte Gedichte und Gedanken Heines", S. 195 f. Besonders schön ist folgende Bemerkung: „Die jüdische Geschichte ist schön, aber die jungen Juden schaden den alten, die man weit über Griechen und Römer setzen würde. Ich glaube, gäbe es keinen Juden mehr, und man wüßte, es befände sich irgendwo ein Exemplar von diesem Volk, man würde 100 Stunden reisen, um es zu sehen, und ihm die Hand zu drücken — und jetzt weicht man uns aus."

[3] Die Beilage zum Romanzero über Jehuda Halevi im Makamenstile ist bekanntlich M. Sachs, Religiöse Poesie der Juden in Spanien S. 287, entlehnt und Heines Gedicht Jehuda Ben Halevy ist durch Sachs' Schilderung angeregt worden.

Bis zu seinem letzten Hauche kämpften in Heine die zwei weltgeschichtlichen Bildungsprinzipien, die keusche Sittlichkeit des Judentums und die Formenschönheit des Griechentums, die er beide bewunderte, aber nicht zu versöhnen vermochte.

> „Die Gegensätze sind hier grell gepaart,
> Der Griechen Lustsinn und der Gottgedanke Judäas,
> . . . .
> O dieser Streit wird enden nimmermehr,
> Stets wird die Wahrheit hadern mit dem Schönen"[1]).

Er selbst ahnte, daß die harmonische Vermischung beider Elemente
die Aufgabe der europäischen Zivilisation sei[2]); aber er vermochte nicht,
sie in sich zu vollziehen. Aus diesem Kampfe ging seine Zerrissenheit
hervor, aber zugleich auch sein Drang, sie beide durch Spott zu be-
meistern, um sie eben nicht Herr über sich werden zu lassen.

Die Judenheit hat diesen ihren beiden abtrünnigen Söhnen, Börne
und Heine, viel zu verdanken. Sie haben den deutschen Judenhaß,
wenn auch nicht vertilgt, so doch gebändigt. Was Heine einst bei der
Erinnerung an die Hep-Hep-Tollheit sagte: „Auch dergleichen kann
nicht wieder vorfallen, denn die Presse ist eine Waffe, und es gibt
zwei Juden, welche deutschen Stil haben, der eine bin ich, der andere
ist Börne"[3]), diese Prophezeiung hat sich so ziemlich erfüllt. So arge,
rohe Ausbrüche gegen die Juden sind seit ihrem Auftreten nicht sobald
in Deutschland vorgekommen. Die Rühs, Fries und andere Judenfresser, welche den Juden alle höhere Begabung absprachen, konnten
seit der Zeit nicht mehr einen so hochfahrenden Ton anstimmen. Begabtere, kunstsinnigere, feinfühligere Schriftsteller als diese beiden Juden
konnte Deutschland nicht aufweisen. Die närrische Deutschtümelei, die
Maaßmannsche und die Wolfgang Menzelsche, die religionsschillernde,
wie die urwäldliche, haben diese beiden jüdischen Kämpfer tatkräftiger
bezwungen, als die Mainzer Inquisition; ja, sie haben bewirkt, daß
der Fluch gegen die Juden in Segen verwandelt wurde. Manche
Judenfresser, wie Menzel, bekehrten sich und redeten sogar den Juden
das Wort zur Gleichstellung.

Aber mehr als die Juden hat Deutschland diesen seinen strengen
Erziehern zu verdanken. Sie haben ein wahres Füllhorn von Ge-

---

[1]) Alfred Meißner, C. Heine, Erinnerung, Gedicht an die
„Mönche", S. 253, 256.
[2]) Ges. Schr., Bd. XX, S. 77.
[3]) Hermann Schiff, Heine, S. 24.

banken über Deutſchland ausgeſchüttet, wie zwei Könige, die auf ihrer
Fahrt Goldmünzen mit vollen Händen ausſtreuen. Sie haben den
Deutſchen eine elegante, gedankenhelle und formenglatte Sprache ge-
ſchaffen und ihnen den Tempel der Freiheit geöffnet.

Das junge Deutſchland, welches den gegenwärtigen Kulturzuſtand
begründet und das Befreiungsjahr von 1848 geſchaffen hat, iſt ein
Kind dieſer beiden jüdiſchen Väter. Die Schmähſucht, die Verleumdung
und die Geheimpolizei war von einem richtigen Takte geleitet, als ſie
die Führer des jungen Deutſchland als J u d e n bezeichnete, weil ſie
ohne den Einfluß des jüdiſchen Geiſtes allerdings nicht Vorſtürmer für
die Freiheit geworden wären. Die Judenfeinde glaubten den Juden
dadurch eine Schmach anzutun, daß ſie die hellblonden Kämpfer geradezu Juden nannten, ſie haben ihnen aber damit hinterher eine Ehrenrettung gegeben, und höchſtens dem deutſchen Geiſte wider ihren Willen
ein Armutszeugnis ausgeſtellt[1]). Das erſchöpft jedoch noch nicht die
Verdienſte Börnes und Heines um Deutſchland. Sie haben den Franzoſen Hochachtung vor der Kernhaftigkeit des deutſchen Geiſtes beigebracht und den Spott zum Schweigen gebracht, in welchem ſich die
weſtrheiniſchen Nachbarn über die Tölpelhaftigkeit und traumhafte
Nebelhaftigkeit der Deutſchen zu ergehen pflegten. Börne und Heine
haben zuerſt Frankreich und Deutſchland einander näher gebracht, die
deutſche Gedankentiefe mit der franzöſiſchen Eleganz vermählt. Die
Nebel, welche dieſe beiden Nationen trennten, haben ſie zuerſt gelichtet,
die Franzoſen zum Berganklimmen und die Deutſchen zum Bergab-
ſteigen bewogen, damit ſie einander auf halbem Wege begegnen und
über ihre gegenſeitigen Vorurteile und ihre Unterjocher hinweg ſich
die Hände zum Bruderbunde reichen können. Die meſſianiſche Zeit,
wenn ſie eintrifft, würden die beiden Juden ihrer nationalen Sendung
zufolge angebahnt haben.

---

[1]) Menzel, der Franzoſen- und Judenfreſſer, hat tiefer als Rieſſer geblickt, indem er das junge Deutſchland verjüdiſchte. Rieſſer, ein geborener
Gothaer, mochte nicht auf den Juden den Makel revolutionären Geiſtes
ſitzen laſſen. Vgl. Jüdiſche Briefe I, 6.

Neuntes Kapitel

Die Reform und das junge Israel.

Die Abgeschlossenheit der Juden durch die Neuzeit aufgestört. Die Lage
Abfall und Hartnäckigleit. Jacobson und seine Reformen. Die Orgel
und die deutsche Predigt. Die ersten Prediger. Die Anfänge des Ham-
burger Reformtempels. Beginnender Kampf. Verfall des Rabbiner-
wesens und der Talmudlehrhäuser. Die letzten altrabbinischen Größen:
Benet, Jakob Lissa, Akiba Eger und Mose Sofer. Jacobsons Eifer.
Der Täufling Eliëser Libermann, Aaron Chorin, Lazar Rießer. Die
Gutachten zur Verletzerung der Tempelreform. Bresselaus hebräisch-
satirisches Sendschreiben für den Tempel. Der Leipziger Meßtempel.
Die Gegenreformpartei. Isaak Bernays, Mannheimer, Reggio. Der
Berliner Kulturverein: Gans, Moser und Zunz.

(1818—1830.)

Überraschend schnell hat sich der Aufschwung der Juden selbst
in Deutschland vollzogen, wenn man Mendelssohns Schüchternheit,
an die religiösen und politischen Zustände der Christenheit auch nur
anzustreifen, mit der Kühnheit Börnes und Heines vergleicht, die sie
in ihrer nackten Gestalt zeigten. Und nun erst in Frankreich! Da waren
die Juden Männer geworden, die es ohne Furcht mit jedem Gegner
aufnahmen und eine Beschimpfung ihres Ursprunges mit dem Schwerte
in der Hand zurückzuweisen wußten. Nicht so rasch wie die Juden,
vermochte das Judentum die Knechtsgestalt abzustreifen. Fast zweitausend Jahre hatte es um sein Dasein gerungen, mit jedem neuen
Volke und jedem neuen Geiste, die auf dem Schauplatze der Geschichte
aufgetreten waren. Mit Griechen und Römern, Parthern und Neu-
persern, mit Goten und Slawen, mit Arabern und mittelalterlichen
Eisenmännern, mit Mönchen aller Orden und mit glaubenswütenden
Lutheranern hatte es stets von neuem heiße Kämpfe zu bestehen und
es hätte nicht mit entstellenden Narben und häßlichem Staube bedeckt
sein sollen? Um sich gegen die anprallende Gewalt so vieler feind-
licher Mächte so lange zu schützen, hatte sich das Judentum mit einem
undurchdringlichen Panzer umgeben, sich nach allen Seiten abschließen

und ſich in ein enges Gehäuſe zurückziehen müſſen. An dieſen ſchweren
Harniſch hatte es ſich ſo gewöhnt, daß es mit ihm verwachſen zu ſein
ſchien, als ob er zu ſeinem Weſen gehörte. Es mochte ihn auch des=
wegen nicht ablegen, weil es ſtets neuer Kämpfe gewärtig war. Auf
ſich ſelbſt angewieſen, und von der Außenwelt abgeſtoßen, beſonders
ſeit dem Jahrhundert der Vertreibung ſeiner Bekenner aus Spanien
und Portugal und ſeit der gleichzeitigen Ausweiſung aus vielen deut=
ſchen Gebieten, hatte es ſich in eine eigene Traumwelt eingeſponnen
und in ſein Denken und ſeine Phantaſie Zauberformeln aufgenommen,
um die Schmerzensqualen, die ſeine Bekenner erdulden mußten, zu
betäuben, leichter ertragen oder gar vergeſſen machen zu können.
Plötzlich wurden ſeine Söhne durch einen ſtechenden Sonnenſtrahl
aus dem Traume geweckt und erblickten eine Wirklichkeit, die ſie fremd
anſtarrte. Feſter ſchloſſen ſie anfangs die Augen, um die angenehmen
Traumbilder nicht zu verlieren. Sie konnten ſich anfangs in der neuen
Zeit und der neuen Lage nicht zurecht finden und fürchteten, daß dieſes
nur eine Verſuchung oder eine neue Kampfesart ſei, welche der alte
Feind in anderer Weiſe gegen das Judentum anzuwenden gedächte.

Es war ſeinem Gedächtnis entſchwunden, daß auf ſeiner langen
Weltfahrt und in ſeiner Völkerſchau das Judentum trotz ſeiner Ab=
geſchloſſenheit Verkehrtheiten angenommen und ſie ſeinem Weſen
ſo einverleibt und weiter ausgebildet hatte, als wenn ſie ihm urſprüng=
lich und ureigentümlich geweſen wären. Dein Gedächtnis war durch
Verfolgung und Marter geſchwächt worden; auch ſeine Denkkraft hatte
durch die täglich zunehmenden Leiden ein wenig gelitten. Es konnte
ſich anfangs nicht ſammeln, ſich nicht prüfen, um das Fremde und
Unangemeſſene vom Eigenen und Weſentlichen zu unterſcheiden und
auszuſcheiden. Unter den deutſchen Juden hatte das Judentum durch
die Aufnahme des verwilderten, polniſchen Weſens einen barbariſchen
Anſtrich und unter den portugieſiſchen und italieniſchen Juden durch
Iſaak Lurja und Chajim Vital ein kabbaliſtiſches Gepräge angenommen.
Dieſe Entſtellungen des Judentums traten ganz beſonders bei allen
Vorkommniſſen des religiöſen Lebens ans Licht, beim Gottesdienſte,
bei den Predigten, bei Hochzeiten, Leichenbegängniſſen, kurz gerade
bei den in die Augen fallenden Anläſſen. Gerade die offiziellen Ver=
treter und Ausleger des Judentums, die Rabbinen und Pfleger des
Gottesdienſtes, erſchienen meiſtens in abſchreckender Knechtsgeſtalt,
entweder als Halbwilde oder als Geiſterſeher. Die fremdartigen An=
ſätze und Auswüchſe, den Schimmel, der ſich um den Grundſtock an=
geſammelt hatte, betrachteten dieſe Hauptträger des Judentums als

sein ureigenes Wesen. Noch hatte die Zeit keine Männer gereift, die mit feinfühligem Verständnis für den Kern des Judentums, wie es sich in Bibel und Talmud ausgeprägt hat, mit weitem Blicke und klarer Einsicht die in der großen Wandlung der Zeiten eingetretenen Entstellungen hätten erkennen und vom Wesenhaften loslösen können. Die häßlichen Formen mit sanfter Hand durch allmähliche Übergänge, ohne die Gemüter zu verletzen, zu beseitigen, dazu wäre eine ganz besonders geistig veranlagte Persönlichkeit, ein Mose Maimuni oder ein Moses Mendelssohn mit mehr Tatkraft nötig gewesen. Ein solcher war aber nicht vorhanden. Es fehlte überhaupt in der Übergangszeit an Männern von klarem Bewußtsein und anerkanntem Ansehen. Auch eine Vertretung der Gesamtjudenheit gab es nicht. Es gab allerdings ein Organ, das eine Art offiziellen Charakters und eine gewisse Autorität besaß oder sich hätte erringen können, das fran=zösische Sanhedrin und Konsistorium. Aber seine Haupt=träger, David Sinzheim, Abraham di Cologna und ihre Nachfolger hatten nicht die erforderliche Einsicht für die Verjüngung des Juden=tums. Sinzheim war im Grunde doch nur Stocktalmudist und di Cologna lediglich ein angenehmer Prediger. Diese notwendige Reform, nicht an Haupt und Gliedern — denn weder die Führer noch die einzelnen hatten durch die Entstellung des Judentums an Sittlichkeit eingebüßt — sondern nur zur Verschönerung der Außenseite und Beseitigung der Auswüchse, fand daher nicht die rechten Männer, sie in die Hand zu nehmen und einzuführen. Da die Männer fehlten, übernahm die Zeit diese Arbeit, und dadurch entstanden Kämpfe und Zuckungen. Es sollte dem Judentum nicht leicht werden, sich zu häuten.

Die Wandlung des Judentums, welche die Zeit herbeiführen sollte, ging wie die der Juden von Deutschland aus. Der deutschen Juden=heit war, weil Mendelssohn aus ihrem Schoße hervorgegangen war, dieselbe Aufgabe zugefallen, welche früher die alexandrinischen und spanischen, zum Teil auch die provenzalischen Juden gelöst hatten, die Versöhnung des Judentums mit der Kultur zu vermitteln. Aber als diese Vermittlung in Angriff genommen wurde, war die Lage bereits verschoben, und die Art und Weise, wie sie ausgeführt wurde, hat die Lage noch schiefer gemacht. Durch die Kämpfe, welche die Juden in Deutschland um ihre bürgerliche Erhebung aus der Niedrig=keit zu bestehen hatten, als sie um jeden Fußbreit Befreiung die ver=zweifeltsten Anstrengungen machen mußten, auf jedem Schritte dem Hohn und der Zurücksetzung begegneten, immer wieder in ihre niedrige Stellung zurückgeworfen und an ihre Entwürdigung gemahnt wurden,

kamen gleich zwei unerfreuliche Erscheinungen zutage. Diejenigen,
welche durch Schönheitssinn gehoben waren, schwammen mit dem
Strom und entfremdeten sich dem Judentum; wenn sie sich nicht ganz
und gar von ihm lossagten, so verachteten sie es gründlich, weil es ihrem
bürgerlichen oder sozialen Fortkommen hinderlich war. Ihnen erschien
das Judentum als eine Mumie, eine Versteinerung oder als ein Gespenst, das ruhe= und zwecklos durch die Jahrhunderte wandelte, ein
Bild des Jammers, dem nicht zu helfen sei. Nur wenige dieser gebildeten Klasse waren so hellsehend, wie Heine in seinen lichten, von
tollem Übermut nicht gestörten Augenblicken, in dieser Mumie einen
Scheintoten zu erkennen, der eines Tages seinen Sargdeckel zu sprengen
und starken Geistes mit lebendigen Mächten einen Kampf aufzunehmen
imstande sein werde. Anderseits klammerte sich die Mehrzahl der
Juden, die noch eine tiefe Liebe zu dieser runzelig gewordenen Mutter
aller Religionen im Herzen trug, an die unwesentlichsten Formen, an
die sie von Jugend auf gewöhnt war, um gerade, weil sie auf der
andern Seite Verrat gewahrte, den Verrätern des Judentums nicht
gleichgestellt zu sein. „Sie liebten die Steine und schätzten den Staub.“
Es war nicht mehr die harmlose Frömmigkeit von ehemals, die kein
Widerspiel vor Augen hatte, sondern eine aufgeregte, leidenschaftliche,
ähnlich wie zur Zeit, als die nationalgesinnten Treuen mit den ver-
räterischen Hellenisten in den Kampf traten. Bei der überhandnehmen-
den Schwächung des religiösen Sinnes im allgemeinen, bei der Lockerung des einigenden Bandes, bei der Wahrnehmung des Abfalls und des
Hohns gegen den eigenen Ursprung wurden die Vertreter des Alther-
kömmlichen peinlich und argwöhnisch. Das Judentum erschien ihnen
als ein aus lauter kleinen Würfeln zusammengesetztes Riesengebäude,
die einander und das Ganze trugen und stützten. Sie fürchteten eine
allgemeine Zertrümmerung desselben, sobald eine Lockerung dieser in-
einander greifenden Fugen einträte. Sie hatten kein Vertrauen in die
Dauerhaftigkeit des Gebäudes, für dessen Erhaltung sie ihr Leben zu
opfern bereit waren. Nicht einmal das verwahrloste, allen Regeln
spottende häßliche Sprachgemisch, die Unanständigkeit und das ver-
wilderte Wesen bei gottesdienstlichen und rituellen Handlungen mochten
sie fahren lassen. Jede Nachgiebigkeit oder jedes Nachlassen von der
alten Ordnung erschien ihnen als Gemeinschaft mit den Verrätern
am Judentume.

Eine Vermittelung der schroff einander gegenüberstehenden Gegensätze schien unmöglich. Dennoch wurde sie unternommen, aber ungeschickt
und mit plumper Hand. Dadurch wurde die Veredelung des Juden-

tums auf lange Zeit hinaus verzögert. Israel Jacobson unternahm zuerst eine Art Reform des Judentumes. Seine Anhänglichkeit an dasselbe, seine Bewunderung für den Anstand und den
äußeren Schimmer, seine Rührigkeit und Geschäftigkeit, sein Ansehen
und seine Geldmittel machten ihn ganz besonders geeignet, Führer einer
neuen Partei zu werden. Kaum war das westfälische Konsistorium
ernannt und er an die Spitze desselben gestellt (o. S. 289), so trat
er mit Neuerungen hervor, die zwei Seiten hatten. Aus der Synagoge, welche mit der für die Jugend in Cassel neuerrichteten Schule
verbunden war, ließ er alles Häßliche, Anstößige, Lärmende, besonders
den Singsang beim Gottesdienst entfernen. Das Predigen in deutscher
Sprache verstand sich bei Jacobson von selbst, er führte auch neue,
der Kirche entlehnte Formen und Weisen ein, deutsche Gebete neben
hebräischen, neue, schale deutsche Lieder neben den inhaltsreichen, tiefen
Psalmen, das Ablegen des Glaubensbekenntnisses (Konfirmation) für
Knaben und Mädchen bei ihrem Eintritt in ein reiferes Alter, das im
Judentume keine Wurzel hat. Für das Beschämende und Lächerliche,
das darin lag, der ergrauten Mutter den schimmernden Plunder der
Tochter umzuwerfen, der sie mehr entstellte, als zierte, dafür hatte
Jacobson kein Gefühl. Was er in Cassel für das Allgemeine nicht einzu-
führen vermochte, brachte er auf einem anderen Wege in Aufnahme.
Die Einweihung seines auf eigene Kosten erbauten geschmackvollen
kleinen Tempels in Seesen[1]) geschah unter großer Feierlichkeit. Die
Ankündigung derselben hatte viele Neugierige, noch mehr Christen als
Juden, herbeigezogen. Die Kirchenglocken läuteten dazu. Die anwesende
Menge wurde durch rauschende Orgeltöne überrascht. Die Orgel war
die Krönung seines Reformgebäudes. In seinem Tempel konnte Jacobson den Hohenpriester spielen, feurig predigen, neue Schlagwörter vor-
bringen „Aufklärung, Zeitgeist, Fallen der Scheidewände zwischen
Christen und Juden, Andachtserweckung". Er hatte die Genugtuung,
daß ein Domprediger aus Halberstadt diese Feier mit gutgemeinten
Versen verherrlichte:

> „Mit Roms und Augsburgs Glaubenssöhnen
> Weilt Aarons Enkel Hand in Hand."

Die Eitelkeit, sich zu zeigen, von sich reden zu machen und überhaupt eine Rolle zu spielen, und die Sucht, es in allem und jedem
den Christen gleichzutun und ihren Beifall zu erhaschen, ließ ihn zu

---

[1]) Am 17. Juli 1810; vgl. o. S. 289.

verkehrten Mitteln greifen und ein bedenkliches Reformprogramm zur
Verſöhnung des Alten mit dem Neuen aufſtellen.

Jacobſon hatte ſo viel Gewalt über ſeine Genoſſen im weſtfäli=
ſchen Konſiſtorium, daß ſie, und unter ihnen ſelbſt der greiſe Rabbiner
L ö b   B e r l i n , dieſe Neuerungen ſtillſchweigend hinnahmen. Er
ging daher damit um, dieſelben in ſämtlichen Gemeinden des weſt=
fäliſchen Königreichs einzuführen unter Androhung, die Synagogen,
welche ſich ſeinen Anordnungen nicht fügen wollten, ſchließen zu laſſen.
Dieſer ausgeübte Gewiſſenszwang regte aber die Gemüter der Alt=
frommen auf; ganz beſonders war die Einführung der deutſchen Sprache
beim Gottesdienſt vielen verhaßt. Ein ſonſt milder Rabbiner, S a =
m u e l   E g e r von Braunſchweig (ſtarb 1842), hatte den Mut, gegen
die Eigenmächtigkeit des Konſiſtorialpräſidenten aufzutreten. Er ſprach
prophetiſch ſeine Überzeugung aus, daß durch deutſche Gebete und
Lieder die hebräiſche Sprache hintangeſetzt werden und zuletzt ausſterben
werde, und mit ihr ſich das Band lockern werde, welches die in alle
Weltteile zerſtreuten Juden einigt[1]). Jacobſon ſcheint ſich an dieſe
Mahnungen und dieſen Widerſtand nicht gekehrt zu haben. Infolge=
deſſen müſſen die Unzufriedenen beim König Jérôme Beſchwerden über
ihn und ſeine Neuerungen geführt haben; denn der König verwies ihm
ſeine eigenmächtigen Eingriffe in Gewiſſensſachen und ſeine Reform=
ſucht. Auf Jacobſons Veranlaſſung ſcheint ſein Konſiſtorialgenoſſe
M e n d e l   S t e i n h a r d die Rechtfertigung der von ihnen einge=
führten Neuerungen nach talmudiſchen Geſetzen unternommen zu
haben[2]).

Mit dem Kartenhauſe des weſtfäliſchen Königreichs zugleich
ſchwand Jacobſons Herrlichkeit. Nach Berlin gezogen, richtete er hier
(1815) einen Betſaal in ſeinem Hauſe ein, obwohl er früher gegen
Privatſynagogen geeifert hatte, und führte den reformierten Gottes=
dienſt mit deutſchen Gebeten, Geſängen und Chor ein; für die Orgel
war anfangs kein Raum. Später gab der Bankier J a k o b   B e e r
(Vater Meyerbeers) einen großen Saal dazu her (1817), in dem auch eine
Orgel untergebracht werden konnte. Infolge der Siege der Deutſchen
über Napoleon war die Kirchlichkeit in Mode gekommen und ſteckte auch
diejenigen an, welche früher nicht das geringſte Bedürfnis nach An=
dacht empfunden hatten und gegen religiöſes Tun überhaupt gleich=
gültig waren. Nur ſolche Halbbekehrte, aber nicht für das Judentum,

---

[1]) Auerbach, Geſchichte der israelitiſchen Gemeinde Halberſtadt, S. 210
bis 221. d. d. Niſſan 1809 und Schebat 1810.

[2]) דברי אגרת, herausgegeben von W o l f   H e i d e n h e i m , 1812.

sondern für religiöse Empfindelei Eingenommene fanden sich zum Jacobsonschen Gottesdienst ein, um sich zu e r b a u e n und sich A n = d a ch t zu verschaffen — das waren die neuen Phrasen. Die „Gesell= schaft der Freunde"[1]) lieferte Mitglieder dazu. Das war der Ursprung der R e f o r m p a r t e i, einer winzigen Gemeinde in der Gemeinde, die aber durch ihre anfängliche Rührigkeit und infolge des abstoßenden Wesens des althergebrachten Gottesdienstes eine Zukunft hatte, wie sich leicht voraussehen ließ. Der Mittelpunkt dieses neuen Gottesdienstes war die d e u t s ch e P r e d i g t, die Jacobson meistens selbst hielt. Sie übte den meisten Reiz aus, weil die sogenannten „gottesdienstlichen Vorträge" der Rabbiner und der polnischen oder mährischen Wander= prediger nach jeder Seite geschmacklos und anwidernd waren. Doch fand er es für ratsam, junge Männer heranzuziehen, die ein klang= volles Organ hatten, eine gewisse Zierlichkeit im Vortrage zeigten und zum Teil sich in der Kirche an Schleiermachers Beredsamkeit geschult hatten. Auf gründliche Kenntnisse in der jüdischen Theologie, auf warme Überzeugung für die angestammte Lehre, auf feste Gesinnung wurde weniger gesehen. Diese Jacobsonsche oder Beersche Privat= synagoge wurde eine Pflanzschule für angehende jüdische Prediger. J a k o b A u e r b a ch (starb in Berlin), E d u a r d K l e y (starb in Hamburg) und C. S. G ü n z b u r g (starb in Breslau) waren die ersten, die sich in derselben praktisch herangebildet haben, Männer von mittel= mäßiger Begabung und von mittelmäßigem Rednertalent, als sollte das Übermaß des talmudisch=zersetzenden Verstandes durch das Gegen= mittel der Flachheit geheilt werden. In Deutschland unter den Neue= rungssüchtigen und in Polen unter den Chaßidäern bildeten gleich= zeitig die Prediger die Sendboten der neuen talmudfeindlichen Richtung.

Indessen wurde der Berliner Betsaal plötzlich von der preußischen Regierung auf Grund der Beschwerden einiger Altfrommen wegen Neuerung geschlossen. Der damalige König von Preußen, F r i e d r i ch W i l h e l m III., war allen Neuerungen, auch in jüdischen Kreisen, abhold und haßte sie als Umsturzversuche. Kley, ein Jünger Aaron Wolfssohns, von dem er jedoch die Liebe für die hebräische Literatur nicht gelernt hatte, begab sich hierauf nach Hamburg, zur Leitung einer dort von einigen reichen Familienvätern gegründeten Freischule. Hier regte er den Plan an, einen R e f o r m t e m p e l nach dem Muster des Jacobsonschen ins Leben zu rufen.

Auch hier war die Andächtelei und Kirchlichkeit in Schwung ge= kommen. Die verweltlichten Hamburger Juden schämten sich vor ihren

¹) S. oben S. 153.

chriſtlichen Geſchäftsfreunden, ſo ganz und gar religionslos zu ſein und
griffen zu dem ihnen gebotenen Mittel, ohne Unbequemlichkeit und
Entſagung gottesdienſtliche Formen mit anſprechendem, der Kirche
entlehntem Gepränge mitzumachen und hin und wieder in kirchlicher
Haltung geſehen zu werden. Die Anregung zu einem Reformgottes=
dienſte fand Anklang. Kley hatte ein fertiges Programm aus Jacob=
ſons Betſaal mitgebracht, deutſche Geſänge und Gebete, Predigt und
Orgel. Er ſelbſt lieferte ein ſogenanntes r e l i g i ö ſ e s G e ſ a n g =
b u c h in proteſtantiſch=erbaulichem Geſchmacke, inhaltsleer und ſade,
für ein Kindergeſchlecht berechnet, als ob es keine Pſalmen, dieſe Muſter
religiöſer Andachtserweckung für die Seele, gäbe. Indeſſen gab es doch
in Hamburg ſelbſt einige, obwohl dem Neuen huldigende Männer,
welche mit dem Judentume und ſeiner Vergangenheit nicht ganz
brechen und namentlich die hebräiſche Sprache beim Gebete nicht
miſſen mochten. Die Träger dieſer Partei waren M. J. B r e ſ ſ e l a u ,
der ſelbſt einen ſchönen hebräiſchen Stil ſchrieb, und S ä c k e l F r ä n =
k e l (ſtarb in Hamburg 1833), ebenfalls Kenner des Hebräiſchen, der
einige Apokryphen in die heilige Sprache zurücküberſetzte. Dieſe beiden
trafen eine Auswahl unter den vorhandenen hebräiſchen Gebetſtücken,
um ſie mit den neu eingeführten deutſchen Liedern und Gebeten zu
verquicken, eine ungleichartige Miſchung in Inhalt und Form, einem
friedlichen Ausgleich unter ſtreitenden Geſchäftsleuten ähnlich. Ein
rühriger Kaufmann, C o h n (man nannte ihn von ſeinem Geſchäfts=
betrieb den Zucker=Cohn), warb eifrig Anhänger und Beiträge für die
Gemeinde. Etwa fünfzig Familien ſchloſſen ſich zuſammen, und ſo
entſtand 1818 der R e f o r m = T e m p e l = V e r e i n in Hamburg.
Dieſe Miſchlingsgeburt iſt ohne Liebe und Begeiſterung in die Welt
geſetzt worden. Die Mitglieder desſelben waren ſo nüchternen Sinnes,
daß der Erinnerungstag der Schlacht bei Leipzig zum Einweihungs=
termin gewählt wurde (18. Okt. 1813). Der Prediger Kley mußte,
um nur einen vollen Stoff zu haben, an die deutſchen Befreiungskriege
anknüpfen, welche die Juden in Deutſchland eher zurück als vorwärts
gebracht hatten. Junge Mädchen ſangen Lieder zur Einweihung des
Tempels gemeinſchaftlich mit Jünglingen, um einen Eindruck zu erzielen,
den die Sache ſelbſt nicht hervorbringen konnte — was anderſeits
großes Ärgernis gab[1]). Kley, ein mittelmäßiger Redner und mittel=

---

[1]) Quellen über die Entſtehung des Tempels bilden die Streitſchriften:
נגה צדק und אור נגה (herausgegeben von Libermann 1818), Gutachten für,
und אלה דברי הברית, Gutachten gegen den Tempel 1819; L. S. Rießer,
Sendſchreiben an meine Religionsgenoſſen 1819; B r e ſ ſ e l a u (anonym)

mäßiger Kopf, wäre nicht imstande gewesen, die Tempelgemeinde
dauernd zusammenzuhalten, wenn die Templer, wie sie genannt wurden, nicht an G o t t h o l d S a l o m o n (aus Dessau, starb 1862)[1]
einen gewandten Kanzelredner gefunden hätten, der, mit der biblischen
und jüdischen Literatur mehr vertraut, und lebhafteren Geistes, die
Nacktheit des neuen Kindes mit einer Hülle zu umgeben verstand.
Aber wie er dem Tempel einen vollständig protestantischen Zuschnitt
verlieh, so gab er durch seine Selbstgefälligkeit und geringe Demut ihm
auch einen herausfordernden Charakter. Mit Salomon begann in der
deutschen Judenheit der Einfluß der P r e d i g e r ; die Kanzel nahm
die Stelle des Lehrhauses ein, und von ihr herab erklang nicht selten
das hohltönende Wort, das die Gedanken oder die Gedankenleere
verbarg. Die rauschenden Orgeltöne riefen verschwommene, inhalts-
leere Stimmungen hervor und verdrängten den vollen Ernst und den
Gedankenreichtum der urjüdischen Lehre. Mit der Messiashoffnung
hatte der Tempelverein offiziell gebrochen, ohne sich recht klar geworden
zu sein, welche Stellung das Judentum ferner neben dem Christentum
einnehmen sollte. Einige Reformeiferer dachten schon daran, eine vollständige Trennung herbeizuführen und sich von dem Beitrage zur Ge-
samtgemeinde loszusagen.

Tiefere Naturen, selbst solche, welche das praktische Judentum
nicht mitmachten, fühlten sich aber von diesem sklavischen Nachahmen
der kirchlichen Formen im Anzug der Prediger, im Ton und in der
Haltung eher abgestoßen als angezogen. Das ewige „Gepredige",
zumal die Nachäffung des salbungsvollen geistlichen „Getues" war
ihnen besonders zuwider. Sie prophezeiten dem Tempel keinen langen
Bestand. Ein treffender Witz charakterisiert das geringe Vertrauen,
welches selbst Gesinnungsgenossen in den Bestand des Tempels setzten:
„Die Prediger in Hamburg werden reiche Leute und können am Ende,

חרב נקמת נקם ברית 1819; S. F r ä n k e l, Theol. Gutachten über das Gebetbuch . . . des Tempelvereins 1842; Offenes Sendschreiben an Geiger über
den Hamburger Tempelstreit, Zeitg. des Judentums, Jahrg. 1842, S. 236.
S a l o m o n, Geschichte des Tempels 1844 enthält nur bekannte Tatsachen.
[1] Über die Meinung, welche selbst die Gesinnungsgenossen über Salomon
Kley und andere Begründer des Tempels hatten, vgl. H. Heine, Briefe I,
S. 103, 127. Wie diese Prediger und der Vorstand gegeneinander Anklagen
schleuderten, zeigt Orient, Jahrg. 1845, S. 29 f. Salomons Biographie ist
vortrefflich, jedoch ein wenig zu optimistisch dargestellt von Dr. Phöbus
Philippson in seinen biographischen Skizzen III.— Eine besonnene Stimme
eines für Reform eingenommenen Mannes über den Leipziger Tempel, den
Ableger des Hamburger, ließ sich vernehmen in Geigers Zeitschrift II, S. 495.

wenn es schief geht, sich eine Gemeinde (Minjan) halten"[1]). — Indessen
hegten die Unternehmer und Führer die anfangs berechtigte Täuschung,
daß der Tempel die dem Judentume entfremdeten Söhne durch die
neue, zusagende, gefällige und wenig Entsagung fordernde Gestalt mit
ihm versöhnen und sie ihm wieder zuführen würde. Sie vermeinten
durch Verabreichung verdünnter religiöser Speisen den Ekel überwinden
zu können, welchen die verweltlichten Juden gegen alles, was jüdisch
hieß, empfanden. Hin und wieder gelang es allerdings, einige mit dem
Judentume Zerfallene von dem Überschreiten der Schwelle zur Kirche
zurückzuhalten. Aber für die Dauer schlug das Mittel nicht an. Indessen
ist das Verdienst des Hamburger Tempels, wie wenig glänzend auch
sein Ursprung ist, nicht zu unterschätzen. Er hat den hochangesammelten
Wust der Jahrhunderte mit einem Schlage, ohne viele Bedenken,
aus dem Gotteshause entfernt, das heilige Spinngewebe, das niemand
anzutasten gewagt hatte, in jugendlichem Ungestüm weggefegt und
Sinn für geregeltes Wesen, für anständige Haltung beim Gottesdienste
und für Geschmack und Einfachheit geweckt. Die Schäden, die er durch
Nachäffung und Verwässerung dem Judentume zugefügt hat, kommen
nicht ganz auf seine Rechnung.

Selbstverständlich erzeugte die Entstehung des Hamburger Tempels
eine Entzweiung in der Judenheit. Bis dahin gab es nur „Altmo=
dische" und „Neumodische", wie sie einander nannten, aber
keine Parteien mit einer Fahne, mit Stichwörtern und einem Bekennt=
nis. Nicht einmal die Altfrommen bildeten eine feste Partei. Denn ob=
wohl die Anbeter des Herkömmlichen, die sich kein Jota abmäkeln
ließen, eine so große Zahl ausmachten, daß sie selbst in Hamburg die
Neuerer hätten erdrücken können, so traten sie doch nicht in Geschlossen=
heit auf. Man vernahm nur die seufzende, wimmernde Stimme
einzelner über den Verfall des Judentums durch die Übertreter; diese
öfter wiederholten Klagen hörten sich kläglich an. Die Alten hatten
keine gebietenden Führer; das Ansehen der Rabbinen war schnell, in
einem einzigen Menschenalter, geschwunden. Die häßlichen Raufereien
für und gegen Jonathan Eibeschütz und die Satiren der hebräischen
Stilisten in der Meassimzeit hatten deren Autorität völlig unter=
graben. Die großen deutschen Gemeinden ließen die leer gewordenen
Rabbinenstühle unbesetzt. Von Polen mochten sie nicht mehr ihre
Rabbiner beziehen, weil diese nicht die Landessprache kannten, und in
Deutschland gab es noch keine rabbinischen Größen von anerkannter

---

[1]) Heines Briefe I, S. 266.

Autorität. Berlin, wo der christelnde Friedländerische Kreis vermöge seiner Geldmittel die Oberhand hatte, ging mit dem Beispiel voran; ihm folgten die Gemeinde von Prag, seit dem Tode des klugen Ezechiel Landau, Hamburg seit Abdankung des Eiferers Raphael Kohen und Frankfurt am Main seit dem Tode des überfrommen chaßidäisch gesinnten Pinchas Hurwitz. Rabbinatsverweser traten an die Stelle der Rabbinen, Zwitterwesen, zu unselbständig, um eine eigene Meinung zu haben, und zu schwach zum Widerstande gegen die Zumutungen rücksichtsloser Gemeindevorsteher.

Infolge der Mißachtung des Rabbinenwesens gingen die talmudischen Lehrhäuser ein. Die begabte jüdische Jugend, deren Bildungsgang früher mit dem Talmud begonnen hatte, besuchte meistens Gymnasien und Universitäten und lernte Talmud und Judentum geringschätzen. Die bedeutenden talmudischen Lehrhäuser in Prag, Frankfurt, Altona-Hamburg, Fürth, Metz, Halberstadt, die früher mindestens einige hundert Jünger (Bachurim) zählten, gingen nach und nach ein[1]. Diese Verödung pflanzte sich bis nach Polen fort, da die dortigen Talmudjünger keine Hoffnung mehr hatten, in Deutschland und Frankreich ein Unterkommen zu finden. Sie wanderten wohl noch nach Deutschland, aber nur um sich auf die Wissenschaft (Chochmot) zu verlegen, oder sie wendeten sich, wenn sie in der Heimat blieben, der bestrickenden Mystik des Neu-Chaßidäertums zu. Nur vier Rabbinen des jüngeren Zeitalters genossen, vermöge ihrer tiefen Talmudkenntnisse und ihres lauteren, patriarchalischen Charakters eine ausgedehnte Autorität, Mardochaï Benet in Nikolsburg (starb in Karlsbad 1829), Jacob Lissa in Polnisch-Lissa (starb in Polen 1832), Akiba Eger (aus Güns in Ungarn, seit 1814 in Posen, starb 1838) und sein Schwiegersohn Mose Sßofer aus Frankfurt a. M. (starb in Preßburg 1840). Diese vier Rabbinen haben den Eifer für das Talmudstudium durch ihre scharfsinnige Methode erhalten. Der durch seinen erstaunlich haarscharfen Geist und durch hohe Tugenden, unter denen die Bescheidenheit obenan stand, ausgezeichnete Akiba Eger genoß bei den Tausenden von Jüngern, die aus seinem Lehrhause in Märkisch-Friedland und Posen hervorgegangen waren, eine an Vergötterung streifende Verehrung. Er war ein stiller Mann ohne Initiative und ein Feind alles Lärmschlagens. Dagegen war Mose Sßofer ein fanatischer Eiferer und rühriger Verketzerer. Er hatte Mut und Entschlossenheit,

---

[1] D. Friedländer, Über die Verbesserung der Israeliten im Königreich Polen (Berlin 1819), S. 11 und S. 32. Note.

die keinerlei Rücksicht kannten, und hätte einen entschiedenen Vorkämpfer abgeben können. Aber er wie seine Genossen waren von dem
Mittelpunkte des Kampfes, der eröffnet werden sollte, zu sehr entfernt,
als daß sie hätten eingreifen oder auch nur eine Fahne aufpflanzen
können. Sie hatten nicht das geringste Verständnis für die neue Richtung, welche die Zeit und mit ihr die Judenheit eingeschlagen hatte,
und so auch kein Bewußtsein von der Bedeutung der Sache, die sie
vertraten. Sie kannten den Feind nicht, den sie angriffen, oder verachteten ihn zu sehr, als daß sie ihn hätten gefährden können. Trat eine
ernste Frage, eine bedrohliche Lage ein, so waren sie ratlos, holten die
alten, rostig gewordenen Waffen herbei und schadeten ihrer Sache nur
noch mehr, weil sie ihre Blößen zeigten. Diese Unbeholfenheit gab
ihnen das Gefühl der Schwäche und Abgelebtheit. So war die altfromme, orthodoxe — wie ihre Gegner sie mit falscher Entlehnung aus
der Kirchensprache nannten — oder die konservative Partei haupt-
und kopflos, ohne Fahne, ohne Programm, ohne Zusammenhang,
ohne Disziplin, ohne Bewußtsein ihrer eigenen Stärke. Ganz besonders
mangelte ihr das unentbehrliche Mittel, das eindringende Wort, wodurch man auf die öffentliche Meinung einwirken, sie lenken und ihre
Torheit und phrasenhafte Leerheit klarmachen kann. Der gänzliche
Mangel an Bildung hat sich an den Altfrommen bitter gerächt.

Dagegen besaß die junge Gegenpartei, die Neuerungssüchtigen,
die Partei Jacobsons, alles, was jener abging, einen mutigen Führer,
Zusammenhang und ganz besonders einen Reichtum an Schlagwörtern
und Phrasen, wodurch die Urteilsunfähigen leicht gewonnen werden,
„Zeitgeist, Aufklärung". Man konnte ihr Sieg und Herrschaft prophezeien. Sie hatte Jugendmut und Zuversicht, war keck und in den
Mitteln nicht sehr wählerisch. Ihr Führer Jacobson verstand es, Ziele
zu verfolgen und zu erreichen und auch zweckentsprechende Mittel anzuwenden. Er wußte recht gut, daß der Hamburger Tempel auf Schwierigkeiten stoßen und von den alten Rabbinen als ketzerisch verdammt
werden würde. Er stand mit den Unternehmern in Verbindung,
wußte, daß der Senat, von den Frommen gewonnen, gleich dem König
von Preußen die Tempelneuerungen verbieten würde. Er wußte auch,
daß viele Mitglieder der Hamburger Reformgemeinde zu lau waren,
um gegen große Schwierigkeiten anzukämpfen. Darum sorgte Jacobson
im voraus für die Heiligsprechung des Tempelritus. Unter den Rabbinen Deutschlands konnte er keine Stimme finden, welche den neuen
Gottesdienst hätte anerkennen mögen. Er trat — und das wirft auf
diese Sache kein günstiges Licht — mit einem gesinnungslosen Aben-

teurer in Verbindung, der sich, wie es scheint, ihm verkauft hat. Eli e -
s e r L i b e r m a n n aus Österreich, ein Spieler, wurde sein Sendbote für die Reform. Es genügt, ihn zu charakterisieren, daß er sich
später taufen ließ[1]). Libermann machte im Auftrage der Reformpartei
Reisen in Österreich; von ihm erfuhr sie, daß sich in Ungarn und Italien
Rabbinen oder Halbrabbinen finden lassen würden, welche für den
neuen Gottesdienst ein günstiges Gutachten abgeben würden. An sie
ließ daher Jacobson Anfragen ergehen[2]) und sah seinen Wunsch erfüllt. Er legte ihnen keineswegs Punkte von großer Tragweite, z. B.
die Ausmerzung der messianischen Stellen aus den Gebeten, sondern
lediglich wenig verfängliche Fragen zur Begutachtung vor. Aaron
C h o r i n (Choriner), Rabbiner in Arad (Ungarn), ein zweideutiger
Charakter und ein langweiliger Schwätzer von angefirnißter Bildung
und mittelmäßiger talmudischer Gelehrsamkeit, der imstande war, ein
und dieselbe Albernheit dreimal zu wiederholen (in hebräischer Sprache,
in deutscher und deutsch-jüdischer Schrift), war der erste, der sich von
Libermann gebrauchen ließ. Er huldigte den neuen Bestrebungen,
ohne ein geklärtes Urteil zu haben. M o s e K u n i ß, Rabbiner von
Ofen, war zwar ein Mann vom alten Schlage, wollte aber aus eigener
Querköpfigkeit oder Narrheit eine gesonderte Stellung neben seinen
Standesgenossen einnehmen. Er war der zweite Fürsprecher für die
Neuerung im Gottesdienst. Wohlhabend und von seiner Gemeinde
unabhängig, konnte Kuniß seinen Grillen folgen. Einerseits hatte er
närrische Gelehrsamkeit entfaltet, um den Beweis zu führen, daß das
kabbalistische Grundbuch Sohar alt sei und von Simon ben Jochaï
stamme, und auf der andern Seite redete er Neuerungen das Wort,
die nach der kabbalistischen Theorie geradezu zur Verdammnis führen.

---

[1]) Über L i b e r m a n n s. G. Wolf, J. N. Mannheimer, eine biographische Skizze, S. 10, daß er später zum Katholizismus übertrat. Der
Polizeichef Sedlnißky berichtete über ihn an die Hofkanzlei: „daß Libermann
als Emissär der Reformpartei in Österreich reise und ein Journal ‚Syonia'
gründen wolle" (am 28 Juli 1819.) Ob er identisch ist mit dem Abbé Liberman, talmudiste distingué, welcher neben D r a c h und R a t i s b o n n e ,
den Konvertiten, genannt wird? S. Archives Israélites, Jahrg. 1840, p. 213
Note. Daß Libermann ein Lotterer war, geht aus אלה דברי הברית Nr. 19
hervor.

[2]) Die von Libermann in אור נגה veröffentlichten Gutachten, die kurz
vor der Eröffnung des Tempels erschienen sind, beantworten Anfragen, die
angeblich von einem „Manne" vorgelegt worden waren. Man erkennt Jacobson in diesem Manne. Und doch sind sie entschieden zugunsten des Hamburger Tempels gesammelt. Es geht daraus hervor, daß Jacobson mit den
Hamburgern unter einer Decke steckte.

— Zwei italienische Halbrabbiner, Schem-Tob Samun aus Livorno und Jakob Vita Recanati, sprachen sich ebenfalls zugunsten der Neuerung aus. Die Gutachten sämtlicher vier nicht ganz zurechnungsfähigen Männer lauteten, daß die Einführung der Orgel nicht gegen das rabbinische Gesetz verstoße. Chorin allein brachte noch für alles übrige, auch für deutsche Gebete Belegstellen herbei. Alle diese Gutachten brachte Libermann zusammen, bekräftigte sie durch seine eigene Scheingelehrsamkeit und fügte eine Lüge hinzu, daß nicht nur das ganze Rabbinat von Livorno, sondern auch das von Jeru = salem den Gebrauch der Orgel im jüdischen Gottesdienste für un = bedenklich erklärt hätte. Die Gutachten, durch den Druck verbreitet, sollten dazu dienen, dem Hamburger Reformtempel gleich bei seiner Geburt den Charakter der Unbescholtenheit zu verleihen und von ihm den Makel zu entfernen, den, wie vorauszusehen war, die Rabbinen der alten Schule ihm anheften würden.

Während die Reformpartei rührig war, um jeder Schwierigkeit im voraus zu begegnen, war die altfromme Partei träge und ließ die Gefahren für ihre Überzeugungen ratlos herankommen. Hamburg hatte damals, wie gesagt, keinen Rabbinen an der Spitze, sondern nur ein Kollegium von drei Rabbinatsverwesern (Dajjanim), die durchweg unbedeutend waren, Baruch Osers, Mose Jakob Jafa und Michael Speyer. Obwohl diese offiziellen Vertreter des Judentums in Hamburg fast die ganze Gemeinde hinter sich hatten, traten sie doch der Neuerung ohne besonderen Nachdruck entgegen. Das Kollegium ließ nur kurz nach der Eröffnung des Tempels eine schwächliche Bekanntmachung in den Synagogen anheften (26. Okt. 1818), daß kein Israelite von frommer Gesinnung sich des neuen Ge = betbuches bedienen dürfe, weil darin gegen das Herkommen wesentliche Stellen weggelassen oder verändert seien. Aber auch diese Erklärung verlor ihre Wirkung, als der Gemeindevorstand, den die Verweser nicht einmal für ein tatkräftiges Vorgehen zu gewinnen gewußt hatten, sie wieder abnehmen ließ und gegen deren Urheber den Tadel aussprach, daß „sie sich eine unbefugte, nicht zu duldende Anmaßung hätten zu schulden kommen lassen". Später ließ der Vorstand zwar auf Antrag des Kollegiums die Leiter des Tempels vorladen (8. Nov.) und er = öffnete ihnen, daß sie ihr Gebetbuch außer Brauch setzen möchten, weil es nicht mit dem bei allen jüdischen Gemeinden eingeführten Ritus übereinstimme. Aber die Templer lachten diese Zumutung förmlich aus.

Der Tempelverein erhielt noch dazu von einer Seite, von der er es nicht erwarten konnte, eine moralische Unterstützung, die in Ham =

burg selbst ein bedeutendes Gewicht in die Wagschale warf. L a z a r
R i e ß e r (starb 1828), Vater des unermüdlichen Vorkämpfers für die
Gleichstellung der Juden in Deutschland, wurde stets zu den Alt=
frommen gezählt. Schwiegersohn des Rabbiners Raphael Kohen und
seine rechte Hand, wurzelte sein ganzes Wesen im Talmud. Rießer
war durch die Verzichtleistung seines Schwiegervaters auf das Rab=
binat brotlos geworden; die Hoffnung, die er gehegt zu haben schien,
unter dessen Nachfolgern Sekretär des Rabbinatskollegiums zu bleiben
oder gar Mitglied desselben zu werden, hatte sich nicht erfüllt. So
mußte er Lotterieagent werden und hatte durch einen günstigen Zu=
fall die Pacht der Lübecker Stadtlotterie erhalten. Er hatte eine hebrä=
ische Lebensbeschreibung von Raphael Kohen veröffentlicht, in welcher
er nicht bloß ihn, sondern dessen ganze rabbinische Richtung verherr=
lichte und sich selbst als treuen Anhänger derselben erklärte. Wie er=
staunt waren daher die Hamburger Juden beider Parteien, als mit
einem Male von Rießer ein Sendschreiben „An meine Glaubensge=
nossen in Hamburg" (Dez. 1818) erschien, welches die Tempelneuerung
billigte und die dagegen eifernden Hamburger Rabbinatsverweser
mit derben Worten tadelte! Er nannte diese geradezu „Heuchler und
Scheinheilige[1]", welche „die Zwietracht in Israel nähren und den
Söhnen, welche zur Huld des Vaters zurückkehren wollen, den Weg
versperren". Er stellte die Andacht, die im Tempel herrschte, dem lär=
menden Treiben in den Synagogen gegenüber als Muster auf. Ganz
aufrichtig war diese Ermahnung und dieser Tadel nicht. Lazar Rießer
war von einer gewissen Eitelkeit, zu deklamieren, wie hebräische und
deutsche Phrasen zu drechseln, nicht ganz frei. Es scheint, daß er eine
kleine Rache an den Hamburger Rabbinatsverwesern habe nehmen
wollen, durch die er sich vielleicht zurückgesetzt glaubte[2].

Die altfromme Partei in Hamburg, welche geglaubt hatte, daß
sich von den Rabbinen in ganz Europa nicht ein einziger zugunsten
der Neuerung aussprechen würde, war bitter enttäuscht. Durch die

---

[1] [Als „Heuchler und Scheinheilige" werden (S. 15) vielmehr diejenigen
bezeichnet, die „ihnen [den Rabbinatsverwesern] falsche Berichte zutragen
von Handlungen, die da [im Tempel] vorgehen". Man wird übrigens zu
einem milderen Urteil über L. Rießer gelangen, wenn man I s l e r s Mit=
teilungen (Gabr. Rießers ges. Schriften I, S. 2, 9, 22 und 30—61) berück=
sichtigt.]

[2] Die Aufzählung seiner Verdienste und seiner Bescheidenheit, daß er
zur Rabbinatsfunktion berufen worden sei und abgelehnt habe, S. 19 f. in
hebräischen Phrasen, dokumentiert seine gekränkte Eitelkeit. Auch sein Stil
in דבר צדיק zeugt von Koketterie und Geziertheit.

Geſchäftigkeit Jacobſons und Libermanns hatte das jüdiſche Publikum
erfahren, daß mehrere Rabbinen von weit her ihr das Wort geredet;
nur ein einziger, A k i b a   E g e r II., Rabbiner der Nachbargemeinde
Altona, hatte ſie verdammt. Die alten Rabbinen hatten ſich dabei näm=
lich ſo ſchläfrig und läſſig gezeigt, daß ſie zweimal aufgefordert werden
mußten, ehe ſie ihr Urteil gegen den Tempel abgaben. Das Ham=
burger Rabbinat hatte außerdem in der erſten Aufwallung die Un=
klugheit begangen, auch das Unſchuldige und Löbliche, das im Tempel
eingeführt worden war, zu brandmarken, z. B. die portugieſiſche Aus=
ſprache des Hebräiſchen, das Unterlaſſen des Singſangs bei den Vor=
leſungen aus der Bibel. Um dieſe ſeine Fehler wieder gut zu machen,
beſchränkte das Kollegium ſeinen Einſpruch ſpäter auf drei Punkte,
indem es ſich gegen die Kürzung des Gebetes, namentlich gegen die
Unterlaſſung der Meſſiashoffnung, gegen die Gebete in deutſcher Sprache
und endlich gegen die Einführung der Orgel wandte. Dazu erlangte
es endlich die Zuſtimmung von angeſehenen Rabbinen und Rabbinaten;
vier deutſchen (Fürth, Mainz, Breslau, Hanau), fünf italieniſchen
(Trieſt, Modena, Padua, Mantua, Livorno), drei preußiſch=polniſchen
(Poſen, Liſſa, Rawitſch) und zwei mähriſchen (Nikolsburg und Trietſch).
Das Prager Rabbinat, Moſe Sßofer in Preßburg, der deutſche Rab=
biner in Amſterdam und die franzöſiſchen Großrabbinen des Kon=
ſiſtoriums von Winßenheim begutachteten in demſelben Sinne. Sie
alle erklärten die Neuerung im Tempel für entſchiedene Ketzerei, für
Abfall vom Judentume. Libermanns Betrügerei war dabei an den
Tag gekommen, daß das Rabbinat von Livorno ſich keineswegs zu=
gunſten der Orgel ausgeſprochen hatte. Der angebliche Rabbiner
Samun von Livorno und Chorin von Arad widerrief_n, wahrſcheinlich
infolge moraliſcher Zwangsmittel, ihr früher abgegebenes Gutachten.
Am eifrigſten hatten ſich zur Verdammung des Tempels Sßofer von
Preßburg und Benet von Nikolsburg bewieſen; ſie verketzerten auch
die geringſte Abweichung vom Herkömmlichen. Aber der Eindruck, den
ſich die Urheber von ihrem Auftreten verſprochen hatten, erfolgte nicht.
Sie hatten zu lange gezögert, es waren bereits mehr als ſieben Monate
verſtrichen, ehe die Verketzerungsgutachten bekannt wurden; indeſſen
hatte ſich der Tempelverein befeſtigt. Achtzehn verurteilende Rab=
binate (40 Rabbiner), das war nicht viel; das angeſehenſte Rabbinat,
das Zentralkonſiſtorium von Frankreich, hatte geſchwiegen. Die
Herausgeber erklärten zwar, es wären noch mehr Gutachten einge=
laufen; aber dieſe nachträgliche Erklärung zog nicht. Die Gründe, welche
die Rabbinen gegen den Tempelgottesdienſt geltend gemacht hatten,

waren meistens nicht stichhaltig, einige geradezu kindisch). Der Buch=
stabe sprach gegen sie. Die Mannigfaltigkeit der rabbinischen Auto=
ritäten aus so verschiedenen Zeiten und Ländern gestattete immer
Scheinbeweise für oder gegen eine Frage anzuführen. Die Rabbinen
hätten sagen müssen, wenn auch der Buchstabe für die Neuerung
spricht, so muß doch der Geist des talmudischen Judentums sie ver=
dammen. Aber auf dieser Höhe standen sie nicht und gaben sich, weil
sie auch den Buchstaben günstig für ihre Ansicht deuten wollten, manche
Blöße.

Diese Blöße deckte schonungslos einer der Urheber der Ham=
burger Reform, M. J. Bresselau, in einem hebräischen Send=
schreiben auf (1819). In einem so prächtigen biblischen Stil, in so muster=
haften, bilderreichen, biblischen Versen ist es gehalten, daß es schien,
als wenn Propheten und Psalmisten die Verblendung der Stock=
rabbinen gegeißelt hätten. Bresselau behandelte sie bald wie unwissende
Knaben, bald wie Lügenpropheten, besonders aber als Friedensstörer.
Jeder Satz in diesem scheinbar ernsten, aber ätzend satirischen Send=
schreiben ist ein Dolchstoß gegen die alten Unsitten und ihre Verteis
diger[1]). Die Neuerer erhielten auch von Polen aus Verstärkung. Zwei
gewandte hebräische Stilisten, David Caro (starb 1839) aus Posen,
ein Genosse der Meassimschule, und Jehuda Löb Mises
aus Lemberg, behandelten in einer gemeinschaftlichen[2]) Schrift die
gegnerischen Rabbinen wie dummköpfige Schüler, welche die Rute ver=
dienten. — Ganz besonders geißelte der letztere in schöner hebräischer
Darstellung die Rabbinen Polens in der Schrift „Beschaffen=
heit der Rabbinen, oder die Rabbinen, wie sie
waren, sind und sein sollen." Freilich haben beide,
Caro und Mises, nicht gewagt, ihren Namen dabei zu nennen[3]). Die

---

[1]) Drastisch ist z. B. folgender Passus in Bresselaus חרב נוקמת (S. 7)
und zeugt zugleich von seinem Stile: 'גם זה הבל ורעה רבה זה ויאמר לה
אני ... ויעשו להם אספה, עשרה אנשים בבית אחד השכם והערב, וכוין
פתיחין ליה בצליתיה איש על גגו ובחצרותיהם, הממעיט אסף עשרה חמרים,
ושעיר עזים אחד לחטאת, בקר וצאן, כל אשר יעבור תחת השבט, העשירי
יהיה קודש לא יבקר בין טוב לרע במחיר יבאו ויקומו בבקר השכם וכדי
שבת בשבתו בעלות המנחה ושעיר החטאת דרוש דרש.

[2]) [Vgl. die folgende Anm.]

[3]) Das Buch תכונת הרבנים erschien pseudonym als Anhang zu ברית,
von אמתי בן אבידע אחיצדק, angeblich Konstantinopel 1820, aber in
Dessau gedruckt. Der erste Teil, drei Stücke: ברית בית אל, נקם ברית, und
ברית אחים in Briefstil, ist von David Caro. Der zweite Teil,
תכונת הרבנים oder הכהונה hat Jehuda Mises zum Verfasser, was er selbst

Alten dagegen hatten nicht einmal einen hebräischen Kämpfer aufzu=
stellen, der ihre Sache zu verfechten und ihre Gegner zu bekämpfen
imstande gewesen wäre. Der hebräische Stil, dessen sich die begut=
achtenden Rabbinen bedient hatten, war holprig und unschön. Das
Hamburger Dajjanat hatte zwar die Gutachten teilweise ins Deutsche
übersetzen lassen — ein Zugeständnis, welches die Schwäche ihrer
Sache verriet — aber der deutsche Ausdruck war nicht geeignet, Ein=
druck zu machen. Sie mußten sich dazu eines Überläufers, S ch a l o m
K o h e n , bedienen, der früher selbst zu den Neuerern gehört hatte[1]).
Kurz, die Stockfrommen hatten Unglück, weil sie ungeschickt und un=
klug waren.

Es kam noch dazu, daß der Beginn des Streites für und gegen
den Tempel in das Jahr des Hep=Hep=Sturmes fiel, der auch in Ham=
burg spielte. Dadurch wurden auch die reichen und verweltlichten
Juden auf ihre eigene Genossenschaft hingewiesen und nahmen eifrig
Partei für die einmal entfaltete Fahne. Die Hamburger jüdischen
Kaufleute, Mitglieder des Tempelvereins, welche die Leipziger Messe
gerade zu den Hauptfeiertagen im Frühjahr und Herbst zu besuchen
pflegten, errichteten im Verein mit gleichgesinnten Berliner Kaufleuten

in einer spätern Schrift angibt. [Der einzige und alleinige Verfasser
des g a n z e n Buches, e i n s ch l i e ß l i ch der Abt. תבונת הרבנים, ist viel=
mehr David Caro, wie dieser selbst im 1. Jahrg. d. Allg. Ztg. des Judentums,
(1837) S. 370, Anm. 12 ausdrücklich öffentlich erklärt hat. Vgl. auch Dr.
N. Lippmann, Leben und Wirken des am 25. Dez. 1839 in Posen ver=
storbenen jüdischen Literaten David Caro, S. 21 und die daselbst mitgeteilten
Auszüge aus Briefen Jacobsons (vom Abar 577 = April 1817) und David
Friedländer (vom 23. Oktober 1820).]

[1]) David Caro spielt in der genannten Polemik (S. 43) darauf an, daß
der Übersetzer der antireformistischen Gutachten ein hebräischer Dichter und
Grammatiker gewesen. S. Sachs teilt (in כנפי יונה, p. 42) mit, daß S ch a l o m
K o h e n dahinter gesteckt habe. Er veröffentlichte ein von ihm verfaßtes, sehr
gelungenes, in elegischem Tone gehaltenes hebräisches Gedicht (p. 37) gegen
die Reform oder vielmehr für die hebräische Sprache. Es sind 13 Strophen,
der Anfang lautet:

הוי בתי בתי!
הכי כה עלית מעלה מעלה,
לחשוב אמך זולת לבני אדם כרום,
לאמר נפלה אמר נפלה,
אין לאל ידה לא תוסיף קום?

Der junge S. D. Luzzatto war bei der Nachricht von der Hamburger
Reform tief bewegt, wie er im Alter erzählte, und dichtete ebenfalls eine
Elegie gegen die Impietät der Tochter, welche die alte Mutter verspottete
und die hebräische Sprache als veraltet verbannt wissen wollte.

eine Tochtersynagoge daselbst (seit 20. Sept. 1820), für deren Er=
öffnungsfeier Meyerbeer die Gesänge komponiert hatte. Sie stellten
dazu einen sogenannten Meßprediger an, Jakob Auerbach, und gaben
dadurch an diesem Sammelpunkte so vieler Juden aus allen Ländern
der Neuerung eine größere Tragweite. Die Hamburger Reform fand
dadurch hier und da Nachahmung; auch da, wo das ganze Programm
nicht ausgeführt werden konnte, in Karlsruhe, Königsberg, Breslau,
wurde wenigstens eine Nachäffung, die Konfirmation, eingeführt.

Der erste Ansatz zu einer Gegenpartei, welche der überschäumenden
Flut der Reform einen Damm entgegensetzen sollte, damit sie sich in
ein ruhiges Bett verlaufen könne, wurde gerade infolge der Tempel=
neuerungen gemacht. Diese Gegenpartei wurde von einem Manne ins
Leben gerufen, der zwar selbst mit einem Fuße aus dem rabbinischen
Judentum herausgetreten war, aber doch die Befestigung und Recht=
fertigung desselben anstrebte, in der richtigen Erkenntnis, daß die Ent=
wicklung auf dem eigenen Boden, mit Berücksichtigung des geschichtlich
gewordenen Bestandes und der eigenartig ausgeprägten Gebilde, und
ganz besonders ohne Nachäffung fremder kirchlicher Formen geschehen
müsse. Isaak Bernays (geb. in Mainz 1792, starb in Hamburg
1849)[1]) war der Mann, welcher eine nicht blinde, sondern bewußte Gegen=
richtung gegen die Verflachung der aufklärerischen Reform bildete. In
Süddeutschland hatte sich überhaupt gegenüber dem norddeutschen
Formelwesen, welches aus dem engen Gesichtskreis des handgreiflich
Verständigen nicht herauskam, eine mystisch=philosophische Schule ge=
bildet, welche eine Art Geisterseherei trieb. Sie erblickte in allem,
im kleinsten wie im größten, in Natur und Geschichte, in Gruppierung,
Zahl, Farben und Namen lauter Gedankenreihen, Ideenkeime, zer=
schlagene Trümmer eines Riesenspiegels, welcher den Urgedanken in
unübersehbarer Größe zurückwerfe. Diese grübelnde süddeutsche Schule
der Kreuzer, Kanne, Oken, zu denen auch noch Schel=
ling gehörte, vertiefte sich in den Ursprung der Religionen und Spra=
chen, ebenso in die indische, ägyptische und griechisch=römische Mytho=
logie, in den Kultus der Urreligionen und deren Symbole und Mysterien.
Sie entdeckte da gegliederten Zusammenhang, wo der eingeengte Ver=
stand nur Zufall und Spielerei wahrnahm. In dieser Schule hatte

---

[1]) Seine Biographie ist nirgends gegeben. Die Data verdanke ich der
Gefälligkeit des Herrn J. L. Adler in Hamburg. J. Bernays' Ideenkreis ist
teils aus mündlichen Gesprächen und Vorlesungen bekannt, teils aus dem
„Bibelschen Orient", dessen Vaterschaft er zwar in Abrede stellte, der aber
doch seinen Geist getreu wiedergibt.

ſich Iſaak Bernays gebildet. Seinem Auge offenbarte ſich das Judentum in ſeiner Literatur und ſeinem Geſchichtsgange in einer bis dahin noch nicht geſehenen Geſtaltung. Bernays' Geiſt, von überſpru-
delndem Gedankenreichtum erfüllt, fand in allen Erſcheinungen har-
moniſche Gliederung und Entfaltung eines Urgedankens, der zur
organiſchen Auseinanderlegung ſeines Inhaltes in die Zeitform, in
die Geſchichtsentwicklung eingegangen ſei, und ſich vom Urbeginn der
Schöpfung bis auf die jüngſte Weltgeſtaltung fortgeſponnen habe.
Bernays war der erſte, der, viel tiefer als Mendelsſohn, das Judentum in ſeiner weltgeſchichtlichen Bedeutung erkannte und deſſen Litera-
turumfang mit weitem Blicke überſchaute. Sein Fehler war vielleicht, daß er zu viel Gedanken hatte, daß er dadurch zu viel ſuchte
und fand, und beſonders, daß er dem Gedanken nicht die angemeſſene
Form und Worthülle zu geben vermochte. In ſeinem Reichtum blickte
er verächtlich mitleidig auf die Gedankenarmut der jüdiſchen Reform-
gründer herab, welche den Rieſengeiſt des Judentums, von dem ſie
keine Ahnung hatten, in den engen Rahmen eines Katechismus für
große und kleine Kinder einſpannen und einengen wollten. Die
„Friedländerianer" waren für ihn der Inbegriff aller Flachheit und
Beſchränktheit. Weil dieſe in einigen Spiegeltrümmern das Bild
des Judentums in verkehrter Stellung erblickten, oder vielmehr, weil
ſich ihr eigenes Bild darin abſpiegelte, glaubten ſie das Judentum
umgeſtalten zu müſſen und zu können. Sie machten auf Bernays den
Eindruck eines Geſindels, das in einem Pyramidentempel hauſt und
ihn ſich bequem für kleinliche häusliche Bedürfniſſe einrichtet. „Sie
(die Jünger Mendelsſohns), ihres Altertums ſich ſchämend, ziehen
es vor, als Findelkinder der Gegenwart, losgebunden und wild, über
die unmodiſchen Schranken des Geſetzes galant zu hüpfen, als in der
Schule ihrer Stammesbildung aufzuhorchen, was zu dieſer Zeit der
Gott gewirkt"[1]. „In der Modeſucht liegt auch der wahre Grund der
ſo üppigen Produktivität der modernſten jüdiſch-literariſchen Pflanze,
jüdiſche Katechetik genannt, welche Katechisme großenteils eher die
Tendenz verraten, eine bequeme Einigungs-, ja Übergangsbrücke zum
Proteſtantismus, d. h. zur reinen Begriffsreligion auf die gemein-
moraliſchen Pfeiler bibliſcher Stellen zu ſchlagen." . . . . „Bei der
Ignoranz ſeiner ſelbſt, worin großenteils den Juden die barbariſche Acht
ſtürzte, mit der man ihm in den letzten Jahrhunderten alle Geiſtes-
quellen unterſagte und ihn eben dadurch deſto lüſterner nach dem kühlen

<hr>

[1] Bibelſcher Orient II, S. 54 ff.

Modegewässer machte, mußte sich der unhistorische Wahn seiner be=
mächtigen, daß, wenn auch er den Kieselfels des mosaischen Buchstabens
erklommen, von dieser kahlen Höhe aus, dem Talmud, der ihn durch
das Mittelalter fast mirakulös leitete, jetzt tapfer den Gehorsam auf=
künden würde, er eben sie durch seine geistige Großjährigkeit . . . doku=
mentieren dürfte."

Bernays' Gedankengang, mit dem er das Judentum in seinem
Kopfe aus dessen Urkunden und aus dessen Geschichte wie aus Trümmer=
massen wieder aufbaute, ist uns nur halb erschlossen. Er liebte mehr
mündliche als schriftliche Belehrung und hatte eine Scheu davor, seine
Gedanken auf Blättern hinausflattern zu lassen. Der „Bibelsche
Orient"[1]), den man ihm zuschrieb, enthält nur den Grundriß einer
Vorhalle, welche in den Ehrfurcht gebietenden Tempel führen sollte.
Diese in der Form barocke, aber durch Tiefe und Ursprünglichkeit aus=
gezeichnete Schrift geht von dem Gedanken aus, daß das Judentum
die Aufgabe habe, den von Gott abgefallenen, gottähnlichen Menschen
zu ihm wieder zurückzuführen, und daß das jüdische Volk dem Menschen=
geschlecht als Vorbild diene, wie die verloren gegangene Gottähnlich=
keit des Menschen und der innige Zusammenhang desselben mit Gott
wieder zu gewinnen seien. Ganz besonders solle durch diesen Volks=
stamm, seine Lehre und seine Geschichte der abhanden gekommene Ge=
danke von der göttlichen Einheit und der allgegenwärtigen Vorsehung
für die Menschen wieder lebendig werden. Das Judentum sei als
erste Reformation aufzufassen, als Gegensatz zu dem durch den Ab=
fall des Menschen überhand genommene Götzentum, entstanden durch
die Zerklüftung der göttlichen Eigenschaften in selbständige Wesen
und Verbildlichung der Gottheit. Die Spuren dieses Prozesses, wie
die göttliche Einheit in die Vielheit der Götter auseinanderging, zeigen
sich noch in der hebräischen Sprache, die, ein Kind des heidnischen
Geistes, sich nach und nach monotheistisch läuterte, ohne die Spuren
ihres Ursprunges ganz aufgegeben zu haben. „Sie (die Israeliten)
wurden ihrer chitäischen Mutter und ihrem emoritischen Vater ge=
waltig, ja tyrannisch entrissen, und ihr Geist in eigentümlicher Natio=
nalbildung geformt"[2]). Der „Bibelsche Orient" wollte damit den
Grund zu einem tieferen Verständnisse der Bibelsprache legen, als es
die Mendelssohnsche Schule getan hatte, welche sie bloß von der poeti=
schen Seite betrachtet und ihren tiefsinnigen, oder richtiger, den Kampf

---

[1]) Der Titel lautet Der Bibelsche Orient. Eine Zeitschrift in zwang=
losen Heften. Zwei Hefte, München 1821, 8.
[2]) Bibl. Or., I S. 25 f.

zweier Weltanschauungen miteinander abspiegelnden Charakter ver=
kannt hatte. Damit glaubte Bernays diese Schule samt ihrem Stifter
von ihrer erträumten Höhe herunterzubringen, daß Mendelssohn
selbst durch die oberflächliche Behandlung des hebräischen Sprachgutes
den Grund zur Verflachung des Judentums gelegt habe. Ja, er ver=
stieg sich noch höher hinauf, bis zu Maimuni, dem Urahn und Liebs
ling der jüdischen Vernünftler, um auch ihn vom Throne zu stürzen,
und zwei andere Denker oder Gemütsanempfinder, den dichterischen
Philosophen Jehuda Halevi und den verständigen Mystiker Nachmani,
daraufzusetzen, beide, weil sie seinem Gedankengange mehr zusagten.

Wie die Sprache, so sei, nach Bernays' Ansicht, auch der hebräische
Kultus anders als der heidnische geartet und im Gegensatz zu dem=
selben gestaltet. Das Götzentum habe sich in bildlicher (plastischer),
das Judentum in handelnder (ritualer) Symbolik ausgeprägt. Damit
sollte gerade diejenige Seite des Judentums gerettet werden, welche
die Reformpartei, als unangemessen und unwürdig, nicht gründlich
genug beseitigen zu müssen trachtete. Alles, was sich im Verlauf der
Geschichte des jüdischen Volkes eingelebt und ausgebildet hat, solle,
nach Bernays, zu seinem Rechte kommen, gehöre als notwendiges
Glied zum Ganzen, selbst der Talmudismus und die Kabbala. In
eigentümlichen sphinxartigen Sprachwendungen legt der „Bibelsche
Orient" die Phasen und Knotenpunkte der jüdischen Geschichte aus=
einander, wie sie alle nur Entwicklung eines vielseitigen Gedankens
seien. Bernays war damals kühn genug, manche Erscheinung in der=
selben, wie hoch sie auch in der Verehrung der Stockfrommen stand,
als eine niedrige Stufe zu bezeichnen. Die ecclesia magna — große
Versammlung — unternahm „das Seil der Liebe, woran der Herr
sein Volk aus Ägypten nach Kanaan hinleitete, zu einem knotigen
Stricke umzuflechten, der es an den kanaanitischen Boden isoliert, fest
und unablösbar knüpfen sollte. Ja, wessen Geist war der neu einge=
hauchte? War er deß, der über den Cherubim thronte? Nein! Men=
schengeist war es, die Reflexion!"[1]). Ein Rabbiner alten Schlages hätte
den „Bibelschen Orient", wenn er den Inhalt hätte verstehen können,
unfehlbar noch mehr verketzert, als Mendelssohns und Wesselys Schrif=
ten. Er enthält allerdings viel Unreifes, Barockes und manches, was
ans Lächerliche streift. Aber wenn der Verfasser auch nur den einen
Gedanken angeregt hätte, daß das Judentum eine weltgeschichtliche
Aufgabe, ein Apostelamt für die Völker habe, so würde dieses eine

---

[1]) Bibl. Or. II, S. 4.

schon hinreichen, ihm einen Ehrenplatz in den Jahrbüchern der jüdischen Geschichte anzuweisen. Dieser Gedanke ist zwar nicht neu von ihm entdeckt worden; die Grundschrift des Judentums betont ihn scharf genug. Bei den Propheten erscheint er als der Kern ihrer Verkündigungen. In der Geschichte hatte er sich bewährt, die europäischen und asiatischen Völker wurden durch das vom Judentum erborgte Licht ihrer Finsternis entrissen. Aber die gehäuften Leiden der Juden und die Knechtsgestalt des Judentums hatten diesen Gedanken so vollständig in Vergessenheit gebracht, daß die eigenen Söhne keine Ahnung mehr davon hatten. Das Verdienst dessen, der diesen Gedanken gewissermaßen wieder entdeckt hat, ist daher nicht gering anzuschlagen.

Bernays' außergewöhnliche Begabung und urwüchsige Anschauung hatten die Aufmerksamkeit der jüdischen Kreise auf ihn gelenkt. Er hat zwar später die Vaterschaft des „Bibelschen Orients" abgeleugnet; aber wenn Bernays ihn nicht verfaßt haben sollte, so hätte er ihn verfassen können, es ist Fleisch von seinem Fleische oder Geist von seinem Geiste.

Die Hamburger Gemeinde, welche eine Gegenkraft gegen den Tempelverein vermißte, wählte ihn infolge seiner Bedeutung zu ihrem geistigen Führer. Es war ein guter Griff und von nicht geringer Tragweite. Dem Kampfe, den die beiden berechtigten Prinzipien miteinander führten, die Erhaltung des Judentums in seiner Eigenart einerseits, und die Annäherung der Juden an die europäische Kultur anderseits, waren die Rabbinen des alten Schlages nicht gewachsen. Ihre Waffen waren rostig und beschädigten die Verteidiger mehr noch als die Gegner. Junge Kräfte mußten dazu angeworben werden, welche, mit der Zeitbildung vertraut, sie zur Würdigung und Läuterung des Judentums verwerten konnten. Die Wahl Bernays' zur Besetzung des Hamburger Rabbinats (Nov. 1821) machte Aufsehen; er war der erste wissenschaftlich geschulte Rabbiner. Ein Zeichen der Zeit war es, daß er diesen Titel ablehnte und sich lieber C h a c h a m , wie es unter den portugiesischen Juden üblich war, nennen ließ; die Unbeliebtheit des Namens „Rabbiner" sollte nicht ein Hindernis für seine Tätigkeit sein. Treu seinem Widerwillen gegen Nachäfferei, vermied er die geistliche Mummerei, auf welche die Reformprediger auf der Kanzel in Tracht und Gebärdenspiel so viel Wert legten. Bernays gab sich nicht als Seelsorger, sondern als Lehrer seiner Gemeinde aus. Er predigte auch, aber in Inhalt und Form und bis auf Äußerlichkeiten grundverschieden von der Weise, welche die Jacobsonsche Schule eingeführt hatte. Seine Predigten waren natürlich in der ersten Zeit

sehr besucht; die Neugierde hatte auch viele von der Reformpartei
herbeigezogen. Sie wurden zwar, vermöge seines eigenartigen Ge-
dankenganges von der Menge nicht verstanden; aber denkende Zuhörer
sprachen ihm wenigstens Originalität zu, welche gegen die Flachheit
der Tempelprediger abstach. Als Heine, der sich damals noch praktisch
für das Judentum interessierte, in Hamburg war, trieb es ihn, Bernays' Predigt anzuhören, um einen Vergleich anstellen zu können.
Er verstand sich auf Gedankengehalt und Form, oder wie Zunz von
ihm sagte: „Unser Heine hat in einem Finger mehr Geist und Sinn,
als alle aufgeklärten Minjonim (Betgemeindchen) Hamburgs"[1]. Das
Urteil des lyrischen Spötters war: „Bernays habe ich predigen gehört...
keiner von den Juden versteht ihn, er will nichts und wird auch nie
eine andere Rolle spielen; aber er ist doch ein geistreicher Mann und
hat mehr Spiritus in sich als Kley, Salomon, Auerbach I und II."[2].
Heine geriet wegen seiner scheinbaren Parteinahme für Bernays,
weil er ihn über die Reformprediger stellte, in einen Streit mit dem
rührigsten Mitgliede des Tempelvereins, das ihn deswegen bei seinem
Oheim anschwärzte[3]. Die Parteisache war zu einer kleinlichen Per-
sonenfrage herabgedrückt.

Bernays wußte sich durch geräuschloses Wirken nicht bloß die
Achtung der Gemeinde zu erhalten, sondern auch die der stockfrommen
Juden auswärts zu gewinnen. Ihre argwöhnische Natur fand nichts
an dem religiösen Tun und Lassen des Chacham auszusetzen. Dadurch erlangten die von ihm eingeführten Veränderungen, im eigentlichen Sinne doch Reformen, auch in frommen Gemeinden Beifall und
Nachahmung. Mehr noch wirkte er durch seine tiefeingehende und
geistvolle Belehrung für Erwachsene, denen er die damals wenig bekannten, gehaltvollen jüdischen Literaturschätze zugänglich machte. Dadurch hat er seinen Jüngern freudige Anhänglichkeit an das Judentum eingeflößt. Von Schriftstellerei war er, wie schon gesagt, kein
Freund. Wenn sein Mut mit seinem Wissen und Gedankenreichtum
gleichen Schritt gehalten hätte, so würde seine Tätigkeit mehr Spuren
in der neueren jüdischen Geschichte hinterlassen haben.

Nach einer anderen Seite wirkte ebenso wohltätig und erhebend
eine ganz anders geartete Persönlichkeit, ursprünglich ein Jünger der
Jacobsonschen Schule, der aber durch Milderung der Schroffheiten

---

[1]) Bei S t r o d t m a n n, „Heinrich Heines Leben und Werke", Bd. I,
S. 266.

[2]) Heines Brief an Moser vom Aug. 1823. Briefe, Bd. I, S. 103.

[3]) Strodtmann das. I, S. 298.

die mißliebige Läuterung des Gottesdienstes beliebt machte und die
rechte Norm dafür fand. Isaak Noa Mannheimer (geb. in
Kopenhagen 1793, starb in Wien 1864)[1]) könnte man die verkörperte
Veredelung der Juden nennen. Er war ein ganzer Mann. In ihm war
der kernhafte Gehalt des Urjüdischen mit der ansprechenden Form
europäischer Kultur harmonisch geeint, wie er denn überhaupt eine
harmonische Natur war. Inneres und Äußeres, Gemüt und Witz,
Begeisterung und Klugheit, ideales Leben und praktische Sicherheit,
poetische Anlage und nüchterner Sinn, kindliche Milde und treffender
Spott, sprudelnde Beredsamkeit und ernstliche Tätigkeit, Liebe für
das Judentum und Vorliebe für Neugestaltung waren in seinem
Wesen im schönsten Einklange. Diese scharfkantigen Eigenschaften, ver=
bunden mit Seelenadel und einer Uneigennützigkeit, die an Selbstlosig=
keit streifte, mit Hingebung an die gewonnene Überzeugung, mit Ge=
wissenhaftigkeit innerhalb und außerhalb seiner Amtspflichten, mit Zart=
gefühl, feinem Takt, Widerwillen gegen das Gemeine und Nachsicht
gegen die Gemeinen, diese Eigenschaften nahmen auf den ersten Blick
für ihn ein, fesselten die Edlen, flößten selbst den Unedlen Ehr=
erbietung für ihn ein und erleichterten dadurch seine Wirksamkeit.
Geboren und erzogen unter der milden dänischen Regierung, welche
frühzeitig den Juden die Gleichstellung einräumte und sie nicht mehr
zurücknahm oder beschränkte, lernte Mannheimer von seiner Kindheit
an, sein Haupt hochzutragen und auch in dem Lande furchtlos seine
Glaubensgenossen und seine Überzeugung zu vertreten, wo der knech=
tische Sinn des Bürger= und Bauernstandes und noch mehr der Juden
lange Zeit heimisch war. Er besaß zwar keine originellen Gedanken
und keine tiefe Vertrautheit mit dem Umfange des jüdischen Schrift=
tums; aber er hatte Verständnis und Empfänglichkeit für ureigene
Überzeugungen, die er hegte und nicht als einen toten Schatz in sich
vergrub, sondern rührig zu verwirklichen strebte. Diesen Mann der
Tat und des Wortes stellte die geschichtliche Fügung auf einen Posten,
wo seine kernhafte Natur und Eigenart am wirksamsten eingreifen
und weite Kreise veredeln konnten. Hinterher muß jeder, der die
österreichischen Zustände von damals und den Aufschwung der öster=
reichischen Juden von heute kennt, sich sagen, Mannheimer war für
die österreichische Hauptstadt, an der Grenze der halbbarbarischen
Länder, so recht vorher bestimmt, um die dortigen Juden aus der

---

[1]) Über Mannheimer und Wien f. G. Wolf, Geschichte der israelitischen
Kultusgemeinde Wien, 1861; J. N. Mannheimer, eine biographische Skizze,
daf. 1863 und andere Schriften.

sittlichen Gesunkenheit zu heben, in die sie Josephs II. Aufklärungs=
tyrannei nicht minder als die Judenfeindlichkeit seiner Mutter gestürzt
hatten, und die Schäden wieder auszubessern, welche die Herz Hom=
burg, die Peter Beer und die ganze Schar der sogenannten „Normal=
lehrer" und offiziellen Religionslehrer angerichtet hatten.

Ein Häuptling, welcher mit einer Schar halbwilder Menschen
inmitten der widerwärtigsten Kämpfe und Gefahren eine Kolonie
gründet, sie veredelt und zu einem musterhaften Gemeinwesen um=
bildet, hat kein größeres Verdienst, als sich Mannheimer um die Grün=
dung der Wiener Gemeinde erworben. Das Feldlager Metternichs
und Franz I., obwohl diese auf dem Wiener Kongresse den Juden
völlige Gleichstellung verheißen hatten, duldete sie eigentlich nicht in
seinem Gebiete; nur ausnahmsweise wurden einige reiche Familien
mit ihren Anhängseln unter den wunderlichsten Titeln t o l e r i e r t.
Diese Tolerierten waren aus den verschiedensten Ländern eingewandert
und hatten keinen urwüchsigen Zusammenhang untereinander, kein
Gemeinderecht, durften keine Synagoge besitzen, keinen Rabbiner an=
stellen, kurz, gesetzlich war ihnen als Religionsgenossenschaft so gut wie
alles verboten. Nichtsdestoweniger empfanden einige abenteuerliche
Glieder ein Gelüste, einen deutschen Gottesdienst nach dem Muster des
Hamburger Tempels einzuführen, und wurden darin von der Regierung
das eine Mal ermutigt, das andere Mal entmutigt. Während diese
Wiener Aufgeklärten auf vielen Umwegen den Bau eines Tempels
unternahmen, erwarben sie Mannheimer zum Prediger desselben (seit
Juni 1825), waren aber genötigt, ihm, unter Umgehung der beschrän=
kenden Gesetze, einen dem Klange nach niedrigen Titel zum Zwecke
des Heimatsrechts für ihn in Wien zu verschaffen.

Obwohl Mannheimer mit den grundsätzlichen Zertrümmerern des
alten Judentums, mit David Friedländer, Jacobson und den jungen
Stürmern befreundet war und in den Reformsynagogen in Berlin,
Hamburg und Leipzig zeitweise gepredigt hatte, so hatte er sich doch
dieser Richtung nicht so hingegeben, um ihre Grundfehler nicht zu
erkennen. Sein erstes Wort in seinem neuen Wirkungskreise wie sein
letztes war, k e i n e   S p a l t u n g   i n   d e r   J u d e n h e i t   h e r=
v o r z u r u f e n, keine Sektiererei zu fördern, die Altfrommen nicht
durch kühne Sprünge zu verletzen und abzustoßen, sie vielmehr für die
neuen Formen allmählich zu gewinnen. In diesem Sinne setzte er
eine gemäßigte Tempelordnung gegen den Mann, Lazar Michael
Biedermann, durch, der ihn zu seinem Amte befördert hat. Nur die häß=
lichen Auswüchse entfernte Mannheimer aus dem neuen Gotteshause,

machte es würdevoll, belebte es durch sein ausdrucksvolles Wort, behielt aber die hebräische Sprache, das starke Bindemittel, bei und gab, zum Leidwesen seiner ehemaligen Reformgenossen, Orgel und deutsche Lieder preis. Mehr noch als Ifaak Bernays hat Ifaak Mannheimer die Versöhnung des Alten mit dem Neuen durchgeführt.

Auch in seiner Kanzelberedsamkeit, die von jüdischen und christlichen Sachkundigen als höchst bedeutend anerkannt war, zeigte sich diese harmonische Verschmelzung der beiden scheinbar feindlichen Elemente. Mannheimer hatte in der jüdischen Literatur einen edlen Schatz entdeckt und reichlich ausgebeutet. In der talmudisch-haggadischen Literatur, einer reichen Fundgrube von Kernsprüchen, Parabeln, Gnomen, beziehungsreichen Wendungen und witzreichen Anspielungen, machte er sich heimisch, suchte die Goldkörner aus, oder richtiger, wußte dem Unscheinbarsten darin eine gefällige Seite abzugewinnen, es als bedeutend hervortreten zu lassen, und machte dergestalt Aussprüche der alten Haggadisten zu Dolmetschern neuer Anschauungen und Gedanken. Seine Predigtweise, worin er Gotthold Salomon weit übertraf, erhielt durch Benutzung der haggadischen Elemente einen eigenen Schliff und übte eine starke Anziehung auf die frommen Juden und auf das heranwachsende Geschlecht aus. Auch portugiesische (fränkische) Juden, welche aus der Türkei sich in Wien angesiedelt hatten, hörten gern den lebhaften und geistvollen Prediger. In Mannheimer wie in dem neuen Tempel in Wien (eingeweiht April 1826) umarmte sich Morgen- und Abendland. Als wären der Wiener Tempel und die Gemeinde von Anfang an dazu bestimmt gewesen, das Versöhnungswerk zwischen den alten und neuen Formen zu vollziehen, hatte sich für dieselben ein Sangeskünstler gefunden, der mit seinen reichen Stimmitteln den hebräischen Gebeten einen fast zauberhaften Ausdruck verlieh und den alten verschnörkelten Synagogengesang in schmelzende Melodien umschuf. Diese Melodien machten die betäubenden Orgeltöne überflüssig und ließen sie als störend erkennen. In den sanften und schwellenden Chorälen und Solopartien des Wiener Tempels zeigte sich wie in Mannheimers Predigten, daß das alt Überkommene nicht so unbrauchbar sei, wie es die Reformstürmer verlästerten, vielmehr nur einer Läuterung bedürfe, um verjüngungsfähig zu werden und Eindruck zu machen. Kanzel und Chor, gleichgestimmt, erzeugten daher eine eigene Stimmung in der anwachsenden Wiener Gemeinde, deren Grundton Liebe zum angestammten Judentume war, zugleich das jüdische Altertum mit Ehrfurcht zu betrachten und dem Bedürfnis der neuen Zeit zu genügen.

Mannheimers Persönlichkeit gab dieser Stimmung vollen Nachdruck.
Auf der Kanzel wie in seiner Häuslichkeit und im Weltverkehr erschien
er nicht als Seelsorger, Geistlicher, Priester, — er war ein Todfeind
des salbungsvollen, himmelnden Wesens — sondern betätigte sich als
milder Vater, Freund, Berater und Helfer. Da er es nicht an
Tadel fehlen ließ, um die alten Unarten und die neuen Untugenden
von ihrer schädlichen Seite zu zeigen, so erzog er sich durch Wort und
Beispiel eine Gemeinde, welche wahrhaft Muster geworden ist, in welcher jedes Glied vor allem bestrebt ist, den Frieden zu erhalten und
Spaltungen im Keime zu ersticken.

In Wien verwandelte sich zuerst troß des politischen Druckes, der
sich bis zum Revolutionsjahr erhielt, die Selbstverachtung der euro-
päisch gestimmten Juden in Selbstachtung. Der Widerwille der pol-
nisch verwilderten Juden gegen Gesittung verlor sich allmählich und
machte einer Neigung zur Selbstveredlung Plaß. Die Wiener Gemeinde erlangte dadurch eine geschichtliche Bedeutung. Der Ton, der
von der Kanzel und dem Chor erscholl und in den Gemütern der Gemeindeglieder nachklang, erweckte einen mächtigen Widerhall in
nahen und entfernten österreichischen Gemeinden. Pest, Prag und
kleinere Gemeinden in Ungarn und Böhmen folgten dem von Wien
gegebenen Anstoß durch die versöhnliche Art, wie hier der „geregelte
Gottesdienst" auftrat. Bis nach Galizien wirkte die von Wien gegebene Anregung. Nach und nach fand die Wahl des Chacham Bernays für die Hamburger Gemeinde und Mannheimers Tätigkeit für
die gottesdienstliche Ordnung in der Wiener Synagoge auch in deutschen Gemeinden Nachahmung. Gebildete Rabbiner wurden vorgezogen, und diese gaben den Synagogen ihre lang vermißte Würde
wieder. Die deutsche Judenheit machte ihren Einfluß wiederum auf
Frankreich und Italien geltend. Die französisch-jüdischen Konsistorien,
welche die günstige Zeit von Frankreichs Übergewicht versäumt hatten,
mußten empfangen, weil sie sich nicht zur Selbsttat erhoben hatten,
um spenden zu können. Italien, wenigstens die Gemeinden, die zu
Österreich gehörten, folgten ebenfalls der von Deutschland ausgegangenen Anregung, obwohl hier von jeher von der Kanzel in der
Landessprache oder spanisch gesprochen wurde, und der Gottesdienst
äußerlich nicht den Charakter der Verwilderung an sich trug. In Italien
verdarb übrigens manches ein Mann, der es sehr gut meinte, I s a a k
S a m u e l R e g g i o in Görz (geb. 1784, starb 1855), durch seine
Schrullen und seine Flachheit. Er hat durch die Art seines Auftretens
die Erhebung der israelitischen Gemeinden zum Selbstgefühl und

zur Erkenntnis eher gehindert als gefördert. Reggio schrieb viel und in einem nicht unschönen hebräischen Stile; aber er verflachte alles, was er in die Hand nahm.

Wie viel selbst bedeutende Persönlichkeiten durch Verschrobenheit oder nebelhafte Verschwommenheit schaden, oder wie sehr sie wenigstens ihre eigenen Bestrebungen vereiteln können, zeigte sich an einem beredten Beispiel in Berlin, wo der Gegensatz zu den Erfolgen in Wien recht auffallend erscheint. Zur Zeit, als der gelehrte deutsche Pöbel Steine mit Hep-Hep-Gebrüll auf die Juden schleuderte, traten drei jüdische junge Männer zusammen, um eine Art Verschwörung gegen den un= duldsamen christlichen Staat anzuzetteln, alle drei von ernstem, idealem Streben erfüllt. Sie dachten reiflich über die Mittel nach, die ergriffen werden müßten, um den tiefeingewurzelten Judenhaß der Deutschen zu vertilgen. Diese drei waren L e o p o l d Z u n z (geb. in Detmold 1794, gest. in Berlin 1886), ferner der Fahnenträger und Apostel der Hegelschen Philosophie und Stürmer der alten Juristerei, E d u a r d G a n s (starb 1839), und endlich ein Buchhalter, der in der Bücher= welt lebte, M o s e s M o s e r, Heines vertrautester Freund, den dieser „die Prachtausgabe eines wirklichen Menschen, den Epilog von Nathan dem Weisen" nannte. Sie vereinigten sich (27. Nov. 1819) zu dem Zwecke, einen Verein „Für Kultur und Wissenschaft der Juden" zu gründen[1]. Gans, eine quecksilberne Natur, der einen Revolutions= führer hätte abgeben können, wenn es gegolten hätte, Gleichgesinnte anzuwerben, eine Fahne aufzupflanzen, Rollen zu verteilen, feurige Reden zu halten, Gans war der Führer derselben. Diesen drei jungen Männern schlossen sich zwei Gleichgesinnte an, welche für Wissenschaft, Freiheit und Idealismus schwärmten, I m m a n u e l W o h l w i l l (früher Wolf genannt) und der körperlich kleine, aber geistig bedeutende L u d w i g M a r k u s, den Heine zugleich gehänselt und verherrlicht hat[2]. Auch die beiden versteinerten Mendelssohnianer, Bendavid und David Friedländer, traten dem Vereine bei. Jacobson fehlte nicht, wo es galt, mitzuraten und mitzutaten. Im ganzen zählte der Verein in Berlin etwa 50 Mitglieder, in Hamburg aus Mitgliedern des Tempelvereins etwa 20 und noch hier und da einige Teilnehmer. Wie schon erzählt, trat ihm auch Heine später bei und machte für ihn Propaganda.

[1] Die ersten Quellen für die Entstehung und Tätigkeit des Kulturver= eins hat S t r o d t m a n n in „Heines Leben und Werke" I, S. 245 f. aus wenig zugänglichen Schriften und Privatmitteilungen zusammengestellt.
[2] H e i n e , Ges. Schr. XIV, S. 183 f.

Die erſte Ordensbedingung der Gründer war, treu bei dem Juden=
tume auszuharren, den Verlockungen der Kirche tapfer zu widerſtehen
und ſo dem jungen Geſchlechte ein leuchtendes Beiſpiel von Stand=
haftigkeit und Selbſtändigkeit zu geben.   Wäre der Verein dieſem
Programme treu geblieben, ſo hätte er, da die meiſten Mitglieder
auf der Höhe der Zeitbildung ſtanden und geiſtvoll waren, ſchon durch
dieſe Tatſache ſegensreich für das Judentum wirken können.   Aber
er ging von einer falſchen Vorausſetzung aus, ſteckte ſich zu ausgedehnte
Ziele und vergriff ſich in den Mitteln.   Es fehlte dem Vereine ein
praktiſcher Kopf.   Die falſche Vorausſetzung war, daß, wenn die Juden
ſich gediegene Bildung aneignen, ſich auf Künſte und Wiſſenſchaften
verlegen, ſtatt des Handels Ackerbau und Handwerke treiben würden,
der deutſche Judenhaß mit einem Schlage ſchwinden würde, die Söhne
Teuts die Söhne Jakobs brüderlich umarmen würden, und der Staat
ihnen die Gleichſtellung nicht verſagen würde.   Darum wollte der Ver=
ein — es klingt komiſch, was er alles wollte — Schulen, Seminarien
und ſogar Akademien für die Juden gründen, Gewerbe, Künſte, Acker=
bau und wiſſenſchaftliche Leiſtungen befördern, die Juden ſogar zu
einem feinen Geſellſchaftston erziehen[1]).   Aus den Akademien wurde
aber nur eine Art Privatſchule, worin die gebildeten Mitglieder des
Vereins armen Jünglingen, die noch immer aus der Fremde, namentlich
aus Polen, nach Berlin zugewandert kamen, Talmudjüngern, die den
Folianten entlaufen waren, um „Weisheit" zu lernen, Unterricht er=
teilten oder ſie unterrichten ließen.   Bald genug gewahrten die Stifter
des Vereins, daß ſie Luftſchlöſſer gebaut hatten, und der „Kulturverein"
eben wegen ſeines chimäriſchen Charakters keinen Anklang fand.   Sie
ſtimmten daher den hohen Ton herab und wollten ſich auf Anregung
beſchränken und namentlich die Wiſſenſchaft des Judentums fördern,
was allerdings ein ſehr lobenswertes Unternehmen und ein dringen=
des Bedürfnis war.   Sie beſchloſſen daher, untereinander wiſſenſchaft=
liche Vorträge zu halten und eine Zeitſchrift für die „Wiſſenſchaft des
Judentums" zu gründen.   Aber die Führer ſelbſt wußten nicht recht, was
darunter zu verſtehen ſei, was ſie anbauen und befruchten ſollten.

Hegel, der tiefe Denker und große Sophiſt, der Hof= und Kirchen=
philoſoph, hatte die für Wahrheit erglühenden jungen Juden in das
Labyrinth ſeines Formelweſens eingeführt und ſie halb wirr und
irre gemacht.   Die durch tiefe Beobachtung gewonnene Theorie, daß
ſich in der Erſcheinungswelt dieſelben Prozeſſe wiederholen, welche in

[1]) Einleitung zu den Statuten des Kulturvereins, Januar 1822.

dem menschlichen Geiste vorgehen, wendete er auf die Natur, Rechtswissenschaft, Kunst, Staatsbildung, Religionsentwicklung und die Geschichte überhaupt an. Aber den Verlauf der Geschichte legte sich
Hegel mit Klügelei und Willkür zurecht und ging dabei noch weiter
als Fichte, man weiß nicht, ob von der ehrlichen oder erheuchelten
Voraussetzung aus, daß das Christentum die Blüte aller Religionen,
und Deutschland, besonders Preußen, das Muster aller Staaten sei
und den Abschluß der Weltgeschichte bilde. Das freie und glückliche
England stände weit, weit hinter Deutschland zurück. Die Weltgeschichte sei die Entwicklung des Begriffes der Freiheit; aber die Freiheit verlange, daß sich alle Individuen dem Staatswillen, d. h. dem
Machtgebot der Fürsten und ihrer Kreaturen, unterwürfen. Über
das Judentum und die großen Züge seiner Geschichte hatte Hegel
einige abgerissene Gedanken aufgestellt, die meistens sehr albern klingen.
Die jüdische Geschichte behandelte er wunderlicherweise nur als An-
hängsel zu Persien. Dem Judentum sei zwar das Bewußtsein vom
„Geiste" aufgegangen, welcher der Natur gegenüberstehe; aber dieser
Geist sei auch als geistlos gesetzt. Die Gedanken von Sittlichkeit und
Recht seien zwar zuerst im Judentum aufgeblüht; aber der einzelne
Mensch, das Subjekt, habe im Judentum (das doch zuerst die Gott-
ebenbildlichkeit des Menschen betont hat!) keine Freiheit für sich,
komme nie zum Bewußtsein seiner Selbständigkeit. Daher finde sich
bei dem Juden nicht der Glaube an Unsterblichkeit der Seele. Nur
die Familie habe da große Bedeutung, aber der Staat bleibe der Gesetzgebung fern[1]). „Der Tempel Zions ist zerstört, das Gott dienende
Volk ist zerstäubt und auf den Standpunkt des Schmerzes der menschlichen Natur in ihr selbst zurückgeworfen." Die jüdische Empfindung
bildet das Verneinte in sich selbst, weshalb sie wesentlich in sich den
unendlichen Schmerz empfindet[2]). Es ist das alte Lied, daß das Judentum sich nach Versöhnung sehne und sie nicht finden könne. In dem
Christentum habe sich diese Versöhnung vollzogen; hier sei die Ge-
brochenheit und Entzweiung von Natur und Geist geheilt: „Es erschien
ein Mensch, der Gott ist, und Gott, der Mensch ist." — „Diese Einheit
darf nicht so aufgefaßt werden, als ob Gott nur Mensch und der Mensch
ebenso Gott sei, sondern der Mensch ist nur insofern Gott, als er die
Natürlichkeit und Endlichkeit seines Geistes aufhebt und sich zu Gott
erhebt"[3]). Ein vernünftiger Knabe muß gegenwärtig über diese hohle

---

[1]) Hegel, Vorlesungen über die Philosophie der Geschichte, 2. Aufl., S. 241.
[2]) Das. S. 392.
[3]) Das. S. 394, 399 f.

Weisheit, wie Hegel ſich die Weltgeſchichte zurecht legte, und mit welchem
Ernſt er Gedankenſeifenblaſen bildete, lächeln. Heine hat ſie daher bei
reiferem Bewußtſein weiblich belacht.

Das junge Iſrael, die Stifter des Kulturvereins, lauſchte
aber anfangs den Ausſprüchen dieſes philoſophiſchen Seiltänzers, als
wären ſie Orakel, nicht bloß ſeine Schleppenträger Gans und Wohlwill, ſondern auch der Buchhalter Moſer, der kleine Markus, faſt alle.
Sie lallten ihm nach, das Judentum ſei die Religion des Geiſtes,
die den Geiſt aufgegeben, und das Chriſtentum habe die ganze alte
Geſchichte verſchlungen, um ſie erneuert und veredelt aus ſich zu ſetzen.
Sie gewöhnten ſich auch daran, wie ihr Meiſter, auf Stelzen zu gehen.
Die einfachſten Gedanken gaben ſie in verſchnörkelten Formeln wieder,
als wollten ſie nicht verſtanden werden. Woher ſollte ihnen auch das
Herz für das Judentum kommen? Eduard Gans ſprach allerdings
ſtets von dem „ungeſtillten Judenſchmerz”, dachte aber dabei an ſich,
daß er in Preußen keine Anſtellung finden könne. Was ſollte das
Ziel der Wiſſenſchaft des Judentums ſein, die der Kulturverein fördern wollte? Gans ſprach es in ſo hohlen Phraſen in Hegelianiſchem
Kauderwelſch ſo barock aus, daß man daraus erkennt, er ſelbſt, der
Fahnenträger, wußte nicht, wofür die Schar der ihm Folgenden eintreten ſollte: „Die Juden können weder untergehen, noch kann ſich
das Judentum auflöſen. Aber in der großen Bewegung des Ganzen
ſoll es untergegangen ſcheinen und dennoch fortleben, wie der Strom
fortlebt in dem Ozean” ... Sie wollten die Scheidewand einreißen
helfen, die den Juden vom Chriſten und die jüdiſche Welt von der
europäiſchen getrennt hat. Sie wollten jeder ſchroffen Beſonderheit
ihre Richtung gegen das Allgemeine anweiſen. Sie wollten, was Jahr-
tauſende nebeneinander einherging, ohne ſich zu berühren, verſöhnt in
einander verſchmelzen ... „Keine Feuerſäule gibt es jetzt mehr in
Iſrael bei Nacht, aber Wolken in Menge am Tage. Zerſtreuen wir
dieſe Wolken ... Wir huldigen dem reinſten Gedanken, ohne die
Mittel, ihn zu entehren. Auf denn! Alle, die die hundertfache Feſſel
und ihre Einſchnitte nicht zu Gefeſſelten machen konnten, auf, die ihr
Wiſſenſchaft und Liebe zu den Seinen und Wohlwollen über alles
ſetzt, auf! und ſchließt euch an dieſen edlen Verein, und ich ſehe in
der feſten Verbrüderung ſolcher Guten die meſſianiſche Zeit heran-
gebrochen, von der die Propheten ſprachen, und die nur des Geſchlechts
jederzeitige Verderbtheit zur Fabel gemacht!” Viel Qualm und kein
Lichtfunke! Das junge Iſrael wußte nicht, was das Judentum,
welches in die Weltgeſchichte ſo tief eingegriffen und ſie mit um-

gestaltet hat, zu bedeuten hat. Seine prahlerische Weisheit war Verblendung.

Von der Verschwommenheit und Nebelhaftigkeit des Ziels legten die Hefte der „Zeitschrift" des Kulturvereins Zeugnis ab[1]. Die darin enthaltenen Artikel enthalten zumeist unverdauliches Hegelianisches Kauderwelsch oder Gelehrtenkram, der nur für einen sehr, sehr kleinen Kreis als Handlangerarbeit einigen Nutzen hat. Lesenswert ist allenfalls darin Gans' Abhandlung „Gesetzgebung über die Juden in Rom" und einige Grundrisse zur Geschichte des jüdischen Schrifttums (Literaturgeschichte)[2]. Heine, der kein Blatt vor den Mund nahm, erklärte es auch dem Leiter der Zeitschrift rund heraus: „Der größte Teil (der Zeitschrift) ist ungenießbar wegen der verwahrlosten Form." „Wüßte ich zufällig nicht, was Ludwig Markus und Doktor Gans wollen, so würde ich gar nichts von ihnen verstehen . . . Dringen Sie doch bei den Mitarbeitern auf Kultur des Stiles. Ohne diese kann die andere Kultur nicht gefördert werden"[3]. Und mit diesem Krimskrams wollte der Verein nicht bloß die Juden, sondern auch das Judentum veredeln und war ungehalten darüber, daß die ersteren von seinen Bestrebungen keine Kenntnis nahmen. Gans klagte in einem Rechenschaftsbericht, daß die Stifter nicht verstanden würden: „Und wenn ich auch zugeben will, daß der Gedanke des Vereins, eben weil er ein Gedanke ist, sich nicht dazu eignet, von der Menge begriffen zu werden, die nur das Gedankenlose faßt, so möchte ich abermals fragen: ‚Haben die, so sich die Besseren und Tüchtigeren nennen, tätige Beweise ihres Verständnisses gegeben?'" Wie Gans aber diesen so hoch angeschlagenen „Gedanken" des Vereins klarmachen wollte, verfiel er wieder in Nebelhaftigkeit. Die Aufgabe des Judentums sei, es zum Bewußtsein zu bringen, die jüdische Welt sich selbst vorstellig zu machen. Was er den Juden im allgemeinen zum Vorwurf machte, das war ganz besonders vom Kulturverein wahr: „Die Begeisterung für Religion, die Gediegenheit der alten Verhältnisse ist geschwunden, aber es ist keine neue Begeisterung hereingebrochen, es hat sich kein neues Verhältnis erbaut. Es ist bei jener verneinenden Aufklärung geblieben, die in der Verachtung und Schmähung des Vorgefundenen bestand, ohne daß man sich die Mühe gegeben hätte, jener leeren Abstraktion einen anderen Inhalt zu geben."

[1] Die Zeitschrift erschien zuerst Juni 1823.
[2] Zunz, Raschi und Grundlinien zu einer künftigen Statistik der Juden.
[3] Heines Briefe I, S. 98.

Dieſes Wunder vermochte der Kulturverein am allerwenigſten zu vollbringen, weil er die dreifache Gottesſtimme, welche zu ihm aus der jüdiſchen Geſchichte, aus der jüdiſchen Lehre in ihrer Urſprüng= lichkeit und aus dem Diamantkern des jüdiſchen Volkes ſprach, nicht ver= nahm. Er umarmte eine Wolke ſtatt einer Göttin, und weil ſie ihn unangenehm durchnäßte, ſtatt ihn zu entzücken, wurde er mürriſch, bitter, zänkiſch, beſchwerte ſich über alle Welt und erging ſich in welt= ſchmerzlichen Elegien. Zunächſt goß Gans, ſein Hauptträger, die Galle ſeines Unmuts über die Reichen in Iſrael aus, weil dieſe keine Teil= nahme für ſeine weltbewegenden Träume gezeigt hatten. Gans be= richtete in der Zeitſchrift ſchwärmeriſch von der Verfügung des Kaiſers Alexander von Rußland, welche die Gemeindevorſtände (Kahals) aufhob[1]) und dafür die gewiſſenhafte Verwaltung ruſſiſcher Beamten einſetzte! Gans brach in Freude darüber aus und knüpfte daran hoch= trabende Betrachtungen, die Rabbinen hätten im Mittelalter dasſelbe ſtarre Prinzip wie die Kirche vertreten, denen gegenüber die jüdiſchen Reichen, das Geld, den jüdiſchen Adel, gebildet und ſich an die Spitze geſtellt hätten. Weit verderblicher und erſchlaffender als der ſeichteſte und roheſte Rabbinismus ſei die Herrſchaft des Geldes, weil jener nur unwiſſend mache, dieſes aber niedrig, und es wäre zu wünſchen, daß die Sinnigkeit, mit der hier ein geiſtreicher Fürſt eine bisher wenig beachtete Quelle der Unbildung verſtopfe, auch im deutſchen Vater= lande Nachahmung und ein genaues Beachten der jüdiſchen Gemeinde= verfaſſung nach ſich zöge"[2]). Die hohe Tugend, welche die Juden ziert, und welche die jüdiſchen Reichen ſtets ſo opferwillig ausüben, die Barmherzigkeit, die aus der eigenen Mitte, bei beſchränkten Mitteln, Armenhäuſer, Siechenhäuſer, Wohltätigkeitsanſtalten aller Art ge= ſchaffen hat, verlachte Gans und ſeine Geſellſchaft. „Die Mitleidig= keit iſt die Tugend, zu deren Fahnen ſie (die Reichen) geſchworen haben, weil es eben die ſinnlichſte Tugend iſt. Wo man ſie angreift, iſt es dieſe Tugend, die ſich ins Mittel legen muß, und wenn man ihnen vorwirft, daß ſie keine öffentlichen Schulen und keine Verdienſte um geiſtige Bildung haben, ſo iſt es das öffentliche Lazarett, welches die Verteidigung übernehmen ſoll"[3]). — Auch Zunz ſpöttelte in dem= ſelben Sinne. „Alles iſt ein Brei von Beten, Mark Banco und Rach=

---

[1]) Ukas vom 1. Januar 1822. Zeitſchrift des Kulturvereins S. 533, Warſchauer Zeitung vom 18. Febr. 1822, Nr. 28.

[2]) Zeitſchrift, S. 539.

[3]) Dritter Bericht des Kulturvereins vom Jahre 1823, angeführt von Strodtmann I, S. 273.

mones (Mildtätigkeitssinn) nebst Brocken von Aufklärung und Chilluf (talmudischer Dialektik)"[1]).

In ihrem Unmute über das Fehlschlagen ihrer nebelhaften Pläne griffen die Träger des Kulturvereins sogar den Hamburger Tempel-verein, ihren Verbündeten, an: „Dahin bin ich gekommen," sprach sich derselbe Mitstifter unmutig aus, „an eine Judenreformation nimmer-mehr zu glauben; der Stein muß auf dieses Gespenst geworfen und dasselbe verscheucht werden. Die guten Juden, das sind Asiaten oder (ihrer unbewußt) die Christen . . . Die Juden und das Judentum, das wir rekonstruieren wollten, ist zerrissen und die Beute der Bar-baren, Narren, Geldwechsler, Idioten und Parnassim (Gemeindevor-steher)"[2]). — Moser machte ebenfalls seinem Zorne durch Gering-schätzung des Reformvereins Luft: „Die Hamburger täuschen sich gewaltig, wenn sie ihren Tempelbestrebungen eine universelle Be-deutung beilegen; aber es ist eine Täuschung, die man ihnen lassen kann. Was brauchen sie zu wissen, daß sie selbst im Übergange sind?" . . . „An einem ausgestopften Rabbi im zoologischen Museum wäre noch mehr Judentum zu studieren, als an den lebenden Tempelpredigern"[3]).

Der Verdruß der Gründer des Kulturvereins war groß. Die Teilnahme für ihn nahm eher ab, als zu. Die Zeitschrift in ihrer wun-derlichen Turmbausprache fand keine Leser, Geldbeiträge fehlten, ja die eigenen Mitglieder wurden fahnenflüchtig und traten trotz des stillen Eides zum Christentum über (Daniel Lessmann, Kirschbaum und manche andere). Eduard Gans dachte selbst im Stillen daran, sich durch das Taufwasser auf das Katheder heben zu lassen. Die Zer-fahrenheit unter den deutschen Juden, der wegwerfende Ton, mit dem die Söhne des Judentums über dasselbe sprachen, die vielen Beispiele von Judentaufen — so z. B. sind bis 1823 in Berlin 1236, die Hälfte der Gemeinde, und auswärts in Preußen 1382 vorgekom-men[4]) — und der stockkirchliche Sinn des preußischen Hofes ließen in Berlin eine Gesellschaft „Zur Beförderung des Christentums unter den Juden" entstehen, welche die Hoffnung hegte, sämtliche Juden in die Kirche eintreten zu sehen. Rühs' Ermahnungen fanden eine

---

[1]) Zunz in einem Briefe an Wohlwill vom Sommer 1824 bei Strodt-mann a. a. O. I, S. 275.

[2]) Das. S. 274.

[3]) Das. S. 277, 283.

[4]) Jolowicz, Geschichte der Juden in Königsberg S. 132, Note 2. Die Gesellschaft zur Beförderung der Bekehrung unter den Juden erhielt die königl. Bestätigung 9. Febr. 1822. [Vgl. hierzu Note 7.]

Stätte. Um dieſe Hoffnungen zu verwirklichen, legte die preußiſche
Regierung den Juden allerlei Hinderniſſe in den Weg. Veredelung
des Gottesdienſtes, die ſie Neuerung und Ketzerei nannte, durfte nicht
vorgenommen werden — als wenn es ihr zukäme, über die Recht=
gläubigkeit unter den Juden zu wachen. Anſtellung begabter Juden
zu Lehrfächern wurde ſtreng abgewieſen. Vergebens hatte ſich der
Miniſter Hardenberg für Gans verwendet, ihn zum Katheder für die
hiſtoriſche Rechtswiſſenſchaft, worin er Meiſterſchaft bekundete, zu
befördern. Gans faßte daher, während er noch im Kulturverein lange
Reden hielt, die Möglichkeit ins Auge, ſich taufen zu laſſen[1]). Der
auf dieſe Weiſe in Auflöſung übergehende Verein ſtarb zuletzt ſtill,
unbeweint und unbeachtet. Es war ſehr klug von einem der Haupt=
träger geraten, eine geräuſchvolle Auflöſung desſelben zu hintertreiben;
es wäre als Eitelkeit ausgelegt worden und hätte an die Fabel des
berſtenden Froſches erinnert und einen lächerlichen Eindruck gemacht[2]).
Der Fahnenträger und Hauptwühler des Vereins, Gans, der be=
mittelt genug war, ſeinem Gelübde treu bleiben zu können, vermehrte
das Chriſtentum um einen Zweifler und Ungläubigen mehr. Darum
war Heine ſo entrüſtet über ihn und konnte es ihm, obwohl ſelbſt ge=
tauft, zwei Jahrzehnte ſpäter, noch über das Grab hinaus, nicht ver=
zeihen: „Sein (Gans') Abfall war um ſo widerwärtiger, da er die
Rolle eines Agitators geſpielt und beſtimmte Präſidialpflichten über=
nommen hatte. Es iſt hergebrachte Pflicht, daß der Kapitän einer
der letzten ſei, der das Schiff verläßt, wenn dasſelbe ſcheitert. Gans
aber rettete ſich ſelbſt zuerſt[3])."

M o ſ e r , der zweite des Triumvirats des Kulturvereins, blieb
zwar ſtandhafter, aber er verzweifelte an der Möglichkeit der Rettung
des Judentums und verkündete die Maſſentaufen der Juden. „Die
Juden, die Juden!" rief er in tragiſchem Schmerze aus. „Es macht
mich traurig, an ſie zu denken. Es gibt keinen bittereren Kampf der
Liebe und des Haſſes in einer und derſelben Sache, als dieſen. Ich
ſehe aber die nahende Notwendigkeit, daß ihre Beſſeren als erklärte
Apoſtel des Chriſtentums das Werk werden vollbringen müſſen . . .

---

[1]) Heine ſagte es beſtimmt voraus, daß Gans ſich taufen laſſen würde,
er muß alſo bei ihm die Neigung wahrgenommen haben. Briefe an Moſer I,
S. 231. „Ich ſehe mit Spannung Gans' Rückkunft entgegen. Er wird als
Chriſt im wäßrigen Sinne des Wortes von Paris zurückkehren. Ich fürchte,
Zucker=Cohn wird ſein ‚Karl Sand'."
[2]) Bei Strodtmann a. a. O. S. 275.
[3]) Heine, Denkwort an L. Markus 1844, Geſ. Schr. Bd. XIV, S. 192.

Der Verein hat es versucht, den harten Übergang in die Sphäre des freien Bewußtseins zu ziehen; aber er wurde nicht verstanden, noch viel weniger unterstützt . . . Was wir in Wahrheit gewollt haben, wollen wir auch jetzt noch und könnten wir wollen, wenn wir alle getauft wären . . . das Judentum hört notwendig da auf, wo das Volk anfängt, sein Bewußtsein von sich als Gottesvolk zu verlieren und zu vergessen"[1]. Er wußte nicht, daß die Verzweiflungsklage über die Erstorbenheit der Juden, die er an den Ufern der Spree erhob, an den Ufern des Euphrat schon einmal vor beinahe dreiundzwanzig Jahrhunderten fast mit denselben Worten ausgestoßen worden war: „Das Haus Israel spricht: ,Vertrocknet sind unsere Gebeine, aufgegeben ist unsere Hoffnung, wir sind dahin'"[2]. Aber ein unsterbliches Volk stirbt eben nicht, wenn ihm auch kurzsichtige und verzweifelte Schwarzseher den Totenschein ausstellen. Der dritte im Triumvirate des Kulturvereins, Z u n z, war der stärkste. Er harrte allein treu aus. Er zweifelte zwar auch, aber verzweifelte nicht an der Besserung. Er deutete an, womit die Heilung oder die Vollendung der Verjüngung beginnen müsse. „Was allein aus diesem Mabbul (Sintflut) unvergänglich auftaucht, das ist d i e W i s s e n s c h a f t d e s J u d e n t u m s; denn sie lebt, auch wenn jahrhundertelang sich kein Finger für sie regte. Ich gestehe, daß, nächst der Ergebung in das Gericht Gottes, die Beschäftigung mit dieser Wissenschaft mein Trost und Halt ist. Auf mich selbst sollen jene Stürme und Erfahrungen keinen Einfluß haben, der mich mit mir selbst in Zwiespalt bringen könnte. Ich habe getan, was ich zu tun für meine Pflicht hielt. Weil ich gesehen, daß ich in der Wüste predigte, habe ich aufgehört, zu predigen, doch nicht um dem Inhalt meiner Worte treulos zu werden. Nichts bleibt den Mitgliedern, als, treu sich selber, in ihren beschränkten Kreisen zu wirken und Gott das Weitere zu überlassen"[3].

Und wenn der Kulturverein, der so hochstrebend begann und so kläglich endete, auch nur dieses eine bewirkt hätte, die Liebe zur Wissenschaft des Judentums zu erwecken, so ist sein Träumen und Treiben doch nicht vergeblich gewesen. In der Geschichte geht kein Körnchen zugrunde. Freilich in dem von den Friedländer und Jacobson versandeten Berliner Boden konnte es nicht aufsprießen. Als wenn ein Fluch darauf lastete, konnte in dem Orte, wo Mendelssohn so zukunfts-

---

[1] Strodtmann das. I, S. 283.
[2] Ezekiel 37, 11.
[3] Strodtmann das. S. 275.

verheißend begann, seit seinem Tode nichts für die Verjüngung des Judentums gedeihen. Eine Rabbinenbildungsstätte, welche der damalige Rabbinatsverweser von Berlin im Verein mit guten Kräften ins Leben rufen wollte, erblickte nicht einmal das Licht der Welt. Von einer andern Seite her, von der aus man es gar nicht erwartete, ging, wenn auch nicht das vollendete Heil aus, aber doch die Aussicht auf seinen Eintritt.

———

Zehntes Kapitel.

Das erwachende Selbstgefühl und die jüdische Wissenschaft.

Bessere Erkenntnis der jüdischen Geschichte. Hannah Adams; Salomo Löwisohn; Jost; Peter Beer; Léon Halevy. Die Julirevolution und ihre Wirkung auf die Stimmung der Menschen. Verhandlung in den französischen Kammern unter Louis Philipp inbetreff der Gleichstellung des Judentums mit den anderen Kulten. Der polnische Aufstand und die Juden. Das polnische Komitee zugunsten der Juden. Benjowski, Lelewel und Czynski. Der jüdisch-polnische Dichter Blumenfeld. Die Umstimmung zum Selbstgefühle. Gabriel Riesser. Steinheim. Die galizische Schule. Nachman Krochmal, Rapoport, Perl, Jehuda Löb Mises, Isaak Erter. Zunz' „Gottesdienstliche Vorträge". Die Zeitschrift Kerem Chemed; Luzzatto. Geigers Zeitschrift für jüdische Theologie, die Stürmerei und der Gegenkampf. Christliche Bewunderer der jüdischen Literatur. Die Verstimmung. Klagen eines Juden.

(1830—1840).

Wenn man sich einen Augenblick dem Spiel der Phantasie überließe, daß aus dem verschütteten Leben in Herkulanum und Pompeji nicht bloß die Wohnungen, Geräte und Bildnisse ausgegraben worden, sondern auch die eingesargten Menschen plötzlich aus dem jahrtausendlangen Schlaf zum Leben erwacht wären und auch ihre Gedanken hätten sammeln können, und wenn dann diese wiedererstandenen Römer sich besinnen könnten, was sie bei der eingetretenen Katastrophe waren, die Glanzzeit ihrer Größe vor ihr inneres Auge zaubern, sich der riesigen Staatsinstitutionen, die sie und ihre Vorfahren ins Dasein gerufen, erinnern, die Heldenkraft vergegenwärtigen könnten, die das römische Volk entwickelt hat, so würden sie, vorausgesetzt, daß sie dieselbe Kraft noch in sich lebendig fühlten, entschieden zu einem nicht unberechtigten Selbstgefühle gelangen. Nun ist es kein Spiel der Phantasie; ein Volk ist aus der Grabesnacht erstanden, das einzige, so weit die Jahrbücher der Menschenerinnerungen Kunde geben. Dieses auferstandene Volk, allerdings das jüdische, rieb sich bei seiner Auferstehung die Augen, suchte seine Erinnerungen zu sammeln, zauberte sich seine glorreiche Vergangenheit vor das Auge, um sich zurechtzufinden; es

fühlte sich zugleich alt und jung, erinnerungsreich und erfahrungsarm,
mit dem grauen Altertum in ununterbrochenem, innigstem Zusammenhang und doch wie von gestern. Es durchmusterte zunächst die Denkmäler seines Geistes, der inzwischen in die Völkergeschichte eingeschlagen
und eine eigene Gedankenfülle erzeugt hatte, um an ihnen einen Leitfaden in dem Labyrinth seiner Erlebnisse zu haben. Das ist die Wissenschaft des Judentums, die lebendige Vergegenwärtigung seiner großen
G e s c h i c h t e und seiner eigenartigen L e h r e . Diese Rückerinnerung
ist für dasselbe nicht ein behagliches Spiel, ein angenehmer Zeitvertreib,
die Befriedigung der Wißbegierde, die der Neugierde ähnlich ist, sondern ein unwiderstehlicher Trieb zur Selbsterprobung. Sie weckte in
ihm die eingeschlafene Kraft und flößte ihm das Selbstvertrauen ein,
daß es in demselben Geiste wie in der Vergangenheit, auch in der
Zukunft wirken könnte. Das Selbstgefühl kam über dieses auferstandene alte Volk, und es begann einen Wettlauf mit den jungen Völkern,
die ihm eingeborene Eigenart auszuleben, das Selbstgefühl, ein Gottesvolk zu sein.

Doch nein, so weit reicht die Geschichte noch nicht; sie reicht nur
bis zur Selbstachtung, daß die Söhne desselben wegen ihrer Abstammung und ihres Bekenntnisses nicht mehr erröten, nicht mehr stottern,
wenn sie danach gefragt werden, nicht mehr aus falscher Scham einen
falschen Schritt tun und ein Bekenntnis heucheln, das ihrem Innern
jedenfalls mehr, als den darin Geborenen widerstrebt. Als wollte die
Zeugungskraft der Geschichte dieses Gefühl besonders begünstigen,
ließ sie aus dem Schoße des jüdischen Stammes Künstler von gediegenem Gehalte, Ton-, Farben- und Musenkünstler ersten Ranges,
entstehen, die durch ihr treues Ausharren dem Stamme Achtung und
Anerkennung eintrugen. Diese Selbstachtung der Juden ist allerdings
die Wirkung der politischen Reise, und diese ist wiederum eine Tochter
der wunderbaren Erfindungen und der zunehmenden Intelligenz,
welche die letzten Jahrzehnte gebracht haben. Aber größtenteils haben
die jüdische Wissenschaft und die daraus hervorgegangenen Leistungen
begabter Juden sie geweckt, gestärkt und genährt.

Obwohl die Geschichte dieser Zeit noch im Flusse begriffen ist,
sich noch mit der flüchtigen Gegenwart berührt, und die Resultate derselben noch nicht, wie in der abgeschlossenen Vergangenheit, faßbar
sind, so ist es doch nicht zu verkennen, daß die Erstrebung dieser beiden
teuren Güter, des S e l b s t g e f ü h l s und der S e l b s t e r k e n n t -
n i s im jüdischen Kreise, das Ziel derselben ausmacht. Beide hängen
miteinander zusammen, eines ergänzt und fördert das andere. Die

Erkenntnis der eigenen Erlebnisse und der Geschichte ermöglichte den Juden, auf die Entstehung und Fortbildung ihres Volkstums, auf die Eigentümlichkeit ihrer Lehre unbefangen achten zu können und nichts zu bemänteln oder zu verschweigen. Die Erkenntnis der eigenen Lehre trug dazu bei, das Selbstbewußtsein zu erhöhen und den Zwang abzulegen, den die unter dem Drucke von Vorurteilen aller Art lebenden früheren Geschlechter sich auflegen mußten. Die noch aus der unmittelbar vorangegangenen Zeit herüber gekommenen Kämpfe um bürgerliche, staatliche und gesellschaftliche Gleichstellung, um Umbildung und Läuterung des Judentums stehen mit diesen beiden Errungenschaften, der besseren Erkenntnis des eigenen Wesens einerseits und dem wachsenden Selbstgefühl anderseits, in innigster Verbindung, haben Teil daran, oder werden davon bewegt. Sie schöpfen aus ihnen die Kraft, das eine stürmischer zu verlangen und das andere offener anzubahnen.

Doch nicht ohne heiße Arbeit konnten diese beiden Güter errungen werden. Schritt für Schritt mußte berghoher, störender Schutt weggeräumt, ein freier Platz geschaffen, neues Baumaterial herbeigeschafft oder erst aufgesucht werden, ehe es möglich war, wenn auch lange noch nicht das Gebäude zu krönen, so doch es im Rohbau aufzuführen. Unbewußt legte das ganze Geschlecht, von dem viele Glieder noch in der Gegenwart daran fortarbeiten, Hand an diese Riesenarbeit, die ein halbes Jahrhundert vorher kaum geahnt, geschweige denn für ausführbar gehalten wurde. Diese Anhänglichkeit an das Judentum, bei vielen Mitstrebenden fast unbewußt, hat schon ein Ziel, welches die weiter gerückte Nachwelt als ein Wunder anstaunen wird, erreichen helfen. Die jüdische Wissenschaft hat bereits durch mühsames Forschen und Suchen drei Seiten deutlich herausgekehrt, den Verlauf der jüdischen Geschichte in ihrer langen Kettenreihe und ihrer Bedeutung, den Goldgrund der jüdischen Lehre mit ihrer Tragweite und endlich den Grundkern des jüdischen Stammes, der so vielen Widerwärtigkeiten trotzen, so viele Tugenden gewissermaßen erblich machen, so erstaunliche Geschichtswunder vollbringen, eine solche Heilslehre offenbaren konnte. Nacheinander haben sich diese drei Seiten, die Erkenntnis der Geschichte, des Lehrgehaltes und des eigenartigen Volkstums, entwickelt. Jede dieser Erkenntnisweisen mußte von vorn angefangen werden und einen langen Weg durchlaufen, bis sie, wenn auch nicht zur Vollendung, doch zur Faßbarkeit und Übersichtlichkeit gelangen konnte. Das erwachende und wachsende Selbstgefühl förderte diese Erkenntnisse merklich und zog aus ihnen seine Nahrung. Das äußerliche Merkmal einer bloßen Literaturgeschichte, das die Erzeugnisse dieser Zeit an sich tragen, ist nur Schein. Hat sich die Literatur in der Gegenwart überhaupt als eine Macht bewährt, wirksamer als Waffen und Diplomatenkünste, aus zersplitterten Gliedern drei Nationen, die deutsche, italienische und ungarische, gewissermaßen zu schaffen und zur Einheit zu erheben, so hat sie innerhalb des Judentums dadurch noch mehr Bedeutung und das Gewicht von Tatsachen, daß sie ein geknechtetes Volk zur Selbstbefreiung geweckt hat, eine über die ganze Erde zerstreute Genossenschaft unter ein Banner gesammelt hat.

Alle Völkerschaften, welche in der Gegenwart ihre Selbständigkeit und Lebensfähigkeit geltend machen wollen, suchen zunächst ihr Alter zu beurkunden, vertiefen sich in die Erinnerungen der Vergangenheit, holen ihre alten Ahnenbilder und Wappen hervor, um zu belegen, daß sie den Wechsel von Glück und Unglück, von Kraft und Schwäche, von Sieg und Niederlage durchgemacht, Zeugnisse von Geistestätigkeit abgelegt haben und daher ein Anrecht auf Fortbestand und Wachstum besitzen. Der jüdische Stamm brauchte nicht erst nach seinen alten Ruhmestaten und den Denkmälern seiner Geisteskraft zu suchen. Selbst in seiner scheinbaren Knechtsgestalt war er nicht ganz entblößt davon. Laut verkündet es ein Jahrhundert dem anderen. Es galt bloß auf diese Stimme zu hören oder sie im Gewühl der selbstischen Interessen nicht zu überhören. Naturgemäß war es die Geschichte der Juden, welche sich zu allererst zur Beurkundung ihrer eigenen Größe hervordrängte. Aber die Arbeit war doch nicht leicht, sie in ihrem Glanze zu zeigen. Die Geschichte des jüdischen Volkes war durch die tausendfachen Unbilden der Zeit verunstaltet und verkannt. Unter der Hetzjagd ihrer Peiniger waren die Juden nicht imstande gewesen, die angehäuften Erinnerungen ihrer großen Vergangenheit zu behalten; nur stückweise und entstellt waren sie ihnen bekannt. Christliche Forscher, von der Größe des Gegenstandes angezogen, hatten zwar ihr Gesamtbild aus zerstückelten Bruchstücken zusammengesetzt; aber das Bild konnte nicht treu ausfallen, weil ganze Bestandteile fehlten, die hellen Farben verblaßt waren, und der Schatten überwiegend war oder geflissentlich stark aufgetragen wurde. Selbst wohlwollende Verteidiger der Juden, D o h m und G r é g o i r e , die in den Jahrbüchern der jüdischen Geschichte eifrig blätterten, konnten sich in ihnen nicht zurechtfinden. Mehr als ein Jahrhundert war verstrichen, seitdem der ehrwürdige französisch-protestantische Geistliche B a s n a g e der jüdischen Geschichte Aufmerksamkeit geschenkt und sie, wenn auch trümmer

haft, dargestellt hatte, bis sich eine Frau, Gemahlin eines amerikanischen
Geistlichen, ihrer wieder annahm. Hannah Adams aus Boston,
betroffen von dem wunderbaren Verlaufe der Geschichte des jüdischen
Volkes, setzte den Griffel an, um diesen von der Rückkehr aus Babylonien
an bis in die neueste Zeit zu schildern[1]). Es war von einer Frau nicht
zu erwarten, daß sie sich in die Urquellen der jüdischen Geschichte vertiefen, daraus die Wahrheit schöpfen und sie vom Scheine unterscheiden
sollte. Hannah Adams hat nur Nachrichten aus zweiter und dritter
Hand zusammengestellt, und wenn sie auch das jüdische Volk als das
auserwählte betrachtete, „berufen, die Erkenntnis des wahren Gottes
zu verkünden und zu bewahren", so lag ihr doch mehr an der christlichen Seite der jüdischen Geschichte. Diese sollte nur den düsteren
Hintergrund bilden, von dem sich das sonnige Bild des Christentums
um so heller abheben sollte. Jede irgendwo und irgendwann erfolgte
Bekehrung eines Juden zum Christentume hat diese Geschichtschreib-
berin gewissenhaft aufgezeichnet. Sie war aus tausend Gründen
nicht befähigt, einen auch nur erkennbaren Umriß der jüdischen Geschichte zu geben. Sie konnte nur Trümmerstücke ohne Gefüge und
Zusammenhang zusammenstellen. Diese Roharbeit konnte daher auch
nur dem Zwecke der Londoner Gesellschaft zur Förderung des Christentums unter den Juden, die noch dazu zu eben diesem Zwecke vielfach
daran änderte, genügen. Die Geschichtstreue und die Wahrheit gingen
leer dabei aus.

Es war Zeit, daß Juden Klios Griffel den spielenden christlichen
Händen entrissen und in die eigene Hand nahmen. Wie schwach auch
anfangs ihre Kraft war, und wie wenig sie auch die Eigenart dieses
Geschichtswunders begriffen, so war es doch sehr verdienstlich, daß sie
den christlichen Stempel davon entfernten, welchen unbewußte Falsch-
münzer darauf gedrückt hatten, um auch dieses als kirchliches Eigentum zu beanspruchen. Der erste Jude, der die großen Züge der Geschichte seines Volksstammes im Herzen trug und sie zum Teil wenigstens kund machte, verdient einen Ehrenplatz. Es war ein begabter
Jüngling, der das Gnadenzeichen eines echten Dichters, den Wahnsinn, von Jugend auf an seiner Stirn trug, das ihn auch im jugendlichen Alter ins Grab senkte. Salomon Löwisohn (geb. in
Moor, Ungarn, 1789, starb daselbst 1822)[2]), hatte sich unter den aller-

---

[1]) The history of the Jews from the destruction of Jerusalem to the
present time, London 1818, 8.

[2]) Seine Biographie Orient. Litrtrbl. 1840, col. 10, und in der Zeitschrift Bet-El Jahrg. 1856, S. 72 f. Seine Schrift מליצת ישורון, Wien 1816,

ungünstigsten Umständen allgemeine Bildung angeeignet und sich
ermannt, durch das Fremde den Wert des Ureigenen zu erkennen.
Die Schönheit und Süßigkeit der hebräischen Poesie, ihre Hoheit und
Einfachheit hat Löwisohn noch tiefer als Herder erfaßt, weil er ver=
trauter mit ihr war. Er konnte die hebräische Sprache wie eine traute
Muttersprache behandeln. In ihr feierte er den Zauber der Schön=
heit, die Wunder der Dichtkunst und zeigte in feinfühliger Auswahl
die Gesetze, durch welche die hebräische Muse immer und immer auf
das Gemüt wirkt. Es fehlte Löwisohn nur ein Geringes, um ein voll=
endeter Dichter zu sein, etwas, was kaum bezeichnet werden kann,
vielleicht das Ebenmaß oder das Geheimnis der Einfachheit in der
Fülle. Sonst standen ihm alle Zaubermittel der Poesie zu Gebote,
Wortfülle und die Kunst der Malerei. Löwisohn betrachtete die Ge=
schichte seines Volkes mit zugleich dichterischem und gläubigem Auge.
In seinen „Vorlesungen über die neuere Geschichte[1]) der Juden" vom
Beginn ihrer Zerstreuung bis auf die jüngsten Tage wußte er ein fes=
selndes Gesamtbild davon aufzurollen. Auch einzelne bedeutsame
Punkte derselben hob er hervor und bezeichnete richtig die Endfäden,
von welchen man in diesem scheinbar chaotischen Wirrwar ausgehen
müsse, um sich nicht zu verirren. Die Schöpfung des Talmuds, über
den zu jener Zeit jeder Jude, der in deutscher Sprache zu schreiben
verstand, sich zu lachen erlaubte, wußte Löwisohn nach einer Seite
wenigstens zu würdigen. „Der Talmud, ein Riesenbau des Scharfsinns
und Witzes, unermeßlich . . . wie die Pyramide zu Saïs . . . wird in
den spätesten Zeitaltern noch die Blicke gelehrter Forscher auf sich
ziehen, die staunend nachsinnen werden über die Wesenheit des Volkes,
aus dessen Mitte ein solcher Bau hervorgegangen"[2]). Dieser junge
Mann, dessen jüdisch geschichtliche Skizzen sich nicht uninteressant aus=
nehmen, hätte vielleicht auf diesem Gebiete viel leisten können, hätte
nicht Trübsinn, durch unglückliche Liebe, wo nicht entstanden, so doch
vermehrt, ihn im dreiunddreißigsten Lebensjahre ins Grab gelegt.

    Eine vollendetere Gestalt erhielt die jüdische Geschichte erst durch
I s a a k M a r k u s J o s t (geb. in Bernburg 1793, starb in Frank=
furt a. M. 1860)[3]). Er hatte mehr Mut, als der ungleich begabtere

eine Art ars poetica hebraea, und besonders die dichterische Einleitung dazu
ist eine beachtenswerte Erscheinung. [Nach Z u n z , Ges. Schr. I, 197 wäre
das Geburtsjahr 1796 oder 1797. Er starb in Wien am 22. April 1825 (a. a. O.
und Zunz, Monatstage, S. 22.]
    [1]) Wien 1820.
    [2]) Vorlesungen, S. 15.
    [3]) Josts Biographie von Dr. A. M. G o l d s c h m i d t , Jahrb. des

Zunz, welcher mit seinem weiten und tiefen Geist dazu berufen schien. Mit nicht zulänglichen Mitteln ging er an die Riesenarbeit und hat das große Verdienst, für das Labyrinth einen Leitfaden geschaffen zu haben. Josts Bildungsgang war der der ernsten Jünglinge jener Übergangs= zeit, welche von der Zuchtrute eines polnischen Lehrbüttels in die Un= gebundenheit des deutschen Universitätslebens und von der dialektischen Drehscheibe des Talmuds in die akademischen Hörsäle versetzt wurden und dadurch in eine Zwiespältigkeit gerieten. Begabte Naturen bahnten sich selbst einen Weg, eroberten ein neues Gebiet und gossen das alte und das neue Wissen zu einem Ganzen um. Mittelmäßige dagegen klammerten sich an die Tagesmeinung an und sahen mit Verachtung auf ihre wilden Jugendstudien herab. Während der sogenannten Be= freiungskriege in der Universitätsstadt Göttingen lebend, wurde in Jost das Interesse für Geschichte geweckt und der Grund zu dem ein= seitigen deutschen Patriotismus gelegt, welcher es in seiner Eifersucht als eine Sünde betrachtete, neben ihm noch einem andern idealen Herrn zu dienen. Seine nüchterne, prosaische Natur, sein Aufenthalt in Berlin und sein Umgang mit dem Kreise der Friedländerianer waren entscheidend für Josts Geistesrichtung und drängten ihn in die Schule der Aufklärung. Ihrer Fahne blieb er bis in sein Alter treu, selbst als diese bereits veraltet und von dem jüngeren Geschlechte verlassen war. Jost könnte gewissermaßen als konservativ gelten. In einem Winkel seines Herzens barg er ein gewisses jüdisch=patriotisches Ge= fühl, das bei ihm mit der Liebe zur hebräischen Sprache zusammen= hing, die er meisterhaft handhabe, und deren Erhaltung und Pflege er gegen die deutschtümelnden Rabbinen mit Ernst und Feuer ver= teidigte[1]. Mit den jungen Stürmern des Berliner Kulturvereins war Jost nur lose verbunden. In seiner Behaglichkeit und spießbürger= lichen Gesetztheit liebte er die Stürme nicht, weder im Leben, noch in der Geschichte. Wozu die Aufregung?

Mit diesem Naturell und dieser Anschauung ging Jost an die Be= arbeitung der jüdischen Geschichte. Als die kindischen Deutschtümler die Juden aus Teuts Gauen hinausgewiesen wünschten und die ver= bohrten oder giftigen Judenfeinde, die Rühs, aus den Blättern der jüdischen Geschichte die häßlichsten aussuchten, um sie und ihre Träger

---

Literaturvereins, Jahrg. 1861. [Vgl. ferner G. Zirndorf, Isaak Markus Jost und seine Freunde. 2. Aufl. (Cincinnati, 1887, 8) S. 96, 102, 104, 212 u. Kayserling, Gedenkblätter, S. 40.]

[1] Vgl. die Protokolle der Frankfurter Rabbinerversammlung 1845, S. 54 f. und die von ihm mitredigierte Monatsschrift „Zion".

damit zu verlästern, erwachte in Jost der Drang, sie in einem besseren
Lichte zu zeigen. Er wollte eigentlich aus ihr beweisen, daß die Juden
stets friedsame Bürger und treue Untertanen gewesen seien. Sie haben
zwar den römischen Kaisern die Zähne gewiesen und sich tüchtig geschlagen; aber das waren nur einige Brauseköpfe, deren Torheit man
nicht der ganzen Nation zur Last legen dürfe. Die Juden im ganzen,
bis auf wenige Auswürflinge, seien stets brave Leute gewesen, die
nie Christenkinder geschlachtet, auch sonst die Vorwürfe nicht verdient
hätten, welche ihnen gemacht würden. Nur die Pharisäer und ihre
Enkel, die Rabbinen, das wären abscheuliche Menschen voller Aberglauben, Finsternis und Herrschsucht, welche dem Volke, dem Eigentum der Rabbinen, die Hölle heiß gemacht hätten. Die Pharisäer
hätten sich in nichts von jenen verkommenen polnischen Talmudlehrern
unterschieden, welche fast zwei Jahrhunderte Deutschland überschwemmt
hätten. Das ist der Grundton von Josts Darstellung der jüdischen
Geschichte. Er wollte zugleich die Bewunderer der jüdischen Geschichte,
wie ihre Verächter widerlegen. Niemand verkennt heute die Einseitigkeit seiner Darstellung, und bereits bei ihrem ersten Erscheinen hat
ein Sachkundiger, der zugleich Josts Jugendfreund war, ein hartes
Urteil über sie ausgesprochen. Der erste Teil sei vielleicht vorsätzlich
so schlecht geschrieben worden, damit die späteren Teile desto glänzender ausfallen sollten[1]). Dennoch hat Jost mit seiner Geschichtsbearbeitung seinem Stamme einen wesentlichen Dienst geleistet. Er
hat seiner Zeit etwas Neues geboten und die unentbehrlichen Grund-
lagen der Geschichte, Zeit und Raum, möglichst genau begrenzt. Seine
Vorgänger, die christlichen Bearbeiter der jüdischen Geschichte, Basnage
mitgerechnet, hatten gerade diesen wichtigen Punkt verschwommen oder
falsch gegeben. Er hat ferner auf die damals meistens noch unbekannten, wenn auch dürftigen Quellen aufmerksam gemacht, auf welche
fortan die Augen gerichtet wurden, um sie zu berichtigen und zu vermehren. Es kann ihm nicht zum Vorwurf gereichen, daß er diese Quellen meistens unbesehen als Fundgruben der Tatsächlichkeit benützt
hat. Es war seiner Zeit nicht gegeben, die Zeugnisse der Geschichte
auf die Goldwage zu legen und auf ihren Feingehalt zu prüfen.
Für Staatsmänner, welche sich mit der Verbesserung der Lage der
Juden beschäftigten, war Josts „Geschichte"[2]) eine Wegweiserin und
Lehrerin.

<hr />

[1]) Heine, Briefe I, S. 99.
[2]) Erschienen 1820—1828 in 9 Bänden.

Der Hauptfehler der Darstellung Josts darf aber um so weniger verschwiegen werden, als er bis in sein Alter, trotz besserer Belehrung, zäh daran festhielt. Er hat der unleugbar heldenhaften jüdischen Geschichte einen trockenen philisterhaften Charakter gegeben und ihr den Schimmer geraubt, den sie selbst in den Augen unbefangener christlicher Beobachter hatte. Er hat das vieltausendjährige Heldendrama in lauter Fetzen zerrissen. Sklavisch von Basnages Arbeit abhängig, hat er es in eine Leidens- und Gelehrtengeschichte, in eine Geschichte der Juden des Morgenlandes und des Abendlandes und in noch kleinere, unzusammenhängende Bruchstücke zerbröckelt. Zwischen den alten Israeliten, den Urahnen und Zeitgenossen der Propheten und Psalmisten, und den Juden, den Zöglingen der Rabbinen, höhlte Jost künstlich eine tiefe Kluft aus und trennte sie so scharf voneinander, als wenn diese nicht die Abkömmlinge jener, sondern aus dem Stein gesprungen wären. Warum? Weil Jost, der Jünger Friedländers und Jacobsons, die Wunder leugnete, nicht bloß die Wunder, welche die Naturgesetze umkehren, sondern auch die Wunder, welche durch Begeisterung und zähe Ausdauer vollbracht werden, die Geschichtswunder, welche durch die eigene Verkettung der Umstände, durch Stoß und Gegenstoß, Aktion und Reaktion entstehen. Sein nüchterner Sinn sah in der Geschichte nur eine Anhäufung von Zufälligkeiten, die keinem Gesetze unterliegen. Darum durften die Juden nicht die natürlichen Söhne der Israeliten, die Rabbinen nicht die Fortsetzer der Propheten, der Talmud nicht der Ausfluß der Bibel sein, sonst müßte man ein Wunder zugeben. Indessen hat Jost, und das kann nicht genug wiederholt werden, mit seiner unvollkommenen Arbeit der jüdischen Geschichte doch viel genützt und die Sünde der Vernachlässigung ihrer eigenen Erlebnisse unter den Juden gesühnt. Der Sinn für Geschichte wurde durch ihn außerordentlich geweckt. Josts Geschichte gewinnt besonders sehr viel, wenn man sie mit der Roharbeit des ungebildeten, tölpelhaften Peter Beer (in Prag) vergleicht, der um dieselbe Zeit „Geschichte, Lehren und Meinungen aller bestandenen und noch bestehenden religiösen Sekten der Juden" beschrieb[1]). Gleich seinem Genossen Herz Homberg, Religionsbuchverfertiger im Auftrag der österreichischen Polizei, verwertete Peter Beer wüste Gelehrsamkeit, mit Gedankenhohlheit und Geschmacklosigkeit gepaart, zur Verflachung des Judentums.

Das erhöhte Interesse für die jüdische Geschichte zeigte auch eine umrißliche, gemeinverständliche Darstellung derselben in derselben Zeit

---

[1]) Erschienen Brünn 1822—1823 in zwei Bänden.

in franzöſiſcher Sprache von Léon Halevy[1]). Mehr bedeutet dieſer
Abriß nicht, als eben ein Zeichen der Zeit. Denn von einem ſelbſtändigen Geiſte und von Selbſtgefühl iſt wenig Spur darin. Léon Halevy,
Sohn des neuhebräiſchen Dichters erſten Ranges Elia Halevy (o. S. 225)
und Bruder des Tonkünſtlers Fromental Halevy, war ſeinen Stam-
meserinnerungen halb und halb entfremdet; der patriotiſche Franzoſe
hatte den Juden in ihm in den Hintergrund gedrängt. Obwohl Sohn
eines vollendeten Künſtlers in der hebräiſchen Sprache, verſtand er
dieſe nicht mehr und wünſchte, daß ſie unter den Juden ganz und gar
vergeſſen werde[2]). Léon Halevy teilte die Verirrung ſeiner Zeit.
Dieſe Einſeitigkeit, dieſer Grenzpfahl-Patriotismus — welcher die
Forderung ſtellte, daß der deutſche Jude vor allem ganz Deutſcher,
der franzöſiſche ganz Franzoſe ſei, und ſo durch ganz Europa und die
übrigen Erdteile — erhielt durch eine unerwartete Wendung einen Stoß.

Vor den Augen des bis zur Stumpfheit ernüchterten Europa geſchah ein geſchichtliches Wunder, das es von einem Ende zum andern
aufrüttelte. Plötzlich zuckte im Weſten ein Blitz aus heiterem Himmel,
ein Donnerſchlag, ein ſchreckliches Krachen folgte, als wäre das Ende
der Welt erſchienen; die Revolution der Julitage (1830) war geradezu
ein Wunder. Niemand hat ſie geahnt, geſchweige denn vorbereitet.
Selbſt diejenigen, welche ſie vollbrachten, bekämpften, leiteten und ver-
fälſchten, waren nur von einem dunklen Drange getrieben, hatten kein
Bewußtſein von ihrem Tun, waren nur blinde Werkzeuge in der
Hand des Geſchichtslenkers. Eine Königsfamilie, welche mit den Jeſuiten ein Bündnis geſchloſſen hatte und die Freiheit für immer niederhalten zu können glaubte, hatte, einzig und allein von geſpenſterhafter
Furcht verfolgt, die Flucht ergriffen. Die Lilien des Hauſes Bourbon,
die trotz ihrer Befleckheit ihre Kronen hochmütig und keck wiegten,
verdorrten an einem heißen Tage, in einem einzigen Augenblick. Alle
Pläne, den Zeiger der Geſchichte um Jahrhunderte zurückzuſtellen, die
Menſchen wieder zu verdummen und zu knechten, waren wie ein Traum
verſchwunden. Ebenſo unerwartet wie der Fall der Bourbonen war
die Erhöhung ihres Erben, des Gründers des Bürgerkönigtums, des
erſten von denen, welche, wie man ſagt, die Krone von den Barri-

---

[1]) Der Titel lautet: Résumé de l'histoire des Juifs anciens T. I, 1825
und des Juifs modernes T. II, 1828, 16.

[2]) Résumé II, Préface, p. VII f. „Comme je ne veux pas que l'on me
suppose une science que je n'ai pas, je dois déclarer ici que j'ai le malheur
d'ignorer l'hébreux, et que dans les jugements que le porte sur les ouvrages
des rabbins, je n'ai pu me former une opinion que d'après les traductions
latines qui existent de beaucoup de ces ouvrages."

laden und aus dem Straßenkote aufgehoben haben, des ersten der
Fürsten, der mit der Freiheit schön tat. Wie Saul hatte sich L u d -
w i g P h i l i p p , als er zum König ausgerufen werden sollte, versteckt gehalten — wenn auch nicht gleich jenem aus Bescheidenheit.
Dieser plötzliche Umschwung, diese wunderbare Selbstbefreiung eines
großen Volkes, die ohne Blutvergießen und Schreckensherrschaft ausgeführt wurde, brachte eine tiefgreifende Umstimmung hervor. Die
als blutdürstig verschrieene Freiheit trat milde, versöhnlich, menschlich
auf. Ein verjüngender Hauch streifte durch ganz Europa und drohte
das Eis der Selbstsucht, der Herrschergelüste, der Menschenknechtung
zu schmelzen, die letzten gotischen Bauten des Mittelalters zu sprengen.
Es überkam die höhergestimmten Menschen wie eine Vorahnung
dessen, was geschehen wird, wenn die Völker ihre Geschicke selbst in
die Hand nehmen werden. Und als die Wirkung der Julierhebung
sich bemerkbar machte, als ein Volk nach dem anderen an seinen Fesseln
rüttelte, um sie zu zerbrechen, die Belgier, die Spanier, die Italiener,
die Polen, als selbst die vertrauensseligen Deutschen ihren Stumpf-
sinn einigermaßen ablegten, und die Freiheit auch bei ihnen zu zahnen
begann, erhoben jene Träger einer idealen Lebensanschauung ihr Haupt
und fingen an, an die einstige Verwirklichung ihrer Ideale zu glauben.

Dieser Umschwung kam zunächst den Juden und mittelbar auch
dem Judentume zustatten, wie jede einschneidende Veränderung in
der Geschichte. Die Gleichstellung der Juden war in Frankreich unter
den beiden Bourbonen Ludwig XVIII. und Karl X., obwohl von
der Konstitution besiegelt, doch verkümmert, weil die katholische Geistlichkeit das große Wort führte und die Beamten deren Wink verstanden,
die Juden nicht allzu sehr zu begünstigen. Sie hatten unter diesen
legitimistischen Königen keine Staatsanstellung erhalten, obwohl ihre
Zahl seit dem Beginne der ersten Revolution sich verdreifacht hatte
(150 000) und sie sich nach jeder Seite hin veredelt hatten. Der Anfang zu ihrer Ausschließung war schon gemacht. Die sogenannte Charte
hatte die christliche Religion als herrschende anerkannt und infolgedessen die jungen Geistlichen vom Kriegsdienst befreit. Nicht so im
Judentum; es galt bloß als geduldet, und seine Lehrer wurden daher
von dieser Pflicht nicht entbunden. Schon begann die reaktionäre
katholische Geistlichkeit die alte Unduldsamkeit gegen die Juden zu erneuern und die Polizei gegen den jüdischen Kultus Feindseligkeit zu
zeigen[1]). Wäre das Gelüste der Bourbonen gelungen, die Verfassung

---

[1]) Vgl. Simon D e u t z , Confessions sur l'arrestation de la duchesse
de Berry, in deutscher Übersetzung, S. 8.

nebſt Freiheit und Gleichheit zu ächten, ſo wären die franzöſiſchen
Juden wahrſcheinlich als die erſten Opfer gefallen und gleich ihren
deutſchen Stammesgenoſſen in die Ausnahmeſtellung zurückgeſchleudert
worden. Die Julitage waren daher für ſie von großer Bedeutung.
Die erſte Deputiertenverſammlung unter dem Könige Ludwig Phi=
lipp, welcher die Charte zur Wahrheit machen wollte, dachte
ſogleich daran, die beſtehende, allerdings geringe Ungleichheit zwiſchen
Juden und Chriſten aufzuheben. Ein Deputierter, Viennet, beantragte
(7. Auguſt 1830), die Anerkennung einer Staatsreligion aus der Ver=
faſſung zu ſtreichen und den Kultus der Juden gleich dem der Katho=
liken und Proteſtanten aus Staatsmitteln zu beſtreiten. Sein Antrag
fand allgemeinen Anklang und wurde ſogar von dem edlen Berryer,
dem Parteigänger der Bourbonen, unterſtützt; nur ſchien es nicht ge=
raten, in die Verhandlung über die Verfaſſung einen Geldpunkt hin=
einzuziehen. Einige Monate ſpäter (13. November) brachte Mérilhou,
der Miniſter des öffentlichen Unterrichts, ſelbſt einen Geſetzesvorſchlag
ein, das Judentum auf gleichen Fuß mit den beiden anderen Bekennt=
niſſen zu ſtellen, die Synagoge und die Rabbinen ebenſo aus der Staats=
kaſſe zu beſolden wie die Kirche und ihre Diener. Er erteilte dabei den
franzöſiſchen Juden das Lob, daß ſie ſich ſeit ihrer Erhebung durch
die Revolution würdig der ihnen gewährten Gerechtigkeit gezeigt
hätten. Er ermahnte die Deputierten, dem Geſetze von der Gleichheit
der drei Kulte zuzuſtimmen.

In ſeiner Rede verſetzte Mérilhou dem judenfeindlichen Deutſch=
land einige derbe Seitenhiebe. „Während die Mehrzahl der Nachbar=
völker in bezug auf die Juden noch unter der Gewalt der mittelalter=
lichen Vorurteile ſteht, werden Sie zeigen, daß die geſetzgeberiſche
Jnangriffnahme großer und edelſinniger Gedanken ſtets unſerm ſchö=
nen Vaterlande vorbehalten bleibt.“ Die franzöſiſchen Juden konnten
ſtolz auf die Anerkennung ſein, die ihnen im Verlaufe der Beratungen
zuteil wurde. Auch wurde das Geſetz in der Deputiertenkammer von
211 unter 282 Stimmenden angenommen.

In der Pairskammer war es nicht ſo leicht, die Gleichſtellung des
Judentums mit dem Chriſtentum durchzuſetzen; hier tagten noch Zopf=
köpfe. Der Miniſter Mérilhou mußte daher ſeine glänzende Beredſam=
keit aufbieten, um die Pairs günſtig für ſeinen Geſetzesvorſchlag zu
ſtimmen. Er mußte zumeiſt dem Einwurfe begegnen, daß bei der
Zerfahrenheit der religiöſen Anſchauungen ſich neue Sekten bilden
könnten und dieſe den Anſpruch erheben dürften, ebenfalls vom Staat
unterſtützt zu werden. Mérilhou hob daher die Bedeutung des Juden=

tums als bevorzugt hervor. „Wenn ein Bekenntnis den doppelten
Charakter einer langen Dauer und einer beträchtlichen Zahl seiner Anhänger vereinigt, wenn es in allen Strichen der zivilisierten Welt ausgeübt wird, so kann man unmöglich seinen Dienern die öffentliche
Unterstützung versagen, welche nur ein Zeichen der Hochachtung von
seiten der bürgerlichen Gesellschaft für jeden religiösen Glauben ist.
Alle diese Bedingungen erfüllt die hebräische Religion. Ihre Wiege
ging der des Christentums voran. Die während so vieler Jahrhunderte
erduldeten Verfolgungen der Jünger Moses bezeugen die Macht
ihres Glaubens." Noch manches Wort zu ihrer Anerkennung hallte
von der Welttribüne der Pariser Pairskammer wieder. Die Namen
derjenigen Juden, welche Lichtspuren in der Geschichte zurückgelassen
hatten, wurden genannt, P h i l o s, des Vertreters der jüdischen
Philosophie in der alten Zeit, M a i m o n i d e s' für das Mittelalter,
und für die neueste Zeit M e n d e l s s o h n s, dieses „Weisen, welchen
das philosophische Deutschland gern mit Plato verglich"[1]. Aber auch
manches Schmähwort wurde hier gegen die Juden gesprochen. Der
Admiral V e r h u e l l, welcher behauptete, auf seinen Fahrten die
Juden aller Erdteile kennen gelernt zu haben, konnte ihnen zwei Dinge
nicht verzeihen, daß sie Jesus nicht als Messias anerkennen wollten,
und daß sie den Talmud hätten.

Indessen waren auch die oberen Schichten des französischen Volkes
von dem Begriffe der Gleichheit zu sehr durchdrungen, als daß judenfeindliche Ausfälle hätten Gewicht erlangen können. Bei der Ab-
stimmung in der Pairskammer (31. Januar 1831) sprachen sich von
89 Stimmen 57 zugunsten vollständiger Gleichstellung des Judentums im Staate aus. Infolgedessen fiel in Frankreich die letzte Schranke
zwischen den Bekennern des Judentums und den christlichen Religionsgenossen. Der König Ludwig Philipp bestätigte (8. Februar)
das Gesetz, daß die französischen Rabbinen so gut wie die katholischen
und protestantischen Geistlichen einen Teil ihres Gehaltes aus den
Staatseinkünften beziehen sollten. Auch die nicht lange vorher ins
Leben gerufene Hochschule (Collège Rabbinique) zur Ausbildung von
Rabbinen in Metz (seit August 1829) wurde als eine Staatsanstalt
anerkannt und teilweise aus dem Budget unterhalten — freilich ein
sehr zweideutiger Vorteil[2]. In Frankfurt a. M. brachte in derselben
Zeit der Senat den Vorschlag ein, die Juden wenigstens bürgerlich

---

[1] Rede des Grafen Portalis, gehalten am 29. Januar 1831.
[2] Moniteur 1831, gesammelt bei Halphen, recueil p. 88 und 389.

gleichzuſtellen, daß namentlich die Ehebeſchränkung aufhören ſollte.
Aber von 90 Mitgliedern des geſeßgebenden Körpers ſtimmten zwei
Drittel dagegen[1]).

Die elektriſche Entladung der heißen Juliwoche, die in Deutſchland
nur züngelte, hat nirgends nachhaltiger als in Polen, dem nordöſt=
lichen Frankreich, gezündet. Der glückliche Erfolg der F ä h n d r i ch =
v e r ſ ch w ö r u n g hatte den jungen polniſchen Adel in einen Taumel
geſtürzt, in welchem es ihm ein Leichtes ſchien, die ruſſiſchen Heeres=
ſäulen, die von dem unbeugſamen Feinde aller Umwälzungen, dem
Zaren N i k o l a u s , gegen die polniſche Grenze gewälzt wurden, zu
zerſtäuben. Die Juden des Überreſtes von Polen (Kongreß=Polen)
wurden dadurch zum Teil in die Strömung und Umgeſtaltung der
weſteuropäiſchen Juden hineingezogen. Sobald ſich eine revolutionäre
Sicherheitsmiliz in der polniſchen Hauptſtadt gebildet hatte, richteten
mehrere Warſchauer Juden an den Oberſten Grafen L u b i e n s k i das
Geſuch, in die Reihen der Vaterlandsverteidiger aufgenommen zu
werden. Sie brannten vor Begierde, durch opfermutige Hingebung
ſich die Freiheit und ein Vaterland zu erringen. Lubienski wies ſie rund=
weg ab, weil ſie Juden ſeien. Ein engherziger Kaſtengeiſt beherrſchte
den polniſchen Adel und ſelbſt die Träger der polniſchen Literatur
und ließ ihre unvermeidliche Niederlage vorausſehen. Der demo=
kratiſche Patriot L e l e w e l konnte ſich ebenſowenig wie die Ariſtokratie
zu dem Aufſchwung erheben, die Gleichheit einzuführen und vermittelſt
ihrer die Freiheit zu erkämpfen. Beide Parteien konnten ſich nicht
dazu entſchließen, die Leibeigenſchaft aufzuheben, den Bürgern gleiche
Rechte einzuräumen, und noch weniger dazu, die Juden zu befreien.
Sie haben ſich dadurch ſelbſt Hunderttauſender von Armen beraubt,
welche bereit waren, für die erlangte Errungenſchaft zu kämpfen.
Ganz beſonders hätten die Juden der neuen polniſchen Republik von
Nußen ſein können. Sie ſchmachteten unter dem unmenſchlichen Des=
potismus des Kaiſers Nikolaus, und jede Familie fühlte die Gefahr
über ihrem Haupte ſchweben. Unter Nikolaus hatte nämlich das ver=
ruchte Syſtem begonnen, jüdiſche Knaben aus den Armen ihrer jam=
mernden Angehörigen zu reißen und ſie auf die Kriegsſchiffe zu ſchlep=
pen, wo ſie unter Knutenhieben den Seekriegsdienſt erlernen mußten.
Aus den 400 000 Juden in Kongreß=Polen allein, nicht zu rechnen
die große Zahl derer in den zu Rußland geſchlagenen Landesteilen,
hätte das Revolutionskomitee nach und nach eine erkleckliche Schar

---

[1]) B ö r n e , geſ. Schriften, Briefe aus Paris, IX, S. 87.

bilden können, die freudig dem Tode entgegengegangen wäre, wenn
sie den Weg der Ehre zur Befreiung ihrer Hinterbliebenen hätte beschreiten können. Aber mehr noch als die Vermehrung der Krieger
hätte das Geld und die Klugheit der Juden der polnischen Republik
von unberechenbarem Nutzen sein können. Allein die Führer waren
mit Blindheit geschlagen, als wollten sie ihre eigene Sache verderben.
Der Diktator Chlopicki, welcher durch seine Verschrobenheit die
Kraft der Nation eher lähmte als förderte, antwortete auf das erneuerte
Gesuch zahlreicher Warschauer Juden, sie zur Nationalgarde zuzulassen,
mit einem abstoßenden Paragraphen: „Da die Juden nicht das Bürgerrecht haben, werden sie zur Unterhaltung der öffentlichen Sicherheit
durch eine Steuer beitragen." Das war vielleicht der Anfang vom
„Ende Polens".

Zu dem alten, eingewurzelten Vorurteil des meistens ungebildeten
polnischen Adels gegen die Juden, der, bisher gewöhnt, sie als seine
Unterpächter und Zwischenhändler, als brauchbare Geschöpfe, ja fast
als seine Leibeigenen zu benutzen, darum einen Widerwillen gegen den
Gedanken empfand, sie ebenbürtig an seiner Seite zu sehen, zu diesem
alten Vorurteil kam noch ein neues hinzu. Ein führender italienischer
Abt Chiarini[1]) hatte kurz vorher in die Posaune gestoßen, er
wolle den ganzen Talmud ins Französische übertragen und hatte dafür
von der russischen Regierung eine namhafte Summe zur Unterstützung
erhalten. Die Juden, welche die Schwierigkeit eines solchen Unter-
nehmens kannten und von den Kenntnissen des Abtes keine große
Meinung hatten, spotteten seiner; da erließ er eine Schmähschrift gegen
sie. Wie Grattenauer und Frank für die Teutschen, so hat Chiarini
für die Polen Eisenmenger, diesen Inbegriff aller boshaften Verleumdungen der Juden und jüdischer Literatur, volkstümlich gemacht.
Er fügte zu den alten Schmähungen neue hinzu. Nicht genug, daß
dieser Erzjudenfeind die günstigen Urteile Grégoires, Thierys und
Mirabeaus widerlegte, frischte er noch dazu die alte Lüge auf, daß
die Juden Christenkinder marterten und schlachteten. Ja, er war frech
genug, einen kindischen Vorfall in einem jüdischen Hofe zu einem hoch-
notpeinlichen Verbrechen zu steigern. Eine arme Jüdin in Warschau
hatte bei der Säuberung vor den jüdischen Ostern unter anderm Haus-
rat auch einen Kasten in den Hof gestellt. Einige Christenknaben hatten
einen Spielgenossen in den Kasten gelockt, den Deckel darüber gestülpt

---

[1]) Chiarinis judenfeindliche Schrift „Théorie du Judaisme", 2 Bde. 1829.
Gegen ihn schrieben Jost, Zunz und Abr. Stern, Erfinder der Rechenmaschine.
Vgl. J. Tugendhold, Der alte Wahn vom Blutgebrauche, S. 69, Note.

und waren davon gelaufen. Bei dem Geſchrei des eingeſperrten Knaben
war ſeine Mutter herbeigeeilt, um ihn zu befreien — und daraus
entſpann ſich ein Märchen, die Juden hätten das Kind zum Opfer
für ihre Oſtern auserſehen. Der Abt Chiarini benutzte dieſen Vorfall,
um einen neuen Verdacht des Kindesmordes gegen die Juden zu erheben. Dieſe Verdächtigung hätte um ſo ernſtere Folgen haben können,
als damals ein ſolcher Prozeß gegen einige Juden wegen eines bei
Witebsk ermordeten Kindes ſchwebte. Ein gewiſſenloſer Geiſtlicher
hatte Zeugen aufgeſtachelt, die Schuld auf einige Juden zu werfen;
dieſe ſchmachteten, obwohl ſchon einmal freigeſprochen, lange im Kerker
und wurden erſt durch Erkenntnis des Reichsrates für unſchuldig erklärt[1]).

Chiarini hat mit ſeiner judenfeindlichen Schrift die höheren polniſchen Klaſſen angeſteckt. Vergebens hatten ſachverſtändige und wahrheitsliebende Schriftſteller in Deutſchland und Frankreich den giftigen
Abt der Unwiſſenheit und Verlogenheit geziehen und ihn als Verleumder und feigen Betrüger gebrandmarkt, wenn er ſeine Behauptung von dem Kindesmord der Juden nicht ſtreng beweiſen würde.
Die oberflächlichen Polen beurteilten die Juden nur nach der häßlichen Außenſeite und nach Chiarinis Schilderung. Eine Ausnahme
machte der gebildete Graf Anton Oſtrowski. Sobald er den
Oberbefehl über die Nationalgarde erhielt, ſchlug er vor, die Juden
in ihre Reihen aufzunehmen. Aber die Regierung konnte ſich nur zu
halben Maßregeln entſchließen und wollte nur die jüdiſchen Kapitaliſten deſſen würdig erklären, unter der Bedingung, daß ſie die Bärte
und ihre jüdiſch-polniſche Tracht ablegen ſollten. Diejenigen, welche
ihre Tracht nicht wechſeln mochten, wurden zu einer Stadtwache or-
ganiſiert, d. h. zu einer Bedientenſchar für die großen Herren herabgewürdigt.

Ungeachtet der abſtoßenden Behandlung von ſeiten des hochmütigen polniſchen Kaſtengeiſtes drängten ſich viele Juden, namentlich
in Warſchau, förmlich dazu, ihre Vaterlandsliebe durch ihr Blut zu
beſiegeln. Hundert angeſehene Juden wiederholten das Geſuch, ſie
zum Kriegsdienſt zuzulaſſen und von der entehrenden Militärſteuer zu
befreien. Sie wünſchten dafür nur, daß erſt nach glücklicher Beendi-
gung des Krieges jeder Jude, der im Heere gedient hättee, das pol-

---

[1]) Anklage der Juden in Rußland wegen Kindesmords, Gebrauchs von
Chriſtenblut und Gotteslästerung. Aus den Kriminalakten wortgetreu ausgezogen. Leipzig, 1846. Der Prozeß ſpielte von April 1823 bis Juni 1824
und dann wieder von 1825 bis Januar 1835.

nische Bürgerrecht erhalten solle. Als dieses Gesuch im Reichsrat
zur Sprache gebracht wurde, erhob sich der Kriegsminister M o r a w s k i
und rief in pathetischem Tone: „Wie sollten wir gestatten, daß sich
das Blut der Juden mit dem edlen Blute der Polen vermische! Und
was wird Europa sagen, wenn es hieße, daß wir, um unsere Unab=
hängigkeit wieder zu erobern, die Arme der Juden nicht entbehren
konnten?"

Aus dieser Stimmung ging die Haltung der Revolutionsführer
gegen die Juden hervor. Die Militärfreiheit, d. h. die Ausschließung
der Juden vom Militär, wurde gesetzlich festgestellt (31. Mai 1831);
dafür sollten sie die bisherige Steuer vervierfachen. Als wenn es die
Polen darauf angelegt hätten, das durch einen gelungenen Streich
Gewonnene ebenso rasch wieder zu verlieren, lähmten sie selbst die
Kraft, die sich ihnen zur Verfügung stellte. Als Freiwillige blieb es
allenfalls den Juden gestattet, an dem Kriege teilzunehmen, aber
von dem christlichen Heere gesondert, zu einer eigenen Schar wie in
einem künstlichen Ghetto zusammengetan. Nur wenige Begünstigte
wurden in die Reihen der regelmäßigen Truppen aufgenommen. Und
doch verlangten die verblendeten Polen, daß die Juden sich zur Höhe
der Revolution hinaufschwingen und sich und ihr Gut dafür opfern
sollten! Weil sie es nicht taten, oder weil sie, in die Mitte gestellt zwischen
den polnischen Fußtritt und die russische Knute, sich leidend verhielten,
wurden sie als Spione und Verräter bezeichnet, und einige wurden
als solche unschuldigerweise hingerichtet.

Der unglückliche Ausgang des Aufstandes lähmte auch die mora=
lische Kraft der Polen. Einer beschuldigte den andern des Verrates
und der Feigheit. Die zahlreichen Flüchtlinge, die im Hauptsammel=
punkte Paris zusammenströmten, warfen Rückblicke auf die Fehler,
welche den so glücklich begonnenen Freiheitskrieg scheitern gemacht
hatten, und sie kamen darauf, daß das Ausstoßen der Juden einer der
größten war. — Es war merkwürdig genug, daß jener hochmütige
Morawski, die Kniee des Kaiser Nikolaus umfassend, um Gnade flehte,
während nicht wenige jüdische Krieger, die der Tod verschont hatte,
und die leicht hätten Verzeihung erhalten können, das Elend der Ver=
bannung auf fremdem Boden mit anderen polnischen Flüchtlingen teil=
ten. In diesem Kreise, der sich in Paris sammelte, wurde den Juden
seitdem eine große Aufmerksamkeit geschenkt. Die Denkenden in dem=
selben erkannten zu ihrem Schrecken oder auch zu ihrem Troste, daß ihr
Geschick mit dem der Juden so auffallende Ähnlichkeit habe. Wie diese
von den brutalen Römern zuerst durch diplomatische Kniffe und dann

durch das Schwert ihres Vaterlandes beraubt, geknechtet, gemordet, gehetzt und in die Verbannung getrieben worden waren, so auch die Polen durch die vielleicht noch brutaleren Russen. Die zähe Beharr= lichkeit der Juden, sich zu sondern und nicht in den Feinden auf= oder unterzugehen, diente den Polen zum Muster. In dem Nationalkomitee zu Paris dachten mehrere daran, ihre Leidensgenossen, die Juden, in ihre Berechnung zur Wiederherstellung Polens zu ziehen. Es waren besonders der Major Benjowski, der edle Czynski und der Graf A n t o n O s t r o w s k i. Der erstere wollte besonders eine warme Teil= nahme für die Million Juden in Polen erzielen. Indessen gab es auch in dem polnisch=demokratischen Lager judenfeindliche Elemente, zu denen ganz besonders J o a c h i m L e l e w e l gehörte, der, eine Selten= heit unter den Polen, ein Mann der Gelehrsamkeit, aus Büchern seine judenfeindliche Stimmung gezogen hatte. Bei dem Laute Jude fuhr er in Hitze auf: „Ich liebe die Juden nicht, es sind Spione, Verräter. Mögen sie nach Asien ziehen. Ich traue selbst den Getauften nicht." Lelewel hatte wegen seiner Tätigkeit während der Revolution großen Einfluß auf die polnischen Flüchtlinge, und ohne oder gegen ihn hätte das Komitee nichts für die Juden tun können. Da gelang es Benjowski einem Gerüchte Glauben zu verschaffen, daß Lelewel selbst von Juden abstamme und eben deswegen so eingenommen gegen sie sei oder sich so stelle. Diese kleine List verhinderte Lelewel, seine Verstimmung gegen die Juden geltend zu machen. Er mußte dem Beschlusse beitreten, eine Adresse an die Juden in Polen zu erlassen, und beherrschte sich so weit, daß er den Entwurf dazu ausarbeitete.

Diese Adresse, welche der demokratische Teil der ganzen polni= schen Emigration in Paris „An das Volk Israel" erließ, ist jedenfalls als Zeichen der Zeit beachtenswert. Zwei Jahre früher erlassen, hätte sie mit ihren biblischen Erinnerungen und Vergleichungen wahrschein= lich Wunder unter den begeisterungsfähigen polnischen Juden bewirkt. Die stolze polnische Nation stellte sich im Elende den Juden gleich. Auch sie ist aus ihrem Vaterlande vertrieben, zerstreut, von gewissenlosen Tyrannen vergewaltigt und gemartert. Die jüdische Trauergenossin verdiene die ganze Teilnahme der polnischen Nation, die schon Millionen Juden unter der ehemaligen polnischen Republik eine gewisse Selbst= ständigkeit und Behaglichkeit gewährt habe, wie in keinem Staate Europas. Die polnische Emigration bedaure, daß die Wünsche der Juden in Polen während der Revolution nicht erhört wurden, und daß überhaupt kein Einverständnis zwischen ihnen erzielt worden sei, was sehr unheilvolle Wirkungen für das Vaterland gehabt habe. Sie

verſprach feierlich bei der Wiedereroberung Polens, die ſie, wie ehe=
mals ihre jüdiſchen Leidensgenoſſen nach dem Untergange Zions täg=
lich erwartete, ihnen volle Freiheit einzuräumen, „ſei es, daß ſie es
vorziehen ſollten, mit ihnen in Gemeinſchaft zu bleiben, oder getrennt
unter eigenen Geſetzen zu leben oder endlich auszuziehen, um ihr
eigenes Vaterland wiederzuerobern"[1]).

Dieſe Adreſſe war nicht ganz ſo phantaſtiſch, wie es den Anſchein
hatte; ſie war nämlich für die Juden Polens von großem Belang.
Dieſe Million, die Parias der Parias, die ſelbſt von ihren Stammes=
genoſſen verächtlich behandelt zu werden gewohnt waren, wurde von
den damaligen Lieblingen der europäiſchen Welt, von den helden=
mütigen Polen, ebenbürtig behandelt und mit Aufmerkſamkeit über=
häuft. Sie wurden gewiſſermaßen als Verbündete geſucht. Die Ver=
teidiger der Freiheit in ganz Europa, die in dem Kaiſer Nikolaus den
dämoniſchen Feind derſelben erblickten und heiße Wünſche für die
Wiederherſtellung Polens hegten, mußten fortan auch die Erhebung
der Juden Polens in ihre Wünſche einſchließen und in ihr Programm
aufnehmen. Es bildete ſich ein Verein in Paris, an deſſen Spitze
L a f a y e t t e ſtand, mit dem ausgeſprochenen Zwecke, die Iſraeliten
in Polen auf jede mögliche Weiſe zu fördern. Flüchtige polniſche
Juden, welche der ruſſiſchen Knute oder der Verbannung nach Sibi=
rien entflohen waren, fanden bei der polniſchen Emigration brüder=
lichen Empfang. Graf C z y n s k i machte es ſich gewiſſermaßen zur Lebens=
aufgabe, den polniſchen Juden und den Unglücklichen dieſes Stammes
überhaupt mit warmem Herzen das Wort zu reden und mit tatkräf=
tiger Hand beizuſtehen. Es galt in dieſem Kreiſe ſo ſehr als patrio=
tiſche Pflicht, ſie ebenbürtig zu behandeln, daß ſelbſt der ſtolze Fürſt
C z a r t o r y s k i ſich ihr nicht entziehen konnte. Und die Fürſtin
C z a r t o r y s k i, als künftige Königin Polens angeſehen, nahm jü=
diſch=polniſche Flüchtlinge, die ihr von Czynski empfohlen worden waren,
in ihrem Palaſte in Paris gleich Edelleuten auf. Der unbeugſame Zar
Nikolaus war durch die Aufmerkſamkeit, mit welcher die polniſchen
Juden behandelt wurden, am Ende genötigt, ſich mit einer Verbeſſerung
ihrer Lage zu beſchäftigen, obwohl er den Plan gehegt hatte, ſie ſämt=
lich nach Sibirien zu verpflanzen.

[1]) Quellen für dieſe Fakta ſind Louis L u b l i n e r, Les Juifs en Pologne, Brüſſel u. Leipzig, 1839; Léon H o l l a e n d e r s k i, Les Israélites
de Pologne, Paris, 1846; Jean Czynski, Le reveil d'Israél. Paris, 1848;
Israél en Pologne, lettres adressées aux Archives Israélites, extraits des
Archives, 1861.

Jüdiſche Jünglinge, welche in Polen mit den Waffen in der Hand um die Rechte ihrer Stammesgenoſſen gekämpft hatten, gelangten zu einem patriotiſchen Selbſtgefühl, das vor den Machthabern keine Windungen mehr kannte, ſondern den eigenen Wert der Verkennung gegenüber laut betonte. Der blutige Strauß und das Beiſpiel der Polen hatten ſie mutig gemacht. Tapfere jüdiſche Offiziere Herniß[1]), Blumenfeld, Männer der Feder, Louis Lubliner, Léon Hollaenderski, führten ſeitdem eine ſtolze Sprache, welche an die der Makkabäer erinnerte, ohne die Fehler ihrer Stammesgenoſſen zu überſehen oder zu beſchönigen. Der in der Verbannung jung verſtorbene Blumenfeld hätte einen Dichterruhm hinterlaſſen, wenn er länger gelebt hätte und den Flug ſeiner Phantaſie zügeln und den Bilderreichtum ſeiner hinreißenden Sprache mit Maß und Takt hätte anwenden können. Seine Dichtung[2]) hat nur den Fehler, daß ſie die innere Leidenſchaft, von welcher der Dichter bei der Schilderung der Freveltaten in der Geſchichte zu voll war, zu ſtürmiſch ausſprüht. „Der König und der Prieſter“, „Das Zepter und das Kreuz“, welche das Menſchengeſchlecht geknechtet und beſonders das Volk Iſrael ſo tief erniedrigt haben, werden von ſeiner Kunſt verwünſcht. Wahr und zugleich tief dichteriſch iſt Blumenfelds Schilderung von dem Bündniſſe, das Rom mit der Kirche zur Unterjochung und Schmähung Iſraels einging. Geſpenſter mit Mordwerkzeugen in den Händen und Flüchen auf den Lippen, welche andere Schatten mit blutenden Wunden und verkohlten Augen bis zur Ermattung verfolgen, zeigt ſeine tragiſche Muſe in der langen Reihe der Weltgeſchichte der letzten achtzehn Jahrhunderte. Schaurig ergreift es den Leſer. Die Muſe läßt uns Pilatus' ſchwarze Gedanken leſen, die er zum Unheil des jüdiſchen Volkes erſann. „Die Juden ſind taub für die Drohungen und Verſprechungen der Könige, ſind unempfindlich für mordendes Eiſen, ihre Greiſe ſagen zu ihren Jünglingen, ihre Kinder zu ihren Müttern: ‚Eſſet uns.‘ Die Kinder eſſen das Fleiſch der Väter, die Mütter ihre Kinder, und ſie werden keine Sklaven. Noch eins will ich mit ihnen verſuchen, ſagt Pilatus. „Ich will einen Menſchen aus ihnen nehmen und zu ihm

---

[1]) Herniß ſchrieb gegen die judenfeindlichen Ausfälle J. B. Oſtrowskis im Journal „Polnoc“.

[2]) G. C. Blumenfelds Dichtung Ecce-Homo im Prozeß mit dem König und dem Prieſter, oder die Selbſterlöſung der Menſchen, ein Evangelium vom jüngſten Gerichte, London (1835?), iſt wenig bekannt. Sie enthält draſtiſche Dialoge in Proſa, abwechſelnd mit ſchönen Verſen, und verdient ein Blatt in der Geſchichte.

sagen: ‚Geh' hin zu diesem Volke, das Mose als Propheten verehrt, und sage ihm, daß du „der Sohn eines Engels" bist. Geh hin zu diesem Volke, dem Mose die Erde gab, und versprich ihm den Himmel, zum Volke, das das Schwert nicht in die Scheide stecken will, und sage ihm: ‚So dir jemand einen Streich auf die rechte Wange gibt, reiche ihm auch die linke.' — Geh hin zu diesem Volke, das unabhängig ist, weil es arbeitet, und sage ihm: ‚Sorget nicht für euer Leben,' das in die Schulen geht, um sich zu unterrichten, und sage ihm: ‚Selig sind die Armen an Geist.' Geh hin zu diesem Volke, das nach einer Republik seufzt und sag' ihm: ‚Gebet dem Kaiser, was des Kaisers ist'" . . . Was ist aus den schwarzen Gedanken Pilatus' geworden? Der Kaiser Constantinus!" Blumenfelds Muse streift auf Erden umher, um die Blutspuren von jüdischen Märtyrern aufzusuchen, die sich im Bache Kidron, in den Strömen des Tiber, in den Flüssen Manzanares, Tajo, Missouri und in den Wogen des Meeres finden.

„Mein Buch hat kein Anfang und kein Ende," bemerkte dieser phantastische jüdische Dichter, der den Leidenskelch bis auf die Hefe geleert hat. „Wenn die Söhne der Newa und der Weichsel, der Seine und der Themse sich die Hände reichen werden, wie Brüder, die einander erkennen; wenn die stolze, hoffärtige Tochter Golgathas sich mit der sanften, schüchternen Tochter Zions küssen wird, wie Schwestern, die einander erkennen . . . dann wird mein Buch anfangen. Wenn die Menschen, die dann keinen besonderen Namen mehr haben werden, an der Newa, der Seine, der Themse und allen Gewässern ihre Hände vom Blute waschen werden, von dem schwarzen Blute ihrer profanen und heiligen Tyrannen, die den Menschenhaß und den Menschenmord in die Welt brachten, dann wird mein Buch endigen."

Dieses Hochgefühl der jüdischen Polen, entsprungen aus der Teilnahme an dem heißen Kampfe für die Freiheit, und genährt von christlichen Kampfgenossen, welche das herbe Wehe der Vaterlandslosigkeit tief empfanden, war zwar unter den Juden Deutschlands noch nicht vorhanden; es fehlten die Vorbedingungen dazu. Aber auch unter ihnen begann sich in derselben Zeit das Selbstgefühl zu regen; wenigstens schwand jene Ängstlichkeit und jene falsche Scham, von Juden und Judentum zu sprechen, als wenn ein lautes Wort die aufgetürmte Lawine von Judenhaß zum verderblichen Sturze erwecken könnte. Juden aus der sogenannten guten Gesellschaft, welche, um etwas zu gelten, vergessen machen wollten, daß sie zu den Unterdrückten gehörten, und lieber das Unrecht, das ihnen angetan wurde, verbargen und verschwiegen[1]), auch sie fingen an, sich ihres Wertes bewußt zu werden und legten allmählich die Scheu ab, als Juden angesehen zu werden. Diese Umstimmung, die sich an verschiedenen Punkten zeigte, wurde, wie jede Umstimmung, von tonangebenden Persönlichkeiten herbeigeführt.

Einen starken Anteil an dieser Selbstachtung hat G a b r i e l R i e s s e r (geb. 1806, starb 1863)[2]), ein Mann von edler Gesinnung jede Fiber an ihm ein Mann. Wenn die deutsche Judenheit sich so bitter über die Schäden beklagte, die ihr eingewanderte polnische Juden gebracht haben, so hat sie Riesser reichlich ersetzt. Denn seine Entschiedenheit verdankte er mehr seinem aus Polen eingewanderten Großvater mütterlicherseits, R a p h a e l K o h e n (o. S. 40), als seinem gemütlich zerflossenen Vater von deutscher Abstammung. Gabriel Riesser gehörte mit seinem ganzen Wesen der Neuzeit an; er steckte nicht wie die meisten Träger der jüngsten Geschichte mit einem Fuße in der alten Zeit. Sein Vater Lazar selbst, obwohl in der Luft der Stockfrömmigkeit erzogen, gehörte schon zu den Halben. Als die Geschichte bündig und tatsächlich beweisen wollte, daß Juden in ihrem zufälligen Geburtslande vollständig aufzugehen und von ihrem nationalen Wesen jede Spur aufzugeben imstande seien, hat sie Gabriel Riesser als lautsprechenden Beweis aufgestellt. Sein Denken, Fühlen und Träumen war deutsch; er teilte selbst die Beschränktheit deutschen Wesens, die Vertrauensseligkeit, die pedantische Überlegtheit und die Scheu vor rascher Tat. Von seiner jüdischen Abstammung waren nur geringe Spuren an ihm geblieben. Der sprudelnde jüdische Witz und der zersetzende Verstand waren ihm fremd, ja ebenso widerwärtig wie einem blonden Sohne Teuts. Das Judentum in der nationalen Form als Sauerteig in der Geschichte war Riesser gleichgültig geworden; nur mit seinem Gemüte und mit seinen Erinnerungen an die Jugend und an sein Vaterhaus hing er daran. Sonst war es für ihn in eine verdünnte Glaubenslehre zusammengeschrumpft, die er still in sich trug, ohne dafür einstehen zu wollen. Eine stille Ahnung lebte zwar in ihm, daß das Judentum ein verjüngtes, blühendes Leben fortzuführen imstande sei, aber ohne sich klar zu machen, worin diese Verjüngung bestehen solle. Sie seinerseits fördern zu helfen, lag außerhalb seines

---

[1]) Vgl. Berthold Auerbachs Vorwort zu seinem Romane „Dichter und Kaufmann".

[2]) Seine ausführliche Biographie gab Dr. I s l e r als 1. Band zu Riessers ges. Schr., Frankfurt a. M. und Leipzig, 1867, unter dem Titel „Gabriel Riessers Leben nebst Mitteilungen aus seinen Briefen".

Gesichtskreises. Wäre er nicht in seinem erwählten Berufe gestört worden, so wäre er ein harmloser deutscher Bürger, ein gewissenhafter Richter oder Rechtsbeistand geworden, hätte das im gegebenen Falle formale Recht gesprochen oder das Interesse seiner Auftraggeber wahrgenommen, ohne sich um öffentliche Angelegenheiten, um Weltverbesserung oder um Aufhebung der verrotteten Zustände zu kümmern. Der deutsche Judenhaß und die deutsche Engherzigkeit haben ihn erst zum Vorkämpfer für das verhöhnte Recht seiner Leidensgenossen gemacht. Seine Erstlingsarbeit als Jurist hatte Beachtung gefunden; er wollte infolgedessen Rechtsanwalt in seiner Geburtsstadt werden und wurde abgewiesen. Er wollte in Heidelberg Vorlesungen über Rechtswissenschaft halten, das Katheder wurde ihm ebenso entzogen wie die Advokatenlaufbahn. Gegen diese alberne Ausschließung empörte sich seine friedliebende, milchfromme Natur. Obwohl er sich unendlich mehr als Deutscher denn als Jude fühlte, wurde er doch als Jude hintangesetzt; das reizte ihn zum Angriffe. So wurde Rieffer, der keinerlei Beruf fühlte, ins allgemeine zu wirken, notgedrungen zum Werkzeuge, die Freiheit nicht bloß für seine Glaubensgenossen zu erkämpfen; denn er half auch damit dem deutschen Volke zur Freiheit. Rieffer machte es sich zur ernsten Lebensaufgabe, die Ebenbürtigkeit der Juden durchzusetzen, sie zu verteidigen, wenn sie angegriffen wurde. „Die unsäglichen Leiden vieler Millionen in zwei Jahrtausenden, die der Erlösung harrten" lasteten schwer auf ihm. Sein Ideal war Lessing. Sogleich in seiner ersten Schrift (1831)[1] trat er mit selbstbewußtem Stolze auf, stolz nicht bloß den deutschen Regierungen, sondern auch dem Volke gegenüber, welches noch immer die Juden auf der tiefsten Stufe gehalten wissen wollte. Die befreiende Julirevolution hatte in einigen deutschen Städten, in Karlsruhe, München, Breslau und anderen, nur neues Hep-Hep-Geschrei gegen die Juden hervorgerufen, das zwar vom Gesindel ausging, aber von der guten Gesellschaft schadenfroh angehört wurde. Auch seine Stammesgenossen, welche mit ihrer Bildung und gesellschaftlichen Stellung verächtlich auf die Masse der Juden herabsahen und sich des Namens Juden schämten, schonte er nicht: „Wenn ungerechter Haß an unserem Namen haftet, sollen wir ihn dann verleugnen, statt alle Kraft daran zu setzen, ihn zu Ehren zu bringen?" Er hat viel dazu beigetragen, diesem Namen einen Teil seiner Mißliebigkeit zu entziehen. Rieffer war es vor allem um

---

[1] Über die Stellung der Bekenner des mosaischen Glaubens in Deutschland. An die Deutschen aller Konfessionen. Altona 1831.

die Ehre und Würde der Juden zu tun. Nicht eigennütziges Erreichen
vorenthaltener Vorteile lag ihm am Herzen, ſondern er wollte ſich an
dem ewigen Kampf zwiſchen Freiheit und Unterdrückung, zwiſchen
Recht und Unrecht, Wahrheit und Lüge beteiligen. Mit edler Ent-
rüſtung hielt er den deutſchen Regierungen, namentlich der preußiſchen,
einen Spiegel vor, der die häßlichen Züge ihrer Verkehrtheit zeigen
ſollte, daß ſie den Juden die Menſchenrechte nur verkümmerten, um
ſie zur Taufe zu bewegen und ſolchergeſtalt ſie zu falſchem Eide und
niedriger Geſinnung zu verleiten, weil der Übertritt meiſtens in eigen-
nütziger Abſicht, ohne Aufrichtigkeit geſchah. „Wie kann der erwachſene
Mann Achtung für den (chriſtlichen) Glauben feſthalten, deſſen Verehrer ihm wie ſchnöde Kuppler erſcheinen müſſen, die, wie Kuppler
anderer Art durch den Reiz des Goldes zu einem Bündnis ohne Liebe,
ſo durch äußere Vorteile zu einem Bekenntnis ohne Glauben locken?"[1]
Auch den Juden zeigte er ihr Spiegelbild, jenen Mattherzigen, die
ſich in ihrer Behaglichkeit von der Menge trennten oder ſich durch ein
erlogenes Bekenntnis die Gleichheit erkauften oder wenigſtens ihre
Kinder der Kirche übergaben, um ihnen die Lebenswege zu ebnen.
„Die Ehre erforderte es," ſo rief er dieſen zu, „ſelbſt wenn ihr Inneres
ſich der herrſchenden Kirche zuneigte, ſich nicht eher von ihrer Gemeinde
loszuſagen, bis das Ziel erreicht, das Palladium der Freiheit auch für
die Juden erobert iſt"[2]. Rieſſer wollte Vereine ins Leben gerufen
wiſſen, die ihre Tätigkeit auf die Emanzipation der Juden richten
ſollten. Gleichgeſinnte ſollten in eine Art Bündnis treten, aus Ehrgefühl treu bei den Leidensgenoſſen auszuharren, bis der Kampf zu
Ende geführt ſein würde. Zehn Jahre vorher hatte der Berliner Kulturverein nicht gewagt ein ſolches Programm offen aufzuſtellen. Zwiſchen Eduard Gans und Gabriel Rieſſer lag eben die Julirevolution.
Auch Chriſten forderte Rieſſer zur Teilnahme auf, indem es für Ge-
ſinnungstüchtige in jedem Bekenntniſſe eine Ehrenſache ſein müſſe, für
die Erlöſung Geknechteter einzutreten.

Rieſſers Wort ſchlug durch; es kam zur gelegenen Zeit, die Gemüter waren empfänglicher geworden. Seine bei aller Entſchiedenheit
doch milde Sprache machte einen tieferen Eindruck, als die Börnes
mit ihrer ätzenden Schärfe. Der Ton der Zuverläſſigkeit und Sicherheit, mit dem er den endlichen Sieg der Freiheit gewiſſermaßen voraus verkündete, gewann die Herzen, ſich der Hoffnung hinzugeben.

[1] Über die Stellung uſw., geſ. Schr. II, S. 43.
[2] Daſ. S .35.

Dazu kam, daß damals einige günſtige Ereigniſſe ſeine Prophezeiung
zu beſiegeln ſchienen. Zum erſten Male kam die Gleichſtellung der
Juden im engliſchen Parlament zur Sprache, und die bedeutendſten
Führer im Unterhauſe redeten ihr das Wort. Noch unerwarteter kam
der Beſchluß der Stände von Kurheſſen, dem erſten deutſchen Lande,
welches die Emanzipation zum Geſetze erhob. Das gab Rieſſer den
Mut, ſeinem Hoffnungsideal weiter nachzuhängen. Unermüdlich war
er bereit, für die Sache, der er ſein Leben geweiht, einzutreten, aber
ſtets mehr aus dem Geſichtspunkte der Ehre und Würde, als aus dem
des materiellen Gewinnes. Die Gleichſtellung ſollte als eine Sache des
Rechtes gewonnen und nicht als ein Gut durch Gegenleiſtung erkauft
werden. Nicht die unbedeutendſte rituelle Zeremonie dürfe zum Opfer
für die Einbürgerung gebracht werden, wenn ſie nur um dieſen Preis
zu erlangen ſei, ſprach er nach zwei Seiten hin kühn aus. Die deutſchen
Regierungen und Stände, obwohl ſelbſt voll von nebelhaften Wahn=
gebilden, verlangten von den Juden Aufgeklärtheit und Lossagen vom
ſogenannten Aberglauben, Aufgeben des Talmuds und der Meſſias=
hoffnung. Und ehrvergeſſene Juden boten einen ſolchen Tauſch an
und gaben der Regierung an die Hand, nur diejenigen zu erheben,
die dem Talmud entſagt hätten. Rieſſer brandmarkte einen ſolchen
Handel mit Gewiſſensſachen als eine Schmach.

Als ihm die badener Juden zum Zeichen ihrer Dankbarkeit
jenes höchſt ſinnige Gemälde des jüdiſchen Malers Oppenheim
überreichten, welches die Übergangsepoche im jüdiſchen Kreiſe, die
Scheidung des Alten und Neuen, künſtleriſch verklärt, der heim=
kehrende jüdiſche Krieger, der ſeine Eltern und Ge=
ſchwiſter in dem Eden des ſabbatlichen Stillebens überraſcht, bemerkte
Rieſſer in ſeinem Dankſchreiben: „Töricht der Vater, der den Sohn
in das Kleid des Alters hüllen wollte, . . . aber ehrlos der Sohn, der
ſich ſeines Vaters, ehrlos das Geſchlecht, das ſich ſeiner Vorzeit ſchämt!"[1])
Dieſe ſeine tiefeingewurzelte Geſinnung teilte ſich dem jüngeren Ge=
ſchlechte um ſo nachhaltiger mit, als ſie nicht von einem Vertreter des
Judentums, ſondern von einem Rechtsgelehrten geltend gemacht
wurde, der mit den Wurzeln ſeines Daſeins mehr im Deutſchtum
ſteckte. Rieſſer hat zunächſt die Emanzipationsfrage volkstümlich ge=
macht durch ſeinen Kampf gegen die Judenfreſſer Paulus, Eduard
Meyer, Pfizer, Streckfuß und alle die faſelnden Feinde der Freiheit

---

[1]) Ein Wort des Dankes an die israelitiſchen Bürger Badens, 1835,
geſ. Schr., IV, S. 720 f.

in den deutſchen Ständekammern, welche die den Juden anhaftende
Mißliebigkeit zum Stichblatt nahmen, um die freiheitlichen Beſtre=
bungen überhaupt zu hemmen. Er hat ferner die Judenfrage auf das
Programm des Liberalismus gebracht. Das junge Deutſchland und
alle diejenigen, welche gegen die Knechtung in den Kampf zogen,
waren fortan genötigt, die Religionsfreiheit und die Gleichſtellung
aller Klaſſen auf ihre Fahne zu ſchreiben, ſo ſehr ſie auch von Anti=
pathie gegen die Juden erfüllt waren. Aber bei weitem größer iſt
endlich Rieſſers Verdienſt dadurch, daß er das Selbſtgefühl der Juden
gehoben und die falſche Scham getilgt hat, welche die ſogenannten
Gebildeten vor dem Namen Jude empfanden. Die Wärme ſeiner
Überzeugung und die Aufrichtigkeit ſeiner Geſinnung, die aus jeder
Kriſtallkante ſeines Stilgefüges entgegenſchimmert, bahnten ihm den
Weg zu den Herzen. Durch Rieſſer geweckt und ermutigt, traten in
jedem deutſchen Staate kühne Kämpfer für die Emanzipation auf.
Sie hatten von ihm die Handhabung der Waffen und noch mehr das
ſtolze Selbſtbewußtſein gelernt, B e r n h a r d B e e r (ſtarb 1861),
welcher in dem verrotteten Sachſen, dem proteſtantiſchen Rom, wie
man es nannte, und M o r i t z V e i t (ſtarb 1864) welcher in Preußen,
dem proteſtantiſchen Byzanz, beharrlich kämpften. Beide unabhängige,
von Wiſſenſchaft durchdrungene Männer, können gewiſſermaßen als
Rieſſers Jünger angeſehen werden.

An richtunggebenden Geiſtern war die Judenheit in jener Zeit
gerade nicht ſehr reich; aber deſto reicher war das jüngere Geſchlecht
an gediegenen Charakteren, als ſollte der Schaden wieder gut gemacht
werden, den die Charakterſchwäche des Berliner Kulturvereins ange=
richtet hatte, deſſen windbeuteliges Tun bei den meiſten Mitgliedern
das großſprecheriſche Wort Lügen geſtraft hatte. Ein ſolcher gediegener
Charakter war Rieſſers älterer Buſenfreund, der Arzt S a l o m o n
L u d w i g S t e i n h e i m (geb. in Altona 1790, ſtarb in Zürich
1866)[1]. Er war eine tiefbeanlagte Natur, die auf der Sonnenhöhe des

---

[1] Eine Biographie Steinheims iſt noch ein Deſideratum. Ein kurzer
Nekrolog in der Zeitg. des Judentums Jahrg. 1866, S. 363. [Vgl. R i p p =
n e r in der Monatsſchrift für Geſch. u. Wiſſenſch. des Judentums, Jahrg. 1872.
S. 347 ff., 395 ff., 456 ff., 510 ff., 537 ff. und Jahrg. 1873, S. 12 ff. G e i g e r ,
jüdiſche Zeitſchr. f. Wiſſenſch. u. Leben, Jahrg. 1872, S. 285 f. u. S t e c k e l =
m a c h e r im Jahrg. 1888 der von Ad. Brüll herausgegebenen „Populär=
wiſſenſchaftl. Monatsblätter" ſowie in der ADB., Bd. 35, S. 725. Er war
geboren in Bruchhauſen (Kr. Brilon) am 6. Auguſt 1789 und ſtarb in Zürich
am 18. Mai 1866. Auf dem Friedhof zu Altona iſt er begraben (Monats=
ſchrift 1872, S. 462.)]

Gedankens weilte, von wo aus ihr das gedankenlose Treiben der Menschen wie Dunstgebilde, vor dem Winde hierhin und dorthin zerflat-
ternd, erschien.

In Steinheim offenbarte sich der jüdische Gedanke, ohne welchen
das Judentum ein tausendjähriger Wahn genannt werden müßte, in
seiner Herrlichkeit und in seiner Erlösungskraft, der Gedanke, daß das
jüdische Volk eine Riesensendschaft zu vollbringen habe, und daß diesem
seinem Apostelamt seine Lehre und sein Geschick entsprächen. Diese
Idee mag Isaak Bernays unbewußt in ihm angeregt haben. Steinheim besaß zugleich mit der Ideenfülle die Formgewandtheit, seine
Gedanken in eine anziehende Hülle zu kleiden und sie mit einem gewissen reichen Schmelz zu umgeben. Man könnte ihn mit Jehuda
Halevi, dem kastilischen Dichterphilosophen, vergleichen, wenn er mehr
dichterische Begabung gehabt hätte. Seine Erstlingserzeugnisse „Gesänge aus der Verbannung, welche sang Oba-
diah ben Amos"[1] enthalten schon fruchtbare Keime der Ge-
dankensaat, die er ausgestreut hat. Ein jüdischer Weiser (Obadiah)
im Ägypterland offenbart seinem Sohne (Eliakim) zur Zeit der Ptole-
mäer die Hoheit und Niedrigkeit, denen das jüdische Volk entgegen-
gehen müsse: „Absicht (der Vorsehung) und ihr Werk ist es, daß ein
schwaches Volk, das ihr Heil verkünden soll, unter Millionen Feinden
durch Jahrtausende verfolgt, gejagt und als Opfer geschlachtet, dennoch
lebendig erhalten werde. Unsere Urahnen schon hat sie sich ausersehen.
Diese erhielten einstens für sich und ihre Nachkommen die Weihe der
Priesterschaft. Das Geschlecht Jakobs war abwechselnd zerstreut und
versammelt und zu seinem Berufe auferzogen seit seinem Entstehen"[2]

> „Du darfst nicht zählen die Zeugen voll Blut,
> Nicht nennen die Scharen im Holzstoß,
> Die im Tode den einen lobten,
> Der ist, der war, und der sein wird.
>
> Du selber, du ewiges Bundesvolk,
> Zahllose Schar unter Völkern zerstreut,
> Du bist Priester und bist Opfer,
> Ein blutiger Zeuge Jehovas.
>
> Fürwahr, des rühmt sich kein Erdenvolk,
> Des rühmt sich der Stämme keiner,
> Der Entsagung und der Treue,
> Des Zeugnisses um die Wahrheit"[3].

[1] Erschienen in Frankfurt a. M. 1829; 2. Aufl. 1837.
[2] 2. Aufl.; S. 44.
[3] Das. S. 49.

Dazu eben habe das jüdische Volk seine Pilgerschaft auf dem ganzen Erdenrunde angetreten, damit es überallhin die Lichtkeime reiner Gottesverehrung und hoher Gesittung ausstreue. Von dieser Höhe aus gesehen, erschien Steinheim die Vergangenheit und die Zukunft des Judentums in durchsichtigem Schimmer. Alle Rätsel waren gelöst, alle Fragen beantwortet; die Lehre und die Geschichte Israels gaben befriedigende, tröstende Antworten. Die priesterliche Sendschaft Israels sollte sich eben auf Schmerzenswegen bewähren; dieser Heiland der Welt mußte eine Dornenkrone tragen, mußte zur Knechtsgestalt erniedrigt werden. Die Vergangenheit und die Zukunft Israels sah Steinheim wie in einem Zauberspiegel, hell, klar und farbenreich. Nur die Gegenwart war ihm rätselhaft. Die Entfremdung der Söhne seines Volkes von ihrem Ursprunge, die Verzweiflung an sich selbst, die Verachtung der Lehre und Abstammung, die täglich vorkommende Abtrünnigkeit und Fahnenflucht erschienen ihm als Vorboten des nahenden Untergangs, als sollte der Hohepriester der Menschheit sich selbst verweltlichen und entweihen, sein Erstgeburtsrecht gegen ein Gericht Linsen vertauschen. Dieser Selbstentfremdung und diesem Selbstaufgehen wollte Steinheim entgegenwirken. Dazu dichtete er seine „Gesänge aus der Verbannung", und arbeitete sein Gedankensystem aus. „Ich fürchte nicht die Zeiten," läßt er den greisen Weisen zu seinem Sohne sprechen, „ich fürchte nicht die Zeiten des allgemeinen Drangsals; dann halten, wie unterm Joche die Rinder, die gemeinschaftlich Leidenden zusammen. Auch die Zeiten, da allgemein die Freiheit herrscht, fürchte ich nicht; in diesen bringt Lüge selten Gewinn, und die wahre Erkenntnis bedarf keines Mantels und keines Lohnes. Nur diejenigen Zeiten sind gefährlich, da der Druck gemäßigt, aber nicht gehoben; oder die Freiheit nahe, aber nicht völlig erreicht ist. In diesen Zeiten wird das Ablassen von der Väter Sitte ehrenvoll und vorteilhaft, während Lust am Vergänglichen lau fürs Ewige macht. . . . Das ist die Zeit des wahren Jammers. Da wo jede Torheit zum Ernste und jeder Ernst zur Torheit wird. Wo Spötteln ist in jedem Munde und Hochmut der Verworfenheit in jedem Herzen. Wo dem Ernste nicht Zeit ist vor allem widerwärtigen Lachen des Witzes"[1]). Scharf tadelte seine Muse jene Gedankenlosen, welche sich von der jüdischen Gemeinschaft lossagten:

> „Jene Hand decket das Grab nicht,
> Die sich gegen den Vater gehoben;

[1]) Steinheim, Gesänge, 2. Aufl., S. 57 f.

Jenen Mund decket das Grab nicht,
Der seiner Mutter geflucht hat:
Denn die Erde verabscheut tief,
Der die Erzeuger verunehrt.

Und du — wie du dich fremd stellst!
Abtrünniger du! — und verleugnest
Deiner Vorfahren frommes Geschlecht,
Und dich schämest
Deines Vaters und deiner Mutter.

Verleugnest die Sitte
Deines geschlagenen Volkes,
Und trittst, du Tückischer,
Höhnischen Mundes, zum Widersacher:

Daß deine ruchlosen Kinder,
Ein fremd Geschlecht, mit Steinen
Werfen nach deines Vaters Haupt,
Und ihm den grauen Bart zerraufen.

Dich schilt mein Lied;
Um dich tobt mein Saitenspiel;
Das Lied Zions verachtet dich!' [1]

Indessen wollte Steinheim nicht bloß ausschelten, sondern auch belehren und überzeugen. Man könnte ihn den deutschen Philo unter den Juden nennen. Nicht an die Glücklichen, Zufriedenen und Reichen wendete er sich, sondern an „die Jugend, mit ihrem Schmerze und ihrer Sehnsucht, mit ihrer Reizbarkeit für Licht und Recht". Ihr widmete er sein gedankenreiches Buch „Die Offenbarung nach dem Lehrbegriff der Synagoge" (Febr. 1835)[2]. Ein halbes Jahrhundert war verflossen, seitdem Mendelssohn den Lehrinhalt des Judentums in gedankenreicher Fassung auseinandergesetzt hatte. Seit der Zeit war vielfach darüber von Juden und Christen gehandelt worden. Jeder suchte nach Belieben eine Seite desselben heraus, um es sich nach Bequemlichkeit zurechtzulegen oder es zu verunglimpfen. Steinheim, ein tiefer philosophischer Kopf, unterwarf den ganzen Lehrinhalt einer gedankenstrengen Prüfung und stellte ihn als das Höchste hin, als das „Wunder der Wunder", durch den allein der grübelnde menschliche Geist innere Befriedigung erlangen könne. Er trat kühn an die Be=

---

[1] Steinheim, Gesänge, 2. Aufl., S. 37 f.
[2] Der erste Teil erschien in Frankfurt a. M. 1835, der zweite in Leipzig 1856, der dritte das. 1863 und der vierte das. 1865.

antwortung der Frage heran: Was ist denn eigentlich dieses so hoch=
gepriesene und tiefgeschmähte Judentum? Alle jüdischen Denker waren
schon glücklich, nachweisen zu können, daß die Grundlehren desselben
sich mit den Lehrsätzen der Philosophie über die Geisteswelt decken
oder ihnen wenigstens nicht widersprechen. Auch Mendelssohn hatte sich
dabei beruhigt, daß die Glaubenslehren des Judentums vernünftig
seien, d. h. der Vernunft nicht widerstritten. Dieses höchste Tribunal,
um dessen freundliche Zustimmung die Religion gewissermaßen bettelte,
hatte aber inzwischen eine gewaltige Erschütterung erlitten. Kant, der
Denker von Königsberg, der philosophische Robespierre, hatte die
Majestät der Vernunft in den Staub gezogen und ihre Ohnmacht
bewiesen, aus sich selbst unerschütterliche Wahrheiten zu erzeugen. Ihre
Erzeugnisse seien mit dem angeborenen Fehler des Widerspruches be=
haftet oder sie teilten die Beschränktheit des Menschlichen, das eben
dem Irrtum unterworfen ist. Wäre der Mensch auf den wegweisen=
den Faden der Vernunft oder der natürlichen Philosophie angewiesen,
so würde er in seinem sittlichen Handeln aus dem Labyrinth der Wider=
sprüche und Ungewißheit nicht herauskommen. Es sei daher, so folgerte
Steinheim aus Kants Vordersätzen weiter, ein schlechtes Kompliment
für eine Religion, daß sie mit der Vernunft übereinstimme; denn diese
sei der Chronos, der seine eigenen Kinder verschlinge; oder sie baue mit
der einen Hand und zerstöre mit der andern. Die vernunftgemäße
Religion sei eben das H e i d e n t u m oder die natürliche Religion in
den verschiedensten Abstufungen, das Heidentum, das so viel sittliches
Unheil gestiftet habe, in „dem die Räuber, die Diebe, die Ehebrecher,
die Knabenschänder ihre Vorbilder in den höchsten Wesen fanden", wo
selbst die Guten neidisch, liederlich, ehebrecherisch, rachgierig und unge=
recht waren. Und wenn das Christentum sich von der Gemeinschaft des
Judentums völlig lossagen wolle, wie es seit Schleiermacher und
Hegel Modeton geworden sei, so sinke es eben hiermit auf die niedrige
Stufe des Heidentums herab. Liebe und Haß, Ahriman und Ormuzd,
Christus und Satan mit ihren Spielarten, der ewige Weltstoff, um
den sich die zwei Mächte stritten, und die unerbittliche Notwendigkeit,
das seien die Grundgedanken der natürlichen Religion; der Mensch
selbst erliegt dem Jammer dieser Notwendigkeit:

> „Nach ewigen ehernen
> Großen Gesetzen
> Müssen wir alle
> Unsres Daseins
> Kreise vollenden."

„Wie die Götter, also auch ihre Priester und Weisen; wie der König, so die Herde!"

Die Philosophie von Aristoteles bis Hegel habe eigentlich nur die mythologischen Vorstellungen in Gedankenfugen gebracht. Die Gegensätze, der Urstoff, die Gebundenheit aller Wesen, selbst des höchsten, haben durch die Metaphysik nunmehr Bündigkeit erhalten. Die konsequente Philosophie müsse die Idee der Freiheit, diesen Grundstein der Sittlichkeit, verleugnen. Diesem grobsinnlichen oder verfeinerten Heidentume gegenüber trete das Judentum mit einer ganz anderen Gedankenreihe auf. Es stelle einen persönlichen Gott auf, der nicht mit der Natur zusammenfalle und eins sei, und nicht in zwei Prinzipen auseinandergehe; es erkenne die Schöpfung aus nichts, ohne ewigen Grundstoff, an. Es betone scharf die menschliche Freiheit und dadurch die Verantwortlichkeit des Menschen für sein sittliches Tun. Diese und andere Wahrheiten habe nicht die menschliche Vernunft aus sich erzeugt, nicht erzeugen können, sondern sie seien am Sinai offenbart worden. Sie seien aber, trotzdem sie der Vernunft als ein Fremdes zugekommen sind, so einleuchtend und überzeugend, daß sie sich mit ihnen befreunden und ihre eigenen widerspruchsvollen Gedankenreihen fahren lassen müßte, wie sie sich mit rätselhaften Naturerscheinungen befreunden muß, deren Gesetzmäßigkeit sie nicht begreift. Der blitzerleuchtete Sinai habe der Welt zugleich Licht und Wärme gespendet, Gedankenklarheit und sittliche Lauterkeit. Die Synagoge bilde einen scharf abgegrenzten Gegensatz nicht bloß zur mythologischen Religion, sondern auch zur Kirche. „Von Zion geht die Lehre aus und das Wort Gottes von Jerusalem," dieses prophetische, halberfüllte Wort unterschrieb Steinheim mit wahrer Begeisterung. Er kam fast dem Dichter-Philosophen Jehuda Halevi in Gedanken nahe, der ebenfalls die Lehre des Judentums als Gegensatz gegen die Lehre der Philosophie erkannt hatte. Sobald Steinheim die Seele des Judentums gefunden hatte oder gefunden zu haben glaubte, empfand er eine Glut dafür, welche in der Zeit nüchterner Betrachtung als eine Sonderlichkeit erscheinen konnte. Diese Liebe für das Judentum machte ihn hellsehend und erleichterte ihm so sehr das Verständnis der Vergangenheit, daß er selbst die Tätigkeit der vielgeschmähten Rabbinen zu würdigen wußte. „Sie, die Väter der Synagoge, waren von der Erhabenheit ihres Berufes wie ihres Werkes tief ergriffen." Sie haben sich der strengen Lehre zuerst unterzogen. „Was ihre Gemeinde zu entbehren hatte, entbehrten sie zuvor in reicherem Maße . . . Galt es Opfer zu bringen, galt es im Märtyrertum unterzugehen, so waren sie die ersten

Opfer"[1]). Sie hatten bekanntlich die schwere Aufgabe, inmitten eines vorteilhaften, mächtigen und dem Menschen natürlichen Heidentums die Lehre der Offenbarung lebendig zu erhalten.

Steinheim hat mit seiner „Offenbarung" recht viele Wahrheiten offenbart oder richtiger, verschüttete und vergessene alte Wahrheiten ans Licht gezogen. Keiner hat zu seiner Zeit wie in der vorangegangenen das Grundwesen des Judentums so tief verstanden wie er, wenn auch manche seiner Voraussetzungen und Folgerungen nicht Stich halten. Er hat aber einen kaum bemerkbaren Eindruck auf seine Zeitgenossen gemacht, obschon er mit fast prophetischer Begeisterung und in anziehenden Redewendungen die Hoheit des Judentums auseinandersetzte. Woher kam diese Vereinzelung? Warum hat Steinheim mit seiner aufrichtigen Gesinnung, seinem hohen Geistesfluge, seiner glutvollen Sprache so wenig Anziehungskraft auf die jüdische Jugend, an die er sich zunächst gewendet, ausgeübt? Weil sein Leben und Tun mit seinem Denken und Fühlen nicht in Einklang waren. Er hätte folgerichtig sich der aus Verkennung „täglich mehr verwaisten Synagoge" eng anschließen müssen, ihre Leiden und ihre Schmach auf sich nehmen, ihre religiösen Fest= und Trauertage mitfeiern und sich in den Stolz der äußerlich Geknechteten und innerlich Freien hüllen müssen. Das tat Steinheim nicht; er hielt sich vielmehr von der jüdischen Gemeinde und dem jüdischen Leben fern, lebte wie einst die alexandrinisch-jüdischen Allegoristen in dem Dunstkreise der Ideen des Judentums und war gegen ihre praktische Bewährung, wenn auch nicht zu vornehm, doch zu gleichgültig. Was er selbst als Grund des Sträubens gegen die Lehre des Judentums richtig erkannt hatte, „die Einfalt und die Knechtsgestalt ihrer Träger," hat auch ihn abgestoßen, statt gerade ihn anzuziehen. „Es ist der Name des Volkes, das ihr Depositär ist, zum Schimpfnamen geworden, und nun wird gefordert, daß eine Lehre angenommen werde, deren Bringer dem Hasse, der Verachtung und der Verfolgung preisgegeben ist"[2]). Allerdings verräterisch sich vom Judentum loszusagen, wie Heine, Eduard Gans und so viele, erschien Steinheim als Ehrlosigkeit und Freveltat zugleich), und er ist ihm daher äußerlich treu geblieben. Aber er hat die von ihm erkannte Wahrheit, daß das Apostelamt der Juden darin bestehe, nicht bloß Priester, sondern auch Opfer zu sein, nicht auf seine Lebensweise einwirken lassen. Es war nicht Charakterschwäche in Steinheim, sondern ungenügende Kenntnis

---

[1]) Steinheim, Offenbarung usw., T. I, Einl. S. XIII f., vgl. S. XII.
[2]) Das. I, S. 360.

des Judentums in seiner Allseitigkeit. Bei all seiner Vorliebe für den Gedankenschatz desselben war er überall heimischer als im jüdischen Schrifttume. Mühsam mußte er sich die Belege zusammensuchen, um eine Grundlage für seine Gedankenreihe zu haben. Er verstand, wie sein Gegenbild Philo in der alexandrinischen Zeit, die Sprache nicht, in welcher, nach seiner Ansicht, die höchste Wahrheit am Sinaï offenbart wurde. Nicht bloß „die fromme Ehrfurcht war in kaum drei Geschlechtern geschwunden," wie er selbst klagte[1]), „oder gar in ruchlose Gottlosigkeit und Abtrünnigkeit umgewandelt," sondern auch die Kenntnis des jüdischen Schrifttums war dem neuen Geschlechte abhanden gekommen, und dieses war zugleich Wirkung und Ursache der Entfremdung vom Ursprunge. In Steinheim hatte sich das Selbstgefühl der Juden ermannt und hatte weiter geweckt, aber nicht zu voller Selbsterkenntnis; darum hielt er sich von dem noch in Knechtsgestalt auftretenden Judentume praktisch zurück, und darum konnte er die ganze Tiefe desselben nicht ergründen. Es war nicht Zufall, daß seine Hülle in ein christliches Grab in Zürich gesenkt wurde. Weil er seine Frau nicht zur Höhe der Priester= und Opferschaft durch werktätiges Üben erhoben hatte, war ihr das Bekenntnis vielleicht noch mehr als gleichgültig, und darum mochte sie seine Hülle nicht den Stammes= brüdern übergeben.[2])

Die tiefere Erkenntnis wurde von einer anderen Seite geweckt, wo man sie gar nicht erwartete, in einem Lande, welches die Gebildeten unter den Juden, die Riesser und Steinheim mitgerechnet, verächtlich anzusehen pflegten. Wie man ehemals sagte: „Was kann Gutes aus Galiläa kommen?" so sagte man damals und sagt es noch heute: „Was kann Gutes aus Polen kommen?" Aber gerade von hier aus kam eine neue Befruchtung, welche lebenskräftige Keime zur Entfaltung brachte. Zwei Männer waren es besonders, die mit dem Pfunde, das sie von Deutschland empfangen hatten, reichlich wucherten, Nachman Krochmal und Salomo Jehuda Rapoport, beide gewissermaßen berufen, eine Lücke auszufüllen, welche die Pfleger der jüdischen Wissenschaft in Deutschland und Frankreich nicht hatten ergänzen können. Sie haben aus den Schachten, welche in diesen Ländern nicht zugänglich waren, gediegenes Erz geholt und auch den Weg gezeigt, wie es herbei=

---

[1]) Steinheim, Offenbarung I, Einleitung, S. XII.

[2]) [Nach den authentischen Mitteilungen des Rechtsanwalts Warburg in der Monatsschrift f. Gesch. u. Wissensch. d. Judentums, Jahrg. 1872, S. 462 ff., ist dieser Vorwurf unhaltbar, vgl. den Zusatz zu Anm. 1 oben, S. 444.]

geschafft und verarbeitet werden kann. Sie haben einen Wetteifer
erregt, der es möglich machte, daß in so kurzer Zeit, in drei Jahr=
zehnten, die Trümmerdecke von der großen Vergangenheit des Juden=
tums weggeräumt und das darunter vergrabene Götterbild zum Vor=
schein gebracht werden konnte. Sie waren die Stifter einer neuen
Schule, welche man die g a l i z i s c h e nennen kann.

N a c h m a n K o h e n K r o c h m a l (geb. in Brody 1785[1]),
starb in Tarnopol 1840), war der Sohn eines für Wissen empfänglichen,
wohlhabenden Kaufmanns, der Reisen nach Deutschland zu machen
pflegte; er fing noch die matten, verlöschenden Strahlen von der unter=
gehenden Mendelssohnschen Schule auf. Mendelssohn war das Ideal,
nach dem sich Krochmal bildete. Mit vierzehn Jahren verheiratet und
nach dem kleinen Städtchen Zolkiew verpflanzt, wo noch die verderb=
liche wissensfeindliche Lehrweise herrschte, vertiefte sich Krochmal heim=
lich in die hebräische Literatur, welche seinem Geiste gesunde Nahrung
zuführte. Asarja deï Rossi[2]), der ehemals verketzerte und verschollene
jüdische Forscher aus dem sechzehnten Jahrhundert, lebte in Krochmal
wieder auf. Er suchte sich auch die Schriften der deutschen Philosophen,
besonders Kants, zu verschaffen, um seinen Geist mit Gedanken zu
füllen und zu klären. Je mehr die Stocktalmudisten und die chaßidä=
ischen Ketzerriecher in Polen jedem nachspürten, der sich mit außer=
talmudischem und außerkabbalistischem Schrifttume befaßte oder ein
nichthebräisches Buch zur Hand nahm, um ihn in der öffentlichen
Meinung zu brandmarken — Salomon Maimons und Ben=Seebs
leichtsinniges Verhalten hatte noch mehr Veranlassung zum Argwohn
in Polen gegeben — desto süßer schmeckte Krochmal und seinen Ge=
sinnungsgenossen dieses verstohlen genossene Brot. Unter der Zobel=
mütze sammelten sich in seinem Kopfe, nachbarlich neben den angehäuf=
ten Wissensmassen aus dem Talmud Gedankenscharen, welche eine
kriegerische Haltung gegen den Talmudismus annahmen. Aber es kam
nicht zu einer Kriegserklärung. Krochmal war, vielleicht wegen seiner
von Geistesarbeit äußerst geschwächten Gesundheit, zu ängstlich, um
einen kühnen Schritt außer dem Geleise zu tun; er wich vielmehr jedem

[1]) Krochmals Biographie hat zum Teil R a p o p o r t geschrieben,
Kerem Chemed VI, p. 41—49 (anonym), ferner Z u n z in Buschs Jahrbuch,
Jahrg. III (1844—45), S. 111 ff. endlich M. L e t t e r i s, als Beilage zu
der 2. Aufl. von Krochmals מורה נבוכי הזמן (Lemberg 1863), S. 11 ff. [Über
die Teilnahme der galizischen Juden an der Aufklärungsliteratur vgl. M.
W e i ß b e r g, Die neuhebräische Aufklärungsliteratur in Galizien (Wien
1898, 8), über Krochmal, Rapoport u. Erter bes. a. a. O., S. 27 ff., 32 ff.]

[2]) S. Bd. IX_4, S. 386 ff.

Kampfe aus, machte alle Afterfrömmigkeit in der übertriebenen polnischen Weise mit und tat lieber etwas mehr als weniger, um seine Ruhe
nicht zu gefährden. Er war überhaupt zu ernst und zu vorsichtig, als
daß er die Schranken der Gewohnheit zu überspringen gewagt hätte.
Krochmal zeigte sich gern in der Gewandung des gesetzten, gleichmütigen
Weisen, des polnischen Mendelssohn, und da sein Vorbild auch nicht um
eines Haares Breite von der religiösen Lebensweise der Gemeinde abgewichen war, so tat es ihm Krochmal nach. Freilich dem Argwohn
konnte er nicht entgehen. Er hatte einen harmlosen Briefwechsel mit
einem karäischen Chacham aus dem Nachbarstädtchen Kukizow unterhalten. Einige Frömmler hatten Wind davon bekommen und vorausgesetzt, daß Krochmal mit den Karäern eine Verschwörung gegen den
Talmud angezettelt habe. Einen seiner Briefe wußten sie dem arglosen
Karäer abzuschwatzen, suchten aus den unschuldigen Komplimenten, die
er demselben in Versen gemacht hatte, Ketzereien herauszupressen, und
verbreiteten ihn in der zahlreichen Gemeinde von Lemberg, um die
Menge gegen Krochmal zu hetzen. Diese Umtriebe nahm sich Krochmal allzu sehr zu Herzen, wurde noch ängstlicher und vorsichtiger und
verschloß seine Gedanken in seinem Kopfe. Er war lange nicht dazu
zu bewegen, etwas zu veröffentlichen.[1]

Aber vor vertrauten Genossen und Jüngern öffnete er die Schätze
seines Geistes nicht hinter Wänden, die Ohren haben könnten, sondern
auf freiem Felde. Seine Zuhörer, talmudisch geschult und in Enträtselung dunkler Andeutungen außerordentlich gewandt, erfaßten seine
Winke schnell, ohne daß er sich in weitläufige Auseinandersetzungen
einzulassen brauchte. In dieser Lehrweise lakonischer Kürze konnte
Krochmal alles unterste zu oberst kehren und eine Reihe neuer Forschungen aufstellen, in denen jeder einzelne Satz, wenn er ans Licht
gebracht worden wäre, ihn ohne weiteres in den Augen seiner Landsleute zum verdammenswerten Ketzer hätte stempeln können. Was
seine Lehrweise und seine Forschungen besonders fruchtbar machte,
war die Klarheit und Abrundung seiner Gedanken, die wie an einer
Schnur aufgereiht waren. Dadurch wirkte er jenem chaotischen Durcheinander und wilden Wirrwar heilsam entgegen, woran die guten
polnischen Köpfe so sehr litten. Die Beschäftigung mit der deutschen
Philosophie hatte seinen Geist geschult und ihn die logische Zucht gelehrt. Selbständige philosophische Ideen, die Krochmal für seine stärkste

---

[1] Vgl. die gerechte Klage über die Ketzerriecherei in Polen **Kerem
Chemed** I, S. 74.

Seite gehalten zu haben ſcheint, hat er freilich ſehr wenige erzeugt.
Aber die philoſophiſche Betrachtung der Geſchichte, und beſonders
der jüdiſchen Geſchichte, einen klaren Überblick über ihre verſchlungenen
Wege hat Krochmal zuerſt unter den Juden angebahnt. Er zeigte
auch, wie man die Fundgruben des Talmuds für die Geſchichte aus-
beuten und verwerten könne. Im Schacht dieſer Rieſenliteratur liegen
nämlich Sentenzen, Andeutungen, rätſelhafte, ſcheinbar nichtsſagende
oder auf den erſten Blick lächerlich klingende Gedankentrümmer — beſonders im hagadiſchen Teil des Talmuds — vergraben, welche bis
dahin wenig beachtet wurden oder von Chriſten und oberflächlichen
Juden als „rabbiniſcher Aberwitz" abgetan zu werden pflegten. Recht
verſtanden, enthalten dieſe zerſtreuten Bruchſtücke eine Kernweisheit,
woraus man die ſchönſten Evangelien künſtleriſch hätte bilden können.
Auf dieſe vernachläſſigte und gering geſchätzte Literatur hat Krochmal
zunächſt ſeine Aufmerkſamkeit gerichtet und aus ihr die fruchtbarſten
Ergebniſſe für die Beleuchtung der jüdiſchen Geſchichte in ihrem inneren Verlaufe gezogen. Dadurch hat er die dunkle Zeitepoche von
der babyloniſchen Gefangenſchaft bis zum Abſchluß der Miſchnah, in
welcher ſich ſelbſt Joſt nicht und noch weniger natürlich chriſtliche Forſcher zurechtfinden konnten, ſo ſehr erhellt, daß es den nachfolgenden
Forſchern leicht wurde, den von ihm gezogenen Lichtſpuren nachzu-
gehen. Er lehrte zuerſt, wie man die talmudiſchen Geſchichtsquellen
mikroſkopiſch beobachten oder halbverwiſchte Züge wiederherſtellen
könne. Und das war ein großer Gewinn und ein Rieſenfortſchritt
gegen Joſts allzu ſtumpfe Geſchichtsbetrachtung. Freilich waren die
Reſultate der Krochmalſchen Forſchungen nicht immer ſtichhaltig,
weil ihm die außerhebräiſchen Geſchichtsquellen nicht zugänglich waren,
und er ſich mit Notbehelfen aus zweiter oder dritter Hand begnügen
mußte. Aber ſein Scharfblick und ſeine liebevolle Hingebung an dieſe
Wiſſenſchaft haben ihn nicht gar zu oft den rechten Weg verfehlen
laſſen. Er hat dadurch Jünger zum Forſchen angeregt und ihnen den
Schlüſſel zu dieſen hieroglyphenartigen Quellenſchriften gereicht. Obwohl er von ſeinen Entdeckungen noch wenig veröffentlicht hatte,
drang ſein Ruf doch über die Grenzen ſeines Heimatlandes hinaus.
Die Berliner Gemeinde, die ſeit Friedländers Zeit eine tiefe Abneigung
gegen Polen und Rabbinen hegte, dachte an ihn, um ihn als Rabbiner
zu berufen. Er galt als einer der Hauptträger der jungen jüdiſchen
Wiſſenſchaft und zählte in Deutſchland viele Bewunderer.

Der empfänglichſte und begabteſte ſeiner Jünger, S a l o m o
J e h u d a R a p o p o r t (geb. in Lemberg 1790, ſtarb in Prag

1867)[1], machte ihm den Vorrang streitig und verdunkelte ihn zum Teil
durch seine ergiebigeren Leistungen. Rapoport stammte aus einer sehr
angesehenen altjüdischen Familie, einem Stamme gelehrter Rabbiner,
von dem sich ein Zweig von Italien nach Polen verpflanzt hatte. In
seinem Wesen und seiner Erscheinung war eine Art angestammten
Adels nicht zu verkennen. Von herzgewinnender Milde, lächelnd heiterem Sinne, harmlosem Witz und Geselligkeitstrieb, war Rapoport
in jeder Gesellschaft eine beliebte, anziehende Persönlichkeit. Er hat
durch diese Eigenschaften die Strenge seiner erstaunlichen Gelehrsamkeit gewissermaßen gesänftigt. Seine Jugenderlebnisse waren nicht
besonderer Art. Er wurde frühzeitig in die Pforten des Talmuds eingeführt und wurde vermöge seines außerordentlichen Gedächtnisses
und durchdringenden Scharfsinns in diesem Labyrinth heimisch. Frühzeitig wurde er auch in das Eheleben eingeführt, als Schwiegersohn einer
der letzten rabbinischen Autoritäten Polens (Arje Löb ha-Kohen)[2],
des Verfassers eines rabbinischen Werkes, nach dem er selbst benannt
wurde. Es war bekanntlich die größte Ehre, die einem gelehrten Polen
widerfahren konnte, wenn sein Name über seinem Werke vergessen
wurde.

Frühzeitig wurde Rapoport aber auch der talmudischen Gelehrsamkeit halb untreu, indem er ihren Nebenbuhlerinnen, der Wissenschaft und der Dichtkunst huldigte. Sein Schwiegervater, der in dem
Wunderkind eine einstige talmudische Größe erhoffte, ahnte nicht, daß
der gereifte Rapoport mehr für die Hebung der damals in Polen
noch ganz tief verachteten jüdischen Wissenschaft als für die streng
rabbinische Gelehrsamkeit leisten werde. Er hätte, wenn er es nur
im entferntesten hätte voraussehen können, dem, den die polnischen
Stockfrommen später als einen halben Abtrünnigen betrachteten, schwerlich seine Tochter zur Frau gegeben. Man darf nicht den polnischen
Rabbinen allein die Schuld an ihrer grimmigen Gehässigkeit gegen
jedes außertalmudische Wissen zur Last legen. Die öffentliche Meinung

---

[1] Rapoports Biographie ist noch nicht zusammengestellt. Einzelheiten
hat Letteris in den Biographien Krochmals und Erters mitgeteilt. [Vgl.
A. Porjes, תולדות שלמת יהודה in der Zeitschrift השחר, Jahrg. II (1869),
auch 1871 in Wien als S.-A. erschienen. Zentenarium S. L. Rapoports,
Festgabe zum 100. Geburtstage Rapoports, herausgeg. von J. S. Bloch und
David Kaufmann (Wien 1890).]
[2] Arje Löb ben Joseph ha-Kohen, Rabbiner von Strie, wird genannt
nach seinem ersten Werke קצות החושן, gedruckt 1788—1796. Er schrieb
außerdem noch אבני מלואים (1815—1825) und שב שמעתתא (1804.) [Vgl.
Zedner, S. 54, 343, und Roest, Rosenthalsche Bibl., Anh. Nr. 17. 18.]

war so sehr dagegen eingenommen, daß selbst fromme Rabbinen es verheimlichen mußten, wenn sie sich auch nur in Mußestunden damit einlassen wollten. Rapoport hat sehr anschaulich den Schmerzens= weg beschrieben, den er und seinesgleichen beschreiten mußten, um zum Baume der Erkenntnis zu gelangen. Schwer war es, ein wissen= schaftliches Buch überhaupt, noch schwerer ein in einer europäischen Sprache verfaßtes zu erlangen. Der Index der in der öffentlichen Meinung verbotenen Schriften war viel umfassender als der päpstliche. Hatte ein Wissensdurstiger sich ein solches auf Schleichwegen ver= schafft, und errieten seine Verwandten oder Freunde das auch noch so streng bewahrte Geheimnis, so beschworen sie ihn, davon abzulassen oder konfiszierten eigenmächtig das verketzerte Buch, um ihren Ver= wandten oder Freund nicht der fanatischen Hetzjagd von seiten der Chaßidäer ausgesetzt zu sehen[1]). Selbst hellbenkende Männer gaben sich ernsten Bedenken darüber hin, ob es nicht nach talmudischer An= schauung verboten sei, sich mit den profanen Wissenschaften zu be= schäftigen[2]).

Indessen so ganz vereinsamt war Rapoport mit seinem Streben nach Wissen keineswegs. Hier und da zeigten sich schon in Galizien Keime eines frischen Geistes, welcher sich anstrengte, das Joch der ge= dankenlosen und fanatischen öffentlichen Meinung abzuschütteln. Die Berührung mit Wien, die napoleonischen Kriege und überhaupt die Verbindung mit der großen Welt hatten manche alte Formen ab= gestreift. Besonders reizte die Ausbreitung des chaßidäischen Wesens und sein übermütiges, höhnisches und immer tolleres Treiben die Besonnenen und Vernünftigen zu kräftigem Widerstand, erfüllte sie mit leidenschaftlichem Haß gegen dasselbe und ließ sie auf Mittel sinnen, es aus dem Wege zu räumen. Als das Geeignetste schien ihnen die Vertilgung der bäuerischen Unwissenheit in religiösen wie weltlichen Dingen und der kindischen Leichtgläubigkeit durch Zuführung von Bildungselementen. Denn obwohl die österreichische Regierung den galizischen Gemeinden die Anlegung von Schulen zur Pflicht ge= macht hatte, kümmerten sich die niederen Behörden fast gar nicht um die Erfüllung derselben, und das war nach der einen Seite hin gut; denn dadurch war die aus den Kämpfen hervorgegangene Selbst= befreiung der Juden fruchtbarer. In den drei größten galizischen Ge= meinden, in Brody, Lemberg und Tarnopol, hatten sich seit dem

<hr>

[1]) Vgl. Kerem Chemed VI, p. 45.
[2]) S. Bikkure ha-Ittim, Jahrg. 1828, p. 8.

Kriege mit Napoleon kleine Kreise gebildet, welche die Selbsterziehung, die Verbreitung von Bildung und den Vernichtungskampf gegen das Chaßidäertum tatkräftig unternahmen. Der Anfang wurde in Tarnopol von Joseph Perl gemacht (geb. in Tarnopol 1773, starb daselbst 1839)[1]. Mit Aufopferung von Zeit und Geld und mit eiserner Beharrlichkeit gründete er eine höhere jüdische Bürgerschule, welche später zum Muster diente[2]. Er brachte den Chaßidäern empfindliche Schläge durch witzige Dunkelmännerbriefe[3] in geflissentlich entstelltem, barbarisch-kauderwelschem Hebräisch bei, welche den mönchslateinischen von Rubianus und Hutten nicht nachstehen und vielleicht noch künstlerischer gehalten sind. Dieser Todfeind der Chaßidäer trat mit den jüdischen Vertretern der Bildung in Deutschland in Verbindung und wurde vom Berliner Kulturverein als Ehrenmitglied aufgenommen. — In Brody, wo die Juden eine Art Welthandel trieben, brachten reiche Kaufleute aus ihrem Verkehr mit Deutschland und Österreich die Sucht mit, es den deutschen Juden nachzutun. Die Familie Kaller ermutigte und unterstützte begabte Jünglinge, sich auf Aneignung von Kenntnissen zu verlegen. — In Lemberg, Rapoports Wohnort, hatte sich eine Art literarischen Kreises gebildet, dessen Mittelpunkt ein zugleich vermögender und unterrichteter Mann, Jehuda Löb Mises, war (starb 1831)[4]. Dieser versah die strebsamen Jünglinge in Lemberg mit Geld und Ratschlägen und, was besonders wichtig für sie war, mit einer Bibliothek gehaltvoller hebräischer und in modernen Sprachen geschriebener Bücher.

In diesem Kreis bildete sich ein junger Mann zu einem bewunderten Künstler aus, der in den Gedenkbüchern der jüdischen Literatur ein goldenes Blatt verdient, Isaak Erter (geb. in einem Dorfe bei Przemysl 1792, starb in Brody 1851)[5]. Wer die Verjüngungsfähigkeit einer alten, sogenannten ausgestorbenen Sprache durch dichte-

---

[1] Perls Biographie in Buschs Jahrbuch, Jahrg. 1846—47 (S. 209 bis 232) von Nathan Horwitz: Kerem Chemed V, p. 163 von Rapoport. [Vgl. B. Goldenberg, אוהל יוסף, Lemberg, 1866, 8.]

[2] Die Perlsche Schule wurde 1813 gegründet.

[3] Die hebräischen Epistolae obscurorum virorum, מגלה טמירין, erschienen 1819.

[4] Vgl. Kerem Chemed I. p. 124. Verf. von קנאת האמת und תכונת הרבנים s. o. S. 397 [u. dazu die Bemerkung über die Autorschaft des letzteren Buches].

[5] Seine schön geschriebene Biographie gab M. Letteris als Einleitung zu dessen ges. Dichtungen und Briefen unter dem Titel הצופה לבית ישראל, Wien 1858. [2. Aufl. Wien 1864. 3. Aufl. Warschau 1883, 8.]

rische Zaubermittel zeigt, hat damit, ohne es zu beabsichtigen, die
Lebensfähigkeit des Volksstammes bewiesen, in dessen Mitte solche
Kunstgebilde entstehen und von vielen verstanden und bewundert
werden können. Erter hat eigentlich nur die Verkehrtheiten der pol=
nischen Judenheit, den Wust von Aberglauben und Gelehrsamkeit,
die chaßidäischen Gemeinheiten geißeln wollen, und er hat mit der ge=
biegenen schönen Form, in die er seinen Spott und seine sittliche
Entrüstung brachte, die Unsterblichkeit der hebräischen Sprache und
des hebräischen Stammes beurkundet. Das Kind eines elenden
galizischen Dorfes hat liebliche hebräische Malereien geschaffen, an
denen Jesaia und die feinfühligen Psalmisten Freude gehabt hätten.
Erters Vater, ein unbemittelter Halbbauer, hatte dennoch die den
Juden heilige Pflicht nicht versäumt, seinen begabten Sohn in das
jüdische Schrifttum einführen zu lassen. Es war allerdings nur der
Talmud, in dem der junge Erter heimisch wurde. Von den Schön=
heiten der biblischen Poesie hatte er in seiner Jugend ebenso wenig
Ahnung wie sämtliche Juden Polens zu damaliger Zeit. Im drei=
zehnten Lebensjahr legte ihm sein Vater die Fessel der Ehe an mit
der Tochter eines kleinstädtischen Rabbiners, und kurze Zeit darauf
wurde der Knabe nacheinander Witwer und Ehemann einer zweiten
Frau. Sein zweiter Schwiegervater, der ihn unterhalten hatte, betrog
ihn um das wenige, das er ihm zugesagt hatte, und so mußte Erter
schon in der Jugend das Brot des Elends genießen. Um seine nagenden
Sorgen zu verscheuchen, ging er unter die lustigen Brüder des Chaßi=
däertums und machte alle ihre Alfanzereien mit; aber das ihm ange=
borene Schönheitsgefühl empfand Ekel an dem Anblick des sittlichen
und handgreiflichen Schmutzes dieser berauschten Himmelsstürmer.
Auch der Glaube an die chaßidäischen Wunder fehlte ihm. Ein glück=
licher Zufall führte ihm einen gebildeten Mann zu, der ihn mit zwei
leuchtenden Idealen vertraut machte, mit Maimuni und Mendels=
sohn; dadurch lernte er auch das höchste Vorbild, den Propheten Mose
und die hebräische Literatur, verstehen, lieben und nachahmen. Ein
neuer Geist war durch diese alte und doch immer neue Offenbarung
über Erter gekommen, die seine Gesinnung und Stellung zum Juden=
tum umwandelte; aber nicht wie bei Salomon Maimon und anderen
Polen geweckten Kopfes, um ihm den Rücken zu kehren und es zu ver=
höhnen, sondern um es durch Selbstläuterung zu heben. Um sich
weiterzubilden, zog es Erter nach Lemberg, wo er mehr Mittel zur
Befriedigung seines Wissensdurstes zu finden hoffte. Hier fand er in
der Tat strebsame Altersgenossen, die, gleich ihm, frühzeitig bewegt

und von Nahrungssorgen gequält, nichtsdestoweniger ihr ganzes Trach=
ten auf die Pflege des Geistes richteten. Hier fand er Rapoport, zu
dem er, als dem Kenntnisreicheren, mit Verehrung hinaufblickte.
Es lag ein eigener Zauber in dem Umgange dieser wissensdurstigen
jungen Männer, die einander zugleich Lehrer und Schüler waren,
und die, was sie Schönes und Wahres in der europäischen Literatur
fanden, für sich und andere in hebräischem Geiste verarbeiteten und
überhaupt diese Sprache wie eine lebende gebrauchten. Schwierig=
keiten, die dieser Kreis selbst nicht überwinden konnte, ließ er sich von
dem weisen Meister Krochmal lösen und wallfahrtete zu ihm nach
Zolkiew wie zu einem Zauberer. Drei Jahre[1]) dauerte dieses wissen=
schaftliche idyllische Zusammenleben, dessen sich diese Männer wie
eines goldenen Traumes auch im späten Alter gern erinnerten. Aber
ihre Beschäftigung mit der Profanliteratur, ihr Tun und Treiben gab
großes Ärgernis.

Eines Tages fand man an den Synagogenpforten in Lemberg
im Namen des Rabbinen Jakob Ornstein eine Bannandrohung
gegen vier Neuerer, gegen Rapoport, Erter, Natkes und
Pastor angeheftet, weil sie der Jugend ihre angeblich ketzerischen An=
sichten beibrächten. In formeller Weise den Bann zu verhängen,
wie ehemals, war seit Kaiser Josephs Zeit in Galizien verpönt; darum
hatten die Eiferer diesen Weg gewählt. Sie hatten zur selben Zeit,
als sie Krochmal in den Geruch der Ketzerei brachten (S. 453), im
Plane, einen entscheidenden Streich gegen sämtliche Apostel der Kultur
zu führen. Aber daß sie den Bann lediglich über diese vier mittel=
losen Männer verhängten, und sich nicht an die Reichen und Ange=
sehenen, wie Mises, wagten, der das talmudische Judentum geradezu
verhöhnte, diese Feigheit benimmt ihrem Eifer jeden Wert. Ihr Bann=
spruch hatte auch nicht die erwartete Wirkung. Ornstein wurde von der
österreichischen Behörde gezwungen, ihn zu widerrufen. Rapoport
hat er wenig geschadet, da er eine, wenn auch beschränkte, so doch ziem=
lich unabhängige Stellung einnahm und den Unterricht an die Jugend
unentgeltlich erteilt hatte. In den Augen der Menge galt er zwar
als Ketzer, aber das hat ihn nicht gehindert, später Kreisrabbiner von
Tarnopol und Oberrabbiner von Prag zu werden.

Der arme Erter wurde indessen hart davon betroffen, da er sein
und der Seinigen Leben vom Unterrichten fristen mußte. Trotz des
Widerrufes von seiten des Rabbiners mochten viele Eltern ihm ihre

---

[1]) Von 1813 bis 1816.

Söhne nicht mehr anvertrauen; er mußte zum Wanderstabe greifen
und begab sich nach Brody. Aber er hat sich an Ornstein und den Eiferern empfindlich gerächt; ihre Geistesbeschränktheit und Erbärmlichkeit
hat er für alle Zeiten durch die Poesie wie in Erz verewigt. Der Schmerz
und der Unwille, sich von solchen Plagegeistern verfolgt zu sehen,
hatten ihm den Griffel in die Hand gedrückt, und dadurch entstanden
Erters Meisterschilderungen. Er hat Ornstein mit seinem poetischen
Bannstrahl viel empfindlicher getroffen und ihn völlig zermalmt. In
einem poetischen Traumgesichte — das war seine Lieblingseinkleidung
— schilderte Erter einen Gerichtshof, welcher den Wert der Gegenstände ganz anders bestimmte, als sie ihn in der wirklichen Welt haben.
Bücher von dickbäuchigem Umfange schrumpfen in nichts zusammen,
weil ihr Inhalt sich als zusammengerafft erweist, und der geistige Diebstahl entdeckt wird; nur das Titelblatt bleibt in diesem Falle als Eigentum des Verfassers zurück. Dieses satirische Gesicht war auf Ornstein
gemünzt, der ein vielbändiges rabbinisches Werk veröffentlicht hatte[1]),
das er mit fremden Federn geschmückt haben soll.

In einer anderen geistvollen Satire schilderte Erter die Seelen-
wanderung seines Feindes, der allerlei Hüllen angenommen habe.
Einmal sei er in einen Dorfköter verwandelt worden, der Unbewehrte
anbellte und biß, die Nachbarhunde durch sein Gebell zum Angriff
reizte, während er sich vor einem Stocke feige verkroch und kaum zu
knurren wagte. Dieser Hund ging dann in einen Glaubenseiferer über,
der seine Tücken aus dem hündischen Zustande nicht lassen konnte. Er
bellte Schwache und Wehrlose an, überfiel sie, tat sie in den Bann und
rief mit seinem Gebelle seine Genossen zusammen. Aber an einen Mann
von Kraft und Mut wagte er sich nicht heran, verkroch sich vielmehr
und knurrte nur, schmähte heimlich und weidete sich in Schadenfreude[2]).

Gewiß hätten es Börne und Heine nicht glaublich gefunden,
wenn ihnen gesagt worden wäre, daß tief hinten in Polen, unter

---

[1]) Von Jakob Ornstein war damals erschienen ein Kommentar zum
Schulchan Aruch ישועות יעקב Bd. VIII—X, Lemberg 1809—1810; später
Bd. I bis VII, Zolkiew, 1828—1835. Von diesem dickleibigen Werke sagt
Erters Muse in מאזני משקל bei Letteris, ges. Schr., S. 5: העליתי ספר
רב דפים וגב פרש על כן המאזנים, כמעט העלתמי בו, והנה שלח רזון
במשמניו, היד השלוחה קרעה אותו קרעים קרעים, ותחלקם בין ספרי
מחברים שונים, ורק שער הספר והקדמתו, רק הנה לבדם על הכף נשארו.
את הַתָּו אשר על השער קראתי, וארא והנה הוא מחברת גבר הוקם על
לישועת יעקב בעיר ואם בישראל, ספר איש יושב על כסא הרבנות וכו׳.
[2]) Erter in גלגול הנפש bei Letteris, S. 38; die Satire bezieht sich auf
Ornstein, der die Hilflosen verketzerte und Mifes verschonte.

bärtigen Juden ein Kunstgenosse lebe, der ebenso befähigt war „aus
den feinsten Worten ein Filigran, ein Drahtnetz für Mückenseelen
zu flechten oder eine Satire zu spitzen, so spitz, daß sie durch die Poren
eines Glases dringt". Wie sie die deutsche Sprache, so hat Erter die
hebräische Sprache veredelt, verfeinert und geschliffen. Ihr, „der Greisin
mit Silberhaar und Gesichtsrunzeln, die nur noch Spuren ehemaliger
Schönheit zeigt", wie er sie schildert[1]), hat er Jugendkraft und Jugendfrische eingehaucht, sie für neue Eindrücke aus der Gegenwart empfänglich und für neue Gedanken gefügig gemacht. War Erter ein
Dichter? In seinen hebräischen Versen, Gelegenheitsgedichten, Nach-
bildungen (auch „Pegasus im Joche", eine Anwendung auf sein eigenes Geschick), wohlklingenden Reimen und Strophen zeigt sich seine
Meisterschaft nicht. Aber in seiner Prosa war er vollendeter Dichter.
In seiner naturgetreuen, ergreifenden Schilderung liegt eine zauberhafte Poesie und ein Humor, die, wie die Kinder der Heineschen Laune,
anziehen und fesseln. Überhaupt hat Erters hebräischer Stil viel Ähnlichkeit mit dem Heines, ohne daß er ihn gekannt hat; dieselbe Vorliebe
für Einkleidung in Traumgesichte, derselbe ungesuchte Witz, dieselbe
verwundende Satire oder vielmehr derselbe prachtvolle Humor zeichnete ihn aus, nur daß Erter damit eine ernste Absicht verfolgte, die Verkehrtheit seiner Landsleute zu bessern und die Barbarei zu tilgen.
Heine fand ein geschmeidiges Mittel an der deutschen Sprache vor,
die Lessing, Mendelssohn, Goethe, Schiller und die Romantiker bereits bereichert hatten. Erter dagegen hat mit der hebräischen Sprache
wie mit einem spröden Stoff operieren müssen und handhabte sie doch
so mustergültig und fein wie die besten hebräischen Dichter.

Zwei Jahrtausende nach dem Verstummen der Propheten erklang noch einmal eine Stimme, welche sich zugleich alt und tagesneu
anhörte. Und in dieser Mischung des Alten und Neuen im Erterschen
Stile, der zugleich an Jesaia und an Heine erinnert, liegt ein außerordentlicher Reiz. Treu übersetzt, würden Erters Dichtungen noch
anziehend genug sein; aber der eigentümliche, unbeschreibliche Duft
des Originals würde dadurch verfliegen. In ihrem Urgefüge, in
ihrer ursprünglichen Färbung, in dem Gegensatze von Feierlichkeit und
Kindlichkeit, von Hoheit und Kleinlichkeit, machen diese Dichtungen auf
den für diese Feinheiten empfänglichen Sinn einen unvergleichlich angenehmen Eindruck. Beim Lesen dieser vollendeten Meisterschilderungen bedauert der Leser nur, daß sie nicht länger ausgefallen sind,

---

[1]) Einleitung zum Chaluz I, bei Letteris S. 7.

und daß dieser sinnige Künstler nicht mehr als sechs solcher anschaulicher Gemälde und nur wenige ebenso schöne Briefe hinterlassen hat[1]).

Wie ein echter Dichter war Erter bei der Verteilung der Erden-
güter zu spät gekommen und hatte mit Not zu kämpfen. Im dreiunddreißigsten Lebensjahre, als er bereits heiratsfähige Töchter hatte,
setzte er sich noch auf die Schulbank, um die Arzneikunst als Brotstudium zu erlernen. Die Zeit, die er für die Verjüngung der hebräischen
Sprache verwandte, mußte er dem Schlafe rauben, und in den besten
Jahren, als er noch voll dichterischer Schöpferkraft war, raffte ihn
der Tod hinweg. Erter hat viel für das Judentum geleistet. Er hat
durch die von ihm erwiesene Biegsamkeit der hebräischen Sprache
frische Liebe für die jüdische Literatur geweckt und ein fast neues Organ
für die neuerwachte jüdische Wissenschaft geschaffen. Der Einfluß
auf seine Altersgenossen ist unverkennbar. Während Nachman Krochmals hebräischer Stil noch holprig, unbeholfen, man möchte fast sagen,
tibbonidisch steif ist und sich wie eine Übertragung aus einer fremden
Zunge ausnimmt, zeigen **Rapoport**, **Natkes**, **Jakob Sa-**
lomon Bik, **die beiden Goldberg**, Vater und Sohn,
und der Nachwuchs der galizischen Schule einen Fluß der Sprache,
eine Gewandtheit und Leichtigkeit, die dem Mißbrauch diente, französische Romane und Spielereien ins Hebräische zu übertragen.

Rapoport stand demnach nicht ganz vereinzelt in Lemberg; er
fand bereits Gesinnungs- und Strebensgenossen vor. Besonders günstig
war für die Entfaltung seines Geistes, daß ihm Krochmal ein leben-
diges Buch war, welches ihm alles für ihn Wissenswerte bot. Ihm
kamen die Kämpfe zustatten, die dieser bereits durchgemacht hatte.
Rapoport hatte an ihm nicht bloß einen Freund und Wegweiser, sondern auch einen Gedankenlenker, welcher seine bedeutenden Geistesan-
lagen, statt sie in unfruchtbaren talmudisch-dialektischen Haarspalte-
reien vergeuden zu lassen, auf die tiefere Erforschung des jüdischen
Altertums richten ließ. Von seinem Jünglingsalter an bis tief in
sein Mannesalter hinein, fast drei Jahrzehnte lang, pflegte Rapoport
den Weg von Lemberg nach Zolkiew mindestens alle Monate einmal
zurückzulegen, um den zugleich kühnen und zaghaften, gedankenreichen

---

[1]) Die Reihenfolge der Erterschen Stücke 1. מאזני משקל‎, 1823. 2.
חסידות‎ 1837. 4. תשליך‎ 1840. 5. גלגול‎ 1834. 3. תלונות סני וסנסני וסמנגלוף‎
1845. 6. הצופה בשובו מקארלסבאד‎ oder Einl. zum Chaluz תולדות‎
החלוץ‎ 1852. Erter schilderte auch die Damaszener Blutgeschichte in reizend
biblischem Stile, מגלת דמשק‎ (bei Letteris S. 106), ist aber nicht weit damit
gekommen, was sehr zu bedauern ist.

Forscher Krochmal aufzusuchen und sich mit ihm in wissenschaftlichen Gesprächen zu ergehen. Der Umgang mit seinem begabten jungen Freunde war für Krochmal bereits so sehr zum Bedürfnis geworden, daß er, so oft ihn ein Forschungsthema beschäftigte, ihn in Lemberg aufsuchte, um im Gedankenaustausch mit ihm zur Klarheit zu gelangen. Es bedurfte für Rapoport nur der Anregung; denn da Sinn und Liebe für die jüdische Geschichte ihm angeboren waren, und Gelehrsamkeit und scharfsinniges Erraten ihm zu Gebote standen, so machte er selbst fruchtbare Entdeckungen. In dem Austausch der Gedanken zwischen Meister und Jünger kamen sie gemeinschaftlich auf wichtige Ergebnisse, und zuletzt wußten sie nicht mehr, aus wessen Geist sie geflossen waren, oder vielmehr sie haben beide gemeinschaftlich zur Enträtselung derselben Dunkelheiten beigetragen. Darum weiß die Nachwelt bei vielen Ergebnissen ihrer gemeinsamen Forschungen nicht, welche dem Meister, und welche dem Jünger angehören. Diese ergiebigen Gespräche zwischen Krochmal und Rapoport waren die Geburtszeit der jüdischen Wissenschaft nach der geschichtlichen Seite hin.

Indessen bei aller Gemeinsamkeit der Entdeckungen zweigte sich doch, so wie beide zur Reife des Bewußtseins gelangten, das Gebiet ihrer Forschung verschieden ab. Krochmal hatte mehr Vorliebe für das Allgemeine und Enzyklopädische; das Einzelne diente ihm nur als Beleg und Bewährung. Rapoport dagegen hatte ein tieferes Interesse für einzelne Züge, besonders für das Biographische; allgemeines lag ihm fern. Krochmal legte schon in der Jugend ein Werk an, das einen Überblick über die Entwicklung der Gedanken im Judentume, über die abwechselnden Erscheinungen von Aufleuchten und Verdunkeln derselben gewähren sollte. Rapoport sammelte ebenfalls von Jugend an, aber ein biographisches Werk über die Träger des Judentums und seiner Ideen[1].

Indessen da diese mühsame Arbeit viel Zeit und Hingebung erforderte, Rapoport aber nicht Herr seiner Zeit war, so reiften die Früchte seiner Forschungen sehr langsam. Als er aber hintereinander sechs Biographien (1828—31)[2] mit einer Fülle lichtvoller Ausfüh-

---

[1] Krochmal arbeitete von Jugend auf an seinem Werke מורה נבוכי הזמן, das erst nach seinem Tode, 1851, von Zunz herausgegeben wurde. Rapoport bemerkt schon in der Einleitung zu seiner hebräischen Übersetzung des Racineschen Dramas Esther, 1827, daß er seit langer Zeit ein biographisches Werk אנשי שם angelegt habe.

[2] In der von Schalom Kohen gegründeten Zeitschrift בכורי העתים

rungen und Andeutungen lieferte, so war damit die Bahn für die gründliche Erkenntnis der inneren Geschichte des Judentums und des jüdischen Stammes eröffnet. Rapoport zeigte auf eine unwiderlegliche Weise und auf festem wissenschaftlichen Grunde, daß die großen Träger oder Tonangeber des Judentums im Mittelalter, weit entfernt, das Licht der freien Erkenntnis zu scheuen, es vielmehr angezündet und unterhalten haben. Er zeigte, daß gerade zur Zeit, als die europäischen Völker noch im mittelalterlichen Dunkel tappten, die Juden bereits allgemeines Wissen pflegten. Die Chronologie, die geschichtliche Geographie, die Literaturgeschichte und viele andere so wichtige Zweige zur kritischen Erforschung des Ganges der Geschichte, welche bis dahin gar nicht beachtet oder nur oberflächlich behandelt worden waren, erhielten durch ihn erst ihre Begründung und Anwendbarkeit. Die scharfsinnige Art, mit welcher er Entferntes verband und scheinbar Zusammengehöriges trennte, der kritische Prüfstein, den er fand, um das Echte vom Falschen, Tatsachen von Sagen zu scheiden, wirkten so außerordentlich anregend für die Zukunft, daß man ihn nebst Krochmal als den Vater der jüdischen Wissenschaft anerkennen muß. Das, was Jost und andere Vorgänger geleistet haben, verschwindet neben diesen Forschungen wie ein oberflächliches Gerede vor einer wohldurchdachten, strenggegliederten, lichtvoll verteilten Rede. Was diesen Forschungen ganz besonderen Wert verlieh und sie vor bloß gelehrtem Kram auszeichnete, war die Wärme und Liebe, mit denen sie unternommen wurden. Darum sind sie als nationale Taten und nicht als Erzeugnisse müßiger Gelehrsamkeit zu betrachten. Die Judenheit, soweit sie teil daran nahm, spiegelte sich selbst darin, sah die daraus erforschte Geistesgeschichte als ihre Selbsttat oder als Richtweg für die Zukunft an. Rapoport hat indes für den Ausbau dieser Erkenntnis mehr als Krochmal getan, da er sich nicht von den Ketzerriechern einschüchtern ließ, vielmehr männlichen Mut zeigte, für die von ihm erkannte Wahrheit mit seinem Namen einzutreten. Die wissenschaftliche Bewegung innerhalb der Judenheit, die seit dieser Zeit immer voller strömte, ist auf ihn ganz besonders zurückzuführen. Nicht die Quelle, welche zuerst das Wasser aus ihrem Schoße entläßt und zwischen

---

erschienen die Biographien von Saadia Gaon, Nathan ben Jechiel, Haï Gaon, Eleasar Kalir, Chananel und Nissim von Kairuan. Seine Erstlingsarbeit über die Juden von Chaibar (1823) zeigte noch nicht wissenschaftliche Bedeutung. [Ein bibliographisches Verzeichnis seiner sämtlichen Schriften, zusammengestellt von Halberstam und Kaufmann, enthält das „Zentenarium usw.", S. 414 f. (im ganzen 110 Nummern).]

Gebüsch versteckt rieseln läßt, hat Bedeutung, sondern der breite Strom, der sich dem Auge zeigt, auf seinem Rücken Schiffe trägt, und die Ufer überflutend, auch Nachbarfelder befruchtet. Die Bedeutung, die Rapoport erlangte, zeigte sich darin, daß er zum Kreisrabbiner von Tarnopol und bald darauf zum ersten Rabbiner von Prag gewählt wurde. Abermals wurde ein Pole nach Deutschland berufen, aber unter welchen veränderten Umständen!

Die Wirkung der Rapoportschen Forschung zeigte sich alsbald. Leopold Zunz[1]) (geb. in Detmold 1794, starb in Berlin 1886), ein Gelehrter ersten Ranges, der langsam Baustein auf Baustein zur inneren Geschichte der Juden zusammengetragen hat, eines der drei Häupter des Berliner Kulturvereins, in dieser Forschung Trost findend gegen die unangenehme Enttäuschung, die er anderweit erfahren hatte, benutzte Rapoport Ergebnisse und Art der Untersuchung, um eine andere Seite der jüdischen Geschichte zu beleuchten. Die „Gottesdienstlichen Vorträge der Juden" wurden in ihrer Entstehung, ihrem Verlaufe, ihrer Erhabenheit und ihrer Entartung entwickelt (1832)[2]). Sie zeigten das Judentum von einer anderen Kantenfläche und wollten ebenfalls den augenfälligen Beweis liefern, daß die Juden während des Mittelalters nicht eine rohe Horde ohne Gesinnung und Zucht gewesen, wie die Erzjudenfeinde behaupteten, um sie zu verunglimpfen und ihre Gleichstellung zu hintertreiben, sondern eine geistesgewegte Gemeinde, die aus sich selbst eine eigene Kultur erzeugt und an der allgemeinen regen Anteil genommen hat. „Seit früher Zeit finden wir in der Verfassung des jüdischen Volkes Veranstaltungen getroffen, um dem in Lebensmühen und Irrtum versenkten oder vom Sinnenrausch und roher Begierde gefesselten Menschen das Göttliche nahezubringen. Sabbat= und Festfeier, Opfer und heilige Versammlungen, gemeinschaftliche Andachten und Gesetzesunterweisungen sollten Trost dem Sünder, dem Schwachen eine Stütze, allen Belehrung gewähren und in der Mitte der Nation, wie in der Brust des einzelnen ein heiliges Feuer des Glaubens und der Vaterlandsliebe bewahren. Jahrtausende sind seitdem vergangen, die Juden haben längst Selbständigkeit und Vaterland verloren; aber bei dem Unter=

[1) Vgl. P. Rabinowitz, ר' יום טוב ליפמאן צונץ, חייו זמנו וספריו, Warschau, 1897, 8.]

[2) Zunz, die gottesdienstlichen Vorträge der Juden, historisch entwickelt. Ein Beitrag zur Altertumskunde und biblischen Kritik, zur Literatur und Religionsgeschichte, Berlin 1832. [2. Aufl., herausgeg. von N. Brüll, mit einem Vorwort von M. Steinschneider, Frankfurt a. M. 1892.]

gange aller Inſtitutionen blieb die S y n a g o g e als einziger Träger
ihrer Nationalität; dorthin floh ihr Glauben, und von dorther emp=
fingen ſie Belehrung für ihren irdiſchen Wandel, Kraft zur Ausdauer
in unerhörten Leiden und Hoffnung auf eine künftige Morgenröte
der Freiheit.   Der öffentliche Gottesdienſt der Synagoge ward das
Panier jüdiſcher Nationalität, die Ägide des jüdiſchen Glaubens"[1]).

Die Gebetform und die Predigt wurden in dieſer eigenartigen
Schrift in ihren vielfachen Geſtaltungen von der Markſcheide der bib=
liſchen und ſoferiſchen Zeit an bis zu ihrer Ausbildung, ihrem Verfall
und ihrer Wiederverjüngung vorgeführt.   Es war die erſte gediegene,
zwar trockene, aber belegreiche Arbeit eines jüdiſchen Schriftſtellers,
wie ſie der deutſchen Gelehrtenzunft zuſagt.   Sie zeigte da eine Fülle
von Tatſachen, von der man bis dahin nichts gewußt oder keine rechte
Vorſtellung gehabt hatte.   Sie machte daher einen bleibenden Eindruck
und wirkte ihrerſeits fruchtbar anregend.   Sie hat ihre große Bedeu=
tung in dem Aufbau der jüdiſchen Wiſſenſchaft.   Die „gottesdienſt=
lichen Vorträge" verfolgten zwar auch zwei Nebenzwecke, die Gleich=
ſtellung der Juden und die Förderung der Reform.   „Möge der Vor=
tragende Prediger oder Rabbiner, Lehrer oder Redner heißen, wenn
er nur aus Bibel und Hagada das Wort Gottes, aus alten und neuen
Leiſtungen das echte Gold . . . zu finden weiß.   Dann wird wiederum
in deinen Tempel, o Tochter Zion, der göttliche Geiſt einkehren . . .
Der entzündete Funke erliſcht nicht wieder; ihn können Verfolgungen
nur zu lichter Flamme anblaſen; denn unwiderruflich, wie der Sieg
der Freiheit und der Zivilſation, der bürgerlichen Gleichſtellung der
Juden und ihrer wiſſenſchaftlichen Kultur, iſt die Reform und der
Triumph des dieſe Reform offenbar machenden Wortes[2])."   Zu dieſem
Zwecke wird ſorgfältig nachgewieſen und betont, daß von jeher bis in
die letzten Jahrhunderte in portugieſiſchen und italieniſchen Gemeinden
in der unverdorbenen Landesſprache gepredigt wurde.   Allein dieſe
beiden Zwecke, die Emanzipation und die Reform, ſind dadurch nicht
gefördert worden, oder inſofern ſie ſich verwirklichten, ſind ſie auch
ohne die Beleuchtung „der gottesdienſtlichen Vorträge" zuſtande ge=
kommen.   Aber wiſſenſchaftliche Gründlichkeit nach deutſcher Art haben
ſie für künftige Forſchungen zur Notwendigkeit gemacht und von den
jüdiſchen Schriftſtellern die Schmach genommen, als könnten ſie nie=
mals in die Tiefe dringen.

[1]) Zunz, Die gottesdienſtlichen Vorträge uſw., S. 1 (1. Aufl.)
[2]) Daſ. S. 481.

Die flügge gewordene jüdische Wissenschaft schuf sich alsbald neue Organe, in denen sie sich aussprechen konnte. Das älteste und gediegenste war in hebräischer Sprache gehalten, der „Edle Weinberg" (Kerem Chemed), von Samuel Löb Goldenberg aus Tarnopol gegründet[1]), das ein Jahrzehnt hindurch den verschiedenen Seiten des Judentums zu klarer Erkenntnis verhalf. Die Herrscherin war jedoch die jüdische Geschichte; ihr wurde darin die größte Sorgfalt zugewendet. Von den poetischen Spielereien, welche noch das Mittelding zwischen den ehemaligen Measfim und den neuen wissenschaftlichen Organen, die von Schalom Kohen gegründeten „Erstlinge der Zeiten"[2]), füllen, ist darin keine Spur mehr zu finden. Diejenigen, denen ihre Aufgabe für die neuen Organe klar wurde, fühlten, daß es nicht mehr an der Zeit sei, mit Versen zu tändeln, hebräische Dramen oder eigentlich Dialoge zu reimen, Racinesche oder Schillersche Verse, Petrarkas oder gar Anakreons Lieder in hebräische Form zu bringen, sondern, daß es jetzt gelte, die vergrabenen Heiligtümer des Judentums ans Tageslicht zu bringen. Es entstand ein Wetteifer unter Männern und Jünglingen, jüdisch-wissenschaftliche Untersuchungen zu verbreiten und zum Gemeingut zu machen. Je nach Begabung, Kenntnis und Reise brachten die Mitarbeiter am „Weinberge" bedeutendere oder geringere Spenden, ohne Erwartung irgendeines Lohnes oder einer greifbaren Ehre. Welche Hochschule oder Akademie sollte ihre mühsamen Forschungen durch Einräumung einer Lehrkanzel oder eines Ehrenplatzes belohnen? Nicht einmal eine Rabbinatsstelle stand denen in Aussicht, welche die von den rabbinischen Studien so verschiedenen, nicht selten entgegengesetzten Fächer anbauten. Im Gegenteil, ihr wissenschaftlicher Eifer machte sie in den Augen der Stockfrommen rabbinischer Ehren unwürdig. Am meisten waren in dem neuen Organ die Träger der galizischen Schule vertreten, und unter diesen nahm Rapoport den ersten Rang ein, obwohl er sich wegen seiner freimütigen Äußerungen Feindseligkeiten zuzog[3]). Auch Krochmal ließ sich, durch Rapoports mutiges Vorgehen angespornt, herbei, einzelne Kapitel aus seinem Sammelwerke unter seinem Namen zu veröffentlichen. Die deutsche Judenheit stellte jedoch nur zwei Vertreter

---

[1]) כרם חמד sieben Jahrgänge, zuerst I. 1833, II. 1836 in Wien, und 1838 bis 1843 in Prag erschienen. [Dann noch zwei Jahrgänge in Berlin 1854 und 1856. Vgl. auch Weißberg a. a. O., S. 49 ff.].

[2]) בכורי העתים, 12 Jahrgänge von 1820 bis 1831. Wien, fortgesetzt von [M. J. Landau,] Reggio [und J. Zeiteles]. — Vgl. Weißberg a. a. O.].

[3]) S. Kerem Chemed I, S. 50 f.

zur Mitarbeit, aber zwei hochbegabte, den ſammelfleißigen L e o p o l d
Z u n z und den hochgeſtimmten M i c h a e l S a c h s , die, wie ver-
ſchieden auch in ihrer Auffaſſung des Judentums, jeder von ſeinem
Geſichtspunkte aus, die jüdiſche Wiſſenſchaft reich bedacht haben.

Eine neue Verſtärkung erhielt die kleine Schar der jüdiſchen Forſcher aus Italien, das lange Zeit in Schlummer verſunken war und
in die jüdiſche Geſchichte nur wenig eingegriffen hatte. Neben dem alten
wunderlichen Halbrabbinen R e g g i o in Görz, dem Rabbiner G h i -
r o n d i von Padua, welcher Nepis literariſches Verzeichnis (o. S. 267)
ergänzte, ferner dem reichen Privatmanne A l m a n z i und dem Arzt
S a m u e l V i t a d e l l a V o l t a aus Mantua ragte beſonders
hervor S a m u e l D a v i d L u z z a t t o (geb. in Trieſt 1800, ſtarb
zu Padua 1865)[1].

Jenen Opfermut der jüdiſchen Forſcher im Mittelalter, die inmitten unſäglicher Entbehrungen und Leiden der Pflege des Geiſtes
ihre ganze Sorgfalt zuwendeten, betätigte auch Luzzatto als Muſter
für das jüngere Geſchlecht. Sein Lebenlang, bis in ſeine letzte Stunde,
obwohl er bereits einen europäiſchen Namen hatte, mußte er mit ſeiner
Familie darben, und die Entbehrung hinderte ihn nicht, ſich der Erweiterung ſeiner Kenntniſſe mit einer Duldergröße zu unterziehen, die
um ſo heldenmütiger war, als ſie nicht theatraliſch in die Augen fiel.
In Polen keine Mittel zu haben, wie es bei Rapoport, Erter und vielen
andern Pflegern der neuen jüdiſchen Wiſſenſchaft der Fall war, war
nicht ſo niederbeugend wie in Italien, weil dort die Bedürfniſſe gering,
die Genügſamkeit an wenigem faſt allgemein war und dort noch dazu
reiche, hochherzige und die Wiſſenſchaft ſchätzende Männer die Pfleger
der Gelehrſamkeit nicht fallen ließen. In Italien hingegen, wo Lebensbehaglichkeit auch im Mittelſtande Bedürfnis geworden war und die
Gleichgültigkeit der Juden gegen die Wiſſenſchaft einen hohen Grad
erreicht hatte, muß es Bewunderung erregen, wie Luzzatto dieſe Ruhe
und Heiterkeit finden konnte, bei Sorgen um das tägliche Brot ſo
viel für die Förderung der jüdiſchen Wiſſenſchaft zu leiſten. Luzzatto
empfand bei jedem noch ſo geringen Fund eine kindliche Freude, welche
den Fernſtehenden wunderlich erſchien; es war die ſelbſtgeſchaffene

---

[1] Luzzatto gab ſeine Selbſtbiographie nur ſtückweiſe heraus, zuletzt in
der Zeitſchrift ha-Maggid, Jahrg. 1864—65 [vielmehr Jahrg. 1858, Nr. 17,
18, 19, 22, 23, 30, 33; Jahrg. 1859, Nr. 1, 13, 14, 21, 22, 31, 32, 33; Jahrg.
1862, Nr. 12, 15, 16, 21, 22, 23], nur ſeine Jugenderlebniſſe. [Vgl. B o n d i ,
מכתבי שפת קודש (Prag 1857), S. 62—74 und Autobiografia di S. D.
L., herausgegeben von ſeinem Sohne Iſaie Luzzatto. Padua, 1882, 8.].

Zerstreuung des Märtyrers, welche den im Augenblick nagenden Schmerz vergessen macht.

Für geschichtliche Studien war Luzzatto ursprünglich nicht beanlagt. Der hervorstechende Zug seines Geistes war schwärmerische Liebe zur Poesie, zum Judentum und zur hebräischen Literatur, und diese dreifache Liebe floß in seinem Innern in eins zusammen. Aber der gesteigerte Enthusiasmus, verbunden mit außerordentlich zartem Geschmacke für dichterische Schönheiten, konnte die mangelnde Schöpferkraft in seinem Wesen nicht ersetzen; er konnte es zu weiter nichts, als zu einem begabteren Wessely bringen. Seine hebräischen Verse, womit er die biblische Poesie wieder zu beleben gedachte, sind tadellos, klangvoll und auch hebräisch gefärbt; aber es fehlt ihnen wie den Wesselyschen Versen die eigentliche Seele, die Poesie. Luzzattos hebräische Prosa, so geschmackvoll sie auch gefeilt ist, hält mit der Erterschen Zaubersprache keinen Vergleich aus. Das empfand er selbst und war so gerecht, dem galizischen Kunstgenossen die Palme zu reichen. Sein tiefes Verständnis für wahre Dichtkunst, besonders für die Feinheiten der biblischen Literatur, und sein geläuterter Geschmack haben Luzzatto ein anderes Gebiet eröffnet, auf dem er etwas leisten konnte, die Auslegung der heiligen Schrift. Die Säuberung dieses Kleinods von dem ihm seit Jahrtausenden anhaftenden Rost war bis dahin fremden Händen anvertraut, die nicht das rechte Verständnis und noch weniger die rechte Weihe dazu mitbrachten. Christliche Bibelerklärer, Eichhorn, de Wette, Gesenius und andere hatten dieses Geschäft der Läuterung mit plumper Hand verrichtet und aus Mangel an Prüfungsvermögen echtes Gold als Schlacke ausgeschieden. Luzzatto war einer der ersten unter den Juden, welcher in der neuen Zeit die biblische Exegese anbaute. Er hatte dafür das sicherste Organ, um den hohen Geist und die schöne Form der biblischen Literatur zu erkennen und auf die störenden Elemente, sowie auf Wiederherstellung des Ursprünglichen aufmerksam zu machen. Den Bau der hebräischen Sprache bis in ihr feinstes Geäder und grammatische Kleinigkeiten verstand niemand tiefer als er. An der jungen rabbinischen Hochschule in Padua, dem Collegio rabbinico[1]), hatte Luzzatto Gelegenheit, die Bibel-

---

[1]) Das Paduaner Collegio rabbinico wurde im Herbst 1829 eröffnet. Es kam zustande durch Kaiser Franz' Edikt [vom 22. Januar 1820], daß die Rabbiner in den österreichischen Gemeinden die Philosophie absolvieren müssen, und durch Reggios Aufruf, ein solches aus Gemeindemitteln zu gründen. S. בכורי העתים, Jahrg. 1831, S. 5ff. Luzzatto und Della Torre waren die ersten Professoren desselben. Nachdem diese rabbinische Hochschule meist

ſtudien eifrig zu pflegen und den richtigen Sinn des Wortes der Propheten und Gottesmänner zu erraten. Wäre Luzzatto dieſen Forſchungen treu geblieben, ſo hätte er mit ſeinem glücklich nachſchaffen-
den Sprachgefühl und ſeiner jüdiſch-religiöſen Innigkeit Treffliches
hervorbringen und der jüdiſchen Wiſſenſchaft einen um ſo weſent-
licheren Dienſt leiſten können, als er viele Nacheiferer nachgezogen
hätte, da ſeine Rechtgläubigkeit unangetaſtet war. Allein Luzzatto bekam mit einem Male Furcht vor ſeiner eigenen Kühnheit, oder vielmehr er fürchtete den Mißbrauch. Wenn erſt die maſoretiſchen Mauern
eingeriſſen ſeien, dachte er, ſo würde der heilige Text ein Tummel-
platz für die Ungeſchicklichkeit und bodenloſe Willkür werden, welche
darin das Unterſte zu oberſt kehren würde. Er traute der Kunſt der
prüfenden Wiſſenſchaft nicht genug zu, daß ſie die Wunden, die ſie
geſchlagen hat, wieder heilen könne, oder vielmehr, daß ſie eben durch
Beimiſchung von Gift die Säfte reinigen werde. Luzzatto blieb daher
auf halbem Wege ſtehen, und befeſtigte ſelbſt das Pfahlwerk der Ma-
ſora, das er früher untergraben hatte.

Durch die geſchichtlichen Leiſtungen Rapoports angeregt, warf er
ſich auf dieſelben Studien und leiſtete nach dieſer Seite hin Bedeutendes. Durch die Zerſtreuung der Juden und ihr tragiſches Geſchick waren
die ſchönſten Blätter ihrer Geſchichte aus der ſpaniſch-franzöſiſchen
Epoche verloren gegangen. Die Forſcher empfanden viele Lücken, die
ſie durch Verſtandestätigkeit gut oder ſchlecht ausfüllen mußten. Dieſe
ſchönen Blätter aufzufinden, dafür war Luzzattos Eifer erglüht, und
Italien krönte ſein Bemühen mit Erfolg. Die aus Spanien und Frankreich verjagten Juden hatten zumeiſt auf ihren Wanderungen ihren
Weg über Italien genommen; viele hatten ſich auch dort angeſiedelt:
hier hatten ſich daher meiſtens die Schätze des jüdiſchen Schrifttums
abgelagert, aber ſie waren vergraben, weil ſie das Argusauge der
Inquiſition fürchteten. Selbſt gediegene Druckwerke aus italieniſchen
Offizinen hervorgegangen, waren nicht leicht zu finden. Luzzattos
Eifer ſpürte ſie auf und machte ſie durch wiſſenſchaftliche Organe oder
in ſelbſtändigen Schriften bekannt und benutzbar. Durch ihn erhielt
erſt die mittelalterlich-jüdiſche Geſchichte ihre Urkunden, ihren feſten
Grund, ihre Färbung und Beleuchtung. Wenn Krochmal und Rapoport

mit beſchränkten Mitteln viele Jünger als Rabbiner für italieniſche Gemeinden
entlaſſen hatte, ging ſie infolge politiſcher Veränderungen, durch die Los-
trennung der Lombardei von Oſterreich 1866 ganz ein, und iſt bis jetzt, obwohl die Lombardei wieder mit Venedig unter Italien vereinigt iſt, noch
nicht wieder in Schwung gekommen.

die Väter der jüdischen Geschichtsbearbeitung genannt werden, so war Luzzatto deren Mutter.

Erst durch ihn war es möglich, das, was bis dahin nur im Umriß in einen Nebelschleier gehüllt war, deutlich zu erkennen, zu gruppieren, zu gliedern und in ursprünglichem Glanz wieder herzustellen. Die Anfänge der neuhebräischen Poesie, ihre Blütezeit in Jehuda Halevi, wie überhaupt das reiche Geistesleben der Juden in Spanien sind zuerst durch ihn erschlossen worden. Und bis zu seinem letzten Hauche war Luzzatto unermüdlich im Suchen und Stöbern. Er legte selbst eine Sammlung wertvoller Schriften an und ermunterte viele andere Freunde der jüdischen Wissenschaft, dasselbe zu tun. Neidlos spendete er von seinen Funden und war glücklich, die von ihm gefundenen Schätze zum Gemeingut machen zu können. Er war ein Priester im Dienste der jüdischen Wissenschaft, und sein Andenken wird im Hause Israel unvergeßlich bleiben.

Neben dem hebräischen Organe für die jüdische Wissenschaft (Kerem Chemed) entstanden, von mehreren Seiten angeregt, deutsche Zeitschriften, welche neben Tagesfragen auch jüdisch-wissenschaftliche Studien mehr oder weniger förderten und in raschen Umlauf setzten, das „Israelitische Predigt- und Schul-Magazin" (1834—36), die „Wissenschaftliche Zeitschrift für jüdische Theologie" (1835—1847)[1]), die „Allgemeine Zeitung des Judentums" (seit 1837 ununterbrochen bis heute bestehend).

Alle diese wohltuenden Erscheinungen, die durch wissenschaftliche Behandlung begonnene Klärung des Judentums und die durch Selbstachtung erzielte zunehmende Achtung der Juden in bürgerlichen Kreisen, selbst in Deutschland, erweckten den Schein, als sollte sich die Neugestaltung der jüdischen Religion friedlich, ohne Kämpfe und leidenschaftliche Aufregung, vollziehen. Immer mehr wurden jüngere akademisch gebildete Männer zum Rabbinatsamte berufen, welche durch Predigt in der Landessprache und andere Mittel dem Judentum in seiner äußeren Gestaltung Würde und Anziehungskraft verliehen, um der Fahnenflucht, besonders der Massentaufe, entgegenwirken zu können. Es schien, als ob die alten rabbinischen Vertreter des Judentums von der Bildfläche verschwunden wären oder die Waffen gestreckt hätten. Dieser Schein friedlicher Entwicklung schwand mit einem Male,

---

[1]) Israel. Predigt- und Schul-Magazin 1834—36 und Allgem. Zeitg. des Judentums seit 1837, gegründet von Ludwig Philippson, und die wissenschaftliche Zeitschrift von Abr. Geiger 1835—47.

als sich ein schriller Kriegsruf von einer Seite erhob und von einer anderen Seite ebenso scharf erwidert wurde. Der Gegensatz zwischen dem Alten und dem Neuen und seine Unversöhnlichkeit ging von zwei jungen Männern aus, die, an einer und derselben Universität akademisch ausgebildet, sich für das rabbinische Lehramt vorbereitet hatten, miteinander freundschaftlich verkehrten, und keine Ahnung davon hatten, daß ihre Namen zum Stichwort für Parteiungen in der Judenheit dienen würden. Die Gegensätzlichkeit in bitterer Befehdung ging von A b r a h a m G e i g e r und S a m s o n R a p h a e l H i r s ch aus. Beide reich begabt, waren nach ihren Anlagen und ihrem Temperament einander antipathisch. Der erstere war heiteren, geselligen Gemüts, anschließenden und lebhaften Geistes, vielseitig oder wenigstens für die verschiedenen Seiten des Wissens empfänglich und anempfindend, der letztere dagegen mehr ernsten Gemütes, verschlossen und einseitig von seinen Lieblingsgedanken eingenommen.

G e i g e r (geb. in Frankfurt a. M. 1810, gest. in Berlin 1875) stammte aus einer rabbinischen Familie und entwickelte sich zu einem erbitterten Feinde des Talmuds und des rabbinischen Judentums und zum leidenschaftlichen Fahnenträger einer durchgreifenden Reform. H i r s ch (geb. in Hamburg 1812, gest. in Frankfurt a. M. 1888) aus einer Kaufmannsfamilie wurde der geharnischte Vorkämpfer für das alte rabbinische Wesen, von dem er nicht ein Jota aufgegeben wissen wollte. Ihre ganze Lebens- und Amtstätigkeit konzentrierte sich in e i n e m Punkte: bei Geiger vollständige Auflösung der vom Talmud geschaffenen Gestaltung des Judentums, bei Hirsch krankhaftes Festhalten an allem, was der Talmud, die rabbinischen Autoritäten und der Brauch geheiligt haben.

Geiger begann den Kampf mit der Gründung der w i s s e n s ch a f t l i ch e n Z e i t s ch r i f t f ü r j ü d i s ch e T h e o l o g i e (1835). Ihr Ziel war von Anfang an Stürmerei. Sie schlug in jugendlicher Zuversicht einen hohen Ton an, als wollte sie sich zum höchsten Tribunal aufwerfen, von dem alle Bestrebungen ihr endgültiges Urteil, Lob oder Tadel, zu erwarten haben müßten. Mutig trat sie der unverschämten Anmaßung sich gelehrt dünkender Judenfeinde — wie derjenigen Hartmanns — entgegen und bekämpfte die Gedankenschwäche derjenigen Juden, welche noch immer die Ideale in das Christentum verlegten. Als verdienstlich ist es der Zeitschrift oder dieser Schule anzurechnen, daß sie früher vernachlässigte, weil ganz oder halb geächtete Episoden und Personen der jüdischen Geschichte, die Karäer, die begabten Zweifler und Heuchler, wieder in frische Erinnerung brachte.

Sie hat durch ihr Ungestüm und ihre Stürmerei Bewegung und Rüh=
rigkeit in jüdische Kreise gebracht, einen regen, wissenschaftlichen Blut=
umlauf erzeugt und die anderweitig gewonnenen Ergebnisse der For=
schung in verdünnter Gestalt faßbar und gemeinverständlich gemacht.
Wer vermag heute schon abzuwägen, ob der Gewinn oder der Schaden
größer war, den sie dem Judentume gebracht hat? Sie hat nämlich
auch tief eingreifende Irrtümer verbreitet, indem sie das Judentum
zur Theologie, d. h. zu einer Kirchen= und Dogmen=Religion gemacht
und dessen Vertreter, die Rabbinen und Träger der Lehre, zu Geist=
lichen und Pfarrern gestempelt hat. Dadurch hat diese Richtung das
Judentum eingeengt und das, was Jahrtausende überragte, in den
Kreis der Erscheinungen von gestern herabgezogen. In großer Hast
hat sie die kaum kalt gewordene Gedankenarbeit sofort ins Leben ein=
führen, oder wie die Formel lautete, die „Lehre mit dem Leben aus=
gleichen" wollen, die Lehre, die noch nicht begriffen war, dem Leben,
d. h. den Anforderungen der Bequemlichkeit, der bürgerlichen Gleich=
stellung zum Opfer bringen wollen. Die Wissenschaft war für Geiger
nicht Selbstzweck, sondern Mittel, um das Judentum seines Inhaltes,
der seine Eigenart ausmacht, zu entleeren, und es zu etwas Nagel=
neuem umzuformen. Geiger hat zwar mit rühmenswertem Mannes=
mut den Zudrang jüdischer Geldmänner und gedankenleerer Kreise
zur Kirche ohne innere Überzeugung und die Nachäffung christlicher
Gewohnheiten in jüdischen Familien bekämpft und sich dadurch bei den
Wortführern des Christentums mißliebig gemacht; aber indem er die
alten Erinnerungen und Belehrungsmittel aus der Synagoge verbannt
wissen wollte, die Predigt und neue Gebete in der Landessprache zum
Mittelpunkte des Gottesdienstes machte, den Prediger zum Seelsorger
stempelte, dem die Laienwelt sich unterzuordnen hätte, entzog er dem
Judentum gesundes Blut und beförderte gegen seinen Willen den
Abfall. Seine Zeitschrift hat der Willkür, mit der Friedländer, Jacob=
son und ihre Gesinnungsgenossen die Reformen eingeführt hatten,
den Schein der Notwendigkeit und der wissenschaftlichen Berechtigung
verleihen wollen. Durch ihr ungestümes und absprechendes Wesen
hat sie einen herben, heftigen Gegensatz hervorgerufen und somit den
Samen der Zwietracht in Jakobs Weinberg gestreut. Indessen hatte
diese Erscheinung auch eine Kehrseite.

Die Altfrömmigkeit, welche bis dahin sich den Neuerungen gegen=
über stumm oder polternd, jedenfalls ungeschickt benommen oder, wie
Bernays, in Sphinxrätseln gesprochen hatte, wurde dadurch heraus=
gefordert, das Wort zu ergreifen. Sie stellte die Berechtigung der

Reform, auf welche die Neuerung so sehr pochte, geradezu in Abrede. „Die neunzehn Briefe über Judentum" von Ben Usiel (1836), verfaßt von S. R. Hirsch, einem Jünger Bernays', waren die ersten Laute eines kräftigen Widerspruchs gegen die Verflachung des Judentums zu einer Alltagsreligion, die in Predigt, deutschen Gesängen und Konfirmation bestehen sollte, die mit einem Worte, die Fülle seines Wesens in die vier Wände der Synagoge einzuschränken gedachte. Es war die Eröffnung eines Kampfes zwischen zwei verschiedenen Grundanschauungen, der noch lange nicht ausgetragen ist. Dieser Kampf entbrannte jedoch nur in Deutschland. Die Juden der übrigen europäischen Länder verspürten noch nichts davon. Denn weil in Deutschland die alte Schmach so schwer zu tilgen, die junge Freiheit so mühsam zu erringen war, sahen die gebildeten Juden in der Eigenart ihres Bekenntnisses eines der Hindernisse, ihre Ebenbürtigkeit zu erlangen, waren bereit sie zu opfern und suchten sich einzureden, es sei kein Selbstaufgeben, sondern ein bloßes „Sichhäuten". Da die christliche Gesellschaft sie nicht als Deutsche anerkennen wollte, so wollten sie durch volles Abstreifen ihres Wesens beweisen, daß sie nur Deutsche, nichts als Deutsche wären und vom Judentum nur einen kleinen Rest beibehielten. Der gerade in Deutschland am schärfsten geweckte, grübelnde Geist trug dazu bei, nicht nur an diesem und jenem, sondern an dem ganzen Gebäude des Judentums zu nörgeln und es als ein vor Alter morsch gewordenes Werk anzusehen, das bis auf einige Grundsteine abgetragen werden müßte.

Wunderbar! Tiefer blickende Christen bewunderten die Zelte Jakobs in ihrer Einfachheit und Schmucklosigkeit, während Träger des Judentums sich darin beengt fühlten und Stiftshütte wie Bundeslade gern mit Pomp und Kirchenparade vertauschen oder wenigstens entstellend sie damit umgeben wollten. Zwei poetisch gestimmte christliche Forscher, überrascht von der wunderbaren Erscheinung, daß das gehetzte jüdische Volk noch bis in die neueste Zeit eine eigene neuhebräische Dichtkunst, im rauhen Winter Frühlingsblüten erzeugt hat, versuchten dafür in christlichen Kreisen Verständnis und Liebe zu erwecken. Die „Geschichte der jüdischen Poesie vom Abschluß der heiligen Schriften des alten Bundes bis auf die neueste Zeit"[1] von Franz Delitzsch und die „Hebräische Chrestomathie"[2] von Adam Martinet sind Huldigungen, christlicherseits dem jüdischen Geiste dar-

---

[1] Sie erschien in Leipzig 1836.

[2] Sie erschien unter dem hebräischen Titel תפארת ישראל in Bamberg 1837.

gebracht. Die Verfasser bewunderten dessen fortdauernde Schöpfer=
kraft und die Fortbildungsfähigkeit der hebräischen Sprache, obwohl
sie nur Bruchstücke und die neuesten und schönsten Erzeugnisse der neu=
hebräischen Poesie, Elia Halevys schwungvolles Siegeslied (S. 225)
und Isaak Erters feingezeichnete Sittenbilder, gar nicht kannten. Diese
eine Seite des jüdischen Geistes zeigte ihnen schlagend genug die Un=
sterblichkeit des Trägers an: „Niemand vermag zu leugnen," bemerkte
Delitzsch, „daß das jüdische Volk das denkwürdigste aller Völker ist,
daß seine Geschichte und Literatur nächst der kirchlichen die erste und
vorzüglichste Beachtung verdient. Die Poesie ist ein großer Teil dieser
kolossalen Literaturmassen und das treueste Abbild der psychologischen
Geschichte dieses Volkes . . . Die Elegik der Synagoge führt uns die
stetige Reihe jener zahllosen Leiden vor die Seele, welche Gott über
die Exulanten verhängt hat, und die Eindrücke, welche diese Leiden
im Herzen der Nation zurückgelassen haben . . . Der Orient exiliert
mitten im Okzident; aus den Tränen seines Heimwehs quillt die jü=
dische Poesie"[1]). Er verkannte auch nicht ihre schwache Seite: „Die
hebräische Sprache verleugnet auch (in der neuesten Poesie) nicht
ihre angeborene Schönheit, aber ihren volkstümlichen Charakter. In
ihrem Auge spiegelt sich die enthüllte Herrlichkeit des Himmels, in
ihrem Herzen trägt sie unaustilgbar das Bild des heiligen Landes —
nimm ihr beides, sie hört nicht auf, schön zu sein, aber die heilige Sprache
ist sie nicht mehr. Sobald die jüdische Poesie das Zentrum des juden=
tümlichen Glaubens, das Bewußtsein der nationalen Unzerstörbar=
keit, die Gnadenbevorzugung des Volkes und die Hoffnung der ein=
stigen Glorie verliert — verliert sie auch ihre Seele" . . . . „Die mittel=
alterlich jüdische Poesie ist das Dokument von der Freiheit des Volkes
in der Sklaverei, die moderne von der Sklaverei des Volkes in der
Freiheit und die zukünftige möge sein das lebendige Lebensbild von
der Freiheit des Volkes in der Freiheit"[2]).

Martinet wollte „die Höhe, Tiefe und Breite des Geistes der
Juden unserer Zeit in den Schätzen ihrer eigenen Literatur kennen
lernen", und war glücklich, ein ehrwürdiges, tiefergreifendes und in
jeder Beziehung großartiges Bruchstück gefunden zu haben. Seine
„A u s w a h l" sollte eine Ehrenrettung der neuhebräischen Literatur
werden und „die morgenländischen prächtig blühenden Blumen, auf
abendländischem Boden großgezogen, zu einem duftenden Strauße

---

[1]) Zur Geschichte der jüdischen Poesie usw., Einleitung, S. VII.
[2]) Das. S. 105, 95.

binden, um Bewunderer für sie zu erwecken und sie einzuladen, in
jenen Zaubergärten noch schönere Blumen zum strahlenden Kranze zu
sammeln"[1]).

Von dieser Begeisterung feinfühliger Christen empfand die neue
Schule, welche in „der wissenschaftlichen Zeitschrift" das Wort führte,
nur wenig. Sie beklagte es, „daß die Zweifel an die Stelle der Zu-
versichtlichkeit, der Kampf statt des Friedens, die Zerklüftung statt
der Einheit und Innigkeit getreten sind, daß sich in den Herzen jedes
einzelnen eine Ungewißheit und Unbehaglichkeit festgesetzt, die ihn in
einen überreizten, kränkelnden Zustand versetzt, der entnervend die
Willenskraft unterdrückt." Aber sie selbst trug dazu bei, diese Unbehaglichkeit und Verstimmung, wenn auch nicht hervorzurufen, so doch
zu nähren und damit gesunde Kreise anzustecken. Sie bildete sich so
lange ein, daß die Zersetzung des Judentums bereits eingetreten sei,
daß sie zuletzt davon überzeugt war, wie die deutsch-romantischen
Träumer sich in den Schmerz künstlich hineinwühlten, und ihn dann
auch wirklich empfanden. Das erwachende Bewußtsein und die auf-
dämmernde Erkenntnis sind in Deutschland wegen des Kampfes um
die vorenthaltene Gleichstellung teuer erkauft worden, um den Preis
der inneren Zerrissenheit und der Selbstquälerei.

Die verdüsterte Stimmung derer, welche das Bild des Judentums in seiner alten ehrwürdigen Gestalt bewunderten, aber an dessen
Fortbestand verzweifelten, gaben „Die Klagen eines Juden"
(1837)[2]) treu wieder. Die preußischen Juden waren damals durch
eine, des byzantinischen Hofes würdige Verordnung des Königs
Friedrich Wilhelm III. in einen Jammer geraten, der sich zugleich
elegisch und komisch ausnahm. Statt die ihnen verbriefte Freiheit,
wenn auch nur abschlagsweise, zu erhalten, sollten sie amtlich nicht
mehr „mosaische oder alttestamentarische Glaubensgenossen", sondern
schlechtweg „Juden" genannt werden, und es sollte ihnen nicht gestattet sein, christliche Vornamen zu führen. Die Polizei wurde angewiesen, streng darauf zu halten[3]). Es war nur ein neues Mittel,
die Schwächlinge zur Taufe zu bewegen. Die Veranlassung soll kleinlicher Art gewesen sein, die Verkennung eines Juden mit ausgeprägt
christlichem Namen als eines Christen. Noch war das Selbstgefühl

---

[1]) Martinet, Chrestomathie, Vorwort, S. VII f.

[2]) Von Joël Jacoby aus Königsberg, der gleich darauf zur Kirche
übertrat.

[3]) Kabinettsorders vom 30. Nov. 1828 u. vom 19. Juni 1836, vgl.
Rönne und Simon a. a. O., S. 43.

der Juden nicht erstarkt genug, um die beabsichtigte Demütigung mit
Würde zu ertragen. Viele Juden in den großen Städten, besonders
in Berlin, die der Kirche näher als der Synagoge standen, erblickten
darin eine Geringschätzung und flehten die Gnade des Königs an, sie
vor dieser unverdienten Verachtung zu schützen. Sie jammerten, als
sollten sie von neuem in die Verbannung gestoßen werden. Diese
komische Traurigkeit lassen die „Klagen eines Juden" in Psalmenart
widerhallen: „Die Kinder aus meinem Volke kamen zu mir, klagten
und weinten. Die Greise nahten und die Mütter, und banger Schmerz
malte sich in ihren Zügen. Ich fragte die Kleinen: ‚Was weinet ihr
schon so frühe?' Und zu den Alten sprach ich: ‚Was klagt ihr noch so
spät?' Die Kinder lallten: ‚Ach — wir sollen nicht mehr die hellen,
schönen Namen der Christen tragen, sondern die dunkeln und häßlichen
der Juden. Wir sollen schon gezeichnet sein bei den Spielen!' — Und
die Greise sagten: ‚Es leert sich wieder der Köcher des Zorns über
uns und unsern Kindern droht Elend und Gefahr!' — Da hab' ich
erwidert . . . . . Tröstet euch, seid stille und traget mit Stolz die stolzen Namen der Väter. Das sind Heldennamen, ruhmgekrönte Mär-
tyrernamen, von uraltem Adel, von uraltem Ritterschlag. — Als das
Abendland noch in wüster Roheit versunken war, da blühten schon
eure Namen in unsterblichem Glanz, weltbeherrschend, welterleuch-
tend und welterlösend . . . Denn das will ich euch sagen: ‚Ehe der
Zeiger der Geschichte sich wendet, werden manche prunkende Namen
des Abendlandes von der Erde weggemäht sein wie Stoppeln durch
die scharfe Sichel; aber so lange die Zeit währt, werden königlich in ihr
thronen die Namen Abraham, Mose, Jesaias[1])."

Joël Jacoby, der Sohn eines stockfrommen Vaters, hat allerdings
in seine „Klagen eines Juden" viel Unwahres, phantastische Empfindelei, einen erheuchelten Schmerz und viel Christelei hineingelegt.
Aber manche seiner Elegien sind warm empfunden und schön geformt.
„Im Traum schaut' ich den Genius meines Volkes. Kein prunkendes
Faltengewand umhüllte jugendliche Glieder, keine flüchtige Schwinge
trug ihn sieggekrönt von Land zu Land . . . . Asche deckte sein greises
Haupt, deckte den schwankenden Fuß, und erborgte Fetzen schützten das
matte Gebein. Aus tausend Wunden blutete sein Leib und immer
neue Messer bohrte man in seine Glieder . . . . Aber unter dem alten
Leib berget er eine junge, gotterfüllte Seele, und im greisen sturm-
gepeitschten Haupt weltbeherrschende, ewige Gedanken. Er berget im

---

[1]) Jacoby, J. a. a. O., S. 27 ff.

matten Auge einen weiten, prüfenden Blick, und er bewahrt im Herzen
ſtarken Willen, gewaltigen Trotz und heilige Kraft.   Ahnungsreiche
Träume blühen ihm im Geiſte, und mächtige Geſänge ſtrömen über
ſeine ſieche Lippe, wenn der Geiſt des Herrn über ihn kommt, wenn
angeregt werden die prophetiſchen Gaben.   Alſo ſchreitet der verachtete Genius meines verachteten Volkes einher, mit der troſtreichen,
davidiſchen Harfe in der Rechten, mit dem Geſetze Moſis in der Linken.
Er beugt ſich über ſeine Kinder und kräftigt die Zerſtreuten in der
Fremde"[1]).

[1]) A. a. O., S. 36 ff.

Elftes Kapitel.

Das Jahr 1840 und die Blutanklage von Damaskus.

Pascha Mehmet Ali und Sultan Abdul-Medschid.   Ludwig Philipp.   Ratti Menton und seine Spießgesellen.   Verschwinden des Paters Tomaso in Damaskus.   Anklage die Juden.   Einkerkerung mehrerer derselben. Bastonade und Folter.   Ähnlicher Vorfall in Rhodus.   Das Echo in Europa.   Adolph Crémieux.   Das jüdische Komitee in London.   Mose Montefiore.   Der österreichische Konsul Merlato für die Juden.   Die Volksversammlung in London zugunsten der Juden.   Montefiore, Crémieux, Munk reisen nach Ägypten.   Die Ränke gegen sie.   Die Befreiung der Angeschuldigten. Mehmet Alis Niederlage. Crémieux-Schulen in Ägypten.   Montefiore in Konstantinopel und Rom.   Munk und seine wissenschaftliche Bedeutung.

(1840.)

Wenn Joël Jakoby, zwischen Treue und Abfall schwankend, der Judenheit zurief: „Matt ist dein Leib, mein Volk, und müde dein Geist; darum bring' ich dir einen Sarg, darum weih' ich dir eine Gruft"[1], und wenn Geigers Organ der Stürmerei halb schmerzlich und halb schadenfroh als eine Tatsache bezeugte: „Zerrissen ist das Band, wie es früher die Gemeinden umschlang, und nur äußerlich hält es sie zusammen. Die Willenskraft der Gesamtheit ist gebrochen", so haben beide ihre Herzenswünsche für Wirklichkeit ausgegeben oder waren in arger Täuschung.   Schlechte Beobachter, hielten sie die Symptome raschen Wachstums für tödliche Schwindsucht.   Ein Vorfall, unscheinbar und geringfügig in seinen Anfängen, aber bedeutend in seinen Wirkungen, hat alsbald die falschen Propheten Lügen gestraft und gezeigt, welcher wunderbare Zusammenhang die Glieder der Judenheit unauflöslich hält, wie fest das Band noch ist, welches unsichtbar, ihnen selbst unbewußt, sie umschlingt, wie ein ernster bedrohlicher Angriff auf das Judentum das Herz sämtlicher Juden auf dem Erdenrund und aller Parteien, des reformistischen Stürmers gleich

---

[1] Jacoby, J., a. a. O., S. 67.

dem des Stockorthodoxen, des dem Judentum scheinbar abgewandten
Staatsmannes gleich dem des nur in Kabbala oder Talmud webenden
Klausners, im leichtlebigen Frankreich wie im ernsten Asien, in patriotischem Selbstgefühl schlagen machte. Wo das Selbstgefühl schlummerte, wurde es wachgerufen. Das Wunderbarste dabei war, daß die
verächtliche „Judensache" in die verschlungenen Fäden der europäischen und asiatischen Politik verflochten wurde, und daß sich der russische
Despot Nikolaus wie die amerikanische Republik der Juden in Damaskus annehmen mußte. Wer sich dieser Zeit und des Vorfalls, der
sich daran knüpft, erinnert und Sinn für die Wunder der Geschichte
hat, wird die wunderbare Verkettung dieser Begebenheit nicht verkennen. Ein in Frankreich naturalisierter Italiener Ratti=Menton,
der sich den Grafentitel beilegte, ein herz= und gewissenloser Gewinn-
jäger, der Sizilien und Tiflis wegen unehrenhafter Handlungen hat
meiden müssen[1]; ein vom Christentum zum Islam übergetretener
Renegat, ein ausgemachter Schurke und Erzjudenfeind, Hanna
Bachari Bey; sein Spießgeselle Mohammed El=Telli,
der einen reichen Juden in Damaskus mit einer Blutanklage bedrohte,
wofern er ihn nicht durch Geldsummen aus der Verlegenheit risse[2];
endlich ein christlicher Araber Schibli Ajub, ein ehrloser Wicht, der,
von einem Juden des Unterschleifs angeklagt und ins Gefängnis geworfen, Rache schnaubte, das waren die teuflischen Urheber eines
neuen blutigen Dramas, worin den Juden wieder die Märtyrerrolle
zugeteilt war. Aber dieser Leidensstand führte zur Selbstermannung,
zur Erhöhung und zum stolzen Selbstgefühl.

Die politischen Vorgänge dienten, wie angedeutet, diesem Drama
zum Grundgewebe. Der Schlaukopf Mehmet Ali, Pascha von
Ägypten, hatte durch glänzende Siege dem türkischen Sultan, seinem
Lehnsherrn, ganz Syrien samt Palästina entrissen. Die Bewohner
dieser Länder preßte er noch mehr als die seiner Hauptpaschaliks aus,
um gefüllte Kassen zu haben. Der ebenso schlaue sogenannte Bürger-
könig Ludwig Philipp, um den Groll der legitimen Fürsten von
Europa, besonders des Kaisers Nikolaus, zu entwaffnen, unterstützte
Mehmet Alis Eroberungspläne; französische Sendlinge halfen am
ägyptischen Raubsystem. Diese Ränke verdoppelten sich, als der willens-
feste aber unglückliche Sultan Mohammed ins Grab gesunken war,

[1] Heine, Französische Zustände, sämtl. W., X, S. 69, auch in den weiter
zu nennenden Quellen.
[2] David Salomon, account of the recent persecution of the Jews of
Damascus.

und sein schwacher, verzärtelter siebzehnjähriger Sohn Abdul = Megid, sozusagen den Thron bestieg (Juli 1839). Damals begann die orientalische Frage zu brennen. Rußland unterstützte die schwache Türkei, damit sie nicht dem starken Mehmet Ali in die Hände fallen sollte, Frankreich hingegen den ägyptischen Räuber, um Rußland Schach zu bieten. Österreich und England schwankten hin und her, und Preußen war das fünfte Rad am Wagen der europäischen Pentarchie. Durch die enge Verbindung zwischen Ludwig Philipp und Mehmet Ali erhoben die bis dahin gedrückten Christen in Palästina und Syrien ihr Haupt, da sich Frankreich gern zum Hort des Christentums im Morgenlande aufwarf, um sich Einfluß und einen Titel zu erwerben, wie es auch mit der Pfaffenpartei im Innern liebäugelte, um die Freunde der Freiheit niederhalten zu können[1]). Die Geistlichen und Mönche vieler ·Orden im Morgenlande, besonders die katholischen oder latei= nischen, gestern noch verfolgt, warfen sich, auf französischen Schutz ver= trauend, zu Verfolgern auf.

In Damaskus, welches damals von 5000 jüdischen Familien, fast 20 000 Seelen, bewohnt war, verschwand eines Tages (1. Adar = 5. Febr. 1840) der Guardian eines Kapuzinerklosters aus Sar= dinien, Pater Tomaso[2]) (Thomas) mit seinem Diener. Er war kein

---

[1]) Heine, Französische Zustände, 102 f.

[2]) Quellen für die „Damaskusaffäre" gibt es gar zu viele. Alle europäischen und levantinischen Zeitungen brachten vom April bis Herbst 1840 Nachrichten darüber, Falsches und Wahres untereinander. Die kleri= kalen und offiziösen Zeitungen in Frankreich und die judenfeindlichen in Deutschland, die Augsburger Allgemeine und die Leipziger Allgemeine an der Spitze, logen systematisch. Zuverlässig sind nur die Nachrichten in eng= lischen und österreichischen Zeitungen. Die jüdischen Blätter von 1840 bis 1841 enthalten außer den auch in anderen Zeitungen vorkommenden Nachrichten, auch die Vorgänge unter den europäischen Juden während dieser Zeit: die Archives Israélites von Isidor Cahn, die Allg. Zeitung des Judentums von L. Philippson, der Orient von Julius Fürst, erst 1840 entstanden, und zum Teil auch die Israelitischen Annalen von Jost. Die Fakta sind, leider sehr unchronologisch und durch Deklamationen unter= brochen, zusammengestellt in L. H. Löwensteins Damascia 1840 (2. Aufl. 1841, nach der ich zitiere). Die Anfänge der Damaskusgeschichte gaben un= parteiisch der österreichische Konsul in Damaskus Merlato und der eng= lische Missionär Wildau Pieritz (getaufter Jude), beide Augenzeugen. Der Bericht des Majors v. Heilbronner in dessen „Morgenland und Abendland", Stuttgart 1841 (wiedergegeben in der Allg Ztg. des Juden= tums 1841, Nr. 6) kann nicht als Originalrelation angesehen werden Er selbst gibt an, daß er erst in Damaskus eintraf, als die Tragödie ihren Höhe= punkt erreicht hatte. v. Heilbronners Angaben über die Anfänge stimmen

Heiliger im katholischen Sinne, vielmehr ein Lebemann, der gerne
Geld nahm, aber ungern gab. Er hatte sich mit Arzneipfuscherei, be=
sonders mit Pockenimpfen, beschäftigt, und ebenso oft jüdische und
mohammedanische Quartiere wie christliche besucht, um sein Handwerk
auszuüben. Was ist aus dem der ganzen Bevölkerung von Damaskus
wohlbekannten Pater geworden? Niemand wußte es genau anzugeben.
Es war allerdings ein Gerücht laut geworden, daß Tomaso einige
Tage vorher einen heftigen Wortwechsel mit einem türkischen Maul=
tiertreiber gehabt, der wegen vernommener Lästerung Mohammeds
geschworen haben soll: „Der Christenhund soll von keiner anderen
Hand als der meinen sterben." Es soll dabei zu Beleidigungen und
Tätlichkeiten gekommen sein; der Pater habe den Muselmann und
seine Religion so arg verflucht, daß ein dabei anwesender türkischer
Kaufmann seinen Zorn darüber kaum habe an sich halten können.
Sobald das Verschwinden des Pater Guardian Gewißheit und sein
Tod durch Gewalt wahrscheinlich geworden war, bestürmten die Mönche
den französischen Konsul in Damaskus, jenen gewissenlosen R a t t i =
M e n t o n, dem Mörder nachzuspüren. Sogleich wurde die Aufmerk=
samkeit auf die Juden gelenkt, weil einige derselben harmlos aus=
gesagt hätten, sie hätten Tomaso und seinen Bedienten am Abende
vor dessen Verschwinden im Judenquartier gesehen. Die Mönche, und

bis auf geringe Abweichungen mit denen Merlatos überein, weil er die Nach=
richten nicht selbst erlebt, sondern von dem österreichischen Konsul oder in
dessen Hause vernommen hatte. Außer den zwei Originalberichten von Mer=
lato und Pieritz sind die Briefe von Juden aus Damaskus und Beirut an ver=
schiedene jüdisch-europäische Häuser zu beachten, welche die Tatsachen unver=
fälscht darstellen, und sie sind zuweilen nur im Detail unzuverlässig. Sie
sind in das Archives und anderen jüdischen Zeitungen aufgenommen. —
Komisch nimmt sich der scheinbar objektive Bericht über die Damaskusge=
schichte oder „Mord des Paters T h o m a s" im „neuen Pitaval" aus (Bd. II).
Die Herausgeber H ä r i n g und H i t z i g stellten die Schuld oder Unschuld
der Juden in Damaskus an diesem Morde als j u r i s t i s c h zweifelhaft dar,
verwarfen demgemäß Merlatos Zeugnis als parteiisch und hielten sich doch
an Heilbronners Angabe, obwohl dieser nur Merlatos Echo bildet. Es ist
notwendig, vor dieser scheinbar objektiven, kriminalistisch-juristischen Dar=
stellung zu warnen und zu konstatieren, daß sie von historisch-kritischem Stand=
punkte aus unzuverlässig ist, damit man sie nicht einst wegen ihrer schein=
baren Unparteilichkeit als gute Quelle ansehe und benutze. Häring und Hitzig
ließen auch in dem Pitavalbericht die Sucht der Juden nach Menschenblut
überhaupt juristisch dubiös, was so absurd ist, daß die Verf. es später in einem
Schreiben an Löwenstein widerrufen haben. Aber im Pitavalartikel ist
diese Albernheit stehen geblieben.

unter ihnen besonders ein fanatischer Judenfeind Pater Tusti[1]), klammerten sich um so fester an den Verdacht gegen die Juden, weil sie dadurch mehrere Zwecke zu erreichen glaubten. Sie konnten ihren Haß an den Juden sättigen, die Untersuchung unterdrücken, daß Pater Tomaso mit Muselmännern einen Streit gehabt und Lästerungen ausgestoßen habe — wodurch sie den Fanatismus der Türken auf sich gezogen sahen — und endlich einen neuen Märtyrer, von den Juden gemordet, in ihre Heiligenschar aufnehmen, was immer gewinnbringend war. Ratti-Menton erfaßte aus gewinnsüchtigen Absichten seinerseits schnell diesen Verdacht gegen die Juden und unterließ jede anderweitige Nachforschung, obwohl ein Fingerzeig dafür vorhanden war, da der türkische Kaufmann, der beim Streit mit dem Pater zugegen war, sich erhängt hatte[2]). Der Gouverneur von Damaskus Scherif Pascha war leicht dazu zu bewegen, die Verfolgung der Juden zu gestatten oder anzustellen, da er es mit dem französischen Konsul nicht verderben wollte und seinerseits von einer Blutanklage gegen die Juden bedeutenden Gewinn zu ziehen hoffte. Um den Schein zu retten, beriefen sich die Ankläger auf die Aussage eines frommen Gauklers, welcher versicherte, Tomaso und sein Diener seien im Judenquartier in diesem und diesem Hause ermordet worden[3]). Dieses Kunststück hat wohl Bachari Bey zustande gebracht. Der türkische Schelm Mohammed El-Telli bot Ratti-Menton seine Spionendienste an, wenn er ihn aus dem Kerker und von den Schulden befreien wollte. Gern nahm dieser sie an; die beiden Wichte waren einander würdig.

Bald häuften sich die Inzichten. Christen sagten aus, sie hätten von Juden die Worte gehört: „Schließen wir die Pforten und gehen wir nicht aus, es ist Gefahr vorhanden" oder „sie hätten den Pater kurz vor seinem Verschwinden im Hause eines Juden gesehen". Kurz, die Anklageakte waren schnell fertig: „Die Juden haben Tomaso und seinen Diener ermordet", um sich des Blutes für ihre Passahfeier zu bedienen — lächerlich genug, um es sechs Wochen aufzubewahren. Für Aufreizung der Christen und des türkischen Pöbels wurde auch gesorgt. Mehrere Juden wurden ergriffen und vor Ratti-Menton geführt und verhört. Ein armer jüdischer Barbier zeigte aus angeborener Furcht in Gegenwart der Auflaurer beim Verhör Verwirrung. Aber er leugnete fest jede Teilnahme und jede Kunde vom Morde

---

[1]) S. Merlatos Bericht bei Löwenstein, Damascia, S. 70.
[2]) Pieritz bei Löwenstein, das. S. 106.
[3]) Pieritz, das. S. 105.

des vermißten Paters.   Nichtsdestoweniger übergab ihn der franzö=
sische Konsul dem Scherif Pascha als stark Verdächtigen zur Unter=
suchung.   Dieser ließ ihm die Bastonade, d. h. 500 Stockschläge auf
die Sohlen geben.   Diese Folter schien aber Ratti=Menton noch zu
milde.   Die christliche Liebe kannte wirksamere Mittel und hat sie mehr
als einmal bewährt gefunden.   Der arme Barbier wurde den härtesten
Martern unterworfen, blieb aber standhaft.   Da ließ man ihm im
Kerker einen Besuch von jenem Schurken Mohammed El=Telli ab=
statten, welcher wegen Schulden im Gefängnisse saß.   Durch dessen trü=
gerisches Zureden ließ sich der Barbier, dem neue Folterqualen in Aus=
sicht standen, herbei, Schuldige zu nennen.   Er nannte — auf Eingebung
— sieben der angesehensten und reichsten Juden, D a v i d   A r a r i
(Harari), dessen Sohn und Brüder, ferner M o s e   A b u l a f i a ,
M o s e   S a l o n i k i und J o s e p h   L a n i a d o , einen Greis von
80 Jahren.   Sogleich verhaftet und verhört, stellten die Angegebenen
jede Schuld in Abrede.   Die Bastonade wurde angewendet; aber da
die Henker fürchteten, die Greise würden den Streichen erliegen, und
man würde deren erpreßte Geständnisse nicht verwerten können, so
wendeten sie eine andere Qual an.   Sechsunddreißig (nach anderen
fünfzig) Stunden mußten sie, von Soldaten bewacht, aufrecht stehen,
ohne Speise und Trank, ohne sich dem Schlafe überlassen zu können.   Da
diese Qual nicht anschlug, schritten die Wüteriche auf Ratti=Mentons
Wink zu mörderischen Rutenschlägen; beim zwanzigsten Schlag sanken
die Unglücklichen ohnmächtig zusammen.   Der französische Konsul ließ
nichtsdestoweniger die Geißelung an ihnen beim Erwachen fortsetzen.
Aber alles das führte kein Geständnis herbei.   Scherif Pascha erfand noch
eine neue Folter oder führte eine ihm eingegebene aus.   Mehr als sechzig
Kinder zwischen drei bis zehn Jahren wurden den Eltern entrissen, in
ein Zimmer eingesperrt und ihnen die Nahrung entzogen, damit die
Mütter, schmerzdurchwühlt durch das Wimmern und Wehklagen der
Kinder, Geständnisse, wenn auch unwahre, ablegen sollten.   Auch dieses
Mittel schlug fehl.   Die jüdischen Mütter haben trotz des Erbarmens
über ihre Kinder die schändliche Anklage mit keinem Hauche bestätigt.
Nur eine Frau und deren Tochter haben sich vor Schmerz und aus Liebe
zu ihren verschmachteten Kindern zum Islam bekehrt.   Scherif Pascha
geriet in Wut und drohte, es würden viele jüdische Köpfe fallen, wenn
der Pater nicht gefunden werden sollte.   Mit einer Schar Soldaten
begab er sich (18. Februar) in das Judenquartier, und ließ das pracht=
volle Haus David Araris zerstören, um die Leiche des Paters oder
auch verdächtige Spuren zu finden.   Auch in den Häusern der übrigen

Angeklagten richtete er Zerstörung an. Von Schmerz über so viel Grausamkeit ergriffen, wagte ein jüdischer Jüngling, sich zum Pascha zu begeben und Zeugniß abzulegen, er habe den Pater Tomaso kurz vor seinem Verschwinden in den Kaufladen eines Türken eintreten sehen. Statt dieser Spur zu folgen, wendete Ratti-Menton und sein Geheimschreiber B a u d i n allen Eifer an, diese Stimme verstummen zu machen. Der Jüngling wurde so unbarmherzig zerschlagen, daß er noch in derselben Nacht den Geist aushauchte. Der erste Märthrer in dieser Tragödie.

Ratti-Menton war unerschöpflich in Mitteln, ein Geständnis von den Juden erpressen zu lassen. Er ließ einen Versuch mit David Araris türkischem Diener Murad el Fallat anstellen. Auch dieser hatte nichts zu gestehen und ließ die Rutenstreiche über sich ergehen, die seinen Leib fast zersetzten. Da machte sich Mohammed El-Telli auch an ihn heran und brachte durch Freundlichkeit und Drohung mehr aus ihm heraus. Der Diener klagte sich selbst an (27. Februar), er habe auf David Araris Geheiß im Beisein der übrigen Angeklagten Tomaso getötet. Der jüdische Barbier wurde bewogen, seine Aussage zu bestätigen. Verstümmelt, ließ Ratti-Menton beide an einen Platz führen, wo angeblich Knochen und Schädel in einen Kanal geworfen sein sollten. Ratti-Menton fand ein Stück Knochen und einen Lappen; christliche Ärzte erklärten diesen Knochen für einen Teil des Menschengebeins, der Lappen galt als Barett des Paters. So hatte man sichtbare Beweise von dem Morde im Judenquartier. Die sieben Angeklagten wurden darauf von neuem verhört und grausamen Folterqualen unterworfen. Sie sollten die Flasche Blut herbeischaffen, welches von den Gemordeten für das Passahfest aufgesammelt worden sei. Der Greis Joseph Laniado erlag den Schmerzen. Mose Abulafia nahm, um den Qualen zu entgehen, den Turban. Die übrigen sagten vor Schmerz aus, was man von ihnen verlangte; sie waren stumpf geworden und wünschten einen raschen Tod. Dieses Geständnis half ihnen aber nicht viel. Der französische Konsul wünschte handgreifliche Beweise, die mit dem Blute gefüllte Flasche und dergleichen. Aber diese konnte beim besten Willen nicht herbeigeschafft werden. Neue Foltern wurden angewendet; aber diese brachten die armen Opfer nur dahin, ihre früheren Geständnisse zurückzunehmen. Da Ratti-Menton neue Opfer brauchte, so wurde Araris Diener abermals dazu benutzt. Der Verdacht wurde (anfangs März) auf andere angesehene jüdische Familien gewälzt, auf die hochangesehene Familie F a r c h i (Parchi)[1], auf einen

---

[1] S. über das Ansehen, welches die Familie Farchi im Morgenlande

jungen Mann Iſaak Levi Picciotto (Peixotto) und auf
Aaron Stambuli. Drei Rabbinen von Damaskus Jakob
Anteri, Salomon und Aſaria Halfan waren ſchon
früher eingezogen, mißhandelt und gefoltert worden, ohne daß eine
Lüge aus ihrem Munde erpreßt worden wäre. Von den ſieben angeſehenen Juden, die in die Anklage des Mordes verwickelt werden ſollten,
fand man nur zwei, Raphael Murad Farchi, der durch ſeine
Würde als Konſul ſich ſicher glaubte, und Picciotto, Neffen des General-
konſuls von Aleppo, vom öſterreichiſchen Kaiſer wegen ſeiner Verdienſte zum Ritter erhoben. Auf ſeine öſterreichiſche Untertanen-
ſchaft vertrauend, war Picciotto geblieben, während die übrigen entflohen waren. Durch Durchpeitſchen eines Kindes im Beiſein der
Mutter wurde der Verſteck eines dritten, Meïr Farchi, entdeckt.
Das gab wieder Gelegenheit zur Folter und zur Argliſt, die abwechſelnd angewendet wurden, um Eingeſtändniſſe zu erpreſſen oder
durch Mohammed El-Telli und Schibli Vertraulichkeiten den Angeklagten zu entlocken. Auch neues Gebein wurde aufgefunden, und,
obwohl Ärzte ausſagten, es ſeien Schafsknochen, ſo gab ſie doch Ratti-
Menton als Beweisſtücke aus, die Mönche laſen eine Meſſe für ſie und
legten ihnen Heiligkeit bei. Nur Picciotto blieb ſtandhaft und warf
Ratti-Menton und dem Paſcha mutig die Unmenſchlichkeit ihres Verfahrens vor, allerdings geſchützt von dem öſterreichiſchen Konſul, einem
Italiener Merlato, der allen Drohungen und Gefährdungen zum
Trotz nicht zugeben mochte, daß ein öſterreichiſcher Untertan ohne
triftigen Beweis der Folter unterworfen wurde. Durch dieſe neue
Verwicklung trat eine Wendung in dieſem Schauerdrama ein. Merlato
hatte lange den Unmenſchlichkeiten zugeſehen, ebenſo wie die übrigen
europäiſchen Konſuln, namentlich der engliſche, Werry, der mit
Ratti-Menton unter einer Decke ſteckte. Aber endlich riß Merlato die
Geduld; er trat freimütig und offen gegen das barbariſche und gräßliche Verfahren auf. Dafür hatte er auch viel zu erdulden. Der gemeine
chriſtliche Hauſe überhäufte ihn mit Flüchen, weil er für die Juden
eintrat und ſeinen Schützling Picciotto nicht den Händen der Kannibalen ausliefern mochte. Sein Haus wurde von Spionen umlagert.
Auch die muſelmänniſche Bevölkerung ward künſtlich gegen die Juden
fanatiſiert.

und bei den europäiſchen Häuſern genoß, o. S. 222, Schwarz, תבואות הארץ
II, p. 44; Otto Friedr. v. Richter, Wallfahrten im Morgenlande (Berlin 1822),
abgedruckt im Orient, 1841, Nr. 31. Über Picciotto ſ. v. Heilbronner a. a. O.,
der in ſeinem europäiſch-luxuriös eingerichteten Hauſe verkehrte.

Ratti-Menton seinerseits war unermüdlich, neue Anklagepunkte und Scheinbeweise herbeizuschaffen. Er ließ ein Lügenbuch (Pompta Bibliotheca von Lucio Ferrajo) gegen die Juden, welches ihm die Mönche in die Hand gegeben hatten, ins Arabische übersetzen, worin aus dem Talmud bewiesen war, daß die Juden Blut brauchten, daß sie Christenkinder schlachteten und Hostien schändeten, die dann Wunder getan hätten. Diese ins Arabische übersetzte Schrift übergab Ratti-Menton, der französische Konsul, dem Scherif Pascha und sorgte außerdem für deren Verbreitung unter der muselmännischen Bevölkerung. Auch ließ er zum Zwecke der gründlichen Verfolgung aus Beirut einen giftigen Kapuzinermönch, Franciscus von Sardinien, kommen, welcher die Fähigkeit besaß, Erdichtungen und Lügen den Schein von Wahrheit zu geben. Der Pascha ließ hierauf die drei verhafteten Rabbinen in Einzelhaft bringen und legte ihnen gewisse angeschuldigte Stellen im Talmud zum Übersetzen ins Arabische vor, mit der Drohung der Todesstrafe, wenn sie auf Fälschung ertappt werden sollten. — Besonnene Türken schüttelten allerdings das Haupt bei diesem gegen die Juden gerichteten arglistigen Verfolgungssystem; aber sie schwiegen. Ratti-Menton schloß die Akten und fällte ein Urteil, als wenn es unwiderleglich erwiesen wäre, daß die eingezogenen Juden Mörder des Paters Tomaso waren. Diejenigen, welche noch am Leben waren, sollten enthauptet werden. Scherif Pascha holte zur Verurteilung die Erlaubnis seines Herrn Mehmet Ali ein.

Als sollte die Blutanklage gegen die Juden einen Schein von tatsächlicher Berechtigung haben, und eine Vertilgung der Juden als blutdürstiger Kannibalen, gerechtfertigt erscheinen, fiel ungefähr zur selben Zeit auf der zur Türkei gehörenden Insel Rhodus etwas ähnliches vor. Ein zehnjähriger Knabe, Sohn eines griechischen Bauern, hatte sich erhängt, und die Christen beeilten sich, die Juden als dessen Mörder anzugeben. Die europäischen Konsuln nahmen die Sache in die Hand und verlangten von dem Statthalter Jussuf Pascha eine strenge Untersuchung gegen die Juden. Auf die Aussage zweier griechischer Weiber, daß der Knabe einem Juden von Rhodus gefolgt wäre, wurde derselbe eingezogen, verhört, eingekerkert und wegen seines Leugnens unmenschlich gefoltert. Man durchbohrte ihm die Nasenflügel mit einem eisernen Draht, legte ihm glühende Kohlen auf den Kopf und einen schweren Stein auf das Herz. Das taten oder ließen Europäer und Christen tun, Konsuln der europäischen Mächte, Englands, Frankreichs und Schwedens; nur der österreichische Konsul hielt sich auch hier von der Beteiligung an der Unmenschlichkeit fern. Diese

Folterqualen an dem angeklagten Juden wurden ohne Wiſſen des
Paſchas durch deſſen ſtellvertretenden Beamten angewendet. Das
Geſtändnis ſollte erpreßt werden, daß der Angeklagte den griechiſchen
Knaben umgebracht habe, um deſſen Blut dem Großrabbinen von
Konſtantinopel zu überliefern. Es war eine Art Verſchwörung der
Chriſten in der Türkei gegen die Juden, um ſie an den Rand des Ab-
grundes zu bringen, vielleicht aus Scheelſucht, weil der junge Sultan
A b d u l M e g i d bei ſeiner Thronbeſteigung in ſeinem Gnadenbrief
(Hatti-Scherif von Gulhane) allen Untertanen ſeines Reiches gleiches
Recht zukommen zu laſſen verſprochen und auch die Juden einge-
ſchloſſen hatte. Die Griechen und die Lateiner in der Türkei achteten
ihre erlangte Freiheit gering, weil ſie ſie mit den verhaßten Juden
teilen mußten.

Durch die Folterqualen ließ ſich der halb lebloſe Jude in Rhodus
zu Geſtändniſſen herbei. Er gab einige Juden als Mitſchuldige am
Morde des Knaben an, von denen er glauben mochte, daß ſie ſich durch
die Flucht der Verfolgung entzogen haben würden. Aber mehrere von
ihm Genannte waren noch in Rhodus zu finden. Sie wurden, ebenfalls ſieben wie in Damaskus, eingekerkert, gefoltert und dem Tode
nahe gebracht. Sie blieben indeſſen ſtandhaft. Aber die Konſuln ließen
das Ghetto abſchließen und niemanden ausgehen, damit die Juden nicht
ihre Klagen vor dem Paſcha oder gar beim Sultan anbringen könnten.
Während dreier Tage bekamen die Juden keine Nahrung von außen.
Griechen umſchlichen fortwährend das Ghetto, um Knochen hinein-
zuwerfen, die dann als Gebeine eines gemordeten Chriſten ausgegeben werden konnten[1]). Der öſterreichiſche Konſul, der ſich anfangs
der Juden angenommen, wurde zuletzt gezwungen, ſich den übrigen
anzuſchließen.

Infolge dieſer doppelten Anklage erhob ſich ein Sturm gegen
die Juden in Syrien und in der Türkei. In Djabar bei Damaskus
drang der Pöbel in die Synagoge, zerſtörte und raubte und riß die
Geſetzrollen in Stücke. In Beirut wurden die Juden nur durch die
Dazwiſchenkunft des holländiſchen Konſuls (Laurilla) und des preußiſchen (Saſon) vor Mißhandlung geſchützt. Bis nach Smyrna erſtreckte
ſich die Feindſeligkeit, und es kamen tätliche Angriffe gegen die
Juden vor.

Sollte es ganz Zufall geweſen ſein, daß zur ſelben Zeit (Anfang
März 1840) eine Blutanklage gegen einen Juden in Rheinpreußen,

---

[1]) Der Bericht über den Vorfall in Rhodus findet ſich in den Archives
Israélites 1840, p. 87, bei Löwenſtein S. 47 ff.

Jülich, erhoben wurde? Ein christliches Mädchen von neun Jahren behauptete, von einem Juden in den Leib gestochen worden zu sein. Ihr sechsjähriger Bruder bestätigte die Aussage. Ein fremder Jude mit seiner Frau, die zufällig durch Jülich reisten, wurden von den Kindern als die Täter erkannt, und das Mädchen fügte hinzu, der Jude hätte zur selben Zeit einen christlichen alten Mann mit einem Messer totgestochen. Wenn aus dem Munde von Kindern die Wahrheit spricht, so hätte dieser Jude als Christenmörder und Blutsauger verurteilt werden müssen. Angewendete Folterqualen hätten dem Juden und seiner Frau wahrscheinlich das Geständnis der Untat entlockt. Aber eine strenge gerichtliche Untersuchung ergab, daß die Aussage der Kinder eitel Lug und Trug war. Der angeblich ermordete Christ war am Leben. Die angeblich wunde Stelle am Leib des Mädchens war nur mit Blut bestrichen. Der angeklagte Jude wurde vollständig freigesprochen, und ein, selbst vom Staatsanwalt erwähntes Gerücht beschuldigte zwei Christen aus Düsseldorf, den Kindern diese schreckliche Anklage eingegeben zu haben[1]).

In Rheinpreußen kam die Wahrheit und die Unschuld der Juden in kurzer Zeit an den Tag. In Damaskus und Rhodus dagegen dauerte es lange Zeit, weil teuflische europäische Christen geflissentlich ein solches Gewebe von Lügen darüber breiteten, daß selbst Harmlose dadurch getäuscht wurden. Vergebens rangen die mißhandelten Juden die Hände und wendeten sich an ihre europäischen Brüder mit der Bitte, ihnen vermöge ihrer günstigeren Stellung beizustehen. Es wurde diesen außerordentlich erschwert, die Wahrheit ans Licht zu ziehen und die Bosheit zu entlarven. Religiöser Fanatismus, Judenhaß und politische Parteileidenschaft mischten sich ein, um die Lüge eine Zeitlang triumphieren zu lassen. Die Finsterlinge bedienten sich Gutenbergs Kunst, die sie im Grunde ihres Herzens verabscheuten — deren vierhundertjähriges Jubiläum gerade damals gefeiert wurde —, um eine Anklage gegen die Gesamtjudenheit, als sei sie lüstern nach christlichem Blute, in die Welt zu schleudern.

Ratti-Menton sorgte nämlich auch dafür, daß in französischen Zeitungen ein Bericht aus Damaskus in seinem Sinne und mit seiner Färbung der europäischen Welt vorgeführt wurde; die Juden hätten einen Pater und seinen Diener ermordet und das Blut aufgesammelt, um sich dessen zu ihren ungesäuerten Broten für das Osterfest zu bedienen. Den Leichnam des einen hätten sie in den Kanal ihres Quartiers

[1]) Aachener Zeitung 1840, Nr. 82.

und des anderen in den Keller eines Juden geworfen. Sie hätten
eingestanden und bekannt, daß sie das Verbrechen begangen, um die
Mysterien ihrer Religion zu feiern. Ohne Ratti-Mentons Eifer wären
die Urheber des Verbrechens nicht entdeckt worden, und ohne
seine Dazwischenkunft wäre das Judenviertel und die ganze Bevölkerung vernichtet worden[1]). Nicht nur die im Dienste der katholischen
Geistlichkeit stehenden Blätter verbreiteten mit Eifer diese Anschuldigung gegen die Juden, sondern auch die liberalen, um Frankreichs
Macht im Morgenlande zu rühmen. Sie gaben sämtliche von Damaskus aus entstellt übermittelte Tatsachen für wahr aus. Da die Augen
Europas damals auf die Verwicklung in der Türkei gerichtet waren,
so strömten rasch diese erlogenen Berichte durch die Adern des europäischen Zeitungswesens. Leicht hätte sich der mittelalterliche Haß gegen
die Juden erneuern und Blutszenen hervorrufen können. Entsetzen
ergriff sämtliche Juden Europas bei diesem Gedanken, daß sie am
hellen Tage des neunzehnten Jahrhunderts noch gegen das finstere
Gespenst der Blutanklage ankämpfen mußten, um nicht von ihm ins
Grab gezogen zu werden.

Allein Gutenbergs Kunst, deren sich die Gewissenlosen bedienten,
kam noch mehr den Juden zustatten. Verleumdungen und erlogene
Beschuldigungen gegen die Juden konnten nicht mehr wie früher in
den Schleier des Geheimnisses gehüllt werden. Es gab mutige Juden,
welche der Lüge und Heuchelei die Maske der Tugend abrissen. Ein
solcher war Adolph Crémieux, welcher gerade kurz vorher wegen
seiner Beredsamkeit Triumphe gefeiert hatte. Bei der ersten Nachricht
von den noch dunkeln Vorgängen in Damaskus, fest überzeugt, daß
die morgenländischen Juden ebenso wie die europäischen rein von Blut
seien, eilte er zum französischen Minister, um anzufragen, ob die Regierung nähere Kunde davon habe. Dieser erklärte hierauf, daß er
nicht die geringste Kenntnis weder durch den Konsul, noch auf anderen
Wegen erhalten habe. Hier zeigte sich schon das Spiel, das mit dieser
traurigen Sache getrieben wurde. Mit dem zündenden Feuer seiner
Beredsamkeit und dem Mute, welchen eine gerechte Sache gibt, trat
Crémieux den geflissentlichen und nachbetenden Verleumdungen in
Frankreich entgegen (7. April) und wurde der Mittelpunkt einer patriotischen Erhebung für die französischen Gemeinden. Crémieux war da-

---

[1]) Diese Anklage gegen die Juden erschien zuerst, aus Damaskus angezettelt, im Sémaphore de Marseille. Die klerikalen Blätter griffen sie schnell
auf, und die Leipziger Allgemeine Zeitung verbreitete sie in Deutschland.
Auch die Times ließen sich anfangs betören.

mals Vizepräsident des Zentral-Konsistoriums; an ihn, den berufenen
und tatkräftigen Vertreter, wandten sich daher die Juden Frankreichs
mit der Bitte, das Lügengewebe, das sich von Damaskus bis nach Frankreich ausbreitete, zu zerreißen.

Wie die französischen, so ermannten sich wie mit einem Schlage
die englischen Juden. Sie hatten sich durch Reichtümer und Ehrenhaftigkeit in der öffentlichen Meinung große Achtung erworben. Einige
derselben waren zum Ehrenamte von Friedensrichtern (Sheriff) erwählt
worden; es war vorauszusehen, daß sie bald ins Parlament Eintritt
erhalten würden. Die angesehensten Juden Englands, darunter Baron
N a t h a n a e l   R o t h s c h i l d   und   S i r   M o s e s   M o n t e f i o r e,
welcher aus frommem Sinne eine Pilgerreise nach dem heiligen Lande
gemacht hatte,   S a l o m o n s   und die geachteten Brüder   G o l d -
s c h m i d, hielten eine ernste und würdige Versammlung ab (21. April)
und beschlossen, die Regierungen von England, Frankreich und Österreich anzugehen, durch ihr Gewicht der Unmenschlichkeit in Damaskus
Einhalt zu tun. Crémieux war in London eingetroffen und bei der
Versammlung anwesend, um mit ihr gemeinschaftliche Schritte zu beraten. Es war eine beachtenswerte Erscheinung, diese Einmütigkeit
hochgestellter Juden, sich ihrer verfolgten Brüder anzunehmen und für
die Lauterkeit ihrer Lehre und selbst des Talmuds einzutreten. An einem
und demselben Tage (1. Mai) begab sich Crémieux zum König von
Frankreich, Louis Philipp, und eine jüdische Deputation zum englischen
Minister Lord   P a l m e r s t o n, um den Schutz dieser Länder für die
Opfer in Damaskus anzurufen.

Louis Philipp antwortete gerührt, aber ausweichend: „Ich kenne
die Begebenheit nicht, von der Sie sprechen; aber wenn es auf irgendeinem Punkte unglückliche Juden gibt, die den Schutz meiner Regierung anrufen, und wenn diese etwas durchzusetzen vermag, so werde
ich Ihrem Wunsche entsprechen"[1]). Ob diese Erklärung damals ernstlich gemeint war, kann man bei diesem diplomatisierenden Könige nicht
wissen. Es wurde allerdings ein Vizekonsul nach Damaskus abgeordnet, der die Sache untersuchen und Bericht erstatten sollte. Aber
es war eine untergeordnete Persönlichkeit, die, wie vorauszusehen war,
Ratti-Menton leicht täuschen konnte, oder der er gar entgegentreten
durfte. Lord Palmerstons Antwort war ehrlicher. Er gab der jüdischen
Deputation, die ihm volle Beweise von der Unschuld der Angeklagten
in Damaskus und Rhodus vorgezeigt hatte, das Versprechen, daß er

---

[1]) Archives Jahrg. 1840, p. 248.

sofort dem englischen Gesandten in Konstantinopel sowie dem Konsul
in Alexandrien werde Ermächtigungen zugehen lassen, alles aufzu-
bieten, um der Fortsetzung solcher Grausamkeiten Einhalt zu tun.
Von einer dritten Seite wurden zwar weniger geräuschvolle, aber vielleicht noch wirksamere Schritte getan, um eine günstige Wendung herbeizuführen, von Wien und dem österreichischen Kabinett aus. Der
österreichische Konsul Merlato in Damaskus war der einzige, welcher
die Bosheit Ratti-Mentons, seiner Helfershelfer und der Mönche durch-
schaut und ihr mit dem Aufgebot seines soldatischen Mutes Widerstand geleistet hatte. Dafür wurde er auch im Morgen- und Abendlande
von den Gegnern besudelt; sie verschrieen ihn sogar als Juden, um
seine Teilnahme für die Juden zu verdächtigen und zu vereiteln. Desto
mehr fühlte sich Merlato moralisch verpflichtet, die Unschuldserklärung
der Juden als eine persönliche Angelegenheit zu betreiben. Er gab
einen wahrheitsgetreuen und ergreifenden Bericht von der bodenlosen
Verlogenheit, welche gegen die Opfer von Damaskus aufgeboten
worden war, um sie für schuldig zu erklären. Dieser Bericht, als Rechtfertigung seines Benehmens zum Schutze Picciottos, welchen er zunächst seinem Vorgesetzten, dem Generalkonsul von Ägypten, übermittelt hatte, wurde von diesem als wahr anerkannt und dem österreichischen Minister M e t t e r n i c h zugeschickt. Obwohl Feind der
Öffentlichkeit, hatte Metternich doch sämtliche für die Juden günstige
Schreiben durch die Zeitungen verbreiten lassen. Durch diese Darstellung wurde Ratti-Menton, den die klerikalen Intrigen als einen
Lichtengel verherrlicht hatten, als boshafter Teufel an den Pranger
gestellt. Sie führte einen Umschwung in der öffentlichen Meinung herbei, ermutigte die Juden und ließ den Sieg der gerechten Sache voraussehen. Entsprang Metternichs Teilnahme aus eigenem Antriebe,
aus Unwillen über die begangene Grausamkeit, oder aus politischer
Feindseligkeit gegen Frankreich, um dessen Macht im Morgenlande
zu brechen, oder endlich aus Gefälligkeit gegen das Haus Rothschild,
dessen sämtliche Mitglieder sich in dieser Sache außerordentlich eifrig
ihrer Glaubensgenossen angenommen hatten? Wir wissen es nicht.
Jedenfalls ermutigte Metternich die französischen Agenten in Ägypten
und Syrien, standhaft für die Juden einzutreten.

In Konstantinopel, im Divan des Sultans, setzten die den Juden
freundlichen Vertreter der europäischen Regierungen die Revision des
Blutprozesses auf der Insel Rhodus durch. Es war jüdischen Deputierten endlich gelungen, von Rhodus nach Konstantinopel zu gelangen.
Auch Nathanael von Rothschild hatte sich dahin begeben, und infolge-

dessen erließ Abdul Megid einen Ferman (vom 27. Juli), daß die
griechische Bevölkerung drei Primaten als Ankläger und die Juden
ebenso viel ihrer Vorsteher als Verteidiger nach der Hauptstadt senden
sollten. Ein eigenes Tribunal wurde dafür unter Vorsitz des Risaat-
Bey zur Untersuchung eingesetzt, und der Erfolg war, daß Jussuf-
Pascha seines Postens als Statthalter von Rhodus entsetzt und die des
Kindesmordes angeklagten Juden vollständig freigesprochen wurden.
Außerdem wurden sie bedeutet, den Ersatz des erlittenen Schadens
von denen einzuziehen, die sie ungerechterweise beschuldigt hatten,
nämlich von einigen europäischen Konsuln. In drei Monaten war die
Sache erledigt (Anfang Mai bis gegen Ende Juli). Bei Mehmet Ali
ging es indessen nicht so leicht. Er hatte zwar schon anfangs April
dem österreichischen Generalkonsul Laurin versprochen, den Grausamkeiten ein Ende zu machen; aber der französische Generalkonsul Cochelet
hielt ihn zurück, und, allzu leichtgläubig auf Frankreich vertrauend,
mochte er sich mit dem Agenten der französischen Regierung nicht ver-
feinden. Aber Laurin war ebenfalls unermüdet, nach der Weisung Metternichs den Pascha von Ägypten aus der Schlinge der französischen
Intriganten zu ziehen. Auf seine Anregung richteten die Juden von
Alexandrien, mit ihrem Leiter Wakel Israel Madfis an der Spitze, eine
beredte und mutige Adresse an Mehmet Ali des Inhalts: „Die jüdische
Religion besteht seit mehr als viertausend Jahren. Kann man seit viertausend Jahren in den Annalen ihrer religiösen Einrichtungen ein einziges Wort finden, welches als Vorwand für eine ähnliche Schandtat
dienen könnte? Schande, ewige Schande über denjenigen, der dieses
glauben könnte. Die Israeliten haben einen Abscheu vor dem Blute
und erweitern bis aufs äußerste die Vorschrift ihrer Religion, welche
es ihnen zur Pflicht macht, sich dessen zu enthalten . . . . . Aber die
alte Feindschaft einer zu mächtigen Partei in Syrien gegen unsere
Glaubensgenossen verbreitet diese Lügen. Deshalb sind die achtbarsten
Männer Torturen überliefert und Qualen von neuer Erfindung unterworfen worden. Das sind die Mittel, die man anwendet, um ihnen
Geständnisse zu entlocken. Ohne Zweifel konnten diese schrecklichen
Torturen einigen unter ihnen falsche Erklärungen entreißen. Wenn
es eine große Menge Menschen gibt, die stark genug sind, dem augenblicklichen Tode die Stirn zu bieten, so gibt es doch wenige, die fähig
wären, Qualen zu ertragen, und in Damaskus sind die Qualen schreck-
licher als alle diejenigen, die man in der Welt in Gebrauch hat. Schon
hat man Juden sich schuldig bekennen sehen, und ihre Unschuld ist später
erkannt worden. Mehr als hundert Kinder starben Hungers im Ge-

fängnisse; so erzeigt man ihrem Volke Gerechtigkeit in Damaskus . . .
Wir verlangen nicht Mitleid für unsere Glaubensgenossen, wir rufen
nur die Gerechtigkeit an, aber sie sei nur von Ihrer Hoheit allein ausgeübt." — Es war schon viel, daß die ägyptischen Juden für die Wahrheit nicht die Bastonade erhielten. Mehmet Ali wußte wohl, wer hinter
ihnen stand. Ein besonderes Schreiben Metternichs an den Pascha hat
ganz besonders eine günstige Wirkung hervorgebracht[1]). Bei der Ver-
wickelung der orientalischen Frage durfte dieser es am wenigsten mit
Österreich verderben, das dem Sultan schneller Hilfstruppen senden
konnte, als Frankreich ihm selbst.

Mehmet Ali entschloß sich daher, einen Gerichtshof aus den Konsuln von Österreich, England, Rußland und Preußen zusammentreten
zu lassen, welche den Prozeß nach europäischem Verfahren beurteilen
sollten. Das Tribunal sollte ermächtigt sein, eine Kommission nach
Damaskus zu senden und an Ort und Stelle ein unparteiisches Zeugenverhör anzustellen. Ein Befehl ging nach Damaskus an Scherif Pascha,
die Folterqualen gegen die Eingezogenen und überhaupt die Verfolgung der Juden einzustellen. Um die Wutausbrüche der Christen
in Damaskus, denen der Kamm geschwollen war, zu zügeln, wurden
800 Mann Truppen dahin gesendet. Schon war die Angelegenheit
auf dem besten Wege, zugunsten der Wahrheit erledigt zu werden.
Die vier als Oberrichter ernannten Konsuln, welche sich nicht getrauten,
einen so verwickelten Prozeß zu durchdringen, wendeten sich nach Wien
und erbaten sich vier deutsche Richter, Kenner des Strafgesetzes, die
Sache zu untersuchen. Aber ein politisches Zwischenspiel störte den
eingeleiteten Gang.

Zwischen dem allzu klugen König Ludwig Philipp und dem listigen
Staatsmann Thiers bestand ein geheimer Krieg, indem dieser, ein
Jünger Talleyrands, nur ohne dessen Fernblick, mit dem Ministerporte-
feuille spielte und daher mit seiner kleinen Gestalt und seiner großen
Phrase ihm immer zwischen die Beine fuhr, jener aber ihn sich so viel
als möglich vom Halse hielt. Gerade um diese Zeit (Mai) hatte Thiers
dem König einen Streich gespielt und ihn gezwungen, ihm den Vorsitz im Ministerium einzuräumen. Die kleine „Fliege", wie man ihn
nannte, fing allsogleich zu summen und zu brummen an und tat, als

---

[1]) Archives Jahrg. 1840, p. 247, aus dem Journal des Débats. d. d.
27. Avril, „une lettre du prince de Metternich au vice-roi (d'Egypte) sur
l'affaire malheureuse des Juifs de Damas a produit d'heureux résultats.
Honneur au prince de Metternich, honneur éternel au consul autrichien de
Damas, qui a su d'une manière si loyale défendre des victimes innocentes."

ob er den Rhein französisch machen und die orientalische Frage nach
Frankreichs Absichten entscheiden könnte. Es war zwar eitel Wind;
aber um eine Majorität in der Kammer zu haben, mußte Thiers sich
mit der geistlichen Partei, die besonders in der Pairskammer mächtig
war, in gutes Einvernehmen setzen. Es durfte also auch nicht eine
strenge Untersuchung in Damaskus angestellt werden, damit nicht
die Gemeinheit Ratti=Mentons und der Mönche an den Tag käme.
Ohnehin war es eine Schmach für Frankreich, daß sein Konsul von
der Teilnahme am Obergerichte ausgeschlossen worden war. Dazu
kam noch, daß Thiers auf gespanntem Fuß mit der Finanzwelt, d. h.
mit Rothschild, stand, und ihr einen Streich spielen wollte, um sie zur
Nachgiebigkeit zu zwingen. Was lag ihm daran, daß noch mehr Juden
gefoltert, verstümmelt oder hingerichtet wurden, oder daß gegen die
Millionen Juden des Erdkreises der Verdacht, einer Moloch=Religion
anzugehören, bestärkt wurde? Er wollte seine kleinen Zwecke durch=
setzen. Der französische Generalkonsul Cochelet in Alexandrien erhielt
von Thiers die Weisung, Mehmet Ali zurückzuhalten und die Untaten
in Damaskus nicht ans Licht ziehen zu lassen. Der ägyptische Pascha,
von Thiers' Schwindeleien betört, gehorchte und nahm das den vier
Konsuln gegebene Wort zurück. So spann sich das Drama, das be=
reits dem Ende zuging, wieder weiter. Aber das Ende war Thiers
und seinen Schützlingen nicht günstig.

Die Juden aller Schattierungen hatten bereits Selbstgefühl genug
erlangt, den Winkelzügen eines Ministers ebenso gut, wie denen eines
Konsuls zu begegnen. Achille Fould, den nur noch ein dünner
Faden mit dem Judentume verband, betrachtete es ebenso, wie der
stockfromme Hirsch Lehren in Amsterdam, als seine Pflicht für die
verfolgten Stammesgenossen in Syrien mutig zu wirken. In der
französischen Deputiertenkammer (2. Juni) interpellierte er Thiers auf
eine so derbe Weise, daß dieser zu Verdrehungen und Beschönigungen
seine Zuflucht nehmen mußte: „Der Konsul Frankreichs veranlaßte die
Folter; und nachdem die französische Nation nicht allein mit dem Bei=
spiel der Gleichheit „vor dem Gesetze", sondern auch mit dem der
religiösen Gleichheit vorangegangen ist, war es ein Franzose, der Aus=
nahmemaßregeln hervorrief, seine Zuflucht zur Tortur nahm, die Henker
des Paschas unterstützte. Dieses Betragen empörte die anderen euro=
päischen Agenten so sehr, daß der französische Gesandte, aus dem
Rate, der sich bildete, ausgeschlossen wurde, denn er war Kläger, die
anderen Verteidiger." Thiers mußte darauf entgegnen, aber jedes
seiner Worte klang wie eine Lüge. Bald sagte er, Ratti=Menton habe

nur ſeine Pflicht getan, bald wieder, er habe noch keine Nachricht, bald wieder, er müſſe ihn in Schutz nehmen, weil die Konſuln der anderen Mächte ihm feindſelig ſeien. Zwei chriſtliche Deputierte nahmen ſich bei dieſer Verhandlung der Juden an. Graf D e l a b o r d e , welcher Reiſen im Morgenlande gemacht hatte, rühmte gerade von den Juden der Türkei, daß ſie ſich der wohlverdienten Achtung erfreuten, und daß er wie Lamartine bei den Vornehmſten derſelben die herzlichſte und biederſte Gaſtfreundſchaft genoſſen habe. „Es mußte mich doch ſchmerzen, das Schickſal einer achtungswerten Familie (Farchi), die ich in Damaskus kennen gelernt, zu vernehmen, mehr noch aber muß mich der erhobene Verdacht kränken, daß unſer Konſul bei den Torturen, unter welchen jetzt ſo viele gelitten, mitgewirkt habe.“ Thiers' Großſprecherei, daß er im Beſitz von Schriftſtücken ſei, welche Ratti-Mentons Unſchuld erhärteten, ſtellte ein anderer Deputierter, Iſambert, den Inhalt eines Berichtes vom apoſtoliſchen Miſſionär, Pater Tomaſos Nachfolger, gegenüber, welcher beſagte, daß „die Bemühung und der Eifer des franzöſiſchen Konſuls bei der Tortur der Juden in Damaskus alle Begriffe überſteige“. Die Deputiertenkammer gab zwar dem Miniſter, der den ritterlichen Charakter der franzöſiſchen Nation ſo arg verleugnete, kein Mißtrauensvotum, aber das Mienenſpiel der Deputierten verurteilte ihn. Thiers fühlte ſich ſo unbehaglich, daß er einen kleinlichen Ausfall auf die Juden machte, „daß ſie durch ganz Europa einen Sturm erregt, ſich an ſämtliche Staatskanzler gewendet und dadurch bewieſen hätten, daß ſie nicht ſo wenig Einfluß haben, als man vorgibt“. — Freilich mußten ſich die Juden zuſammennehmen und eigene Tätigkeit entfalten, da die ſtreng kirchlich-katholiſche Partei in Frankreich, Italien und Belgien ſich förmlich verſchworen und von oben her einen Wink erhalten hatte, die Tatſächlichkeit der Vorgänge in Damaskus zu verdunkeln und die Juden im Morgenlande und in Europa als Menſchenfreſſer erſcheinen zu laſſen. In ganz Italien durften die Schriftſtücke zugunſten der Damaszener Opfer und gegen Ratti-Menton nicht gedruckt werden; die von Geiſtlichen geleitete Zenſur verbot es. Eine franzöſiſche Zeitung hatte die getauften Juden aufgefordert, auf ihre Seele und ihr Gewiſſen zu erklären, ob ſie unter ihren ehemaligen Glaubensgenoſſen oder in dem jüdiſchen Schrifttume die geringſte Spur oder Vorſchrift einer ſolchen Freveltat gefunden hätten, die man den Unglücklichen von Damaskus aufbürdete. Mehrere zum Proteſtantismus übergetretene Juden in kirchlicher Stellung hatten die Unſchuld der Juden an dieſem Laſter beteuert, unter anderen der als Kirchengeſchichtsſchreiber und als Mann von zarter Gewiſſenhaftigkeit bekannte August Neander. Von den Katholiken tat es nur einer, der Hofprediger Veith in Wien, welcher von der Kanzel mit dem Kruzifix in der Hand einen feierlichen Eid leistete, daß an der Beschuldigung gegen die Juden kein wahres Wort sei. Alle übrigen katholisch getauften Juden, die Äbte Drach[1]), Libermann und Ratisbonne schwiegen. Sie hatten zwar alle drei keine spiegelreine Vergangenheit und schwiegen vielleicht, weil sie die Juden, die Mitwisser ihrer Geheimnisse, haßten. Sie mußten vielleicht auch schweigen. Die klerikalen Judenfeinde hatten ein neues Stichwort in die Öffent-

---

[1]) Archives Israélites a. a. O., p. 213. Indépendance de la Moselle 15. April: „Nous demanderons à l'abbé Drach, jadis Rabbin et profond cabaliste, à l'abbé Liberman, talmudiste distingué, à l'abbé Ratisbonne etc. Über die Vergangenheit Drachs sind wir durch seinen Schwager, den Konvertiten Simon (Hyacinthe) Deutz, der 1832 die Herzogin von Berry an die Regierung Louis Philipps verraten hat, sehr gut unterrichtet, und es ist nicht ganz hors d'œuvre, hier etwas davon mitzuteilen. Deutz, Sohn eines französischen Großrabbinen, schrieb eine Verteidigung seines Verrates: „Confession de S. D. sur lui-même et sur la captivité de la duchesse de Berry" (Deutsch Übers. Grimma, 1835). Im ersten Kapitel (S. 8) bemerkte er: „Im Jahre 1827 führte mich der lebhafte Wunsch, die Mysterien des Katholizismus und die Organisation des Jesuitenordens kennen zu lernen, vielleicht auch die Hoffnung, Rache an einem Elenden zu nehmen, der meiner Schwester Liebe mit Verrat gelohnt, nach Rom." Ferner erzählt er (S. 67 ff.): „Dieser Mensch, Drach, vermählte sich 1817 mit meiner Schwester." „Von Ehrsucht geleitet, und dem damals herrschenden Tartüffewesen sich anschmiegend", trat er 1823 zur katholischen Kirche über, zwang seine Kinder zur Taufe; seine Frau, die Tochter des Rabbiners Deutz, entfloh nach London; nach einigen Monaten mit ihrem Gatten ausgesöhnt, hinterging sie dieser Nichtswürdige wieder, „verschwand eines Morgens, die hochschwangere Frau hilflos zurücklassend und ihre Juwelen und sonstiges wenige Vermögen mit sich nehmend" ... „Bevor Drach Paris verließ, hatte er sich noch des Beistandes von Madame (der Herzogin von Berry) zu versichern gewußt". Sie selbst hatte sich nicht gescheut, dieses schändliche Komplott zu begünstigen, und vorzüglich durch ihre Empfehlung wurde er, zu Rom angekommen, Ritter des goldenen Sporns, Bibliothekar der Propaganda usw." (S. 70). Dieser Drach schrieb: „Rélation de la conversion de M. Hyacinthe Deutz, baptisé à Rome le 3. Fev. 1828", worin er die Taufe seines Schwagers durchweg als Mirakel darzustellen suchte. Nichtsdestoweniger griff Drach ihn nach der Gefangennehmung der Berry in der Quotidienne und in der Voce della libertà an, teilte sein genaues Signalement mit, um ihn desto sicherer den Dolchen der Legitimisten zu überliefern, ihn, von dem er vier Jahre früher geschrieben hatte (p. 31): „parmi les nombreuses conversions d'israélites, celle de Mr. H. Deutz est une des plus remarquables: .. et elle portera, n'en doutons pas, des fruits salutaires".

lichkeit geworfen, der Talmud, den die europäiſchen Juden kennen und
ſtudieren, mag allerdings frei von chriſtenfeindlichen Stellen und von
der Aufforderung zum Blutvergießen ſein, welche aus Furcht aus den
Exemplaren ausgemerzt worden ſein mögen. Aber die morgenländi=
ſchen Juden unter türkiſchem Regimente beſäßen noch den Talmud in
ſeiner Urgeſtalt voll Menſchen= und noch mehr voll Chriſtenfeindlichkeit.

So waren die Juden gezwungen, dieſem Bunde der Unreinen
gegenüber einen Bund der Reinen entgegenzuſtellen, die Unſchuld der
Märtyrer in Damaskus und zugleich die Lauterkeit ihrer Lehre offenbar
zu machen, mit einem Worte, ſich ſelbſt zu helfen. Das franzöſiſche
Zentralkonſiſtorium, welches von Ludwig Philipp bündige Zuſagen
ſeines Beiſtandes erhalten hatte, ſah ſich in ſeinen Hoffnungen ge=
täuſcht. Schmerzlich mußte Crémieux zu ſeinen Stammesgenoſſen
ſagen: „Frankreich iſt gegen uns“[1]. Der Notſchrei der Juden aus
Damaskus, Beirut, Alexandrien, Konſtantinopel in Sendſchreiben an
die Rothſchilds, an Moſe Montefiore, Crémieux und Hirſch Lehren
in Amſterdam hatte es als notwendigen Schritt bezeichnet, daß hoch=
geſtellte europäiſche Juden auf dem Schauplatz der Begebenheiten
auftreten müßten, um durchgreifend wirken zu können. So beſchloß
zunächſt das Zentralkonſiſtorium, den Mann von hinreißender Bered=
ſamkeit aus ſeiner Mitte mit würdiger Begleitung nach Alexandrien
ziehen zu laſſen, um Mehmet Ali günſtig zu ſtimmen. Mit dieſer
ebenſo gefahr= wie ehrenvollen Sendung betraut, ſetzte ſich Crémieux
mit den jüdiſchen Spitzen in London in Verbindung.

Hier war nämlich ein Komitee aus den edelſten und angeſehenſten
Juden zuſammengetreten, dem ſelbſtverſtändlich M o n t e f i o r e und
R o t h ſ c h i l d angehörten, und dieſes faßte in einer Verſammlung in
der Vorhalle einer Synagoge am 15. Juni den wichtigen Beſchluß, daß
der erſtere mit einer von ihm ſelbſt beliebig erwählten Begleitung im
Verein mit Crémieux die Reiſe nach Ägypten antreten ſollte, „um
vermöge ſeiner gewichtigen Stimme und ſeines Eifers am Hofe des
Paſchas die Juden von England zu repräſentieren und die verfolgten
Brüder im Morgenlande zu verteidigen“. Selbſtverſtändlich wurde
auch bei dieſer Beratung beſchloſſen, bedeutende Summen zuſammen=
zuſchießen, weil vorauszuſehen war, daß ſolche erforderlich ſein würden,
nicht etwa um durch Beſtechung den ſchwebenden Prozeß in Damaskus
gewinnen zu machen, ſondern um durch wirkſame Mittel den Urheber

---

[1] Barnard von Owens Rede im Londoner Komitee: Mr. Crémieux a
déclaré: „La France est contre nous.“

des Mordes an Pater Tomaso zu entdecken. Tausend Pfund Sterling
wurden von dem Komitee als Preis für den Entdecker desselben aus=
gesetzt. Die Bereitwilligkeit der Juden, Geldopfer zu bringen, zeigte
sich bei dieser Gelegenheit wieder im glänzendsten Lichte. Unbemittelte
wie Millionäre spendeten ihre Beiträge für die gerechte Sache. Das
Komitee veranlaßte auch, daß sich die unverfälschte öffentliche Meinung,
wie sie nur in England durch das Parlament möglich ist, für die Juden
aussprechen sollte. Robert Peel übernahm mit seiner gewichtigen
Stimme diesen Auftrag.

Die Sitzung des englischen Parlaments (Unterhaus vom 22. Juni)
gibt einen interessanten Vergleich zu der Sitzung der französischen
Deputiertenkammer in derselben Zeit und derselben Sache. Mit Recht
leitete Peel seine Anfrage an die Minister mit den Worten ein, „daß
es nur der Erwähnung im Unterhause bedürfe, um die Erreichung des
großen Zwecks der Gerechtigkeit und Menschlichkeit zu erleichtern.“
Lord Palmerston antwortete darauf ganz anders als Thiers, „er
habe bereits dem englischen Generalkonsul Hodges die Weisung er=
teilt, Mehmet Ali vorzustellen, welche Wirkung die Kunde von solchen
Grausamkeiten in Europa hervorbringen müsse, und daß es in seinem
eigenen Interesse läge, die Sache so zu untersuchen, daß die Schuldigen,
wenn solche vorhanden, zur Strafe gezogen, die unglücklichen Schlacht=
opfer dagegen entschädigt würden, wenn dies noch möglich sei.
Er (Lord Palmerston) habe auch dem Konsul Ihrer Majestät in Da=
maskus Verhaltungsbefehle zugesandt, damit er dem Geschehenen
nachforsche und einen genauen Bericht darüber, sowie über den Anteil,
den die europäischen Konsuln an der Sache genommen, einsende“. Ein
anderes Parlamentsmitglied, Lord Ashley, bemerkte, „er fühle sich
gedrungen, dem Eifer und der Tätigkeit des Ministers in Verfolgung
seiner Bemühungen zum Besten der Juden von Damaskus und der
Juden im allgemeinen öffentlich seine Achtung zu zollen. Er habe
kürzlich Briefe aus dem Orient bekommen, welche Gelderpressung als
den einzigen Zweck der gegen die Juden verübten schauderhaften Greuel=
taten bezeichnen“. — Die englische Luft machte auch diejenigen für
die Freiheit empfänglich, welche die Knechtung der Geister und Leiber
zum Dogma zu erheben pflegten. O'Connel, der feurige irische Agi=
tator für die Gleichstellung der Katholiken in England, regte bei dieser
Gelegenheit im Parlamente den Gedanken an, daß auch den Juden
dieses Gut zuteil werden möge. „Kräftiger und bringender wären die
Bemerkungen gewesen, wenn ein Mitglied dieses Hauses, das dem
Glauben der Angeklagten angehörte, sie hätte aussprechen können. Die

Regierung ſollte ein Geſetz für die völlige Gleichſtellung der Juden einbringen." So ſprach England aus dem Munde ſeiner würdigſten Vertreter.

Tags darauf (23. Juni) trat eine zahlreiche Verſammlung der angeſehenſten Juden in London in der großen Synagoge zuſammen, um die Schlußberatung für die Abſendung Montefiores nach Ägypten zu halten. Es zeigte ſich bei dieſer Gelegenheit, welch einen Kreis von edlen Juden England beherbergte, und von welchem Hochgefühle ihr Geiſt für das Judentum und deſſen Glieder beſeelt war. Bis dahin hatten die engliſchen Juden faſt gar nicht in die jüdiſche Geſchichte eingegriffen. Sie hatten ſich wegen ihrer geringen Anzahl nur empfangend verhalten. Aber ſo wie ſie zum erſten Male tätig auftraten, haben ſie ein mächtiges Selbſtgefühl gezeigt und ein erweckendes Beiſpiel für andere gegeben. M o n t e f i o r e , d e C a ſ t r o , R o t h = ſ c h i l d , v a n O v e n , D. S a l o m o n s und viele andere ſprachen und handelten als ſelbſtbewußte Juden, welche die größten Opfer zu bringen bereit waren, um ihrem angeſchuldigten Bekenntniſſe zum Triumphe zu verhelfen. Der greiſe Rabbiner H e r ſ c h e l , der eine Reihe rabbiniſcher Ahnen zählte bis auf Chacham Zebi und noch höher hinauf, war bei dieſer glänzenden Verſammlung anweſend. Auch Crémieux hatte ſich aus Paris eingefunden. Die Verſammlung ſprach zuerſt den Männern, Chriſten wie Juden, ihren Dank aus, welche ſich mit Eifer für die Unglücklichen von Damaskus verwendet hatten, J a m e s v o n R o t h ſ c h i l d , der den Verarmten und Beraubten in Damaskus bedeutende Unterſtützung hatte zukommen laſſen, M e t t e r n i c h und einen Agenten L a u r i n und M e r l a t o und auch dem engliſchen Konſul H o d g e s . Barnard van Oven hielt eine feurige, doch ſachgemäße und mit vielem Beifalle aufgenommene Rede: „Die Verfolgung wütet zwar jetzt nur in einer Stadt Aſiens. Wer aber will behaupten, daß es bei den dortigen Auftritten ſein Bewenden haben würde, wenn nicht durch die Wirkſamkeit dieſer und ähnlicher Verſammlungen die gegen uns vorgebrachte Beſchuldigung vollſtändig widerlegt, die Bosheit unſerer Feinde bewieſen und die niedrigen Beweggründe ihrer Handlungen aller Welt dargelegt ſind, bevor es bewieſen iſt, daß dieſe ſchrecklichen Beſchuldigungen nicht bloß unwahr ſind, ſondern auch nicht wahr ſein können, daß dieſe Dinge nicht nur der Praxis, ſondern auch den erſten Grundſätzen unſerer Religionsvorſchriften ſchnurſtracks entgegen ſind?" Viele Juden hätten zwar Bedenken geäußert, eine Widerlegung der Anklage zu unternehmen, da man ſich dadurch beſchimpfe; er ſelbſt habe dieſes Bedenken geteilt. Aber ſeitdem es ſich gezeigt habe, daß

Frankreich, der Sitz der Aufklärung und Wissenschaft, wenigstens
dessen Regierung, gegen die Juden Partei genommen habe, halte er
es für notwendig, die schreckliche Beschuldigung mit allen Mitteln
zu widerlegen." Salomons sprach ebensolche ergreifende Worte: "Ich
beschuldige den französischen Minister vor dem zivilisierten Europa des
Mangels an Menschlichkeit. Ich bin überzeugt, daß dieser unser Ruf
überall widerhallen wird, weil der Charakter dieses Landes mächtig
von jedem andern abweicht. Unser Vaterland ist immer bereit, Partei
gegen Thrannei zu nehmen, und so werden wir ohne allen Zweifel
die Unterstützung des ganzen britischen Volkes haben. Unsere christlichen
Brüder werden sich uns mit Eifer anschließen, um den Zustand des
ganzen menschlichen Geschlechts verbessern zu helfen." Montefiore
äußerte sich darauf in einfacher Weise: "Es ist dies keine Gelegenheit,
Schmeicheleien zu sagen oder zu empfangen. Wie sehr ich mich auch
geehrt fühle, meine einfache und klare Antwort ist: "Halten Sie
mich für fähig, den Auftrag zu übernehmen, so setze ich jede andere
Rücksicht beiseite und sage, ja ich will gehen.'" . . . . "Wir gehen,
um . . . womöglich das dunkle Gewirre teuflischer Taten aufzuhellen,
die Verschwörung zu entdecken und die Verschworenen zu beschämen,
unsere Brüder im Osten von dem Schandfleck zu reinigen, den Unduldsamkeit, Betrug und Raubsucht auf unsere Nation zu werfen versucht haben."

Es bedurfte in dieser Versammlung nicht vieler Worte. Der
Entschluß stand bei allen fest, alle Anstrengung zu machen und alle
Opfer zu bringen, um der Unschuld Genugtuung zu verschaffen. Die
Szene dieser hochgestimmten jüdischen Versammlung in London hatte
einige Ähnlichkeit mit der in Alexandrien, genau achtzehn Jahrhunderte
vorher, als das Judentum zur Zeit des Kaisers Caligula ebenfalls
von schamlosen Wichten gebrandmarkt wurde. Damals hatten sich
ebenfalls die durch Bildung, Hochsinn und Reichtum hervorragenden
Juden zusammengetan, Philo an der Spitze, um die lügenhafte Verleumdung zu entlarven[1]). Aber die alexandrinische Versammlung
hatte, von Feindseligkeit umringt, zitternd getagt, die Londoner dagegen
fühlte sich ermutigt, umgeben von dem Wohlwollen und der Sympathie
der hauptstädtischen Bevölkerung. Auch in der zweiten englischen Gemeinde, Manchester, fand eine ähnliche Versammlung der Juden statt.

Durch solche Kundgebungen des Sieges gewiß, schickte sich Montefiore zur wichtigen Reise an, mit Empfehlungsschreiben von den Staats-

---

[1]) S. Bd. III, 5. Aufl., S. 335 ff.

lenkern versehen und begleitet von den Segenswünschen von Millionen Menschen, unter denen die der Königin Victoria nicht fehlten. Sie erteilte ihm eine Audienz zum Abschiede und stellte ihm ihr Staatsschiff zur Verfügung, welches ihn über den Kanal setzen sollte, — gewiß eine außerordentliche Gunstbezeugung und Teilnahme an dem Geschick der Juden. Sie verstand sich aber damals so sehr von selbst, daß nicht viel davon die Rede war. Montefiore war von Louis Löwe, einem jüdischen Sprachkundigen, begleitet, der im Morgenlande Reisen gemacht hatte. Er wurde auch von einem Rechtskundigen und seiner Frau Judith begleitet, die es sich nicht hat nehmen lassen, die Beschwerden ihres Gatten auf dieser Reise für die Sache ihres Volkes zu teilen. Sie war das Ideal eines jüdischen Weibes, gebildet, hochsinnig, stolz auf ihr Bekenntnis und ihrer Abstammung treu ergeben, eine erfreuliche Lichtseite zu dem Schattenbilde jener drei Berlinerinnen, welche dem Judentume so viel Schmach angetan hatten. Wenn die einst gefeierte und zuletzt vergessene Henriette Herz, welche diese Vorgänge noch erlebte, in ihrem Alter Verständnis für diese überraschende Wendung gehabt hat, so muß sie sich des Abfalls vom Judentum tief geschämt haben. Denn sie war geschaffen, eine Judith zu werden, wenn sie sich nicht von Eitelkeiten zum Verrat an sich und ihrem Stamme hätte verleiten lassen. — Ehe Montefiore mit seiner Begleitung England verließ, erachteten es die beiden Rabbinen der deutschen und portugiesischen Gemeinde Salomon Herschel (starb 1842)[1] und David Meldola, für nötig, einen feierlichen Eid zu wiederholen, den Manasse Ben-Israel und Mose Mendelssohn abgelegt hatten, daß die Blutanklage gegen die Juden auch nicht den Schatten eines Beweises im talmudischen Schrifttume habe und ebenso wenig je durch irgendeine Handlung den Schein einer Tatsache erhalten habe. Gegenüber der gesinnungslosen, klerikalen, französischen und feilen deutschen Tagesliteratur war dieser Eid nicht überflüssig. Katholische Wühler in Frankreich und Belgien besudelten die Juden wenigstens aus einem allerdings verwerflichen, aber doch erklärlichen Grunde und mit dem angelegten Plane, die freien Gewissen wieder in ihre Netze einzufangen. Deutsche Schriftsteller taten es aber aus niedrigen Beweggründen, um das Unglück als eine Erwerbsquelle auszubeuten. Ein gewisser Dr. Philibert hatte an das Rothschildsche Haus in Paris ein Schreiben gerichtet, des Inhalts, daß er gegen eine große Geldsumme in europä-

---

[1] Sohn Hirschel Levins von Berlin und Bruder Sauls v. S. 155. S. Orient, Jahrg. 1843. Litbl. col. 49. [Landshuth תולדות אנשי שם, S. 110f.].

ischen Blättern zum Vorteile der Damaszener Juden berichten wolle, daß er aber bei verweigertem Sündenlohn die öffentliche Meinung in entgegengesetztem Sinne bearbeiten werde[1]). Dieses deutsche Schreibergesindel ist von den Juden mit Verachtung zurückgewiesen worden. Sie konnten der eigenen Kraft und der Macht der Wahrheit vertrauen. In seinen Hoffnungen getäuscht, fiel das feile Schreibergesindel über die Juden her und vermehrte die Zahl der Lügen und Verleumdungen, welche über diese Damaszener Mordgeschichte ohnehin in Umlauf gesetzt war. Darum waren diese Rabbinen gezwungen, ihren Stolz ein wenig zu vergessen und sich dazu herabzulassen, etwas zu beeiden, was klar wie das Sonnenlicht war.

Wenn indessen die Juden in der französischen und deutschen Tagesliteratur mißhandelt wurden, so gab ihnen England eine Genugtuung, die imstande war, alle Leiden der Juden während der letzten fünfzehn Jahrhunderte, seit der Herrschaft des Christentums, vergessen zu machen. Angesehene Kaufleute, Inhaber großer Bankhäuser und Parlamentsmitglieder, 210 Männer, richteten an den Lord-Mayor M a r s c h a l l das Gesuch, eine öffentliche Versammlung zu berufen, um ihre Gefühle und ihren wahren Anteil in Hinsicht der Verfolgung der Juden in Damaskus aussprechen zu können. Der Lord-Mayor, selbst von diesem Wunsche erfüllt, ging darauf ein, und so kam eine glänzende Versammlung in London im Mansion-House in der ägyptischen Halle, am 3. Juli zusammen, welche an sich ein großer Sieg war. Viele Damen von Stande hatten sich als Zuhörerinnen eingefunden. Der Vorsitzende T h o m p s o n bemerkte gleich im Eingange, „daß die Juden von Damaskus in ihrer Handlung ebenso achtungswert sind, wie die unter uns in England wohnenden. Und von diesen erlaube ich mir zu sagen, daß keiner unserer Mitbürger eifriger bemüht ist, Humanität zu befördern, Armen und Bedrückten zu helfen, Waisen zu beschützen und Literatur und Wissenschaft zu begünstigen als sie, und daß sich ihre Wohltaten nicht bloß auf die beschränken, welche ihres Glaubens sind, sondern daß auch Christen, sowie die Bekenner jedes Glaubens sich derselben erfreuen". Ein Parlamentsmitglied S m i t h , sagte, indem er sich erhob, um den ersten Schritt vorzuschlagen . . . . „Ich halte diese Anklagen für ebenso falsch, als die Natur derer, welche sie erfanden, grausam und schlecht ist; ich bin gewiß, daß das ganze Land sich mit einer Stimme, mit einem Willen erheben würde, um jene Grausamkeiten, jene Greuel, welche in Damaskus

---

[1]) S. Löwenstein a. a. O., S. 91 ff.

in solchem Grade begangen werden, zu unterdrücken.... Aber welches ist das Volk, das solchen Leiden unterworfen war? Ein Volk, das durch alles, was die Religion Teures und Heiliges hat, mit uns verbunden ist, ein Volk, dessen Glaube sich auf die Geschichte gründet, das seine künftige, politische und religiöse Wiederherstellung mit unbezweifeltem Vertrauen erwartet, ein Volk, das auf der ganzen Welt mit den Fortschritten des Handels und der Zivilisation eng verknüpft ist, das mit der ganzen Welt in freundschaftlichem Verkehr steht. .... Früher waren sie es, welche die Erziehung des Menschengeschlechtes leiteten; früher übten sie selbst gegen andere diese bürgerliche und religiöse Freiheit aus, welche sie gegenwärtig für sich fordern. Es ist ein Volk, das den besten Beweis gegeben hat von dem Werte, den es auf Freiheit setzt, indem es durch sein Benehmen zeigte, wie sehr es dieses Prinzip ohne Unterschied des Glaubens auf andere angewendet hat; es hat das größte Recht auf die höchste Toleranz." Dr. Bowring bemerkte: „Ich habe auch die Ehre, einige der Männer, welche jene Leiden erdulden mußten, persönlich zu kennen und in diesem Augenblicke habe ich ein in Damaskus' geschriebenes Dokument in Händen, aus welchem die Wichtigkeit der dortigen jüdischen Bevölkerung hervorgeht, da es mehr als zwanzig Kaufleute in Damaskus gibt, welche mit England mit einem Fonds von 16—18 Millionen Piaster in kaufmännischem Verkehr stehen. Außerordentlich groß wird meine Freude sein, wenn ich glauben darf, daß eine kräftige Fürsprache jener Sendung des Wohlwollens und der Toleranz (des Herrn Montefiore) Beistand leistet; denn ich kann nicht alle die Schwierigkeiten, welche sie in ihrem ehrwürdigen und heiligen Auftrage treffen werden, verhehlen, und wie gefährlich es ist, für die Sache der unterdrückten Juden in Gegenwart ihres Bedrückers in jenem Lande des ärgsten Fanatismus zu reden."

Ein hoher Geistlicher, Lord Howden, fügte hinzu: „In den geheimnisvollen Wegen der Vorsehung finden wir oft, daß das Gute aus dem Bösen entsteht, und darum hoffe ich und mit mir alle christlichen Freunde der Menschheit, daß die Gesetzgebung dieses Landes ihren Unwillen über die Grausamkeit bekundend, den Juden für die in früheren Zeiten durch dieselbe Gesetzgebung erlittenen Leiden Ersatz bieten werde." Allgemein wurde der Antrag angenommen: „Diese Versammlung drückt ihr hohes Bedauern aus, daß in diesem erleuchteten Zeitalter eine Verfolgung gegen unsere jüdischen Brüder stattfinden konnte, welche durch Unwissenheit entstanden ist und durch Frömmelei entflammt wurde." Gegen Ende der Versammlung trat O'Connel ein. Er hatte geglaubt, er werde sie anspornen müssen.

Als er aber die Flut der Begeiſterung für die Juden hochgeſtiegen
ſah, fügte er nur hinzu: „Nach den dargelegten Zeugniſſen, welche
den moraliſchen Wert der Juden zu erkennen geben, könnte wohl ein
Menſch ſo entartet ſein, zu glauben, daß ſie des Blutes zu ihren Ge=
bräuchen bedürften? Iſt nicht ein Jude ein Muſter in jeder Beziehung
des Lebens? Iſt er nicht ein guter Vater, ein guter Sohn? Sind
ſie nicht treue Freunde? Sind ſie nicht redlich, fleißig? . . . . Alle Eng=
länder rufe ich auf, ihre Stimme für die Opfer jener ſchändlichen Be=
drückung zu erheben. Der Ruf möge gehen von einem Ende der bri=
tiſchen Inſel bis zum andern, und wenn der Beifall eines Irländers
noch fehlt, ſo bin ich dafür da!" —

Dieſe dreiſtündige Verſammlung im Manſion-Houſe bildet eine
denkwürdige Epiſode in der jüdiſchen Geſchichte. Im Namen derſelben
machte der Lord=Mayor nicht bloß die engliſche Regierung, ſondern
auch die Geſandten aller europäiſchen Mächte mit den Beſchlüſſen be=
kannt und forderte ſie auf, die Völker und die Fürſten zu veranlaſſen,
ihre Teilnahme für die Juden ebenfalls kundzugeben. So hinreißend
wirkte die unverfälſchte öffentliche Meinung, daß ſich der Kaiſer Niko=
laus von Rußland gleich der amerikaniſchen Republik moraliſch ge=
zwungen ſah, ſeinen Abſcheu vor Folterqualen gegen Juden an den
Tag zu legen! Einige Wochen ſpäter fand eine ähnliche Verſammlung
in Mancheſter ſtatt, und in derſelben wurden, obwohl darin größten=
teils Geiſtliche das Wort führten, dieſelben Geſinnungen gegen die
Juden kundgegeben. Warum hatten ſolche Anſichten nicht im vierten
und fünften Jahrhundert die Oberherrſchaft, als das Chriſtentum
ſich auf den Thron ſetzte? Wie viel Weh, Tränen und Blut wären
erſpart worden? Doch der jüdiſche Stamm ſollte durch das blutige
Märtyrertum erprobt und geſtählt werden.

Montefiore konnte die Reiſe mit geſchwellter Bruſt antreten. Nicht
bloß von der Regierung unterſtützt, ſondern auch von den Sympathien
der beſten Männer Englands begleitet, hegte er die beſten Hoffnungen.
Nicht ſo leicht wurde es Crémieux. Er wurde von dem franzöſiſchen
Miniſterium eher noch gehemmt. Mehrere Unterredungen, die er mit
Thiers über die Damaskusangelegenheit hatte, führten zu keinem Er=
gebnis, obwohl auch Odilon Barrot, Thiers' Freund, an einer
Sinnesänderung des Miniſterpräſidenten arbeitete. Thiers wollte ſich
aber ſtark zeigen. Vielleicht hatte er ſelbſt nicht ſo viel Schuld, als
ihm alle Gutgeſinnten beilegten. Möglich, daß Ludwig Philipp mit
ſeiner Schlauheit ihn am Nachgeben hinderte. Er wurde auch in der
Pairskammer (10. Juli) von wackeren Männern daran erinnert, daß

er durch ſeine Parteinahme für den Wicht Ratti-Menton Frankreichs
Ehre bloßſtelle, blieb aber nichtsdeſtoweniger in ſeiner zweideutigen
Haltung. Die öffentliche Meinung zwang ihn zwar, kleinlaut zu geſtehen: „Ich achte die Juden, ich achte ſie beſonders bei dieſer Gelegenheit. Ihr Widerſtand macht ihnen Ehre; ſie haben ſich kräftig
gegen das ihnen zur Laſt gelegte Verbrechen verwahrt. Dies bringt
ihnen Ehre in den Augen von ganz Europa. Allein, wenn auch die
Regierung die Gefühle, welche die Juden durch ihr Betragen einflößen,
vollkommen teilt, ſo kann ſie dennoch die Handlungen eines ihrer
Agenten nicht tadeln, auf welchen ſie Vertrauen ſetzen muß, bis zum
evidenten Beweiſe des Gegenteils." Seine eigenen Parteigenoſſen
verurteilten ihn und ſagten ihm ins Geſicht: „Eine ſo trockene parla-
mentariſche Sprache ſticht ſehr auffallend und unglücklich ab von den
beredten Zurechtweiſungen, von welchen Lord Palmerſton und Sir
Robert Peel zugunſten der verfolgten Damaszener Juden die engliſche
Tribüne widerhallen laſſen." Aber die Tatſachen vereitelten Thiers'
und des Königs Schlauheit. Während ſie glaubten, durch kleinliche
Ränke, durch kindiſchen Trotz und durch Berückung Mehmet Alis
Frankreichs Anſehen zu befeſtigen, ſchloſſen die vier übrigen europäiſchen
Mächte England, Rußland, Öſterreich und Preußen einen Vierbund
(Quadrupel-Alliance, 15. Juli) gegen Frankreich, worin beſtimmt wurde,
daß dem Sultan Syrien zurückgegeben werden ſollte. Thiers' Sturz
war bereits vorbereitet, als er ſich noch in die Bruſt warf.

Einen Tag vor dem Abſchluß des Vierbundes reiſten Montefiore
mit ſeiner Begleitung und Crémieux mit der ſeinigen nach Ägypten.
In Crémieux' Begleitung war Salomon Munk, der die jüdiſche
Wiſſenſchaft würdig und voll vertrat. So fehlte der jüdiſchen Geſandt-
ſchaft nichts von dem, was zum Gelingen einer großen Sache erforderlich iſt, Hingebung, reines Gottvertrauen, Beredſamkeit, und tiefe Kenntnis. Auf ihrer Durchreiſe durch Frankreich wurden dieſe hochherzigen
und mutigen Vertreter der Judenheit überall, wo es jüdiſche Gemeinden gab, in Avignon, Nismes, Carpentras, Mar-
ſeille mit Begeiſterung empfangen und von Segenswünſchen begleitet. In Livorno, wo das Regierungsſchiff, das ſie trug, landete,
beging die portugieſiſche Gemeinde den Tag mit einer ernſten Feier.
Jeder Unterſchied in der Judenheit verſchwand in der einmütigen Bewunderung dieſer Männer, die ſich einem ſo ſchwierigen Auftrage
unterzogen, und in dem Wunſche, daß ſie ihn zu gutem Ende ausführen möchten. Ganz Iſrael war ein Herz und eine Seele. Altfromme Rabbinen ließen für Montefiore und Crémieux Gebete im

Gottesdienste einschalten. Jeder Jude, auch der geringste, war bereit, einen Teil seiner selbst zu opfern, um ihnen ihre Aufgabe zu erleichtern.

Sobald sie in Kairo angekommen waren, 4. August, beeilten sie sich, ohne sich Rast zu gönnen, ans Werk zu gehen. Montefiore, vom englischen Generalkonsul Hodges aufs kräftigste unterstützt — er hatte von Palmerston die Weisung dazu erhalten —, bewarb sich sogleich um eine Audienz bei Mehmet Ali (6. August). Freundlich von ihm empfangen, überreichte er ihm eine Bittschrift im Namen der Judenheit, ihm zu gestatten, nach Damaskus zu gehen und dort Untersuchungen über die Vorfälle anzustellen, deren Ergebnis vom Pascha bestätigt werden sollte. Zu diesem Zwecke sollte ihm und seinen Leuten freies Geleite gegeben und die Befugnis erteilt werden, die Gefangenen, so oft es wünschenswert sei, zu sprechen und Zeugenverhöre aufzunehmen. Diese Befugnisse sollten als Ferman in den Straßen von Damaskus öffentlich bekanntgemacht werden. Mehmet Ali geriet dadurch in große Verlegenheit. Gern hätte er in diese Forderung eingewilligt, weil ihm daran lag, in Europa als Fürst der Gerechtigkeit zu gelten. Aber der französische Generalkonsul Cochelet hemmte nach der ihm von Thiers zugegangenen Weisung diese Regung und bot alle Mittel auf, den Schleier ungelüftet zu lassen. Cochelet wollte — gegen den Brauch — nicht einmal Crémieux beim Pascha einführen. Crémieux mußte sich selbst Audienz verschaffen und erhielt wie Montefiore nur ausweichende Antworten. Bald wollte Mehmet Ali durch eine Reise die Sache in die Länge ziehen, bald erwiderte er, er werde es sich überlegen, ob die Untersuchung auf Wunsch der jüdischen Gesandten in Damaskus anzustellen sei oder ob das Zeugenverhör nach Alexandrien in seine Nähe gezogen werden solle. Die orientalische Frage stand gerade damals vor einer Krisis. Jeden Augenblick erwartete Mehmet Ali die letzte Entscheidung der europäischen Mächte darüber, ob er sich dem Sultan werde unterwerfen und seine Selbstständigkeit und das eroberte Syrien werde aufgeben müssen oder nicht. Er mochte es also weder mit England und Österreich, welche für die Juden eintraten, noch mit Thiers oder Louis Philipp, welche Ratti-Menton und die Mönche nicht fallen lassen mochten, verderben. Montefiore schrieb daher an das jüdische Komitee, das unter Vorsitz Hananels de Castro in London bis zur Austragung zusammenblieb: „Ich bin überzeugt, daß gar keine Schwierigkeit stattfinden würde, wenn sich der französische Ministerrat den übrigen anschlösse und fühle, daß in Paris durch Lord Palmerstons Einwirkung auf Thiers so viel ge-

ſchehen kann, als in Alexandrien, da das franzöſiſche Intereſſe unſeren
Wünſchen entgegen iſt." Durch Mehmet Alis Schwanken ſchleppte
ſich die Sache drei Wochen hin. Die jüdiſchen Geſandten erhielten
keine entſcheidende Antwort. Sie waren aber nicht entmutigt, ſondern
ſannen auf neue Mittel, zum Ziele zu gelangen. Crémieux kam auf das
Richtige. Sämtliche europäiſche Konſuln, oder ſo viel ſich ihrer dazu
bereit erklären würden, ſollten in einer Bittſchrift die Freilaſſung der
Gefangenen in Damaskus fordern. Neun Konſuln gingen darauf
ein; nur der franzöſiſche nicht. Mehmet Ali erhielt aber Nachricht
von der vorbereiteten Bittſchrift, und entſchloß ſich, um nicht den
Schein aufkommen zu laſſen, als ob er dem Drucke der fremden Mächte
durch deren Vertreter nachgegeben habe, den Befehl nach Damaskus
abgehen zu laſſen (28. Auguſt), daß die Gefangenen ſofort auf freien
Fuß geſetzt werden ſollten.

Bei der Nachricht davon eilten Montefiore und Crémieux voll
Freude zu Mehmet Ali, und zwiſchen dem Paſcha und Crémieux ent=
ſpann ſich folgendes Zwiegeſpräch: „Nun, wie fühlen Sie ſich heute?"
„Ich fühle mich glücklich." — „Ich bin froh, etwas für Sie getan zu
haben. Ich habe bereits befohlen, meine Beſchlüſſe in Wirkſamkeit
zu ſetzen." — „So mögen Ew. Hoheit bedenken, daß ſechs Millionen
Iſraeliten, die über die ganze Erde zerſtreut ſind, ſich mit mir ver=
einen, ihre Wünſche und Gebete für Sie gen Himmel ſchicken, und
der Himmel pflegt das Flehen der Dankbarkeit zu erhören." — „Gott
wolle es." — „Er wird es wollen! Beweiſt uns nicht die Geſchichte,
daß Gott immer diejenigen Fürſten beſchützte, die den Juden Schutz
gewährten? Er wird in dieſer ernſten Zeit über Ew. Hoheit wachen.
Darf ich die freudige Nachricht den Juden von Alexandrien und unſern
armen Brüdern von Damaskus mitteilen?" — „Gewiß, meine Be=
fehle ſind bereits gegeben, und auch die Konſuln ſollen davon in Kennt=
nis geſetzt werden. Längſt durchſchaute ich dieſe Angelegenheit; gleich
im Anfange befahl ich die Tortur einzuſtellen, und ſeit dem Tage
Ihrer Ankunft hat mich dieſe Sache oft beſchäftigt." Die beiden Ge=
ſandten und ihre Begleiter waren voll ſeliger Freude. Schon hallten
die drei Synagogen Alexandriens von Dankgebeten und Segens=
wünſchen für Mehmet Ali und alle die wider, welche, wie Metternich
und die öſterreichiſchen Konſuln Laurin und Merlato, teil an der Be=
freiung hatten. Sie alle waren freudig erregt.

Wie erſtaunten aber die beiden Vertreter der Judenheit, als ihnen
eine Abſchrift von Mehmet Alis Befehl in türkiſcher Sprache zuging,
und der ſprachkundige M u n k die Worte vorlas: „Die Herren Moſes

Montefiore und Crémieux haben mich gebeten, die gefangenen Juden in Damaskus zu b e g n a d i g e n und ihnen Befreiung zu gewähren" (Achlut Afu u-tachliot sebíl). Es sollte soviel aussagen, daß die Damaszener Angeklagten allerdings schuldig befunden worden seien, daß aber der Pascha G n a d e für Recht ergehen habe lassen. Cochelets Hand war dabei im Spiele, damit Ratti-Menton und die mönchischen Henker in Damaskus gedeckt sein sollten. Crémieux eilte sofort zum Pascha, machte ihm begreiflich, daß der Ausdruck „Begnadigung" einen Makel an den Angeklagten und somit auch an der ganzen Judenheit haften lasse, weil sie dadurch als strafbar erklärt würden. Er verlangte, daß dafür gesetzt werde „Freiheit und Ruhe" (Itlâk u-terwîh). Mehmet Ali ließ diese Änderung im Ferman anbringen, und somit waren Cochelets letzte Ränke vereitelt; er war voller Bestürzung. Crémieux sprach dabei die denkwürdigen Worte: „Jetzt erst sind wir vollkommen glücklich. Heute erheben sich in allen Synagogen Alexandriens Segenswünsche für Ew. Hoheit. In weniger als einem Monat wird man in allen israelitischen Tempeln Europas die Wohltaten des Himmels auf Sie herabbeschwören, und in zwei Monaten wird Ihr Name auf dem Erdenrunde gesegnet und gepriesen werden."

Sobald der Befehl[1]) in Damaskus eintraf, mußte Scherif Pascha, der Mehmet Alis Strenge kannte, die noch im Kerker befindlichen neun jüdischen Gefangenen sofort freilassen (6. Sept.), ohne Ratti-Menton zu befragen. Es waren darunter sieben, welche von den Folterqualen verstümmelt und nur zwei, welche verschont geblieben waren. Vier Schlachtopfer waren gefallen, die Greise David Arari, Joseph Laniado und zwei Zeugen. Sobald die Nachricht davon sich in Damaskus verbreitet hatte, versammelten sich alle Juden und viele

---

[1]) Der Ferman Mehmet Alis an Scherif Pascha lautete: „Man hat uns eine Vorstellung der Herren Moses Montefiore und Crémieux eingereicht, welche deren Bitten und Hoffnungen enthält. Sie sind abseiten aller der sich zur mosaischen Religion bekennenden Europäer zu uns abgesandt worden. Sie bitten uns, diejenigen ihrer Religionsgenossen, welche infolge der Untersuchung über das Verschwinden des Paters Thomas und seines Dieners Ibrahim im Monate Dsy'lidge 1255, verhaftet sind, durch unsern Befehl auf freien Fuß zu stellen, und die Ruhe derjenigen, welche die Flucht ergriffen haben, zu sichern. Wir haben es für angemessen erachtet, den Wünschen und Hoffnungen der Abgeordneten einer so zahlreichen Bevölkerung zu entsprechen. Demzufolge befehlen wir, daß alle diejenigen Juden, welche eingekerkert worden, in Freiheit zu setzen seien; denjenigen, welche ihren Herd verlassen haben, soll die größtmögliche Sicherheit gegeben werden, daß sie zurückkehren können. Jeder möge sich wieder an sein Geschäft, seinen Handel oder seine sonst gewöhnlichen Arbeiten begeben."

Türken vor dem Kerkergebäude und begleiteten die Dulder bis zur
Synagoge, wohin sie sich zuerst begaben, um Gott für ihre wieder=
erlangte Befreiung zu danken und für Mehmet Ali und ihre jüdischen
Beschützer zu beten. Sechs Juden, welche sich der Haft durch die Flucht
entzogen hatten, durften in den Schoß ihrer freudig=traurigen Familie
zurückkehren. Es zeigte sich dabei, daß angesehene Mohammedaner
vom ersten Augenblicke an Abscheu vor der von Ratti=Menton und
den Mönchen vertretenen christlichen Gesittung empfanden. Denn
sie nahmen den innigsten Anteil an den Juden. Der Konsul Merlato
konnte mit Genugtuung auf seine Tat blicken; denn er war es, welcher
die Vorgänge in Damaskus zuerst und eindringlich ins rechte Licht
gesetzt hatte[1].

Die Freude der Juden in allen Weltteilen bei der Nachricht von
diesem Triumphe ihrer gerechten Sache läßt sich denken. Es war
eine nationale Freude, welche die Besten in Europa und Asien mit
ihnen teilten. Es blieb noch übrig, von Mehmet Ali die amtliche Er=
klärung abgeben zu lassen, daß die auf Blutschuld lautende Anklage
eine Verleumdung gewesen sei, wofür Beweise genug vorlagen, da es
jetzt jedermann in Damaskus frei stand, sich über die traurigen Vor=
fälle auszusprechen. Auch ließen es sich die jüdischen Gesandten an=
gelegen sein, beim Pascha die Abschaffung der Folter überhaupt durch=
zusetzen. Allein die politische Verwicklung hinderte die Ausführung
dieses menschlichen Vorschlages. Die verbündeten Vier=Mächte for=
derten gerade damals Mehmet Ali auf, sich ihrem Willen zu unter=
werfen, und da er es stolz verweigerte, so landete eine österreichische
und englische Schar an der syrischen Küste. Ihr Anführer, General
J o c h m u s, schlug bei Kaleb=Medina am Libanon, am 10. Oktober
das bis dahin siegreiche ägyptische Heer. Mehmet Ali mußte sich fügen
und das eroberte Syrien nebst Kreta wieder an die Türkei abtreten.
So ereilte ihn die Strafe dafür, daß er, aus Gefälligkeit gegen Frank=
reich, die Blutszenen in Damaskus fast drei Monate seelenruhig mit
angesehen hatte. Auch der Klügler Thiers wurde in seinen Sturz mit
hineingezogen; er hatte die Fäden der Politik so verwirrt, daß er sich
selbst darin verstrickte. Seine Luftschlösser mit Mehmet Ali und mit
der Wiedereroberung des Rheins zerflatterten, und er wurde von
seinem noch schlaueren Herrn Ende Oktober fortgeschickt. Scherif
Pascha wurde, noch ehe die Türken Damaskus besetzt hatten, von Meh=
met Alis Schergen in Ketten nach Kairo geschleppt und dort enthauptet

[1] Crémieux' Bericht vom 15. Sept.

— man sagt wegen Verrats. Einer der boshaften französischen Ver=
folger der Juden in Damaskus, François Salins, wurde von
der Menge in Stücke zerrissen. Die fanatischen Katholiken dieser Stadt,
welche unter Mehmet Ali sich so viel Ungerechtigkeit erlauben durften,
waren gedemütigt oder fühlten sich gedemütigt, weil der angesehene
Jude Raphael Farchi wieder in sein Ehrenamt als Beisitzer der Stadt=
räte eingesetzt worden war. Da sie die Juden nicht mehr foltern lassen
konnten, so kühlten sie ihren Haß dadurch, daß sie einen Kreuzzug
gegen sie anzuregen versuchten. Der Vertreter des griechischen Patri=
archen, der Vikar des heiligen Landes, und der Vikar des katholischen
Patriarchen, der armenische Bischof Vantabiet, der syrische
Bischof Jakob, der Priester Maruni, kurz, die Vertreter dreier
christlicher Sekten, die einander spinnefeind waren, vereinigten sich,
um von neuem eine Verleumdung gegen die von allen dreien gleich
gehaßten Juden zu schleudern. „Die Juden von Damaskus hätten sich
erlaubt, die Christen gröblich zu beleidigen, zu beschimpfen und ihnen
alle Arten von Demütigungen zuzufügen. Mehrere Christen hätten
Klagen wegen des schlechten Betragens der Juden erhoben, wegen
ihres abscheulichen Betragens, welches alle Christen demütigt"[1]. In=
dessen hatte die Mehrzahl der europäischen Christenheit die Wahrheits=
liebe der Damaszener Geistlichkeit gar zu gut kennen gelernt, um auf
diesen erheuchelten Jammer viel zu geben. Die Häupter des Katho=
lizismus schämten sich hinterher sogar, sich in der Damaskusgeschichte
bloßgestellt zu haben.

Die jüdischen Gesandten glaubten ihre Aufgabe noch nicht genügend
gelöst zu haben, wenn sie nicht, so viel sie vermochten, einer Wieder=
holung solcher die ganze Judenschaft brandmarkender Vorfälle vorzu=
beugen versuchten. In der Voraussicht, daß Syrien mit Damaskus
wieder zur Türkei geschlagen werden würde, begab sich Montefiore nach
Konstantinopel, knüpfte mit der Pforte, an die er ebenfalls gut emp=
fohlen war, Unterhandlungen an, erhielt mit einigen angesehenen
Juden der türkischen Hauptstadt eine Audienz beim Sultan und er=
langte einen Ferman (6. Nov.) von demselben, welcher die türkischen
Juden in der Zukunft gegen Blutanklagen sicher stellte. Der Ferman
erklärte: „Ein altes Vorurteil bestand gegen die Juden, daß sie Menschen=
opfer brauchten, um Blut für ihre Osterfeier anzuwenden. Durch diese
Verleumdung sind die Juden von Damaskus und Rhodus Qualen

---

[1] Archives Israélites, Jahrg. 1841, p. 190. Vgl. Farchis Schreiben an
Montefiore, Israel. Annalen, Jahrg. 1841. S. 233 ff., 243 ff.

ausgesetzt worden. Die Falschheit der Anklage gegen die von Rhodus ist vollständig erwiesen worden. Die Religionsbücher der Juden sind außerdem von kundigen Männern untersucht worden, und das Ergebnis der Prüfung hat gezeigt, daß den Juden sogar der Genuß von Tierblut verboten ist, geschweige denn derjenige von Menschenblut." „Wir können daher nicht zugeben, daß die jüdische Nation ferner gequält und belästigt werde, wir wollen vielmehr, daß sie laut des Hatti-Scherif von Gül-Hane dieselben Gerechtsame wie die anderen Nationen genieße. Sie soll daher in unserem Reiche geschützt und verteidigt werden. Wir haben daher die gemessensten Befehle gegeben, daß die Juden in unserem Reiche von niemandem in der Ausübung ihrer Religion und überhaupt in ihrer Ruhe gestört werden sollen"[1]).

Crémieux wählte sich ein anderes Feld der Tätigkeit als Montefiore. Das Damaszener Märtyrertum hatte die unerwartete Wirkung, daß die lose Verbindung zwischen den Juden Europas und denen des Morgenlandes fester wurde. Die letzteren sahen mit Bewunderung, wie viel ihre europäischen Brüder durch Bildung, Einfluß und Mut durchzusetzen vermochten, und wie sie von den Fürsten und Großen mit Auszeichnung behandelt wurden, während sie selbst bei jedem Streiche widerstandslos den Rücken beugen mußten. Diese Bewunderung benutzte Crémieux zu einem Versuche, die ägyptischen Juden, wenigstens die der beiden Hauptstädte Alexandrien und Kairo, aus ihrer Unwissenheit zu reißen und für Gesittung empfänglich zu machen. Ihre Unwissenheit, selbst im jüdischen Schrifttum, eine Folge des maßlosen Druckes von seiten des Paschas und der Unterbeamten so wie der unsäglichen Verarmung, war zugleich die Ursache ihrer tiefen Verachtung bei Mohammedanern und Christen. Von dieser Schmach gedachte Crémieux sie zu befreien, und er wurde darin aufs kräftigste von Salomon Munk unterstützt, der wie dazu vorherbestimmt schien, die Mittlerrolle zwischen den europäischen und den ägyptischen Juden, zwischen der Vergangenheit und Gegenwart, zu übernehmen. Munk richtete ein beredtes hebräisches und arabisches Sendschreiben (v. 16. Elul)[2]) an die Juden Ägyptens, worin er Beispiele des ehemaligen Glanzes der Juden in diesem Lande, zur Zeit des zweiten Tempels in

---

[1]) Archives Isr., 1840, p. 661.

[2]) Munks Aufruf in Zion I, p. 76 f. in hebräischer Sprache und in arabischer Sprache, Orient, Jahrg. 1841, Litbl., col. 103, die deutsche Übers. das. Nr. 6. [Vgl. Munks Brief an s. Schwester, d. d. Rom, 27. Nov. 1840, mitgeteilt von Brann im „Jahrb. f. jüdische Gesch. u. Liter." Bd. II (1899), S. 197].

den Tagen Philos und nachher zur Zeit Maimunis, als sie an der Spitze
der jüdischen Geistesbestrebungen standen, dem Schatten des gegen=
wärtigen Elends der Juden, der Folge ihres geistigen Verfalles gegen=
überstellte. Er ermunterte sie, sich aus dem todesähnlichen Schlafe
aufzuraffen und Schulen anzulegen, worin ihre Kinder zur Kenntnis
des Judentums und des jüdischen Schrifttums, aber zugleich zur Er=
langung allgemeiner Schulbildung und gemeinnütziger Kenntnisse an=
gehalten werden sollten. Munk tat für die ägyptischen Juden, was
Wessely für die europäischen getan hatte. Aber er wurde dafür nicht
mehr wie dieser verketzert. Im Gegenteil, der Rabbiner von Alexan=
drien war der erste, der die Hand dazu bot, der Arme, der durch die
Verarmung der Gemeinde keinen Gehalt beziehen konnte. Ein an=
gesehener Jude V a l e n s i n o stellte sich an die Spitze eines Vereins,
welcher die Gründung von Schulen und die Beaufsichtigung des Unter=
richts übernahm. Dann begab sich Crémieux mit Munk nach Kairo.
Hier bestand eine große Gemeinde von etwa 300 Familien, davon
waren aber nur etwa zwölf sehr reich und fast 200 lebten von Almosen.
Auch hier war der Rabbiner Mose Joseph A l g a s i , ein Greis von
sechsundsiebzig Jahren, und ein angesehener Mann A b d a mit ganzer
Seele für die Gründung von Schulen. Durch die Bemühung dieser
und anderer Männer konnte in kurzer Zeit in Kairo eine Knaben=
und eine Mädchenschule eröffnet werden (4. Okt.). Sie führten den
Namen C r é m i e u x = S c h u l e n . Der Anreger versprach, aus
Europa jährlich 6000 Fr. Zuschuß zu verschaffen, weil die Gemeinde
nicht imstande war, sie aus eigenen Mitteln zu unterhalten. Munk
brachte bei dieser Gelegenheit eine wichtige Versöhnung zustande.
Er setzte es gegen den Eifer einiger Stockfrommen durch, daß auch die
Kinder der Karäer, von denen es in Kairo nur noch hundert Seelen
gab, zu den Schulen zugelassen wurden. Der Rabbiner Algasi unter=
stützte auch diese Neuerung[1]), welche ein Schritt schien, die Brüder=
lichkeit zwischen Rabbaniten und Karäern wieder herzustellen. Da=
durch angeregt, erließ der Großrabbiner (Chacham Baschi) M o s e
F r e s c o ein Rundschreiben (28. Okt.) an die türkischen Gemeinden,
daß es Pflicht der Juden sei, die Landessprache, das Türkische, zu er=
lernen, um dem Wunsche des Sultans entgegenzukommen, der sie
durch seinen Hatti-Scherif-Ferman aus der Niedrigkeit erhoben habe.
Die Mischsprache, in der dieses Rundschreiben des Chacham Baschi
(altspanisch, mit hebräischen und türkischen Wörtern) abgefaßt ist,

---

[1]) Vgl. darüber Josts Annalen, Jahrg. 1840, Nr. 52; 1841, S. 84, 124.

machte die Notwendigkeit für die Juden, sich einer reinen Sprache zu bedienen, recht augenfällig.[1]

Indessen waren diese Anfänge lediglich in Wüstensand ausgestreuter Same, dessen Wurzelung und Wachstum zweifelhaft war. Sie wurden erst zwei Jahrzehnte später unter dem Namen des „Allgemeinen Israeliten-Verbandes" (Alliance Israélite Universelle) in großem Maßstabe wieder aufgenommen. Wesentliche und dauernde Früchte brachte die Sendung nach Ägypten der jüdischen Wissenschaft, und zwar durch Salomon Munk (geb. in Glogau 1803, starb in Paris 1867). Man weiß nicht, ob man an diesem Mann mehr den fleckenlosen Charakter oder die opfermutige Hingebung an die Wissenschaft bewundern soll. Er vermehrte die Zahl der großen Charaktere, welche die erste Hälfte des neunzehnten Jahrhunderts unter den Juden gezeitigt hat, die Krochmal, Rapoport, Luzzatto, Erter, Mannheimer, Riesser, Veit, Sachs und andere um ein leuchtendes Beispiel[2]. Eigen war ihm jene Bescheidenheit, die gewissermaßen mit der Zunahme seiner wissenschaftlichen Bedeutung in stetem Wachstum stieg. Wegen seiner Duldergröße im Unglück und seiner Heiterkeit im Leiden durch seine Erblindung, die er sich im Dienste der Wissenschaft zugezogen hatte, bewunderte ihn Deutschland und Frankreich, sein Geburtsland und sein angenommenes Vaterland; sie haben den Dulder ebenso sehr geliebt wie verehrt. Munk besaß alle Tugenden der Juden ohne ihre Fehler. Die Armut, die an seiner Wiege saß, begleitete ihn nach Berlin, Bonn und Paris, wo er seine Studien machte, aber sie war nicht imstande seinen Mut zu brechen und seinen Wissenstrieb zu hemmen. Wie die protestantischen Theologen des achtzehnten Jahrhunderts, um die hebräische Sprache und die Einzelheiten der heiligen Schrift tiefer zu verstehen, sich auf die arabische Literatur verlegten, so suchte Munk sich mit derselben vertraut zu machen, um mit dieser Wünschelrute die Schätze des jüdischen Schrifttums leichter heben zu können. Gründlich wie er war, und sich nicht mit Halbwisserei begnügend, vertiefte er sich in diese beiden Literaturkreise, den hebräischen und arabischen, und umspannte noch dazu viele andere Wissens- und

[1] S. das Original in der Allg. Ztg. des Judentums, Jahrg. 1841, S. 16 f.

[2] Munks Biographie ist nur umrißlich bekannt. Fast sämtliche europäische Blätter brachten nach seinem Tode kurze nekrologische Notizen. Eine befriedigende Biographie harrt noch der Meisterhand. [Neues Material dazu ist mitgeteilt von Brann im „Jahrbuch zur jüd. Geschichte und Literatur (Bd. II, Berlin, 1899), S. 148—203. Mehr als zweihundert Briefe von seiner Hand besitzt die Bibliothek des jüdisch-theol. Seminars in Breslau.]

Sprachgebiete, welche ihm dazu förderlich schienen. So wurde er in dem umfangreichen arabischen Schrifttum einer der ersten Meister seiner Zeit, und die gründlichsten Fachgenossen erkannten ihn als Ebenbürtigen an oder reichten ihm die Palme. In seiner Eigenschaft als Dolmetscher in Begleitung Crémieux' sprach und schrieb er das Arabische wie ein in den arabischen Zelten Geborener; ja, noch feiner, weil er auch in der schönen Literatur heimisch war. Um diese meisterhafte Gewandtheit und Eingelesenheit auf diesem äußerst schwierigen Gebiete zu erlangen, dazu gehört eine opfermutige Hingebung, welche die Gesundheit nicht schont. Gedruckte arabische Bücher gab es zur Zeit, als sich Munk in dieses Schrifttum zu vertiefen anfing, äußerst wenige; er war daher darauf angewiesen, sich nach handschriftlichen Urkunden umzusehen und eine Schrift zu lesen, welche zugleich Geist und Auge angreift. Mit der Zeit erlangte er eine Fertigkeit, die verschnörkelten arabischen Schriftzüge zu enträtseln, die ans Wunderbare streifte. Er erriet Wort und Sinn mit einem sicheren Ahnungsvermögen, das noch zunahm, seitdem er durch das aufmerksame Betrachten der Handschriften sein Gesicht eingebüßt hatte. Sein geistiges Auge ersetzte ihm das körperliche vollständig. Die Finsternis, in der er fast anderthalb Jahrzehnte vor seinem Tode zubrachte, hinderte ihn nicht, hell und scharf zu sehen.

Die Glanzepoche der jüdischen Geschichte im Mittelalter entwickelte sich unter der Herrschaft der Araber im Morgen= und Abendlande; ihre Morgenröte begann mit Saadia, und ihre Sonnenhöhe erreichte sie mit Maimuni. Die Dunkelheit dieses Zeitabschnittes hat Munk gebannt und mit dem vollen Lichte seiner gründlichen Quellenstudien erleuchtet. Die innersten Gedanken Maimunis, des Geisteserweckers, dem der jüdische Stamm zunächst die Wiedergeburt in der Neuzeit verdankt, sind erst durch Munks Forschungen vollständig erschlossen worden. Er hat das Urbild derselben, welches durch häufige Abzüge bereits verblaßt war, wieder hergestellt. Den Stolz der Christenheit, welche sich rühmte, auch im Nebel des Mittelalters Lichtkeime des Gedankens ausgestreut zu haben, demütigte er durch den unwiderleglichen Nachweis, daß ohne die arabische und jüdische Philosophie der mittelalterliche Dunst undurchdringlich für das Licht gewesen wäre, und daß sich die sogenannte christliche Philosophenschule im Mittelalter von den Brosamen jüdischer Denker genährt habe. Diese geschichtliche Tatsache hat Munk so unzweifelhaft festgestellt, daß man kaum mehr von einer selbständigen christlichen Philosophie des Mittelalters sprechen kann. Eine andere geschichtliche Tatsache, die Entstehung der karäischen

Sekte und ihre Entwicklung, welche, obwohl ſie mächtig zur Gedankenanregung im jüdiſchen Mittelalter beigetragen hat, kaum in Umriſſen
bekannt war, hat Munk ebenfalls ans Licht gezogen. Kurz, die jüdiſche
Wiſſenſchaft hat ihm außerordentlich viel zu verdanken. Er hat ihr
nicht bloß neuen Stoff in großer Fülle zugeführt, ſondern ihr auch
Gründlichkeit der Forſchungswege gezeigt. Wie Luzzatto neue hebräiſche
Quellen, ſo hat Munk neue arabiſche Fundgruben für die jüdiſche
Wiſſenſchaft entdeckt, ſie gemeinverſtändlich und zugänglich gemacht und
dadurch die Erkenntnis des Judentums, das er mit ſeinem ganzen
Herzen liebte, vielfach gehoben. Munks Aufenthalt in Alexandrien
und Kairo hat ſeine literariſchen und geſchichtlichen Forſchungen außer-
ordentlich gefördert. Er hat aus dieſem ſeit langer Zeit geiſtig ſo un-
fruchtbaren Boden Schätze für die jüdiſche Wiſſenſchaft ausgegraben.
Munk erkannte tief, daß das Selbſtbewußtſein der Juden erſt durch die
Selbſterkenntnis auf wiſſenſchaftlichem Wege befeſtigt werden könne.

Zwölftes Kapitel.

Die Februar- und Märzstürme und ihre Folgen.

Montefiores und Crémieux' Rückreise und Triumphzug. Die Königin Victoria. Allgemeine Begeisterung der Juden. Neuer Zwiespalt durch den Hamburger Reformtempel. Michael Creizenach. Die Reformfreunde in Frankfurt a. M. Die erste Rabbinerversammlung in Braunschweig. Holdheim, sein Lebensgang und seine Theorie. Entstehung des Deutsch-Katholizismus, der Lichtfreunde und der Berliner Reformgenossenschaft. Michael Sachs. Fortschritt der jüdischen Wissenschaft. Neue Anschauung von der heiligen Schrift und der altisraelitischen Geschichte. Die allgemeine Forderung der Emanzipation der Juden infolge der Februar- und Märzrevolution. Die Mortara-Affäre. Die Entstehung der Alliance israélite universelle und ähnlicher Verbände. Die Entstehung der Rabbinerbildungsanstalten.

Die Rückreise der jüdischen Gesandten aus dem Morgenlande, welche nicht bloß einige Menschen vom Tode gerettet, sondern auch das Judentum von mittelalterlicher Schmach befreit hatten, war ein förmlicher Triumphzug. Von Korfu bis Paris und London und bis tief nach Polen hinein waren die jüdischen Gemeinden einmütig im Dankgefühl gegen die Retter und rangen nach sichtbaren Zeichen, um ihre Dankbarkeit und zugleich das jüdisch-patriotische Hochgefühl auszudrücken. Sie erschöpften sich in Ansprachen, Adressen, Zuschriften in allen europäischen Sprachen und selbstverständlich auch in hebräischen Worten, in Prosa und Versen, in Aufmerksamkeiten und Geschenken, um das wichtige Ereignis, das sich an Damaskus und die beiden Hauptvertreter der Judenheit und des Judentums knüpfte, würdig zu feiern und der Erinnerung der Nachwelt zu überliefern. Crémieux, welcher zuerst die Rückreise antrat, empfing enthusiastische Huldigungen in Korfu, Triest, Venedig, Wien, Fürth, Nürnberg, Frankfurt und Mainz (Nov., Dez. 1840). Die großen Gemeinden, welche er nicht berühren konnte, wie Preßburg, Nikolsburg, Brody, sandten Deputationen und Adressen an ihn. Naiv rührend war es, daß altfromme Rabbiner, in Verlegenheit, ihm ein Zeichen auch ihrer Dankbarkeit zu geben, ihm den Rabbiner-

titel (Morenu), die höchste Ehre, die sie zu vergeben hatten, erteilten[1]).
Nur die Judenschaft von Paris verhielt sich kühl und bereitete ihrem
Sendboten keinen gebührenden Empfang, als hätte sie gescheut, die
Empfindlichkeit des Königs Ludwig Philipp, dessen zweideutiges Be=
nehmen augenfällig war, zu verletzen. — Montefiore, der längere Zeit
in Konstantinopel geweilt hatte, um einen günstigen Ferman zu er=
langen, und die Rückreise später und meistens zu Wasser antrat, kam
nicht mit so vielen Gemeinden in Berührung wie Crémieux und konnte
nicht so viel Huldigungen entgegennehmen. Dafür wurde er mit über=
strömenden Zuschriften von allen Seiten überschüttet. Da sein Auge
stets ohne Hintergedanken auf das Wohl und die Ehre seiner Stammes=
genossen gerichtet blieb, wußte er in seiner Einfachheit ihre Feinde zu
beschämen. Dem Kardinal R i v a r o l a , dem Beschützer aller Kapu=
ziner in Rom, zwang er das Versprechen ab, den Grabstein, welcher
die Mordtat der Juden an dem Pater Tomaso verewigen sollte, um
diesen als einen Märtyrer darzustellen, aus der Kapuzinerkirche in
Damaskus entfernen zu lassen[2]). So zwang er auch den König L u d =
w i g P h i l i p p , gute Miene zum bösen Spiele zu machen. Von
dem englischen Gesandten G r a n v i l l e zur Audienz eingeführt
(21. Febr. 1841), überreichte er dem König eine Abschrift des vom Sultan
erhaltenen Fermans, der die Unschuld der Juden in Damaskus aussprach
und den französischen Konsul stillschweigend verurteilte[3]). Ludwig
Philipp mußte anstandshalber diese Demütigung einstecken und Monte=
fiore zum Erfolge seiner Reise und Sendung Glück wünschen. Aufrich=
tiger dankte ihm die Königin V i c t o r i a , als er ihr durch Lord P a l =
m e r s t o n , den damaligen Ministerpräsidenten, bei der Heimkehr
vorgestellt wurde, für die Hilfe, die er seinen Stammesgenossen ge=
bracht hatte.

Dreierlei beschäftigte damals fast die Gesamtjudenheit von Europa,
den beiden Rettern ein dauerndes und augenfälliges Zeichen der Dank=
barkeit zu reichen, die Erinnerung an die durch dieselben herbeige=
führte Rettung zu verewigen und endlich ein Mittel zu finden, um
einen Zusammenhalt und ein Zusammenwirken gegen Wiederholungen

[1]) S. besonders darüber Archives Israélites, Jahrg. 1841, p. 39. Allg.
Ztg. des Judentums 1840, S. 736. Orient, 1841, S. 10, Litbl. col. 411.
Zion I, p. 102. Vgl. die hebr. Gedichte von A a r o n M e n d e l s o n in
Hamburg und vielen anderen, welche das Ereignis und die beiden Männer
besangen.
[2]) Allg. Ztg. des Judentums, Jahrg. 1841, Nr. 16.
[3]) Orient, 1841, S. 88. Allg. Ztg. des Judentums, 1841, Nr. 11.

ähnlicher lügenhafter Anschuldigungen gegen Juden und Judentum
zu ermöglichen. Die Stimmführer der deutschen Juden fühlten sich
besonders gedrängt, ihre Teilnahme an den Vorgängen und ihre Bewunderung für die beiden jüdischen Vertreter öffentlich kundzugeben.
Gerade sie, welche bis dahin an der Spitze der Bewegung gestanden,
hatten in der damaszenischen Blutgeschichte so wenig getan. Nur die
Hamburger und Altonaer Gemeinde hatten dem Londoner Komitee
Geldbeiträge zugestellt. Ein hervorragender jüdischer Gelehrter hatte
die Scheinbeweise für den Blutgebrauch der Juden aus dem Talmud
nach allen Seiten hin gründlich widerlegt. Die jüdischen Tagesblätter
hatten gegen die judenfeindlichen Ausfälle und Lügen mutig ange-
kämpft. Das war alles, was in Deutschland zur Ehrenrettung geschehen
war. Riesser hätte sich sehr wohl Montefiore und Crémieux anschließen
und als Vertreter der deutschen Judenheit nach Ägypten gehen können,
um dort ein beredtes Wort zu sprechen. Es war nicht einmal ein Vorschlag dazu gemacht worden. Ein Rabbiner hatte sogar aus Privathaß
gegen die Talmudisten den Judenfeinden zugestanden, daß der Talmud
menschenfeindliche Äußerungen enthalte[1]). Um so mehr fühlten einige
gesinnungstüchtige Juden in Deutschland die Notwendigkeit einer Kundgebung ihrerseits. Riesser wollte zusammen mit einigen Freunden
Vereine stiften, durch welche die Juden der vier Hauptländer Europas
den beiden Vertretern eine öffentliche Anerkennung bereiten sollten[2]).
Allein diese Kundgebung unterblieb. Überhaupt wurde das dreifache
Bedürfnis der Gemüter sehr unvollkommen befriedigt, weil nicht die
rechten Wege eingeschlagen wurden. Montefiores Verdienste wurden
allerdings mit berauschender Begeisterung bei seiner Rückkehr in der
Londoner Synagoge gefeiert; ein eigener Dankgottesdienst für den
göttlichen Schutz und Beistand wurde gehalten (2. Purimtag = 8. März
1841)[3]). Ein silbernes Kunstwerk wurde ihm zum Andenken überreicht.
Eine noch größere Auszeichnung wurde ihm von der Königin Victoria zuteil. Sie belohnte ihn mit einem Ehrenwappenzeichen (24. Juni),
das nicht nur ihm, sondern auch seinem Stamme eine hohe Bedeutung

---

[1]) S. Allg. Ztg. des Judentums, 1840, S. 339.

[2]) Das. S. 611.

[3]) Die hebräischen Gesänge mit Übersetzung wurden gedruckt unter dem
Titel: Order of Service to be observed in the synagogue of spanish and
portuguese Jews . . . the 15th Adar 5601, 8 March 1841, beeing the day
appointed for a general thanksgiving to Almighty God for his divine pro-
tection to his people Israel, so signally manifested in the success which
attended sir Moses Montefiore . . in his Mission to the East. [Vgl. Allg.
Ztg. d. Judentums, 1841, S. 207.]

verlieh. Er durfte zu ſeinem Ritterwappen Wappenſchildträger (Supporters), wie ſie nur die Pairs von England und Perſonen vom höchſten Range führen durften, hinzufügen; nämlich eine Flaggenſtange mit einem Löwen und einem Hirſch und daran eine Fahne mit der hebräiſchen Inſchrift „Jeruſalem". Noch bedeutungsvoller als dieſes Kinderſpiel für Große waren die Worte der Königin, welche die huldvolle Auszeichnung begleiteten: „Nachdem uns vorgetragen worden, daß unſer getreuer und ſehr lieber Sir Moſes Montefiore ... infolge der Nachrichten, die er aus dem Morgenlande erhielt, daß eine Anzahl Juden zu Damaskus und Rhodus eingekerkert und gemartert, und viele Kinder eingekerkert und faſt aller Nahrung beraubt, mehrere Perſonen aber gefoltert wurden bis ſie ſtarben, alles wegen der Beſchuldigung, daß die Juden den Prieſter Tomaſo getötet hätten, gemäß ſeinem freiwilligen Anerbieten .. in Begleitung Lady Montefiores nach Alexandrien gereiſt war, in der Abſicht die Unwahrheit der Beſchuldigung zu erweiſen und die Sache ſeiner unglücklichen und verfolgten Brüder zu vertreten; daß er ... ſo glücklich war, vom Paſcha ... Mehmet Ali die ehrenhafte Freilaſſung der angeklagten Perſonen, welche eingekerkert waren, und die Erlaubnis für die Entflohenen zur Heimkehr zu erlangen, daß er darauf nach Konſtantinopel gereiſt iſt und .. von Sr. kaiſerlichen Majeſtät, dem Sultan Abdul Megid, einen Ferman erhielt, welcher die Juden für unſchuldig erklärt und allen zur jüdiſchen Religion ſich bekennenden Perſonen unter türkiſcher Herrſchaft gleiche Rechte mit allen anderen Untertanen ſichert — ſo haben wir Vorbeſagtes in unſere königliche Betrachtung genommen und wünſchen dem genannten Sir Moſes Montefiore unſer beſonderes Zeichen unſerer königlichen Gewogenheit zu geben, als Andenken an dieſe ſeine anhaltenden Bemühungen zugunſten ſeiner gekränkten und verfolgten Brüder im Morgenlande und der Nation im allgemeinen"[1]). Es war ein Stück Geſchichte der Juden der neuen Zeit, vom Munde einer Königin erzählt.

Gegen dieſe Auszeichnung ſtach zwar als ſehr kleinlich der Vorſchlag einiger franzöſiſchen Gemeinden des Oberrheins ab, dahingehend, zum Dank für Crémieux eine Denkmünze prägen zu laſſen. Denn auch ſie teilten den allgemeinen Wunſch und ſagten: „Es gebührt ſich, für die künftigen Geſchlechter das Andenken der iſraelitiſchen Geſchichtsereigniſſe von 1840 zu verewigen"[2]). Crémieux wies übrigens

---

[1]) Orient, Jahrg. 1841, S. 217 f.
[2]) Archives Israélites, Jahrg. 1841, p. 181.

das Anerbieten ab. Wie aber diese freudigen und nationalen Erinnerungen verewigt werden sollten, darüber herrschte überall Rat-
losigkeit. Crémieux forderte die französischen und auswärtigen Juden
auf, die von ihm in Alexandrien und Kairo gegründeten Schulen durch
Beiträge zu unterstützen. Es gingen ihm indes nur wenige Spenden
zu, und die Unterhaltung von Crémieux-Schulen in Ägypten stand
mit der Hauptsache nur in zufälliger Verbindung und war nicht geeignet, das Hochgefühl der Juden dauernd zu erhalten. Das Londoner
Komitee forderte die Gesamtjudenheit Europas auf, Beiträge zu-
sammenzuschießen, um einen Stock zu gründen, damit den Wehrlosen
Schutz gewährt werden könne gegen Verfolgungen, von welcher Seite
sie auch ausgehen sollten. Auch zu diesem Zwecke ist in England und
von anderen großen und kleinen Gemeinden gespendet worden[1]).
Aber dieser Vorschlag entsprach ebensowenig, wie viele andere, die
damals gemacht wurden, darunter auch einer, für Montefiore ein
Standbild zu errichten, dem Hauptbedürfnis. Ein einziger zweckent-
sprechender Vorschlag wurde damals angeregt, aber nicht beachtet.
„Nicht durch prunkende Geschenke, noch durch laute Feste können wir
unsere Dankbarkeit an den Tag legen; in dem sich kundgebenden Geiste
der einzelnen und in den Bestrebungen der israelitischen Theologen,
diese große Tat der Geschichte als eine echt religiöse unseren jährlichen
Festen anzuschließen, würden wir das schönste Denkmal jenen Männern
errichten. Unserem Chanuka- und Purim-Feste müßte es gleichstehen;
denn an demselben, könnte man sagen, wurde Israel körperlich befreit,
hier aber geistig"[2]). Und in der Tat, das Judentum kannte von jeher
kein wirksameres Mittel, seine Befreiungs- und Siegestage zu feiern
und in den zukünftigen Geschlechtern Nacheifer zu wecken, als Gedenk-
tage einzusetzen, die zerstörende Zeit zur Hüterin der Geschichtsbe-
gebenheiten zu machen. Hätte der gewandteste Meister der hebräischen
Sprache, Isaak Erter, seine begonnene Erzählung von der Verfolgung und der Befreiung in Damaskus[3]) im schlichten Bibelstil vollendet, und hätten die Stimmführer der Judenheit sich untereinander
vereinbart, den wichtigsten Tag in diesem Damaskusereignis alljährlich
zu feiern und diese „Rolle" (Megillah) öffentlich vorzulesen, so wäre
die dauernde Erinnerung an dasselbe gesichert und es wäre zugleich
ein Mittel gewesen, das Band der Zusammengehörigkeit von neuem
zu befestigen. Freudigen Herzens hätten die Juden Asiens und Afrikas,

---

[1]) Allg. Ztg. des Judentums, Jahrg. 1841, S. 34 und Beilage zu Nr. 24.
[2]) Orient, 1841, S. 10.
[3]) S. oben S. 462, Anmerkung.

die Juden auf dem ganzen Erdenrunde eine ſolche Feier mit nationaler
Färbung angenommen. Munk, deſſen Stimme damals von Gewicht
war, ermahnte: „Möge der grauſige Vorfall von Damaskus wenigſtens
dazu dienen, uns unſere Vereinſamung zum Bewußtſein zu bringen,
die zwar betrübend, aber unglücklicherweiſe eine Tatſache iſt. Möchte
er uns zeigen, daß wir in gefahrvollen Lagen unſerer eigenen Kraft
überlaſſen ſind, und möchte das Band, das uns ehemals einigte, ſich
von neuem befeſtigen“[1]).

Dieſe Mahnung wurde nicht befolgt. Statt der Einheit brach
aber in der deutſchen Judenheit ein Zwieſpalt aus, der, obwohl er
anfangs aus einer ſo geringfügigen Mißhelligkeit entſprang, daß er
leicht hätte beigelegt werden können, doch im Verlaufe eine weitere
Ausdehnung nahm. Der Gegenſatz lag unbewußt in den Gemütern
und kam zufällig bei dieſer Veranlaſſung zum Ausbruche; er wäre
ebenſogut bei einer anderen zum Vorſchein gekommen, ſo lange er
nicht ausgetragen oder in ſich ſelbſt zerrieben war. Der Hamburger
Tempel, welcher zwei Jahrzehnte vorher zum erſten Male die Parteiung
der Altfrommen und der Reformer ſichtbar gemacht hatte, rief auch
diesmal den Zwieſpalt hervor, der aber von jetzt an einen viel ver-
ſchärfteren Charakter annahm. Die Tempelgemeinde hatte ſich ſeit
ihren Anfängen bedeutend vermehrt. Das jüngere Geſchlecht aus der
alten Gemeinde war teilweiſe zu ihr übergetreten, weil es in der alten
Synagoge keine Befriedigung für ſein Andachtsbedürfnis gefunden
und an der fortdauernden Unordnung in derſelben Anſtoß genommen
hatte. Man ſagte, daß die Untätigkeit des Chacham Bernays, von
dem ſich die Alten ſo viel verſprochen hatten, an dem Wechſel der
Stimmung und an dem Abfall Schuld getragen habe. Seine Art zu
predigen, war nicht geeignet, die Jugend zu feſſeln. Auf Hebung des
Gottesdienſtes durch Schaugepränge gab Bernays nichts, während die
Prediger des Tempels ihre ganze Tätigkeit darauf richteten. Schon
war die neue Gemeinde auf nahe an 800 Mitglieder gewachſen. Sie
hatte außerdem eine Perſönlichkeit in ihre Mitte aufgenommen, die
Anziehungskraft ausübte. Gabriel Rieſſer hatte nach dem
Tode des Gemeindenotars Breſſelau dieſes Amt übernommen,
ſich dem Tempel innig angeſchloſſen und war zum zweiten Vorſteher
desſelben erwählt worden. Da ſein Name wegen des unermüdlichen
Eifers für die politiſche und geſellſchaftliche Gleichſtellung der Juden in
Deutſchland einen außerordentlichen Klang hatte, ſo verlieh er dem

---

[1]) Archives Israélites, Jahrg. 1841, p. 234.

Tempel durch seinen Anschluß neuen Glanz. Als der Tempelverein ernstlich daran gegangen war, ein neues größeres Bethaus zu
erbauen, wurden diesem Unternehmen von der alten Partei durch
Beschwerden beim Senate Hindernisse in den Weg gelegt[1]). Dieser
Umstand hatte die Gemüter erregt, und zwar die alte Partei noch
mehr als die neue, weil die Behörde den Tempel mit der Synagoge
auf eine gleiche Linie gestellt hatte. Der Tempelverein hatte ferner
ein neues Gebetbuch ausarbeiten lassen, und die damit betraute Kommission hatte anfangs im versöhnlichen Sinne manches fallen lassen,
was in der älteren Ausgabe allzusehr verletzt hatte. Es soll sogar im
Schoße derselben eine Neigung vorhanden gewesen sein, der alten
Partei noch mehr Zugeständnisse zu machen, um eine Versöhnung herbeizuführen[2]). Eine solche Geneigtheit zum Friedensschlusse mag von
Riesser angeregt worden sein, der um alles in der Welt eine Sektenspaltung in der Judenheit gerade in dieser Zeit, als der Schmerz über
die Damaskusgeschichte noch lebendig war, verhütet wissen wollte. Die
geistigen Führer beider Parteien sollen aber schroff jede Vermittlung
vereitelt haben.

So wurde das veränderte Gebetbuch des Tempelvereins veröffentlicht und kündigte sich als ein allgemeines „Gebetbuch für
die öffentliche und häusliche Andacht der Israeliten" an. Den Altfrommen bot es genug Anhaltspunkte zur Verwerfung. Der Umstand allein, daß vom hergebrachten Ritus vielfach
abgewichen war, genügte, das Tempelgebetbuch in den Augen der
Gegner verhaßt zu machen. Waren doch deutsche Gebetstücke und
Lieder in demselben geblieben, dagegen die Gebete für die national-
messianische Hoffnung ausgemerzt. Am meisten Ärgernis verursachte
aber das neue Gebetbuch durch seinen Anspruch, für die Gesamtjudenheit gelten zu wollen. Daraufhin ließ der Chacham Bernays in drei
Synagogen am Sabbat (1. Marcheschwan = 16. Okt. 1841) jene ver-
ketzernde Bekanntmachung erneuern, welche die rabbinischen Drei-
Männer bei der Entstehung des Tempels hatten ergehen lassen (S. 394),
daß ein Israelit sich dieses Gebetbuches nicht bedienen dürfe. In der

---

[1]) Vgl. darüber die beiden disharmonierenden Gutachten Bernays' im
Orient, Jahrg. 1842, S. 101 f. d. d. 3. Febr. und 29. August 1841.

[2]) Die Tatsachen sind, wenn auch parteiisch gefärbt, dargestellt in der
Allg. Ztg. des Judentums, 1841, von Nr. 45 an. Vgl. S a l o m o n , Das
neue Gebetbuch und seine Verketzerung, Hamburg 1841 und [Dr. M. F r ä n -
k e l], Theologische Gutachten über das Gebetbuch...des...Tempelvereins,
Hamburg, 1842, Einl. S. 8 f.

Begründung wurde das verletzende Wort gebraucht, daß dieses noch mehr als das ältere Gebetbuch den Charakter einer mutwilligen Behandlung der in den hebräiſchen Gebeten enthaltenen religiöſen Überzeugungen in ſich trage. Dieſe Bekanntmachung reizte natürlich die Tempelpartei und riß auch den beſonnenen Rieſſer zur Maßloſigkeit hin. Während die Prediger die ſchimpfliche Zurechtweiſung von der religiöſen Seite betrachteten, ſah dieſer darin eine Rechtsverletzung, „da dem Chacham keine Befugnis über den Tempel zuſtände". Der Tempelvorſtand ließ darauf eine Gegenerklärung bekanntmachen (21. Okt.), worin Bernahs nicht bloß „unziemliche Anmaßung, ohnmächtige Parteilichkeit, böswilliges abſichtliches Nichtbeachten des Inhalts", ſondern auch „tiefe Unkunde in aller theologiſch-liturgiſchen Wiſſenſchaft" vorgeworfen wurde. Damit war von neuem ein heftiger Streit ausgebrochen, der von beiden Seiten mit ſolcher Leidenſchaftlichkeit geführt wurde, daß der Senat beide Parteien zurechtweiſen mußte[1]). Der Chacham und der Vorſtand ſeiner Gemeinde, der treu zu ihm hielt, verbreiteten das Verdammungsurteil über das Gebetbuch zu Tauſenden in vielen Gemeinden, und die Tempelleiter forderten (Nov.) von geſinnungsverwandten Rabbinern und Predigern eine gutachtliche Erklärung über Wert oder Unwert ihrer Neuerungen ein, in der Vorausſetzung, daß ſie günſtig für ſie ausfallen würde. Bei dieſer Veranlaſſung trat die Wandlung zutage, welche ſich ſeit zwei Jahrzehnten in den deutſchen Gemeinden vollzogen hatte. Während früher nur drei nicht ganz zurechnungsfähige oder zweideutige Rabbinen ſich zugunſten des Tempelritus ausgeſprochen, viele andere aber ihn verurteilt hatten, ſtimmten beim zweiten Streite nur der Nachbarrabbiner von Altona Bernahs zu, während zwölf oder dreizehn ſich entſchieden gegen ihn ausſprachen (Ende 1841, Anfang 1842), unter ihnen abermals Aaron Chorin, der jetzt mehr Mut als früher zeigte. Damals begannen die Flegeljahre der Reform. Junge Rabbiner oder Geiſtliche, Seelſorger, wie ſie ſich lieber nannten, die meiſtens ihre Weisheit aus akademiſchen Lehrhäuſern geholt hatten und für den Mode gewordenen Fortſchritt ſchwärmten, führten das große Wort. Die alten Rabbinen dagegen wagten nicht mehr gegen ſie aufzutreten. So ſchien es, als wenn die deutſche Geſamtjudenheit für Neuerungen im Bethauſe eingenommen wäre, und nur noch einige Geiſtesverkommene ſich dagegen ſtemmten. Bei aller Übereinſtimmung der Gutachten für die Geſetzlichkeit des Tempelritus zeigte ſich indes in denſelben doch ein

---

[1]) Vgl. Orient, Jahrg. 1842, S. 133 f.

Ansatz zum Auseinandergehen der Ansichten, welche sich später in Parteirichtungen verdichteten. M a n n h e i m e r z. B. bekannte sich zur messianischen Lehre vom Gottesreiche und der Erlösung in hergebrachtem nationalen Sinne; nur F r a n k e l sprach ebensoviel Tadel gegen die beliebige und wissenschaftlich nicht begründete Auswahl und Änderung des neuen Gebetbuches, wie gegen das starre System Bernays' aus)[1], und eben deswegen haben die Leiter des Tempels dieses letztere Gutachten unterdrückt. Dagegen zeigten S a m u e l H o l d h e i m und einige andere, daß sie bereits die Reform des Hamburger Tempels weit, weit überflügelt hatten und ihn als in Halbheit zurückgeblieben ansahen. Das letzte Wort war noch nicht gesprochen; die Klarheit fehlte, weil die gediegene Wissenschaft noch nicht ihr Endurteil abgeben konnte.

Der Hamburger Tempelstreit blieb innerhalb seines Herdes ohne Folgen, weil der entsetzliche Brand (Mai 1842) einen großen Teil dieser Stadt in einen Trümmerhaufen verwandelte und die Aufmerksamkeit von den Parteiinteressen abzog. Da schlug die reformatorische Flamme an einem anderen Punkte empor und drohte weithin zu züngeln. In Frankfurt a. M. gab es seit langer Zeit ungefügige Elemente, die sich mit dem bestehenden Judentume überworfen hatten. Sie hatten ihre Wurzeln teils in der aus kleinen Anfängen zu einem ansehnlichen Institute emporgewachsenen Real- und Volksschule (Philanthropin[2]), teils in der ersten jüdischen Freimaurerloge. Die Leiter und Lehrer der Schule und die Mitglieder der Loge huldigten einer freien, dem Judentum abgeneigten Richtung. Eine Zeitlang bildete M i c h a e l C r e i z e n a c h (geb. 1789, starb 1842), Lehrer am Philanthropin, den Mittelpunkt einer unsichtbaren Gemeinde. Creizenach, eine ehrliche, verständige, aber trockene Natur, hatte viele Schriften zur Bekämpfung des rabbinisch-talmudischen Judentums in die Welt gesetzt, mit ihnen jedoch wegen ihrer Nüchternheit und geringen Tiefe wenig Eindruck gemacht. Seiner Umgebung und dem Kreise seiner Freunde und Verehrer hatte er eine Art Leidenschaft für Neuerungen und eine tiefe Abneigung gegen das Alte eingeflößt, als er bereits auf der Umkehr begriffen war und mit Jost gemeinschaftlich eine neue hebräische Zeitschrift, Z i o n, gründete, um die heilige Sprache als nationales Band der Einigung zu pflegen.

[1] Frankels Gutachten im Orient 1842, Nr. 7—8 f.
[2] Zuerst eröffnet 1804; S. S c h e p p l e r, Die Aufhebung des Judenleibzolls, S. 177; Dr. H. B ä r w a l d, Zur Geschichte der Schule (Philanthropin), Einladungsschrift zur öffentlichen Prüfung, Frankfurt a. M., 1869.

Nach seinem Tode traten einige seiner Anhänger zusammen, um eine eigene Gemeinde zu bilden, auf die Gefahr hin, sich als Sekte vom Grundstocke der Judenheit zu trennen. Ihr Zweck war, einerseits den judenfeindlichen Staatsmännern den Vorwand zur Entziehung der Gleichstellung wegen Anhänglichkeit der Juden an ihre Nationalität, an den Talmud und die alten Formen, zu nehmen, und anderseits sich Freiheit der Bewegung zu sichern. Es waren gebildete Laien, welche, durch die eingetretene Zerfahrenheit Richtung und Fühlung verloren hatten oder von falschen Führern mißleitet worden waren. Sie traten zu einem Verein der Reformfreunde (Okt. 1842) zusammen und stellten ein Bekenntnis[1]) auf, das die damals herrschende Unklarheit vergegenwärtigt. Den Talmud wollten sie nicht als Autorität anerkennen. Aber die Bibel? Ja und Nein. „Die mosaische Religion hielten sie einer fortdauernden Entwicklung fähig." Zunächst wollten sie sich von den Speisegesetzen lossagen, weil sie, „aus dem ehemaligen Staatsverbande hervorgegangen", gegenwärtig als religiöser Akt oder Symbol ihre Bedeutung verloren hätten. Von der Messiashoffnung oder von der Rückkehr nach Palästina sagten sie sich entschieden los, „weil sie ihr Geburtsland für das alleinige Vaterland ansahen".

Viele Teilnehmer fanden die Creizenacher Reformfreunde nicht. Darum angelten sie nach Gabriel Riesser, der bereits eine anerkannte Persönlichkeit war, und von dem sie glaubten, daß er eine Anziehung ausüben und einen Anhang mitbringen würde. Riesser war in der Tat anfangs zum Beitritt geneigt. Er schien die Gereiztheit noch nicht überwunden zu haben, welche Bernays' Einmischung in die Angelegenheiten des Hamburger Tempels in ihm zurückgelassen hatte. Er schreckte selbst vor einer sektiererischen Trennung nicht zurück, obwohl er früher stets wegen der „Seele des Judentums auch die Hülle desselben geachtet wissen" wollte. Das Freiheitsprinzip, das sein Inneres allein ausfüllte, überwog in ihm seine gemütliche Anhänglichkeit an das bestehende Judentum. Er war daher entschieden für den einen Punkt des Creizenacher oder Frankfurter Programms, daß es jedem jüdischen Vater unbenommen bleiben sollte, seine Söhne unbeschnitten zu lassen; diese Unterlassung sollte keine

---

[1]) Außer den Nachrichten in den jüdischen Wochenschriften sind Quellen dafür: Jost, der den Reformfreunden nahestand, Geschichte der Israeliten X, T. 3, S. 205 f.; Riessers Erklärung in der Allg. Ztg. des Judentums, 1843, S. 481 ff.; Isler, Riesser, Ges. Schr. I, S. 352? f.; Freund, Judenfrage in Deutschland I, S. 257 f., II, 110 f.

bürgerlichen Nachteile für ihn herbeizuziehen. Riesser wollte gegen einen
vermeintlichen Gewissenszwang ankämpfen. Indessen hatten andere
Männer, welche zum Beitritt aufgefordert worden waren, gerade an
dem Punkte, der sich gegen die Beschneidung aussprach, Anstoß genommen. Die Urheber des Vereins der Reformfreunde sahen sich daher genötigt, diesen Punkt, sowie die Erklärung gegen die Speisegesetze fallen
zu lassen, und von den fünf Punkten ihres ursprünglichen Programms
nur drei festzuhalten, den gegen den Talmud und den Messias, sowie
die Phrase von der Fortbildungsfähigkeit der „mosaischen Religion".
Aber gerade diese Kürzung und Abschwächung des ursprünglichen Bekenntnisses hielt Riesser für eine Inkonsequenz und Mutlosigkeit und
entzog dem Verein seine Teilnahme; dadurch fehlte dem Unternehmen
die Zugkraft; es traten nur wenige bei. So starb der Verein bereits
bei der Geburt. Die Beschneidungsfrage kam zwar von einer anderen
Seite eine kurze Zeit auf die Tagesordnung. Einige unglückliche Fälle
bei der Beschneidung jüdischer Knaben hatten das Sanitätsamt in
Frankfurt a. M. veranlaßt, eine Verordnung zu veröffentlichen (8. Febr
1843), die eine zweideutige Fassung hatte: „Israelitische Bürger und
Einwohner, sofern sie ihre Kinder beschneiden lassen wollten, dürften
sich dabei nur der besonders dazu bestellten Personen bedienen." Das
klang so, als ob der Frankfurter Senat es den jüdischen Eltern frei-
stellte, die Beschneidung beizubehalten oder auch zu unterlassen, und sie
nicht für ein notwendiges Zeichen des jüdischen Bekenntnisses hielte.
Der Senat erklärte zwar, daß er damit durchaus nicht einen Freibrief
zugunsten der Neuerungssüchtigen habe ausstellen wollen. Aber einige
Reformfreunde klammerten sich daran, um die Beschneidung gelegentlich zu beseitigen. Infolgedessen sammelte der Rabbiner Salomon Trier Gutachten von gleichgesinnten Rabbinen ein (1843—1844),
um die Frage tot zu machen. Sie brachte in der Tat nur eine schwache
Kräuselung an der Oberfläche hervor, indem selbst einige reformistisch
gesinnte junge Rabbinen sich entschieden für die Verbindlichkeit und
Notwendigkeit der Beschneidung erklärten. Es kam daher nicht zu einer
Sektenspaltung in der deutschen Judenheit, obwohl die Elemente dazu
in der Luft lagen und eine unbehagliche Stimmung erzeugten.

Diese Stimmung beherrschte besonders die jüngeren Rabbiner,
welche selbst über Ziel und Maß der vorzunehmenden Reformen im
unklaren waren oder in ihren Gemeinden bald auf der einen, bald
auf der anderen Seite Widerstand fanden und in ihrer Vereinzelung
ohne Halt waren. Damals war die Mode von Versammlungen und
Vereinen aufgekommen; die bereits eingeführten Eisenbahnen nach den

großen Städten erleichterten persönliche Zusammenkünfte. So fand der
Aufruf zu einer Rabbinerversammlung Anklang, nament=
lich bei denen, welche schon früher miteinander in Verbindung waren
und persönliche Anknüpfungspunkte hatten. Diese Zusammenkunft von
ziemlich gleichgesinnten Rabbinern und Predigern erregte anfangs eine
gewisse Spannung; es war das Unbekannte, das stets in seiner Neuheit
einen gewissen Reiz ausübt. Indessen kamen zum erstenmal in B r a u n=
s ch w e i g doch nur zweiundzwanzig zusammen, größtenteils aus
Süd= und Westdeutschland. Die übrigen nahmen eine abwartende
Stellung ein, um sich, je nachdem die Beschlüsse der Versammlung
ihnen zusagen oder widerstreben sollten, ihr anzuschließen oder von ihr
fernzuhalten. Nur wenige Rabbinen, welche noch auf dem Boden
des durch den Einfluß des Talmuds ausgebildeten Judentums standen,
beteiligten sich dabei, die meisten Mitglieder hatten bereits halb oder
ganz mit dem Talmud gebrochen, ohne jedoch diesem Bruche in der
Praxis Folge zu geben.

Beherrscht wurde die erste Rabbinerversammlung von einem Manne,
der alle Eigenschaften besaß, den Bruch zu erweitern und ihn zu einer
völligen Spaltung zu treiben. Es war S a m u e l H o l d h e i m (geb.
in Kempen 1806, starb in Berlin 1860)[1]). Es ist wunderbar und doch
so natürlich, daß der Talmudismus, der seine Steigerung und Maß=
losigkeit von den polnischen Talmudbeflissenen erhalten hatte, von einem
Polen mit schonungslosen Angriffen bekämpft werden sollte. Kempen
(Prov. Posen), Holdheims Geburtsort, größtenteils von jüdischen Be=
wohnern bevölkert, nannte sich früher mit einem gewissen Stolze eine
kleinpolnische Gemeinde und sah mit einer gewissen Verachtung auf
die großpolnischen Nachbargemeinden herab, die sie für den Sitz der
Beschränktheit und Naivität ansah. Sie aber legte auf Witz und Klügelei
einen hohen Wert. Im Talmudstudium, das in Kempen in dem ersten
Viertel dieses Jahrhunderts mit ebenso vielem Eifer wie früher be=
trieben wurde, suchten Jünger wie Meister einander zu überbieten und
mit einer gewissen Schadenfreude auszustechen. Nicht auf Wahrheit
kam es den Forschenden und Disputierenden an, sondern darauf,
ihre Überlegenheit zu zeigen, um einander durch größeren Scharfsinn

[1]) Holdheims Leben ist geschildert von Immanuel Heinrich R i t t e r
im dritten Teil seiner „Geschichte der jüdischen Reformation", Berlin 1865.
Diese Biographie ist aber zu glorifizierend ausgefallen und beleuchtet nicht
Holdheims Entwicklungsepoche, welche mit Vorgängen in seiner ersten Ehe
zusammenhing, als der Lamdan in ihm sich in Prag in einen Skeptiker ver=
wandelte.

zu überraschen. Mit dieser Eigenheit war eine gewisse Leichtlebigkeit, Sorglosigkeit, Leichtfertigkeit, man kann sagen ein burschikoses Wesen verbunden, dem der Ernst zuwider war, das vielmehr alles, auch das religiöse Tun, bespöttelte und darüber witzelte. Durchdringender Verstand und Witz wurden höher als ernste Sittlichkeit geachtet. Dem gewandten schlagfertigen „Bachur" sah man Übertretungen selbst religiöser Natur und besonders Unterlassungssünden nach. Diesen Geist hatte der junge Holdheim in sich aufgenommen und, man kann sagen zur Vollendung gebracht. An der Scheide zwischen Knaben- und Jünglingsalter zeigte er nicht nur eine außerordentliche Belesenheit im Talmud und dem rabbinischen Schrifttume, sondern auch eine überraschende Gewandtheit in der Dialektik und Disputierkunst und wurde darob selbst von rabbinischen Graubärten angestaunt und bewundert. Er galt fortan als ein feiner talmudischer Kopf. Holdheim hatte große Ähnlichkeit mit Jonathan Eibeschütz und mit Salomon Maimon. Er hatte mit ihnen die Anschauung gemein, daß die Handhabung logischer oder dialektischer Formeln, sei es auf diesem oder jenem Gebiete, gewissermaßen die Schärfung des Scharfsinnes den höchsten, die Gemütsseite des Geistes dagegen nur einen untergeordneten Wert habe. So heimisch er in den gewundenen Gängen des Talmuds war, ebenso fremd war er bis zu seinem reifen Alter in der Bibel und in wissenschaftlichen Fächern. Seine erste Frau, die Tochter eines Rabbiners, der in ihm einen Talmudisten ersten Ranges erobert zu haben glaubte, brachte ihm erst Geschmack für die deutsche Literatur bei. Sie, die bereits Romane gelesen hatte, schämte sich des jungen Gatten, der kaum Deutsch zu lesen verstand. Diese in vorgerücktem Alter erlangte oder angeflogene Bildung ihres Gatten brachte ihr aber kein Glück. In kurzer Zeit eignete er sich so viel allgemeines Wissen an, daß er spottend auf seine Lehrerin herabsehen konnte. Zerwürfnisse, die mit einem Schleier verhüllt bleiben mögen, traten in seiner Ehe ein, die Scheidung erfolgte. Holdheim war frei und konnte sich dem Zuge überlassen, sich der wissenschaftlichen Ausbildung zuzuwenden.

Wie Salomon Maimon, setzte sich Holdheim, der bereits einen Sohn hatte, auf die akademische Schulbank in Prag, mit Überspringung der Zwischenstufen. Alles, was ihm die philosophischen Hörsäle in der damals nicht sehr hervorragenden Universität boten, war ihm neu, überraschte, blendete ihn und brachte eine Gärung in seinem Geiste hervor. In raschem Fluge erhaschte sein Geist diejenigen Wissenselemente, die mit dem von ihm bis dahin angesammelten Stoffe Verwandtschaft hatten, die alltägliche in Österreich unter Metternich geduldete Philo-

sophie und die christliche Theologie. Für grundlegende, geistbildende
und regelnde Fächer, für Mathematik, Geschichtskunde, klassische und
schöne Literatur hatte er kein Verständnis, und auch die ihm zusagenden
Fächer mußte er sich gewissermaßen erst talmudisch zurechtlegen,
wie er denn die akademischen Vorlesungen mit hebräischen Schriftzügen nachschreiben mußte, weil ihm die deutsche Schrift nicht so geläufig von der Hand ging. Holdheims Wissen blieb daher stets Stückwerk
und hatte vielfache Lücken. Er war aber reif und praktisch genug,
um sich ganz besonders auf nützliche Studien zu verlegen, auf Ausbildung seines von Hause aus verwahrlosten unschönen Stils und auf
Aneignung von Kanzelberedsamkeit. Wegen seiner dürftigen Lage
mußte er ein Brotstudium treiben und konnte seine Zeit nicht mit
Lieblingsfächern vertändeln. Er war darin praktischer als Salomon
Maimon, der ebenfalls mit einem Satze vom Talmud in die Philosophie gesprungen und darin geblieben war, und der, weil er kein
Brotstudium treiben mochte, sein Leben lang ein Bettler geblieben war.
Die Bibel selbst, die für Holdheim bis dahin ein verschlossenes Buch
gewesen war, oder die er nur durch die talmudische Brille angesehen
hatte, machte er sich nur zu dem Zwecke zu eigen, um Verse daraus
für Predigten verwenden zu können. Es ist nicht jedermann gegeben,
Ideale zu haben und sie zur Richtschnur seines Verhaltens zu machen;
es muß auch trockene, nüchterne, verneinende Naturen geben, welche
nur für die Wirklichkeit Sinn haben, sich hienieden Hütten bauen und
für den Hochflug einer idealen Richtung nur ein verächtliches Achselzucken haben und ihn für Schwärmerei und Narrheit halten. Solche
mephistophelische Naturen, die den Geist der Verneinung verleiblichen,
sind für die Sphäre des sittlichen Lebens ebenso notwendig, wie der
Gegensatz in der Sphäre des natürlichen. Holdheims Wesen hatte
eine solche Richtung des Geistes, und sein talmudischer Bildungsgang
hatte sie genährt und großgezogen. Er kannte keine Schwärmerei,
weder für den Mondschein blasser Erinnerungen, noch für den Dämmer-
schein in Nebel gehüllter Zukunftsträume. Ihm war der breite Boden
der Gegenwart lieber. Da das Judentum aber aus Erinnerungen
und Hoffnungen besteht, so war Holdheim nicht sehr von ihm eingenommen; er suchte es daher umzumodeln und sich zurechtzulegen, damit es ihn nicht gar zu sehr störe.

Wie viel von praktischer Religiosität Holdheim noch nach Prag
mitgebracht hatte, und wie viel er dort hängen ließ, ist nicht bekannt.
Nichtsdestoweniger bewarb er sich um das Rabbinat in Frankfurt a. O.,
wo die größtenteils altfromme, der Reform entschieden abgeneigte Ge-

meinde einen Rabbiner von dem Schlage suchte, der das stets wache Gewissen des Judentums bilden, die Satzungen desselben strenge erfüllen und die einzelnen zur Erfüllung derselben anhalten und ermahnen sollte, und erhielt das Amt auch (1836). Man kann nicht gerade behaupten, daß er den Erwartungen der Gemeinde nicht entsprochen hätte. Holdheim machte während seines mehrjährigen Aufenthaltes in Frankfurt alle Riten mit, kümmerte sich vermöge seines Amtes auch um die gewissenhafte Betätigung des praktischen Judentums und redete ihm von der Kanzel mit Begeisterung das Wort[1]), kurz, er benahm sich wie ein Rabbiner alten Schlages, obwohl er in seinem Innern mit dem rabbinischen Judentume zerfallen war. Für Verschönerung und weihevollere Gestaltung des Gottesdienstes tat er gar nichts, um nicht als Neuerer zu gelten oder vielmehr, weil ihm selbst wenig daran lag. Er selbst gebärdete sich im Gotteshause in völlig andachtsloser Haltung, als befände er sich noch in einer Winkelsynagoge Kempens. Er war aber keineswegs ein Heuchler wie manche seiner Amtsgenossen, die sich in derselben Stimmung und Lage befanden. Er nahm nur Amt und Leben sehr leicht, ihm mangelte der Ernst der Gesinnung; er war nicht geschaffen, ein Märtyrer für eine Überzeugung zu werden. Heiter, gutmütig, friedliebend, ohne Schroffheit, nahm Holdheim das Leben von der freundlichen Seite und wies andringende Gewissensfragen mit einem guten Witz ab. Freilich wäre es ihm lieber gewesen, dem Zwange nicht unterworfen zu sein. Es war ihm daher erwünscht, ihn gelegentlich abschütteln zu können.

Mecklenburg-Schwerin, das die Urformen mittelalterlicher Roheit am treuesten bewahrt hat, hatte damals einen Fürsten, den die Laune anwandelte, seine Juden statt frei, freisinnig zu machen. Sie allein sollten alle alten Erinnerungen und Formen gründlich abtun und sich neu gestalten. Ein Oberrat wurde für die Abrichtung der Gemeinden zusammengesetzt, und Holdheim wurde als Landrabbiner berufen (1840), um mit einzugreifen und den Neuerungen das rabbinische Siegel aufzudrücken. Hier konnte er sich zwanglos gehen lassen, und alles ablegen, was ihm innerlich und äußerlich unbequem war. Zum Teil wurde er allerdings auch von einigen neuerungssüchtigen Mitgliedern des Oberrats gedrängt. Er, der früher keine Ahnung davon hatte, daß der Gottesdienst auch eine Würde haben müsse, fand mit einem Male die Unordnung in den Synagogen, die ihn in Frankfurt wenig gestört hatte, unangemessen und war darauf bedacht, alles zu entfernen, was

---

[1]) Ritter a. a. O., S. 29 ff., 41.

nicht vom Zeitgeiſt gutgeheißen wurde. Da aber eine Umgeſtaltung
des Synagogenweſens ihm nicht aus innerem Drange kam, ſo ſah er
ſich nach Muſtern um und führte die württembergiſche Synagogen=
ordnung ein, unbekümmert darum, ob den größtenteils altfrommen
Gemeinden damit ein Gewiſſenszwang angetan werde oder nicht[1].

Indeſſen ſynagogale Neuerungen waren nicht der Boden, auf dem
für Holdheim Lorbeeren erblühen konnten. Er ſteckte ſich dazu ein
ausgedehnteres Feld ab. Das ganze Judentum in ſeiner dreifachen
Geſtaltung, mit ſeinen bibliſchen, talmudiſchen und rabbiniſchen Be=
ſtandteilen, gedachte er umzukehren, die Begriffe zu verwirren, die Ge=
wiſſen abzuſtumpfen. Seit Paulus von Tarſus hatte das Judentum nicht
einen ſolchen inneren Feind erlebt, der deſſen ganzen Bau bis auf die
Grundfeſten zu erſchüttern trachtete. Holdheim hatte aber keine ur=
wüchſigen Gedanken, die er als Hebel zum Umſturz des Judentums
hätte anlegen können; er hatte nur talmudiſch geſchliffenen Scharfſinn.
Er mußte ſich daher gegebener und landläufig gewordener Gedanken
bedienen. Sein Scharfſinn diente ihm aber dazu, dieſe wenigen, halb=
wahren Vorausſetzungen anwendbar zu machen und ſie mit einem
Schein von Wahrheit zu umgeben. Das Judentum beſtehe, meinte er,
aus einer innigen Vermiſchung des Religiös=Sittlichen und des Natio=
nal=Politiſchen. Davon war Napoleon ausgegangen, als er dem jü=
diſchen Sanhedrin die Weiſung zugehen ließ, vom Judentum alles auf=
zuopfern, was ſeinem despotiſchen Willen widerſtrebte. (S. 282) Hold=
heim nahm dieſes Schlagwort auf, um die Scheidung der Beſtandteile
des Reinreligiöſen vom Nationalen zu vollziehen. Das letztere habe
mit dem Untergang des jüdiſchen Staates ſeine Bedeutung verloren.
Welche Geſetze ſind nun national und zu beſeitigen? Holdheim gab
ihnen eine ſehr weite Ausdehnung, nannte alles national=politiſch,
was unbequem erſcheint und eine gewiſſe Entſagung erfordert, Sabbat,
jüdiſche Ehegeſetze und ſelbſt die hebräiſche Sprache. Sie müſſe aus dem
jüdiſchen Stamme verbannt werden, weil ſie ein nationales Band ſei,
und erſt recht die Meſſiashoffnung[2]. Zu dieſer Sophiſterei fügte

---

[1] Vgl. die Protokolle der erſten Rabbinerverſammlung S. 60. Orient,
Jahrg. 1844, S. 296.

[2] Protokolle, S. 55. Seine Prinzipien und Konſequenzen entwickelte
Holdheim in ſeiner Schrift: Über die Autonomie der Rabbinen und das
Prinzip der jüdiſchen Ehe. Schwerin, 1843. Als Ergänzung dazu gehören:
Vorſchläge zu einer zeitgemäßen Reform der jüdiſchen Ehegeſetze (Schwerin
1845) und „Die Religionsprinzipien des reformierten Judentums" (Berlin
1847). Die Unreife und Unwiſſenſchaftlichkeit ſeiner Theorie hat Holdheim
ſelbſt durch ſeine poſthume hebräiſche Abhandlung: מאמר האישות על תכונת

Holdheim noch eine zweite hinzu. In kindischer Befangenheit sah er im Staate, wie dieser auch in Wirklichkeit beschaffen sein möge, selbst in der Form des russischen Despotismus, einen Vielfraß, einen Moloch, der fortwährend Opfer verlange, und dessen Opfergier mit Verleugnung der Selbständigkeit, Freiheit und jeder religiösen Empfindung gesättigt werden müsse. Die höchste Spitze von Holdheims Theorie war, daß das talmudische Judentum selbst mit dem Ausspruche: „Das Gesetz des Staates ist für die Juden (in bürgerlicher Beziehung) ebenfalls Gesetz", jeden Juden verpflichte, das Religiöse dem jedesmaligen Staate unterzuordnen und zu opfern; das Judentum empfehle seinen eigenen Selbstmord, wenn der Staat ihm die seidene Schnur zuschicke. Holdheim hätte zur Zeit der Makkabäer mit dem abtrünnigen Menelaos gepredigt, die Juden sollten den griechischen Zeus anbeten, weil der Staat, der damals Antiochus Epiphanes hieß, es so befohlen hatte. Zur Zeit Hadrians hätte er, ein zweiter Acher, den Kultus des kapitolinischen Jupiter, und zur Zeit Philipps von Spanien und Emanuels von Portugal die Anbetung des Kreuzes angepriesen. Die Millionen jüdischer Märtyrer waren nach seiner Theorie Staatsverbrecher, indem sie sich gegen die ihnen zugegangenen Befehle aufgelehnt hatten. Nur die Leichtfertigkeit konnte eine solche ebenso hohle, wie unwürdige Theorie aufstellen, oder die Sucht, etwas ganz neues, was noch nicht dagewesen, auszuklügeln. Holdheim, der Sohn des Talmuds, schlug das talmudische Judentum tot mit den Waffen, die es ihm gereicht hatte. Alle Befugnisse und Gewalten, welche ehemals das gesetzgebende Synhedrion gehabt hat oder gehabt haben soll, wollte Holdheim dem christlichen Staate übertragen wissen, selbst das Recht, Eingriffe in Gewissenssachen zu machen. Alles das klügelte er mit sophistischen Kniffen, welche die polnisch-rabbinische Schule nicht verkennen ließen, aus. Es ist Holdheim sehr schwer geworden, festzustellen, was denn eigentlich Judentum sei, und was noch davon übrig bliebe, wenn alles, was irgendwie einen national-politischen Anschein hat, ausgeschieden und noch dazu dem jedesmaligen Staate die höchste Autorität eingeräumt werden solle, auch das Religiöse zu modeln, anzubefehlen oder zu verbieten.

Holdheim, von den meisten Mitgliedern der ersten Rabbinerver-

---

הרבנים והקראים (Berlin 1861) bewiesen. Denn obwohl auch diese Abhandlung viel Unhistorisches und überhaupt Unreifes enthält, so sticht sie doch wohltuend von seinen älteren, sophistischen, man kann sagen p i l p u l i s t i - s c h e n Schriften ab. In dieser Schrift ist sein Bestreben sichtbar, die Wahrheit zu s u c h e n.

sammlung in Braunschweig als talmudische Größe und rücksichtsloser Reformator angestaunt, erlangte ein entschiedenes Übergewicht auf die Beratungen und Beschlüsse derselben. Sie nahm dabei viel weniger auf den Buchstaben und den Geist des Judentums „als auf den Staat", auf die „Hohen deutschen Regierungen" und das unfaßbare, luftige „Zeitbewußtsein" Rücksicht. Der Talmud wurde von den meisten Mitgliedern als Sündenbock geopfert. Die Beratungen und Beschlüsse der Braunschweiger Rabbinerversammlung (12. bis 19. Juni 1844) haben indes eine kaum merkliche Wellenbewegung erzeugt. Die Gemeinden kümmerten sich ebensowenig darum, wie um den Protest[1]) von siebenundsiebzig Rabbinen Deutschlands, Böhmens, Mährens und Ungarns, die von einem ehrlichen, opferwilligen, selbstlosen aber beschränkten Eiferer, Hirsch Lehren in Amsterdam, angeregt, den Stab über sie gebrochen haben. Diese Siebenundsiebzig erklärten (Herbst 1844) gegenüber den zweiundzwanzig in Braunschweig Versammelten: „Daß sämtliche Beschlüsse der sogenannten Rabbinerversammlung — mit Ausnahme derer für die Obrigkeit — dem wahren Judentum entgegen und somit für den gläubigen Israeliten falsch und verderblich sind; daß ein verderblicher Geist der Umwälzung und der Sektiererei ihren Handlungen innewohnt; daß auch die Arbeiten, welche sie für eine künftige Versammlung vorbereitet, dieselbe verwerfliche Tendenz haben; und daß wir es als Pflicht eines jeden, wahrhaft gläubigen Israeliten erkennen, an solchen Verhandlungen nicht nur nicht Teil zu nehmen, sondern auch solchen neuerungssüchtigen Bestrebungen durch jedes gesetzlich erlaubte Mittel entgegenzutreten." Dieser Protest war zu viel und zu wenig.

Vorgänge in der christlichen Welt in derselben Zeit bewiesen mehr als dieser mühsam zusammengebrachte Protest, daß das Judentum mit seinem alten Bekenntnisse noch nicht überflüssig geworden sei. Die Ausstellung des angeblichen heiligen Rockes Jesu in Trier, zu dem mehr als eine Million Katholiken aus allen Ländern wallfahrtete, um vor ihm das Knie zu beugen (August bis Okt. 1844), zeigte, daß das „Zeitbewußtsein" ein trügerischer Maßstab ist. Infolge dieses Übermaßes mittelalterlicher Dummgläubigkeit entstand in Deutschland eine, wie es anfangs schien, tiefgehende antikatholische Bewegung, angeregt von den katholischen Priestern Ronge und Czersky. Es bildete sich eine deutschkatholische Kirche (Januar 1845) und neben ihr

---

[1]) In dem als Manuskript gedruckten Flugblatt mit der Überschrift: שלומי אמוני ישראל, „treue Gläubige in Israel!" im Jahre der Welt 5605.

im Schoße des Protestantismus „lichtfreundliche Gemeinden", welche eine Auflösung des Christentums, seines Dreieinigkeitsbekenntnisses und Gottmenschentums herbeizuführen drohten. Ein protestantischer Priester in Königsberg hatte sich auf der Kanzel feierlich vom Glauben an die Dreieinigkeit losgesagt. Es schien den damaligen mit Staat und Kirche Unzufriedenen leicht, eine neue Religion zu machen, aus recht vielen Verneinungen etwas Wesenhaftes zu schaffen. Jede Zeit hat ihre Täuschungen. Sobald es Nachahmung fremder Vorgänge gilt, finden sich in der Judenheit stets bereitwillige Liebhaber dafür. Hier und da wurden Stimmen laut, eine deutsch-jüdische Kirche nach dem Muster der deutsch-katholischen zu gründen. In Breslau war die Liebhaberei dafür nur künstlich rege gemacht. Etwas tiefer war die Bewegung in Berlin. Hier hatte ein Schönredner, S. Stern, Vorlesungen über Judentum und jüdische Geschichte gehalten, welche die jüdische Lehre als einen Freibrief für launenhafte Einfälle darstellten. Von ihm angeregt, traten in Berlin einige zwanzig Gleichgesinnte und Geistesverwandte zu einer Reformgenossenschaft (2. April 1845)[1], einer Art Kirchenbildung von eigentümlichem Zuschnitt, zusammen. Sie waren des Glaubens, daß die Mehrzahl der deutschen Judenheit die Anhänglichkeit an das alte Judentum in ihrem Herzen bereits vernichtet hätte und freudig einem neuen Bekenntnisse zujauchzen würde. Die Urheber der Berliner Reformgenossenschaft erließen daher einen Aufruf an ganz Israel, sich zu einer Synode zusammenzufinden, um eine neue jüdische Religion zu bilden. In ihrem Programm konnten sie selbstverständlich nur Verneinungen aufstellen, Verwerfung des Talmuds, Verwerfung der Messiaslehre, da sie mit Leib und Seele der Berliner Heimat angehörten, Rückkehr zur heiligen Schrift, aber nicht nach dem Wortlaute, sondern nach „dem Geiste". Diese Verneinungen hielten und gaben sie als Bejahung: „Wir wollen Glauben, wir wollen positive Religion, wir wollen Judentum." Es war eine Begriffsverwirrung, wie zur Zeit, als sich zuerst christliche Gemeinden mit halbjüdischen Elementen bildeten, und selbst helle Köpfe blieben nicht frei davon.

Zu einer Synode, zur Beratung einer Reform, die das Judentum zu einem Abklatsch der lichtfreundlichen Kirche umstempeln sollte, kam es nicht. Zustimmungsadressen von verschiedenen Seiten zeigten

---

[1] Die wenigen Tatsachen über die Entstehung der Reformgemeinde in S. Stern, Geschichte des Judentums von Mendelssohn bis auf die Gegenwart (Frankfurt a. M., 1857), S. 291 ff.

ſich hinterher als hohle Phraſen. Der Berliner Verein blieb jedoch
bei ſeinem Programm ſtehen, und da dieſes bei den Maſſen keinen
Anklang fand, ſo ſollte es durch die in Frankfurt zuſammengetretene
zweite Rabbinerverſammlung (Juli 1845) heilig geſprochen, d. h. als
dem Judentum gemäß, anerkannt werden.

Dieſe Verſammlung erregte mehr Spannung und leidenſchaftliche
Wärme als die erſte, weil ſich von der einen Seite die Berliner Reform-
genoſſenſchaft an ihren Zipfel anklammerte, um ſie zu ſich hinüberzuziehen oder ſie zum Falle zu bringen, und weil von der anderen Seite
ein wiſſenſchaftlicher Stimmführer der alten Partei ſich ihr für einen
Augenblick anſchloß, um ihr ein Muſterbild vorzuhalten, wie die Läuterung des Judentums vorgenommen werden müſſe, oder um ihr Ver-
legenheiten zu bereiten, falls ſie ſich zur Maßloſigkeit hinreißen laſſen
ſollte. Zacharias Frankel (geb. zu Prag 1801, ſtarb in Breslau
1875), obwohl im Talmudismus erzogen, gehörte nicht zu den Stocktalmudiſten. Seine wiſſenſchaftlichen Forſchungen und ſein kritiſcher
Sinn hatten ihn zu der Überzeugung von der Berechtigung, ja der
Notwendigkeit mancher Reformen gebracht. In ſeiner Jugend hatte er
einen Strauß mit den Stockfrommen herausgefordert. So war er der
Mann der rechten Mitte, ebenſoweit von Geigers und Holdheims
Stürmerei, wie von Raphael Hirſchs Mumienverehrung entfernt. Er
ſtellte ein Prinzip für die Erkenntnis der Zuläſſigkeit oder Unzuläſſig-
keit der Neuerungen auf, das lediglich einem Totengerichte ähnlich iſt.
Er machte damit um ſo eher Schule, als ihm vermöge ſeiner Tätigkeit als Rabbiner und ſeiner Leiſtungen als Forſcher die Führerſchaft
zuerkannt wurde. Durch dieſe beiden Schwergewichte hin= und her-
gezogen, geriet die Verſammlung in eine ſchwankende Lage. Ihr erſter,
nicht unerwartet erfolgter Beſchluß, daß die hebräiſche Sprache aus
dem Gedächtnis und dem Bewußtſein des jüdiſchen Stammes womöglich ausgelöſcht werden müſſe, drängte Frankel zum lauten Aus-
treten aus ihren Reihen, und der Beifall, der ihm von verſchiedenen
Seiten gezollt wurde, brachte es an den Tag, daß die Rabbinerverſammlung nicht die deutſche Geſamtjudenheit, ſondern nur eine kleine,
rührige Partei vertrat. Ohne es zu merken, hatte die Frankfurter
Rabbinerverſammlung das Gleichgewicht verloren. Mit der Reform-
genoſſenſchaft mußte ſie Verſtecken ſpielen. Sie mußte deren Schritte
laut loben, weil ſie ſonſt auch ihren Stützpunkt in der Reformpartei
eingebüßt hätte. Anderſeits durfte ſie ſich doch nicht zu deren Hohlheit bekennen, um nicht das Anſehen in den Gemeinden zu verlieren.
Sie mußte ſich daher mit einer Wendung aus der Verlegenheit helfen;

sie würde die Bestrebungen der Reformgenossenschaft mit ihren Kräften unterstützen, wenn dieselben „mit denjenigen Prinzipien übereinstimmen, von welchen sie bei einer Reform im Judentum ausgehen zu müssen glauben"[1]); das klang wie ein verdeckter Tadel.

Indessen stieß sich die Reformgenossenschaft nicht an diesem halben Abweisen; sie wußte, daß sie die Haupttonangeber in der Versammlung, und besonders Holdheim, auf ihrer Seite hatte. In der Selbsttäuschung, daß sie eine wesenhafte Neugestaltung des Judentums schaffen würde, bildete sie sich zu einer Gemeinde von etwa zweihundert Mitgliedern und feierte ihre Einweihung (2. April 1846), wobei Holdheim als Hoherpriester Weihrauchwolken aufsteigen ließ. Sie waren für einander bestimmt und mußten, wie sehr sie sich auch anfangs sträubten, einander in die Arme sinken. So war denn „e i n e d e u t s c h = j ü = d i s c h e K i r c h e" aufgebaut mit einem Tempel, Prediger und Gottesdienst nach einem eigenen Zuschnitt. Man glaubte sich siebzehn Jahrhunderte in eine syrische oder kleinasiatische Stadt oder nach Rom zurückversetzt in jene Tage, als sich aus dem Kampfe des alten Judentums mit halbchristlichen und halbheidnischen Elementen neue Gemeinden bildeten, welche zur Erinnerung ihres Ursprungs einen kleinen Bruchteil vom Judentum beibehalten hatten. Die neuen Formen herrschten indes im Berliner Reformtempel vor. Das Beten mit entblößtem Haupte stempelte ihn besonders zu einem fremdartigen, und stieß auch innerlich Gleichgesinnte ab. Das Hebräische wurde nur in wenigen Formeln und beim Vorlesen aus dem Pentateuch beibehalten. Der Reformtempel nahm überhaupt einen deutschtümelnden Charakter an und streifte den jüdisch-kosmopolitischen ab. Auch die letzte, kaum merkliche Spur des jüdischen Ursprungs ist nur im Gottesdienste sichtbar, im Leben sind die Gemeindemitglieder durch nichts als Abkömmlinge des jüdischen Stammes wiederzuerkennen. Holdheim hatte vielleicht noch mehr als die freigesinntesten Mitglieder alles jüdische Wesen mit einem gewissen Fanatismus vertilgt wissen wollen. Nicht bloß über das rabbinische Judentum und über den Talmud, sondern auch über die Verpflichtungen, die aus der heiligen Schrift stammen, setzte er sich hinweg. Indessen zeigte sich auch in der Reformgemeinde, daß das jüdische Selbstgefühl seit Friedländer bedeutende Fortschritte gemacht hatte. Die Reformgenossenschaft hatte das Liebäugeln mit dem Christentum völlig überwunden. . Von ihren Mitgliedern, die 1000 Seelen zählten, ist, wie behauptet wird, keines, und

---

[1]) Protokolle der zweiten Rabbinerversammlung, S. 277.

auch von ihren Kindern keines zur Kirche übergetreten[1]). Sie will durchaus nicht als gesonderte Sekte gelten, vielmehr in inniger Teilnahme und im Zusammenhang mit dem jüdischen Stamme bleiben.

Die Berliner Reformgenossenschaft blieb indes vereinzelt und fand in Europa gar keinen Anklang, mehr jedoch in Amerika. Denn hier bildeten sich seit den vierziger Jahren Gemeinden, deren Mitglieder aus verschiedener Herren Ländern, besonders aus Bayern, Böhmen, Westdeutschland und aus dem Posenschen stammten, und welche untereinander keinen Zusammenhang hatten. Sie gruppierten sich nicht um einen festen Kern, wechselten vielmehr stets durch Zufluß und Abfluß und waren nicht an vererbte Traditionen alter Gemeinden und an Rücksichten gebunden. Fand sich ein Prediger von der Holdheimschen Richtung in einer verfließenden Gemeinde, und setzte er seinen Eifer ein, durchgreifende Reformen einzuführen, so fand er wenig Widerstand, oder es bildete sich neben dieser Gemeinde eine andere mit wenigen oder gar keinen Reformen. Auch im eigenen Schoß der Berliner Reformgemeinde hat sich Lauheit schneller eingestellt, als selbst ihre Gegner erwarten konnten. Aus Mangel an Betern mußte der Sabbat, der wie bei den Judenchristen der ersten Jahrhunderte neben dem Sonntag gefeiert werden sollte, auf diesen allein beschränkt werden. Wie es mit dem Besuche des Sonntagsgottesdienstes steht, gebührt nicht mehr der Geschichte zu erzählen; es gehört der unmittelbaren Gegenwart an. Diese Lauheit und geringe Teilnahme, welche die Schöpfer selbst erlebt haben, hätte sie darauf führen müssen, daß in ihrer Berechnung irgendein Fehler stecken müsse. Diesen Fehler in seiner ganzen Tiefe aufzudecken, steht ebensowenig der Geschichte zu; sie würde ihre Befugnisse überschreiten, nur die Geschehnisse aufzuzeichnen. Aber einen Umstand darf sie nicht verschweigen, daß die Berliner Reformgenossenschaft einen Gegner in ihrer nächsten Nähe hatte, den sie nicht in ihre Berechnung gezogen, und der ihr um so gefährlicher wurde, als er nicht bloß mit seinem tief eindringlichen Worte, sondern mit jeder Fiber seines Wesens ein Protest gegen die durch Komiteeberatung entstandene Religion der Johannisgasse war. Dieser Gegner — man braucht ihn kaum zu nennen — war Michael Sachs (geb. in Glogau 1808, starb in Berlin 1864).

Wenn die erzeugende Natur es darauf angelegt hätte, ein allseitiges Widerspiel zu Holdheim zu schaffen, so ist es ihr mit Sachs gelungen. Äußeres und Inneres, Gang und Sprache, Haltung und

---

[1]) Stern a. a. O., S. 298.

Gemütsrichtung, Studium und Charakterbildung, bis auf Gewohn=
heiten und Liebhabereien, alles war so verschieden an diesen beiden,
daß man sie auf den ersten Blick nicht als Söhne desselben Volks=
stammes und als Genossen desselben Standes hätte erkennen können.
Wenn Holdheim das jüdisch=polnische Wesen, durch die talmudische
Dialektik hochgeschraubt, darstellte, so erinnerte Michael Sachs an die
jüdischen Abkömmlinge der pyrenäischen Halbinsel, veredelt durch klas=
sische Formen und ästhetischen Sinn; er ähnelte dem edlen Isaak Cardoso
oder Isaak de Pinedo oder den vielen anderen Dichtern und Forschern
von marranischer Abkunft, die in Holland und Italien ihre begeisterte
Anhänglichkeit an das Judentum mit ihrer Vorliebe für poetische und
philologische Beschäftigung zu vereinen wußten. Wie Holdheims Ge=
burtsort seine Geistesrichtung und Charakterausprägung mit bestimmte,
ebenso war Sachs' Grundwesen von der Luft beeinflußt, die er im
Kindes= und Jünglingsalter eingeatmet hatte. In Glogau, der Ge=
burtsstadt Munks und anderer Männer, die eine Zierde des Juden=
tums bilden, herrschte in seiner Jugend innige Frömmigkeit, gehoben
durch eifrige Beschäftigung mit der heiligen Schrift und der neu=
hebräischen Poesie. Das Talmudstudium stand hier nicht in erster
Reihe. Hier traf man nicht wenige, welche, ohne dem Gelehrtenstande
anzugehören, an der Literatur innigen Anteil nahmen, hebräische
Verse machten oder zierliche Briefe in hebräischer Prosa an gleichge=
sinnte Freunde richteten, eine eigene Klasse von Dilettanten (Musch=
lamim). So regte seine geistige Mutter, die Bibel, in ihrer erhabenen
Gestalt Sachs' dichterische Anlage an, und seine regelmäßigen Studien
auf dem Gymnasium und der Berliner Universität vollendete sie. So=
phokles und Plato wurden ebenso Vertraute seines Geistes wie Mose
und Jesaia. Wären die Pforten akademischer Lehrämter den Juden nicht
verschlossen gewesen, so hätte Sachs eine philologische Lehrkanzel zieren
können. Doch seine ganze Kraft sollte dem Judentum erhalten bleiben.
Vermöge seiner eigenen Natur und des zwiefachen Zuflusses für
sein Inneres aus der hebräischen und griechischen Welt wurde Sachs
eine ideale, lautere Persönlichkeit, wie Gebirol und Jehuda Halevi, die
sich nur auf den lichten Höhen des Lebens wohlbefand, und vor der
Niedrigkeit einen physischen Ekel empfand. Keine Zwiespältigkeit war
in seinem Wesen; Fühlen, Denken und Tun war bei ihm aus einem
Gusse. Darum war er so unerbittlich scharf gegen Falschheit, Zwei=
deutigkeit und Gleißnerei, gegen jede Schaustellung und jedes Gepränge,
gegen die aufgeblasene Hohlheit und Eitelkeit, und züchtigte sie mit der
Geißel seines Wortes und seines treffenden sprudelnden Witzes. Edel=

herzig und hingebend bis zu leichtsinniger Selbstaufopferung, demütig
vor Gott und vor Menschen, die den Stempel des Göttlichen an sich
trugen, war Sachs abstoßend stolz gegen diejenigen, welche in Religion,
Kunst, Wissenschaft oder öffentlicher Tätigkeit Falschmünzerei trieben
und ihre selbstsüchtigen kleinen Interessen mit dem Schein allgemeiner,
großer Zwecke verhüllten. Wenn Sachs mit seiner Gesinnung, seinem
Charakter, seinem sittlichen Ernst, seinem Pflichtgefühl und seiner Ent-
sagungsfähigkeit, im ungeteilten Leben für seine Überzeugung durchgängig jüdisch war, so war er mit seinem Formensinn und seinem
tiefen Schönheitsgefühl hellenisch, und widerlegte mit seiner Person die
von Heine aufgestellte angebliche Unverträglichkeit dieser beiden Naturen. Das Unschöne, Formlose, Unebenmäßige widerstrebte ihm ebensosehr, wie das Unsittliche und Falsche. Sachs war durchaus kein Rätsel,
und diejenigen, die ihn rätselhaft fanden, haben seine harmonische Größe
in leiblicher Erscheinung mißverstanden.

Das Judentum war seinem Herzen das Teuerste, weil er es als
Offenbarung eines die Menschheit leitenden Gottes betrachtete und
weil es ihm der Inbegriff alles Hohen und Heiligen war; er ließ es
sich nicht durch die Zeitphilosophie wegklügeln. Die häßlichen Auswüchse an der Erscheinung desselben übersah Sachs nicht, er kannte
aber auch ihren Ursprung und glaubte, daß die Zeit, die sie angesetzt
hat, sie wieder wegzehren würde. Selbst Hand daran zu legen, dazu
war er zu bedenklich, um nicht beim Ausscheiden des Siechen und
Faulen Gesundes zu verletzen. Er traute sich und anderen keine Berechtigung zu, diese Ausscheidung vorzunehmen. Zum Teil stammte
seine Bedenklichkeit gegen jede tiefer gehende Reform aus seiner Scheu
vor jedem tatkräftigen Eingreifen ins Praktische, das ein Fehler an
seinem Wesen war. Warum sollte er als Mensch nicht auch seine Fehler
gehabt haben? Ein Fehler war es auch, der sich an ihm und der Sache
die er vertrat, rächte, daß er eine unüberwindliche Abneigung hatte,
sich mit Gesinnungsgenossen zu gemeinsamer Tätigkeit zu verbinden.
Sachs hätte sich freudig Führern untergeordnet, deren Geisteshöhe
ihm Hochachtung abgezwungen hätte. Da er solche aber unter seinen
Zeitgenossen nicht fand, so mochte er auch nicht mit den Männern Hand
in Hand gehen, die sein eigenes Maß nicht überragten oder nicht einmal erreichten. Gegen solche hegte er ebensoviel Mißtrauen, wie gegen
sich selbst. So war er ebenso wenig tauglich zum Parteiführer, wie zum
Parteigänger.

Sachs' große Vorzüge und kleine Fehler wiesen ihm den Platz
an, auf dem er die ganze Kraft seines Geistes entfalten konnte; er war

nur für die Kanzel geschaffen. Der überströmende Fluß seiner Bered=
samkeit, die Tiefe seines Gemütes, die Wärme seiner Überzeugung,
die Anmut aller seiner Bewegungen, der Zauber, den seine Persön=
lichkeit ausströmte, wenn er als Dolmetsch der Propheten und Haga=
disten dastand, der treffende Witz, der ihm zu Gebote stand, der Wohl=
klang seines Organs, die Formenglätte seiner Sprache, kurz jeder Zug
an ihm machten ihn zum unübertroffenen Kanzelredner seiner Zeit,
und er hatte nur an Mannheimer in Wien einen Ebenbürtigen. Doch
war seine Predigtweise grundverschieden von der des bewunderten
Volkspredigers Wiens. Sachs war auf der Kanzel selbstvergessen und
verklärt; man glaubte einen der prophetischen Gottesmänner zu hören,
wenn sie das Gewissen des Volkes aufrüttelten oder die Verzagten
durch die Verkündigung einer idealen Zukunft aufrichteten. Selbst
solche Zuhörer, die seine Überzeugung nicht teilten, riß Sachs für
den Augenblick fort und erzwang ihre Bewunderung. Man hörte es
ihm an, daß der Fluß seiner Rede nichts Gemachtes und Gekünsteltes
an sich hatte, sondern aus dem tiefen Springquell eines reichen Innern
strömte. Er war aber nicht bloß auf der Kanzel ein überwältigender
Redner, sondern auch im Zwiegespräche, in alltäglicher Unterhaltung.
Auch da floß sein Mund über von dem, dessen sein Herz voll war.
Sein Wort, das eins war mit seinem Wesen, hat dem Judentum viel
treue Anhänger zugeführt. Wer in seine Nähe kam, war in einen
Zauberkreis gebannt und nahm etwas von seinen Überzeugungen an.
Er wirkte um so nachhaltiger, weil er es nie darauf anlegte, sondern
harmlos sich selbst gab. Nichts war ihm verhaßter als steife Amtswürde,
geistliche Salbung und das von außen eingeführte Seelsorgertum.

In Prag, wo er zuerst in vollem Mannesalter mit dem Zauber
seines Wortes, der Anmut seines Wesens und der Gewalt seiner jüdi=
schen Überzeugung alle deutschredenden Einwohner, Christen wie
Juden, bis zur Berauschung begeisterte, führte ihn ein günstiges Ge=
schick mit einem der Begründer der jüdischen Wissenschaft, mit R a p o =
p o r t zusammen (1840—44). Von ihm, zu dem er trotz des verschiede=
nen Bildungsganges in das Verhältnis inniger Freundschaft trat, wurde
Sachs in das reiche jüdische Schrifttum eingeführt, das ihm bisher
wegen seiner Hingabe an die Ergründung der heiligen Schrift und an
die klassische Literatur nur halb erschlossen war. Mit seiner Begabung,
das Kernige und Vortreffliche lebendig nachzuempfinden und es in
seine Geisteskammern aufzunehmen, beherrschte er bald diesen ihm zu=
geführten Stoff und veredelte ihn künstlerisch für einen großen Kreis.
Nur mit der talmudischen Dialektik, der starken Seite Holdheims,

konnte Sachs nicht recht vertraut werden, sie blieb ihm stets halb fremd. Er bedauerte diesen Mangel seiner Kenntnisse schmerzlich. Es war aber kein Mangel, denn diese Kenntnisse paßten nicht zu der hellenischen Seite seines Wesens; sie hätten die Blüte seines Geistes mit Mehltau überzogen. Als wäre er von der Vorsehung berufen, der jüdisch-deutschen Kirche, die in Berlin eine faßbare Gestalt annehmen sollte, entgegenzuwirken und einen Gegenpol zu Holdheims ewiger Verneinung zu bilden, wurde er von der Gemeinde dieser Stadt zum Prediger und Beisitzer des Rabbinats gewählt. Hier gelang es ihm, das volle jüdische Selbstgefühl, das ihn beseelte, und den gerechten Stolz, einem so alten, so edlen, bildungsfähigen Stamme anzugehören, der Gemeinde einzuflößen und sie von der Nachäfferei, an der sie so lange kränkelte, teilweise zu heilen. Diese Umwandlung, welche bis in die entferntesten Kreise drang, löste von der Berliner Judenheit die Antipathie, welche seit den Zeiten Friedländers gegen sie bei den auswärtigen Gemeinden herrschte. Sachs wurde den hervorragendsten Persönlichkeiten der preußischen Hauptstadt beigezählt; die gebildete christliche Welt schenkte ihm große Aufmerksamkeit, ohne daß er sie gesucht hätte. Hätte er mit Tatkraft und Rührigkeit seinen Worten Nachdruck gegeben und dauernde Schöpfungen ins Leben gerufen, — wozu ihm die freigebige Berliner Gemeinde bereitwillig Mittel zu Gebote gestellt hätte — so wäre vielleicht die Reformgemeinde nicht entstanden.

Selbstverständlich bekämpfte er die Reformrichtung mit seiner ganzen Kraft. Er sah in Holdheim und dessen Gesinnungsgenossen Fälscher des Judentums und Volksverführer; er tat es offen. „Gegen Schimpf und Unglimpf war er gehärtet und gleichgültig", wie er so oft sagte. Namentlich von der Kanzel herab schwang er die Geißel seines vernichtenden Spottes gegen die jüdisch-deutsche Kirche, welche die Fülle des Judentums von allen Seiten so beschnitten hatte, daß es in einer Nußschale Raum hatte. Selbst seine Gegner gestanden ihm zu, daß er sich stets nur ehrlicher Waffen bediente; andere zu gebrauchen, widerstrebte seiner edlen Natur. Großen Schaden fügte er allerdings dem Reformtempel zu. Wer Sachs auf seiner Kanzel gehört hatte, fühlte sich durch Holdheim gelangweilt. Ein Vergleich zwischen Sachs und seinem Widerspiele Holdheim fiel stets zugunsten des ersteren aus. Während der Tempel in der Johannisgasse immer mehr verödete, füllte sich die Synagoge in der Heydenreutergasse von Woche zu Woche mehr.

Wie zur Hebung und Befestigung des jüdischen Hochgefühls, so trug Sachs auch zur Förderung der jüdischen Wissenschaft bei. Sein

Beitrag war aber mehr formeller, als wesenhafter Art. Er hat sie
eigentlich nur vorstellungsfähig und für gebildete christliche Kreise zugänglich gemacht. Er verlieh ihr einen poetischen Schimmer oder auch
ein romantisches Halbdunkel. Sachs hat zwar keine bahnbrechenden
Wahrheiten in die Welt gesetzt, auch nicht als Forscher und Entdecker
neue Tatsachen ans Licht gezogen. Er war ebensowenig ein dichterischer
Künstler, um leuchtende Gebilde oder ideale Welten zu schaffen. In
seinem Leben und Lehren war mehr Poesie als in seinem Versen.
Er konnte nur, was andere Künstler gestaltet hatten, feinfühlig bis in
die unmerklichen Schattierungen nachempfinden und veranschaulichen
und was andere Forscher entdeckt hatten, vergolden. Am entschiedensten
war der Zug seines Geistes auf die auslegende Verklärung der heiligen
Schrift gerichtet. Seine begeisterte Liebe zum Judentum und zu dessen
Urkunden, seine tiefe Kenntnis des Hebräischen, das in ihm wie eine
traute Herzenssprache lebte, und endlich seine philologisch-ästhetische
Feinfühligkeit trafen in diesem Punkte zusammen. Frühzeitig faßte
er daher diese Aufgabe ins Auge und hielt sie bis an sein Lebensende
fest, der heiligen Literatur in hebräischer Gewandung ihren unver-
fälschten, ursprünglichen Sinn wiederzugeben und sie von dem Wuste
und der Schändung zu befreien. Er begann, angeregt von dem Beispiele
Rückerts, „des westöstlichen Dichters, des sprachgewaltigen Meisters
im Übersetzen und Auslegen", mit den Psalmen[1]), die seinem frommen
Herzen verwandt waren. Er machte den Versuch, „eine wissenschaftliche, philologisch strenge Auslegung derselben zu liefern und eine
rationale grammatische und lexikalische Behandlung der hebräischen
Sprache" anzubahnen. Er war besonders bemüht, in der deutschen
Übersetzung den hebräischen Geist und die poetische Urform durch-
scheinen zu lassen. Später hat Sachs, mit mehreren Mitarbeitern vereint, zur „Bibel für Israeliten" mehrere Bücher der heiligen Schrift
geschmackvoll übersetzt[2]). Aber weil er daran mehr mit dem Herzen
als mit dem Kopfe arbeitete, war er nicht imstande, die biblische Exegese auf fester Grundlage aufzubauen. Die Eröffnung neuer Bahnen
dafür fiel christlichen Forschern zu.

An dem regen Eifer und der Rührigkeit, die verschütteten schönen
Gestalten der jüdischen Vergangenheit auszugraben, sie von der ent-

[1]) Die Psalmen, übersetzt und erläutert von M. Sachs. Berlin, 1835.
[2]) Die unter dem Namen des Redakteurs Zunz erschienenen „24 Bücher
der heiligen Schrift übersetzt", Berlin 1837—1838 [vgl. Rosins Abhandlung in der Monatsschrift für Gesch. u. Wissensch. des Judentums, Jahrg. 38
(1894), S. 504 ff.]

stellenden Kruste zu säubern und ins rechte Licht zu setzen, nahm Sachs einen lebhaften Anteil. Drei Organe waren besonders dafür tätig, die Zeitschriften **Kerem Chemed** und **Zion** in hebräischer und der „Orient" in deutscher Sprache. Jung und Alt lieferte Bausteine zum Aufbau eines jüdischen Ruhmestempels; aus allen Teilen Europas liefen Beiträge dazu ein. Die vierziger Jahre waren für den vielseitigen Anbau der jüdischen Wissenschaft besonders fruchtbar. Es war nicht müßige Gelehrsamkeit, sondern Herzensdrang, der dazu antrieb, den augenscheinlichen Beweis zu führen, daß das Judentum zu allen Zeiten mit der Gesittung Hand in Hand gegangen sei. Die jüdisch-spanische Geschichtsepoche übte eine besondere Anziehungskraft auf die jüdischen Forscher aus. Sie zeigte, was die Juden an Gedankenreichtum und schöner Formgestaltung geleistet haben und zu leisten vermögen. Die jüdische Wissenschaft sollte zugleich als Apologie gegen die Verächter der Juden und des Judentums und als Ideal zur Erweckung des Nacheifers dienen. Diese glänzende spanische Geschichtsepoche war aber nur den jüdischen Forschern und diesen auch nur in rohen Massen und Bruchstücken bekannt. Sachs unternahm es, daraus ein organisches Ganzes, ein schönes Gesamtbild zu gestalten und mit seiner beredten Sprache auch Fernstehende dafür zu gewinnen. Seine „Religiöse Poesie der Juden in Spanien" (1845)[1] bietet mehr als der Titel anzeigt. In gelungenen, anziehenden Schilderungen führte Sachs die Reihenfolge der Erzeugnisse des jüdischen Geistes von „dem schmerzlichen Beben der aus ihrem lebendigen Zusammenhange gerissenen Glieder" nach der Zerstörung des einigenden Mittelpunktes durch die Römer bis zur blütenreichen Entfaltung der neuhebräischen Poesie in Spanien vor. In anschaulicher Lebendigkeit ließ er die Dichtergestalten Gebirols, Jehuda Halevis aus ihren Gräbern erstehen und ihre Sangesweisen dem gegenwärtigen Geschlechte wiederholen. Die gebildete Welt wurde durch Sachs auf den Reichtum und die Schönheit der jüdischen Literatur des Mittelalters aufmerksam; selbst Heine war davon ergriffen und weihte ihnen seine vergoldende Feder[2].

In derselben Zeit wurde von Zunz in anderer Weise die Literatur des jüdischen Mittelalters in Frankreich und Deutschland und die jüdischen Dichter der Provence in eingehender Ausführlichkeit, aller-

---

[1] Erschienen in Berlin 1845.

[2] Bekanntlich hat Heine die Note IV zu seinem Romanzero aus Sachs' „Religiöser Poesie" S. 287 kopiert, und das Bild „Jehuda ben Halevi" in demselben nach Sachs' Schilderung gemalt.

dings mehr für gelehrte Kreise, behandelt[1]). Mit gerechtem Selbstgefühl wurde das lebende Geschlecht dafür gegeißelt, daß es für diesen
Literaturzweig, dem die christlichen Forscher des sechzehnten und siebzehnten Jahrhunderts so viel Hingebung gewidmet hatten, nur ein
verächtliches Achselzucken habe. „Eine von der Weltgeschichte anerkannte historische Besonderheit sind die Juden, nach Volkstum und
Bekenntnis ein Ganzes, dessen Richtungen nach einheitlichen, mit
ihren Wurzeln in das tiefste Altertum hineinragenden Gesetzen geleitet
werden, und dessen geistige Erzeugnisse bereits über zwei Jahrtausende
eine Lebensfaser durchzieht." Diese ihre Besonderheit begründet die
Eigentümlichkeit einer jüdischen Literatur. „Man erkenne und ehre
in ihr eine organische geistige Tätigkeit, die . . . vorzugsweise sittlich
und ernst, auch durch ihr Ringen Teilnahme einflößt. Dieses stets
unbeschützte Schrifttum, nie bezahlt, oft verfolgt, dessen Urheber nie
zu den Mächtigen der Erde gehörten, hat eine Geschichte, eine Philosophie, eine Poesie, die es anderen Literaturen ebenbürtig machen . . .
Die Gleichstellung der Juden in Sitte und Leben wird aus der Gleichstellung der Wissenschaft des Judentums hervorgehen." So sprach
das stolze Selbstgefühl der Juden, das aus der jüdischen Wissenschaft
emporgewachsen war.

Indessen drohte die stete Beschäftigung mit der mittelalterlichen
Literatur in Einseitigkeit zu geraten. War doch diese Epoche mit ihren
Erzeugnissen nur die Tochter einer ihr vorangegangenen nationalen
Tätigkeit und Enkelin oder Urenkelin einer noch überwältigenderen
Geschichtsepoche. Auch diese dunkeln Seiten, die beiden Ursprünge
des Judentums, Bibel und Talmud, wurden von dem Lichte der
Forschung, von der jüdischen Wissenschaft, in den vierziger Jahren
hell beleuchtet. Der Talmud lag in dem allerstrengsten Bann und in
der schmählichsten Verachtung. Er war der Sündenbock, dem alle
Schuld und alles Elend der Juden aufgebürdet wurde; wie einem
Aussätzigen mochte sich kein anständiger Forscher ihm nahen und sich
mit ihm befassen. Aber auch dieser Bann sollte gebrochen werden.
Wie, wenn das eigentümliche Schrifttum, das der Entstehung des
Christentums zur Grundlage diente, auch talmudisch geschwängert
war? Dieser Beweis wurde mit vieler Kühnheit unternommen und die
jüdisch-griechische Literatur, bis dahin von jüdischen Forschern wenig
beachtet[2]), zum Zeugen angerufen, daß es noch vor dem Talmud

---

[1]) Zunz, Zur Geschichte und Literatur, 1. Band (Berlin 1845), S. 2. 21.
[2]) Der erste Versuch war von L. Philippson, Ezechiel und
Philo, Berlin 1830.

einen Talmud gegeben habe[1]). Noch wichtiger war es, daß dem Talmud abgelauſcht wurde, wo ſeine ſtarke Seite iſt, in der Äußerung
ſeiner Rechtsbegriffe und in ſeiner Rechtsentwicklung[2]). Hier konnte
die Überlegenheit des talmudiſchen Strafrechts über die Geſetzgebung
der alten Zeit nachgewieſen werden. Die wiſſenſchaftliche Behandlung
des Talmuds führte zu dem Ergebnis, daß das Judentum ſich ſeiner
nicht ſo ſehr zu ſchämen brauchte.

Aber das Judentum mit ſeinen Trägern blieb eine unentzifferbare
Hieroglyphe, ein dunkles Rätſel, das ein Jahrhundert dem andern
ungelöſt überlieferte, ſo lange der „Urfels“ nicht erkannt war, „aus
dem es ausgehauen, die Vertiefung, aus der es ausgehöhlt wurde“. —
Nur die gründliche, unbeſtreitbare Erkenntnis des Urſprunges, der
heiligen Urkunden, konnte das richtige Wort der Löſung geben. Jahr-
tauſende waren verronnen, und die Enträtſelung war noch nicht gefunden. Nachdem die heilige Schrift, als Mutter zweier oder dreier
Religionen, ſo lange über die Maßen vergöttert worden war, daß ſie
als das „alles in allem“ galt, und in ihr die Aufſchlüſſe über Leben,
Natur und Geſchichte geſucht wurden, war ſie ſeit der Mitte des achtzehnten Jahrhunderts in Mißachtung geraten. Sie teilte das Geſchick
des jüdiſchen Stammes. Es iſt buchſtäblich wahr; der Judenhaß des
deutſchen Volkes, in deſſen Mitte die Bibelforſchung die eifrigſte Pflege
gefunden hatte, wurde auch auf das Erbe des jüdiſchen Stammes,
auf die bibliſchen Urkunden, übertragen. Es ſollte nun einmal bei
den Juden nichts gefunden werden, was irgendwie vortrefflich erſcheinen könnte. Die Schleiermacherſche Schule hatte das alte Teſta-
ment vom neuen ganz getrennt und den Zuſammenhang zerriſſen. Die
vernünftelnde (rationaliſtiſche) Schule ſchenkte zwar den hebräiſchen
Urkunden viel Aufmerkſamkeit, aber nur zu dem Zwecke, um deren
Wert zu verkleinern. E i c h h o r n , G e ſ e n i u s , v. B o h l e n ,
d e W e t t e , T u c h waren gegen die Juden eingenommen, und
dies hinderte ſie, das rechte Verſtändnis der heiligen Literatur zu
finden. Die Kirchlichgeſinnten, T h o l u c k und H e n g ſ t e n b e r g ,
die Tonangeber in der proteſtantiſchen Welt, ſuchten darin nach
falſchem Glanze und ſtrichen, was ſie entdeckten, für das Chriſtentum ein. In jüdiſchen Kreiſen waren es nur drei, die ſich wiſſenſchaftlich eingehend mit der Entzifferung der heiligen Schrift be-

---

[1]) Frankel, Vorſtudien zu der Septuaginta. Leipzig 1841.
[2]) Derſelbe, Der gerichtliche Beweis nach moſaiſch-talmudiſchem Rechte,
ein Beitrag zur Kenntnis des moſaiſch-talmudiſchen Kriminal- und Zivil-
rechts. Berlin 1846.

schäftigten, Krochmal, Luzzatto und Sachs; aber sie haben
sich in scheuer Ferne gehalten, um nicht bis zum Sinai vorzudringen.
Erst einem kindlichen Gemüte ist es gelungen, den Schleier halb zu
lüften, die Sprache der Propheten und Psalmisten tiefer verständlich
zu machen und die Urgeschichte des jüdischen Volkes im rechten Lichte
zu zeigen. Mit dem Erscheinen „Der Propheten des alten
Bundes" und „Der Geschichte des Volkes Israel"
von Heinrich Ewald 1843 bis 1847[1]) war eine neue Bahn zum Verständnis des hebräischen Geistes und Volkes eröffnet. Das lange
dunkel gebliebene Rätsel kam wenigstens durch das Auffinden des
Schlüssels seiner Lösung näher. „Die Völker des Altertums, Baby-
lonier, Inder, Ägypter, Phönizier, Griechen, Römer verfolgten jedes
nur eine besondere Bestrebung unter günstigen Verhältnissen bis zu
einem höchsten, zum Teil von den Späteren nicht wieder erreichten
Gipfel... Das Volk Israel dagegen hat sein Augenmerk vom Anfange
seines geschichtlichen Bewußtseins an so deutlich erblickt und so mächtig
erstrebt, daß es auf die Dauer sich nicht davon entfernen konnte und nach
jedem augenblicklichen Stillstande es desto beharrlicher verfolgte: Das
Ziel ist die vollkommene Religion... Die Geschichte dieses alten Volkes
ist im Grunde die Geschichte der durch alle Stufen bis zur Vollendung
sich ausbildenden wahren Religion." Der Kerngedanke dieser neuen,
hoffnungsreichen Schule ist, daß der aus Abrahams Samen hervorgegangene Stamm in der Tat und Wahrheit ein „Volk Gottes" ist,
das der Erde Heilswahrheiten in Fülle gebracht hat. Die Entfaltung
dieser Wahrheiten zeige sich im Geschichtsgange und im Schrifttume
der Israeliten.

Aber in demselben Maße, wie Ewald die Israeliten als Schöpfer
des alten und neuen Testamentes verherrlichte, verachtete er ihre
Nachkommen, die Juden, und wollte sie aus der christlichen Gesellschaft
ausgeschlossen wissen. Dagegen hat ein Staatsmann ersten Ranges
und Romanschriftsteller den Juden gerade wegen ihrer glorreichen
Abstammung eine hohe Bedeutung beigelegt. Benjamin d'Israeli
später als leitender Staatsmann von England Lord Beaconsfield genannt, war der Sohn eines Juden, der aus einem gewissen
Trotz mit seiner Familie zum Christentum übergetreten war. D'Israeli-
Beaconsfield dagegen verhehlte es nicht, daß er stolz auf seine jüdische

---

[1]) H. Ewald, Propheten des alten Bundes (Stuttgart 1840—1841 in
zwei Bänden; neue Bearbeitung, Göttingen 1866—1868 in drei Bänden) und
Geschichte des Volkes Israel in drei Bänden, Göttingen 1843—47; 3. Ausgabe in sieben Bänden 1864—1868.

Abstammung sei. In zwei Romanen[1]) hat er die Berechtigung zu
diesem stolzen Selbstbewußtsein begründet. Eine seiner Romanfiguren,
der aus einer marranischen Familie stammende S i d o n i a, welcher
den Weltmarkt von Europa beherrschte und damit auch die europäischen
Staaten beeinflußte, dem keine Größe imponierte, weil sie sich mit der
Hoheit seines Adels nicht messen könne, führte die Bedeutung seines
Stammes auf ein physiologisches Gesetz zurück, weil er unvermischt
mit anderen Rassen geblieben sei. Ein Stamm, der die Großmächte
der alten Welt überdauert und allen Gewalttaten in der Geschichte
und all ihrer Zerstörungswut bis auf die neueste Zeit Widerstand ge=
leistet hat, könne nicht untergehen. Die verfolgenden gemischten Rassen
verschwinden, die reine, wenngleich verfolgte, bleibt. Aus dem Munde
einer schönen jüdischen Jungfrau läßt er einem begabten und nach
Wahrheit verlangenden christlichen Jüngling gegenüber auseinander=
setzen, daß, wenn es eine göttliche Offenbarung gegeben habe, nur der
kleine Flecken Erde des heiligen Landes dessen gewürdigt worden sei,
daß, wenn Himmelsboten herniedergestiegen seien, um den Menschen
Trost und Belehrung zu bringen, sie in keinem anderen Lande als in
diesem gesehen worden seien. Wenn für die Menschheit ein Erlöser
erschienen ist und Apostel ihn mit ihrer frohen Botschaft bekannt ge=
macht haben, so sind sie lediglich aus dem Schoß des jüdischen Volkes
hervorgegangen. Israels Ursprung, sein Fortbestand im Elend und
seine Erhebung aus der Niedrigkeit in der Gegenwart bürgen für seine
Notwendigkeit auch in der Zukunft. Diesen Gedankengang läßt
D'Israeli seine Heldin entwickeln. Dieser Gedanke ist für die Bedeu=
tung des Judentums und seiner Träger viel überzeugender als der,
welchen Schwärmer für die fünfte Monarchie zur Zeit der Reformation
und Cromwells dafür geltend gemacht haben.

      Unerwartet und überwältigend schlug für die europäischen Juden
die Stunde der Befreiung mit der Februar= und Märzumwälzung
(1848) in Paris, Wien, Berlin, Italien und in anderen Ländern. Ein
Freiheitsrausch kam über die europäischen Völker, der hinreißender
und wunderbarer war als in den Jahren 1789 und 1830. Mit gebiete=
rischen Forderungen traten sie an die Machthaber heran. Unter diesen
Forderungen befand sich regelmäßig die Judenemanzipation. In allen
Volksversammlungen und Kundgebungen wurden die gestern noch ver=
achteten Juden in den Bund der „Freiheit, Gleichheit und Brüder=

---

      [1]) Die Romane haben den Titel: C o n i n g s b y or the new generation
1844, T a n c r e d or the new crusade 1847.

lichkeit" eingeschlossen. Was die Heißblütigsten nicht einmal zu hoffen
gewagt hatten, trat plötzlich ein, Juden wurden in die Parlamente
gewählt mit beratender Stimme über die Neugestaltung der Staaten.
Ein preußisches Landtagsmitglied hatte seinen Abscheu zu erkennen gegeben, daß ein Jude einst neben ihm Sitz und Stimme haben sollte.
Tags darauf erfüllte es sich; Riesser und Veit saßen neben demselben,
um für die Neugestaltung Deutschlands Rat zu pflegen, und Mannheimer zugleich mit Meisels, einem Rabbinen alten Schlages
in polnischer Tracht, berieten die Neugestaltung Österreichs. In West-
und Mitteleuropa bis an die Grenze Rußlands und bis an das Gebiet
des Papsttums sind die Fesseln der Juden gefallen. Selbst der
russische Kaiser Nikolaus, dem das Wort „Freiheit" in der Seele verhaßt war, hob zum Teil die unter seinem Vorgänger wieder aufge-
legten Beschränkungen der russischen Juden auf. Er zeigte den besten
Willen, die elende Lage und die moralische Gesunkenheit der etwa ein
und eine halbe Million in seinem Reiche wohnenden Bekenner des
Judentums zu verbessern. Er hatte Sir Moses Montefiore, welcher
für dieselben Fürsprache bei ihm eingelegt hatte, huldvoll aufgenommen
und ihm gestattet, Reisen durch das Land zu machen und sich durch
den Augenschein von dem Zustande der jüdischen Gemeinden in Rußland und Polen zu überzeugen. Der Kaiser ließ ferner im Mai 1848
eine Kommission von Rabbinern und jüdischen Notabeln in Petersburg
zusammentreten, welche Verbesserungsvorschläge machen sollte, und befahl die Gründung zweier Rabbinerschulen im Lande, in welchen die
künftigen Rabbiner neben dem Talmud auch sonst Wissenswertes erlernen und besonders sich die russische Sprache aneignen sollen, um
das widerwärtige Kauderwelsch bannen zu helfen.

Wirft man einen Rückblick auf das abgelaufene Jahrhundert, seitdem Dohm, Mirabeau und Grégoire ihre Stimme für die Entfesselung
des jüdischen Stammes erhoben haben, so erscheint der Aufschwung
desselben wahrhaft wunderbar. In allen zivilisierten und auch in den
halbzivilisierten Ländern auf dem Erdenrunde haben die Juden ihre
Knechtsgestalt abgestreift, tragen das Haupt hoch und lassen sich nicht
mehr von dem „Hep-Hep-Geschrei" der Wichte einschüchtern. Die
Versuche, die in Deutschland und Österreich hin und wieder gemacht
wurden, sie wieder in das Ghetto einzusperren, konnten nicht durchgeführt werden. In Frankreich, Holland, Belgien, Dänemark und Nord-
Amerika ist ihre Ebenbürtigkeit bis in die letzten Konsequenzen so vollständig durchdrungen, daß eine übelwollende Stimme, die sich erhöbe,
um sie aufzuheben oder auch nur zu schmälern, kein Echo finden würde.

In England hat sich zwar die Arbeit an der Gesetzgebung für ihre
vollständige Gleichstellung fast dreißig Jahre hingezogen (1829 bis 1858),
aber nicht, weil ihre Würdigkeit angefochten wurde, sondern weil zur
Übernahme von Ehrenämtern eine Eidesformel mit christlichem Bekenntnis vorgeschrieben war, welche Juden nicht aussprechen konnten.
Sie standen vielmehr so hoch in der allgemeinen Achtung, daß das
Unterhaus immer und immer wieder die Gleichheit zum Gesetz erhoben,
und das Haus der Lords lediglich aus seiner Abneigung gegen jede
Neuerung die Zustimmung versagt hat. Nach langem Sträuben gab
endlich auch dieser gesetzgebende Faktor nach, die Eidesformel zugunsten
der Juden abzuändern. Seitdem wurden hervorragenden Personen des
jüdischen Bekenntnisses in England die höchsten Ehrenämter übertragen,
welche hier noch eine ganz andere Bedeutung haben, als im übrigen
Europa, da sie ihre Inhaber fast zum Fürstenrang erheben.

In dem neu entstandenen Königreich Sardinien und in dem zum
Erstaunen der Staatsmänner und Machthaber durch Garibaldis „Rot-
hemden" zum Königreich Neu-Italien erweiterten Staate, für dessen
Zustandekommen auch Juden tapfer mitgekämpft haben, ist die Ebenbürtigkeit derselben ebenfalls eine unanfechtbare Tatsache geworden,
welche nur die wütenden Feinde Italiens erschüttern möchten.

Wollte man den Judenfeinden Glauben schenken, so müßte man
annehmen, daß die Judenheit neben den pentarchischen Großmächten
und neben der sechsten Großmacht, welche mit den gegossenen Buchstaben des Alphabets bewaffnet ist und die öffentliche Meinung beherrscht, daß sie neben diesen eine siebente Großmacht bilde, welche die
Christenheit mit Haut und Haaren zu verschlingen drohe und auch im
stande wäre, sie aufzureiben, wenn nicht Vorkehrungen getroffen würden,
diese Macht zu brechen. Diejenigen, welche jenes Schreckgespenst spuken
lassen, fürchten sich zwar am allerwenigsten davor und benutzen es nur
als eine neue Kampfesart; aber ein Körnchen Wahrheit ist selbst in
diesem absichtlich maßlos übertreibenden Warnungsruf vorhanden. Die
Judenheit in den zivilisierten Ländern ist allerdings erstarkt und ge-
wappnet, aber nicht zum Angriff, sondern zur A b w e h r. Die bange
Furcht, welche die Judenheit seit den bösen Tagen der Kreuzzüge
erschreckt hat, sobald ein übermütiger Christenknabe sie angefahren hat
— was die Drohung des größten aller Propheten bewahrheitet hat:
„Das Rauschen eines verscheuchten Blattes wird euch erschrecken" —
diese Furcht ist vom Hause Jakobs gewichen. Die Geldmacht, welche
infolge der veränderten Weltlage jüdische Kapitalisten erreicht, und
die Geistesmacht, welche hervorragende Persönlichkeiten jüdischen

Stammes als Staatsmänner, als Künstler, als Pfleger und Förderer
der Wissenschaften und als Wortführer der öffentlichen Meinung in der
Presse errungen haben, dienen ihren Stammesgenossen lediglich als
Schild gegen Gewalt und Unglimpf. So wenig die Rotschilds,
die Sasoons, die Günsburgs, Hirschs und eine Reihe
anderer jüdischer Kapitalisten auf Eroberungen ausgehen, ebensowenig dachten und denken an so etwas die jüdischen Staatsmänner
Crémieux, Johann Jacoby, Eduard Lasker,
Ignaz Kuranda und andere jüdische Parlamentsmitglieder und
Inhaber von Ministerposten oder hohen Ämtern und Würden in England, Frankreich, Italien und Holland. Die jüdischen Künstler ersten
Ranges, Meyerbeer, Fromental Halévy und Mosche-
les, die Rahel in Frankreich und die anderwärts noch lebenden
jüdischen Bühnenhelden, der Romankünstler Berthold Auerbach
und andere, so wie die große Reihe jüdischer Akademiker und Universi-
tätslehrer, die seit dem Sturmjahr 1848 aufgetaucht sind, haben nur
bewußt oder unbewußt von den Juden die Schmach der Stumpfheit
für Kunst und Wissenschaft getilgt, mit welcher ihre Todfeinde sie ver-
lästert haben.

Ein Schild von weitreichendem Schutze entstand aus der unheim-
lichen Nachwirkung des Mittelalters. In Bologna, das damals zu
dem noch bestehenden Kirchenstaate gehörte, hatte eine christliche Magd
einem kranken Kinde jüdischer Eltern, namens Mortara, im zarten
Alter die Nottaufe gegeben und erst nach einigen Jahren einem Geistlichen Anzeige davon gemacht (1858). Daraufhin drangen ein Mönch
und Gensdarmen in das Haus des Juden, entrissen den sechsjährigen
Knaben den Armen der Eltern, schleppten ihn nach Rom und gaben
ihm eine christliche Erziehung. Die Mutter des Knaben wurde vor
Schmerz wahnsinnig. Alle Schritte, welche der Vater versuchte, um
sein Kind wiederzuerlangen, waren vergebens. Ein Schrei des Ent-
setzens erhob sich überall unter Juden und Christen bei der Nachricht
von dieser im Namen der Religion verübten Greueltat. Die ganze
europäische Presse und selbst die russische — mit Ausnahme der erzkatholischen — sprach einstimmig das Verdammungsurteil über eine
solche Untat. Aber vergebens haben sich einige Regierungen und selbst
der Kaiser Napoleon III., dessen Soldaten damals Rom beschützten,
bei dem Papst Pius IX. dafür verwendet, daß er das nicht rituell
getaufte Kind seinen Eltern wiedergebe. Pio Nono, welcher im Sturmjahre 1848 sogar eine Anwandlung von Liberalismus gezeigt hat
und daher als „Zauberer von Rom" dargestellt worden ist, setzte allen

andringenden Beſtürmungen das verhängnisvolle Wort entgegen: Non possumus. Bei dieſer Gelegenheit zeigte ſich wiederum gerade ſo wie bei der Damaskusgeſchichte achtzehn Jahren vorher die Ein= mütigkeit aller Juden in Europa und Amerika.

Dieſe günſtige Stimmung benutzten ſechs junge Männer in Paris, um einen Bruderbund zu ſtiften, welcher ſämtliche Israeliten auf dem Erdenrund umſpannen ſoll, „Den allgemeinen Israe= liten=Verband"[1] (1860). Zweck desſelben ſollte ſein, „für die Emanzipation und den moraliſchen Fortſchritt der Israeliten überall tätig zu ſein und eine wirkſame Stütze denen zu leihen, welche in der Eigenſchaft als Israeliten leiden". Die ſechs jungen Männer waren, ein Kaufmann Charles Netter, ein Advokat Narciſſe Leven, ein Brückeningenieur Jules Carballo, ein Univerſitätsprofeſſor Eugène Manuel, ein Hilfsrabbiner Ariſtide Aſtruc und ein Profeſſor an dem Rabbiner=Kollegium Iſidore Cohen. Später ſchloß ſich der glänzende Redner und unermüdliche Verteidiger ſeiner Glaubensgenoſſen Adolph Crémieux dem Vereine an, gab ihm Gewicht und Anſehen und lieh ihm die Glut ſeiner Beredſam= keit und die Unerſchrockenheit ſeines Charakters. Dieſe Verbrüderung fand ſogleich Anklang. Schon im erſten Jahre nach der Entſtehung ſchloſſen ſich ihr 850 Mitglieder aus Frankreich, Deutſchland, Öſterreich, England, Italien, der Schweiz, Holland, Belgien, Dänemark, Ruß= land und ſelbſt aus Spanien und der Republik Venezuela an. Der Bund zählt gegenwärtig mehr als 30 000 Mitglieder. Er hat ſich als deckender Schild für die Judenheit in kritiſchen Zeitläuften bewährt. — Bei derſelben Gelegenheit, der Mortaragſchichte, und in derſelben Zeit entſtand in Amerika (1861) eine ähnliche Verbrüderung zu einem ähn= lichen Zwecke, „Die Vereinigung der hebräiſch=ameri= kaniſchen Gemeinden für die bürgerlichen und religiöſen Rechte der Glaubensgenoſſen"[2]. Zehn Jahre ſpäter (1871) organiſierten einige edle Männer in England zur Fürſorge für leidende Stammesgenoſſen eine ähnliche Verbindung[3], welche Hand in Hand mit der allgemeinen Alliance geht. Sie zählt mehrere tauſend Teilnehmer, und es gehören dazu auch Mitglieder

---

[1] L'Alliance israélite universelle.

[2] Union of american Hebrew congregations on civil and religious rights. Nordamerika zählte im Jahre 1878 etwa 250 000 Juden in 178 Ge= meinden. Die erſten Gemeinden entſtanden im achtzehnten Jahrhundert in New=York und New=Port.

[3] Anglo-Jewish Association in connection with the Alliance I. U.

aus australischen Gemeinden und anderen englischen Kolonien. Auch in Wien entstand eine „Israelitische Alliance" zum Schutz für verfolgte Glaubensgenossen, ins Leben gerufen (1873) von Joseph Wertheimer, Ignaz Kuranda und Moritz Goldschmid. Die Zahl der Mitglieder beträgt fünftausend[1].

Ein solches festes und enges Zusammenhalten war den Erzfeinden der Juden gegenüber, die unsterblich sind wie die Vorurteile und die Bosheit, durchaus geboten. Der Aufschwung der Juden seit ihrer Entsetzung, welcher die Mißgunst erregte, hat ihnen namentlich in Deutschland und Österreich noch neue Feinde gemacht. Ganz besonders werden sie von einer Partei ingrimmig gehaßt, welche das Mittelalter mit seiner Knechtung und Geistesverdunklung wieder heraufzuzaubern wünscht. Man nennt sie in Deutschland die „kleine, aber mächtige Partei". Ihr Prophet war ein jüdischer Apostat, Friedrich Stahl, welcher ihr einige Gedankenfetzen und Stichwörter, von denen sie zehrt, wie „Die Wissenschaft muß umkehren" — „Autorität, nicht Majorität" geliefert hat. Zu ihrem Programm gehört auch die systematische Judenhetze. Das Organ dieser Partei[2] machte das Kreuz zu seinem Symbol, aber nicht die Liebe und nicht die Demut und nicht die Wahrheit zu ihrer Devise. Diese Zeitung steckte mit ihren nie verstummenden Beschuldigungen und Hetzereien gegen Juden und Judentum jahraus jahrein verwandte Kreise außerhalb Deutschlands an.

Ein anderer Erzfeind ist für die Juden in den letzten Jahrzehnten aufgetaucht, nicht unter dem Zeichen des Kreuzes, sondern unter der Marke der Rassenüberhebung. Ein Phrasenheld hatte in die Tagesliteratur ein zündendes Wort hineingeworfen, daß die angeblichen Abkömmlinge von Sem, die Juden, Araber und andere sprachverwandte Völkerschaften, Semiten genannt, an Geisteskraft, Leistungsfähigkeit, schöpferischer Erfindungsgabe tiefer stünden, als die Arier, die indoeuropäischen Völkerschaften. Die Semiten oder richtiger die Söhne Israels, haben zwar der zivilisierten Welt einen Gott, eine höhere moralische Gesittung und die eine solche Gesittung immer von neuem weckende heilige Schrift gebracht; aber diese Segensspenden werden von den Wortführern der Rassenentzweiung geringer geschätzt, als die Güter

---

[1] Der deutsch-israelitische Gemeindebund, 1869 von zwei edlen Männern in Leipzig, Kohner und Nachod, geschaffen, hat nicht eine allgemeine Tendenz, wie genannte drei Verbindungen, und hat überhaupt nur ein verschwommenes Programm.

[2] Die neue Preußische Zeitung, gewöhnlich die Kreuzzeitung genannt.

der Arier. Aus dieſer verderblichen Vorſpiegelung entnahmen die
Judenfeinde — ſie nennen ſich heute Antiſemiten — die Berechtigung,
die Juden zu ächten, und ſie allenfalls in untergeordneter Stellung als
Gäſte zu dulden, da die Erde und ihre Fülle von Rechts wegen den
Ariern gehöre. Dieſer künſtlich genährte antiſemitiſche Raſſenhaß,
welcher in Frankreich geboren, in Deutſchland großgezogen wurde und
überallhin gefördert wird, hat den mittelalterlichen Geiſt der Beſchuldigung der Söhne Jakobs, als Chriſtenmörder, wachgerufen und
traurige Szenen zur Folge gehabt. Die ſeit dem vorigen Jahrhundert
in die Gemüter eingepflanzte Humanität ſoll nun wieder daraus verbannt werden.

Mit dem Aufſchwung und der Verjüngung der Judenheit, als der
Trägerin einer eigenartigen uralten Lehre, hielt die Verjüngung oder
Läuterung dieſer Erblehre nicht gleichen Schritt. Zwar ſind die Grundwahrheiten des Judentums, ihre ſegensreichen Wirkungen in der Völker-
geſchichte, ihre ziviliſatoriſche Bedeutung tiefer erkannt worden. Was
auserleſene Geiſter aus der heiligen Schrift und aus dem wunderbaren Geſchichtsgange des jüdiſchen Volksſtammes herausgeleſen haben,
daß das Judentum das Apoſtelamt hat, vermittelſt dieſer Lehre ein
Licht für die Völker zu ſein, iſt gegenwärtig ziemlich geläufig geworden.
Aber über die Mittel, durch welche die Grundwahrheiten des Judentums lebendig erhalten werden ſollen, um fernerhin zu wirken, und
über das Verhältnis des Religiös-Ritualen, wie es ſich geſchichtlich
kriſtalliſiert hat, zum Rein-Religiöſen und Sittlichen, ob das Judentum in ſeiner Abgeſchloſſenheit verbleiben ſoll, über dieſe ſchwer-
wiegenden Fragen gehen die Anſichten weit auseinander, und dieſe
Unklarheit hat, wenn auch nicht eine neue Sektenbildung, ſo doch eine
Sonderung und Entzweiung erzeugt. Dieſe Frage kann nur die jüdiſche
Wiſſenſchaft durch eine noch ernſtere Vertiefung in die Urkunden des
Judentums löſen, um genau zu ermitteln, was die Propheten darüber
verkündet, und was die jüdiſchen Weiſen zu verſchiedenen Zeiten darüber
gelehrt haben.

Für die Wiſſenſchaft des Judentums ſind in den letzten Jahrzehnten mehrere Lehrſtätten in Deutſchland gegründet worden, an denen
ſie eifriger erforſcht wird, als in den älteren Lehranſtalten in Frankreich und Holland. Durch die hochherzige letztwillige Verfügung des
edlen Nachkommen einer rabbiniſchen Familie, Jonas Fränkel,
entſtand durch eine geſicherte Stiftung in Breslau das jüdiſch-
theologiſche Seminar (1854), welches bereits weit über hundert Rabbiner
und Prediger ausgeſandt hat, um in deutſchen, öſterreichiſchen und

amerikanischen Gemeinden zu wirken. Ein Jahrzehnt später wurden in Berlin aus freiwilligen Beiträgen zwei ähnliche Stätten ins Leben gerufen, von denen die eine sich das „Orthodoxe Rabbiner-Seminar" nennt und die andere als „Lehranstalt für die Wissenschaft des Judentums" bezeichnet wird. In Ungarn hat die Regierung 1877 auf Staatskosten eine Rabbinerschule für Transleithanien geschaffen, welche Rabbiner, Prediger und Religionslehrer in magyarischer Sprache ausbilden soll. Diese Lehranstalt, als eine Tochter des Breslauer Seminars, ist nach demselben Programm organisiert und wirkt in demselben Geiste. Auch in Wien ist 1894 eine Lehranstalt auf ähnlicher Grundlage eröffnet worden.

Diese Lehrstätten für die Wissenschaft des Judentums hätten, wenn sie der Forschung der Wahrheit ernstlich obliegen, den Beruf des erwarteten Propheten Elias, alle Zweifel zu lösen und besonders die Frage über Berechtigung, Zulässigkeit und Grenzen der Reform zu beantworten, welche eben die Gemüter in der Judenheit entzweit, um so die Herzen der Eltern mit den Herzen der Kinder in Eintracht zu versöhnen.

Noten.

1.

Das Interdikt gegen Mendelssohns Pentateuchübersetzung und Wesselys Sendschreiben.

I. Gegen Mendelssohn.

Es ist nur im allgemeinen bekannt, daß einige Rabbinen, „namentlich der Oberrabbiner von Hamburg und der zu Fürth" den Bann gegen Mendelssohns Versuch, den Pentateuch in reines Deutsch zu übersetzen, geschleudert haben. In keiner der zahlreichen Mendelssohnschen Biographien sind diese Rabbinen namhaft gemacht, und eben weil sie nicht individuell kenntlich gemacht sind, sondern als verschwommenes Abstraktum genommen worden, ist das Urteil über sie sehr ungerecht. Die unparteiische Historiographie, wie sehr sie auch Mendelssohns deutsche Version als einen Segen für die Hebung der Judenheit anerkennen muß, darf die Gegner dieser Richtung nicht ohne weiters persönlicher Motive wegen verletzter Eitelkeit zeihen, sondern muß auch hier das audiatur et altera pars beobachten. Man braucht bloß die Rabbinen zu nennen, welche damals den Mut hatten, gegen den Strom zu schwimmen, um sofort die Überzeugung zu gewinnen, daß nicht gemeine Triebfedern sie dabei geleitet haben, sondern daß sie bona fide in allzugroßer Ängstlichkeit, die Religion durch die deutsche Übersetzung gefährdet zu sehen, gehandelt haben. Es waren drei oder vier Rabbinen, sämtlich Ehrenmänner, charaktervolle Persönlichkeiten, tief sittliche Naturen, deren sich das Judentum nicht zu schämen braucht, mit einem Worte es waren Ezekiel Landau von Prag, berühmt durch sein rabbinisches Hauptwerk Noda bi-Jehuda, ferner Zewi Hirsch ben Abraham (Charif) Janow, Rabbiner von Fürth, und Raphael Kohen, Rabbiner der Drei-Gemeinden Altona, Hamburg und Wandsbeck, Rießers Großvater mütterlicherseits. Der vierte war Pinchas ha-Levi Hurwitz, Verf. des הפלאה. Zuerst muß die Tatsache festgestellt werden, daß diese eben Opposition gegen die genannte Übersetzung gemacht haben, dann soll eine kurze Biographie derselben dartun, daß sie nur in Unkenntnis, nicht aber aus gemeinen Motiven das Unternehmen unterdrücken wollten. Auch die Zeit des Interdikts und einige Zwischenfälle sind noch nicht mit voller Genauigkeit bekannt. Die Chronologie ist nicht beachtet worden, weil ein Adressat, an welchen Mendelssohnsche Briefe gerichtet sind, nicht bekannt war. Der Herausgeber der Mendelssohnschen Schriften, Prof.

G. B. Mendelssohn, welcher die Briefe zusammengetragen und nach verschiedenen Gesichtspunkten geordnet hat, hat zum sechsten Bande die Briefe Mendelssohns an einen Anonymen in hebräischer und deutscher Sprache (אגרות רמ״ד), erschienen in Wien 1794, in deutscher Übersetzung hinzugefügt, ohne den Adressaten zu bezeichnen. Dadurch erscheint mancher Vorgang verdunkelt. Der Adressat war א׳ל׳ם, die Abbreviatur von [1]אביגדור ליב מגלוגא), der sich in Prag aufgehalten. Dieser א׳ל׳ם war ein kleiner Stellenjäger à la Herz Homberg. Mendelssohn hat sich in jenem wie in diesem getäuscht. Durch dem Aufenthaltsort dieses Avigdor aus Glogau ist auch der Rabbiner kenntlich, von dem in den Briefen öfter die Rede ist. So heißt es im 5. Br. (S. 9 b): „Ich höre von Fürth aus, daß es להגאון אב״ד דקהלתכם ולב״ד gefallen, חמשה חומשי תורה עם תרגום שלי zu verbieten, oder gar in חרם zu tun, ohne daß man mir anzeigt: מפני מה ולמה ומתי ואיככה? ... הגאון אב״ד נ״ר pflegt doch sonsten so übereilt nicht zu handeln.“ Unter „dem Rabbiner Ihres Ortes“ ist kein anderer als Ezekiel Landau zu verstehen, von dem auch in den anderen Briefen, als dem Verf. des נודע ביהודה, öfter die Rede ist. Es steht also fest, daß der Rabbiner von Prag die Opposition gegen Mendelssohn eröffnet hat, was dem Herausgeber der Mendelssohnschen Schriften unbekannt war. Was Mendelssohn an v. Hennings in Kopenhagen, d. d. 29. Juni 1779, schrieb: „Der Rabbi zu Altona läßt vorderhand seine Donnerkeile ruhen ... Vielleicht ist nur bei einer günstigeren Gelegenheit, wenn er erst das ganze Werk vor sich haben wird, mit mehrerem Gepolter wieder aufzunehmen“ (bei Kayserling, M. Mendelssohn usw. S. 521), das bezieht sich auf Raphael Kohen, welcher damals bereits Rabbiner der Drei-Gemeinden war. Wir kennen also zwei Hauptgegner der Mendelssohnschen Pentateuchübersetzung, welche die Biographen Mendelssohns mit Stillschweigen übergingen. Es ist daher nicht befremdend, daß sie die chronologische Reihenfolge der das Interdikt betreffenden Briefe vernachlässigt haben. Wir müssen uns ein wenig damit beschäftigen.

Vorher seien die Biographika Raphael Kohens erwähnt. Sie sind größtenteils zusammengestellt in der Schrift מעללי איש, Schluß des Sammelwerkes זכר צדיק (1805), von Lazar Riesser in einem preziösen Stile geschrieben. Nach derselben ist Raphael Kohen 24. Marcheschwan 5438 = 4. Nov. 1722 geb. (p. 4) und 26. Marcheschwan 5564 = 11. Nov. 1803, im Alter von 81 Jahren (p. 26) gest. Im Jahre 1742 wurde er vortragender Talmudlehrer in Minsk, noch kaum 20 Jahre alt; 1744—1747 Rabbiner in Rakow (bei Minsk); 1747—1757 in Wilkomierz (nördlich von Wilna); 1757 bis 1763 Rabbiner des Minsker Kreises (das. p. 5 b, 7 b); 1763—1771 Rabbiner von Pinsk (das. 8 b). Im letztgenannten Jahre reiste R. Kohen nach Berlin, um sein Dezisionswerk תורת יקותיאל zu drucken. Tischri = Oktober 1772 trat er das Posener Rabbinat an (das. p. 11 b). Tammus 1776 wurde er zum Rabbiner der Drei-Gemeinden berufen (das. p. 12). An seiner Stelle wurde sein junger Schwiegersohn Hirsch Janow, gewöhnlich R. Hirsch Charif genannt, zum Rabbiner von Posen erwählt, der etwa von Juli 1776 bis um Febr. 1777 in Posen fungierte und dann nach Fürth berufen wurde (s. Perles, Geschichte der Juden in Posen, S. 126).

---

¹) Falsch gibt Kayserling an (a. a. O. S. 300), daß der Adressat der fünf Briefe Chanoch gewesen wäre.

In dieſer Zeit, kurz nach Raphael Kohens Überſiedlung nach Altona-Hamburg kam Salomon Maimon als Bettler nach Poſen, nahe vor den jüdiſchen Feiertagen (Lebensgeſchichte I, S. 278 ff.). Laſſen wir Maimon erzählen: „Da ich mich erinnerte, daß vor einigen Jahren ein Oberrabbiner aus meiner Gegend (Litauen) zum Oberrabbiner von Poſen aufgenommen worden, und dieſer einen Bekannten und guten Freund von mir als Schreiber mitgenommen hatte, ſo fragte ich nach dieſem Freunde. Zu meinem größten Leidweſen erfuhr ich, daß er nicht mehr in Poſen anzutreffen wäre, indem er mit dem Oberrabbiner, der nachher befördert und zum Oberrabbiner von Hamburg aufgenommen wurde, nach dieſem Orte gereiſt ſei; daß er aber ſeinen Sohn .. in Poſen bei dem jetzigen Oberrabbiner, der ein Schwiegerſohn des vorigen ſei, zurückgelaſſen habe." Es iſt hier kein Zweifel, daß hier von Hirſch Charif die Rede iſt. Maimon erzählt weiter (S. 280): „Der Oberrabbiner, der ein vortrefflicher Mann, ein ſcharfſinniger Talmudiſt und von einem ſehr ſanften Charakter war, wurde von meinem Elend gerührt . . . . . Er gab mir ſo viel Geld, als er bei ſich hatte, invitierte mich, ſo lange als ich mich hier aufhalten würde, alle Sabbat bei ihm zu eſſen und befahl ſeinem Knaben (Jünger), daß er für mich ein anſtändiges Logis verſchaffen ſolle. Der Oberrabbiner ließ mir auch neue Wäſche machen. In zweien Tagen war alles fertig. Mit reiner Wäſche und einem neuen Kleide ausſtaffiert, ging ich zum Oberrabbiner . . . . Für ihn war dieſes ein entzückender Anblick. Er lehnte meinen Dank ab. . . Nun möchte der Leſer vielleicht glauben, daß dieſer Oberrabbiner ein reicher Mann geweſen ſey, bei dem die Koſten, die er auf mich wandte, wirklich eine Kleinigkeit geweſen wären, aber ich kann verſichern, daß es ſich damit ganz anders verhielt. Der Oberrabbiner hatte nur ein mäßiges Gehalt . . . . Er mußte dergleichen Handlungen ohne Wiſſen ſeiner Frau ausüben und vorgeben, daß ihm andere Leute Geld dazu gegeben. Übrigens führte er für ſich ein ſehr mäßiges Leben, faſtete täglich . . . und aß die ganze Woche über kein Fleiſch. Demohngeachtet mußte er doch, um ſeine Neigung zum Wohlthun zu befriedigen, Schulden machen. Die ſtrenge Lebensart, das viele Studieren und Nachtwachen ſchwächten ſeine Kräfte ſo ſehr, daß er, nachdem er zum Oberrabbiner in Förde (Fürth) aufgenommen worden, ungefähr in dem ſechsunddreißigſten Jahre ſeines Alters, ſtarb. Nie kann ich ohne die tiefſte Rührung an dieſen göttlichen Mann denken" (S. 283 f.). So ſchrieb der Skeptiker Maimon über Hirſch Janow, nachdem er mit dem Judentum völlig gebrochen hatte. Hirſch Janow ſtarb 13. Nov. 1785 (Hähnle, Geſchichte der Juden im Ansbachiſchen, S. 170; Abraham Trebitſch קורות העתים I, p. 27: . . . אריה ליב . . . בשנת [תקמ"ו] נצלו ברקיע ב' מאורות הגדולים . . . בעל ס' שאגת אריה . . . וה"ה הגאון מו"ה חריש רב דק"ק פירדא המפורסם (בשמו ר' חרש חריף והיה גם חכם בקי בחכמת מאטהמאטיק; er war alſo um 1750 geboren und bei der Wahl zum Rabbiner von Poſen 1776 erſt 26 Jahre alt. Dieſer „göttliche Mann", wie ihn Maimon nennt, hat mit ſeinem Kollegium in Fürth das Interdikt gegen die Mendelsſohnſche Überſetzung ausgeſprochen. Nach dieſer unparteiiſchen Charakteriſtik wird man wohl nicht mehr die vage Phraſe wiederholen, daß dieſer Rabbiner von Fürth aus ſelbſtiſchen Motiven gegen Mendelsſohn opponiert hat. Aber ebenſowenig darf man ſeinem Schwiegervater Raphael Kohen egoiſtiſche Zwecke imputieren. Sein ganzes Leben war eine Kette opfer-

voller Tätigkeit. Bei der Niederlegung seines Rabbinats 1799 zum Leid=
wesen der Gemeinden, erteilte ihm der König von Dänemark ein Zeugnis
voller Anerkennung für seine Wirksamkeit (מצלבלי איש, p. 18). Sein
Schwiegersohn L. Riesser schrieb über ihn an seinen Sohn Gabriel Riesser:
„Deine Erläuterungen über den jetzigen Standpunkt der Rechtswissenschaft
habe ich wiederholt . . . gelesen. Ich dachte mich in jene frohe Zeit zurück,
wo ich deinen seligen Großvater, den auch die Regierung für einen der
tüchtigsten Richter im Lande anerkannte, das Recht mit einem heiligen Eifer
ausüben sah, der mir jetzt noch Ehrfurcht einflößt; er pflegte das Recht die
Stütze des Thrones Gottes zu nennen" (Jsler, Riessers Leben, ges. Schr. I,
S. 37 f.). — „Wenn ich Geld nötig habe," sagte dein Großvater, „bete ich bei
Gott ein שמע קולנו, nie bei Menschen" (das. S. 53.) Freilich ein fanatischer
Gegner von Neuerungen war Raphael Kohen allerdings, wie aus dem Fak=
tum des Bannes gegen Samuel Markus hervorgeht (bei Kayserling S. 295);
aber man darf dabei nicht an unedle Motive denken.

Nicht recht klar erscheint Ezekiel Landaus Verhalten gegen Mendels=
sohn, wie aus den Briefen hervorgeht, wenn man sie gegeneinander hält.
Der Prospekt mit der Probe vom Mendelssohnschen Pentateuch עלים לתרופה
ist bekanntlich Sommer 1778 ausgegeben worden; der Druck sollte Ende
desselben Jahres beginnen. Der erste Brief Mendelssohns an Avigdor ל"ב
(in אגרות רמ"ד Nr. 3, ges. Schr. VI, S. 447) in betreff des Pentateuchs ist
datiert 10. Siwan = 25. Juni [lies: Mai] 1779, als Antwort auf Avigdors
Schreiben, daß man in Prag verwundert sei, daß dem Prospekt keine Appro=
bation von angesehenen Rabbinen vorgedruckt sei. Aus dem ganzen Briefe
geht hervor, daß Ezekiel Landau diese Ausstellung gemacht haben muß und
zwar schon im Ijar. In derselben Zeit zog sich „ein kleines Ungewitter" über
den Pentateuch an einem andern Punkte zusammen, wie aus Mendelssohns
Brief an Hennings, d. d. 29. Juni 1779, hervorgeht, (bei Kayserling Anhang
S. 521), und zwar aus Altona. Es heißt das.: „Der Rabbi zu Altona läßt vor
der Hand seine Donnerkeile ruhen." Man sieht diesem Briefe bei aller schein=
baren Ruhe eine gewisse Aufregung an[1]). In der ersten Hälfte des Juli war
noch kein Eklat erfolgt. (Mendelssohns Brief an Hennings, d. d. 13. Juli,
das. S. 524): „Ich danke Jhnen . . . für Jhr . . . Anerbieten, mich für bürger=
liche Verfolgungen zu schützen. Noch ist es so weit nicht . . . wie wohl den
ruhig scheinenden Gewitterwolken nicht sonderlich zu trauen." Wie aus dem=
selben Brief hervorgeht, verfuhr Mendelssohn mit kluger Taktik; er verlangte,
daß der König von Dänemark auf den Pentateuch subskribiere. „Könnte es
. . . dahin gebracht werden, daß im Namen seiner Maj. des Königs oder
einiger Großen des Reiches auf das Werk gezeichnet würde, so wäre dieses
ein Wink für den Rabbiner zu Altona, in der Folge regelmäßiger zu ver=

---

[1]) Unrichtig bezieht Kayserling den Passus von Mendelssohn: „Mich
hat es zu lachen gemacht" auf den B e g i n n der Animosität (S. 290). Der
Brief, worin dieser Passus vorkommt, an R. Chanoch adressiert (אגרות רמ"ד
II, 23b, ges. Schr. VI, 451) bezieht sich auf eine Approbation (הסכמה), die
Landau einem elenden Übersetzer des Pentateuchs gegeben hat [vgl. Halber=
stams Bemerkung zu S. 561, Anm. 1]. Mendelssohns Brief ist datiert vom
Thammus 1785, also mehr als fünf Jahre später; vgl. מאסף, Jahrg. 1796,
p. 142. In der Approbation ist bemerkt, Mendelssohn habe seine Über=
setzung bereut.

fahren." Freilich, wenn der König als Subskribent darauf zeichnete, so
durfte Raphael Kohen das Werk nicht mit dem Bann belegen.

Ehe noch der Wille des dänischen Königs kund geworden war, hatte R.
Kohen den Bann ausgesprochen. Ein Artikel im Hamburger Korrespondenten
(Nr. 114, d. d. 17. Juli 1779, den ich der Gefälligkeit des Herrn Dr. Jolowicz
verdanke) lautet: „Altona. Der hiesige Ober-Landes-Rab-
biner hat alle diejenigen Juden in den Bann getan,
welche die Übersetzung der Bücher Moses, die H.
Moses Mendelssohn in Berlin zum Verfasser hat,
lesen werden". Es scheint, daß R. Kohen in Kopenhagen bei Hofe
Schritte getan hatte, sein Verfahren zu rechtfertigen, die Berliner Aufklärung als Grund angebend. Darauf läßt die Antwort schließen, welche der
Minister Guldberg an v. Hennings, d. d. 19. Juli 1779, richtete (bei Kayserling das. S. 293): „Sa Majesté le Roi et Msgr. Son Frère veulent bien sou-
scrire pour la traduction de M. Mendelssohn si Vous êtes bien sûr, qu'il n'y
a rien contre la majesté et la vérité de la S. Ecriture. S. Altesse Royale
m'a ordonné tout exprès de Vous en assurer, pour éviter les in-
conséquences, en cas que les Juifs d'Altona vien-
nent après démontrer que notre Philosophe tient
à la réligion de Berlin. Je vous prie aussi en ami, d'y avoir
égard, sachant, combien S. Alt. R. trouverait mauvais d'avoir favorisé
l'impression d'un ouvrage scandaleux." — Mendelssohn muß bereits Kunde
von dem Bann in Altona gehabt haben, als er am 29. Juli an v. Hennings
eine Antwort auf des Ministers Brief erließ, (das. S. 525, Nr. 32) und sich
über ouvrage scandaleux und réligion de Berlin aussprach; aber klug genug
ging er über diese Tatsache stillschweigend hinweg und erlangte auch die
Subskription des Königs und des Erbprinzen. An der Spitze der Subskri-
bentenliste in der ersten Ausgabe des Pentateuchs befindet sich: Seine königl.
Majestät Christian VII, König von Dänemark, und Seine königl. Hoheit der
Erbprinz von Dänemark (vgl. auch bei Kayserling das. S. 525, Nr. 33). Es
scheint, daß Mendelssohns Manöver gelungen ist. R. Kohen muß seine Verketzerung des Pentateuchs eingestellt haben; denn es verlautet in den Briefen
nichts mehr davon. Aus Kopenhagen und Hamburg sind viele Abonnenten
verzeichnet, aber kein einziger aus Altona.

Erst ein Jahr später erfolgt die Ächtung aus Prag, wie aus den oben
angeführten Briefen an אלם hervorgeht (o. S. 557). Der Brief (Nr. 5) ist
zwar ohne Datum, aber da ihn der Adressat Avigdor zwischen einen d. d.
12. Nissan 1780 und einen anderen d. d. 12. Siwan 1781 eingereiht hat, so
scheint das Verbot in Prag im Sommer oder Herbst 1780 erlassen worden
zu sein. Ein Bannspruch muß nicht erfolgt sein. Zwar was Avigdor zur
Rechtfertigung Landaus (אגרות רמ"ד, p. 10b) bemerkt: באמת הגאון המובהק
(יחזקאל לנדא) אטם אזני משמוע לקול מלחשים . . . והכח על קדקוד תרעומותם
ותלונותם על הצלם לתרופה . . . באמרי שלא די שאין לתפסו כלל אלא
שהדין עמו . . . . גם בנו הרב . . . מהו' שמואל לנדא נ"י מלא את דבריו אז
(והוסיף נופך משלו ועמד לימינו (של משה דעסא, darf man nicht als Faktum
ansehen.

Wenn man ihm glauben wollte, so hätte Ez. Landau anfangs gar
Mendelssohns Pentateuch in Schutz genommen. Wie gesagt, diesem Mantel-
träger, wie er sich in den Briefen und Bemerkungen zeigt, darf man nicht

ohne weiteres nachsprechen. Später noch hat Landau ausgesprengt, Mendelssohn habe in betreff seiner Übersetzung Reue empfunden (Schreiben an
Chanoch, Zitat oben S. 559 Anmerk.). Wessely schrieb dagegen, Landau sei
gegen ihn ebenso feindlich aufgetreten, wie früher gegen Mendelssohn.
Aber einen förmlichen Bann scheint er doch nicht gewagt zu haben. Er wird
nur unter der Hand das Lesen in Mendelssohns Pentateuch verboten haben,
ohne mit einem offiziellen Bannspruch dagegen aufgetreten zu sein[1]). Ein
förmlicher Bann ist also nur in Fürth darüber verhängt worden.

Außer den drei genannten Rabbinen war noch Pinchas Hurwitz in Frankfurt a. M. gegen die Mendelssohnsche Übersetzung. Vgl. שם הגדולים החדש
von Ahron Walden (Warschau 1864 I, p. 65a): וגם רש אצלך מכתב שכתב
(מוה' פנחס הלוי הורוויץ) להגאון הר' דוד טצבלי מליסא שכבר דרש ברבים
שלא ללמוד תנ"ך עם דרישט. Da P. Hurwitz zum Kreise der Neuchaßidäer
gehört hat (vgl. weiter Note 2), so ist diese Antipathie nicht befremdend
[vgl. jetzt Horovitz, Frankf. Rabb. IV, S. 24, 82 und besonders S. 51—59].

Im Sommer 1781 ließ der Mitarbeiter Salomon Dubno, der Verf. des
Kommentars und anderer Beigaben zum Pentateuch, Mendelssohn im Stich,
wie aus Mendelssohns Brief an Avigdor hervorgeht (Nr. 6): „עם מהו' שלמה
דובנא נ"ר bin ich wirklich in Zwist geraten, ואל אלהים יודע ועד, daß ich nicht
schuld bin", d. d. 12. Siwan 1781. Dr. B. H. Auerbach teilt einen Brief von
Dubno an Heidenheim mit, woraus hervorgeht, daß sein Lehrer, Naphtali Herz,
ihn von Mendelssohn abgezogen hat (Geschichte der Israelitischen Gemeinde
Halberstadt S. 67, Note 179). Dubno schrieb: „Ich habe meinem Jugendlehrer, Naphtali Herz von Dubno, zur Zeit, als dieser durch Berlin kam und
mir mit den Worten Vorwürfe machte: בהתחברך עם אחזיה פרץ ה' את
מעשיך, daß ich im Bunde mit denen arbeite, die, wie ihm die Rabbiner von
Prag und Hamburg geschrieben, darauf ausgingen, unsere Thora aus der
Wurzel zu reißen, das Versprechen gegeben, mit dieser Gesellschaft zu brechen
und mich von Berlin zu entfernen... Einige zur Ausführung des Werkes
herangezogene Helfer . . . standen so sehr in Verdacht, das Joch der Thora
abgeworfen zu haben, daß es wahrlich geboten war, sich von ihnen zu entfernen."

II. Gegen Wessely.

Die Gegner, welche gegen Wesselys erste Apologie für die Zivilisierung
der Judenheit auftraten, sind noch weniger allgemein bekannt. Eine kurze
Zusammenstellung ist hier noch mehr erforderlich. — In dem zweiten Sendschreiben und in den folgenden spricht Wessely von drei gegnerischen Rabbinen, die seine Apologie verketzert haben (מכתבים שונים, S. 66): לאותן

---

[1]) Vgl. über Landaus Antipathie gegen eine Bibelübersetzung dessen
talm. Kommentar צל"ח zu ברכות zum Passus מן ההגריון [und
ferner, wie Herr S. F. Halberstam anmerkt, dessen Approbation zu dem
von Sal. Dubno projektierten Pentateuchkommentar, abgedruckt in H. Pollaks
בן גרני, S. 44, woselbst er sagt: ראו בהתחלת הדפסתו בק"ק הנ"ל חלה
פני במכתב ליתן לו הסכמה ולא נעניתי לו כי כי חוברו לה יחדו בהדפסה ההיא
קודש וחול כי צירף לתהורה פירוש ליזו אשר קראו מחברו תרגום אשכנזי
ואנחנו חיישינן ללבז ההוא שיבא ממנו מכשול ללילדי העברים ובטול תורה
וכו'. Landau scheint die Drucklegung von S. Dubnos Kommentar besonders
gewünscht zu haben, um Mendelssohns Pentateuchausgabe zu verdrängen.]

שלשה רבני עמי ששפכו עלי דברי איבה; im dritten bezeichnet er dieſe drei
als Rabbinen von Polen: שלשה רבנים יושבים על מדין בארץ פולין (daſ.
S. 75). Einer von dieſen dreien hat gegen ihn öffentlich gepredigt (daſ.
S. 77), und das vierte Sendſchreiben hat eben größtenteils zum Inhalt,
dieſe polemiſche Predigt zu widerlegen. Wer waren Weſſelys drei polniſch-
rabbiniſche Gegner? Er hat in ſeinen Sendſchreiben ihre Namen gewiſſenhaft verſchwiegen. Zum Teil läßt ſich das Unbekannte aus Weſſelys Brief
an die Trieſtiner Gemeinde ermitteln, welchen Reggio in Kerem Chemed I,
S. 5—7 mitteilte. In demſelben referiert Weſſely, daß der Rabbiner
von Prag, derſelbe, welcher auch Mendelsſohns Pentateuch verdammt
hatte, ſeine Schrift angefeindet habe, ſobald ſeine Apologie nach Prag gelangt war: כי בהגיע מכתבי זה לפראג ... הרב אב״ד דשם יצא כנגדי בברית
הכנסת בלשון חדה ... וכן יצא כנגד העתקת החומש מאהובנו ... ר׳ משה
נר״ו. Hier iſt alſo von Ezekiel Landau die Rede. Doch gehörte dieſer
nicht zu den drei Hauptgegnern, da dieſe eben als polniſche bezeichnet
werden. Weſſely nennt doch einen derſelben ausdrücklich, den Rabbinen
von Liſſa, daß er gegen ihn öffentlich gepredigt habe. ובכר הגיע מכתב
הרבים (l. הרבנים) הנ״ל לשעור גדול ששרפו מכתבני באש. והרב בליסא דרש
בשבת הגדול בבה״כ שבעירו שהמכתב ציון שרפה ויתר החבורים שחברתי
טעון גניזה (daſ.). Es iſt derſelbe David Tewele, dem gegenüber Pinchas
Hurwitz ſich gegen deutſche Bibelüberſetzung ausgeſprochen hat (o. S. 561).
Die polemiſche Predigt, die Weſſely ſtückweiſe in 41 Sendſchreiben widerlegt, ſtammte demnach von David Tewele. [Vgl. Landshuth, תולדות אנשי
שם, S. 85, der eine Abſchrift der Predigt beſaß. Sie iſt jetzt mit dem hand-
ſchriftlichen Nachlaß Landshuths Eigentum des Sanitätsrats Dr. Neumann
in Berlin geworden.]

Der zweite Gegner war Solomo Dob Beruſch, Rabbiner von
Glogau. Friedländer bemerkt zur Einleitung zu einem Briefe Mendelsſohns
an ihn (geſ. Schr. V, S. 493): „Der . . . Brief war beſtimmt . . . um den
alten Weſſely gegen die Verfolgung des Ob.-Land.-Rabb. [Hirſchel Levin]
zu ſchützen, welcher beſonders von den Rabbinern in Glogau und
Liſſa aufgereizt, willens war, dem Weſſely das Drucken zu verbieten.”
Aus Mendelsſohns Schreiben an Friedländer geht hervor, daß die Rabbiner
von Liſſa und Glogau Frühjahr 1782 an Hirſchel Levin zur Verketzerung
Weſſelys geſchrieben hatten (daſ. S. 594). Dieſer Salomo Beruſch in Glogau
war der Bruder des Naphtali Herz von Dubno, welcher Sal. Dubno von
Mendelsſohn abgezogen hat (o. S. 561) und ebenfalls ein Feind von Neuerungen und beſonders von Bildungsſchulen (vgl. über ihn Auerbach a. a. O.
S. 67 und Walden a. a. O. I, Schin Nr. 25). Wie mir H. Dr. J. Klein, Rabbiner von Glogau mit Gefälligkeit brieflich mitteilte, ſtarb Salomo Beruſch
3. Tammus 1784. [Vgl. Grabſchrift bei Landshuth a. a. O. S. 31, wo תקב״ד
vermutlich verleſen iſt für תקמ״ד]. Glogau galt damals als eine polniſche
Gemeinde, daher konnte ihn Weſſely „Rabbiner aus Polen” nennen.[1] —

---

[1] [Daß die Kombination, der Glogauer Rabbiner habe zu Weſſelys
Gegnern gehört, unhaltbar iſt, hat bereits Güdemann in der Monatsſchrift für Geſch. u. Wiſſenſchaft des Judentums (XIX, S. 480) nachgewieſen
und Graetz ſelber (a. a. O. XX, S. 465 f.) zugegeben, vgl. oben S. 91.
Für den dritten möchte ich den Dajjan R. Elia b. Schabtaï Cheſez in Wilna
(ſtarb 1790) halten; vgl. Finn, קריה נאמנה, S. 173].

Der dritte Gegner war ohne Zweifel der Rabbiner von Posen, Joseph ben Pinchas, vom Volke Zaddik genannt (fungierte 1780—1801, Perles' Geschichte der Juden in Posen, S. 126). Joseph Zaddik war Schwiegersohn Ez. Landaus, und da dieser Wessely befehdete, so konnte es nicht fehlen, daß auch sein Schwiegersohn sich ihm angeschlossen hat. — Wie Mendelssohn schrieb (das. S. 602): „fuhren aus allen Gegenden Polens Bannstrahlen über W. zusammen, und es fehlte nicht viel, so waren auch seine deutschen Mitbrüder wider ihn in Harnisch".

Was die chronologische Reihenfolge der Wesselyschen Sendschreiben betrifft, so ist dabei zu berichtigen, daß das zweite fälschlich das Datum רום ב' כ"ה אב תקמ"ה trägt [in מכתבים שונים, S. 69, trägt es am Ende das Datum Mittwoch, 10. Jjiar 1782.], da er im dritten (das. S. 77) selbst schreibt: כי בעשרירי לחודש השני הוא חודש אייר שנת תקמ"ב יצא מכתבי הב' מן הדפוס. Vom selben Monate und Jahr ist auch der Brief an die Triestiner Gemeinde datiert, worin er ihnen den Verlauf seiner Anfechtungen erzählt und sie um Verzeihung bittet, daß er sich erlaubt habe, eine fingierte Antwort auf ein von ihr angeblich erhaltenes Schreiben an sie zu richten (Kerem Chemed I, p. 7: ולכן אל ירע בעיניכם קציני טריעסט ... שערכנו המכתב הזה כאילו הוא תשובה על המכתב היקר שקבלנו מידכם הרמה. ופנינו אליכם בכל מה שדברנו בו). Das zweite Sendschreiben stammt also vom Frühjahr 1782 und ist an die Triestiner Gemeinde gerichtet. Das dritte ist erst Frühjahr 1784 vollendet, eine Zusammenstellung der anerkennenden Schreiben, die ihm aus Italien zugekommen waren, und das vierte ist datiert Frühjahr 1785.

2.

Die Entstehung des Chaßidäismus in Polen.

Der Chaßidäismus, dieser häßliche Auswuchs des Judentums, der gleichzeitig mit der Aufklärerei in Deutschland entstand, hat auch schon seine Literatur, wie sich denken läßt. Nichtsdestoweniger kann man behaupten, daß der Ursprung desselben noch nicht kritisch fixiert ist. Auch pathologische Erscheinungen in der Geschichte haben eine naturgemäße Entwicklung und einen Fortschritt. Man muß daher den ersten Keim und Ansatz von dem späteren Verlauf scharf auseinanderhalten. In der satirisch-burlesken Schrift מגלה טמירין von J. Perl, einem sehr gelungenen Seitenstück zu den Epistolae obscurorum virorum (erschienen 1819), in welcher der Chaßidäismus in puris naturalibus auftritt, ist diese Distinktion der Zeiten oder des Ursprunges und Verlaufes nicht beachtet, weil es dem Verfasser nicht um geschichtliche Darstellung zu tun war. Nichtsdestoweniger wurde diese Schrift bisher als Hauptquelle angesehen, wie denn überhaupt die Nachrichten, welche Perl lieferte, die Grundlage für die Darstellung des Chaßidäismus bei Jost bildeten. Aber Perl konnte weder genau die ersten Anfänge des Chaßidäismus angeben, noch die Diadoche der Häupter feststellen. Er wußte wenig von Beer Mizricz zu berichten, der viel mehr als der Stifter zur Ausbildung, Erstarkung und Vermehrung der Sekte beigetragen hat. Naturgemäß macht jedes apostolische Zeitalter mehr Propaganda als der Initiator. Es ist daher notwendig, die Genesis und die Entwicklung der jetzt um sich greifenden

Seſte zu fixieren. Dazu iſt aber eine Überſicht der Quellen und eine kritiſche Prüfung derſelben notwendig.

Die Quellen wollen wir in hebräiſche und nichthebräiſche, und die erſte Rubrik in chaßidäiſche und gegneriſche einteilen.

I. Hebräiſche Quellen chaßidäiſchen Urſprungs.

1. Glaubwürdige hiſtoriſche Nachrichten von chaßidäiſchen Autoren gibt es im Grunde nicht. Die Führer waren von Hauſe aus dem Schreiben abgeneigt. Gewöhnlich wird als Hauptquelle שבחי בעל שם טוב angegeben[1]). Allein ihre Authentizität wird ſelbſt von einem Chaßid bezweifelt, oder vielmehr der Verfaſſer wird beſchuldigt, Falſches hineingebracht zu haben (Walden, שם הגדולים החדש I, Job 290: ‏ומה גם בכמה דברים בדאים אשר‎ ‏(בדא מלבו [מחבר שבחי בעש"ט] ובזה נתן יד לפושעים‎. Nur inſofern es mit anderen Quellen übereinſtimmt, läßt ſich Faktiſches daraus entnehmen.

2. Wichtig iſt für die Anfänge ein hebräiſcher Brief Iſrael Beſchts an ſeinen Schwager Gerſchon Kutower, der nach Paläſtina ausgewandert war. Er iſt abgedruckt in Jakob Joſephs בן פורת יוסף Ende und in כתר שם טוב 1795 von Ahron ben Zebi Hirſch Kohen aus Opatow. Dieſer Brief iſt datiert 1750. Wiewohl viel Myſtik darin enthalten iſt, ſo werden doch auch zu viel tatſächliche Spezialien berührt, als daß die Echtheit deßſelben angezweifelt werden könnte. Dieſer Brief gibt einen chronologiſchen Anhaltspunkt. Die Überſchrift lautet: ‏זאת האגרת שנתן הרב רבי‎ ‏ישראל בעש"ט לר' יעקב יוסף... שיחי' לגיסו ר' גרשון קוטוער‎; der Brief ſelbſt beginnt: ‏גי"ק קבלתי בירידי לויקא שנת תק"י‎.

3. Ein Briefwechſel zwiſchen einem Chaßid Joſeph von Nemirow und einem Gegner Benjamin Seeb aus Slonim (einem Jünger Elia Wilnas) unter dem Titel ‏ויכוחא רבה‎, Lemberg 1867. Dieſe Korreſpondenz, welche manches über die erſten Häupter, ihre Doktrinen und ihre ſynagogalen Divergenzen enthält, fand 1785—86 ſtatt[2]).

---

[1]) Joſt gibt irrtümlich an, der Verfaſſer ſei Schwiegerſohn des Beſcht geweſen, er war Schwiegerſohn des Jakob Joſeph Kohen aus Polonoie, des chaßidäiſchen Predigers, des Verfaſſers von תולדות יעקב יוסף und בן פורת יוסף. [Der Verf. war vielmehr der Schwiegerſohn des Schächters R. Alexander, der acht Jahre im Hauſe des Beſcht war. Vgl. שבחי בעש"ט f. 4 a., vgl. D. Cahana, im Jahrg. V, b. השחר (S. 500, Anm. 3]. Es iſt zuerſt 1815 gedruckt. Das שבחי iſt auch s. a. et l. (Lemberg) unter dem Titel קהל חסירים in einer andern Ordnung überarbeitet. Es enthält auch ſagenhafte Nachrichten von ſpäteren chaßidäiſchen Oberen.

[2]) [Hierzu bemerkt Herr Halberſtam: Dieſelbe Korreſpondenz erſchien bereits 1858 in Königsberg nach einer andern Handſchrift unter dem Titel מצרף העבודה, und dort iſt der letzte Brief Joſephs von Nemirow ganz verſchieden von dem in ויכוחא רבה abgedruckten. Einen intereſſanten Paſſus daraus ſetze ich hierher: ‏ותכח הב' הוא אשר בדורנו השפל והאפל נמצא מעט‎ ‏מזעיר גם בתופשי התורה... ואם שנראה לעין שם מתמידים בתורה הכ"פ‎ ‏אבל הלבישו את התורה הקדושה בבגדים טלואים ומטולאים היינו לבוש‎ ‏גאה וגאון... וכל מגמתו ועמלו בתורה הוא רק להראות חכמתו ולהקניט‎ ‏את חבריו ורבותיו... ובקשתי שבל יתן אותי הקורא כמלעיג ח"ו בתופשי‎ ‏התורה חי נפשי שלא הרחבתי בנפשי עזו להוציא מפי דברים כאלו אם לא‎ ‏שמקודם ראיתי כ"ז בדרוש האחרון מהגאון אמתי צדיק המפורסם מופת הדור‎

4. Die Reihenfolge der chaßidäischen Häupter und ihre Jünger: סדר הדורות החדש מתלמידי הבעש"ט (anonym verfaßt von Mendel Bodek, einem Anhänger) Lemberg 1865. Der Verfasser, der sehr elegantes Hebräisch zu schreiben versteht, hat Nachrichten über die ältesten Chaßidäer aus Schriften und Traditionen zusammengetragen, freilich mit besonderer Vorliebe für Mirakel.

5. Ein alphabetisches Verzeichnis der meisten chaßidäischen Autoren und ihrer Schriften: ס' שם הגדולים החדש (nach Art der Asulaischen Bibliotheca auctorum et scriptorum) von Ahron Walden, Warschau 1864. Dieses Buch enthält schätzenswerte chronologische Anhaltspunkte, welche bis jetzt in der Geschichte dieser Sekte ganz unbekannt waren. Die sonstigen zahlreichen Schriften der chaßidäischen Autoren enthalten wenig Geschichtliches und höchstens Anhaltspunkte für ihre Theorie.

II. Gegnerische Schriften in hebräischer Sprache.

1. זמיר עריצים וחרבות צורים anonym, man nennt Chajim Wolozin, Jünger Elia Wilnas[1]) als Verfasser, 1772. Obwohl gedruckt, ist dieses 25 Duodezseiten enthaltende Schriftchen selten, weil die Chaßidäer es aufgekauft

כמוהר"ר רפאל האמבורגער אשר הספר הקדוש נקרא ס' זכר צדיק והרחיב
לדבר על הלומדים כאלו בדף ר"ט . . .

In dieser Ausgabe findet sich zu Ende auch ein Schreiben des R. Salman Liadi an seine Gesinnungsgenossen in Wilna, welche ihn aufgefordert hatten, mit den Gegnern eine Disputation zu veranlassen, worauf er unter anderem erwidert:

(Elia aus Wilna) הנה מראשית כזאת הודעתי והלכנו אל הגאון החסיד נר' י'
לביתו להתווכח עמו ולהסיר תלונותיו מעלינו בהיותי שם וכו' וסגר הדלת
בעדינו פעמים. וכאשר דברו לו גדולי העיר וכאשר ינוצח בוודאי הנה זה הרב המפורסם
שלהם בא להתווכח עם כת'ח וכאשר יראה בוודאי הנה בזה יהיה שלום על
ישראל ורדת אותם בריחוליהם. וכאשר הוחיל להתצר הנה לו מאד חלף והלך לו
ונסע מן העיר ושהה שם עד יום נסיעתינו מהעיר וכו' ובאמת אנו דנוחו לכף
זכות לחיות כי כבר נחלת הענין אצלו בהחלט גמור בלי שום ספק בצולם
וכו' וכל שכן שלא עלתה על דעתו כי אולי יש אתם דבר ה' וכו' להשריש
ולהפשיט הגשמיות שבזו"הק בדרך נסתרה ונפלאה ממנו וכו' ולפי הנשמע
אין במדינת ליטא מי שירים לבבו לבטל דעתו מפני דעת הגאון החסיד
ולאמר בפה מלא אין נכונה ח"ו כי אם במדינות הרחוקים כתוגרמה
ואיטליא ורוב אשכנז ופולין וכו' גדול וקטן. ובזאת הפצתה באמת, ובפרט בענין
האמונה אשר לפי הנשמע במדינתינו מתלמידיו אשר זאת היא תפיסת הגאון
החסיד על ס' לקוטי אמרים ודומי' אשר מפורש בהם פי' ממלא כל עלמין
ולית אתר פנוי מיני' כפשוטו ממש ובציני כבודיי היא אפיקורסות גמורה
לאמר שהוא רח"ל נמצא ממש בדברים שפלים ותחתוניים ממש. ולפי מכחב
מעלתו על זה ס' הידוע ובפי' מאמרים הנזכרים יש להם דרך נסתרה ונפלאה
ומלא כל הארץ כבודו חיינו השגחה וכו'. ומי יתן ידעתי ואמצאהו אצרכה
לפניו משפטינו להסיר מעלינו כל תלונותיו וטענותיו הפילוסופיות וכו'. —
ואודות השריפה אשר שרפו ספר הידוע לא לכם לריב את ריב הבע"שט
צללה"ה ולעורר מדינים וכו' מי נמצא ממש בדברים שפלים ותחתוניים בדורו ח"ה הרמב"ם ז"ל וכו'
ושרפו ספריו וכו' וכי כאשר חלפו ימים ועברו ימים רבים וכו' ותצמח אמת מארין
וירעו כל ישראל כי משה אמת אמת וכו' וכה יהיה לנו ב"ב אמן.

Über das kabbalistische System des Salman Liadi (der Chabads Graetz', S. 116) vgl. Isaak Misses צפנת פענח II (Krakau 1863).]

[1]) Löbel (s. w. u. S. 568) p. 15 macht Elia Wilna selbst zum Verfasser, was wohl unrichtig ist.

und vernichtet haben. Es enthält: a) einen Bericht über die Vorgänge und die Bannſprüche gegen die Chaßidäer in Wilna, d. d. 5. Jiar 1772. — b) Proklamation und Bannſpruch der Brodyer Gemeinde gegen dieſelben, d. d. 20. Siwan 1772. — c) Eine Schilderung der chaßidäiſchen Eigenheiten und Ketzereien in bombaſtiſchem Stile — 9 Seiten — d) Ein Anklageſendſchreiben an die Gemeinde von Brześć gegen die Chaßidäer, vom ganzen Wilnaer Rabbinat unterſchrieben, d. d. 1. Siwan 1772. — e) Eine offizielle Schilderung der chaßidäiſchen Untaten in Wilna und des Verfahrens gegen ſie. — f) Einen kurzen Nachtrag des Sammlers. — g) Eine Kopie der Verordnungen gegen die Chaßidäer in der Gemeinde von Laszczow. Joſt, der dieſes Schriftchen nur als Handſchrift gekannt hat (Geſch. d. Judent. III, S. 194, Sammlung aller (?) betreffenden Akten) und mit Entzifferung der polniſchen Ortsnamen nicht recht vertraut war, machte aus dem Orte לעשוב Waſchano (S. 193), was Laszczow bedeutet.

2. עריצים ebenfalls anonym, aber der Verf. nennt ſich einen Jünger Elia Wilnas, s. l. 1798. Dieſe Schrift polemiſiert mehr gegen zeitgenöſſiſche Häupter als gegen die erſten Stifter. S. 10b gibt er an, einen zweiten Teil mit dem Titel שבר פושעים unter der Feder zu haben. Finn beſitzt von demſelben eine handſchriftliche Polemik unter dem Titel קריה) זמרת עם הארץ נאמנה, S. 139).

3. Eine handſchriftliche Sammlung antichaßidäiſcher Nachrichten unter dem Titel ספר זאת תורת הקנאות iſt aus der Michaelſchen Bibliothek in die Bodleiana [jetzt cod. Oxf. 2024, 2] übergegangen. Die Handſchrift enthält 179 Blatt, und iſt, wie der Schluß ausſagt, von David, Rabbiner von Makow, in ſeinem Todesjahre 1792 (לפרט ברית יעקד הרויים) niedergeſchrieben und von ſeinem Enkel Sabbataï aus Makow 1800 [lies: 1840] opiert worden. Sie enthält einige wichtige Data. Durch die Gefälligkeit des Herrn Neubauer ſind mir die wichtigſten Stellen daraus exzerpiert worden.

4. Einige Wichtigkeit hat noch die Schilderung der chaßidäiſchen Manieren in der Einl. zu Salomo Chelms talmudiſcher Schrift מרכבת המשנה. Sie iſt 1751 gedruckt, war aber ſchon, wie aus den Approbationen hervorgeht, 1750 vollendet. Dieſe Schilderung, welche davon ausgeht, daß es in Polen dreierlei Fromme oder Talmudiſten gäbe (עדת הלומדים לג' כתות נפרדים), porträtiert die Chaßidäer, ohne ſie zu nennen, folgendermaßen: ויש מהם אשר מתקדש ומתטהר בלמוד כתבי האר"י והזוהר ... ויש מהם ריק מכל מדע, קטן הוא ודל, לא בסוד ולא בגפ"ת השתדל, ערם יערים, וקול נהי רהים, מדלג על ההרים. ובתפלות ובתחנונים, בשיר ורנינים ... ומעשיו משונים, צוטה לבנים, והכנף פתיל תכלת ... ומוליכים ומביאים בידם ויניע כנוע צצי היער ... ואף כי לא קרא ולא שנה חברם יתקרא ורבי יכונה. וכל המוסיף בתנועות והווית משובה ... ואין איש שם על לבו כי בקרבו טמון ... ארבו. ורבים מהם אשר שערו עושה דברו, בין אדם לחברו. Weiter folgt die Schilderung ihrer Habſucht; ſie ſchließt, daß der Verfaſſer auch einige Ehrliche unter dieſer Sekte kennen gelernt, die aus wahrer Andacht ihre Sprünge machen: ודלוגם עלי אהבה.

5. Hierher gehört noch die Nachricht über den Chaßidäismus von Jakob Emden in ſeinem מטפחת הספרים p. 31. Dieſe Schrift iſt gedruckt 1768; in dieſer Zeit waren Emden bereits die chaßidäiſchen Tollheiten beim Gebete bekannt: עתה מקרוב קמו כת חסידים חדשה בוואלין ופאדאליע ובאו מהם ... גם למדינה זו, שכל עסקם בספר הזוהר, ומאריכים חצי היום בתפלה ...

עושים (לפי מה שהגידו לי) בתפלות י"ח תנועות זרות ומגונות, מטפחים
בידיהם ומנענעים ראשיהם לצידיהם, כפופים לאחוריהם ופניהם ועיניהם
פונים למעלה.

III. Nachrichten in nichthebräischen Schriften.

1. An die Spitze verdient die Relation Salomon M a i m o n s gestellt
zu werden, der einige Zeit in den chaßidäischen Konventikeln zugebracht
hat, angeregt durch die Schwärmerei eines Mitgliedes, welches ihn angeworben hatte. (Maimons Selbstbiographie I, S. 217). Der erste Stifter
war damals bereits gestorben, als Maimon sich den Chaßidäern anschließen
wollte; er kannte nur dessen Nachfolger (S. 231): „Ich beschloß daher eine
Reise nach M. zu unternehmen, wo sich der hohe Obere B. befand." Es ist
kein Zweifel, daß hier von B e e r in M i z r i c z, Bescht's Nachfolger,
die Rede ist. Wir haben durch Maimons Relation eine treue Charakteristik
des zweiten chaßidäischen Oberhauptes und des Treibens dieser Sekte.

2. J a c q u e s C a l m a n s o n, Essai sur l'état actuel des Juifs de
Pologne et leur perfectibilité, Warschau 1796. Der Verf., ein aufgeklärter
Jude, machte Vorschläge zur Hebung der Juden in dem Teil von Polen,
welcher zu Preußen geschlagen worden war (Südpreußen). Er widmete
seine Schrift dem Oberpräsidenten Grafen von Hoym. Aufs Detail eingehend
schildert er auch die chaßidäische Sekte.

D e l a S e c t e C h a s i d e (Zélateurs-Piétistes).

Cette Secte particulière à la Pologne, n'y est guères connue que depuis
une vingtaine d'années. Elle prit naissance à Miedzyboz en Podolie, et
doit son origine à un Rabin fanatique, qui abusant de la crédulité du peuple
toujours ignorant, toujours épris du merveilleux, eut l'art de se faire passer
pour prophète. Il prétendait guérir toutes les maladies par la Cabale.
Cette nouveauté singulière fit illusion d'abord; la populace, qu'un rien
attire et qu'un rien rebute, s'empressa de venir chercher la santé dans la
chaumière du fanatique; elle n'y trouva que l'erreur, et cependant le nombre
de ces disciples augmenta considérablement.

Cette Secte, qui se soutient encore, rejette l'étude des Loix, affecte
une ignorance que jadis on reprochait comme un vice aux membres qui la
composent et dont aujourd'hui elle a fait une vertu, ne connait qu'une
étude, celle de la Cabala, dont pourtant elle ignore et les calculs et les
résultats; recommande la vie contemplative comme la seule, pour laquelle
l'homme soit fait, joue en public un désintéressement, qu'elle est bien
éloignée de professer dans le particulier. Tous leurs biens sont en commun
et presque toujours à la disposition de leurs Chefs, dont ils se sont formés
la plus haute idée, et qu'ils honorent même du titre plus fastueux que
fondé, d ' i n f a i l l i b l e s . . . . . A ce double égard on est forcé d'ad-
mirer l'adresse, avec laquelle ils savent mettre à profit l'enthousiasme
inconséquent des dupes, qu'ils ont séduits. Mais d'un autre coté on doit
plaindre la simplicité, la bonhommie de ces hommes ignorants et crédules,
qui croyent servir la cause de leur Dieu par ces actes de démence, tandis
qu'ils ne servent réellement que les caprices de quelques faux zélateurs,
dans desquelles ils ne trouveront jamais que des despotes.

Il est à désirer, sans doute, que le Gouvernement prenne des mesures promptes et efficaces, pour s'opposer au progrès d'une Secte dangereuse à raison de ses principes, plus dangereuse encore par les résultats, qu'elle produit; d'une Secte, qui se répand avec plus de rapidité que ne semblaient le présager ses faibles commencements, et qui infecte déjà de son poison destructeur presque toutes les Synagogues. Que n'auront point à craindre de ses fureurs, je ne dirai pas seulement le Peuple juif, mais aussi l'Etat et le Gouvernement lui-même, si l'on ne met point un terme aux accès de délire de ces enthousiastes, dont le fanatisme est d'autant plus rédoutable qu'ils se livrent de bonne foi à l'erreur et que, se croyant réunis sous les étendards de la Réligion, ils mettent au rang de leur premiers devoirs, le soin de consolider et d'étendre ces dogmes impies et funestes!

3. Israel Löbel, Glaubwürdige Nachrichten von einer neuen und zahlreichen Sekte unter den Juden in Polen und Litauen, die sich Chaßi- dim nennt, und ihren die Menschheit empörenden Grundsätzen und Lehren, Frankfurt a. O. 1799. Verfasser nennt sich Unterrabbiner von Nowo-Grodek in Litauen; er war aber nur ein wandernder Prediger (מגיד). [Nach dem Titelblatt der hebräischen Schriften war er Rabbiner in Mohilew und später מגיד in Nowo-Grodek].

Die Quelle II, 3, S. 18 nennt ihn ר' ישראל מסלוציק und rühmt seinen Eifer gegen die Chaßidäer, wodurch er fast zum Märtyrer geworden wäre. Israel Löbel schrieb mit sehr großer Leidenschaftlichkeit gegen die Sekte, weil sein Bruder in deren Netz eingefangen worden war und er dadurch viele Händel mit ihnen hatte. Man darf ihm daher nicht alles aufs Wort glauben. Seiner Schrift wurde die Ehre zuteil, von vielen als Hauptquelle benutzt zu werden. Sie wurde nämlich in der Zeitschrift Sulamit abgedruckt (Jahrg. 1807). Daraus übersetzte sie Grégoire in seiner Histoire des sectes religieuses (III, p. 322 ff.) Les détails, qu'on va lire, sont extrait d'une notice, publiée en 1799, à Francfort, par Israel Lœbel .... Cette notice a été réimprimée, en 1807, dans la Sulamith. Daraus hat auch zum Teil Peter Beer geschöpft. Wunderlich ist es, daß Jost in seiner ältesten Geschichte (Bd. IX, S. 44) eine und dieselbe Quelle als drei verschiedene bezeichnet. In der Note zitiert er: „Peter Beer, Gesch. der jüd. Sekten; II. Grégoire, hist. des sectes rélig. Beide haben aus guten, doch nur sparsamen Quellen ihre Nachrichten, vgl. Israel Loebel, Nachrichten von den Chaßidim", — Loebel hat auch zwei hebräische Schriften gegen die Chaßidäer gerichtet ויכוח נגד האמונה החדשה und מדות חסידות, Warschau 1798. Aus Vergleichung mit anderen Quellen ergibt sich, daß er in faktischen Punkten nicht sehr zuverlässig ist[1].

---

[1] [Hierzu bemerkt Herr Halberstam ferner: Löbels ויכוח ist auszüglich in Zweifels ישראל שלום על II, 47—56 abgedruckt und wird das. S. 43 auch in einem Briefe angeführt. Löbel verfaßte ferner ein Schriftchen gegen die aufklärerische Richtung unter dem Titel: ס' אבן בוחן ... להציל מפי רעה זרה .. חובר ע"י התורני מוהר"ר ישראל במוהר"ר יהודה ליב מגיד מישרים דק"ק נאווראדאק במדינת ליטא בעה"מ ס' ע"י ותקף"מ ומדות חסידות ואגרא חדשים מקורים. הדמספרידא ושאר חבוריו פ"פ תקנ"ט: In der Vorrede sagt er: באו ופערו פיהם לבלי חוק וכו' כי גלו את ענים בהדפסת מחברת אחת מיוחסת לאיזה אנשים מבני עמינו אשר לא נורע מי ומי האנשים ההמה. Sollte hier Friedländers Sendschreiben an Teller gemeint sein, welches unter dem Namen einiger jüdischer Hausväter erschienen ist? Weiter sagt er: מורים

Weder Peter Beer, noch Jost, noch ihr Vordermann L o e b e l haben die Genesis dieser Sekte richtig angegeben. Sie haben sie aus der Anschauung ihrer Zeit geschildert, als sie bereits durch Zuwachs vieler Mitglieder depraviert war, und haben die Entwicklungsmomente nicht beachtet. Es gilt zunächst, die sogenannten Oberen oder ersten Stifter kennen zu lernen und die Chronologie zu fixieren.

1. I s r a e l B a a l = S c h e m.

Die Zeit, in der er bereits einer Sekte oder einem Konventikel vorstand läßt sich aus den angeführten Quellen genau umgrenzen. Aus seinem Briefe (I, 2) ergibt sich, daß er im Jahre 1747 [lies: 1746] nur wenige Anhänger hatte oder daß seine Doktrin damals noch nicht verbreitet war. Es heißt nämlich daß. וגם רשעים ... כי בר"ח שנת תק"ז עשירתי השבעת עלית הנשמה
דברים חזרו בתשובה וכולם כאחד בקשו ממני ... ושאלתי את פי משיח ...
והשיב לי בזאת תדע בעת שיתפרסם למודך ויתגלה בעולם ויפוצו מעינותיך
חוצה ... ובר"ה שנת תק"י עשירתי עלית הנשמה. Demnach war die Sekte 1747 [1746] noch nicht verbreitet. Aber 1750 kannte sie Salomo Chelm bereits als בת (o. S. 566). Gestorben ist Bescht 1759, wie das Mf. (II, 3) angibt (Bl. 174): הכח הזאת הסרים אחרי התוהו ... ישראל מיזבוזיר
אשר מת בשנת תקי"ט היא שנת התונתי. וזכורני שהיה מפורסם ללא
למדן רק לבעל שם כותב קמיעות ולא למד כלל כי לא היה יכול ללמוד והיה
הולך בשוקים וברחובות עם חוטר נאות בפיו הלולקי וצריבוק ומדבר עם
הנשים. Israel Beschts öffentliche Tätigkeit dauerte also etwa von 1747 [1746] bis 1759. Im Jahre 1750 gab er noch die Absicht zu erkennen, nach Palästina auszuwandern, wie aus seinem Briefe hervorgeht. Sein Ruf muß damals noch nicht sehr verbreitet gewesen sein. Ungenau ist also die Angabe bei Jost, daß er von 1740—60 oder 1730—60 gewirkt hat, noch unrichtiger bei Loebel (S. 13): zwischen 1760—65. Sein Geburtsjahr läßt sich ebenfalls annähernd danach bestimmen. In dem 1750 geschriebenen Brief spricht er schon von seinem Enkel E p h r a i m (oder Mose Chajjim Ephraim), welcher noch einen älteren Bruder hatte. Er ist also wohl im letzten Jahrzehnt des 17. Jahrhunderts geboren. — Von seinen Antezedentien ist nur das eine sicher, daß er lange Zeit in den galizischen Karpathen zwischen K a s = s o w und K u t h (Kutow) zugebracht hat. Die Quelle I, 4, p. 3 a referiert: חב"ל"שט ... התחבא במחבואות ובמערות הרים ... בין עיר קיטוב וביך
קאסוב בין החרים הגדולים אשר שמה. Ebenso seine wunderhafte Lebensbeschreibung (I, 1) p. 3a: והוא הלך להתבודד בין הרים גדולים הנקרא גבירג. In dieser Gegend am P r u t h brachte er lange Zeit zu (daf. p. 4 b): הלך
להתבודדות במעבר הנהר הנקרא פרוט. Diese Relation stammt von seinem Jünger Jakob Joseph Kohen und ist darum jener vagen Erzählung vorzu-

במקצת וכופרים במקצת רצוני שבודירים הם במצות השכליות וכופרים במצות
האפיקורסים החדשים המתיהדרים שעושים עצמם. Und ferner: השמצרות
endlich ,כמודירים בכל התורה כלה ואף על פי כן דת רחה אינם רוצים
Bl. 14 b: אמנם על האפיקורסים החדשים התוצנים שלא היה כוונת האל
במצמד הנבחר אלא לתקן מין אנושר בעינני מעשה בני אדם לתקון קיומם
ועמדם יחד בחברה נאחית אלא שאחרי שעשו את העגל הטרידרים במעשה
'וכי חוקירים להוציא זמנם באלה החוקים. Vgl. damit Sendschreiben an Teller, von einigen Hausvätern jüdischer Religion, S. 28.]

ziehen, daß er im Norden in oder bei Brody gewohnt habe (daſ. p. 2 c. d.). Auch Quelle I, 3, p. 49b: והשיג הבעש״ט על ידי סגופים והתבודדות בנקיקי הסלעים. Daß er Kuren an wirklichen oder eingebildeten Patienten angewendet hat, berichten faſt alle Quellen, auch die chaßidäiſchen; nur behaupten einige letztere, es ſei ohne magiſche Praktiken, ohne Beſchwörung und Kameen (קמיעות) geſchehen (I. 3): כלם היו ... מופתיו ונפלאותיו בלי השבעות ובלי קמיעות.

Die handſchriftliche Quelle tradiert: דרכו היה תמיד לנסוע לפריצים לעשות עמהם רפיאות עבור קבלת שכר. S. Maimon a. a. O. S. 217: „R. Joël (l. Iſrael) Baalſchem wurde durch einige glückliche Kuren, die er durch ſeine mediziniſchen Kenntniſſe und Taſchenſpielerkünſte bewerkſtelligte, zu dieſer Zeit ſehr berühmt, indem er vorgab, dieſes alles nicht durch natürliche Mittel, ſondern bloß durch Hilfe der Kabbala Maſchiith (die praktiſche Kabbala) und den Gebrauch der heiligen Namen bewerkſtelligt zu haben." Seine Hauptbeſchäftigung war mit Pferden; er war Roßtäuſcher und Fuhrmann, hielt aber auch eine Schänke (Schibche, p. 8 a. 15 b).

Alle ſeine Gegner ſchildern ihn als höchſt unwiſſend, auch die chaßidäiſche Schrift כתר שם טוב gibt ſeine Unkenntnis in Talmud und jüdiſchem Schrifttum zu. (Vgl. oben und weiter unten 572). Indeſſen, wenn ſeine Briefe an ſeinen Schwager von ſeiner eigenen Hand herrührten, ſo kann er durchaus nicht ein frère ignorantin geweſen ſein. Aber ſelbſt wenn er dieſen Brief durch einen andern hat ſtiliſieren laſſen, und auch die daſelbſt von ihm tradierte Schriftauslegung nicht echt ſein ſollte, ſo kann man ihn doch nicht als völligen Idioten anſehen. Seine Gegner ſagten eigentlich nur, daß er nicht zu den talmudiſchen Heroen gehört habe (II, 3 Einl.): אנו יודעים ומכירים המחבר שלא היה מופלג בתורה כל כך, ובן היו מקרב כמה בני אדם ואמרו שלא היה נמנה בין הלומדים. Indeſſen die Schriftbeutungen, die ſeine Vertrauten Beer von Mizricz, Jakob Joſeph und andere von ihm mitteilten, ſind zwar nicht bewunderungswürdig, aber nicht ſchlechter, als die ſämtlicher Wanderprediger jener Zeit, eher noch origineller. Dieſe Schriftdeutungen bezeugen hinlänglich, daß er durchaus nicht ſo ſehr talmudiſcher Kenntniſſe bar war. Sein Verhältnis zu den Rabbinen ex professo ſcheint kein freundliches geweſen zu ſein. Ein jüngerer Zeitgenoſſe tradiert von ihm, er habe zur Zeit, als die Frankiſten Denunziationen gegen die Talmudiſten und den Talmud beim Biſchof von Kamieniec vorbrachten (ſ. Graetz, Frank und die Frankiſten, S. 44 ff.), am Abend des Verſöhnungstages die Rabbinen hart angefahren (I, 1, p. 6d.): ורגז מאוד על הרבנים ואמר כי בשבילם היא הצרות שקר שבודים מלבם בהקדמות שקרים. Es ſcheint eine Reibung zwiſchen ihm und dem offiziellen Rabbinat gegeben zu haben; er wurde nämlich vor die Vier-Länder-Synode geladen (daſ. 27b): בעת אסיפת ד׳ ארצות היה הפרנס הראשון הנגיד המפורסם מ׳ אברהם אבא הציע הדבר לפני כלם כי הנה נשמע שמע הבעש״ט ולפי הנשמע הוא איש עם הארץ ... ושלחו מהאסיפה להבעש״ט שיבא תיכף ומיד לפניהם. Die Frage, die an ihn gerichtet worden, und die Antwort, die er gegeben haben ſoll, ſind charakteriſtiſch und bezeichnen ſcharf die Differenz zwiſchen den Chaßidäern und den Gegnern: אנו בודאי (להתפלל) יעלה ו)בא(לא אשבח. Se non é vero é ben trovato. Die handſchriftliche Quelle führt Zeugniſſe an, daß ſich Iſrael Baalſchem auf Verkünbigung der Zukunft verſtanden haben wollte (Bl. 174): ומי שהיה מבקש לדעת עתידות היה דורש ממנו כאשר ספר לי ת״ח גדול וזקן ... נכד רבינו

I.) הבית חדש ... כי הנגידים המפורסמים מכונים בשם דזירפאצפס
דזיראפצפס)[1] אשר היה לחם גדולה תחת יד הדוכם הגדול (רדזיויל) אין
תכלית כמעט לגדולתם והיו מבקשים לידך אחריותם ושלחו אחריו ... והגיד
לחם שגדולתם תמשך רק ר"ד שנח ... וכן היה באמת.

Sein Verhältnis zu dem in derselben Zeit auftauchenden Frankistischen
Sabbatianismus ist aus Mangel an bestimmten Nachrichten nicht klar. Nach
der Darstellung des Grafen Vincenz Corwin Kraszinski (Aperçu sur les Juifs
de Pologne, Paris 1818) waren Isr. Baalschem und Frank-Lejbowitz Konkurrenten in der Bildung neuer Sekten: A la même époque un Rabbin de
Miedzy (l. Miedzyboz, d. h. בעש"ט) en Pologne imagina aussi de fonder une
secte. Frank, craignant la concurrence, s'efforça de donner plus d'ascen-
dant à la sienne etc. (bei Grégoire a. a. O. p. 347). Man beschuldigte die
Chaßidäer im Jahre 1772, daß sie mit den Lauten ihrer Exklamationen B a h
B a h beim Gebete Sabbataï Zewi andeuteten (II, 1, p. 12a): שצוצקרים
(שבתי צבי) שבחלוף את בש ש"צ ... בתפלח בה בה ... Bodek gibt zu verstehen, daß Elia Wilna in den Chaßidim Sabbatianer vorausgesetzt und sie
als solche verfolgt habe (I, 4, p. 17a): הגאון (ר' אליח וילנא) לתוכו קבל
לשון הרע לאשר היה חרה לו כי אז היה כת השבתאי צבי אשר חתרו חתירות
להסיר עולה של תורה ולנתק מוסרות הדת לכך שמע לחם (לרדוף את שניאר
זלמן לאדיער). In I. wird zwar stets hervorgehoben, daß Israel Baalschem
ein fanatischer Gegner der Sabbatianer gewesen sei. Er habe voraus verkündet, daß das Buch חמדת הימים des Sabbatianers Nathan Ghazati
in dem und dem Jahre gedruckt werden würde; er habe es schon beim
Öffnen, ohne den Titel zu kennen, als ketzerisch erkannt, und habe einen
seiner Jünger, der darin gelesen, als Apostaten betrachtet (p. 10c. d.).
Allein dieselbe Quelle erzählt auch, Israel Baalschem habe sich in Gedanken viel mit Sabbataï Zewi beschäftigt, dieser sei ihm öfter im Traume
erschienen (daf.). Er habe bedauert, daß die sabbatianischen Frankisten so
hart bedrängt wurden, daß sie sich zum Katholizismus bekehren mußten
(daf. p. 7 b): ומכח אותן שנחשמדו שמצתי ... שאמר הבעש"ט ... שהשכינה
... מיללת ואומרת כל זמן שהאבר מחובר יש תקוה שיהיה לו איזה רפואה
כי כל אחד מישראל הוא אבר מהשכינה. Räumlich waren die beiden separa-
tistischen Sekten, die sabbatianischen Frankisten und die Chaßidim, einander
nahe. Aus denselben Städten, Hordenka, Szerigrod, Rohatyn, gingen Anhänger für die eine und die andere Sekte hervor. Die Sabbatianer nannten
sich ebenfalls חסידים. Die Kabbala und der Sohar war beider Seelenspeise.
Es wäre erstaunlich, wenn die Anhänger Israels von Miedzyboz und Franks
einander völlig fremd geblieben sein sollten.

Die Schwäche, daß der chaßidäische Sektenstifter geistige Getränke liebte
und viel davon vertragen konnte, geben seine Verehrer selbst zu. I, 1, p. 15 c.
p. 30 d: אמר הבעשט (לבעל בית אחד במדינת וואלחיריא) חלא יינך טוב למה
כוסך קטן? וחשיב ... כי סכנה הוא לשתית כוס גדול ואמר הבעש"ט ארין
אני מתיירא מזה. ונתנו לו כוס גדול וישתה את כולו והסתכלו כולם בו
שנעשו פניו אדומים וכל שערותיו עמדו כמו אש ממש. Heiterkeit und Sorglosigkeit als Tugend zu empfehlen oder als Mittel sich der Gottheit zu
nähern, ging gewiß von Israel Baalschem oder von seinem Naturell aus.

---

[1] דזיראפצפס, richtiger דזירראוצצפס, poln. Dziérawca, Pächter. Zwei
Brüder hatten damals die Pacht der Radziwillschen Güter.

Aber ein System der chaßidäischen Lebensweise und Dogmen stellte er gewiß nicht auf. Die Lehren, die ihm in den beiden Schriften צואת הריב״ש und כתר שם טוב in den Mund gelegt werden, sind erst lange nach seinem Tode zusammengetragen worden. Das sog. צואת הריב״ש והנהגות ישרות (Testament) soll sich niedergeschrieben unter den Papieren eines Jüngers, Jesaia aus Janow, befunden haben. Auch in לקוטי יקרים, erschienen 1794 [nach Benjakob D. S. ל 263 bereits 1792], kommt vieles davon vor. Indessen gehören manche Aussprüche in denselben ohne Zweifel Bescht an, z. B. die Nachricht, daß er nicht wegen seiner Gelehrsamkeit im Talmud zu hohen Dingen berufen worden sei, sondern wegen seines inbrünstigen Gebetes Testament, p. 5 a): הנשמה אמרה למרה לחרב (בעש״ט) שמה שזכה שנתגלו אליו הדברים העליונים לא מפני שלמד הרבה מש״ס ופוסקים רק משום תפלה שהיה מתפלל תמיד בכוונה גדולה. Die Einschärfung, mit Erhitzung und Erregung zu beten, להתפלל בהתלהבות (das. 11 b); die obszöne Vergleichung des Gebetes mit dem Koitus (das. 8b): התפלה היא זווג עם השכינה וכמו שבתחילת הזווג הזיווג ניענוע כן צריך לנענע עצמו בתפלה בהתחלה... ומכח זה רבא להתלהבות גדול, die stufenmäßige Anwendung der Bewegung im Gebete (4b), dieses alles stammt wohl vom ersten Stifter.

Über die Bewegung s. לקוטי יקרים, p. 13 c: הריב״ש אמר כשאדם טובע בנהר ורוא מראה כמה תנועות שיוצא את עצמו מן המים ... לא יתלוצצו ... על תנועותיו, כן כשמתפלל ועושה תנועות אין להתלוצץ עליו. Die Empfehlung stoischer Gleichgültigkeit selbst gegen Verachtung (Testament, p. 1 b); die Bannung jeder Traurigkeit aus dem Sinne שלא יהא עצבות כלל (p. 2 a und öfter), selbst bei der Reue über begangene Sünden, sich durch Gewissensskrupel nicht beunruhigen zu lassen (p. 6 a—b): וזהו כלל גדול בעבודת הבורא. s. לקוטי אמרים von Beer Mizricz, p. 47 b. שיהיה מצבות כל מה שיוכל. Auch das Fasten habe keinen Wert, wenn es trüben Sinn erzeugt (Testament, p. 7 b): „Wenn der Leib geschwächt wird, ist auch die Seele geschwächt", מריב״ש: כאשר גופו חולה גם נשמה נחלשת ואינו יכול להתפלל כראוי (p. 14 b).

Seine Anhänger sollen bei seinem Tode sich auf mehr als 10 000 belaufen haben (Loebel, S. 14). N. Krochmal, dem man historische Glaubwürdigkeit und Urteilsfähigkeit zutrauen darf, referiert, daß die Chaßidäer anfangs sich nur aus kleinen moldau-walachischen, ukrainischen und ungarischen Städten und Dörfern rekrutiert haben, aus jungen Gemeinden der genannten Karpathendistrikte: והנה זאת כח המתחסדת לא גברה בתחילת צמיחתה בלתי במחוזות נשמות במערות פריצים ואלאחייא, בערבות מדבר איקריינא ובין הכפרים שעל ספר אונגארן כולם קבוצים חדשים מקרוב נתישבו (Krochmals Verteidigungsschreiben in Letteris' Biographie desselben, Einleitung zu More Nebuche ha-Seman, auch Kerem Chemed I, p. 90 anonym (פלאי), aber ebenfalls von Krochmal). [Vgl. hierzu D. Cahana in השחר V, S. 554, N. 4.] Israels Jüngerschar ist aufgezählt in Quellen I, 4, p. 6 ff.; doch ist dieses Verzeichnis nicht allzu zuverlässig. Der Bedeutendste unter ihnen war Beer Mizricz.

2. Dob Beer (Berusch) von Mizricz.

Von Beers Antezedentien ist gar nichts bekannt, wenn man nicht den abgeschmackten Fabeleien der chaßidäischen Quellen Glauben schenken will. Aber das kann man ihnen glauben, daß er mit Israel Baalschem erst kurz

vor des letzteren Tode Bekanntschaft gemacht hat und in dessen Kreis gekommen ist. I. 4, p. 20: ‏ולבסוף ימיו מסר דבצש"ט כללי התורה להרב ר' דוב‏
‏בער ממזירטש‏. Die Dauer seiner Häuptlingsschaft läßt sich genau bestimmen. Beer starb innerhalb des Jahres, in dem von Wilna aus der Bann
über die Sekte ausgesprochen wurde. Der Bannspruch erfolgte Nissan 1772,
und Beers Todestag setzten seine Verehrer auf den 8. Kislew = 4. Dezember; folglich starb Beer von Mizricz Ende dieses Jahres. Handschriftliche
Quelle II, 3, Bl. 175: ... ‏החכם מכל אדם הגדול בזמנים (ר' אליה וילנא)‏
‏בשנת תקל"ב, וחרמו עשה רושם שבשנה ההיא מת ר' בצרוש מיזריטשר‏
‏תוך ר"ב חודש כאשר אני זוכר מאז יצר עתה‏. Beer fungierte demnach
von 1759—1772. Seinen Charakter schildert uns Maimon drastisch, der einige
Wochen in dessen Konventikel zugebracht hat (p. 231 ff.) „Endlich kam ich
glücklich in M[izricz] an ... [ich] ging nach dem Hause des hohen Obren
B[eer], in der Meinung, ihm gleich vorgestellt werden zu können. Aber
man sagte mir, daß ich mit mich noch nicht sprechen könne, daß ich aber auf den
Sabbath mit den anderen Fremden, die ihn zu besuchen hierher gekommen
wären, bei ihm zu Tisch invitiert sey; bey welcher Gelegenheit ich das Glück
haben würde, diesen heiligen Mann von Angesicht zu Angesicht zu sehen ...
Ich kam also am Sabbath zu diesem feyerlichen Mahle und fand da eine große
Anzahl ehrwürdiger Männer ... Endlich erschien auch der große Mann in
einer ehrfurchteinflößenden Gestalt, in weißen Atlas gekleidet. Sogar
seine Schuhe und Tabaksdose waren weiß ... Nachdem man ab-
gespeiset hatte, stimmte der Obere eine feierliche, den Geist erhebende Melodie
an, hielt einige Zeit die Hand auf die Stirne und fing darauf an zu rufen: „S.
aus H.! M. aus R.! S. M. aus N.! [Salomon Maimon aus Nieszwisz] usw.,
alle Neuangekommenen bey ihren Namen und den Namen ihrer Wohnörter,
worüber wir nicht wenig erstaunten. Jeder von uns sollte irgendeinen Vers
aus der heiligen Schrift hersagen ... Darauf fing der hohe Obere an eine
Predigt zu halten, der die besagten Verse zum Texte dienen mußten, so daß,
obschon es aus ganz verschiedenen Büchern der heiligen Schrift hergenommene unzusammenhängende Verse waren, er sie dennoch mit einer solchen
Kunst verband, als wenn sie ein einziges Ganzes wären, und, was noch son-
derbarer war, jeder der Neuangekommenen glaubte in dem Theile der Predigt, der auf seynem Verse beruhte, etwas zu finden, das sich besonders auf
seine individuellen Herzensangelegenheiten beziehe. Wir gerieten also darüber in die größte Verwunderung. Es dauerte aber nicht lange, so fing ich
schon an von der hohen Meinung gegen diesen Obern und die ganze Gesellschaft überhaupt nachzulassen ... Ihre sogenannten Wunderwerke
ließen sich ziemlich natürlich erklären. Durch Correspondenzen,
S p i o n e und einen gewissen Grad von Menschenkennt-
niß, wodurch sie, vermittelst der Physiognomik und geschickt angebrachter
Fragen, indirekte die Geheimnisse des Herzens herauszulocken wußten,
brachten sie sich bey diesen einfältigen Menschen den Ruf zuwege, daß sie
prophetische Eingebungen hätten. So mißfiel mir auch die ganze Gesellschaft
nicht wenig wegen ihres zynischen Wesens und ihrer Ausschweifung in der
Fröhlichkeit." Maimon erzählt darauf eine Anekdote, wie einst ein Mitglied
zu spät beim Gebet bei dem Obern [Beer] eingetroffen sei, weil seine Frau
mit einem Mädchen niedergekommen war. Während die Anwesenden ihm
lärmend gratulierten, trat Beer aus seinem Kabinet und sprach die Worte:

„Ein Mädchen! Er ſoll ausgepeitſcht werden." Nachdem die Geſellſchaft über den Vater hergefallen war und ſich durch knabenhafte Balgerei in eine luſtige Laune gebracht hatte, rief der Obere plötzlich: „Nun, Brüder, dienet Gott mit Freuden."

Eine ähnliche Schilderung von demſelben gibt die Quelle II, 1, p. 6 b ff. Denn da dieſe polemiſche Schrift 1772 gedruckt wurde, als Beer Miz̧ricz̧ noch lebte, ſo kann ſich das daſelbſt von dem Oberhaupte Ausgeſagte nur auf denſelben beziehen: הגדול שבהם (בחסידים) עלות ינהל ... הסכללים והתפשטים ... וירש בגדלו תורך שלחנו לפני כל אחד, אבן חן השוחד, למען יאמינו בדבריו וישירו תהלתו ... וקולו ערב ומראהו נאיה ... והגדול שבהם נותן קולו לפני חילו, וכולם עומדים ממעל לו ... והוא המשביר מטובו, להכין שאר לכל חברת הכסילים עם קרובו. אך אם יחלק כלכל ... כי רבים אכלי שלחנו ובוזזי דונו ... אזי רתם כספו ומקנה קנינו . רתן עיניו בבעלי ממונו[1]) אשר חון ועושר בביתם, להחרידם ולהבעיתם. כי הוגד לו חזות קשה מן השמים ... המאמין לו יחוש וימלא מתניו חלחלה ... ואז הוא ישיב אמרי מבטחתו לחיות לו עזר מצריו ... תן פדיונך וצא מצרה לרוחה ... והפדיון יוצא לחולין לכל היוצאים בכלי לבן שאולין ועדת הפרושים והנזירים ... ובהגיע ימי התשובה ... הם אוכלים למעדנים ... ובתעניות שני וחמשי ושני שני, יאמרו הגבור חלש אנר וכו׳.

Zwei zeitgenöſſiſche Zeugen ſagen demnach übereinſtimmend aus, daß Beer Miz̧ricz̧ Humbug getrieben hat. Bei ſeinen Vorgängern herrſchte noch Naivität, bei ihm war alles Berechnung. — Beer war jenen aber an Wiſſen weit überlegen; er war von Hauſe aus Prediger in Miz̧ricz̧ und Rowno: המגיד ממעזריטש וראוונע. Er war in den Talmud, den Sohar und in die kabbaliſtiſche Literatur eingeleſen. Indeſſen beſchäftigte er ſich keineswegs mit dieſem Lehrfach, mit der Auslegung der Kabbala, es ſei denn inſoweit, als er es für ſeine Predigten verwenden konnte. Die handſchriftliche Quelle tradiert Bl. 174: וכן שמעתי מגדול שבהם רבן של כל הבת הזאת (לוי יצחק) מזלחוב מבארדיטשוב בעל קדושת לוי) אמר לי בשנת תקל"ח שלא ראה כתבי הארי"י ולא למד מיום היותו אצל רבו ר׳ בעריש תלמיד ריב"ש יותר מר"ב שנים ושאלתיו בעניני החכמה וראיתיו כי ידיעתו מעוטה. [D. Cahana will die Stelle anders verſtehen, a. a. O. S. 634, N. 1]. Die Gebetreform, Abſchaffung der Piutim, Einführung des Lurjaniſchen Gebetbuches und das Tragen von weißen Kleidern[2]) rührte von Beer Miz̧ricz̧ her; denn erſt zu ſeiner Zeit erhob ſich der Sturm gegen dieſe Neuerung, wie aus der Quelle II, 1, hervorgeht, vgl. auch Quelle I, 3, erſter Teil, in dem der Chaßidäer die Berechtigung dieſer Reform verteidigt. Auch die paradoxe Albernheit

---

[1]) Die Chaßidäer geſtehen ſelbſt die Sucht ihrer Oberen Geld anzunehmen zu, ein Brief Eleaſars ben Elimelech von Liſenz̧ אגרת הקודש, als Anhang zu נועם אלימלך, p. 17b: ואם תרצה לומר, אם הצדיקים שונאי בצע מדוע לוקחים ממון מבני אדם, אף אם היו נותנים להם כל היום? Empörend naiv iſt ihr Geſtändnis, daß der Z̧addik Wein oder Branntwein trinken müſſe, und daß es Verdienſt ſei, ihm ſolchen zu liefern (לקוטי מהר"ן I, p. 42): כל הממלא גרונם של תלמידי חכמים יין כאלו מנסך יין על גבי המזבח.

[2]) Die weiße Tracht war übrigens ſchon bei den ſabbatianiſchen Chaßidäern üblich, vgl. Bd. X₃, Noten S. 475. In dem Bannſpruche von Brody über die Chaßidäer heißt es (daſ. I, 2, p. 3b): גם אריט מען גזור בחרם, עש זול קריינר גיט גיהן גיקליידט בבגדי לבן בשבתות וי"ט חלילה. רק דיא עטליכה מפורסמים וואש זיינען גדולי עולם וכו׳.

von der Notwendigkeit fein geſchliffener Schlachtmeſſer, der ſogenannten Ukrainer חלפים, ſtammt wohl aus Beers Regiment. So wird im Brodher Bann von 1772 als Anflagepunft aufgeſtellt (II, 1, p. 34): מאכין זיך הלפים לשחיטה דוקא גשליפן לאטב'וואס מן ניט גפֿינד בכל התלמוד וכל הפֿוסקים. Dieſer Blödſinn hat am meiſten zur Spaltung beigetragen, indem die Chaſſidäer das von den Gegnern Geſchlachtete nicht genießen mochten und umgefehrt. In לקוטי מהר"ן II, p. 33 von Nachmann Baraslow (Beſchts Enfel) wird dieſer Blödſinn fabbaliſtiſch gerechtfertigt. In der Hand-ſchrift (Anfang) wird über eine Eigenheit der Chaſſidäer geflagt: בנו עצמם בשם חסידים ועשו להם חגורות, מבלוי המסחבות והעורות, או מצמר גפֿן, ונוצות ארנבת ושפֿן, לשוד ולכפֿן, מובדלים מקהל ישראל ... ומצאו עלה, לשנות התפֿילה. Jenes pantheiſtiſch-gemeine Dogma, daß die Gottheit ſich in allem, alſo auch in den niedrigſten Beſchäftigungen offenbare: מלא כל הארץ כבודו לית אחר פֿנוי מיניה כי בכל דבר ודבר יש חיות הבורא und die Konſequenz: כי אין לך תנועה ודבור וכח מה שאינו מורה על יחוד שמו ..., daß in den chaſſidäiſchen Schriften ſo oft vor-fommt, wird in I, 4, p. 12b mit Recht auf Beer Mizricz zurückgeführt. Es fommt oft in deſſen Buche vor, vgl. daſ. p. 7b: כי מכל הדברים לקוטי אמרים שעושין אפֿילו גשמיות כמו אכילה מעלין ניצוצין הקדושות. Mit Recht be-trachtete Elia Wilna dieſen Satz als bare Ketzerei und verdammte darum die Chaſſidäer und ihre Schriften (ſ. Finn, קריה נאמנה p. 141, Note). Selbſt ſeinen Hochmut wußte Beer fabbaliſtiſch zu illuſtrieren (צואת ריב"ש, p. 12b): לקוטי, vgl. לפֿעמים צריך להראות גבהות לבני אדם משׁוֹ כבוד התורה היו אומרים המלעיגים (על ר' (Seitenzahl läßt ſich nicht angeben): יקרים מנחם מענדיל) שהוא באמת צדיק אבל הוא בעל גאוה גדול וכדומה אומרים על הרב המגיד. [Wie D. Cahana a. a. D. 635, A. 3, richtig bemerft, be-zieht ſich jedoch die letzte Äußerung nicht auf R. Beer von Mizricz, ſondern vielmehr auf den Maggid R. Jechiel Michel. Hiernach iſt auch die Darſtellung oben S. 103 zu modifizieren.]

Die Scheidung zwiſchen den beiden Chaſſidäergruppen: Mizriczer und Karliner, iſt noch bei Beers Lebenszeit vor ſich gegangen. Sie fommt ſchon in dem Sendſchreiben aus Wilna, d. d. Siwan 1772, vor (II, 1, p. 10a): חסידר בזמן האידנא אשר נקראים בשם מעזריטשר וקרלינר. Die Karliner drangen in Litauen ein, wie aus derſelben Quelle hervorgeht. והיה פֿסק (בוילנא) לגרש ולפֿזר המנין של קרלינר. Bei Salomon Maimon (a. a. D. S. 212) bedeutet die Abbreviatur: „Man wallfahrtete nach K. M." nach Karlin, Mizricz. Ungenau iſt die Nachricht bei Gré-goire (a. a. D. p. 322): Chassidim, appelés aussi Carolins en Lithuanie, du nom d'un village nommé Carolin, non loin de Pinsko, où la secte a pris naissance. Wahrſcheinlich hat אהרן מקרלין dieſe Gruppe in ſeinem Städtchen gegründet (vgl. I, 4, p. 18 und I, 5, א 101, s. v. אהרן (קרלין).

Über den erſten Bann gegen die Chaſſidäer in Wilna und Brodh, die ſich von Sflow und Minsk dahin verbreitet haben, gibt die Quelle II, 1, Aufſchluß. Ihre Verfolgung begann בחח"מ פֿסח תקל"ב und zog ſich bis Siwan des folgenden Jahres hin (Mſ. aus dem Wilnaer Gemeindearchiv ausgezogen: וכבר שקדו חכמינו לתקן העוות הזה בשנת תקל"ב ותקל"ג ה"ה (רוזני נגירדי חמש קהילות הראשונות דליטא. Ich weiß nicht, wie Finn dazu fam, den erſten Bann aus Wilna 1777 zu batieren (daſ. p. 138, 139

Note.) — Als Hauptanklagepunkt wird in allen Formeln hervorgehoben, daß sie die Rabbinen verspotten: יאמרי (על מבזין לומדי תורה הקדושה oder) בעלי התורה החריפין) כי הם בונים חרבות למי. Es fehlt in der Tat nicht in den chaßidäischen Schriften an Ausfällen gegen die Talmudisten, vgl. Jakob Joseph Kohen, אפילו למד ספרא וספרי וכל הש״ס, p. 5: תולדות יעקב יוסף אינו בתואר חכם רק נקרא למדן ... שמאל שונא צדיקים ורבנן אבל תלמידי חכמים שדין יהודאין אדרבא יש לו קירוב ודבוק עמהם כי הוא חלק נשמתי. Nachmans לקוטי מהר״ן sind voll von diesen verächtlichen Spitznamen, welche die Chaßidäer den Rabbinen angehängt haben, z. B. p. 10d: וכשהשכינה הנקרא' תורה שבע״פ באה בתוך תלמיד חכם שד יהודי זה נקרא גלות השכינה ואז יש לו פה לדבר על צדיק צתק. Interessant ist, was Quelle I, 4, p. 21 von Löb Szerham tradiert, wie dieser sich wegwerfend über das ganze Talmudstudium ausgesprochen hat: הוא היה אומר על הרבנים שאומרים תורה מה זה שאומרים תורה? הלא יראה וישגיח האדם שכל עשירותיו והנהגותיו יהיה תורה ... נסיעתי לבית הרב המגיד דוב ממזריטש לא לשמוע תורה ממנו כי אם לראות איך פושט אנפלאותיו ואיך קושרם.

Die Unfehlbarkeit des צדיק, wie sie Maimon und Calmanson schildern, kommt natürlich in den ältesten chaßidäischen Schriften vor, namentlich von Beer Mizricz (לקוטי אמרים, p. 36): צדיק על ידו מתקשרים כל העולמות והוא נקרא טוב.

Über Beers Jünger f. Quelle I, 4. Die Bekanntschaft mit seinen Nachkommen ist wichtig, weil sie noch heute über die Chaßidäer herrschen (daf. p. 13 b und die Artikel in Quelle I, 5).

Ihr Stammbaum ist folgender:

דוב בער ממעזריטש

|

אברהם מלאך

(lebte noch zur Zeit des Einzuges der Franzosen in Moskau 1812)

קהל חסידים p. 44a)

|

שלום שכנא

|

ישראל מרוזין

(aus Rußland entflohen nach Sabagura [Bukowina], st. 1850)

|

אברהם יעקב

(jetzt noch [?] Oberhaupt in Sabagura).

Der Bruder des jetzt [1896] regierenden Sabagurer „Rebben" Abraham Jakob, namens Dob Beer Friedmann, hat im Jahre 1868 eine Skandalgeschichte veranlaßt; es hieß, er wolle sich taufen lassen. Er wurde von den Seinigen aus der Moldau nach Sabagura entführt, dann in Czernowitz untergebracht, erließ ein Rechtfertigungsschreiben und ward wieder ein Chaßid-Rebbe. Die Geschichte ist noch dunkel.

3. Schneor Salman Liadi.

Mehr Wichtigkeit als Beers Söhne hat der Liadier für die Fortbildung des Chaßidäismus. Sein Geburtsjahr läßt sich annähernd bestimmen. Zur Überarbeitung des für die Chaßidäer bestimmten שלחן ערוך bemerken

seine Söhne Beer und Chajim Abraham, er sei 20 Jahre alt zu Beer
Mizricz gekommen, habe auf dessen Anregung die genannte Umarbeitung
unternommen und habe einige Proben davon den Brüdern Samuel
Schmelke und Pinchas Hurwitz gezeigt, die ihn dafür sehr gelobt
hätten. Diese Brüder seien nämlich gerade in dieser Zeit bei Beer gewesen,
ehe sie ihre Reise antraten, um, der eine das Rabbinat von Nikolsburg, der
andere das von Frankfurt a. M. zu übernehmen (שניאור זלמן וכאשר חיותו

מלאדי) בן עשרים ... מאת ה' היתה לו זאת ... לעלות ... לפני ...
דוב בער נ"ע מ"מ דק"ק דק"ק מיזריטש ... שם הואיל באר את התורה בהלכות
שמעלקא ... הרב ... טרם נסיעתם ... ציצית והלכות פסח ושיריהם נגמרו שמה עד בואם שמה
ואחיו הרב מ"ו פנחס ... טרם נסיעתם על כסא הרבנות למדינות אשכנז
לק"ק ניקולשפורג וק"ק פ"פ דמיין ... וקלסוהו ושבחוהו עד למאוד. Schmelke
kam nach Nikolsburg Siwan 1773 (Trebitsch, קורות העתים, p. 24), also auch
sein Bruder in demselben Jahre nach Frankfurt. Folglich waren sie bei
Beer in des letzteren Todesjahr 1772. Die chaßidäische Quelle I, 1, p. 13a
erzählt auch, daß die beiden Brüder Hurwitz, welche zugleich den Ruf zur
Übernahme der beiden Rabbinate erhalten hatten, Beer um orakelhaften Rat
befragt hätten, welcher von ihnen das eine und welcher das andere antreten
solle. Salman Liadi war folglich 1772 zwanzig Jahre alt, er ist demnach
1752[1]) geboren. Sein Todesjahr wird in קהל חסידים (p. 44) angegeben:
24. Tebet תקע"ג = 30. Dezember 1812[2]). Seine von Fabeln und Ungeheuer-
lichkeiten erfüllte Biographie ist das. enthalten von S. 38 an, aber in verkehrter Ordnung, die Jugendgeschichte zuletzt S. 41. Das. S. 42 wird von
Salman erzählt: אחד הסתלקות הרב המגיד (דוב בער) נתפזרו התלמידים
לכל מקומות מושבותיהם ... אולם הרב (שניאור זלמן) ישב שנה תמימה
במעזריטש ... אחר כך נסע למדינתו לרייסן וחקע אהלו בלאזנע ... ולא
רצה לקבל על עצמו ההנהגה בסדרי נשיאות ... אחרי נסיעת הרב הקדוש
ר' מנחם מענדיל מוויטעפסק לארץ הקדושה גם הרב רצה לנסוע עמו.
ויסע עד מאהלוב על הדניעסטר. אך כל גדולי רייסן נסעו אחריו ... עד
אשר נתרצה לרייסב על כסא קדשו. Diese Tatsache wird in der Schrift von
Bodek (I, 4, p. 17) in die Fabel verwandelt, daß Salman bis Stambul gekommen sei, dort einen Traum gehabt habe, der ihn bedeutet habe, in
sein Geburtsland zurückzukehren. — Da S. Salman der Liadier ein gewiegter
Talmudist, der erste unter den Chaßidäern, war, so nennen sie ihn schlechtweg
הרב. Sein שלחן ערוך zeugt allerdings von immenser Gelehrsamkeit. Er
führte unter ihnen das Talmudstudium ein.

Seine chaßidäische Schrift תניא oder לקוטי אמרים (Slawita 1796 und
1799) ist nicht so blödsinnig, wie die übrige chaßidäische Literatur. Sie polemisiert (p. 58b) gegen das Orakelfragen bei dem צדיק für jede Unternehmung: איך איפה מצאתם מנהג זה באחד מכל ספרי חכמי ישראל הראשונים
והאחרונים ... לשאול בעצה בגשמיות כדת מה לעשות בעניני העולם הגשמי
וכו'. Aber in chaßidäischer Strenge sprach auch er sich gegen Beschäftigung

---

[1]) [Der Schluß ist nicht prägnant, da der Zeitraum, der zwischen dem
Eintreffen R. Schneor Salmans bei R. Beer und der Abfassung des Buches
vergangen ist, nicht in Anrechnung gebracht ist.]

[2]) [Über die näheren Umstände unmittelbar vor und nach seinem Tode
vgl. den von Jellinek in f. קונטרס הרמב"ם, 2. Aufl. (Wien 1893), S. 37
bis 43 mitgeteilten Brief seines Sohnes R. Dob Berusch.]

התוסק בחכמות אימות העולם בכלל דברים (4b):
בטלים יחשב . . . ועוד זאת יתרה על טומאת דברים בטלים . . . שהוא מלביש
ומטמא וכו׳. Salmans Streitigkeiten mit Elia Wilna werden daſ. (p. 38b)
in aller Breite erzählt. Das hiſtoriſch Wichtige ſei hier kurz zuſammengefaßt.
ורנה אחרי . . . יָשב ר׳ שניאור זלמן על כסא קדשו בק״ק לאזנע משך לבבות
לתורה ותעודה ולתפילה, ושינה את נוסח התפילה, חרה מאד לאנשי
העולם אשר נטו אחרי הגאון (ר׳ אליה מווילנא) ונתרבה המחלוקת מאד . . .
אביגדור (אשר נתקבל לרב בק״ק פינסק כי גרשו את הרב לוי יצחק משם)
. . . נסע לווילנא להלחם בלב העם . . . נתועדו אנשי קהלתה ואספו כסף רב
ונתנו לאביגדור שיסע לפעטרסבורג להלשין . . . ויבז אביגדור לשלוח יד בהרב
מבארדיטשוב (לוי יצחק) ובהרב שניאור זלמן, ורצח . . . כי שם חסרידים לא
רזברו עוד ויסע לפעטרסבורג וילשין לפני הקיסר פאויל בצצמו את ד׳ גדולים
לרב רש״ז . . . כי לקח לו יד ושם מאנשי בליעל לאסוף הון ולשנית מנהג
ישראל והוא היה עליהם לשר ורצוני למרוד במלכות. ב׳ כי שולח סף מצות
רב לא״י . . . והב׳ היה הרב מבארדיטשוב והג׳ ר׳ מרדכי מלאהוויץ והד׳
ר׳ אשר מסטאלין . . . ויקחו את הרב לבדו למאסר בפעטרסבורג. Es
werden daſ. viele Fabeln von Wundern mitgeteilt, welche in Petersburg zu
gunſten Salman des Liadiers geſchehen ſeien, und auch die Anſtrengung,
welche die Sekte machte, ihn zu befreien.

Dieſer Vorfall, Salmans Gefangennahme und Transport nach Petersburg unter Kaiſer Paul, kann nur 1796 oder 1797 geſchehen ſein. Denn
am 17. Nov. 1796 kam Paul auf den Thron, und am 9. Oktober 1797 ſtarb
bereits Elia Wilna, der zur Gefangennahme beigetragen haben ſoll. — In
der Zwiſchenzeit, ſeit dem Tode Beers von Mizricz 1772, ſind manche Maßregeln gegen die Chaßidäer unternommen worden. — Als das chaßidäiſche
Predigtbuch תולדות יעקב יוסף von Jakob Joseph Kohen 1780 erſchien, wurde
es in einigen Gemeinden verbrannt, der Bann gegen die Chaßidäer
wurde wiederholt (vgl. Finn, קריה נאמנה, p. 138, 139, und Perl מגלה
מטמירין, Anf. Anmerk.) In Mſ. II, 3, p. 154 heißt es: למשטע אוזן דאבה
נפשכם על דבר הספר שהגיע לארצכם בחודש מנחם העתק הכרוז (p. 157);
תקמ״א . . . שחבר הרב דק״ק פולנאי יעקב יוסף וראיבותו ומחותו וכו׳ שנכרז
בבהכ״ה הגדולה . . . בווילנא ביום שבת פ׳ עקב תקמ״א בצרוף כבוד הרב
הגאון (אליה ווילנא) . . . כאשר ידוע ומפורסם לבל מהמרים הגדול שהוכרז
בפרסום גדול בשנת תקכ״ל לבן נידון האנשים הידועים המכונים בשם הסרידים
. . . והחרם הנ״ל נתפשט כמעט בכל מדינותנו ליטא ורייסן זמוט ופולין הנה
עתה נתעוררו ורבחה המספחת. במדינותנו ובפרט במדינת אוקריינא רש
רבבות אנשים. הטמאים הנ״ל . . . וכמו כן התעוררו כל גאוני רבני קציני
פרנסי מנהיגי מדינת ליטא שוקא דשוקא הגדול הנקרא יריד זעלווא
והחרימו שם ביתר עוז ביום ב׳ דר״ח אלול תקמ״א . . . בנוסח הכרוז דק״ק
ובריריד זעלווא הוכרז בחכמת ה׳. p. 174 heißt aus derſelben Zeit: ווילנא.
כל מדינת ליטא ורייסן. וגם היה בחרם שלא לשדך עמהן ולהחזיקם כנכרים
וכבר נתעוררו לזה העיר הגדולה קראקא בצווי הרב. Daſ. p. 149: גמורים
אב״ד שלהם לשרוף הספר הנ״ל (תולדות יעקב יוסף) עד תומו.

September und Oktober [am 29. September?] 1785 iſt der Bannſpruch
gegen die Chaßidäer in Krakau ausgeſprochen worden. Mſ.: וגזרו בחרם
גמור (הרב וב״ד דק״ק קראקא) לבלי ירום איש את ידו לעשות לו מנין בפני
עצמו כדי להתפלל בתניעות שונות בקריצות שפתים או להכות כף על כף
ולהניע ראשו כשכור או לשנות איזה נוסחאות מנוסח התפילה. ואם המצא
ימצא אחד . . . יהא מוחרם . . . מובדל ומופרש . . . פתו פת כותי. רום ה׳

ב״ח תשרי תקמ״ה [תקמ״ו?] לפ״ק. Im Jahre 1796 ist der Bann in Wilna wiederholt worden. Die Veranlassung dazu war, daß die Chaßidäer einen Knaben abgerichtet hatten, auszusagen, er sei ein Sohn Elia Wilnas, und daß dieser, sein Vater, sein Verfahren gegen die Chaßidäer bereue, ihr Tun und Lassen vielmehr billige. Mit diesem Knaben reiste ein Chaßidäer durch Deutschland bis Hamburg. Elia Wilna sah sich daher veranlaßt, zwei Sendboten auszuschicken, um den Schwindel zu dementieren. S. Finn a. a. O. S. 140, 141. Ms. I, 1, p. 174: ואח״כ התפארו הפושעים האלו שהגאון מחמרט על החרם ובשמוע הגאון דבר זה בשנת תקנ״ז תקנ״ז עמד ונידה אותה שנית. Dieser Bann vom Jahre 1796 und 1797 hängt unstreitig mit der Tatsache zusammen, daß Salman Liadi nach Petersburg transportiert wurde. Kurz vor dem Tode Elia Wilnas erhob sich wieder ein Sturm gegen sie infolge der durch den Druck verbreiteten zwei chaßidäischen Schriften, welche Ärgernis gaben. Die Proklamation gegen dieselben findet sich in demselben Ms.: חירות מקרוב באו בדפום איזה ביכליך המכונים בשם צואת ריב״ש ולקוטי יקרים פינדען זיך דרינען דברים זרים אשר לו נתנו ליכתב . . . וביראתי כל משמעות דברי הספר למען למוד חש״ק ופוסקים . . . איז מאן גוזר לשום אדם לקרות מתוך הביכליך הנ״ל . . . וטעונין גניזה . . . הוכרז בשבת פ' נצבים קודם ר״ה תקנ״ח. Am 19. Tischri [= 9. Oktober 1797] starb Elia Wilna; sofort versammelten sich die Chaßidäer, um seinen Todestag schadenfroh zu feiern, das. כשנפטר הגאון ביום ג' דחה״מ סוכות תיכף אחר פטירתו נתאספו החסידים ועשו יום משתה ושמחה ושתו ושכרו . . . ועשו רקודין כל הלילה ותיכף בבוקר נתאספו האסיפה הגדולה והסכימו על הכרוז. Tags darauf wurde in Wilna eine Art Inquisition, bestehend aus einem Pentevirat, gegen die Chaßidäer eingesetzt, daß sie nicht bloß als Ketzer behandelt, sondern aus der Stadt gewiesen werden sollten. Jedermann sei berechtigt und verpflichtet, sie zu verfolgen, das. מי שהולך בדרכיהם (דרכי החסידים) לא די שהאיש ההוא מנודה ומובדל . . . אלא גם שהאיש ההוא לא יחשב לבר ישראל כל עקר . . . פתו פת כותי . . . כלה יגרש מפה . . . ושלא יהא לו שום חזקה . . . ופשיטא שלא יהא לו שום התמנות בקהל ובאסיפה ובשום תשרי תקנ״ח . . . חברה והכל על פי רודף הנעלם. Das Datum lautet: וגם הוכרז ביום הושענא רבא קודם ההושיענות בכל ב״כ וב״מ בתקיעות שופר ובכבוי נרות. In derselben Zeit 1797 und 1798 schrieben gegen die Chaßidäer Israel Löbel und der Verfasser von זמיר עריצים (o. S. 566).

Die Spannung war also in dieser Zeit außerordentlich verschärft, das angesehenste Oberhaupt der Chaßidäer war in Gefangenschaft in Petersburg. Wie er daraus befreit wurde, erzählen die chaßidäischen Quellen, Quelle I, 4 und das קהל חסידים, p. 39ff.; viele Wunder lassen sie dabei geschehen, sind aber naiv genug zu erzählen, daß die reichen Chaßidäer 10 Prozent jeder Mitgift einander aufgelegt haben, daß 40 000 Rubel zusammengeflossen sind, gesammelt durch die Liadiers Jünger, Ahron Levi, und endlich, daß sie in Wilna einen Spion unterhielten, der ihnen von jedem Schritte der Gegner Kunde gab. Wie lange Salman in Gefangenschaft war, ist nicht genau angegeben; es scheint bis Ende 1797. Er wurde befreit, geriet aber später in Streit mit einem andern Chaßidäeroberhaupt Baruch Miedziboz, einem Enkel Beschts, der auch mit Levi Isaak aus Berditschew in Streit lebte (das. p. 43). Gegen Ende von Pauls Regierung war S. Salman wieder in Petersburg in Haft und soll erst nach Alexanders I. Thronbesteigung befreit worden sein (1800). — Salman ist der Stifter der

Unterſekte der חב״ד (= חכמה בינה דעת) oder חסידי ליובאוויץ, die ſich mit Talmud und Sohar beſchäftigen, und von denen viele nach Paläſtina gewandert ſind.

4. Iſrael oder der Maggid von Kozieniz.

Gleichzeitig mit Schneor Salman Liadi wirkte der ſogenannte Kozienizer Maggid, gleich dieſem Jünger Beers von Mizricz. W a l d e n und B o d e k s. v. geben an, er habe als Chaßidäeroberhaupt faſt 50 Jahre fungiert, ſei Jünger von den Brüdern Schmelke und Pinchas Hurwitz geweſen und 1815 beſtorben. Daraus ergäbe ſich, daß er nach dem Tode Beers „Rebben" geworden, alſo von 1772 bis 1815 etwa 43 Jahre es geweſen ſei. Da er 1772 doch wohl mindeſtens 30 Jahre alt war, ſo muß er um 1740 bis 1750 geboren ſein. Er wird gleich ſeinem Meiſter Beer „ d e r M a g g i d" ſchlechtweg genannt. Daß ihn die Chaßidäer apotheoſieren, verſteht ſich von ſelbſt, und das iſt eben ihr Fehler, daß ſie ſämtliche „Rebben" in gleicher Weiſe als Halbgötter ſchildern. Die Gegner dagegen hängen ihm manchen Tadel an. D a v i d M a k o w, Verfaſſer des Mſ. (p. 174—178) berichtet von ihm:

החמגיד בקאזניץ צובר כסף וזהב כעפר וחזב כטיט מהנשים הצובאות בפריונות לפקוד עקרות ולהוליד זכרים ... והגיד לי איש נאמן שראה את המגיד בקאזניץ בר״ה שישב על הכסא בתפילת פסוקי דזמרה עד „המלך" ... וכשהתחיל בעל התפילה המלך עמד מכסאו בנחימה כדוב וישב על כסא אחר להראות שזומד מכסא דין וישב על כסא רחמים. Dasſelbe berichtet von ihm der Verfaſſer der Quelle II, 2 (p. 10 bl.): גם שמעתי ... מלינים עלי מה מה ...

שהרבתי לספר אחר מיטתו של תלמיד חכם ה״ה הרב המגיד מקאזניץ ... ותורתו אומנתו ... איך יכול לחיות שתורתו אומנתו הלא צריך ליתן ריוח בין הדבקים ... לרפואות החולים ולברך הנשים ולקחת פדיון נפש ולמסור רפואות תעלה ... ולפקוד עקרות ולהמית רשע ברות שפתיו ... ולהתפלל על גשמים ועל יורדי רבים והולכי מדברות.

p. 15. לחנשים קלי הרעת אשר לחם כנפים כככפי החסידה אשר בעת חצר לחן ילכו ויעופו לבנות לחם בית בקאזניץ או בסוחז.

Neben dieſen zwei Häuptern gab es bis Ende des 18. Jahrhunderts viele „Rebben", welche der Verfaſſer des Mſ. der Verwünſchung preisgibt, von ihren Genoſſen ſind ſie aber als Heilige verehrt worden (p. 136): יהא אחריתם מפח נפש ותשועתם יאבד לנצח נצחים ואלו הלוי (יצחק) מבארדיצעב, וואלף זיטאמר, ישעיה דינאווויר, מלך ליזנגסקר, נחום צארנביל, מרדכי לאזניר, זושא נאפאלער, הרב דסוהיריז, המגיד דקאזניץ, איצק לנצוט, מטל (מרדכי) צארנביל, שמואל אמדורח, מאיר שעפסר, מרדכי מנווויר, מודיל פרשטוקר בבואו אל חישוב עם המנין חבריריס שלו ... כמראה סוסים מראהו הם החסידים אשר מעדת ישראל נפרדים. Einige von dieſen werden auch in זמיר עריצים hart mitgenommen.

1. Levi Iſaak ben Meïr aus Berditſchew, in der Jugend Rabbiner von Zielchow, im Lubliner Kreis (und wird davon הרב מזלידאווי genannt), ein Jünger Beers und Schwiegervater [vielmehr Verwandter, מחותן] des Schneor Salman Liadi. Er war ein geſchulter Talmudiſt und fanatiſcher Chaßidäer, der ſich viel mit den Gegnern herumgebiſſen hat. Er wurde aus Pinsk verjagt. Der Verfaſſer des זמיר עריצים (p. 3 b), ſagt von ihm: הרב החסיר אב״ד דקק זעלדאווי אשר מלא תורה ... גם הוא אינו נוהג כשורה. בבואו אל חישוב עם המנין חבריריס שלו ... כמראה סוסים מראהו ...

שפות הסיר שפות שפות וכו׳ :בקול שואג והגבאי. Er ist Verfasser des Werkes
קדושת לוי, gedruckt nach seinem Tode 1818 in Hrubieszow.

2. Melech oder Elimelech von Lisiensk, ein chaßidäischer Prediger, Verfasser der Predigtsammlung נועם אלימלך, st. 1786.

3. Sein Bruder Meschulam Suße aus Onapol ist weniger bekannt.

4. Menachem Nachum aus Czernobyl, ebenfalls Prediger, Verfasser zweier Schriften מאור עינים und רשמח לב (Zebner, S. 532)].

5. Mardochaï oder Matel Czarnobyl [des vorigen Sohn]. Der Verfasser des זמיר עריצים p. 13 sagt von ihm: ר׳ מאטיל מצארנביל ... עיף ויגע ולא ירא את האלהים.

6. Salman Lozner ist identisch mit Salman Liabi (o. S. 576).

7. Isaak Lanzut, identisch mit dem von den Chaßidäern über die Maßen gepriesenen Jakob Isaak [ben Abr. Eließer ha-Levi Horwitz] aus Lublin st. 1815. Der Verfasser des זמיר עריצים brandmarkt gerade diesen als unwissenden, anmaßenden Chaßidäer (p. 11b): ומדי דברי זכור ... אזכרנו גם להחסיד ר׳ איצק מלנצהוט אשר לא היה ת״ח ולא יהיה ... הוי עץ הזמורה סורר ומורה, הנה הוא יורה, אלן סרק מעצי יער, כסיל ובער, ר׳ איצק מלנצוט הוא החל לחיות (Das. p. 3b): הנה הוא חפוש זהב וכסף גבור ציד בארץ, אחיו וסיעתו חסידים עדרים ... זה העביר זמן תפלת ואנחנו רואים שר׳ איצק מלנצהוט (Das. p. 14b): מנחה ... רודף שלמונים וחרב דסוחירין נתצשרו ועלו למעלה מחפריון נפש אשר לוקחים מהעניים האומללים.

8. Der חרב דסוחירין ist mir nicht bekannt. Er wird in derselben Quelle öfter persiflirt.

Zur Komplettierung seien noch einige genannt, welche Untersekten gebildet haben. Neben Chabads werden noch genannt Przysuchower und Kozker Chaßidäer. Die ersteren nennen sich nach Jakob Isak aus Przysucha, einem Städtchen im Lubliner Kreis zwischen Piotrkowo und Radom, st. 1814. Er wurde unter den Seinen der „Przysucher Jüd" היהודי מפרשיסחא schlechtweg genannt (Walden I, Jod, Nr. 148). Sein Jünger war (Simcha) Bunem aus Przysucha, st. 1827 (das. Beth, Nr. 1). Die Kozker nennen sich nach Mendel aus Kozk, st. 1859 (das. Mem, Nr. 53). Noch ist zu erwähnen Hirsch aus Zebitschow צבי הירש מזידיטשוב, st. 1836, der viele Schriften hinterlassen und destruktive Ansichten über die Gültigkeit der pentateuchischen Gesetze ausgesprochen hat, z. B. in seinem פרי קדש הלולים; Kerem Chemed IV, S. 56.

3.

Die Juden in Frankreich unter dem Terrorismus.

Es ist mir nicht bekannt, daß irgend jemand historisch untersucht hätte, ob und wie weit die Juden in Frankreich eine Religionsverfolgung in der Zeit erlitten haben, als der Konvent Gott entthront, die Vernunft dafür eingesetzt, die Kirchen geschlossen und religiöse Riten bei Strafe verboten hatte. Jost hat noch in seiner letzten Arbeit (Geschichte des Judentums II, S. 328, Note) apodiktisch hingestellt: „Über Belästigung wegen der Sabbatfeier wäh-

rend des Revolutionskalenders verlautet jedoch nichts." Darum ſeien hier
die Notizen zuſammengeſtellt, welche im Gegenteil beweiſen, daß die Juden
von dieſem kurzen Parorismus der Schreckensherrſchaft nicht verſchont geblieben ſind[1]). Mehrere glaubwürdige Zeugniſſe ſprechen deutlich genug
dafür. Es bleibt der Zukunft vorbehalten, ſie zu mehren. Der Biſchof Grégoire, der warme Apologet für die Emanzipation der Juden, bemerkt zwar
(Histoire des sectes réligieuses I, p. 320): „Je ne connais aucun arrêté qui
ait eu pour but de forcer les Juifs à transférer leur sabbat au décadi. . .
On n'avait donné aucune suite à quelques pétitions pour leur interdire la
circoncision et pour les obliger à couper leur barbe. Il faut se rappeler que
la persécution plus mitigée envers eux et envers les protestants, était dirigée
spécialement contre le culte catholique." Daſ. p. 179: „La liberté des
cultes n'était que pour quelques synagogues et quelques temples protestants." Dagegen berichtet er ſelbſt (daſ. p. 305): „Aussi diverses autorités
municipales, entre autres celle de S t r a s b o u r g par arrêté du 8 Nivôse
an III, signé A n d r é , m a i r e , enjoint aux marchands, d'ouvrir tous
les jours, excepté le décadi. Même arrêté de la part de celle de T r o y e s ,
21 Brumaire an II. Elle veut qu'on o u v r e a u s s i l e s j o u r s d e
s a b b a t et autres fêtes, mais non le décadi. In der Einleitung (I, p. 5)
erzählt Grégoire: Quelques s y n a g o g u e s , en 1793, l i v r è r e n t
l e u r s tables de la loi aux aboyeurs des clubs, ainsi que les protestants
et par les mêmes causes, ils furent moins vexés que les catholiques. Es
folgt alſo aus dieſem Zeugnis eines glaubwürdigen Augenzeugen, der ſich
umgeſehen hat, daß in einigen Städten, beſonders in dem judenfeindlichen
Straßburg, von den Juden verlangt wurde, daß ſie den Sabbat nicht feiern,
vielmehr ihre Geſchäftsläden an demſelben offen halten ſollten, und daß die
fanatiſchen Klubmänner von ihnen die Auslieferung ihrer Kultusgegen-
ſtände, ihrer ספרי תורה verlangt und erhalten hatten. Es war alſo doch
eine Religionsverfolgung gegen die Juden während des Terrorismus: aber
ſie war nur lokal. Der Konvent ſelbſt hat kein Dekret gegen den jüdiſchen
Kultus erlaſſen. Indeſſen ändert dieſer Umſtand an der Sache nichts. Die
Macht hatten die Terroriſten in den Händen, und wenn es dieſen einfiel,
daß der Sabbat durch die Einſetzung des Décadi im Revolutionskalender
eo ipso aufgehoben ſei, und daß die Abſetzung Gottes auch involviere, daß
die Juden ihre heiligen Schriften nicht verehren dürften, ſo blieb den letzteren
nur die Alternative, ſich zu fügen oder das Schafott zu beſteigen. Aus
Grégoires Bericht iſt nicht erſichtlich, daß die franzöſiſchen Juden bei dieſer
Gelegenheit Märtyrer geworden wären. Später iſt noch die Frage aufgeworfen worden, ob ſie nach dem jüdiſchen Kodex verpflichtet geweſen wären,
ihr Leben einzuſetzen.

Ein Zirkular der Munizipalbehörde von N a n c y aus dem Jahre 1804
beweiſt, daß den dortigen Juden zugemutet wurde, das Judentum völlig
abzuſchwören, die heiligen Schriften auszuliefern, und, was noch wichtiger
war, die koſtbaren Ornamente zu übergeben (Archives Israélites, Jahrg. 1844,
S. 415):

---

[1]) Vgl. ferner die Abhandlung L. L ö w e n ſ t e i n s über „Die Juden
im Elſaß vor und während der Schreckensherrſchaft" in den „Blättern für
jüdiſche Geſchichte und Literatur", Beilage zum „Iſraelit", 1899, Nr. 1 ff.]

Circulaire adressée, l'an II de la république, a u x   r é p u b l i c a i n s
et p h i l o s o p h e s de la c i - d e v a n t r é l i g i o n j u i v e (tex-
tuel) par M. B i g e r o t , officier municipal.

Nancy, le 23 brumaire, l'an II de la république.

Le conseil général de la commune me charge, citoyens, de vous en-
voyer l'extrait de sa délibération d'hier, que vous trouverez ci-inclus.
Plein de confiance en votre civisme et vos lumières, il espère que vous
vous empresserez à venir abjurer sur l'autel de la patrie les erreurs antiques
de la superstition avec les ministres des autres cultes.

En conséquence, décadi prochain, troisième décade du courant, le
peuple assemblé dans le temple national recevra, en présence des corps
administratifs, l'offrande que vous viendrez lui faire au nom de la patrie
de vos chartes mystiques, ainsi que de tous les effets d'or ou d'argent,
meubles, ornements, emblêmes, qui servaient à l'usage de votre culte.

Beaulieu, Darly, Prieur et Blachier, officiers municipaux, sont commissaires pour recevoir tous ces effets. Vous voudrez bien en dresser un
inventaire double, au bas d'un desquels vous en recevrez la décharge, et
ils vous indiqueront, où vous devez les déposer.

Salut et fraternité.
Bigerot,
Officier municipal.

Ein anderes Beispiel erzählen die Archives (Jahrg. 1843, S. 222) bei
Gelegenheit des Nekrologs der ausgezeichneten Frau H a b a m a r d aus
M e t z (st. 1843). A l'époque de la terreur, alors qu'on faisait gloire de répu-
dier toute pratique réligieuse, les Israélites de Metz ne purent se décider
à faire la Pâque sans pains azimes . . . On fit des pains azimes, mais on
craignait les dénonciations si fréquentes alors, et ce fut la mère de Mad.
Hadamard (Mad. Lambert), qui alla trouver le représentant du peuple.
„Que veux-tu, citoyenne?" lui dit le proconsul de Metz. — „Demander la
permission de faire nos Pâques." — „Comment, tenir encore à ces niaiseries,
quand le soleil de la raison brille à l'horizon?" — „Les pains sont prêts,
c'est un usage cher à nos cœurs, comme s o u v e n i r de l a l i b e r t é."
— „Eh bien! puisque le vin est tiré, il faut le boire."

Herr Albert Cohn, der sich viele Mühe gegeben, die Geschichte der Pariser
Gemeinde v o r , w ä h r e n d und n a c h der Revolution zu erforschen,
erfuhr durch die Erinnerung alter Augenzeugen nur den einzigen Zug aus
der Zeit des Terrorismus: Deux personnes eurent à cette époque deux
petites écoles de garçons . . l'une dirigée par M. Aron, Polonais, et l'autre
par M. M. J. Cohen. Tous les deux conduisaient, pendant la Terreur, leurs
enfants les jours de décadi au temple de la raison [à l'église de Notre-Dame]
(Univers Israélite, Jahrg. 1864—65, S. 159).

Wir haben noch Nachrichten, daß einige Fromme wegen Widerstandes
verfolgt worden sind. David Sinzheimer, der nachmalige Präsident des
französischen Sanhedrins und Großrabbiner, schildert die Erlebnisse folgendermaßen (Einleitung יד דוד): ויהי בשנת תקנ"ד באו ימי הפקודה ימי הזעם
פתח ה' אוצרו ויוציא כלי זעמו אמרנו נגזרנו לנו . . . כי גזרו כתבו על קרן
השור בו ועל כל הספרים בכתב אשרירית שישרפו אותם. ובעו"ה
כמה ספרי תורות וספרים רבים ויקרים נשרפו . . . והוצרכתי לגנוז
ספרים שלי. ובעת הצרה וזעם שבתו עוברי אורת ים תלמוד . . . ודלתי

‎חזרה ננעלו מתורה ומתפילה … ואני בתוך הגולה הולך ונודד מעיר‎
‎לעיר ומגבול לגבול עד בחמלת ה' על מין האנושי השבית החיים רעה מן‎
‎הארץ ועבר חזעם ואיש על מקומו בא בשלום‎. Es folgt aus dieser Erinnerung Sinzheims, daß die Synagogen geschlossen, heilige Schriften und
überhaupt hebräische Bücher verbrannt wurden, und daß er selbst, um nicht
das Gesetz zu übertreten, gezwungen war, zu entfliehen. Da Sinzheim damals in Straßburg lebte, so kann man auch diese Razzia gegen die jüdischen
Schriften den Terroristen dieser Stadt zuschreiben. Auch aus seiner Angabe
geht hervor, daß die meisten Juden sich den Zumutungen des terroristischen
Klubs zur Verletzung von Religionsgebräuchen fügten. Im Text zum Kommentar zu Traktat Sabbat p. 14 b bemerkt Sinzheim zum Passus über die
Unempfindlichkeit bei gehäuften Leiden: ‎ודבר זה ראינו בעירינו בשנת תקנ״ד:‎
‎לא תקום פעמים צרה בגזירות שהיו, לא היו מרגישים לא בצרות הגדולות‎
‎אשר ממש נתקיים בבוקר תאמר מי יתן יערב ופשיטא שלא היו מרגישים‎
‎בניסים אשר ראינו בעירינו. ואפשר רק אחד בעיר ושנים במשפחה שידעו‎
‎והסתכלו בכל זאת לשבח להקב״ה.‎

Aus einer ferneren Notiz geht deutlich hervor, daß die Juden während
des Terrorismus geradezu gezwungen wurden, den Sabbat zu verletzen. Der
Rabbiner Isaak Lenczyc aus der kleinen Gemeinde Westhofen bei Straßburg teilt ebenfalls seine Erlebnisse während der Schreckenszeit mit, daß viele
gezwungen wurden am Sabbat Feldarbeit zu verrichten. In seiner Schrift
‎זכר לנפלאותיו וחסדיו יתברך גבר עלינו בימי‎, p. 30, heißt es: ‎כלילת יופי‎
‎השערורית שהיתה בימינו במדינת צרפת לא נתן למוש רגלנו … גם הפליא‎
‎חסדו עמנו בקיום מצותיו ושמירת השבתות ומועדים כנודע. ועם כל זה רבים‎
‎מישראל במקומות מושבותיהם היו אנוסים לחלל שבתות בבית‎
‎הגרנות ובשדות במלאכת הקצירה וקיבוץ עומר גורנה. ולסיבת‎
‎הכרומות וחתהפקר לא היו כל האופנים שום בהעניינים שדין תורתנו בדין‎
‎הרג ואל יעבר תלוי בהם אם בכוונה המכרחת אם להעביר על דת או מתכוון‎
‎להנאתו … גם לא היה אפשר אז לעמוד על החקירה, וגם היה סכנה בדבר‎
‎להורות לשואל אם לא למותחזק צדיק וירא ה' מרבים. אבל אחר עבור הסכנה‎
‎ויעבור ה' רוח הנחה למדינת צרפת לדרוש איש בשם אלהיו, מי שנגע יראת‎
‎ה' בלבבו תחאמץ לשוב אל ה' ורחמהו, ושאל פי חכמים יגידו דרך התשובה‎
‎והם אז נמצאאל חפים למשמר סכנת נפשות ממש ר״ל איזה ימים (מיום כ״ו‎
‎חמוז עד ט' באב שנת תקנ״ד):‎

Der Grund der Einkerkerung Lenczycs zeugt ebenfalls für Religionsverfolgung, weil er nämlich als Rabbiner fungierte, wie er in der Einleitung angibt: ‎בקום עלינו אדם חיה רעה באה לעולם במדימת מלכות צרפת‎
‎שהיתה בימינו, כמה סכנות נפשות עברו על ראשי ותם כל הכסף והעושר‎
‎מבית אבותי גם הייתי במאסר על דברי התורה מהנהגות רבנות‎
‎מיום כ״ו חמוז תקנ״ד עד יום ט' באב ובשעה החיא בכל רגע ורגע‎
‎היה דעם ר״ל.‎ Auch diese Verfolgung scheint sich nur auf die Umgegend
von Straßburg erstreckt zu haben. Jedenfalls hat in dem atheistischen Jahre
eine Religionsverfolgung gegen Juden in einigen Gegenden stattgefunden,
die teils gegen den Sabbat und die Festtage, teils gegen Gebet und Synagoge und endlich gegen die heiligen Schriften und hebräischen Bücher
überhaupt gerichtet war. Auch waren rabbinische Funktionen verpönt.

4.

Die Schmähschriftenliteratur gegen Juden und Judentum im Anfang des 19. Jahrhunderts[1]).

Die deutsche Literatur ist die reichste an Schmähschriften gegen Juden. Seitdem die lateinische Sprache aufgehört hat, den Gedankenverkehr für das Publikum zu vermitteln, sind die meisten und bedeutendsten Invektiven gegen den jüdischen Stamm und das Judentum in deutscher Sprache verfaßt worden. Pfefferkorn, Eisenmenger und Schudt, diese Hauptlieferanten von Schmähartikeln für Judenfresser, gehören Deutschland und der deutschen Literatur an. Seit der Zeit, als Pfefferkorn und die Dominikaner im Interesse des Klerikalismus antijüdische Pamphlete schleuderten, sind aber nicht so viele in kurzer Zeit erschienen, wie in den beiden Jahren 1803 und 1804. Sie bilden die Vorläufer des reaktionären Schrifttums seit 1815, welches sich gegen die Emanzipation des Judentums steifte. Ihre Verfasser waren von dem Instinkt inspiriert, daß die Gleichstellung der Juden auch in Deutschland zur Sprache kommen werde, und sie wollten ihr gleich im Werden entgegentreten. Sie gruppieren sich meistens um die Schriften von Paalzow und Grattenauer. Diese Schriften sind meines Wissens noch nicht zusammengestellt worden. Sie bilden mit den Gegenschriften einen Zyklus von 28 Stück [vgl. jedoch S. 587 ff., wo jetzt 48 aufgezählt sind], obwohl Scheppler deren nur zehn aufzählt (S. 93), und ich weiß nicht, ob mir alle zu Gesicht gekommen sind. Wolfssohn bemerkt im Eingange zu seiner Apologie: „Wahr ist's, daß seit einiger Zeit in Berlin viele und in Breslau einige Schmäh- und Spottschriften gegen die Juden herausgekommen sind." Daß sie gegen die Emanzipation im Staate gerichtet waren, beweist gleich Nr. I, 1. Aber auch gegen die Anerkennung der Juden in der Gesellschaft wollten sie polemisieren; das geht aus einer Nachricht hervor, daß eine hochgestellte Persönlichkeit die erste Lästerschrift bei Grattenauer bestellt hatte. Wolfssohn nennt (p. 19) als Instigatoren derselben den Geburtshelfer D. F., den Paten L. Z. und die Kinderwärterin J. W. S. Der Salon der Henriette Herz und der Rahel Levin, welche vielen ein Dorn in den Augen waren, gaben Veranlassung dazu. — Ein Umschwung der Zeit ist in dem Umstande zu bemerken, daß die Juden auf christlicher Seite Verteidiger fanden und noch mehr, daß die Juden selbst sich ihrer Haut wehrten.

Über die Bewegung, welche die Pamphletliteratur hervorbrachte, gibt folgender Artikel aus dem Freimütigen (1804, Nr. 143) einen Begriff.

Literarische Nachrichten.

„Berlin. In der letzten Leipziger Messe erschien eine Broschüre unter dem Titel: „Wider die Juden, eine Warnung an meine christlichen Mitbürger", die eine lange Reihe aller Abscheulichkeiten und Schandtaten,

---

[1]) [Vgl. über den Gegenstand ferner: L. Geiger, Gesch. d. Juden in Berlin II, S. 301—319 u. Ztschr. f. d. Gesch. d. Juden in Dtschl. III, S 94, sowie M. Freudenthal, die judenfeindliche Bewegung in Preußen am Anfang dieses Jahrhunderts (in Branns, Jahrbuch zur Belehrung und Unterhaltung, Jahrg. 1894), S. 15—54. Hiernach sind die Angaben der vorliegenden Note berichtigt und ergänzt.]

deren sich die Kinder Abrahams seit fünf Jahrhunderten schuldig gemacht haben
sollen, enthält. Unglaublich war der Abgang des Werkchens, und in wenig
Wochen erlebte es schon die dritte Auflage. Dr. Aronssohn nannte den
Verfasser, Herrn Grattenauer in Berlin, und er übernahm die Verteidigung der Juden. Auch Ben David, bekannt aus verschiedenen
philosophischen Schriften, kündigte eine Apologie seiner Nation an. Grattenauer zankte sich dagegen weidlich mit Aronssohn über die Bekanntmachung
seines Namens und erließ eine zweite Broschüre: „Erklärung an das
Publikum, über seine Schrift wider die Juden". Der Kammerassessor
Kosmann trat auf und schrieb eine Verteidigung der Verfolgten unter
dem Titel: „Für die Juden, ein Wort zur Beherzigung an die Freunde der
Menschheit und an die wahren Verehrer Jesu". Noch jemand edierte ein
Werkchen „Über die Juden und ihre Feinde". Ein anderer verfaßte
ein „Sendschreiben eines Christen an einen Ber-
liner Juden über den Verfasser ‚Wider die Juden'", ein dritter schrieb
den „Judendoktor" und ein vierter untersuchte die Frage: „Juden,
sind sie der Handlung schädlich?" gegen welche letztere dann
eine andere Schrift: „Blinde Kuh in der Handlung", gerichtet ist.

Endlich erschien wegen dieses Streites über eine, man sollte glauben
durch die Vernunft und das Christentum längst entschiedene Sache, folgende

Obrigkeitliche Bekanntmachung.

„Der Unfug, der seit einiger Zeit durch Druckschriften wider und für die
Juden und deren Verkündigungen durch die öffentlichen Blätter veranlaßt
und getrieben worden, macht es nothwendig, hiermit auf Befehl eines hohen
General-Ober-Finanz-Kriegs- und Domainen-Directoriums festzusetzen und
bekannt zu machen: Daß zur Steuerung dieses Unfuges die ernsthaftesten
Vorkehrungen getroffen sind. Besonders ist es verfügt worden, daß Schriften
dieser Art nicht weiter die Zensur passieren, und keine Anzeigen von Schriften
dieses Gegenstandes in die hiesigen Zeitungen und Intelligenz-Blätter aufgenommen werden dürfen, welches zur Nachricht und Achtung hiermit bekannt gegeben wird."

Berlin, den 20. September 1803.

Königl. Preußisches Polizey-Direktorium.

Eisenberg.

(S. Nationalzeitung der Deutschen, 41. Stück, den 13. Oktober 1803, p. 919
und 920, s. auch noch allgemeine Literatur-Zeitung vom 9. April 1804 Nr. 408).

Diese kleine Schrift hat vermutlich nicht bloß hier in Berlin, wo sie erschienen, sondern auch auswärts viel Aufsehen gemacht. Man muß bekennen,
daß der Verfasser nicht mit Kälte geschrieben, daß für jede seiner skandalösen
Judengeschichten man ihm ein Dutzend christliche in den Bart werfen könnte;
daß er seine Beweise größtenteils aus solchen Zeiten hervorholt, wo es wahrscheinlich auch unter den Christen finster genug aussah, und ein blinder Judenhaß manchem Chronikenschreiber Fabeln diktierte; aber — was sich nicht ab-
leugnen läßt, ist, daß die Juden ihren Religionsdogmen zufolge zu keiner
Wahrhaftigkeit gegen Nichtjuden verbunden sind. Eine Verteidigung gegen
diese Anklage wäre wohl höchst nötig, das Übrige könnte unbeantwortet
bleiben."

Ich teile die damals erschienenen Schriften in drei Rubriken:

I. Antijüdische Schriften.

1. **Die Juden in Deutschland und deren Annahme zu Reichs- und Provinzialbürgern**, Gedanken durch den neuerlichen Antrag des churböhmischen Gesandten zu Regensburg, „den Juden das Bürgerrecht zu ertheilen" veranlaßt. Im Monat Januar 1803, Heilbronn. Anonym.

2. Christian Ludwig **Paalzow**, preuß. Criminalrath beim Kammergericht. **De civitate Judaeorum**, Berlin bei Schön 1803. Sie ist lateinisch, wurde aber im Verlaufe der Agitation von einem anonymen Juden ins Deutsche übersetzt und mit einer ironischen Dedikation Paalzow gewidmet.

3. Derselbe: **Der Jude und der Christ. Eine Unterhaltung auf dem Postwagen**, Berlin [J. W. Schmidt,] 1804 [96 S., 8] (aber schon September 1803 erschienen).

4. **Grattenauer**, **Wider die Juden**, Berlin [J. W. Schmidt,] 1803, anfangs anonym und nur zum Schluß mit r unterzeichnet. Es sollen fünf Auflagen davon erschienen sein. [Die Schrift erschien zuerst in den „Feuerbränden für Dtschl." 1803].

5. Derselbe: **Erklärung an das Publikum über meine Schrift: Die Juden**, Berlin 1803, [J. W. Schmidt, 45 S., 8].

6. Derselbe: **Erster Nachtrag** zu seiner Erklärung über seine Schrift: **Wider die Juden**. (Ein Anhang zur fünften Auflage) [Berlin, J. W. Schmidt, 1803, 83 S., 8 (Titel z. T. rot)].

7. **Können die Juden ohne Nachtheil für den Staat bei ihrer jetzigen Verfassung bleiben?** Berlin [Hahn], 1803, [67 S., 8] anonym. Dieses Pamphlet knüpft an Grattenauers Schrift an.

8. **Auch ein Wort wider die Juden**, veranlaßt durch . . . Grattenauers Schrift wider die Juden, von einem praktischen Geschäftsmann verfaßt, der merkwürdige jüdische Schwindeleien erfahren hat. Berlin 1803. Anonym. [Vgl. Freudenthal a. a. O. S. 36].

9. **Friedrich Buchholz**, **Moses und Jesus oder über das intellektuelle und moralische Verhältniß der Juden und Christen**, eine historisch-politische Abhandlung, Berlin 1803, [Unger, 266 S., 8].

10. **Joseph Rohrer**, Versuche über die jüdischen Bewohner der österreichischen Monarchie 1804.

[11. **Der travestirte Nathan der Weise**. Posse in zwei Aufzügen. Berlin, 1804, 8].

[12. **Taschenbuch für die Kinder Israels oder Almanach für unsere Leute**. Berlin 1804, 365 S., 16.]

[13. **Zwei neue jüdische Lieder**. Berlin, J. W. Schmidt, 1803, 8].

[14. **Freimüthige Bemerkungen über die am 2. Weihnachtsfeiertage gehaltene Predigt. „Das Urtheil unseres Herrn über sein Stammvolk."** Breslau [1804], 8. Vgl. III., 10 [Freudenthal a. a. O. 47 f].

[15. **Der Person Freund, der Sache Feind**, oder freimüthige Staatsbürgerworte über die am zweiten Weihnachtsfeiertage von Herrn Pastor

Hermes zu Breslau gehaltene Predigt. Breslau 1804, 8. Vgl. III, 10 [Freudenthal a. a. O. S. 49].

[16. Schreiben an den Verfaſſer: „Das Wort des Friedens" von dem Verfaſſer der freimüthigen Bemerkungen über die Predigt. Von C—s (oben Nr. 14. Vgl. III, 3) [Freudenthal a. a. O. S. 49 f.].

II. Verteidigungsſchriften für die Juden von chriſtlichen Verfaſſern.

1. Kosmann, Kammeraſſeſſor und Profeſſor. Für die Juden. Ein Wort zur Beherzigung an die Freunde der Menſchheit und die wahren Verehrer Jeſu, Berlin [J. W. Schmidt,] 1803, 44 S., u. 8 , den [Herren] Aelteſten einer hieſigen [Berliner] wohllöbl. Judenſchaft und allen guten Menſchen ohne Unterſchied der Religion gewidmet.

2. Derſelbe, Geſtändniſſe, meine Schrift für die Juden betreffend. Berlin, [C. G. Schöne], 1803, [64 S., 8].

3. J. W. Ramſon, Die Juden, ein Wort für Unpartheiiſche, Pirna ohne Datum, aber im Laufe von 1803 erſchienen.

4. Sendſchreiben eines Chriſten an einen hieſigen Juden, über den Verfaſſer der Schrift wider die Juden, Berlin, [C. G. Schöne,] 1803, [30 S., 8]. Anonym.

5. Skizzen über, wider, für und an die Juden. Von einem Kosmopoliten, Breslau 1803, 24 S. [Vgl. Freudenthal a. a. O. S. 43 ff.].

6. Au Wah, Au Wah. Auch ein paar Worte über die Juden, wollte Gott die letzten, mit Hinſicht auf die Schrift: Können die Juden uſw. (I, 7), Berlin 1803. [Vgl. Freudenthal a. a. O. S. 37 f.].

7. Diebitſch, Freiherr von, Cosmopolitiſche unpartheiiſche Gedanken über Juden und Chriſten, erzeugt durch das Werk: Wider die Juden. Eine Verteidigung deſſen, was gerecht und billig iſt, Berlin, [Schöne, 1804, 132 S., 8].

8. Derſelbe, über das Werk: Können die Juden uſw. (I, 7). Berlin 1804, [68 S. 8].

[9. Der Bart, Ein höchſt wichtiges Argument zur Beilegung des ſehr gelehrten und chriſtlichen Streites wider und für die Juden. Berlin 1803, 38 S., 8].

[10. Hermes, J. J. Das Urtheil des Herrn über ſein Stammvolk, vergl. mit denjenigen Urtheilen, welche jetzt ſo viel Aufſehen erregen. Predigt am zweiten Weihnachtsfeiertage 1803. Breslau 1803, 8. [Vgl. Freudenthal a. a. O. 45 ff.].

[11. Schreiben eines Lords an ſeinen Correſpondenten zu Paris. Zur Vertheidigung der Juden. Breslau 1804. XXX u. 62 S., 8. Überſ. der 1767 erſchienenen „Lettres d'un milord". Vgl. oben S. 56 und Freudenthal a. a. O. S. 51.]

12. Franz Joſeph K. Scheppler, der Rechte Doctor, kurfürſtlich, reichserzkanzlicher Oberlandsgerichtsrath. Ueber die Aufhebung des Judenleibzolls nebſt einer ſkizzirten Geſchichte der Juden, ihrer Schickſale und ſtaatsrechtlichen Verhältniſſe, beſonders in Teutſchland. Hanau und Leipzig, [Scharneck,] 1805, 185 S., [8]. Da Schepplers ſehr nützliche Schrift apologetiſch iſt, und auf die Schmähſchriften Rückſichten nimmt, ſo zählte ich ſie zu dieſem Literaturkreiſe.

III. Verteidigungsschriften von jüdischen Schriftstellern.

1. Der Pseudo-Haman oder kurze Widerlegung der Schrift: Wider die Juden, Berlin 1803 [Schöne, 38 S., 8].

2. Auszug eines Schreibens von einem Juden zu [Breslau] an seinen Freund zu P[leß] in Oberschlesien, Grattenauer's Schrift wider die Juden betreffend. Breslau ohne Datum, aber wohl 1803 erschienen. [Nach Freudenthal a. a. O. S. 43 von S. E. Pappenheim verfaßt.]

[3. Pappenheim S. S., An das Breslauer Publicum ein Wort des Friedens zur Beseitigung des über die von Herrn Pastor Hermes am zweiten Weihnachtsfeiertage gehaltene Predigt ausgebrochenen Streites. Breslau 1804, 8 [Freudenthal a. a. O. S. 49].

4. S. J. Lefrank, Bellerophon oder der geschlagene Grattenauer nebst einer Dedication an den Teufel, Hamburg, [Nestler,] September 1803.

5. Joseph Euphrat (Troplowitz), die Kartaunen oder gründliche Widerlegung der Grattenauerschen Schrift [wider die Juden,] Ratibor 1803.

6. Bonheim, David Meyer, Einige Bemerkungen über die Schrift: Können die Juden usw. (I, 7) mit Bezug auf die Grattenauersche Piece. Ratibor, ohne Datum, aber wohl Ende 1803 oder Anfang 1804, da die folgende Schrift darin als bevorstehend angekündigt wird.

7. Aaron Wolfssohn, Jeschurun oder unparteiische Beleuchtung der dem Judenthume neuerdings gemachten Vorwürfe, in Briefen, Breslau 1804, 8.

8. Ein freundliches Wort an die Christen zur gänzlichen Beilegung ihres Streites, Königsberg 1804.

9. Dominicus Haman Epiphanes, der Judenfeind[1]), unumstößlicher Beweis, daß ohne eine schleunige Niedermetzelung aller Juden und den Verkauf aller Jüdinnen zur Sklaverei, die Welt, die Menschheit, das Christenthum und alle Staaten nothwendig untergehen müssen. Ein Sendschreiben an Herrn Justizcommissarius Grattenauer 1804. Druckort ist nicht angegeben, Herr Dr. Jolowicz meint, sie wäre in Königsberg bei Nikolovius erschienen. Aus dem Inhalte ergibt sich, daß der Verfasser ein Jude und zwar ein Arzt gewesen ist.

[Hierher gehören auch noch folgende, bisher unbekannte, bzw. nur dem Titel nach bekannte Schriften, welche Freudenthal a. a. O. S. 36 aufzählt].

1. Die Kinder Israels in der Wüsten, ein Beitrag zur Geschichte der Fehde unseres Jahrhunderts. 1804.

2. A' Räd for das Bulk Israel, vor 50 Jahren getabbert in der Schul zu Brassel von Rawe Aaron. Breslau 5564, 8.

3. Für die Juden, wider alle jüdische Christen, Heiden, Türken, Fanatiker, Grübler, Schwärmer, Obscuranten u. dgl. Von einem englischen Christen und Professor der schönen biblischen Lehre: Like thy neighbour as thyself! or do as you wish to be done by! [der Vf. war Prof. A. Wilson in Hamburg].

---

[1]) Die Einsicht in diese seltene Schrift verdanke ich der Gefälligkeit des königlichen Oberbibliothekars der Universitätsbibliothek zu Königsberg.

4. Die heutige Verfassung der Juden verdirbt die Moralität der Christen und hiermit auch die Staatsverfassung. 1804.

5. Mein erstes Wort wider die Juden mit und ohne Bart. Berlin, Hamburg u. Amsterdam, 1804.

6. Ueber Juden und Christen, ein Wort zur rechten Zeit und am rechten Orte. In Reime gezwungen und abgesungen von Hans Sachse dem jüngeren, Meistersänger und Schuhmacher dazu. Gedruckt in diesem Jahr, wo über die Juden zu schreiben Mode war.

7. Ueber die Juden und ihre Feinde.

8. An alle christlichen Antichristen. Und endlich:

9. Ueber die Juden, weder für noch wider sie. Germanien, 1804, 8 S., 32. Nr. 4, 5 und 6 sind in der Allgem. Jenaer Lit.-Ztg., 1804, Bd. IV, S. 214 f. besprochen. Nr. 7 und 8 in der Spenerschen Ztg., 1803, Nr. 103 und 104 angekündigt].

Nicht zu diesem Kreise gehören zwei Schriften, eine apologetische und antijüdische, welche zur selben Zeit erschienen sind.

a) Juden, sind sie der Handlung schädlich? 1803 ohne Ortsangabe (o. S. 586). Die Schrift ist gerichtet gegen zwei judenfeindliche Artikel in Hilds Magazin der Handels- und Gewerbekunde Mai—Juni 1803, betitelt, Leipziger Neujahrsmesse und Erfurt als Handelsstadt. Der Verfasser weist zu allererst den nationalökonomischen Wert des Handels nach.

b) Offene Blindekuh in der Handlung, ein Gegenstück zu der Schrift Juden, sind sie usw. Eigentlich nicht für und nicht wider die Juden, sondern für die gute Sache. Frankfurt a. M., 1803.

5.

Wolff Breidenbach und die Aufhebung des Leibzolles.

Fragt man, wer hat den drückendsten Leibzoll, nämlich in den deutschen Sedezstaaten, abgeschafft, so erhält man gewöhnlich zur Antwort: Israel Jacobson. Aber das ist kaum cum grano salis richtig. Wolff Breidenbach war es. Weiß man etwas von ihm? Jost hat in seiner Geschichte nicht einmal seinen Namen genannt. In Ersch und Grubers Enzyklopädie II, 27, Artikel Juden (Geschichte), S. 92 wird er mit Jacobson auf gleiche Stufe gestellt. Und doch sagt die Quelle, aus der die Notizen geschöpft sind, nämlich Scheppler über die Aufhebung des Leibzolls, gleich im Eingange (S. 3): „Die Ehre des ersten Versuches, die Juden im allgemeinen von einer die Menschheit entehrenden ... Abgabe ... Judenleib- oder personenzoll ... zu befreien, gebührt dem H. Jacobson. Indessen waren die Bemühungen desselben mehr auf seine Glaubensgenossen seines besonderen Vaterlandes ... Braunschweig-Wolfenbüttel, beschränkt. Tätiger verfolgte die Fußtapfen dieses Mannes der kurhessische Hoffaktor und Fürstlich Jsenburgische Hof- und Kammeragent Herr Breidenbach. Dieser fing aus eigenem Antriebe im Jahre 1803 an für das ganze Aggregat seiner Glaubensgenossen in Teutschland um die unbedingte

Aufhebung des Judenleibzolls an alle teutsche Höfe, wo diese Abgabe noch existiert. mit bittlichen Vorstellungen sich zu wenden, und soll wirklich in Teutschland als ihr Anwald und Stellvertreter bevollmächtigt sein. Dieser wackere Mann hat mich . . . . mit dem Geiste und Fortgang seiner eifrigen Negoziationen bekannt gemacht, [und] mir die verschiedenen Resultate derselben mitgetheilt." So weit Scheppler.

Weil sich Jacobson stets in den Vordergrund drängte, Breidenbach sich aber hinter der Szene hielt, ist jenem das Verdienst beigelegt worden, das diesem gebührt. Breidenbach verdient demnach eine „Rettung" und seinen gebührenden Ruhm in den Augen der Nachwelt, der um so glänzender erscheint, als er nicht die Beimischung von Eitelkeit hat. Das Wenige, was über ihn bekannt ist, soll hier zusammengestellt werden; hoffentlich werden sich Nachfolger angeregt fühlen, es zu vermehren.

Vorher soll indessen der geringe Anteil, welchen Jacobson an der Aufhebung des Leibzolls hatte, hier urkundlich angegeben werden. In der Urkunde von Braunschweig, betreffend die Aufhebung des Leibzolls (bei Scheppler a. a. O., Urkunde Nr. IX) vom 23. April 1803, ist Jacobsons Name, als Anregers gar nicht erwähnt, auch nicht in der von Baden, d. d. 20. Januar 1804 (das. Nr. XVII). Nur Scheppler bemerkt (das. S. 84), daß es in Baden „vorzüglich auf die Verwendung des Herrn Israel Jacobson" geschehen sei. Dagegen nennen viele Urkunden Breidenbach als den, durch dessen Vorstellung der Leibzoll abgeschafft wurde.

Durch die Freundlichkeit des Herrn Dr. Formstecher in Offenbach, den ich um Auskunft bat, bin ich imstande, Breidenbachs Biographie zu geben, die nicht uninteressant ist. Ich gebe sie hier wörtlich, wie derselbe sie mir mitgeteilt hat: „Wolff Breidenbach starb hier (in Offenbach) in der Nacht zum 28. Februar 1829: ליל ש״ק כ״ה אדר תקפ״ט und wurde nach der Aussage seiner Kinder 78 Jahr alt, demnach 1751 geboren, in dem Dorfe Breidenbach bei Hessen-Cassel. Als junger Mann kam er arm nach Frankfurt a. M., wo er als geistvoller בחור durch Gaben und Freitische sich den rabbinischen Studien widmete. Doch bildete er sich heimlich auch in profanen Wissenschaften aus und kaufte sich zuweilen für seine ersparten Kreuzer ein deutsches Buch. Als Meister im Schachspiele kaufte er sich einst bei seinem Buchhändler Philidors „Unterricht im Schachspiele" in Gegenwart eines gerade im Buchladen anwesenden sehr reichen Barons (oder Grafen?), welcher sich nach seiner Entfernung nach ihm bei dem Buchhändler erkundigte und von letzterem erfuhr, daß er als der beste Schachspieler in Frankfurt gerühmt werde. Breidenbach wurde zum Baron geladen und wußte durch sein geschicktes Spiel und sein geistreiches Benehmen nach und nach dessen Gunst so sehr zu gewinnen, daß er sich bei demselben vom Spielgenossen zum vertrauten Freunde emporschwang. Mit der edelsten Treue und Gewissenhaftigkeit besorgte er dessen Geldgeschäfte und erhielt zuletzt von demselben als Darlehen eine bedeutende Summe, um selbständig seine Laufbahn als Geschäftsmann zu betreten. Außer seinem Wechselgeschäft betrieb er besonders einen bedeutenden Handel mit Juwelen und Schmuckgegenständen, wodurch er sich den Zutritt zu den Höfen kleiner Fürsten bahnte. Durch Empfehlungen und durch seine strenge Rechtlichkeit wurden ihm auch die Pforten größerer Höfe geöffnet und ihm verschiedene Ehrentitel gespendet, insbesondere von dem Landgrafen zu Cassel, vom Fürsten zu Isenburg-Birstein und von dem späteren Großherzog

Ludwig I. zu Darmstadt, dessen Bruder, Prinz Emil, Breidenbachs Haus-
freund war. Durch diese Konnexionen wurde es ihm möglich, seinen Einfluß
zugunsten der Juden bei Abschaffung des Leibzolls geltend zu machen. Für
die israelitische Gemeinde in Offenbach hat er nichts geleistet, außer daß er
1821 auf seine Kosten das Innere der Synagoge erneuern und ausschmücken
ließ. Er hatte aus reichen Familien drei Frauen geheiratet, welche er über-
lebte. Nach seinem Tode erbten sein großes Vermögen seine drei Kinder,
seine Tochter Sara verheiratet mit Abrh. Gans aus Cassel, und seine beiden
Söhne Moritz und Isaak (jetzt Julius). Beide ließen sich nach dem Tode des
Vaters taufen. Ersterer starb zu Darmstadt als Großh. Ministerialrat, letzterer
lebte noch 1870 (61 Jahr alt) als Großh. Gesandter zu Stuttgart."

Auf der Grabschrift lautet sein Titel: האיש הנכבד והמשובח והשתדלן
המפורסם והנכבד כה״ר וואלף ברריידענבאך ז״ל.

Als Ergänzung zum Biographischen sei noch angeführt, was sein Freund
Wolf Heidenheim 1806 über ihn schrieb (Vorwort zu seiner Machsor-
Edition, Teil Schabuot). Er bemerkt, daß er besonders dabei von Breidenbach unterstützt wurde. גבר חכם בעוז ... המפורסם הר״ר וואלף ברריידנבאך
נר״ו הוא האיש המחלל אשר פעל ועשה רב טוב לבית ישראל, הוא האיש
אשר התאמץ בכל עוז להסיר מעלינו עול חרפת המכסים אשר צדו צדדינו
בכל ארחותינו זה כמה מאות שנים, אל נתן אה חנו וברכו לדבר טוב על
ויעמד לו בכל אשר חפץ. ועודנו על משמרת נדיבתו הוא עומד לדבר טוב על
עמו בית ישראל להכין לחם מרגוע ... הן האיש היקר אשר ידו תמכתני ...
עשה גם הוא מטעמים בהעתקת איזה פיוטים כגון בפיוט ,,אתיתי לחנך"
ובסליחק ליום ז׳ של פסח ובסליחות לכל נדרי. ובכל מקום שכתבתי עליהם
כי נתונים המה לו מאחד ממאדבי, לו הם, וידדיו כוננו אותם.

Im Teil II für Neujahr, bei Übersetzung der Partie אתיתי לחנך, bemerkt Heidenheim: ,,Diese Übersetzung erhielt ich von einem verehrungs-
würdigen Freunde, seine Bescheidenheit erlaubt mir nicht, seinen Namen
zu nennen."

Durch diese Bescheidenheit wußte die jüdische Nachwelt nicht, daß sie
Breidenbach die Befreiung vom Leibzoll in West- und Süddeutschland zu
verdanken hat. Gleichzeitig mit Jacobson in Braunschweig erlangte Breidenbach die Aufhebung desselben in Isenburg 25. April 1803 (Scheppler, S. 81).
Auch bei dem Reichskanzler Karl von Dalberg, dem infolge des
Lüneburger Friedens Regensburg, Aschaffenburg und Wetzlar zugefallen
war, setzte er die Befreiung für Regensburg durch. Dieser judenfreundliche,
allerdings schwache halbgeistliche Regent (s. o. S. 295), unterstützte Breidenbach aufs kräftigste. In einer Urkunde stellte er ihm das Zeugnis aus, ,,daß
seine menschenfreundlichen, persönlichen Verwendungen ihm zum Ruhm
und Ehre gereichen" (das. Urkunde XVI, S. 167). Mit seinem Beistande
dachte Breidenbach auf dem Reichstage zu Regensburg die Befreiung für
ganz Deutschland mit einem Schlage durchzusetzen. Zu diesem Zwecke hielt
er sich mehrere Wochen in Regensburg auf (das. S. 82, 83). Doch so leicht
war in Deutschland keine Entjochung zu erlangen. Breidenbach sah ein, daß
Geld dazu nötig sein werde, teils um durch Spenden an die Armen die städtische
Bevölkerung und die Geistlichkeit dafür zu gewinnen, teils um die abratenden
Räte zu beschwichtigen und endlich um die kleinen Fürsten selbst, welche sich
an den Leibzoll, als an einen Teil ihrer Souveränität, festklammerten, durch
brillantes Spielzeug geneigt zu machen. Zu diesem Zwecke erließ Breiden-

bach einen Aufruf an die Gesamtjudenheit, einen Fonds dafür zusammenzu-
schießen. Dieser Aufruf, gedruckt zwischen 3. und 9. Tischri = 19.—25. September 1803, in der Heidenheimischen Druckerei, ging ohne Zweifel von Breidenbach aus, obwohl sein Name gar nicht darin genannt, auch nicht einmal
darauf angespielt wird, daß bereits durch seine Tätigkeit der Leibzoll teilweise aufgehoben wurde.   Der Hauptinhalt des mit hebräischen Lettern gedruckten Aufrufs sei hier wiedergegeben.

"קול קורא לאחינו בני ישראל,,

"Bei all den widrigen Schicksalen, welche über unsere unglückliche Nation
seit so vielen Jahrhunderten verhängt waren, und bei allem Druck, den wir
bisher erlitten — und, leider noch leiden — war dies das Einzige, was unsere
Existenz erhalten, daß nämlich zu allen Zeiten und bei allen Epochen würdige
Männer aus unserer Mitte aufgestanden, die zur Rettung und Erleichterung
unseres Druckes gewußt haben, den Gemeingeist der gesammten Nation zur
thätigsten Theilnahme und Mitwirkung aufzumuntern und zu beleben . . .
Ein Gegenstand dieser Art ist der lästige, als traurige, uns bis zum Vieh herab-
würdigende sogenannte Judenleibzoll; er verachtet und schmäht den Würdigen
und Vornehmen, plagt den Reichen, drückt den Armen, quält und peinigt
den Dürftigen"

. . . "Ein Herzog von Braunschweig, die sämmtlichen Fürsten von
Hohenlohe, das fürstliche und gräfliche gesammte Haus Isenburg sind es,
welche diese entehrende Abgabe bereits auf immer abgeschafft, und der große
Kurfürst und Erzkanzler von Mainz, welcher nicht minder für die gänzliche
Abschaffung dieser Belastung ist, und auch wirklich diese Abgabe in der Stadt
Regensburg aufgehoben hat . . . ."

"Es erfordert nicht nur Reisekosten, Spesen, fähige Arbeiter und dergleichen.   Es erfordert zuverlässig, daß wir hier und da ein Opfer aus dank-
barem Gefühl für Arme und Armenkassen offeriren, erfordert billig für jene
edelmüthigen Fürsten auch schöne Denkmäler zum ewigen Andenken ihres
Edelmuthes zu stiften, es erfordert also eine Kasse.

"Einer euer Brüder, aufgefordert von einem großen und ansehnlichen
Theil unserer Nation, ist es, der um Beiträge zu dieser schönen und löblichen
Stiftung, zur Bestreitung obiger Kosten und Opfer — euch allsammt, als
Menschen, als Kaufleute und als Familienväter auffordert."

Wie Scheppler mitteilt, wurde Breidenbach, "nachdem er vorher in
einem bündigen Aufruf seine Glaubensgenossen von seinem Entschlusse be-
nachrichtiget, von sämmtlichen oder doch vielen Judengemeinden in Deutschland nun als Anwalt, als Syndikus ihres ganzen Aggregats ernannt und bestellt" (das. S. 80, 81).   In der Urkunde von der Dalbergschen Regierung
wird Breidenbach als "Vertreter seiner Nation" bezeichnet.
Seit der Zeit mehrten sich die Fälle von Aufhebung des Leibzolls.   Der Fürst
von Homburg, d. d. 1. Nov. 1803, bemerkt ausdrücklich, daß er ihn erläßt
infolge der Supplik des "Kurfürstl. Hessischen Hoffaktors und Fürstlich Isen-
burgischen Hof- und Kammeragenten Breidenbach" (bei Scheppler, Urkunde
XIV).   Am 19. Januar 1804 erließ Dalberg den Leibzoll für Aschaffenburg,
mit besonderer Anerkennung von Breidenbachs Bemühung (a. a. O.).   Nach
Scheppler (das. 83) hob derselbe ihn im ganzen Kurstaate auf.   Die Aufhebung
in der Herrschaft Schömberg geschah ebenfalls auf Breidenbachs Verwendung

(Urkunde XIX).   Selbst das egoiſtiſche Patrizierregiment von Frankfurt
hob auf ſeine Bittſchrift den Leibzoll auf, 24. Auguſt 1804 (XX), und Darm-
ſtadt (19. Januar 1805) zeigt es „dem hierorts anweſenden Hoffaktor Breidenbach" an (XXII); dort betrug die jährliche Einnahme davon 25—28000 Gulden.
Als Scheppler ſeine Abhandlung ſchloß (März 1805) ſtand die Aufhebung
bevor an den fürſtlichen Höfen von Naſſau-Uſingen, Naſſau-Weilburg. [Über
die endgültige Aufhebung des Leibzolls in dieſen Landſchaften teilt
M. Silberſtein einiges mit in Geigers Zeitſchr. f. d. Geſch. der
Juden in Deutſchland V, 138 ff.], Löwenſtein, Wertheim, Leiningen und von
den gräflichen Häuſern Erbach.] — Der Name Breidenbach, welcher „mit
Aufopferung von Zeit, Ruhe und Koſten ſich ein unſterbliches Verdienſt um
[die Juden] erwirbt" (Scheppler S. 114) und noch mehr, ohne Eitelkeit für
ihre Befreiung eintrat, ſollte nicht mehr der Vergeſſenheit verfallen.

6.
Die Veranlaſſung zur Berufung der jüdiſchen Notabeln-
verſammlung und des Sanhedrins unter Napoleon.

Die geheimen Triebfedern, welche unter Napoleon I. in Bewegung geſetzt wurden, um eine Reaktion gegen die franzöſiſchen Juden hervorzurufen
und ſie ihrer Gleichſtellung zu berauben, ſind erſt in jüngſter Zeit ans Licht
gezogen worden. Guizot hat in der Revue des deux mondes (Jahrg. 1867,
Juliheft) die geheimen Verhandlungen im Staatsrate in betreff der Juden
mitgeteilt. Sie können als Ergänzung zu dem beinahe ſtenographiſchen Berichte dienen, welchen Pelet aus dem Munde eines bei der Beratung anweſenden Staatsrates veröffentlicht, und zu den Akten, welche der ehemalige
Polizeipräfekt Baude dem Redakteur der Archives Israélites, J. Cahn,
zugeſtellt hat (Archives, Jahrg. 1841, S. 138 ff.). Aus allen dieſen Berichten
geht hervor, daß Napoleon von einer heftigen Animoſität gegen die Juden
erfüllt war, und daß dieſe Animoſität erſt durch eine förmliche Verſchwörung
der klerikalen und reaktionären Parteiclique, Bonald, Fontanes,
Molé künſtlich in ihm hervorgerufen worden war.

Bis zu ſeiner Rückkehr aus dem öſterreichiſchen Kriege hatte Napoleon
keine Vorurteile gegen die Juden, ſie lagen ihm fern. Erſt ſeit der Rückkehr
während ſeines Aufenthalts in Straßburg ſind ihm ſolche förmlich beigebracht worden. Man hat ihm ſogar inſinuiert, das Schauſpiel einer Juden-
vertreibung zum Beſten zu geben.

Auf der anderen Seite zeigt ſich in dieſer Cauſerie aus dem Staatsrate,
daß die Gleichſtellung der franzöſiſchen Juden ſo feſte Wurzeln geſchlagen
hatte, daß die meiſten Räte bei dem Vorſchlage, ſie in einen Ausnahmezuſtand zurückzuverſetzen, verblüfft waren und ſie als eine Abſurdität verlachten.
Dieſe Staatsräte waren das Organ der öffentlichen Meinung. Darum iſt
es Napoleon, welcher Konſtitutionen und Geſetze wie Seifenblaſen weg-
hauchte, ſo ſchwer geworden, die Gleichheit der Juden vollſtändig zu annul-
lieren. Er verſuchte es zuerſt mit einer jüdiſchen Notabelnverſammlung und
dann mit einem Sanhedrin, um Garantien zu haben.

Der Bericht aus der Revue des deux mondes lautet:

„La première discussion à laquelle j'assistai avait un intérêt particulier
pour les auditeurs. En revenant d'Austerlitz, l'empereur s'était arrêté à

Strassbourg; il y entendit de vives plaintes contre les Juifs. L'opinion populaire s'était soulevée contre l'usure qu'ils pratiquaient; un grand nombre de propriétaires et de cultivateurs étaient grevés d'énormes dettes usuraires, ils avaient reconnu des capitaux qui étaient au-dessus des sommes qui leur avaient été prêtées. On disait que plus de la moitié des propriétés de l'Alsace étaient frappées d'hypothèques pour le compte des Juifs. L'empereur promit de mettre ordre à un si grand abus, et arriva à Paris avec la conviction qu'un tel état de choses ne pouvait être toléré. Il envoya la question à l'examen de conseil d'état. Elle fut d'abord déférée à la section de l'intérieur. M. R e g n a u l t d e S a i n t - J e a n d'A n g é l y, qui la présidait, chargea M. M o l é, jeune et nouvel auditeur, d'un rapport sur cette affaire. Pour les hommes politiques et les légistes il ne semblait pas qu'il y eût aucune difficulté, ni matière à un doute; aucune disposition légale n'autorisait à établir la moindre différence entre les citoyens professants une réligion quelconque; s'enquérir de la croyance d'un créancier pour savoir s'il avait le droit d'être payé, c'était, dans les principes et les textes de nos lois, une étrange idée aussi contraire aux opinions générales et aux mœurs actuelles qu'aux textes légaux. A la grande surprise des conseillers d'état, M. M o l é donna lecture d'un rapport qui concluait à la nécessité de soumettre les Juifs à des lois d'exception, du moins en ce qui touchait les transactions d'intérêt privé. Je venais d'arriver à Paris quelques jours après la séance de la section où ce rapport avait été lu; on me raconta, comment il avait été accueilli par le dédain et le sourire des conseillers d'état, qui n'y avaient vu qu'un article littéraire, u n e i n s p i r a t i o n d e l a c o t e r i e a n t i p h i l o s o p h i q u e d e M. d e F o n t a n e s et de M. de B o n a l d. M. M o l é[1]) n'avait été nullement déconcerté; il n'y avait pas eu de discussion, la question devait être portée devant tout le conseil. M. Regnault l'exposa sommairement, et ne crût pas nécessaire de soutenir une opinion qui était universelle. M. B e u g n o t, qui venait d'être nommé conseiller d'état, trouva l'occasion bonne pour son début; il traita la question à fond, avec beaucoup de raison, d'esprit et de talent. I n'y avait personne qui ne fût de son avis. Alors l'archi-chancelier dit au conseil que l'empereur attachait une grande importance à cette affaire, qu'il avait une opinion contraire à celle qui semblait prévaloir, et qu'il était nécessaire de reprendre la discussion un jour où l'empereur présiderait le conseil. La séance fut tenue à Saint Cloud. M. B e u g n o t, qui parlait pour la première fois devant l'empereur et que son succès avait un peu enivré, fut cette fois emphatique, prétentieux, déclamateur, tout ce qu'il ne fallait pas être au conseil d'état, où la discussion était une conversation de gens d'affaires, sans recherche, sans phrases, sans besoin d'effet. On voyait que l'empereur était impatiente. Il y eut surtout une certaine phrase qui parut ridicule: M. B e u g n o t a p p e l a i t u n e m e s u r e q u i s e r a i t p r i s e p a r e x c e p t i o n c o n t r e l e s J u i f s „u n e b a t a i l l e p e r d u e d a n s l e s c h a m p s d e l a j u s t i c e". Quand il eut fini, l'empereur prit la parole et avec une verve, une vivacité

---

[1]) M o l é, welcher diesen Bericht in judenfeindlichem Geiste ausgearbeitet hat, stammte bekanntlich halb von Juden ab. Er war Urenkel der Tochter des französischen Finanziers S a m u e l B a r n a r d (Univers. Israél., Jahrg. 1864—65, p. 161).

plus marquées qu'à l'ordinaire, il répliqua au discours de M. Beugnot tantôt avec raillerie, tantôt avec calme; il parla contre les théories, contre les principes généraux et absolus, contre les hommes pour qui les faits n'étaient rien et qui sacrifiaient la réalité aux abstractions. Il releva avec amertume la malheureuse phrase de la bataille perdue, et, s'animant de plus en plus, il en vint à jurer ce qui, à ma connaissance, ne lui est jamais arrivé au conseil d'état; puis il termina en disant: „Je sais que l'auditeur qui a fait le premier rapport n'était pas de cet avis, je veux l'entendre." — M. Molé se leva et donna lecture de son rapport; M. Regnault prit assez courageusement la défense de l'opinion commune et même de M. Beugnot; M. de S é g u r risqua aussi quelques paroles. „Je ne vois pas, dit-il, ce qu'on pourrait faire." L'empereur s'était radouci, et tout se termina par la résolution de faire une enquête sur l'état des Juifs en Alsace et sur leurs principes et leurs habitudes concernant l'usure. La commission fut composée de trois maîtres des requêtes: M. P o r t a l i s , M. P a s q u i e r et M. M o l é , qui fut nommé maître des requêtes à cet effet. Les préfets furent chargés de désigner des rabbins ou autres Juifs considérables qui viendraient donner des renseignements à la commission. Ce fut M. Pasquier qui recueillit ces renseignements, et pour la première fois on connut la situation des Juifs, la division de leurs sectes, leure hierarchie, leurs règlements. Le rapport de M. Pasquier fut très-instructif. L'empereur s'était calmé, et en était venu à l'opinion très sensée que le culte juif devait être officiellement autorisé et prendre une existence régulière et légale. Après le rapport de la commission et pour donner quelque satisfaction aux plaintes de l'Alsace, un décret impérial prescrivit des dispositions transitoires et une sorte de vérification qui ne mettaient point à l'avenir les créanciers juifs hors du droit commun; puis, afin de régler l'exercice du culte juif, un grand san-hédrin fut convoqué, de telle sorte que toute cette affaire, commencée dans un mouvement d'irritation malveillante et d'intolérance, se termina par une reconnaissance solennelle des rabbins, des synagogues, et l'égalité civile des Juifs reçut une éclatante confirmation.

Quelques mois après, lorsque l'empereur était en Pologne, voyant l'empressement des Juifs à être utiles à l'armée française et à servir, moyennant salaire, de fournisseurs ou d'informateurs, il disait en riant: „V o i l à p o u r t a n t à q u o i m e s e r t l e g r a n d s a n h é d r i n ."

P e l e t (Opinions de Napoléon sur divers sujets de politique et d'ad-ministration, Paris 1833) referiert daſ. p. 211 ff. von drei Staatsratsſitzungen unter dem Präſidium des Kaiſers, welche die Maßnahmen in betreff der Juden des Elſaß und der franzöſiſchen Juden überhaupt zum Gegenſtand hatten. Als Einleitung bemerkt P e l e t : Napoléon avait lui-même de fortes préventions contre cette classe d'hommes (les Juifs). Elles percent dans le discours que nous rapportons. Il les avait puisées aux armées à la suite desquelles marchaient trop souvent des juifs avides de gain et prêts à trafiquer de tout.

Die erſte Staatsratsſitzung für dieſen Gegenſtand fand am 30. April ſtatt; der Kaiſer Napoleon ſprach ſich in derſelben folgendermaßen aus:

Séance du 30 avril 1806.

„La législation est un bouclier que le gouvernement doit porter partout où la prospération publique est attaquée. Le gouvernement français ne peut voir avec indifférence une nation avilie, dégradée, capable de toutes les bassesses, posséder exclusivement les deux beaux départements de l'ancienne Alsace; il faut considérer les juifs comme nation et non comme secte. C'est une nation dans la nation; je voudrais leur ôter, au moins pendant un temps déterminé, le droit de prendre des hypothèques; car il est trop humiliant pour la nation française de se trouver à la merci de la nation la plus vile. Des villages entiers ont été expropriés par les juifs; ils ont remplacé la féodalité; ce sont de véritables nuées de corbeaux. On en voyait aux combats d'Ulm qui étaient accourus de Strassbourg pour acheter des maraudeurs ce qu'ils avaient pillé.

„Il faut prévenir, par des mesures légales, l'arbitraire dont on se verrait obligé d'user envers les juifs, ils risqueraient d'être massacrés un jour par les chrétiens d'Alsace, comme ils l'ont été si souvent, et presque toujours par leur faute.

„Les juifs ne sont pas dans la même catégorie que les protestants et les catholiques. Il faut les juger d'après le droit politique, et non d'après le droit civil, p u i s q u ' i l s n e s o n t p a s c i t o y e n s.

„Il serait dangereux de laisser tomber les clefs de la France, Strassbourg et l'Alsace, entre les mains d'une population d'espions qui ne sont point attachés aux pays. Les juifs autrefois ne pouvaient pas même coucher à Strassbourg; il conviendrait peut-être de statuer aujourd'hui qu'il ne pourra pas y avoir plus de cinquante mille juifs dans le haut et le bas Rhin; l'excédant de cette population se répandrait à son gré dans le reste de la France.

„On pourrait aussi leur interdire le commerce, en se fondant sur ce qu'ils le souillent par l'usure, et annuler leurs transactions passées comme entachée de fraude.

„L e s c h r é t i e n s d ' A l s a c e e t l e p r é f e t d e S t r a s s - b o u r g m ' o n t p o r t é b e a u c o u p d e p l a i n t e s c o n t r e l e s j u i f s l o r s d e m o n p a s s a g e d a n s c e t t e v i l l e."

Offenbar war das Obige der Hauptinhalt der heftigen Expektoration Napoleons, wie Guizot sie schildert, hervorgerufen durch Beugnots humane, oder nach Napoleons Anschauung, ideologische Apologie für die Juden. Der Mißstand war offenbar von der judenfeindlichen Bürgerschaft Straßburgs in boshafter Weise geschildert worden, und um den Kaiser dafür einzunehmen, wurde auch der Zug angebracht, der schon bei dem Widerstand gegen die Emanzipation während der Sitzung der assemblée nationale eine Rolle spielte, daß eine Beschränkung der Juden in ihrem eigenen Interesse liegt, sonst würden sie von der ihnen feindlichen Bevölkerung massakriert werden. Der weitere Verlauf ergibt sich aus dem Berichte über die zweite Sitzung:

Séance du 7 mai 1806.

„O n m e p r o p o s e d ' e x p u l s e r l e s j u i f s a m b u l a n t s qui ne se justifieront pas du titre de citoyens français, et d'inviter les tribunaux à employer contre l'usure leur pouvoir discrétionnaire; mais ces moyens seraient insuffisants. La nation juive est constituée, depuis Moïse, usurière et oppressive, il n'en est pas ainsi des chrétiens: les usuriers font exception parmi eux et sont mal notés. Ce n'est donc pas avec des lois de métaphysique qu'on régénérera les juifs; il faut ici des lois simples, des lois d'exception; on ne peut rien me proposer de pis q u e d e c h a s s e r u n g r a n d n o m b r e d ' i n d i v i d u s qui sont hommes comme

les autres; la législation peut devenir tyrannique par metaphysique comme
par arbitraire. Les juges n'ont point de pouvoir discrétionnaire; ce sont
des machines physiques au moyen desquelles les lois sont exécutées, comme
l'heure est marquée par l'aiguille d'une montre: il y aurait de la
faiblesse à chasser les juifs; il y aura de la force à les corriger.
On doit interdire le commerce aux juifs, parce qu'ils en abusent, comme
on interdit à un orfèvre son état lorsqu'il fait du faux or. La métaphysique
a égaré le rapporteur au point de lui faire préférer une mesure violente
de déportation à un rémède plus efficace et plus doux. Cette loi demande
à être mûrie; il faut assembler les états-généraux
des juifs, c'est-à-dire en mander à Paris cinquante
ou soixante et les entendre; je veux qu'il y ait
une synagogue générale de juifs à Paris, le 15 juin.
Je suis loin de vouloir rien faire contre ma gloire
et qui puisse être désapprouvé par la postérité,
comme on me le fait entendre dans le rapport. Tout mon conseil réuni ne
pourrait me faire adopter une chose qui eût ce caractère; mais je ne veux
pas qu'on sacrifie à un principe de métaphysique et d'égoïsme le bien des
provinces. Je fais remarquer de nouveau qu'on ne se plaint point des protestants, ni des catholiques, comme on se plaint de juifs; c'est que le mal
que font les juifs ne vient pas des individus, mais de la constitution même
de ce peuple; ce sont des chenilles, des sauterelles qui ravagent la France.

„Il faut fixer l'intérêt légal comme en Angleterre; ce sera une règle
pour l'honnête homme. Le tribunal de commerce de Paris vient de faire
une chose scandaleuse, en accordant à M. Seguin quatre millions d'intérêt
sur le pied de quarante-deux pour cent. Les économistes ont fait de l'homme
une brute, en soutenant que sa conscience ne pouvait être affectée par la
déclaration d'un intérêt légal.

„Le revenu des terres doit être la mesure de l'intérêt légal; l'Angleterre est, à cet égard, dans un système illusoire. Je voudrais qu'on appli-
quât aux prêts à intérêt le principe de la lésion d'autre moitié, et qu'on
examinât, s'il ne convient pas de fixer le taux de l'intérêt légal, entre parti-
culiers, à cinq pour cent, et entre commerçants, à six pour cent."

Darauf folgte die dritte Sitzung, um das Dekret der Zusammenberufung
zu formulieren.

Séance du 21 mai 1806.

„Le projet sur les juifs est trop long, et la rédaction doit en être changée;
on ne me fait pas parler le langage qui me convient; le souverain ne doit
pas faire mention dans ses actes de ce que le public pense ou ne pense pas,
ni lui prêter, sur le gouvernement telle ou telle opinion, car les lecteurs
prendraient toujours le contre-pied. Si je dis dans le préambule du décret,
qu'aucune réligion ne craint de ma part une persécution, beaucoup de
lecteurs en concluront, avec raison, que les esprits ne sont pas très-rassurés
à cet égard. On doit avoir la ferme volonté de ne point persécuter, et
laisser ensuite parler le public comme il lui plaît; j'ai là-dessus des idées
arrêtées dont on ne me fera point revenir. Je me charge de corriger
moi-même la rédaction."

Aus dieser Beratung ging das Dekret vom 30. Mai 1806 hervor, welches
die zwei Hauptpunkte enthält:

Art. 1. Il est sursit pendant un an . . . à toutes exécutions de juge-
ment aux contrats . . contre des cultivateurs des départements de la Sarre, de la Rœr, etc.

Art. 2. Il sera formé au 15 juillet . . une assemblée d'individus pro-
fessant la réligion juive etc.

Die Beratungen und Beschlüsse der jüdischen Notabelnversammlung sind
bekannt. Die Instruktion Napoleons, welche der Staatsrat B a u b e den
Archives Israélites mitgeteilt hat, betreffen die Konstituierung des Sanhebrins,
wie dessen Mitglieder Napoleons Intentionen geneigt gemacht werden sollten.
Ter Sammler scheint sie nicht chronologisch geordnet zu haben. Das erste
Stück ist die Note du 3 septembre 1806 (Archives a. a. O. p. 142). Die
zweite vom November 1806: Note relative au Sanhédrin des Juifs (das.
p. 144 bis 148). Als die britte ist anzusetzen, was baselbst als erste aufgeführt
wird: Instructions données par l'empereur Napoléon à M. M. les commissaires
près du grand Sanhédrin, Saint Cloud, 22 janvier 1806 (p. 138). Dieses
Datum kann nämlich nicht richtig sein, denn in dieser Zeit war noch nicht einmal von der Assemblée, geschweige denn vom Sanhédrin die Rebe. Ebenso
unrichtig ist das Datum für die folgende Note (p. 139): Rambouillet, 13 mars
1806, ba auch barin vom Sanhédrin die Rebe ist. Dagegen ist das Schreiben
an Champigny in betreff des Sanhédrin (das. p. 143), d. d. Posen, le 29 no-
vembre 1806, richtig batiert.

7.

Die „Massentaufen".

Mit den „M a s s e n t a u f e n", welche f r e i w i l l i g e r Abfall vom
Judentum während des laufenden Jahrhunderts bewirkt hat, ist von Graetz
eine n e u e Kategorie der Taufen, eben die „Massentaufen" in die Geschichte
der Juden eingeführt worden. Diese neue Kategorie hat sich während etwa
30 Jahren vollständig eingebürgert. „Massentaufen" sind nunmehr ein ge-
läufiges S t i c h w o r t geworden. Die vorliegende Note ist der Frage gewidmet: w i e i s t d i e h i s t o r i s c h e, d. h. t a t s ä c h l i c h e G r u n d -
l a g e b e s c h a f f e n, auf welcher die „Massentaufen" beruhen?

Mit der Darstellung ihrer religiösen, moralischen und sozialen Ursachen
werden oben im Texte die Massentaufen zugleich auch s t a t i s t i s c h und zwar
an z w e i Stellen festgestellt, e r s t e n s in dem Kapitel über die Measfim
„Ter judenchristliche Salon" (S. 160) und z w e i t e n s in dem Kapitel
„Die Reform und das junge Israel" (S. 381 ff.). An der e r s t e n Stelle
wird hervorgehoben der m a s s e n h a f t e Abfall der Vernünftler und
Wüstlinge, der t ä g l i c h e Abfall in den Gemeinden von Berlin, Breslau
und Königsberg, und s c h l i e ß l i c h wird s t a t i s t i s c h fixiert, „daß in
d r e i J a h r z e h n t e n d i e H ä l f t e d e r B e r l i n e r G e m e i n d e
z u r K i r c h e ü b e r g e t r e t e n w a r". In der a n d e r e n die Massentaufen kennzeichnenden Stelle (S. 415), wo von der Zerfahrenheit unter
den deutschen Juden und dem Mißgeschick des Kulturvereins gesprochen
wird, werden die „v i e l e n B e i s p i e l e v o n J u d e n t a u f e n" hervorgehoben und wörtlich gesagt: „s o z u m B e i s p i e l s i n d b i s 1823 i n
B e r l i n 1236, d i e H ä l f t e d e r G e m e i n d e, u n d a u s w ä r t s i n
P r e u ß e n 1382 v o r g e k o m m e n."

In den beiden angeführten Stellen wird die getaufte Hälfte der Berliner Gemeinde als das ſtatiſtiſche Ergebnis formuliert: einen inneren (oder beſſer ſubjektiven?) Zuſammenhang beider Stellen darf man wenigſtens vermuten, wenngleich jede Stelle durch eine beſondere quellenmäßige Angabe bezeugt wird. Für die erſte Stelle wird als Quelle hingewieſen auf „Rahels Brief an ihren Bruder Robert" (d. d. Baden, 29. Auguſt 1819). Was hat es mit dieſem Briefe für eine Bewandtnis? Rahel „grenzenlos traurig, gekränkt bis zum herzerkaltenden Schreck über den durch Deutſchland tobenden Judenſturm" macht ihrem Herzen Luft: „Noch iſt's in Berlin ruhig, dort würde am meiſten zu fürchten ſein, dort haben die Juden im Kriege gedient; die Hälfte iſt getauft und mit Chriſten verehelicht, da hätte es nimmer gut getan." Dieſer Aufſchrei der Verzweiflung der „unglückſeligen Kaſſandra" — ſo nennt ſich Rahel ſelbſt in dieſem Briefe — hat keinerlei ſtatiſtiſche Bedeutung, weder für die ſogenannte Geſellſchaft der Berliner Juden, die den eigentlichen Kreis Rahels bildet, noch für die wirkliche jüdiſche Gemeinde Berlins, bezüglich welcher Rahel auch in ruhiger Stimmung und frei von jeglicher Erregung vollſtändig inkompetent iſt. „Die Hälfte iſt getauft" das iſt in jedem Falle eine ſtatiſtiſch durchaus wertloſe Hyperbel!

Für die zweite Stelle, — welche gewiß ein frappantes ſtatiſtiſches Beiſpiel für die Maſſentaufen darſtellt — iſt Jolowicz, Geſchichte der Juden in Königsberg, die Quelle. Aber dieſe Hinweiſung iſt ganz und gar ein frappantes Mißverſtändnis; dasſelbe bedarf in der Tat nur einer einfachen tatſächlichen Berichtigung. Bei Jolowicz iſt nichts weiter zu leſen, als daß die Volkszählung von 1822 ergeben hat für die Stadt Königsberg 1236 Juden, und für die anderen Städte und Flecken im Reg.-Bez. Königsberg 1382 Juden, und weiter, daß die Königsberger Regierung dem Paſtor Bergius, einem Hauptmitgliede des Vereins für Bekehrung der Juden, dieſes Ergebnis auf Anfrage mitgeteilt habe. Die Zahlen in dem ſtatiſtiſchen Beiſpiele beziffern alſo überhaupt keine Berliner, weder getaufte noch ungetaufte — und die 1236, welche als die getaufte Hälfte (?) der Berliner jüdiſchen Gemeinde hingeſtellt werden, haben 1822 die wirkliche jüdiſche Gemeinde der Stadt Königsberg gebildet — wie übrigens auch in der von Jolowicz gegebenen ſtatiſtiſchen Tafel über die Juden in Königsberg von 1750 bis 1869 zu leſen iſt.

Wie ſchon oben bemerkt, das Diktum von der während dreier Jahrzehnte getauften Hälfte der jüdiſchen Gemeinde Berlins veranſchaulicht wie in einem Bilde die „Maſſentaufen". Dieſes Diktum iſt denn auch in der Tat in Graetz' „Volkstümliche Geſchichte der Juden" (S. 604), ebenſo in die franzöſiſche Ausgabe Graetz, Histoire des Juifs V. (Paris 1897) übergegangen, und dasſelbe wird auch bis in die neueſte Zeit in der Literatur vorzugsweiſe als das Beiſpiel der Maſſentaufen zitiert.

———————

Irren iſt menſchlich. An eben derſelben Stelle, wo einſt der Irrtum begangen worden, ſoll heute, gewiſſermaßen im Namen des irrenden Meiſters, die Pflicht der hiſtoriſchen Wahrheit erfüllt werden. Solcher Abſicht verdankt die Anmerkung zu den „Maſſentaufen" die Ehre, eine Stelle in der Geschichte der Juden gefunden zu haben. Es erschien nicht angemessen und war auch nicht tunlich, die Anmerkung durch Erörterung zusammenhängender Fragen über ihre ursprüngliche Absicht auszudehnen. Mit dem Danke für die erwiesene Ehre und mit dem Wunsche, daß die Absicht der Anmerkung erreicht sei, mag dieselbe hiermit geschlossen sein.

Berlin, 22. November 1898.

Dr. S. Neumann.

8.

Der mutmaßliche Urheber der Wandlung der Präposition „in" in „von" in der Wiener Bundesakte 1814 zum Nachteil der Juden.

Bekanntlich sind die Juden in den sogenannten vier freien Städten Deutschlands unwürdigen Behandlungen unterworfen worden, weil eine Präposition gegen sie geltend gemacht worden war. Dadurch sind die Juden in Hamburg vom Bürgerrechte ausgeschlossen, die von Frankfurt a. M. mittelalterlichen Beschränkungen lange unterworfen und die von Lübeck und Bremen gar vertrieben worden. Zu dem Beispiele von der Bedeutung einer Präposition in öffentlichen Verträgen dans la mer und à la mer sollte man auch das der Wandlung von „in" und „von" anführen. Der 101. Artikel der Bundesakte hatte ursprünglich die Fassung, daß die Verhältnisse der Juden künftig auf dem Bundestage geregelt werden sollten: „jedoch werden den Bekennern dieses (des jüdischen) Glaubens bis dahin die denselben ,in' den einzelnen Bundesstaaten bereits eingeräumten Rechte erhalten". Das war von großer Wichtigkeit; denn die Franzosen hatten während ihrer Okkupation in Deutschland den Juden das unbedingte Vollbürgerrecht eingeräumt. Darum haben die Vertreter mehrerer deutscher Staaten gegen diesen Paragraphen remonstriert. Auf Antrag des Abgeordneten Schmidt von Bremen wurde bekanntlich statt in „von" gesetzt. Mit dieser Änderung muß eine Eskamotage vorgegangen sein. Es hat zwar gegenwärtig nur noch ein historisches Interesse zu ermitteln, wie und von wem dieser Betrug verübt wurde, da die Juden dieser Städte doch hinterher emanzipiert werden mußten, und die christlichen Bewohner derselben erfahren haben, was Vergewaltigung vermag. Aber eben im historischen Interesse muß der Ursprung aufgesucht werden. Klüber referiert in den Akten des Wiener Kongresses II, S. 502: „auf eine von Bremen vorgetragene Bemerkung ist als Grundsatz angenommen worden, daß die von Frankreich in der 32. Division in Hinsicht der Juden gemachten Abänderungen diesen kein jetzt verbindliches Recht verschaffen können". Zur zehnten Sitzung der Schlußakte (S. 535) heißt es: ad articul. 16 der neuen Redaktion (die Juden betreffend) ist die Fassung beibehalten, daß am Schluß, statt in den Bundesstaaten, zu setzen von den Bundesstaaten, schon früher beliebt war". In der Übersicht der diplomatischen Verhandlungen des Wiener Kongresses, wo Klüber im Kapitel über die Juden, anstatt objektiver Referent zu sein, sich als verbissener Ankläger derselben zeigt, bemerkt er (Seite 384 Note): „In einer früheren Sitzung hatte Schmidt von Bremen die Verwandlung des ,in' in ,von' vorgeschlagen, und Bayern und Sachsen

hatten ſeinen Antrag unterſtützt, und die anderen hatten nichts dagegen eingewendet."

Was ſoll das bedeuten: die anderen hätten nichts gegen dieſe verfängliche Faſſung eingewendet? Soll Öſterreich und Preußen, d. h. Metternich und Hardenberg, darunter verſtanden ſein? Aber dieſe hatten
anfangs keine Ahnung von dieſer Änderung. Am 8. Juli fand dieſe Schlußberatung ſtatt. Tags darauf ſchrieb Metternich an den Sachwalter
der Juden, C. A. Buchholz, „daß bis zum Ausgange dieſer Beratung (auf
dem Bundestage), die den Israelitiſchen Gemeinden ‚in‘
den verſchiedenen Bundesſtaaten bewilligten Freiheiten aufrecht erhalten werden ſollen". Metternich teilte
es Buchholz eilig mit, damit er „dieſen Umſtand zur Beruhigung
der Gemeinden mit der Verſicherung bekannt mache, daß man auf
dem Bundestage das Wohl der Israelitiſchen Gemeinden berückſichtigen
und ſich für die Erteilung der allgemeinen bürgerlichen Rechte für dieſelben
tätig zeigen wird". (Dieſes Schreiben iſt öfter abgedruckt. Auch Sulamit
Jahrg. IV, 2, S. 47.) Noch deutlicher ſprach ſich Hardenberg am 10. d. M.
gegenüber dem Senat von Lübeck aus, der eine Rüge dafür bekam, daß er
die Juden trakaſſierte. Hardenberg ſagt in dieſem Schreiben, daß der unter
Frankreichs Herrſchaft geſchaffene Zuſtand in Norddeutſchland zugunſten
der Juden bis auf weiteres beſtehen müſſe: das ſei der Wille des Kongreſſes
in der Bundesakte. „Bei dem Inhalte des 16. Artikels der Bundesakte kann
jetzt nur die Rede davon ſein, daß den jüdiſchen
Familien in den Hanſeſtädten bis zu dem hierüber
gefaßten Beſchluß der Bundesverſammlung der bürgerliche Zuſtand erhalten werde, der ihnen von der franzöſiſchen Geſetzgebung, als mit der preußiſchen und
mit den Grundſätzen einer vernünftigen Toleranz
übereinſtimmend, bewilligt iſt."

Die beiden Hauptvertreter Deutſchlands hatten alſo kurz nach der end-
gültigen Formulierung der Bundesakte, ſpeziell des Artikels 16, keine Ahnung
davon, daß dieſer Artikel zum Nachteil der Juden alteriert worden war.
Sie waren der Überzeugung, daß die Faſſung „in den Bundesſtaaten" per majora angenommen worden ſei. Sollten ſie den jüdiſchen
Anwalt und den Senat von Lübeck und Frankfurt getäuſcht haben? Hinter
ihrem Rücken muß demnach von einer anderen Seite mit dem Protokoll
eine Fälſchung vorgenommen worden ſein, die wenig auffallende Änderung
des „in" in „von". Wie oben nach Klüber angegeben, iſt dieſer Umſtand,
die Änderung der Präpoſition, in den Protokollen nicht erwähnt worden,
d. h. es hat keine Abſtimmung darüber ſtattgefunden, ſondern die den Juden
nachteilige Faſſung „von den Bundesſtaaten" iſt nur ſo unter der
Hand in das Protokoll eingeſchmuggelt worden. Wer hat die Protokolle des
Kongreſſes und der Bundesakte geführt? Gentz. Er war beſtändiger Sekretär derſelben. Er muß demnach die vom Bürgermeiſter Schmidt in Bremen
vorgeſchlagene Änderung in das Protokoll gebracht oder zugelaſſen haben.
Das iſt der Schlüſſel zu dieſem rätſelhaften Punkte.

Register.

Druck von Oskar Leiner in Leipzig. 21119